营销教材译丛

INTERNATIONAL MARKETING

17th Edition

国际市场营销学

（原书第17版）

[美] 菲利普 R. 凯特奥拉（Philip R. Cateora）
科罗拉多大学
玛丽 C. 吉利（Mary C. Gilly）
加利福尼亚大学
约翰 L. 格雷厄姆（John L. Graham）
加利福尼亚大学
R. 布鲁斯·莫尼（R. Bruce Money）
杨百翰大学
著

赵银德 沈辉 钱晨 译

机械工业出版社
China Machine Press

图书在版编目（CIP）数据

国际市场营销学（原书第17版）/（美）菲利普R.凯特奥拉（Philip R. Cateora）等著；赵银德，沈辉，钱晨译．—北京：机械工业出版社，2017.7（2023.1重印）
（营销教材译丛）
书名原文：International Marketing

ISBN 978-7-111-57406-4

I. 国… II. ①菲… ②赵… ③沈… ④钱… III. 国际营销－教材 IV. F740.2

中国版本图书馆CIP数据核字（2017）第152160号

北京市版权局著作权合同登记 图字：01-2016-7685号。

Philip R. Cateora, Mary C. Gilly, John L. Graham, R. Bruce Money. International Marketing, 17th Edition.

ISBN 0-07-784216-2

本书全面描述了全球市场的历史、地理、文化、商业惯例、政治和法律环境，介绍了欧洲、美洲、亚太、中东等不同文化环境中的国际市场营销活动，详述了如何制定与实施全球营销战略，同时深入地阐述了互联网营销在国际市场营销中的影响与作用，更加关注新兴市场的机会与营销状况以及企业伦理与社会责任等热点内容。

本书适用于营销专业本科生、研究生，同时可作为营销学教师、国际营销从业人员和企业高级经理人的参考用书。

出版发行：机械工业出版社（北京市西城区百万庄大街22号 邮政编码：100037）

责任编辑：董凤凤	责任校对：殷 虹
印 刷：固安县铭成印刷有限公司	版 次：2023年1月第1版第10次印刷
开 本：185mm×260mm 1/16	印 张：38.25
书 号：ISBN 978-7-111-57406-4	定 价：99.00元

客服电话：（010）88361066 68326294

作者简介

About the Authors

菲利普 R. 凯特奥拉（Philip R. Cateora）

担任美国科罗拉多大学 Boulder 分校名誉退休教授；拥有得克萨斯大学奥斯汀分校博士学位并当选该校 Betta Gamma Sigma 教授；在科罗拉多大学任教期间，曾任营销学系主任、国际商务项目协调员、副院长、代院长等职；为本科生、硕士生和博士生讲授市场营销和国际商务方面的课程；曾获科罗拉多大学“杰出教师奖”和美国西部营销教育工作者协会“年度教育工作者奖”。

凯特奥拉教授为 AACSB 举办教师研讨班，讲解有关营销课程国际化的原则。他还参与策划并举办由美国教育部赞助的类似的教师研讨班。围绕这些工作，他与人合作出版了《市场营销：国际化视角》，作为对市场营销学教科书所阐述原理的补充。凯特奥拉教授担任小型出口公司以及跨国公司的顾问，还是落基山出口委员会的成员并教授管理开发方面的课程。他还是国际商务学会的特别会员。

玛丽 C. 吉利（Mary C. Gilly）

担任美国加利福尼亚大学欧文分校 Paul Merage 商学院的市场营销学教授；本科毕业于得克萨斯圣安东尼奥的三一大学，拥有得克萨斯达拉斯的南卫理公会大学的工商管理硕士学位，后从休斯敦大学获博士学位。在加利福尼亚大学欧文分校，吉利博士任博士项目主任、院长助理、副院长、商学院首席教授、研究生院副院长以及校区学术评议会成员。她还被选为加利福尼亚大学学术委员会成员，在 2013 ~ 2015 年一直在加利福尼亚大学校长办公室任职。她还是得克萨斯 A&M 大学和南卫理公会大学的兼职教授，以及马德里商学院和乔治城大学的客座教授。自 1975 年以来，吉利博士一直是美国营销学会的会员，担任该学会多个职务，如营销教育委员会主席、AMA 暑期教育者大会共同主席以及 AMA 欧文分校杰出营销教育者评奖委员会主席。吉利教授目前担任消费者调研学会的学术部主任，在《营销学》《消费者调研》《零售学》《加利福尼亚管理评论》等杂志上发表了许多关于国际化、跨文化、消费者行为等主题的学术论文。2011 年，吉利教授获 Williams-Qualls-Spraten 跨文化杰出导师奖。

约翰 L. 格雷厄姆（John L. Graham）

担任美国加利福尼亚大学欧文分校国际商务和市场营销学教授；在加利福尼亚大学欧文分校，格雷厄姆教授担任全球领导力研究中心主任、商学院副院长、John & Marilyn Long 美中商业与法律研究所所长以及公民和平建设中心主任；格雷厄姆教授还是乔治城大学商学院访问学者、西班牙马德里商学院客座教授以及南加利福尼亚大学副教授。早在加利福尼亚大学伯克利分校攻读博士学位之前，格雷厄姆曾任职于卡特彼勒拖拉机公司并在美国海军水下爆破队服过役。格雷厄姆教授的著作包括《创新式谈判：超越谈判力》（与 Lynda Lawrence 和 William Hernandez Requejo 合著，2014 年由 Palgrave-Macmillan 公司出版）、《国际谈判：新规则》(与 William Hernandez Requejo 合著，2008 年由 Palgrave-Macmillan 公司出版)、《在全球最具动力的市场——当今中国做生意》（与 N. Mark Lam 合著，2007 年由 McGraw-Hill 公司出版）以及《与新日本人做生意》（原书第 4 版）（与 Yoshihiro Sano 及前美国驻日大使 James Hodgson 合著，2008 年由 Rowman & Littlefield 公司出版）。他还与 Taylor Meloan 合编了《环球营销与国际营销》(原书第 2 版)（1997 年由 Irwin 公司出版）。格雷厄姆教授的学术文章发表在《哈佛商业评论》《营销学》《国际商务研究》《战略管理评论》《消费者研究》《国际营销》《营销科学》等著名刊物上。其作品的部分内容为美国国会报告所摘录；他所做的针对 20 种文化背景的商务谈判风格的研究成为《史密森学会》1998 年 1 月刊所载某篇文章的主题。他于 1994 年发表在《管理科学》上的论文获沃顿商学院 Lauder 研究院的“优秀引用论文奖”。他还获得由北美小企业国际贸易教育者协会颁发的 2009 年度国际贸易教育者奖。

R. 布鲁斯·莫尼（R. Bruce Money）

莫尼教授是国际商务与营销学 Fred Meyer 教授，担任杨百翰大学万豪学院惠特莫尔全球管理中心主任。莫尼教授从事国际营销领域的教学与研究工作 20 多年。他拥有杨百翰大学的学士学位、哈佛商学院的工商管理硕士学位和加利福尼亚大学欧文分校的营销学博士学位。在进入杨百翰大学之前，莫尼教授在南卡罗来纳大学任教 9 年，该大学的国际商务专业历年居全国顶尖之列。他在国际市场营销研究方面的成果多发表在主要学术刊物上，如《营销学》《国际商务研究》和《哈佛商业评论》(以摘要形式)。在本科教学、工商管理硕士教学和 EMBA 教学方面，莫尼教授获得了 7 次奖励。在开始学术生涯之前，莫尼博士已工作 10 年，并具有在非营利部门工作的经历，主要从事金融服务的国际营销。他精通日语，最近担任过的业务岗位是全球最大银行之一的樱花银行股份有限公司（现在的三井住友）洛杉矶分行的副总裁。在那里，他负责分行指导针对来自美国西部 11 个州的《财富》100 强潜在客户的营销战略。莫尼博士曾与他人合作担任美国前财政部长威廉 E. 西蒙的顾问，莫尼博士向他推荐了一个日本合资项目。他还负责管理当时美国西海岸最大的房地产开发商科尔公司（现为世邦魏理仕公司）的 10 亿美元日本债务和股权关系。莫尼博士曾为客户举办的数十个高管教育项目授过课，这些客户包括日产东京总部、博世公司、德国拜耳、CSX 和挪威海德鲁公司。此外，莫尼博士一直在奥地利和希腊的商学院担任国际市场营销学客座教授。

译者序

The Translators' Words

毋庸置疑，当下中国企业与国际市场的联系已经十分紧密，参与国际分工的程度也开始向纵深推进。然而，一个不容忽视的现实是中国企业在国际分工格局中整体上仍然处于不利的地位，所能获得的附加值很低。造成这种不利局面的因素固然很多，但一个重要因素就是许多中国企业因习惯于国内市场竞争而对国际市场了解不深甚至有误，从而常常陷入经营歧路。归纳起来，成功的国际营销者当深谙国际营销的套路：通过克服自我参照标准和民族中心主义这些主要障碍来树立全球意识；把握全球市场的文化环境以及文化差异，包括政治的、法律的和技术的；通过营销调研来培养全球视野，评估全球市场机会；结合文化以及文化差异因素制定全球营销战略；强化全球营销战略的实施，尤其是要运用创造性思维来开展国际谈判。当然，不利局面的彻底改观有赖于中国企业国际营销直接经验的积累和总结，但汲取间接经验自然也可以加快改观局面的进程。因此，研读《国际市场营销学》(原书第17版)这样的国际经典定然具有巨大的价值。

本书分六篇19章及补充材料，所涉内容涵盖国际营销概论、全球市场的文化环境、评估全球市场机会、制定全球营销战略、实施全球营销战略以及附录与辅助材料。本书强调参与全球不同市场竞争的战略意义，强调真正的全球导向唯有重视文化因素的影响才能做到。此外，本书所推崇的框架和方法可帮助企业确认并分析全球各地任何国家或地区的文化及环境独特性。相比于其他同类著作，本书具有以下特色：鲜明的考察重点，即企业开展跨文化营销时面临的计划和战略问题；自始至终强调互联网在国际营销中的工具作用；运用精辟、幽默、扼要的最新事例来突出把握文化特性、商业惯例和战略的重要性；富有独特性、幽默感和趣味性的“全球视角”“跨越国界”等案例。

本书由赵银德、沈辉和钱晨主译完成。王翰霞、朱莹桓、屠立峰、包楚、朱文凯、张华等参与了部分章节的翻译。鉴于水平有限，翻译不当之处在所难免，敬请读者批评指正。在译稿付梓之际，要特别感谢机械工业出版社给予的合作机会，要感谢编辑为本书出版所付出的辛勤工作。

译者

2017年3月

前言

Preface

虽然真正意义上的全球贸易体系出现在大约500年前，但早在上一个千年之初，中国人已是杰出的国际贸易人员，那时在欧洲各地都能买到中国的丝绸。

20世纪初，英国军队、商人和制造商控制了海洋与国际商务。英国也因此被冠为“日不落帝国”。

自进入21世纪以来，随着日本经济发展的停滞不前，美国成为全球经济的领先者。虽然美国成为信息技术领域的统治者，但随后出现了“9・11”事件以及2001年与2008年的经济动荡。在21世纪头10年，中国开始成为美国重要的贸易竞争者。

新的十年、新的百年、新的千年会给我们带来哪些新的惊奇呢？21世纪，自然灾害和战争不仅毁坏了商业，而且也阻碍了人类的进步。就在过去的10多年里，我们目睹了人类遭遇的悲剧和经济灾难：发生在日本的千年一遇的大地震和海啸以及核电厂因此而被熔毁；席卷中东和北非的抗议与革命运动；至今尚未得到缓解的欧盟经济的崩溃。寻求经济增长和环境保护相平衡的努力有待继续。对民主式自由企业制度的普遍接受和包括手机、互联网在内的新的通信技术的出现，都加速了市场的全球化进程。中国奉行的渐进做法与俄罗斯激进的经济、政治改革，哪一个会更好呢？当美国的婴儿潮一代陆续退休，过去10年里信息技术的快速发展是否会导致人口失衡呢？北美自由贸易区和墨西哥的年轻人能改善人口平衡吗？随着更多数据的获得和更为科学的理论与方法的出现，争论已达10年之久的全球变暖问题也该有答案了。2008～2009年爆发的经济海啸是否会不断加剧呢？迄今为止，美国、欧洲和日本的经济恢复不仅不如人意，而且很不均衡。中国经济增长平缓，经济会软着陆还是硬着陆呢？生物科学将给我们带来哪些尚未预见的进步和灾难呢？我们能在非洲征服艾滋病吗？武器和战争会消失吗？

国际市场营销将有助于对上述问题做出积极的回答。我们知道，贸易可以通过促进创新、相互理解和相互依赖而带来和平与繁荣。在东欧、俄罗斯、中国、印度尼西亚、韩国、印度、墨西哥、智利、巴西、阿根廷等新兴经济体和整个非洲撒哈拉沙漠以南的地区，市场正在不断成长。这些新兴经济体是未来巨大市场的可靠保证。在市场经济更为成熟的工业化世界，随着消费者偏好的日趋复杂以及消费者购买力的日益提高，如何通过新的途径来满足新的需求充满着众多的机遇和挑战。

近来，工业化国家出现的经济低迷以及新兴市场经济增长的趋缓带来了新的竞争格局，而且这种新的竞争格局完全不同于过去美国跨国公司主宰世界市场时的情形。从20世纪40年代后期到20世纪60年代，美国跨国公司几乎没有什么竞争对手，而今天，来自世界各国的公司都在争夺全球市场。

过去10年所发生的经济、政治和社会变革极大地改变了全球的经营环境。请考虑下列因素现在和将来所产生的影响：

- 始终面临以“9·11”为代表的全球恐怖主义的威胁。
- 非洲撒哈拉沙漠以南的地区和中东所发生的武装冲突。
- 美国所引发的全球经济衰退。
- 预计在今后20年里，世界贸易增长的75%将来自东欧、亚洲、拉丁美洲等新兴市场。
- 欧洲货币联盟建立，从各国货币到欧洲单一货币——欧元的转变以及欧元存在的明显的脆弱性。
- 在日本、欧洲和许多新兴市场中，传统的分销结构正在迅速发生变化。
- 在全球范围内，中等收入家庭数量在缩减。
- 区域市场集团面临持续艰难的局面，如欧盟、北美自由贸易区、中美洲自由贸易区、东盟自由贸易区、南方共同市场和亚太经合组织。
- 乌拉圭回合关贸总协定谈判的圆满结束和世界贸易组织的创立，后者现在包括中国大陆和中国台湾地区。
- 世界范围内电信、娱乐、生物技术以及传统工业企业的重组和改造。
- 互联网和手机持续进入公司经营与消费者生活的各个方面。

这一切变化对全世界企业的经营产生了影响。因此，为了增强竞争力，企业必须不断地检讨其经营方式，保持足够的弹性以便对变化的全球趋势迅速做出反应。

随着全球经济的增长，理解在各种文化中的营销变得越来越重要。本书论述了全球营销方面的话题，对那些与所有国际营销者相关的概念进行了阐述，而不论其参与国际营销的程度如何。从事海外营销的公司并非都有全球观念，当然也不能说它们都需要拥有全球观念。一些公司的海外营销仅仅限于一个国家，而另一些公司则可能在多个国家进行营销并把每个国家看作一个独立的市场。当然，还有一些全球公司会超越各国政治、经济方面的界限，在全球范围内寻找具有共同需求的细分市场。不过，所有这些公司都会受到全球市场中竞争活动的影响，而这正是本书所关注的。

本书强调的是在不同国家市场参与竞争的战略意义。只有从环境及文化的角度研究国际市场营销，才能做到真正的全球导向。当然，本书的观点并不局限于任何特定国家或在某一国家从事经营的方式。相反，本书所提供的框架和方法可以帮助确认并分析全球各地任何国家或地区的文化及环境独特性。这样，当读者调查国外环境下的营销任务时，就不至于忽视那些重要文化因素的影响。

本书旨在激发人们关注那些在海外寻求市场机遇的各种公司的管理实践，增强他们对从全球视角看待国际营销管理战略之重要性的认识。

虽然本书始终贯彻全球导向这一理念，但也关注了出口营销和小企业经营等问题。本书结合出口营销战略讨论了具体的出口问题，同时还考察了小企业开展营销实践的实例。

本书新增及扩充的主题

全国乃至世界各地的大学生都特别关注全球气候变化所带来的威胁，许多大学生甚至为此而进行抗议游行。本书的主要完善之处就在于强调国际营销在这方面如何起到帮助作用。为此，本书首先讨论了全球各地的用电（即能源使用）情况，而且特别关注欧洲大陆，毕竟欧洲大陆在降低碳排放方面做得很成功。这一概念也反映在其他方面，如印度的高人口密度、北极冰盖不断减少以及北美地区巨大的能源消耗。本书有几章都提到了有关化石能源、可再生能源以及可持续发展方面的最新资料。

本书中新增及扩充的其他主题紧扣面向21世纪的竞争问题、不断变化的营销结构、伦理和社会责任、谈判、管理者培养等主题。竞争提升了质量的全球标准，扩大了对先进技术和创新的需求，提高了顾客满意的重要性。如今，全球市场正迅速从卖方市场向买方市场转变，并且已进入社会、经济、政治发生深刻变革的时代。为了保持在全球市场上的竞争力，企业必须了解正在形成的全球经济秩序的方方面面。

与此同时，绝对不可轻视全球通信技术的发展及其带给国际经营的各种已知和未知的影响。等到第三个千年时，生活在“地球村”的人们将比以往任何时候都联系得更为紧密，人们当然也能互相听到和看到彼此正在发生的事。例如，一位德国的总裁平日只要拿起互联网语音器，就可以听见并看见远在澳大利亚或世界上任何其他地方的同行。在许多方面（时差是明显的例外)，空间距离正变得无关紧要。

电信、互联网以及卫星正在帮助企业优化其计划、生产和采购过程。信息正以闪电般的速度在全球传播，从而促进了商品的流通。覆盖全球且功能日益强大的网络，可以提供超越国界和洲界的服务，进而大大促进国际贸易。全球通信技术给人们提供了新颖的、更好的对话方式，使彼此更容易相互理解，从而将全球各地的人们更紧密地联系在一起。

国际市场的这种动态性反映在本书新增的和扩充的内容中，具体包括：

- 对全书的所有数据、图片和图表进行了更新，删除了过时的材料，增加了100多篇进行资料引用的新的学术文选。
- 第1章：新增了有关国际市场营销中创业以及环境问题的影响。
- 第2章：通过举例美国与其太平洋和大西洋邻国间新的贸易谈判来说明国际营销面临的艰难局面。与此同时，美国和中国在有关太阳能电池板贸易争端的谈判中同意就减少碳排放进行合作。
- 第3章：就环境影响而言，人口增长和新兴经济体都对国际市场营销体系构成了新的压力。不过，它们既带来了挑战，也创造了机遇。
- 第4章：新增了有关文化和语言在新的通信技术环境下是如何从拇指打字演进到表情

符号的讨论。
- 第 5 章：新增了一个有关日本女性角色变化的“跨越国界”案例。
- 第 6 章：对数据、图片和图表进行了更新。
- 第 7 章：进一步讨论了技术进步对全球各国政策（税收、审查制度和网络恐怖主义）的影响。
- 第 8 章：新增了一个有关隐私和资料收集的“跨越国界”案例。
- 第 9 章：有关古巴的材料中提到，美国解除了针对古巴的长达半个世纪的禁运。
- 第 10 章：作为新的关注点，介绍了俄罗斯与乌克兰目前的争端以及欧盟和美国对俄罗斯实施的相关制裁。
- 第 11 章：新增了一个讨论午餐肉以及亚洲文化对美国影响的“跨越国界”案例。此外，本章还详细讨论了美国企业在中国进行营销时所犯的错误。
- 第 12 章：全新讨论了在欧洲进行内容和服务销售的美国媒体企业（如 Netflix）的市场进入战略。
- 第 13 章：深入讨论了多样性是如何带来创新的，同时拓展了对产品质量的定义，使之扩大到公共健康和安全问题。
- 第 14 章：全新讨论了丰田公司推出的氢燃料电池这一革命性的创新产品，同时讨论了欧盟把生物质燃料作为碳中性燃料使用过程中的创新之举。
- 第 15 章：新增了有关巴黎街头美式食品推车和集装箱运输技术重要性的“跨越国界”案例，更新了万豪国际集团利用互联网技术的内容。
- 第 16 章：全新描述了平面媒体持续退出、电视媒体开始退出以及互联网主宰地位不断上升的发展趋势。本章新增了一个深入讨论广告信息翻译所面临挑战的“跨越国界”案例，通过三星公司在意大利的营销失误对公关与广告之间的区别进行了说明。
- 第 17 章：作为新的关注点，描述了外语学习的重要性。
- 第 18 章：新增的“全球视角”详细描述了影响奥利奥在全球各地定价的巧克力和食糖的价格波动及其控制问题。此外，本章还提供了有关石油价格波动的全新资料。
- 第 19 章：新增了有关创造性国际谈判主题的材料。

本书的结构

本书分为六篇。第一篇包括第 1 章和第 2 章，向读者介绍了国际市场营销的环境与文化分析法以及关于国际营销管理的相关概念。正如公司为应对 21 世纪的激烈竞争而进行重组那样，未来的管理者也必须重塑自己。成功的管理者必须具有全球意识，眼光不能局限于一个国家或一个地区，而应面向全世界。全球意识是全球营销的基础。本书开头部分讨论了全球意识的含义以及全球意识的培养。

第 2 章重点讨论了国际贸易的动态环境以及当今国际营销者所面临的竞争挑战和机会，全面阐述了创立世界贸易组织（前身为关贸总协定）的重要性，并且讨论了互联网和手机在国际商务方面越来越凸显的重要性，从而为后续章节介绍互联网和手机的具体应用打下了基础。

第二篇的五章内容讨论了全球营销的文化环境。全球导向要求国际营销者认识文化的差异性，并能就是否必须适应这些文化差异做出重要决定。

第 3 章所讨论的地理和历史对于理解不同国家间的文化与市场差异性十分重要。当然，不能忽视全球生态环境的恶化问题以及跨国公司在保护生态环境方面的重大责任。

第 4 章从广义的角度考察了文化以及文化对与国际营销有关的人类行为的影响，具体分析了吉尔特·霍夫斯泰德（Geert Hofstede）有关文化价值观和行为的研究。第 4 章所考察的文化因素为第 5 ~ 7 章深入分析商业惯例和政治、法律环境提供了必要的前提。在介绍伦理道德和社会责任时，考虑了国际管理者经常面临的两难境地，即如何在公司利益与公司决策所产生的社会后果和道德影响间取得平衡。

第三篇所包含的四章内容讨论了全球市场机会的评价。随着市场的扩大，细分市场不断出现，而跨国市场上细分市场的进一步演变又迫使营销人员去了解不同文化背景下的市场行为和跨文化的市场行为。

第 8 章探讨了多元文化调研、定性与定量研究以及互联网在调研中的作用。

第 9 ~ 11 章分别介绍了这些地区众多跨国公司针对跨时区差旅与通信成本的变化而进行的营销组织变革以及区域市场集团的不断产生与发展情况。此外，上述三章也讨论了这些地区原有的市场以及新兴的市场。

本篇还考察了苏联解体，独联体国家的诞生，东欧的经济转型以及南非、古巴和越南回到国际经济舞台的战略意义，还分析了中国、印度和许多拉美国家在减少或消除贸易壁垒、实施对外开放和国有企业私有化方面所付出的努力。

这些席卷世界各地的政治、社会和经济变革创造了新的市场，也带来了新的机会。一些市场会变得更易进入，而另一些市场则有可能实行更为严重的保护主义。

第四篇讨论了全球营销战略的制定问题。第 12 章的主题是全球营销的计划和组织，讨论了包括战略联盟在内的协作关系，指出了企业、供应商和客户之间相互协作对取得全球营销成功的重要性。许多跨国公司意识到要充分利用全球市场所提供的机会，往往必须具备超越自身能力的实力。协作关系能够带来技术、创新、生产力、资本和市场准入，从而可以增强公司的竞争地位。

第 13 章和第 14 章着重讨论了产品和服务的管理问题，反映了消费品和工业品营销在战略上的差异性以及消费服务和工业服务在世界市场上的日益重要性，强调了在提供全球产品或服务时从建立能适应文化差异的标准化产品或服务平台的角度看待处理适应性问题的重要性。此外，还探讨了在当今全球市场上，质量、创新和技术对成功营销所起的重要作用。

第 15 章让读者领略了产品从母国到目标国家市场消费者手中的分销过程。通过对日本分销体制的详细介绍，考察了分销体制对进入一国市场所构成的结构性障碍。此外，还介绍了日本和其他一些国家分销渠道结构方面所发生的迅速变化，介绍了万维网（World Wide

Web）这一新的分销渠道。

第 16 章讨论了广告和国际营销组合中的促销因素。全球市场细分讨论涉及跨国细分市场的迅速成长以及市场细分作为一种战略性竞争手段在创造有效促销信息中的重要性。

第 17 章讨论了人员推销、销售管理以及销售代表培训、评价和控制方面的重要问题。

第 18 章介绍了价格升级和抑制价格升级的方法、反向贸易以及美元相对于其他货币坚挺或疲软时所应采取的价格策略。

第五篇所包含的第 19 章系统介绍了与客户、合作伙伴和政府管制部门所要进行的谈判，重点讨论了不同文化背景下的不同谈判风格以及在实际谈判中了解这些差异的重要性。

本书的教学方法特点

本书内容全面，重点考察了公司开展跨文化营销时所面临的计划和战略问题。

本书自始至终强调了互联网在国际营销中的重要工具性作用。章末习题中也给出了一些需要通过访问互联网才能解决的问题。有关互联网的习题旨在让学生熟悉互联网在调研中的重要作用，了解如何通过互联网获取数据资料并激励读者使用互联网来解决问题。当然，学生通过利用所给的网址，可以进一步探讨书中所给出的许多实例、插图和表格。

为了突出理解文化特性、相关商业惯例和战略的重要性，本书试图通过应用一些精辟、幽默、扼要的新事例来激发读者的兴趣，从而强化其对本书所介绍的观点、概念和战略的理解。

本书各章都以“全球视角”案例来引出正文，其中的公司实例都与本章所讨论的突出问题相关。“全球视角”案例所涉及的公司多种多样，既有单纯的出口商，也有全球性企业。

“跨越国界”是《国际市场营销学》的一项创举，自第 1 版问世以来一直深受读者的欢迎。这些案例反映了当今国际营销中的问题，不仅可以用来展示现实生活中的实际情况，而且也可以作为课堂讨论的素材。这些案例具有独特性、幽默感和趣味性等特点。

第六篇提供给读者“国家手册——营销计划制订指南”。作为辅助材料，该指南采用详细的提纲形式，既能为全面分析一国文化和经济提供研究框架，又能指导营销计划的制订。

除了“国家手册——营销计划制订指南”外，本书还提供了一系列长短不一的案例。小型案例针对某一具体问题，注重讨论某个具体概念或问题。较为复杂的综合型案例涉及范围较广，针对的是多个营销管理问题。新案例侧重于服务营销及其营销战略。教师可以利用所给的信息，对这些案例进行分析。如果学生能进一步收集数据资料，还可以对这些案例进行更深层次的分析。

致谢

本书的成功得益于众多人的帮助，特别是那些为完善本书而提供中肯建议和意见的人士。

在此，我们要特别感谢那些为本书提供真知灼见的人们。他们是：

Anthony Di Benedetto
Temple University
Stefanie Mayfield-Garcia
University of Central Florida
Richard Nasby
Regis University
Ruth Taylor
Texas State University

我们要感谢许多学生和教授，他们无私地提供了对过去各版本的建议。当然，我们继续欢迎对本版及未来各版本《国际市场营销学》提出批评和建议。

我们还要特别感谢 Susan Gouijnstook、Kim Leister、Heather Darr、Elizabeth Schonagen、Jessica Portz 和 Kerry Shanahan。有了他们的热情、创造力、建设性批评和对卓越的追求，才有《国际市场营销学》(原书第 17 版）的出版。

菲利普 R. 凯特奥拉

玛丽 C. 吉利

约翰 L. 格雷厄姆

R. 布鲁斯・莫尼

目录

Contents

第四篇 制定全球营销战略

第五篇 实施全球营销战略

第六篇 国家手册——营销计划制订指南

PART 1

第一篇
概　　论

第1章

国际市场营销的范围和挑战

第2章

国际贸易的动态环境

第1章

Chapter1

国际市场营销的范围和挑战

学习目标

通过本章学习，应能把握：

- 国际市场的利益
- 美国企业的国际化
- 国际市场营销任务的范围
- 自我参照标准（SRC）在国际市场营销中的重要性
- 全球意识的日益重要性
- 成为全球营销者的阶梯

全球视角

全球贸易促进和平

和平时期，全球贸易蓬勃发展。20 世纪 90 年代后期，北美地区经济迅速发展，这主要得益于冷战的结束和部分国家对世界贸易体系的开放。不过，我们同时也应该明白贸易以及国际市场营销在缔造和平方面所起的重要作用。

美国最大的出口商波音公司也许就是一个最著名的例子。很多人可能会说波音的军火销售（飞机和导弹）并没有促进和平，但这方面的贸易只占该公司商业活动的 20% ~ 25%。即便如此，该公司的客户仍然遍及全球 150 个国家或地区，有 169 000 名员工在 65 个国家或地区工作。[⊖]以公司新产的波音 787 梦想飞机为例，其零部件来自全球各地，包括澳大利亚、法国、印度、意大利、日本、俄罗斯与瑞典。该公司生产的商用飞机有 12 000 架在运营，每年在全世界运送约 10 亿名乘客。波音公司的太空分部是国际空间站的主要承建商。该空间站由 16 个国家共同建造，2000 年秋，1 名美国人和 2 名俄罗斯人首先进入空间站工作。此外，波音太空分部还生产和发射通信卫星，惠及世界各国人民。

凡有关商用飞机和太空飞行器的一切研发、生产和营销活动，无不需要全世界千千万万的人们精诚合作。此外，让天各一方的人们聚到一起，进行娱乐和商务活动，波音公司在这

⊖ Boeing’s 2014 Annual Report (http://www.boeing.com).

一方面无与伦比。[一] 所有这一切交流不仅使双方在经济上受益，而且加深了友谊，促进彼此理解。而后者正是全球和平和繁荣的基石。

另一类公司为促进全球对话以及和平做出了贡献，那就是手机产业。到 2015 年，全球手机用户数超过了 70 亿。三星（韩国）、苹果（美国）和联想（中国）成为手机市场的三强。

个人和小企业也能产生影响，尽管不像大公司那样受人关注，但是集腋成裘，所起的作用同样不可忽视。我们常举的一个例子就是丹尼尔·卢伯茨基（Daniel Lubetzky）的和平工厂（PeaceWorks）。卢伯茨基先生靠研究人员补助金在斯坦福法学院学习，研究如何促进阿拉伯人和以色列人创建合资企业。之后，他身体力行，创办了一家公司，使用以色列产的罗勒香蒜沙司和其他原材料，再利用阿拉伯人提供的玻璃缸盛起来，生产他称为“毛西阿里美食”（Moshe & Ali Gourmet Foods）系列的第一种产品。如今，该公司总部设在纽约市的公园大街，并在以色列、埃及、印度尼西亚、土耳其和斯里兰卡设有分部，在全美 15 000 家商店销售四种不同的产品线。通过合作，阿拉伯人、以色列人以及其他参与者不仅获得了可观的商业利润，而且对彼此的立场和个性的理解更加长久，也更加深刻。

国际市场营销不是轻而易举之事。即使是去巴黎，已经去过 10 次，进行销售访问也绝不同于度假。但是国际市场营销同时也是件重要的工作，可以丰富自己、家庭，也可以丰富公司、国家。公司无论大小，倘若搞好了国际市场营销，就能充分理解异国顾客的需求，从而促进繁荣与和平。[二]

资料来源：For more details, see http://boeing.com; http://airbus.com; http://peaceworks.com; Heidi Vogt, “Making Change; Mobile Pay in Africa,” *The Wall Street Journal*, January 2, 2015, p.B6. Cell phone sales data are available at http://www.mobithinking.com.

> 美国企业，不论大小，在国际商务中的参与程度以及受其影响程度在美国历史上都是前所未有的。随着追求效率、生产率，寻求开放而无管制的市场的运动席卷世界，现代经济史上空前的全球经济繁荣正在出现。强劲的经济、技术、工业、政治和人口力量共同作用，为建立全球经济新秩序奠定了基础，在此基础上，将形成一个统一的全球经济和市场体系。

当我们于 15 年前在本书第 11 版的开头写下上面这段话时，所处的世界与现在相比是如

[一] The European commercial aircraft manufacturer Airbus is beginning to catch up, employing 63 000 people around the world (see Airbus’s 2014 Annual Report, http://www.airbus.com).

[二] In response to criticisms of globalization catalyzed by the riots in Seattle in 1999, a growing literature argues for trade as a fundamental cause of peace. For a variety of such arguments, see Jagdish Bhabwati, *In Defense of Globalization* (Oxford: Oxford University Press, 2004); Thomas L. Friedman, *The World Is Flat* (New York: Farrar, Straus, and Giroux, 2005); Clifford J. Schultz III, Timothy J. Burkink, Bruno Grbac, and Natasa Renko, “ When Policies and Marketing Systems Explode: An Assessment of Food Marketing in the War-Ravaged Balkans and Implications for Recovery, Sustainable Peace, and Prosperity, ” *Journal of Public Policy & Marketing* 24, no. 1 (2005), pp. 24-37; William Hernandez Requejo and John L. Graham, *Global Negotiation: The New Rules* (New York: Palgrave Macmillan, 2008), Chapter 13; Steven Pinker, *The Better Angels of Our Nature: Why Violence Has Declined* (New York: Viking, 2011; Hernando de Soto, “ The Capitalist Cure for Terrorism,” *Wall Street Journal*, October 10, 2014, online.)

此的不同。当时，美国仍沉浸于20世纪90年代后期信息技术的繁荣景象之中，多数人不会想象到2001年高技术企业的泡沫以及相关的安然公司和世通公司的丑闻。没有人会想到会出现“9·11”灾难，即使是那些作恶之人。谁能预见2003年亚洲会爆发“非典”？2004年印度洋大海啸的发生也是不可预测的。石油价格从2000年下半年的每桶40美元飙升到每桶100美元更是令人不可思议。但到2015年，石油价格仅仅数月就从每桶100多美元下跌到每桶50美元以下。我们描绘了太空计划和国际太空站的蓝图，然而它们的未来却因哥伦比亚号航天飞机的灾难和国家航空航天管理局（NASA）的预算削减而受到严重影响。

虽然出现了这些重大事件，美国消费者仍然在消费，世界经济仍然在发展。在2007年秋天之前，联合航空公司和波音公司的裁员以及严峻的就业形势并没有减缓房地产市场发展的步伐。政府降低利率使申请贷款人数激增，现金的流通又刺激了消费，而这又导致了2008年年初的经济衰退。接着，在这一年的9月与10月，住房市场泡沫开始破裂，全球金融体系出现崩溃。曾经忠诚无比的美国消费者不再购买住房，世界贸易出现了50多年来最大幅度的下降，达到了12%。20世纪下半叶，世界贸易仅仅出现过两次下跌：1975年的欧佩克石油危机后下跌了3.1%以及1992年下跌0.3%。但在2011年，日本遭受的地震和海啸的袭击以及泰国遭遇的洪水灾害致使世界贸易受到严重影响。未来将更为艰难。许多专家预计全球恐怖活动将加剧，而发生在巴厘岛、马德里、伦敦以及孟买的流血事件似乎也说明了这一点。最后，因为全球经济正处于艰难恢复时期，所以国际贸易具有新的重要意义。在美国，来自中国企业的新的竞争一直受人关注。来自巴西跨国公司与印度跨国公司的竞争压力也在不断增加，特别是因为包含这些国家在内的新兴经济体在最近的全球衰退中仍然保持良好的发展态势。[㊀]在经济如此不景气的时期，最好的消息也许就是尚未出现20世纪30年代发生的那种带有民族主义色彩的贸易保护主义行为。此外，随着美国消费者支出的减少，一直以来稳定增加的美国贸易与国际收支赤字在2009年出现了大幅减少。

近来，对于因经济上遭受损失而引起的不平等现象，世界各地民众爆发了全球性的示威乃至暴力行动。所谓的阿拉伯之春（Arab Spring）就起因于突尼斯街头小贩抗议糟糕的经济环境以及警察骚扰的自杀行为。随后，大规模的抗议扩大到北非和中东地区，导致突尼斯、埃及和利比亚政府的垮台。在地中海沿岸地区，希腊、意大利和西班牙也深受全球经济衰退的折磨，导致欧盟内产生了南北对立的趋势。希腊爆发的抗议活动暴力倾向尤其明显。此外，印度也发生了针对政府过度干预的大规模抗议活动。美国的占领华尔街抗议活动在全美以及世界的其他城市都引起了响应。

此外，中东地区持续不断的暴力行为让美国以及众多盟国卷入了伊拉克和叙利亚的冲突。目前，这些悲剧似乎看不到尽头，而且很多人认为外部干预的作用非常有限，甚至只会使事情更为糟糕。西非地区爆发的埃博拉病毒也正在从担忧而上升为对全世界的威胁。[㊁]新发现和新技术所带来的油气供给的增加虽然让美国深感惊喜，但环境保护主义者一直持反对

㊀ “Counting Their Blessings,” *The Economist*, January 2, 2010, pp. 25-28.

㊁ Manny Fernandez and Jack Healy, “CDC Says It Should Have Responded Quicker to Dallas Ebola Case,” *New York Times*, October 15, 2014, p. A19.

态度，他们担心带来的后果可能是化石燃料使用的增加以及液压破碎法带来的风险。虽然美国和英国的经济从 2009 年的经济危机中有所恢复，但其他国家或地区尚未摆脱困境。

国际市场营销受到所有这些方面的影响，反过来也会对它们产生影响。特别地，北非及中东地区因经济和政治不稳定所导致的风险成本正在不断上升。欧盟地区可能发生经济危机的担忧也让世界各地的跨国公司对经济前景看淡。甚至早在 2008 年经济危机爆发前，麦当劳就史无前例地开始撤离拉丁美洲和中东市场。这两个地区低迷的经济、日趋激烈的竞争和反美情绪妨碍了麦当劳的业务。事实上，对于参与国际商务的公司而言，最为重要的是要能预期那些意外之事。从事过国际经营的管理者都清楚，国际商务中的一切都不可能按预期那样进行。虽然市场（尤其是国际市场）往往充满不可预测性，管理者仍然需要进行计划和预测。为了有效应对市场的这些自然波动，公司不仅需要建立牢固的人际关系和商务关系，而且需要采用内容丰富的业务组合。不管怎样，弹性往往意味着生存。

不管美国的公司是否愿意直接参与国际经营，都不可避免地受到日益增强的北美企业从事进出口或在国外制造的影响，也不能对在美国市场上经营的外国公司的数目、区域性贸易的增多、世界市场的迅速成长和越来越多的全球市场竞争者视而不见，这一点也许比以往任何时候都突出。

在影响全球经营的所有事件和趋势中，有四点最为明显，而且影响着未来全球经营的形式：①世界贸易组织和全球各地新的自由贸易协议的迅速增加；②地处拉丁美洲、亚洲和东欧的发展中国家倾向于接受自由市场体系；③互联网、手机和其他全球媒体对消除国界影响的不断增加；④为子孙后代恰当地管理好资源和全球环境的要求。

如今，大多数经营活动都是在全球范围内开展的。技术、研究、投资、生产、营销、分销和通信网络都具有全球性。每一家企业都必须准备在一个相互依存度越来越高的经济和自然环境中竞争。无论是管理一家从事出口的国内公司还是管理一家跨国集团，经营者都必须意识到这些趋势的影响作用。正如一位国际问题专家所言，每一家美国公司都是国际性的，因为至少它的经营业绩部分地受到国外所发生事件的制约。即使那些不在国际竞争领域经营的公司，在某种程度上也会受到欧盟的成功、韩国的出口主导增长、重新活跃的墨西哥经济、中国的经济改革、中东的军事冲突和全球变暖的影响。

对于企业来说，要避开美国经济国际化、世界市场全球化和新兴大市场的影响，已越来越不可能了。随着争夺世界市场的竞争加剧，仅在国内经营的公司的数量会减少。换言之，“美国企业的经营活动是国际经营活动”这句话越来越有道理。

制订在竞争日益激烈的全球市场上具有竞争力的战略计划是国际市场营销面临的挑战。对于越来越多的公司而言，国际化不再可有可无，而成为一个必须面对的、事关兴衰存亡的问题。本书从头至尾都将讨论这些问题以及其他影响世界经济、贸易、市场和竞争的问题。

1.1 美国企业的国际化

竞争结构的变化伴随着世界市场需求特征的变化，可以说明为什么当前人们对国际市场营销感兴趣。随着市场的日益国际化，公司发现，即便在本土，也不可避免地与国外客户、竞争对手和供应商纠缠在一起。它们面临来自国内企业和外国企业各个方面的竞争。在美国市场出售的相当大数量的消费产品（从汽车到餐具）都是外国制造的。索尼、Norelco、三星、丰田和雀巢咖啡在美国都是人们熟知的品牌。对于美国工业来说，在争夺美国和世界市场的竞争中，它们是难以打败的对手。

许多大家熟知的美国公司目前都在外国人的控制之中。当你走进一家 7-Eleven 便利店或购买火石（Firestone）轮胎时，你是直接在从日本公司购买。一些知名品牌如今已不再属于美国公司，如 Carnation 属于瑞士、《华尔街日报》属于澳大利亚以及征服美国西部的泛美史密斯 – 韦森（all-American Smith and Wesson）手枪，也已归一家英国企业所有。Zenith 是最后一家生产电视机的美国公司，即使它也被韩国的 LG 电子有限公司并购了，该公司生产金星电视机和其他产品。Pearle Vision、Universal Studios 以及其他许多公司目前都归外国跨国公司所有或控制（见表 1-1）。外国在美国直接投资超过 30 000 亿美元。[⊖] 英国公司在美投资领域占据领先地位，其余依次为日本、荷兰、加拿大和法国。

表 1-1 外国并购美国公司的情况

美国公司	外国拥有者
7-Eleven 便利店	日本
Ben & Jerry's	英国
百威啤酒	比利时
克莱斯勒汽车	意大利
Chrysler Building（纽约克莱斯勒大楼）	阿拉伯联合酋长国（阿布扎比）
Church's Chicken 快餐店	巴林群岛
美国雪铁戈	委内瑞拉
哥伦比亚电影集团公司	日本
French's Mustard 法式调味酱	英国
Firestone 公司（轮胎）	日本
北极电冰箱公司	瑞典
基因泰克公司	瑞士
Gerber 公司	瑞士
Holiday Inn（假日酒店）	英国
Huffy Corp.（自行车）	中国
Oroweat 面包店	墨西哥
Random House（兰登书屋出版公司）	德国
RCA 电视	法国
史密斯 – 韦森手枪	英国
Swift & Company（肉类加工企业）	巴西
《华尔街日报》	澳大利亚
T-Mobile 移动电话运营商	德国
华尔道夫饭店	中国

资料来源：Compiled from annual reports of listed firms, 2015.

⊖ http://www. bea. gov.

其他一些公司通过产品出口进入美国市场，占有的市场份额越来越大，进而在美国投资办厂。本田、宝马和奔驰等都在美国从事生产。当然，美国公司也向国外投资。福特购买了美洲豹，太平洋公司兼并了英国最大的电力供应商以及第二大燃气分销商能源集团，美国中型铁路公司威斯康星中央运输公司控制了英国全部铁路货运业务，并且通过它在英格兰、威尔士和苏格兰铁路公司经营英国女王私人专列火车。该公司还兼并了经营穿梭于海峡隧道的铁路公司。美国跨国公司在海外投资已不是什么新鲜事儿。自第二次世界大战结束以来，美国跨国公司一直活跃在世界各地，购买公司，投资办厂。对于美国公司来说，比较新鲜的事情要算是在“它们的领地”——美国市场上，有全球竞争对手与它们竞争。

巨大的美国市场为经济的持续增长提供了机会，它曾经是美国企业的领地，如今却必须和各种各样的外国公司分享。仅仅拥有国内市场的企业越来越觉得难以维持通常的增长率，许多公司都在寻求国外市场以谋求发展。在海外有经营业务的公司发现，在它们的总利润中，境外收入占有重要份额。联合委员会一项为期 4 年的对 1 250 家美国制造企业的研究表明，所有行业的跨国公司，不论大小，经营业绩都超过只在国内经营的同行，它们的销售额增长速度是只在国内经营的公司的两倍，而且前者的投资回报也明显高于后者。再者，美国跨国公司在国内外裁减的生产性雇员的数量也比国内公司多。另外一项研究表明，尽管国际化给企业带来了各种各样的困难，但是一般来说公司价值都通过全球多样化得到了提升。[㊀] 许多跨国公司国际业务的利润水平远远超过其国内业务，这一现象至少在一段时期内是毋庸置疑的。

跨越国界 1-1

白雪公主、灰姑娘和宾堡

宾堡（Bimbo）是一个很棒的品牌名，用它来说明跨国市场营销的困难是再好不过了。按照韦氏词典的定义，Bimbo 属于贬义词，用来指长相漂亮但缺乏头脑的荡妇或妓女。

但是在西班牙、墨西哥和其他一些西班牙语种的国家，Bimbo 这个词并不带有任何贬义。其实，人们经常把它和那种具有白色小熊图标的宾堡牌面包联系在一起。在墨西哥，宾堡是最常见的面包品牌，在《北美自由贸易协定》(NAFTA) 的支持下，这家企业的触角已经伸到了北方。例如，这家墨西哥公司最近收购了美洲地区美食业的一些知名品牌，包括：美国品牌莎莉集团（Sara Lee）和美食集团（Bestfoods）；在得克萨斯州达拉斯当地最负盛名的“巴尔德夫人面包店”(Mrs. Baird’s Bread)；在阿根廷最受欢迎的法哥（Fargo）面包店。如今，第 5 号州际公路上常常能看到满载宾堡产品的 18 轮卡车北上驶向南加利福尼亚的拉丁居民聚居区。

也许正是因为宾堡的缘故，阿纳海姆市的议员如此惧怕“巨人”(Gigante) 进入他们的城市。“巨人”是墨西哥人投资的连锁超市，其主打产品为宾堡圆面包、番茄、刺梨等拉丁风味的产品。“巨人”在洛杉矶已经开了三家店，但是当它申请在“世界上最快乐的地方”附

㊀ John A. Doukas and Ozgur B. Kan, “Does Global Diversification Destroy Firm Value?” *Journal of International Business Studies* 37 (2006), pp. 352-371.

近开一家新店时，遭到该市政府的拒绝。人们不能不联想到，阿纳海姆市的大老板——迪士尼乐园是否把宾堡品牌和它们的头牌角色对号入座了，因为迪士尼的主角（从美国小爱丽丝到她的荧屏姐妹们）几乎清一色都是金发美女。实际上，如果“巨人”在阿纳海姆的遭遇加上一些民族主义、排外主义甚至种族主义因素，那将是一个更好的案例。于是阿纳海姆市最终被迫允许“巨人”开店。

美国企业在向世界其他地方扩张时经常会遇到类似的问题。比如法国的民族主义精神。法国的农场主素来以提抗议而闻名，他们会做出向贸易部长扔羊骨头之类的事。稍好一点的是法国的文化部长杰克·朗（Jack Lang），他对美国卡通网络做过如下评价：“我们必须对美国的侵略展开反击。某些北美的传媒集团无耻地对我们国家进行文化殖民，令人忍无可忍。”

此外，看看美国人在20世纪20年代和80年代对“日本殖民化”曾经产生的恐惧和反感。这种明显的排外倾向发展为种族主义，致使美国人向丰田车和本田车扔石头，却放过大众车和宝马车；我们谴责日本人收购美国公司，却对近年来德国吞并信义银行等事件充耳不闻。

墨西哥国家石油公司最近禁止美国企业投资于墨西哥的石油和天然气行业就是民族主义的一个例子。不过，虽然英国石油收购ARCO公司没有遇到麻烦，但墨西哥水泥行业的大企业CEMEX收购休斯敦的Southdown公司时就遭遇了民族主义的阻力。

与“巨人”在阿纳海姆市所遇到的难题相比，提华纳市的情况形成一个强烈的反差。在过去的10年内，墨西哥提华纳市的零售店店面的变化非常明显。在《北美自由贸易协定》实施后，现在这个边境城镇已经被Blockbuster Video、Burger King、好市多、Smart&Final，以及其他一些美国品牌所占领。

资料来源：John L. Graham, “Blanca Nieves, La CenicientaY Bimbo,” La Opinion, February 22, 2002, p. C1; and Denise M. Bonilla, “Latino Market Arrives, with Giant Aspirations,” *Los Angeles Times*, May 7, 2003, p. B6; Clifford Kraus, “New Accents in the U.S. Economy,” *The New York Times*, May 2, 2007, pp. C1, C14; “Sara Lee Completes Sale to Bimbo,” *Chicago SunTimes*, November 7, 2011; http://www.GrupoBimbo.com, accessed 2015.

表1-2说明了海外投资产生的利润对美国公司的重要性。在多数情况下，国外销售的利润要高于美国国内，体现了美国品牌的国际延伸。苹果公司的表现最为瞩目，公司总收益由2003年的60亿美元激增到2007年的240亿美元、2011年的1 080亿美元和2013年的1 710亿美元。目前，苹果公司的国外收入占比高达60%以上。

表1-2 部分美国公司全球收入及境外收入比例

公 司	全球收入（亿美元）	境外收入（占总量%）
苹果公司	1 709	61.3
雅芳	100	85.4
波音	866	56.6
雪佛龙	211.6	75.9
Direct TV	318	21.0
福特汽车	1 469	41.8

（续）

公 司	全球收入（亿美元）	境外收入（占总量%）
IBM	998	65.1
英特尔	527	82.8
强生	713	55.3
亿滋国际	353	80.2
沃尔玛	4 743	29.0

资料来源：S&P500, 2013: Global Sales Year in Review (September 2014).

迄今为止从未涉足国外的公司目前正在寻求国外市场。已经在国外经营的公司意识到要战胜外国跨国公司，它们必须提高自己的竞争力。由于争夺新兴市场的竞争日益激烈，它们发现有必要在改善它们营销地位上投入更多的时间和资金。对初次涉足国际市场营销的企业和业已从事国际市场营销的企业的要求大致相同：全面彻底地投身于国外市场，而且对于许多公司来说，还必须采取新的经营方式。

1.2 国际市场营销的定义

国际市场营销（international marketing）是指对商品和劳务流入一个以上国家的消费者或用户手中的过程进行计划、定价、促销和引导以便获取利润的活动。国内市场营销和国际市场营销的唯一差别在于，国际市场营销活动是在一个以上国家进行的。“在一个以上国家”，表面上看差别很小，却导致了国际市场营销活动的复杂性和多样性。营销的概念、过程和原则具有普遍性。无论是在得克萨斯州的代姆博克斯，还是在坦桑尼亚的达累斯萨拉姆从事经营活动，营销者的任务都是一样的。企业的目标在于通过促销、定价和分销具有一定市场的产品获取利润。那么，国内市场营销和国际市场营销的区别到底在哪里呢？

答案不在于营销概念的不同，而是实施营销计划的环境不同。海外市场的特殊性源于一系列的陌生问题和为了应付国外市场上出现的程度不同的不确定性所需要采取的各种各样的策略。

竞争、法律限制、政府管制、天气、多变的消费者以及其他一些不可控因素，可能而且事实上常常会影响深思熟虑的营销计划的实施效果。一般来说，营销者不能控制或影响这些不可控因素，只能通过自我调整，适应这些因素，以取得富有成效的结果。市场营销之所以吸引人，是因为它具有挑战性，即必须在市场不可控因素（竞争、政治、法律、消费者行为、技术水平等）框架中操纵营销决策的可控因素（产品、价格、促销、分销和研究），实现营销目标。尽管营销原则和概念具有普遍适用性，营销者实施营销计划的环境却因国家或地区的不同而大不相同。不同的环境所产生的种种困难是国际市场营销者关心的主要问题。

1.3 国际市场营销的任务

由于国际市场营销者必须处理至少两个层次的不可控制的不确定性，而不是一个层次，因此国际市场营销者的任务要比国内市场营销者的任务更为复杂。不确定性是由企业环境的不可控因素造成的，每一个与公司有业务往来的海外国家又会有一系列特殊的不可控因素。

图 1-1 说明了国际市场营销者面临的总体环境。内环所示的是可控因素，构成经营者的决策区；第二环包括了对国外经营决策有一定影响的国内环境因素；外环代表了公司在其中开展业务的各个国外市场的国外环境因素。如外环所示，公司开展业务的每个外国市场可能会（而且常常会）产生一些各自的问题，涉及部分或全部不可控因素。这样，一家公司经营所涉足的外国市场越多，要应付的外国环境可能出现的不可控因素也就越多。通常，解决一国市场问题的方法并不适用于另一国市场。

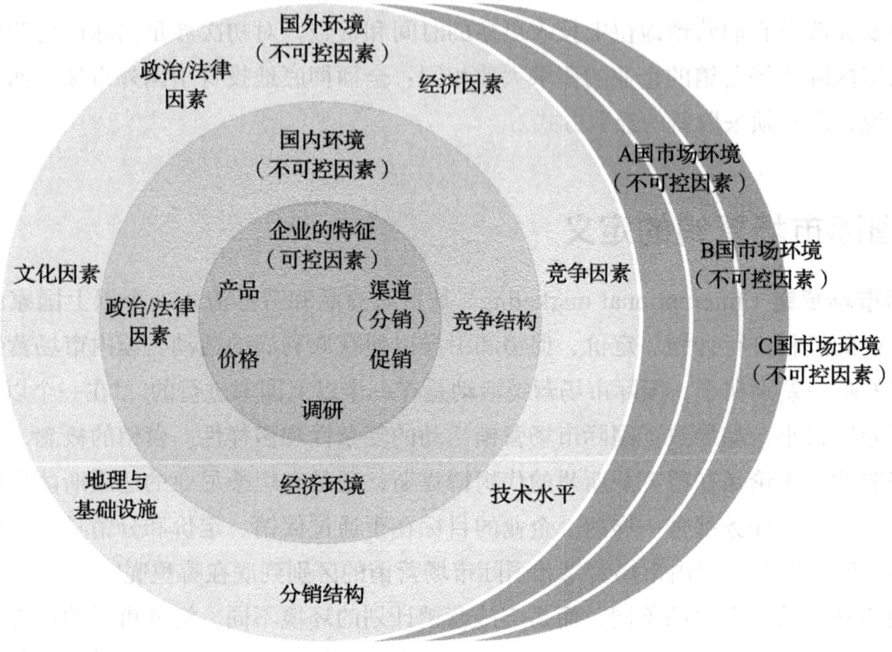

图 1-1 国际市场营销的任务

1.3.1 影响营销决策的因素

成功的管理者制订的营销计划能最佳地适应经营环境的不确定性。图 1-1 内环代表了营销经理的可控区。在公司拥有必要的资源的条件下，营销经理可对价格、产品、促销和分销渠道等因素进行综合运用，以便满足预期的需求并获得利润。为了适应不断变化的市场条件、消费者偏好或公司目标，可以在较长时期内，或常常在短时期内，调整**可控因素**（controllable elements）。

营销决策因素外面的圆环代表了国内、国外环境所造成的不确定性。尽管营销经理可以从可控因素中形成某个营销组合，但对**不可控因素**（uncontrollable elements），则必须积极地加以评估，必要时做出相应的调整。调整营销组合以适应不可控因素的好坏，决定了企业的最终经营成果。

1.3.2 国内环境因素

图 1-1 中的第二环代表了**国内不可控环境因素**（domestic environment uncontrollables），这些因素常常不是企业所能控制的，包括一些对外资企业的成败有直接影响的国内因素，如政治和法律力量、经济形势和竞争状况。

涉及一国对外政策的政治决策对企业的国际市场营销的成败有着直接的影响。例如，为谴责利比亚支持恐怖活动，美国政府全面禁止与利比亚进行贸易；为抗议南非种族隔离政策，美国对与南非的贸易加以限制；由于伊拉克的行为对美国及其盟国的国家安全构成威胁，美国全面禁止与伊拉克的贸易。在这种情况下，美国公司，不管是 IBM、埃克森公司，还是 Hawg Heaven Bait 公司，其国际市场营销计划均受到这些政治决策的限制。依据宪法，当某项贸易对美国的安全或经济具有不利影响的时候，或者当某项贸易与美国的对外政策相抵触时，美国政府有权加以限制。

相反，如果对外政策发生变化，并赋予别国优惠待遇时，则会对企业产生正面影响，如南非政府废除种族隔离政策后，美国政府取消了对南非的贸易禁运；美国政府还决定赋予中国永久的正常贸易关系地位，为后者加入世界贸易组织铺平道路。这两种情形，都给美国公司创造了机会。最后，还应该承认，有时候公司可以对美国的立法施加一定程度的影响。事实上，在赋予中国永久的正常贸易关系地位问题上，那些在中国市场有很大利益的公司，如波音公司、摩托罗拉公司，为消除对中国的贸易限制进行了大量的游说。

国内经济形势是另一个国内不可控的重要变量，对公司在国外市场上的竞争地位具有深远的影响。无论是在国内市场还是在国外市场，工厂设施的投资能力在很大程度上都受到国内经济活力的影响。在通常情况下，资本往往流向能得到最佳利用的地方。然而，首先必须生成资本，然后资本才能具有流动性。此外，如果国内经济形势恶化，本国政府可能会对对外投资和购买外国产品加以限制，以便振兴国内经济。

国内竞争对国际市场营销者的任务也会有深刻的影响。100 多年以来，柯达一直统治着美国胶卷市场，而且有把握通过实现利润目标来为其在外国市场的投资提供资本。由于无须为公司丰厚的利润操心，管理层有时间和财力策划雄心勃勃的国际市场营销计划。然而，富士胶卷在美国市场减低销售价格，耗资 3 亿美元兴办工厂，赢得了 12% 的美国市场，竞争结构随之发生了变化。自那以来，随着日本佳能公司领先的数码摄影技术的推出，柯达的国内经营业务更是遭到挤压。虽然柯达重新把精力和财力放回美国市场，但仍然在 2012 年根据《美国破产法》第十一章提请保护。富士通过拓宽战略业务，从胶片行业进入制药和液晶显示行业而在数码技术的冲击中生存了下来。[⊖]国内竞争会影响公司的国内计划和国际计划。

1.3.3 国外环境因素

除了国内的不可控因素外，**国外不可控环境因素**（foreign environment uncontrollables）

⊖ Kana Inagaki and Juro Osawa, "Fujifilm Thrived by Changing Focus," *The Wall Street Journal*, January 20, 2012, p. B5.

也是不确定性的重要来源，如图 1-1 的外环所示。毫无疑问，在本国经营的企业能较方便地预测商业形势，并根据这些因素，调整企业决策。但是，国际市场营销计划中的不可控因素的评价过程常常涉及大量的文化、政治和经济震荡问题。

政治稳定、阶级结构和经济形势是企业决策中的关键性因素，在多个国家从事经营的企业会发现其中的现象。一些国家进一步说明了文化、政治和经济形势在相对较短的时期内发生剧烈变化的问题。

例如，可以与一家中国公司或个人签订商务合同，但是他们必须是“法人”。在中国，公司或个人要成为“法人”，必须向中国政府部门注册登记。对于外国人来说，感到复杂的是只能与“法人”的“法定代理人”进行谈判，才对公司具有约束力。因此，如果你的公司与一家中国公司或个人进行谈判，必须索要赋予经营权的合法文件，还要考虑合同上的签字是否具有约束力，有没有必要按照中国的传统做法在文件上盖章。这些都是国际经营活动中不可控的政治和法律因素的不确定性。

如图 1-1 外环所示，较为重要的国际不可控环境因素包括：①政治 / 法律因素；②经济因素；③竞争因素；④技术水平；⑤分销结构；⑥地理与基础设施；⑦文化因素。这些构成了国际市场营销者在制订国际市场营销计划时必须应对的一些主要的不可控因素。在以后的章节中，将深入讨论这些不可控因素，这里仅以技术水平和政治 / 法律因素为例，说明国外不可控因素的性质。

由于发达国家与发展中国家之间存在着巨大的差距，技术水平是经常被误解的不可控因素。营销者不能主观地认为，在对机械设备预防性维修保养概念的理解上，外国和美国是一样的。也许，他们的专业知识还达不到产品支持的水平，普通人还不具备足够的技术知识，对设备进行适当的维修。在这种情况下，营销者必须采取额外的措施，确保他们理解定期维修的重要性，并且进行日常保养。此外，如果不能在当地取得现成的技术支持，那么必须培训当地人员，或者由公司提供技术支持。

无论是在国内还是在国外经营，企业都面临着政治和法律问题。不过，企业的“外国公司身份”往往使这些问题更加突出，从而给恰当评估和预测国际经营动态环境增加了难度。企业的“外国公司身份”有两层含义：一是外国人控制着企业；二是管理层不熟悉东道国的文化。企业的外国身份意味着，企业被视为外人、剥削者，因而受到歧视和不公正的对待。政府往往公开支持或默许政治活动家通过号召驱逐“外国剥削者”，团结支持力量。例如，印度政府要求可口可乐公司做出选择，要么公开秘密配方，要么关闭工厂离开印度。可口可乐公司决定离开印度。数年以后，可口可乐公司重返印度。然而，一些软饮料公司出于竞争目的，鼓励政治活动家扰乱和不断干涉可口可乐公司的经营活动。

跨越国界 1-2

手机、经济发展与正在缩小的数字鸿沟

在干鱼粉摊位和成堆的塑料货品之间，一个红色的集装箱装满了一瓶瓶可口可乐。位于赞比亚首都卢萨卡一角的可口可乐地方经销商，每隔几天就将存货发往索韦托（南非）市场。

满满一个集装箱需要花费1 000万克瓦查（约合2 000美元），如果用现金结算，如此大的数量是很难处理的：一是要花费很长时间去数；二是容易被窃，因为这是当地年平均收入的10倍数量。因此，可口可乐公司要求其300个赞比亚的经销商通过手机短信来交付货款而不是通过现金。整个过程大约需要30秒钟，驱动系统会签发一张收据，并由远程计算机记录资金和货物的流动过程。无独有偶，除了可口可乐公司，市场上的小型干洗店同样要求客户用手机付费；赞比亚的加油站、众多的大商店和餐馆亦是如此。

在世界上最贫穷的地区应用手机交易，这仅仅是手机诸多新用途的例证之一。手机促进经济发展的能力还有很多逸事为证：手机能使渔民或农民在出售产品之前查看不同市场的价格，使人们更容易找到工作还能使人少走冤枉路；手机能降低交易成本、扩大交易网络还能替代昂贵的实际运输；当其他交流方式（比如公路、邮政、固定电话）弱化或失效时，手机的独特价值更能得以体现。

在低收入国家中，手机的使用方式与富裕国家截然不同，很多人共用一部手机，所以对于富裕国家的人们来说，就很难意识到手机的重要性。一个村里有人用小额贷款购买一部手机，其他人则按分钟租用，这一微小的利润空间足以使机主偿还贷款并维持生计。当有电话呼入时，机主把手机拿到被叫者家中，然后由被叫者接听电话。其他生意人还从事短信息代理服务（通常短信息比通话要便宜），即代替客户（可能是文盲）收发短信息。按富裕国家的标准来看，每100人拥有一部手机的比例是很低的，但这已经在很大程度上改变了他们的生活。

资料来源：*The Economist*, "Economics Focus, Calling across the Divide," March 12, 2005, p. 74; Bruce Meyerson, "Skype Takes Its Show on the Road," *BusinessWeek*, October 29, 2007, p. 38; Andrew Jacobs, "China Restores Text Messaging in Xinjiang," *The New York Times*, January 18, 2010, p. A9.

此外，在美国国内，政治和法律的透明度比较高。例如，在美国，争议各方都可以利用已有的法律程序和通过适当的手续加以解决，而在其他一些国家，法律体制可能正在演变之中。在其他一些国家，腐败现象比较多，外国人可能受到不公正的对待。或者由于当地法律与美国法律相去甚远，而误解当地法律。问题是由于外国公司来自外国，因此与东道国国内公司相比，受政府政治意志的影响更大。

政治/法律因素和技术水平只是以后章节中要讨论的国外不可控因素中的两点。不同的国外经营环境的不确定性要求我们每进入一个国家都要认真研究该国的不可控因素。由于政治形势、经济发展阶段、技术水平和其他文化变量等方面存在差异，一种战略在一个国家可能成效显著，而在另一个国家则可能行不通。

1.4　适应环境的必要性

为了使营销计划适应国外市场，营销者必须正确理解各种不可控因素对营销计划的影响和冲击。从广义上看，不可控因素构成文化；营销者在适应文化（即市场的不可控因素）的过程中所面临的难题在于如何对这些冲击加以识别。在国内市场上，对多数不可控因素（文化）对营销活动的冲击，营销者做出的反应是自动的；各种各样的文化影响充满我们的生活，构成了社会化的一部分。由于我们对自身的环境具有一种文化上的敏感性，我们可以不假思索地以社会能够接受的方式行事。我们生活中的经验已经成为我们的第二天性，成为我们行为的基础。

然而，适应文化是国际市场营销者所面临的最富挑战性、最重要的任务。他们必须把营销力量调整到他们尚不适应的文化中去。在与陌生的市场打交道的时候，营销者必须意识到他们在进行决策或评估市场潜能过程所使用的参照系统，因为判断来自经验，而经验是在本国累积起来的。参照系统一经建立，便成为决定或改变营销者对社会的和非社会的情景反应的重要因素。

例如，时间观念很强的美国人也很难理解拉丁美洲人的时间观念。国际营销者必须了解这些差异以避免误解，导致营销的失败。实际上，一家美国企业就经历过这种失败的情形，无知导致广告的失败；在另一种情形中，由于误解而错过了销售良机：一位美国销售负责人在他的拉丁美洲客户的外间办公室“等了好久”，对此产生了误解。在世界不同的地方，简单的手势具有许多不同的含义，也会产生跨文化的误解。在美国，要表示“OK”，大多数人是举起一只手，用拇指和食指做成一个圈儿。然而，同样的手势对法国人来说，竟然意味着“零”或“一文不值”；对于日本人来说，意味着“钱”，而在撒丁岛和希腊则是一种常见的性侮辱。一位美国前总统无意之中对一些澳大利亚抗议者举起食指和中指，手背朝着抗议者。本想给一个“胜利”的信号，不料对于澳大利亚人来说，就等于在美国竖起中指（是下流的动作）。

文化调适（cultural conditioning）就像一座冰山，我们对它十之八九不了解。在对不同市场体系的民族、政治和经济结构、宗教与其他文化因素的研究过程中，涉外营销者必须不断地防止以自身文化中的既有价值观和假设为尺度，去衡量与评价市场。他们必须采取积极步骤，使自己意识到在分析和决策过程中所依据的自我文化参照系统。[⊖]

1.5 自我参照标准和民族中心主义：主要障碍

国际市场营销成功的关键在于适应不同市场环境之间的差异。适应就是国际市场营销者有意识地努力预测国内外不可控环境因素对营销组合的影响，并且调整营销组合方案，将影响降到最低程度。

国际市场营销成功的一个主要障碍是个人在决策过程中的**自我参照标准**（self-reference criterion，SRC）以及与此相关的民族中心主义。自我参照标准是指无意识地参照个人的文化价值观、经验和知识，作为决策的依据。与自我参照标准密切相关的是民族中心主义，即认为自己的文化和公司最清楚应该怎么做事情。由于在20世纪90年代后期，美国在世界经济

⊖ Emily Maltby, “Expanding Abroad? Avoid Cultural Gaffes,” *The Wall Street Journal*, January 19, 2010, p. B5.

中处于支配地位，因此对21世纪初的美国经理来说，民族中心主义尤其是个问题。一般地说，当来自富裕国家的经理在相对不富裕国家的市场工作或与那里的经理相处时，可能出现民族中心主义。自我参照标准和民族中心主义妨碍了真实地评价国外市场的能力。

面对一系列事实，我们总是根据生活中所积累的知识（这种知识是自身文化的历史产物），自发地做出反应。我们很少停下来对某个反应加以思考，我们只是做出反应。这样，在另一种文化环境中遇到问题的时候，往往是本能地做出反应，并根据自我参照标准，寻求解决问题的办法。然而，我们的反应以与我们自身文化相关的意义、价值观、符号和行为为基础，这些意义、价值观、符号和行为在外国文化中往往不同，因而这样的决策往往不能达到预期的效果。

为了说明自我参照标准的影响，不妨看看在不同的文化环境中，人们之间的距离可能会造成的误会。在美国，在交谈或一群人聚在一起的时候，不相干的人之间会保持一定的距离。我们并没有有意识地考虑这种距离，无须考虑，我们就感觉得出怎样才合适。当某人离我们太近或太远时，我们总感觉到不舒服，不是走远些，就是靠近点儿，调整彼此之间的距离。在此过程中，我们所依据的是自我参照标准。在一些文化中，人与人之间可以接受的距离要比美国人感到舒服的距离小得多。当另一种文化中的人过于靠近一位美国人时，由于不了解另一种文化中可以接受的距离，美国人会无意识地做出反应，按照美国标准后退到适当的距离。因而，双方都会感到慌乱。美国人主观地认为外国人过于热情，而外国人则认为美国人过于冷淡，缺乏友善之情。双方都依据各自的自我参照标准行事，成为文化误解的受害者。

自我参照标准可能使你意识不到文化差异的存在，或者认识不到这些差异的重要性。因此，要么认识不到采取行动的必要性，低估不同国家之间存在的文化差异，要么就是我行我素，惹恼对方。美国人常常犯的一个错误就是别人请你吃喝，你却拒绝。在美国，礼貌地拒绝当然是可以接受的，但在亚洲以及中东地区，如果你拒绝主人的热情，则会冒犯主人。你不必吃或喝得很多，但你必须接受主人的盛情。理解并处理自我参照标准是国际市场营销的两个重要层面。

民族中心主义和自我参照标准会影响对在国内设计的外国市场营销组合方案的合理性的评估。如果美国营销者意识不到这一点，他们就可能会单凭美国的经验（即他们的自我参照标准）评价营销组合方案，而不能全面地理解需要适应的文化差异。当然，如果能在大型旅游景点很方便地喝上一杯咖啡，对游客而言显然是很不错的选择。为此，星巴克在北京的故宫开了咖啡店。虽然美国游客很乐意购买，但中国游客显然很是愤慨。星巴克过了六年才纠正这一做法。总部在西班牙的女性服装生产商扎拉（Zara）供货速度很快。扎拉曾经在线销售一种条纹衬衫，衬衫的胸口上印有黄颜色的六角星。但对犹太人来说，这样的服装会让他们联想到第二次世界大战中那些人穿的服装。鉴于消费者的抱怨，扎拉立即就将货品撤了下来。[⊖]这两家大公司所犯的错误都是由于在决策过程中，依赖自我参照标准所造成的。

⊖ Danny Hakim, "Sara Withdraws T-Shirts over Anti-Semitisim Claims," *The New York Times*, August 28, 2014, p. B4.

如果营销者花时间超越自我参照标准去考虑问题，则会产生更好的效果。一家英国巧克力饼干生产厂，将自身的自我参照标准放在一边，采取不同的包装方法，迎合日本市场的需要。这样，在日本，McVitie 巧克力饼干采用彩色卡纸礼盒单独包装，价格高出英国三倍左右——在日本，饼干被用作礼品，因此看上去必须特别一些。联合利华公司认识到市场的独特性，在巴西采用新的包装、新的配方。一方面，那些比较穷的巴西人没有洗衣机，需要普通一些的肥皂；另一方面，因为人们在河里洗衣服，为防止袋子浸水，洗衣粉采用了塑料袋包装，而不是纸袋包装。此外，巴西人收入较低，对价格比较敏感，一次购买量不大，因此采用了价格较低的小包装。甚至麦当劳在印度也改变了传统的“汉堡王”。那里推出的汉堡的特点是有两块羊肉馅，因为大多数印度人都把牛看作神圣的动物，不吃牛肉。从这些例子中可以看出，如果营销者将自我参照标准作为决策的基础，那么基于国内市场经验，不可能做出这样的调整。

控制民族中心主义和自我参照标准影响的最有效的方法，是承认它们对我们的行为的确有影响。尽管对于一个人来说，几乎不可能深入了解每种文化，意识到所有重要的差异，但是如果在另一种文化环境中经营时，意识到识别文化差异的必要性，不耻下问，就可以避免国际市场营销过程中的许多错误。Vicks 公司善于提出恰当的问题，避免在德国犯下错误。它发现在德语中，“Vicks”听上去像一个与“性交”同义的极其粗鲁的俚语，因此它在将产品导入市场之前，将其名字换成了“Wicks”。

还必须注意，并非营销方案中的每个活动都因国而异。事实上，相似性要多于差异性。例如，前面提到的 McVitie 公司的巧克力饼干，在美国销售时采用的包装和在英国销售时采用的包装相同。然而，诸如此类的相似性可能会使营销者错误地形成一种明显的相同感。这种明显的相似性，伴随着自我参照标准，常常是产生国际市场营销问题的起因。没有发现相似性并不会带来问题，但若忽视了差异性，那么可能导致营销的失败。

在经营决策中，要避免犯错误，必须进行旨在克服自我参照标准的影响和保持对民族中心主义警觉的跨文化分析。以下所示步骤可以作为分析的框架。

第一步：按照本国的文化特征、习惯或规范定义经营问题或目标。

第二步：通过向目标国家的人士咨询，按照他国的文化特征、习惯或规范定义经营问题或确定经营目标，但不进行价值判断。

第三步：分离自我参照标准的影响，仔细分析其是如何使问题复杂化的。

第四步：在没有自我参照标准影响的情况下，重新定义问题，并解决问题，谋求最佳经营目标。

一位新近派驻日本的美国销售经理决定，手下的日本销售人员不必每天早上在东京拜访客户之前来办公室参加会议，毕竟，在美国就是这样做的。可是，这一基于美国的自我参照标准和轻微的民族中心主义的新政策出台后，销售业绩直线下降。通过与日本雇员交谈，这位经理随后明白了，同事的压力对日本销售人员的刺激作用最大。幸运的是，他能够意识到他的自我参照标准和美国式的处事方式在东京行不通。恢复早上例会后，销售业绩回到了原先的水平。

跨文化分析方法既需要理解外国市场的文化，也需要理解本国文化。令人惊奇的是，要理解本国文化，需要额外的研究，因为本国文化对于市场行为的影响许多都处于潜意识状态，没有明确的说法。

跨越国界 1-3

华尔道夫酒店

对于文化图腾，任何人都不乐意被外族入侵。在20世纪90年代日本经济发展处于顶峰时期，来自这个热爱高尔夫文化国度的投资者买下了圆石滩高尔夫球场（Pebble Beach Golf Course）。之后，包括阿诺德·帕尔默（Arnold Palmer）、理查德·费里斯（Richard Ferris）、彼得·尤伯罗斯（Peter Ueberroth）和克林特·伊斯特伍德（Clint Eastwood）在内的一家财团用了近10年的时间才使圆石滩高尔夫球场的所有权重归美国人。一条可以俯瞰第18个孔的长椅纪念见证了这次回归。

如今，国外的一家保险公司买下了位于纽约市中央公园对面的华尔道夫酒店。1897年，华尔道夫色拉就诞生于此。胡佛总统、艾森豪威尔总统以及麦克阿瑟将军都在这里退役。尼古拉·特斯拉和玛丽莲·梦露都因在此短暂停留而称之为家。在该酒店拍摄的约20部电影中包括《闻香识女人》(*Scent of a Woman*)、《缘分天注定》(*Serendipity*) 和《来到美国》(*Coming to America*)。总部位于北京的安邦保险集团（Anbang Insurance Group）耗费19.5亿美元从美国的国际希尔顿酒店处买下了该笔财产。

美国政府对这一收购展开了调查。华尔道夫酒店不仅代表着美国的文化，而且显然也关乎美国国家的安全问题。

华尔道夫酒店是美国驻联合国大使的所在地，而且在一年一度的联合国大会期间负责接待美国总统和数百名美国的外交人员。美国安全专家还特别担心与酒店翻修计划相关的潜在问题。

当时，美联社报道称，美国政府通常会提醒外交官和企业高管在国外要关注有关现场和电子监视方面的安全问题，特别是酒店房间中的笔记本电脑。商业机密、谈判立场以及其他敏感的商业信息特别需要加以关注。不过，美国政府对于美国国家安全局在国内到处展开监视的情况并没有发布这种警告。

具有讽刺意味的是，虽然存在这种政治、安全和文化方面的争端，但希尔顿不仅在纽约经营华尔道夫，而且也在上海外滩经营华尔道夫。

资料来源：Matthew Lee, " Government to Investigate Chinese Firm's $2 Billion Purchase of Waldorf Astoria, " *Associated Press*, October 13, 2014, online, used with permission; David Barboza, " Chinese Return to the Waldorf, With $2 Billion," *The New York Times*, October 8, 2014, online.

1.6　树立全球意识

对于那些能乐观地面对障碍并愿意继续探寻新方法的人来说，存在众多的全球商业机会。21 世纪，成功的经营者不仅需要具有全球意识，而且要以整个世界为参照系。㊀树立全球意识意味着需要具备以下特质：①对文化差异持宽容和乐于学习的态度；②了解文化、历史、世界市场潜力以及全球经济、社会和政治的发展趋势。从一定程度上讲，具备全球意识就是要有“文化智慧”。文化智慧具有强化国际营销效果的作用。㊁

具有全球意识要求能够宽容对待文化差异。宽容就是理解文化差异，接受并和与自己行为不同的人一道工作。你不必接受他人的文化方式，成为自己的文化，但是必须允许别人与你不同，平等对待他们。例如，在一些文化中，守时并不那么重要，也并没有导致生产力低下，只是文化不同而已。宽容的人理解不同的文化之间可能存在的差异，并且利用这一知识有效地进行交往。

具有全球意识要求通晓文化和历史。在理解市场行为或董事会行为等方面，文化知识很重要。历史知识的重要性在于人们的思想和行为受到其历史的影响。如果一个人具有历史观点，便容易理解为什么一些拉丁美洲人不乐意利用外资。

全球意识（global awareness）还要求了解世界市场潜力，以及全球经济、社会和政治发展趋势。在今后的数十年中，几乎在世界上每一个地区，市场潜力都将发生巨大的变化，具有全球意识的人必须不断注意这些变化。此外，具有全球意识的人必须同步了解全球经济、社会和政治趋势，因为这些趋势的改变或加速发展将影响一国的前途。俄罗斯、东欧、中国、印度、非洲和拉丁美洲正在经历经济、社会和政治变革，这些变革已经改变了贸易的进程，形成了新的经济力量。富有知识的营销者能够在别人还没有看到之前发现机会。本书的目的就在于引导读者树立全球意识。

可以而且应该采用多种方式在组织中树立全球意识。最明显的策略是选拔拥有全球意识的管理者。全球意识也可以通过与其他国家人员的交往而获得。事实上，已经建立起来的社会联系往往可以给进入市场带来便利。毫无疑问，与国外顾客建立起长期成功的业务关系常常会促进组织全球意识的提高。国外的代理商和合作伙伴也能在树立全球意识方面提供直接的帮助。但也许最有效的方式是有一个体现文化多样性的董事会或高层管理团队。遗憾的是，比起大多数其他国家的管理者，美国管理者似乎对最后一种方式看得比较轻。

1.7 参与国际市场营销的阶段

一旦公司决定走向国际市场，就必须通过对市场潜力和公司能力进行大量的调研与分析来决定参与市场的程度以及准备承担的义务。当然，这里的调研与分析过程并非总是要经历的。㊂研究表明，很多因素有利于企业快速实现国际化：①相比于传统的制造企业，具有更

㊀ Gary A. Knight and Daekwan Kim, “International Business Competence and the Contemporary Firm,” *Journal of International Business Studies* 40, no. 2 (2009), pp. 255-273.

㊁ Peter Magnusson, Stanford A. Westjohn, Alexey V. Semenov, Arilova A. Randrianasolo, and Srdan Zdravkovic, “The Role of Cultural Intelligence in Marketing Adaptation and Export Performance,” *Journal of International Marketing* 21, no. 4 (2013), pp. 44-61.

㊂ Protiti Dastidar, “International Corporate Diversification and Performance: Does Firm Self-Selection Matter?” *Journal of International Business Studies* 40, no. 1 (2009), pp. 71-85.

多技术资源或营销资源的公司更有能力开展国际化；[㊀]②国内市场较小但产能较大的公司似乎更适宜走国际化道路；③公司具有国际背景的经理人能够加速公司的国际化过程。许多公司试探性地开始国际经营，不断获取经验，成长壮大，并且随着参与程度的深入改变战略和战术。其他公司经过大量研究，全面地制订长期计划，做好准备后，从事国际市场营销，并通过投资赢得市场地位，这也正是国际营销活动大量涌现的原因。研究表明，效果更好的选择就是综合运用这两种方法，既考虑各种外部条件，也考虑公司的特征。[㊁]

不管采用什么样的手段进入国外市场，一家公司也许并无实质性的市场投资，也就是说，它的市场参与仅限于销售产品，而很少考虑或者不考虑控制市场。或者，一家公司会彻底参与，投入大量资金和精力获取并保持一定的永久性市场地位。一般来说，下述五个阶段（有时会重叠）可以描述一家公司的国际市场营销参与程度。尽管国际市场营销阶段是按照线性顺序排列的，读者不应由此认为一家企业总是从一个阶段发展到另一个阶段，相反，一家企业可以从任何阶段开始，或者同时处于几个阶段。例如，由于许多技术产品的产品周期较短，应用面窄，但市场分布广，许多高科技公司，无论大小，把整个世界，包括国内市场在内，视为一个单一市场，并且努力尽快地争取所有可能的客户。

1.7.1 非直接的对外营销阶段

在这一阶段，公司并不积极地培植国外客户，然而，该公司的产品可能会销到国外市场，即销售给贸易公司以及其他找上门来的国外客户。或者，产品通过国内的批发商或分销商，在生产商并未明确鼓励甚至并不知晓的情况下，销到国外市场。随着公司在互联网上制作网页，许多公司从国际互联网用户那里获取订单。外国购买者不请自来的订单常常会激起一家公司增加国际销售的兴趣。

1.7.2 非经常性对外营销阶段

生产水平和需求的变化所产生的暂时过剩会导致非经常性的海外营销。由于这种过剩是暂时的，因此，只是在有货的时候才对外销售，很少甚至没有打算不断地维持国外市场。当国内需求增加，吸纳了过剩，就会撤回对外销售活动。在此阶段，公司组织结构和产品线很少变化甚至没有变化。如今属于此类的公司很少，因为世界各地的客户越来越倾向于寻求长期业务关系。此外，有证据表明短期扩张所带来的财务回报是非常有限的。

从本质上讲，参与国际市场营销的前两个阶段更多地属于反应性行为，对国际扩张常常

㊀ Chiung-Hui Tseng, Patriya Tansuhaj, William Hallagan, and James McCullough, "Effects of Firm Resources on Growth in Multinationality," *Journal of International Business Studies* 38 (2007), pp. 961-974; Niron Hashai, " Sequencing the Expansion of Geographic Scope and Foreign Operations by ' Born Global ' Firms," *Journal of International Business Studies* 42 (2011), pp. 995-1015.

㊁ Harry G. Barkema and Rian Drogendijk, " Internationalizing in Small, Incremental or Larger Steps?" *Journal of International Business Studies* 38 (2007), pp. 1132-1148; Peter Lamb, Jorgen Sandberg, and Peter W. Liesch, " Small Firm Internationalization Unveiled through Phenomenography, " *Journal of International Business Studies* 42 (2010), pp. 672-693.

没有进行仔细的战略思考。事实上，如果未进行战略思考而盲目进行国际营销，那么即便是大公司也会遭遇失败。

按照国际营销领域研究人员与作者㊀的共同看法，从事国际市场营销的企业存在三种明显不同的战略决策方法：①经常性对外营销；②多国营销或国际营销；③全球营销。

以下将对这三个阶段（及其相关的战略定位）依次进行讨论。

1.7.3 经常性国外营销阶段

在此阶段，企业拥有持久的可以用于生产在国外市场销售的产品的能力。企业可以雇用国外的中间商或国内的海外业务中间商，或者在重要的外国市场，拥有自己的销售力量或销售公司。这些企业的生产和经营重心在于满足国内市场需求，但是，随着海外需求的增加，加强了针对外国市场的生产能力，并调整产品以满足国外市场的不同需要。海外利润不再被视为对正常国内利润的补充，公司依赖对外销售额和利润以实现公司目标。

Meter-Man 公司是一家位于明尼苏达州南部仅有 25 位雇员的小公司。该公司生产农用测量仪器，是处于此阶段的很好例子。㊁ 1989 年，已有 35 年历史的公司开始尝试出口，到 1992 年，公司产品销往欧洲。今天，Meter-Man 公司的产品销往 35 个国家，外销额占总销售额的 1/3。不久，公司预计国际销售额将占公司业务的一半左右。营销部经理说，“开始出口时，心里暗想，这只是在蛋糕上加层糖而已，而现在，走向国际对我们而言生死攸关。”最近，Meter-Man 公司已被 Komelon 公司收购；作为多元化经营的大型国际公司，Komelon 在美国华盛顿州、韩国、中国和欧洲都设有经营企业。

1.7.4 国际市场营销阶段

在此阶段，公司全面参与国际市场营销活动，在全球范围内寻求市场，有计划地将产品销往许多国家市场。这时不仅需要国际市场营销，而且需要在境外生产货物。此时的公司已成为国际的或跨国的营销公司。

室内空调机生产厂家飞达仕公司的经历是在本阶段开始从事国际业务的典型例子。㊂虽然该公司是美国最大的空调机生产商，但它在国内市场上面临着一些制约因素。尽管销售量稳步增长，但是由于空调机（该公司的唯一产品）销售是季节性的，故有时国内销售额甚至不能弥补固定成本。此外，美国市场业已成熟，大多数顾客只买替换机件。任何销售增长只能源于竞争对手的市场份额。而它的对手，惠而浦和松下，都是难以战胜的。飞达仕意识到成长的唯一出路就是到国外去发展。

飞达仕认为亚洲气候炎热，中产阶级不断壮大，为它提供了最好的机会，其中中国、印度和印度尼西亚前景最好。它选中了中国，因为那儿 5 年里室内空调机的销售量从 50 万台

㊀ A seminal paper in this genre is by Yorum Wind, Susan P. Douglas, and Howard V. Perlmutter, “Guidelines for Developing International Marketing Strategy,” *Journal of Marketing*, April 1973, pp. 14-23.

㊁ See http://www.komelon.com for its Meter-Man product line and other details.
James Neff quoted in “So You Think The World Is Your Oyster”, June 08, 1997, *Bloomberg Business*.

㊂ See http://www.airwell-fedders.com for details about the company.

增长到400万台，而且仅占北京、上海和广州这样的城市家庭的12%。公司看好中国具有极好的增长潜力。经过仔细研究，飞达仕与一家也在寻求合作伙伴的中国小型空调机公司建立了一家合资企业——飞达仕新乐有限公司。它很快发现，必须为该市场重新设计产品。中国人喜欢分体式的空调机，即室内的风机和安装在墙外的热交换器。因为飞达仕不生产分体式的，便设计了一种新产品。这种新产品质量小、节电、自动调节风速，而且带有遥控器。

看来该合资企业很成功。公司正在探讨向其他亚洲市场和日本销售的可能性，甚至考虑把为中国市场开发的新产品返销到美国。随着飞达仕扩展到其他市场以及开展其他国际业务，它将逐渐演变成一家国际公司或跨国公司。它可以像多数公司一样，停留在这一阶段，也可以改变观念使自己成为一家全球公司。最后，飞达仕的成功也使得该公司成为国际收购的热门对象。2008年，在全球80个国家或地区拥有分销商的法国Airwell公司收购了飞达仕公司。

1.7.5　全球营销阶段

在全球营销阶段，最深刻的变化是公司的市场导向及其相应的计划活动。在这一阶段，公司将包括国内市场在内的世界，视为一个市场。市场细分决策不再关注国界。决定市场细分的因素是收入水平、使用方式或其他一些常常超越国家和地区的因素。通常，当公司一半以上的销售收入来自国外时，国际市场营销向全球营销的转化进程加快。公司中最优秀的员工寻求国际外派机会，整个企业的经营包括组织机构、资金来源、生产、营销等都从全球角度出发。

可口可乐公司从国际营销向全球营销转变是一个富有教益的例子。可口可乐公司已成为全球公司多年，20世纪90年代中期的组织变革是认可已经发生的变革的最后一步。起初，所有国际分部都向负责国际经营业务的执行副总裁汇报，该执行副总裁以及负责美国国内业务的副总裁向总裁汇报。新的组织由六个国际分部组成，包括五个可口可乐分部和一个可口可乐食品分部。美国经营单位的盈利占20%左右，并已降级为公司全球地域中六个国际经营单位中的一个部分而已。新的结构并不降低公司北美业务的重要性，只是将其他地区放在同等地位上了。然而，公司意识到，未来的成长将来自美国以外的新兴市场。

全球营销中企业的国际经营业务说明，随着市场全球化、世界经济相互依赖，以及越来越多的来自发达国家和发展中国家的企业加入竞争行列，争夺世界市场，竞争日趋激烈。人们经常使用全球公司和全球营销这两个术语来描述处于这一阶段的公司的经营范围和营销管理导向。

鉴于美国企业面临的竞争环境越来越国际化（事实上的确如此），对于在其他国家或地区从事国际营销的众多企业而言，最为有效的战略导向当属全球化战略导向。按照全球化战略导向，公司经营业务所涉及的所有国家市场（包括国内市场）按单一全球市场来经营，只要文化上可接受且成本可行，公司就实施标准化的营销组合策略。不过，全球化战略导向并不意味着盲目执行一种战略导向。[⊖]根据市场与产品的不同，企业也许更有必要采用其他战略导向。例如，宝洁公司对一次性尿布可能实施全球化策略，但在亚洲市场对洗衣粉产品则实

⊖ Susan P. Douglas and C. Samuel Craig, "Convergence and Divergence: Developing a Semiglobal Marketing Strategy," *Journal of International Marketing* 19, no. 1 (2011), pp. 82-101; Garzia D. Santangelo and Klaus E. Meyer, "Extending the Internationalization Process Model: Increases and Decreases of MNE Commitment in Emerging Economies," *Journal of International Business Studies* 42 (2011), pp. 894-909.

施多国营销策略。

跨越国界 1-4

开展国际市场营销的风险和收益

2009 年金融危机后，美国政府批准了先进技术汽车制造（ATVM）贷款项目。据此，对两家新的汽车公司——特斯拉汽车公司（位于加利福尼亚州的帕罗奥多）和菲斯克汽车公司（位于加利福尼亚州的阿纳海姆）提供了 5 亿美元的贷款。

Karmas 在欧洲和北美销售。可能销售最好的是贾斯汀·比伯（Justin Bieber）购买的全镀铬车型。在生产了约 2 400 辆 4 门的 Karmas 跑车后，菲斯克在 2013 年宣告破产。

相反，特斯拉报告其 2014 年第一季度实现了盈利。特斯拉在美国和国外市场都取得了成功，并已在全球售出了约 35 000 辆。它打开了中国内地和欧洲的销售市场，并在英国、中国香港地区、日本和澳大利亚推出了右舵驾驶车型。

显然，特斯拉的两款产品至少在外观上设计得很好。特斯拉是全电动的，而 Karmas 是插电式混合动力车。特斯拉 S 型也是 4 门豪华轿车，而且 S 型和 Karmas 在美国的售价都超过了 7 万美元。特斯拉还销售一种双座敞篷跑车，并于 2015 年提供 X 型 SUV 车型（运动型多用汽车）。

在撰写本书时，特斯拉在世界各地拥有约 125 家店面和服务网点。鉴于规模很小，特斯拉到目前为止一直都是通过自己拥有的商店来销售，而维护服务可以由全资子公司来提供。得克萨斯州和马里兰州都要求新汽车必须由经销商来出售，所以特斯拉在这些州的销售只能采取在线形式。

特斯拉生产的扩张受到电池可用性和充电站两个方面的限制。该公司最近选择内华达州作为其新电池生产厂的地点。目前，它正在全美及世界各地投资建设充电站。

特斯拉也将其技术卖给了丰田和戴姆勒 - 奔驰。现在，你可以购买小型的奔驰越野车（SUV）或采用了特斯拉全电动传动系统的丰田 RVA-4。两家公司对特斯拉都进行了重大投资。在过去几年里，就投资者而言，公司已成功上市。令美国政府大为欣喜的是，特斯拉提前偿还了 ATVM 贷款项目的未偿余额。

随着清洁能源重要性的不断提高，特斯拉面临着巨大的机会。特斯拉面临的主要威胁是经济的再次不景气，毕竟这对于豪华车而言影响十分巨大。特斯拉的首席执行官伊隆·马斯克（Elon Musk）计划在大约 5 年内推出可完全自动操作的系统（汽车自动驾驶）。我们认为只要充电站有保障，这种汽车的确很不错！

资料来源：Various company news releases from Tesla.com; stock analysts reports such as *Zacks Investment Research*, October 8, 2014, online; Mike ramsey, " Tesla CEO Musk Sees Fully Autonomous Car Ready in Five or Six Years," *The Wall Street Journal*, September 17, 2014, online.

1.8 国际市场营销的导向

对外营销者所遇到的大多数问题都是由于不熟悉实施营销方案的环境所造成的。成功部分取决于适当评估和适应陌生环境冲击的能力。成功的国际营销者具有人类学家、社会学家、心理学家、外交家、律师、预言家和商人的优秀品质。

根据所涉及的所有变量，国际营销教材应该包含哪些内容呢？本书作者认为，探究国外营销环境和文化以及它们对整个营销过程的影响是国际市场营销学的一个基本问题，也是介绍国际市场营销学最有意义、最有效的方法。[㊀]我们的观点也为图 1-2 中关于各国国际化程度全球最新排名的情况所证实。

虽然美国仍然位列第一，但中国和德国 2015 年的出口都已超过了美国。[㊁]此外，按照最新的 KOF 全球化指数排名，美国仅列第 32 位。[㊂]用于计算 KOF 全球化指数的 23 个变量包括许多人均指标，所以位列前 10 的绝大多数为小国。如图 1-2 中的三列总结所示，美国的政治全球化做得不错（第 18 位），但经济全球化比较差（第 87 位）。如果仔细分析这些数据，不难发现美国在社会全球化方面的优势（第 28 位）与“技术连通性”（technological connectivity）密切相关。在所有的国家中，美国的互联网用户排名第 11 位，而电视拥有率排名第 12 位。不过，在国际旅游方面，美国的排名为第 53 位。换言之，与其他国家的民众相比，美国人并不具有国外环境经历，而且与其他国家的文化接触很少。不过，这一缺失正是本书所重点关注的。

因此，本书就是从环境 / 文化角度入手研究国际战略营销的。本书并不打算罗列营销原则，而是阐述国际市场营销特有的问题，试图把外国环境和营销过程联系起来，阐述文化影响营销任务的多种途径。尽管营销原则具有普遍适用性，但是营销者实施营销计划的文化环境，往往会因国而异。本书主要关注的正是不同的环境所造成的困难。

本书涉及在他国或在其他任一国家或地区进行营销的任何公司，不管它们参与国际市场营销的程度高低，也不管采用什么参与方法。因此，国际市场营销学的讨论范围包括小型出口商的营销和经营实践，如位于科罗拉多州的鱼卵分类器生产公司，其 4 万美元的年销售额的一半是在加拿大、德国和澳大利亚生成的，也包括诸如微软、玫琳凯、强生等全球公司，它们一半以上的年利润来自世界各地众多细分市场上多种产品的销售。

本书第一篇对国际市场营销进行了总体介绍，包括对营销者所面临的全球经营环境的讨论。第二篇专门探讨了环境的不可控因素及其评估，随后各章评估了全球市场的机会。之后将讨论管理层在制定全球营销策略过程时面临的问题。每一章都讨论了环境对营销过程的影响。

限于篇幅，本书不可能像百科全书那样对国际市场营销的所有问题进行分析。不过，作者已经做出努力，尽可能详细地介绍，使读者领悟到面临挑战时进行全面分析的必要性，并为读者提供了一个分析框架。

㊀ Tricia Bisoux, “ Trade Secrets: An Interview with Caterpillar CEO, Jim Owens, ” *BizEd*, September/October 2009, pp. 20-27; Udo Zander and Lena Zander, “ Opening the Grey Box: Social Communities, Knowledge and Culture in Acquisitions,” *Journal of International Business Studies* 41, no. 1 (2010), pp. 27-37.

㊁ See http://www.WTO.org.

㊂ See http://www.kof.ethz.ch.

与世界其他国家在经济、社会、政治等联系方面最为密切的国家或地区

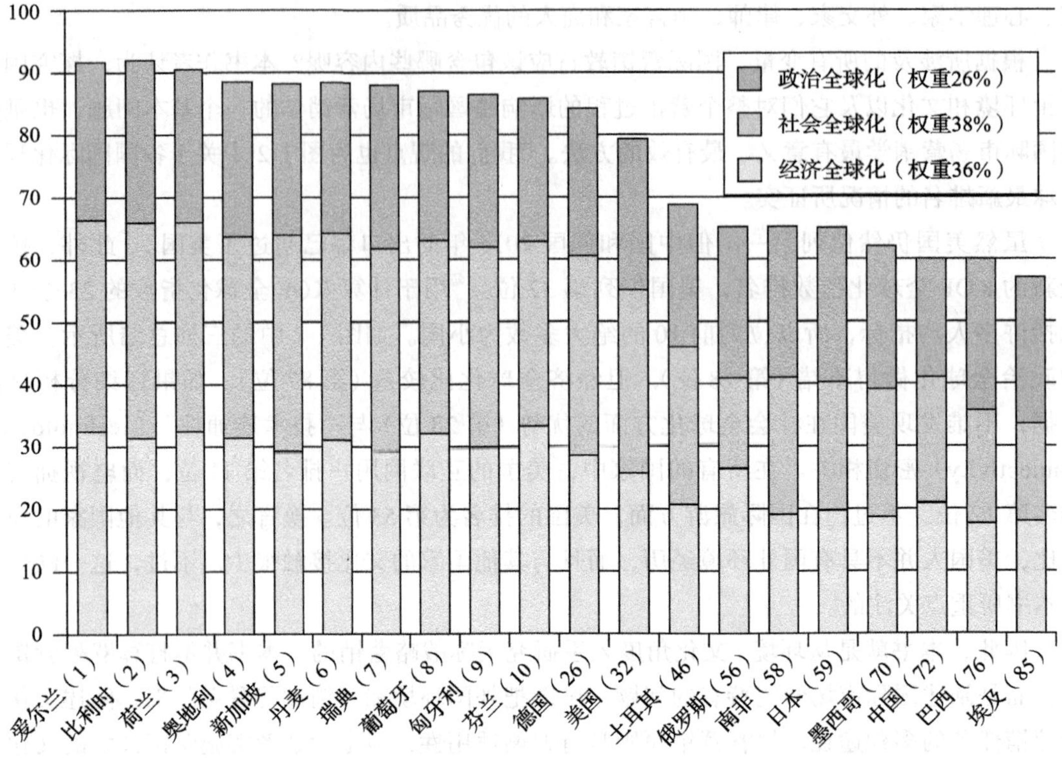

政治全球化指标	社会全球化指标	经济全球化指标
国际贸易	电话话务量	设立的大使馆
对外直接投资	国际游客	国际组织成员
对外国人支付的收入	外籍人口	国际条约
平均关税税率	互联网用户	联合国任务的参与情况
对国际贸易的税收	电视	

图 1-2 KOF 全球化指数（排名前十外加若干其他国家）

资料来源：http://www.kof.ethz.ch.

本章小结

美国企业的国际化步伐正在加快。市场和竞争的全球化要求所有管理者都关注全球环境。国际市场营销是指跨国界的包含定价、促销、产品、分销决策的业务活动。由于不同国家的法律、习俗、文化各不相同，使得国际市场营销的任务越发艰巨。如果一家企业要想在别的国家营销产品和服务并获得利润，就必须把环境差异考虑在内。

国际市场营销者面临的主要障碍不仅仅局限于环境因素，还包括与自我参照标准和民族中心主义有关的困难。自我参照标准和民族中心主义削弱了国际市场营销者理解和适应国外市场的差异的能力。解决这些问题的最佳办法是树立全球意识，增强全球敏感性，国际市场营销组织应该培育这些能力。

对于从事国际市场营销活动的管理者来说，存在三种不同的战略导向。第一种把国际市

场营销看作国内活动的补充；第二种视国际市场营销为增加销售收入的关键方面，并独立看待每个市场；第三种把全球看成一个市场，市场细分不再仅仅取决于国界，一些跨越国家的共同的消费者特征和行为也是重要的市场细分因素。

思考题

1. 解释本章标黑色的主要术语。
2. 有人说："无论是在得克萨斯州的Dimebox，还是在坦桑尼亚的Dar es Salaam，营销者的任务都是一样的。"试讨论之。
3. 试解释为什么美国企业对国际市场营销产生了越来越浓厚的兴趣。
4. 试讨论开展国际市场营销的五个阶段。
5. 试讨论导致全球市场发展的条件。
6. 试区分全球公司和跨国公司。
7. 试区分三个国际市场营销观念。
8. 试制订培养全球意识的终生计划。
9. 试讨论树立全球意识的三个必要因素。
10. 试定义并讨论全球导向观念。
11. 访问经济分析局的网页（www.bea.doc.gov）。选择"国际文章"部分，寻找有关海外对美直接投资的最新信息。哪个国家在美国的投资金额最高？处于第二位的是哪个国家？

第2章
Chapter2

国际贸易的动态环境

学习目标

通过本章学习，应能把握：

- 第二次世界大战后重建世界贸易的基础
- 国际收支状况对一国经济的重要性
- 保护主义对世界贸易的影响
- 贸易壁垒的若干类型
- 《贸易和竞争综合法案》的规定
- 关税与贸易总协定和世界贸易组织的重要性
- 国际货币基金组织和世界银行集团的产生

全球视角

贸易壁垒——国际营销者的雷区

美国和日本之间的贸易争端可谓众所周知。日本的贸易壁垒很多，关税也很高，因而美国的制造商在日本的销售额总也比不上日本公司在美国的销售额。比如，日本人声称日本的雪比较“特殊”，必须用日本国产的滑雪橇；认为美国的棒球质量不好，不能用于日本棒球运动。尽管日本已经开放了稻米市场，然而深受欢迎的加利福尼亚大米却只能掺上劣质的日本大米来销售。

不过，这样做的绝非只有日本。几乎每个国家都在利用美国的开放市场，但同时又对美国的出口设置重重障碍。例如，为了使广播电视电影行业免受外国竞争的影响，法国对电视上美国节目的播放数量、广播中美国歌曲的播放比例和法国影剧院美国电影的上映比例等都加以限制。这些壁垒和高额关税不仅限制了美国公司的销售额，也使得进口产品的售价要比在其原产地美国的售价高得多。

有一类贸易保护措施甚至与英国最高法院有关。其实，长期以来困扰居民区午夜快餐店究竟何谓“品客”的答案就在于此。通过引用里士满大法官黑尔夫人以及美国大法官奥利弗·温德尔·霍姆斯的观点，上诉法院法官罗宾·雅各布认为，从法律上讲，“品客”就是薯条。对英国的宝洁公司而言，这一裁定可是一个坏消息，该公司会欠政府1.6亿美元的增值税。当然，对英国税务及海关部门以及希望有明确法律界定的人士而言，这无疑是一个好消息。对于美国保守派攻击大法官索尼亚·索托马约尔并非“严谨法令解释者”一事，这同样也是一种提醒，给人贴上这种标签毫无意义可言。在英国，大多数食品免征增值税，但薯条（在当地被称为炸薯片）及“用马铃薯或马铃薯粉制成的类似产品”必须纳税。作为对严谨法令解释者的辩解，宝洁公司认为“品客”虽然含有40%的马铃薯粉，但也含有玉米、大米和麦粉，所以不应当被看作薯条或“用马铃薯或马铃薯粉制成的类似产品”。相反，“品客”实质上就是“可口的快餐”而已。

不过，增值税及税捐审裁处并不这样认为，其最后裁决是：在美国市场销售的“品客”就是薯条，需要缴纳增值税。增值税及税捐审裁处认为：“虽然‘品客’中也含有其他成分，但‘品客’的确由马铃薯粉制成，对此无法进行否定，而且马铃薯粉的含量很大，占到40%以上。”

无论是关税壁垒还是非关税壁垒，贸易壁垒都是国际营销者所面临的一大问题。出于种种原因，合理也好，不十分合理也好，各国仍然继续使用贸易壁垒。值得庆幸的是，如今关税一般都已经降低到历史最低水平，在消除非关税壁垒方面也有重大进展。此外，在世界范围内，各种致力于减少贸易障碍、促进世界和平与繁荣的工作仍然在继续。

资料来源：Adapted from Todd G. Buchholz, “ Free Trade Keeps Prices Down,” *Consumers’ Research Magazine*, October 1995, p. 22; Tomas Kellner, “What Gaul!” *Forbes*, April 28, 2003, p. 52; Jonathan Lynn, “WTO Negotiators to Tackle Obstacles to Farm Deal, ” *Reuters News*, January 3, 2008; Adam Cohen, “ The Lord Justice Hath Ruled: Pringles Are Potato Chips,” *The New York Times*, June 1, 2009.

过去，市场竞争发生于西欧、日本和美国；今后，随着一些国家和地区的新兴市场不断实施开放贸易，市场竞争将蔓延到拉丁美洲、东欧、俄罗斯、印度、亚洲和非洲。更多的世界人口，包括最富的和最穷的，都将通过全球贸易来分享世界财富。我们所处的新兴的全球经济将人们带入了世界范围的竞争，这种竞争无论是对营销者，还是对消费者都有益处。营销者将得益于新市场的开放以及较小市场的不断壮大所带来的可行的市场机遇。消费者则得益于能够以最低的价格选购世界各地生产的各式各样的产品。

不断发展的国际通信媒体和全球公司将世界每一个角落的消费者联系在一起，他们所需求的商品种类越来越多。如表2-1所示，世界贸易是一项重要的经济活动。正是因为国际贸易的重要性，所以各个国家或地区常常会管制国际贸易，使之朝着对自己有利的方向发展。随着竞争的日益加剧，保护主义也愈演愈烈。但是，如果要充分实现正在发生的政治、社会和经济变化所带来的利益，那么必须在全球范围内开展自由贸易。世界贸易组织的创立堪称历史上自由贸易的重大胜利之一。

表2-1　美国2014年的前十大贸易伙伴（商品贸易，单位：10亿美元）

排　名	国家（地区）	进出口总额	出口额	进口额	顺差/逆差
	总计	**3 969.1**	**1 623.3**	**2 345.8**	**−722.5**
1	加拿大	658.1	312.0	346.1	−34.1
2	中国大陆	590.7	124.0	466.7	−342.7

（续）

排 名	国家（地区）	进出口总额	出口额	进口额	顺差 / 逆差
3	墨西哥	534.5	240.3	133.9	106.4
4	日本	200.9	67.0	133.9	−66.9
5	德国	172.6	49.4	123.2	−73.8
6	韩国	114.1	44.5	69.6	−25.1
7	英国	107.9	53.9	54.0	−0.1
8	法国	78.2	31.2	47.0	−15.8
9	巴西	72.8	42.4	30.3	12.1
10	中国台湾	67.4	26.8	40.6	−13.8

资料来源：www.census.gov/foreign-trade/statistics/highlights/top/index.html, 2015.

诸如表 2-1 中所列出的贸易统计数据通常是各国或地区的政府官员所关心的对象。[⊖]但对于本书的读者以及分析人员而言，有必要了解这些宏观数据之外的内容。例如，中美贸易显然是美国的一个重要问题。美国对中国的贸易逆差几乎是美国对墨西哥贸易顺差的 4 倍。不过，对于美国从中国进口的商品，其绝大部分零配件实际上多是在其他国家生产的。一个最明显的例子就是苹果公司的产品；这些产品在中国生产，再进口到美国，但 iPhone 手机的一些组件是在多个国家生产的（见表 2-2）。因此，有关贸易差额的统计数据（尤其是与中国的数据）常常是被扭曲的，毕竟消费电子品进口占了美国从中国进口的大部分。2015 年，仅仅从中国发往美国的苹果公司的 iPad 产品就占了美国所报告的贸易逆差中的 80 亿美元。

表 2-2 主要贸易统计数据中的扭曲情况

从中国发往美国的 iPhone 手机的价值构成（组件和劳动力）	从中国发往全球各地的苹果 iPad 的价值构成（成本和利润）
日本 34%	中国劳动力 2%
德国 17%	非中国劳动力 5%
韩国 13%	原材料成本 31%
美国 6%	分销与零售 15%
中国 3.6%	苹果公司利润 30%
其他 27%	其他美国企业的利润 2%
	韩国的利润 7%
	其他方的利润 6%

资料来源：Andrew Batson, “Not Really ‘Made in China’”, *The Wall Street Journal*, December 16, 2010, pp. B1-2; “iPadded,” *The Economist*, January 12, 2012, p. 84.

⊖ Christi Parsons and Kathleen Hennessey, “Obama Pushes His Manufacturing Plan,” *Los Angeles Times*, January 26, 2012, p. A8; Jeanna Smialek, “Trade Gap Shrank in 2013 as U.S. Fuel Exports Climbed,” *Bloomberg News*, February 6, 2014, online.

本章简要描述了美国过去和如今在全球贸易中的作用，介绍了一些对于理解国际贸易和国家经济政策之间的关系而言非常重要的概念，讨论了贸易的主要障碍——保护主义的是非曲直，之后，回顾了两个旨在推进自由贸易的多边协定，即关税与贸易总协定（GATT）及其继任者——世界贸易组织（WTO）。

2.1 从20世纪到21世纪

在现代经济发展史上，从未像21世纪初的今天那样，各个国家或地区在经济上越来越相互依赖，国际贸易机会变得越来越多且更有潜力来满足需求的增长。即便考虑到始于2008年的全球金融危机，这一观点仍然正确。不过，在过去100年里，世界经济的发展一直显得反复无常。

20世纪上半叶，发生在两次世界大战之间的世界经济大萧条几乎摧毁了大部分工业化世界。20世纪后半叶，尽管没有战争，但是意识形态的分歧打乱了传统的贸易形式。

第二次世界大战之后，美国尽可能地在世界范围内灌输资本主义思想。为了帮助建立一个强大的世界经济，美国实施了帮助欧洲重建的马歇尔计划、为日本重建提供了财政和工业发展援助、通过国际开发署和其他组织提供了旨在促进欠发达国家经济增长的资金。随着殖民力量的瓦解，在亚洲和非洲形成了几十个新的国家。追求经济独立的努力以及美国的财政援助使得部分经济体得到成长，并形成了新的市场。

美国所提供的对外经济援助能从两个方面给美国带来好处。第二次世界大战之后，美国对其他国家的经济发展和重建所投入的每一美元，带来了成百上千美元的回报，这种回报是以购买美国的农产品、制成品和服务产品等形式体现的。马歇尔计划和其他计划[1]所带来的海外需求对美国经济显得十分重要，这是因为第二次世界大战期间为供给军需而建的大规模生产基地以及战后回国军人所形成的巨大劳动力供给致使美国的生产能力远远超过了其国内需求。满足美国国内被抑制的需求和满足欧洲、亚洲被战争破坏的国家的重建需求，推动了第二次世界大战后美国所经历的主要经济增长和生活水平的提高。简言之，美国帮助世界经济得以强大，从而使得其他国家或地区能从美国购买更多的商品和劳务。

除了美国的经济援助以外，在关税与贸易总协定的谈判中，贸易成员方之间的国际合作趋势也是显而易见的。第一次世界大战后，美国制定了《斯穆特－霍利法案》(Smoot-Hawley Act，1930)，将20 000多种进口品的平均关税提高到60%以上的水平。其他国家纷纷效仿美国，国际贸易陷入停滞阶段。出于报复，60个国家设置了高关税保护墙，国际贸易以及大多数经济体陷入了泥潭。由于关税和其他贸易壁垒高到了无法容忍的地步，所以世界经济大衰退一下子使世界经济陷入大萧条，世界贸易几乎陷入停滞状态。[2]

为了不让第一次世界大战后发生的经济灾难重演，世界领袖下定决心，创立了关税与贸易总协定。关税与贸易总协定是成员方就削减关税、减少贸易壁垒等进行谈判的一个论坛。

[1] The Organization for Economic Cooperation and Development (OECD) was a direct result of the Marshall Plan.

[2] David M. Kennedy and Lizabeth Cohen, *The American Pageant*, 15th ed. (Boston: Houghton Mifflin, 2012).

事实证明，该论坛在实现这些目标方面是成功的。1995 年，随着乌拉圭回合协议的通过，关税与贸易总协定成为世界贸易组织的一部分，117 个原始成员方步入了自由贸易的新纪元。

2.1.1 世界贸易与美国的跨国公司

曾遭受战争破坏的国家和过去欠发达国家的迅速崛起，再加上大规模的经济合作和援助，为国际贸易的开展开创了新的全球营销机会。生活水准的提高以及国外消费市场和工业品市场的扩大，给美国公司在世界范围内增加出口和投资创造了机遇。20 世纪 50 年代，许多从未在美国以外市场销售过产品的公司开始出口产品，另一些公司则在营销和生产设施等方面进行了大规模的海外投资。

20 世纪 60 年代末，美国跨国公司遭遇两个方面的重大挑战：其他国家和地区对直接投资的抵制和这些国家与地区在出口市场上竞争力的不断增加。美国企业在欧洲和拉丁美洲的大量投资，加深了这些国家对美国跨国公司主宰地位的忧虑。拉丁美洲国家所做出的反应是没收美国公司的直接投资或者强迫美国公司将其控制的股份出售给当地的国有公司。在欧洲，人们的忧虑表现为强烈要求限制外来投资。在英国，出于担忧英国可能会变成一个只能生产而无权决策的美国卫星国，出台了针对英美两国公司之间的合资企业的具体政策。在欧共体，美国跨国公司受到种种形式的抵制。这些抵制包括对拟议中的合资企业实施严格控制，对美国公司兼并欧洲企业加以规定，制定强硬的保护主义法律等。

1968 年出版的畅销书《美国的挑战》，充分描述了欧洲人所感受到的这种威胁。在该书中，法国籍作者 J. J. 塞万 - 施赖伯（J.J. Servan-Schreiber）做了这样的描述：

> 从现在起，再过 15 年，世界上仅次于美国和苏联的第三大工业经济体很可能不是欧洲，而是在欧洲的美国工业。在共同市场成立后的第九个年头，欧洲市场从组织形式上讲几乎就是美国企业了。[⊖]

基于种种原因，塞万 - 施赖伯的预言并没有实现，其中较重要的原因之一就是，美国的跨国公司当时面临着来自世界各地的竞争。世界范围的经济增长和第二次世界大战后的重建使得竞争开始显露头角，从而对美国工业的至高无上地位形成了挑战。这种竞争来自各个方面。日本、德国、大多数工业化世界和许多发展中国家在争夺国内市场需求的同时，也在寻求世界市场。原先的欠发达国家和地区被重新列为新兴工业化国家和地区。像巴西、墨西哥、韩国、中国台湾地区、新加坡和中国香港特别行政区等新兴工业化国家和地区，在特定的产业领域，迅速实现了工业化。在钢铁、船舶、消费用电子产品、汽车、轻型飞行器、鞋、纺织品、服装等领域成为强劲的世界市场竞争者。除了新兴工业化国家或地区之外，像智利、委内瑞拉和孟加拉国这样的发展中国家建立起了国有企业（SOE），并在别国开展经营活动。委内瑞拉的一家国有企业在波多黎各开设了一家子公司，生产帆布、化妆品、椅子和拉链；在波多黎各还有智利和哥伦比亚的公司；美国的佐治亚州有一家从事农产品经营的委内瑞拉公司；孟加拉国是对美国的第六大服装出口国，在佐治亚州也设立了一家床垫公司。

⊖ J. J. Servan-Schreiber, *The American Challenge* (New York: Atheneum Publishers, 1968), p. 3.

总之，与塞万－施赖伯警告欧洲防止美国跨国公司主宰的预言相比，世界经济力量和潜力的国别分布更趋平衡。相反，目前，其他国家在世界贸易中的地位已与美国相仿。例如，1950年，美国占世界国民生产总值（GNP）的39%，到2014年则下降为不足23%。与此同时，全球GNP则越来越大，世界制造业产量也是如此——所有国家分享着一个更大的“经济蛋糕”。其他国家的跨国公司的崛起也反映了这一变化。表2-3反映了1963～2014年发生的这种剧烈变化。1963年，在世界最大的100家工业公司中，有67家美国公司；1996年，美国公司只占24家，而日本公司从3家增加到了29家，韩国公司则从0发展到4家。伴随着20世纪90年代末美国经济的巨大繁荣，美国拥有36家世界最大的工业公司，日本则降到22家，而韩国又变为0家。最近，在《财富》最新榜单中，排名第17位的俄罗斯天然气巨头GAZPROM，成为第一家进入全球100强的东欧企业。此外，在全球100强中，一个很明显的现象是日本企业数的下降和中国企业数的增加。

表2-3　世界最大的100家工业公司的分布（规模按年度经营收入统计）

	1963	1979	1984	1996	2000	2005	2011	2014
美国	67	47	47	24	36	33	29	34
德国	13	13	8	13	12	15	11	8
英国	7	7	5	2	5	10	8	5
法国	4	11	5	13	11	10	10	8
日本	3	7	12	29	22	12	11	7
意大利	2	3	3	4	3	3	4	4
荷兰－英国	2	2	2	2	2	1		
荷兰	1	3	1	2	5	2	2	2
瑞士	1	1	2	5	3	4	2	2
卢森堡							1	
比利时		1	1		1		1	
挪威						1	1	
芬兰								
巴西		1					1	1
加拿大		2	3					
印度			1				1	1
科威特			1					
墨西哥		1	1	1		1	1	1
委内瑞拉		1	1	1			1	1
韩国			4	4		1	3	3
瑞典			1					
西班牙						1	3	1
俄罗斯							2	3
中国大陆					2	1	6	15
马来西亚							1	1
中国台湾							1	1
泰国								1

资料来源：“2014 Global 500,” *Fortune*, http://www.fortune.com.

作为世界经济力量影响因素之一的商品贸易差额也表明美国在世界贸易中的地位正在发生变化。1888 ~ 1971 年，美国对其他国家的出口大于从国外的进口；也就是说，美国有贸易顺差。然而，到 1971 年，美国的贸易逆差为 20 亿美元，而且不断增长；到 1987 年，美国的贸易逆差达到峰值 1 600 亿美元。之后，商品贸易逆差下降到 1991 年的 740 亿美元，但随后又继续增长，到 2002 年美国的贸易逆差超过了 4 000 亿美元。然而，随着美元的持续疲软，到 2007 年秋，美国的贸易逆差开始出现回落。[㊀]始自 2008 年的全球金融危机给美国带来的正面影响就是美国 2009 年的贸易逆差从 2007 年的高点下降。但在 2011 年，美国的贸易逆差再次超过了 7 000 亿美元。

20 世纪八九十年代，美国企业所面临的激烈竞争，对美国提出了 20 年前在欧洲所听到的类似问题：如何保持美国企业的竞争力，如何避免外国跨国公司主宰美国市场，如何防止它们把美国买走。20 世纪 80 年代，美国在计算机和机械等方面的竞争优势急剧下降。从 1983 ~ 1987 年，商品贸易逆差增长的 70% 源于资本货物和汽车。当时，这些行业都是美国的高工资、高技能行业。这种形势给美国工业敲响了警钟，美国开始重组其产业，即进行组织瘦身。到 20 世纪 90 年代末，美国在资本货物行业重新取得了竞争力。尤其是在高技术类产品的出口方面还实现了贸易顺差。

20 世纪 80 年代提出的重要问题还涉及关于美国企业在国外市场上的竞争力问题以及一些国家的国际贸易政策中的公平性问题。美国、日本的贸易摩擦主要涉及日本在美国的汽车和电子产品销售问题以及日本的限制性贸易措施。美国是自由贸易的坚定倡导者，然而面临的难题是如何促使贸易伙伴来互惠地开放市场，而不是引发保护主义的升级。除了成功地迫使日本对某些类型的贸易和投资开放其市场以外，美国还是世界贸易组织得以建立的重要推动力量。

到 20 世纪的最后 10 年，世界贸易方式发生了深刻的变化。欧盟国家的最终一体化、北美自由贸易区（NAFTA）[㊁]和美洲自由贸易区（AFTA）的创立以及亚太经济合作组织（APEC）的迅速发展都标志着全球区域贸易集团的开端。专家预测，全球区域贸易集团将是未来贸易的主导形式。在第二次世界大战结束后的数十年中，西方世界决定着贸易形式，但是，即便说亚洲不是领导力量，那么它也将成为越来越重要的力量。

2.1.2 21 世纪头十年以来

20 世纪 90 年代末，美国经济前所未有的快速增长，在 21 世纪前几年明显减缓。当然，在 2009 年出现了明显下降。除中国之外，世界绝大多数国家的经济增长同样急速减慢。据经济合作与发展组织（OECD）估计，在未来的 25 年里，经济合作与发展组织成员方的经济增长速度约为 3%，与过去 25 年的增长速度相同。相反，发展中国家和地区的经济将以更高的速度增长，年增长率将从过去 25 年的 4% 增加到未来 25 年的 6%。同期，它们所占世界

㊀ Alex Kowalski, "U.S. Trade Deficit Widens More Than Economists Forecast as Exports Decline," Bloomberg.com, January 13, 2012.

㊁ Jenalia Moreno, "Trade Tariffs End, Making NAFTA a Milestone," *Houston Chronicle*, January 2, 2008.

总产量的份额将从1/6左右上升到1/3左右。据世界银行估计，目前巴西、中国、印度、印度尼西亚和俄罗斯五国贸易额全球比例仅为欧盟贸易额全球比例的1/3，而到2020年5国贸易额比例将超出欧盟贸易额比例50%。因此，世界经济力量及其影响必将从工业化国家——日本、美国和欧盟转移到拉丁美洲、东欧、亚洲和非洲等国家与地区。

但是，这一转变并不意味着欧洲、日本和美国市场将不再重要；相反，这些经济体仍将是有利可图的巨大市场，在这些市场上设立的公司将从中得益。可以肯定的是如果一家公司想成为21世纪的主要竞争者，那么从现在开始就该打好基础。全球市场正在发生着诸多变化，这些变化将怎样影响国际经营呢？一方面，随着公司开始重视进入或维持在新兴市场、区域性贸易区域及其在欧洲、日本和美国业已建立的市场地位，竞争水平和激烈程度必将发生变化。

如今，公司正在寻求途径来提高公司效率、促进生产力、扩大全球市场，同时又保持对市场所需产品的迅速反应和及时交付能力。例如，中国的大型国有企业正加大在发展中经济体的投资。雀巢公司正在通过兼并和大力促销东道国的主要品牌，巩固它在全球消费市场上的主宰地位。韩国三星在墨西哥投资了5亿美元，借此来确保进入北美自由贸易区。美国电器制造商惠而浦公司通过兼并荷兰飞利浦的欧洲分公司而一跃成为全球电器行业的龙头老大，并立即着手将其重组成为全球性公司。事实上，几乎所有的跨国公司都在为未来竞争做种种调整或变化。

不仅跨国公司在积极地寻求新的市场机会，小公司也是如此。它们创新营销手段，寻找途径应用其技术专长，并将从未出口过的商品和服务出口到外国市场。美国中西部的一家公司，为超市生产并冷冻百吉饼面团，以便其烤制和销售。该公司在国外市场上发现了机会，便开始出口日本。虽然，一开始国际销量很少，但显示出了较大的增长潜力，以至于该公司卖掉国内业务，以集中精力从事国际业务运营。其他一些小公司，如生产阻燃剂的Nochar公司，其产品是10年前为印第安纳波利斯500英里[⊖]大赛开发的。目前，该公司销售额的32%来自海外29个国家的销售。Buztronics是一家翻领纽扣制造商，其业主听朋友说他生产的纽扣红光闪闪，在日本会很畅销。于是他做了第一单出口日本的生意，仅在一年后，Buztronics公司的海外销售已占到其销售总额的10%。虽然出口50强企业占美国商品出口总额的30%，但是，其余的出口份额都来自像上面一样的中小企业。大小企业都在为国内外市场国际化而进行调整，与此同时商界也正经历着一场剧变。

2.2　国际收支

国与国之间进行贸易时，不同国家的企业或消费者之间就会发生各种各样的经济交往：商品和劳务的进出口、货币的兑换、投资、现金收支、假期和出国旅游等。总之，在一定时期内，货币在不断地流进和流出一个国家。记录一国国际经济交往的账户体系被称为该国的**国际收支**（balance of payments）。

⊖　1英里＝1.609 3千米。——译者注一国的国际收支平衡表记录了在一定时期（通常为一年）内，一国居民与非居民之间发生的全部经济交往。因为国际收支是按照复式记账体系记录的，所以它总是保持平衡。与公司财务报表一样，资产和债务或者借方和贷方必须相互抵消，同样地，国际收支表的平衡并不表明一国处于特别良好的或者特别恶劣的财政状况。国际收支只是一种状况记录，而不是该状况的决定因素。一国与其他国家的每笔经济交易都反映在国际收支平衡表中。

一国的国际收支反映了一国的总体国际经济状况，负责内部和外部经济平衡的财政部、中央银行和其他政府机构将国际收支作为一项重要的经济衡量指标。国际收支体现了从外国所得的收入与对外支付之间的差额。美国国际收支的正项（贷方）记录：商品出口销售，国外游客在美国的花费，保险、运输等类似的劳务性收入，境外投资的红利和利息收入，境外投资资本的收益，外国在美国的新投资和外国政府对美国的支付。

负项（借方）记录：进口货物成本、海外旅游支出、在海外的新投资和对外军事与经济援助费用。当国际支出大于收入时，则发生逆差。通过增加一国的国际收入（即增加对别国的出口或吸引更多的外国游客）或减少在别国的支出，就可以减少或消除逆差。国际收支平衡表包括以下三个账户：**经常账户**（current account）记录所有的商品和劳务的进出口以及单方面的转移支付；**资本账户**（capital account）记录直接投资、证券投资、短期资本的流进和流出；**储备账户**（reserves account）记录黄金的进出口、外汇的增减以及对外国中央银行的债务的增减。其中，国际企业最关注的是经常账户。

经常账户的重要性在于它包括了所有国际商品贸易收支和劳务收支，即所有商品与服务的进出口值、投资收支以及海外劳务收入。表 2-4 给出了 2014 年美国经常账户的计算。

表 2-4 美国 2014 年经常账户的主要项目（单位：10 亿美元）

出口	
商品	1 635
服务	709
收入	813
进口	
商品	–2 371
服务	–478
支付	–586
单边经常性转移支付净额	164
经常账户余额	–114

如图 2-1 所示，自 1971 年以来，美国仅有少数几个年度出现了经常账户余额的顺差。造成这种不平衡的主要原因是美国对石油、石油制品、汽车、耐用消费品和其他商品存在需求。美国国内的石油产量在 2013 年和 2014 年出现了大幅上升，所以美国的商品贸易逆差重新下降到了 7 000 亿美元以下。当然，这种不平衡对国际收支产生了很大的影响，进而影响到美元在世界市场的币值。上述这些因素最终都需要通过改变汇率、价格或收入来调整国际收支。简言之，支出大于收入的国家，一旦它的财富被消耗尽，则必须像个人那样来降低生活水准。如果该国居民不主动地这样做，那么该国货币对外国货币的汇率就会下跌；通过外

汇市场的作用，对别国商品的购买力就会转移到其他国家。

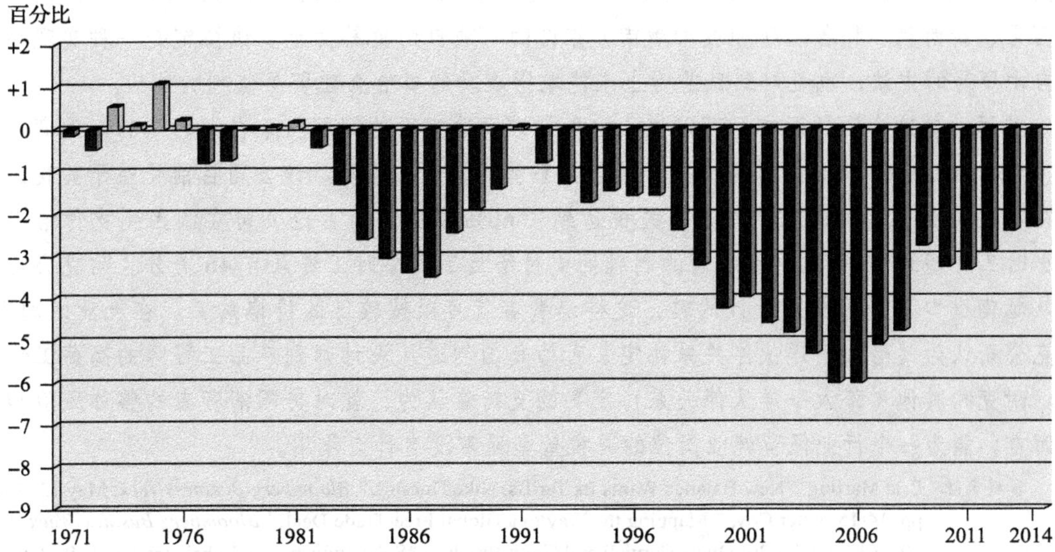

图 2-1 美国经常账户余额占 GDP 的百分比

资料来源：World Bank, 2015.

随着美国贸易赤字的上升，美元会面临贬值的压力。美元贬值后，外币能兑换到更多的美元，对于外国客户而言，美国商品变得便宜，美国的出口就会增加；与此同时，对于美国客户而言，别国商品变得昂贵了，美国的进口需求就会下降。与此同理，以美元为主导的股票和投资产品其吸引力就会下降，美元作为国际货币的作用也会弱化。

2.3 保护主义

国际企业的经营者清楚，现实经营中会面临众多关税、配额和非关税壁垒。这些壁垒旨在保护一国市场，防止国外公司的入侵。尽管世界贸易组织已经有效地降低了关税，但是有些国家仍然采用一些**保护主义**（protectionism）措施，采用法律壁垒、汇率壁垒和心理壁垒来阻止不必要的商品进入本国市场。企业联合起来设置私人市场壁垒，而市场结构本身就是进口商品难以克服的障碍。最近，美国与其他一些国家指责中国通过人为贬值人民币来扩大出口并限制进口。日本复杂无比的销售系统就是市场结构引致贸易壁垒的典型例证，这一点将在第 15 章中详细论述。不过，虽然日本的销售系统能有效地将一些商品排斥在市场之外，但从法律意义上讲，仍称不上是贸易壁垒。

跨越国界 2-1

夹缝求生，各显神通

就运动鞋而言，美国政府正在考虑削减进口鞋的关税。但就太阳能电池板而言，美国政府则快速地采取了完全相反的措施，停止从中国进口太阳能电池板。

在众多新的贸易协定中，奥巴马政府签订的所谓的《跨太平洋伙伴关系协定》(TPP)，即与其他11个环太平洋国家（澳大利亚、文莱达鲁萨兰国、加拿大、智利、日本、马来西亚、墨西哥、新西兰、秘鲁、新加坡和越南）签订的一项自由贸易协定。该协定是一种实现小范围自由贸易的方法，也是对到目前为止未能取得成功的多哈全球贸易谈判的响应。

就运动鞋这个话题而言，可以说，这里就涉及这方面的问题。来自缅因州的制造商新百伦（New Balance）就讨厌《跨太平洋伙伴关系协定》这一想法。该公司目前受益于关税，而且在某些情况下对越南生产鞋子的关税达到了60%以上。新百伦公司在缅因州支付给工人的小时工资超过10美元，而越南的制鞋商支付给员工的小时工资只有46美分。耐克公司希望从越南进口更多的美国设计的鞋，这样消费者就可以按较低的价格购买。在就业问题上，耐克公司认为《跨太平洋伙伴关系协定》可为美国创造从设计师到产品工程师的高薪工作岗位。耐克和其他《跨太平洋伙伴关系协定》的支持者认为，就对美国消费者的整体风险和利益而言，能为一个行业保留就业岗位的关税壁垒通常没有什么作用。

资料来源：Eric Marting, "New Balance Wants Its Tariffs, Nike Doesn't." *Bloomberg BusinessWeek*, May 13, 2012, pp. 14-15; Peter Coy, " Mapping the Way to a Global Free-Trade Deal," *Bloomberg BusinessWeek*, June 20, 2012, pp. 24-26; Diane Carwell and Keith Bradher, "Solar Industry ins Rebalanced by U.S. Pressure on China," *The New York Times*, July 26, 2014, pp. B1-2; "China Condemns US in Solar Trade Battle," *Reuters*, July 29, 2014, online.

2.3.1 保护的是非曲直

为支持政府对贸易实施限制，保护主义者提出了无数条理由。但归纳起来无非是以下几条：①保护幼稚工业；②保护国内市场；③以防货币外流；④鼓励资本积累；⑤维持生活水平和实际工资；[㊀]⑥保护自然资源；⑦实现欠发达国家的工业化；⑧维持就业机会并减少失业；[㊁]⑨国防；⑩扩大企业规模；⑪报复和讨价还价。其中，经济学家一般仅认可保护幼稚工业、国防和欠发达国家工业化这三条理由。今天，由于人们环境保护意识的提高和世界范围内原材料及农产品的短缺，资源保护理由越来越为人们所接受。当一国的生产能力或劳动力出现过剩时，该国会实施临时性的市场保护，以利于这些过剩资源的顺利转移。不幸的是，这种临时性保护措施往往会变成长期行为，造成工业效益低下，不利于该国进行适应世界客观形势现实的调整。

为帮助读者了解保护对消费者所带来的成本，不妨了解一下对21个受保护行业的最新研究结果。该研究表明，由于关税和其他保护性限制措施，美国消费者在价格上每年多支付了约700亿美元。为保护这些受保护行业中的每一个就业机会，平均每一个就业机会给消费者带来的成本为每年17万美元，或数倍于制造业工人的平均薪水（工资和津贴）。不幸的是，保护主义迎合了政治需要，在工资下跌或失业增加时期尤其如此。[㊂]不过，保护主义无法使

㊀ Jeff Madrick, "Our Misplaced Faith in Free Trade," *The New York Times*, October 5, 2014, p. SR5.

㊁ Ibid.

㊂ "Seeking Protection," *The Economist*, January 14, 2012, pp. 35-36.

衰退行业重新振兴起来。保护就业机会意味着高昂的保护代价，相当于消费者不明不白地支付了一笔隐蔽税。

图 2-2 从更大的视角描述了自由贸易在过去 30 年里是如何影响参与国的。图中给出了美国、加拿大、墨西哥和中国的消费者平均购买力自 1990 年以来的增长情况。1990 ~ 2013 年，这四个国家的消费者都实现了收入的增长：美国增长了 39%、加拿大增长了 35%、墨西哥增长了 31% 和中国的增长了惊人的 640%。

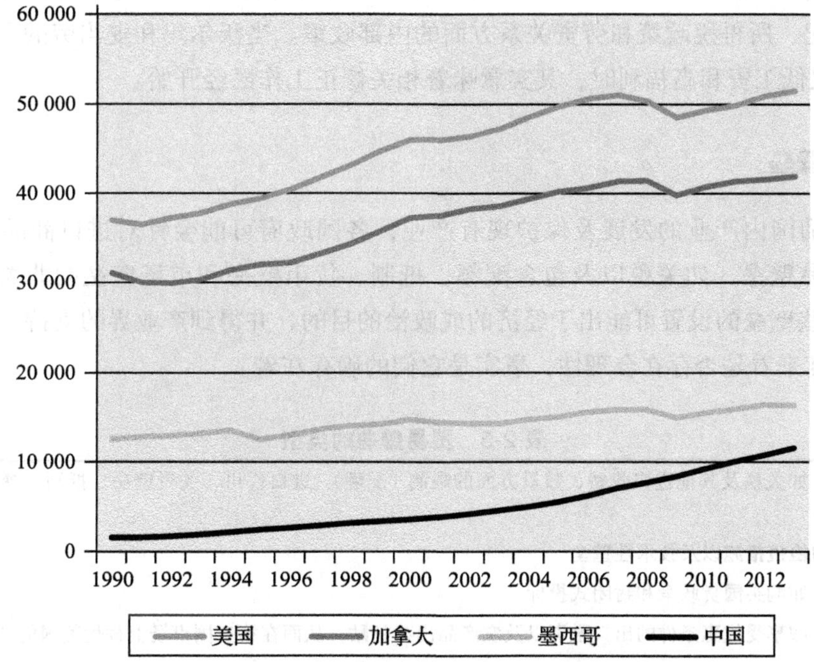

图 2-2 消费者购买力在 1990 ~ 2013 年的增长情况（以 2011 年人均 GDP 和 PPP 为基准）
资料来源：World Bank, World Development Indicators, 2015.

在这期间，美国在自由贸易方面取得了以下两大突破：一是在 1994 年签订的《北美自由贸易协定》(NAFTA)；二是在 2000 年给予中国永久正常贸易关系（PNTR）。2001 年，中国加入世界贸易组织（WTO）。本书后面将就这两个问题进行详细讨论。

在与墨西哥签订协议后，加拿大和美国的人均收入持续并迅速上升。墨西哥在 1995 年的人均购买力损失了大约 1 000 美元，但到 1997 年就得到了恢复。从那以后，《北美自由贸易协定》使得这三个经济体的经济都实现了增长。此外，如果对美国的失业率做类似的分析，不难发现《北美自由贸易协定》并没有导致美国人失去工作岗位。

在宣布给予中国永久正常贸易关系地位后，美国的人均购买力在 2001 年下降了 21 美元。但请注意，这一年也发生了“9 · 11”恐怖袭击事件和网络公司泡沫的破灭。随后，美国消费者的消费能力从 2002 年起出现了长达 6 年的稳步增长，直到 2008 年开始爆发所谓的经济大萧条。美国的失业率在这一时期达到了最低点，2000 年甚至低达 4%。但 2002 年美国的失业率上升到了 6% 的局部峰值。有人可能会因这些失业而指责与中国的协议，但

“9 · 11” 恐怖袭击事件和网络公司泡沫的破灭使分析变得复杂。另外，在 1990 ~ 2013 年，美国的平均失业率为 5.8%；如果不包括 2009 ~ 2013 年的大萧条时期，那么平均失业率为 5.2%。

当然，我们的分析很简单。但是，我们认为自由贸易在过去 30 年间并没有损害收入或就业。许多美国人仍将继续面临经济波动带来的摩擦。事实上，最大的干扰大多与美国的政策制定者和金融领袖的短视与疏忽有关。在我们分析的国家中，至少有三个国家的经济在过去 30 年里出现了危险的鸿沟。为此，许多人都在指责自由贸易。不过，真正的罪魁祸首是关于财富分配、所得税政策和劳资关系方面的内部政策。当沃尔玛和麦当劳的员工（服务人员）开始抗议低工资和高福利时，其实意味着相关修正工作已经开始。

2.3.2 贸易壁垒

为了鼓励国内产业的发展及保护现有产业，各国政府可能会针对进口商品和外国企业设置种种贸易壁垒，如关税以及包含配额、抵制、货币壁垒和市场壁垒的非关税壁垒（见表 2-5）。这些壁垒的设置可能出于经济的或政治的目的，并得到产业界的支持。不管这些壁垒从经济角度来看是否存在合理性，事实是它们的确存在着。

表 2-5 贸易壁垒的类型

- **进口政策**，如关税及其他进口收费、数量方面的限制（配额）、进口许可、关税壁垒、抵制、禁运以及其他市场准入壁垒
- **卫生与植物检疫措施**以及技术性壁垒
- **政府采购**，如购买国货政策和封闭式投标
- **出口补贴**，如享受优惠条件的出口融资以及农产品出口补贴，从而在第三国市场上替代美国的产品
- **缺乏知识产权保护**，如对专利、著作权和商标等知识产权保护不足
- **服务产品壁垒**，如限制国外金融机构提供的金融服务、管制数据资料的国际流动、限制使用国外的数据流程以及对国外专业人员提供的服务设置壁垒
- **货币性壁垒**，如限制外资的股权投资以及参与政府出资的研发项目、当地含量要求、技术转让与出口业绩要求、限制汇出收益、资本、费用和特许使用费等
- **政府容许的国有或私人企业的反竞争行为**，而这些行为往往会限制在国外市场销售美国产品
- **影响电子商务的限制措施**，如关税及非关税措施、烦琐并带有歧视性的制度与标准、歧视性的税收政策

资料来源：Adapted from 2015 National Trade Estimate Report on FOREIGN TRADE BARRIERS Office of the United States Trade Representative, pp. 1-2.

1. 关税

简单地说，**关税**（tariff）就是一国政府对进入该国国境的货物征收的一种税收。关税可能用来增加税收，或者抑制商品的进口，或者两者兼而有之。关税税率可以是从量税或从价税，也可以是两者兼用。例如，美国所采用的关税类型就包括：①从价税，按所进口商品价值的百分比来征收；②从量税，按单位质量或其他数量单位来征收关税；③复合关税，按从量征收的同时征收从价税。因为关税经常变化，所以出口商常常可以取得各国最近公布的关

税税率表。[⊖]一般地，关税能：

增加	通货膨胀压力
	特殊利益团体的特权
	经济事务中的政府控制力和政治因素
	关税种类（关税可以派生出其他更多的关税）
弱化	国际收支的作用
	供求关系
	国际关系（可能引发贸易战）
限制	制造商的供给货源
	消费者的选择范围
	竞争

此外，关税具有强制性和歧视性，并需要不断加以管理和监督。关税常常被用作报复贸易伙伴的保护主义行为的手段。在与欧盟有关意大利面食出口补贴的争端中，美国下令对欧洲空心面和花式面食加征 40% 的关税。欧盟对来自美国的胡桃和柠檬进行了报复。之后，欧盟提高了对美国化肥、纸制品和牛脂的关税，美国对此亦做出了类似的反应，结果，贸易战愈演愈烈。最后，欧洲人降低了意大利面食的出口补贴，贸易战才得以停息。近来，针对美国和欧洲国家的农产品关税，欠发达国家的反对呼声越来越强。

跨越国界 2-2

裤裆里藏猴闯关卡

罗伯特·库萨克把两只迷你猴子藏在裤裆里，走私到了美国！2002 年 6 月 13 日，库萨克从泰国回到洛杉矶，被美国海关拘捕后，美国鱼类及野生动物服务的一位专家被请到了洛杉矶国际机场。海关关员很快又发现库萨克还带着四种濒临灭绝的鸟和 50 种受保护的兰花。“一位检查员打开他的行李时，其中一只鸟儿飞了出来。”检查员找出其他被偷盗的鸟儿和异域鲜花后，问：“你还有什么要告诉我们的吗？”库萨克回答：“是的，我裤裆里还有猴子。”猴子最后被送往了洛杉矶动物园，走私者在监狱里待了 57 天。此外，他还交了 5 位数的罚款。

同样地，一位出口商承认犯了走私海龟到美国的罪。他不是将海龟藏在裤裆里，而是以贝壳和小提琴弓的形式把海龟作为“零部件”夹在其他东西中运入美国的。

不过，根据美国萨拉·伍德沃德律师所称，加拿大的海龟走私者徐凯在底特律温莎隧道被抓时就用裤子藏了 51 个海龟。底特律的法官下令他不得保释。如果罪名成立，那么他至少被判入狱 10 年。

走私并非个人才玩的游戏。跨国公司也会这么干。仅在 2015 年一年，就有公司因为将

⊖ The entire Harmonized Tariff Schedule of the United States can be downloaded or accessed via an interactive tariff database at http://www.usitc.gov; select the Harmonized Tariff Schedule.

手机走私到越南，将香烟走私到伊拉克和加拿大，将铂走私到中国，而受到处罚。在历史上最大的公司案件中，经过9年的诉讼，安利公司同意向加拿大政府支付3 810万美元来了结官司。此前的6年里，该公司在把商品从美国出口到加拿大时，通过少报价值来逃避关税。的确，只要还存在贸易壁垒，走私就成为一种共同反应。100年前，拉迪亚德·吉卜林城写道：

黑暗中跑来25匹小马——
带来牧师的白兰地，执事的烟草，
姑娘的花边，间谍的密信，
当先生们经过时，亲爱的，小心守着墙！

资料来源："Amway Pays $38 Million to Canada," *Los Angeles Times*, September 22, 1989, p. 3; Patricia Ward Biederman, "Smuggler to Pay for Pocketing Monkeys," *Los Angeles Times*, December 19, 2002, p. B1; "Chinese National Pleads Guilty of Smuggling Protected Sea Turtles," *Associated Press*, January 3, 2008; Raymond Fisman, "Measuring Tariff Evasion and Smuggling," *NBER Reporter*, No. 3, 2009, pp. 8-10; Robert Snell, "Feds Lift Veil on International Turtle Smuggling Ring," *Detroit News*, September 26, 2014, online. Rudyard Kipling, "A Smuggler's Song."

2. 配额与进口许可

配额是对特定种类的商品所实施的一定进口数量或进口金额的限制。英国对进口电视机实行限制，德国对日本球轴承实施配额限制，意大利对日本摩托车进行限制，美国对糖、纺织品以及花生等产品的进口实施配额。配额对可能进口的商品数量施以绝对的限制。日本最初以配额形式开放其大米市场，但自2000年以来，配额已被关税所替代。[⊖]美国与欧盟间关于香蕉的贸易战显得更为复杂，如今欧盟对进口的美国香蕉似乎要采用一种混合制，即对进入欧盟的香蕉先按关税确定一个配额，然后在该配额内规定一个免税的二级配额。早在2010年年初，当全球各地影院上映《阿凡达》时，中国的电影院只能播映3D版。与关税一样，配额往往使进口品的价格上升。据估计，美国对纺织品的配额使服装的批发价格提高了50%。

为了管制外汇流动以及特定商品的进口数量，一些国家常常实施进口许可。配额与进口许可都是进口管制的手段，两者的根本差异在于进口许可较配额更具有弹性。只要配额没有用完，进口仍可进行；不过，许可则可按具体情况来限制进口。

3. 自愿出口限制

自愿出口限制（voluntary export restraints，VER）或**有秩序销售协定**（orderly marketing agreements，OMA）与配额具有类似性。自愿出口限制是进口国和出口国就限制出口量而达

⊖ See the USA Rice Federation's website for details, http://www.usarice.com; also see Hodgson et al., *Doing Business in the New Japan*. See James Day Hodgson, Yoshihiro Sano, and John L. Graham, *Doing Business in the New Japan, Succeeding in America's Richest Foreign Market* (Boulder, CO: Rowman & Littlefield, 2008) for the complete story.

成的协议，常见于纺织、服装、钢材、农产品和汽车等行业。例如，多年来日本对美国的汽车出口实施自愿出口限制，也就是说，日本同意每年对美出口固定数量的汽车。在美国还生产电视机的时候，日本就和美国签署了一个有秩序销售协定，把日本每年对美国的彩色电视机的出口数量限定为156万台。然而，因为有秩序销售协定，日本公司开始在美国和墨西哥投资生产电视机。结果，它们重新获得了因为有秩序销售协定而失去的全部市场份额，最终主宰了整个市场。之所以称自愿出口配额为“自动的”，是因为由出口国设定限额；不过，出口国实施自愿出口配额是出于进口国的威胁：如果不实施自愿出口配额制度，进口国将实施更严厉的配额和关税措施。

4. 抵制和禁运

政府抵制是指完全限制从其他国家购买和进口某种商品。禁运是指禁止向特定国家进行出口。公众抵制可以是正式的也可以是非正式的，既可能是政府发起的，也可能是由某个行业发起的。美国对与之有争议的国家实施抵制和禁运。例如，美国对伊朗和朝鲜长期实施制裁。2014年，美国对俄罗斯开始实施新的贸易制裁，但同时奥巴马总统提议取消对古巴长达数十年的贸易禁运。[⊖]在政府或民间团体的敦促下，由一国公民抵制其他国家货物的情况并不少见。有一个民间组织曾发起了对雀巢产品的抵制运动，该组织认为雀巢营销婴儿奶粉的方法会误导那些欠发达国家的母亲，并对其婴儿造成伤害。

5. 货币壁垒

一国政府可以通过各种形式的外汇管制措施对该国的国际贸易状况进行有效管理。为了维护国际收支状况或特定行业的利益，一国政府可能会实施这些限制措施。货币壁垒有以下三种形式：货币封锁、差别汇率以及取得外汇需经政府审批的规定。

货币封锁（blocked currency）常被用作一种政治武器，或者作为对付国际收支困难的手段。实际上，货币封锁禁止了全部进口或者超过某一限额的所有进口。因为禁止进口商用本国货币兑换卖方国货币，所以进口就会被封锁。

在外汇严重短缺的国家，外汇取得常常需经政府审批。大多数拉美国家和东欧国家曾经要求所有外汇交易都需经一位中央政府的部长批准。因此，需要购买外国货物的进口商必须申请外汇许可证，即获准将一定数量的当地货币兑换成外汇。

外汇许可证也可能规定了汇率，该汇率对进口商是否有利，取决于政府的意愿。此外，外汇许可证可能还规定在货物交付之前，将要兑换的金额存入当地银行一段时间。例如，巴西政府有时要求在进口日期前360天将资金存入银行。因为资金不能流通，而且易受到通货膨胀的影响，所以这种做法具有极强的限制性。这种政策会使进口商面临严重的现金周转困难，使进口商品的价格大幅提高。不用说，这些货币兑换壁垒严重限制了贸易的发展。

6. 标准

此类非关税壁垒包括健康标准、安全标准和产品质量标准。有时，出于限制贸易的目

⊖ “American and Cuba, the New Normal,” *The Economist*, January 3, 2015, pp. 11-12.

的，政府会采用过于严格或带有歧视性的标准。此类规定数量繁多，这本身也成为限制贸易的壁垒。各国对果酱中水果含量的规定相差甚远，以至于一位农业专家说："果酱出口商需要一台计算机以避开一国或另一国的规定"。美国和日本的主要分歧之一就是两国使用不同的标准。出口到日本的胶合板上节孔的大小，可能决定着该批货物能否被接受；如果节孔太大，他们会以质量不合标准为由，拒收货物。再例如在荷兰，所有进口鸡蛋与鸭蛋都必须在蛋壳上注明原产地；在西班牙，脂肪含量低于 8% 的进口炼乳必须标明其含量；考虑到疯牛病因素，欧盟严格控制从英国进口牛肉及牛肉制品。此外，欧盟及世界其他许多地方都严禁进口任何转基因食品。

美国和其他国家要求某些产品（特别是汽车）具有一定比例的当地含量方能获准进入市场。《北美自由贸易协定》规定来自成员国的汽车必须至少达到 62.5% 的北美含量，以防止外国汽车商把一个成员国作为进入另一成员国的跳板。

7. 反倾销惩罚

从历史上看，关税与非关税壁垒阻碍了自由贸易，但经过关税与贸易总协定和世界贸易组织的多年努力，这些壁垒或被取消，或被减少。不过，如今，又产生了一种新的非贸易壁垒，即旨在将外国产品赶出某一市场的反倾销法律。制定反倾销法是为了防止外国生产商采用"掠夺性定价"（predatory pricing）手段，即故意地以低于生产成本的价格在美国销售其产品，来削弱对手的竞争力，从而控制市场。反倾销法被称作国际贸易中的反托拉斯法。外国生产商以低于生产成本的价格销售其产品，将被课以反倾销税或反补贴税，从而防止别国利用政府补贴侵害美国产业。许多国家都制定了类似的法律，这种法律是符合 WTO 规则的。

近年来，美国的反倾销案例逐年增加。在一年的时间内，美国的 12 家钢铁企业针对分布于 30 个国家和地区的 82 家外国钢铁企业实施了反倾销税。2014 年，美国对从中国大陆以及中国台湾地区进口的工程轮胎征收 78% 的反倾销关税，[⊖]虽然奥巴马总统与其他 G20 领导人在当年 4 月都同意"在经济困难时期要避免采用贸易保护措施"。[⊜] 2014 年，《联邦公报》（U.S. Federal Register）发布的有关反倾销的通知超过了 700 份。许多经济学家认为，鉴于涉及大量的公司和国家，此类反倾销指控是完全不应当的，而应由市场供求来决定最佳厂商和价格。那些被指控国家当然也对此抱怨不已。相反，反倾销诉讼正在成为一种贸易壁垒。反倾销诉讼不仅调查费用昂贵，耗时较多，而且在诉讼得以解决之前实质上对贸易形成了一种限制。此外，遭到反倾销指控的威胁也足以使一些公司退出市场。

8. 国内补贴与经济激励

美国与欧洲实施的农业补贴一直是发展中国家的贸易申诉对象。不过，自 2008 年经济

⊖ Diane Cardwell, " U.S. Imposes Steep Tariffs on Chinese Solar Panels," *The New York Times*, December 17, 2014, p. B2.

⊜ Rapozza, " Obama's Half Truths, " op. cit. Kenneth Rapozza, " Obama's Half-Truth on China Tire Tariffs, " forbes.com, January 25, 2012.

危机以来，一些经济大国对其银行、汽车制造厂等实施新的、金额巨大的各种国内补贴。对此，发展中国家抱怨称：这些对国内行业的补贴使得这些国家的企业在全球市场竞争中获得了不公平的优势。为此，那些经济小国采用了各种方法来保护自己。例如，马来西亚对本能吞吐大量货物的港口进行运量限制，厄瓜多尔增加了对600类产品的关税。阿根廷及其他15个国家则要求WTO裁定这些激励与补贴是否属于“行业补贴”。如果是，那么按照WTO规则贸易伙伴国有权对此实施报复。

2.4 放松贸易限制

多年来，减少贸易赤字一直是美国政府优先考虑的目标。大多数提案都涉及关于美国与一些贸易伙伴国的公平贸易问题，而不是关于减少进口或调整其他贸易政策等问题。许多美国人认为，美国允许太多的国家在美国进行自由贸易，而对方却并未给予美国产品同样的市场准入待遇。20多年来，美国对日本的贸易赤字一直最大，与日本的贸易公平问题也最受关注。《贸易和竞争综合法案》（1988）所关注的就是公平贸易问题，强调的是如何提高美国的竞争力问题。如表2-1所示，中国在世纪之交取代日本成了美国的头号“贸易问题”国。

2.4.1 《贸易和竞争综合法案》

《贸易和竞争综合法案》（1988）涉及许多方面，主要是帮助美国企业增强世界市场竞争力，以及纠正贸易中的不公正做法。该贸易法案旨在对付贸易赤字、保护主义和贸易伙伴的总体公平性问题。美国国会所关注的问题是：虽然美国市场对大部分国家开放，但日本、西欧和许多亚洲国家市场则相对封闭。该法案反映了这样一种认识：与贸易伙伴之间的关系应该基于贸易伙伴的实际经营行为，而不是要求对方如何经营。虽然有人将该法案看作一项保护主义措施，但美国政府认为该法案为打开国外市场的大门提供了更有力的工具，并且有助于增强美国出口商品的竞争力。该法案包含对于改善美国贸易现状至关重要的三个方面的内容：市场准入、扩大出口和进口救济。

市场准入是指外国市场对美国商品的开放性。限制或禁止货物进入外国市场的壁垒很多。不必要的限制性技术标准、强制性分销体制、海关壁垒、关税、配额及限制性许可证要求等只是其中的一小部分。如果一国对美国商品加以不公平的限制，那么按照《贸易和竞争综合法案》，美国总统有权对美国市场上的该国商品实施限制措施。另外，如果一国的政府采购规则对美国企业构成歧视，那么美国总统有权相应地禁止美国政府采购该国的商品和劳务。

除了强调市场准入外，该法案也认识到影响美国出口商品竞争力的部分根源在于美国存在一些抑制出口贸易的条例和规定。该法案的扩大出口部分具体讨论了出口管制、《反海外腐败法》（Foreign Corrupt Practices Act）和扩大出口等问题，使得管制清单上的商品，可以更容易、更迅速地取得出口许可证。此外，该法案重申了政府的职能，要求政府对出口商的要求积极地做出回应。出口贸易便利化的两大表现分别为：一是对出口许可证申请进行计算机存档和跟踪管理；二是设立美国贸易数据库来改善贸易数据的获取途径。

出口贸易是双向的：如果美国要求外国市场对美国商品开放市场，那么美国必须准备在国内市场上与进口商品进行竞争。鉴于外国企业进入美国市场可能会对美国企业带来严重的竞争压力，使美国企业失去市场份额，偶尔还会对美国企业造成严重的伤害，所以《贸易和竞争综合法案》的进口救济部分为受到进口不利影响的美国企业提供了一份救济清单。遭受公平进口贸易严重损害的公司可以向政府请求临时救济，以适应竞争并重新获得竞争力。

该法案为获取出口许可证提供了更为灵活的程序，减少了出口管制清单上的产品数量，并且提供了更多的信息渠道，并为与印度、日本和其他国家就消除或减少贸易壁垒进行谈判打下了基础。不过，自 1999 年国会发布有关报告以来，出于国家安全考虑，美国加强了对许多高技术产品的出口限制。

随着市场全球化的发展，贸易国都已把精力集中在消除关税、配额和其他贸易壁垒的方式上。关税与贸易总协定以及后来的世界贸易组织、国际货币基金组织和世界银行集团等组织一直在为推动国际贸易的增长而努力。

2.4.2 关税与贸易总协定

在历史上，贸易条约的谈判是在双边的基础上进行的，很少考虑与其他国家之间的关系。而且，当时的趋势是抬高贸易壁垒而不是扩大市场、恢复世界贸易。第二次世界大战结束后不久，美国和其他 22 个国家签署了关税与贸易总协定。尽管并非所有的国家都参加了该协定，但是它为建立世界范围内第一个有效的关税协定铺平了道路。该协定为降低关税提供了一种途径，并且设立了一个监督世界贸易的机构。关税与贸易总协定的总干事及其成员为成员方就贸易和相关问题进行谈判提供了一个论坛。这样，成员方首先会设法以双边方式来解决贸易争端；如果这种方式不能奏效，那么就会成立关税与贸易总协定下的专门小组，就如何采取行动提出建议。不过，专门小组的建议属劝导性的，不具有强制执行效力。

关税与贸易总协定条约及其以后召开的一系列会议形成了多个协议，大范围地、大幅度地削减了商品关税。成员方定期召开会议，重新评估各种贸易壁垒，建立旨在促进成员方间贸易的国际准则。一般来讲，该协定包括以下基本内容：①按照无歧视原则开展贸易；②通过关税，而不是通过诸如进口配额等商业措施来保护国内工业；③全球性贸易问题应主要采用磋商方法来解决。

自关税与贸易总协定缔结以来，进行了八个“回合”的政府间关税谈判。最近结束的乌拉圭回合（1994）是建立在成功的东京回合（1974）基础上的。东京回合是当时关税与贸易总协定所进行的内容最多、影响最深远的一个回合。东京回合削减了关税，并且新制定了针对补贴和反补贴措施、反倾销、政府采购、贸易的技术壁垒（标准）、海关估价和进口许可证等领域的国际规则。虽然东京回合讨论了非关税壁垒问题，但是仍然没有涉及那些继续阻碍自由贸易发展的领域。

除了市场准入以外，东京回合也没有对服务、农产品和纺织品贸易，知识产权，投资和资本流动等问题加以关注。因为服务贸易和知识产权没有得到有效的保护，所以美国对这两者显得特别关注。基于对这些问题的关注，1986 年，在乌拉圭埃斯特角城举行的关税与贸易总协定的贸易部长会议上，第八轮谈判（乌拉圭回合）正式开始，并于 1994 年结束。到 1995 年，包括美国、欧盟（及其成员国）、日本和加拿大等在内的 80 个关税与贸易总协定成员方已经接受了该协定。

最初，市场准入部分（关税和非关税措施）并非谈判中的重点，但最后结果大大超过了乌拉圭回合削减 1/3 关税的最初目标。该轮谈判几乎消除了主要贸易伙伴的 10 个重要工业部门的所有关税，使电子产品和科学设备的关税得到大幅度（50% ~ 100%）削减，并使化学部门的关税统一下降到较低的水准（5.5% ~ 0%）。

减少或消除服务领域的国际贸易壁垒是美国参与乌拉圭回合谈判的另一个重要目标。虽然在世界服务领域实现自由贸易的目标仍需付出更大的努力，但是《服务贸易总协定》（General Agreement on Trade in Services，GATS）是第一个涉及服务部门的、具有法律效力的贸易和投资多边协定。它为将来旨在消除歧视外国服务、对外国服务拒绝给予市场准入的壁垒的谈判提供了法律基础。在乌拉圭回合中，首次制定了有关服务贸易及其投资的全面的多边规则和程序。很多国家对市场开放做出了具体的承诺，并且规定了就增进电信和金融服务贸易的自由化将做进一步的谈判问题。

有关投资领域的谈判结果也同样重要。《与贸易相关的投资措施》(Trade-Related Investment Measure，TRIM）确立了一个基本原则，即投资限制可能会成为主要的贸易壁垒。因此，投资限制被首次列入关税与贸易总协定的谈判程序。根据《与贸易相关的投资措施》协议，印度尼西亚禁止外国企业建立自己的批发和零售分销渠道的限制性政策将会受到挑战。巴西的投资政策要求外商独资制造商从当地供应商处高价采购大多数元件，并且要求外国跨国公司的分支机构的外销比例大于内销比例，以维持巴西的贸易顺差，这类限制性政策也会受到类似的挑战。

乌拉圭回合谈判达成了《与贸易相关的知识产权协议》(Trade-Related Aspects of Intellectual Property Right，TRIP)，这也是美国参加乌拉圭回合谈判的另一个目标。《与贸易相关的知识产权协议》与之前的国际性协议相比，为全面保护知识产权（专利、版权、商标、商业秘密和工业设计等）制定了更高的标准，并且为这些标准在一国内地和边境上的有效实施奠定了基础。

乌拉圭回合还为农业和纺织行业更好地融入整体贸易体系做出了规定。乌拉圭回合达成了对农产品的出口补贴、国内支持和实际进口壁垒实施削减的协议。乌拉圭回合还进一步完善了一系列规则，包括反倾销、标准、保障、海关估价、原产地和进口许可证等规则，使得这些规则和程序都变得更公开、更公平和更具预见性，从而也使贸易竞争变得更为平等。也许，乌拉圭回合最显著的成就就是创立了作为关税与贸易总协定继任者的世界贸易组织。

2.4.3 世界贸易组织[一]

1994年4月，在摩洛哥的马拉喀什市签署乌拉圭回合贸易协定的时候，通过美国代表的努力，贸易问题的定义范围得以大大扩大，并创立了**世界贸易组织**（World Trade Organization，WTO）。世界贸易组织不仅包含了原来的关税与贸易总协定体制，而且将它扩展到了过去并未明确包含的新领域。关税与贸易总协定只是一个协定，而世界贸易组织则是一个机构。世界贸易组织负责制定众多用来指导132个成员方间贸易的规则，为解决成员方之间的贸易争端成立了专家小组。与关税与贸易总协定不同的是，该专家小组做出的裁决具有约束力。世界贸易组织首次要求全部成员方全面参加当前的关税与贸易总协定和乌拉圭回合达成的各个协定。通过其更好的形象和更广的范围，世界贸易组织为讨论和解决21世纪全球市场的贸易问题提供了一个永久性的、涵盖面广的论坛。

在世界贸易组织的部长级会议上，所有成员方拥有平等的代表权力。部长级会议每两年至少举行一次，投票选举总干事，再由总干事任命其他官员。对于像转基因食品之类商品的贸易争端，世界贸易组织会从成员方提供的贸易专家清单中选定一个专家小组来进行调解。该小组将听取双方的意见并做出裁决；如果败诉方不改变其做法，那么胜诉方有权以贸易制裁的方式实施报复。尽管世界贸易组织没有实际的执法手段，但来自其他成员方的国际压力将迫使其服从裁决。世界贸易组织要求成员方接受所有协定项下的义务，而不仅仅是它们所喜欢的那些内容。这样，包括发展中国家（世界上发展最快的市场）在内的成员方将履行义务，开放市场，并且受多边贸易体制的约束，这堪称有史以来的第一次。

日本、欧盟和美国等三大超级经济体在批准通过乌拉圭回合的世界贸易组织协议之前，曾遭遇一些阻力。欧盟国家围绕欧盟缔约条款是否赋予欧洲委员会独家代表成员方就世界贸易组织所包括的所有领域进行谈判的权力问题，展开了法律辩论。

在美国，该协议的批准也受到了挑战。有人担心，在世界贸易组织体制下，美国可能会丧失其贸易法律的主权，失去否决权（如果一个决定得到世界贸易组织多数成员方的同意，则美国也不得不接受），以及当世界贸易组织的成员方对某一国家的法律提出异议、出现冲突时，美国应承担的责任。美国国会最后批准了关税与贸易总协定，其后不久，欧盟、日本和其他60多个国家也相继批准通过。前关税与贸易总协定的全部117个成员方都支持乌拉圭协定。自1995年1月1日成立以来，世界贸易组织的议事日程就一直是满负荷的，所涉及的问题包括实施抵制和制裁等贸易威胁，直至中国和俄罗斯的成员方席位等问题。[二]事实上，近年来，国际贸易领域的一件大事就是中国于2001年正式加入世界贸易组织。世界贸易组织为经常性地讨论和解决贸易障碍问题提供了一个框架，而无须等待各种各样的"回合"来解决问题。俄罗斯终于在2012年加入了世界贸易组织，而且很快就得按游戏规则行事了。欧盟已经对俄罗斯的进口关税提起了控告。[三]与此同时，俄罗斯声称欧盟和美国对乌克兰动

[一] See http://wto.org.

[二] Laura M. Brank, "Embracing Russia's WTO Entry," cnbc.com, January 23, 2012.

[三] Matthew Dalton, " EU Files Complaint over Russian Import Duties," *The Wall Street Journal*, May 21, 2014, online.

乱的经济制裁违反了世界贸易组织的规则。㊀

虽然不乏贬低世界贸易组织的人士，但大量迹象表明，世界贸易组织正在得到大多数国家的认可。业已加入的国家或地区和想成为成员方的国家或地区的数目足以表明世界贸易组织的重要性。世界贸易组织重要性的另一个标志就是该组织诞生以来所取得的成就：世界贸易组织业已成为就开放电信和信息技术设备市场进行有效谈判的论坛，这正是美国在关税与贸易总协定的最后两个回合谈判中所努力想实现的目标。世界贸易组织在解决贸易争端方面也发挥着积极的作用，并且对乌拉圭回合所达成的协定继续进行监督。但是，成功的同时也出现了一些问题，那就是怎样对付那些既要享受属于世界贸易组织的一切利益，又想保护其国内市场的国家。

事实确实如此，2001 年在卡塔尔开始举行的多哈回合谈判，到目前为止一直停滞不前。㊁

2.4.4 关税与贸易总协定和世界贸易组织中的规避问题

不幸的是，也许和每个法律或协定一样，自世界贸易组织诞生以来，总有人在寻找漏洞，试图寻找规避世界贸易组织规定的方法。与此同时，美国公司开始注意到一些国家有关技术标准和检验的要求不仅在数量上增加，而且在范围上有所扩大。例如，对看上去有益于健康的进口拼版玩具实施安全和质量检查；要求进口的电子和机械商品办理昂贵的认证手续，并由外国公司支付检验官员的现场查看费用，而国内企业不存在这方面的费用。按照世界贸易组织的规则，成员必须对实施某些标准的决策做出合理性解释，并且提供检验标准的理论基础。然而，在世界贸易组织调查之前，外国公司必须先提出进行调查的申请。

前面提到的反倾销税正在成为一些国家征税的好手段。作为该地区反倾销案件运用最多的墨西哥和其他拉美国家也效仿美国，增加了反倾销税的使用。世界贸易组织将继续与这些新生的贸易壁垒做斗争。

最后，鉴于最近一轮世界贸易组织谈判进展缓慢，一些国家开始谈判双边贸易协议。㊂例如，美国目前已经与包括秘鲁、哥伦比亚、巴拿马和韩国在内的 20 个国家签订双边自由贸易协议。㊃欧盟也正在与南美国家进行类似的谈判。韩国与印度也签署了类似东非五国的自由贸易协议。虽然在一定程度上双边谈判最终会转化为多边让步，但这些活动与世界贸易组织的目标和期望并不相符。

出于同样的原因，美国在过去几年里也开始与环太平洋国家以及欧盟进行多边自由贸易协议谈判。奥巴马政府一直在与 11 个环太平洋国家（澳大利亚、文莱、加拿大、智利、日本、马来西亚、墨西哥、新西兰、秘鲁、新加坡和越南）谈判跨太平洋伙伴关系协定

㊀ Alexander Kolyandr, " Russia's Putin Slam Sanctions as Breach of WTO Rules, " *The Wall Street Journal*, September 18, 2014, online.

㊁ Daniel Pruzin, " WTO Ministrerial Ends with Whimper as Discussions over Doha Round Stall," globalwatch.com, January 5, 2010.

㊂ Jayant Menon, " Dealing with the Proliferation of Bilateral Free Trade Agreements, " *World Economy* 32 (October 2009), pp. 1381-1407; Elizabeth Williamson and Tom Barkley, " Congress Approves Trade Pacts, " *The Wall Street Journal*, October 23, 2011.

㊃ http://www.ustr.gov, 2012.

（Trans-Pacific Partnership，TPP），同时也在与欧盟谈判跨大西洋贸易与投资伙伴协议（Trans Atlantic Trade and Investment Partnership，TTIP）。[㊀] 2015 年前后，美国及其他国家政治与经济的不确定性对这两个协议都带来了威胁。[㊁]

2.5 国际货币基金组织和世界银行集团

国际货币基金组织（IMF）[㊂]和世界银行集团（World Bank Group）[㊃]是两家全球性机构，其创建目的是帮助各国实现经济发展并维持经济活力。通过帮助各国维持金融市场的稳定并对寻求经济发展和重整的国家提供援助，两者在国际贸易中都发挥着重要的作用。

货币储备不足和币值不稳定是全球贸易中特别棘手的问题。只要这些问题存在，那么世界市场的发展就会受到影响，其作用也会受到限制。这些问题一直困扰着第二次世界大战以前的国际贸易。国际货币基金组织就是为了克服这些障碍而成立的。最初有 29 个国家签署了该协议，如今，成员方已达 188 个。国际货币基金组织的目标是稳定外汇汇率，建立可自由兑换的货币以便国际贸易的扩展和平衡增长。其成员方自愿参加、相互磋商，以维持一种买卖各国货币的稳定体制，使国家间的外币支付能够顺利地、无延迟地进行。国际货币基金组织还提供贷款给那些难以履行对其他成员方的金融义务的成员方。最近，阿根廷、土耳其和希腊从国际货币基金组织获得了这种帮助，不过其效果仍难以判断。

为了应付全球浮动汇率，国际货币基金组织创立了特别提款权（SDR），而这也是国际货币基金组织较为有用的发明之一。因为黄金和美元已失去了货币兑换中的基本媒介作用，所以绝大多数的货币统计数据都采用特别提款权联系，而不是美元。特别提款权实际上就是“纸黄金”，它所代表的平均基值是根据一组主要货币的价值所得来的。因为特别提款权不易受到汇率波动的影响，所以贸易合同常常以特别提款权计价，而不是以某一国家的货币计价。即便是浮动汇率也并不一定能准确地反映兑换关系。一些国家允许它们的货币不受人为控制地自由浮动（清洁浮动），而另一些国家则系统性地操纵本国货币的价值（肮脏浮动），从而影响了货币市场的精确性。自国际货币基金组织建立以来，尽管世界货币体系已经发生了许多变化，但是，在向支付经常项目债务面临困难的政府提供短期融资等方面，国际货币基金组织仍然发挥着重要的作用。

尽管有人严厉批评国际货币基金组织[㊄]，但是大多数人都承认，国际货币基金组织提供了有价值的服务，并且至少部分地实现了其许多预定目标。可以肯定的是，国际货币基金组织的价值在 1997 年亚洲国家的金融危机中得到了肯定。国际货币基金组织所采取的行动大

㊀ Brian Wingfield, “The Biggest Trade Deal Ever,” *Bloomberg BusinessWeek*, July 8-14, 2013, pp. 24-25; Jack Ewing, “Carmakers Are Central Voice in U.S.-Europe Trade Talks,” *The New York Times*, July 15, 2014, pp. B1, 4.

㊁ Jackie Calmes, “A Proposal to Speed Up Action on Trade Accords,” *The New York Times*, January 10, 2014, p. B2.

㊂ http://www.imf.org.

㊃ http://www.worldbank.org.

㊄ Naomi Klein, *The Shock Doctrine* (New York: Picador, 2007); Krishna Guha, “Watchdog Calls on IMF to Curb Loan Conditions,” *Financial Times*, January 4, 2008, p. 4.

大地减轻了金融危机的冲击。在金融危机期间，国际货币基金组织向一些国家提供了贷款，包括泰国、印度尼西亚和韩国。如果这些国家没有得到援助（提供给韩国一个国家的援助就达 600 亿美元），那么经济动荡可能会引发全球经济衰退。事实上，所有主要资本市场的市场价格都大幅度走低，一些国家经济增长速度也开始放缓。

有时，人们会把世界银行集团和国际货币基金组织混为一谈。事实上，世界银行集团是一家独立的机构。世界银行集团旨在通过促进持续增长和投资来减少贫困，并提高人们的生活水平。世界银行通过向发展中国家成员方提供贷款、技术援助和政策引导来实现其目标。世界银行集团下设五家机构，每家机构都提供以下服务：①向发展中国家政府发放贷款，资助教育、卫生和基础设施等工程项目的开发；②向那些帮助最贫穷国家（人均收入 925 美元以下）实施开发项目的政府提供援助；③直接向私人部门提供贷款，通过短期贷款、直接投资和其他金融援助促进发展中国家私人部门的发展；④向投资者提供诸如没收和战争等“非经营风险”的投资担保，以便在发展中国家建立起吸引外国资本的环境；⑤通过为政府和投资者的争端的调解和仲裁提供便利，来促进国际投资的增加与流动。此外，它还提供建议，开展研究，公布外国投资法律。自从这些机构诞生以来，对全世界的经济发展起到了举足轻重的作用，对第二次世界大战以后国际贸易的发展做出了贡献。

2.6　对全球性组织的抗议

自 1999 年以来，所谓的“反资本主义斗士”开始影响上述全球性组织的作用。他们反对世界贸易组织、国际货币基金组织及其他组织的基本理由就在于全球化引起的综合后果，如环境问题、劳工剥削、国内就业岗位的减少、文化灭绝、高油价以及国家主权的消亡。1999 年 11 月在西雅图召开的世界贸易组织会议期间，反全球化的抗议首次成为世界媒体的焦点。之后，在各大组织举行的会议期间，也爆发了反全球化的抗议活动，如 2000 年 4 月在美国华盛顿举行的世界银行集团和国际货币基金组织会议，2000 年 9 月在澳大利亚墨尔本举行的世界经济论坛，还有同月在布拉格举行的世界银行集团和国际货币基金组织会议。在布拉格会议期间，约 10 000 名抗议者与 11 000 名警察形成对峙。抗议者设立了与每一事件相对应的网站，并以事件的发生日期作为网址。网站、互联网和手机的确成了抗议组织的重要帮手。在有关经济发展议题的其他全球峰会上，也发生了抗议与暴力事件，如在瑞士日内瓦的 WTO 会议以及在受国际货币基金组织影响的一些国家。更为不幸的是，发生在伦敦的恐怖事件极有可能就是根据 2005 年苏格兰八国集团峰会的日期来预谋的。[⊖]许多观察家还指出，针对 WTO/IMF 的抗议活动直接影响到最近全球各地爆发的“占领”活动。[⊜]

抗议组织（特别是一些有责任心的组织）的活动会对政府政策产生影响。例如，主要发生在美洲且多由学生领导的“反血汗工厂”运动，其影响力远远超出了校园范围。最近，一

⊖ Mark Rice-Osley, “ Overshadowed by Terrorism, G-8 Summit Still Secures Debt Relief, ” *Christian Science Monitor*, July 11, 2005, p. 7.

⊜ Naomi Klein, “Learning from Globalization Protests,” *The New York Times*, October 6, 2011.

个由非政府组织、学生团体和纺织工会组成的联合阵线，就属于美洲共同体的太平洋岛国塞班的工作环境，起诉了包括知名服饰品牌卡尔文·克莱恩（Calvin Klein）时装公司和美国最大的服饰零售商盖璞（Gap）公司在内的服装进口商。面对法律诉讼和不断蔓延的公众对其品牌的抵制，17 家公司做出了妥协，答应改善工作条件。

考虑到这些由普通百姓引发的试图影响全球性机构政策的活动取得了成功，今后定会发生更多类似的事件。不过，要预测抗议活动中恐怖主义以及相关暴力行为的影响可以说是无法做到的。

本章小结

不管运用什么理论方法来捍卫国际贸易，任何国家都能从绝对优势或相对优势中受益，这一点是显而易见的。如果要最有效地开发和利用世界资源，就需要有开放的市场。在这样的历史时期，世界各地的竞争者给全球各地区的保护主义带来的压力与日俱增。诚然，在有些情况下，市场保护也可能是必要的，可能有利于国防、有利于发展中国家的幼稚工业的发展。但是，消费者很少能从这样的保护中受益。

自由的国际市场有利于欠发达国家实现自给自足。此外，由于开放的市场能够带来新的客户，所以自第二次世界大战以来，大多数工业化国家一直协力合作，朝着更自由的贸易迈进。但自由贸易总是在一定程度上受到各种各样的政府和市场壁垒的威胁。设置这些壁垒的目的在于保护当地的企业。但是，世界贸易的趋势总是朝着更自由的方向发展。不断变化的经济和政治现实将会形成特有的经济结构，继续保护某些主要行业。只有有限度地、公正地削减贸易壁垒，才会有未来开放的全球市场。

思考题

1. 解释本章标黑色的主要术语。
2. 讨论美国经济的全球化。
3. 比较经常账户、贸易差额和国际收支。
4. 解释价格对自由市场的调节作用。
5. “从理论上说，市场是一种自动的、充满竞争的、自我调节的机制，为消费者提供了最大限度的福利，并对生产要素进行最佳配置。”请对此做出解释。
6. 采访几位当地工商界人士，看看他们对世界贸易的态度。此外，了解一下他们是否进口或销售外国商品。综述他们的观点，并就你的发现写一份采访报告。
7. 在国际贸易中利润有何作用？利润能取代或补充定价的调节作用吗？为什么？
8. 贸易差额可以不平衡，但国际收支总是平衡的。为什么？
9. 举出一国减少或消除贸易逆差的方法。
10. 支持或驳斥人们常用来为关税进行辩护的各种理由。
11. 法国的出口额占其国内生产总值的 18%，而其邻国比利时的出口额比例则高达 46%。这种出口差异对经济政策的哪些方面可能产生影响？

12. 大量失业是否会改变保护主义的经济逻辑？
13. 综述诸如石油进口所造成的贸易逆差对经济的影响。
14. 试讨论《贸易和竞争综合法案》(1988)的主要条款。
15. 关税与贸易总协定下的东京回合谈判主要是减少非关税壁垒。乌拉圭回合谈判有何不同？
16. 试讨论《服务贸易总协定》《与贸易相关的投资措施协议》和《与贸易相关的知识产权协议》对全球贸易的影响。
17. 世界贸易的演进促成了世界贸易组织的形成。为什么？
18. 访问 http://www.usitc.gov/taffairs.htm(美国海关税率表)网站，查阅有关皮鞋的进口关税。你会发现关税水平会因鞋的价值、材料构成和质量的不同而不同。利用本章所学的知识，解释这些差异的合理性。并对冷冻或浓缩橘子汁进行类似的分析。
19. 关税与贸易总协定已存在多年，其间发生了诸多变故。访问 www.wto.org/wto/about/about.htm，并就关税与贸易总协定的各回合谈判写一篇小论文，说明各回合谈判的主要议题。

PART 2

第二篇
全球市场的文化环境

第3章

Chapter3

历史与地理：文化的基础

学习目标

通过本章学习，应能把握：

- 历史与地理对于了解国际市场的重要性
- 历史对一国文化的影响
- 如何从文化的视角看待事物
- 美国过往的国际政策何以仍然影响国外客户的态度
- 地理多样性对一国经济特征的影响
- 营销者必须适应一国的地理特征
- 人口增长控制与人口老龄化的经济影响
- 通信基础设施是国际商务的必要内容

全球视角

你还记得吗

你还记得奥巴马总统做这个演讲的日期吗？每一个古巴人都记得。

美国与古巴之间有一段复杂的历史。我出生于1961年，即在菲德尔·卡斯特罗（Fidel Castro）执政古巴后仅仅两年，在发生试图推翻其政权的猪湾事件后才三四个月。在接下来的几十年里，在冷战以及美国与古巴意识形态的对立中，我们两国之间的敌对关系开始形成。我们相隔只有90多英里，但年复一年，意识形态以及经济领域的壁垒让两国间的敌对关系不断强化。

无论是美国人民还是古巴人民都没有因这种强硬政策而获益，毕竟这种政策制定于我们中的大多数人来到这个世界之前。差不多20年前，我们与越南重新建交，而在那里美国打过一仗，死亡的美国人数超过了冷战时期的任何战争。

那就是为什么（在我担任总统后）我答应要重新审视我们的古巴政策。我们首先取消了对古巴裔美国人去古巴和汇款给在古巴的家人的限制……虽然我一直计划实施更多的措施，但面临着一大障碍，那就是作为美国公民的美国国际发展署（USAID）分包商艾伦·格罗斯（Alan Gross）在古巴被非法囚禁了五年。在过去几年里，我的政府一直在与古巴政府商谈艾伦一案以及其他方面的关系。教皇弗兰西斯对我和古巴总统劳尔·卡斯特罗（Raul Castro）发表了个人呼吁，敦促我们解决艾伦的案件并就释放3名在美国被关押了15年以上的古巴特工方面考虑古巴的利益。

今天，艾伦终于回家与家人团聚了。艾伦被古巴政府以人道主义为由所释放。另外，为了交换3名古巴特工，古巴今天释放了美国在古巴的最重要的情报人员之一，而这位情报人员已经被古巴关押了近20年。

首先，我已经指示国务卿克里立即开始与古巴讨论恢复自1961年1月以来断绝的外交关系。未来某个时间，美国将在哈瓦那重建大使馆并且会有高级官员访问古巴。

我们将在诸如健康、移民、反恐、贩毒和救灾等问题上促进我们的共同利益。事实上，我们已经体验到我们两国之间开展合作的利益。正是古巴人卡洛斯·芬利（Carlos Finlay）发现是蚊子传播了黄热病；他的工作帮助了沃尔特·里德（Walter Reed）对付黄热病。古巴已派出数百名医护人员到非洲抗击埃博拉病毒，而且我相信美国和古巴的医护人员会并肩作战以阻止这一致命疾病的蔓延。

其次，我已经指示国务卿克里对于把古巴定为恐怖主义支持国一事进行审查。本次审查将遵循事实和法律。恐怖主义在过去几十年里已经发生了变化。在我们将关注的重点从基地组织转到伊拉克和黎凡特伊斯兰国（ISIL）的威胁时，对于符合我们的条件并放弃使用恐怖主义的国家，当然不应该受到制裁。

最后，我们正在采取措施扩大与古巴之间的旅游、商业和信息交流。这从根本上讲就是自由和开放，同时也表达了我对人民之间交往具有伟大力量的信念。今天我宣布的这些变化，将使美国人到古巴旅行变得更容易，而且美国人将能在岛上使用美国信用卡和借记卡。

我认为，美国企业不应该被置于不利的地位，而且增加商业交往对美国人和古巴人都有利。因此，我们将促进美国和古巴之间的授权交易。美国金融机构将获准在古巴的金融机构开设账户。这样，美国出口商在古巴出售货物变得更加容易。

我相信信息必须自由流动。不幸的是，我们对古巴的制裁导致古巴无法获得世界其他地区人们可获得的技术。因此，我已经批准美国和古巴之间增加电信连接。企业将能够出售使古巴与美国和其他国家沟通的商品。

这些是我作为总统为改变这项政策所能采取的措施。几十年来一直实施的禁运，现在已编纂成法律。随着这些变化的展开，我期待国会能就解除禁运，展开诚实而严肃的辩论。

在我们自己的生活以及国家生活中，改变是很艰难的。而当我们肩负着历史重担时，变化就会更加艰难。不过，今天我们是在合适的时间做出这些改变。今天，为了古巴人民，为了美国人民，为了美洲，为了全世界，美国选择松开历史的枷锁来达到更好的未来。

资料来源：Excerpts from President Barak Obama, The White House, December 17, 2014.

在此，我们开始讨论国际市场的文化环境。文化可以被定义为被社会所接受的、对内部和外部事件做出响应的标准。要想全面理解某一社会的行为和观点，就必须领会它经历的历史事件和独有的地理特征，毕竟文化必须与此相适应。作为一名营销者，若要解读某种文化或某个国家的行为和态度，就必须对该国的历史地理有所了解。

本章旨在介绍历史地理对营销过程的影响，同时还将考察历史文化对外国营销者的行为和态度的影响，以及地理文化对市场、贸易和环境问题的影响。

3.1 全球商务的历史考察

历史有助于一个国家明确其“使命”，即如何看待其邻邦、如何看待自己以及如何找到自己在世界上的地位。洞悉一个国家的历史对于理解政府及企业的角色、劳资关系、管理权力的来源及对待外国公司的态度有着重要作用。

一个民族的自我形象、态度及恐惧心理或许反映在其对待外来文化的态度上。要想把它们弄明白，解释清楚，进而欣赏它们，就不仅要研究这种文化的现在，还要研究它的过去，即该国的历史。最后，我们必须清楚历史也会影响商业决策，如对外直接投资、市场进入和人员选拔。[㊀]

3.1.1 历史与当代行为

虽然美国的主要贸易伙伴已经向西部和南部偏移，但是绝大多数美国人最熟知的还是欧洲历史。2008 年，中国成为美国舆论的热点，正如 1776 年一样。从某种意义上说，美国的历史起源与中国密切相关。回想波士顿倾茶案，当时美国抱怨英国的税收，而更重要的是英国禁止美国商人直接跟广东商人做生意。当代中国市场增长迅速，因此，有必要对中国历史上有关于此的几个突出事件做详细的阐述。美国前劳工部长、驻日本大使詹姆斯·戴·霍奇森建议，在外国做生意即便是仅仅出于礼貌，也应该了解该国的基本历史。[㊁]这里，先来回顾一下至今还在影响着美国与亚洲关系的重要历史事件。

1. 第一次鸦片战争和《南京条约》(1839 ~ 1842 年)

19 世纪初期，英国人对茶的热衷引起了英国与中国之间的巨大贸易逆差，白花花的银子迅速地流向东方。当然其他商品贸易也在同时进行，英国从中国进口糖、丝、纸、竹、漆器、瓷器、樟木、桂皮、大黄、珍珠母、铜、明矾以及各种油类产品；向中国出口棉毛纺织品、铁、锡、铅、玛瑙、钻石、珍珠、钟表、珊瑚或琥珀床、胡椒、槟榔、燕窝、鱼翅以及鱼、米等食材。但是以茶换银是这一贸易阶段的主导。

接下来英国东印度公司使出了撒手锏——鸦片，它具有易于运输、等重等积价值高、消费者易于上瘾等特点。那时，最好的鸦片产自英属印度；鸦片贸易的全面开展使由茶叶贸易引起的贸易逆差迅速消失。虽然中国统治者对此表示不满并颁布禁令，但鸦片贸易迅速增长。当今，中国香港最高的摩天大楼之一——怡和洋行（Jardine-Matheson Trading House）的

㊀ Shige Makino and Eric W.K. Tsang, “Historical Ties and Foreign Direct Investment,” *Journal of International Business Studies* 42 (2011), pp. 545-557.

㊁ James Day Hodgson, Yoshihiro Sano, and John L. Graham, *Doing Business in the New Japan, Succeeding in America's Richest Foreign Market* (Latham, MD: Rowman & Littlefield, 2008).

圆窗不禁让人想起了鸦片战争期间其快速帆船前端的观察孔。[⊖]

1836年，一些中国高级官吏倡议鸦片合法化，由此外国供应商预见到鸦片销售量的激增而加大了产量和运力。后来，中国统治者却反对鸦片贸易并下令销毁广东储存的鸦片。到1839年，鸦片贸易就销声匿迹了。英国则向珠江投放垃圾并关闭所有中国港口作为报复。

1842年，英国炮指南京迫使清政府谈判。中国割让香港给英国并向英国赔款2 100万银元，开辟厦门、福州、宁波和上海为通商口岸并允许外国人居住。特别是在20世纪后半叶，香港便成了封闭的中国的通道。

最终**鸦片战争**（the Opium War）成为列强涉足中国贸易的途径，而《南京条约》也并没有解决这一争端。于是在1857 ~ 1860年，爆发了第二次鸦片战争。在这次战争中，英法联军抢劫并烧毁了北京的圆明园，为外国商人获取了更多的利益，特别是条约设定新条款允许基督教在全中国范围内传教。

2. 太平天国起义（1851 ~ 1864年）

外国侵略者对清政府的羞辱造成的后果之一就是人民对清政府的不信任。由此而引发的起义最早开始于中国最南部的广西，其领导者是在广东长大的一位农民——洪秀全。他曾梦想考取功名，但成为科举制度的牺牲品。在广州第二次赶考时，洪秀全与西方新教传教士有所接触。

1843年，当洪秀全第四次考试失败以后，他开始传道并宣称自己就是耶稣的兄弟。随后的7年间，他发展信徒10 000余人。1851年，其追随者拥其为“太平天国”的“天王”。除了既有标志，他们剪去辫子以示对清朝统治者的反抗，同时开始北征。有着信徒的狂热支持，他们一路由南京奋勇前进，1855年攻到天津。

至此，局势开始分化。政府镇压军已到位，外国列强也组织军队与其对抗，太平天国运动最终失败。

3. 历史与日本

19世纪50年代和20世纪80年代，与日本进行贸易是美国的热点。历史上700余年的幕府统治、1853年佩里将军抵日前的闭关锁国、殖民列强的统治威胁、新的社会阶层的崛起、西方的影响、第二次世界大战中的惨败、融入国际社会——除非你对日本所经历的这些变化有所了解，否则就难以完全理解当代日本人的行为。为什么日本人对公司会那么忠诚？为什么别人难以培养出日本销售体制参与人员所具有的那种忠诚？为什么决策必须经所有人一致同意？日本的历史（和地理）为这些问题提供了部分答案。

忠于家庭，忠于国家，忠于公司，忠于团队，为了共同的事业而精诚合作，这些思想历经几千年，已经渗透到日本人行为的各个方面。自古以来，日本人就强调忠诚，强调服务，强调责任和纪律，强调训练和才艺，唯有如此才能维持稳定的秩序。中国的**儒家思想**（Confu-

---

⊖ In a very interesting paper, the authors argue that choices made by Jardine's and Swire's (trading houses) in Asia today, for example, are an outgrowth of strategic choices first in evidence more than a century ago! *See Geoffrey* Jones and Tarun Khanna, "Bringing History (Back) into International Business," *Journal of International Business Studies* 37 (2006), pp. 453-468.

cian philosophy）在日本历史上绵延不断，强调“君君、臣臣、父父、子子”，其中最重要的“君君”就是要忠于国家。日本人思想意识的一个基本前提是强调为了集体利益而精诚合作。日本人认为当集体利益受到外力威胁时，应该一致对外，从而实现认识上的统一。外国人到了日本可以通过了解日本的历史文化，来养成文化的敏感性，从而更好地理解当代日本人的行为。

3.1.2 历史的主观性

历史对于理解一个国家的行为固然重要，但是，历史又是指从谁的角度所看的历史呢？人们总会按照自我参考标准（SRC）来看待历史事件，往往会带有偏见。因此，不同史学家对历史事件会有不同的记载，不同文化背景的史学家尤其如此。史学家向来力图客观，但是真正能够超越自身文化偏见记录历史事件者寥寥无几。

人们的视角不仅会影响其历史观，而且多少会影响人们对其他事物的看法。例如，在美国销售的世界地图往往将美国置于地图的中央，而在英国销售的世界地图则将英国置于中央。其他国家也无不如此。

理解任何国家的商务和政治文化的一个关键因素在于对其历史的主观理解。墨西哥人为什么对美国又爱又恨？为什么直至最近在外国投资企业中要求墨西哥人控股？原因就在于墨西哥人将美国视为一股对其政治、经济及文化的独立构成威胁的力量。

大多数美国公民对墨西哥人的这种感情显得迷惑不解。无论怎么说，美国一向都是墨西哥的友好邻邦，大多数美国人都会认同约翰·肯尼迪总统在访墨期间所发表的声明：“地缘使我们成为近邻，传统使我们成为朋友。”美国人如果得知绝大多数墨西哥人“觉得更确切的说法应该是‘地缘使我们近在咫尺，传统却使我们如隔天涯’”，恐怕会大吃一惊。[㊀]

在美国人看来，美国和墨西哥一向是友好邻邦。美国人认为“门罗主义”（Monroe Doctrine）保护拉丁美洲免遭沦为欧洲殖民地的厄运，防止欧洲对西半球事务的横加干涉。与此相反，拉美人却常常将“门罗主义”视为美国对拉美事务横加干涉的借口。

美国海军陆战队歌颂自己的战功时曾唱道：“从蒙提祖马的宫殿来到的黎波里的海岸。”但在墨西哥人听来，歌词中“蒙提祖马的宫殿”所指的战功只会使人想起美军对墨西哥城的入侵，勒索走 89 万平方英里[㊁]的土地作为贡品，即今天的亚利桑那、加利福尼亚、新墨西哥和得克萨斯诸州。墨西哥人民忘不了丧失的国土。[㊂]每年 9 月 13 日这一天，墨西哥总统、内

㊀ For an insightful review of some of the issues that have affected relations between the United States and Mexico, see John Skirius, “ Railroad, Oil and Other Foreign Interest in the Mexican Revolution, 1911-1914,” *Journal of Latin American Studies*, February 2003, p. 25.

㊁ 1 平方英里 = 2.59 平方千米。——译者注

㊂ 联合国提议所有国家每年应当专门确定一个日子作为儿童节。对此，墨西哥把儿童节定在 4 月 30 日。有趣的是，这一节日常常与圣帕特里克节 (Saint Patrick’s Day) 庆祝活动重叠。圣帕特里克节纪念的是那些在美墨战争中与墨西哥人共同迎战美国的爱尔兰裔美国人——圣帕特里西奥人。

Porfirio Diaz, Translator Ralph Keyes, *The Quote Verifier*: *Who Said What*, *Where*, *and When*, St. Martin's Griffin; 1st edition (May 30, 2006).

John F. Kennedy: “ Address by the President at a Luncheon Given in His Honor by President Lopez Matcos.,” June 29, 1962.

W.E. Christian, *Rhymes of the Rookies*, 1917, Dodd, Mead and Company.

阁成员及外交使团都会聚集在墨西哥城要塞，纪念那场招致“疆土沦丧”的惨败。

墨西哥革命推翻了独裁者的统治，建立起了现代的墨西哥国。墨西哥革命尤其因为驱逐外敌而长留在人们心中，特别是针对那些在墨西哥权势熏天的富商中风头最健的北美商人的行动。

3.1.3 天命论与门罗主义

在19世纪至20世纪的大部分时间里，“天命论”与“门罗主义”被看成美国外交政策的基础。[⊖]从广义上讲，**天命论**（Manifest Destiny）意指上帝选择了美国人来建立模范社会。具体地说，天命论指的是让美国的版图从大西洋一直扩张至太平洋。天命论思想成了美国人吞并得克萨斯、俄勒冈、新墨西哥、加利福尼亚的借口，以后则成了染指古巴、阿拉斯加、夏威夷及菲律宾群岛事务的遁词。

门罗主义（Monroe Doctrine）是美国对外政策的基石，由美国总统詹姆斯·门罗在一次公开声明中提出，包括三项基本内容：欧洲停止在新世界实行殖民统治；美国不干预欧洲政治；欧洲国家不得干涉西半球国家事务。

1870年以来，门罗主义的释义被不断扩大。1881年，有关在巴拿马地峡开挖运河的讨论中，门罗主义原则曾被引用。西奥多·罗斯福发展了“门罗主义”，被后人称为**罗斯福推论**（Roosevelt Corollary）。该推论宣称，美国政府不仅禁止非美洲势力干预拉美事务，而且将保护这一地区，确保拉美国家能履行其国际义务。1905年，罗斯福迫使多米尼加共和国接受美国指派的一位经济顾问，并使此人很快成为这一小国的财长，于是这一授权美国进行干涉的推论得到了应用。1903年，美国从哥伦比亚手中获得了巴拿马运河区控制权以及1906年在古巴成立临时政府的事件中，罗斯福推论都曾被引用。

美国获取巴拿马运河区的手段最能说明罗斯福推论的本意，亦即凡对美国有利的就是合理的。

纵观美国历史，美国在拉美的冒险行动成了美国对外政策的合理部分。但是，在拉美人民看来，这些都是对拉美事务的横加干涉，不受欢迎。1945年以来，美国对拉美事务的不断干预进一步说明了这一观点。同一历史事件，一种文化的记载和解释与另一种文化的记载与解释常常大相径庭。对不同历史记录进行比较，有助于解释国境两边的人民在世界观及行为方面的差异。许多墨西哥人相信，北边的“友好邻邦”为了达到某一目的从来不惜使用武力。人们怀疑美国今天之所以与墨西哥保持良好关系，主要是出于自身利益考虑。

如以拉美人的角度来看待历史，那么就不难理解当经济困难时，拉美国家的首脑会指责美国或美国的跨国公司，通过煽动民众特殊的排外情绪来转移民众的视线，从而减轻政府的压力。

尽管外国投资对本国的经济发展起着重要作用，但政府首脑可能因为**没收**（expropriation）这些投资或将其充公而深得民心。为了弄清某个国家的态度、偏见及担忧，有必要透过当前事件的

⊖ Some say even into the 21st century. See “Manifest Destiny Warmed Up?” *The Economist*, August 14, 2003. Of course, others disagree. See Joseph Contreras, “Roll Over Monroe: The Influence the United States Once Claimed as a Divine Right in Latin America is Slipping away Fast,” *Newsweek International*, December 10, 2007; Daniel Larison, “Gingrich the Historian and the Monroe Doctrine,” *The Conservative American*, January 26, 2012.

表象，从该国历史上的恩恩怨怨中找寻答案。三位墨西哥人的评论也许是对本节的最佳概括：

> 同一段历史，墨西哥和美国的说法各不相同……美国抢劫了我们，而美国的教科书却把我们描绘成侵略得克萨斯州的匪徒。
>
> 出于历史原因，我们或许会憎恨“外国佬”，然而当今世界已经被分割成一个个商业集团，无论命运好坏，我们全都是拴在同一根绳上的蚂蚱。
>
> 我们一直是，并将继续是美国的殖民地。

跨越国界 3-1

微软让其百科全书符合“当地历史”

对很多产品来说，使产品适应当地文化是一项重要策略。了解这个国家的历史有助于实现这一目标。微软为了使自己的光盘版多媒体百科全书 Encarta 不冒犯其他文化，出了九种不同的版本，充分反映当地的“历史”。其结果是，对于相同的历史事件却出现了不同的有时甚至彼此矛盾的理解。比如，是谁发明了电话？在美国版、英国版和德国版中，发明电话的是亚历山大·格雷厄姆·贝尔，但是如果从意大利版中寻找答案，答案却是安东尼奥·穆齐（Antonio Meucci）。穆齐是美籍意大利人，是个蜡烛制造商，但是意大利人认为此人比贝尔早五年发明了电话。在美国版中，发明电灯的是托马斯·阿尔瓦·爱迪生，但在英国版中，是英国发明家约瑟夫·斯万（Joseph Swan）。为了与当地的理解一致而进行适当加工的历史事件则更多。比如在美国版中，苏伊士运河的国有化被描述成超级大国干预的结果。但是在法国和英国版中，这一事件被概括为英法两国“被迫放弃，颜面丢尽”。这一说法在美国版中是找不到的。

在这些事件上，微软做到了顺应当地的历史环境，但是偶然会在地理上马失前蹄。韩国的郁陵岛被置于日本境内，让韩国大为恼火。此外，微软因把曼谷称为性交易中心而尴尬万分，不得不向泰国人民道歉，向提出抗议的妇女活动组织保证，在修订版中“将包括最能反映泰国丰富的文化历史的所有内容”。

微软也得屈从政治压力。土耳其政府禁止其销售包含“库尔德斯坦”名称的《微软百科全书》，因为该名称常常指土耳其版图上的南部地区。为此，微软公司删除了《微软百科全书》地图中的“库尔德斯坦”名称。各国政府常常与微软公司沟通，为的是使地图上的边界划分符合政府的希望。当阿根廷与智利对南安第斯山脉地区的边界存有争议时，两国都设法与微软公司进行疏通，最后的解决办法就是不划分边界。

不过，这些更改《微软百科全书》的有趣事件必将成为过去，因为在线百科全书本身也将成为历史。2009 年，微软公司未做任何解释就关闭了《微软百科全书》。在许多分析师看来，《维基百科》(Wikipedia) 完全替代了《微软百科全书》的功能。

资料来源：Kevin J. Delaney, “Microsoft’s Encarta Has Different Facts for Different Folks,” *The Wall Street Journal*, June 25, 1999, p.A1; “Why You Won’t Find Kurdistan on a Microsoft Map of Turkey,” *Geographical*, November 1, 2004; Nick Windfield, “Microsoft to Shut Encarta as Free Sites Alter Market,” *The Wall Street Journal*, March 31, 2009, p. B3.

3.2 地理与全球市场

地理是有关地貌、气候、陆地、国家、民族、产业和资源的研究，是每一个营销者都须面对的一种不可控环境因素。不过，地理因素常常得不到重视。一般地，人们对地理的各种因素常常进行孤立的研究，而不是将其视作构成营销环境的重要因素。地理知识不只是记住一些国家、首都和河流的名称，也包括了解一个国家在有限的自然条件下，为满足人们生活所需而进行的努力对其社会、经济、文化所带来的影响。因此，地理研究对市场及环境评估有着非常重要的作用。[⊖]

本节将讨论营销者在评价营销的环境因素时所必须考虑的一些重要的地理特征。基于全球视角的考察有助于读者对世界市场有一个宽泛的认识，领会地理环境的多样性对各个国家经济特征的影响。气候与地形是地理因素中影响较广也是更为重要的因素，本节对此做了专门考察，最后简单地考察了构成世界市场基石的资源与人口因素。

3.2.1 气候与地形

纬度、湿度和温差等气候特征会对产品和设备的用途及功能产生影响。[⊜]某些在温带地区能够正常使用的产品到了热带地区则很快就用坏了，如要正常使用，则往往需要经专门冷却或添加润滑剂。例如，一些制造商发现美国使用的建筑设备往往需要进行多方面的修改后，方能适应撒哈拉沙漠的热浪和沙尘。中国台湾地区的一家公司向中东地区的一买主装运了一船玻璃，玻璃采用木条框包装，内垫普通干草以防玻璃破碎。结果，到目的地时，玻璃都成了碎片。原因何在呢？原来，当木条框包装到了闷热、干燥的中东地区，干草因湿气含量大幅度下降而枯萎，从而失去保护功能。

即使是在同一个国内市场上，气候状况也会有很大的差异，因此需要对产品进行大的调整。在加纳，如果要使产品能适应整个加纳市场，那么这种产品必须既能适应沙漠地带极端炎热干燥的气候，又能适应热带丛林地区的连绵阴雨。欧洲大陆的气候差异也迫使西门子公司对其洗衣机产品进行调整：在德国和斯堪的纳维亚地区，因为天气晴朗的日子不多，所以在该地区适销的洗衣机甩干桶的转速不得低于 1 000 转 / 分，最高可达 1 600 转 / 分。因为用户无法将服装挂到室外去晾晒，所以用洗衣机甩干的衣物必须比别处更干一些。相反，在意大利和西班牙，由于阳光充足，洗衣机甩干桶的转速达到 500 转 / 分就足够了。

南北半球间的季节差异也会影响全球营销战略。为了向赤道以南的国家进行扩张，JCPenney 公司计划在智利开设五家分店。该公司打算利用北美、墨西哥和巴西分店的大宗采购能力，为其南美扩张计划提供低价支持。然而，在智利的第一家分店开张之后，公司发现其扩张计划不切实际：当公司在北美采购冬季用商品时，南美商店所需要的却是夏季用商品。于是，公司很快就将智利的唯一一家分店出售。公司的南美扩张计划仅限于巴西。

⊖ See Philip Parker's extensive research on the relationship among geography, consumer behavior, and marketing. For example, Philip Parker, *Physioeconomics* (Cambridge, MA: MIT Press, 2000).

⊜ Elizabeth Holmes, "Hot H&M Targets Cool Climes," *The Wall Street Journal*, May 10, 2010, p. B7.

山川、海洋、丛林以及其他地理表征能对经济增长与贸易发展造成严重的障碍。例如，南美西海岸的山区延绵 4 500 英里，平均高度为 1 300 英尺[一]，平均宽度为 300 ~ 400 英里。鉴于这种天然屏障，太平洋与大西洋海岸间就无法建立起商用要道。南美地区的这种天然屏障也阻碍了各国及地区的经济、贸易和交通的发展。[二]地理障碍往往会对一国的经济、市场以及与沟通和传播有关的活动产生直接的影响，如中国、俄罗斯、印度与加拿大。为了寻求经济发展的机遇和迎接市场全球化的挑战，一些国家投资基础设施建设以克服这些自然障碍。过去，地理障碍被视为不受敌国侵犯的天然屏障，而今却成了欧洲经济联盟内自由贸易的壁垒。

几十年来，英国人一直反对建设海底隧道，他们不信任法国及其他欧洲国家，而是将英吉利海峡视为保护屏障。但是，在英国成为欧共体（其后为欧盟）成员后，为了方便与欧盟其他成员国的贸易，迫于经济现实，英国才同意修建隧道。如今，你可以乘坐子弹头列车横穿海峡，但是即便在隧道开通 10 年后，其财务状况还是不太稳定。此外，还发生了无证工人试图穿过水下通道偷渡到英国的事情。

自汉尼拔时代（前 247 年—前 183 年），阿尔卑斯山脉就担当着欧洲各国的天然屏障，但是随着欧盟的扩张，它已经成了区内贸易的主要障碍。德国南部和意大利北部的卡车运输会堵塞高速公路瑞士段内最危险、最原始的区域，这不但是所有旅行者的负担而且经济发展也难以忍受这一现象。2007 年开凿的全长 21 英里的勒奇山隧道（Loetschberg Tunnel）便是解决方案：它穿过阿尔卑斯山脉，将德意之间的行车时间从 3.5 个小时缩短到 2 个小时以内。到 2016 年，全长 36 英里的瑞士哥达隧道（Gotthard Tunnel）为该地区提供更为广阔的铁路覆盖网，并成为欧洲最长的铁路隧道。

跨越国界 3-2

创新和水资源短缺：从雾变水到 Kid Power 计划

1. 收雾器

丘恩贡果（Chungungo）是智利最干旱的地区之一，附近没有任何水源。住在那儿，人们只好以雾代水！得益于传说和加拿大及智利科学家的帮助，在历经 20 年的干旱之后，如今丘恩贡果的饮用水已经能自给。在发现新水源之前，丘恩贡果只能依靠每周两次的卡车送水。

丘恩贡果一向干旱，而根据传说，此地土著过去非常崇拜树木，将树木看得神圣无比，因为树顶喷出长年不衰的水流，形成了连绵不断的雨。传说说得很对，树木的确能造雨！浓雾在海岸形成。当浓雾流向内陆地区，被迫沿着山坡上升时，雾就变成小水珠，小水珠又被树叶吸附，从而形成不竭的雨水源。科学家如今则开始利用这一自然现象。

科学家受到附近厄尔托夫（El Tofo）山上古老的桉树林的启发，匠心独运地建造了一个供水系统。为了模拟树林的蓄水效果，科学家用 12 英尺高的桉树桩子支撑起一张张网，桩

[一] 1 英尺 = 0.304 8 米。——译者注

[二] Jared M. *Diamond, Guns, Germs, and Steel* (New York: Norton, 1999).

子脚下放置盛水容器，在山顶上形成86台“收雾器”。这样，每天能搜集到约1 900加仑[⊖]的水，然后用管道将水输入城内。这种小型供水系统价格便宜，只及水车送水成本的1/5，但是可以稳定地为当地居民提供饮用水。

2. PlayPumps供水系统之一

本书第14版和第15版已经介绍过PlayPumps供水系统方面的内容。这里请务必阅读下一节更新部分的内容。

在撒哈拉以南的非洲地区，一些创新人士提出了从井中取水的新方法。作为改变生活、拯救生命的发明，PlayPumps供水系统不仅为人们获得清洁饮用水提供了一种轻松的方法，为孩子带来了欢乐，而且使南非、斯威士兰、莫桑比克和津巴布韦等国1 000多个村庄在健康、教育、性别平等和经济发展方面的状况得到改善。PlayPumps供水系统实际上就是创新设计的、可持续发展的专利水泵，其动力靠孩子玩耍来提供。PlayPumps供水系统安装在学校附近，既是一种水泵，同时也是一种旋转木马。此外，PlayPumps供水系统也是向农村和城市边缘地区传播拯救生命的公共健康信息的渠道之一。

3. PlayPumps供水系统之二

［在本书第14版和第15版中，关于PlayPumps供水系统，我们和许多人都犯了同样的错误。我们很懊悔，但我们也发现了报告整个PlayPumps供水系统故事的巨大价值，毕竟这个供水系统已经显示出价值。因此，我们要感谢劳拉·弗里斯基的精彩报告。］

在南非的一些首批安装了旋转木马的小学里，孩子有了玩耍之处，当地社区可以获得免费的饮用水，原先需要为家庭承担大部分打水负担的女孩和妇女有了时间去上学或从事其他活动。与高处的水箱并排放在一起的广告牌所赚的广告收入可以用于水泵的维护，而且可以用来宣传有关卫生或安全性行为的公共健康信息。

PlayPumps供水系统这个点子在2000年赢得了世界银行授予的市场开发奖。2006年，劳拉·布什（Laura Bush）宣布从美国国际开发署（USAID）/总统防治艾滋病紧急救援计划（PEPFAR）和私人基金会筹得1 600万美元，目的是到2010年筹集到4 500多万美元以便在非洲安装4 000个泵。Jay-Z参与了演唱会和MTV纪录片。PlayPumps公司宣布扩大计划，首先扩大到莫桑比克、斯威士兰和赞比亚，然后进入莱索托、马拉维、埃塞俄比亚、肯尼亚、坦桑尼亚和乌干达。非营利组织发起了一场精心安排的社交网络活动，并在2007年和2008年的世界水日成功地为“100天100个泵”筹集到了资金。

遗憾的是，在该过程的某个阶段，PlayPumps不再是一个聪明的本土点子，成了按捐助者的意志和顶层设计的解决方案，而这根本不适合许多目标社区的需求。

对此，水资源公益组织（WaterAid）写了一篇它为什么没有采用PlayPumps技术的立场文章。第一，它认为PlayPumps供水系统太贵。其单件成本为14 000美元，是传统泵系统的4倍之多。该机械装置的修理需要专业技能，所以无法利用当地劳工来修理。第二，备件也很难获得，而且代价高昂。水资源公益组织也谴责该系统“依赖童工”。在《卫报》（英

⊖ 1加仑=3.785 4升。——译者注

国）最近的评论中，计算出孩子必须每天“玩耍”27个小时，才能满足PlayPumps的既定目标——每台泵提供2 500人的日常用水需求。

马拉维的一名援助工程师在其众多精彩的博文中记录了这些问题。虽然他提供的轶事和图片有限，但有足够的证据表明，在该工程师所在的地区并没有像PlayPumps的发明者所预想的那样应用该系统：“每次我参观一个PlayPumps供水系统，我总是发现同样的场景：一群妇女和儿童在使劲地用手旋转它以便取到水。”

他还指出一个原因，PlayPumps供水系统无法快速获得重要的反馈：“只要带着相机的外国人出现，孩子就会兴奋起来。当他们变得兴奋，他们就开始玩耍。5分钟内，这件事看起来疯狂地成功了……我一直认为，只要我离开，兴奋就会消退，泵就会恢复到正常状态——妇女和孩子进行手动旋转。”

对于援助界，PlayPumps供水系统的故事是否有广泛的教训呢？该组织通过推特活动而提前筹集到为解决非洲国家面临的水资源问题所需的数百万资金，即便现实偏离了美好的前景。虽然PlayPumps供水系统代表着愚昧的成功，但这种解决方案在不完善的援助市场上仍然是颇有影响力的。

但在2015年秋天，该公司CEO宣布将其库存交给人民之水组织（Water for People）。在该组织中，PlayPumps供水系统只是社区所能选择的众多技术选项之一。这似乎是正确的选择。我们可能会问，为什么要过了这么长时间才发现PlayPumps模型的不足。不过，与官方的援助界不同，这种相对快速的响应代表了真正的进步！对于官方援助界，过时而失败的解决方案会在60年内不断循环利用。

对于新兴市场而言，我们预计（并希望）8欧元的无烟灶比14 000美元的PlayPumps供水系统具有更好的效果。对此，我们将保持关注。

资料来源：“Drinking Fog,” *World Press Review*；“Silver Lining,” *The Economist*, February 5, 2000, p. 75; “UNESCO Water Portal Weekly Update No. 89: Fog,” April 15, 2005, http://www.unesco.org/water/news/newsletter/89. shtml; http://www.playpumps.org, 2008; Aliah D. Wright, “Dive into Clean Water,” *HRMagazine* 54, no. 6 (2009), p. 4.; Laura Freschi, “Some NGOs CAN Adjust to Failure: The PlayPumps Story,” *aidwatchers.com*, February 19, 2010. Used with permission; Andrew Chambers, “Africa's Not-so-Roundabout,” *guaradian.co.uk*, November 24, 2009.

3.2.2 地理、自然和经济增长

那些缺乏自然恩典的国家总是生活贫困，天灾人祸总是特别多。[㊀]最明显的例子也许就是海地经济一直无法从2010年的大地震中快速恢复。相比于日本从2011年的地震、海啸和核电厂灾难中恢复的速度，这一特征就更加明显了。[㊁]恶劣的气候与地理环境伴随着连绵不断的内战、糟糕的环境政策和天灾，更是使得这些国家的经济徘徊不前。由于缺乏灌溉设施

㊀ “Honda Sees Sharp Drop in Profit on Thai Floods,” *Associated Press*, January 31, 2012; Thomas Fuller, “Floodwaters Are Gone, but Supply Chain Issues Linger,” *The New York Times*, January 20, 2012.

㊁ Japan is experiencing longer term problems as well though. See Julie Makinen, “Disasters Add New Theme to Tokyo Disney: Hardship,” *Los Angeles Times*, April 5, 2011, pp. B1, B3.

和水资源管理，旱灾、洪涝与水土流失不断加剧，常常使得土地变成令人望而生畏的沙漠，肥力不断下降。㊀人口增加，森林毁坏，放牧过度，这一切都加重了干旱的影响，导致营养不良和疾病，从而削弱了这些国家解决问题的能力。人们无法阻止龙卷风发生，也无法避免降雨量偏低，但人们可以采取一些措施来控制它们所带来的影响。遗憾的是，由于遭受自然灾害最严重的国家往往也是世界上最贫穷的国家，所以每次自然灾害似乎只是使得这些国家更难以采取有效的预防措施。它们既无资金又无技术来减小自然现象造成的危害，只好听任大自然的摆布。

随着国家的繁荣，自然障碍被逐渐铲除。人们开挖隧道，修筑桥梁，拦筑大坝，以便控制或适应气候、地形和自然灾害的频繁发生。㊁人类在克服和减小地理障碍、自然灾害的影响方面已经取得了一定的成功，但与此同时，人类也不得不与自己所造成的问题做斗争。人类试图一劳永逸地控制自然，但是产生了不良影响，在这一方面拦筑大坝就是个绝佳的例子。发展中国家把修筑拦河大坝看成解决许多问题的经济而有效的手段，既可发电、控制洪涝、解决干旱时期的灌溉水源问题，又可以提供丰富的鱼类资源。但大坝也会带来副作用：移民问题；淤积问题，由于泥沙不能被带走，水库最终将被淤积，下游的土壤及其养分得不到补充。与此类似，印度纳曼达（Narmada）谷大坝也可用来发电，控制洪涝，灌溉农田，但是它已经使得数以万计的居民离开家园。通过对它所带来的利益和社会环境成本的比较，人们开始怀疑其效益。总之，修建这样的大型项目必须考虑其社会和环境成本。

随着世界工业化进程及经济增长步伐的加快，环境问题变得更为突出。㊂工业化国家及追求经济发展的国家必须解决生态环境遭破坏、人们被迫迁移以及垃圾处置不当等问题。这些问题大都是经济发展和生活方式改善过程所带来的副产品。20世纪末，许多政府与行业为此付出了巨大努力以寻求更好的手段，以便在保护环境的同时，来控制自然和发展工业。㊃

3.2.3 社会责任与环境管理

20世纪末，世界各国和人民达成了共识：环境保护并非是多余的选择，而是复杂商务过程中所不可缺少的部分。许多人认为环境问题是一个全球性问题，而不只是个别国家的问题。因为环境问题对人类构成了共同的威胁，所以单靠一个国家是无法得以解决的。各国政府及企业尤其关注的是如何遏制污染的发展势头，清除几十年来一直被置之不理的陈年污染。

有些公司试图寻找环境保护限制较本国宽松的国家或地区以建立加工工厂，不过这些公司发现，无论哪个国家，环境保护条款都较从前更加严格。许多政府都在制定新的条例并强

㊀ See Map 2, " Global Climate," in the World Maps section for a view of the diversity of the world's climate. The climatic phenomenon of El Niño wreaks havoc with weather patterns and is linked to crop failures, famine, forest fires, dust and sand storms, and other disasters associated with either an overabundance or a lack of rain.

㊁ "No Sweat," *The Economist*, January 5, 2013, pp. 45-46.

㊂ Ram Mudambi, " Approaches to Climate Change: Technology and Institutions, " *Journal of International Business Studies* 42 (2011), p. 974.

㊃ Visit http://www.gemi.org for information on the Global Environmental Management Initiative, an organization of U.S. multinational companies dedicated to environmental protection.

化已有的规定。电子产品因含有很多有毒物质而成为垃圾处理的主要问题，如果处理不彻底会导致有毒物质渗入地下水。欧盟和其他一些国家的法律规定公司须将潜在的有毒物质进行回收再利用。这样做的一个重要原因就是意识到环境污染正在走向无法控制的境地。

一些自身难以处理垃圾的国家正在向愿意提供帮助的国家求援，请这些国家帮助处理垃圾。在某些发展中国家，政府希望通过提供垃圾处理场地来获得收入，因此垃圾处理是合法的。而在另一些国家，垃圾往往被秘密地非法倾倒。巴塞尔公约成员方之间的一项条约规定倾倒垃圾必须首先得到批准。后来，这项条款做了修改，禁止发达国家出口有害垃圾。看一看企业和一般大众对污染问题的认知程度，就不难发现该条约的影响力及其权威性。[一]

各国政府、组织及企业[二]开始越来越关注维持经济增长与保护环境从而造福子孙后代这一社会责任及道德问题[三]。然而，全球各地政府与公司所做出的承诺往往大不相同。例如，虽然按人均计算的美国的污染率最为严重，但美国在所有主要经济体中迟迟不愿意接受温室气体排放标准。经济合作与发展组织（OECD）、联合国[四]、欧盟及其他国际性行动组织正在制订计划以强化环境保护政策。包括巴西石油[五]、沃尔玛与耐克在内的众多大型跨国公司不仅本公司开展清洁生产，而且要求其供应商也实施清洁生产。

其中共同关注的一个问题是，经济发展与环境保护能并行不悖吗？政府、公司和环境保护主义者所追求的“可持续发展”，即在经济发展的同时，实现“资源的合理利用，利益得以均摊，在经济发展过程中减少对任何环境的危害”，目前已成为许多政府和跨国公司的指导方针。可持续发展并不只是有关环境、经济或社会的某一方面，而是要取得它们之间的长期平衡。越来越多的公司开始将可持续发展思想看作一种实现“双赢”的机遇。[六]保护环境不仅是政府、公司及环境活动组织的责任，每一位公民都应有社会道德义务将环境保护作为最高目标。[七]不过，这种理念在美国特别难以推行，因为美国消费者更为关心的是生活方式而非可持续发展问题。民意测验表明，公众关注的是增长而非环境保护，美国中学生很少接受环境保护方面的教育。[八]最近的研究也表明，如果政府依赖于民众的支持，那么要说服他们来关注环境问题就较为困难。[九]

㊀ For a comprehensive view of OECD programs, including environmental issues, visit http://www.oecd.org.

㊁ Leonadis C. Leonidou, Constantine S. Katsikeas, Thomas A. Fotiadis, and Paul Christodoulides, “Antecedents and Consequences of a Eco-Friendly Export Marketing Strategy: The Moderating Role of Foreign Public Concern and Competitive Intensity,” *Journal of International Marketing* 21, no. 3 (2013), pp. 22-46.

㊂ Jonatan Pinkse and Ans Kolk, “Multinational Enterprises and Climate Change: Exploring Institutional Failures and Embeddedness,” *Journal of International Business Studies* 43 (2012), pp. 332-341.

㊃ “Three Essential Facts about the U.N. Climate Summit,” *Time*, October 6, 2014, p. 18.

㊄ Jose Sergio Gabrielli de Azevedo, “The Greening of Petrobras,” *Harvard Business Review*, March 2009, pp. 43-47.

㊅ Visit http://www.oecd.org, the OECD website, for a directory and complete coverage of sustainable development.

㊆ Visit http://www.webdirectory.com for the *Amazing Environmental Organization Web Directory*, a search engine with links to an extensive list of environmental subjects.

㊇ “Are U.S. Teenagers ‘Green’ Enough?” *Chronicle of Higher Education*, November 20, 2009, p. A4.

㊈ Amir Grinstein and Udi Nisan, “Demarketing, Minorities, and National Attachment,” *Journal of Marketing* 73, no. 2 (2009), pp. 105-122.

3.2.4 资源

矿产资源的开采和能源的生产是现代技术的基础。地球上资源以及可利用能源的分布极富偶然性。不仅世界各国的资源禀赋厚此薄彼，而且各国对某一种矿产或能源的需求与国内的储藏往往也不相一致。

在许多欠发达国家，人力仍然是最重要的资源。除了人力之外，其他资源主要来自畜力、木材、石油、原子能。另外，潮汐、地热和太阳也提供一定的能量，但主要还处于试验阶段。在所有的能源中，石油和天然气占世界消费的60%以上。[1]其中因石油用途广泛、容易贮运，石油类产品一直是能源使用中的大户（见图3-1）。[2]

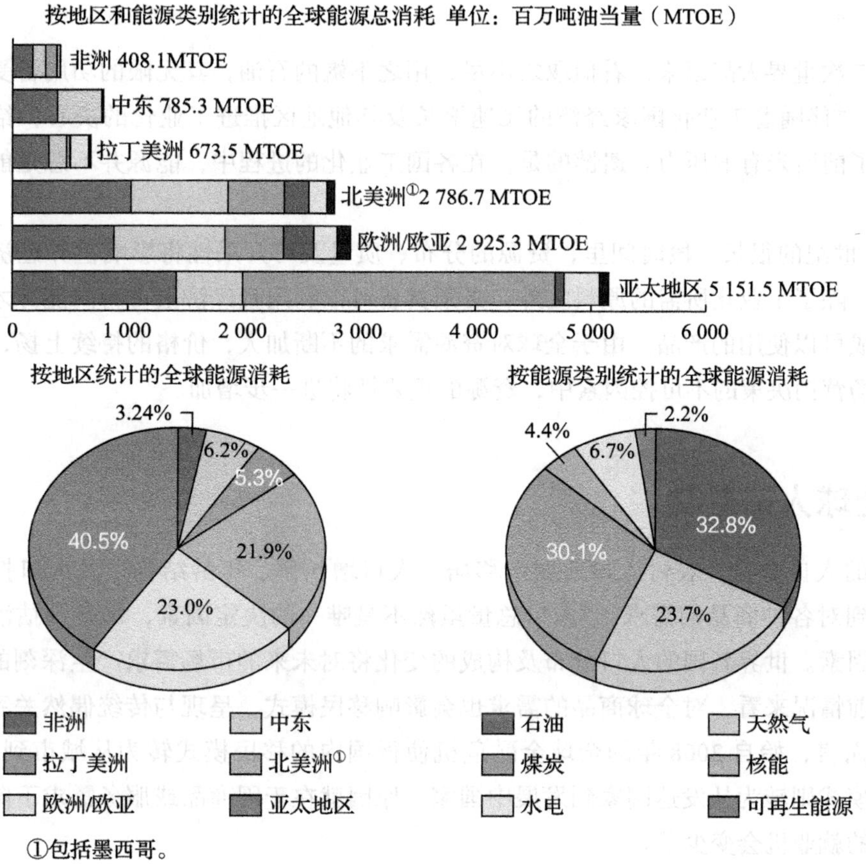

图3-1　世界能源消耗情况

资料来源：BP Statistics review of World Energy 2014 and International Energy Outlook 2014, U.S. Department of Energy, both accessed 2015.

在过去的几十年中，许多国家在经济发展初期尚能实现石油自给，如今却已成为石油净进口国，而且对国外石油的依赖性不断增强。美国就是一个明显的例子。1942年之前，美国

[1] Visit http://www.eia.doe.gov and search for "International Energy Outlook (most current year)" for details of production, use, and so forth.

[2] See Map 3, "Oil and Gas Production and Consumption," for a global view of the flow and uses of petroleum.

的石油几乎完全自给，但到了1950年，则成为石油进口国。从1973～2011年，美国年度石油进口占其石油总需求的比例从36%上升到66%以上。从2015年的情况来看，随着石油生产因新发现和新技术的出现而大幅增长，再加上可再生能源的增长，美国对从国外石油进口的依赖度预计到21世纪中叶将下降到50%～60%。这仍然是一个问题，但情况已较几年前的预计要好得多。图3-1对北美地区国内的能源消耗情况与世界其他地区进行了比较。全球能源总消耗在2013年为127亿吨。可再生能源（木头、泥煤、粪肥、风力、太阳能和地热）在过去3年里增加了10倍。这样的增幅的确很了不起！如图3-1所示，欧洲的能源消费超过了北美国家。此外，值得注意的是，北美国家能源消耗中最多的是石油，亚洲是煤炭，而欧洲是天然气。美国和中国最近就CO_2减排目标达成了一致，从而将促进全球温室气体排放的减少。[㊀]

自第二次世界大战以来，看似取之不尽、用之不竭的石油，其无限的功用备受关注，也饱受争议。[㊁]伴随着工业化国家经济的飞速增长及其他地区推进工业化的决心，给世界能源供给带来了前所未有的压力。遗憾的是，在各国工业化的进程中，能源并不总是能得到有效的利用。

在21世纪的很长一段时间里，资源的分布、质量及可开采性将影响世界经济及贸易发展的格局。除了工业化所需的原料之外，必须具备可以利用且经济上可行的能源才能将各种资源加工成可以使用的产品。由于全球对资源需求的不断加大，价格的持续上扬，因此在影响国际市场营销决策的不可控因素中，资源的重要性将进一步增加。

3.3 全球人口趋势

当前的人口总量、农村人口向城市移居、人口增长率、年龄结构以及人口控制等因素都会影响到对各种商品的需求。[㊂]人口总量虽然不是唯一的决定因素，却是评估潜在消费市场的重要因素。世界各国的人口分布及构成的变化将对未来的市场需求产生深刻的影响。此外，就目前情况来看，对全球商品的需求也会影响移民模式，呈现与传统偶然关系相反的情形。具体而言，始自2008年的全球金融危机使得国内的移民模式转为从城市到农村地区，国际移民模式则转为从发达国家到发展中国家，原因就在于因商品或服务需求下降使得前者所能提供的就业机会变少了。

最新数据显示目前世界人口已经超过70亿，到2050年预见将达到95亿。不过，若生育率假设稍有差异，那么人口增长预测就会发生很大的变化。根据联合国人口专家所提出的

㊀ Mark Landler, "U.S. and China Reach Agreement on Climate in Step to Cut Carbon Emissions," *The New York Times*, December 12, 2014, pp. A1, 11.

㊁ Stanley Reed, "Endless Oil," *BusinessWeek*, January 18, 2010, pp. 47-49.

㊂ A book written in 1998 predicted the Great Recession of 2008-2009 ten years in advance, based on demographic projections of consumer demand. For a very interesting read, see Harry S. Dent, *The Roaring 2000s* (Touchstone: New York, 1998); also see John L. Graham, "2020 Is 23 Years from Now," *UCInsight*, Spring 1997, pp. 3, 13 for a similar, demographics-based prediction.

观点，全球人口峰值大约为80亿，在2040年人口将开始下降。不过，众多假设情况都表明，人口到2050年的增长几乎都发生在欠发达地区。如表3-1所示，到2050年，85%的人口将集中在欠发达地区。据国际劳工组织估计，到2025年，全球必须创造12亿个就业岗位，才能容纳这些新增的就业人口。此外，大部分新的就业岗位必须位于绝大部分人口所居住的城镇地区。

表3-1　世界人口的地区分布（2014年和2050年）　（单位：100万）

地　区	人口	
	2014	2050
全世界	7 243	9 550
较发达地区①	1 255	1 350
欠发达地区②	5 986	8 247
最不发达地区③	918	1 810
非洲	1 137	2 047
亚洲	4 342	5 156
欧洲	742	708
拉丁美洲	662	781
北美洲	357	446
大洋洲	49	57

①较发达地区包括欧洲、北美洲、澳大利亚、新西兰和日本。

②欠发达地区包括非洲、亚洲（日本除外）、拉丁美洲及美拉尼西亚、密克罗尼西亚与波利尼西亚。

③最不发达国家包括联合国大会所定义的48个国家，其中非洲33个、亚洲9个、拉丁美洲1个、大洋洲5个。这些国家包括在欠发达地区中。

资料来源：*World Population Prospects*, *The* 2014 *Revision*, United Nations Economic and Social Affairs, http://www.unpopulation.org, 2012. Reprinted with permission.

3.3.1　控制人口增长

面对人口爆炸所带来的不良后果，世界各国似乎都应当采取适当的措施，将人口增长率控制在可管理的范围内。然而生育问题却是一个最具有文化敏感性的不可控因素之一。经济条件、自尊、宗教、政治观点及教育，无不在形成家庭大小的态度上发挥着重要的作用。

实现人口控制的先决条件是：充足的收入、低文盲率、妇女受教育、全民医疗保健、计划生育和增进营养，以及或许是最为重要的多子多福的文化观念的改变。不幸的是，在改善生活条件和改变观念方面，进展甚微。印度就是一个最典型的例子，可以反映出世界上大多数地区发生的情况。印度的人口曾经很稳定，但是随着健康状况的改善，印度人的寿命变长，婴儿死亡率下降，其结果人口增长迅速。一系列因素使得印度政府改变这种状况的努力受挫，其中包括政治上的守旧和文化规范上的积习难改。不过，印度政府仍然通过了一些法律以控制人口数量。最近，印度颁布的一部法律禁止生养两个以上孩子的公民入选国民议会及政府部门。从家庭规模上来讲，这就意味着现有的许多工作人员将无权寻求再次当选。

妨碍人口控制的最大绊脚石是文化态度，也就是多子多福的思想。在许多文化中，不论是在过去还是在今天，男子的特权依赖于子女的数目，家庭的唯一财富就是孩子。这种思想极其顽固。英迪拉·甘地深切地感受到这种思想是多么顽固，在担任印度总理期间，她试图实行大规模的男性绝育，据说这也是她竞选连任失败的主要原因。此外，许多宗教也不鼓励或禁止计划生育，从而也妨碍了对人口的控制。在尼日利亚，北方人传统上信奉伊斯兰教，南方人则信奉罗马天主教，不过，这两种宗教均宣扬大家庭的好处。非洲的大部分传统宗教都鼓励组成大家庭，事实上，很多人信奉的主要神祇就是土地和生殖女神。

计划生育及其相应的政策是迄今为止各国政府用以控制出生率的最通行的做法，但是也有很多人认为出生率的降低是经济繁荣的结果，只有经济发展了，出生率才会下降。例如，20 世纪 80 年代西班牙经济快速增长，之前西班牙家庭往往有 6 个甚至更多的孩子，可是如今西班牙已经成为欧洲出生率最低的国家，每一育龄妇女平均只生 1.4 个孩子。[一]随着经济的繁荣，欧洲其他国家也出现类似的情况。

3.3.2 农村人口向城市移居

农村人口向城市移居（包括国内流动和国际流动）主要是想获得更多的教育资源、医疗保健和更好的就业机会。[二] 19 世纪初，只有不到 3.5% 的世界人口居住在人口数量为 2 万及以上的城市里，不足 2% 的人口生活在人口数量为 10 万及以上的大都市。如今，54% 以上的世界人口生活在城市，并且这种增长趋势还在加速。[三]一旦移居到了城里，3/4 的移居者的经济状况会有所好转。例如，在巴西城里从事体力活的工人的收入几乎是农业劳动者所得收入的 5 倍。

据估计，到 2030 年 61% 以上的世界人口将生活在城市地区（较 2005 年的 49% 增加 12%），而且至少有 27 座城市的人口数量将超过 1 000 万，其中有 23 座城市在欠发达国家或地区。[四]东京已超过墨西哥城成为世界上第一大城市，自 1990 年以来人口激增了近 800 万，如今已达到 3 800 万。

尽管移民的生活水平比从前有所改善，但是由于缺乏对服务业的投资，快速城市化最终也带来了一些严重的问题。贫民窟挤满了仅仅能够糊口的非技术工人，从而对城市的卫生、供水及其他社会服务系统造成了巨大压力。因此，从某种意义上讲，城市化的无序发展对有关各方来说弊大于利。

请看看墨西哥城目前的状况。除了人口增加所带来的烟雾、垃圾和污染之外，墨西哥城还严重缺水。当地的水资源几乎已经枯竭，有时甚至还不卫生。每秒钟的总耗水量为 16 000 加仑，而地下水蓄水层每秒钟仅能提供 2 640 加仑的水。这样，墨西哥城就必须从数百英里以外的地方引入水源，再用泵将水送到海拔高度为 7 444 英尺的墨西哥城。这就是墨西哥城

[一] Please note the difference between the statistics: fertility rate is the average number of children born per woman in her lifetime, and birthrate is the number of children born per 1,000 women per year.

[二] "The Magic of Diasporas," *The Economist*, November 19, 2011, p. 13.

[三] World Urbanization Prospects, *The* 2014 *Revision* (New York: United Nations), 2014.

[四] Dexter Roberts, " Premier Li Wants More Chinese in the Cities, " *Bloomberg BusinessWeek*, June 6, 2013, online.

的惨景，尽管它也是拉美最美丽、最发达的城市之一。然而这些问题并非墨西哥所独有，纵观所有发展中国家，人口无节制的增长必然造成卫生状况恶化和水供给匮乏。目前，估计有7.68亿人得不到洁净的饮用水，大约有30亿人得不到卫生服务。另据估计，倘若不加大水资源的投资，世界人口将有40%，即25亿人，无法使用纯净水源。由于世界城市人口激增主要发生在经济本就困难的发展中国家，水资源得到改善的前景不容乐观。

3.3.3　人口下降与老龄化

一方面，发展中国家及地区面临着人口数量的迅速增长；另一方面，工业化国家及地区的人口数量却在减少并迅速老龄化。自20世纪60年代初以来，西欧及日本的人口出生率一直在下降。更多的妇女为了事业而放弃了生育，许多双职工夫妇也选择不要孩子。由于这些原因以及受当代其他因素的影响，许多国家的人口增长率已经低于维持现有人口水平所必需的人口出生率。[㊀]一个国家如不想使人口减少，那么每一位妇女平均大约需要生育2.1个孩子。实际上，世界上主要工业化国家的人口出生率无一能够维持其目前的人口水平，并且这种趋势在未来50年内不可能改变。

工业化国家在人口减少的同时，老龄人口也比以往任何时候都多。过去50年内平均寿命的增长超过此前5 000年的增长。在工业化革命之前，大于65岁的人口不足2% ~ 3%。而如今在发达国家，65岁以上人口占14%，到2030年，大约有30个国家的65岁以上的人口将达到25%。此外，“老老人”的人数增长速度将超过“少老人”的增长速度。据联合国预测，年龄在65 ~ 84岁的老人将从4亿猛增到13亿，增加2倍多，85岁以上的老人将从2 600万激增到1.75亿，是原来的6倍多，而百岁老人将从13.5万增加到220万，是原来的16.3倍。图3-2比较了发达国家（北美、欧洲、日本和澳大利亚）与欠发达国家之间老龄化方面的差异性。在肯尼亚，年轻人口比例高，所以教育与医疗保健支出就高；相反，在英国，人口分布呈倒金字塔形状，所以面临着较高的老年人的养老金和医疗保健支出，同时得由数量不多的工作人口来负担这一费用。

在日本和欧美，由于老龄人日益增多，照料老人的熟练工人日益减少，已经产生了一些特殊问题。[㊁]对照图3-2中日本的数据，来思考一下日本极其严格的移民政策的影响。1998年，日本在发达国家中率先跨越了门槛：领取养老金的退休人数首次超过缴纳养老保险金的人数。政府在老人身上的支出相对较多，要为他们提供保健及医疗，提供专门的住房和老年之家，提供养老金与福利。然而，承担这些费用的劳动力人口却在减少。世界上65岁以上的老龄人口最多的国家恰恰也是15岁以下人口最少的国家。这意味着将来抚养退休人员的人口更少了。其结果要么是加大未来工人的纳税负担，迫使更多的65岁以上的老龄人继续工作，要么是施加压力，修改目前的法律，允许大规模的移民以稳定在职人员与退休人员之间的比例。不过，每一种解决方案都会带来问题。

㊀ “Child Bribe,” *The Economist*, June 1, 2013, p. 40; “Make More Babies,” *The Economist*, June 7, 2014, p. 53.

㊁ Philip Longman, “Think Again, Global Aging,” *Foreign Policy*, November 2010; “The Incredible Shrinking Country,” *The Economist*, May 31, 2014, p. 35.

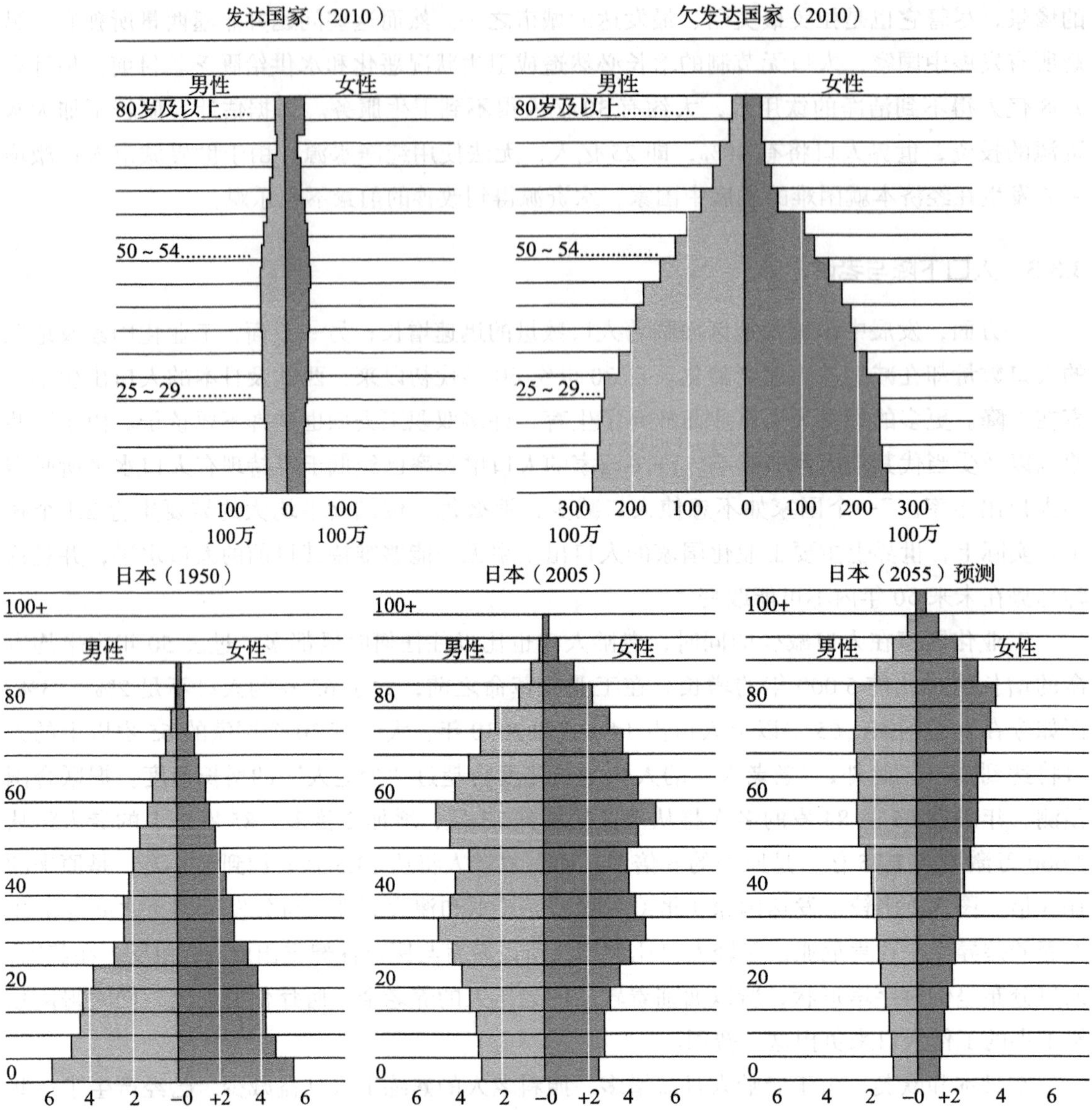

图 3-2 世界及日本的年龄密度分布

资料来源：Adapted from "There Will Be Seven Billion People on the Planet," *National Geographic Magazine*, January 2011. p.51; "A Special Report on Japan," *The Economist*, November 10, 2010, p.4.

3.3.4 劳工短缺与移民

大多数国家的永久居民对大规模的移民表示反对。不过，最近联合国的一份报告却强烈建议更改移民政策，以此作为有效解决问题的途径。移民的自由流动可以使双方受益，既可以解决欠发达国家人口急剧膨胀的问题，又可以解决发达国家劳动力短缺的问题。欧洲将是受老龄化影响最深的地区，其在职工人与退休人员的比例持续下降。到 2050 年，老龄人口比例将由 1998 年的 20% 上升至 35%。老龄人口比例最高的是西班牙，紧随其后的是意大利。西班牙意识到了这一问题并对移民法进行了修改，对全部西班牙裔南美人开放边境。为了维持在职工人与退休人员之间的比例，在未来50年内，欧洲需要14亿移民，而日本和美国从此刻至2050年期间，则需要6亿移民。如果不能消除对移民的政治和文化反对，那么移民措施就无助于解决这些国家的问题。

发展中国家的人口不断增长及人口持续地由农村移居城市，工业化国家的出生率下降，全球老龄化问题越来越严重，这些趋势将对世界贸易和世界经济环境产生深远的影响。如果不能有效适应这些趋势，那么许多国家的经济增长将会放缓，老年退休计划将会遭遇严重的财政困难，公共及社会服务将会进一步恶化，最终导致社会动荡不安。

跨越国界 3-3

历史、地理和人口冲突：美国重返多世同堂的家庭生活

受生育高峰的拖累，养老金制度、医疗制度及退休计划依旧不能发挥积极作用，因而我们应该牢记人与人之间相互依赖的特点，更多地依靠家庭关系的力量。与世界其他国家不同，美国人对此尤其难以接受。

独立宣言标志着美国的诞生。1776年7月4日，开国者摆脱英国的高压统治建立了新国家。独立宣言及其理念说明了美国人的独立精神，这也是美国人最引以为豪的观念。美国主流家庭教育的目标就是将这一理念灌输给孩子，即自己独立铺床、独立做饭、独立洗衣服、独立做作业、独立开车等。要不然，他们怎么成为独立的成人呢？

美国人对独立精神的痴迷至少产生了三个问题：第一，独立精神歧视那些返家的不良少年和祖孙同住的现象，然而这却是家庭团圆的聪明之举。根据美国最近的户口普查数据，有2 200万成年子女与父母同住，600万祖辈生活在三世同堂的家庭，而且这些数字增长很快。第二，独立精神教育并不起作用，详见下文。第三，世上并不存在独立精神，仅仅是独立而已。

如今，像CEO（首席执行官）这些最具美国独立精神的代表普遍意识到美国人过度强调了独立精神。在《权威领导》（*Authentic Leadership*）这一力作中，乔治·比尔认为首席执行官的工作取决于6个群体。不出所料，Medtronic公司前任CEO列出的6个群体是：家庭、股东、雇员、顾客、供应商和大型社区。最独特、最新颖的就是家庭位列其中，他意识到正是依靠着家庭生活质量才实现了其个人的成功。因此，他在管理好团队、履行职责的同时，还会抽时间参加孩子的橄榄球赛。

这太美妙了！

资料来源：Sharon G. Niederhaus and John L. Graham, *All in the family: A Practical Guide to Successful Multigenerational Living* (Boulder, CO: Taylor Trade), 2013.

3.4 世界贸易通道

贸易通道将世界连成一体，缩短了各国间的距离，消除了自然屏障及资源配置的不平衡，使各民族、各经济体间的差异得以减少。只要世界上某一群体需要另一群体所具有的商品并且两者之间可以交通，那么就会形成贸易。早先的贸易通道都是陆上的，后来才出现了海上通道、空中通道，以及人们所说的将世界各国联系在一起的互联网。

到了 16 世纪，欧洲、亚洲和美洲之间已建立起发达的贸易通道。西班牙帝国在菲律宾群岛建立了马尼拉市，供装满银子的驶往中国的大帆船进行中转。返程时，则将满船的丝绸及其他中国产品在墨西哥港卸下，再从陆路运输到大西洋一侧，在那儿再装上西班牙船只运回西班牙。有时人们会忽视这样的事实，即这些贸易通道至今仍然很重要；早在 16 世纪之前，许多拉美国家已与欧洲、亚洲和世界其他地方建立起牢固的关系。从 1500 年到现在，贸易商品发生了变化，但贸易及贸易通道的重要性并未变化。如今，货物并不在墨西哥下港，而是用骡车从陆路将货物运送到大西洋一侧，相反，货船直接从太平洋，穿过巴拿马运河，到达大西洋。如果货船太大而无法通过巴拿马运河，那么就将集装箱卸到陆地，用火车将货物运过巴拿马地峡，装到另外的集装箱运输船只上。巴拿马运河现在正在拓宽和加深以便更大的货船能通过。值得注意的是，在 2016 年完工之后，北极冰的融化情况究竟会如何。[㊀]

社会与经济失衡的部分原因是由地理因素引起的。贸易通道的建立恰恰反映了一些国家试图克服这种不平衡而做出的努力。大多数世界贸易之所以发生在欧洲、亚洲和北美洲的发达工业国家与新兴工业国家之间，原因在于这些将主要贸易区连接在一起的贸易通道。不过，我们仍然要注意的是，快速增长的贸易通道并非传统的那些，毕竟发展中国家之间的贸易正以史无前例的速度增长。[㊁]

3.5 通信联系

一切商务活动的基础是有效的通信联系，即何处有货物和服务，何地需要货物和服务以及远距离即时通信的能力。首先有电报，接下来是电话、电视、卫星、手机、电脑、互联网以及它们的组合，电子通信的不断改进大大促进了贸易的发展。每一次技术革命都对人类的生活条件、经济增长和贸易方式产生了深刻的影响。每一次新的通信技术出现之后，新的商业模式也随之诞生，已有的商业模式有的则需要重新改造以适应新技术，有的因不能适应而被最终淘汰。互联网革命同样如此，也将影响人类的生活条件、经济增长和贸易方式。互联网已经开始影响如何从事国际商务，对此我们将在以后的章节中加以讨论。然而，随着互联网逐渐渗透到世界文化的内部，更大的变化即将来临。

本章小结

英国一位权威人士对国际市场营销者提出了警告，要求他们必须不断地研究这个世界，直到有一天，“不论提到哪一个国家、城市及河川，都能立刻在地图上找到”。对于学习国

㊀ “California’s Ports, The Fickle Asian Container,” *The Economist*, January 28, 2012, pp. 30-31; “Dead Locks,” *The Economist*, February 8, 2014, p.64.

㊁ Simon Kennedy, Matthew Bristow, and Shamim Adam, “There’s a New Silk Road, and It Doesn’t Lead to the U.S.” *Bloomberg Businessweek*, August 9, 2010, pp. 13-14.

际营销的学生来说，也许没必要将世界地图熟悉到那种程度，然而但凡打算从事国际营销的人都应对世界气候及地貌差异有一定的了解。否则，一旦到了别的国家从事营销活动，就会忽视营销中的重要地理特征。就了解地理及历史知识而言，仅仅知悉某个大陆或国家的地理位置是不够的，必须意识到地理障碍直接影响着市场营销以及其他有关沟通和分销等活动。热带雨林的年均降雨量至少有60英寸[⊖]（有时甚至达到200英寸），然而从没有到过这里的人是很难预想到要防潮。同样地，在撒哈拉地区，因持续性的100多华氏度[⊜]高温所引起的脱水问题也很难让人理解。某一社会和文化的地理差异所产生的间接影响最终会反映在营销活动中。倘若能够更仔细地研究某个国家的地理状况，就能更好地理解该国的许多怪癖（外国人觉得怪而已）。此外，倘若对某种文化历史缺乏了解，也就无法完全理解人们的市场行为。

除了气候与地貌产生的比较简单、明显的影响外，历史和地理还会对一个国家的经济和社会发展产生复杂的影响。因此，学习地理与历史不仅能为营销者制订针对性的市场营销计划提供指南，更能让营销者了解一个国家之所以发展成为这个样子的原因。地理与历史是国际营销中必须通晓的两大环境因素，因此，国际营销计划必须将两者纳入其中，并根据其对市场的影响程度给予相应重视。

思考题

1. 解释本章标黑色的主要术语。
2. 为什么要研究国际市场营销中的地理问题？
3. 为什么要研究一个国家的历史？
4. 了解历史知识对国际营销者有哪些帮助作用？
5. 为什么墨西哥与美国之间存在一种爱恨交加的情感？请做一讨论。
6. 有人认为全球环境是一个全球性问题，而不是一个国家的问题。为什么？
7. 确定某一国家，说明就业与地貌是如何影响市场营销的。
8. 选择墨西哥、中国和日本之外的一个国家，说明历史事件对一国文化的重要影响。
9. 讨论世界贸易的基础。举例说明不同的贸易基础。
10. 营销者“必须同时关注地理对总体市场特征、分销系统及经济状况的各种影响”。请做一讨论。
11. 世界人口出现由农村向城市地区流动的趋势。请讨论这种趋势对市场营销的影响。
12. 各选择一个人口稳定与人口迅速增长的国家。考察这两种情况对营销的影响。
13. “贸易通道使世界得以相通。”对此做一讨论。
14. 美国人对天命论与门罗主义的观点不同于拉丁美洲人的观点。请做一讨论。
15. 电报、电话、电视、卫星、电脑和互联网都会对国际商务产生影响。试讨论各种通信技术创新对国际商务管理的影响。

⊖ 1英寸 = 2.54厘米。——译者注

⊜ 100华氏度≈37.8℃。——译者注

附录 3A 世界贸易千年大事记

1000 年 第一个千年结束，世界末日的谣言弄得人心惶惶，结果却被证实是无稽之谈，千年问题宣告平息。

1000 年 维京人（Vikings）在纽芬兰（Newfoundland）定居。

1004 年 宋辽之间的条约让宋辽之间出现长期和平。

1025 年 为了保护与中国的贸易，朱罗王朝（Cholas）的海军在印度南部粉碎了位于现今缅甸境内的室利佛逝（Srivijaya）帝国。

1054 年 意大利与埃及商业关系正常化。

1066 年 在黑斯廷斯战役中，征服者威廉战胜了英王哈罗德二世，在英格兰建立起了诺曼政权，从此将英国和欧洲大陆联系在一起。

1081 年 威尼斯和东罗马帝国签订通商协议（1126 年又续签）。

1095 年 第一次十字军远征开始，教皇乌尔班二世号召欧洲的贵族帮助东罗马帝国驱逐土耳其人；十字军的行进、故事及沿途获得的财物促进了欧洲各国之间以及与地中海和亚洲国家之间的贸易。

1100 年 日本开始闭关锁国，直到 19 世纪中叶才再次打开国门（见 1858 年）。

1100 年 中国发明航海指南针，成为贸易大国；此外，纸币的普及也促进了贸易和繁荣。

1100 年 印加帝国（Inca Empire）在安第斯山脉形成，逐渐强大，最多时人口有 1 200 万，直到 1553 年被西班牙人灭亡。各城市专门从事某一种农产品生产，并与其他城市交换自己不生产的产品。

1132 年 亨利一世授权法国的自治城市保护贸易。

1189 年 德国商人和位于今日俄罗斯的诺夫哥罗德签订通商条约。

1200 年 伊斯兰教由调味品商人传入东南亚。

1200 年 在君士坦丁堡工作与生活的意大利人超过 6 万人。

1206 年 成吉思汗成为大汗，控制中国北方的大部分地区。从 1227 年成吉思汗死后，到 13 世纪中叶，其族人征服了亚洲的大部分地区，促进贸易的发展，恢复连接东西方的古丝绸之路。

1215 年 约翰王签署“大宪章”，与臣民之间达成协议，从此实行法治。

1229 年 德国商人与位于今日的俄罗斯境内的斯摩棱斯克王子签订通商条约。

1252 年 自从罗马城陷落后，西方在佛罗伦萨第一次发行金币。

1269 年 英国建立收费公路。

1270 年 威尼斯人马可·波罗父子足迹遍及亚洲和中东，成为与该地区建立广泛的贸易联系的西方第一人。

1279 年 忽必烈统一中国，建立元朝。忽必烈在 1294 年去世之前，建立起了一个统一的蒙古帝国，疆域从中国直达东欧。

1300 年 主要通过商人和贸易的往来，欧洲人受到其他文化的影响，文艺复兴运动开始萌动。

1300 年 欧洲许多城市举行交易会。

1315 年 欧洲发生大饥荒，历时两年，其规模及时间前所未有。

1348 年 短短三年之内，欧洲人口因瘟疫（黑死病）而减少 1/4 ~ 1/3，达 2 500 万人。各城市为阻止疾病蔓延，限制人口往来，贸易因此中断。这场瘟疫最初可能始于亚洲，大约发生在 14 世纪 20 年代。商品只能在当地购买，因此通货膨胀严重。农夫短缺，开始向出价高者转移，从此改变了欧洲的劳动力市场。

1358 年 德国汉萨同盟正式成立。该同盟由汉萨的商人组成，旨在互保，促进贸易。该同盟逐渐壮大，成员遍及 70 多个城市，存续了近 300 年。

1375 年 突厥人帖木儿征服了莫斯科至德里之间的所有国家。

1381 年 瓦特·泰勒率领 10 万多名农民进行起义，反抗理查二世，试图摆脱封建枷锁。在这场起义中，起义军杀死了外来的佛莱芒（Flemish）商人。

1392 年 英国禁止外国人在该国进行商品零售业务。

1404 年 中国禁止私人在外国进行贸易，但是经官方批准，外国船只允许在中国进行交易。

1415 年 通过政府的远征船队，中国与非洲的贸易得到长足发展。

1425 年 加入汉萨同盟的布鲁日（Brugge）成为第一个变成贸易中心的大西洋港口城市。

1427 年 伊兹科亚特尔建立阿兹特克帝国，人口约 600 万，于 1519 年灭亡。

1430 年 葡萄牙航海者亨利对西非海岸进行探索，旨在促进贸易。

1441 年 随着玛雅潘在一起动乱中被毁，玛雅帝国也宣告灭亡。

1450 年 文艺复兴在佛罗伦萨诞生。

1450 年 《古登堡圣经》成为第一本用活字印刷的书籍。大批量生产书籍的能力带来了一场信息革命。

1453 年 穆罕默德二世劫掠了君士坦丁堡（改名为伊斯坦布尔），东罗马帝国灭亡。

1464 年 法国国王路易十一建立法国皇家邮政系统。

1470 年 早期的商标盗版出现，波斯人仿制批量生产的中国瓷器，从中获利。

1479 年 根据《君士坦丁堡条约》，威尼斯为获得在黑海进行交易的权利，同意向奥斯曼帝国进贡。

1482 年 英国建立邮政系统，每 20 英里换一次马匹，进行接力传递。

1488 年 巴特洛梅奥·迪亚斯驶过非洲海岸；他的航行及克里斯托弗·哥伦布（Christopher Columbus）的航行共同迎来了航海时代。

1492 年 克里斯托弗·哥伦布“发现”了新大陆。

1494 年 葡萄牙和西班牙通过《托尔德西里亚斯条约》瓜分尚未探索的世界。

1500 年 欧洲重商主义兴起，国家通过积聚财富来增强力量；没有金矿、银矿的国家通过控制贸易来维持顺差，积聚金银；1600 年，一些伟大的贸易支持者认识到贸易的总体平衡才是重要的，而不是某一桩交易是否有盈余，英国人托马斯·芒（Thomas Mun）就是这些支持者之一。

1500年 奴隶交易成为贸易的一大组成部分。

1504年 维也纳、布鲁塞尔和马德里之间建立起了定期的邮政服务。

1520年 巧克力首次被从墨西哥带到了西班牙。

1521年 阿兹特克统治者蒙提祖马意外身亡之后，埃尔南多·科尔特斯征服墨西哥。

1522年 历经三年，麦哲伦船队完成环球航行；这是人类第一次成功地环绕地球航行。

1531年 安特卫普（Antwerp）股票交易所是第一家有自己的大楼的交易所，标志着它在欧洲全境为商业企业提供资金方面所起的重要作用，标志着私人贸易日益重要。安特卫普渐渐成为贸易之都。

1532年 巴西沦为葡萄牙殖民地。

1534年 英国国王亨利八世创立英国国教，脱离天主教，英国失去了在欧洲政治贸易中的统治地位。

1553年 南美的印加帝国被西班牙人征服，帝国分崩离析。印加人曾建立起一个幅员辽阔的贸易帝国，国内道路、运河发达。

1555年 西班牙和葡萄牙商人把烟草引入欧洲，从此开始烟草贸易。

1557年 西班牙政府首次破产，从此一发不可收拾，影响跨境借贷。

1561年 郁金香首次由近东传入欧洲。

1564年 威廉·莎士比亚（William Shakespeare）诞生。莎士比亚的许多戏剧写的都是商人。

1567年 由欧洲进口的伤寒热在南美导致200万印第安人死亡。

1588年 英国打败西班牙无敌舰队，预示着英国作为世界上最强大的海上力量崛起。英国的海上力量使得英国将世界上很多地区变成自己的殖民地，成为一支左右世界贸易的力量几近300年。

1596年 英国设计出世界上第一只抽水马桶，供英国女王伊丽莎白一世使用。

1597年 神圣罗马帝国驱逐英国商人以报复英国人对汉萨同盟的不公。

1600年 马铃薯由南美传入欧洲，并很快从欧洲传遍世界各地，成为主要农产品。

1600年 日本开始用白银换取外国商品。

1600年 英国女王伊丽莎白一世授权东印度公司，从此东印度公司控制着与东方的贸易，直到1857年东印度公司寿终正寝。

1601年 法国与周边国家达成通邮协议。

1602年 荷兰政府授权本国的东印度公司，该公司从此控制南亚的咖啡和调味品贸易。

1607年 英国殖民地詹姆斯敦建立。

1609年 荷兰人通过曼哈顿岛上阿尔冈昆族印第安人进行毛皮贸易。

1611年 日本允许荷兰人进行有限的贸易。

1612年 英国东印度公司在印度兴建第一家工厂。

1620年 “五月花”号驶向新世界。

1620 年 科学革命之父弗兰西斯·培根发表《新工具》一书，提倡通过实验和观察的归纳思维。

1625 年 荷兰法学家雨果·格劳秀斯（Hugo Grotius）发表《战争与和平法》。此人有时又被称为国际法之父。

1636 年 哈佛大学成立。

1651 年 英国通过第一项所谓的航海法案，迫使自己的殖民地只准许与英国的商船进行贸易，从而限制荷兰的贸易。

1654 年 西班牙和德国形成土地继承权概念。这一概念将导致单个家庭积聚巨额财富，从而导致私人商业帝国的发展。

1687 年 苹果掉到了牛顿的头上，导致他发现万有引力定律。

1694 年 英格兰银行成立，向个人以 8% 的利息提供贷款。

1698 年 第一部蒸汽机发明了。

1719 年 法国将所有与亚洲进行贸易的公司合并，成立法国东印度公司，不过其对手英国东印度公司仍然牢牢控制着这一地区的贸易。60 年后，法国的贸易公司解散，各自为政。

1725 年 重农主义兴起。重农主义者都是弗朗斯瓦·魁奈（Francois Quesnay）的追随者，认为产生财富的是生产而不是贸易，贸易应遵守自然法则，也就是说应允许生产者自由交换商品。这一运动对亚当·斯密有关促进自由贸易的思想有较大影响。

1740 年 玛丽亚·特蕾西娅（Maria Theresa）成为神圣罗马帝国的皇后（直至 1780 年去世）。她结束了农奴制度，加强了中央集权。

1748 年 世界上第一份现代的科学绘制的地图——“法国地图”由法兰西学院授权并绘制。该地图册共有 182 页。路易十五宣称由于数据更精确，新地图使他损失的疆土比他在征服战争中的所获还要多。

1750 年 本杰明·富兰克林用潮湿的风筝线把闪电引下来，从而演示闪电其实是一种电。

1750 年 工业革命开始，到了 1780 年，以用来驱动机器的蒸汽机为肇端，经济开始腾飞；生产率得到提高，消费增加（工人的工作条件也随之变化，劳动强度也随之增大）。

1760 年 中国对外国贸易实行严格管制，这种管制一直持续近一个世纪，后来才允许欧洲人在广东省外面的一块狭小的地方和指定的中国商人交易。

1764 年 英国在印度取得的一系列胜利使得英国得以控制印度、东方贸易以及贸易路线。

1764 年 英国开始编制门牌号码，使得邮政投递变得更加高效，为几个世纪后直邮商人的发展奠定了基础。

1773 年 波士顿倾茶事件象征着美国革命的开始；导致革命的动因是美国商人想插手完全由英国把持着的商品分销。

1776 年 《美国独立宣言》声称殖民地有权决定自己的命运，尤其是自己的经济命运。

1776 年 亚当·斯密发表《国富论》，阐述现代资本主义及自由贸易理论；斯密认为世界各国只有在生产成本低于贸易伙伴国时，才会生产出口产品；他指出使国家强盛的不是金银，而是可以通过金银购买的物资。

1783 年　尽管英国军队已于 1781 年在约克敦向美军投降，但是直到《巴黎条约》签订才正式结束美国革命。

1787 年　美国宪法得到批准，在以后的两个世纪里成为世界各国宪法的典范，形成文字的宪法有助于很多国家维持稳定，促进外国投资与贸易。

1789 年　法国大革命爆发。法国大革命改变了欧洲的权力格局，导致旨在保护个人的法律的制定，并在这一地区实现有限的民主。

1792 年　开始使用煤气灯。30 年内，欧洲的主要大城市大都使用上了煤气灯。

1804 年　开始使用蒸汽机车。直至 20 世纪中叶飞机用于商业运输之前，蒸汽机车一直是运输人和货物的主要方式。

1804 年　拿破仑称帝，推翻法国革命政府，企图征服欧洲（此前已经征服了埃及，作为切断英国与东方进行贸易的一种手段）。拿破仑的失败致使欧洲和拉美各国的版图重新划分。

1807 年　罗伯特·富尔顿的“克莱蒙托”号蒸汽船从纽约驶抵奥尔巴尼，迎来了一个运输新时代。

1807 年　法国《拿破仑法典》颁布，成为世界上很多国家的民法典范。

1807 年　美国总统托马斯·杰斐逊（Thomas Jefferson）下令禁止与欧洲进行贸易，旨在让交战的英法军舰相信美国的商船保持中立，不得攻击。

1810 年　法国人尼古拉斯·阿珀特（Nicolas Appert）成功地将食品装罐，此举可以防止腐烂。

1810 年　拿破仑入侵西班牙和葡萄牙之后，西蒙·玻利瓦尔在拉美的西班牙殖民地发动独立战争，导致玻利维亚、哥伦比亚、厄瓜多尔、秘鲁和委内瑞拉新政府的成立。

1814 年　乔治·斯蒂文森（George Stephenson）在英国首先制造出实用的蒸汽机车，导致 1825 年铁路运输的诞生。第一列火车载着 450 名乘客，以每小时 15 英里的速度前进。

1815 年　拿破仑在滑铁卢战役战败，几天后退位。

1817 年　大卫·李嘉图（David Ricardo）发表《政治经济学及其赋税原理》，书中阐述现代贸易理论，即相对优势促进贸易。与亚当·斯密的绝对优势相反（见 1776 年），李嘉图认为凡是具有相对优势的商品，各国就会生产出口。

1821 年　英国首先采用金本位制以维持其货币的价值。

1823 年　美国总统詹姆斯·门罗（James Monroe）鼓吹“门罗主义”，宣称美洲不再是欧洲的殖民地，旨在保证美国在这一地区的影响。

1837 年　英国维多利亚女王登基。她亲历大英帝国的成长以及英国作为工业大国的崛起（维多利亚女王卒于 1901 年）。

1837 年　商业电报开始普及，用来快速传递信息，包括产品订单。

1839 年　英国开始在纸上记录负像，成为现代胶片技术的先驱。

1841 年　英国人戴维·利文斯通（David Livingstone）开始长达 30 年之久的非洲探险。

1842 年　鸦片战争后，清政府《南京条约》将中国香港割让给英国。中国香港此后成为亚洲的金融和贸易中心。

1844 年 中国向美国船只开放五个口岸。

1847 年 美国政府首次发行邮票，使得邮政交通更加可靠、快捷。

1848 年 穆勒发表《政治经济学原理》，完善了现代贸易理论。穆勒认为贸易的收益反映在双方对进出口的需求上，认为收益可能来自较好的贸易条件（见 1817 年）。

1848 年 德国人卡尔·马克思和弗里德里希·恩格斯发表《共产党宣言》，成为 20 世纪共产主义运动的基础。

1851 年 首次国际商品交易会在伦敦举行，展出了新技术。

1856 年 《巴黎宣言》承认贸易的自由流动原理，即使是在战时，封锁也只能及敌方海岸。此外，宣言还首开先河，允许非签字国加入条约。

1857 年 俄法签订贸易条约。

1858 年 与日本签订的《安政条约》打开了日本原先关闭的国门，与西方进行贸易（该条约签订于 1854 年美国人马修·佩里“打开”日本国门之后）。

1860 年 《科布登 – 谢瓦利埃条约》旨在削减或取消英法之间的关税，从而产生自由贸易。该条约还导致双边及后来的多边协议中的最惠国地位的产生。

1860 年 美国开始使用护照，借以控制出境旅游。

1866 年 德国人维尔纳·西门子（Werner Siemens）发现发电机原理。此后，西门子生产出世界上第一套电力传输系统。

1866 年 贯穿大西洋的海底电缆铺成，使得美国和欧洲之间几乎可以在瞬间进行（电报）通信。

1869 年 历时 11 年，苏伊士运河开挖完成。运河大大缩短了欧亚之间的旅行时间，比如使英国到印度的旅程足足缩短了 4 000 英里。

1869 年 美国首条连接东西两岸的铁路线建成，促进了贸易的发展；首台可进行商业生产的打字机申请专利；打字机使得撰写文件变得迅速且清晰可辨。

1873 年 美国采用金本位制，固定美元的国际价格。

1875 年 万国邮政联盟在瑞士成立，提供国际信函服务。

1876 年 亚历山大·格雷厄姆·贝尔（Alexander Graham Bell）申请电话发明专利权获得成功，从此给通信带来革命。

1880 年 托马斯·爱迪生（Thomas Edison）在 1878 年发明电灯之后，建立世界上第一座发电站，为纽约市提供照明电，给文化和商业活动带来革命，使得一天真正有了 24 个小时，并为电动机器的应用铺平了道路。

1881 年 研制出放映活动图像的动物实验镜。

1884 年 建立起了测量时间和世界各地的纬度的基础，以通过英国的格林尼治的经线作为本初子午线（0 经度）。

1886 年 美国劳工联盟成立，成为世界各国工人团结起来对抗资方、谋求提高薪水和改善工作条件的典范。

1901 年 意大利人古列尔莫·马可尼（Guglielmo Marconi）发送世上第一个无线电信

号；鉴于无线电的传播速度，可以说是无线电引发了全球化。

1903 年 在北卡罗来纳州的小鹰村，奥维尔·莱特（Orville Wright）首先驾驶飞机成功飞行。

1904 年 约翰·弗莱明（John Fleming）研制出第一只真空管，能使交流变成直流，促进了无线电的普及。

1913 年 亨利·福特（Henry Ford）发明生产流水线，给制造业带来革命。

1914 年 第一次世界大战爆发，很多国家被卷入这场战争。战争的导火索是弗朗西斯·费迪南大公被暗杀，大战共历时四年。巴拿马运河开挖完成，使贸易变得更加快捷、容易。

1917 年 列宁和托洛茨基领导俄国革命，建立一个活生生的经济榜样，对其后的贸易产生了影响。

1919 年 跨大西洋首次直飞成功，为货物环球迅速运输铺平了道路。

1920 年 国家联盟成立，为国际合作树立了榜样（尽管没能够维持和平）。

1923 年 弗拉基米尔·兹沃尔金（Vladimir Zworykin）首先制造出电视机，从此电视将全世界的文化和消费者融为一体。

1929 年 美国股票市场崩溃，大萧条开始。

1935 年 英国研制出雷达。雷达的发明使轮船和飞机在能见度为零的情况下能够安全行驶，使得货物能按计划按时送达（逐渐形成准时及其他节省成本的方式）。

1938 年 美国人切斯特·卡尔森（Chester Carlson）研制出文件复印术（连同其他发明，复印术使得政府要求在货物运输时，必须填写多份表格。）

1939 年 德国入侵波兰，第二次世界大战爆发，死亡人数超过 5 000 万。

1943 年 在英国的布莱奇利公园制造出第一台可编程计算机，帮助破译德国的密码。

1944 年 44 国在美国召开布雷顿森林会议，建立经济合作体系，成立国际货币基金组织，旨在稳定汇率。

1945 年 美国制造出原子武器，第二次世界大战结束，联合国成立。

1947 年 23 国签署《关税与贸易总协定》，试图降低全球贸易壁垒。

1948 年 发明半导体。半导体取代真空管，引发技术革命。

1949 年 毛泽东领导成立中华人民共和国。

1957 年 比利时、法国、原西德、意大利、卢森堡和荷兰成立欧洲经济共同体，即如今欧盟的前身。

1961 年 建立柏林墙，通过实物的和精神的障碍将东西欧分隔开来。

1964 年 国际通信卫星组织成立，建立全球卫星通信网。

1965 年 拉尔夫·纳德（Ralph Nader）出版《什么速度都不安全》一书，引发消费者信息及权益革命。

1967 年 整合欧洲经济共同体、欧洲煤钢联营和欧洲原子能共同体，成立欧共体。

1971 年 Intel 生产出第一台微处理器，导致个人电脑的出现；中国加入联合国，使联合国成为真正意义上代表世界各国的机构。

1971 年　美国放弃金本位制，允许国际货币系统依据自认为货币所具有的价值确定汇率，而不是依据该货币与黄金之间的固定比价。

1973 年　阿拉伯国家石油禁运使得工业世界明白了供求关系的全球特征。

1980 年　美国有线新闻电视网成立，为全世界提供即时信息，在 1901 年以来以无线电广播为发端的全球化进程中又迈出了重要的一步。

1987 年　国际标准化组织颁布 ISO 9000 系列标准，制定全球质量控制标准。

1989 年　柏林墙被推倒，标志着东方在思想和贸易上向西方开放。

1991 年　俄罗斯、乌克兰和白俄罗斯等组建独联体。

1993 年　美国国会批准通过《北美自由贸易协定》；1991 年签署的《马斯特里赫特条约》生效，欧共体成为欧盟，建立起统一的安全和外交政策框架。

1994 年　连接英法的海峡隧道开通，为英国和欧洲大陆之间的贸易提供陆上线路。

1995 年　世界贸易组织成立，取代关税与贸易总协定；至 2000 年，世界贸易组织已经拥有 130 名成员，成员方的贸易额占世界贸易总额的 90%。

1997 年　世界贸易和金融中心之一的香港回归中国；美国“探路者”号飞船登陆火星，火星车在火星表面行驶，却没发现任何人类。

1999 年　欧盟 11 国开始使用欧元，为真正意义上的贸易联盟和贸易集团的建立铺平道路。

1999 年　世界贸易组织展开西雅图回合谈判，美国与欧盟对决。

1999 年　巴拿马运河控制权回归巴拿马。巴拿马运河是一条重要的贸易路线。

2000 年　第二个千禧年来临，世界并没有毁灭。

2001 年　9 月 11 日，恐怖分子袭击纽约的世界贸易中心和华盛顿特区的五角大楼。

2001 年　美国攻打阿富汗的塔利班武装。

2003 年　美国攻打伊拉克的萨达姆政权。

2004 年　印度洋海啸招致 50 万人死亡。

2006 年　全球个人电脑数量达到 10 亿台。

2008 年　北京主办奥林匹克运动会。

2009 年　经济萧条导致全球贸易自第二次世界大战以来出现最大幅度的下降。不过，即便如此，全球手机用户达到 40 亿。

2010 年　海地大地震招致 20 万人死亡。

2011 年　日本发生地震和海啸；“阿拉伯之春”抗议活动和革命开始爆发。

2016 年　丰田首次出售大批量生产的氢燃料电池车。

2055 年　按联合国最初的估计，因全球生育率下降，世界人口数量将转为下降。

第4章

Chapter 4

全球市场评估中的文化因素

学习目标

通过本章学习，应能把握：

- 文化因素对于国际营销者的重要性
- 文化起源
- 文化要素
- 文化借鉴的影响
- 有计划变革的战略及其结果

全球视角

股票和 eBay——文化的影响

2 万亿美元！那相当于 200 万亿日元。不管用哪一种货币衡量，那都是很大一笔钱。随着日本邮政系统内吸纳的 10 年期存款的到期，日本将出现大量的资金外流。为了争取这些资金，美国的富达投资、高盛公司和美林证券都在忙于把新的投资产品和服务项目投放到日本国内市场。近年来，日本开放了资本市场，日本人从此在投资方面有了更多的选择。目前，邮政定期储蓄的利率约为 2%，而活期存款的利率则几乎等于零。按照美国电子交易投资的一般回报率标准，这就意味着大量资金将通过电子渠道流出邮政系统，流进股市，是不是？

然而，日本并不是美国。日本投资者并不欣赏美国式的冒险文化。日本的股票交易量仅为美国的 1/10 左右。在日本，只有 10% 的家庭金融资产直接投资于股市，而投资于共同基金的只占 7%。与此相反，美国有 50% 的家庭拥有股票。就像一位分析家说的那样："大多数（日本）人不知共同基金为何物。"在这种情况下，预料中的资金奔涌而出是否会变成涓涓细流呢？另外，在线股票交易情况又将如何？日本互联网使用率正日渐攀升。目前，日本有 1.1 亿互联网用户，占人口比要稍高于美国，但人们期待的注入股票的"暴雨"也只是几个小雨点而已。现在美林证券和它的同伴正尽快裁员，就如同几年前建立那样迅速。

更不幸的是，日本向现代信用型证券市场的转型并不顺利。东京股票交易所曾经发生了一次令人瞠目结舌的交易：本来是以每股 610 000 日元的价格少量购进 J-Com 股票，结果瑞穗证券的经纪人却因操作失误而将公司所持该股票以每 610 000 股 1 日元的价格清了仓。因为电脑操作的小失误使瑞穗证券证券公司损失了400亿日元（3.44亿美元），并最终迫使东京股票交易所所长Takuo Tsurushima提出辞呈。

有一家法国企业对电子交易和股票也同样兴趣索然。在法国，只有大约5 500万互联网用户，持有股票的人数差不多是其1/3。长期以来，法国人一向把股票投资看成一种诡计，使得知情者获益、新股民吃亏，从而唯恐避之不及。有鉴于美国安然（2001年）和雷曼兄弟公司（2008年）的丑闻，在街边的咖啡馆随处可闻得意的笑声。但即使是在法国，特别是因为房地产市场开始逆转，人们的投资偏好也在发生改变。同时，欧洲金融服务业的自由化也降低了组织和个人投资者的交易成本。

eBay是一家个人在线拍卖网站。它在美国获得了巨大成功，但在日本和法国都陷入经营困境。在日本人看来，把不再用的东西卖给别人是件非常难堪的事，更不用说向陌生人购买这些东西了。他们对宅前出售旧物更是闻所未闻。在eBay创始人皮埃尔·奥米德亚（Pierre Omidyar）的祖国——法国，eBay违反了法国的法律，因为法国法律只允许少数经政府批准的拍卖商进行拍卖活动。

我们在了解了美日及美法文化价值观之间的差异之后，就不难预料尽管电子交易和电子拍卖已经在美国大行其事，但是在日法两国，这些高科技互联网服务的普及速度要比美国慢得多。然而和其他许多国家的投资者相比，美国投资者既不害怕股票投资的风险和变幻无常，也不害怕在线交易的缺乏人与人的直接交流。

资料来源：Sang Lee, "Japan and the Future of Electronic Trading," *Securities Industry News*, November 5, 2007; "Japan Equity Mutual Funds See Large Inflows on New Tax-Break Scheme," *Reuters*, February 14, online; *World Development Indicators*, World Bank, 2015.

文化与某一人群的生活方式相关，因而学习市场营销学，特别是国际市场营销学，必须了解文化。研究一下营销概念的范围，即通过满足消费者的需求和欲望来实现利润，就不难发现成功的营销者必须研究文化。例如，在传达促销信息时，必须使用对目标市场（文化）来说有意义的、能识别的符号。在产品设计时，产品的风格、用途及相关的其他营销活动必须做到在文化上是可以接受的（即能为现代社会所接受），这样才会有可操作性，才会有意义。事实上，文化贯穿一切营销活动，包括定价、调研、促销、分销渠道、产品、包装及产品式样。因此，营销者的工作事实上也成了文化的组成部分。这些活动与文化间的作用方式决定了营销的成败。

人们的消费方式与数量、需求或欲望的优先次序以及满足需求或欲望的方式都属于文化范畴，而文化影响、形成并决定着人们的生活方式。文化是人类环境中的“人为”部分，即人类作为社会成员所掌握的知识、信仰、艺术、道德、法律、风俗及任何其他能力或习惯的总和。[⊖]

市场是动态而非静态的，会随着营销活动、经济条件及其他文化因素的变化而演变、扩张或缩小。市场及市场行为是一国文化的组成部分。如果不明白市场是文化的产物，那么就很难真正理解市场的演变过程及其对营销活动的反应过程。市场是营销活动、经济条件以及

⊖ An interesting website that has information on various cultural traits, gestures, holidays, language, religions, and so forth is http://www.culturegrams.com.

所有其他文化因素三者共同作用的产物。虽然营销者会不断调整其活动以适应市场的文化需求，但若营销的产品或概念具有创新作用，那么他们也担当着变革发起者的角色。不管是在何种文化层次、何种程度上得到认可，任何新事物的使用都意味着文化变革的开始，营销者也因而成为变革的发起者。

本书用四章的篇幅来集中讨论文化与国际市场营销之间的关系。作为其中的第一章，本章将探讨作为国际营销基础的广义的文化概念。第5章讨论文化及其如何影响商业惯例、管理者的行为及思想。第6章和第7章则分别介绍研究国际营销所不可或缺的文化因素——政治环境和法律环境。

本章旨在提高读者对文化因素的敏感性，既不是对某一国家的文化信息做专题研究，也不是对各种主题从营销科学的角度做全面的讨论，而是为了强调文化差异对营销者的重要性及学习各国文化根源和构成要素的必要性，并指出必须重视的文化因素的有关内容。

4.1 文化的广泛影响

文化影响着我们生活的每个方面，包括从出生到死亡的每一天和每一件事。[㊀]文化不仅会影响我们如何用钱、如何消费，甚至会影响我们的睡眠方式。例如，西班牙人睡眠时间比其他欧洲人少，日本的孩子常与父母同睡。在反映出生率的图4-1中，可以清楚地看到文化的这种影响。比较图4-1中三个国家的数据，不难发现自20世纪60年代起出生率开始缓慢下降。随着国家从农业经济转向工业经济再转向服务经济，出生率也在下降。虽然直接的原因也许在于政府政策和节育技术，但全球价值观变化也起着作用。几乎各地都开始热衷于小家庭。基于这种文化变化，有专家预测全世界人口在20世纪中叶后将开始减少，除非人类在如何长寿方面取得突破。

仔细观察图4-1不难发现一个更为有趣的文化所带来的结果。请注意新加坡的出生率在1976年和1988年达到小的高峰，在新加坡，这种出生方面的小高峰对后续几年销售尿布、玩具及办学校等会产生影响。不过，如图4-1所示，基于文化的迷信对日本出生率的影响显得更大。[㊁]由于日本人相信在“火马年”（每60年一轮）出生的女孩会很不幸并有可能会害死自己的丈夫，所以1966年的出生率下跌了20%。自日本有出生记录以来，这种生育方面的突然性大幅下降在历史上几乎每60年就会发生，同时出现禁欲、流产和伪造出生证明的情况。这种迷信不仅导致对1966年出生的妇女的非难，而且也影响到日本市场对于各种商品和服务的潜在需求。2026年将是下一个火马年，届时观察技术创新与文化之间的相互作用必

㊀ A most important summary of research in the area of culture's impact on consumption behavior is Eric J. Arnould and Craig J. Thompson, " Consumer Culture Theory (CCT): Twenty Years of Research," *Journal of Consumer Research* 3, no. 2 (March 2005), pp. 868-882.

㊁ We know that superstitions can influence other kinds of consumers judgments as well. See Thomas Kramer and Lauren Block, " Conscious and Nonconscious Components of Superstitious Beliefs in Judgment and Decision Making," *Journal of Consumer Research* 34, no. 2 (2008), pp. 783-793.

定很有意思。㊀

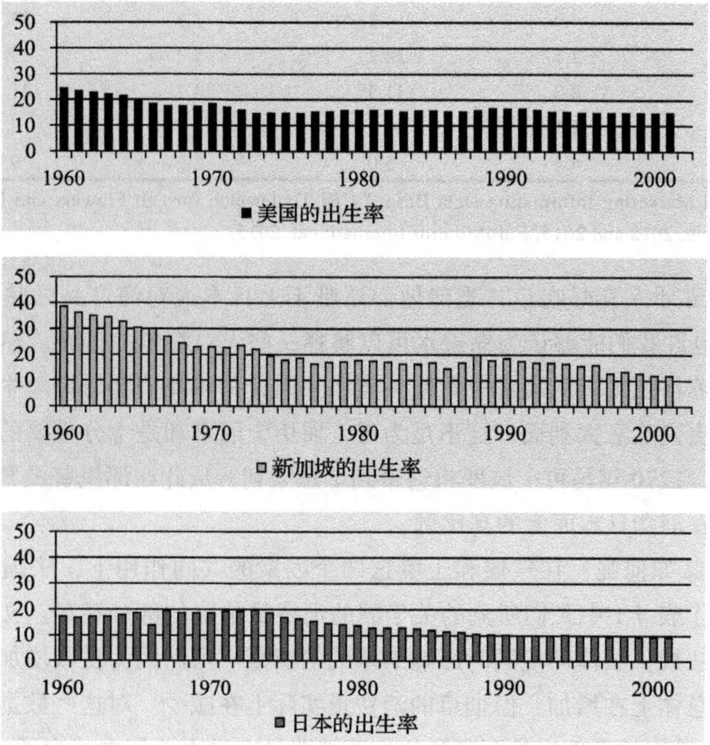

图 4-1　出生率（每 1 000 名妇女）

资料来源：World Bank, *World Development Indicators* by International Bank for Reconstruction and development, 2012. Copyright © 2012 by World Bank. Reproduced with permission of World Bank via Copyright Clearance Center.

表 4-1 中的消费数据也反映了文化的影响。表 4-1 中主要给出了六个欧盟国家，但也包括了另两个富裕国家——日本与美国。表中所比较的产品可能经常出现于传统的（美国式）浪漫的约会晚餐中。

首先是鲜花和糖果。荷兰人是花束的消费冠军，这一对花束的特别偏好会在后面具体阐述。英国人则热爱他们的巧克力。也许是吉百利的广告引起了这种较高的消费率，从历史原因看，也可能是北部国家较低的气温使储藏更方便、质量更好。我们还发现，在六个欧盟国家中，巧克力人均消费量随纬度下降而递减。

表 4-1　消费模式（年人均消费量）

国　家	切花（€）	巧克力（千克）	鱼和海鲜（千克）	意大利干面（千克）	葡萄酒（公升）	卷烟（支）
法国	42	4.3	5.2	9.2	37.9	682
德国	48	8.1	8.6	9.0	24.6	980
意大利	45	2.5	8.3	24.7	35.1	1 147

㊀ Robert W. Hodge and Naohiro Ogawa, *Fertility Change in Contemporary Japan* (Chicago: University of Chicago Press, 1991).

（续）

国　家	切花（€）	巧克力（千克）	鱼和海鲜（千克）	意大利干面（千克）	葡萄酒（公升）	卷烟（支）
荷兰	49	4.9	4.8	3.7	25.7	659
西班牙	23	2.1	28.2	5.2	19.5	911
英国	38	8.0	11.3	4.7	21.2	568
日本	46	1.1	32.1	8.0	7.2	1 490
美国	32	4.4	5.0	2.2	9.9	874

资料来源：CBI Marketing Information Data Base, "CBI Tradewatch for Cut Flowers and Foliage," http://www.cbi.eu, 2012 and 2015. EuroMonitor International, 2015.

在欧洲，西班牙人喜好吃鱼，当然他们还赶不上日本人对海产品的热爱，后者甚至生食！从表 4-1 中也许我们能够认为靠近水可以解释一些人对海鲜的偏好。然而，英国又是如何呢？英格兰和苏格兰平坦的地理位置使其盛产牛肉，稍后我们会讨论对牛羊肉特别喜爱的后果。意大利人更爱吃意大利面，这不足为奇，而历史因素却是十分重要的。意大利面实际上是中国发明的，1270 年马可·波罗将它带到了意大利，从此在那里普及开来。这也解释了临近中国的日本在消费日本面上的高比例。

那酒和烟草又如何呢？在气候和土壤这两个因素的共同作用下，法国和意大利盛产葡萄，这至少给出了表 4-1 中我们所见的关于酒的消费量情况的部分答案。文化也会影响有关限定喝酒年龄的法规。法律环境同时影响烟草的消费量。虽然因为税收增加之故，这些国家的烟草消费支出总体上在增加，但烟草的消费量实际上在减少。对这些数据，我们至今已经观察了 20 多年，最大的发现当是西班牙的烟草消费量在过去 6 年中减少了一半。同期，这 8 个国家平均下降了大约 20%。事实上，烟草消费自 2009 年起开始直线下降，而 2011 年关于在酒吧和餐厅禁烟的法令似乎加速了这个下降速度。总体上，这些大幅下降反映的事实上就是人们不太注意到的一种巨大的文化变迁。

任何对于烟草消费量的讨论都会直接影响其消费。也许有人会认为浪漫物品的高消费量，如花束、糖果和葡萄酒，可能会引起高出生率。不过，根据表 4-2 无法得出任何明显的结论。尽管德国在这几个方面的消费量水平都较高，但它的出生率是 6 个欧洲国家中最低的。在过去 6 年里，德国的出生率稍有上升，但日本的出生率出现持续而稳定的下降。

表 4-2　消费的结果

国　家	出生率（1/1 000）	平均寿命	死亡率（1/100 000）			
			冠心病	糖尿病	肺　癌	胃　癌
法国	13.1	82.2	58.6	18.3	52.2	7.8
德国	8.6	81.2	161.3	30.8	56.7	12.6
意大利	8.9	82.6	120.2	35.2	60.6	16.8
荷兰	10.7	81.3	57.8	16.4	64.8	8.5
西班牙	9.5	82.6	77.6	22.4	48.0	12.5
英国	12.8	81.2	121.0	9.7	56.4	7.7
日本	7.9	83.3	62.1	11.7	56.5	39.4
美国	12.7	78.9	120.1	22.3	51.6	3.7

资料来源：EuroMonitor 2015.

也许日本注重鱼的饮食习惯使他们有最长的寿命预期。但实际上，如表 4-2 所示，这 8 个富裕国家的寿命并没有多大差异。不过，人口的死因则存在巨大的国别差异。显然，在心脏疾病发生率的问题上，鱼或红肉的消费量过大具有重要影响。

随着糖类有毒的证据不断增多，巧克力（糖）消费与心脏疾病之间的关联关系在我们的数据中得到明显的体现。[㊀]在这里所列出的国家中，糖尿病死亡率在其中 5 个国家出现下降，但美国在 2009 ~ 2014 年出现了大幅上升。同期，德国和意大利的死亡率更高，分别增加了 4% 和 13%。

表 4-2 中最有趣的数据就是日本极高的胃癌发病率。最近的研究提出了两个可能的诱因：①含盐过多的食品如酱油；②胃幽门螺旋杆菌。后者与第二次世界大战后日本有害健康的环境有关，至今仍危害着日本人的健康。最终，由于日本胃癌的高发性，他们已经研究出针对这一疾病的最先进的治疗手段，因此虽然这一疾病引起的死亡率最高，但成功治愈的概率在日本也是最高的。无论你是在塔科马，还是在多伦多、德黑兰，治疗胃癌最好的药就是一张去东京的机票。最后一个例子很好地证明了文化不仅影响消费，还会影响生产（这里表现为医疗服务）！

重点在于文化确实起着重要的作用[㊁]。外国营销者有必要认识到外国文化的复杂性，这样才能在外国市场中取得成效。

案　例

我们都喜欢花，但是荷兰人对花的感情远不止喜欢那么简单。在荷兰，整个国家都对花着魔、迷恋或者奉花为神物。为何有此现象呢？

答案存在于我们的扩展材料——一个有关文化和国际市场的启迪性的小故事中。故事从荷兰地理说起，中间涉及文化的起源和主要构成元素，最后以荷兰人日益精通花卉展览、花卉消费和花卉生产为结尾。

1. 地理

河流和海湾使荷兰成为优秀的贸易国，然而年均 200 多天糟糕的雨雪天气，几乎全年笼罩在灰色之中，又使荷兰索然无趣。这便促使荷兰的鬼船不但到香岛（Spice Island）为自己的嘴巴寻找香料，而且到东地中海为自己的眼睛寻找“香料”。1561 年，郁金香鲜亮的色彩第一次经过荷兰的船只从奥斯曼帝国来到了欧洲。

2. 历史

荷兰人对这一新型的“视觉毒品”钟爱有加，尤其是以黑色郁金香为甚。因其价格飞涨，投机商人便采取了期票买卖的方式以保证黑色郁金香花蕾的远期交货。在其衍生市场上，一朵花蕾的价格甚至炒到了 100 万美元或者更高，这一价格足以在当时的阿姆斯特丹市区买一栋五层别墅。对郁金香的狂热不但创造了未来市场，同时也引发了有史以来最严重的一次市场萧条。1637 年，政府介入，对郁金香价格进行控制，导致花价一落千丈。如今，在

㊀ Robert H. Lustig, *Fat Chance: Sugar, Processed Food, Obesity, and Disease* (New York: Plume, 2012).

㊁ “After the Horse Has Been Bolted,” *The Economist*, February 16, 2013, pp. 64-65.

阿姆斯特丹花卉市场，你只需花 1 美元就能买一朵黑色郁金香花蕾。

3. 科技与经济

故事中的科技来自植物学家卡罗鲁斯·克卢希尤斯（Carolus Clusius）。17 世纪初，他开发了郁金香色彩控制方法。这一方法增加了郁金香对人们的吸引力，同时也增加了花本身的价值，并使荷兰的郁金香生意走向国际化。

4. 社会制度

每当复活节时，教皇就会在罗马的圣彼得堡广场面向世界诵读“Bedankvoor Bloemen”，即感谢荷兰人民为天主教盛典供应花卉。从前，荷兰政府每 10 年就会赞助一场全球最大的花卉展览——Floriad。在阿姆斯特丹附近的阿斯米尔（Aalsmeer）鲜花拍卖市场上，所有的鲜花都是明码标值的。荷兰依然是世界上最大的鲜花出口国，占到全球份额的 60%。这些鲜花通过卡车运往欧洲各地，通过飞机运往世界各国。

5. 文化价值

荷兰人对花卉的高度评价反映在很多方面，对花卉的高消费率是其体现之一（见表 4-1）。

6. 美学符号

伦勃朗（Rembrandt van Rijn）的画作，包括其最著名的《夜巡》（1642 年创作，现藏于阿姆斯特丹国立博物馆）都使用了阴郁色调。画家一般会表现其周围环境的色彩。25 年后，文森特·凡·高（Vincent van Gogh）在荷兰工作时，其画作使用了跟伦勃朗类似的阴郁色调。但是，当凡·高到了阳光明媚、色彩斑斓的法国南部时，各种色彩开始在其画布上迸发。当然，其间鲜花也成为其画作的主题之一。

跨越国界 4-1

人类的共性：文化多样性之谜

的确，文化的影响是广泛的。但是，人类学家唐纳德 E. 布朗睿智地指出人性是相通的，毕竟我们同属一个物种，所以有很多的共同点。以下就是人类共同享有的几个特点：

- 使用隐喻
- 拥有地位和角色系统
- 有种族优越感
- 创造艺术
- 关注成功和失败
- 抵触外人
- 模仿外来影响
- 抵制外来影响
- 认为性事私密
- 以面部表情表达情绪
- 回报恩情

- 服用情绪控制药品
- 高估思想的客观性
- 害怕蛇类
- 通过商品和服务的交换意识到经济责任
- 买卖并运输商品

从最后两条来看，我们人类应该被冠以“交换的动物”之头衔。

资料来源：Donald E. Brown, *Human Universals* (New York: McGraw-Hill, 1991). Reprinted with permission of The McGraw-Hill Companies.

4.2 文化的定义及起源

研究文化有多种方式。荷兰管理学教授吉尔特·霍夫斯泰德把文化称作“大脑的软件”，认为文化是人类思想和行为的指南，是解决问题的工具。[一]人类学家、商业顾问爱德华·霍尔（Edward Hall）也为我们提供了一个定义，也更适合国际市场营销管理者：“我们的客户一而再再而三地撞到无形的墙上……我们心里明白他们撞上的是截然不同的生活和思维方式，以及对家庭、国家、经济制度甚至人本身的不同看法。”[二]霍尔的定义中最突出的一点就是：文化差异是无形的，营销者若是忽视这些差异，将不仅伤及公司，而且也将伤及营销者个人的事业。最后，美国驻日本前大使詹姆斯·戴·霍奇森（James Day Hodgson）则把文化描述成为“丛林”。[三]这最后一个比喻给苦苦挣扎的国际市场营销者带来了希望。按照大使的说法，丛林虽难通过，但是努力和耐心常常能够赢得成功。

大多数围绕**文化**（culture）的核心概念定义为一群人共同拥有的价值观、宗教、符号、信仰和思维方式[四]，而且会世代相传[五]。所以，文化存在于个人的思想中。但是“一种文化”这一表述认为一个群体在很大程度上有一致的想法。

最好的国际营销者不仅认识到与其业务有关联的文化差异，而且还了解产生这些差异的原因。对后者有深入的了解，将帮助营销者注意到新市场的文化差异，以及预见当前市场的可能变化。图 4-2 描述了决定和形成文化及文化差异的因素与社会过程。简单而言，人类通

[一] Geert Hofstede, Gert Jan Hofstede, and Michael Minkov, *Cultures and Organizations*, 3rd ed. (New York: McGraw-Hill, 2011). Susan P. Douglas, “ Exploring New Worlds: The Challenge of Global Marketing, ” *Journal of Marketing*, January 2001, pp. 103-109.

[二] Edward T. Hall, *The Silent Language* (New York: Doubleday, 1959), p. 26.

[三] James D. Hodgson, Yoshihiro Sano, and John L. Graham, *Doing Business in the New Japan, Succeeding in America's Richest Foreign Market* (Latham, MD: Rowman & Littlefield, 2008).

[四] Please note that the group may be smaller than that defined by nation. See Rosalie Tung, “ The Cross-Cultural Research Imperative: The Need to Balance Cross-Cultural and Intra-National Diversity, ” *Journal of International Business Studies* 39 (2008), pp. 41-46; Jean-Francois Ouellet, “ Consumer Racism and Its Effects on Domestic Cross-Ethnic Product Purchase: An Empirical Test in the United States, Canada, and France, ” *Journal of Marketing* 71 (2007), pp. 113-128.

[五] Melvin Herskovitz, *Man and His Works* (New York: Alfred A. Knopf, 1952), p. 634. See also Chapter 10, “ Culture, ” in Raymond Scupin and Christopher R. Decorse, *Anthropology: A Global Perspective*, 6th ed. (Englewood Cliffs, NJ: Prentice Hall, 2005).

过创新来适应不断变化的环境。个体通过社会化（成长）和文化调适（适应新文化）从社会中学习文化，也通过他人的行为榜样或模仿他人的行为吸取文化。最后，人们通过应用基于文化的知识来做出消费和生产决策。

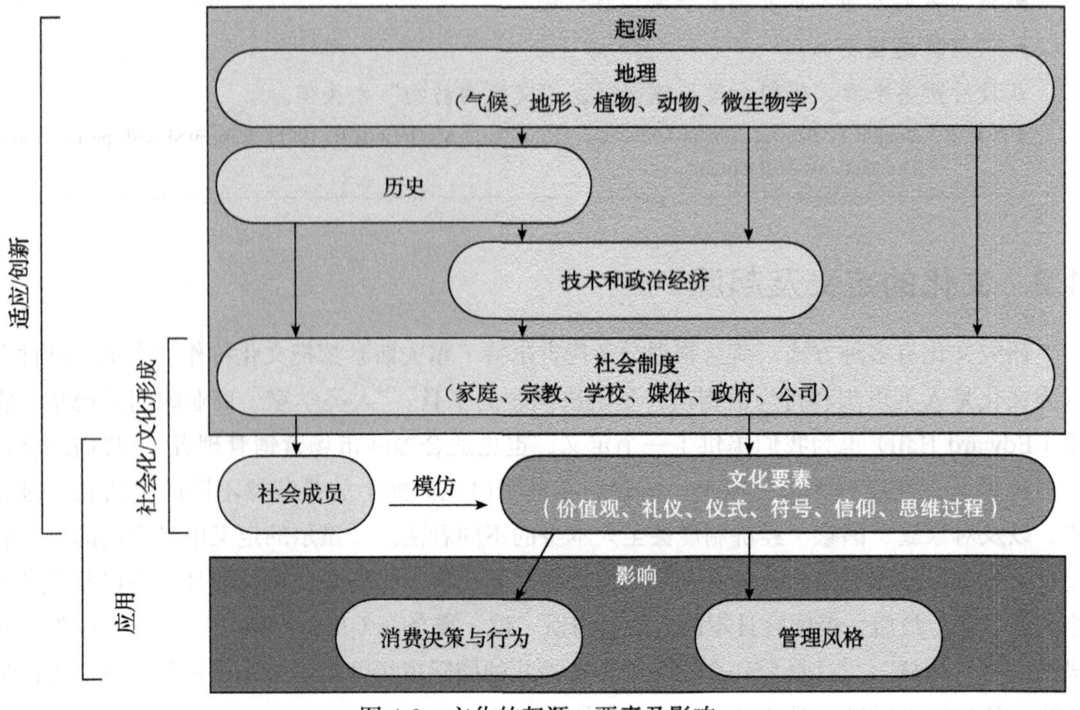

图 4-2　文化的起源、要素及影响

4.2.1　地理

前面我们描述了地理位置对消费者抉择的直接影响。不过地理还会产生更深远的影响，而非仅影响你买哪种夹克。实际上，地理（这里是广义的概念，包括气候、地形、植物、生物群及微生物）确实已影响了历史、技术、经济、种植与饮食[一]和我们的社会制度，也许还有婴儿性别比[二]，当然，还有我们的思维方式[三]。地理因素对文化的影响经过了几千年的发展植根于我们文化价值观的最深处。随着地理的变化，人类几乎立刻可以适应。横跨英吉利海峡的文化划分也正是地理对人类事务历史性影响的典型例证。

有两位学者特别研究有关地理对文化价值观的一切影响，内容涉及从古至今。第一位是生理学教授贾雷德·戴蒙德（Jared Diamond）[四]，他认为历史革命东西向的传播速度快于南

[一] "You Are What You Eat," *The Economist*, May 10, 2014, p. 78.

[二] Nicholoas Bakalar, " Why Does Latitude Affect Boy-Girl Ratios? " *International Herald Tribune*, April 23, 2009, p. 10.

[三] Richard E. Nisbett, *The Geography of Thought: How Asians and Westerners Think Differently ... and Why* (New York: The Free Press, 2003).

[四] Jared Diamond's *Guns, Germs and Steel: The Fates of the Human Societies* (New York: Norton, 1999) is a Pulitzer Prize winner, recipient of the Phi Beta Kappa Award in Science, and a wonderful read for anyone interested in history and/or innovation. PBS also has produced a video version of *Guns, Germs and Steel.* Also see Diamond's more recent book, *Collapse* (New York: Viking, 2005).

北向。在横跨大洋的海运出现以前，文化通过丝绸之路传播，但不能越过撒哈拉和巴拿马地峡。他从地理学角度解释了亚欧文化之所以凌驾于非洲和美洲文化之上，是因为拥有先进的技术和更多致命的病菌。贾雷德·戴蒙德真正的贡献在于他研究所得的关于微生物学对世界历史影响的资料。

第二位是营销学教授菲利普·帕克（Philip Parker）[一]，他阐述了地理对历史、经济和消费者行为的深刻影响。例如，他认为纬度（气候）和各国的人均国内生产总值（GDP）有强相关性。其他实证研究表明气候对工人工资存在明显的影响。[二]类似于在他之前的贾雷德·戴蒙德，他同样运用生理学原则解释社会现象。他的论文对管理者的启示就是要把环境温度作为市场细分的一个变量。我们在第 8 章还会讨论这个问题。

4.2.2 历史

特殊事件在历史中的影响能从技术、社会制度、文化价值观甚至消费者行为中折射出来。贾雷德·戴蒙德的著作中有许多例子。譬如，烟草（即一种新的经济作物的技术）是弗吉尼亚殖民经济在 17 世纪赖以生存的基础，许多美国的贸易政策都与此相关。类似地，开创美国价值观和制度的《独立宣言》根本上受到 1776 年亚当·斯密《国富论》出版这一偶然事件的影响。同时还有 2003 年在中东爆发的军事冲突发展了新的可乐品牌。第二次世界大战带来的后续影响也许是最为重要的。例如，德国对宣传的长期猜疑致使对营销活动施加了许多特异的限制。[三]第二次世界大战后发生的婴儿潮现象至今仍然影响着全球的消费模式。[四]

4.2.3 政治经济

在 20 世纪的大多数时间里，有两种治理形式在争夺世界的统治权：法西斯主义和民主 / 自由企业制度。法西斯主义在 1945 年倒台。有一学者甚至宣扬“历史的终结”。[五]不幸的是，我们的“9·11”事件和中东冲突使厄运的名单不断延长。关于政治和法律环境对商业文化与消费的影响在第 6 章和第 7 章将有更详尽的阐述，因而我们把这一重要的议题放到那里讨论。对你而言，这里的重点在于认识政治、经济因素对社会制度和文化价值观及思维方式的影响。

4.2.4 技术

休息一下并想想你认为近 50 年来对美国的制度和文化价值观最具影响的技术创新是什么？停下阅读，看着你的窗外，认真地考虑一会儿这个问题。

[一] Philip Parker's *Physioeconomics* (Cambridge, MA: MIT Press, 2000) is a data-rich discussion of global economics well worth reading.

[二] Evert Van de Vliert, "Thermoclimate, Culture, and Poverty as Country-Level Roots of Workers' Wages," *Journal of International Business Studies* 34, no. 1 (2003), pp. 40-52.

[三] Pamela E. Sweet, S. Jonathan Wiesen, and Jonathan R. Zatlin, eds., *Selling Modernity: Advertising in Twentieth-Century Germany* (Durham, NC: Duke University Press, 2007).

[四] John L. Graham, "Solution to US Debt Woes Isn't Economic, Its Social," *Christian Science Monitor*, July 27, 2011; Sharon G. Niederhaus, and John L. Graham, *All in the Family: A Practical Guide to Successful Multigenerational Living* (Boulder, CO: Taylor Trade, 2013).

[五] Francis Fukuyama, *The End of History and the Last Man* (New York: The Free Press, 1992).

其实有很多好的答案，但只有一个是最好的。也许在可列出的答案中有喷气式飞机、空调、电视机㊀、电脑和互联网，但最好的答案应该是避孕药。㊁节育技术对今天大多数美国人的生活都有十分巨大的影响。这主要在于它解放了妇女，使她们拥有自己的事业，也使男人减少了陪孩子的时间。在避孕药出现之前，男人和女人被规定着承担繁衍后代的责任和角色。现在在美国从事营销职业的人员中一半是女性，在美国的航空母舰上有10%是女性。如果没有避孕药，这些事实都是不可想象的。

显然，并非所有人都对这种"自由"感到快乐。例如，1968年，基督教禁止使用避孕药。但不可否认，节育技术已深深地影响了社会制度和文化价值观。家庭变小了，政府和学校不得不谈论节制和发放避孕套。

最后，读者不难发现技术并不能解决所有问题。例如，任何人都认为美国在医疗技术方面全球领先。不过，这种领先并未带来最好的医疗制度。文化中的其他因素也起着重要的作用。因此，就像之前所提到的那样，世界上其他许多国家的人口会有更长的寿命（衡量一国医疗服务水平的最客观指标）。消费者所选择的生活方式以及财务结构对医疗制度也会产生重大的影响。图4-3对世界各国的医疗制度给出了简单的比较。

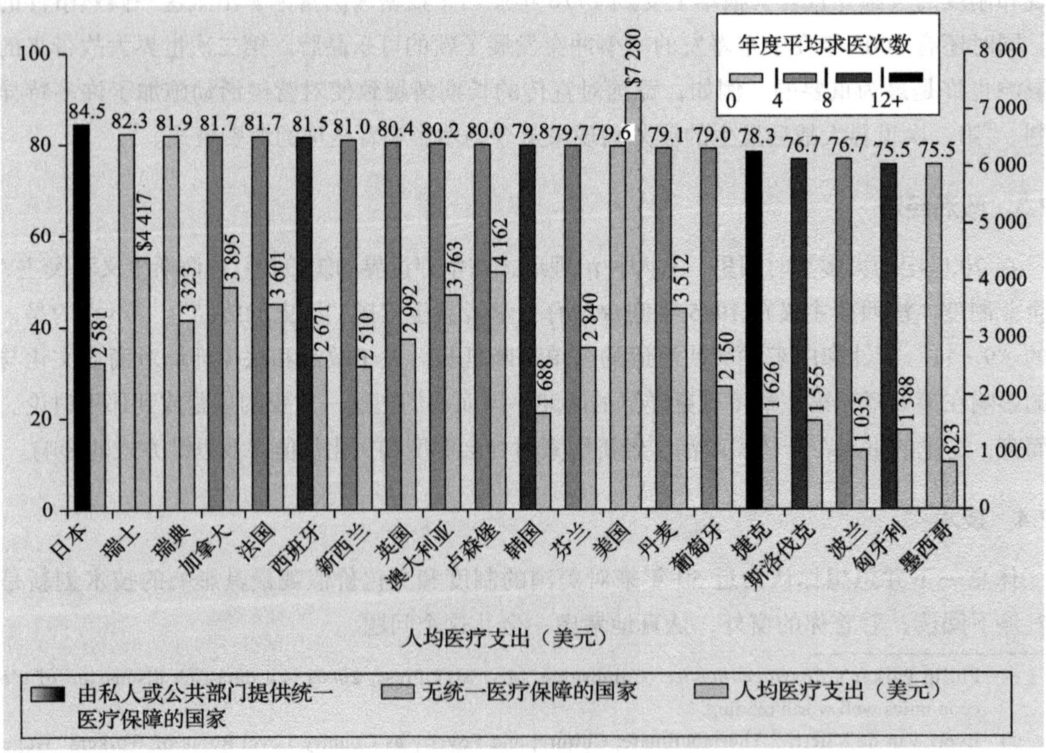

图4-3 医疗制度的比较

资料来源：Michelle Andrews, " Health, The Cost of Care, " *National Geographic Magazine*, December 2009. Oliver Uberti/ National Geographic Stock. Reprinted with permission.

㊀ Sandra K. Smith Speck and Abhijit Roy, " The Interrelationships between Television Viewing, Values, and Perceived Well-Being: A Global Perspective," *Journal of International Business Studies* 39, no. 7 (2008), pp. 1197-1219.

㊁ Bernard Asbell, *The Pill: A Biography of the Drug that Changed the World* (New York: Random House, 1995).

4.2.5 社会制度

社会制度（social institutions）包括家庭、宗教、学校、媒体、政府和企业。社会制度影响人与人之间的相互关系，影响人们如何组织自己的活动以便和睦相处，影响人们如何把行为准则传授给下一代以及如何管理人类自身。不同文化对于男女社会地位、家庭、社会阶层、群体行为、年龄组及社会如何定义体面和礼仪等问题存在着不同的解释。[㊀]例如，在有些文化中，社会制度使得家庭成员之间形成比较密切的关系，那么面向家庭的促销则比面向单个家庭成员的促销更为有效。在加拿大，由于文化的多样性，面向英语文化观众的旅行广告仅仅描绘妻子一人，而面向使用法语的人口，由于法语家庭的家庭纽带较为密切，则描绘夫妇两人同行。

1. 家庭

如前所述，节育技术在世界各地已经极大地影响并缩小了家庭的规模。在一些国家，妇女不仅推迟了生育，而且也推迟了结婚。在美国，单身女性选择不结婚生孩子。[㊁]这一趋势在亚洲尤为显著，年龄在 35 ~ 39 岁从未结婚的女性的比例已经大幅攀升至 15% 以上，而在 1970 年这个比例只有 5%。[㊂]在日本，这种情况导致人口迅速萎缩，政府正在采取行动。政府现在给每个孩子每月提供 150 美元的津贴。一个省级政府成立了名为福井征婚咖啡馆的网上约会服务。[㊃]尽管如此，显然有些日本年轻人宁愿独身，而不愿去约会。[㊄]其他政府也在组织相亲活动，新加坡的 LoveByte 网站就是证据。当然，在印度，传统上是包办婚姻，但现在也有了在线支持的相亲。[㊅]

然而，家庭的形式和功能在世界各地甚至一国内部各地之间也有很大的差异。[㊆]例如，裙带关系被视为美国组织中的一个问题，但在墨西哥的企业中通常被视为组织原则。[㊇]再例如，在马斯特里赫特，来自荷兰的高管与他的母亲、妻子和孩子生活在一起，他的家族在过去 300 年一直这样生活。再有就是在开罗，高收入家庭有种常见的做法，它们会购买一套公寓楼，并和大家庭一起住在一起——祖父母、已婚的兄弟姐妹、表兄弟姐妹和孩子。或者看看日本的母亲是怎样靠自己把她的两个孩子照顾得很好的，是如何经常在晚上陪孩子睡觉，

㊀ Tuba Ustuner and Douglas B. Holt, "Toward a Theory of Consumption in Less Industrialized Countries," *Journal of Consumer Research* 37, no. 1 (2010), pp. 37-56.

㊁ "The Fraying Knot," *The Economist, January* 12, 2013, pp. 27-28.

㊂ "The Flight from Marriage," *The Economist*, August 20, 2011, pp. 21-24.

㊃ Aki Ito with Monami Yui, "Bureaucrats Play Matchmaker in Japan," *Bloomberg BusinessWeek*, September 5, 2010, p. 12.

㊄ Abigail Hayworth, "(No) Sex in the City," *Marie Claire*, August 2013, pp. 109-115.

㊅ Diane Brady, "In India, Arranged Marriages Hit the Web," *Bloomberg BusinessWeek*, April 8, 2013, pp. 18-19.

㊆ Michael Finkel's description of a hunter-gather tribe's everyday life, as observed in Tanzania, is important as a representation of family life and structure in people's primordial state. See "The Hadza," *National Geographic*, December 2009, pp. 94-118; also see John L. Graham, "Solution to US Debt Woes Isn't Economic, Its Social," *Christian Science Monitor*, July 27, 2011; *All in the Family*, Niederhaus and Graham, 2013.

㊇ Anabella Davila and Marta M. Elvira, "Culture and Human Resource Management in Latin America." In *Managing Human Resources in Latin America*, ed. Marta M. Elvira and Anabella Davila. (London: Routledge, 2005), pp. 3-24.

而她的丈夫在每天四小时上下班的火车旅途中设法补充睡眠。还有在加利福尼亚的美国家庭——父母双方都工作来供车、购买衣柜和供孩子上大学，一直担心着相隔半个国家的年迈的祖父母。在美国，技术也在以其他方式促进相亲活动。现在很容易跟踪你的孩子，尽管隐私问题是有争议的。[㊀]

甚至男女儿童的比例也受文化（以及纬度）影响。在大多数欧洲国家的比例约为 50∶50。但是在印度，1 ~ 6 岁男女的性别比例是 52∶48。显然，这些比率对家庭和社会有长期的影响。此外，对男孩的偏爱在这种文化中是根深蒂固的。

所有这些差异直接导致了孩子思考和行为方式的不同。如美国的婴儿第一晚就会被放进它自己的摇篮里以学习独立。当父亲首次在孩子面前洗碗或妈妈去上班，或蹒跚学步的孩子听到祖父和小兄长都用“你”来称呼的时候，孩子在形成平等的价值观。性别平等方面出现了好现象：全球许多地方男性与女性受教育的差异正在缩小。例如，在美国大学中，女生已经开始占多数。

2. 宗教

在大多数文化中，婴儿除了自己的家庭之外第一个接触的社会机构就是教堂、清真寺、神殿或寺庙。千万不要低估宗教对于社会价值观体系的影响及之后价值观体系对营销的影响。[㊁]例如，新教徒相信人与上帝的关系是私人的，因而忏悔直接通过祷告的方式进行，而天主教徒则向教堂里的牧师忏悔，在教堂内形成了等级。一些学者就此推论新教徒引起了平等的思考。显然宗教影响着人们的习惯、人们对人生的观点、他们购买的产品、购买的方式甚至他们读哪种报纸。

宗教的影响常常是相当强烈的。营销者如若对宗教知之甚少或者一窍不通，很容易冒犯他人。很多人都不了解他人的宗教信仰，有关其他宗教的“知识”往往是不正确的。

3. 学校

教育作为重要的社会制度，对文化的各个方面都产生影响，从经济发展直到消费者行为。识字率是一个国家经济发展的一种潜力，大量研究表明识字率与经济增长能力间有着直接的联系。据世界银行报道，识字率不足 50% 的国家的经济发展从未成功过，反之，增加教育投入的国家都曾获得显著的经济回报。识字率对市场营销有着深远的影响。与仅靠符号和图画进行交流的市场相比，和能够“识文断字”的市场进行交流要容易得多。如今，人们越来越把学校看作引导积极文化变迁和进步的渠道。

4. 媒体

对人的价值观和文化影响最大的四大社会机构莫过于学校、教会、家庭以及近来的媒体。在过去 30 年里，越来越多的美国妇女加入劳动大军的行列，大大削弱了家庭对美国文化的影响。媒体时间（电视及日益重要的互联网）已经占据家庭团聚的时间，从而如某些

㊀ “Chips Off the Old Block,” *The Economist*, January 12, 2013, pp. 53-54.

㊁ Praveen K. Kopalle, Donald R. Lehmann, and John U. Farley, “Consumer Expectations and Culture: The Effect of Belief in Karma in India,” *Journal of Consumer Research* 37 (2010), pp. 251-268.

人说的那样，对美国文化造成了伤害。确实，在这个时候很难衡量每天花上几个小时看巴特·辛普森（Bart Simpson）或一个无止境探索（Ever Quest）牧师阶层的角色带来的长期影响。然而，英国首相在《辛普森一家》中以卡通形象客串出现在辛普森家庭到英国观光的故事中并配音，足见这部电视剧在世界的影响程度。

美国儿童每年在校时间只有180天，与中国、日本和德国的大约220天形成鲜明的反差。⊖事实上，中国的官员已经开始意识到过多的课堂教育使人思想狭隘的缺点。另外，越来越多的美国人也开始抱怨在媒体上消耗过多的时间带来的不良后果。许多人谴责美国的教育体制，原因就是美国培养的大学生比例低于包括俄罗斯、日本和法国在内的其他12个国家。如表4-3所示，人们大多把教育体系的相对成绩当作经济竞争力的领先指标。

表 4-3 经济合作与发展组织国际学生评估项目 2013 年 15 岁儿童的得分与排名（前10个国家或地区及其他）

国家或地区	阅　读	数　学	科　学
中国上海	570 (1)	613 (1)	580 (1)
中国香港	545 (2)	561 (3)	555 (2)
新加坡	542 (3)	573 (2)	551 (3)
日本	538 (4)	536 (7)	547 (4)
韩国	536 (5)	554 (5)	538 (7)
芬兰	524 (6)	519 (12)	545 (5)
中国台湾	523 (7)	560 (4)	523 (13)
加拿大	523 (8)	518 (13)	525 (10)
爱尔兰	523 (9)	501 (20)	522 (14)
波兰	518 (10)	518 (13)	526 (9)
越南	508 (19)	511 (17)	528 (8)
德国	508 (19)	514 (16)	524 (12)
法国	505 (21)	495 (20)	499 (26)
美国	498 (24)	481 (36)	497 (28)
西班牙	488 (30)	484 (33)	496 (29)
俄罗斯	475 (41)	482 (34)	486 (37)
土耳其	475 (41)	448 (44)	463 (43)
墨西哥	424 (52)	413 (53)	415 (55)
巴西	410 (55)	391 (58)	405 (59)
印度尼西亚	396 (60)	375 (64)	382 (64)

资料来源：OECD, PISA, http://www.economist.com/node/21529014, 2015.

5. 政府

与家庭、宗教、学校和媒体带来的早期（童年时期）直接的影响相比，政府的影响相对较小。文化价值观和思维模式大多在青春期及其之前形成。多数时候，政府试图以市民自身的利益来影响成人市民的想法和行为。如法国政府自从拿破仑时代就开始促进生育。现在它颁给怀胎第7个月的妇女价值800美元的生育奖金。因此，法国成为仅次于爱尔兰的欧盟的

⊖ "Time in School: How Does the U.S. Compare," http://www.centerforpubliceducation.org, posted 2011; "School Days around the World," *norberthaupt.com*, accessed 2015.

第二个高生育国家（见表 4-2）。同样地，日本政府耗费 2.25 亿美元来扩建日托设施，为的是提高不断下降的生育率和增加女性就业率。此外，政府自身所发生的巨大变化，如苏联的解体，也会对个人信仰和文化的其他方面产生明显的影响。

当然，有一些国家的政府掌握媒体并定期用宣传来形成“有利的”公众观点。也许没有把教会和国家分割开来，如今的伊朗仍处于教会的统治之下。政府也通过它对宗教组织和学校的支持间接影响公众的思维方式。比如，日本和中国政府目前都设法通过对课堂活动和时间的改革来激发学生更具创造性的思维方式。政府还通过颁布、宣传和实施各种法律来影响消费与营销行为。爱尔兰政府最近关注“健力士”（Guinness）黑啤和其他酒精产品在市民中的消费量。它们的研究显示喝酒过多使国家损失了 2 个百分点的 GDP，政府为了控制未成年人饮酒，强化了相关法律（详见第 16 章）。

6. 公司

公司通过媒体早早地对我们施加影响。但更重要的是，大多数革新是由企业（多数是跨国公司）导入社会的。在历史上，无论是过去的丝绸之路还是今天的空运或互联网，商人和贸易者都是创新成果传播的主要渠道。跨国公司有条件从全世界获取新的观念，通过有效地分销基于这些观念生产的新产品与服务，使文化得以改变，新的思维方式得以激发。企业所担当的变革媒介这一关键的角色将在本章的最后一部分做详细的讨论。

4.3 文化要素

前面我们曾列举了文化的五大要素：文化价值观、礼仪和仪式、符号、信仰和思维方式。国际营销者在设计产品、分销体系和促销计划时必须充分考虑到每个要素。

4.3.1 文化价值观

各国或地区文化千姿百态，各不相同，其根本原因就在于**文化价值观**（culture values）的差异，即对事物或观念重要性的认识差异。吉尔特·霍夫斯泰德对文化价值观的研究开风气之先，就文化价值观对各种商务活动及市场行为的影响为我们提供了最有用的信息。[一]通过对 66 个国家或地区约 9 万余人进行调查，霍夫斯泰德发现这些国家或地区之间的文化差异主要表现在 4 个方面。[二]之后，他和数以百计的其他研究人员发现，形形色色的企业及消费者行为模式都和其中 3 个方面有关。这 4 个方面如下[三]：①强调自我的个人主义 / 集体主义

㊀ Hofstede and Minkov, *Cultures and Organizations*.

㊁ Debanjan Mitra and Peter N. Golder, “Whose Culture Matters? Near-Market Knowledge and Its Impact on Foreign Market Entry Timing,” *Journal of Marketing Research* 39, no. 3 (August 2002), pp. 350-365; Boonghee Yoo and Naveen Donthu, “Culture’s Consequences, a Book Review,” *Journal of Marketing Research* 39, no. 3 (August 2002), pp. 388-389.

㊂ In a subsequent study, a fifth dimension, Long-Term Orientation (LTO), was identified as focusing on cultures’ temporal orientations. See Geert Hofstede and Michael Harris Bond, “The Confucius Connection,” *Organizational Dynamics* 16, no. 4 (Spring 1988), pp. 4-21; Hofstede, and Minkov, *Cultures and Organizations*.

指数（IDV）；②强调权力的权力距离指数（PDI）；③强调风险的不确定性规避指数或风险回避指数（UAI）；④强调自信和成就的男性化 / 女性化指数（MAS）。个人主义 / 集体主义指数已经被证明是最有用的方面，值得大书特书。[㊀]由于男性化 / 女性化指数已被证明用处不大，所以此处不进行深入探讨。具体情况如表 4-4 所示。

表 4-4　霍夫斯泰德指标、语言与语言距离

国家或地区	个人主义 / 集体主义	权力距离	不确定性规避	第一语言	与英语的距离
阿拉伯国家	38	80	68	阿拉伯语	5
澳大利亚	90	36	51	英语	0
巴西	38	69	76	葡萄牙语	3
加拿大	80	39	48	英语	0
哥伦比亚	13	67	80	西班牙语	3
芬兰	63	33	59	芬兰语	4
法国	71	68	86	法语	3
德国	67	35	65	德语	1
英国	89	35	35	英语	0
希腊	35	60	112	希腊语	3
危地马拉	6	95	101	西班牙语	3
印度	48	77	40	德拉维语	3
印度尼西亚	14	78	48	印尼语	7
伊朗	41	58	59	波斯语	3
日本	46	54	92	日语	4
墨西哥	30	81	82	西班牙语	3
荷兰	80	38	53	荷兰语	1
新西兰	79	22	49	英语	0
巴基斯坦	14	55	70	乌尔多语	3
韩国	18	60	85	韩语	4
中国台湾	17	58	69	汉语	6
土耳其	37	66	85	土耳其语	4
美国	91	40	46	英语	0
乌拉圭	36	61	100	西班牙语	3
委内瑞拉	12	81	76	西班牙语	3

资料来源：Geert Hofstede, Gert Jan Hofstede, and Michael Minkov, Culture and Organizations: *Software of the Mind*, 3rd ed. (New York: McGraw-Hill, 2011); Joel West and John L. Graham, " A Linguistics-Based Measure of Cultural Distance and Its Relationship to Managerial Values, " *Management International Review* 44, no. 3 (2004), pp. 239-260.

20 世纪 90 年代，罗伯特 · 豪思[㊁]与其同事取得了一组可比较数据，更为强调的是与领导和组织相关的价值观。他们的资料本身就很有价值，而且其研究结果与吉尔特 · 霍夫斯泰

㊀ Harry C. Triandis, *Individualism and Collectivism* (Boulder, CO: Westview Press, 1995).

㊁ Robert J. House, Paul J. Hanges, Mansour Javidan, Peter W. Dorfman, and Vipin Gupta (eds.), *Culture, Leadership, and Organizations: The Globe Study of 62 Societies* (Thousand Oaks, CA: Sage, 2004).

德之前25年所获得的资料非常吻合。该研究很重要，引起人们许多争议和讨论。[一]

1. 个人主义/集体主义指数（IDV）

个人主义/集体主义指数（individualism/collective index，IDV）是指有利于自我利益的行为取向。个人主义/集体主义指数较高的文化反映了一种以“自我”为中心的思维，常常对个人进取心加以鼓励和接受，而个人主义/集体主义指数较低的文化反映的则是一种以“我们”为中心的思维，个人一般必须服从集体。这并不意味着在个人主义/集体主义指数较高的文化中，个人游离于集体之外，而是说个人的进取心和独立性得到承认与支持。个人主义隶属于个人之间关系比较松散的社会，在这样的社会里，每个人都必须照料自己和家庭。与此相反，集体主义隶属于人们生来就融入具有很强凝聚力的团体的社会，在人的一生中，只要对团体忠贞不渝，团体就会不断地提供保护。这种差异也反映在西方父母在给孩子讲的故事中，强调个人主义的文化看重的是自传式的个人经历。[二]

2. 权力距离指数（PDI）

权力距离指数（power distance index，PDI）反映人们对社会不平等，即在某一社会制度中上下级间的权力不平等状况的容忍度。权力距离指数较高的国家和地区往往等级森严，社会成员视社会角色、操纵能力及家庭出身为权力和社会地位的源泉。另外，在权力距离指数较低的国家和地区，人们通常珍视平等，视知识和尊重为权力的源泉。在权力距离指数较高的文化中，人们通常认为权力属于个人，权力意味着强制而不是合法占有，因此，一般对他

[一] Bradley L. Kirkman, Kevin B. Lowe, and Cristina Gibson, “ A Quarter Century of Cultures’ Consequences: A Review of Empirical Research Incorporating Hofstede’s Cultural Values Framework,” *Journal of International Business Studies* 37 (2006), pp. 285-320; Kwock Leung, “ Editor’s Introduction to the Exchange between Hofstede and GLOBE,” *Journal of International Business Studies* 37 (2006), p. 881; Geert Hofstede, “ What Did GLOBE Really Measure? Researchers’ Minds versus Respondents’ Minds, ” *Journal of International Business Studies* 37 (2006), pp. 882-896; Mansour Javidan, Robert J. House, Peter W. Dorfman, Paul J. Hanges, and Mary Sully de Luque, “ Conceptualizing and Measuring Cultures and Their Consequences: A Comparative Review of GLOBE’s and Hofstede’s Approaches, ” *Journal of International Business Studies* 37 (2006), pp. 897-914; Peter B. Smith, “ When Elephants Fight, the Grass Gets Trampled: The GLOBE and Hofstede Projects, ” *Journal of International Business Studies* 37 (2006), pp. 915-921; P. Christopher Earley, “ Leading Cultural Research in the Future: A Matter of Paradigms and Taste,” *Journal of International Business Studies* 37 (2006), pp. 922-931; Rosalie L. Tung and Alain Verbeke, “ Beyond Hofstede and GLOBE: Improving the Quality of Cross-Cultural Research,” *Journal of International Business Studies* 41, no. 8 (2010), pp. 1259-1274; George R.Franke and R. Glenn Richey Jr., “ Improving Generalizations from Multi-Country Comparisons in International Business Research,” *Journal of International Business Studies* 41, no. 8 (2010), pp. 1275-1293; Sunil Vernaik and Paul Brewer, “ Avoiding Uncertainty in Hofstede and GLOBE,” *Journal of International Business Studies* 41, no. 8 (2010) pp. 1294-1324; Robbert Maseland and Andre van Hoom, “Values and Marginal Preferences in International Business, ” *Journal of International Business Studies* 41, no. 8 (2010), pp. 1325-1330; Vas Taras, Piers Steel, and Bradley L. Kirkman, “ Negative Practice-Value Correlations in the GLOBE Data: Unexpected Findings, Questionnaire Limitations, and Research Directions, ” *Journal of International Business Studies* 41, no. 8 (2010), pp. 1330-1338; Geert Hofstede, “ The GLOBE Debate: Back to Relevance,” *Journal of International Business Studies* 41, no. 8, pp. 1339-1346; Paul Brewer and Sunil Venaik, “ Individualism-Collectivism in Hofstede and GLOBE, ” *Journal of International Business Studies* 42, no. 3 (2011), pp. 436-445.

[二] Qi Wang, *The Autobiographical Self in Time and Culture* (Oxford, UK: Oxford University Press, 2013).

人心存疑虑。较高的权力距离指数通常反映了人们对上下级间差距的认同，认为掌握权力者理应享有特权，较低的权力距离指数则反映了更为平等的观点。

3. 不确定性规避指数（UAI）

不确定性规避指数（uncertainty avoidance index，UAI）反映了社会成员对模棱两可或不确定性的容忍程度。不确定性规避指数较高的文化往往难以忍受不确定性，因而往往对新思想或新行为持怀疑态度。其社会成员往往显得较为焦虑紧张，为以后安全和行为准则感到担心。因此，他们抱残守缺，死守旧的行为规范不放。在极端情况下，这些行为规范甚至变成了不容触犯的天条。不确定性规避指数较高的社会往往把行为准则看作规避风险的一种手段，从而赋予其较大的权威。相反，不确定性规避指数较低的文化焦虑紧张程度也较低，对反常的思想和不同的观点比较容忍，并且乐于冒险。因此，不确定性规避指数较低的社会运用实证的方法去理解事物，获得知识，而不确定性规避指数较高的社会则寻求“绝对真理”。

4. 文化价值观和消费者行为

众多研究表明，文化价值观决定着沟通语[一]、冲动消费[二]、对惊奇[三]与厌恶[四]的反映、抱怨的程度[五]、对服务不佳的反映[六]、对电影的偏好[七]以及对产品创新感知的反映[八]等消费行为。让我们再回到本章开头的电子交易案例，看一看霍夫斯泰德的文化价值观概念将如何帮助我们预测一些新的客户服务，如股票投资和网上拍卖在日本和法国的推广速度。如表4-4所示，美国的个人主义 / 集体主义指数值最高，达到91，日本为46，法国为71。事实上，在个人主义至上的美国，我们可以预测独自坐在电脑前这种社会行为最受欢迎。而在日本和法国，由于文化价值强调集体行为，因此与缺乏人情味的电子交流相比，与邻居和股票经纪人面对面交谈更受欢迎。

与此类似，依据霍夫斯泰德的不确定性规避指数，日本和法国数值都很高，分别是92

㊀ Desmond Lam, Alvin Lee, and Richard Mizerski, “ The Effects of Cultural Values in Word-of-Mouth Communication,” *Journal of International Marketing* 17, no. 3 (2009), pp. 55-70.

㊁ Yinlong Zhang, Karen Page Winterich, and Vikas Mittal, “ Power-Distance Belief and Impulsive Buying,” *Journal of Marketing Research* 47 (2010), pp. 945-954.

㊂ Ana Valenzuela, Barbar Mellers, and Judi Strebel, “Pleasurable Surprises: A Cross-Cultural Study of Consumer Responses to Unexpected Incentives,” *Journal of Consumer Research* 36 (2010).

㊃ Daisann McLane, “Tackling the Yuck Factor,” *National Geographic Traveler*, January 2010, pp. 26-28.

㊄ Piotr Chelminski and Robin A. Coulter, “ The Effects of Cultural Individualism and Self-Confidence on Propensity to Voice: From Theory to Measurement to Practice,” *Journal of International Marketing* 15 (2007), pp. 94-118.

㊅ Haksin Chan, Lisa C. Wan, and Leo Y. M. Sin, “ The Contrasting Effects of Culture on Consumer Tolerance: Interpersonal Face and Impersonal Fate,” *Journal of Consumer Research* 36, no. 2 (2009), pp. 292-304; Haskin Chan and Lisa C. Wan, “ Consumer Responses to Service Failures: A Resource Preference Model of Cultural Influences,” *Journal of International Marketing* 16, no. 1 (2008), pp. 72-97.

㊆ J. Samuel Craig, William H. Greene, and Susan P. Douglas, “ Culture Matters: Consumer Acceptance of U.S. Films in Foreign Markets,” *Journal of International Marketing* 13 (2006), pp. 80-103.

㊇ Gaia Rubera, Andrea Ordanini, and David A. Griffith, “ Incorporating Cultural Values for Understanding the Influence of Perceived Product Creativity on Intention to Buy: An Examination of Italy and the US,” *Journal of International Business Studies* 42, no, 4 (2011), pp. 459-476.

和86，而美国却很低，只有46。根据这些数值，可以预料日本和法国的投资者不太愿意在股票市场上进行投资冒险；实际上，他们更喜欢安全的邮政储蓄和银行活期存款。所以，在上述两个例子中，霍夫斯泰德有关文化价值观的数据表明，与美国相比，这些革新在日本和法国的推广速度都要慢一些。这些预测与近年来的调查研究结果非常吻合：个人主义/集体主义指数高、不确定性规避指数低的文化往往更喜欢革新。㊀

文化价值观如何影响消费者行为，其中最有趣的也许是对中国和美国的学生所做的一组试验。㊁研究人员向两组对象出示了印刷广告，有的用他人为中心的煽情之物（图片显示一对夫妇在海滩嬉戏），有的则用自我为中心的煽情之物（某个人在海滩嬉戏）。研究者预测崇尚个人主义的美国学生更喜欢自我为中心的煽情之物，而崇尚集体主义的中国学生则更喜欢他人为中心的煽情之物。他们发现结果恰恰相反。美国学生喜欢印有他人为中心的煽情之物的广告，而中国学生则相反。他们又做了一次试验，帮助他们解释这些出乎意料的结果。原来，广告中令参加实验的学生喜欢的是与自身文化不同的新奇之处。因此，即使在这种情况下，文化价值观似乎也为营销者提供有用的信息。不过，人类行为、价值观和文化的复杂性也因而显现。

跨越国界 4-2

文化、基因与滑垒

东亚人的集体主义价值观可能根植于他们的基因中。西北大学的文化神经科学家琼·乔（Joan Chiao）注意到，2003年的一项研究显示，在5-羟色胺载体基因中短等位基因携带者，比长等位基因的同龄人更容易患抑郁症。不过，这一发现提出了一个难题：白种人携带短等位基因或长等位基因的可能性相同，而大约80%的东亚人携带的是短等位基因，却没有任何明显的不良影响。为什么他们会选择短等位基因呢？

2003年的这项研究只调查了新西兰人，所以乔就把研究范围扩大到29个国家，结果发现：在短等位基因盛行的国家（如日本），集体主义可能是个人主义的2倍。对此，乔预感到短等位基因可能赋予传染性病原体的保护；她亲自得出数据并发现，历史上传染病猖獗的国家，集体主义和短等位基因总是盛行。

"这是自然的选择，"乔说。她认为，短等位基因在许多疾病地区能增强体质——携带者不太可能脱离群体而做其他什么。相反，在西方低病原区，成功者往往是领导者和佼佼者，所以没有选择短等位基因（而且如2003年的研究项目所反映的可能与负面的结果相关）。显然，文化不是单独培养的产物，而是被编码到我们的基因中并在应对环境的过程中不断得到进化。

［请注意，乔教授的解释与我们在地理方面的观点是一致的，如拥挤和疾病会影响基因

㊀ Jan-Benedict E. M. Steenkamp, Frenkel ter Hofstede, and Michel Wedel, " A Cross-National Investigation into the Individual and National Cultural Antecedents of Consumer Innovativeness," *Journal of Marketing* 63 (April 1999), pp. 55-69.

㊁ Jennifer L. Aaker and Patti Williams, " Empathy vs. Pride: The Influence of Emotional Appeals across Cultures," *Journal of Consumer Research* 25 (December 1998), pp. 241-261.

与文化价值，而且后两者显然以有趣的方式在相互作用。]

当尼克·斯威舍（Nick Swisher）猛力地打入第二垒时，明尼苏达队新人西冈刚的腿被打断，所以棒球专家通常得放弃比赛。但考虑到来自日本的中场内野手有遭受过重大伤害的历史先例，所以西冈的情况暗示了某种令人担忧的趋势。

已经有四名来自日本的中场内野手在美国大联盟打球。其中西冈刚、松井稼头央和岩村明宪三个人，由于对手具有攻击性的滑垒，都花费了大量的时间治疗。第四位井口资仁，在2006年和2007年被恶意的滑垒放倒，但没有严重受伤。

巴比·瓦伦泰（Bobby Valentine）是大联盟的队长，他在日本太平洋联盟担任了七个赛季的队长。他说日本内野手来到美国，对在垒包周围常见的经常性危险的滑垒有点措手不及。美国球员和拉美球员在年轻的时候就接触的是美式棒球，知道用瓦伦泰所谓的“怎么都行”的方法去打破双杀。在日本，跑垒员被教导滑垒要低，与内野手的脚背或脚踝接触，不能伤害对手。西冈刚很少接触这种类型的滑垒，而要掌握这种滑垒至少需要训练一个月。

资料来源：Sujata Gupta, “Societal Pressure, Culture May Actually Shape Genes,” *Psychology Today*, September 6, 2011; Jared Diamond, “The Cultural Divide of Takeout Slides,” *The Wall Street Journal*, April 13, 2011, p. D6.

4.3.2 礼仪和仪式

生活中到处存在**礼仪**（rituals），即可以习得并不断重复的行为和交往方式。最明显的就是有关生活中的几件大事。婚礼庆典和葬礼仪式是很好的例子。也许对阅读本书的人来说最重要的就是毕业典礼了，铺张的排场、滑稽的帽子、冗长的演说等。通常这些仪式随文化的不同而不同。有许多关于婚礼的外国电影㊀，其中最好的也许要算《季风婚宴》（*Monsoon Wedding*）。在新德里，骑着白马的新郎和可食的花朵显然是高收入人群婚典的一部分。

生活中同样也有一些小的礼节，比如在餐厅就餐或去百货商场甚至清晨去上班或上学前的打扮。在马德里的高档餐厅，甜点也许先于主菜，而宴会通常午夜开始并且整个过程差不多要3个小时。到美国的百货商场，你通常要找寻解答问题的服务生，但日本不同，你一进门的地方就有提供帮助的服务员向你鞠躬。在美国拜访医生通常只穿件纸做的检查衣在冷飕飕的检查室等上15分钟。而在西班牙通常在医生办公室里做检查，所以无须等待，因为医生就坐在他的办公桌边。

礼仪和仪式是非常重要的。它们协调着每天的交往和特殊的场合。它们让人们了解该怎么做。在最后一章中，我们将会讨论商务谈判中的礼仪和文化带来的各种不同礼仪。

4.3.3 符号

人类学家爱德华T. 霍尔（Edward T. Hall）告诉我们文化是一种交流。在他关于商务背

㊀ Other excellent films in this genre include *Cousin, Cousine* (French), *Four Weddings and a Funeral* (U.K.), *Bend It Like Beckham* (U.K., Asian immigrants), *Wedding in Galilee* (Palestine/Israel), and *The Wedding Banquet* (China Taiwan).

景下的文化差异的创新性文章中，他谈及了不同时间、空间、事件[一]、友谊和协议[二]下的“语言”。学会正确理解我们周围的符号是社会化的关键部分。自我们出生那一刻起开始接触语言，看见别人的面部表情，触摸的感觉和吸吮母乳时，这种学习也就同时开始了。[三]我们以语言这个最显著的往往涉及意识交流的部分来开启对符号体系的讨论。

1. 语言

我们需要注意的是，在世界上一些地方，语言本身就被认为是社会制度，常常具有重要的政治意义。法国人竭尽全力、不计代价地维护法语的纯正。在加拿大，语言是政治争论的焦点，尽管近来似乎平静下来了。不幸的是，世界上的语言数量正在持续减少，这个星球上有趣的文化多元化现象也在不断减少。

懂得一个国家的语言极其重要，尤其当你在法国销售产品时。成功的国际营销者必须善于交流，不仅要会说这种语言，而且要能够透彻理解。撰写广告词的人不必过于担心两种语言之间的明显差异，相反必须关注那些习惯表达法和象征意义。[四]例如，在讲西班牙语的拉丁美洲，仅仅说你想译成西班牙语是不够的，因为同一词汇的词义千差万别。举例来说，“Tambo”一词在玻利维亚、哥伦比亚、厄瓜多尔和秘鲁等国家意为“路边店”，在阿根廷和乌拉圭则有“奶牛场”之意，而到了智利，则指“妓院”。如果说这让你头疼的话，那么请想一想与巴布亚新几内亚人交流会是怎样的情形。那儿的人们使用750种左右的语言，彼此各不相同，互相难以理解。关于营销交流中准确的翻译这一关键论题将在第8章和第16章中进一步讨论。

语言和国际营销之间关系的重要性还表现在另一个方面。近年来的一些研究表明，一个新概念，亦即**语言距离**（linguistic distance）概念，对市场营销研究者在细分市场和战略决策时有所裨益。语言距离已成为影响各国间价值观差异以及贸易规模大小的重要因素。[五]按照这一观点，语言差距越大，那么跨越这个差距所需的交易成本就越大。

跨越国界 4-3

社交媒体怎样改变语言

因犯了一个非常显眼的拼写错误，法国文化部长安瑞莉·菲里佩提（Aurelie Filippetti）不得不撤回了她的一篇 Twitter 文章。鉴于她是法国语言的官方监护人，发生这样的事的确令她非常尴尬。Twitter 的自发性会造成疏忽，但这位部长应该责备草率的助手。不过，对于语言纯粹主义者来说，这一事件涉及一个更为广泛的问题：社交媒体乱用法语以及英语外来

㊀ Tuba Ustuner and Douglas B. Holt, “Toward a Theory of Status Consumption in Less Industrialized Countries,” *Journal of Consumer Research* 37 (2010), pp. 37-52.

㊁ Edward T. Hall, “The Silent Language in Overseas Business,” *Harvard Business Review*, May-June 1960, pp. 87-96. A discussion of the salience of Hall’s work appears in John L. Graham, “Culture and Human Resources Management.” In *The Oxford Handbook of International Business*, 2nd ed., Alan M. Rugman and Thomas L. Brewer (Oxford: Oxford University Press, 2009), pp. 503-536.

㊂ The spices a nursing mother consumes actually affect the flavor of the milk she produces.

㊃ Eric Yorkston and Gustavo E. De Mello, “Linguistic Gender Marking and Categorization,” *Journal of Consumer Research* 32 (2005), pp. 224-234.

㊄ Jennifer D. Chandler and John L. Graham, “Relationship-Oriented Cultures, Corruption, and International Marketing Success,” *Journal of Business Ethics* 92(2) (2010), pp. 251-267.

语对法语的加速入侵。

长期以来，法国一直运用规定来保护法语不受英语的蚕食，尤其是在广告方面。根据法律规定，任何品牌的英文广告语（如雀巢的“What else”）必须译成字幕（Quoi d'autre）。这自然会产生滑稽的效果。Quick是一家风靡法国的快餐连锁店，它推出了法式汉堡，并热心地把它翻译为法国汉堡。广告商也乐意去利用规定，采用小字体来显示翻译的内容或使用无法翻译的英语外来语徽标。纪梵希香水是一个法国奢侈品名牌。时尚杂志上对其的描述可谓五花八门，如le must、le look或le street style。

社交媒体的传播也对法语带来了新的冲击。由于法语比英语更冗长，Twitter关于每篇推文140个字符的限制使得法语面临更多的压力。像手机短信那样，法语Twitter文章都采用缩写，如用koi表示quoi（什么）或用C表示c'est（它是）。此外，新词更是比比皆是。另外，某个人Twitter文章中的用法可能会被其他人模仿。法国移动电话运营商推出了一种叫“Sosh”的服务，而其中的Sosh就是“social media”的缩写。此外，Twitter这个词本身也已经从英语名词变成法语动词。最近一篇有关某位部长演讲的官方Twitter文章中就用到了“nous live-twitterons”这种表达。

法国的官方机构试图用法语替代词来对付英语外来语。比如说云计算，该机构就建议用法语informatique en nuage。Twitter上的井号标签采用的是#这个符号，但该机构要求在法语中采用mot-diese。现实上，这种花样很难取得成功。

表情符号（emoji）的全球应用正在快速增加。对此，法语该如何表达呢？表情符号是把日语中图画这个单词（e）和字符（moji）结合起来命名的，所以表情符号是一种大小与字母数字相仿的图形，全世界的Twitter族、短信族和电邮用户每天会使用数百万次表情符号。他们会在文本的最后加上表情符号来表达喜欢或幽默。

熊猫脸和眨眼鬼可能成为大人关于孩子毁了英语的下一个理由。不过，许多学者开始把表情符号作为一种重要的工具，用于帮助恢复因邮箱替代了亲身沟通而失去的功能。

资料来源：Excerpted from “Nous Twitterons,” *The Economist*, August 10, 2014, p. 48; Katy Steinmetz, “Not Just a Smiley Face. The Emoji Boom is Changing the Way We Communicate,” *Time*, July 28, 2014, pp. 52-53.

多年来，语言工作者依据语言形态和发展的相似特点，将全世界的语言分成不同的语系，使之各有所属。[一]比如，西班牙语、意大利语、法语和葡萄牙语都起源于拉丁语，因此都被划归罗马语系。利用语系关系可以衡量语言的距离。假设我们从英语出发[二]，那么德语则相隔一个分支，丹麦语相隔两个，西班牙语相隔三个，日语相隔四个，希伯来语相隔五个，汉语相隔六个，泰语相隔七个。表4-4列出了不同文化对应的“与英语之间距离”的分值。

在这一领域的其他研究工作证实了语言对于文化价值观和期望的直接影响。比如，与英

㊀ For the most comprehensive representation of global linguistic trees, see Jiangtian Chen, Robert R. Sokal, and Merrit Ruhlen, “Worldwide Analysis of Genetic and Linguistic Relationships of Human Populations,” *Human Biology* 67, no. 4 (August 1995), pp. 595-612.

㊁ We appreciate the ethnocentricity in using English as the starting point. However, linguistic trees can be used to measure distance from any language. For example, analyses using French or Japanese as the starting point have proven useful as well.

语之间的语言距离越大，个人主义指数则越小。㊀这些只是初步的研究，还有很多工作要做。不过语言距离的概念似乎大有前途，有助于更好地理解和预测消费者与管理者在行为、预期以及价值观方面的文化差异。

另一个新的研究领域就是双语 / 双文化与消费者行为和价值观方面的关系。例如，双语消费者对于使用第一种语言和第二种语言的广告的理解就存在差异㊁，而双文化消费者与双语消费者的差异只在于能改变身份和感知框架㊂。

此外，所说的语言与文化价值观之间的关系还有更深层次的含义。换句话说，随着英语借助学校和互联网之势传遍世界，个人主义和平等主义这样的文化价值观也将传遍世界。例如，说普通话的人和说西班牙语的人为了表示第二人称，都必须学会两个词，在普通话中为“你”和“您”，在西班牙语中为“tu”和“usted”。能否恰当使用这些词完全取决于对谈话的社会背景的了解。通过使用“您”和“usted”，可以表示对对方身份地位的尊敬。在英语中，只有一个 you。㊃说英语的人可以撇开社会背景和地位不管，却不会因此出问题。英语使用起来要容易些，社会地位也不那么重要。但要小心，法语绝非如此！

2. 美学符号

艺术是一种交流。除了绘画，当然，舞蹈和歌唱也同样有意义。我们在熟悉文化的过程中学习这一美好而有意义的**美学**（aesthetics）象征体系，即艺术、民间传说、音乐、戏剧和舞蹈。无论身处何地，消费者都会对比喻、神话及暗喻做出反应，因为正是这些比喻、神话及暗喻帮助他们明确了在文化和产品利益之间的个人及民族特征与关系。从具有独特含义的象征符号中很快就可以看出某一文化的独特之处。日本餐厅通常采用浅浅的土色色调进行装饰，与此相反，中国餐厅的装潢则喜欢鲜亮的红黄色。苏格兰的林赛（Lindsay）和唐纳德（Donald）两族间的长期纠纷一度曾让麦当劳惶恐不安。麦当劳公司曾选用林赛族的格子图案制作餐馆员工的制服，这让唐纳德族的族长戈弗雷·麦克唐纳德勋爵（Godfrey Lord Macdonald）火冒三丈，抱怨说麦当劳“对自己的名字简直是懵懂无知”。不过现在随着英国顾客越来越关心健康问题，制服上的格子图案已不再是公司担心的问题。

如果不了解某一国家的文化及其呈现方式，不了解其审美价值观，就会遇到许多营销方面的问题。㊄产品风格必须给人以美感，才能获得成功，产品广告及包装设计也同样如此。倘若对审美价值麻木不仁，则很可能会触怒消费者，产生不良影响，从而常常导致营销活动

㊀ Joel West and John L. Graham, “A Linguistics-Based Measure of Cultural Distance and Its Relationship to Managerial Values,” *Management International Review* 44, no. 3 (2004), pp. 239-260; “The Evolution of Language: Babel or Babble?” *The Economist*, April 16, 2011, pp. 85, 86.

㊁ Stefano Puntoni, Bart de Langhe, and Stijn M.J. van Osselaer, “Bilingualism and the Emotional Intensity of Advertising Language,” *Journal of Consumer Research* 35 (2009), pp. 1012-1025.

㊂ David Luna, Torsten Ringberg, and Laura A. Peracchio, “One Individual, Two Identities: Frame Switching Biculturals,” *Journal of Consumer Research* 35, no. 2 (2008), pp. 279-293.

㊃ In English, there was historically a second second-person form. That is, “thee” was the informal form up until the last century. Even in some Spanish-speaking countries, such as Costa Rica, the “tu” is being dropped in a similar manner.

㊄ Michael W. Allen, Richa Gupta, and Arnaud Monnier, “The Interactive Effect of Cultural Symbols and Cultural Values on Taste Evaluations,” *Journal of Consumer Research* 35, no. 2 (2008), pp. 294-308.

徒劳无益。如果对某一文化中的审美价值缺乏了解，就有可能漠视很强烈的象征含义。例如，日本人崇拜仙鹤，认为仙鹤能带来好运，因为传说仙鹤可以活到1 000岁。不过，因为在日语中“4”与“死”同音，所以应尽量避免数字“4”。于是日本出售的茶杯是五件一套而不是四件套的。谈到茶杯方面的不当情况，瑞士的零售商Migros最近把希特勒和墨索里尼的图像放到了咖啡奶精的标签上。毕竟希特勒不受瑞士消费者的欢迎，所以他们就打手机给当地的新闻报纸进行抱怨，最后Migros的经理只得道歉，道歉话也很精确到位，称自己的行为是“不容原谅的事件”。随后，Migros立即从100家咖啡店撤走了2 000箱的货品。[㊀]

最后，有一位作家说过理解不同文化的隐喻性象征是制胜的关键。表4-5列出了马丁·盖诺恩（Martin Gannon）[㊁]提出的世界各地文化的隐喻象征。他那有趣的文章比较了“美式足球”（弥漫着个人主义、竞争、拥挤以及欢庆胜利的正式典礼）和“西班牙斗牛”（华美的入场游行、观众的参与和战斗仪式）再到“印度的湿婆舞”（生命、家庭和社会影响的轮回）。反映隐喻象征重要的实证数据正在不断增加。[㊂]任何出色的国际营销者会在这些细节的描述中获取好的素材为广告活动服务。

表4-5 23国的隐喻之旅

泰王国（The Thai Kingdom）	英国传统住宅（The Traditional British House）
日本花园（The Japanese Garden）	马来西亚回乡（The Malaysian Balik Kampung）
印度的湿婆舞（India: The Dance of Shiva）	尼日利亚集市（The Nigerian Marketplace）
贝都因人的珠宝和沙特阿拉伯（Bedouin Jewelry and Saudi Arabia）	以色列基布兹和莫沙夫（The Israeli Kibbutzim and Moshavim）
土耳其咖啡馆（The Turkish Coffeehouse）	意大利歌剧（The Italian Opera）
巴西桑巴（The Brazilian Samba）	比利时花边（Belgian Lace）
波兰乡村教堂（The Polish Village Church）	墨西哥嘉年华（The Mexican Fiesta）
韩国泡菜（Kimchi and Korea）	俄罗斯芭蕾（The Russian ballet）
德国交响乐（The German Symphony）	西班牙斗牛（The Spanish Bullfight）
瑞典的乒乓球拍（The Swedish Stuga）	葡萄牙斗牛（The Portuguese Bullfight）
爱尔兰谈话（Irish Conversations）	
中国的家族祭祀牌位（The Chinese Family Altar）	
美式足球（American Football）	

资料来源：From Martin J. Gannon, and Rajnandini K. Pillai *Understanding Global Cultures, Metaphorical Journeys through* 31 Nations, 5th ed. (Thousand Oaks, CA: Sage, 2012).

4.3.4 信仰

我们所信仰的许多东西来自宗教训练。在这里，很难在迷信与宗教之间划出清晰的界线。此外，迷信与宗教间的关系目前也尚未清楚。比如对于西方人为什么讨厌13有一种解

㊀ Dan Bilesfsky, “ For Swiss, A Distasteful Jolt with Coffee: Hitler Creamer,” *The New York Times*, October 23, 2014, p. A5.

㊁ Martin J. Gannon, and Rajnandini K. Pillai *Understanding Global Cultures, Metaphorical Journeys through 31 Nations*, 5th ed. (Thousand Oaks, CA: Sage, 2012).

㊂ Cristina B. Gibson and Mary E. Zeller-Bruhn, “ Metaphors and Meaning: An Intercultural Analysis of the Concept of Work,” *Administrative Science Quarterly* 46, no. 2 (2001), pp. 274-303.

释是关于耶稣是与 12 个弟子共进最后晚餐的。

然而，许多信仰是世俗的。被西方人称为迷信的东西在世界上的部分社会信仰体系中起着举足轻重的作用。例如，在亚洲的某些地区，算命、看手相、血型、相面、月圆月缺、信仰疗法、恶魔和占卜术都构成了其文化不可缺失的一部分。对大中华区广告的调查表明，人们对标价中最后一位数字偏好用“8”，毕竟在中华文化中该数字意味着“繁荣”与“发达”。另外，北京奥运会也因此而选择在 2008 年 8 月 8 日下午 8 点 8 分开幕。又比如回想一下前面我们讨论的日本人忌讳火马年出生的例子。

有人说信仰是艺术，是科学，是哲学，也有人说是迷信，这要看说话的是谁，但是不管怎么称呼，风水和其他东西一样，是中国人一个重要的古老信仰。风水把人及宇宙和气联系起来。气是维系生命的能量，在我们体内和周围的环境中，在我们的室内室外，川流不息。风水的思想就是操纵这种气，给宅基主人带来好运、财富、健康和荣誉，就是要镇住杀气，消除其影响。看风水时则请风水大师根据主人的生辰八字、公司的开业日期以及宅基和楼房的形状，确定楼房的朝向。风水既不是一种外观，也不是一种风格；风水也不仅仅事关审美；风水是一种强烈的信仰，建造住宅时不能使住宅朝向西北（阎王的前门）和朝向西南（阎王的后门），想要通过家具的设计和安放创造出和谐的环境。事实上，迪士尼甚至为其香港公园所有的新项目看了风水。

一个人的信仰常常会成为他人的趣谈。不管怎样奇怪，否认神话、信仰、迷信及其他文化观点的重要性都是错误的，因为这些东西都是社会文化的重要成分，影响着人们的行为方式。对营销者而言，轻视他国的风俗可能会付出昂贵的代价。对于不愿从梯子下走过、高楼往往没有第 13 层、打碎镜子后会连续 7 年战战兢兢、习惯于购买 1 美元彩券的美国人来说，像日本人那样的为生于某年某月某日而大惊小怪和凡事听信相士的做法是很难理解的。

4.3.5 思维过程

如今我们正日益清楚不同文化下思维方式的差异程度。例如，研究表明，消费者在不耐烦方面[一]以及在如何做出产品的消费决策方面存在文化差异，而且在做出短期决定方面较做出长期决定方面更受文化的影响。[二]也有研究发现，文化对感官知觉尤其是对气味感知有深刻的影响。[三]

理查德·尼斯比特（Richard Nisbett）在他的著作《思想的地理学》[四]中广泛地讨论了“亚洲和西方”的思维。他以孔子和亚里士多德引出全文，并通过对历史和哲学文献的思考以及新近的行为科学研究的成果包括他自己和同事所做的社会心理实验来展开他的论点。虽然他

[一] Haipen (Allan) Chen, Sharon Ng, and Akshay R. Rao, “ Cultural Differences in Consumer Impatience, ” *Journal of Marketing Research* 42 (2007), pp. 291-301.

[二] Donnel A. Briley and Jennifer L. Aaker, “ When Does Culture Matter? Effects of Personal Knowledge on the Correction of Culture-Based Judgments,” *Journal of Marketing Research* 43 (2008), pp. 395-408.

[三] T.M Lurmann, “ Can’t Place that Smell? You Must Be American,” *The New York Times*, September 7, 2014, p. SR6.

[四] Nisbett, *The Geography of Thought*.

承认，把日本、中国和韩国文化视为一端，把欧洲和美国文化视为另一端的简单归类做法是危险的，但他的很多结论还是和我们研究的关于国际谈判、文化价值观、语言距离存在一致性。

针对他观点的一个不错的比喻还得回到孔子的“一画抵千言”。亚洲人倾向于观赏画的整体并能由此道出它的背景和前景，而西方人只选择聚焦于前景，并能提供中心画面的细节，但他们对背景漠不关心。在观察上的这种差异，即聚焦于前景和整体画面是与迥然不同的价值观、偏好和对未来事物预期相联系的。尼斯比特的书是任何在国际范围内营销产品和服务的营销者必读的，无论对在波士顿从事销售工作的日本人，还是对在北京从事销售工作的比利时人，他的观点都是有借鉴作用的。

五个文化要素中的每一个要素都必须根据对建议的营销方案可能产生的影响进行评估。较新的产品、服务和涉及从产品开发、促销到最终出售的大跨度方案要求更多地考虑文化要素。另外，我们前面分开阐述的文化根源和要素往往是相互作用的。所以，营销者必须放缓一下脚步，认真思考营销行为可能产生的广泛的文化后果。

4.3.6 文化敏感性与宽容

成功的营销活动从**文化敏感性**（cultural sensitivity）开始，即关注文化间的细微差别以便客观地看待一种新的文化，对这种文化进行评估和欣赏。文化敏感性，亦即文化共鸣，对此必须精心培养。最重要的一步也许就是认识到文化没有对错，没有好坏，仅仅不同而已。正如前文所述，某种文化的任何滑稽、古怪、令人恼火或讨厌的特性，在我们的文化中也一样存在。例如，许多文化认为必须每天沐浴、抹香水以去除异味，因此常常对不在乎体味的文化感到恼恨。文化不会因为不同而有错。营销者必须懂得自身文化是如何影响到自己对其他文化所持的观点和看法的。这种文化越是新奇，营销者就越要敏感、宽容、机灵。养成对文化的敏感性有助于消除误解，增进交流，从而增加合作的成功率。

除了了解文化的根源和要素外，国际营销者还必须明白文化如何改变及它如何接受或排斥新的观点。鉴于营销者通常致力于引入某种崭新的东西（比如电子交易）或进一步改进目前已在使用的东西，文化如何变化并以何种方式抵制改变是需要营销者能透彻理解的。

4.4 文化变革

文化是动态的，是一个活生生的进程。[⊖]然而文化变革持续不断这一事实似乎又有些矛盾，因为文化的另一个重要特性就是它的保守性，抵制变革。尽管文化变革会遭遇阻力，但是文化变革的特性对于新市场的评估十分重要。社会变革有多种方式，有些变革要借助天灾或战争才能实现，比如第二次世界大战后日本所经历的变革。但是更普遍的情形是，变革是社会力图解决环境变化所造成的问题的结果。有一种观点认为，文化是某一特定社会成员共

⊖ Indeed, aspects of Hofstede's values scores have been shown to vary over time. See Steve Jenner, Bren MacNab, Donnel Briley, Richard Brislin, and Reg Worthley, "Culture Change and Marketing," *Journal of International Marketing* 21, no. 2 (2008), pp. 161-172.

同面临的问题的一系列最佳解决方法的积累。换言之，文化是人类借以适应其生存需要的环境和历史因素的一种手段。

突发事件已经解决了部分问题，发明创造则解决了很多其他问题。但是，各社会通常都借鉴其他文化的思想，寻求解决问题的办法。各种文化都存在文化借鉴的问题。尽管每个社会都有一些独特的问题，比如日本的胃癌，但是各个社会所面临的绝大多数问题在本质上都相差无几。

4.4.1 文化借鉴

文化借鉴（cultural borrowing）是一种负责任的行为，其目的是向其他文化中寻求更好地解决自己面临特定问题的方法。因此，独特的文化至少在一定程度上是模仿多种不同文化的结果。有些文化之间会越来越接近，而有些会有越来越多的差异。[㊀]例如，在美国文化中，典型的美国人生活是这样的：早餐吃的是东地中海橘子、波斯甜瓜或者非洲西瓜。吃完水果，喝完一天中的第一杯咖啡，然后食用鸡蛋饼，用的是亚洲小麦，做的则是斯堪的纳维亚风味。饼上浇上一点由生活在美国东部丛林中的印第安人发明的槭糖浆。作为辅食，他还可能吃点鸡蛋或几片火腿，而下蛋的鸡当初是中印半岛驯化的，提供腌制火腿用猪肉的猪则是当年在东亚驯化的，然而火腿的腌、熏技术却是在北欧发展起来的。他一边吃饭，一边看当天的报纸，而报纸的印刷符号则是由古代闪米特人发明的，用德国人发明的铅字印刷方法印刷在中国人发明的纸上。倘若他是一位保守的好公民，他在阅读其他国家的麻烦时，一定会因为庆幸自己是一位百分之一百的美国人，用印欧语系的某种语言向希伯来神祇致谢。[㊁]

的确，此人可以称自己是百分之一百的美国人，因为所借鉴的每一个文化要素都被用来满足他的需求，融入独特的美国习俗、美式食物和美国传统。美国人的行为方式也受文化的支配。不论被借鉴的文化来自何方，以何种方式被借鉴，一旦某种行为方式被社会接受，那么这种行为方式就会成为标准的行为方式，并作为社会文化遗产的一部分而世代相传。文化遗产也是人类与动物之间的根本区别之一。文化是习得的，社会把解决问题的方法传给后代，不断地丰富和充实文化，从而使得社会成员可能形成众多不同的行为方式。其关键当然就是，尽管许多行为都是向其他文化借鉴得来的，但是它们以独特的方式结合在一起，成为某一社会的典型行为。事实上，观察这种文化变革过程最简单的事例就是全球跨国婚姻数量的不断增加。[㊂]对国际营销来者说，了解文化的这种既相似又相异的特性对于引起文化共鸣具有十分重要的意义。

4.4.2 相似感：一种错觉

对于缺乏经验的营销者而言，文化的这种既相似又相异的特性会引起错觉，对并不存在的相似之处信以为真。的确，几个国家可能使用同一种语言，具有相似的民族构成和文化遗

㊀ Kwok Leung, Rabi S. Bhagat, Nancy B. Buchan, Miriam Erez, and Cristina Gibson, " Culture and International Business: Recent Advances and Their Implications for Future Research, " *Journal of International Business Studies* 36 (2006), pp. 357-378.

㊁ Ralph Linton, *The Study of Man* (New York: Appleton-Century-Crofts, 1936), p. 327.

㊂ Samantha N. N. Cross and Mary C. Gilly, " Cultural Competence and Cultural Compensatory Mechanisms in Binational Households, " *Journal of Marketing* 78, no.3 (May 2014), pp. 121-139.

产，但是我们并不能就此得出它们在其他方面也相似，以为一种文化所认可的产品一定能被另一种文化认可，或者在一个国家取得成功的促销广告在另一个国家也一定会成功。即使是像英美那样说英语的国家，人们同根同祖，但是为了满足个人需求而进行的文化借鉴和同化会渐渐形成截然不同的文化。使用共通的语言并不意味着对词句的解释相同。英美都使用英语，但是文化差异使得同一个词语在两国分别具有不同的含义，有时甚至会引起误解。在英国，人们称电梯为“lift”，而美国人则用“elevator”来表示；美国人提到“bathroom”时通常是指“厕所”，而英国人却指“浴室”。类似地，用真空吸尘器吸尘，英国人用“hoover”，而美国人则用“vacuum”。对大多数美国人来说，《王牌大贱谍 2》（*The Spy Who Shagged Me*）这样的电影名称毫无意义，但对英国观众来说则意义深长。事实上人类学家爱德华·霍尔就曾警告过，英美文化正由于明显的、假定的相似之处，两国人民反而更难彼此理解。

由于欧洲经济的不断一体化，人们如今也常常谈论“欧洲消费者”。随着欧盟的成立，欧洲国家间的商务障碍已经消除，或即将消除，但是想要进入欧洲市场的营销者绝不能就此匆匆得出结论，以为经济上一体化的欧洲意味着共同的消费需求。欧盟成员国之间的文化差异是几百年历史的产物，这种差异也需要经历几百年方能消除。[㊀]即便是在通信发达、旅行便捷的美国，目前也存在着许多亚文化，根本不可能存在纯粹的文化。那种认为美国南部与东北部及中西部毫无差别、完全一模一样的看法是荒谬的，就如同认为德国统一后，40 年的政治和社会分离所引起的文化差异就会从此消失的看法一样荒谬。

营销者必须依据所提供的产品或服务对每一个国家进行全面的评价，而绝不能依据这样的信条，即在一个国家畅销的产品到了另一个国家也必定会畅销。随着世界通信的发展及国家间社会经济相互依赖性越来越强，国家间的相似性也不断增加，共同的市场行为和市场需求也将不断发展。在这一过程中，人们往往会更加依赖那些表面上的相似之处，而事实上那些相似之处或许并不存在。营销者最好要牢记，某一文化在向外部借鉴之后，必须与本文化的需要及其独特之处相适应，因此，表面上相同的东西很可能具有根本不同的文化含义。

4.4.3 变革的阻力

不断变革是人类文化的特征。人们的习惯、爱好、时尚、行为及价值观总在是不断地变化，这一点只要读一读已有 20 年历史的杂志就可以得到证明。但是，这种文化变革总会遇到阻力，新的方法、新的思想、新的产品在被人们接受之前总会受到怀疑，有些甚至永远受到怀疑。如前所述，法国一直担心其语言的纯洁性，而中国也强调要加强中国文化建设。有趣的是，众多研究表明不同文化背景下的消费者对文化变革的阻力存在差异性。[㊁]

㊀ Tuba Ustuner and Douglas B. Holt, “Dominated Consumer Acculturation: The Social Construction of Poor Migrant Women’s Consumer Identity Projects in a Turkish Squatter,” *Journal of Consumer Research* 34 (2007), pp. 41-56.

㊁ Mark Cleveland, Michel Laroche, and Nicolas Papadopoulos, “Cosmopolitanism, Consumer Ethnocentrism, and Materialism: An Eight-Country Study of Antecedents and Outcomes,” *Journal of International Marketing* 17, no. 1 (2009), pp. 116-146; Gerald J. Tellis, Eden Yen, and Simon Bell, “Global Consumer Innovativeness: Cross-Country Differences and Commonalities,” *Journal of International Marketing* 17, no. 2 (2009), pp. 1-22.

对新模式的阻力有大有小。有时，新文化要素很快就被全面接受，而有时则因阻力太大而被拒之门外。许多研究表明，决定何种创新以及会在何种程度上被接受的重要因素是人们对创新的兴趣程度以及创新对原有事物的革新程度，即创新对现存价值观和行为模式的破坏程度。观察表明，那些最易为人所接受的创新一般是那些最令人感兴趣且对社会最不具破坏性影响的东西。例如，欧洲一些国家的迅速工业化改变了长期以来人们对时间和参加工作的女性的态度。今天，人们感兴趣的是如何节省时间并使生活更有意义，那种散漫的无聊生活方式正在迅速消失。随着时间意识的加强，人们会更迅速地接受那些在几年前仍会遭遇阻力的创新。方便食品、省力设备及快餐店都迅速得到认可，这表明人们对工作和时间观念已经发生变化。

对营销者而言，理解创新被接受的过程极其重要。营销者不可能等上几十年、几百年，而必须在财力允许的范围内或在预期的盈利期内使新产品得到社会认可。社会科学家关于有计划社会变革的观点对此提供了一些解决办法和真知灼见。在历史上，许多文化借鉴及由此而引起的变革都没经过精心计划，但是越来越多的变革是某些社会认可的机构有意识的努力的结果，换言之，有计划的变革日益增多。

4.4.4 有计划和无计划的文化变革

要想在某一社会中有计划地进行变革，首先必须确定哪些文化因素会与创新冲突，并因此给变革带来阻力。其次就是要努力促使这些因素由排斥变革转化成促进变革。社会规划人士常常有意引导欠发达地区的人们接受杂交谷物，接受更好的卫生设施，接受先进的农业技术及蛋白质丰富的食物。营销者有时也可采纳这种方法来实现营销目标。⊖

在将新事物引入一种文化的过程中，营销者面临两种选择：被动地等待变革或主动地引发变革。前者需要耐心等待变革，直到证明新事物对文化是有价值的，而后者则需要引进一种新思想和新产品，需要有意识地去克服阻力，引发变革，加快接受的速度。例如，富达投资（Fidelity Investments）日本公司的员工在新宿火车站前面搭起帐篷，向过往行人散发投资理财手册，演示“网络直通”在线股票交易服务系统，旨在加速改变日本人的投资行为。然而，就像前面提到的，对于大多数外国公司对该业务所定的目标而言，变革的发生还不够快。

显然，并非每一种营销活动都需要文化变革才会被顾客接受。事实上许多成功而富有竞争力的营销活动都是通过**文化适应**（cultural congruence）策略实现的。适应策略本质上要求新产品与市场上现有产品相似，即与现有的文化规范尽量一致，从而减少阻力。但是，当营销计划必须依赖文化变革才能成功时，公司既可以采用无计划变革策略，也就是引进一种产品，然后听天由命，也可以采用**有计划变革**（planned change）策略，有目的地改变那些会对实现预定营销目标产生阻力的文化因素。

第二次世界大战后，日本人的饮食习惯因引入面包和牛奶而起了变化，这就是一个无计

⊖ Two very important books on this topic are Everett M. Rogers, *Diffusion of Innovations*, 4th ed. (New York: The Free Press, 1995), and Gerald Zaltman and Robert Duncan, *Strategies for Planned Change* (New York: John Wiley & Sons, 1979).

划文化变革的例证。大多数日本人本以鱼为主食，第二次世界大战后开始增食动物脂肪和蛋白，摄入量如今已超过蔬菜。由于日本麦当劳的汉堡包就像日本传统的海带包饭团一样易于食用，因此美式汉堡包正在取代许多传统的日式食品。最近，汉堡王公司购买了日本土生土长的森永爱（Morinaga Love）连锁餐馆，这家餐馆本来出售鲑肉汉堡、茄子汉堡以及其他美食，其中鲑肉汉堡用一片鲑肉作馅，加一块干酪，再加一层紫菜干，然后涂上一层蛋黄酱，夹在两片被挤压成面包状的年糕中间。现在该餐馆转产，不再生产、出售鲑肉汉堡，开始专门出售大汉堡。

西化的饮食使许多日本人过于肥胖。为此，日本人开始购买低热量、低脂肪的食物来避免身体超重，并且开始涌向健身房。这一切都开始于美国占领军将面包、牛奶及牛排引入日本文化之日，这种引入对日本人的影响虽是无意的，但终于引发了变革。如果是有意识地引进新的饮食，那么这种饮食变革就是有计划的，那就有可能采取具体的步骤先确定饮食变革的阻力，然后去克服这些阻力，从而设法加速变革。

从文化角度来看，人们通过接受程度、阻力大小或反对程度等指标对营销策略进行评估。营销努力与文化的互动方式决定了营销成败的成数，但是即便是失败也会给一种文化留下烙印。通常，营销者往往意识不到自己对东道国文化的影响力。如果采取有计划变革策略，那么营销者应对这些行动可能引起的后果做到心中有数。

本章小结

在制订营销计划和营销策略的过程中，国际营销者唯一的重要收获就是全面而彻底地了解文化的方方面面，包括文化根源（地理、历史、政治、经济、技术和社会机构）及其要素（文化价值观、礼仪、符号、信仰和思维方式）。营销者能够控制投放市场的产品，包括产品的促销、价格及最终的分销方式，但是他们往往难以控制产品所要面对的文化环境。营销者由于无法控制影响营销的各种因素，所以必须预期这些不可控制因素所产生的影响，制订计划来防止这些不可控因素影响营销目标的实现。他们也可以着手进行文化变革，从而加快人们对产品或市场营销计划的接受速度。

在国内市场，制定营销策略时也必须考虑市场的不可控制因素，但是当公司开展国际业务时，由于营销者面临的是一个新的环境，每一个受陌生的有时连营销者也难以识别的因素影响的新环境都会使得任务更加复杂。正是由于上述原因，营销者必须专门研究外国文化，以便对它们有足够的了解，从而能够应付这些不可控因素。或许可以这么说，在国际营销者必须掌握的所有工具中，最为宝贵的便是那些能够让营销者与另一种文化产生共鸣的工具。以下几章将深入讨论每一种文化要素并且将特别关注商业惯例、政治文化和法律文化。

思考题

1. 解释本章标黑色的术语。
2. 营销者作为变革的催化剂起着什么样的作用？

3. 试分析国外营销者可能采取的三种文化变革策略。
4. “文化渗透在一切营销活动之中。”请对此进行讨论。
5. 对国际营销者来说，“文化移情”(cultural empathy) 有何重要作用？怎样获取文化移情？
6. 为什么国际营销者必须认真研究文化？
7. 文化的通俗定义是什么？文化从何而来？
8. 有人说“社会成员借鉴其他文化，寻求解决共同问题的办法。”这句话的含义是什么？它对营销有何重要意义？
9. “对于缺乏经验的营销者而言，文化的这种‘既相似又相异’的特性会引起错觉，对并不存在的相似之处信以为真。”请举例讨论。
10. 试列举人类学家指出的各种文化因素。营销者应如何利用这一文化体系？
11. 社会制度以各种形式影响着营销活动。请举例讨论。
12. “市场是营销活动、经济环境以及其他文化因素三者共同作用的产物。”试评论之。
13. 语言会给国际营销带来哪些头痛的问题？试讨论。
14. 假如要你提供一份关于某个潜在市场的文化分析报告，你将怎么做？列举你的工作步骤并对每一步骤予以简要说明。
15. 文化是动态的，那么文化是如何变革的呢？是否存在文化变革不仅没有阻力反而受欢迎的情况？这与市场营销有何联系？
16. 文化变革的阻力是如何影响产品导入市场的？在国内市场上有类似情况吗？请举例说明。
17. 新事物不是有利就是有弊。试各举一例说明。
18. 跨国公司应对新产品的直接后果（如安全性和功能等）负责，除此之外，没有任何责任。试为该论点进行辩护。
19. 选取一种可能会给别国带来不良后果的产品。如何才能既消除这些影响又有利可图？

第5章

Chapter5

文化、管理风格和经营方式

学习目标

通过本章学习，应能把握：

- 适应文化差异的必要性
- 世界各地的管理风格差异及其原因
- 其他国家性别偏见的程度及影响
- 企业伦理中文化差异的重要性
- 关系导向文化和信息导向文化的差异

全球视角

金发在日本更受关注吗

一位美国经理讲述了如下故事："我在日本的第一次经历简直就是一场灾难。这里有几个原因。谈判并不顺利，因为每天至少有20个人在房间进进出出，只是为了看我。一位女性参加谈判已经很不寻常，而看到一位白皮肤、金发碧眼，按日本标准很高挑的年轻女性来负责谈判，这更是超出了大多数日本男人可以接受的范畴。"

"虽然我是福特团队的首席谈判员，但日本人还是有意尽量避免和我直接对话。在谈判桌上，我特意坐在我的团队中央，处于发言人的重要位置上。但他们的核心人员就不坐在我的对面，而是靠后两个位置。另外，他们对我们团队的所有其他人（都是男性）进行提问或评论，但就是不对我提问或评论。他们从不说我的名字或承认我的存在。而最令人难堪的是，他们好像在嘲笑我。当我们在讨论一个类似于产品责任的严肃话题时，我会发表一点意见或问一个问题，而他们在叽里呱啦一通日语后，就会开始全体发笑。"

另一个事例与玩具和消费者行为有关。多年来，在日本销售的芭比玩具和在美国销售的似乎并不一样。在日本销售的芭比玩具有亚洲人的面部特征、黑色的头发以及日本式的时尚服装。

然而，大约在10年前，美泰（Mattel）公司在全球范围做了消费者调查，所发现的结果令人惊讶：正宗的棕发、蓝眼的芭比娃娃在中国香港地区受欢迎的程度不亚于在好莱坞。女孩子并不关心芭比娃娃是不是长得像她们一样。

“这全是因为幻想和头发，”美泰公司亚洲运作部门的总经理博倍德（Peter Broegger）如此说。“金发碧眼的芭比娃娃在亚洲卖得和在美国一样好。”

因此，美泰公司开始反思其价值达 550 亿美元的全球产业的一个基本信条：不同国家的孩子需要不同的玩物。这一反思对儿童、父母和企业来说都意义深远。过去，美泰、孩之宝（Hasbro）、乐高（Lego）等大公司生产不同类型的玩具和服饰。不过，美泰公司开始另起炉灶，面向全球市场设计并营销同一种玩具。鉴于销量的直线下降，芭比玩具只得进行改进，而最新的改进包括穿上了“Hello Kitty”服饰并配备了 iDesign 视频游戏。如今，虽然已经有了 50 年的历史，但芭比玩具仍然很挣钱。

资料来源：James D. Hodgson, Yoshihiro Sano, and John L. Graham, *Doing Business with the New Japan, Succeeding in America's Richest International Market* (Latham, MD: Rowman & Littlefield, 2008); Lisa Banon and Carlta Vitzthum, " One-Toy-Fits-All: How Industry Learned to Love the Global Kid," *The Wall Street Journal*, April 29, 2003, p. A1; John Kell and Melodie Warner, " Mattel Posts Strong Results, Raises Dividend," *The Wall Street Journal*, January 12, 2012.

文化，包括它的所有要素，对管理风格和经营方式有深刻的影响。这不是一个新观点。德国社会学家马克斯·韦伯（Max Weber）早在 1930 年就首先提供了例子来有力地支持这一观点。[㊀]文化不仅为日常的商业行为建立了标准，也形成了价值观和激励的一般模式。经营者在很大程度上是其文化传统的俘虏，不可能完全摆脱他们成长中所习得的文化因素的影响。

比如，在美国，个人主义和“赢得西部”的历史观似乎表明：美国人把个人财富和企业利润看作衡量成就的最重要的尺度。而日本领土狭小，资源匮乏，要依靠对外贸易来发展，因而衡量个人和企业成功的标准更强调和谐一致，个人服从集体，保持高就业率的社会能力。而有着封建背景的南欧，往往强调同时维护个人和集体的权力与权威，并与封建家长式的对工人和其他社会成员的社会福利的些许关怀结合在一起。各种研究都把北美人看作个人主义者，把日本人当作力求上下一致和注重群体的集体主义者，把中欧、南欧人看成是有等级意识的精英主义者。虽然这些描述是刻板的，但它们表明了文化差异的存在，这些差异常常会在经营实践中显现出来。此外，这些差异与第 4 章表 4-4 中的霍夫斯泰德得分相当吻合。[㊁]

缺乏对他国商务惯例和习俗的同情与了解，会给建立成功的商业关系带来巨大的障碍。[㊂]在制定经营战略时，有些企业常以为来自不同文化的同行与自己一样，有相近的利益、动机和目的——“它们和我们一模一样”。尽管它们可能和“我们”在某些方面相似，但仍有不少差异，从而招致不满和误解，如果双方不能正确看待这些差异并做出恰当反应，最终可导致失去商业机会。

为了在国际市场营销中取得成功，了解他国的管理风格，即商业文化、管理理念、经营方式和行为，并愿意适应这些方面的差异，是很重要的。除非经营者保持灵活的经营方针，采用各种不同的经营形式，承认诸如思维、当地的商务节奏、宗教习俗、政治结构和对家庭

㊀ Max Weber, *The Protestant Ethic and Spirit of Capitalism* (London: George Allen & Unwin, 1930, 1976).

㊁ Geert Hofstede, *Culture's Consequences*, 2nd ed. (Thousand Oaks, CA: Sage, 2001).

㊂ An important book on this topic is by Soon Ang and Linn Van Dyne, eds., *Handbook of Cultural Intelligence* (Armonk, NY: M.E. Sharpe, 2008).

的忠诚等的基本模式存在着差异，否则就难以获得令人满意的交易。障碍的形式多种多样，但往往会出现这样的情形：仅仅因为“那个人理解我们”，从而接受那个谈判者的建议而拒绝另一个谈判者的建议。

本章将着重讨论与管理风格直接有关的事项。除了分析适应的必要性外，还将评价管理风格和伦理方面的差异，最后探讨文化对战略性思考的影响。

5.1 适应的必要性

适应（adaptation）是国际市场营销中的一个关键概念，乐于采取适应的措施是一种至关重要的态度。事无大小，都必须适应，量体裁衣，起码要进行适当调节。事实上，表面上不太重要的小事常起着关键作用。对不同的文化，我们不仅仅要能忍受，还要能认同接受。换言之，要能毫无保留地容忍“不同但平等”的观念。这种认同接受使适应变得相对容易一些。因为要是能尊重他人的观念，自然就能处理好文化上的差异。

作为适应的指导原则，凡与异国人士、企业和政府机构打交道的人都应遵守以下十个基本准则：①宽容；②灵活性；③谦逊；④公平与公正；⑤能适应不同的工作节奏；⑥好奇心与兴趣；⑦对他国的了解；⑧喜欢他人；⑨能赢得别人尊重；⑩能入乡随俗。总之，这些应变能力再加上一个优秀的管理者应具备的素质，才能成为一个成功的国际营销者。这 10 项准则是不容置疑的。正如一个批评家所说：“它们就和童子军 12 条军规差不多。”可是，当你阅读这一章时，不难发现人们有时忽视了此方面。

5.1.1 适应的程度

适应并不是让经营者抛弃原有的经营方式，完全接受当地的习俗，而是要求他们对当地的习俗必须有所了解，并缩小那些可能引起误会的差异。适应的关键就是先了解自己的文化，意识到其他文化中所存在的差异可能会招来不安和不满，误解主人的意图。自我参照标准（SRC）在面对不同商业惯例时，最容易发生作用。如果我们不理解外国商业伙伴的习俗，我们往往用我们能够接受的标准来评价对方的行为。比如，在商务会议中，巴西主管不停打断别人这一现象，虽然仅仅反映了人们在会话方面的文化差异，但在美国人看来，是非常粗鲁的。

适应的关键是既要保持美国特点，又要能够理解并且乐意适应文化差异。研究表明，虽然在外国经营比在本国经营会遇到更多的困难，但保持对新观念的开放态度非常有利于在跨国环境下开展经营。[⊖]成功的营销者知道，在中国，提出不会引起争论的观点很重要。即使主人欢迎“不吝赐教”，但真的“赐教”会使主人“很没面子”。在德国，认为直呼其名是不礼貌的（除非被要求那样做），他们通常用 Herr（先生）、Frau（女士）、Fraulein（小姐）加姓来称呼对方。而在巴西，如果巴西人在交谈中轻轻碰一碰你，请别介意，这并非是对你的

⊖ Christian Troster and Daan van Knippenberg, "Leader Openness, National Dissimilarity, and Voice in Multinational Teams," *Journal of International Business Studies* 43 (2012), pp. 591-613.

个人空间的冒犯，而是巴西人表示友好和良好祝愿的方式。中国人、德国人和巴西人并不指望你会像他们那样待人接物。毕竟你不是中国人，不是德国人，也不是巴西人，而是一个美国人。让美国人放弃对美国的成功做出巨大贡献的美国处事方法是愚蠢的。同样，让其他人放弃他们的处事方法也是愚蠢的。当不同文化相遇时，人们需要彼此宽容，并且乐意相互适应。一旦营销者意识到文化差距的存在，意识到没能适应或适当调节可能产生的后果，就必须对变化无穷的种种商业惯例进行评估。但是从哪儿着手呢？哪些惯例和习俗必须严格遵循？哪些可以忽略？幸运的是，在这些明显的差异中，只有一小部分会带来麻烦。

5.1.2 强制性、选择性和排他性

有些商业惯例具有强制性（imperatives），人们必须承认它、遵守它；对有些商业惯例，适应是有益的，但不是必须的，是非强制性的，即具有选择性（electives）；还有些习俗，“外人”不得介入，具有排他性（exclusives）。国际营销者必须对文化的强制性、选择性和排他性之间的差别有所了解。

1. 文化的强制性

有些商业惯例具有强制性。如果要保持双方良好的关系，那么对于这些商业惯例，要么遵守，要么选择避开。成功的经营者都知道三个词：中文的“关系”[㊀]、日文中的“人间关系”[㊁]或拉丁文里的 compadre。这些词都是指友情、人与人之间的关系，或者获得一定的信任程度。他们也知道，在有些文化中，只有先建立起友谊，才能开展卓有成效的商务会谈。

聊天、娱乐、交友、联络等，只要是花时间与人交往都是在建立关系（一种信任关系）。在这些国家中，关系是成功的关键，商家绝不能轻视为建立这种关系所花费的时间。友谊能够刺激当地的代理商增加销售，也有助于与产品的最终用户建立良好的关系，从而使得销售额更高、销售时间更长。当然，售后服务、价格和产品质量都必须具有竞争力，但那些能建立起“关系”的营销者往往能胜人一筹。在许多国家中，“关系”的建立有着强制性。如果不能建立起“关系”，企业就难以赢得信任，难以被接受，也就失去了建立和保持有效的商务联系的文化前提。

建立友谊的重要性怎么强调都不过分，在家庭关系非常密切的国家中尤其如此。例如，在中国，在决定与谁做生意时，按照重要性排列，外人充其量只能处在第五层次。家人优先，然后是亲戚，接下来是老乡，再次是老同学，最后才不大情愿地轮到外人，而且还必须是已经建立起信任关系的。

在有些国家或地区，个人品行很重要。比如，无论形势多么令人恼火，也不能失去耐

㊀ Alaka N. Rao, Jone L. Pearce, and Katherine Xin, “ Governments, Reciprocal Exchange, and Trust Among Business Associates,” *Journal of International Business Studies* 36 (2005), pp. 104-118; Kam-hon Lee, Gong-ming Qian, Julie H. Yu, and Ying Ho, “ Trading Favors for Marketing Advantage: Evidence from Hong Kong, China, and the United States,” *Journal of International Marketing* 13 (2005), pp. 1-35.

㊁ Srilata Zaheer and Akbar Zaheer, “ Trust across Borders,” *Journal of International Business Studies* 37 (2006), pp. 21-29.

心，提高嗓门，或当众指出他人的错误。在一些国家中，这样的行为仅仅让人觉得这个人很粗鄙罢了，但是在另一些国家中，这会使得交易夭折。在亚洲文化中，必须避免使你的同行丢面子的事情。在中国，在众目睽睽之下大声对着某个中国人喊叫或者在同伴面前纠正他的错误，会让他丢面子。不过，在中国和日本这样的文化中，人们必须为自己的疏忽或差错道歉，毕竟这些行为会危害集体的利益。此外，如果公司牵涉其中，那么道歉必须广泛宣传。[⊖]

文化意识的复杂性在于：有时，同一行为，在一些文化中必须加以避免，而在另一些文化中则必须遵循。例如，日本人认为长时间盯着别人是不礼貌的，必须避免。但是对阿拉伯和拉丁美洲的商人来说，眼神交流非常重要，否则将被认为是躲躲闪闪，没有诚意。

2. 文化的选择性

文化的选择性（cultural elective）是指某些文化习俗和惯例，来自不同文化的人或许愿意遵守或者参与，但是并非必须这样。换句话说，遵守该习俗或惯例并非特别重要，但是也允许遵守。大多数习俗都属于这一类别。打招呼时，你不必亲吻对方（尽管这是一些国家的习俗），不必食用与自己饮食习惯不符的东西（只要你的拒绝是有礼貌的），也不必喝酒精饮料（因为健康、个人喜好或宗教原因）。然而，象征性地学习对方的习俗不仅是可以的，而且还可能有利于建立友好关系。日本人不期待西方人像他们一样鞠躬，也不期望西方人能理解他们的这一礼节。但象征性地点头，可表示你对日本文化的兴趣和敏感，被认为是友好的姿态。这也就为建立良好的信任关系铺平了道路。

有时，某种文化中的选择性文化到了另一种文化中却有着强制性。例如，在有些地方可以接受也可以婉言谢绝对方所提供的饮料，而在另一些地方提供饮料是一种礼仪，如果拒绝接受，则会被视为一种侮辱。在捷克，人们在会前喝开胃酒或其他酒类，是表示友好祝愿和信任的方式，甚至有时在早上也这样。这表明你被看作朋友，所以你得接受，或者你得让你的捷克朋友明白，你因健康原因或宗教原因不得不拒绝饮酒。中国的商业谈判往往包括宴请，在无数次祝酒过程中，饮用大量的酒精。同样，当你的阿拉伯生意伙伴为你冲上一杯咖啡时，你应当接受它，哪怕是礼节性的一小呷，因为这是他们表示友好和信任的方式。文化的选择性是最明显的习俗差异。但通常，更为关键的是要服从不太明显的强制性和排他性。

3. 文化的排他性

文化的排他性（cultural exclusive）主要是指，当地所特有的一些习俗和行为方式，“外人”不可介入。同样，尽管当地一些人也在批评该国的政治、习俗和“怪癖”（对外国人来说是怪癖），如果一个外国人对此进行批评的话，那么他是不会受欢迎的。正如一句谚语所说：“我可以骂我的弟弟，但是要是你骂他，就得挨揍。”尽管当地人所特有的文化习俗并不多，但外国人得十分小心，不得介入。

外国管理者应能敏锐洞悉，什么习俗该遵守，什么时候可以灵活选择，什么情况应该避

⊖ Christopher Bodeen, “Apple CEO Apologizes to China for Repair Policies,” *Associated Press*, April 2, 2013; Takashi Mochizuki and Eric Pfanner, “Sony Warns of Deeper Woes,” *The Wall Street Journal*, September 18, 2014, pp. B1, B6.

免，并能见机行事。要求遵守和避免的情况不多，但忽视它们就很有可能冒犯他人。当然也不必为一时的失礼而不安。大多数商务人士都是有理智的，能容忍一时的失检。但这样的失检越少，双方的关系就越融洽。当然，你可以寻求帮助。就是说，如果你和你的外国伙伴有一个良好的关系，那当你“行为不恰当”时，你可以要他们来提醒你。

5.2 美国文化对管理风格的影响

至少有三个理由要求我们简要地关注一下美国文化和管理风格。首先，对美国读者来说，了解影响决策和行为的文化因素是很重要的。这样的自我了解可以帮助美国读者适应与其他文化背景的伙伴共事。其次，对美国文化陌生的读者而言，这有利于更好地理解他们那些来自美国的商业伙伴。美国是世界上最大的出口市场。这些知识将让每个人在处理跨国业务时都更加有耐心。最后，自 20 世纪 90 年代后期以来，美国的商业文化已经传播至世界各地，就像 20 世纪 80 年代日本的管理行为被到处模仿一样。显然，在美国环境下发展起来的管理行为不一定在所有地方都适合。因此，理解它们的基础有助于每个人在采用、适应或拒绝美国管理行为方面做出决定。彼得·德鲁克的忠告在很多时候是适用的：“对不同人的管理必须采用不同的方法。”[㊀]

关于美国文化是以哪些最重要的观念为建立基础的这一问题，人们存在不少分歧。下面只列出了那些跨文化评估中出现频率最高的观念：

- “命运主宰”的观点
- 作为社会行为手段的独立企业
- 基于绩效的人员选拔和奖赏
- 基于客观分析的决策
- 广泛分享的决策权
- 精益求精
- 竞争产生效率

“主宰命运”的人生观是美国管理思想的根本。简单地说，人们能够充分地影响未来；他们控制着自己的命运。这个观点同样反映了这样的态度：虽然运气可能影响一个人的未来，但相应地，坚持不懈、努力奋斗、实现期望的决心和对时间的有效利用给了人们对命运的控制权。相反，很多文化里对生活都有一种宿命感。他们相信个体的命运是由一种更高的力量决定的，所发生的事是不能控制的。

在美国，计划、控制、监督、承诺、激励、进度安排和截止日期都受到个体可以控制未来的观念的影响。根据第 4 章的介绍，美国在霍夫斯泰德的个人主义量表中得分最高。[㊁]在倾向于集体主义和宿命的文化中，这些好的商业做法可以进行模仿学习，但是涉及最后的结果就很难说了。毕竟，如果一个人相信未来是由一个不可控的更高的力量决定的，那么一

㊀ Peter F. Drucker, *Management Challenges for the 21st Century* (New York: HarperBusiness, 1999), p. 17.

㊁ Hofstede, *Culture's Consequences*.

个人的付出会起到多大的作用呢？在注重个人主义的文化中，个人的努力决定了一个人的命运，所以机会公平问题就显得特别重要。例如，集体主义文化下员工间繁重工作任务的非平均承担较少被看作不公平或麻烦，但在强调个人主义的文化下，这可能会导致士气低落和员工的离职。㊀

把独立企业看成社会行为手段的观念是美国企业的基本概念。企业被认为是有规则和持续存在的实体以及独立存在的重要社会机构。这样的认识能导致一种服务公司的强烈义务。事实上，公司被看得比家庭、朋友或者其他可能损害公司利益的活动更为重要。这与墨西哥人持有的态度形成了鲜明的对比，他们强烈地认为日常生活中的人际关系远比工作和公司重要得多。

和个人能控制自己未来的观念相吻合的是，美国人相信人员选拔和奖赏必须基于效能。美国经理在选拔、晋升、激励或开除某人时强调为工作岗位选择最合适的人员，只要他们的绩效满足期望的标准，就留用他们，而且只要达到要求就持续提供向上流动的机会。在其他文化中，友谊或家庭联系可能比组织的活力更重要，选择的标准、组织和激励都与美国公司大不相同。在一些文化中，组织扩大规模来容纳尽量多的朋友和亲戚。如果一个人知道晋升基于人际关系和友谊而非效能，那就失去了一种基本的激励力量。另外，在很多其他文化中，来自一个群体的社会压力经常能起到很强的激励作用，甚至迷信也可能会影响人员的选拔。在日本，一个人的血型也会影响企业的雇用决定。㊁

在美国，人们相信，企业决策应该基于客观分析以及管理者应努力追求科学化，这种强烈的信念深深地影响了美国管理者对待决策的客观性和数据的准确性的态度。虽然判断和直觉对决策来说也很重要，但大多数美国管理者相信决策必须基于准确的相关信息并获得这些信息的支持。因此，在美国的企业中，非常强调收集信息和在组织各个层面自由分享信息，以及在评估商业方案和决策时发表坦率的看法。在其他文化中，这种依据事实和理性来进行决策的方式并没有那么重要；数据的准确性甚至数据的恰当上报都不是首要的条件。此外，现存的数据经常只是给少数人看的。美国企业在处理数据时的坦率在一些文化中不是容易地能做到的。

与一个人可以控制自己的命运和基于效能的晋升相一致的是，应广泛分享决策权这一流行观念。虽然在美国企业中做决策并不是一个民主的过程，但是，人们有一种强烈的信念，即组织中的个体要求而且事实上也需要为持续发展承担决策的责任。因此，决策往往是分权式的，决策的能力和责任落到较低层次的管理者身上。在很多文化中，决策是高度集中的，部分原因是人们认为，公司中只有一小部分人有权力或能力来做出决策。比如在中东，只有高层管理者才做决策。

隐含在美国企业经营方式中的一个关键价值观可以通过精益求精来体现。美国永远是一个相对活跃的社会；在生活的很多方面，一个流行的问题是“这个能够做得更好吗”。体现在管理观念上就是，相信变化不仅是正常的也是必不可少的，没有什么是神圣的、不可以改

㊀ Liu-Qin Yang and 28 others, “Individualism-Collectivism as a Moderator of the Work Demands-Strains Relationship: A Cross-Level and Cross-National Examination,” *Journal of International Business Studies* 43 (2012), pp. 424-443.

㊁ “The Importance of Blood Type in Japanese Culture,” *Japan Today*, January 20, 2012.

进的。事实上，一个人通过效能来获得提升往往也和他改进的能力是联系在一起的。一切以结果说话；如果为了达成目标，有些做法必须改变的话，那么就改变。而在其他文化中，领导者的力量和权力通常不是取决于改变，而是取决于现状需要一个稳定的结构这个前提。提出改进的建议意味着那些掌权的人失败了；低层次的员工提出进行变化的建议将被视为是对另一个人的威胁，而不会被认为是一个敏锐的、充满活力的个人的建议。

也许，西方管理实践中最根本的观念就是竞争可以带来效率、改进和更新换代。戈登·盖柯（Gordon Gekko）在电影《华尔街》里对此做了最为通俗的解释："贪婪有益"。亚当·斯密在他的《国富论》里写下了英语中最重要的一句话："通过追求自己个体的利益，一个人对社会利益的促进往往比他真正有心要促进社会利益的时候还要有效得多。"㊀这就是"看不见的手"的观念，它通过证明竞争行为有利于社会和组织而为竞争做辩护。销售人员之间的竞争（比如销售竞赛）是一件有益的事，因为它促进了更好的个人绩效，最终带来了更好的企业绩效。近来的研究表明，亚当·斯密的思想实际上补充并完善了数百年之后的现代国际商务理论。㊁但是，在其他文化中，管理者和决策制定者往往不会接受这种"贪婪有益"的观点。相反，合作更加突出，效率是通过减少交易费用来实现的。后面的观点在像中国或日本这样的集体主义文化中更加盛行。

5.3 世界各地的管理风格㊂

在国际经营中会遇到不同的组织结构、管理理念和行为，所以经营方式也千差万别。㊃当营销者进入他国市场时，无论事先做了多么充分的准备，当在接触程度、沟通重点、工作节奏以及各种礼仪等方面出现差异时，都会经历一定程度的文化冲击。在不同文化之间，正如销售活动和谈判会产生差异一样，伦理标准也会出现差异。在大多数国家中，外商很可能还会受到政府的大量干预。在霍夫斯泰德文化价值观的四个方面中（见第4章），个人主义/集体主义指数（IDV）和权力距离指数（PDI）对理解跨文化经营方式特别有用。

5.3.1 权威与决策

决定地位重要性或权力距离指数（PDI）的企业规模、所有权归属、公共责任和文化价值观共同影响着企业的权力结构。与提倡平等主义的丹麦和以色列相比，权力距离指数得分高的国家如墨西哥和马来西亚更注重客户和合作伙伴的身份与地位，下属人员一般不会表示与老板不同的意见，这与不注重权利地位的国家刚好相反。国际经营者常遇到使全球环境下决策复杂化的各种权力模式，它们大致可分为以下三种典型模式：最高管理层决策、分散决

㊀ Adam Smith, *The Wealth of Nations*, Book IV (1776; reprint, New York: Modern Library, 1994), p. 485.

㊁ Peter J. Buckley, " Adam Smith's Theory of Knowledge and International Business Theory and Practice." *Journal of International Business Studies* 45 (2014), pp. 102-109.

㊂ A website that provides information about management styles around the world is http://www.globalnegotiationresources.com.

㊃ Sam Han, Tony Kang, Stephen Salter, and Yong Keun Yoo, " A Cross-Country Study on the Effects of National Culture on Earnings Management," *Journal of International Business Studies* 41 (2010), pp. 123-141.

策和委员会 / 集体决策。

当所有者拥有绝对的控制权，或由于企业规模小使得有可能进行集中决策时，通常由高层管理者做决策。㊀在很多欧洲企业中，如在一些法国企业中，少数高层人物严格控制企业，牢牢地握着决策权。而另一些国家，如墨西哥和委内瑞拉，仍保留着半封建制，"拥有土地意味着权力"的传统尚在，所以专制和家长制作风是它们的管理模式。在决策中，中层管理者参与决策的管理方式不受重视。家族中重要人物做决策时与其说是为了提高生产率，不如说是为了讨家庭成员的欢心。国有企业也一样，那些有专业知识的管理者得遵从政客的意愿，尽管这些政客对管理一无所知。在中东，所有的决策都由某个最高层人物决定，同时这些人也只愿与那些有决策权的管理者打交道。在那里，人们经常是与个人而不是与公司或看头衔进行生意往来。

随着企业的成长和职业经理人阶层的发展壮大，分散决策逐渐发展起来。分散决策允许不同层次的管理者在其职责范围内有决定权。这是有着先进管理制度的大型企业的典型做法，如不少美国企业。在美国，职务和头衔比个人本身更重要，与商人打交道的很可能是中层管理者。在其他国家，因为文化方面的原因，常常需要首席营销官出场来施加影响。换言之，在注重集体主义和风险回避的文化中，首席营销官出场可以展示更高的可信度。㊁

集体决策是通过集体或协商一致做出的。委员会的决策是可以高度集中的，也可以是分散的，但是委员会 / 集体决策的含义与前面所讨论的高层管理者的个人决策不同，也和分散决策不同。因为亚洲的文化和宗教往往强调和谐与集体精神，所以那里的大多数企业采取委员会 / 集体决策的方式就不足为怪了。尽管日本社会结构中等级森严，但是日本企业重视集体参与、集体协调和集体决策（但这些都是在最高管理阶层）。

很明显，这三种权力体系都要求营销者有创造性、灵活性。在权威决策和分权决策的社会中，首要任务就是确定具有权威的人。对委员会 / 集体决策的企业而言，就有必要让委员会中每一个成员都相信所要讨论的建议或产品的优点。对于不同的情况应采用不同的营销手段。

5.3.2 管理目标和志向

高层管理者的国际化问题在世界各地都变得越来越重要，而且相关研究也越来越多。㊂

㊀ Several researchers have empirically demonstrated the influence and downside of such authority structures. See Kathy Fogel, " Oligarchic Family Control, Social Economic Outcomes, and the Quality of Government," *Journal of International Business Studies* 37 (2006), pp. 603-622; Naresh Kharti, Eric W. K. Tsang, and Thomas M. Begley, " Cronyism: A Cross-Cultural Analysis, " *Journal of International Business Studies* 37 (2006), pp. 61-75; Ekin K. Pellegrini and Terri A. Scandura, " Leader-Member Exchange (LMX), Paternalism, and Delegation in the Turkish Business Culture: An Empirical Investigation," *Journal of International Business Studies* 37 (2006), pp. 264-279; Narjess Boubakri, Omrane Guedhami, and Dev Mishra, " Family Control and the Implied Cost of Equity: Evidence before and after the Asian Financial Crisis, " *Journal of International Business Studies* 41, no. 3 (2010), pp. 451-474.

㊁ Andreas Englelen, Fritz Lackhoff, and Susanne Schmidt, "How Can Chief Marketing Officers Strengthen Their Influence? A Social Capital Study Across Six Country Groups," *Journal of International Marketing* 21 (2013), pp. 88-109.

㊂ Lars Oxelheim, Aleskandra Gregoric, Trond Randoy, and Steen Thomsen, " On the Internationalization of Corporate Boards: The Case of Nordic Firms, " *Journal of International Business Studies* 44 (2013), pp. 73-194.

管理者所受的教育和他们的背景（特别是文化背景）对他个人和企业有着显著的影响。[一]社会作为一个整体确定了管理阶层的社会地位和等级，文化背景支配着经营者的志向与目标。有研究发现，在那些受英美经济危机影响的斯堪的纳维亚企业中，CEO 的报酬增加了，而部分原因可能在于他们面临更高的解雇风险，从而要求有更高的回报。[二]这些文化因素会影响管理者对创新、新产品以及与外国人做生意的态度。要彻底了解对方的管理风格，就必须理解其个人志向和目标。个人志向和目标通常体现在企业的经营目标与经营实践中。同时，在与国外企业交往时，营销者必须特别注意管理者不同的目标和志向。

1. 安全感和流动性

寻求安全感和工作流动性与人类的基本动机有着直接联系，因而具有广泛的经济和社会意义。"安全感"一词多少有些模糊，因此也造成管理模式的多样性。对一些人来说，安全感就意味着高收入，意味着为"跳槽"所必备的技能和培训；对另一些人来说，安全感就是在企业中有稳定的终身职位，而在其他人眼中，则意味着退休后能老有所养和丰厚的社会福利。在欧洲一些公司中，特别是在那些等级制度比较森严的国家，如法国和意大利，仍保留着浓厚的家长制作风。在那里，人们认为员工应为一家企业工作大半辈子。又比如，在英国，管理者注重个人成就和自主性，而法国管理者却关心有效的监督、详细的企业政策、福利、安全、舒适的工作环境。法国管理者的流动率要比英国管理者低得多。最后，研究发现以下普遍性差异：在个人主义倾向低的国家以及权力距离差距大的国家，工人对公司的忠诚度较高。[三]文化因素对个人安全感形式的这种影响也反映在公司的投资行为中：在个人主义倾向高的文化中，企业会进行风险更大的研发投资，同时较少担心对企业集体利益的损害。[四]

2. 个人生活

对很多人来说，美好的个人生活比利润、安全感或其他任何目标都重要。戴维·麦克利兰（David McClelland）通过在全世界对个人志向的研究发现[五]：在有些国家中，与收入和成就相比，人们更关心美好的个人生活。古希腊的享乐主义人生观曾明确指出，工作是使人不快的原因之一，是寻求快乐和美好的个人生活的绊脚石。但是按马克斯·韦伯的观点[六]，今天美国人所享受的生活水平至少部分地应归功于新教徒的勤勉思想，而且美国现在的经营作风可能就起源于此。弹性工作时间制允许商人有更多的时间在家工作，这其实是工作与不工作两种情况的折中。除了卓越的 IT 行业，很多美国公司开始考虑这一做法，而日本和韩国

㊀ Ted Baker, Eric Gedajlovic, and Michael Lubatkin, " A Framework for Comparing Entrepreneurship Processes across Nations," *Journal of International Business Studies* 36 (2005), pp. 492-504.

㊁ Lars Oxelheim and Trond Randoy, " The Anglo-American Financial Influence on CEO Compensation in non-Anglo-American Firms," *Journal of International Business Studies* 36 (2005), pp. 470-483.

㊂ Ronald Fischer and Angela Mansell, " Commitment across Cultures: A Meta-Analytic Approach," *Journal of International Business Studies* 40 (2009), pp. 1339-1358.

㊃ Liang Shao, Cuck C. Y. Kwok, and Ran Zhang, " National Culture and Corporate Investment, " *Journal of International Business Studies* 44 (2013), pp. 745-763.

㊄ David C. McClelland, *The Achieving Society* (New York: The Free Press, 1985).

㊅ Weber, *The Protestant Ethic*.

还没有接受这一观点。

对日本人来说，企业生活就是个人生活。很多企业员工把工作视为生活的最重要的组成部分。日本人的工作伦理——保持工作的目的性，源于员工对企业的忠诚，这就使得日本职员与企业目标一致。虽然对大多数人来说，这种观念仍然是成立的，但有充足的证据表明，日本经济的低迷不仅影响了日本人的晋升模式[一]，而且使得日本"工薪者"的地位从日本的企业精英转变为嘲弄的对象。日本的企业文化正在逐渐偏离曾经带来高度企业忠诚的终身雇用制。由于油价攀升，日本人如今把办公室温度调到27.8℃，扯下领带，解开领口，也放下了所谓的办公室礼节。

从表5-1中，我们可以看出不同文化是怎样权衡工作与个人生活之间关系的。每周40个小时，50周就是2 000个小时。美国人工作时间居于平均水平，远高于欧洲国家[二]，但低于韩国。大多数美国人有大约2个星期的带薪假期，而在欧洲，人们有4 ~ 6周！在新加坡和中国香港地区，周六是工作日。不过，最惊人的数据并没有列入表5-1中。虽然在过去5年里几乎所有地方的工作时间都在减少，但美国的年工作时间较1990年增加了20个小时，40%的美国人并没有使用带薪假期。[三]这方面的趋势表明，受过较多教育者所享有的休息时间事实上少于受过较少教育者。[四]感谢你，马克斯·韦伯！我们想知道，2020年将会是怎样一种情况？

表5-1 年工作小时数

国 家	2000年	2010年
英国	1 700	1 647
加拿大	1 775	1 702
德国	1 473	1 419
荷兰	1 435	1 377
日本	1 821	1 733
挪威	1 455	1 414
美国	1 814	1 778
韩国	2 512	2 193
墨西哥	1 888	1 866
意大利	1 861	1 778

资料来源：OECD, Labor Market Indicators, 2012.

3. 归属与社会接受度

在有些国家，获得邻里和同事的认可似乎是在企业里工作的首要目标。亚洲人的这种观念常常体现在委员会或集体决策中。日本企业特别强调委员会或集体决策，它们十分注重与

[一] George Graen, Ravi Dharwadkar, Rajdeep Grewal, and Mitsuru Wakabayashi, "Japanese Career Progress: An Empirical Examination," *Journal of International Business Studies* 37 (2006), pp. 148-161.

[二] The long-standing practice in France, however, of taking Wednesdays off, is increasingly under attack. See "Weird About Wednesday," *The Economist, September* 21, 2013.

[三] "What Makes Americans Skip Vacations?" *The New York Times*, September 7, 2014, p. 9.

[四] "Nice Work if You Can Get Out," *The Economist*, April 19, 2014, p. 67.

集体保持一致。团队认同深深地扎根于日本文化当中，所以当询问日本职员以什么为生时，通常他会告诉你，他为住友、三菱或松下工作，而不说他是一个司机、一个工程师或者化学家。事实上，三菱建有公司的陵墓，亡故员工的骨灰盒都可以安放在那里，这样员工对公司的忠诚就从摇篮延伸到坟墓甚至更远！

4. 权力与成就

尽管全球的企业经营者都在追求某种权力，但在南美洲的一些国家，追求权力似乎成了它们更重要的动机。在这些国家中，很多企业领导人不仅要追求利益，还利用其企业的地位使自己成为社会和政治领导人。麦克利兰所说的成就动机与此既有联系又有区别。衡量成功的一种方式就是计算银行存款的数量；另一种就是高地位。后面的这些抱负与美国尤其相关。

跨越国界 5-1

美国游客与墨西哥渔夫

有位美国游客来到墨西哥一个海边小村落的码头，看到停泊着一艘小船，船上只有一名渔夫。小船上还放着几条大的黄鳍金枪鱼。美国游客对渔夫直夸这些鱼好，并问墨西哥渔夫用多长时间捕到这些鱼。

“不要多少时间。”渔夫回答说。

“那为什么不多捕些时间，多抓些呢？”游客问道。

“捕这些已足够养家了。”渔夫回答说。

“那你剩下的时间做什么呢？”游客又问道。

墨西哥渔夫说：“睡懒觉，少捕些鱼，与孩子多玩会儿，陪妻子玛利亚午睡，每晚去村里散步。在那里，与朋友一起喝酒、弹吉他。我的生活忙碌而充实。”

对此，美国游客嘲笑说：“我可以帮助你。你应当多花些时间捕鱼。用赚到的钱，可以买多条船。最后，就可以拥有一支捕鱼船队。将捕到的鱼直接销售给加工厂而不是卖给中间商，你就可以办起自己的罐头厂。这样，自己就可以控制生产、加工和分销。最终，就可以搬离小村庄，到墨西哥城去。当然也有机会搬到洛杉矶，甚至纽约城。在那里，你可以经营业务不断扩大的企业。”

墨西哥渔夫回答说：“这要多久呢？”

美国游客说：“10 ~ 20 年。”

“但那之后呢？”墨西哥渔夫问道。

美国游客笑着说：“当然很好了。到时，你可以将公司上市，成为大富翁，赚成千上万的金钱。”

“成千上万？……那之后呢？”

美国游客说：“你就可以退休了。搬到海边小渔村，睡懒觉，带小孙子玩，陪妻子午睡，晚上在村里散步，与朋友一起喝酒、弹吉他。”

资料来源：Author unknown.

5.3.3　沟通风格

人类学教授爱德华 T. 霍尔数十年来一直担任公司和政府的国际文化关系顾问，他告诉我们沟通所涉及的内容远比语言要多得多。他于 1960 年发表在《哈佛商业评论》上的文章《海外商务中无声的语言》[一]仍然值得一读。他在文章中描述了时间（time）、空间（space）、事物（things）、友谊（friendships）和同意（agreements）的象征意义（**无声语言**，silent languages），以及它们在不同文化中的差异。例如，相比于其他国家的文化，美国文化对办公空间的处理就有差异，常常把办公空间作为个人的待遇。[二]虽然霍尔在 1960 年不可能预期到互联网所带来的革新，但他关于跨文化沟通的所有观点应用到互联网这种媒介上也是合适的。下面我们先讨论面对面的沟通，然后转向互联网沟通。

1. 面对面沟通

因为在各种语言中，字词的意思相去甚远，所以大概没有哪一种语言能够毫不费力地翻译成另一种语言。比如，“marriage”这个词，不管翻译得多准确，在不同的语言中也可能意味着不同的事情。在一种语言中可能意味着爱（love），而在另一种文化中是约束（restrictions）的意思。尽管语言是营销者在他国经营时必要的沟通工具，但管理者（特别是来自美国的管理者）常常无法搞懂对方话语的大意，更不要说洞悉语言上的细微之处以便听懂对方的言外之意。事实上，对于采用多种语言的跨国公司，要整合这些语言往往是非常困难的，需要小心处理。[三]例如，对于跨国团队而言，信任的达成往往受语言多样性的影响[四]，而且这种多样性可能会形成态度方面的你我之分[五]。

基于数十年的人类学研究，霍尔将 11 种文化置于一个高语境（high-context）/ 低语境（low-context）区间之中（见表 5-2）。[六]在高语境文化下，沟通主要依靠语境（谁说的，什么时候说的，怎么说的）以及非语言沟通，而在低语境文化中，更多地依赖明晰的语言沟通。[七]

一位国际市场营销经理对一次洛杉矶商务招待会的描述，可以作为沟通风格中高 / 低语境维度的一个简单例子。“我把他（一个德国代理商）从 LAX 附近的旅馆接走，然后问他正餐想吃点什么。他说：‘一些本地的东西吧。’如今，在洛杉矶，当地食物是墨西哥菜。我还

㊀ *Harvard Business Review*, May-June 1960, pp. 87-96.

㊁ “Don’t Get Too Cozy,” *Bloomberg BusinessWeek*, September 22, 2014, pp. 51-52; Rachel Reintzeig, “Bosses Take a Stand on Where Workers Sit,” *The Wall Street Journal*, October 9, 2013, p. B8.

㊂ Vesa Peltokorpi and Eero Vaara, “Language Policies and Practices in Wholly-owned Foreign Subsidiaries: A Recontextualization Perspective,” *Journal of International Business Studies* 43 (2012), pp. 808-833.

㊃ Helene Tanzer, Markus Pudelko, and Anne-Wil Harzing, “The Impact of Language Barriers on Trust Formation in Multinational Teams,” *Journal of International Business Studies* 45 (2014), pp. 508-535.

㊄ Pamela J. Hinds, Tsedal B. Neeley, and Catherine Durnell Cramton, “Language as a Lightning Rod: Power Contests, Emotion Regulation, and Subgroup Dynamics in Global Teams,” *Journal of International Business Studies* 45 (2014), pp. 536-561.

㊅ Edward T. Hall, “Learning the Arabs’ Silent Language,” *Psychology Today*, August 1979, pp. 45-53. Hall has several books that should be read by everyone involved in international business, including *The Silent Language* (New York: Doubleday, 1959), *The Hidden Dimension* (New York: Doubleday, 1966), and *Beyond Culture* (New York: Anchor Press-Doubleday, 1976).

㊆ *Bloomberg Businessweek*, “Office Cultures: A Global Guide,” June 13, 2013, p. 15.

从来没有碰到过一个没有吃过塔可钟（Taco Bell）的人！我们去了 Santa Monica 的一家很大的墨西哥饭店，点了全部东西，包括牛油果酱、辣调味汁、肉馅玉米卷饼和墨西哥面卷，这是一个真正的 Alka-Seltzer 之夜。当我们结束的时候，我问他觉得食物怎么样。他很平静地说：‘不是很好。’”

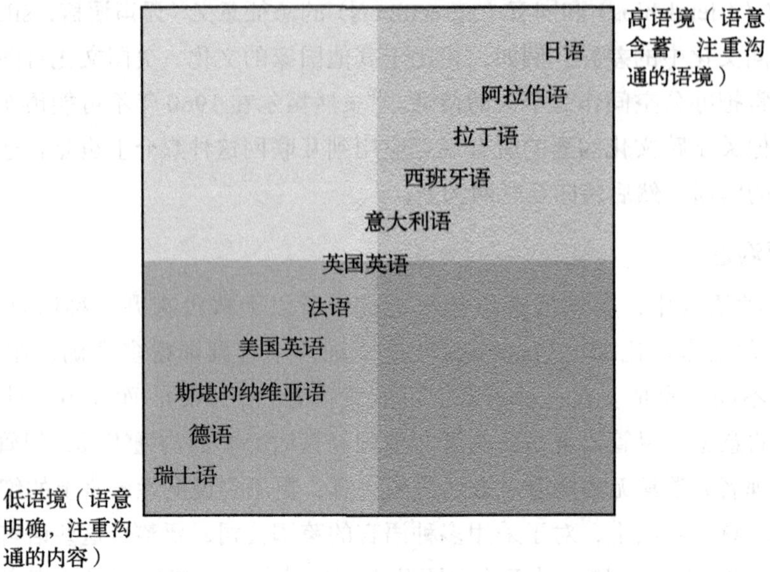

图 5-1 爱德华·霍尔关于语境、沟通和文化的分级

注：此图按照霍尔的观点绘制。

要不是这位美国人对德国人的坦率[1]有很好的了解，可能会对他的代理商的诚实（或许是过于直接的回答）感到吃惊。德国是很低语境导向的，谈话总是不含“社交性废话”。大多数美国人则较为委婉，常用类似的方式回答：“相当不错，只是也许太辣了一点。”而一个高语境的日本人会有这样的回答：“非常好！谢谢！”但是，从今以后日本人都不会再点墨西哥菜了。

虽然一个美国人或德国人会认为日本人的回答不够真实，但是从日本人的角度看，他力图保持一个和谐的关系。在日本，表示“真实”的有两个词：honne（真实的想法）和 tatemae（正式的立场）。[2]前者传递信息，后者维持关系。在高语境的日本，后者往往更重要。甚至连眼神交流都存在文化差异。交谈时，美国人总会看着对方的眼睛，而亚洲人只在进行直接响应或回答问题时才会看着对方的眼睛。[3]此外，在双语语境下，人们多会用母语来表达强烈的观点，用第二语言来表示情感程度较轻的观点。[4]如果不了解表达中的这些差异，

[1] Interestingly, the etymology of the term “frankness” has to do with the Franks, an ancient Germanic tribe that settled along the Rhine. This is not mere coincidence; it’s history again influencing symbols (that is, language)!

[2] James D. Hodgson, Yoshihiro Sano, and John L. Graham, *Doing Business with the New Japan* (Boulder, CO: Rowman & Littlefield, 2008).

[3] Erin Meyer, “Looking Another Culture in the Eye,” *The New York Times*, September 14, 2014, p. 8.

[4] Catherine L. Caldwell-Harris, “Kill One to Save Five? In Another Language, Your Own Thoughts May Be Foreign to You,” *Scientific American Mind*, September-October 2014, pp. 71-73.

那么不仅会阻碍理解，甚至会影响公司的业绩。㊀

2. 互联网沟通

B2B 网站上的信息是企业的延伸，因而与代表企业的其他东西一样，一定要注意商业惯例。一旦信息上了网，就会出现在任何时候、任何地方。传递了与愿望相悖的信息的可能性总是存在的。网络不可能改变人们用自己的语言和文化来认识事物的程度，因此，在考察公司网站的可行性时，语言是首先要考虑的因素。

据估计，目前 78% 的网站内容所用语言是英语，而 35% 的互联网用户看不懂英文电子邮件信息。对欧洲大陆的企业的一项调查表明，企业有必要关注网站的语言问题。接受调查的欧洲高层管理者中有 1/3 的人表示不能容忍在线英语。他们认为中层管理者的英语水平没有高到可以在网上开展业务。

法国是一个极端的例子，它甚至禁止使用英语术语。法国财政部长发布了一个指令，所有法国官方的内务文书必须避免诸如 Start-up、e-mail 这样的通用的英语商业词汇，而建议使用 jeune pousse 和 courier electronique。

解决这个问题的办法是为每个国家量身定做网站，像 IBM 和微软所做的那样。例如，戴尔电脑公司的网站使用了 12 种语言。有一些公司专门从事网页翻译，还有一些翻译软件，可是，用机器翻译，文化和语言的正确性难以保证。如果处理不当，存在着最后翻译出来的东西令公司难堪或破坏公司形象的可能性。为避免这种情形发生，一个措施便是在准备原始资料时尽量使用容易翻译的英语，而不用复杂的短语、习惯语或俚语。遗憾的是，没有任何机器能翻译出语言的细微之处。

理想的情形是，代表公司的每个人能流利地使用外国客户的语言，并理解他们的文化，但对大多数公司而言，这是可望而不可即的。然而，如果一家公司想真正成为全球企业，就没有理由不让每一位浏览公司网站的人用他们自己的语言进行沟通。

最后，管理者是否使用 e-mail 及使用率好像也受到文化的影响。也就是说，在高语境文化中的商务人士使用这种媒介没有低语境文化中的人多。日语的结构至少阻碍了互联网技术在这个国家的传播。㊁另外，中国香港地区的商务人士在使用 e-mail 的谈判中相互合作的程度就比面对面谈判的方式要低。㊂在高语境文化中，很多情景信息是如此重要以至于不能简单地通过电脑来传递。

5.3.4 正规性与工作节奏

令人愉快的不拘小节和办事匆忙是美国人的特性，也是美国企业间往来的特点，同时

㊀ Adrei Kuzenetsov and Olga Kuznetsova, " Building Professional Discourse in Emerging Markets: Language, Context, and the Challenge of Sensemaking," *Journal of International Business Studies* 45 (2014), pp. 583-599.

㊁ Hodgson, Sano, and Graham, *Doing Business with the New Japan*.

㊂ Guang Yang and John L. Graham, " The Impact of Computer-Mediated Communications on the Process and Outcomes of Buyer-Seller Negotiations," working paper, University of California, Irvine, 2012.
Carol Hymowitz, " As U.S. Companies Go Global, Managers Must Bridge Gaps " , *The Wall Street Journal*, Aug. 15, 2000 *Business Week*, Bloomberg L.P., 1977.

这也是他国经营者既无法分享，也无法欣赏的。一位德国经理说道，有一次，印第安纳州一位客户的雇员直呼其名，他吃了一惊。他解释说："在德国，除非已经相识 10 年了，否则不会直呼其名，而且，一个人从来不会对处在更高层次上的人直呼其名。"这种表面上的不拘小节并不意味着他们对工作缺乏热情。正如一个英国商人在对英美商人进行了比较后说的那样："美国人对生意有着浓厚兴趣，甚至把生意做到了鸡尾酒会或晚宴上。"

近年来，尽管北欧人似乎接受了美国的一些观念，但是千万不要指望他们会"美国化"。正如一位作者所说："尽管许多国家的人们都把在商务会谈中直呼其名看作美国人的恶习，但是没有比法国更对此深恶痛绝的了。"那些并肩工作了好几年的法国同事仍用全名称呼对方。法国人把权力距离（PDI）的价值取向放在相当高的地位，而美国人则不然，这种差异会导致文化上的误解。例如，部分法国文化的特点，就反映在法国商务礼仪上——法国人喜欢炫耀自己的身份和地位，这与美国人的随意恰恰相反。为此，美国人戏称法国人是势利眼，而法国人则认为美国人粗鲁和不谙世故。

对于那些与中东有贸易往来的北美人来说，急于求成和缺乏耐心是他们最常犯的错误。一般情况下，只有在与对方有两三次私下接触后，阿拉伯人才会把谈话转入正题。因此，会见时间很可能要被延长。阿拉伯人一旦准备做出决定，会变得非常干脆。但是他们不喜欢被催促，也不希望有最后期限的限制。毕马威国际会计师事务所（KMPG）的科威特公司的合作伙伴皮特·马韦克（Peat Marwick）说："美国经营者的'短暂访问'，特别是'我只在此待一天'的工作方式，在西方人眼里象征着活力，表现出他们精力旺盛，而在这里只会被视为粗俗无礼。"

要想取得巨大成功的经营者，应该用外国人可以接受的方式与他们交往。拉丁美洲人对朋友十分信任，但只能用他们特有的方式才能建立起这种友情——慢慢地，要经历一段相当长的时间。只有在真正的友情和尊重建立起来以后，拉丁美洲人才不会显得刻板。即使在这种情况下，他们也只能逐步把话引入正题，而不愿被"推入"正题。为了适应这种文化，慢慢来就是不错的选择。对不同时间观念的认识可以帮助我们看到并理解一些差异——美国人和其他国家、地区人之间的差异。

5.3.5 单一时间利用方式与多种时间利用方式

研究发现，与亚洲和拉丁美洲文化相比，具有北美文化背景的经理时间观念很强。[⊖]我们老是觉得拉丁美洲人行动太慢，而拉丁美洲人总觉得美国人老是匆匆忙忙。这之中有一些是实情，但都不完全正确。正确的是，美国是时间观念很强的社会，对美国人来说时间就是金钱，而在中东和拉丁美洲人看来，时间应当是被品尝的，而不应当被花费掉。

爱德华 T. 霍尔把时间的利用方式分为两类：**单一时间利用方式**（monochronic time 或 M-time）和**多种时间利用方式**（polychronic time 或 P-time）。单一时间利用方式是北美人、

⊖ Glen H. Brodowsky, Beverlee B. Anderson, Camille P. Schuster, Ofer Meilich, and M. Ven Venkatesan, "If Time Is Money Is It a Common Currency? Time in Anglo, Asian, and Latin Cultures," *Journal of Global Marketing* 21, no. 4 (2008), pp. 245-258.

瑞士人、德国人和斯堪的纳维亚人利用时间的特点。西方人喜欢专时专用。他们把时间分成一小段一小段，很注重速度。单一时间利用方式就是线性地使用时间，我们节省时间、浪费时间、花费时间、等待时间、错过时间等，仿佛时间是有形的一样。大多数低语境国家和地区采用单一时间利用方式，而大多数高语境国家和地区采用多种时间利用方式，在那些地方，人们的行动不全按照时间表进行。多种时间利用方式的特点是：一时多用，注重人际交往。多种时间利用方式涉及关系的建立和对言外之意的揣摩。

有人把美国人和巴西人的守时观念做了一个对比，发现巴西人的钟表没有美国的准时，而且公共场所的钟表也少。研究人员还发现，巴西人常常迟到，在时间的早晚概念上有着灵活的解释，他们不担心迟到。即使迟到，他们大多会抱怨迟到的外因，这与美国人的做法相反。[㊀]这点可参阅表 5-2 对 31 个国家或地区的比较。我们注意到研究所发现的指标很有用，可用来预测在 31 个国家或地区取得经营许可所要花费的天数。[㊁]

美国人喜欢直截了当，切入正题，这种直率是单一时间利用方式的表现形式。在多种时间利用方式下，人们有宽松的时刻表，需要有较深的私交，还需要有“静观事态发展”的耐性。比如，两个拉丁美洲人的交谈在“自然”结束前，一般不会戛然而止，还会说说下次见面的事。在多种时间利用方式中，准时和迟到的概念并不十分明确，打断谈话是常事，延期是在意料之中的。人们不是故意要过分拖延时间，只是不想使他们的生活变得像时钟一样。

表 5-2 速度是相对的

排 名	国家或地区	徒步 60 英尺	邮政服务	公共场合时钟
1	瑞士	3	2	1
2	爱尔兰	1	3	11
3	德国	5	1	8
4	日本	7	4	6
5	意大利	10	12	2
6	英国	4	9	13
7	瑞典	13	5	7
8	奥地利	23	8	9
9	荷兰	2	14	25
10	中国香港	14	6	14
11	法国	8	18	10
12	波兰	12	15	8
13	哥斯达黎加	16	10	15
14	中国台湾	18	7	21
15	新加坡	25	11	4
16	美国	6	23	20
17	加拿大	11	21	22
18	韩国	20	20	16
19	匈牙利	19	19	18

㊀ Robert Levine, *The Geography of Time* (New York: Basic Books, 1998).

㊁ Runtian Jing and John L. Graham, "Regulation vs. Values: How Culture Plays Its Role," *Journal of Business Ethics* 80, no. 4 (2008), pp. 791-806.

（续）

排　名	国家或地区	徒步 60 英尺	邮政服务	公共场合时钟
20	捷克	21	17	23
21	希腊	14	13	29
22	肯尼亚	9	30	24
23	中国大陆	24	25	12
24	保加利亚	27	22	17
25	罗马尼亚	30	29	5
26	约旦	28	27	19
27	叙利亚	29	28	27
28	萨尔瓦多	22	16	31
29	巴西	31	24	28
30	印度尼西亚	26	26	30
31	墨西哥	17	31	26

注：31 个国家或地区生活总体节奏排名（用三项指标来衡量，以分为单位：①在商业区徒步行走 60 英尺的时间；②邮政人员完成邮票交易的时间；③公共场合时钟的精确度）。

资料来源：Robert Levine, "The Pace of Life in 31 Countries," *American Demographics*, November 1997. Reprinted with permission of Robert Levine.

在大多数文化环境中，以上两种利用时间的方式都存在，但在不同的场合会倾向于偏重某一方面。有些地方的人和日本人相似，赴约时遵照单一时间利用方式严守时间，准时到达，一旦会谈开始之后，却采用多种时间利用方式。日本人认为美国人受时间限制过多，常受计划和议程的安排的驱使，因此妨碍“关系”的建立。在同一文化背景下，多种时间利用方式和单一时间利用方式的差异可表现在各个方面。

当两个采用不同时间利用方式的经营者遇到一起时，就需要彼此调整，以便建立起和谐的关系。比如，通过巧妙地明确是采用“墨西哥时间”还是采用“美国时间”，往往就可以避免含混不清。有一个美国商人，已成功地与沙特阿拉伯人打了数年交道。据他说，他已学会安排许多工作留着在出差期间做。其他人在和采用多种时间利用方式的朋友会面时，把约见地点安排在办公室，这样在朋友到来之前，就可以继续工作。对美国经营者来说，重要的是要适应多种时间利用方式文化下的工作方式，这样可以避免由于与“当地时间”不一致所带来的不安和不满。目前，随着世界市场的扩大，采用多种时间利用方式的经营者，正在适应单一时间利用方式。例如，秘鲁总统发动了一场名为“时间上不耽搁”（Time Without Delay）的全国性运动，旨在倡导国民要守时。西班牙也在考虑采取类似的措施，以适应无午睡习惯的世界趋势。[⊖]

5.3.6 谈判的重点

商务谈判也许是最基本的商务活动了。前文刚刚讨论过的商业惯例与文化的差异在商务谈判中尤为明显。各个国家谈判的基本要素大同小异，都涉及产品本身、价格、付款方式、

⊖ Jim Yardley, "Spain, Land of 10 P.M. Dinner, Asks if it's Time to Reset the Clock," *The New York Times*, February 18, 2014, pp. A1, A12.

服务、买主与卖主的关系等。但要注意的是：如果谈判双方来自不同文化的地区，那么谈判过程将变得复杂，而且出现误解的可能性也会增大。

文化背景和习俗影响着双方在谈判中各自所持的观点和态度。通常双方都不太了解对方的文化背景和习俗。各自的文化背景又制约着双方对谈判内容的理解。如果某个人以自我参照标准来估量形势，冒犯他人或误解对方的动机的可能性就会很高。所以，谈判中的首要任务是“了解自己”，其次才是“了解对方”。稍不注意，双方都会以自我参照标准来估量形势。商业惯例和文化如何影响谈判将在第 19 章中重点讨论。

5.3.7 营销导向

事实证明，公司的营销导向与公司利润成正相关。虽然美国的公司总体上越来越接受这一理念[㊀]，但是其他国家的公司还没有从传统的生产导向（消费者较喜欢供应充足的产品）、产品导向（消费者喜欢质量好、性能优、形式新的产品）和销售导向（没有促销，就没有销售量）快速地转变过来。比如，在很多国家中，工程师掌控着公司董事会，其重点就是产品导向。然而，高利润的美国公司已经完全采用了营销导向，鼓励甚至奖励公司中的每个人去创造、应用市场信息（即消费者偏好、竞争行动、市场政策等）或者对信息做出反应。近来研究人员实证发现，出于包括文化在内的种种原因，营销导向在很多国家并没有普遍实施；[㊁]由于公司文化的多元化，在全球范围内推广这一导向是有一定难度的。[㊂]

5.4 国际商务中的性别偏见

许多国家都存在对女性管理者的性别偏见，加上男性管理者拥有的神话，使得不少美国跨国公司对于把女性派驻国外工作显得迟疑不定。虽然美国妇女差不多构成了美国劳动力的60%[㊃]，但派驻国外的比例相对很小，不足 20%。那么，原因何在呢？有人指出根源在于古代农业社会对女性有着根深蒂固的负面观念。[㊄]最常提及的理由是妇女缺乏在国外取得成功的能力，但这一说法可能更多的是臆想出来的而不是事实。一位经理说过：“总体来说，在驻外工作中，美国女性经理不及男性经理来得成功。”遗憾的是，很多人认同这种看法，而且，这种看法可能源于这样一个观念，即在男性占支配地位的社会中，妇女的传统角色使得妇女不可能与东道国的同事建立起成功的关系。一个经常提出的问题是，把女性派去与女性

㊀ John F. Gaski and Michael J. Etzel, “National Aggregate Consumer Sentiment toward Marketing: A Thirty-Year Retrospective and Analysis,” *Journal of Consumer* Research 31 (2005), pp. 859-867.

㊁ Sin et al., “Marketing Orientation”; John Kuada and Seth N. Buatsi, “Market Orientation and Management Practices in Ghanaian Firms: Revisiting the Jaworski and Kohli Framework,” *Journal of International Marketing* 13 (2005), pp. 58-88; Reto Felix and Wolfgang Hinck, “Market Orientation of Mexican Companies,” *Journal of International Marketing* 13 (2005), pp. 111-127.

㊂ Paul D. Ellis, “Distance, Dependence and Diversity of Markets: Effects on Market Orientation,” *Journal of International Business Studies* 38 (2007), pp. 374-386.

㊃ U.S. Department of Labor, Women’s Bureau, http://www.dol.gov/wb; Department for Professional Employees, AFL-CIO, http://www.dpeaflcio.org.

㊄ “The Plough and the Now,” *The Economist*, July 23, 2011, p. 74.

通常不在管理岗位的文化中的客户开展业务是否合适？有些人认为，如果在对方的文化中，人们不接受女性担任管理职位，那么，他们同样不会接受来自外国的女性管理者。

在很多文化中，如亚洲、中东和拉丁美洲，女性一般不会进入高级管理层（见图 5-2），女性和男性的待遇有很大差异。此外，男性与女性领导所偏爱的领导风格在很多国家也存在差异。㊀确实，最惊人的报纸头条甚至曾这样写道："亚洲，多达 1 亿女性的消失地。"这篇文章发表在 1991 年的《国际先驱论坛报》（*International Herald Tribune*）上。㊁文章指出，世界上大多数国家出生率大约为 105 个男孩对 100 个女孩。而在像美国和日本这样的国家中，女性通常比男性长寿，人口中大约是 96 个男性对 100 个女性。在亚洲其他国家中，男性对 100 个女性的目前数据是：韩国 105，中国 106，印度 108 和巴基斯坦 106㊂。文章描述了从出生开始对女性的系统歧视。现在，虽然各国规定利用超声波仪器鉴别胎儿性别并做出流产决定是非法的，但有些国家仍然在使用，而所有这些对女性的偏见导致了女性的大量减少。最新的出生数据更为令人担心：在印度，目前的出生率为 112 个男孩对 100 个女孩，某些农村地区的比例达到 150 个男孩对 100 个女孩。

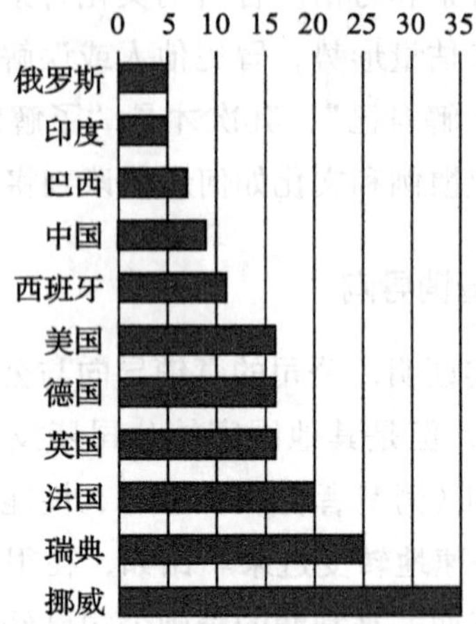

图 5-2 各国公司董事会中女性董事所占的百分比

资料来源："All Aboard: The World in 2012," *The Economist*, Copyright © The Economist Newspaper Limited, London, November 17, 2011.

除了外国对女性的根深蒂固的偏见外，有证据表明，那些针对外国女经理的偏见可能被夸大了。它们如何对待本国妇女，并不意味它们要如此对待外国女经理。如果说在不同的文化中，人们对男性和女性的看法没有什么差异，那是不正确的。然而，这并不意味着女性在海外岗位上不能取得成功。

不论男性还是女性，成功的关键在于企业支持的力度的大小。当一个女经理受到公司的培训，得到公司的大力支持时，她通常会受到与她的职位和她所代表的企业相称的尊重。为了取得成功，女性需要一个能在所工作的文化中迅速获得信任的头衔，有一个有助于她做好工作的支持结构和汇报关系。㊃总之，只要有公司的支持，因为她是女性而对她进行抵制要么不会出现，要么不如先前所想象的那么严重。商务谈判开始后，主人对交易的热情和对外

㊀ Lori D. Paris, Jon P. Howell, Peter W. Dorfman, and Paul J. Hanges, "Preferred Leadership Prototypes of Male and Female Leaders in 27 Countries," *Journal of International Business Studies* 40 (2009), pp. 1396-1405.

㊁ See January 7, 1991, p. 1. Two decades later, with the widespread availability of portable sonograms, the problem appears to be getting worse. See Jonathan V. Last, "The War against Girls," *The Wall Street Journal, June* 18, 2011.

㊂ Central Intelligence Agency, "Sex Ratio," *The World Factbook*, http://www.cia.gov.

㊃ Nancy J. Adler, *International Dimensions of Organizational Behavior* (Mason, OH: Southwestern College Publishing, 2007).

国客商的尊重是增加还是减少，取决于客商的经商能力而不是性别。正如一位经理所说：“国际派遣中最困难的是派遣，而不是派遣以后如何取得成功。”

在除德国外的大多数欧洲国家中，管理岗位中女性的比例与美国的相当。国际劳工组织（the International Labor Organization）注意到，在美国43%的管理职位由女性担任，英国是33%，瑞士是28%。在德国，情形要差一些。根据有关经济资料，德国女性经理只占管理岗位的9.2%，而且她们在竞争更高职位时遇到了来自男性同事过分的抵制。但令人欣慰的是，一些德国企业正在试图改变这种状况。其中一个举措是所谓的交叉指导制度（cross-mentoring system），该制度是汉莎公司与其他七家大公司联合推出的。一家公司中的高级经理向另一家公司中女性经理提供指导，帮助她们建立人际关系网，使她们能成功地上升到公司的高层。[㊀]如今，政府越来越要求公司董事会内做到性别平等，而挪威在这方面起着领导作用。2010 ~ 2013年，欧盟全部成员国公司董事会中女性董事比例平均上升了5.9%。其中，法国的增幅最大，达到17.4%。[㊁]在巴西，女性高管的比例为27%，而全球平均水平为21%。[㊂]

跨越国界 5-2

霍夫斯泰德的维度和性别鸿沟——谁更男性化？日本及其“魔鬼妻子”

在霍夫斯泰德的民族文化维度中，与男性化维度（MAS）更相关的是性别角色的界定以及分离程度，而不是男子气概。换言之，具有高男性化指数文化的特点就是男性在社会上做一件事，而女性做另一件事，两个角色并不交叉。与许多其他国家相比，在男性化指数低（女性化指数高）的北欧国家，男性和女性的角色可以更多地互换。这一点在图5-2中得到了证明：在挪威和瑞典，公司董事会中女性董事的数量高居清单之首。在斯堪的纳维亚半岛，如果家里出生了孩子，那么男方和女方可以获得等量的休息时间。“爸爸之路”（即减少在外工作并在家中承担更多的家务）及“妈妈之路”都不是丢面子的事情。

但在日本情况就完全不同了。在霍夫斯泰德的数据中，日本的男性化指数排名世界第一。虽然许多国家（如墨西哥和马来西亚）有“女性专用”的公交车和电车，但日本把男性化的角色分离带到新的高度。日本企业界是男性的世界，在这里大批的“工薪男”为了“日本公司”的更大利益而每天工作到晚上。女性则待在家里，完全负责家庭的物品购买、孩子的活动安排和假期计划事务。与斯堪的纳维亚国家的情况完全相反，日本企业董事会中只有2%的女性董事。

不过，这种分离并不是经济意义上的劳动分工，其根源在于日本的男性化文化。铃木有

㊀ For broader information about global women's equality (including scores for economic participation and opportunity), go to http://www.weforum.org for the *World Economic Forum's Gender Gap Index*, 2014. On the economic opportunity scale, Norway ranks fifth, the United States sixth, Germany thirty-second, Japan one hundredth, and Saudi Arabia one hundred thirty-first, close to last on the list of 135 countries; also see "Closing the Gap," *The Economist*, November 26, 2011, insert, pp. 1-19.

㊁ " Gender Balance on Corporate Boards—Europe Is Cracking the Glass Ceiling, " European Commission report, March 2014, accessed at http://www.ec.europa.eu. Also see Lisa Abend, " *Boys Won't be Boys*," *Time*, December 16, 2013, pp. 39-44.

㊂ *The Economist*, "Redeemers of a Macho Society," June 15, 2013, p. 70.

一个孩子，但她说："我曾有一份满意的工作，而且真的很想回去工作。"女性如果选择上班而不是待在家里照顾孩子和丈夫（70%的女性就是这样），那么这种女性被称为鬼嫁或"魔鬼妻子"。一篇关于铃木这种例外情况的报道使得"魔鬼妻子"这个术语得到了普及。又因国家电视台播出了名为《鬼嫁日记》或《魔鬼妻子日记》的11集电视剧，"魔鬼妻子"更是成了众所周知的术语。

自首相以下，公共政策官员都试图改变这一切，原因并不只是日本民族文化存在的歧视性。每个女性只有1.41个孩子，这一生育率几乎为世界最低，而且远低于日本的人口更替率；面对不断增加的退休人口，支持社会福利计划的劳动人口日益减少。与此相关的是，当前日本经济正处于表现不佳的第三个10年，而这一不佳的经济很大程度上可能需要通过大量女性劳动力来恢复。按照安倍晋三首相的说法，"对日本来说，提高女性工作和参加社会活动的机会不再是日本可无可有的一项选择，而是一件最为紧迫之事。没有女性，安倍经济学将无法发挥作用。"

有一家公司正在努力做到这些。劳森公司［（Lawson Inc）在日本经营11 000家24小时便利店，类似7-Eleven便利店］雇用的6 500个员工中女性占20%，部分原因是日本之前的规定禁止女性晚上10点之后工作。但是近年来，其新员工的一半都是女性。目前，公司的28位高管中只有一名女性，但公司确定的目标是在5年内使女性高级副总裁的人数增加到30%。

在最近的一项调查中，10位日本雇主中有7位说，建立家庭会让女性丧失任职资格，从而使得这方面求职努力很艰难，不要指望文化潮流很快就会改变。对于单身者而言，这些天最流行的热门（有80分钟的逗留极限）就是专门针对女性的所谓"管家咖啡馆"。穿着长尾礼服、戴着白手套、打扮得无可挑剔的男人可以满足女性顾客（主要是工作的年轻女性）的每一个愿望，向她们问候："晚上好，公主。"你可能听说过艺妓，恐怕没见过艺男吧！

资料来源："Reviving Japan with 'Devil Wives'," *Bloomberg Business Week*, November 12, 2012, p.13; "Holding Back Half the Nation," *The Economist*, March 29, 2014, pp. 23-24; "Where Japanese Women Rule," Time, February 5, 2007, p. 47; "Untapped Talent," *The Economist*, July 7, 2014, p. 62; Don Lee, "Japan is Pulling for Its Female Workforce," *Los Angeles Times*, August 21, 2013, pp. B1, B6; Kirk Spritzer, "Japan Looks for a Few Good Women to Revive Economy," *USA Today*, January 17, 2014, p. 7A; Hiroko Tabuchi, "Shaking Up the Boardroom in Japan," *The New York Times*, June 25, 2014, pp. B1, B4.

随着世界市场的不断国际化和国际竞争的不断加剧，美国企业，从基层到首席执行官，都需要最有才干的人代表企业开展业务。研究表明，要想晋升到全球公司的高层，就必须有国际经验。那些拥有国际经验的经理有更多的晋升机会，得到的报酬更多，职位保障更大。缺乏国际经验不应该成为一个通向公司高层的人为造成的障碍，由此看来，仅仅因为性别原因限制人才是短视之举。令人欣喜的是，经营领域女性的情况在全球范围内正在不断好转。研究界对跨国公司中有关性别问题的关注日益增加。[⊖]有一项研究发现，对于董事会中至少

⊖ For example, see Estefania Santacreu-Vasut, Oded Shankar, and Amir Shoham, "Linguistic Gender Marking and its International Business Ramifications," *Journal of International Business Studies* 45 (2014), pp. 1170-1178; K. Praveen Parboteeah, Martin Hoegl, and John B. Cullen, "Managers' Gender Role Attitudes: A Country Institutional Profile Approach," *Journal of International Business Studies* 39, no. 5 (2008), pp. 795-813; William Newburry, Liuba Y. Belkin, and Paradis Ansari, "Perceived Career Opportunities from Globalization Capabilities and Attitudes towards Women in Iran and the U.S.," *Journal of International Business Studies* 39, no. 5 (2008), pp. 814-832.

有一名女性董事的公司，需要重述季报或年报收益的情况会减少40%。㊀

所以，本章开头的福特的女经理讲述的话意味着什么呢？我们听完故事的时候知道她那时在日本并不快乐。可是，考虑全部方面（包括同事、管理者甚至她的日本对手），初次的交往并不能反映她随后与日本人交往的成功。她将她后来的成功归结于她的福特团队男成员的强力支持以及她自己认识到与日本人建立私人关系的重要性。她解释道：

> 我的丈夫也是一个和日本客户一起工作的福特公司经理，所以我决定，在我的一些马自达同事下一次到底特律时，邀请他们享用一顿“纯美国式”的晚餐。所以，我们开始邀请了三个人到我们家里。我们认为这是一种互相了解的好方法，也为日本人提供一顿实在的美国家庭宴会。在聚餐的前一天晚上，消息传出去了，我们得知有13个人来赴宴。有些人不请自来，有些人更改了会议安排，有些人甚至从芝加哥汽车展抽身出来。我们有了一个美妙的时刻，他们开始将我当作一个人来看待，一个妈妈、妻子以及商业伙伴。我们谈论家庭、一些商务活动，没有什么特别的，只是一般性地谈谈世界经济和汽车行业。在我与马自达的关系中，这个宴会是一个重要的转折点。㊁

5.5 企业伦理

对错与否或者是否适当之类的道德问题让许多国内营销者进退两难。即使在同一个国家内，道德标准也常难以统一和明确。在国际市场上企业伦理问题更为复杂，因为不同文化群体的价值判断大相径庭。㊂在一个国家被认为是正确的事情，在另一个国家则可能完全不能接受。不过，至少有一项研究表明，就说服上司的伦理而言，41个国家之间存在相对的一致性。㊃比如，在商务往来中向对方馈赠贵重礼物，这在美国会受到谴责，而在其他许多国家，这些礼物不仅可以接受，而且正是人们所期待的。㊄

5.5.1 腐败的界定

与前面所讨论的语言问题一样，“腐败”这个词的含义在世界各地的确有很大差异。美

㊀ Melissa Korn, “Maybe Math Isn’t So Hard,” *The Wall Street Journal*, November 28, 2012, p. B.6.

㊁ Hodgson, Sano, and Graham, *Doing Business with the New Japan*.

㊂ Pallab Paul, Abhijit Roy, and Kausiki Mukjhopadhyay, “The Impact of Cultural Values on Marketing Ethical Norms: A Study in India and the United States,” *Journal of International Marketing* 14 (2006), pp. 28-56; Jatinder J. Singh, Scott J. Vitell, Jamal Al-Khatif, and Irvine Clark III, “The Role of Moral Intensity and Personal Moral Philosophies in the Ethical Decision Making of Marketers: A Cross-Cultural Comparison of China and the United States,” *Journal of International Marketing* 15 (2007), pp. 86-112; Srivatsa Seshadri and Greg M. Broekemier, “Ethical Decision Making: Panama-United States Differences in Consumer and Marketing Contexts,” *Journal of Global Marketing* 22 (2009), pp. 299-311.

㊃ David A. Ralston, Carolyn P. Egri, Maria Teresa de la Garza Carranza, and Prem Ramburuth, and 44 colleagues, “Ethical Preferences for Influencing Superiors: A 41 Society Study,” *Journal of International Business Studies* 40 (2009), pp. 1022-1045.

㊄ See http://www.ethics.org and http://www.business-ethics.org for more pertinent information.

国经理视利润为必需的东西，别人却视作剥削。“个体主义”（individualism）对美国人来说是非常重要的，也可能被视为一种腐败。日本人有这样的说法：“突出的钉子遭锤打。”在印度，很多人将世风日下归咎于“泛滥的消费者主义”，正如MTV上所宣传的。当然，这种泛滥的消费者主义使美国经济进入21世纪后正常发展。在某些国家，没有什么比美国充满性和暴力的R级电影更可恶了。在北非的很多人将西方的《知识产权法》视为使几百万艾滋病患者无法获得治疗的一种剥削手段。在1997 ~ 1998年的金融危机中，很多东南亚的政府首脑痛骂货币投机者为最恶劣的腐败。关于这一点，有研究表明，相比于强调个人主义文化的国家，强调集体主义文化的国家，如亚洲国家，在银行贷款业务方面存在更高程度的腐败行为，而不管政府政策如何，也不管存在什么样的理由。㊀

最后，回想一下本章开头提到的2003年芭比娃娃同一化的问题。在前几版书中，我们有关这段文字的推断如下：近来芭比在日本很是成功。我们希望他们对芭比的爱能够持续下去，但是对此我们缺乏信心。文章确实描述了美泰对小孩子所做的广泛的市场调研，但是并没有提及对他们父母的市场调研。㊁我们确信，在一些亚洲的父母（或许也包括政府官员）眼里，向他们的女儿出售一个胸部丰满、白皮肤、金发碧眼的玩具，也是一种腐败。特别是，当美国被认为在追求军事和经济霸权时，对美国的象征的强烈反感就会随之产生。看看芭比，GI Joe和你其他的玩具店伙伴吧！

我们对美泰公司的批评源于以下三个方面：首先，实施全球标准化策略以后，芭比娃娃的全球销量下滑。其次，父母和政府做出了反应。最近，伊朗当局开始实施禁止销售芭比玩具，直接规定从德黑兰商店撤走芭比玩具。政府的理由就是销售美国产品会对文化和社会带来毁灭性的结果。㊂再次，美泰公司的战略反而刺激了其竞争对手的销售量，比如MGA娱乐公司针对多民族的布拉茨（Bratz）和伊斯兰宝贝（Razanne）以及阿拉伯海湾国家生产的芙拉（Fulla）。伊斯兰宝贝和芙拉的设计都将伊斯兰女孩及家长的感受考虑在内。芙拉有圆圆的脸蛋和棕色的大眼睛，黑发及腰，皮肤颜色较深，胸部线条适中，上衣及肘，下身衣服及膝。在第8章中，我们将会继续探讨这一话题。现在让我们把话题从芭比娃娃转到贿赂——腐败的另一种形式。

5.5.2 西方对贿赂的关注

在安然、世通以及麦道夫等丑闻爆发之前，对很多美国人来说腐败就是指贿赂。现在从国内看，欺诈已经成为大字标题的主要内容。㊃不过，国外发生的备受瞩目的贿赂案，如德国西门子公司的贿赂案，使得人们强化了对国际商务伦理和法律复杂性的认识。然而，对美

㊀ Xiaolan Zheng, Sadok El Ghoul, Omrane Guedhami, and Chuck C. Y. Kwok, “Collectivism and Corruption in Bank Lending,” *Journal of International Business Studies* 44 (2013), pp. 363-390.

㊁ Lisa Bannon and Carlta Vitzthum, “One-Toy-Fits-All,” *The Wall Street Journal*, April 29, 2003, p. A1.

㊂ Alexandra Sifferlin, “‘Morality Police’ Officers Give Barbie Dolls the Boot in Iran,” *Time*, newsfeed .time. com, January 18, 2012.

㊃ Robert J. Rhee, “The Madoff Scandal, Market Regulatory Failure and the Business Education of Lawyers,” *Journal of Corporation Law* 35, no. 2 (2010), pp. 363-392; perhaps the best book on this topic is Naomi Klein’s *Shock Doctrine* (New York: Picador, 2007); also see “Bill Moyers: 6 Movies You Have to See About the Financial Crisis,” AlterNet.org, February 2, 2012.

国企业来说，20 世纪 70 年代中期，美国公司在国外政治贿赂事件被曝光以后，贿赂成了当时全国的焦点问题之一。那时，美国没有一部法律禁止美国人在国外行贿。但是根据美国证券交易委员会的规定，美国上市公司应公布所有支出的准确数字。然而，许多公司经理因为没能如实公布这些行贿开销，违反了证券交易委员会条例，而面临指控。

问题本身远比隐瞒实情要严重得多，所以美国人开始关注伦理的基本问题。对此，企业一方辩解说：贿赂在世界各地司空见惯，如果不行贿，企业就无法维持经营。贿赂问题，在什么是道德的、恰当的与对经营来说什么是有利的和有时是必要的之间，产生了重大的冲突。很多国际竞争者认为贿赂是完成企业目标的必要手段，因此美国公司的一个最大的不满就是在限制行贿受贿方面，美国的法律比任何其他国家都严厉。美国有关全球反贿赂法的倡议已经与以下组织达成一致，主要有：欧洲经济合作与发展组织（OECD）、美洲国家组织（OAS）、联合国反腐败公约（UNCAC）。长期以来，贿赂和其他形式的腐败几乎被视为一种正常的经营行为，如今已经被认为是犯罪，而且美国与世界其他国家之间判罚的差距正在缩小。[㊀]英国、巴西和加拿大自 2016 年来开始实施本国的反贿赂法。为了减少腐败，中国也降低了国有企业高管的工资和福利。[㊁]

世界各地的领导人意识到民主是以人民对政府诚实的信心为基础的，而腐败却破坏了经济自由。美洲国家组织、欧洲经济合作与发展组织和联合国反腐败公约的行动将会迫使世界上大多数贸易国家奉行比以前更高的道德标准。遗憾的是，有一些国家还没认可任何反腐公约。印度和以色列就是两个典型的例子。

透明国际（transparency International）[㊂]一直致力于“通过国际之间和各个国家内部的合作，鼓励政府制定和实施有效的法律、政策制止腐败”。随着越来越多的学者认识到有效信息和腐败降低现象关系明朗，于是“透明国际”被证明是名副其实的。[㊃]透明国际开展了大量的活动，其中之一是在国际范围内对商人、政治分析人士和公众进行调查[㊄]，确定他们对 182 个国家或地区腐败情况的看法。在 2013 年的腐败感觉指数（CPI）中，丹麦和新西兰的腐败感觉指数都是 91（最高分为 100），被认为是最不腐败的，而阿富汗和索马里的腐败感觉指数都是 8，被认为是最为腐败的。透明国际还对 28 个国家或地区的行贿情况进行了排名。透明国际强调，其目的不在于揭露和谴责无赖，而在于唤醒公众意识，从而采取建设性的行动。正如人们预料的，得分低的国家会不开心，结果已经引起公众的不满和各国议会的争论，而这正是透明国际的目的所在。

在透明国际的腐败感觉指数排名上，最引人注目的是美国和日本多年来排名情况的比较。按照 1998 年的腐败感觉指数排名，美国排名 17，日本排名 25。美国目前的排名是 19，而日

㊀ Ben DiPietro, “Global Bribe Focus Hardens,” *The Wall Street Journal*, August 14, B5, 2014.

㊁ Lingling Wei and Bob Davis, “ China to Cut Top Pay at State Firms, ” *The Wall Street Journal*, October 27, 2014, pp. B1, B2.

㊂ http://www.transparency.org.

㊃ Cassandra E. DiRienzo, Jayoti Das, Kathryn T. Cort, and John Burbridge Jr., “ Corruption and the Role of Information,” *Journal of International Business Studies* 38 (2007), pp. 320-332.

㊄ For an analysis of the potential biases in surveys on corruption, see Nathan M. Jensen, Quan Li, and Aminur Rahman, “ Understanding Corruption and Firm Responses in Cross-National Firm-Level Surveys,” *Journal of International Business Studies* 41, no. 9 (2010), pp. 1481-1504.

本上升到了18。按照2011年的腐败感觉指数排名，美国下降到了24！透明国际的分析师警告称，因为所考虑的国家以及所采用的数据每年都在变化，所以进行纵向比较并不合理。不过，按照我们的看法，应该赞扬日本在过去10年中在这方面所取得的历史性进步。但对美国我们无法进行赞扬，毕竟美国在过去几年排名大为下降，而且至今尚未回到1998年的排名水平。

事实上，日本在商业领域腐败减少的现象的确十分显著，毕竟日本文化属于关系导向的文化。按照很多人的预测，关系导向的文化有利于腐败的滋生。最后，对于外部压力（如之前提到的经济合作与发展组织的反贿赂规定）的影响，评论家保持不可思议的沉默。日本与美国都在1999年加入了经济合作与发展组织的反贿赂规定。按照长期跟踪这方面情况的观察家的观点，日本取得这一巨大变化靠的是外部影响。因此，1999～2001年是日本在反腐方面取得进步的重要转折点。

透明国际的腐败感觉指数也为对贿赂的原因与后果的学术研究提供了帮助。与第4章关于文化的根源和要素的讨论完全一致的是，高贿赂水平出现在低收入的国家。另外，高贿赂水平出现在集体主义和高权力距离指数的国家。最后，高贿赂水平和《反海外腐败法》等法律限制也禁止美国企业参与这些国家的活动。[㊀]此外，企业看起来通常也在避免在腐败国家的投资。[㊁]最后，如果跨国公司的管理者在这些国家按照伦理原则开展经营，那么其行为有助于促进东道国企业的伦理经营。[㊂]

5.5.3 贿赂：一个变化的主题

虽然贿赂是一个法律问题，但必须从文化环境的角度来理解不同文化针对贿赂的不同态度。从文化的角度来看，不同民族对贿赂的态度差异巨大。在有些文化下，人们对贿赂的态度比较宽松，而在另外一些地方，如美国，人们会公开鄙视贿赂行径。不过，美国企业自身也远非无懈可击，我们相信透明国际给出的C等级（7.3）是有道理的。暂且不谈公众对贿赂的容忍程度，我们相信世上不会有哪个国家的人民会同意那些有权势的人可以损公肥私。要认识贿赂，首先要了解在“贿赂”这个词条下的各种含义。在“贿赂”这个包罗甚广的词义下的各种活动包括索贿到收买再到打点。

1. 行贿和索贿

要区别行贿（bribery）与索贿（extortion），就要看行贿方是主动提供酬金还是应要求提

㊀ H. Rika Houston and John L. Graham, “Culture and Corruption in International Markets: Implications for Policy Makers and Managers,” *Consumption, Markets, and Culture* 4, no. 3 (2000), pp. 315-340; Jennifer D. Chandler and John L. Graham, “Relationship-Oriented Cultures, Corruption, and International Marketing Success,” *Journal of Business Ethics* 92, no. 2 (2010), pp. 251-267.

㊁ Utz Weitzel and Sjors Berns, “Cross-Border Takeovers, Corruption, and Related Aspects of Governance,” *Journal of International Business Studies* 37 (2006), pp. 786-806; Alvaro Cuervo-Cazurra, “Who Cares about Corruption,” *Journal of International Business Studies* 37 (2006), pp. 807-822.

㊂ Yadong Luo, “Political Behavior, Social Responsibility, and Perceived Corruption: A Structural Perspective,” *Journal of International Business Studies* 37 (2006), pp. 747-766; Chuck C. Y. Kwok and Solomon Tadesse, “The MNC as an Agent of Change for Host-Country Institutions: FDI and Corruption,” *Journal of International Business Studies* 37 (2006), pp. 767-785.

供酬金。行贿，即对方主动提供酬金，以便非法取得优势。比如一家公司的总裁主动向政府官员提供酬金，希望他能错误地划分该公司的进口货物的类别，以降低货物的税率，这就是行贿。而索贿则是指某人只是想获得合法利益，但当权者以此要挟，要他支付一笔酬金。比如，一个国家的财政官员向某公司索要一笔巨额酬金，否则他将破坏一份价值数百万美元的合同，他的行为就是索贿。

从表面上看，向索贿者行贿似乎是被逼无奈的行为，应该谅解，因为“如果我们不付钱，就不可能得到这份合同”或者“是那个官员（恶棍）逼我这样做的”。但是，即使这样做没有违法，也是不道德的，在美国，这在法律上也是站不住脚的。

2. 打点和收买

贿赂的另外两种形式是**打点**（lubrication）和**收买**（subornation）。打点是指在法律允许范围内，向低层官员赠送较少量的现金、礼物或提供一些服务。此举的目的是要使这个官员能简化或加快正常的、合法的程序和行动，这在许多国家是常见的事。比如，花一点钱就可以让码头工人在几个小时内从车上把货物卸下来，否则要花一整天，这就是打点。

收买一般涉及数额较大的款项，而且通常无法正常入账，其目的是要以此诱使一些官员做违法的事。打点时往往希望对方加快工作的速度和提高效率。收买则是要求有关官员睁一只眼，闭一只眼，要求他们失职，或要他们破坏法纪。

3. 代理费

代理费是第三种形式，它可以是贿赂，也可以不是。当经营者不熟悉他国法规时，可雇用代理人作为企业驻那一国家的代表。例如，可聘请一名律师，以代理申诉某项建筑法规中的矛盾之处；与不熟悉这些法律程序的人相比，这个律师能高效地完成此项任务。这种代理通常是合法的、行之有效的。但如果代理中有一部分用于行贿，那么这笔中介费的使用则是非法的。根据美国法律，如果一个人明知代理人的行贿企图，这个人可能要面临最高五年的监禁。同时，美国的《反海外腐败法》严禁美国企业在他国公开行贿，或在美国官方知晓的情况下，让中间人用其中介费行贿。有很多中间人，如律师、代理人、分销商等，他们都可以在贿赂中起桥梁作用。由于各国法律的不同，使得这种中介过程复杂多样。在一个国家被认为是违法的行为，在另一个国家可能被视而不见，而在第三个国家则可能成了合法行为。

目前，对贿赂问题没有一个绝对有效的解决办法。虽然在道德上，人们能够很容易地分清“政治贿赂”和其他形式的酬金。然而，当经营者知道如果拒付酬金会部分或完全影响企业收益时，他就很难下定决心，拒付酬金了。不同的文化有着不同的道德标准，除非经济合作与发展组织、联合国和美洲国家组织的所有成员都能完全实施反腐败协议，并且跨国企业都能拒绝行贿，否则，在复杂的国际经营活动中，人们更难解决伦理和实用主义这一两难问题了。

《反海外腐败法》对抑制贿赂起到了积极作用。据美国商务部的最新数据，自从1994年以来，由于没有支付贿赂，失去了294份价值达1 450亿美元的海外商业合同。这点证实了前面所引用的学术研究结果。尽管有很多报道称，仍在行贿的美国企业已明显减少了。但对有些企业来说，合同的吸引力实在太大了。据查，20 世纪 70 年代，洛克希德公司（Lockheed Corporation）有 2 200 万美元的外付款项是可疑的。后来该公司承认，1995 年曾向埃及的一位国会议员行贿 180 万美元，作为交换，该公司可向埃及军方出售三架运输机，合计价值 7 900 万美元。为此，洛克希德公司被罚款 2 500 万美元，而且该公司的运输机出口项目被禁止了 3 年。20 世纪 70 年代，洛克希德公司的这一行为是促使《反海外腐败法》通过的主要因素。目前，在全美所有大型企业中，洛克希德公司的伦理和法律教育项目是最全面的。

认为仅通过法律和惩罚就能制止腐败是一种幼稚的想法，只有政府立场坚定，且买卖双方做出更多的合乎伦理和具有社会责任感的决策，这一现状才可能得以改变。

5.5.4 伦理与社会责任决策

无论在国内还是在国外，合乎伦理和社会责任地行事应成为每个经营者的行为特征。对许多问题，诸如蓄意违法、破坏环境、剥夺他人权利、利用不正当优势以及造成他人人身伤害等，我们大多数人不需要太多的思考就知道该如何做出对社会负责的或者合乎伦理的响应。不过，对于政治、腐败和公司社会责任之间的复杂关系，只是到现在才引起学者和专业人士的关注。[㊀]然而，许多困难问题往往不是简单的、明显的非对即错的问题。[㊁]在许多国家中，国际营销者要面临各种情境，有些情境会令他们进退两难，不知如何是好。例如，针对上述问题，如果当地没有法规约束，或者当地的习俗纵容其中一些行为，或者拒绝随波逐流的公司遭到冷遇，愿意“做某些必要的事”的公司则会受到欢迎。总之，由于不同国家的社会与文化以及经济需求各不相同，对于国际营销者来说，要做到履行社会责任并合乎伦理地从事经营不是件容易的事情。[㊂]

1. 伦理决策

通常，经营者在决策、制定方针政策和从事经营活动时会在以下五个方面遇到困难：①雇用方式和政策；②消费者保护；③环境保护；④政治捐款以及企业参与政治活动；⑤基本的人权和自由。在许多国家中，法律有助于明确基本的社会责任和道德义务，但法律仅仅是社会和个人行为的最低层次规范。某种行为也许并不违法，但是这并不意味着该行为合乎

㊀ Peter Rodriguez, Donald S. Siegel, Amy Hillman, and Lorraine Eden, “Three Lenses on the Multinational Enterprise: Politics, Corruption, and Corporate Social Responsibility,” *Journal of International Business Studies* 37 (2006), pp. 733-746.

㊁ David A. Waldman, Mary Sully de Luque, Nathan Washburn, Robert J. House, Bolanle Adetoun, Angel Barrasa, Mariya Bobina, Muzaffer Bodur, Yi-jung Chen, Sukhendu Debbarma, Peter Dorfman, Rosemary R. Dzuvichu, Idil Evcimen, Pingping Fu, Mikhail Grachev, Roberto Gonzalez Duarte, Vipin Gupta, Deanne N. Den Hartog, Annebel H.B. de Hoogh, Jon Howell, Kuen-yung Jone, Hayat Kabasakal, Edvard Konrad, P. L. Koopman, Rainhart Lang, Cheng-chen Lin, Jun Liu, Boris Martinez, Almarie E. Munley, Nancy Papalexandris, T. K. Peng, Leonel Prieto, Narda Quigley, James Rajasekar, Francisco Gil Rodriguez, Johannes Steyrer, Betania Tanure, Henk Theirry, V. M. Thomas, Peter T. van den Berg, and Celeste P. M. Wilderom, “Cultural Leadership Predictors of Corporate Social Responsibility Values of Top Management: A GLOBE Study of 15 Countries,” *Journal of International Business Studies* 37 (2006), pp. 823-837.

㊂ Shurti Gupta, Julie Pirsch, and Tulay Girard, “An Empirical Examination of a Multinational Ethical Dilemma: The Issue of Child Labor,” *Journal of Global Marketing* 23, no. 4 (2010), pp. 288-305.

道德标准。合乎道德标准的经营行为一般应该大大超出法律规定的最低标准，或“司法当局的控制标准”。事实上，法律是对过去社会中不道德和不负责任的行为的规范。

虽然指引优良企业道德的最好方式也许是讲道德的商业领袖所树立的榜样，但有三个道德原则可帮助经营者分清对错，确定该做什么，并为自己的行为找到充足的理由。简言之，这三个原则是：

- 功利原则（utilitarian ethics）：该行为能使“公共利益”或所有利益相关者的利益最大化吗？谁是利益相关者？
- 权利原则（rights of the parties）：该行为尊重相关人员的个人权利吗？
- 公正原则（justice or fairness）：该行为是否对所有参与者都是公平或公正的？

这些问题的答案可让营销者弄清其决策有多少益处或害处，是对还是错，行为后果是否合乎道德标准，对社会是否负责。判断行为是否合乎道德标准的最佳方法也许是问：这合法吗？这对吗？这能经得住向股东、企业管理者和公众公开吗？

虽然美国在反国际贿赂方面明显处于领导地位，但欧洲的企业和机构花了更多的精力与金钱来推动它们所谓的“企业社会责任”。例如，“企业社会责任（欧洲）”（Corporate Social Responsibility Europe）与巴黎的INSEAD商学院合作，正在从几个维度研究投资吸引力与良好的企业行为之间的关系。它们研究发现，在企业履行社会责任状况和欧洲机构投资者的投资选择之间存在着强相关性。[㊀]所有这些不是说欧洲的企业没有不正当的行为，而是说我们希望未来世界上能够在衡量和监控企业社会责任方面付出更多的努力。

2. 倡议

如今，社会责任在许多企业的议程中处于越来越重要的地位。在过去，企业可能会向非政府组织（NGO）进行现金捐款，但如今一种新的趋势正在形成。所谓的战略性慈善事业（strategic philanthropy）通常就让公司将其专业知识或产品应用于赞助项目，而且针对的是当地社区或特定的人口阶层。这种参与的回报不是用利润来衡量，而是通过其他指标，如品牌资产[㊁]的增加以及通过新的学习来产生创新的可持续解决方案，尽管产品质量以及与国际总部的距离会影响这种倡议产生的积极影响。[㊂]这里我们提供了非常不同的社会责任的例子：飞利浦[㊃]和玫琳凯[㊄]。

㊀ See http://www.csreurope.org.

㊁ Karen L. Becker-Olsen, Charles R. Taylor, Ronald Paul Hill, and Goksel Yalcinkaya, “A Cross-Cultural Examination of Corporate Social Responsibility Marketing Communications in Mexico and the United States: Strategies for Global Brands,” *Journal of International Marketing* 19, no. 2 (2011), pp. 30-44.

㊂ Thomas J. Madden, Martin S. Roth, and William R. Dillon, “Global Product Quality and Corporate Social Responsibility Perceptions: A Cross-National Study of Halo Effects,” *Journal of International Marketing* 20 (2012), pp. 42-57; Joanna Tochman Campbell, Lorraine Eden, and Stewart R. Miller, “Multinationals and Corporate Social Responsibility in Host Countries: Does Distance Matter?” *Journal of International Business Studies* 43 (2012), pp. 84-106.

㊃ Kerry Capell and Nandini Lakshman, “Philips: Philanthropy by Design,” *BusinessWeek*, September 11, 2008; http://www.design.philips.com.

㊄ *Pink Changing Lives* (Dallas, TX: Mary Kay Corporate Social Responsibility, 2012); see also http://www.MaryKay.com.

在飞利浦设计公司（皇家飞利浦电子公司位于荷兰的一家分公司，2014 年的营收达 280 亿美元），这种方法被称为面向慈善事业的设计（philanthropy by design），是由公司 CEO 兼首席创意官斯特凡诺·马扎诺（Stefano Marzano）创造的一个术语。简而言之，这意味着利用设计创意来提供有意义的解决方案，以帮助一些更为脆弱的社会群体。“它不仅可以帮助许多低收入的人们，而且对我们也很有利，”埃因霍温飞利浦设计中心可持续设计总监西蒙娜·罗基（Simona Rocchi）说，“公司开发的品牌资产和信任对员工的积极性有促进作用，而且可以作为灵感的源泉。它还通过与‘非传统’的合作伙伴（如非政府组织、当地企业家和妇女自助团体）合作，展现共同创造价值的新途径。”

这里以知识产权（IP）为例。“我们允许当地利益相关者免费使用知识产权和设计，毕竟我们的目的是为可持续发展做慈善方面的贡献，”罗基说。“通过这种方式，我们可以更为容易地推广炉灶并有助于降低成本。这不仅会为用户创造更好的生活条件，而且也能激发当地具有低环境影响的创业活动。”我们已经确定由当地参加者来负责生产和分配。“我们已经发现了许多公司都拥有生产炉具的配套设施，”印度飞利浦设计中心浦那地区高级经理 Unmesh Kulkarni 说。“我们正在帮助它们用玻璃纤维强化塑料来生产更为坚固的模具，毕竟它们比钢模具更持久，从而能创造更复杂的形状。这些模具后来由非政府组织用于生产炉子。”目前，公司正在制订一个完整的支持计划，其中不仅包括炉灶的物理设计的细节，也包括面向企业家的营销信息、通信材料、针对非政府组织的培训计划以及安装说明。

“这里涉及最适用技术，”Kulkarni 补充道。“我们解决了耗用资源量最少这个大问题。在许多方面，这比设计一个非常先进的、高科技的解决方案更具挑战性。这无疑是个极大的满足。”此外，罗基指出，它还具有商业意义。“这个项目见证了我们一方面支持社会创新，另一方面也促进业务创新。每个人都可从中受益。这就是为什么我们打算每年至少开展一次面向慈善事业进行设计活动的原因。”

总部位于达拉斯的玫琳凯公司是世界上最大的护肤品和化妆品直销商之一，在超过 35 个国家或地区开展经营业务。2012 年，面向 240 万人售出了超过 35 亿美元的产品。公司通过直销业务以及围绕玫琳凯基金会的企业社会责任活动来“致力于改变世界各地妇女和儿童的生活”。自 1996 年以来，该基金会已经向庇护所和家庭暴力计划捐款超过 2 800 万美元，向美国和加拿大的癌症研究人员和相关事业捐款 1 600 万美元。除了在北美，玫琳凯支持超过 23 个国家的各种慈善组织。这里简述一下几个突出的例子。

在拉丁美洲地区，玫琳凯把时间和资源用来帮助结束家庭暴力。捐赠的基金旨在为儿童提供庇护。通过提供免费的心理、医疗和法律支持，玫琳凯为遭受家庭暴力的妇女和儿童提供帮助。墨西哥玫琳凯公司还为收容所赞助举行国际教育研讨会，同时发起了一个活动以加强对女性所受暴力的关注。该公司还为相关热线提供资金支持。

在欧洲地区，公司社会责任关注的焦点依然是妇女和儿童。例如，玫琳凯乌克兰公司致力于对乳腺癌的认识和照顾，而玫琳凯美国公司向儿童与老人提供食品、学术援助、医疗和心理援助。在德国，该公司为残疾儿童提供资助；在哈萨克斯坦，该公司为听觉能力有限的儿童提供手术支持；在俄罗斯，该公司为面部遭受损伤和得癌症的儿童提供免费手术。

在整个亚太地区，该公司支持解决妇女面临的各种问题，包括支持韩国图书馆建设的捐款。玫琳凯还与联合国开发计划署和中国妇女发展基金会合作，以促进中国女性的创业。

最后，我们要提及三桩著名的反腐案件，涉及各级政府、公司与个人行为。一是挪威政府将巨大的石油盈利仅仅投向那些伦理企业；最近，挪威政府根据其伦理准则将资金从沃尔玛、波音等公司撤离。二是从事全球经营的Fluor建筑公司的CEO艾伦·波音曼厌烦于所在公司的贿赂行为。他与他的竞争对手都请外部监督人员来判断公司反腐败计划的效果。三是来自马里兰州安纳波利斯的亚历山大·弗拉格成立了非营利性的Trace国际基金，该组织可提供有关国外客户的腐败情况报告，也可对那些在麻烦之地开展经营的管理者进行培训。[一]我们非常赞赏这类做法。

5.6 文化对战略思考的影响

可以说，莱斯特·瑟罗（Lester Thurow）对文化如何影响管理者对商业战略的思考做了最明确的表述。[二]目前，其他人正在对他的思想进行更深入的研究。[三]莱斯特·瑟罗将英国、美国的“个人主义的”资本主义和日本、德国的“集体主义的”资本主义区分开来。在后两个国家，特别是日本，商业体系的特征是政府、管理层和员工之间的合作。然而，在英国，员工、管理层和政府的敌对关系更为普遍，这点在美国尤为突出。我们从霍夫斯泰德的研究结果中看到了这些的文化差异：在个人主义倾向方面，美国的得分为91，英国为89，德国为67，而日本为46。就零售商与供应商之间的跨国关系而言，不确定性规避与长期导向会导致公平重要性的增加，而权力距离会使公平重要性的轻微下降。[四]

我们在一项美国、德国和日本企业的绩效比较研究中也找到了这些差异的例证。[五]在低个人主义文化下，员工和管理层合作：在德国，企业董事会中有员工代表；在日本，管理层对员工福利负责。因为对日本和德国企业来说，员工的福利很重要，它们的销售利润更加稳定。美国式的解雇是要避免的。在个人主义的美国，员工 – 管理层的关系是敌对的，每一方

[一] See http://www.traceinternational.org.

[二] Lester Thurow, *Head to Head* (New York: William Morrow, 1992).

[三] Gordon Redding, "The Thick Description and Comparison of Societal Systems of Capitalism," *Journal of International Business Studies* 36, no. 2 (2005), pp. 123-155; Michael A. Witt and Gordon Redding, "Culture, Meaning, and Institutions: Executive Rationale in Germany and Japan," *Journal of International Business Studies* 40 (2009), pp. 859-885; Gerald Albaum, Julie Yu, Nila Wiese, Joel Herche, Felicitas Evangelista, and Brian Murphy, "Culture-Based Values and Management Style of Marketing Decision Makers in Six Western Pacific Rim Countries," *Journal of Global Marketing* 23, no. 2 (2010), pp. 139-151; Carlos M.P. Sousa, Emilio Ruzo, and Fernando Losada, "The Key Role of Managers' Values in Exporting: Influence on Customer Responsiveness and Export Performance," *Journal of International Marketing* 18, no. 2 (2010), pp. 1-19.

[四] Donald L. Lund, Lisa K. Scheer, and Irina V. Kozlenkova, "Culture's Impact on the Importance of Fairness in Interorganizational Relationships," *Journal of International Marketing* 21 (2013), pp. 21-43.

[五] Cathy Anterasian, John L. Graham, and R. Bruce Money, "Are U.S. Managers Superstitious about Market Share?" *Sloan Management Review* 37, no. 4 (1996), pp. 67-77.

都关心自己。所以，美国有破坏性的罢工和大规模的解雇，从而导致美国企业绩效的剧烈波动。研究发现，稳定性是全球投资者关心的核心指标之一。㊀

在21世纪初，美国所强调的竞争似乎是最好的方法。但是，重要的一点是回想亚当·斯密对竞争的论断中那个关键词——“常常”（frequently）。有必要在此重复，“通过追求个体的利益，一个人对社会利益的促进往往……”斯密用了“常常”（frequently），而不是“总是”（always）、“大多数时候”（most of the time），甚至也不是“经常”（often）。在经济繁荣期，一种竞争的个人主义的方式可以起到很好的效果。20世纪90年代后期，美国企业在日本和欧洲企业面前占统治地位。后者在全球信息经济中显得迟钝、保守、步履缓慢。然而，在衰退期，这种竞争文化可以说是可怕的事。㊁回想20世纪90年代和21世纪初，商业飞机市场不景气，波音公司的业绩波动和大量裁员对员工、当地社区以及股东都带来了损失。在经济大幅下降的2008 ~ 2009年，相比于美国企业，亚洲的企业并不采用解雇手段㊂，甚至反对把美国优秀的经营做法作为基准。这里有必要提及瑟罗和本领域其他学者所忽略的第四种文化中发现的关系。它区别于其他的特点是：它是一种更具有创业精神的方式，强调“关系”（一个人的私人联系网络），将关系视作企业间的协调原则。处于这种文化中的国家是高权力距离和低个人主义，由关系这个概念体现出的互惠性能很好地适应这种文化。此外，具有较低风险回避倾向的国家往往更具有创业精神（如中国），毕竟在这种文化下人们更愿意自己创业而不是去现有企业谋得一份工作。㊃

5.7 综合模式：关系导向文化和信息导向文化

对于研究国际营销而言，作为多维度概念的文化距离仍然很有用。㊄不过，不断有研究发现霍尔的高/低语境和霍夫斯泰德的个人主义/集体主义与权力距离有很强的联系。例如，低语境的美国文化在权力距离上得分相对低，在个人主义上得分高，而高语境的阿拉伯文化

㊀ Vincentiu Covrig, Sie Tin Lau, and Lilian Ng, “Do Domestic and Foreign Fund Managers Have Similar Preferences for Stock Characteristics? A Cross-Country Analysis,” *Journal of International Business Studies* 37 (2006), pp. 407-429.

㊁ For a deep description of “how ugly,” see Klien's *Shock Doctrine*.

㊂ Evan Ramsatd, “Koreans Take Pay Cuts to Stop Layoffs,” *The Wall Street Journal*, March 3, 2009.

㊃ Erkko Autio, Saurav Pathak, and Karl Wennberg, “Consequenses of Cultural Practices for Entrepreneurial Behaviors,” *Journal of International Business Studies* 44 (2013), pp. 334-362.

㊄ Heather Berry, Mauro F. Guillen, and Nan Zhou, “An Institutional Approach to Cross-National Distance,” *Journal of International Business Studies* 41, no. 9 (2010), pp. 1460-1480; Joanna Tochman Campbell, Lorraine Eden, and Stewart R. Miller, “Multinationals and Corporate Social Responsibility in Host Countries: Does Distance Matter?” *Journal of International Business Studies* 43, no. 1 (2012), pp. 84-106; Oded Shenkar, “Cultural Distance Revisited: Toward a More Rigorous Conceptualization and Measurement of Cultural Differences,” *Journal of International Business Studies* 43, no. 1 (2012), pp. 1-11; Oded Shenkar, “Beyond Cultural Distance: Switching to a Friction Lens in the Study of Cultural Differences,” *Journal of International Business Studies* 43, no.1 (2012), pp. 12-17; Srilata Zaheer, Margaret Spring Shomaker, and Lilach Nachum, “Distance without Direction: Restoring Credibility to a Much-Loved Construct,” *Journal of International Business Studies* 43, no. 1 (2012), pp. 18-27.

在权力距离上得分高，在个人主义上得分低。鉴于霍夫斯泰德是在霍尔的观点基础上通过大规模数据开发和表述出文化维度的，所以有这样的联系就不足为奇了。[㊀]事实上，高/低语境、个人主义和权力距离这三个维度的相关度高于 $r = 0.6$ 这个水平，这表明上面三个维度很大程度上是在测量同一个事物。[㊁]同样地，当我们将这三个维度与英语的语言距离和透明国际的腐败感觉指数相比较时，我们发现了全部五个维度间有类似水平的相关性。虽然没有考虑商业文化的其他维度，但还是可以区分出不同的文化模式（见表 5-3）。

表 5-3　文化维度的综合模式

信息导向（IO）	关系导向（RO）
低语境	高语境
个人主义	集体主义
低权力距离	高权力距离
贿赂不普遍	贿赂较普遍
与英语的语言距离小	与英语的语言距离大
语言直接	语言不直接
单一时间利用方式	多重时间利用方式
互联网	面对面
强调前景	强调背景
竞争	减少交易成本

注：我们发现新加坡、中国香港地区、日本和智利并不符合这里的全部规则。不过，大多数人仍然把这四者列为关系导向文化。

上面给出的模式并不是确定的，而只是提示性的。并非每一种文化都完全符合文化的每一个维度。可是，这一综合模式在很多方面是很有用的。首先，它为我们提供了一个简单的符合逻辑的方式，以思考在第 4 章和第 5 章里描述的很多文化差异。比如，美国文化是低语境、个人主义、低权力距离，而且明显与英语接近。贿赂不普遍，美国人是单一时间利用方式，语言直接，关注前景[㊂]，而且通过竞争达到效率。因此，美国在本书后面被归为信息导向文化。相应地，日本文化是高语境、集体主义、高权力距离，与英语相差远，贿赂较普遍，多种时间利用方式（部分），语言不直接，关注背景，日本文化通过降低交易成本来达到效率，所以基本上可以归为关系导向文化。所有这些都是事实，虽然美国和日本都是多人口和高收入国家。两种文化确实都实现了效率，但是实现途径不同。美国的商业系统运用竞争，而日本更多的是依靠降低交易成本。有趣的是，所谓的关系营销在美国以外的金砖四国（巴西、俄罗斯、印度和中国）似乎比在美国的效果要高出 55%。[㊃]

这一文化差异综合模式对管理最有用的方面是它使得我们可以对不熟悉的文化做出预

㊀ Hofstede, *Culture's Consequences*.

㊁ This continuum has also been labeled "social context salience" by H. Rika Houston and John L. Graham, "Culture and Corruption in International Markets: Implications for Policy Makers and Managers," *Consumption, Markets, and Culture* 4, no. 3 (2000), pp. 315-340.

㊂ Richard E. Nisbett, *The Geography of Thought* (New York: The Free Press, 2003).

㊃ Stephen A. Samaha, Joshua T. Beck, and Robert W. Palmatier, "The Role of Culture in International Relationship Marketing," *Journal of Marketing* 78 (2014), pp. 78-98.

测。如果管理者能这样做，那么就可以更好地管理风险。在跨文化环境下，这一文化差异综合模式很有效果。[⊖]参考三个可获得的指标可以为了解消费者和商业伙伴将如何行为与思考提供帮助。霍夫斯泰德提供了78个国家和地区的得分，我们已经将它们列在附录里面了。找到列表里的一个国家或地区，你就拥有了那个市场的一些信息。一个人可能猜想特立尼达（Trinidad）是信息导向文化，俄罗斯是关系导向文化，诸如此类。此外，语言距离（能被当作焦点使用的任一语言，不仅仅是英语）的衡量对每一个国家（或地区）或个人都是可行的。所以，我们会认为一个将日语作为第一语言的人更多的是关系导向的。

在本章结束之时，我们因一本重要的书——《文化的重要作用》（*Culture Matters*）[⊜]的出版而备受鼓舞。我们明确赞同这一标题所体现的含义。马克斯·韦伯和其他人在很久以前就提出了文化的广泛影响，我们希望这本书能重新激起人们这方面的兴趣。

本章小结

管理风格在世界各地千差万别。一些文化强调信息和竞争的重要性，而其他文化更多地关注关系和降低交易成本。然而，并没有简单的答案，唯一可靠的概括是：在他国工作的商务人员必须对商业环境敏感，并且在必要的时候必须愿意去调整。遗憾的是，想知道什么时候调整是必需的，并不总是容易的事；在一些情况下，调整是可有可无的，而某些时候调整实际上是不受欢迎的。了解你所进入的文化是计划的唯一可靠的基础。

经营行为很大程度上源于所在国的基本文化环境，由于受到各种文化和亚文化的影响，变得极为多样化。对环境因素的认识显著地影响着外国业务人员的态度、行为和观念。他们的动机模式一定程度上取决于其个人背景、在企业中的地位、权力来源以及个性。

各种各样的动机模式不可避免地会影响在不同国家的经营方式。在有些国家，营销者通过竞争谋取发展，而在另一些国家营销者却不遗余力地消除竞争。在有些国家推行集权化决策，而在另一些国家则实行分权化决策。接触程度、伦理取向、对谈判的看法以及经营活动的几乎各个方面都因国而异。国际营销者对经营行为的任何一个方面都不能想当然。

近年来涌现出来的国际经营者对不同文化间的差异似乎很敏感。当然仅有敏感是不够的，他们还应该时刻保持警觉，并能够在必要时做出调整。要知道，一个外国人无论在这个国家待多久，也成不了当地人；在许多国家，人们会一直把他当作外国人。最后，还要避免一个严重的错误：以为自己了解一种文化就会使得那种文化接受自己。

思考题

1. 解释本章标黑色的主要术语。
2. 试阐述“对外国文化仅做到能宽容是不够的，而且要能坚定地奉行‘不同的但又是平等的’

⊖ C. Lakshman, "Bicultural and Attributional Complexity: Cross-cultural Leadership Effectiveness," *Journal of International Business Studies* 44 (2013), pp. 922-940.

⊜ Lawrence I. Harrison and Samuel P. Huntington (eds.), *Culture Matters* (New York: Basic Books, 2000).

观念”。

3. 试评述“我们还必须记住，在当今面向企业的世界经济下，文化本身正受到经营活动和经营实践的深刻影响”。
4. 试解释“在与外国企业打交道时，营销者必须特别关注外国管理者的种种不同目标和志向”。
5. 试建议在赴境外商务旅行前应该做些什么准备，以便应付在国外可能碰到的独特的商业惯例。
6. 一个国家的商业惯例和这个国家的文化习俗有着密切的联系，在什么情况下，这两个方面会出现一致？在什么情况下，这两个方面会出现不一致？如何识别相同点和不同点？
7. 用国外和国内的事例举例说明文化的强迫性、选择性和排他性，并说明所举实例为什么符合你所选择的类型。
8. 比较各种社会中最高管理层的权威作用，对权威的不同观点是如何影响营销活动的？
9. 比较各种社会中最高管理层的志向模式，对志向模式的不同观点是如何影响营销活动的？
10. 近年来不断增多的国际商务活动对各国的商业惯例会有什么影响？
11. 采访一些外国留学生，问问他们第一次来到这个国家时所感受到的种种文化冲击是什么？
12. 区分个人所有制和家族所有制及分散决策和委员会或集体决策。
13. 一个客户经营规模的大小是如何影响其经营行为的？
14. 比较国际经营中的三种决策方式。
15. 试说明商业惯例影响竞争结构的不同方式。
16. 为什么说“企业经营者必须意识到商业惯例的重要性”这一点很重要？
17. 关系导向文化的人与信息导向文化的人交往时应注意些什么？
18. 政治贿赂是一个问题，面临行贿时，你会怎么办？如果不行贿，你将失去一个价值1 000万美元的合同，你将怎么做？
19. 区分收买和打点及索贿和行贿。
20. 辨析单一时间利用方式和多种时间利用方式。
21. 讨论在守约的观念上，采用单一时间利用方式的人和采用多种时间利用方式的人有何不同？
22. 如何理解“法律是对被社会认为是不道德和不负责任的过去行为的规范”这句话？
23. 区分对与错的三个道德原则是什么？并加以说明。
24. 访问“透明国际”网页（http://www.transparency.de/）。看看表5-3和表5-4中的CPI指数发生了什么变化。搜寻透明国际数据库，解释为什么会发生这些变化。
25. 试讨论把“法律不是万能的”观念作为伦理行为基础的利弊。
26. 试讨论“公司网站的首页是公司的门面，在范围上应该是全方位的”。访问若干主要跨国公司的网站，并对它们面向全球的“门面”做出评价。
27. 访问壳牌公司（www.shell.com）和耐克公司（www.nikebiz.com）的网站，试比较它们的公司价值观陈述，它们各自提到了哪些重要方面？你认为这样的陈述对管理者做出合乎伦理的决策是否有指导作用？
28. 去你喜欢的有关网站，寻找关于耐克公司违反人权的文章。就耐克公司的价值观陈述和被指责违反人权问题写一篇短文。

附录 5A 国家或地区的指标得分

国家或地区	权力距离	不确定性规避	个人主义 / 集体主义	男性化 / 女性化	长期 – 短期导向	第一语言	与英语的距离
阿根廷	49	86	46	56		西班牙语	3
澳大利亚	36	51	90	61	31	英语	0
其中土著居民	80	128	89	22	10	澳大利亚语	7
奥地利	11	70	55	79	31	德语	1
孟加拉国	80	60	20	55	40	孟加拉语	3
比利时	65	94	75	54	38	荷兰语	1
荷兰语居民	61	97	78	43		荷兰语	1
法语居民	67	93	72	60		法语	3
巴西	69	76	38	49	65	葡萄牙语	3
保加利亚	70	85	30	40		保加利亚语	3
加拿大	39	48	80	52	23	英语	0
其中法语居民	54	60	73	45	30	法语	3
智利	63	86	23	28		西班牙语	3
中国大陆	80	30	20	66	118	汉语	6
哥伦比亚	67	80	13	64		西班牙语	3
哥斯达黎加	35	86	15	21		西班牙语	3
捷克共和国	57	74	58	57	13	捷克语	3
丹麦	18	23	74	16	46	丹麦语	1
厄瓜多尔	78	67	8	63		西班牙语	3
爱沙尼亚	40	60	60	30		爱沙尼亚语	4
芬兰	33	59	63	26	41	芬兰语	4
法国	68	86	71	43	39	法语	3
德国	35	65	67	66	31	德语	1
英国	35	35	89	66	25	英语	0
希腊	60	112	35	57		希腊语	3
危地马拉	95	101	6	37		西班牙语	3
中国香港	68	29	25	57	96	汉语	6
匈牙利	46	82	80	88	50	匈牙利语	4
印度	77	40	48	56	61	德拉维语	3
印度尼西亚	78	48	14	46		印尼语	7
伊朗	58	59	41	43		波斯语	3
爱尔兰	28	35	70	68	43	英语	0
以色列	13	81	54	47		希伯来语	5
意大利	50	75	76	70	34	意大利语	3
牙买加	45	13	39	68		英语	0
日本	54	92	46	95	80	日语	4
韩国	60	85	18	39	75	韩语	4
卢森堡	40	70	60	50		卢森堡语	1
马来西亚	104	36	26	50		马来语	7
马耳他	56	96	59	47		马耳他语	5

（续）

国家或地区	权力距离	不确定性规避	个人主义/集体主义	男性化/女性化	长期－短期导向	第一语言	与英语的距离
墨西哥	81	82	30	69		西班牙语	3
摩洛哥	70	68	46	53		阿拉伯语	5
荷兰	38	53	80	14	44	荷兰语	1
新西兰	22	49	79	58	30	英语	0
挪威	31	50	69	8	44	挪威语	1
巴基斯坦	55	70	14	50	0	乌尔多语	3
巴拿马	95	86	11	44		西班牙语	3
秘鲁	64	87	16	42		西班牙语	3
菲律宾	94	44	32	64	19	塔加洛语	7
波兰	68	93	60	64	32	波兰语	3
葡萄牙	63	104	27	31	30	葡萄牙语	3
罗马尼亚	90	90	30	42		罗马尼亚语	3
俄罗斯	93	95	39	36		俄语	3
萨尔瓦多	66	94	19	40		西班牙语	3
新加坡	74	8	20	48	48	汉语	6
斯洛伐克	104	51	52	110	38	斯洛伐克语	3
南非	49	49	65	63		南非荷兰语	1
西班牙	57	86	51	42	19	西班牙语	3
苏里南	85	92	47	37		荷兰语	1
瑞典	31	29	71	5	33	瑞典语	1
瑞士	34	58	68	70	40	德语	1
其中德语居民	26	56	69	72		德语	1
其中法语居民	70	70	64	58		法语	3
中国台湾	58	69	17	45	87	汉语	6
泰国	64	64	20	34	56	泰语	7
特立尼达	47	55	16	58		英语	0
土耳其	66	85	37	45		土耳其语	4
美国	40	46	91	62	29	英语	0
乌拉圭	61	100	36	38		西班牙语	3
委内瑞拉	81	76	12	73		西班牙语	3
越南	70	30	20	40	80	越南语	7
前南斯拉夫 总体	76	88	27	21		塞尔维亚－克罗地亚语	3
克罗地亚	73	80	33	40	80	塞尔维亚－克罗地亚语	3
塞尔维亚	86	92	25	43		塞尔维亚－克罗地亚语	3
斯洛文尼亚	71	88	27	19		斯洛文尼亚语	3
阿拉伯国家	80	80	38	53		阿拉伯语	5
东非	64	64	27	41	25		8
西非	77	77	30	46	16		8

第6章

Chapter6

政治环境：一个关键问题

学习目标

通过本章学习，应能把握：

- 国家主权的含义及其对政府政策稳定性的影响
- 政府类型、政党、民族主义、针对性的恐惧/仇恨以及贸易争端对国外营销环境的影响
- 全球经营的政治风险以及影响经营稳定的因素
- 政治制度对国际营销的重要性及其对外国投资的影响
- 政治与社会活动分子、暴力和恐怖主义对国际商务的影响
- 如何评估和降低政治脆弱性
- 政府如何激励外国投资

全球视角

失常的世界贸易

政治当局的震怒伤害的不是金吉达香蕉，而是产自意大利的帕尔玛火腿、法国的手袋、德国的香皂和沐浴露。在有关的争端中，由于欧盟关于进口香蕉的规则有利于加勒比海香蕉而不利于拉美香蕉，因此美国政府决定报复，对上述产品以及从欧洲进口的其他多种产品全都征收100%的惩罚性关税。必须记住的是，美国本身并不出口香蕉，但在过去7年里，美国发动了一场贸易大战，使得大西洋两岸的无数小企业蒙受了数以百万美元计的损失。怎么会这样的呢？你不禁要问。全因为政治需要，这就是原因。

以雷哈公司（Reha Enterprises）这家小公司为例，该公司出售从德国进口的沐浴露、香皂及其他产品。该公司最畅销的药效泡沫浴液的进口关税本来只有5%，后来被提高到了100%。在6个月期间，该公司交纳的关税由原先的1 851美元猛增到37 783美元，增长了1 941%。这对一家年销售额不足百万美元的小公司来说，简直是灭顶之灾。当雷哈公司风闻即将爆发“香蕉大战”时，到处打电话，给它支持的众议员打，给参议员打，也给美国贸易代表署打。可是在它向贸易代表署倾倒苦水时，美国贸易代表深感惊讶。“他们感到惊讶的是我怎么仍然在进口，”因为他们以为高额的关税将会扼杀整个行业。那就是他们的意图，当然也意味着把雷哈公司杀死。

事实上，有关人员告诉雷哈公司，它会卷入这场贸易大战，全都是因为自己的错。它应该像吉列和美泰那样，参加华盛顿的听证会，那样它的产品也许就会和吉列与美泰的产品一样，从目标名单中被划掉。从服装到炉子，再到圣诞饰物、洋娃娃、圆珠笔，有几十种欧洲产品本是要征收惩罚性关税的，后来却逃脱了。大公司、贸易集团以及国会议员的强力游说使得大部分受到威胁的产品从名单上被划掉。美国贸易代表署曾在出版的《联邦纪事》上刊登出目标名单，邀请有关公司作证。不幸的是，雷哈公司不读《联邦纪事》。

有人告诉雷哈公司，在这种情况下，它本应当到华盛顿雇一名说客，以了解内情。主意不错，不过对一家年销售额不足百万美元的公司来说，却没有什么意义。美国贸易代表署的一位官员曾私下建议其更改发票上的海关货号，从而使进口的货物看上去不在征收高额关税之列。当然，如果被抓住，它将受到巨额罚款，甚至坐牢。欧洲的小公司也面临同样的难题，高额的关税使它们的出口逐渐枯竭。

这场香蕉战究竟是如何展开的呢？欧盟确定了配额和关税，对由欧洲公司经销的来自加勒比海和非洲的前欧洲殖民地国家的香蕉有利，而对由美国公司经销的来自拉美的香蕉不利。金吉列国际品牌公司（Chiquita Brands International）和都乐食品公司（Dole Food Company）抱怨说欧盟的“非法贸易壁垒”使得它们每年在欧洲遭受5.2亿美元的损失，请求美国政府给予帮助。美国政府赞同两家公司的说法，认为不公平的贸易壁垒正使得它们受到伤害，同意对从欧洲进口的一些商品征收100%的惩罚性关税。巧的是金吉列品牌每年的竞选捐款从1991年的约4万美元，猛增到1998年的130万美元。

最终这一争端的解决方式是对拉丁美洲的香蕉征收高额关税，对欧洲前殖民地的香蕉实施配额制，不再征收关税，但是由香蕉案而引起的摩擦仍在继续。最近，争端已经转移到香蕉的弯曲度问题上，即拉美的香蕉又长又直，而无关税国家的香蕉却又短又弯。承运商和经销商皆不喜欢后者，这种香蕉既无法摆放整齐又占用空间，至今依然不能为人们所钟爱。并且，欧洲经济委员会采纳了一项新政策：香蕉要避免“不正常的弯曲度”。弯香蕉的生产商便以不再遵守整个协议相威胁。2007年前后，所有相关方都认为此事前景不容乐观。

不管怎样，结局并不圆满。2009年，经在日内瓦进行马拉松式的多轮会谈，历时16年的香蕉贸易纷争终于告一段落：对于美国公司在拉丁美洲种植的香蕉，欧盟降低了进口关税。事情也有了一个尾声。金吉列已经成了巴西的一个品牌。来自南美的两个投资者以7.42亿美元的价格购买了美国公司。

资料来源：“U.S. Sets Import Tariffs in Largest Salvo in Ongoing Battle over Banana Trade,” *Minneapolis Star Tribune*, March 4, 1999; Timonthy Dove, “Hit by a $200 000 Bill from the Blue,” *Time*, February 7, 2000, p. 54; Geneva Agreement on Trade in Bananas, signed May 31, 2010, http://www.ec.europa.eu.; “Chiquita's Top Banana? Two Brazilians Win Bid,” *Associated Press*, October 27, 2014, online.

公司不论大小，也不论是国内公司还是国际公司，在经营中都必须考虑其经营所在国的政治环境的影响。国际经营中不可否认且又十分关键的现实问题之一就是，东道国政府与母国政府都是构成国际经营整体的合作伙伴。政府对环境做出的反应通常是制定并执行政府认为必要的政策，旨在解决特定环境所引发的问题。如何结合本国的资源状况及政治观点，最大限度地保护本国利益，是政府所关心的焦点并反映在政府的政策之中。政府可以根据自己的意愿，通过对公司经营活动的鼓励、支持或打击、禁止、限制等方式，来控制和限制公司的经营活动。

国际法赋予国家这样的主权，即它可以允许或禁止公司或个人在其境内从事经营活动，控制其国民经营的地域范围。因此，国家的政治环境是国际营销者必须关心的重要问题。本章将考察评价全球市场时所必须考虑的一些非常突出的政治因素。

6.1 国家主权

在国际法中，主权国家是独立的，不受任何外来力量的控制；主权国家与其他国家享有完全平等的法律地位；主权国家管辖自己的领土，选择自己的政治、经济与社会制度；有权与其他国家签订条约。**主权**（sovereignty）包括两个方面的内容：一是指在对外关系中行使的权力；二是指对其国民所行使的至高无上的权力。[⊖]主权国家规定公民的权利与义务，确定其地理疆界，控制贸易以及人员与货物的跨境流动。另外，即便在境外，公民也应遵守本国的法律。正因为将国内法律沿用至国外，所以才在国际经营中造成了许多冲突，尤其当另一个国家认为主权受到伤害之时，情况更是如此。

为了与其他国家和平共处，世界各国不仅能够而且也确实会在主权的某些具体方面做出让步。例如，自愿加入欧盟、北美自由贸易区、北大西洋公约组织和世界贸易组织的国家或地区，为了共同互利的目标，与其他成员方一起自愿放弃本国或地区的一些权利。为了在2009年4月达成“抛弃保护主义”的重要协议，G20各国首脑在国家主权方面都多多少少做了些让步，当时经济正处于2009年最萧条时机，世界贸易下降了12%以上。正是对大萧条的惨痛回忆，才促使形成这一值得庆贺的决定。

当一个国家同意放弃部分主权时，常常会担心放弃的权利过多。当然，许多希腊人对于欧盟和其他国际组织在2012年强制要求的紧缩措施很不满。[⊜]有些国家就把世界贸易组织看作对国家主权的最大威胁。世界贸易组织成员方全都声明要遵守国际公约和仲裁程序，而这两者却可能违背其国内法律，对其公民产生深远影响，所以加入世界贸易组织就意味着国家主权必然要遭受一定程度上的损失。美国和欧洲在有关欧洲拒绝下调关税和取消配额的香蕉贸易战中，所涉及的问题之一就是国家主权（参见本章“全球视角”）。有关批评认为美国在与韩国和秘鲁的自由贸易协定中损失了太多主权。

外国投资也会被看作对国家主权的一种威胁，从而成为一些反对集团的战斗口号。2008年，美国银行因为国内抵押贷款崩溃之际，诱使国外一批投资者的巨额资金涌入美国。美国政客特别不欢迎这种被称为“主权财富基金”的资金，因为这意味着由他国控制的巨大资金

⊖ For those interested in learning more about the concept of sovereignty, see Stephen D. Krasner (ed.), *Problematic Sovereignty* (New York: Columbia University Press, 2001).

⊜ Niki Kitsantonis and Rachel Donadi, “As Europe Seeks More, Divisions Rise in Greece over New Austerity Plan,” *The New York Times*, February 10, 2012.

将投资于美国。

可笑的是，美国人竟然批评墨西哥政府阻碍美国的同类型资金进入该国。比如，为了满足电力需求并完善超负荷的电力输送网络，墨西哥急需大量的私人投资。为此，墨西哥政府与一家比利时公司达成了建造发电厂的协议，该公司可避开政府对电力市场的垄断规定而直接向大型的墨西哥制造企业出售电力。然而，墨西哥宪法禁止私人拥有公共事业部门，如要得到豁免，那么就需得到立法部门 2/3 的同意票。因为墨西哥革命制度党将进入墨西哥受保护的能源行业的企图看作对墨西哥国家主权的践踏，所以否决了这一协议。这充分说明了这样一个事实，即在评估企业的经营环境时，国家主权是一个关键性问题。

6.2 政府政策的稳定性

一个稳定、友好的政府是跨国公司所希望的理想的政治环境。遗憾的是，政府并非总是友好、稳定的，友好、稳定的政府也不会永远不变。反对党上台所引发的政府管理理念的剧变、民族主义分子及利益集团所施加的压力、经济环境的恶化、对外国投资的偏见以及政府间的冲突等问题都会影响政府的稳定。由于各国对外国企业评价的标准不同，因此必须将各国政府的友好与稳定程度作为一种现行的商业惯例加以评价。

现行政府政策是否稳定是外国经营者最为关心的政治因素。政府也许会更换，新的政党也许会上台，但是不管哪个政府执政，跨国公司所关心的是法规或行为准则的连续性，以及依法治国的延续。无论通过选举还是政变，政府的更换并不总是意味着政治风险程度的变化。例如，第二次世界大战结束至今，意大利已经产生了 50 多届政府。尽管意大利的政治动荡不已，但商业活动正常进行。相反，即使是最稳定的政府，其对外国企业的政策也会发生巨变。

一些非洲国家连年战火，边境争端不断，军政府残酷压迫，政局极不稳定。即使是相对稳定和繁荣的肯尼亚,2008 年也成了政治暴力的受害者，该国经济增长被严重阻断。五年中，塞拉利昂政府已三易其主。最近一次政变结束了该国短暂的民主试验。政变不久，内战爆发，联合国维和部队不得不进行维和行动。中非则是世界上政局最不稳定的地区之一，有七个国家卷入了当地种族之间的战争。非洲正陷入恶性循环之中。非洲国家要想繁荣，必须依靠外国投资。然而外国投资却对政局不稳的国家心存疑虑，而政局不稳正是非洲的写照。[㊀]世界银行最近所做的一项研究表明，撒哈拉以南的 47 个非洲国家每年吸引的外国直接投资不足 20 亿美元，大约是墨西哥这样的发展中国家所吸引的外资的 1/10。

倘若有利可图，倘若允许经营，那么，只要一个国家的政局可以预见，能够长期保持稳定，无论是何种形式的政府，跨国公司都愿意在那里开展业务。在苏联解体的前几年，百事公司就与苏联开展了一项对销交易，利润非常可观。百事公司用糖浆换取苏联的伏特加酒，此举还避免了当时合法却复杂的财务交易。[㊁]

㊀ Visit http://www.eiu.com for abstracts of the Economist Intelligence Unit's country reports of current political and economic data. Some information on this site is available for a fee only, but other sources are free.

㊁ Visit the Pepsi website in Russia for a history of Pepsi in Russia, Pepsi advertising in Russia, and other information: http://www.pepsi.ru.

就像在苏联与墨西哥一样，社会经济与政治环境迟早会发生变化。在国际市场上，主要有以下五种不稳定的政治因素：①政府形式固有的不稳定性；②在选举过程中，政党更迭会对商业条件造成影响；③民族主义；④针对具体国家的仇恨；⑤贸易争端。

6.2.1 政府的形式

大约在公元前500年，古希腊人设计了三种基本的政府形式并做了评论：一人统治、少数统治和多数统治。今天我们与之对应的术语是君主政治（或独裁政治）、贵族政治（或寡头政治）以及民主政治。在同一时期，波斯帝国的居鲁士大帝（Cyrus the Great）宣称：政府为人民，而非人民为政府，大多数现代国家把这一理念引入宪法。大约到了1990年，世界范围内普遍认为，要解决始于亚里士多德和居鲁士时代的政府批判，实行资本主义民主是最佳方案。[㊀]

因此，在全世界200多个主权国家中，几乎每个国家都是由18岁以上的公民普选而产生的代表政府。世界上10%的国家要求实行选举，剩下的则采用自愿原则。有少数国家的选举权规定与众不同：在玻利维亚，已婚者18岁即可行使选举权，但是单身则要到21岁；在秘鲁，警察和部队人员不能行使选举权；在克罗地亚，有正当工作者16岁就具有选举权；在黎巴嫩，虽然所有男性都具有选举权，但是女性则需具备基础教育水平以上方可行使选举权；沙特阿拉伯则剥夺了妇女的选举权。表6-1列出的一些代表性国家，它们目前正在采取不同措施以实现传统意义上的代表民主。然而，像尼日利亚、肯尼亚、孟加拉国、委内瑞拉、格鲁吉亚以及吉尔吉斯斯坦等国却明显地背离了民主的正途，正滑向独裁的深渊。事实上，根据Heritage基金的报告，因受2008～2009年经济刺激的巨大影响，美国的“经济自由”出现了大幅下降。[㊁]同时，我们也见证了世界上最伟大的政治经济改革实验：俄罗斯的体制巨变与中国的社会主义改革。[㊂]

表6-1 代表性政府的形式

国 家	政府形式
阿富汗	伊斯兰共和制
白俄罗斯	总统制共和制
波斯尼亚和黑塞哥维那	新兴的联邦民主共和制
缅甸	军事集团
加拿大	同盟与议会民主
中国	社会主义国家
刚果民主共和国	半总统共和制
古巴	社会主义国家
伊朗	政教共和制

㊀ Francis Fukuyama, *The End of History and the Last Man* (New York: The Free Press, 1992).

㊁ Terry Miller, “The U.S. Isn’t as Free as It Used to Be,” *The Wall Street Journal*, January 20, 2010, p. A17.

㊂ Brian Bremmer, “The Dragon’s Way or the Tiger’s?” *BusinessWeek*, November 20, 2006, pp. 55-62; N. Mark Lam and John L. Graham, *Doing Business in China Now, The World’s Most Dynamic Market* (New York: McGraw-Hill, 2007).

（续）

国 家	政府形式
利比亚	过渡政府
朝鲜	社会主义国家
沙特阿拉伯	君主制
索马里	没有永久的国家政府，过渡的议会联邦政府
苏丹	国民议会党控制的联邦共和制，该党于1989年通过军事政变而取得权力；自2005年以来，国民统一政府把部分政府职位留给南部苏丹的苏丹人民解放运动；不过，该政府在南苏丹独立后被解散
英国	君主立宪制
美国	联邦共和立宪制
乌兹别克斯坦	共和制
越南	社会主义国家

资料来源：http://www.cia.gov/cia/publications/factbook/, 2012.

6.2.2 政党

对世界绝大多数国家来说，营销者了解该国各主要政党的政治观点显得尤为重要，因为其中任何一种政治观点都有可能取得支配地位，并有可能改变现行的观点和整个商业环境。[⊖]在两党轮流执政的国家，了解每一政党可能选择的路线非常重要。譬如在英国，历史上工党与保守党相比，对外贸的限制往往更为严格。工党上台，则会限制进口；保守党执政，则倾向于放开对外贸易。所以，只要是在英国，保守党的自由贸易政策与工党的贸易限制政策往往是你方唱罢我登场，这全在外国公司的意料之中。当然，在美国，民主党控制的国会不愿意批准共和党政府谈判达成的自由贸易协议。即便如此，奥巴马总统在2011年通过了与韩国、哥伦比亚和巴拿马的协议。[⊜]

任何精明的国际营销者都必须了解政治舞台的方方面面，才能对政治环境了如指掌。无论出于何种原因，政府政策倘若朝令夕改，前后差别巨大，都会阻碍投资。总之，从市场潜力角度来看，测评一个国家当前的政治观点及态度对考察政府的稳定性与吸引力显得十分重要。

6.2.3 民族主义

世界各国或多或少存在的经济和文化民族主义是评价商业环境的又一重要因素。**民族主义**（nationalism）是一种强烈的民族自豪感与团结心，是人民对祖国的一种自豪感。这种自豪感可能带有排斥外国企业的偏见，即使不竭力赞成但也会支持对外国企业进行干预和控制。经济民族主义的中心目标之一是维护本国经济的独立性，因为广大国民认为维护国家主权与他们的自身利益是一致的。换言之，民族利益与安全比国际利益与安全更为重要。

民族主义情绪的表现形式多种多样，包括号召人民“只买国货”（例如“只买美国货”）、限制进口、限制性关税以及其他贸易壁垒。民族主义常常使人们以怀疑的目光看待外国投

⊖ Paul M. Vaaler, Burkhard N. Schrage, and Steven A. Block, “Counting the Investor Vote: Political Business Cycle Effects on Sovereign Bond Spreads in Developing Countries,” *Journal of International Business Studies* 36, no. 1 (2005), pp. 62-88.

⊜ Jim Abrams, “Obama Signs 3 Trade Deals, Biggest since NAFTA,” *Associated Press*, October 21, 2011.

资，从而使外国投资成为严格审查与控制的目标。一般地，如果一国感到外来力量的威胁越大，那么反对侵略、保护自己的民族主义情绪就越高涨。

第二次世界大战结束以来，许多新的国家宣布成立，另有其他许多国家则争取经济独立，武装民族主义大行其道。在世界上的一些地区，征用外国公司、实行限制性的投资政策以及工业国有化等做法一度非常普遍。也就是在这一时期，印度对外国投资进行严格限制，以至于可口可乐公司、IBM 及其他许多公司宁愿撤离印度，也不愿身处充满敌意的、不稳定的经济环境之中。在许多拉丁美洲国家中，类似的民族主义态度也一度流行，导致外国投资被征用甚至被没收。

到了 20 世纪 80 年代后期，武装民族主义得到平息。一度被视为威胁经济发展的外国投资者，如今却常常被看作一种投资来源而成为人们追逐的目标。民族主义随环境和态度的变化而消长，今天受欢迎的外国公司明天却有可能受到干预，反之亦然。

尽管武装的经济民族主义势力已经衰落，但即使在经济最繁荣的国家，也仍然存在着民族主义的情绪。当美国谈判者迫使日本进口更多的大米以帮助平衡两国间的贸易差额时，这种情绪上升到了一个新的高度。自给自足、自尊及维护农民利益，这些在日本根深蒂固的观念使得日本几年来一直拒不让步。只是当日本大米歉收后，日本才暂时放宽对大米进口的限制。即便如此，所有进口的外国大米必须掺进日产大米，方可出售。

跨越国界 6-1

可口可乐杀回，配方仍为秘方

近 100 年来，生产可口可乐的配方一直严加保密。后来印度政府命令可口可乐公司公开其配方，否则必须停止在印度的经营活动。据说一种名为 7-X 的秘密成分使得可口可乐独具风味。印度工业部长告知印度国会，可口可乐在印度的分公司必须将其 60% 的股权转让给印度人，并在 1978 年 4 月前交出其生产技术，否则就必须关门。

虽然可口可乐在印度的销量在其全球销量中不足 1%，但是一个拥有 8 亿人口的潜在市场是巨大的。在印度，可口可乐一度货源充足，凡人口在 5 万人以上的印度城镇，可乐就像瓶装饮用水一样普及。自从印度政府拒绝让可口可乐公司进口所必需的原料，可口可乐只得打道回府。那位工业部长宣称可口可乐在印度的活动“提供了一个经典范例，说明了跨国公司如何在发展中国只顾获取高收益却不关心对国计民生领域进行投资，如何取得迅猛发展，如何玩弄弱小的本地工业”。

16 年以后，随着印度对外国投资态度的改变，可口可乐重新进入了该国市场，但这回却不再需要公布其配方。在可口可乐被驱逐的 16 年间，百事可乐打入了印度市场并获得 26% 的市场份额。不用担心，这两家公司均有巨大的发展潜力，这是因为印度人年均可乐消费量仅为 3 瓶 8 盎司[⊖]装可乐，巴基斯坦人则约为 12 瓶，而墨西哥人为 500 瓶以上。为了防止将来因为政治原因而受到伤害，可口可乐公司将其印度罐装分公司的 49% 的股份出售给机构投资者和员工。既然印度政府希望印度人部分拥有可口可乐在当地的分公司，它希望此

⊖ 1 盎司 = 28.35 克。——译者注

举能够摆平印度政府。换句话说，可口可乐公司采取措施让其下属公司实行本地化。

但是，印度市场情况依然严峻。尽管在收入和利润方面实现了全球性普遍反弹，但最近发生在印度的水质争端、国内价格竞争、对杀虫剂的恐惧以及清凉气候给可乐销售带来了不利影响。在可乐公司以“Shocker”品牌首次进入印度能量饮料市场失败后，可乐公司不会放弃，会再次尝试。最近，可乐公司一直在从马来西亚进口 Burn 能量饮料。近来该公司已获准在印度生产 Burn 能量饮料。

资料来源：Craig Simons, “India Coke Plant Still Closed as Water Woes Argued,” *Atlanta Journal-Constitution*, December 16, 2007, p. F1; “Coke India Chief Bullish on India Becoming Top 5 Global Market,” *Asia Pulse*, January 15, 2008; “Coca-Cola: A Second Shot at Energy Drinks,” *MarketWatch: Global Round-Up*, January 2010, p. 39; Sounak Mitra, “Coke Gets Nod to Produce Energy Drinks in India,” *Business Standard*, August 30, 2012, online.

6.2.4 针对性恐惧和仇恨

对于营销者来说，厘清民族主义和针对性仇恨的概念尤为重要。民族主义是对所有其他国家的敌意，而后者是针对某个具体国家的仇恨。20 世纪 80 年代末 90 年代初，丰田公司就因为混淆这两个概念而在美国犯下了错误。由于日系轿车在美国的销量下滑，丰田公司便设计并实施了一场针对美国民族主义的广告运动。然而，民族主义明显不是问题所在，因为德系车的销量并没有出现下滑现象。“美国人对日本的恐惧”才是对这一问题的正确界定。事实上，当时美国人的确认为来自日本的经济威胁远胜于苏联的军事威胁。因此，当丰田公司花了数百万美元做广告来向美国人证明：丰田车是在肯塔基州的一家工厂由美国人制造的。美国人却认为日本正在“殖民”美国，这可能加剧了美国人的恐惧感。

《世界不是商品》《谁在杀害法国》《美国的策略》以及《不用了，山姆大叔》等在法国的畅销书都体现了法国人对美国的仇恨。在一个热衷美国电影、喜食美式快餐、迷恋美国肥皂剧、到美国的沃尔玛超市去购物的国家，产生这种态度似乎有些不可思议。但是无论国家仇恨的根源何在，它的确是政治环境中的一个重要因素。美国也未能幸免于这一类针对性的消极影响。因美伊战争所产生的裂痕导致美法双方关系交恶，并引发了美国消费者强烈抵制法国酒、法国奶酪，甚至还包括美国人主观认为的法国产商品。这种抵制行为愈演愈烈，以至于生产芥末的 French’s 公司只好召开新闻发布会声明：“本公司是由一名叫 French 的美国人所创办的美国公司”。很明显，如果认为本国在社会、文化、经济及政治上受到威胁，且不论它多么安全，没有一个国家能容忍外国公司打入其市场与经济。

6.2.5 贸易争端

最后一点，正如本章开头我们所探讨的经典香蕉案一样，小范围的贸易争端本身就有可能激起更广范围的国际市场摩擦。2015 年的贸易争端有：太阳能电池板、互联网贸易、钢铁、对俄罗斯的贸易制裁、发达国家的农业补贴以及空中客车与波音之间长期形成的补贴之争。任何一个争端都有可能引发争吵以致影响国际贸易的其他方面，但在写作本书之际，争端各方都能保持克制并能按照 WTO 的程序来解决争端。

6.3 全球经营的政治风险[⊖]

在增强全球经营风险的诸多政府行为中，主权、政治观点差异及民族主义问题最为显著。这种政治风险有大有小，范围很广，包括最严重的财产没收到众多不太严重但仍十分重要的政府法规和条例，如直接影响经营活动业绩的外汇管制、进口限制与价格管制等。尽管社会或政治活动组织的观点也许得不到官方的赞许，但是它们能够促使政府采取行动，从而对经营造成伤害。在所有政治风险中，最为严重的是这样一些行为：不论是否得到了充分的补偿，公司必须将股权转让给政府。

6.3.1 没收、征用和本土化

最严重的政治风险为**没收**（confiscation），即无偿占有公司的财产。最近两次美国财产遭没收的著名案例发生在卡斯特罗成为古巴领导人以及后来的伊朗国王被推翻之时。20 世纪五六十年代，许多欠发达国家或地区将没收这种虽然没有法律效力的手段当作经济增长的工具，这样没收成了当时的一种普遍做法。

征用（expropriation）的风险虽比不上没收，但也相当严重。征用要求政府对其所占有的投资进行一定的补偿。例如，委内瑞拉政府于 2008 年按协商价格征用了墨西哥在委内瑞拉的公司 CEMEX 集团。被征用的投资通常被收归国有，即成为国家经营的实体。第三种类型的风险为**本土化**（domestication）。本土化是指东道国通过制定一系列政府法令，规定公司管理中的当地所有权比例或更多的东道国参与要求，逐步将外国投资置于东道国控制之下，收归国有。本土化的最终目的就是与本土化之前相比，要迫使外国投资者将更多的产权与管理权交给本国国民。

没收与征用不仅不能迅速促进经济的发展，反而易使收归国有的企业变得效率低下，技术薄弱，在国际市场上缺乏竞争力。在过去的 10 年里，没收与征用的风险已经减小（除了拉丁美洲国家，尤其是委内瑞拉），这是因为经验表明，在政府接管后，真正能实现其目标的寥寥无几。如今，政府常常要求潜在投资者进行合资合作，使用当地原料，签订劳工协议和进行出口销售，以此作为进入的条件。作为投资的条件，公司必须实施本土化。

随着整个世界经济的相互依赖度的不断提高，由于韩国、新加坡等一些国家或地区的经济成功都显然与外国投资紧密相连，所以世界各国如今都将外国投资看作经济增长的手段。一些国家几年前还限制或禁止外国投资，现在则纷纷将外国投资者作为急需的资本和技术来

⊖ An excellent discussion of a variety of issues regarding political risk can be found in the *Journal of International Business Studies* 41, no. 5 (2010), pp. 759-860. See in particular the following articles: Witold J. Henisz, Edward D. Manisfield, and Mary Ann Von Glinow, " Conflict, Security, and Political Risk: International Business in Challenging Times " ; Quan Li and Tatiana Vashchilko, " Dyadic Military Conflict, Security Alliances, and Bilateral FDI Flows " ; Reid W. Click and Robert J. Weiner, " Resource Nationalism Meets the Market: Political Risk and the Value of Petroleum Reserves " ; Oana Branzei and Samer Abdelnour, " Another Day, Another Dollar: Enterprise Resilience under Terrorism in Developing Countries " ; Michael R. Czinkota, Gary Knight, Peter W. Liesch, and John Steen, " Terrorism and International Business: A Research Agenda " ; and Walid Hejazi and Eric Santor, " Foreign Asset Risk Exposure, DOI, and Performance: An Analysis of Canadian Banks. "

源方而努力争取。另外，这些国家已经开始对电信、广播电视、航空公司、银行及其他国有公司进行私有化改造，以此来增强竞争力和吸引外资。

私有化有许多优点。例如，在墨西哥，国家电话公司一经私有化，几乎立即就带来了流动资金，政府因出售国有电话公司以及私人部门对新的通信系统的投入而获得数亿美元的急需资金。同样的事情也在巴西、阿根廷、印度及许多东欧国家发生。

6.3.2 经济风险

在国际经营中，虽然征用与没收的风险日渐减小，但是跨国公司仍然会遇到各种各样的事先几乎没有任何征兆的经济风险。除了十几种或真或假的其他理由之外，各国还经常挥舞着国家安全的旗帜，来限制经营活动，保护本国的幼稚产业，储备短缺的外汇，增加财政收入或报复不公平的贸易待遇。这些经济风险都是政治环境的重要部分，而且会不断出现，能够幸免的跨国公司寥寥无几。

1. 外汇管制

外汇管制源于一国所持外汇发生短缺。一旦发生外汇短缺，或发生大量资本流出本国，那么政府可能会对所有的资本流动，或者针对那些容易受政治影响的公司，有选择地对资本流动实行管理，以便将外汇用在必需的用途上。对外国投资者而言，一个经常碰到的问题是盈利并将利润汇出东道国而不发生损失。事实上，当货币贬值时，这种损失就会发生。许多国家对货币仍然实行管制，一旦经济遭到挫折或外汇储备严重损耗时，就会迅速对货币兑换进行管制。

2. 当地含量法律

除了限制必需供应品的进口来迫使公司购买本地供应品外，各国常常要求内销产品满足一定的当地含量要求，即产品必须使用了本地生产的部件。例如，泰国要求所有奶制品使用当地奶的比例不低于 50%。与人们通常所想不同的是，当地含量要求并不仅仅限于被第三世界国家所采用。外资装配企业被称为“螺丝刀加工企业”（screwdriver operations），欧洲共同体要求其产品的当地含量达到 45%。北美自由贸易协议要求来自其成员国的汽车的当地含量至少达到 62%。

3. 进口限制

为了迫使外国企业购买更多的东道国产品从而为当地产业创造市场，各国常用的策略是有选择地对原材料、机器及零配件等产品的进口进行限制。尽管这样做的目的是支持国内产业的发展，但结果往往是削弱、有时甚至扰乱现有产业。如果该国国内没有相应的货源，那么这一问题就会变得十分严重。这方面的最佳例子也许就是法国限制在公立学校的自助餐厅使用番茄酱。[⊖]

⊖ Kim Wissher, “In France, a Ban on Ketchup,” *Los Angeles Times*, October 6, 2011, p. A3.

4. 税收管制

如果税收被用作控制外国投资的手段，那么就可以归为政治风险一类。在这种情况下，政府常常会违反原先的协议，突然提高税收。例如，印度政府这方面的政策特别严厉[㊀]，对百事可乐和可口可乐在印度灌装的汽水全都课以40%的税率。最近，印度政府对新业务的攻击就是试图对Sabre数据中心在线机票销售业务征收4 000万美元的税收。Sabre位于俄克拉何马州的塔尔萨市（Tulsa），从事航空预订服务。印度政府声称，Sabre的塔尔萨处理中心与印度国内旅行社使用的台式机之间的数据交流表明了一个事实，即Sabre在印度拥有永久性机构。对欠发达国家来说，其经济时刻处在资金短缺的威胁之下，于是在一些政府官员看来，获得流动资金的最方便、最快捷的手段就是对成功的外国企业课以重税。随着互联网变得日益重要，可以肯定各国政府将把互联网交易作为重要的收入来源。[㊁]

5. 价格管制

有关国计民生的产品如药品、食物、汽油及汽车等深受公众关注，常常实行价格管制。在通货膨胀时期，采用这一方法可控制生活费用。价格管制还可以用来迫使外国公司将股权出售给当地企业。价格管制对本地经济也可能会产生副作用，亦即使得资本投资放缓甚至停止。

6. 劳动力问题

在许多国家中，工会由于得到了政府的大力支持，常常会有效地利用这种支持迫使公司方面做出一些让步。例如，不得随意解雇工人，利润必须与工人分享，必须为工人提供许多服务等。事实上，在许多国家中，外国公司被认为是消化国内劳动力供给的最佳对象。在法国，人们把充分就业看得和宗教一样神圣，因此无论解雇多少工人，尤其是外国公司解雇工人，都被视为国家危机。我们还认为一些跨国公司比地方工会更有力量。比如，沃尔玛就因为不愿意加入当地工会组织而关闭了魁北克省的一个商店。

6.3.3 政治制裁

除了经济风险之外，某个或几个国家也许会抵制另一个国家，从而断绝与该国的一切贸易往来，或者对特定商品的贸易实施制裁。长期以来，美国一直禁止与古巴和伊朗的贸易，而且因为美国要求继续对古巴[㊂]进行制裁，并威胁要对违反人权的国家进行制裁，所以美国一直受到批评。

历史表明，制裁往往达不到预期目标，尤其当其他主要贸易国家的贸易商不执行制裁要求时。

㊀ Dhanya Ann Thoppil, " Vodafone Challenges India Tax Body's Claims on Transfer Pricing, " *The Wall Street Journal*, February 24, 2012.

㊁ Devorah Lauter, " France Considers Taxing Google and Other Internet Portals, " *Los Angeles Times*, January 8, 2010.

㊂ Ernesto Londono, " Still Pondering U.S.-Cuba Relations, Fidel Castro Responds, " *The New York Times*, October 14, 2014, online.

跨越国界 6-2

贸易可以当胡萝卜，而不能当大棒

贸易制裁，是托马斯·杰斐逊于1807年作为外交创新政策提出的。他要说服的对象——英国和法国简直是两头倔强的驴子，此举目的在于让那些战时国家允许美国船只在远海上自由通行。因为海军不够强大，美国第三任总统杰斐逊就异想天开地实行贸易制裁。他没有把贸易当作胡萝卜来促进贸易，而是把贸易当成大棒阻止贸易发展。然而，这一措施不但没有改变英国和法国的贸易政策与行为，反而危害到新英格兰的经商者。他们抱怨说：

曾经，我们的船只在海洋上，
马达隆隆，白帆点点；
乘风破浪，满载而还；
而今，蛀虫、禁运、杰斐逊，
令它们以身祭腐朽。

杰斐逊的贸易制裁政策15个月后宣告破产。最后是1812年与英国的海上战争解决了这场争端。

让我们回顾一下20世纪贸易制裁的历史记忆吧！1940年，美国告知日本退出中国，随后的汽油和废金属的禁运政策直接导致了珍珠港事件。自1948年起，阿拉伯国家开始抵制以色列。尽管一个国家的贸易大都是在邻国之间进行的，但是你不得不去思考，一个地区的持续冲突，在多大程度上，正是由于贸易的缺乏而造成的。以色列问题仍然存在。1959年，菲德尔·卡斯特罗掌管古巴，于是在随后的49年中，美国一直抵制古巴的糖和雪茄。但是卡斯特罗实现了对古巴长达50年之久的统治。1973年，欧佩克降低石油输入量旨在阻止美国支持以色列。然而，美元仍然快速向以色列流动着，现在还有埃及。

1979年，美国要求苏联撤离阿富汗，而苏联予以拒绝。于是美国开始抵制莫斯科奥运会并停止向苏联出售谷物和技术。苏联的回应是：1984年苏联及其盟国的运动员拒绝参加在洛杉矶举办的奥运会。20世纪70年代中叶，生产履带车的圣迭戈分部按合同为苏联提供天然气管道服务，由于高科技贸易禁令已不再起作用，该部因此损失了数百万美元。这些收益将永远地损失掉了，因为苏联人已经学会了管道维护和检修的技术。到1989年，一组莫斯科武器研究设备使用了几乎西方所有的品牌电脑，比如IBM、苹果，另外还有来自日本和中国台湾地区的最佳品牌。

20世纪80年代对南非实施的多边贸易制裁，这也许是加速了种族隔离现象消失的原因。但是，请看世界对伊拉克为期10年的贸易制裁是如何改变政策的。当萨达姆·侯赛因花费1 200万美元为自己祝寿时，世界却以贸易为武器扼杀伊拉克儿童。的确，解决中东和平问题的良策是多方都愿意放弃贸易制裁。

20世纪末，国际社会在消除不当贸易制裁方面取得了巨大进步。最突出的是美国参议院和总统共同批准中美贸易永久正常化这一提案。其他重要的进步是越南、朝鲜、伊朗和古巴一些贸易限制政策的松动。事实上，克林顿总统的外交努力取得了一些显著成果：在悉尼奥运会上，韩国和朝鲜两国运动员方阵并行；美国人可以在德黑兰购买开心果和地毯；美国公司能在哈瓦那销售医疗用品和服务。

与此类似的“胡萝卜”还应该抛给被美国拉入黑名单的国家，像缅甸、安哥拉、利比亚、苏丹以及叙利亚等。对人权、压制自由和限制民主的批评声音要确保清晰、明亮、一致。我们应该舍弃以往投炸弹或威胁要投炸弹的旧做法，选用向对方出售电脑和网络服务的新方式。要知道，一颗巡航导弹的成本可相当于2 000台苹果电脑。而且，即便退一步讲，胁迫或威胁也并不起作用，但是交换却事半功倍。

资料来源：John L. Graham, “Trade Brings Peace,” http://www.orangetreepartners.net/pdfs/Jerusalem-Olympics.pdf, accessed 2015.

6.3.4 政治与社会活动人士以及非政府组织

虽然政府有时并不采取正式制裁，但是**政治与社会活动人士**（political and social activist，PSA）的影响力也会对正常的贸易往来产生干扰。这些人形形色色，为了寻求某种社会变化，他们有的采取和平手段，有的诉诸暴力与恐怖活动。倘若经过精心组织，他们的行动就会发生作用。

政治与社会活动人士最有成效、最著名的活动之一是反对雀巢公司在第三世界市场销售婴儿营养奶粉的活动。全球范围的抵制给雀巢公司的营销活动带来了重大变革。迫于自由缅甸运动（Free Burma Campaign）活动分子的压力，几家美国服装公司停止从缅甸进口纺织品。另外，美国几所大学里的活动分子已经联合抵制了百事可乐饮料以及百事可乐公司下属的必胜客及塔可钟店，声称该公司对缅甸糟糕的人权状况负有责任。抵制最终使百事可乐公司卖掉在缅甸合资企业中的股份并撤离该市场，因为公司方面担心在美国的损失会超过在缅甸的所得。荷兰的喜力（Heineken）公司与丹麦的嘉士伯（Carlsbery）啤酒公司也因类似原因而撤离缅甸。

全球化这一包罗万象的问题如今也是很多政治与社会活动组织的关注点。1999年世界贸易组织会议期间发生在西雅图的游行示威、发生在华盛顿的反对世界银行和国际货币基金组织的游行示威，以及发生在其他国家的类似的游行示威，都反映了公众对全球经济的日益关注。无论是被误导了也好，是一知半解也好，还是像人们描述的那样“发疯了”也好，政治与社会活动组织很可能左右公众的意见，是一支不容忽视的重要的政治力量。对此，耐克、麦当劳、雀巢等公司深有体会。

不管政治与社会活动发起的原因如何，互联网已经成为其有效的宣传工具。在“抗议联盟”反对美伊战争的过程中，组织者通过互联网既能协调世界上600多个城市的抗议活动又能轻而易举地发布各种信息。2003年，在谷歌以“和平抗议”（Peace Protest）为关键词进行搜索时，显示有788 000条相关信息（2008年，660 000条）。这些信息主要包括：新闻简讯、和平组织网址、网上和平祈愿、带着标语到哪里集合、到哪里捐款以及如何向国会议员写信等。

人们经常把**非政府组织**（NGO）和政治上的激进主义相提并论，但是它越来越多地影响到政府的政策决定。[一]很多非政府组织参与和平抗议、游说、甚至与政府组织合作等事务。它们还涉足减缓人类痛苦和保护地球不受危害等活动。一些非政府组织因为其出色的工作、政治影响以及品牌影响力得到了全球的广泛认可，如红十字会（Red Cross）、红新月会（Red Crescent）、乐施会（Oxfam）、联合国儿童基金会（UNICEF）、美国援外合作社（CARE）、国际人类栖息地组织（Habitat for Humanity）等。[二]

6.3.5 暴力、恐怖主义与战争

尽管暴力通常并不是政府发起的，但跨国公司在评价其经营活动的政治脆弱性（political vulnerability）时，暴力是另一个必须考虑的相关风险。正如近年来美国、俄罗斯、埃及等许多国家所发生的那样，和平抗议常常会演变成暴力事件。双方通常都会指责是对方引发了暴力。不过，究竟该责怪谁通常并不清楚。[三]

全球每年会发生数千起恐怖袭击事件。恐怖主义有很多不同的目标。恐怖分子袭击跨国公司的目的：一是羞辱某一政府及其与企业之间的关系；二是通过绑架公司经理为恐怖目标筹集资金；三是在并非针对跨国公司的政治或社会争端中将跨国公司当作卒子使用；四是在一国境内制造恐怖事件，如“9·11”事件。

“9·11”事件使得企业从事国内外经营的成本上升。美国在世界事务中的主宰地位致使美国公司面临众多的不确定性，这些不确定性包括日益增长的政治暴力危险、在新兴市场的投资风险等。在过去30年里所发生的针对美国的恐怖袭击事件中，80%以美国公司为目标。自“9·11”事件以来，麦当劳、肯德基和必胜客在世界上10余个国家或地区遭到爆炸袭击，如土耳其、沙特阿拉伯、俄罗斯、黎巴嫩。人们完全可以预期恐怖分子将更多地以公司为袭击目标，原因有二：一是与政府相比，公司的防卫能力更弱；二是公司更有代表性。根据恐怖主义和其他暴力活动的威胁情况，美国国务院会在其网站上发布旅游警告（见表6-2）。就企业对政治冲突和暴力事件的应对而言，近来的研究发现有两个重要的决策标准：一是暴力行为的邻近程度[四]；二是国内及国外利益相关者的忠告和影响[五]。

[一] Hildy Teegen, Jonathan P. Doh, and Sushil Vachani, “The Importance of Non-Governmental Organizations (NGOs) in Global Governance and Value Creation: An International Business Research Agenda,” *Journal of International Business Studies* 35, no. 6 (2004), pp. 463-483.

[二] See the excellent book by John A. Quelch and Nathalie Laidler-Kylander, *The New Global Brands: Managing Non-Governmental Organizations in the 21st Century* (Mason, OH: South-Western, 2006).

[三] Michael Forsythe and Alan Wong, “Protestors in Hong Kong on Edge as Police Track Their Online Footprints,” *The New York Times*, October 29, 2014, p. A8.

[四] Li Dai, Lorraine Eden, and Paul Beamish, “Place, Space, and Geographical Exposure: Foreign Subsidiary Survival in Conflict Zones,” *Journal of International Business Studies* 44 (2013), pp. 554-578.

[五] Jennifer Oetzel and Kathleen Getz, “Why and How Might Firms Respond Strategically to Violent Conflicts?” *Journal of International Business Studies* 43 (2012), pp. 166-186.

表 6-2 美国国务院发布的旅游警告（以发布时间为序，最近发布排名最前）

索马里	伊拉克	委内瑞拉
墨西哥	沙特阿拉伯	伊朗
毛里塔尼亚	巴基斯坦	朝鲜
莱索托	尼日利亚	菲律宾
厄立特里亚省	利比里亚	中非共和国
以色列、约旦河西岸和加沙	喀麦隆	苏丹
阿富汗	乍得	布隆迪
乌克兰	洪都拉斯	尼日尔
黎巴嫩	肯尼亚	马里
塞拉利昂	南苏丹	海地
阿尔及利亚	吉布提	

资料来源：http://travel.state.gov/travel/, 2015.

我们有充足的理由让你相信国际战争早已经是过眼云烟。冷战后，战争数量稳步下降；尽管几乎所有国家的政客都会利用仇外心理来巩固自己的政治权力，但是以发动战争作为威胁的现象急剧减少。有人预测会发生以卫星为武器的太空战，但是在国际太空站的多国合作使得这种可能不会发生。1996 年，政治学家塞缪尔·亨廷顿（Samuel Huntington）做出了著名的预测——文明冲突。[㊀]他认为，世界已被分成了九种文明（或文化群），即西方文明、拉美文明、非洲文明、伊斯兰文明、中国文明、印度文明、东正教文明、佛教文明以及日本文明。这一预测不禁让我们想起 20 世纪 90 年代初，根据贸易的影响力，几位学者提出世界将被划分成为由日本、欧盟和美国控制的三个势力范围。后一种划分或许还有些意义，因为时区对倾向南北交易的贸易模式具有重要影响。但是，这两种划分理论都高度简化了充分展开的权力和贸易关系，忽视了世界贸易组织和快速发展的双边贸易协定（如美韩贸易协定）的积极作用。当然，图 6-1 表明有关战争的警告已经离题太远了。21 世纪和平与商业面临的最大挑战并非国与国或文明与文明之间的军事行动，而是内部冲突以及恐怖主义。即便如此，我们仍然抱有希望，国内冲突可以通过谈判来解决。这方面最近发生的事例包括：苏联解体、捷克与斯洛伐克共和国的分立、东德与西德的统一。同样，魁北克与苏格兰的选民分别同意留在加拿大和英国，但加泰罗尼亚仍然希望脱离西班牙。[㊁]

最后，庆幸的是斯蒂芬·平克（Steven Pinker）在其著作《人性中的善良天使》（*The Better Angels of Our Nature*）中详细描述了关于当今世界和平状态的论据。斯蒂芬·平克用强有力的证据表明近 1 000 年来人类之间的暴力行为稳步减少，这也表明人类一直以来最担忧的是犯罪和战争。[㊂]换一个角度来看，人类历史上 99.9% 的人并未杀过他人。不管关于战争和暴力的新闻是如何报道的，这种和平状态就是如此。斯蒂芬·平克用四个方面的理由来解释这一稳步减少的现象：①法治；②与迷信等相对应的合理规则；③女性参与治理，即有

㊀ Samuel P. Huntington, *The Clash of Civilizations and the Remaking of the World Order* (New York: Simon and Schuster, 1996); Fouad Ajami, "The Clash," *The New York Times*, January 6, 2008.

㊁ Raphael Minder, "Meeting Fails to Forestall Catalonia Secession Vote," *The New York Times*, July 31, 2014, p. A10.

㊂ Luke Glowacki, "Are We Violent by Nature," *Los Angeles Times*, January 19, 2014, p. A24.

更多女性担任政府职位；④商业（因为贸易能增强人与人之间的依赖与相互理解）。[⊖]

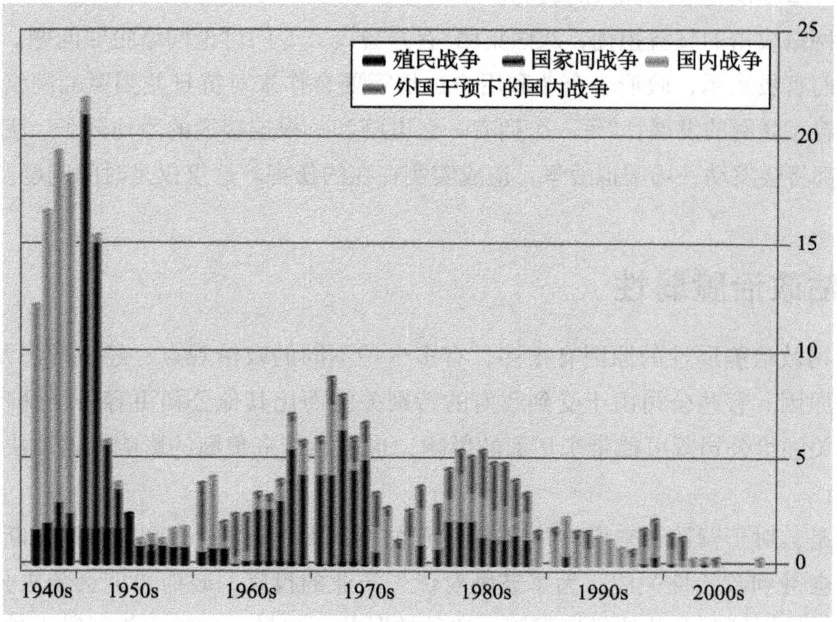

图 6-1 战争警告（全球每 10 万人死于战争的人数）

资料来源：Human Security Report, Project the Uppsala Conflict Data Project, and the Peace Research Institute of Oslo.

6.3.6 网络恐怖主义和网络犯罪

网络恐怖主义和网络犯罪的影响必然越来越大。虽然互联网诞生不久，但已成为国内外恐怖分子和犯罪分子进行袭击的工具。这样，恐怖分子不仅可以给公司造成损失，而且自己不大可能被抓获。追踪网络恐怖分子和犯罪分子的一个问题就是很难确定发动网络袭击的到底是某个国家、恐怖分子，还是仅仅想进行恶作剧的黑客。“I Love You”蠕虫病毒造成的损失估计达 250 亿美元，但是起因也许仅仅是某个失控的恶作剧。但是，Melissa 病毒以及“拒绝服务”病毒被看作对特定目标的恶意攻击，这一病毒给美国有线电视网（CNN）、ZDNet、雅虎和亚马逊四个网站发送了大量的电子信息，使网站瘫痪达数小时。美国的许多大型商业组织，如大通银行（Chase Bank），一直遭遇黑客的攻击，而原因至今尚未确定。其他网络犯罪行为包括间谍活动、盗窃、政治惩罚和可能的国家安全攻击。失窃数据种类很多。

每一波病毒都会招致大量的损害，此外，病毒的传播速度非常之快，常常是在发生了巨大损失之后才能得到控制。例如，Slammer 蠕虫病毒导致互联网大瘫痪。在该病毒发作的第 1 分钟内，每 8.5 秒 Slammer 蠕虫病毒就翻番，在 10 分钟内，7.5 万台主机被感染。[⊜]在攻击了欧洲和北美洲数十万台电脑之后，“将死者”蠕虫病毒（Goner worm）在一夜之间传播到澳大利亚，致使政府机构、金融和制造商以及至少 25 家跨国公司的网站瘫痪。不管入侵的

⊖ Steven Pinker, *The Better Angels of Our Nature* (New York: Viking, 2011).

⊜ For more information, see http://www.silicondefense.com.

是恶作剧者还是蓄意破坏的黑客，这些事件表明：网络恐怖主义能给一家公司、一个行业或者某一国家的基础设施造成惊人的破坏。

由于对网络攻击的日益担忧，八国集团[㊀]召开会议，专门讨论网络犯罪问题。会上，企业界领袖和政府官员表示，政府、企业和用户迫切需要合作来对抗日益猖獗的网络犯罪所带来的威胁。随着互联网的发展，“每一个拥有一台电脑和一根连接线的恐怖分子、无政府主义者和恶作剧者都将会发动一场虚拟战争，造成实实在在的伤害。这仅仅是时间问题。”[㊁]

6.4 评估政治脆弱性

导致公司政治脆弱性的原因有很多，有多少种不同的政治观点、经济形态及文化差异，就有多少个原因。有些公司由于受到政府的特别关注而比其他公司更容易受到政治的影响。政府的特别关注给公司既可能带来正面的影响，也可能带来负面的影响，这取决于政府对公司的愿望。

不幸的是，对于营销者来说，并没有任何放之四海而皆准的准则来帮助判断所在公司及其产品是否会受到政治性关注。为了鼓励对优先产业的投资，政府可能会免去公司的税收、关税、配额、外汇管制及其他投资限制，这种情况并不少见。例如，为了吸引外资和增加出口，印度颁布了新的贸易政策，放宽了限制，对从事基础设施建设和维护的公司提供税收减免。反之，如果公司销售的产品没被列入优先发展产品之列或者公司失去了支持，那么通常会遇到无法预测的政府限制。

6.4.1 政治敏感性产品和问题

尽管任何时候都不存在可以用来判定某一产品政治敏感性的具体指导原则，但是一些普遍性原则仍有助于确定哪些产品可能对政治敏感。那些影响或被认为会影响环境、汇率、国家与经济安全和人民利益的产品（特别是对孩子产生影响的产品，如前面章节提到的沙特阿拉伯芭比娃娃案），或者那些惹人注目并且会引发公众非议的产品，以及那些与国家起源有关的产品都比较容易受政治因素的影响。

快餐店由于引人注目，所以常常在反对外国公司的浪潮中首当其冲。例如，在抗议者进行了数月的抗议并辩称外国投资应被限制在高科技领域之后，印度卫生当局以不卫生为由关闭了肯德基快餐店（原因是发现了两只苍蝇）。农民抗议团体的领导人说：“印度不需要外商投资来生产垃圾食品。”后来法院下令，这家快餐店又恢复了营业。

㊀ The Group of 8 (G8) nations consists of government representatives from Britain, Canada, France, Germany, Italy, Japan, Russia, and the United States who convene periodically to examine issues that affect the group. Most recently the group has been expanded to the G20.

㊁ Mark Mazzetti, "Senators Warned of Terror Attack by July," *The New York Times*, February 3, 2010, p. A6; "Hacking Corporate Networks, Losing the Plot," *The Economist*, January 3, 2015, p. 12; Kelly Buzby and Caroline Winter, "No Nation Is an Island," *Bloomberg BusinessWeek*, January 11, 2015, pp. 52-57; "America and Cuba, The New Normal," *The Economist, January* 3, 2015, pp. 11-12.

健康是公众经常争论的话题。影响健康或受健康影响的产品在政治上往往很敏感。欧盟禁止进口经激素处理的牛肉已有10多年的历史。这里有个疑问，这样的禁令究竟是真的出于健康考虑，还是纯粹为了保护欧洲的畜牧业？1999年，世界贸易组织做出裁决，认为该禁令缺乏科学依据，然而欧盟至今仍然没有撤销禁令。欧盟之所以拒不执行世界贸易组织的命令，也许是欧洲人近年来抗议转基因食品的结果。出于实用目的，欧洲人的抗议使得转基因食品在欧洲遭禁。转基因食品造成群情激愤，结果，联合利华不得不宣布其在英国的产品一律不使用转基因原料。此外，连锁快餐业内排名前11位的连锁店，包括麦当劳、必胜客、Wimpy和汉堡王都已不再使用转基因食品原料。目前，美国人对这一问题的关注程度尚不及欧洲人。为了防范不利的公众舆论，很多美国公司正在放缓引进转基因食品的步伐。麦当劳由于担心会出现欧洲那样的公众的强烈反应，已经决定其美国分店停止使用转基因土豆。

6.4.2 政治风险的预测

除了对政治敏感性进行定性分析之外，许多公司还采用系统的方法衡量政治风险。[㊀]政治风险评估旨在预测政治的不稳定性，以帮助管理层确定与评价政治事件及其对当前及将来的国际经营决策的影响。对国际营销者而言，也许最大的风险来自政府垮台所引起的街巷和市场的混乱。《外交政策》(*Foreign Policy*) 利用12项标准对各国的“垮台政府指数”进行了排名。[㊁]所用的标准主要有人口压力、人力资源流失、发展不平衡等（见表6-3）。

表6-3 最易垮台的20个国家（以最近失败事件为序）

南苏丹	也门	叙利亚
索马里	海地	几内亚比绍
中非共和国	巴基斯坦	尼日利亚
刚果共和国	津巴布韦	肯尼亚
苏丹	几内亚	埃塞俄比亚
乍得	科特迪瓦	尼日尔
阿富汗		

资料来源：From *Foreign Policy*, “Failed States Index,” August 2014, pp. 72-77.

风险评估用来决定公司进行投资时所承受的风险级别以及准备承担的风险大小。当对苏联进行投资时，对某些公司来说也许风险太大，但实力强大、财力雄厚的公司则可以在这些国家进行长期投资，以寻求未来盈利。此外，有研究发现，相比于美国和日本的经理人员，法国经理人员的市场进入决策似乎更容易受到他们对国外市场政治风险担忧的影响。[㊂]如果一国的经济开始发展，风险开始减少，那么早期进入该国市场的风险则是可以接受的。

苏联在发生政治经济巨变后，出现了混乱。在此期间，新独立的共和国急于和外国投资

㊀ See http://www.prsgroup.com for a wealth of information on political risk assessments.

㊁ “The Fragile States Index,” *Foreign Policy*, August 2014.

㊂ Jennifer D. Chandler and John L. Graham, “Relationship-Oriented Cultures, Corruption, and International Marketing Success,” *Journal of Business Ethics* 92, no. 2 (2010), pp. 251-267.

Nanjunda Swamy, leader of the farmers group that has led the Bangalore protests, from John F. Burns, “India Nationalists Oppose Presence of a U.S. Chain,” *The New York Times*, September 14, 1995.

者进行生意往来，但是这些国家所存在的问题及其不稳定的政局使得许多投资者望而却步。但是，有一位经理提醒说："假如美国公司等到所有问题都解决后进入，那么生意将会被别人抢走。"确实，许多正在俄罗斯投资的公司并不期望立即获得很高回报，它们把赌注押在未来上。对于在外国从事经营的营销者来说，市场分析中必不可少的部分就是评估某一营销计划可能产生的政治后果，因为与其他活动相比，有些营销活动更容易受到政治因素的影响。从本质上说，这种评估是指判定即将从事的活动的基本性质。第 6.5 节考察了企业降低政治脆弱性的其他方法。

6.5 降低政治脆弱性

虽然公司不能直接控制或改变其经营所在国的政治环境，但可以采取措施降低某一具体经营项目对政治风险的敏感程度。事实上，有研究表明，有些跨国公司的确关注的是经济危机以及政治危机中包含的机遇。[⊖]

外国投资者常被指控为了自身的利益不惜牺牲东道国人民的利益，掠夺东道国的财富。这一态度在最近一位秘鲁总统的话中得到了很好的总结。这位总统说："几十年来，我们一直拥有巨大的外国投资，但秘鲁并没有因此而得到发展。今后，外国投资必须符合政府及社会的目标。"过去的经验证明，这些指控并非空穴来风。

只要继续存在这样的印象，那么外国投资者所处的政治环境就会继续充满敌意。为确保东道国政府及其国民意识到公司对东道国经济、社会或人类发展所做的贡献，公司必须在国外市场上处理好外部事务。如果跨国公司在投资时能做到以下几点，那么通常都能与东道国政府维持积极的关系：①通过增加出口，或通过进口替代来减少进口，改善东道国的国际收支状况；②使用当地产的资源；③向东道国转让资本、技术或技能；④创造就业机会；⑤向东道国纳税。

除了对东道国做出经济贡献之外，公司的慈善行为也有助于树立公司在公众心目中的正面形象。许多跨国公司设法通过其社会项目来为东道国提供利益，而这也有助于提升公司的形象。例如，当微软公司了解到发展中国家需要成熟性技术帮助时，作为推动墨西哥政府开展上网服务这一交易的一部分，微软公司保证在技术和培训方面提供 1 亿美元的资助。作为一家主要的网络硬件制造商，思科系统公司依赖非营利性组织来管理公司的 10 000 家网络研究机构，这些机构对中学生和大学生进行培训以便在全球 150 个国家或地区进行电脑网络的创建。在中国，宝洁公司正在帮助当地的中学和大学进行领先者培训。在马来西亚，摩托罗拉与英特尔公司已经制订了培训计划以提高当地工人的技术能力。

默克制药公司开发了一种治疗非洲和拉丁美洲地区流行的河盲病的药片。河盲病是一种寄生病，通过多见于非洲国家河堤的墨蚊的叮咬而传染。在长达 15 年的时间里，这种寄生虫会在整个体内渗透、繁衍和扩散，引起急性皮疹、皮肤奇痒，有时会引起身体畸形或双目失明。每年只要服用一次药片，就可避免传染这种疾病。默克公司捐献了数百万剂量的药片

⊖ Christopher Williams and Candace A. Martinez, "Government Effectiveness, the Global Financial Crisis, and Multinational Enterprise Internationalization," *Journal of International Marketing* 20, no. 3 (2012), pp. 65-78.

以治疗发展中国家的这种疾病。[⊖]

虽然大多数公司都试图成为东道国的好公司，但跨国公司常常成为政治党派利益的牺牲品，这些政治党派企图引起公众注意或为其自身的败绩寻找替罪羊而向公众强调跨国公司的负面作用，不论这样做是否公平。对在当地深深扎根的跨国公司来说，保持良好公司形象的最佳办法是用事实而非空谈来证明公司的战略与东道国的长远目标完全一致。“在这样的时代，”一位经理说，“做全球化公民或许比以往任何时候都显得重要。”对此，跨国公司最有效的自卫方式就是积极参与提高当地居民生活水平的活动。

跨国公司的经营活动必须着眼于东道国的社会经济目标，努力做遵纪守法的好公司。除此之外，跨国公司还可以利用其他策略来最小化政治脆弱性与政治风险。

6.5.1　建立合资企业

与当地或其他第三国的跨国公司合资，是减少政治干预的一种典型做法。无论是与当地企业还是和第三国企业合资，公司的财务风险都是限定的。与当地企业合资有助于降低对跨国公司的敌对情绪，而与另一跨国公司的合资则由于第三国的加入而增加了讨价还价的筹码。

6.5.2　扩大投资基础

由数个投资者与银行一起参与东道国的投资也是降低政治风险的一种策略。这样做的优点是不管何时受到何种政府接管或干扰的威胁，都会有银行力量的加入。如果这些银行已贷款给东道国，那么这一策略尤其具有威力。如果政府以征用或其他形式的接管相威胁，那么参与投资融资的银行对东道国政府会有很大的左右力量。

6.5.3　采用许可 / 特许经营

有些公司发现，通过许可经营来有偿转让技术可以消除一切风险。如果该技术独一无二且风险很高，那么采用这种许可经营方法就会非常有效。当然这一方法也有一定的风险，因为许可证获得者有可能拒绝支付应付的费用，但继续使用该技术。特许经营方法与此相类似；这方面最有名的例子就是星巴克和麦当劳。

6.5.4　有计划的本土化

如果东道国要求外国投资企业实行本土化，那么最有效的长期解决方法就是有计划、分步骤地实施本土化，即有计划的本土化（planned domestication）。跨国公司一般不喜欢这种做法，但是如果由东道国政府来对投资项目实行本土化，那么其灾难性不亚于资产被没收。作为对本土化后果的合理反应，有计划的本土化不仅可以使外国投资者有利可图，而且易于外国投资者的经营。这一策略的实质是让东道国逐渐参与公司经营的各个环节。

⊖ David Shook, “Merck Is Treating the Third World,” *BusinessWeek Online*, October 10, 2002.
Donald Kendall, former CEO of PepsiCo.
Quoted in Sree Rama Rao, ‘ Lessening Political Vulnerability’, FEBRUARY 7, 2010, CiteManagement Article Repository Of Cite.Co.

6.5.5 政治交易

为了避免潜在的政治风险，跨国公司积极参与游说以及其他形式的政府谈判活动。[㊀]至少有一项研究指出，这种政治联系会对国际营销活动产生积极的影响。[㊁]美泰公司为中国制造的玩具被召回一事深表歉意，并解释说此事是因为美泰的玩具设计有瑕疵，而不是中国制造商的问题。这种做法有以下好处：①保护了巨大而又重要的价值链；②意识到修改设计和检查程序要比改进制造工艺更简单；③对美国企业来说，公开承认自己的疏忽也有其独到之处。在太平洋东岸，丰田公司已经在计划提升美国市场的轿车价格以“帮助”垂死挣扎的美国竞争对手。过去，美国汽车公司艰难度日时，日本政府规定汽车出口实行配额制。面对欧美日益高涨的批评，中国已经同意纺织品出口实行配额制并适当浮动人民币币值。最后，从批判的角度来看，企业社会责任所掩盖的真正动机是拿它作为跟外国公众和政府谈判的筹码。

6.5.6 政治贿赂

对付政治脆弱性的另一种方法是政治贿赂。政治贿赂是企图通过收买掌权者，让其代表跨国公司出面干预，从而减轻公司的政治风险。这种方法已被用来减少各种问题所造成的不良影响。行贿国家政要以避免罚没性税收或驱逐，收买代理人以确保销售合同被接受，给各种各样能影响公司计划实施的人以金钱鼓励，这些都是跨国公司管理者必须经常做出的决定。不过，这些决定通常也会引起道德问题。

贿赂会给国内外的营销者带来难题，因为即便行贿在东道国是一种非常普遍的做法，对美国公民来说，行贿仍然是违法的。政治贿赂也许会产生短期利益，但是从长期来看，它的风险很高，所以投资者应避免采用。第 5 章和第 7 章对这一问题进行了详细分析。

6.6 政府激励

不管是其他国家的政府还是美国政府[㊂]，既可能鼓励外国投资，也可能打击外国投资。

㊀ Amy J. Hillman and William P. Wan, “ The Determinants of MNE Subsidiaries’ Political Strategies: Evidence of Institutional Duality, ” *Journal of International Business Studies* 36, no. 3 (2005), pp. 322-340; Shibin Sheng, Kevin Zheng Zhou, and Julie Juan Li, “The Effects of Business and Political Ties on Firm Performance: Evidence from China, ” *Journal of Marketing* 75, no. 1 (2011), pp. 1-15; Pei Sun, Kamel Mellahi, and Eric Thun, “ The Dynamic Value of MNE Political Embeddedness: The Case of the Chinese Automobile Industry,” *Journal of International Business Studies* 41, no. 7 (2010), pp. 1161-1182; Charles J.P. Chen, Yuan Ding, and Chansong (Francis) Kim, “High-Level Politically Connected Firms, Corruption, and Analyst Forecast Accuracy around the World,” *Journal of International Business Studies* 41, no. 9 (2010), pp. 1505-1524.

㊁ Maggie Chuoyan Dong, Caroline Bingxin Li and David K. Tse, “ Do Business and Political Ties Differ in Cultivating Marketing Channels for Foreign and Local Firms in China? ” *Journal of International Marketing* 21, no. 1 (2013), pp. 39-56.

Debra L. Dunn, the senior Hewlett-Packard executive quoted in SUSAN E. REED, ‘ Business; Technology Companies Take Hope in Charity’, *The New York Times*, March 23, 2003.

㊂ Jasmine Wang, Kyunghee Park, and Natasha Khan, “ Secretary of Commerce, ” *Bloomberg BusinessWeek*, January 14-20, 2013, pp. 20-21.

事实上，即使是在同一个国家，有一些外国公司则会受到政治干预而受损，而另一些却被置于政府的保护伞之下，享受优惠的待遇。之所以会受到差别对待是因为政府对这些公司为东道国的利益所做贡献的评价不同。

政府对外国投资进行鼓励的最重要原因是它能加快该国经济的发展。通过制定实现其经济目标的具体指导原则，越来越多的政府对外国投资采取鼓励态度。作为市场准入的一个条件，跨国公司必须为当地创造就业机会、转让技术、进行出口销售、刺激地方产业的增长与发展或增加外汇储备。近年来，中国、印度及俄罗斯对外国投资做了一系列规定，具体规定了外国投资者应为其国家的经济目标做出怎样的贡献。

在最近的经济衰退期间，美国政府专门采用新的措施来帮助美国公司扩大出口。例如，通过调整签证规则来促进旅游㊀和家庭消费㊁；外交人员帮助在全球市场上推销喷气客机㊂。与绝大多数外国政府一样，美国政府出于经济和政治考虑为美国公司在世界范围内寻找商机，包括那些政治风险很高的国家。㊃为了创造一个良好的海外经营环境，美国政府致力于帮助降低一些更为棘手的由于政治原因造成的海外经营的经济风险。商务部（www.doc.com）是支持美国企业海外经营的主要部门。国际贸易管理局（www.ita.gov）是商务部的一个机构，致力于帮助美国企业在世界市场上参与竞争。㊄其他为美国公司提供帮助的机构包括：

- 美国进出口银行（Ex-Im Bank）（www.exim.gov）。为从事国际贸易与投资的美国公司提供支付。㊅
- 外国信贷保险协会（FCIA）（www.fcia.com）。美国进出口银行的一个机构，提供信贷保险，降低因财务、经济或政治不确定性而引起的拒绝付款风险。受保的风险包括没收、内乱及进出口许可证的取消或限制。
- 国际开发署（AID）(www.uaid.gov)。在援助欠发达国家的同时，也制定了有限保护条件，旨在支持在获准的国家生产授权产品的“核心”项目。
- 海外私人投资公司（OPIC）(www.opic.gov）为在欠发达国家进行投资的公司提供风险保险。

作为本章的结尾，这里简要介绍一下世界各国政府关于清洁能源商用计划的激励措施。如表6-4所示，这些激励机制中的许多措施只提供给当地企业。不过，也有很多措施提供给

㊀ Scott Powers and Sara K. Clarke, “Visa Rules Aim to Spur Tourism,” *Los Angeles Times, January* 20, 2012, p. A9.

㊁ Jim Puzzanghera and Lauren Beale, “Buy a Pricey Home, Get a U.S. Visa?” *Los Angeles Times*, October 21, 2011, pp. B1-2.

㊂ Eric Lipton, Nicola Clark, and Andrew W. Lehren, “Diplomats Help Push Sales of Jetliners on the Global Market,” *New York Times, January* 2, 2012.

㊃ Leonidas C. Leonidou, Dayananda Palihawandana, and Marios Thodosiou, “National Export-Promotion Programs as Drivers of Organizational Resources and Capabilities: Effects on Strategy, Competitive Advantage, and Performance,” *Journal of International Marketing* 19, no. 2 (2011), pp. 1-29.

㊄ “Obama to Ask Congress for Power to Merge Agencies,” *Associated Press*, January 13, 2012.

㊅ Nicola Clark, “Boeing Optimistic Congress Will Renew Financing for Export-Import Bank,” *The New York Times*, July 14 2014, p. B4.

其他国家和国际合资企业的公司。你还会注意到，当地环境会影响每个政府激励机制的选择，如巴西支持的是生物燃料，而墨西哥支持的是油气整治项目。上网电价（feed-in tariffs）是长期的价格合同，这一合同往往与生产成本密不可分。这些措施为企业提供了稳定的收入平台，毕竟如今的能源价格处于波动中。第18章将对油价波动如何影响国际市场和营销问题进行深入分析。此外，政府对可再生能源的激励机制也会受到石油和天然气价格波动的影响。如果油价保持在每桶85美元以下，那么各国将会调整其清洁能源政策。

表 6-4 若干国家政府对可再生能源的激励政策

澳大利亚	针对研发和生产计划、补贴、税收优惠政策和上网电价设立投资基金
巴西	包括税收优惠政策（特别是有关生物燃料）、经营性补贴和用于风力、生物量和水电技术项目的优惠上网电价
日本	为所有可再生能源项目提供优惠上网电价和绿色投资税收优惠政策
墨西哥	对可再生能源项目、政府投资可再生能源项目提供税收优惠政策；资助与碳氢化合物污染减排和治理有关的新技术开发
南非	对减排投入、研发等活动提供税收优惠政策
英国	提供上网电价、可再生资源授权、免税、碳税落地、欧盟排放贸易豁免等优惠

本章小结

每一个营销者都必须了解拟进入国家的政治环境，这一点在评价外国市场方面起着至关重要的作用。在国外，政府对企业行为的干预，尤其对外资企业行为的干预，要比美国企业在国内受到的干预多得多。外国企业必须努力使自己的行为在政治上被东道国接受，否则就会遭到种种政治干预。除了政府所施加的干预之外，外国经营者经常面临的一个不确定性问题是政府政策的连续性。由于各届政府的政治观点会有所不同，所以一届政府接受的公司会发现自己的行为一点都不受另一届政府的欢迎。如果公司能成为当地的一笔财富，并能创造性地应对政治与社会活动人士所提出的问题，那么即使政治环境不熟悉或充满敌意，也不一定会妨碍国际营销者取得成功。美国政府也许会帮助美国企业进行国外经营。不过，要是东道国认为某一外国公司对其实现经济目标至关重要的话，那么就会提供专门的保护。

思考题

1. 解释本章标黑色的主要术语。
2. 为什么一个国家宁愿实行本土化策略而不愿采用征用策略？
3. “在国外从事经营活动，非常重要的一点是所从事的经营活动必须得到东道国政府的批准”。试对此做出评论。
4. 在评价一国主要政治环境时，应考虑哪些重要因素？
5. 为什么在对一个市场进行政治环境评价时，深入了解政党的政治观点非常重要？试对此进行讨论。
6. 执政党更替是如何影响投资者的？请举例讨论。

7. 造成政府不稳定的最常见因素有哪些？试对此进行讨论。
8. 试讨论政局不稳定对市场营销的影响。
9. 在国外从事经营活动时，最常遇到的政治风险有哪些？试对此进行讨论。
10. 征用被认为是从事国外经营的一大风险。试讨论公司通过公司行为降低此类风险的方法。试解释美国政府的行为是如何降低这些风险的。
11. 外汇管制是如何妨碍国外经营活动的？试对此进行讨论。
12. 外国政府是如何鼓励外国投资的？试对此进行讨论。
13. 美国政府是如何鼓励外国投资的？
14. 美国政府鼓励外国投资的动机是什么？请做出解释。
15. 讨论公司为降低政治脆弱性而可能采取的各种方法。
16. 选择一个国家，从营销的角度对其进行政治分析。
17. 本书指出暴力是国际经营活动中的一种政治风险。试对此进行讨论。
18. 有证据表明征用与没收事件已经不像几年前那样频繁发生。为什么？哪些种类的政治风险如今已变得比征用与没收更为重要？
19. 假定你是国内一家大公司的经理，你对国际市场的兴趣不太浓。然而，公司计划却要求进行全球扩张。请访问风险控制集团（Control Risk Group）的主页（www.crg.com）。在全面了解了风险控制集团所提供的服务之后，给管理层写一份简短的报告，描述该集团提供的服务可以对公司全球扩张提供哪些帮助。
20. 访问 www.politicalresources.net 网站，选择“每周政治网站”栏目。写一份简要的分析报告，着重分析计划在该国进行投资的公司将会面临的潜在问题。
21. 在网上搜索有关美国以外的政治与社会活动人士所进行的活动的信息。写一篇简短的论文，讨论国际管理所面临的潜在问题。
22. 讨论“全球视角”中各家公司在香蕉战中减小损失的可能的方法。
23. 讨论在本章“全球视角”中所隐含的伦理及社会责任问题。

第7章

Chapter7

国际法律环境：遵守游戏规则

学习目标

通过本章的学习，应能把握：

- 当今法律体系的四大渊源
- 影响法律争端中司法管辖权的重要因素
- 解决争端的各种方法
- 国际知识产权保护中的独特问题
- 防止伪造与盗版的措施
- 有关网络法规演变的种种问题
- 各国之间的法律差异以及差异对国际营销计划的影响
- 美国法律适用于在美国境外从事经营的美国公司的不同方法
- 货物出口到境外的必要过程

全球视角

睡衣风波

当美国法律、东道国法律以及跨国公司之间发生冲突时，究竟会惹上什么样的麻烦？从下面六个新闻标题中就可以看出来：

“沃尔玛违反禁令出售古巴睡衣”

“沃尔玛把古巴睡衣从货架上撤下，引发争端”

“加拿大和美国在风险莫测的睡衣游戏上押下外交赌注”

“古巴泥潭：沃尔玛因撤下睡衣而焦头烂额”

“加拿大调查沃尔玛撤下古巴睡衣事件”

“沃尔玛恢复销售古巴睡衣”

美国有一道禁令——禁止美国公司与古巴进行贸易往来，但是该禁令在加拿大是否有效呢？这就是纷争的由来。沃尔玛当时正在加拿大销售古巴生产的睡衣，但美国沃尔玛总部的官员在得知睡衣的产地之后，下令撤下所有古巴睡衣，理由是违反了美国法律，即《赫尔姆斯－伯顿法》。该法律禁止美国任何公司及其海外子公司与古巴进行贸易往来。加拿大对美国法律侵害其公民的权利大为恼火。加拿大人觉得他们有权选择是否购买古巴睡衣。

这样一来，沃尔玛就处在彼此矛盾的加美法律中间，卷入加美有关治外法权的外交争端之中。沃尔玛要是继续销售古巴睡衣，就违反了美国法律，会被处以100万美元的罚款，甚至还会身陷囹圄。反之，如果像总部要求的那样，从加拿大的商店撤下睡衣，依据加拿大法律，就有可能被处以120万美元的罚款。沃尔玛在和加拿大当局商讨之后，恢复销售古巴睡衣。加拿大对美国试图将美国法律强加给加拿大公司（沃尔玛加拿大公司是美国沃尔玛公司的一家子公司）的做法深为不满，但是美国称沃尔玛没有抵制与古巴进行贸易往来而违法。这一事件说明了法律环境与国际市场营销面临的一个现实问题，那就是任何公司在别的国家经营时，不仅要受到母国法律的制约，而且要受到东道国法律的制约。美国政府最终与沃尔玛达成了协议，睡衣风波终于平息。然而，如前所述，古巴与美国政府间仍有纷争需要解决。

资料来源：*Boston Globe*, March 3, 1997; *St. Louis Post-Dispatch*, March 9, 1997; *Washington Post*, March 14, 1997, p. A6; *The Wall Street Journal*, March 14, 1997, p. B4; John W. Boscariol, " An Anatomy of a Cuban Pyjama Crisis," *Law and Policy in International Business*, Spring 1999, p. 439; Victoria Burnett, "Cuba Unleashes the Pent-Up Energy of Real Estate Dreams," *The New York Times*, February 15, 2012.

假设有这样一场比赛：赌注很高，但没有一套标准的比赛规则；不管何时，只要有新的参赛者加入，规则就会改变；发生争执时，裁判以其他参赛者的规则来裁定谁对谁错。如果是这样，你会如何进行比赛？这一描述非常贴切地反映了国际法律环境。由于不存在一套适用于对外经营业务的统一的国际商法，所以国际市场营销者必须特别关注经营所在国的法律。与法国客户做生意的美国公司必须面对两种司法制度（美国和法国）、两套税收制度、两种法律体系以及也许凌驾于法国商法之上的超国家的欧洲共同体法律和WTO规则。在日本、德国或任何其他国家从事经营时，情形与此相仿。适用于国内或国家间商业活动的法律是构成国际商业活动法律环境的基本成分。

鉴于不同国家间法律体系的巨大差异性和复杂性，因此，本书不再就各个国家的法律进行分别探究。但是，有些问题对于绝大多数国际营销业务具有普遍性，所以在国外经营时，应给予特别的注意。为了使读者对国际法律环境有一个总体的了解，本章将讨论司法管辖权、争端解决、知识产权、美国法律的治外法权、网络法规及相关问题。尽管受篇幅及讨论重点的限制，不可能做深入的描述，但所提供的材料应足以让读者得出结论：在他国从事商务活动时，听取法律专家的意见是明智的。法律体系的基础对法律的制定、解释及裁定有着深刻的影响。以下首先讨论的是各种法律体系。

7.1 法律体系的基础

以下四大法律体系组成了世界上绝大多数法律体系的基础：①英美法系——起源于英国，英国、美国、加拿大[⊖]及曾经受英国统治的其他国家多属于这一法系；②大陆法系——起源

⊖ All the provinces of Canada have a common-law system with the exception of Quebec, which is a code-law province. All the states in the United States are common law except Louisiana, which is code law.

于罗马法，德国、日本、法国及非伊斯兰与非马克思主义国家多属于这一法系；③伊斯兰法系——起源于对《古兰经》的诠释，巴基斯坦、伊朗、沙特阿拉伯及其他伊斯兰国家多属于这一法系；④社会主义国家的商法体系，如中国。这些国家的法律体系以国家的经济、政治及社会政策为中心。由于每一个国家都在朝它们自己所理解的自由市场体制迈进，并开始进入世界市场，所以在那些社会主义国家，一种新的商法体系正在逐步形成。

因为这些法律体系之间或内部的正式法律程序有相当大的差异，所以了解这四大法律体系间的差异意义重大。即使一国的法律建立在这四大法律体系之一的原理上，其对这一原理的解释也会大不相同——从巴基斯坦对伊斯兰法的原教旨主义解释到美国将几个法律体系的组合（在美国，英美法系与大陆法系都在其法律中有所体现）。

对每个国家来说，律师的人均占有量是衡量其法律制度重要性的一个标准（见图 7-1）。从这一标准来看，美国利用法律来解决商务争端的情形要比其他所有国家更普遍，特别是中国。中国的法律体系实际上才存在 50 年。20 世纪 80 年代，中国只有 3 000 名律师，目前已经接近 150 000 名。相比较而言，日本的法律体系要发达得多。即便如此，随着日本与国际市场一体化程度的提升，律师的需求量不断增加。目前，日本大约有 30 000 名律师，但是到 2018 年，日本政府打算把律师人数提高到 50 000 名。[一]

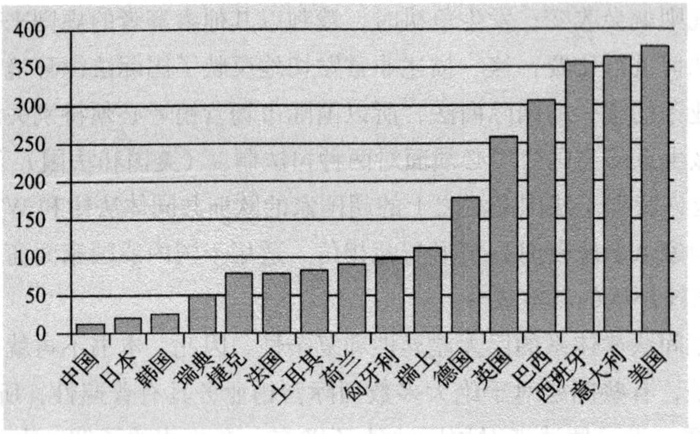

图 7-1 部分国家每 100 000 人中律师的人数

资料来源：Randy Peerenboom, "Economic Development and the Development of the Legal Profession in China," presentation at Oxford University, 2006; Council of Bars and Law Societies of Europe, http://www.ccbe.edu, 2010; http://www.oab.org.br, 2010; http://www.abanet.org, 2010; Bruce E. Aronson, "The Brave New World of Lawyers in Japan," *Pacific Rim Law & Policy Journal* 21, no. 2 (March 2012), pp. 255-275.

7.1.1 英美法系与大陆法系

英美法系（common law）[二]的基础是传统的、过去的做法以及法院通过对条例、法规与

㊀ Bruce E. Aronson, "The Brave New World of Lawyers in Japan," *Pacific Rim Law & Policy Journal* 21, no. 2 (March 2012), pp. 255-275.

㊁ Also known as English law.

过去的裁决的解释所做的判例。英美法系所追求的是："通过高等法院过去的判例体现对立法的解释，高等法院对相同的成文法进行解释，或者将已确立的、成为惯例的法律原理应用于一组类似的事实。"相反，**大陆法系**（code law）[⊖]则建立在成文法这一无所不包的体系之上。在大陆法系下，法律体系通常被分成三个独立的法律：商法、民法与刑法。

英美法系被认为并非无所不包，而大陆法系则由于大多数大陆法有着包罗万象的条文而被认为是全面的。例如，在应用大陆法系国家的商法中有以下规定："履约人在履行合同时应当遵循由习惯和良好道德决定的诚实信用原则。"这一规定使合同法变得更全面了。尽管大陆法被认为无所不包，但是从上述规定中可以明显地看出，为了使现行的法典包含一切，有些解释可能不会具体。

应用英美法系的国家正在采取措施把商法编成法典，尽管其商法的基础是英美法系，即法院裁定的判例。目前，这方面正在出现一种统一的新趋势。例如，美国大多数州接受统一商法典（Uniform Commercial Code）。虽然美国商法在统一商法典下已实现了一定程度的法典化，但其解释的基本原理仍立足于英美法系。

正如在本章后面的知识产权保护部分所要讨论的那样，有关知识产权的法律最能说明英美法系与大陆法系之间的显著差别。在英美法系中，所有权要经过使用才能确立；相反，在大陆法系中，所有权则通过登记加以确立。在一些应用大陆法系的国家里，一些协议不经登记就不具有约束力，而在英美法系中只要能举证协议，这些协议就具有约束力。尽管每一个国家的法律中都有英美法系与大陆法系的成分，但是英美法系与大陆法系在有关合同、销售协议及其他法律问题方面所做出的解释的差异影响重大，因此，如果一个国际营销者只熟悉一种法律体系，那么有必要就最基本的法律问题向律师寻求帮助。

两种法律体系的本质差异会引起麻烦，能说明这一点的一个例子是合同的履行。在美国的法律中，不可能履行合同并非一定可以不遵守合同的条款，除非不能履行的原因是由上帝造成的，即"不可抗力"，例如合同双方理所当然预料不到的一些自然界中所发生的偶然事件。因此，洪水、闪电、地震及类似灾害通常被认为是不可抗力。但是在大陆法系中，不可抗力并不仅仅限于自然的行为，还延伸至包括对合同履行无法避免的干预，不管这种干预源于自然还是无法预见的人类行为，如工人罢工与骚乱等。

现假定签订了一份一定数量布匹的交货合同。试考虑以下两种情况：第一种情况是在卖方交货前发生了一场地震，毁坏了布匹，使合同无法履行；第二种情况是布匹存放处洒水系统的水管冻裂，造成布匹淋水而毁损。两种情况均因货物遭受损失而无法交货。那么是否由于不可能交货，合同双方可不履行合同中所规定的义务呢？对这一问题的回答取决于所援用的法律体系。

对于第一种情况，在英美法系与大陆法系中，地震均被视为一种不可抗力。如果由此而发生无法履约的状况，那么双方的履约义务就被解除。对于第二种情况，在使用英美法系的国家，法庭也许会做出这样的裁决：如果水管冻裂发生在一个能预料到会有冰冻出现的气

⊖ Also known as the Napoleonic Code. Quoted in Richard Fletcher, Heather Crawford, *International Marketing: An Asia-Pacific Perspective*, Pearson Higher Education AU, 2013.

候里，那么它就不属于不可抗力，因此不可能交货并不一定表示能够解除执行合同条款的义务。相反，在应用大陆法系的国家，因为合同不可履行的范围被扩大，所以布匹的损坏可能被判为不可抗力而能免除履行合同的义务。

7.1.2 伊斯兰法系

伊斯兰法系（Islamic law）基于对《古兰经》的解释。它包括宗教职责与义务，也包括非宗教的、对人类行为的法律制约。笼统地讲，伊斯兰法系就是为所有个人规定具体的社会经济行为模式的一种完整体系，包括诸如产权、经济决策和经济自由化类型等问题。伊斯兰法系的首要目标是社会正义。

伊斯兰法律的独特性之一在于禁止支付利息。伊斯兰合同法规定任何交易不应有 riba(在伊斯兰法中被视作以延期归还名义而获得的非法利益即利息或高利贷)。禁止收取与支付利息是伊斯兰法系的核心。但是，伊斯兰法系的其他原则主张风险分摊、个人的权利与义务、产权以及合同的神圣性。伊斯兰法系强调伦理、道德、社会与宗教等因素以促进社会的平等与公正。伊斯兰法系的另一原则是禁止投资于那些违反伊斯兰教规的活动，如禁止投资经营酒、赌博及卡西诺赌场。

禁止支付利息对银行业及商业惯例带来了严重的影响。[⊖]不过，仍然存在一些可接受的惯例做法，这些做法遵守伊斯兰法并允许进行商业交易。因为伊斯兰法系禁止支付利息，所以财产抵押变得难以进行。房地产购买者常常需要依赖金融机构的融资。他们先买入房地产，然后抵押给金融机构，之后，金融机构出售房地产并取得资本。这样，金融机构不用索取利息，而可采用以更高的价格或相同的价格进行出售，从而取得额外的报酬以抵补所谓的利息。在其他符合伊斯兰法的经济交易中，最常用的是以增高标价或成本加成价格进行交易以及租赁。在进行这两种交易时，销售价格或租赁费中均包含了相互协商达成的利差。它们符合伊斯兰教的要求使借贷双方平等地分享报酬、分担损失。伊斯兰教要求财富积累过程及分配是公正的，而且反映真实的生产率。严格的原教旨主义者不会赞成这样的做法，但是人们还是这样去做了。这一例子说明，严格的伊斯兰法与非伊斯兰法系的法律可以以某种形式实现相互协调。

因为这些法律基于对伊斯兰法的解释，所以国际营销者必须了解伊斯兰法并理解各地区是如何解释该法的。各地区的法院或根据原教旨主义者（那些坚持对《古兰经》做字面解释的人）的观点解释伊斯兰法，或进行更自由的解释。公司会发现某一地区的地方当局允许按合同规定对延期债务收取利息；在另一地区也许所有的利息均被取消，代之以同等金额的“咨询费”；还有些地区的地方当局或许会认为合同无效并声称任何利息的支付均属非法。在伊斯兰法系国家从事经营的营销者必须了解这一重要的法律体系。

7.1.3 社会主义国家的商法体系

随着社会主义国家与非社会主义国家的直接贸易往来的不断增加，已有必要制定一个允

⊖ Sara Hadman, “Saudi Arabia Issues Its First Sovereign Islamic Bond,” *The New York Times*, January 25, 2012.

许社会主义国家参与现行国际商业活动的商法体系。各国的发展模式可以不同，因为每一个国家都有不同的背景，处在市场经济的不同发展阶段。例如，像捷克共和国和波兰这样的中欧国家，在共产党执政之前已拥有编成法典的综合性法律体系，它们对第二次世界大战前的商业法典进行了修改并重新制定。因此，它们比其他一些国家更容易建立某一种法律模式。相反，俄罗斯、苏联解体后的国家及中国不得不从零开始建立完整的商法体系。在此前提下，按照社会主义原则，法律严格服从主要的经济基础，这就要求必须确立诸如私有权、合同、合法诉讼程序及其他法律机制等基本主张。不过，中国与俄罗斯的情况有所不同，双方选择了不同的政治、经济发展方向。

俄罗斯颁布了一些缺少执法机制且界定含糊的法律。因为其法律缺乏精确性，以至于人们通常用“混乱无序”来形容俄罗斯的状况。比如，虽然非法接受或传播商业机密被定为犯罪，但法律没有对商业机密做出精确的界定。虽然版权法规定违反该法并造成巨大损失的行为被判有罪，但也没有规定多少损失才算“巨大”。由于没有东欧国家所拥有的传统商业法典作为基础，所以俄罗斯的法制建设受到了影响。

国际营销者在跨国经营时必须重视英美法系、大陆法系、伊斯兰法系与社会主义国家的商法体系之间的差异；必须注意到合同或其他法律文书的当事人的权利在不同法律体系下会大不相同。还应该记住，即使两个国家的法律建立在相同的法律体系之上，但其法律之间仍有可能存在差异。因此，营销者还应事先了解有关国家管理经营活动的各种法律，不管该国采用的是哪一种法律体系。

7.2 国际法律争端中的司法管辖权

当发生商业争端时，决定哪种法律体系具有司法管辖权，是国际市场营销所面临的另一个问题。人们常常错误地认为不同国家公民之间的争端应由某种超国家的法律体系来裁决。遗憾的是，处理不同国家公民之间的商业争端的司法机构并不存在。之所以有这种误解，可能是因为存在一些国际法庭，如海牙国际法庭及联合国的主要司法机构——国际法庭。然而，这些法庭只是处理有关主权国家之间的国际争端而不处理私人之间或公司之间的争端。

法律争端源于以下三种情况：①政府之间；②公司与政府之间；③公司之间。政府之间的争端可由国际法庭裁决，而其他两种情形的争端必须由争端双方中一方所在国的法庭负责处理或双方通过仲裁来解决。除非商业争端涉及国家间的争议，否则国际法庭或任何类似的世界法庭都不会受理。因为并不存在“国际商法”，所以海外营销者必须注意相关国家的法律体系，既要关注本国的法律又要关注经营所在国的法律，或者两者兼顾。

如果国际商业争端必须根据所涉国家中某一国的法律来解决，那么最重要的问题是应采用哪国的法律。司法管辖权通常按以下方法中的一种来决定：①根据合同中所包含的司法管辖权条款；②根据合同的签订地；③根据合同条款的执行地。

如果签订的合同或法律文书中已包含了司法管辖权条款，那么可以很明确地决定司法管辖权。万一出现分歧就可以用类似于以下的条款来加以确定司法管辖权：

双方特此同意：本协议签约地为美国俄勒冈州；涉及本协议的任何争议将根据美国俄勒冈州的法律来裁决。

这一条款规定，如果发生争端，那么应以俄勒冈州的法律为依据。即使是向另一国的法院提起诉讼，也很可能同样需要根据俄勒冈州的法律进行判决。为了合作，为了能明智地对待外国法律问题，人们愿意让外国法院根据另一国的法律（只要适用）对争端做出裁决。因此，如果来自俄勒冈州的受损一方就包含以上条款的合同向墨西哥法院起诉，控告一个墨西哥人，墨西哥法院常会根据俄勒冈州的法律进行裁决。当然这里假定人们承认，在争端中使用俄勒冈州的法律是因为双方事先已达成了协议，或者有其他的依据。

7.3 解决国际争端

如果商业往来出现问题——购货者拒绝付款、产品质量低劣、装运货物延误或者任何可能发生的问题，那么国际营销者有什么办法呢？当然，遵守双方的合同约定是解决问题的出发点。但合同的重要性及其执行在各国存在差异。[㊀]所以，处理任何争端的第一步都是采取非正式途径以解决争议，而且最为理想的是通过富有创造力的谈判程序。[㊁]若这一步不能取得成功，那么外国营销者必须采取更果断的行动。这些行动可以是调解、仲裁或最后一招——诉讼。大多数国际经营者多愿意通过仲裁来解决争端而不是起诉外国公司。

7.3.1 调解

商业交易的大多数争端可以通过非正式途径来解决。一旦解决无望，那么可首先采用**调解**（conciliation）这一重要方法。调解是争端双方请求第三方来调解分歧而达成的一个不具约束力的协议。为了使双方就解决方法取得一致意见，调解人应仔细听取双方的意见，并探索、理清、讨论各种可行的选择及解决问题的可能性。不同于仲裁与诉讼，调解会议属于私人性质，所有双方与调解人之间的会议均保密，双方所做的声明也许不被公开或者不用做任何随后的诉讼或仲裁的证据。有记载表明，调解所取得的成效极佳，大多数争端通过调解可得到解决且争端双方多恢复了业务交往。

人们认为在解决与中国业务伙伴的争端时，调解尤其有效，因为与仲裁相比，调解所造成的威胁较小。中国人相信一旦出现争端，应首先通过友好的非正式谈判来解决问题。如果非正式谈判没能成功，那么应尝试采用调解手段。事实上，有些中国公司也许会竭力避免与

㊀ Kevin Zheng Zhou and Laura Poppo, " Exchange Hazards, Relational Liability, and Contracts in China: The Contingent Role of Legal Enforceability, " *Journal of International Business Studies* 41, no. 5 (2010), pp. 861-879; Jagdip Singh, Patrick Lentz, and Edwin J. Nijssen, " First-and Second-Order Effects of Consumers' Institutional Logics on Firm-Consumer Relationships: A Cross-Market Comparative Analysis, " *Journal of International Business Studies* 42, no. 2 (2011), pp. 307-333.

㊁ See Chapter 19 and John L. Graham, Lynda Lawrence, and William Hernandez Requejo, Inventive Negotiation: *Getting Beyond Yes* (New York: Palgrave Macmillan, 2014).
Leo Lingham, Management Consulting, International Marketing Management, January 27, 2014.

动不动就诉诸仲裁的公司进行业务往来。调解既可以是正式的，也可以是非正式的。如果双方能就请第三方进行调解达成一致意见，那么就可以采取非正式调解。正式调解可在类似北京调解中心这样的机构主持下进行，调解人由该机构指定。如果达成协议，就将基于双方所签协议的调解声明记录下来。在中国，虽然调解也许是友好解决争端的途径，但调解不具有法律约束力，因此在所有调解协议中均应包含一条仲裁条款。经验表明，如果将仲裁条款写进调解协议，那么必要时就能更容易地采用仲裁手段。

7.3.2 仲裁

如果不进行调解或者调解失败，那么就会采用仲裁方式。如果其他方法均告失败，那么与诉讼相比，人们更愿意采用仲裁来解决国际商务争端。**仲裁**（arbitration）的通常程序是由有关双方选择公正、知情的一方或几方作为仲裁人，并由仲裁人来判定事情的是非曲直并做出双方同意执行的裁决。虽然可采用非正式仲裁方式，但是大多数仲裁是在那些更为正式的国内及国外仲裁机构的主持下进行的。这些仲裁机构是为了给商业争端的调解提供方便而专门组建的。这些机构拥有经验丰富的仲裁人并制定了有关仲裁程序的正式规则。在大多数国家中，经过正式调解达成的决定在法律上是有效的。

因为仲裁形式广受欢迎，所以由国家、组织及机构建立的仲裁中心数量急剧增加。所有的仲裁中心均采用了标准化规则和程序来处理案件，每个仲裁中心各有所长。其中较为有影响力的仲裁中心有：

- 美洲商事仲裁委员会（The Inter-American Commercial Arbitration Commission）
- 加拿大 – 美国商事仲裁委员会（The Canadian-American Commercial Arbitration Commission），受理解决加美两国企业间的争端
- 伦敦仲裁法庭（The London Court of Arbitration），其裁决可由英国法律及英国法院强制执行
- 美国仲裁协会（The American Arbitration Association）(www.adr.org/)
- 国际商会（The International Chamber of Commerce）（www.iccwbo.org/arb/；选择 Arbitration 条目）

正式仲裁组织所采用的程序基本相似。这些组织是怎样运行的呢？按国际商会（ICC）规则进行的仲裁提供了一个极佳的例子。在接到仲裁请求后，国际商会首先尝试对争端双方进行调解。如果调解失败，那么就启动仲裁程序。原告与被告各从所认可的仲裁人中挑选一人为己方辩护，再由国际商会仲裁法庭指定第三名仲裁人。该仲裁人通常从众多杰出的律师、法学家或教授中挑选。

跨越国界 7-1

České Budějovice、私有化、商标以及味觉测试——它们与 Anheuser-Busch 有什么共同之处？那就是百威啤酒！

Anheuser-Busch（AB）公司在捷克小镇 České Budějovice 实施一个大规模的公共关系计

划。在当地有一家啤酒厂生产一种“百威 Budvar”啤酒。AB 公司在小镇主要大道的两旁种植树木，新开了一个文化中心，为居民免费开设英语课程，为初出茅庐的企业家无偿传授管管理经验，并且还在报纸上做广告，描述将来进行合作的可能性。

AB 公司的目标是在捷克政府实行私有化时，能拥有国有的啤酒厂 Budějovicky Budvar N.P. 的部分股权。那么，AB 公司为什么会对一家年产量 50 万桶，仅相当于其两天产量的啤酒厂产生兴趣呢？

对于 AB 公司来说，拥有该厂部分产权至关重要，原因有两个：一是它们正在欧洲寻找新的市场；二是它们想在欧洲销售百威牌啤酒。那么，这两者又有什么联系呢？原来百威的牌子为 Budějovicky Budvar N. P 所有，因此 AB 公司无权在欧洲销售百威牌啤酒。攻关计划并不成功，因为很多捷克人把 Budvar 品牌看成“传家宝”。尽管捷克总理公开邀请美国投资者到捷克共和国投资，但是捷克百威不在私有化之列。“我对美国投资者的力量深具信心，但我对美国啤酒的质量心存疑虑。”

1876 年，也就是在捷克百威开业之前 19 年，当德国移民建造圣路易斯家庭啤酒厂，并以百威品牌进行销售时，AB 公司从此创立了百威这一品牌。捷克人声称在哥伦布发现新大陆之前就已使用这一名称，说百威是指 Budwis，亦即 Budvar 所在城市的原先的名称。几百年前，早在 AB 公司酿制百威啤酒之前，人们通常用这一名称表示那一地区酿造的啤酒。

AB 公司在北美销售百威牌啤酒，但在欧洲销售布希（Busch）牌啤酒，因为捷克人拥有百威这一品牌。既然外交努力和攻关计划都不能奏效，那么下一步该怎么办？双方都将对方告上法庭，都声称自己拥有百威及其类似的品牌，如百德（Bud）。在欧洲，将出现 40 多场官司、40 多场行政诉讼。美国法律保护 AB 公司在美国对百威商标的拥有权；捷克人则用 Czechvar 品牌销售。

捷克这家啤酒厂向 37 个国家或地区出口，市场主要在欧洲，而 AB 公司的啤酒则在全世界 70 多个国家或地区销售。AB 公司请求中国香港的法院下令将捷克公司的产品撤下货架；在英国和美国，AB 公司也做出类似的诉讼请求。AB 公司还向美国国际贸易署投诉，抗议捷克这家啤酒公司在美国销售的啤酒瓶上印有百威字样。AB 公司抱怨说捷克这家啤酒公司将啤酒标注为“百威 Budvar”，进口到马里兰州进行销售。该公司指责捷克公司仿冒自己的品牌，混淆消费者视听，旨在利用该公司在美国取得成功。

捷克政府请求世界贸易组织给予啤酒产地和葡萄酒产地同样的商标保护。就像法国香槟地区出产的发泡葡萄酒才是正宗的香槟一样，这一请求意味着只有 České Budějovice 地区酿造的啤酒才能称为百威，只有捷克另一个城市 Pilzen 出产的啤酒才能称为 Pilsner。捷克人似乎不太可能获得批准，因为 Pilsner 已经成为某一种类啤酒的名称，而且和用来生产香槟的葡萄不同，啤酒中的麦芽和啤酒花并不仅仅产自 České Budějovice 地区。

究竟谁独家拥有“百德”和“百威”品牌，官司如今已经打到世界各地。迄今为止，这一策略也收效甚微。英国高等法院裁定，两家都可以使用“百德”和“百威”品牌，而瑞士最高法院却禁止 AB 公司销售“百德”牌啤酒。

我们都很清楚，要想证明谁家的啤酒最好，最好的方法就是尝一尝，对不对？两家的啤酒都有大批的拥护者。美国啤酒一向号称“啤酒之王”，倒也实至名归，起码在销量上是这样的，它的销量如今在全世界最大。捷克啤酒则因产自原本为皇家酿造啤酒的小镇而被称为“王者啤酒”，它在德国及欧洲其他地区也有大量的拥护者。于是《圣路易邮讯报》进行了测试，让测试者蒙上眼睛进行品尝，决定哪一种啤酒更好喝，结果是Budvar胜出。最近，欧洲人自另一场纷争中胜出。2009年，AB公司同意与InBev合并，合并后公司的总部现位于比利时鲁汶市。

迄今为止，我们还无法判断对于这场旷日持久的争端究竟谁能真正笑到最后。2012年，欧洲人拥有的AB公司最终成功收购了其捷克的竞争对手。

资料来源：Al Stamborski, "Battle of the Buds: Taste Testers Say That Budvar Is Better," *St. Louis Post-Dispatch*, November 28, 1999, p. E1; "Prime Minister Says Budvar Will Stay Czech," *Modern Brewery*, March 2000; Gregory Cancelada, "Czech Brewery Retains Right to Use 'Budweiser' and 'Bud' Trademarks," *St. Louis Post-Dispatch*, February 17, 2003; "Budweiser Brewer Anheuser-Busch Buys a Czech Rival," *Associated Press*, January 13, 2012.

国际商会在仲裁方面的效果历来非常卓著。其中的一个例子是它为一家英国公司与一家日本制造商所进行的仲裁。这家英国公司与日本制造商签订了一份合同，愿意以每个80美分的价格向日本制造商购买10万个塑料玩具娃娃。在此合同的基础上，该英国公司又与他人达成协议，以每个1.4美元的价格将这批玩具全部卖掉。可是还未交货，日本制造商便遇到了罢工。罢工的解决导致成本的增加。英国公司被告知，玩具娃娃的交货价格已从每个80美分提高到1.50美元。英国公司坚持说日本公司既然已承诺以每个80美分交货就应该以此价格交货。双方都坚持自己是正确的。

习惯于大陆法的日本制造商认为罢工是无法控制的，属于不可抗力，因此可以不遵守合同中的原来条款。习惯于英美法的英国公司则不认可日本人不遵守合同的理由，因为他们认为罢工是商业活动中的正常事件，并非不可抗力。要解决这一争端，除了通过仲裁或诉讼别无他法。双方选择了仲裁。国际商会指定的一名仲裁人听取了双方的意见，最后裁定双方按比例分担损失。双方对仲裁决定均表示满意，从而避免了一场花费巨大的诉讼。大多数仲裁都能取得成功，但成功与否取决于双方是否愿意接受仲裁人所做出的裁决。

合同及其他法律文件应包含明确指定采用仲裁解决争端的条款。除非将有关争端仲裁的条款作为合同一部分写进合同，否则发生争端后想通过仲裁达成协议的可能性就会减少。以下为一项常见的仲裁条款：

> 本合同项下所发生的一切争议将根据美国仲裁协会的国际仲裁规则进行仲裁。

一般地，最好就仲裁人人数、仲裁地点（城市或国家）以及仲裁所使用的语言做出明确的规定。[⊖]

尽管通过在合同中明确规定仲裁条款可免去麻烦，但有时执行仲裁协议可能会出现困难。仲裁条款需在以下两个问题上达成一致意见：①发生争端时，争端双方同意根据某仲裁法庭的规则与程序进行仲裁；②双方同意服从仲裁结果。如果合同双方不执行这些协议，那

⊖ Drafting Dispute Resolution Clauses, A Practical Guide, American Arbitration Association.

么就会出现麻烦。公司也许会拒绝提名仲裁人，拒绝采取仲裁或在做出仲裁裁决后拒绝执行。在大多数国家中，法庭承认仲裁条款而且这些条款具有法律效力。120 多个国家签署了《承认及执行外国仲裁裁决的公约》(Convention on the Recognition and Enforcement of Foreign Arbitral Awards)，又名《纽约公约》(New York Convention)。按照《纽约公约》，签约国法庭自动认可成员国所发布的外国仲裁裁决。除了《纽约公约》之外，美国也是《泛美国际仲裁公约》（Inter-American Convention on International Arbitration）的签约国。许多拉丁美洲国家也是该公约的成员。此外，美国还是一些包含规定执行仲裁裁决条款的双边协议的成员国。如果其他所有努力均告失败，解决争端的最后途径便是诉讼。

7.3.3 诉讼

出于种种原因，人们尽力避免法庭诉讼。大多数涉及两国公民之间诉讼的当事人相信，几乎所有的胜诉都是有名无实的，因为诉讼的费用、令人沮丧的时间上的耽搁以及事态的持续恶化给人带来的烦恼远远超过了任何类似的其他事件。譬如在印度，积压的案件超过了 300 万宗，违反私人合同的诉讼的处理可能需要等上 10 年或更长的时间。最好的忠告是尽可能寻求其他解决办法而不是进行诉讼。人们不愿采用**诉讼**（litigation）的其他原因有：

- 担心会给人留下不良印象并损害公共关系。
- 担心在外国法庭上会受到不公正对待（人们有充分的理由担心，进行裁决的陪审团或法官对贸易问题以及对错综复杂的国际商业往来也许不太精通，从而导致他们在诉讼中受到不公平的对待）。
- 难以收到所判给的罚金。事实上，如果双方同意通过仲裁解决，这一罚金本可以收到。
- 采取法律行动所必需的相对较高的费用与时间。Rheem 制造公司是一家产值达 10 亿美元的空调系统制造商。该公司估计，通过仲裁解决商业争端比通过诉讼解决所花时间与费用可减少一半。
- 缺乏保密性。与仲裁与调解程序相反，诉讼采取公开的程序。

一位权威人士建议，任何争端的解决应采用以下步骤：首先安抚受损方；若安抚不起作用，就进行调解、仲裁，直至诉讼。只有当其他所有方法均告失败，才采取最后一招。有时，解决问题的方法可能就要依靠诉讼。[㊀]事实上，不管是对付国际争端还是国内争端，这一忠告可能都是很明智的。

7.4 知识产权保护：一个特殊问题

公司往往会耗资数百万美元来创立象征产品质量的品牌或商标[㊁]并塑造产品在其他方面

㊀ Chang Zhang, David A. Griffith, and S. Tamer Cavusgil, " The Litigated Dissolution of International Distribution Relationships: A Process Framework and Propositions, " *Journal of International Marketing* 14, no. 2 (2006), pp. 85-115.

㊁ Stephanie Strom, " Trademarks Take on New Importance in Internet Era," *The New York Times*, February 20, 2012; David Barboza, " Apple Defends Right to iPad Name in Shanghai Court," *The New York Times*, February 22, 2012.

的众多特色，从而来吸引客户只购买公司的产品。此外，公司也会投资更多的资金用于研究开发优于其他竞争者的产品、拥有专利的工艺㊀、设计及配方。这样的知识产权或工业产权是公司所掌控的资产中更具价值的部分。诸如柯达、可口可乐这样的品牌，以及静电复印技术与计算机软件等产权往往有着巨大的价值。据某金融集团估计，万宝路品牌的价值为330亿美元，凯洛格为90亿美元，微软为98亿美元，李维斯为50亿美元。这些品牌的知识产权均遭受过侵犯。通常，这些资产的产权可由法律保护从而免受其他公司的侵犯。不过，公司必须对伪造与盗版等非法活动时刻保持警惕。随着盗版活动的日益猖獗，各个公司都开发新科技以阻止盗版活动。然而，即便采用了最完善、最安全的措施，造假者却不顾源源不断的声讨依然进行盗版活动。

7.4.1　伪造与盗版

伪造与盗版产品存在于许多行业，如服装、汽车零部件、农用化学品、制药、书籍（甚至像本书这样的管理类书籍）、唱片、胶卷、计算机软件、手机、婴儿奶粉、汉堡包㊁、汽车零部件以及商店本身。据估计，每年销售的假冒瑞士名表（如卡地亚与劳力士）估计为1 000万只以上，其非法净利润至少为5亿美元。尽管难以进行精确计算，但每年因未经授权而擅自使用美国专利、商标及版权所造成的销售收入损失为3 000亿美元以上，相当于失去了200多万个就业岗位。软件、音乐制品和电影是特别富有吸引力的盗版目标，原因在于开发成本高但复制成本低，而且可以通过互联网进行分销。盗版音乐光盘的年销售额估计超过50亿美元，并且正在以每年6%的速度增长。在美国售价达500美元的软件盗版后在东亚的售价不到10美元。

据商业软件联盟（The Business Software Alliance）这一贸易集团估计，2013年美国软件公司在亚太地区的损失就超过210亿美元，在欧洲的损失为181亿美元，在北美地区的损失为109亿美元。此外，从全球范围内来看，在美国因软件盗版损失97亿美元排名第一，在中国损失88亿美元排名第二。中国在这方面的进步主要得益于知识产权教育、相关措施的实施以及联想与微软的历史性合作。同时，我们注意到在2007～2013年，其他一些人口大国在打击软件盗版方面也取得了重大进步，比如俄罗斯的盗版率下降了9%，巴西下降了9%，日本和越南都下降了4%，印度则下降了9%（见表7-1）。

表7-1　全球电脑软件盗版率排名：前10名和后10名

高盗版率（%）		低盗版率（%）	
津巴布韦	91	美国	18
格鲁吉亚	90	日本	19
摩尔多瓦	90	卢森堡	20
利比亚	89	新西兰	20

㊀ Archibald Preuschat, "Apple Loses Dutch Appeal to Block Samsung Tablets," *The Wall Street Journal*, January 24, 2012.

㊁ Tiffany Hsu and David Pierson, "Double Trouble in Shanghai," *Los Angeles Times*, February 11, 2012, pp. A1, A6.

（续）

高盗版率（%）		低盗版率（%）	
委内瑞拉	88	澳大利亚	21
孟加拉国	87	奥地利	22
也门	87	丹麦	23
亚美尼亚	86	瑞典	23
白俄罗斯	86	德国	24
伊拉克	86	英国	24

资料来源：From *2013 BSA and IDC Global Software Piracy Study*, Business Software Alliance. Reprinted with permission. *Seventh Annual BSA/IDC Global Software Piracy Study* (Washington DC: Business Software Alliance), www.bsa.org/globalstudy. One hundred twenty-six countries and regions are ranked.

最近一项研究表明，对于像微软这样的公司，一定程度的盗版现象对公司是有好处的。盗版就如同产品试用，最终会促成购买行为。当升级版产品大行其道时，购买行为就随之而来了。尤其是像中国一样开始执行 WTO 规则的国家，深受盗版之苦的消费者真心愿意并有能力购买正版软件。

虽然伪造的光盘、玩具和类似产品会给公司带来数十亿美元的损失并损害公司的品牌，但药品伪造会引起严重的人身伤害。在哥伦比亚，调查人员发现一家公司每天非法生产 20 000 片假冒药品（叫 Dolex 的阿司匹林），也非法生产辉瑞公司的 Ponstan 500 牌止痛药。这些假冒的药品中含有硼酸、黏合剂、地板蜡、滑石粉和含铅量较高的黄漆等用来复制正品药物的表面。

伪造包括复制与正品相同的功效、不用或少用主要成分以及用有害物质生产产品。据药品制造商协会估计，药品的年销售额达 3 270 亿美元，其中伪造药品的销售额占 2%。在非洲和拉丁美洲国家，假冒伪造产品占到 60%。世界卫生组织估计，在美国所进口的散装药品中，有 8% 的药品是假冒的、未授权生产的或达不到标准的。发展中国家的情况更为糟糕。根据世界贸易组织最近的报告，64% 的抗疟药物是假冒的。

契约制造商和非法销售商之间的共谋也是一大问题。在某个国家，一些曾经是新百伦供应商的契约制造商在仿造新百伦的鞋子。拜这些制造商所赐，市场上充斥着售价仅为 20 美元的新百伦真品鞋子。联合利华发现某地的一家供应商超额生产了多箱香皂，并私自把香皂直接销售给零售商。保洁公司的一家供应商则向另一家公司出售保洁洗发液的空瓶子，供后者灌装伪造的洗发液。虽然知识产权的伪造与盗版实质上就是偷窃，但是，因为缺乏对知识产权保护或因一国法律制度结构而导致知识产权的合法损失，就另当别论了。

最后，我们需要提一下评论家的观点。从有利于公司的角度来看，他们认为跨国公司已经过度使用了现有的知识产权制度，近年签署的《与贸易有关的知识产权协议》就是一个体现（对于这一问题，我们随后将详细探讨）。[⊖]评论家指出，所谓对公司产品的知识产权严

⊖ Susan Sell, *Power and Ideas, North-South Politics of Intellectual Property and Antitrust* (Albany: State University of New York Press, 1998); Susan Sell, *Intellectual Property Rights: A Critical History* (Boulder, CO: Lynne Rienners Publishers, 2006).

格控制，实际上已经限制了公司的创造力，并且影响了知识产权法保护对象的相关利益。所谓的“新旧经济体”之间一直在进行颇为有趣的争论，而传统的跨国公司似乎反对谷歌和维基的观点。[一]甚至连法国也卷入与美国知识产权立法的冲突中。[二]这类观点利用了反托拉斯法（antitrust law）来抗衡知识产权保护法。争论仍在继续。

7.4.2　保护不足

因为在世界市场上缺乏知识或工业产权的充分保护，结果造成这些产权在可能有利可图的市场上遭受合法的损害。因为专利、生产工艺、商标及版权在所有国家都很有价值，所以有些公司发现它们的资产在没有得到许可或补偿的情况下在国外被盗用并用来获利。[三]此外，它们经常获悉不仅其他公司在生产并销售它们的产品或使用它们的商标，而且外国公司在它们经营所在国成了这些资产的合法拥有者。

有些公司的商标权被他人合法获取后，公司又不得不将它们买回或为使用这些商标交付费用，这方面的事例很多。由于种种原因，人们没有对自己的贵重资产采取充分的保护措施。最常犯的一个错误就是以为公司已在美国确立产权，那么这些产权将在全世界得到保护或者以为如果有必要便可以确立其合法所有权。麦当劳公司在日本的情形就是如此。富有胆量的日本人将麦当劳的“金色拱门”（Golden Arches）作为自己的商标进行注册。经过漫长且代价昂贵的法律行为，最后由日本最高法院判决，麦当劳公司才重新得到了该商标在日本的独家使用权。麦当劳公司不得已花了一笔数目未曾公开的钱“购买”自己的商标后，才开始实施一项非常积极的计划以保护自己的商标。

类似地，一家韩国公司在手提包及皮件商品上合法地使用 Coach 商标。因为该公司首先注册了该商标，所以有权在韩国市场上使用。结果，一只与美国产经典皮具品牌 Coach 皮包几乎无法区别的 Coach 牌公文包在韩国的销售价仅为 135 美元，而在美国却为 320 美元。供职于韩国一家公司的一名美国律师说他已碰到几件这样的事，如一家外国公司来到韩国，天真地与一家韩国公司开始就分销或许可证贸易进行谈判，结果却让韩国公司擅自注册了该外国公司的商标。随后，韩国公司以此作为谈判的筹码。如果谈判失败，那么韩国公司可将此商标重新卖给那家外国公司。许多公司没有能够采取适当的措施来合法地保护自己的知识产权。不少公司也不知道有些国家不遵循英美法原则，即所有权由使用在先原则确立，或者不知道在一个国家的注册及合法所有权并不一定意味着在另一个国家也拥有所有权。

7.4.3　使用在先与注册在先

美国属于英美法系国家，知识产权的所有权按**使用在先**（prior use）原则来确立，即谁

[一] Jonathan Weisman, "Web Protests Piracy Bills, and 4 Senators Change Course," *The New York Times*, January 18, 2012; Ben Sisario, "7 Charged as FBI Closes a Top File-Sharing Site," *The New York Times*, January 20, 2012; Amy Chozick, "A Clash of Media Worlds (and Generations)," *The New York Times*, January 21, 2012.

[二] Eric Pfanner, "Copyright Cheats Face the Music in France," *The New York Times*, February 19, 2012.

[三] John Hagedoorn, Danielle Cloodt, and Hans van Kranenburg, "Intellectual Property Rights and the Governance of International R&D Partnerships," *Journal of International Business Studies* 36, no. 2 (2005), pp. 156-174.

能证明自己最先使用，那么谁通常被认为是合法的所有者。然而，在许多大陆法系国家，所有权按**注册在先**（registration），而不是使用在先原则来确立，即谁先注册商标或其他产权，谁就被认为是合法的所有者。例如，在约旦，谁先注册商标，该商标就属于谁。因此，你能发现“麦当劳”餐馆、“微软”软件及“safeway”牌杂货都合法地为约旦人所有。尽管耐克公司向西班牙最高法院进行了长时间的诉讼，但仍然失去了在西班牙使用“耐克”牌运动服的权力。自1932年以来，西班牙Cidesport公司一直使用“耐克”这一品牌来销售其运动服，故向法院提出诉讼要求禁止美国耐克销售运动服。由于西班牙Cidesport公司并未使用“耐克”标签来销售运动鞋，所以美国耐克仍能在西班牙销售运动鞋。如果一家公司相信通过证明自己最先使用一商标或品牌，便总能在另一国家确立所有权，那就错了，该公司将冒失去这些资产的风险。

除了注册在先问题，公司还可能遇到其他与注册有关的问题。中国在知识产权保护方面已有了长足的进展且大体认可“最先发明”原则。拉脱维亚与立陶宛允许重复注册商标与品牌。某化妆品制造商于1986年在苏联，后又于1992年在拉脱维亚注册了Nivea与Niveja牌化妆品，但是一家拉脱维亚公司已经注册并自1964年以来一直在销售一种Niveja牌的护肤霜。两家公司均没有得到苏联或拉脱维亚有关当局的通知，最后申请人自己了解到已注册过类似的商标。这一案件现正交由拉脱维亚最高法院处理。最好的办法是以注册方式保护知识产权。一些国际公约规定必须在成员国进行同步注册。

7.4.4 国际公约

许多国家加入了旨在相互承认和保护知识产权的国际公约。这种国际公约主要有以下三个：

（1）《保护工业产权巴黎公约》（The Paris Convention for the Protection of Industrial Property），通常称为《巴黎公约》(Paris Convention)。该公约包括美国及100个其他国家。

（2）《泛美公约》（The Inter-American Convention）。该公约包括大部分拉丁美洲国家及美国。

（3）《马德里协议》（The Madrid Arrangement）。该协定成立了国际商标注册局，包括26个欧洲国家。

此外，联合国的世界知识产权组织（WIPO）负责促进知识产权的保护并通过成员国之间的合作来执行各种多边协定。⊖另外，两个多国专利协定精简了欧洲的专利申请程序。一个是专利合作协定（PCT）。该协定使得在成员国间的专利申请变得更为方便。它规定申请人在美国提出一项专利申请时，美国专利部门的国际检索报告同样适用于作为该协定下其他成员对该申请人就其他专利提出的申请是否给予保护的评价依据，从这一点上来讲，该协定的覆盖面很广。另一个就是欧洲专利公约（EPC）。该公约建立了一个区域性专利体系，允许任何国家申请单一的欧洲专利。公司可以选择国别专利体系（如公司只想在少数成员国保护商标或专利），也可以选择申请在全部28个成员国内受到保护。商标的保护期为10年，并可

⊖ Visit http://www.wipo.org, the home page of the WIPO, for detailed information on the various conventions and the activities of WIPO.

延期。不过，如果商标在5年内并未使用，那么专利就会被收回。一旦专利得到批准，那么该专利在申请中所指定的所有国家都具有同等效力。

世界贸易组织的一项重要条款——《与贸易有关的知识产权协议》(TRIP）是迄今为止最为全面的关于知识产权的多边协议。《与贸易有关的知识产权协议》对当今国际协议中所涉及的全部知识产权领域制定了保护标准。根据《与贸易有关的知识产权协议》的三项主要条款，成员国应于2006年前达到最低保护标准，制定执行知识产权的程序和补救措施，并保证依照世界贸易组织的争端解决程序来处理成员国间与贸易有关的知识产权争端。[㊀]

商标、专利或其他知识产权一旦注册，大多数国家要求运用这些权利，并对这些权利进行适当的保护。在少数几个国家如美国，个人可在整个专利有效期内拥有专利而不进行专利产品的生产与销售。其他国家则认为既然通过专利获得了垄断，专利拥有者必须与其国民分享该产品。因此，如果在一定时期（通常为1～5年，平均为3年）内不生产专利产品，那么该专利就属公有。

在这一点上，商标同样如此。带有注册商标的产品必须在国内销售，否则公司将失去这一商标的所有权。麦当劳公司在委内瑞拉曾遭遇过这样的问题。尽管麦当劳商标在这一大陆法系国家进行了严格的注册，但公司在两年多的时间内没有使用这一商标。根据委内瑞拉法律，商标必须在两年内使用，否则就算放弃。因此，出现了一家由委内瑞拉人经营的带有金色拱门标志的“麦当劳先生”公司。如果美国的麦当劳公司决定指控这家委内瑞拉公司，那么它将面临一场费用可能很高的官司。

每个国家都希望公司来积极地保护它们的知识产权，将侵犯知识产权者送上被告席。但是保护是一项艰难的任务，其成功与否很大程度上取决于发生侵权或盗用的国家是否愿意合作。有些国家缺乏合作态度，这也许是因为在怎样看待知识产权问题上存在着文化差异。在美国，保护知识产权的目的是鼓励发明，保护创新企业的利益。在韩国，人们认为一个人的思想应让所有的人受益。而日本的目的在于共享而不是保护技术，人们认为应以一种促进竞争者之间合作的方式来迅速传播技术，从而使发明为更大的、国家层面的目标服务。这种态度能帮助我们更好地理解为什么有些国家对知识产权的保护缺乏热情。美国是保护知识产权的坚决提倡者。在美国的坚持下，许多国家对待保护遭侵犯与盗用的知识产权的态度正变得更为合作。经过数十年的谈判，欧盟各国就建立泛欧洲大陆的专利发明制度达成了共识。这样，发明人不必再以全部欧盟成员国的语言提交申请，而只要采用英语、法语或德语之一提交申请即可。最后，随着中国法律体系的完善，政府已开始执行保护当地公司专利的政策。

7.4.5　保护知识产权的其他管理方法

虽然以下知识产权保护策略有些传统且并不十分奏效，但对于在他国从事贸易的美国公司而言还是应该谨记在心：①预防，即选择本地代理并尽快在有关部门注册知识产权[㊁]；②谈判或替代性争议解决方案；③向他国政府申诉；④向美国政府和世贸组织申诉。除了这

㊀ For a discussion of TRIPs, visit http://www.wto.org and select Intellectual Property.

㊁ Barbara Demick, “China Gives a Shred about Piracy,” *Los Angeles Times*, April 23, 2011, p. A3.

些传统方式以外，人们正在研究如何更好地了解消费者购买假冒品牌的动机。㊀那些富有创新意识的企业家想出许多新方法。这里做一介绍。㊁

1. 飞利浦

荷兰的飞利浦公司是"开放式创新"的创始公司之一。30多年前，飞利浦就以合作理念为利器来发展推进新观点。㊂"开放式创新"对飞利浦意味着向研发伙伴购买创意，继而向营销伙伴出售创意，而不是只经营自己的创意。在中国现行的一个项目就是其利用新方法保护知识产权的例证。凤凰原创（Phenix Initiative）是该公司为北京2008年奥运会开发移动数字服务的一个项目。该项目由法国电信牵头，集欧洲和中国公司以及政府组织为一体，涉及财政、科技等内容。

虽然很多美国公司已经在中国建立了设计和研发中心，但是美国政府对高科技出口的限制和美国高管的竞争焦虑扼杀了像凤凰原创类似组织在中国的出现。美国人的一臂之距关系原则既限制了其发展科技的数量，也限制了知识产权的保护程度，这一点略逊于欧洲和亚洲的竞争者。

2. 华纳兄弟

最后，我们向那些拥有丰富知识产权的公司提供一条妙计，能使其现在和不远的将来赚到钱，那就是最古老的定价策略：根据市场承受能力来定价。虽然华纳兄弟一项雄心勃勃的营销计划引发了争议，但是我们应该为其喝彩：它在中国将DVD唱片的价格降低到1.88美元，几乎是原来价格的一半，同时保证其投放速度，在剧院演出结束几天内就将唱片投入市场，比世界任何一个地方的投放速度都要快。

价格策略与我们长期倡导的在发展中国家以相对收入为基础进行价格调整的策略不谋而合。也就是说，一个公道的价格（从中国的角度来看）应该将中美两国的收入和购买力差异考虑在内。例如，按照当时的购买力平价来看，中美两国的人均国民生产总值为6 500美元对40 000美元。当下亚马逊网上DVD的美国价格大约每张10美元，调整后在中国的合理价格应该为每张1.5美元。而且，我们特别欣赏华纳兄弟的营销者对产品价格所做的微调，将价格上调0.38美元到1.88美元这样一个吉利数字。

华纳兄弟目前正在通过与中国的Union Voole技术公司合作来设法为高质量的DVD创造市场。通过廉价的Video-on-Demand系统，租用价格不到1美元，而且通过网络来送货。

7.5 网络法规：有待解决的问题

从本质上讲，互联网就是一种不存在政治或国家边界的全球企业。虽然互联网有这一优

㊀ Keith Wilcox, Hyeong Min Kim, and Sankar Sen, "Why Do Consumers Buy Counterfeit Brands?" *Journal of Marketing Research* 46, no. 2 (2009), pp. 247-259.

㊁ See Lam and Graham, *China Now*, for more details.

㊂ "What's Mine Is Yours," *The Economist*, May 30, 2009, p. 80.

The Bill & Warren Show, By Brent Schlender; Warren Buffett; Bill Gates, *Fortune*, July 20, 1998.

点，但是由于现存的法律缺乏对其特征和相关活动的明确界定，所以互联网也引起了一些问题。现存法律对诸如赌博、跨国公司经营中的域名保护、税收、司法及合同性问题、盗版以及审查不是界定模糊就是根本没有涉及。欧盟、美国以及许多其他国家正在制定法律，以便对那些现有法律并未做出明确界定的种种法律进行明确。但是，在这些法律被世界各国和地区所接受之前，公司仍然有赖于并不一定能提供保护的个别国家的法律。

7.5.1 域名与网络抢注

糟糕的是，由于域名注册容易而且注册成本低廉，结果使成千上万的域名被抢先注册。**网络抢注者**（cybersquatters）花钱购买并注册了许多描述性名称、种族组织、药品和其他类似的描述符号，并一直拥有到以高价出售为止。例如，一个网络抢注者以 50 万美元的价格出售了一个域名叫“themortgage.com”的网站。至今为止售价最高的域名叫“www.business.com”。如网络抢注者已注册了公司想要的普通域名，那么公司的唯一选择就是购回。

网络抢注者的另一种方法就是注册熟悉的名称和著名的商标，从而转移访客的目的地或者出售竞争性产品。全球最大的在线拍卖网站 eBay 公司卷入了与加拿大新斯科舍省（Nova Scotia）的一位企业家的纷争。该企业家注册了名为 www.ebay.ca 的域名，从而迫使 eBay 这家美国公司在未能重新取得上述域名的使用权以前用 www.ca.ebay.com 作为在加拿大的新域名。不过，目前点击该网址可使你直接访问 eBay 在线拍卖网站。

网络抢注者通过注册带有著名品牌或商标名称的域名，从而将上网者引到抢注者的网站或竞争公司的网站。例如，一家成人娱乐网站注册了 candyland.com 域名，而孩子宝玩具制造公司（Hasbro）则向儿童销售名为 Candy Land 的游戏。因为担心客户可能会误入成人娱乐网站，所以孩子宝公司打算消除该网站。公司所能采取的方法包括借助法律诉讼、购买该域名。不过，孩子宝公司选择的是采用法律诉讼手段。虽然该成人娱乐网站并非直接侵害了公司的商标，但法庭认为它损害了孩子宝公司及其儿童游戏的声誉。如今，点击该网址可使你直接访问孩子宝玩具制造公司。

能对经营带来严重损害的其他网络抢注问题包括恶搞网站、抗议网站和憎恨网站。例如，www.walmartsucks.org 就是一家针对沃尔玛的极度挑剔的网站。由于言论自由权力受到保护，所以很难对这些网站进行防卫。沃尔玛所能采取的唯一防卫就是对网站是否拥有这样的权力提出挑战，即用某一商号来引导人们进入网站。

经常会发生这样的情况，即当互联网上的内容在东道国不合法，而在原国家为合法时，公司的行为或张贴在网站上的内容会引发法律诉讼。例如，美国电影公司制作的带有裸体镜头的影片到了禁止电影中出现裸体画面的国家就会违法。不仅电影厂家会遇到麻烦，而且互联网服务提供商也得为张贴在网站上的材料负责。在存在限制性言论自由法律的国家或地区，对言论自由的保护不足或不加保护常常被用作胁迫或审查的手段，这样，作者与出版商就可能遭遇法律麻烦。互联网出版商或私人网站主担心他们会面临任何或许多法律诉讼，仅仅因为其刊登的文章可在世界各地被下载。有关侮辱、诽谤和产品责任的法律纠纷会导致公司自动限制其网站，使其网站有选择地对少数国家开放，以免引起法律纠纷。互联网并非是一个没有诽谤的领域。

只要网络抢注方面的损害涉及当地，或者有关方知道或应当知道这种损害很可能是这些抢注行为的结果，那么许多国家的法院倾向于对源于本国的在线活动拥有司法权力。不过，绝大多数国家的法院认为有必要制定明确的适用于世界各地而不是某一国家的法律来解决当前发生的法律争端。

国际商会对 100 家企业的领导人进行了调查，2/3 以上的被调查者认为有关互联网经营的法律上的不确定性会对公司的重要决策产生影响。根据国际商会的调查，最直接的影响就是许多在线商家拒绝在本国之外销售其商品。

7.5.2 税收

有关电子商务的另一个棘手问题是征税问题。一般税收制度的依据是对某一经济活动发生地的明确界定。但是，互联网能使个人待在同一办公桌前而在不同国度进行经营活动。如果要征税，那么税收在何地征收？由谁来征收呢？这些问题都是世界各国正在考虑的问题。过去，如果一家公司在一国有永久性居所，那么该公司被认为须在该国纳税。但是，服务器或网站的所在地是否具有类似资格目前尚无定论。目前特别受到税收当局青睐的一种观点是将服务器视作“虚拟的永久居所”，并向该地纳税。

网络销售往往难以精确测定其发生的时间和地点，而且即便能精确测定那些不可捉摸的纳税人，税收也难以征收。由谁收取呢？在现实交易中，由零售商收取，但当网站在一国，而客户又在异国时，那么该由谁来收取呢？有人建议设立像联邦快递（FedEX）类运输公司或采用信用卡公司托收，但交易双方对此建议毫无热情。

欧盟委员会已宣布了计划，要求在欧盟内的外国公司对通过互联网或电台向客户提供的服务征收增值税。如果在欧盟内的外国公司通过互联网的销售收入超过 10 万欧元（125 000 美元），那么至少必须向欧盟区内的一个国家注册并按该国税率缴纳增值税，税率为 15% ~ 25%。由于欧盟公司须向其客户征收增值税，而外国公司向同一客户提供同类服务却可免税，因此从公平竞争的角度来看，这种税收是合理的。美国公司对此提出了抗议，认为欧盟实施了“电子保护主义”。[⊖]最糟糕的、怪异的互联网征税事例也许来自法国。法国文化部建议对互联网广告收入进行征税，主要针对的是美国企业，如谷歌、微软、美国在线、Yahoo! 以及 Facebook 等，并将税款用来补贴法国的音乐、电影和出版行业。[⊜]欧盟以外的一些国家正在考虑类似的互联网征税问题。对此，不仅跨国公司抗议，而且这些国家自己

⊖ For a report on a resolution on cross-border tax issues proposed by the OECD, see “OECD Launches Project on Improving the Resolution of Cross-Border Tax Disputes,” http://www.oecd.org, and select Taxation. The OECD proposes a variety of issues related to the Internet, all of which can be found at this site. Ultimately, the Hungarian government yielded to the public protests and dropped its Internet tax plan; see Rick Lyman, “Hungary Drops Internet Tax Plan after Public Outcry,” *The New York Times*, November 1, 2014, p. A6.

⊜ “France and the Internet, Helicopters at the Ready,” *The Economist*, January 16, 2010, pp. 63-64.

的国民也反对。[㊀]

7.5.3 争端的司法权与合同的效力

许多国家开始认识到现有的商法对互联网的特征及其相关业务并未做出明确的界定，这样网络法渐渐产生了。这方面的两大问题是：对于位于不同国家的交易双方所发生的争端应适用何方法律以及电子交易合同的有效性。为了形成一部统一的法律，欧盟面临的困境是协调好其成员国间的巨大法律差异。例如，目前正在布鲁塞尔及其他欧盟首都议论的草案条例本想要求商贩遵守有关消费者保护的 28 种不同的，有时甚至有点古怪的国别条例，如数十种对广告的限制、法国对那些并非出口到法国的交易合同要求以法文签署等。

欧盟委员会已实施电子商务法令，该法令准许在线零售商按照本国法令从事在线交易，只要该零售商不以广告方式诱惑或影响消费者。不过，在消费者所在国，则可以采取任何法律行为。其理由是如果一家公司在某一特定国家积极地寻求顾客，那么该公司应当愿意遵守该国的消费者保护法。该法令是否会被全部 28 个成员国[㊁]所接受尚有疑问。

欧盟委员会已开始复查全部条例框架以便构建信息社会的法律基础。目前正在研究许多种条例，以便能使电子商务与传统商务处于相同的地位。先期措施之一是创建泛欧计算机网络（EEJ 网），该网络为解决庭外的小型纠纷提供了便利。只要通过在成员国国内的链接站点或票据交换所，有关运输、次品、产品不符等问题就可得到处理。消费者在向供应商所在地的庭外纠纷解决系统提请诉讼时，将能得到有关信息并获得帮助。

在电子商务合同的法律有效性的确认方面，也正在取得实质性进展。例如，最近印度通过了一项法令，该法令将确认电子邮件为有效的交易形式，电子合同具有法律效力并且认为数字签字具有约束力。另有一些国家正在或已通过了类似英联邦的法律，即在线合同中所用的数字签字与书面签字文本原件具有同等的法律约束力。

7.6 各国商法

如果在多个国家从事经营，那么营销者必须对各种法律体系保持警觉。倘若该营销者制订了一个在几个国家实施的共同的营销计划，那么法律问题将变得尤为麻烦。即使不存在语言与习惯方面的差异，但是，国与国之间的法律差异仍能给营销计划的实施带来麻烦。

7.6.1 营销法律

所有国家都由法律来规制促销、产品开发、商标使用、定价及分销渠道等营销活动。此外，我们将开始注意到美国对营销调研的限制也在增加。最近的事例就是 Facebook 在未征

㊀ Rick Lyman, " Proposed Internet Tax Draws Hungarians to Streets in Protest," *The New York TImes* October 30, 2012, p. A6.

㊁ 欧盟共 28 个成员国，但目前英国处于脱欧状态。——译者注

得欧洲人同意的情况下开展了媒体实验，毕竟欧洲对个人隐私的保护要严于美国。[一]通常，不同市场之间的差异会给贸易谈判者带来麻烦，对公司和经理人来说更是如此。例如，美国法律禁止买卖人体器官[二]，同时限制以治疗疾病为由使用人体干细胞进行医学实验。然而，其他国家的法律却不尽相同。从伦理上讲，不管是否允许买卖人体器官或者进行人体干细胞实验，这件事都会引发争议，再将其置于国际背景下，事情就更复杂了。在最近一次人体器官的国际买卖中，欧洲人还能以合法身份到国外进行器官移植。然而，欧盟议会正在考虑今后将这种行为以刑事犯罪来论处。与此同时，美国政府却认为应放松对干细胞研究的法律约束，因为在无此约束的国家里，科学家在该领域取得了重大进展。国际市场上关于健康服务的最新难题就是“全球婴儿”立法问题，包括卵细胞、精子和代孕母亲等各个领域的法律问题。[三]

其他对商品 / 服务销售实施禁止或限制的事例包括：欧盟要求谷歌删除来自《纽约时报》的引用[四]；立陶宛禁止向少数民族销售运动饮料[五]。其他国家限制多种分销渠道：古巴最近关闭了私人放映电影和录像的场所，而它们才开始接触自由市场经济。[六]许多国家，包括俄罗斯和阿根廷，通过限制向私人地址发运货物的数量和频次来取缔快递业务。[七]与此同时，印度放宽了对银行业[八]和零售业[九]的限制。

在一些国家，营销法律为数不多而且执法不严，而在另外一些国家，营销法律完备复杂而且执法严厉。例如，1991 年瑞典禁止所有面向儿童的电视广告；英国[十]、希腊、挪威、丹麦、澳大利亚以及荷兰这些国家也都限制针对儿童的广告。最近，欧洲委员会扬言要封杀所有针对儿童的软饮料和快餐广告，而百事可乐则主动以控制其针对儿童的广告作为回应。同期，美国食品业却在讨论在美国抵制此项运动。有趣的是 20 世纪 70 年代后期，美国联邦委员会协同糖食制造商和玩具制造商开展了类似的限制针对儿童广告的运动。这导致了行业的较小衰退，但是到 20 世纪 80 年代，企业就逐渐忽略了自己先前的承诺。所有这些发展都有一个后果，那就是富裕国家的儿童肥胖症仍然是主要的公共健康问题。

在不同国家之间，虽然法律涉及领域相同，但是其执行和解释差别巨大。欧盟的有关促

[一] Vindu Goel, “After an Uproar, European Regulators Question Facebook on Psychological Testing,” *The New York Times*, July 3, 2014, p. B3.

[二] “Let Livers Go Where They’re Needed,” *Bloomberg BusinessWeek*, September 11, 2014, online.

[三] Tamara Audi and Arlene Chang, “Assembling the Global Baby,” *The Wall Street Journal*, December 11, 2010, pp. C1-2.

[四] Noam Cohen and Mark Scott, “Times Articles Removed from Google Results in Europe,” *The New York Times*, October 4, 2014, p. A3.

[五] Sabrina Bachai, “Lithuania Bans the Sale of Energy Drinks to Minors,” *Medical Daily*, May 16, 2014.

[六] “Cuba to Close Private Venues for Movies and Video Games,” *Associated Press*, November 3, 2013, online.

[七] Andrew E. Kramer, “In Russia, Couriers Halt Parcel Deliveries,” *The New York Times*, January 25, 2014, pp. B1-2.

[八] Keith Bradsher and Ellen Barry, “India Gives Foreign Banks New Door into Local Market,” *The New York Times*, November 7, 2013, p. B2.

[九] Rajesh Roy, “India Clears Walmart in Probe of 2010 Purchase,” *The Wall Street Journal*, October 17, 2013, online.

[十] “Cookie Monster Crumbles,” *The Economist*, November 23, 2013, pp. 61-62.

销法律就是这一差异的典型例证。在奥地利，法律明文禁止有奖销售、发放赠品和使用优惠券，因为该国认为上述都属于现金折扣的范畴。在不出现“免费”字样，不胁迫消费者购买产品的前提下，芬兰允许商家在合理的范围内进行有奖销售。法国对有奖销售的规定是：出于任何实际目的而低于成本价销售属于违法行为；以购买其他产品为条件向消费者提供赠品或奖品属于违法行为。法国法律允许企业一年在1月和8月促销两次，每次可以持续4 ~ 6周时间。这一活动大受欢迎，不但在广播和电视上做广告，而且还需要警察到现场维持秩序。一项调查显示超过40%的法国人一年省钱只等促销月的到来；有56%的人在促销月期间以减少必需品的花费来购买促销产品。作为好消息，许多针对营销活动的所有限制正在放宽。而且，最近假日促销和延长商店营业时间也已经得到了几个欧洲国家的许可。中国也已经放宽了对直销的一些限制，而这些限制对玫琳凯等公司的影响特别明显。不过，其针对直销的规定相比于世界上其他国家特别具体。表7-2给出了其直销管理条例中的一些条文。在大多数人看来，中国特别关注直销组织的根源在于民间组织的发展在历史上总会引发一些社会问题。

表7-2　中国的《直销管理条例》(节选)

第五条　直销企业及其直销员从事直销活动，不得有欺骗、误导等宣传和推销行为 **第二十三条**　直销企业应当在直销产品上标明产品价格，该价格与服务网点展示的产品价格应当一致。直销员必须按照标明的价格向消费者推销产品 **第二十四条**　直销企业至少应当按月支付直销员报酬。直销企业支付给直销员的报酬只能按照直销员本人直接向消费者销售产品的收入计算，报酬总额（包括佣金、奖金、各种形式的奖励以及其他经济利益等）不得超过直销员本人直接向消费者销售产品收入的30% **第二十九条**　直销企业应当在国务院商务主管部门和国务院工商行政管理部门共同指定的银行开设专门账户，存入保证金 保证金的数额在直销企业设立时为人民币2 000万元；	直销企业运营后，保证金应当按月进行调整，其数额应当保持在直销企业上一个月直销产品销售收入15%的水平，但最高不超过人民币1亿元，最低不少于人民币2 000万元。保证金的利息属于直销企业 **第三十条**　出现下列情形之一，国务院商务主管部门和国务院工商行政管理部门共同决定，可以使用保证金： （一）无正当理由，直销企业不向直销员支付报酬，或者不向直销员、消费者支付退货款的 （二）直销企业发生停业、合并、解散、转让、破产等情况，无力向直销员支付报酬或者无力向直销员和消费者支付退货款的 （三）因直销产品问题给消费者造成损失，依法应当进行赔偿，直销企业无正当理由拒绝赔偿或者无力赔偿的

资料来源：Ministry of Commerce, the People's Republic of China Regulations of Direct Selling Administration, August 23, 2005 http://english.mofcom.gov.cn/article/zt_yearbook/lanmua/200804/20080405503301.shtml.

另一大障碍来自各种有关产品比较的立法。这种产品比较是一种自然且有效的表达方法。在德国，如果在广告中进行产品比较，那么其竞争对手就有权提起法律诉讼，要求其拿出证据，证明其明示或暗含的优点。在加拿大，裁定甚至更为严格。所有宣称的内容都必须经过验证以确保任何对公众的表述不会虚假或不会产生误导。这些表述不能在售货时口头做出，也不能放在会引起公众注意的东西里面或上面（例如产品标签、夹在产品里面的广告页或者任何形式的含有销售信件所要表达内容的广告）。按照加拿大法律，在判定一种表述是否虚假或产生误导时，法庭必须考虑该表述给人的“总体印象”以及字面含义。法庭应使用“轻信人标准”（credulous person standard）。该标准是指如果任何有理智的人有可能被该表述误导，那么就该判定该表述会产生误导。实质上，美国人可以接受广告中的自吹自擂，而在加拿大，这样的广告则被说成虚假的或会引起误导的。因此，在加拿大诸如“最不易损坏的驱动轴”这样的说法会被判定是误导性的，除非广告者有确凿的证据证明其驱动轴比在加拿大销售的所有其他驱动轴都坚固。

为管理外商在华经营，中国制定并实施了众多法律规定，有些效果很好，也有些效果较差。目前，有些法律规定已经放宽，如针对外国广告公司的规定。即便如此，针对广告及其计划内容的审查一直很严格。针对广告、定价、销售协议以及其他商业活动，各国间的法律规定可谓多种多样。事实上，有研究表明，政府政策会在很多方面影响营销活动的成败[⊖]，包括阻止某些企业在业务上按市场导向运作[⊜]。

欧盟有望在不久的将来拥有一部共同的商业法典。这方面的进展之一就是提议要在德国、奥地利和比利时较为保守的营销法的基础上来协调泛欧营销条例。但是，由于这一提议对营销限制较严，所以遭到若干成员的强烈反对。

尽管欧盟为人们描述了一幅经济合作的美丽图画，但现实是必须处理好28个不同的国家、28种不同的文化与语言以及28种不同的法律制度间的关系。尽管德国一些复杂的贸易法律于2000年被废止，但仍然有着像“抵制不正当竞争中心”(Center for Combating Unfair Competition)这样的工业－金融组织正在想方设法要维持现状。在德国贸易法律被废止前，该中心的律师每年提起1 000份诉讼，譬如控告一家发放折扣购物券的杂货店或一家给已买了10杯咖啡的顾客送上一杯免费咖啡的熟食店。可以肯定的是这些组织将来仍会继续提起此类诉讼。

虽然欧盟尚未做到完全融为一体，也还没有制定出统一的商法，但是欧洲法庭(European Court)决定继续废除阻碍跨国竞争的各国法律。在最近的一个判决中，欧洲法庭裁定一家法国化妆品公司可以按照低于原价的价格做广告，并通过邮寄将其产品销往德国，而这种做法又直接违反了德国的有关法律。随着《单一欧洲市场法案》(Single European Market Act)的施行，业已存在数十年的许多法律与贸易差异终将消失。令人惊奇的是，欧盟所制定的有关食品、软件、汽车及其他产品的标准也会影响美国的产品。在很多情况下，欧盟成立之前，各国间存在各种非常多的消费保护标准，这些标准间的协调导致了比对美国产品更为严格的标准。因此，为了符合欧盟的标准，许多美国产品进行了重新设计。过去，如果产品按照美国标准设计，那么常常能在世界各地进行销售。如今，情况不再是这样了。例如，运输工具用空调器必须按欧洲的再循环标准进行重新设计；微软公司必须修改与软件制造商之间的合同；互联网服务提供商得向客户提供更多的技术选择；麦当劳不可再在出售其开心食品(Happy Meal)时搭送软塑料玩具，并不再在世界各地的麦当劳餐馆使用转基因土豆。这样做的目的就是使美国标准与欧洲的标准相一致。

7.6.2 绿色营销立法

跨国公司还要面对种类日益繁多的旨在处理环境问题的立法。对环境的全球性关注已从

⊖ Stefan Stremersch and Aurelie Lemmens, “Sales Growth of New Pharmaceuticals across the Globe: The Role of Regulatory Regimes,” *Marketing Science* 28, no. 4 (2009), pp. 690-708.

⊜ Rilian Qu and Christine T. Ennew, “Developing a Market Orientation in a Transitional Economy: The Role of Government Regulation and Ownership Structure,” *Journal of Public Policy & Marketing* 24, no. 1 (2005), pp. 82-89.

工业污染、有害废物处理和滥伐森林扩展至消费品本身。绿色营销法律强调环境友好产品，注重产品的包装及其对固体废物管理的影响。

德国已通过了最为严格的绿色营销法律。这些法律对包装物的处理与回收做出了规定。新包装法的实施分为三个阶段。第一阶段要求制造商和分销商对运输包装物如板条箱、金属桶、托盘及聚苯乙烯泡沫塑料容器全部回收利用。第二阶段要求制造商、批发商及零售商接受所有返回的二次包装物，包括瓦楞箱、透明塑料罩以及用以防盗、用作自动售货机保护层及用于促销目的的包装物。第三阶段要求所有零售商、分销商和制造商接受返回的销售包装物，包括罐头、奶制品用塑料容器、箔纸、泡沫性塑料盒及像谷类食品箱一样的折叠纸箱。只要仍然执行自愿绿色点计划（voluntary green dot program），那么可以暂不要求零售商回收销售包装物。自愿绿色点计划对那些承诺保证直接从消费者居所或指定回收点定期回收包装物的制造商进行识别。

承诺回收已从包装物延伸到小汽车。到 2006 年，欧盟汽车制造商须回收它们所生产的已无市场价值的汽车并支付适当的处理费用。而且，到 2006 年，汽车处理后 85% 的废物应被回收利用。

许多欧洲国家也已制订了计划以确定产品标准，使达到这些标准的产品比其他同类产品对环境的危害更小。达标的产品将被授予"生态标签"。制造商可将此标签展示在产品包装上以提醒顾客该产品对环境无害。欧盟正在颁布新的产品目录，并在不断协调成员国间有关生态标签等环境问题的法律。有关生态标签与欧盟包装的法律将在消费品一章（第 13 章）做详细的讨论。

7.6.3 其他国家的反托拉斯法

除了美国，在 20 世纪的大部分时间里，反托拉斯在世界大多数国家要么不存在，要么未实行。不过，欧盟、日本、印度[⊖]和许多国家已开始积极实施它们的反托拉斯法。这些法律是在模仿美国反托拉斯法的基础上制定的。在反垄断、价格歧视、供应限制及强制推销领域，欧洲法院已实行了严厉的处罚。例如，在宝洁公司获准收购一家名叫 VP-Schickedanz AG 的德国卫生产品公司之前，它不得不同意将该德国公司生产 Camelia 牌卫生巾的分公司廉价出售。这是因为宝洁公司已经在欧洲销售某种牌子的卫生巾。该委员会担心如果允许宝洁公司继续生产卡米丽安牌卫生巾，那么它将控制德国卫生巾产品市场的 60% 和西班牙卫生巾产品市场的 81%。另一个例子是可口可乐公司因反竞争行为被法国反托拉斯部门处以 180 万美元的罚金。最近，欧盟对英特尔开出了 14.5 亿美元的罚款，因为该公司在欧洲实施垄断形式的营销。

同样地，如果非美国公司试图收购美国公司，那么美国政府也会加以干预。雀巢公司计划以 28 亿美元收购 Dreyer's Grand Ice Cream 公司，结果遭到美国反托拉斯部门官员的反对，其理由是该收购会导致冰激凌市场竞争的减少和价格的上升。有时，公司可能会在多个国家

⊖ Neha Thirani Bagri, "India Fines 14 Carmakers in Antitrust Case," *The New York Times*, August 27, 2014, p. B6.

遭遇反托拉斯指控。针对美国政府的反托拉斯指控，虽然微软公司获得了阶段性胜诉，但在欧盟，微软的 Windows 操作系统仍然遭遇同样的反竞争指控。如对微软实施法律限制，那么欧洲软件公司将获得利益，这正是调查的目的所在。自西奥多·罗斯福总统任期实施托拉斯分拆政策以来，美国公司一直面临反托拉斯指控。在欧洲，直到欧盟制定了反托拉斯法才施行这一法律。

7.7 美国法律在东道国的应用

所有政府都非常注意在国内及国际上保护其政治经济利益。任何对国家利益构成威胁的活动或行为，不论发生在何处，都将受到该国政府的控制。正因为这样，所以离开母国的政治边界并不表示可以不遵守本国的法律。不论在哪一个国家从事经营活动，美国公民需服从美国的某些法律。对于公司及其子公司或美国技术的被许可方来说，根据美国法律，一笔在美国非法的经营业务，在外国司法管辖权范围内也同样是非法的。

美国法律禁止收受贿赂、与敌国通商、参加危害美国经济的商业活动、参加未经批准的抵制或任何被认为有损于美国最佳利益的活动。无论美国公司及其子公司或被许可方在哪里经营，这些法律都适用于它们。因此，任何时候，在外国的美国公民不但必须注意东道国的法律，而且必须注意本国的法律。

根据久已确立的国际法原则即“客观司法理论”，美国法院已解决了美国法律对于发生在其领土以外的行为的司法管辖权。按照“客观司法理论”，即使一行为发生在美国法庭的领土管辖范围以外，只要该行为对美国产生影响，那么这些美国法庭仍然拥有司法管辖权。如果违反美国法律源于被强制服从东道国法律，那么这也许是唯一可能的例外。

7.7.1 《反海外腐败法》

按照第 5 章中所提到的《反海外腐败法》（FCPA）的规定，公司给外国官员、候选人或政党行贿为非法。如果发现公司官员、董事、雇员或代理人有行贿行为或在知情的情况下参与批准行贿，就会遭到严厉的处罚。不过，在第 5 章中也提到，从行贿到勒索的各种行贿受贿，在许多国家都是司空见惯的商业习惯。㊀

原来的《反海外腐败法》缺乏明晰性，而且早期的理解非常狭隘且令人迷惑。即便只是为了办事顺利而付些小钱也被认为非法。之后的《贸易和竞争综合法案》对《反海外腐败法》的两大难题进行了明晰，经理人员的责任从“有理由知道”非法行贿改变为“知道或批准”进行非法行贿。此外，如果贿赂在一国文化中是习惯做法，那么该法律允许在该国付些小钱（打点）以鼓励官员履行诸如处理文件、签证盖章及安排检查等政府例行手续。

该法律是否使美国公司处于不利地位，围绕这一点的争论始终没有停止。有人争论说，

㊀ For discussions of the FCPA, updates, and other information, visit the FCPA home page at http://www.usdoj.gov/criminal/fraud/fcpa.html.

如果贿赂是习惯行为[㊀]，那么美国商家在国际商业往来中就会处于不利地位。而另一些人认为这没有多少影响，实际上这帮助公司“断然拒绝”此类行为。也许真实情况处于这两者之间。人们普遍认为大多数美国企业依法经营，一些研究表明《反海外腐败法》对跨国公司而言并非像原先所担忧的那样有害，其对发达国家或发展中国家的出口仍处于有利地位。

美国企业似乎不用贿赂手段就能在那些具有贿赂倾向的国家竞争并生存，但这并不意味着不存在贿赂现象或公司不会因贿赂而受到惩罚。[㊁]例如，美国的一家环境工程公司被发现向埃及的一名政府官员行贿以帮助本公司获取合同。该公司承诺不再触犯《反海外腐败法》，支付40万美元的罚款并向司法部支付调查费用。此外。该公司答应制定《反海外腐败法》执行程序并连续5年提供年度执行证明。近年来，其他公司所付的罚款要大得多，而且美国司法部因相关培训计划“优秀”而同意不再起诉。此外，企业可以通过协助调查而减轻处罚。[㊂]

7.7.2　适用国外市场的美国反托拉斯法

在国际商务中实施反托拉斯法有两个目的。第一个目的是保护美国消费者，确保他们能从外国竞争者及本国竞争者生产的产品和提出的思想中获益。当进口品是或者可以是某种产品的主要来源时，或者当国内的某一行业由一家公司单独控制时，来自外国制造商的竞争就显得十分重要。许多合资企业就与该问题有关，尤其是当与外国竞争企业建立合资企业的美国公司限制母公司在美国市场上进行竞争时，情况更是如此。

实施反托拉斯法的第二个目的是保护美国出口及投资机会免遭个人施加的限制的影响。这是为了使从事商品与劳务出口及资本输出的所有总部设在美国的公司能凭自身的长处与他人竞争，而不会被那些大一些的或者行为不端的竞争者所施加的限制逐出市场。

人们经常问及有关司法管辖权及美国如何应用反托拉斯法问题，但得到的回答总是含糊不清。裁决的最终依据是《谢尔曼法案》（Sherman Act）第一款和第二款的解释。第一款说：“兹宣布任何限制若干州之间的或者与外国的贸易或商业活动的合同、联合……或共谋均为非法。”根据第二款，“对若干州之间的或者与外国的贸易或商业活动的任何部分实行垄断或企图实行垄断，或者为了实行垄断与他人联合或共谋，均属非法”。

司法部承认，将美国反托拉斯法用于涉外活动会产生一些有关司法管辖权的难题。司法部意识到，美国反托拉斯法的实施不应当对外国的主权利益造成不必要的干涉。但同时，反托拉斯处（Antitrust Division）承诺，对那些在国内外进行的、对美国商业具有可预见的实质性影响的涉外交易实行管制。一旦出现这样的交易，美国司法部反托拉斯处将毫无疑问地认为适用美国法律。

㊀ Joe Palazzolo, “Business Slams Bribery Act,” *The Wall Street Journal*, November 29, 2011, pp. B1, B8.

㊁ Peter Loftus and Jessica Holzer, “J&J Settlement in Bribery Case,” *The Wall Street Journal*, April 9, 2011; Ellen Byron, “Avon Bribe Investigation Widens,” *The Wall Street Journal*, May 5, 2011, pp. B1-2; Daniel Gilbert and Tom Fowler, “SEC Charges Noble Ex-CEO in Nigerian Bribe Investigation,” *The Wall Street Journal*, February 25, 2012.

㊂ Elizabeth Dwoskin and David Voreacos, “The U.S. Goes after Bribery, on a Budget,” *Bloomberg Businessweek*, January 23, 2012, pp. 31-32.

7.7.3 《反联合抵制法》

根据1977年实施的《反联合抵制法》(Antiboycott Law)的规定[一]，美国公司不得参与任何未经批准的外国联合抵制，而且如果有人要求他们参与联合抵制，他们也必须进行报告。该反联合抵制法是对阿拉伯联盟(Arab League)联合抵制以色列公司的回应。阿拉伯联盟对以色列的联合抵制包括三个层次：禁止阿拉伯国家与以色列进行直接交易的第一层次抵制；禁止阿拉伯政府同与以色列有直接生意往来的公司进行交易的第二层次抵制；禁止阿拉伯政府同与以色列有间接生意往来的公司进行交易的第三层次抵制。[二]

如果公司不遵守阿拉伯联盟的联合抵制命令，那么它们的名字就被列入黑名单并不准与阿拉伯联盟的成员进行贸易。美国公司感到左右为难：如果它们与以色列进行贸易，那么阿拉伯联盟就会断绝与它们的生意往来；如果它们为了与阿拉伯联盟成员做生意而拒绝与以色列进行贸易，那么它们就违反了美国法律。[三]一家被控告曾与以色列有业务往来的医疗设备公司，为了将公司的名字从阿拉伯黑名单中去掉而关闭了一家在以色列的工厂。经调查，公司表示认罪，被罚款660万美元，并规定在两年内不得在叙利亚和沙特阿拉伯从事经营。同时，一家货运公司支付了一笔并不高的罚款(12 000美元)，因为该公司保证送往第三方的货物的原产地不是以色列，并非从以色列起运，而且不含任何以色列原料。

7.7.4 美国法律的治外法权

美国法律的治外法权问题对美国跨国公司尤为重要，因为美国司法无远不及的权力引起各国领导的焦虑不安。外国政府害怕美国政府的政策会通过美国跨国公司对它们的经济产生影响。[四]

如果美国法律与东道国经济或政治目标发生冲突，那么麻烦尤为严重。冲突的产生可能是因为东道国政府要求合资企业在东道国国内经营业务，而美国司法部则由于其妨碍竞争而限制或禁止这样的合资企业。结果，东道国常常将此看作美国进行干预的证据。如果美国跨国公司的子公司因为违反了美国的《与敌对国贸易法案》而被禁止进行一笔货物的销售，那

[一] The antiboycott law applies only to those boycotts not sanctioned by the U.S. government. Sanctioned boycotts, such as the boycotts against trade with Cuba and Iran, are initiated by the United States and must be honored by U.S. firms.

[二] 对于任何与阿拉伯国家联盟开展贸易活动并遵循抵制要求的非美国公司，都必须在其装运单据中对此加以说明。例如，在将10辆巴士从巴西运往科威特时，其装运单据上必须注明："作为本批装运货物的生产者和供应商，我们在此保证本公司既非阿拉伯国家联盟抵制以色列的黑名单成员，也非被抵制公司的分公司或子公司；对本公司的投资不含任何以色列资本，而且本公司或其所有者对任何以色列公司无任何投资；本公司的产品并不原产于以色列，而且不使用任何来自以色列的原材料或劳动力。"

[三] For a list of current cases against firms violating antiboycott law, visit http://www.bxa.doc.gov and select Antiboycott Compliance, then Antiboycott Case Histories.

[四] Anthony Ferner, Phil Almond, and Trevor Colling, " Institutional Theory and the Cross-National Transfer of Employment Policy: The Case of ' Workforce Diversity' in U.S. Multinationals, " *Journal of International Business Studies* 36, no. 3 (2005), pp. 304-321.

么东道国政府就会对这种美国外交政策的境外应用做出敌意的反应。本章的全球视角即为关于美国法律的治外法权以及如何对邻国或主要跨国公司产生影响的一个例证。

跨国公司发展方面的一个有趣现象就是常常得对外国政府的人权问题承担责任。美国跨国公司常常在美国法庭遭到起诉，指控与残暴的政权从事经济交往。Unocal公司因与缅甸军政府有经济往来而被起诉，后者以武力强迫农民为Unocal公司敷设管道。Unocal公司否认这一指控。该案件依照《外国人索赔法案》(Alien Claims Act) 进行法庭审理，《外国人索赔法案》的最初意图是让欧洲人确信美国不会成为海盗和杀人犯的避风港。该法案容许外国人在美国法庭上对违反法律的国家提起诉讼。像IBM、花旗银行和可口可乐等公司担心因残暴政权的不端行为而遭遇巨额司法赔偿。职业律师警告说，跨国公司很可能面临越来越多的来自第三世界的起诉。

如果任何形式的海外活动意在限制贸易，那么应用美国法律毫无疑问是合适的。但是，如果目的在于做成一笔正当的交易，那么是否适用美国法律就值得怀疑了。如果美国政府鼓励美国公司跨国经营，那么政府就有必要做出有关规定以解决美国法律与东道国法律冲突时所产生的分歧。

7.8 出口限制

虽然美国对出口经营业务不要求有正式或专门的许可证，但是在出口某些商品和出口到某些地区时，可能仍然需要得到许可或许可证。出口许可管制适用于：从美国出口商品和技术资料；把原产于美国的商品和技术资料从一国再次出口到另一国；外国使用原产于美国的零部件所生产出的外国出口商品；在某些情况下，利用美国技术生产的外国产品。大多数必须得到许可才能出口的商品都受美国商务部工业与安全局（BIS）[㊀]的管理。

在过去10年中，美国的出口额和出口公司数目都有了令人瞩目的增长。为了减少出口过程中的很多问题和混乱，加快出口过程，商务部颁布了修订后的出口条例，即《出口管理条例》(Export Administration Regulations，EAR)。该条例删除了专门出口许可控制名单中的大量商品，仅仅对一些特定商品实行许可控制，其中大多数为影响国家安全、核不扩散、恐怖主义和生化武器的商品，从而加速了获取许可证的过程。伴随着这些变化的是出口商责任的显著增大，因为出口商必须确保不违反出口管理条例。

《出口管理条例》中的出口管制条款符合美国在国家安全、对外政策和核不扩散方面的利益，有时也是为了尽国际义务。[㊁]《出口管理条例》还包括一些防止某些短缺商品如雪松等的无限制出口给美国造成的伤害。如果商品的目的地不受许可证限制，那么只需在承运人的出口申报表上标注NLR（不需要许可证）即可。近来，有关高科技产品的出口限制已经放松，这可能预示着我们所希望的一种新趋势。

㊀ Formerly known as the Bureau of Export Administration (BXA).

㊁ For a primer on Commerce Department export controls, see "Introduction to Commerce Department Export Controls," http://www.bis.doc.gov, and select Export Control basics.

7.8.1 国家安全法

如果美国政府认为将某一产品卖给某国会危及美国国家安全，那么美国公司（包括在其他国家的企业）[㊀]及其子公司或获得美国技术许可证的外国公司不能将该产品出售给该国。而且，不管有多少中间商参与了交易，这些公司的责任一直延伸到产品的最终目的地。

20世纪，苏联、中国及其他社会主义国家曾被认为是美国安全的最大威胁，所以，美国制定了影响较广的出口控制制度，对那些被认为具有战略及军事价值的货物销售实行了极其严格的控制。不过，随着冷战的结束，出口管制被逐步废除。直到1999年，美国国会委员会报告称美国航空航天公司与某国有关人员交换了敏感技术信息，而此事促使美国政府又通过立法对可能被他国用于国防的产品和技术实行出口管制。

2001年的“9·11”事件使美国将有关大规模杀伤武器也列入管制范围。可惜的是，因为大规模杀伤武器所用的产品具有双重作用：它们既有合法用途，又能制造大规模杀伤武器，因此，很难对其实施控制。比如，尽管伊拉克遭到联合国的禁运，但仍然可以进口医疗设备。以此为理由，伊拉克购买了六台治疗肾结石的设备。制造商接受了伊拉克的请求，并认为萨达姆关注的是伊拉克的肾结石患者，并开始装运设备。殊不知这些机器核心部件是精密电子开关，同样可以用于触发热核武器连锁反应。当伊拉克订购另外的120个备用件时，引起了人们的注意，装运工作也就中断了。

美国出口的很多技术都具有这种双重用途。买方的真正意图是双重用途产品出口的症结所在。Silicon Graphics公司向俄罗斯的一家原子核实验室出口电脑设备，该实验室声称不将设备用于军事用途，这一买卖本应是合法的。但是，美国司法部门裁定，鉴于该产品的进口方是一家官方经营的实体，从事的是民用和非民用经营活动，所以，Silicon Graphics公司应先申请对应的出口许可证。为此，公司支付了100万美元的罚款，外加每笔50万美元的出口罚金。美国国家安全法禁止美国公司及其子公司、合资公司和授权企业在未经美国政府专门许可的前提下销售受控产品。如果违反了《与敌对国贸易法案》，那么就会受到罚款、监禁的处罚，如果是外国公司则会受到经济制裁，后果是十分严重的。

出口控制可作为强制性对外政策以保护和促进人权，或为了控制重要技术出口，或在美国政府看来为了保护美国利益。在过去那些年里，美国政府曾经限制与南非（人权问题）开展贸易，限制向苏联出口小麦以报复其侵略阿富汗（对外政策）。目前，美国政府限制与伊朗进行贸易（对外政策）[㊁]，限制出口尖端电子产品（控制技术），禁止出口那些不准在美国销售的杀虫剂（避免进口产品中含有这些杀虫剂的残留物，从而保护美国消费者免受循环中毒）。对于这些情形，美国法律严格限制美国公司的经营。

㊀ Chester Dawson, “Japan to Ease Ban on Arms Exports,” *The Wall Street Journal*, December 27, 2011.

㊁ Most recently the United States has both punished companies selling to Iran, while lifting restrictions on others. See Rick Gladstone, “ U.S. Issues Penalties over Violations of Iran Sanctions,” *The New York Times*, February 17, 2014, p. A3; “U.S. Permits Export to Iran of Plane Parts,” *Reuters*, April 5, 2014, online.

7.8.2　确定出口规定

按照出口许可条例的规定，商品出口首先得确定产品的相关出口许可规定。依据商品、目的地、最终用途及最终用户的不同，从美国出口的商品需要普通出口许可证或核准许可证。普通许可证（general license）适用于不受出口管理条例限制的商品的出口，仅仅需要申报商品的型号、价值和目的地。核准许可证（validate license）需经正式申请才能颁发，是一种按照《出口管理条例》规定的具体限制所颁发的授权出口证明。

出口商负有确定是否需要出口许可证的责任。下面给出了确定需要哪类许可证或商品能否起运的步骤。

（1）出口商负责选择出口商品的对应分类号，即所谓的出口管制分类号（Export Control Classification Number，ECCN）。根据出口管制分类号，在商品控制目录（Commerce Control List，CCL）中找到相应的描述，了解该商品是否可供出口。

（2）按照商品控制目录，出口商必须确定该商品是否存在最终用途限制，例如在核武器和生化武器方面的用途。出口商还得清楚该产品是否存在双重用途，即既可用于商业目的，也可用于限制性目的。

（3）无论最初的买主是谁，出口商都有责任弄清楚谁是最终客户及产品的最终用途。这就要求仔细筛选他们出口的产品的最终用户和最终用途，搞清楚产品最终是否落入未经批准的使用者手中，或者被用于未经批准的用途。按照美国法律，如果公司知道其客户会将产品用于非法目的，或将产品转售给未经批准的最终用户，那么公司必须停止发运货物。

就像出口商所经历的所有出口手续那样，出口的每一个细节都必须严格按照字句来执行。万一出口商和工业与安全局意见不一，那么在确定正确的出口管制分类号所采取的措施以及对最终用户的企图和最终用途的评估方面有着良好记录就至关重要。处罚可能包括取消出口权或罚金，或兼而有之。例如，马萨诸塞州皮茨菲尔德的一家公司因为没有出口许可证而向罗马尼亚非法出口 150 只防暴盾牌，结果被禁止出口五年。当时，出于对外政策原因，防暴盾牌向全世界出口受到控制。

7.8.3　ELAIN、STELA、ERIC 和 SNAP

初看起来，获得许可证的程序似乎烦琐无比，但是，四种电子服务系统能减少获得出口许可证所需的文书工作和时间。

（1）对于获得授权的出口商，**出口许可证申请和信息网**（Export License Application and Information Network，ELAIN）能使出口商通过互联网就销往自由世界的所有商品（除超级计算机外）递交许可证申请。获得批准后，通过互联网可将许可批准决定传回给出口商。

（2）**出口许可证申请跟踪系统**（System for Tracking Export License Applications，STELA）是一种语音自动应答系统，通过按钮式电话机就可以接通。这一系统为申请者提供有关许可证和分类申请的情况，每周 7 天，每天 24 小时提供服务。对那些不需要附加条件就可以获得许可证的商品，该系统可以授权出口商装运。

（3）**商品分类的电子申请**（Electronic Request for Item Classification，ERIC）是对 ELAIN 服务的一种补充，允许出口商通过网络向出口管理局递交商品分类申请。

（4）**简化的网络申请程序**（Simplified Network Application Process，SNAP）用作书面许可证申请的替代选择。该系统使得出口商可通过互联网提交出口及再出口申请、高性能电脑公告及商品分类申请。出口商能当天收到申请被接受的通知，并可在线获得出口许可证的电子传真及其他文件。SNAP 系统是美国商务部从基于书面的文件管理向完全数字化管理所做的变革之一。

本章小结

要想制订出成功的营销计划，公司必然会面临许多问题。世界各国不同的法律体系及其对商业交易的影响并非是其中最无关紧要的一个。就像必须考虑政治气候、文化差异、地理条件、不同的商业习惯及经济发展阶段一样，还必须考虑法律问题，如争端中的司法管辖权与法律追索、知识产权保护、美国法律的境外应用以及美国与外国政府反托拉斯法的实施。市场营销的一项基本任务就是制订出一个计划，使各种环境因素对该计划起促进作用，至少不对其产生不利影响。互联网作为国际法律界的新生事物，的确引起了许多新的法律纠纷，其中许多纠纷仍有待适当明确。不过，可以肯定的是，今天互联网上所存在的自由即将成为一种淡淡的回忆。由不同法律与不同法律体系引起的众多问题表明，审慎的做法是在国外营销活动的各个阶段都依靠对错综复杂国际法律环境非常熟悉的称职的律师。

思考题

1. 解释本章标黑色的主要术语。
2. 发生法律争端时，国际营销者如何决定哪个法律体系具有司法管辖权？
3. 试讨论国际商法的现状。
4. 试讨论合同中司法条款的局限性。
5. 什么是“客观司法理论”？该理论如何应用于在外国经营的公司？
6. 对于国际商业争端，最好的解决方法也许是寻求庭外解决而不是采取法律诉讼。试讨论原因。
7. 举例说明由正式仲裁法庭主持解决国际商业争端的通常程序。
8. 什么是知识产权？为什么一家从事国际营销的公司应该采取特别措施来保护知识产权？
9. 在许多大陆法系国家，知识产权由使用在先原则确立。试对此进行评论。
10. 试讨论有关商标、专利及版权的国际公约的存在给国际营销者带来的好处。
11. 没有一个统一的国际商法适用于对外商业交易，这种情形增加了国际营销者所处法律环境的重要性。试对此进行讨论。
12. 为什么在解决商业争端时调解比仲裁更好？

13. 试区分调解与仲裁。
14. 假设你是一家国际著名的汽车零部件公司的B2B电子商务部副经理。有一个网客已抢注了你公司的公司名作为其网站的域名。你将采取何种方法为公司获得公司域名？为了在全球范围内保护公司域名，你会采取什么措施？
15. 网站会因所刊登的信息而遭到诽谤罪起诉。试对这方面的问题进行讨论。
16. 试分析网络抢注者的动机。对网络抢注者，公司有什么追索权？

PART 3

第三篇
评估全球市场机会

第8章
通过营销调研建立全球视野

第9章
经济发展与美洲

第10章
欧洲、非洲与中东

第11章
亚太地区

第8章

Chapter8

通过营销调研建立全球视野

学习目标

通过本章学习，应能把握：

- 国际营销调研中问题界定的重要性
- 二手资料的可获得性及使用问题
- 二手资料的来源
- 定量与定性调研方法
- 多文化抽样以及在欠发达国家的抽样问题
- 国际营销调研的运用

全球视角

日本——世界的试销市场

22:51，东京的谷歌网站突然出现了持续时间达2分钟的搜索峰值，而这些搜索均来自手机用户。谷歌的日本手机业务总监Ken Tokusei回忆道："我们当时就在想：是垃圾邮件的问题，还是系统出了故障呢？"打电话向KDDI电信公司问询，但结果出人意料，既不是垃圾邮件，也不是系统故障。真正原因是：有一家网站宣布可以免费下载流行电视剧《单身男人》（*A Man Who Couldn't Marry*）的主题曲。在网址刚刚闪现的那一刻，几百万手机用户同时涌进谷歌的搜索框。

这一流量起伏令Tokusei和他的同事唏嘘不已。他们曾经认为一个人的方位会成为移动网络搜索的主要内容；然而他们发现用户所关注的却是用户碰巧要去的城市地图、回家的列车时刻表、最近的烤鸡肉串饭店地址等信息。来自KDDI的数据显示，从自家的沙发上到银座的街角都是日本人使用谷歌移动网络的场所。

网络巨头似乎可以向日本广大的手机用户学习很多东西。当谷歌尝试改进其移动搜索技术时，日本就成了谷歌的大型实验室。这是因为日本的1.1亿手机用户代表了世界上最多样化、最具鉴别力的手机用户群。尽管谷歌在其他地区也做测试，但是日本比其他地方更重要。因为日本人跟用手提一样，经常用高科技手机上网，并且能够以堪比宽带网的速度上网。另外，日本网络运营商已经有多年提供类似服务的经验，很多网站就是为手机用户而设计的。

东京有着崇拜时尚的购物军团，于是这座城市长久以来就显现在西方设计的地图上。的确，西装领带仍是白领雇员的制服，但若要论原创，没有人比得上东京十几岁的时尚少女，她们比那些乖乖女更快地跟进潮流，甚至把学校制服换成歌特洛丽（Goth-Loli）装。试想一下单纯的小波比（Bo Beep）遇到朋克歌手席德·维瑟斯（Sid Vicious）的情景吧！对欧美的一些品牌来说，这些年轻人的思想就是创作源泉，可以拿来循环利用（参见跨越国界13-3）。

然而现在，一些有先见的外国公司不仅从东京输出新的理念，而且开始将东京作为公司新概念的试验地。公司先将新品投放到东京进行试验，然后推向全球市场。为了关注时尚流行趋势，越来越多的西方零售商开始在东京开设新店。总部设在俄亥俄州的阿伯克龙比－菲奇公司（Abercrombie & Fitch）和瑞典的H&M都计划在东京开店；西班牙的扎拉（Zara）希望在未来3年内在东京的商店数量增加到50家，达到原有商店数量的2倍。在法国时尚商店Charlse Jourdan工作了20年的Mitsuru Sakuraba说："30年前，主要品牌还都在纽约试销新品，而今日本已成为新兴的试销市场。"

西方的一些公司还选择比较了解日本市场的当地合作伙伴来签约。Gola是一家生产运动鞋和运动服饰的英国品牌，目前已经与东京一家鞋袜零售商EuroPacific合作共事。几年前，该公司通过女士高筒靴的创意扭转了Gola针对日本市场的设计思路。这些高筒靴成为十几岁到二十几岁日本女孩的最爱，从而促使Gola去开拓其他市场。EuroPacific总裁史蒂夫·斯内登（Steve Sneddon）说："他们在欧洲的销售非常成功。"

资料来源：Ian Rowley, Hiroko Tashiro, " Testing What's Hot in the Cradle of Cool, " *BusinessWeek*, May 7, 2007, p. 46. Used with permission. Kenji Hall, " Japan: Google's Real-Life Lab, " *BusinessWeek*, February 25, 2008, pp. 55-57. Used with permission. "Three Windows on Japan, " Japan External Trade Organization, 2012, online; World Bank, *World Development Indicators*, 2015.

信息是制定成功的营销策略、避免严重的营销错误并提高交换效率的关键因素。㊀信息的需求范围很广，从评估市场机会所需的一般资料到做出有关产品、促销、分销及定价决策所需的具体市场信息。信息有时可以从值得信赖的调研信息出售商处购买，或者由公司内部的营销调研人员提供。但是有时，即便是最高层管理者也不得不亲自出马与重要的顾客交谈或直接观察有关市场。㊁国际的以及当地的人际交往网络都是做出经营决策的重要信息来

㊀ Sudita Basu, John Dickaut, Gary Hecht, Kristy Towry, and Gregory Waymire, " Record Keeping Alters Economic History by Promoting Reciprocity, " PNAS 106, no. 4 (2009), pp. 1009-1014.

㊁ 彼得·德鲁克（Peter F. Drucker）的思想也随时间的推移而不断完善。在发表于1990年5月11日《华尔街日报》上的一篇文章中，他辩地阐述了即便是最高管理者也必须亲自观察市场的必要性。在这方面，其他作者也给出了大量证据。例如，杰拉尔德·萨尔特曼在"市场调研反思：重新考虑人的因素"一文中就描述了管理者决策中的情感方面因素。艾德·福勒在该领域也出版了大作《真心永驻》（*You Can't Lead with Your Feet on the Desk*）。此外，管理者也可以通过大众媒介来了解国际经营环境之类的"大背景"。令人遗憾的是，随着新闻行业雇用记者数量的持续减少，特别是从事国际报道的记者的减少，人们对于从全球各地收集新闻的投入正在快速下降。

源。[⊖]当企业的经营范围扩展至国际市场时，就更需要准确而及时的信息。实际上，有些研究者认为，进入一个快速发展的、陌生的外国市场，可能是一名总裁需要做出的最大胆、最易引起争议的战略决策之一。营销者必须在时间、成本及当前技术手段允许的限度内找到最准确、可靠的资料。

市场营销调研（marketing research）的传统定义是：系统地收集、记录和分析资料，为营销决策提供有用的信息。不论是在俄亥俄州的哥伦布还是在斯里兰卡的科伦坡进行营销调研，其过程与方法基本相同。不过，**国际市场营销调研**（international marketing research）另有两大困难：第一，信息的传递必须跨越文化边界，即芝加哥的管理者必须能够将他们的调研问题转换成中国广州的消费者能够理解的表达方式，然后将中国人的回答转换成美国的管理者能够理解的形式（即报告与资料总结）。幸运的是，往往有一些公司内的员工与研究机构对这种跨文化交流非常有经验。

第二，在外国市场利用调研工具进行调研的环境与国内不同。国际营销调研人员不是要获得新的、奇异的调研方法，而是必须培养一种能力，使自己能在有时是完全陌生的环境中，富有想象力地、熟练地应用已经受过检验的技术。在国外进行市场营销调研时碰到的技术难题常常因国而异。在外国环境中，大多数国际营销调研人员面临的挑战来自三个方面：重点所需的信息类型常常不同；可资利用的合适的工具与技术的种类常常有限；进行营销调研会遇到许多困难。

本章讨论的是国际营销者在国外收集所需信息过程中面临的操作性问题。重点在于在美国之外的环境中进行调研时为获得所需资料而面临的那些通常让人感到特别麻烦的因素。

8.1 国际营销调研的广泛性和范围

国内营销调研与国外营销调研的基本区别在于，由于国外营销的不确定程度更高，因而要求调研的范围更广。根据所需信息，调研可分为三种类型：①有关国家、地区或市场的一般信息；②有关通过把握特定市场或国家的社会、经济、消费与工业发展趋势预测未来营销要求所必需的信息；③做出有关产品、促销、分销与定价决策及制订营销计划所需的信息。企业在国内经营时，营销调研重点放在第三类，即收集具体的市场信息，因为其他资料通常有现成的二手资料可以利用。

国内营销调研部门通常不会收集有关本国的政治稳定性、文化特征、地理特点等方面的信息，但是这些信息对于外国公司正确评价该国市场是必需的。国际营销调研这种更广的范围反映在Unisys公司的计划步骤中，这些步骤要求收集及评价以下种类的信息：

（1）经济和人口方面的信息：有关一国经济增长、通货膨胀、商业周期趋势等一般性资料；分公司产品的盈利性分析；具体行业的经济环境研究；海外经济环境分析；美国及主要国家的主要经济指标，以及诸如移民、老龄化等人口趋势。

⊖ Daniel Z. Levin and Helena Barnard, "Connections to Distant Knowledge: Interpersonal Ties between More- and Less-Developed Countries," *Journal of International Business Studies* 44, no. 7 (2013), pp. 676-698.

（2）文化、社会与政治形势：从非经济角度对影响其分公司业务的有关情况做总体的考察。除了显而易见需要考察的内容外，考察的对象还包括生态、安全、闲暇时间及其对分部业务的可能影响。

（3）市场情况纵览：对分公司所面临的细分市场（包括国际市场）情况做详细的分析。

（4）技术环境概述：对与分公司业务有关的技术的现状，根据不同产品进行分类总结。

（5）竞争态势：从国际范围内考察竞争对手的销售收入、市场细分方法、产品及明显的国际经营策略。[㊀]

可靠的营销决策需要这些方面的深度信息。对于国内营销者来说，因为多年在单一市场上经营，对国内市场情况很了解，但对于国外新的市场，仍然需要收集这些信息。

所需的理想信息与实际能够收集或使用的信息之间往往存在差异。许多从事国外营销的公司并不利用上述信息进行决策。[㊁]成本、时间及人的因素是关键的可变因素。有些公司既不懂得信息的重要性，也不具有开展调研所需的充足的时间或资金。不过，随着公司国外营销投入的增加以及失败所带来代价的上升，公司对营销调研的重视程度也会上升。

8.2 营销调研的过程

鉴于时间、成本及当前技术手段的限制，公司开展营销调研时必须有所取舍。调研取得成功的关键在于系统地、有条理地收集、分析资料。不管调研计划是在纽约还是在新德里实施，**调研过程**（research process）都应由以下步骤组成：

（1）界定调研的问题并确立调研目标。

（2）决定实现调研目标的信息来源。

（3）考虑调研活动的成本与利益。

（4）收集第二手或第一手资料或两种资料都收集。

（5）对结果进行分析、解释与总结。

（6）将结果有效地报告给决策者。

尽管调研计划中的步骤在所有国家都很相似，但由于文化与经济发展的差异，在实施过程中会出现偏差和问题。在英国或加拿大进行调研的问题可能类似于美国，但在德国、南非或墨西哥的调研可能遇到很多难以对付的差异性问题。这些差异性会明显地体现在调研过程的第一步——问题的界定上。以下几节将介绍国际营销调研人员通常遇到的一些困难。

㊀ Apparently companies engage in corporate espionage. See Evan Ramstad, "Chip Executives Arrested in South Korea," *The Wall Street Journal*, February 3, 2010; John J. Fialka, "Hugger-Mugger in the Executive Suite," *The New York Times*, February 2, 2010, p. W10. Apparently governments also get into the industrial competitive intelligence game. See Ken Dilanian, "Russia Accused of Cyber Spying," *Los Angeles Times*, August 13, 2011, p. B2; Siobahn Gorman, "China Singled Out for Cyperspying," *The Wall Street Journal*, November 4, 2011.

㊁ Bent Petersen, Torben Pedersen, and Marjorie A. Lyles, "Closing the Knowledge Gaps in Foreign Markets," *Journal of International Business Studies* 39, no. 7 (2008), pp. 1097-1113.

8.3 问题的界定与调研目标的确定

调研过程的第一步是要界定调研问题并确立具体的研究目标。[⊖]这一步骤中的主要困难是如何将一系列经常显得模糊不清的商业问题转化成界定清晰、可实现的研究目标。在这一阶段，调研人员常常在只是对总的问题有一个模糊认识的情况下开始调研工作。俄罗斯航空公司 Aeroflot 就出现过界定不清晰的情况。该公司开始调研时，把目标定为向营销决策者提供如何改善长期存在的安全标准低、服务不可靠的声誉的建议。对国际营销调研者来说，这是一项严峻的挑战。

调研中的第一步，也是最为关键的一步，在外国市场上变得更加重要，毕竟不熟悉的环境会使问题的界定变得模糊不清。或者因为不能预料到当地文化对研究问题的影响，或者因为不能确定自我参照标准，调研人员就会像在自己国家的环境中一样来界定调研的问题。在对一些国外经营失败的案例分析中可以清楚地看出，虽然进行了调研，但所问的问题更适合于美国市场而不是外国市场。譬如，迪士尼公司几年来就如何使排长队的人们保持心情愉快所做的全部研究与所取得的全部经验都无助于其预料在欧洲迪士尼乐园会碰到的问题。迪士尼公司的经验是，在美国与东京迪士尼乐园，游客的民族构成比较一致，当需要排队时，他们会相互合作，遵守秩序。事实上，大多数英国人与德国人也这样做。但是在像西班牙及意大利这样的国家，这一排队的规则明显不一样，在排队中可能形成一种新的欧洲内部“战争”。理解并成功处理这一多民族顾客服务问题需要新的思维方式。在明确问题阶段，至关重要的一点是分离自我参照标准并提出恰当的问题。

国外调研中的其他一些问题源于问题的范围规定得太小，没有能够包含所有相关的可变因素。为了弥补对外国市场文化背景了解的不足，必须收集涉及面很广的各种信息。现在来看一看有关以牛奶为主要成分的热饮料的消费模式与态度这一调研计划。在英国，人们认为以牛奶为主要成分的热饮料具有催眠、安神及使人放松的作用，因此传统上在睡前饮用。然而在泰国，同样的饮料则在早晨上班前饮用，因为人们认为这样的饮料给人体以能量，使人精力充沛、头脑兴奋。如果一个人的经验仅局限于美国，那么情形就更复杂了，因为以牛奶为主要成分的热饮经常与寒冷的天气相联系，不论在早上或在晚上饮用，或者由于其他原因而在一天中的任何时候饮用。营销调研人员务必使所界定的问题范围足够宽，能包含一切可能的回答，而且不应受自己的自我参照标准的干扰。

美泰公司就碰到过这样的问题。该公司选择几个国家的儿童为讨论小组，联合开展了全球调研。根据调研结果，公司停止了产品定制业务，而且不顾当地经理的建议在全球范围内销售统一样式的芭比娃娃。无视当地经理的建议是危险的，而忽略父母关于玩具的看法也同样危险。儿童可能喜欢金发碧眼的芭比娃娃，但父母可能并不这样。很不幸，事实证明我们

⊖ Scholars in the field also struggle with defining the problem. See Mike W. Peng, " Identifying the Big Question in International Business Research, " *Journal of International Business Studies* 35, no. 2 (2004), pp. 99-108; Susan B. Douglas and C. Samuel Craig, "On Improving the Conceptual Foundations of International Marketing Research," Journal of International Marketing 14, no. 1 (2006), pp. 1-22.

在本书上一版中针对芭比娃娃的预测是正确的：前面章节也已经提及，由于这一营销调研的失误，导致了芭比娃娃在几个外国市场的销量急剧下降。

一旦明确了问题，确立了研究目标，调研人员就必须查明所需信息是否有现成的来源。如果该资料可以获得，即已经由某一机构进行收集，那么调研人员应该查阅这些**二手数据**（secondary data）。

8.4 二手资料的可获得性和利用问题

美国政府提供了有关美国的综合性统计资料，会对美国的人口、住房、工商业及农业进行定期普查，而且有些普查已经有了100多年的历史。调研者可以通过商业性信息机构、行业协会、管理团体、州政府和地方政府获得有关美国市场的详细信息。有人指出，美国营销调研者面临的问题是如何筛选过多的信息。不过，也有人认为面临的问题是资料不够多。[⊖]

跨越国界 8-1

头痛？那就吃两片阿司匹林，躺一躺

在许多国家，例如100多年前发明阿司匹林的拜耳（Bayer）公司的所在国德国以及美国，人们经常听到如标题所示的话。但是在世界上许多地方，人们对药物及病因的看法与这种“西方”观念并不相同。许多亚洲人，包括中国人、菲律宾人、朝鲜人、日本人及东南亚人，认为像头痛这样的疾病是阴阳失调造成的。阴即指阴柔消极的特性，通常表现为黑暗、寒冷或潮湿；反之，阳则是指光、热或干燥这类阳刚积极的特征。万物皆由阴阳而生，阴盛而阳衰或阳盛而阴衰，则生病患，如头疼，针灸、艾灼则是常见的疗法。许多老挝人相信人有32个灵魂，失去其中之一，或者被巫师念咒，身体就会感到疼痛。人们常常打碎鸡蛋，通过察看蛋黄而找出真正的病因。在世界上其他地方，如墨西哥和波多黎各，人们相信人体内有四种体液，任一体液失衡则产生疾病，“血液——热而湿；黄胆汁——热而燥；黏液——寒而湿；黑胆汁——寒而燥”。即使在科技发达的美国，仍有许多人相信疼痛是“上帝对人的提醒”，要人规矩行事。

对于像拜耳这样的公司，市场调研中应解决的一个关键问题是：怎样才能将阿司匹林作为传统疗法的辅助疗法进行营销，能进行到何种程度。换句话说，小小的白色药片能很好地和黏液及黑胆汁融合吗？

资料来源：Larry A. Samovar, Richard E. Porter, and Lisa A. Stefani, Communication between Cultures, 3rd edition（Belmont, CA: Wadsworth Publishing, 1998）, pp. 224-25; the direct quote is from N. Dresser, Multicultural Manners: New Rules for Etiquette for a Changing Society（New York: John Wiley & Sons, 1996）, p.236; see also Andrew Jack, “The Serial Painkiller,” Financial Times, October 27, 2011.

⊖ “Open Data: The New Goldmine,” *The Economist*, May 18, 2013, p. 73.

8.4.1 资料的可获得性

虽然在其他国家可获得的有关营销的资料，不管是在数量还是在质量上均无法与美国相比，但情况正在好转。[㊀]日本在资料可获得性方面仅次于美国，一些欧洲国家在资料的收集与公布方面也做得很好。事实上，在某些方面，这些国家收集的资料的质量确实超过美国。但在许多国家，大量收集资料的工作最近才刚刚开始。[㊁]通过诸如联合国、经济合作与发展组织等机构的不断努力，世界范围内的情况正在得到改善。

此外，随着东欧国家潜在市场的崛起，许多私人及公共团体正积极提供资金，资助信息的收集，以弥补综合性的市场资料的欠缺。几家日本的消费品制造商正在联合进行公司层次的营销研究，且已在整个东欧资助了数十家研究中心。随着在东欧及其他地区的营销活动的开展，市场信息在数量与质量两方面都将得到改善。为了建立有关俄罗斯消费者的数据库，科罗拉多州丹佛的一家公司使用了一种新颖的方法进行调研：它在《共青团真理报》(*Komsomolskaya Pravda Newspaper*)上刊出一组问题，希望读者将答案寄给该公司。结果收到 350 000 份答案（其中 3 000 份通过挂号邮寄），证明俄罗斯消费者愿意响应营销调研。下面将就资料的可获得性、可靠性与可比性以及二手资料的验证问题展开讨论。

与资料可获得性有关的另一个问题就是调研者的语言。例如，虽然关于日本市场的资料通常很多，但必须懂日语才能获得这些在线的或文本的资料。这一问题似乎无伤大雅，但对于想利用国外资料的调研而言，的确深知调研团队中配备了解当地语言的成员的重要性。

8.4.2 资料的可靠性

获得的资料可能出于许多原因其可靠性达不到做出可信决策所要求的程度。官方的统计资料有时过于乐观，它们更多地反映出民族自豪感或政治需要而不是现实，而税收体制和逃避税收的心理也经常会对数据产生不利影响。

虽然并非欠发达国家所特有，[㊂]但欠发达国家在公布国家层面的有关经济数据时特别容易出现过于乐观和不可信的情况。[㊃]为了追求利益或掩盖失误，地方官员、企业经理、乡镇企业及其他单位公布从产量到出生率的各种各样的假数字。例如，一家石化厂公布其年产值为 2 000 万美元，比其实际年产值 1 340 万美元高出 50%。最后，如果相信统计数字的话，那么 2000 年以前，中国香港地区是新鲜橘子的消费世界冠军——人均每年 64 磅[㊄]，是美国人的 2 倍。但是很明显，中国香港地区进口的大约一半橘子，价值约 3 000 万美元，最终进入中国内地。可以预料，随着中国加入世界贸易组织，美国橘子可以直接出口到中国内地，

㊀ "The Government and the Geeks," *The Economist*, February 6, 2010, pp. 65-66.

㊁ See GIS analyses based on the 2000 Census in China at http://www.geodemo.com, Demographic Consulting, Inc.

㊂ Yes, even mistakes are made in the United States. Nielsen, the U.S. television research comapny, revealed its own problems recently. See Bill Carter and Emily Steel, " TV Ratings by Neilsen Had Errors for Months," *The New York Times*, October 11, 2014, pp. B1, 7.

㊃ "Don't Lie to Me, Argentina," *The Economist,* February 25, 2012, p. 18.

㊄ 1 磅 = 0.453 6 千克。——译者注

对中国香港地区的橘子销售额会大幅下降。

在公布营销数据时有意出错在大多数工业化国家也不少见，甚至一些国家，也经常有意高估报刊发行量。欧盟的税收政策也会对所公布数据的准确性产生影响。因为这些国家征收国内销售税，所以有关产量的统计数字常常不准确。有些公司为了使自己公布的销售额与税收部门的有关规定相符，而稍稍压低它们的产量统计数字。相反，外贸统计数字也许会被稍稍夸大，因为每个欧盟成员国都有某种形式的出口补贴。营销者如果依靠二手资料预测或估计市场需求，那么对这类“修正过的统计数字”的了解是极其重要的。

8.4.3 资料的可比性

外国营销者面临的第三个问题是获得的资料缺乏可比性。在美国，可以得到现成的对当前社会经济因素及商业指数所做出的可信的、有效的、估计的有关资料。在其他国家，尤其是那些欠发达国家，资料可能是许多年以前的，也可能是偶尔不定期收集的。自然，许多这些欠发达国家正在发生的社会经济的迅速变化使得资料的及时性问题成为一个极其重要的问题。而且，即使现在许多国家正在收集可信的资料，但是通常没有可资比较的历史资料。当那些优秀的商业调查机构在多个国家收集资料时，资料的可比性也会成为问题，所以管理者最好向卖家询问这方面的问题。

另一个相关问题是数据资料的收集及公布方式。资料往往按不同类别公布或者由于所列类别太宽泛而没有具体价值。例如“超市”这一名称在世界各地具有不同的含义。日本的超市与美国的超市迥然不同。日本的超市通常占据两三个楼层，它们在各层分别出售食品、日用品及服装。有些甚至出售家具、家用电器、文具与体育用品，并设有饭店。日本的杂货店、购物中心与百货商店与美国的同名商店有所不同。

8.4.4 验证二手资料

利用任何信息来源时，这里讨论的不足之处都应加以考虑。许多国家与美国相似，在资料的搜集与准备方面达到了很高的标准，但是对于二手资料，不论其来自哪里（包括美国），都必须进行仔细的审核与说明。事实上，为了能有效地判断二手资料来源的可靠性，必须考虑以下问题：

（1）资料是由谁收集的？是否存在故意歪曲事实的理由？

（2）收集资料的目的是什么？

（3）资料是通过什么方法收集来的？

（4）根据已知的资料来源或市场因素，这些资料内部是否一致，是否合乎逻辑？

检验一组二手资料是否与已知正确的其他资料一致是判断资料正确性的有效的常用方法。譬如，研究人员可根据育龄妇女的人数与出生率来检验婴儿用品的销售量的有关数据是否正确，或者根据有关医疗设备的销售量来检验得到的医院病床数量的数据是否合理。这种相关分析对于估计需求和预测销售量也是有用的。正是依据许多数据资料，第 4 章与第 5 章中所描述的霍夫斯泰德模型的有效性就可通过独立变量来得到证明。这种方法至今仍然很有

价值，而且可以用文化价值观的其他衡量指标来替代他的那些文化价值观衡量指标。[㊀]

总的来说，二手资料的可获得性与正确性随着经济发展水平的提高而提高。当然也有例外，印度的发展水平比许多国家都低，但其政府所收集的资料准确而又比较全面。

幸运的是，随着各国越来越认识到广泛准确的国家统计数据对经济有序增长的价值，人们对收集高质量统计数据的兴趣也在增加。人们对提高国家统计数据质量的这一兴趣使得资料的可获得性在最近 20 年里有了显著的提高。但是，如果得不到资料或没有充足的二手资料来源，就有必要着手收集原始资料。

本章附录完整地列出了二手资料的来源，包括涉及各种国际市场营销问题的网址。实际上，现在几乎所有可获得的有关国际市场的二手资料均可从互联网上获得。譬如，有关国际金融、人口统计、消费及进出口的综合性的统计数据，只要查找一个资料源即美国商务部的网址（www.stat-usa.gov）即可得到。此外，还可以通过互联网进入其他许多政府、组织及商业数据库。读者可以通过访问 http://www.mhhe.com/cateora17e 来了解补充信息。

8.5 原始资料的收集：定量调研与定性调研

在查找到所有合理的二手资料来源后，如果仍然不足以回答所调研的问题，那么营销调研人员必须收集**原始资料**（primary data），即专门为手头某一特定调研项目收集资料。[㊁]调研人员可以询问公司的销售人员、分销商、中间商或消费者，以获得正确的市场信息。在大多数原始资料的收集过程中，调研人员询问调查对象，了解他们对某一话题的想法或者他们在特定情况下的可能做法。市场营销调研方法有两种基本类型：定量调研与定性调研。不管采用哪种方法，营销者都对获取市场信息感兴趣。

定量调研通常要求大量的调查对象以具体的答题模式（如以“是”或“否”回答或从提供的选择项中挑选答案）来口头或书面回答事先设计的问题，这些问题的设计旨在了解调查对象的行为、意图、态度、动机及人口特点。定量调研使营销者能够较为准确地估计人们的反应。调研的结果可以用百分比、平均数或其他统计数字加以概括。例如，在 A 与 B 两种产品中，76% 的调查对象更喜欢 A 产品等。调查研究通常与定量调研有关，典型的工具是问卷调查表。问卷调查一般通过面谈、邮寄、电话及互联网进行。

㊀ Linhui Tang and Peter E. Koveos, “A Framework to Update Hofstede’s Cultural Values Indices: Economic Dynamics and Institutional Stability,” *Journal of International Business Studies* 39, no. 6 (2008), pp. 1045-1064; Robbert Maseland and Andre van Hoorn, “Explaining the Negative Correlation between Values and Practices: A Note on the Hofstede-GLOBE Debate,” *Journal of International Business Studies* 40, no. 3 (2009), pp. 527-532.

㊁ A series of articles in the *Journal of International Business Studies* 42, no. 5 (2011), effectively makes the case for the growing importance of qualitative research methods: See Julian Birkingshaw, Mary Yoko Brannen, and Rosalie Tung, “From a Distance and Generalizable to up Close and Grounded: Reclaiming a Place for Qualitative Methods in International Business Research,” pp. 573-581; Yves Doz, “Qualitative Research for International Business,” pp. 582-590; Robert A. Burgleman, “Bridging History and Reductionism: A Key Role for Longitudinal Qualitative Research,” pp. 591-601; and D. Eleanor Westney and John Van Maanen, “The Casual Ethnography of the Executive Suite,” pp. 602-607.

工程师与化学家常常在世界各地的产品实验室中进行科学研究。在那里，他们按照消费者的实际使用情况设计并检验产品和配方。他们的研究结果中常常融进了从同时进行的研究中收集到的消费者的意见。这类营销研究的一个最佳例子来自东京。也许有人不知道，日本人是浴室与卫生间技术的世界冠军。Toto公司是这一行业中最大的公司，它已花费了数百万美元用于开发与检验消费产品。"成千上万的人（利用调查技术）收集了有关卫生间最佳特点的大量资料。在公司'人类工程实验室'中，志愿者坐在Toto公司生产的浴缸中，头上接上电极，以此测量'脑电波及洗澡对人体的影响'。"Toto公司现在正将一种高科技坐便器（与在日本市场供应的相比，只能算低科技）引入美国。这套坐便器包括一个坐便器、一个盖子及一个与美国常用的抽水马桶桶身相连的控制板，价格为600美元。它的最大特点是拥有加热的坐垫及除臭扇。

在进行定性调研时，所问的问题几乎总是开放式的或具有一定的深度，这些自由的回答可反映出回答者对某一研究主题的想法及情感。[㊀]营销研究另一种重要的定性调研方法是对所选择的消费者或产品的使用情况进行直接的观察。[㊁]为了准确把握保健服务的出口，一位调研人员花了两个月的时间在美国与日本医院里观察分娩习俗。日产汽车公司派了一名调研人员与一个美国家庭住在一起六个星期（租了他们家一间房），直接观察美国人的汽车使用情况。Anderson Worldwide、Nynex和得克萨斯商业银行（Texas Commerce Bank）在从事营销研究时，都聘请了擅长观察和深度访谈的人类学家。定性研究旨在了解调查对象是怎样的人，即了解他们的观点、情感，他们的情感与观念、态度与观点的交互影响，以及他们最终的行为。最常用的定性调查的方式是重点集体面谈法。然而，与个人做深入的访谈常常同样富有成效且花费资源更少。

在国际营销调研中进行定性调研是为了更明确地界定问题并做出更清晰的定义，同时也是为了确定随后的调研中所要调查的有关问题。另外，如果公司的兴趣不在于掌握有关方面的具体数字，而是集中于对市场的了解，那么也会采用定性调研。例如，卡特彼勒拖拉机公司的分公司——国际索拉透平公司的几个主要管理者将世界各地最重要的客户招到他们的办公室。客户就该公司打算开发的一种新型燃气轮机的可能用途和需求与公司的财务经理及生产工程师进行了极为深入的讨论。在此之前公司内部通过建立宏观经济模型预测该燃气轮机需求看好，从交谈中获得的资料与见解很大程度上证实了公司这一预测的正确性。这样，一项投资数百万美元的工程就上马了。此外，讨论中顾客所建议的新的产品特色，在以后的开发中被证实是最有用的。

定性调研也有助于揭示社会文化因素对行为模式的影响，有助于提出能在随后的调研中加以检验的调研假设，这些调研旨在确定定性资料收集过程中没有涉及的概念和有关关系的

㊀ Martine Cardel Gertsen and Anne-Marie Soderberg, " Intercultural Collaboration Stories: On Narrative Inquiry and Analysis as Tools for Research in International Business, " *Journal of International Business Studies* 42, no. (2011), pp. 787-804; Julien Cayla and Eric Arnould, " Ethnographic Stories for Market Learning," *Journal of Marketing* 77, no. 4 (July 2013), pp. 1-16.

㊁ Christian Madsbjerg and Mikkel B. Rasmussen, " An Anthropologist Walks into a Bar ... " *Harvard Business Review,* March 2014, pp. 80-88.

定量化描述。宝洁公司是此类调研的倡导者之一，该公司系统地收集消费者的反馈信息已有约70年的历史。它是首家对中国消费者进行深入调研的公司。20世纪90年代中期，宝洁公司开始与中国卫生部合作制订牙齿保健计划。现在这些计划已普及28个城市中的100多万儿童。该公司现在为中国消费者推出了两种不同口味的佳洁士牙膏及四种不同颜色的牙刷。

定性调研与定量调研相结合对于工业品营销和企业对企业营销常常证明是相当有效的。一项研究表明，在日本购买法律、金融与保险服务时所用的个人介绍要比美国多得多。[1]公司经理人员在两国与个人进行面谈时提出的各种意见在解释定量调研结果及其对管理者的启示，及为进一步研究提供意见等方面非常有价值。同样，在深入的交谈中，东京销售经理提出的意见有助于调研人员理解为什么基于个人的经济刺激对日本销售人员不起作用。[2]

正如在本章后面部分可以看到的那样，在国际营销调研中不管采用何种调研方式都会碰到由文化和语言多元化造成的许多困难。

8.6 原始资料收集中的问题

在国外收集原始资料时遇到的问题与在美国所遇到的问题只是程度有别而已。如果调研问题明确且目标合适，那么原始资料调研的成功与否取决于调研人员获取与调研目标有关的正确、真实的信息的能力。在国际营销调研时收集原始资料所遇到的问题大部分源于国与国之间的文化差异，包括从调查对象不能表达他们的观点到调查问卷翻译不恰当等诸多问题[3]。

跨越国界 8-2

在1949年创作小说《1984》时，乔治·奥威尔没问题吗

思考一下大约在2015年被随意称为“营销调研”工具的一系列做法。

（1）诺达思（Noldus）信息技术公司提供的面部表情读取技术可用来衡量对营销激励措施的情绪反应（更多细节请访问 www.noldus.com 或阅读本书第16章）。

（2）面部识别系统及其他生物识别技术的经营规模在2012年就达到72亿美元。

（3）许多国家的税务机关正在使用谷歌的街景服务和iPhone专用应用程序来为税务欺诈案提供证据。

（4）你手机中的定位信标使得零售店的电子阅读器可以知道你就在附近，而且能根据这一信息发送各种营销沟通信息。此外，零售商会出于安全之外的目的而利用其监控摄像头。

（5）在伦敦，高科技垃圾桶能通过监控手机信标来跟踪路过者。抗议者迫使当地政府停止监控。

㊀ R. Bruce Money, "Word-of-Mouth Referral Sources for Buyers of International Corporate Financial Services," *Journal of World Business* 35, no. 3 (Fall 2000), pp. 314-329.

㊁ R. Bruce Money and John L. Graham, " Sales Person Performance, Pay, and Job Satisfaction: Tests of a Model Using Data Collected in the U.S. and Japan," *Journal of International Business Studies* 30, no. 1 (1999), pp. 149-172.

㊂ Fang Wu, Rudolf R. Sinkovics, S. Tamer Cavusgil, and Anthony S. Roath, "Overcoming Export Manufacturers' Dilemma in International Expansion," *Journal of International Business Studies* 38 (2007), pp. 283-302.

（6）三星公司最近报道称，60台发往柏林展会的超薄电视机被盗。所有迹象都表明，企业间谍偷走了这批货。

（7）美国和欧洲各国政府都希望惩罚那些参与网络攻击以及窃取数十家美国公司商业和交易机密的企业间谍。

（8）如前所述，即使是德国总理安吉拉·默克尔的手机通话也已遭到美国国家安全局的窃听。

（9）实用的塔吉特（Target）。未婚少女的父亲可以根据与妊娠预测相关的持续不断的妊娠产品优惠券清楚女儿的怀孕情况，包括近似到期日在内的信息都是由公司的数据收集器提供的。

（10）2012年，Facebook对心理实验中大样本用户的情绪进行了操纵。

（11）我们最喜欢的——用在狗身上的脑电波耳麦，它能结合适当的软件测量狗的大脑活动，以便确定与另一种狗粮相比，Fido是否喜欢这个狗粮。

隐私和安全问题在不同的国家有所不同。按照欧洲法院的裁定，"按照广义的措辞指令，在其管辖范围内的国家的所有个体有权禁止谷歌链接到那些'不够的、无关的或不再适用的或超过相关目的的，已过时的'条目"。该裁决的早期影响之一就是，谷歌在其一些欧洲版本的搜索引擎中删除了名称搜索功能。这一基本问题的本质就是美国强调基本言论自由的文化价值观与欧洲人强调隐私的价值观之间的差异。欧洲法律的一些解释规定，营销调研人员收集数据时必须获得允许，而且要求包括个人信息在内的数据库不被链接。

大西洋两岸的律师将在这场关于这些"市场调研"问题合法性的斗争中大赚一笔。对于未来的国际营销者，这里的问题在于何处是底线——什么时候使用这些隐私的调研方法是符合伦理的？用在狗的身上可能不会有问题！

资料来源：Natasha Singer, " Never Forgetting a Face, " *The New York Times*, May 18, 2014, pp. B1,2; Marcin Sobczyk, " In Lithuania, the Tax Man Cometh Right after the Google Car Passeth, " *The Wall Street Journal*, May 30, 2013, online; Harry McCracken, " Nowhere to Hide: How Retailers Can Find—and Up-Sell—You in the Aisles, " *Time*, March 31, 2014, p. 20; Janet Stobart, " London Tosses out Spying Recycle Bins, " *Los Angeles Times*, August 15, 2013, p. A3; Jun Yang and Kyunghee Park, " The Curious Case of Samsung'S Missing TVs, " Bloomberg BusinessWeek, December 3-9, 2012, pp. 19-21; Slobhan Gorman and Jared A. Favole, " U.S. Ups Ante for Spying on Firms, " The Wall Street Journal, February 21, 2013, pp. A1, A16; Danny Hakim, " Europe Moves to Protect Companies' Trade Secrets, " *The New York Times*, November 13, 2013, p. B8; Kashmir Hill, " How Target Figured out a Teen Girl was Pregnant before Her Father Did, " *Forbes*, February 16, 2012; Michael Cieply, " After an Uproar, European Regulators Question Facebook on Psychological Testing, " *The New York Times*, July 3, 2014, p. B3; Nick Leiber, " Innovation: Dog Reader, " *Bloomberg BusinessWeek*, October 27-November 2, 2014, p. 45; Jeffrey Toobin, " The Solace of Oblivion: In Europe the Right to Be Forgotten, " *New Yorker*, September 29, 2012, online.

8.6.1 表达观点的能力

能否表达对一产品或概念的态度与观点取决于调查对象能否发现该产品或概念的益处与价值。如果人们不懂得商品的用途，或者这些商品在某一社会使用不普遍，或者从来买不到，那么就很难形成对这些商品的需求、态度和看法。譬如，一个人若从来没有体验过办公室电脑的好处，他就不可能就有关计算机新软件的购买意向、喜欢或不喜欢，准确地表达自己的感受或提供任何合理的信息。产品概念越复杂，就越难以设计能帮助调查对象表达有意义的看法与反应的研究内容。这些情况对国际营销研究人员的创新能力提出了挑战。

没有哪家公司比 Gerber 公司更能理解在表达方面有局限性的消费者。Gerber 公司的业务对象是婴儿，而婴儿不会讲话更不会填写调查表。经过多年努力，Gerber 公司发现在营销研究中，与婴儿及他们的母亲交谈及对他们进行观察是非常重要的。在一项研究中，Gerber 公司发现母乳喂养的婴儿比用奶瓶喂养的婴儿能更快地适应固体食物，因为母乳的味道会因母亲饮食的变化而变化。例如，如果母亲最近吃了大蒜，就会发现她们的婴儿吮吸的时间比平时长且更加用力。在另一项研究中，对世界各地的断奶习俗进行了研究。在印度，将小扁豆放在手指上喂给婴儿。在尼日利亚，一些孩子由祖母将手做成漏斗状给他们喂发酵的高粱。在一些亚洲的热带地区，母亲先在自己的嘴里将蔬菜嚼烂，然后用嘴喂进婴儿口中。美国的拉美裔母亲给婴儿喂食品比非拉美裔母亲要早得多，这种状况一直要持续到一周岁以后。所有这些研究都帮助公司决定什么样的产品适合什么样的市场。譬如，蔬菜与兔肉、风干的沙丁鱼与大米分别在荷兰与日本流行，但一般不会摆上美国商店的货架。

8.6.2 响应的意愿

为什么许多人不愿意或无法回答调研问题？文化差异为之提供了最好的解释。男子的地位、基于性别的个体调查的合适程度以及其他与性别有关的问题都会影响人们回答调研问题的意愿。在一些国家，丈夫不仅挣钱而且完全支配钱的用途。因为开支由丈夫决定，所以要判断对许多消费品的偏好与需求就应该去问丈夫而不是妻子。在一些国家，妇女永远不会同意接受一个男子或陌生人的采访。法裔加拿大妇女不喜欢被人询问，即使有人问她，也可能不予回答。在一些社会里，如果向一个男人询问剃须习惯或个人衣着方面的品牌偏好，他一定会认为有失他的尊严，如果调查人员是女性，情况会更糟。

如果有人问的问题涉及任何能进行征税估计的话题，他就会立刻被怀疑是收税代办人。许多国家的公民并不像美国公民那样认为纳税是他们的法律与道德义务，因此，逃税是一种许多人接受的行为，是手段高明者的骄傲。凡是存在这种态度的地方，纳税多少似乎常常由政府武断地估算，这导致了许多上报的信息不完整或使人产生误解。在印度政府一次人口普查中暴露的问题之一是房东为了隐瞒实际租住人数而少报房客数量。他们一直非法将房屋转租给他人并掩盖自己的行为，不让税务部门知道。

在美国，证券交易委员会（SEC）要求公众公司定期公布某些经营数据。然而，在许多欧洲国家，很少会公布这些信息，即使公布也是非常勉强的。由于心存疑虑以及为了竞争而保守秘密的传统，如果要在德国争取商人合作开展旨在获得库存与销售信息的研究常常会碰到强大的阻力。要克服这些阻力需要研究人员主动地去一步一步靠近问题。在零售商对研究人员产生了信任并意识到收集资料的价值后，他们会提供越来越多的所需信息。除了商家不愿回答调查问题外，不发达国家的当地官员也会干预研究，因为他们相信这些研究具有颠覆目的，必须加以制止。因此，与当地官员短时间沟通就可避免几天的耽搁。对完成问卷调查的激励措施也会因不同文化而异。在美国可行的措施到了其他国家可能会不可行，尤其是在那些强调隐私的国家。

尽管诸如此类的文化差异会使研究难以开展，但研究并非完全不可能。在有些社会，地方著名人士可以打开本来会关闭的大门。在有些情况下，可以由专业人员及当地学生充当采访者，因为他们了解市场。采用不太直接的测量技术与非传统的资料分析方法也可能更为合适。一项研究显示，如果直截了当地问日本超级市场的采购员，在备货时品牌的国别（外国的或本国的）是否重要，他们会说相对来说不重要。但是如果以一种间接的、成对比较的方法进行询问，那么品牌的国别性往往成了最重要的因素。㊀

8.6.3 实地调查中的抽样

抽样的最大问题源于缺乏充分的人口统计资料以及得不到可以从中选取有意义样本的名单。如果不能获得当前可靠的名单，那么抽样变得更加复杂且通常不太可靠。在许多国家，得不到电话号码簿、有对照索引的街区图、人口普查区划资料、有关人口的详细的社会与经济特征的资料，即使有也往往陈旧过时。调研人员需要对总体的特点和参数进行估计，但有时由于缺乏基本的数据，无法做出准确的估计。

在一些南美国家、墨西哥及亚洲的城市，没有城市街道地图。在一些亚洲大城市，街道不标名，房屋不标号，使得调研人员摸不着头脑。相反，在日本和中国台湾地区，可以得到有关个人的准确的人口调查资料，这对研究非常有利。在这些国家和地区，如果搬家，必须先向政府机构递交最新资料，才能得到诸如水、电、气及教育等公共服务。

调查中各种交流手段（邮寄、电话、访谈及互联网）的有效性都是有限度的。在许多国家，电话的拥有率极低，除非调查仅针对富人，否则电话调查几乎没有什么价值㊁。在斯里兰卡，居民固定电话拥有率不到19%，网络拥有率不足7%，这些拥有者只能是富人。

缺乏详细的社会与经济信息也会影响运用抽样技术的程度。例如，人口统计资料中不进行年龄段的划分，调研人员永远无法确定不同年龄段的代表性样本，因为在样本中没有年龄分布的比较基础。但是，缺乏详细的信息并不妨碍抽样，只是使抽样更困难。在这种情况下，许多调研人员不采用概率抽样技术，而是依靠取自市场或其他公共集会场所的方便样本。

麦当劳公司最近在抽样问题上遇到了麻烦。在南非迅速崛起的市场上，该公司卷入了一场有关麦当劳商标名称使用权的纠纷。公司的部分申诉理由是南非人记得麦当劳的名字。公司进行了两项调查并作为诉讼证据提供给法庭。调查结果是大部分被调查者听说过该公司的名称且能识别其标志。但是最高法院的法官对此证据不屑一顾，因为调查是在“高档的、白人的”居住区进行的，然而79%的南非人口为黑人。最终，此案被法官驳回，而其中部分原

㊀ Frank Alpert, Michael Kamins, Tomoaki Sakano, Naoto Onzo, and John L. Graham, “Retail Buyer Beliefs, Attitudes, and Behaviors toward Pioneer and Me-Too Follower Brands: A Comparative Study of Japan and the United States,” *International Marketing Review* 18, no. 2 (2001), pp. 160-187.

㊁ Paula Vicente and Elizabeth Reis, “Marketing Research with Telephone Surveys: Is It Time to Change?” *Journal of Global Marketing* 23, no. 4 (2010), pp. 321-332.

因就是这些抽样错误。

对于以邮件方式进行研究的营销调研人员来说，邮寄名单的不完备与糟糕的邮政服务也会成为问题。在尼加拉瓜，邮件递送耽搁几个星期并不少见，而且由于信件只能在邮局投寄，使预期的回复大大减少。如果调查是在另一个国家通过邮寄进行的，那么除了国家间可能存在较差的邮政服务以外，信件投递与回复所需时间的延长也会阻碍邮件调查方法的采用。尽管航空邮寄可大大缩短这一时间，但成本会大幅提高。

8.6.4 语言与理解

在国外进行调研时碰到的最普遍的问题是语言障碍。惯用语的差异以及准确翻译的困难使得调研人员难以得到所期望的具体信息，也影响了对被调查对象的回答的理解。[㊀]在一些文化中合适的比例，如用词做了颠倒的比例，在其他文化中就会产生麻烦。[㊁]有研究发现，比例对于讲母语与讲双语者具有不同的作用，讲第二语言的被调查对象回答时所带的感情色彩会少一些。[㊂]并非所有语言都拥有相同的概念。例如，家庭在不同的国家里有不同的含义。在美国，家庭通常只指父母、子女，而在意大利及许多拉丁美洲国家，家庭可包括父母、子女、祖父母、伯（叔）父、伯（叔）母及堂兄（弟姐）妹等。家庭成员的称呼在不同的使用背景中会有不同的含义。在印度文化中，父亲的兄弟姐妹与母亲的兄弟姐妹分别有不同的称呼。爱是个普遍的概念，但不同文化有不同的表达爱的方式。接吻在西方是表达爱的一种方式，但与许多东方文化格格不入，在有些文化中甚至是一种禁忌。

另一个是文盲问题。在一些文盲率高的欠发达国家，书面的问卷调查完全行不通。同样，一个国家的方言及不同语言的使用，也会使全国性的问卷调查无法进行。印度有 14 种官方语言以及更多的非官方语言。为了在国际研究中避免一些由语言差异及文盲率高造成的困难，一位营销调研人员在研究德国东部的人对品牌的偏好时，让调查对象观看产品的图片，并提供各种脸部图片作为回答的标准。还有人运用其他非语言的提问技巧，如图片或拼贴画。[㊃]

另外，调研人员不能以为只要将问卷翻译成调查地区所用语言就可以了。例如，有一个调研者在墨西哥就碰到过这样的情况。当时要求将 retail outlet（零售店）中的“outlet”一词翻译成西班牙语，以便在委内瑞拉使用。结果委内瑞拉人将其理解成电源输出端、河流入海口以及通向院子的通道。不用说，这样的回答虽然有趣，但是全无用处。因此，让以目标国语言为母语的人对所有翻译材料做最后的审核总是有必要的。

㊀ Shi Zhang and Bernd H. Schmitt, “Creating Local Brands in Multilingual International Markets,” *Journal of Marketing Research* 38 (August 2001), pp. 313-325; Lera Boroditsky, “Lost in Translation,” *The Wall Street Journal*, July 24, 2010.

㊁ Nancy Wong, Aric Rindfleisch, and James E. Burroughs, “Do Reverse-Worded Items Confound Measures in Cross-Cultural Research? The Case of the Material Values Scale,” *Journal of Consumer Research* 30, no. 1 (June 2003), pp. 72-91.

㊂ Bart de Langhe, Stefano Puntoni, Daniel Fernandes, and Stijin M.M. van Osselaer, “The Anchor Contraction Effect in International Marketing Research,” *Journal of Marketing Research* 48, no. 2 (April 2011), pp.366-380.

㊃ Gerald Zaltman, “Rethinking Marketing Research: Putting the People Back In,” *Journal of Marketing Research* 34 (November 1997), pp. 424-437.

在任何一个国家任何营销交流信息，包括调研问卷，都必须设计完美，否则消费者与顾客不会做出精确的回答，甚至根本无法回答。要解决这一问题，最简单的方法是让当地人准备或审核问卷，但这一做法常被人忽视。即使像美国航空公司这样的优秀公司在测量顾客满意程度时，也会犯错误：它竟然使用了同样的西班牙语问卷对飞往西班牙和墨西哥的旅客进行调查。以饮食偏好为例，西班牙人将橙汁称作“zumo de naranja”，而墨西哥人却称作“jugo de naranja”，这很容易使人混淆。对于讲西班牙语的人来说，肯定知道这些明显的细微差异。营销调研人员可以采用三种不同的方法，即回译法、平行翻译法及逐渐接近法，预先消除一些翻译错误。

1. 回译

采用**回译法**（back translation）时，先将问卷翻译成另一种语言，再由其他人将其回译成原文，这一过程使得产生误解之处在问卷发放之前就被发现。一家饮料公司想在中国香港地区使用一句非常成功的广告用语“Baby，it’s cold inside”（“宝贝，里面冷”），他们请人将其从英文翻译成粤语，再请人从粤语重新翻译成英语，结果变成了，“Small Mosquito, on the inside it is very cold”（小蚊子，在内侧很冷）。尽管“小蚊子”在中国香港地区是小孩的俗称，但这样的翻译完全失去了想要表达的意思。

2. 平行翻译

由于两种语言中都存在常用习语，回译也许不能总是确保译得准确。而**平行翻译**（parallel translation）可能解决这一问题。在采用平行翻译时，让两个以上的译者进行回译，然后比较各人的翻译，并讨论存在的差异，最后选出最适当的翻译。[⊖]

3. 逐渐接近

可供使用的第三种方法就是**逐渐接近法**（decentering）。它是回译的连续运用，即将调查问卷翻译与回译的连续重复过程。这一过程中的每次翻译均由不同的翻译者担任。例如，将一英文问卷先译成法文，再由另一译者回译成英文。比较两份英文问卷及其不同之处，修改原英文问卷。再重复以上过程，如果两份英文问卷仍有不同，再修改第二次重复时的原英文问卷，然后重复翻译、回译过程。继续重复这一过程直至英文翻译成法文后，另一个译者能将此回译成完全相同的英文。在这一过程中，原英文问卷的措辞发生了变化，使最后采用的英文问卷及其法文翻译中的术语在两种语言中意思相同。

不管采用什么方法，恰当的翻译及问卷中当地语言的正确使用对于设计成功的调研计划至关重要。由文化和民族差异而引起的含混不清，问题可能出在调查对象身上，也可能出在研究人员身上。在英语问卷中，问题本身可能措辞不当，或者英语俚语、缩略语常译得与原文意思不同或意思含混。上述 retail outlet 中，“outlet”一词就属这种情况。问题不仅仅在于翻译，更在于问题中所用的词语。在设计问题时，要在有待翻译的原文中使用准确词语而不

⊖ Susan P. Douglas and C. Samuel Craig, “Collaborative and Iterative Translation: An Alternative Approach to Back Translation,” *Journal of International Marketing* 15, no. 1 (2007), pp. 30-43.

使用俗语或俚语，这一点非常重要。《读者文摘》曾就西欧的消费者行为进行研究。该研究中一处具有典型意义的误解导致这样一个研究结果：法国和德国比意大利消费更多的意大利面条。这一颇为奇怪的错误结论源于这些问题问的是有关“印有商标的袋装意大利面条”的购买情况。意大利人买散装面条，而法国人与德国人买印有商标的袋装面条。由于意大利人很少买印有商标的袋装面条，所以研究结果少报了意大利人购买意大利面条的数量。如果调研目的是要知道印有商标的袋装意大利面条的购买量，那么调研结果就对了。但是，由于目的是想知道意大利面条的总消费量，所以该调研结果就是错误的。调研人员必须时刻保证他们所提问题的正确性。

一些跨文化营销调研中的问题可以在资料收集以后再行处理。例如，诸如日本这样一些国家中的消费者对等级划分的反应比美国人保守，即从“极其满意”到“极不满意”的 1 ~ 7 个等级中，日本人的回答往往倾向于中间（即更多人选 3 与 5 两个等级），而美国人的回答则倾向于走极端（更多人选 1 或 7 级）。这种反应的偏差可以进行统计标准化程序处理，从而最大限度地提高可比性。[㊀]有些翻译问卷也可以通过此后的其他统计方法加以发现并纠正。[㊁]

最后，近来人们开始对试图通过数学方法来维持翻译等效的做法提出批评。通过更为语境化的方法，不仅要考虑问卷设计中的词汇选用，而且要考虑调研本身的语境。此外，调研的结果也成了涉及跨文化谈判和解释的事情[㊂]。

8.7 跨文化调研：一个特殊问题

当公司成为全球营销者，并努力使跨越数国的营销组合的各要素标准化时，跨文化调研变得越发重要。公司需要确定在多大程度上对营销组合进行适应性调整是恰当的。[㊃]因此，

㊀ Hans Baumgartner and Jan-Benedict E. M. Steenkamp, “ Response Styles in Marketing Research: A Cross-National Investigation,” *Journal of Marketing Research* 38 (May 2001), pp. 143-156; Martijin G. De Jong, Jan-Benedict E. M. Steenkamp, Jean-Paul Fox, and Hans Baumgartner, “ Using Item Response Theory to Measure Extreme Response Style in Marketing Research: A Global Investigation,” *Journal of Marketing Research* 45, no. 1 (2008), pp. 260-278.

㊁ S. Durvasula, R. G. Netemeyer, J. C. Andrews, and S. Lysonski, “ Examining the Cross-National Applicability of Multi-Item, Multi-Dimensional Measures Using Generalizability Theory,” *Journal of International Business Studies* 37 (2006), pp. 469-483; Martijin G. De Jong, Jan-Benedict E. M. Steenkamp, and Jean--Paul Fox, “ Relaxing Measurement Invariance in Cross-National Consumer Research Using a Hierarchical IRT Model,” *Journal of Consumer Research* 34 (2007), pp. 260-272; Yi He, Michael A. Merz, and Dana L. Alden, “Diffusion of Measurement Invariance Assessment in Cross-National Empirical Marketing Research: Perspectives from the Literature and a Survey of Researchers,” *Journal of International Marketing* 16, no. 2 (2008), pp. 64-83; Martijn G. de Jong, Jan-Benedict E. M. Steenkamp, and Bernard P. Veldkamp, “ A Model for the Construction of Country-Specific Yet Internationally Comparable Short-Form Marketing Scales,” *Marketing Science* 29, no. 4 (2009), pp. 674-689.

㊂ Agnieszka Chidlow, Emmanuella Plakoyiannaki, and Catherine Welch, “ Translation in Cross-Language International Business Research: Beyond Equivalence, ” *Journal of International Business Studies* 45 (2014), pp. 562-582.

㊃ Amanda J. Broderick, Gordon E. Greenley, and Rene Dentiste Mueller, “ The Behavioral Homogeneity Evaluation Framework: Multi-Level Evaluations of Consumer Involvement in International Segmentation, ” *Journal of International Business Studies* 38 (2007), pp. 746-763.

公司在对营销策略的任何方面实行标准化之前，必须比较不同文化中的市场特征，以找出相似及差异之处。前面所讨论的研究困难仅局限于在一种文化中进行研究时所遇到的问题。在进行多文化研究时，许多同样的问题会使跨文化比较更加困难和复杂。㊀

跨文化调研（multicultural research）所牵涉的国家具有不同的语言、经济状况、社会结构、行为及态度模式。在进行多文化研究设计时，必须考虑这些差异。㊁在设计跨文化研究时必须记住的非常重要的一点是，应确保结果的可比性及等效性。不同的方法在不同的国家可能有不同的可靠性。所以，在设计多文化调查时必须考虑这些差异。这些差异可能意味着在不同的国家应采用不同的调研方法。

有时，为了最大限度地提高调研结果的可比性，也许必须针对不同的国家设计完全不同的调研方案。例如，在拉丁美洲国家，要吸引消费者来参加小组讨论或深度采访往往很难，因为拉美消费者对商业调研以及时间价值有不同的看法。与美国商人相比，日本人往往不愿回答通过邮寄进行的调查。最近在日本进行的两项研究通过采用另一种问卷分发与收取方法来解决这一问题。其中一项研究是为了了解购物者对新品牌的态度。在美国是先从全国超市购物者名单中抽样，然后由邮寄分发及收回问卷。而在日本则通过16家主要连锁超市的中间人分发问卷，再直接寄回给日本的研究人员。另一项研究是为了比较美国及日本的销售代表对工作的满意程度。对美国公司，问卷通过邮政系统分发、收取。对于日本公司，则请参加销售培训计划的学员在接受培训过程中回答问卷。尽管两项研究的主持人表示在调研中采用不同的资料收集方法确实会威胁到调研结果的质量，但是所采用的方法是进行调研的唯一可行的最佳方法。

为完成这些跨国调研所做的必要的方法调整，表明在国际营销调研中必须随机应变。但是这些调整也提出了跨国调研中所收集资料的可靠性问题。有证据表明，人们不仅时常忽视不当的跨文化调研中所存在的非抽样错误及其他问题，而且往往不够重视尚未在跨文化背景中得到检验的调研方法的合适性问题。

8.8 互联网上的调研：一个不断增加的机会

如今，要跟上世界范围内快速发展的互联网使用几乎成了不可能之事。据我们所知，截至目前，互联网用户遍布全球200多个国家和地区，用户数量达到30亿。大约1/10的用户在美国。当然，在美国的主机就更多了。不过，互联网用户增加最快的是中国，其拥有的用户数量达6亿。㊂世界各国互联网使用的增长速度几乎是美国的两倍。一些国家如哥斯达黎加的当地政府决定将计算机重新划归为“教育工具”，因此取消计算机硬件的所有进口关税，

㊀ Masaski Kotabe, “Contemporary Research Trends in International Marketing,” in *Oxford Handbook of International Business*, 2nd edition, ed. Alan Rugman (Oxford: Oxford University Press, 2009), Chapter 17.

㊁ James Reardon, Chip Miller, Bram Foubert, Irena Vida, and Liza Rybina, “Antismoking Messages for the International Teenage Segment: The Effectiveness of Message Valence and Intensity across Different Cultures,” *Journal of International Marketing* 14, no. 3 (2006), pp. 114-136.

㊂ World Bank, *World Development Indicators,* 2015.

这一决定刺激了这些国家中互联网使用的增加。在世界范围内，用户的人口统计数据为：男性占 60%，女性占 40%；平均年龄约 32 岁；受过高等教育者约占 60%；平均月收入约 6 万美元；使用时间每周约 2.5 个小时；主要活动是电子邮件收发及查找信息。互联网用户所使用的语种百分比为：英语 28%；汉语 24%；西班牙语 8%；日语 5%；德语 4%；阿拉伯语 3%；法语 3%；俄语 3%；其他语言不足 1%。[㊀]

对于许多公司来说，互联网为它们提供了进行种种国际营销调研的一个新的日益重要的工具。事实上，对营销调研专业人员的调查显示，对该行业影响最大的因素是互联网和全球化。新的产品概念及广告文字可以在网上进行测试并获得迅速的反馈。目前，已经建立了世界范围的有代表性的消费者小组（consumer panels），[㊁]从而可以通过国际样本来帮助检验营销方案。互联网在国际营销调研中至少有以下 8 种不同的用途：

（1）网上调查和购买者小组（online surveys and Buyer panels）。这些调研可以包含对参与的鼓励，而且比费用更高的邮寄或电话调研具有更好的"分叉"能力（根据先前答案问不同的问题）。

（2）网上焦点小组（online focus groups）。告示牌可用于此目的。

（3）跟踪网络访问者。服务器可通过网址自动跟踪访问者的漫游，并记录漫游时间。

（4）广告衡量。服务器跟踪与其他网址的联系，因此可以对它们的效果做出评价。

（5）顾客识别系统。许多公司正在安装登记程序，使它们能时刻跟踪访问及购买，从而建立一个虚拟的、有代表性的用户对象组。

（6）电子邮件营销名单。可以通过互联网让将来愿意为营销直接做出努力的顾客在电子邮件营销名单上签名。

（7）嵌入调研（embeded research）。互联网使顾客扮演传统经济角色时实现自动化，如寻求关于产品和服务的信息，产品和服务的比较选优，与服务提供者互相作用，维护顾客品牌关系。越来越多的这些互联网活动本身很像研究过程。这些方法常常直接包含在实际购买和使用之中，因而比传统的调研方法更紧密地与实际经济行为联系在一起。有些企业甚至提供顾客在线产品设计的机会，把市场调研应用于产品开发发挥到了极致。

（8）观察调研法。通过监视聊天室、博客以及个人网站等都可以评估出消费者对产品和服务的态度。时代华纳设有布满 iPad、3D 电视和游戏机的实验室，公司可以借这些高科技设备来观察人们在观赏电视节目或玩游戏时的各种行为，包括眼睛转动、心跳、面部动作、体温等。[㊂]

很明显，随着互联网的不断发展，更多种类的调研将变得可行，而且观察新的翻译软件通过互联网对营销沟通及营销调研所产生的影响程度会是件有意思的事。现在一些公司提供问卷的翻译服务，包括常用的短语如"满意度打分"。[㊃]由于有翻译服务存在，涉及多种语言

㊀ See http://www.internetworldstats.com.

㊁ Information regarding worldwide Internet panels is available at http://www.decisionanalyst.com.

㊂ Amy Chozick, "These Lab Specimens Watch 3-D Television," *The New York Times, January* 24, 2012.

㊃ See, for example, http://www.markettools.com.

的调查可以相当迅速地进行。最后，正如许多国际营销中的情形一样，隐私受到且将继续受到个人及法律的关注。国际营销者面临的一项烦人的挑战是跨文化地关心隐私及愿意合作的消费者与顾客小组的征募。

能在互联网上进行原始调研是互联网令人兴奋的特点之一。但是仅由来自互联网调查对象构成的调查样本具有潜在的偏向性，这使调查有着严重的局限性，而且每家公司将所得信息转换为竞争优势的能力各不相同。[㊀]然而，随着各国能上网的普通大众越来越多，互联网将成为最有力、最准确的原始调研工具。而且，互联网作为若干收集信息的方法之一，使跨国调研的数据收集变得灵活。

对于国际营销调研来说，互联网目前真正的威力在于能够轻易地获得大量的二手数据。多年来，这些资料一直从出版物中获取，但现在通过互联网则更容易获得，而且许多情况下，资料都是更新后的。现在不再需要翻阅参考书籍寻找两三年前的资料（大多数印刷的资料都是如此），通过互联网则可以获得最新资料。诸如 www.stat-usa.gov 这样的网址几乎提供了美国政府出版的所有资料。如果想要知道正在运往一国的某一产品的具体数量、产品进口税以及是否需要进口许可证，均可以通过电脑从网络获得。各种各样的私人公司也在网上提供国际市场营销信息，详情见本章附录。

8.9 估计市场需求

2009 年，世界贸易发生了史无前例的后退，但同时也给那些国际预测家创造了众多话题，如“经济学怎么啦”“该如何管理”“战略计划不再时髦”等。[㊁]在估计当前产品需求及预测未来需求时需要可靠的历史资料。[㊂]正如前面所指出的，常常不能获得充分的高质量的二手资料，尽管如此，为了制订有效的计划，仍然必须估计市场的规模。尽管有诸多局限，但是仍有可资利用的方法能以最少的信息对市场需求进行估计。这些方法的成功与否取决于研究人员是否有能力为所需的经济、地理与人口关系找到有意义的替代式或估计法。调研创新方面的一个有趣例子就是把走私货物作为新产品需求的指标。

如果得不到所需的统计数据，可以在当地的产量加上进口量的基础上，根据出口及目前存货水平进行调整后得出非常近似的数据资料。由于联合国与其他国际机构通常公布有关一地产量、进出口及存货的资料，所以这些资料较易得到。一旦确定销售趋势的近似数据，就可以在历史系列数据的基础上进行增长量预测。然而任何直线外推法都假定最近的趋势会延续到将来。这样的假设可能存有问题，特别当相关过去事件具有唯一性而不论是正

㊀ Tho D. Nguyen and Nigel J. Barrett, “The Knowledge-Creating Role of the Internet in International Business: Evidence from Vietnam,” *Journal of International Marketing* 14, no. 2 (2006), pp. 116-147.

㊁ “What Went Wrong with Economics?” *The Economist*, July 18, 2009, pp. 11-12; “Managing in the Fog,” *The Economist*, February 28, 2009, pp. 67-68; Joann S. Lublin and Dana Mattioli, “Strategic Plans Lose Favor,” *The New York Times*, January 25, 2010, p. B7.

㊂ Although more than 25 years old, still the best summary of forecasting methods and their advantages, disadvantages, and appropriate applications is David M. Georgoff and Robert G. Murdick, “Manager's Guide to Forecasting,” *Harvard Business Review*, January-February 1986, pp. 110-120.

面的或负面的，如2009年世界贸易的下降。[一]在经济高速发展的国家，用外推法预测的数据也许不能反映出高速的增长，这时就必须进行相应的修正。考虑到国外市场巨大的不确定性和数据资料的局限性，以下两种预测需求的方法特别适合国际营销者：专家意见法和类比法。

8.9.1 专家意见法

对营销者来说，很多市场预估问题，尤其是外国市场是一个新问题，因此采用**专家意见法**（expert opinion）进行解决。采用这一方法时，要征询专家对市场规模及增长率的看法。这些专家可能是公司自己的销售经理，可能是外部顾问，也可能是政府官员。利用专家意见帮助预测需求的关键是**多方比较**（triangulation），即对不同的市场预估进行比较。其中最棘手的部分就是如何最好地整合不同的观点。

在预测最不明朗的情况下，发展趋势也是有用的，比如预测像中国与俄罗斯这样的新兴市场上的会计服务需求或“非典”对中国香港地区旅游业的影响。对过去数据的统计分析不能捕捉到极端事件[二]（比如SARS）的潜在影响，所以根本就是缺乏说服力的。然而，专家视野开阔，市场经验丰富，因此能够更好地预测主要威胁对市场需求稳定性和增长情况的影响。

8.9.2 类比法

另一个市场估计方法是**类比法**（analogy）。该方法假定如果各个国家的经济发展情况相似，那么这些国家对某一产品需求的发展也基本相同。[三]首先，必须在一个国家中确定需要估计的某个量与某国的某个可量度变量之间的关系式来作为类比的基础。[四]一旦关系式确立，就可将已知的情况类推到调查对象国。譬如，公司想要估计一种饮料在甲国的市场发展潜力，但缺乏充分的销售数据，然而该公司在邻国乙国却有充分的、可靠的饮料销售数据。已知乙国随人均国内生产总值（GDP）增长而增长的人均饮料消费增长率，那么如果知道甲国的人均国内生产总值，就可以根据乙国已确立的两者之间的关系估计该饮料在甲国的人均消费量。

不过，进行类比时必须注意的是，因为该方法假设两国除所用变量（本例中为国内生产总值）外其他因素均相似，如有相同的偏好、税收、价格、销售方式、产品供应情况、消费

[一] Don E. Schultz, “Is This the Death of Data,” *Marketing News,* September 15, 2009, p. 19.

[二] Pierpaolo Andriani and Bill McKelvey, “ Beyond Gaussian Averages: Redirecting International Business and Management Research toward Extreme Events and Power Laws,” *Journal of International Business Studies* 38 (2007), pp. 1212-1230.

[三] Such an approach was used to predict the depth of the housing market decline in the United States and other markets by making comparisons to the housing boom-bust cycle experienced by Japan in the 1980s and 1990s. See Robert J. Shiller, “Things that Go Boom,” *The Wall Street Journal,* February 8, 2007, p. A15.

[四] These variables may include population and other demographics or usage rates or estimates, and so forth. Using combinations of such variables is also referred to as a *chain-ratio* approach to forecasting.

模式等。[⊖]例如，根据日本有 1 300 万无线接入协议（Wireless Access Protocol）用户，通过类比法预测欧洲的用户为 1 000 万，可实际上只有 200 万。再看美国个人电脑或手机占有率的增长对预测图 8-1 所列其他四个国家个人电脑或手机占有率增长的相关性。利用美国的数据，苹果公司会怎样预测日本、韩国或墨西哥的需求呢？尽管类比法有明显的缺点，但若资料有限，它仍不失为一种有用的方法。

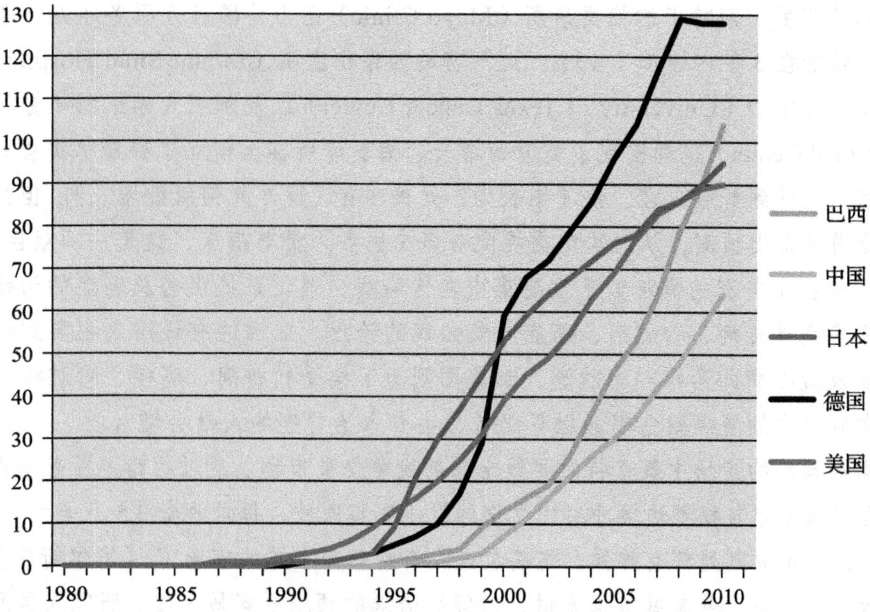

图 8-1　每 100 人中手机的拥有率

资料来源：World Bank, *World Development Indicators* 2010 (Washington, DC: World Bank, 2012).

在经济上可行和时间上允许的情况下，还是应该采用实际市场调研，而不用上述市场需求估计方法。实际上，最好的预测方法几乎总是这些以宏观经济数据为基础的方法与对现实的和潜在的消费者的面谈调查的结合。对选择方案进行三角测量分析总是最佳的，而且通过对各种资料来源与分析方法的差异分析，就可以提出有关当前与未来预测工作的重要问题。[⊜]随着可供利用的资料来源越来越充分，就像大多数经济发达国家的情形一样，可以利用的诸如多元回归分析或投入产出分析这样的先进技术和方法也越来越多。

最后，预测市场需求是最困难、最重要的经营活动之一。企业计划无不完全依赖对我们无法看到的未来的预测。即使是最佳公司也会犯大错误。

⊖ Gerard J. Tellis, Stefan Stremerch, and Eden Yin, " The International Takeoff of New Products: The Role of Economics, Culture, and Country Innovativeness, " *Marketing Science* 22, no. 2 (2003), pp. 188-208; Sean Dwyer, Hani Mesak, and Maxwell Hsu, " An Exploratory Examination of the Influence of National Culture on Cross-National Product Diffusion, " *Journal of International Marketing* 13, no. 2 (2005), pp. 1-27; Roger J. Calantone, David A. Griffith, and Goksel Yalcinkaya, " An Empirical Examination of a Technology Adoption Model for the Context of China," *Journal of International Marketing* 14, no. 4 (2006), pp. 1-27.

⊜ A.N.M. Waheeduzzaman, " Market Potential Estimation in International Markets: A Comparison of Methods," *Journal of Global Marketing* 21, no. 4 (2008), pp. 307-320.

跨越国界 8-3

全球保健市场预测

6 年间，位于巴尔的摩市的约翰·霍普金斯医院（Johns Hopkins Hospital）收治的外国病人从 600 名猛增到 7 500 名。这样做还不用和保险公司及医保机构（HMO）发生争执。事实上，这些外国病人中很多人支付现金，甚至高达 3 万美元的外科手术费也有人用现金支付。位于明尼苏达州罗切斯特市的梅奥诊所（Mayo Clinic）已为外国病人服务了几十年。该诊所的外国病人数量在 5 年内增加了 15%。迈阿密的西奈山医院（Mount Sinai Hospital）、得克萨斯大学癌症治疗中心（University of Texas Cancer Center）以及加州大学洛杉矶分校医疗中心（UCLA Medical Center）也都出现了类似的增长。梅奥诊所甚至设立了穆斯林祷告室，从而使病人及其家人更感到舒服自在。快速增长吗？是的（有人说是几何级数增长）。但是增长会继续吗？对此需求做出预测，从而决定需要配备多少医务人员与病床，这是一项艰巨的任务。

墨西哥与拉丁美洲的需求似乎主要集中在传染病、消化系统疾病及癌症的治疗。中东的需求似乎更多是遗传病、心脏病、癌症与气喘病的治疗。亚洲的有钱病人主要到加利福尼亚州接受癌症及冠心病的治疗。而欧洲人到美国则为了接受精神病、癌症、心脏病及艾滋病的治疗。考虑到日本的胃癌治愈率居世界之首，去日本治胃癌的人数会增加。

但是需要预测的市场中最奇特的要数全球的战争伤员市场。最近约翰·霍普金斯医院签订合同，为在厄瓜多尔与秘鲁边境冲突中受伤的战士安装假肢，每位收费 3.5 万美元。“全世界到处都有战争，全世界到处都有炸弹。伤病员是一个崭新而丰厚的市场。”《华尔街日报》这样的描述也许太热心了点。从某些方面来讲，对假肢需求的预测要容易一些。研究人员所要做的就是跟踪如第 6 章中所列出的有关全球各地战争的伤亡数据。值得庆幸的是，2010 年前该需求一直在下降。不过，海地大地震的严重程度可能意味着幸存者的假肢需求估计将达到 40 000 副。

资料来源：“U.S. Hospitals Attracting Patients from Abroad,” *USA Today*, July 22, 1997, p.1A; Ron Hammerle, “Healthcare Becoming a Lot Less Local,” *Modern Healthcare,* March 20, 2000, p.40; Tom Philips, “Hati Earthquake Creating a Generation of Amputees, Doctors Warn,” *Manchester Guardian*, January 21, 2010.

8.10 调研信息分析与解释中的问题

收集完资料后，调研过程的最后步骤是根据所述的营销问题分析与解释研究结果。营销研究人员收集的二手资料及原始资料都有许多前面讨论过的局限，在最后分析时，必须考虑到这些因素，为管理层的决策提供有意义的指导。

在国外市场上，根据表面意思理解信息有欠谨慎。所用词语的意思、消费者对某一产品的态度、访谈者的态度或者访谈环境都会歪曲调研结果。正如文化与传统会影响个人提供信息的愿意程度，它们也影响所提供的信息。报纸发行数量、读者与听众研究、零售店的数量及销售额均会因当地的商业习惯而被歪曲。为了能应对这样的差异，国外营销调研人员必须具备三种才能方能得到有意义的营销信息。

第一，调研人员应对所研究市场的文化有相当的理解。为了分析研究结果，必须清楚地理解一个社会或社会中某一部分的社会习俗、语义学、现行态度及商业习惯。事实上，在某一阶段绝对有必要让目标国的人士参与对外国营销调研结果的解释。

第二，必须具有修正调研结果的创造性能力，常常要求外国市场的调研人员在最困难的情况下及时间很短的情况下交出调研结果。所以，善于发明创造、足智多谋、用一切办法获取事实的意愿、耐心、幽默感以及在原始调研结果与流行观点或先前假使相冲突的情况下仍遵循原始调研结果的意愿，这一切都被认为是外国营销调研中的重要财富。

第三，在处理原始及二手资料时抱怀疑态度是有益的。譬如，也许有必要检验报纸一段时间内的经营情况以获得其准确的发行量，或者在可观察到的社会经济特征基础上将公布的某些地区的消费者收入压低或提高 25% ~ 50%。实际上，只要资料不可信，这种使用多种调研方式进行的“三角测量”(triangulation) 便至关重要。

这些重要特征表明外国营销调研人员应是外国公民或者应有一个能根据当地情况准确评价所收集资料的外国公民为其出主意，这样才能验证二手资料及原始资料。另外，不管调研技术或分析方法多么先进，都无法代替决策者亲自进行实地考察。

8.11　开展营销调研的责任

需要进行国外营销调研的公司，可以根据开展国外营销的规模与程度，决定是依靠设在外国的外部机构，还是依靠在目标国设有分部的国内公司。公司还可以采用自己的设施或者自己的调研力量与外部机构的帮助相结合的办法进行调研。

调研职能出现了明显的下放趋势。就效率而言，当地的分析人士看来比公司调研部门能更快、更准确地提供信息。调研职能下放的明显优点是控制权落到了与市场更接近的人的手中。现场工作人员、常驻国外的经理及顾客通常更熟悉市场的细微之处，更容易领会大多数国外市场中存在的多元化。调研职能下放的一个缺点是可能会造成与总部经理人员沟通的效果下降。另一缺点是在进行全球标准化决策时可能会使大市场调研占据不合理的支配地位。也就是说，大市场，尤其是美国市场，往往采用更复杂的调研程序及更大的抽样规模，而通过适合于较小国家的较为简单的方法所取得的结果却常被不适当地低估。

对多国调研的不同方式的全面考察表明，最理想的方式是在每一个国家都有当地调研人员，且使委托公司与当地调研公司密切合作并建立网络。[⊖]通过战略联盟建立公司（包括竞争对手）之间的合作网络对于调研和开发工作也是十分重要的。[⊜]在研究计划的各个阶段，从调研设计、资料收集到最后分析，这一合作都十分重要。此外，有必要进行两个层次的分析：

⊖ Changsu Kim and Jong-Hun Park, “The Global Research-and-Development Network and Its Effect on Innovation,” *Journal of International Marketing* 18, no. 4 (2010), pp. 43-57.

⊜ Haisu Zhang, Chengli Shu, Xu Jiang, and Alan J. Malter, “Managing Knowledge for Innovation: The Role of Cooperation, Competition, and Alliance Nationality,” *Journal of International Marketing* 18, no. 4 (2010), pp. 74-94; Ruby P. Lee, “Extending the Environment-Strategy-Performance Framework: The Roles of Multinational Corporation Network Strength, Market Responsiveness, and Product Innovation,” *Journal of International Marketing*, 18, no. 4 (2010), pp. 58-73.

在单个国家层次上，必须明确每一国的所有问题；在多国层次上，则必须根据委托方的目标将资料汇编成一定的格式。这些建议有两个根据：一是两人的智慧胜过一人；二是多文化输入对于理解多文化资料是必不可少的。如果多文化资料只由一人来解释，那么就存在以自我参照标准解释资料的危险，这会导致根据自己的文化偏见解释资料的现象。自我参照偏见会对研究设计、问卷设计及资料解释产生影响。

公司可以求助于许多专门从事营销调研的机构。大多数重要的广告公司及许多调研公司在世界各地设立了分支机构。国外的调研及咨询公司也在健康地增长。在根据营业额排名的世界25家最大的营销调研公司中，有15家（包括最大的3家）设在美国，3家在英国，3家在日本，2家在法国，1家在德国，还有1家在巴西。最新的数据表明，在中国的营销调研公司超过了400家，而且成长迅速。在日本，理解独特的文化至关重要，那里的专业市场研究公司的水平是一流的。最近一项研究表明，日本公司与美国公司所用的研究方法通常十分相似，两者最显著的差别是日本公司更重视预测、分销渠道与销售研究。《营销动态》（*Marketing News*）杂志每年刊登国际营销研究公司名单作为广告增刊。

政府对国际营销研究的控制的可能性正在增加。由于互联网拓展了企业收集消费者行为数据的能力，许多国家正在重新审视消费者隐私问题。

8.12 与决策者的沟通

本章大部分的讨论是关于如何从消费者、顾客及竞争者处获取信息或获得有关他们的信息。然而，应该清楚地认识到，获取信息只是工作的一半，还必须将这些信息及时地提供给决策者。[⊖]随着商业不断的全球化，高质量的国际信息系统设计将成为一种越来越重要的竞争工具，因此必须投入相当的人力与物力。[⊜]

决策者常常是高层管理者，他们不仅应该直接参与问题的确定及问卷的设计，而且如果情况需要（如进入新的外国市场），他们也应该参与实地调查，以最直接的方式观察市场，倾听顾客的声音。高层管理者应该对他们的市场有种"感觉"，一种即便是最好的营销调研报告也无法给予的感觉。

最后，国际营销者在获得关于顾客的最佳信息方面还面临一个额外的障碍。从最基本的层面看，营销调研主要就是与顾客沟通。营销决策者不知道如何最好地服务顾客，因而常常通过问卷或调研机构，提出问题并获得答案。即使管理者和顾客说同一种语言且来自同一种

⊖ Anne L. Souchon, Adamantios Diamantopoulos, Hartmut H. Holzmuller, Catherine N. Axxin, James M. Sinkula, Heike Simmet, and Geoffrey R. Durden, " Export Information Use: A Five-Country Investigation of Key Determinants, " *Journal of International Marketing* 11, no. 3 (2003), pp. 106-127; Marios Theodosiou and Evangelia Katsikea, " The Export Information System: An Empirical Investigation of Its Antecedents and Performance Outcomes, " *Journal of International Marketing* 21, no. 3 (2013), pp. 72-94.

⊜ Nicoli Juul Foss and Torben Pedersen, " Organizing Knowledge Processes in the Multinational Corporation: An Introduction," *Journal of International Business Studies* 35, no. 5 (2004), pp. 340-349; Ram Mudambi and Pietro Navarra, "Is Knowledge Power? Knowledge Flows, Subsidiary Power and Rent-Seeking within MNCs," *Journal of International Business Studies* 35, no. 5 (2004), pp. 385-406.

文化，也仍然可能在两个方面产生信息扭曲现象：顾客误解问题和管理者误解答案。如果加上语言和文化障碍，则误解的可能性大大增加。

就此类沟通问题而言，最好的例证当属丰田公司2010年发生的汽车加速器缺陷。事实上，即便是大公司，同样会出大错。因为丰田公司未能及时补救美国市场汽车加速器所出现的缺陷，作为全球最佳汽车公司的丰田不仅年度业绩损失了数十亿美元，而且公司品牌也遭到重挫。当时，媒体对丰田公司的内部沟通问题进行了充分的描述：

某种文化因素导致丰田公司对危机处理显得不当。在日本这样的国家，人们非常看重产品技术和质量，产品缺陷就是耻辱。这样，人们就不愿意承认产品有缺陷，也不愿承担责任。对于丰田这样的知名公司，如果产品出现问题，那么损失就会很大。所以，产品质量有问题这样事情似乎不可能发生在丰田这样的公司。如果有问题的话，也是其他公司的事。这种想法以及随后的公关处理不当表明丰田公司对危机管理毫无准备，而且也不知道如何应对。此外，员工的地位与所在公司的形象密切相关，所以员工考虑更多的是对公司的忠诚而非关心消费者的利益。

此外，公司内部存在文化抵御，使得下属很难向上司提出质疑或向上司报告问题。这种强调认同与团队的文化对于形成团队工作非常有利，但其不利因素在于缺乏对已决定或已形成的计划进行质疑。虽然其他地方也存在类似的文化倾向，但这种现象在日本公司文化中格外有影响力，成了推卸责任、推延应对危机的重要理由。[一]

这里也可以从另一种文化角度进行解释：日本人有一种对坏消息避而不谈的倾向。事实上，日语中的“真相”有两个词：“建前”(tatemae)与“本音”(honne)。“建前”指“人前的”“保护面子的”真相；“本音”(honne)强调的是事实真相，而不管这样做是否会影响日本公司内以及公司间的各种重要社会关系。[二]这种内部沟通困难也出现在其他强调等级、注重关系文化的国家，如韩国与越南。[三]调研人员发现有许多因素会影响这类跨国公司的内部沟通，如沟通的频度、面对面沟通的机会、[四]激励员工提建议的措施[五]与文化相似性。[六]另一项研究发现，“全球环境动荡”[七]也是影响沟通的重要因素。当然，丰田公司面临的是极端形式

㊀ See the excellent article by Jeff Kinston, “A Crisis Made in Japan,” *The Wall Street Journal*, February 6-7, 2010, pp. W1-2.

㊁ James Day Hodgson, Yoshihiro Sano, and John L. Graham, *Doing Business in the New Japan* (Boulder, CO: Rowman & Littlfield, 2008).

㊂ Malcolm Gladwell, *Outliers* (New York: Little Brown, 2008); John U. Farley, Scott Hoenig, Donald R. Lehmann, and Hoang Thuy Nguyen, “Marketing Metrics Use in a Transitional Economy: The Case of Vietnam,” *Journal of Global Marketing* 21, no. 3 (2008), pp. 179-190.

㊃ Niels Noorderhaven and Anne-Wil Harzing, “Knowledge-Sharing and Social Interaction within MNEs,” *Journal of International Business Studies* 40, no. 5 (2009), pp. 719-741.

㊄ Gary Oddou, Joyce S. Osland, and Roger N. Blakeney, “Repatriating Knowledge: Variables Influencing the ‘Transfer’ Process,” *Journal of International Business Studies* 40, no. 2 (2009), pp. 181-199.

㊅ Martin S. Roth, Satish Jayachandran, Mourad Dakhli, and Deborah A. Colton, “Subsidiary Use of Foreign Marketing Knowledge,” *Journal of International Marketing* 17, no. 1 (2009), pp. 1-29.

㊆ Ruby P. Lee, Qimei Chen, Daikwan Kim, and Jean L. Johnson, “Knowledge Transfer between MNCs’ Headquarters and Their Subsidiaries: Influences on and Implications for New Product Outcomes,” *Journal of International Marketing* 16, no. 2 (2008), pp. 1-31.

的不利经营环境：世界贸易的急速下滑与公司产品销售因质量问题而出现下降。

如果调研公司也参与其中，那么这类问题就会更加严重。图 8-2 列举了四种可能的公司 – 代理人 – 顾客之间的关系。模式 B 和模式 C 更适合于对沟通链中的文化障碍进行管理。在这两种模式中，人们拥有相同的企业文化，每天在一起工作，因此在公司内部架起了超越文化障碍的桥梁。在模式 B 中，翻译（广义的用法，包括问卷和报告）由国际营销研究机构内部员工完成。在模式 C 中，公司自身对翻译过程进行管理。在模式 A 和模式 D 中，同时存在文化和组织障碍，导致误解的可能性最大化。在公司与顾客之间的其他沟通如广告、分销渠道中，这种公司 – 代理人 – 顾客关系的分析也是有用的，在后面几章中会再讨论这一国际营销中独特的问题。

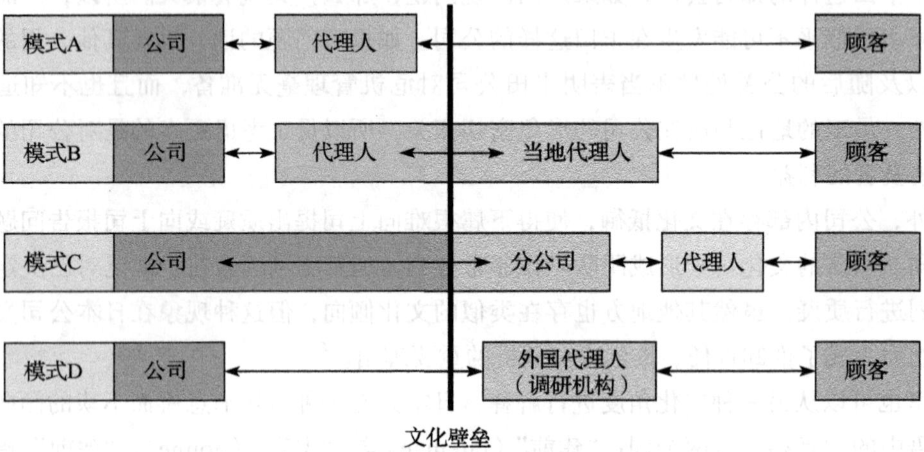

图 8-2 国际营销调研中文化障碍的管理

本章小结

营销调研的基本目标是为管理层提供进行更准确决策所需的信息资料。不管是国内营销还是国际营销，这一目标完全一样。但是在国外营销调研时，这一目标的实现给人带来了一些在国内不会碰到的问题。

顾客给调研人员提供信息的态度取决于其自身所处的文化。必须精心设计外国市场调研方案以获得期望的信息，同时又不冒犯调查对象。除了在收集原始资料时存在的文化上及操作上的限制外，许多外国市场的二手资料存在不充分或不可靠的问题。这些挑战道出了国际营销研究成功的三个关键：①必须让了解外国文化的当地人加入研究小组；②必须采用多种方法及三角测量法；③决策者，即使是高层管理者，有时也必须与外国市场的顾客直接交谈或对他们进行直接的观察。

思考题

1. 解释本章标黑色的主要术语。
2. “进入市场”决策和“继续经营”决策需要不同种类的信息与资料。试讨论之。

3. 试讨论国际营销调研的范围。为什么国际营销调研通常比国内营销调研范围广？
4. 一个营销调研人员是否称职的衡量标准是看是否有能力在时间、成本及目前技术状况允许的情况下利用可获得的最先进、最充分的技术与方法。试评论之。
5. 国际营销调研人员的任务是什么？外国环境如何使之更趋复杂？
6. 试讨论调研过程各阶段遇到的问题。请举例说明。
7. 为什么在国外营销调研中确立调研问题颇为不易？
8. 试讨论在国外市场收集二手资料的困难所在。
9. “在许多文化中，有关个人的情况属于神圣不可侵犯的隐私，绝对不会与陌生人讨论。”试讨论之。
10. 在收集原始资料时，由于语言及理解能力带来的困难有哪些？外国营销调研人员如何克服这些困难？
11. 讨论如何利用逐渐接近法准确翻译调查问卷。
12. 试讨论何时定性调研比定量调研可能更为有效。
13. 试讨论营销调研中由抽样带来的一些主要问题。
14. 选择一个国家，利用互联网上的二手资料为以下各项内容汇编最近至少五年的资料：
    主要进口产品　　主要出口产品　　国民生产总值　　国家首脑
    主要城市及人口　　主要农作物
15. “为获得有意义的市场信息，外国营销调研人员必须具有三种基本能力。”试讨论之。

附录 8A　二手资料的来源

对几乎所有的营销调研项目来说，分析可获得的二手资料都是花费不多的、有益的第一步。虽然还存在信息缺口，尤其是详细的市场信息，但信息的可获得性和可靠性都在不断改善。下面列举的是收集和发布对国际经营有用信息的主要机构及有关出版物。

8A.1　有关网站

（1）http://www.stat-usa.gov。STAT-USA 显然是互联网上单个最重要的信息来源，它是美国商务部经济与统计管理局的一部分，制作和发布当今世界上最广泛的政府资助的企业、经济和贸易数据库，包括国家贸易数据库（National Trade Data Bank）、经济公报（Economic Bulletin Board）和全球企业发展机会（Global Business Procurement Opportunities），只象征性地收一些费。

（2）http://www.trade.gov/index.asp。这是美国商务部国际贸易管理司的网址，提供出口支持，包括有关贸易事件、贸易统计、关税、营销调研等信息。

（3）http://www.usatradeonline.gov。该网站提供 18 000 多种商品的进出口信息，但用户必须交费。

（4）http://www.census.gov/foreign-trade/www/。美国人口调查局提供大量国际贸易统计

数字。

（5）http://www.cia.gov/library/publications/the-world-factbook。在该网站可以查到美国中央情报局（CIA）的《全球概况》(*World Factbook*）及其他有关贸易信息。

（6）http://www.customs.ustreas.gov。在该网站能查到海关程序和规则。

（7）http://www.opic.gov。海外私人投资公司（The Overseas Private Investment Corporation）提供有关其服务的信息。

（8）http://www.exim.gov。美国进出口银行（Ex-Im Bank）提供有关美国政府提供贸易融资服务的信息。

（9）http://www.imf.org。国际货币基金组织（IMF）提供关于该组织及国际银行业和国际金融的有关信息。

（10）http://www.wto.org。世界贸易组织（WTO）提供有关该组织如何运行的信息。

（11）http://www.oecd.org。经济合作与发展（OECD）提供有关该组织政策信息及29个成员方的相关数据。

（12）http://www.jetro.go.jp。日本对外贸易组织（The Japan External Trade Organization）网站是关于日本市场数据的最佳来源。

（13）http://www.euromonitor.com。Euromonitor是一家提供大量国际贸易和国际营销数据与报告的公司。

（14）http://publications.worldbank.org。世界发展指数（WDI）在网上提供世界银行有关发展的综合数据库，包含600多个指标、208个经济体和18各地方收入群。

（15）大学网站。最好的知名大学网站是密歇根州立大学国际商务教育与研究中心(http://globaledge.msu.edu/resourceDesk/)。

（16）http://www.worldchambers.com。商会世界网提供世界各地商会的地址及有关资料。

（17）http://http://iserve.wtca.org。该网站提供在美国的国际贸易中心提供的服务信息，包括出口支持、贸易途径、培训计划、贸易使命等。

（18）http://www.worldtrademag.com。《世界贸易》杂志向国际贸易提供产品、货物和服务的年度资源指南。

（19）http://www.mhhe.com/gilly15e。与此书配套的网上学习中心为指导老师和学生提供补充资料。

8A.2 美国政府资料来源

美国政府积极促进美国企业开展国际贸易。为了使企业了解国外市场机会，美国政府收集了大量笼统的和具体的市场数据，供国际营销分析人员参考。美国政府的主要信息源是美国商务部，它以多种方式向美国企业提供服务。一种方式是通过个人咨询获得信息和服务，这种个人咨询可以在华盛顿或商务部国际贸易司设在主要城市的美国对外商业服务办公室进行。另一种方式是美国商务部在提供信息、咨询和帮助方面与行业协会、商会等密切合作，以发展国际商务。还有一种方式是商务部发布广泛的信息，有兴趣的人士象征性地付些费用就可以获得。

1. 国家贸易数据库

美国商务部除了提供上述资料来源外，还在国家贸易数据库（National Trade Data Bank）的计算机信息系统中提供其他资料来源。该数据库凭借17家美国政府机构收集的数据，为出口促销和国际贸易提供一站式信息服务。它能使读者看到100 000多个有关贸易的文件，而且这些数据每月更新一次，并在互联网上发布。该数据库还包含以下内容：基于商品和国家的美国最新的进出口普查数据；完整版CIA《全球概况》；美国对外商业服务处编撰的市场现状研究报告；完整的《外商名录索引》(*Foreign Traders Index*)，它涵盖了55 000个外国企业和个人的名字和地址，他们都对进口美国产品感兴趣；美国国务院有关经济政策和贸易法规的国家报告；《出口黄页》《出口指南》《对外贸易障碍预估报告》《出口促进日程表》等出版物以及其他数据类型。全美900多家联邦图书馆都有该数据库。

此外，商务部还提供许多其他的信息服务。除商务部的信息外，其他各种美国政府机构也提供信息和咨询服务，如美国国务院、调查统计局、农业部都能对有兴趣开展国际业务的美国企业提供有益的帮助。

2. http://www.export.gov/tradeleads/index.asp

该网络能将你链接到出口官网的供求信息库，该库提供经过筛选的、高时效的供求信息和美国各地的商业服务办公室搜罗的政府招标信息。通过该网站既可以搜索供求信息，还可以接收新的供求信息通知。

3. buyusa.gov

该网站提供美国商业服务部的具体服务内容。

8A.3 其他来源

1. 名录

（1）美国海外公司名录（*Directory of American Firms Operating in Foreign Countries*. New York: World Trade Academy Press.）。该名录按字母顺序列出了美国公司在125个国家的子公司和附属公司，并且按国家对公司进行了归类。

（2）美国进出口商名录（*Directory of United States Importers and United States Exporters*. New York: Journal of Commerce，年刊附光盘）。该名录收录了各种活跃的贸易公司，总数达60 000个。它还包括商品编码号索引、海关信息、外国领事馆、大使馆以及跨国银行等信息。

（3）全球产业百科全书（*Encyclopedia of Global Industries*. Detroit: Gale.）。该书按字母顺序罗列了125种全球主要产业，并提供深度信息：统计数据、图形、图表和市场份额。

（4）出口黄页（*Export Yellow Page*. Washington DC: Venture Publishing-North America）。该书由出版社和美国外贸公司事务办公室以及国际贸易局联合出版（年度）。提供超过12 000

出口服务提供商和海外的贸易公司、代理商、分销商的详细信息。还有一个产品服务索引及字母顺序索引。

（5）世界商业贸易协会目录（*World Directory of Trade and Business Associations*. London: Euromonitor，1995，附光盘）。该名录包含广泛的信息，提供众多不同领域的贸易协会的出版物、协会的目标和宗旨以及是否提供进一步帮助的详细信息。

2. 营销指南

（1）出口商百科全书（*Exporters Encyclopedia*. Wilton, CT: Dun & Bradstreet，每年出版）。它是由五个部分组成的综合市场营销指南。第二部分"出口市场"提供了220个国家的重要市场信息，包括进口和外币兑换规定、运输服务、通信、邮政、货币、银行和大使馆。其他部分包含一般的出口信息。还有针对亚太地区、欧洲、拉丁美洲的区域性指南，以及单一国家出口指南。

（2）美国海关指南（*U.S Custom House Guide*. Hightstown, NJ: K- Ⅲ Directory Co，每年出版）。它提供了综合进口指南，包括七个主要部分：进口须知、港口、服务名录、海关税则、特殊行政规定、海关条例、重要进口文件样本。

3. 国际商务综合数据源、经济数据和常用报告

有着大量调研需求和预算的公司可以通过以下代表性网站获取数据：

（1）Economist Intelligence Unit http://www.eiu.com。EIU宣称能够提供"200多个国家和8种主要产业的持续分析与预测"；旨在"通过可靠的网上信息、书面信息、针对性研究以及会议和对等交换等方法，帮助管理人员做出明智的商业决策。"它代表了业内较高的分析水平。其产品是有偿提供的（年订金要上千美元），可以帮助企业收集原始信息并进行初步分析。在同行业中，作为一个中等水平的网站，EIU对企业还是很有帮助的。

（2）Oxford Analytica http://www.oxan.org。该网站宣称它是"一家国际独立的咨询公司，拥有牛津和全世界主要大学及科研机构上千名高级教授构成的智力网"。如果CIA《全球概况》是咨询业的雪佛兰，EIU是咨询业的凯迪拉克，那么Oxford Analytica就是咨询业的兰博基尼。根据不同的需要，其咨询费用可高达上万美元。在所有可获得的公开资源中，Oxford Analytica是最有价值的。它最大的优势在于"有能力驾驭天才学者的专长，并借此为商业和政府领导提供最及时、最权威的世界事件分析结果。它是一座沟通思想和企业的桥梁。"客户的评论说明了该公司的专业水平，而这也正是该公司所努力追求和达成的目标。

第9章

Chapter9

经济发展与美洲

学习目标

通过本章学习，应能把握：

- 时区对贸易关系和营销运作的重要性
- 政治及经济环境变化对全球营销的影响
- 一国的经济发展水平与营销活动的联系
- 美洲各国所处的经济发展阶段的多样性
- 经济增长的决定因素及其在经济发展中的作用
- 营销对一国经济增长和发展的贡献
- 美洲国家的基础性市场指标
- 美洲各国之间日益重要的贸易联系

全球视角

跨时区定时障碍？世界也许可以全天候运转，但人无法全天候工作

跨时区定时障碍也被称为似昼夜节律障碍（circadian dysrhythmia）。[⊖]这些医学术语听上去比简单的时差要可怕得多。不过，无论怎么称呼，跨时区定时障碍的影响的确很大。

当然，快速的跨时区行为（通常为乘坐飞机）是导致这一问题的主要原因。此外，旅行的方向也会产生影响。对绝大多数人来说，往西跨时区时问题往往更为严重，毕竟白天时间变短使得适应变得更为困难。常见的症状包括失眠、疲劳、呆滞、头痛、烦躁、思维不清、分神和消化不良。所有这些症状都会导致商务人员无法开展商务活动。不过，有些从事国际经营的经理人员似乎能很好地应对跨时区定时障碍。

FedEx 公司国际营销部高级副总裁 Raj Subramaniam 在公司孟菲斯总部工作的 18 年里，总是让尽可能多的时间在海外度过。的确，他长期担任了中国香港与加拿大多伦多两地的职位。即便在 Subramaniam 于 2006 年回到田纳西州后，他仍然一直做长途飞行，访问 FedEx 在偏远地区的分公司，检查全球营销计划以及客户服务情况。他最适合的工作似乎就是出差，而且他也乐意有机会到访老房旧屋和新城市。“最糟糕的就是只能待在宾馆，喝瓶装水，看到的

⊖ *Merriam-Webster's Dictionary*, 2013.

也只是窗外的景色。”这位老练的旅行者说。Subramaniam 就如何成功旅行给出了一些小秘密。

（1）旅行多少天为好？我说 125 天左右，其中 100 天在国外。

（2）航空公司怎么选择？通常，我乘坐国泰航空、阿联酋航空与英国航空公司的飞机。这些公司有直航飞机，而且服务非常好。我看重的是恰当的用餐，然后就可以看书、睡觉。这些公司在这些方面都做得很好。

（3）在飞机上做什么？此时，最好关掉电脑，打开书本。现在，我正在看几期《外国事务》杂志。

（4）旅行提示。行李轻些，但要带上跑鞋。旅行就是时差，所以一到目的地，我就会尽快赶去健身房。

（5）最喜欢的宾馆？中国香港的康莱德（Conrad）。通常，从洛杉矶起飞的飞机会在清晨 5:30 降落，6:30 抵达宾馆，然后我就直接去健身房。7:30，我会在可以俯瞰维多利亚港的 59 楼用餐。9:30，我就会出现在办公室了。一天的工作会很舒服。

不过，有些人可就不幸了。商务旅行公司（Businesstraveller.com）的记者 Benjamin Southan 向我们讲述了他的经历：

> 在悉尼，因时差缘故，我在凌晨 4 点就会醒来，想出的办法就是去跑步。但因行李准备匆忙，没有带短袜、短裤，我只好不穿袜子跑了。不过，我有两条平常的短裤，穿着应该没有什么问题。其实，我想错了。走路时宽松些挺舒服，但跑步就不合适了。脚上没穿袜子，摩擦得很疼，特别当身体热起来之后。虽然只是早晨 5 点，但全身很热。因为跑得路不远，所以就没有带上地图，也没有细想是往哪个方向跑的。结果，我一直往港口的反方向跑，过了 15 分钟才转回头。这样，本以为时间很短，脚不会疼，但情况恰好相反。这也是我犯的第二个错误。
>
> 一个小时后，拖着疲惫的身躯，我半跑半走地穿过并不清爽的英王十字区（Kings Cross）。脚上没穿袜子，身穿被汗湿透的 T 恤衫，一只手提着裤子，心里纳闷路人为什么避开我的目光，这样我也就无法打听回港口的路了……待我最后找到回宾馆的路时，宾馆接待人员看我的目光既有职业性的关心，也带着个人的反感。待我跌坐在电梯时，最早来用餐的商人刚好出来。一回到房间，我赶快按下“请勿打扰”按钮，躺到床上。在悉尼，我用了一整天时间来适应时差，然后才开始我的约会。为对付这次旅行的时差反应，我睡了 20 个小时，期间醒来也只是喝点饮料，吃几块巧克力而已，根本不考虑减肥一事了。

那么，这方面有什么最新的消息呢？密歇根大学所开发的一种新的应用软件可以告诉旅行者坐火车时该何时睡觉、何时起来以便能更好地对付跨时区定时障碍。

资料来源：Benjamin Southan, “Fit to Drop,” *Business Traveller* (UK/Europe Edition), October 2009, p. 82. Used with permission. Eugenia Levenson, “ Road Warrior,” *Fortune*, April 27, 2009, p. 24; Javier Espinoza, “ Road Warrior: Beating Jet Lag through Jogging, ” *The Wall Street Journal,* June 16, 2011; Claire Suddath, “ To Cure Jet Lag, Let This App Tell You When It’s Bedtime, ” *Bloomberg BusinessWeek,* April 16, 2014, online.

时区的影响很大。时差就是一个大问题。参加跨时区的会议不仅不方便，而且会影响睡眠与家庭生活。事实上，我们自己所做的研究就发现，在国际营销者必须克服的三大类差异（空间距离、时区与文化差异）中，时区差异对于其国外商业努力的成功往往所起的作用最大。[⊖]此外，大多数国家与其邻国往往保持良好的经贸往来。这样，我们也可以发现实现21世纪经济增长与全球贸易发展的相关模型。该模型包括组成主要贸易区的三大跨国市场区域：美洲、欧洲与亚洲。此外，因为时区相同，所以欧洲在非洲与中东地区就具有更多优势。在各大贸易区内，不仅包括以美国、德国和日本为代表的完全工业化国家，也包括以巴西、俄罗斯与中国为代表的紧随完全工业化国家的新兴工业化国家，还有正在以一定速度实现经济发展的其他国家。表9-1给出了上述三大贸易区域的主要总量指标。

表 9-1 按时区界定的三大区域贸易区

区 域	人口（亿）	GDP（万亿美元）
美洲	9.6	24.8
欧洲、非洲与中东地区	22.5	27.3
亚太地区	39.2	22.9

资料来源：World Bank, 2015.

许多美国公司按照这些地理或时间方面的约束来组织其国际经营业务。例如，奇克尚风（Quiksilver）将其全球业务分三大基地来管理：加州的亨廷顿海滩市（Huntington Beach），负责美洲地区业务（并作为公司的总部）；法国的圣－让－德·鲁兹（St. Jean De Luz），负责欧洲业务；澳大利亚新南威尔士州的阿瓦隆（Avalon），负责亚太地区业务。在其2014年所实现的16亿美元的全球收入中，大约有45%来自美洲地区，39%来自欧洲，16%来自亚太地区。

在本书第9～11章里，区域市场统计分析按相同方式组织。本章首先分析经济发展与市场营销，接着分析美洲地区的特点与商业机会。虽然美国与加拿大属于富裕的工业化国家，但美洲地区的大多数国家仍只能算作发展中国家，不过其中一些国家的发展速度的确很快。第10章主要分析作为国际区域经济与政治合作标杆的欧盟，同时介绍与其处于相同时区的相邻国家或地区——欧洲其他地区、非洲与中东的众多机会。第11章介绍飞速发展的亚太地区所带来的发展机会，该地区占全球人口的大多数。

9.1 市场营销和经济发展

数年之前，绝大多数发展中国家对外国投资怀有敌意并对对外贸易设置严厉的规章限制。但如今，这些国家几乎都不满经济现状，较以往任何时候都渴望获得经济增长和生活水

⊖ Jennifer D. Chandler and John L. Graham, "Relationship-Oriented Cultures, Corruption, and International Marketing Success," *Journal of Business Ethics* 92(2) (2010), pp. 251-267. See also Kevin K. Boeh and Paul W. Beamish, "Travel Time and the Liability of Distance in Foreign Direct Investment: Location Choice and Entry Mode," *Journal of International Business Studies,* 43 (2012), pp. 525-535.

平的提高。作为全球消费者的一部分，他们也希望有更多的机会过上所向往的美好生活。㊀据美国商务部估计，在今后 10 年甚至更长的时间内，拉丁美洲和世界上其他新兴市场的经济增长将占世界总增长的 75%。计划经济向市场经济的过渡，发展中国家贸易及投资自由化政策的实施，国有企业的私有化，以及区域市场联盟的迅猛发展，这一切正改变着这些国家在 21 世纪进行贸易和实现繁荣的方式。

在经济方面，一些国家和地区正发生着深刻的变化并正在成为新兴的市场，如阿根廷、巴西、墨西哥、中国、韩国、波兰、土耳其、印度和越南等国家。在这些国家以及其他地方，人们对商品和服务的需求正在不断增加与变化。随着国家经济的不断繁荣，国民通过全球通信网络对新的思想和行为方式的更多了解，那些旧传统和旧习惯或被摒弃或被扬弃，而新的消费行为模式也在不断出现。在中国的豪车，在韩国的雅芳化妆品，在阿根廷、巴西、墨西哥、中国和泰国的沃尔玛折扣商店，在印度的麦当劳公司的不含牛肉的分店，在东欧的惠而浦洗衣机及冰箱，在印度尼西亚的莎拉·李公司（Sara Lee）的食品，以及在捷克共和国的安利（Amway）公司产品，这些产品的畅销表明新兴市场的商机在不断增加。

一国的经济水平是唯一最重要的环境因素，外国营销者必须据此来调整营销任务。一国经济发展所处的阶段影响着其对外国经营活动的态度、㊁对商品的需求、该国的分销体系以及整个营销过程。㊂在静态经济条件下，消费模式是呆板固定的，市场营销只不过是一种典型的供货而已。在动态经济条件下，消费模式变化迅速。㊃市场营销一直面临着为探究和满足新的消费水平所带来的挑战，而且，市场营销活动必须适应日新月异的市场需求。现有经济发展水平决定了所具有的市场潜力的种类与程度，而营销者对经济发展动力的了解有助于应对经济变化并利用新兴市场。㊄

经济发展（economic development）通常被理解为国民生产的增加，而国民生产的增加又会使得人均国内生产总值（GDP）或人均国民生产总值（GNP）的增加。㊅除人均国内生产总值或人均国民生产总值之外，许多关于经济发展的解释也隐含着新增收入分配的广泛性。正如当今普遍定义的那样，经济发展往往意味着经济的迅速增长，以及“在数十年而非数世纪内”所获得的消费需求的增长和提高。

㊀ Stephen Kotkin, “First World, Third World (Maybe Not in That Order),” *The New York Times,* May 6, 2007, p. 7.

㊁ Terrance H. Witkowski, “Antiglobal Challenges to Marketing in Developing Countries: Exploring the Ideological Divide,” *Journal of Public Policy & Marketing* 24, no. 1 (2005), pp. 7-23.

㊂ Ramarao Desiraju, Harikesh Nair, and Pradeep Chintagunta, “Diffusion of New Pharmaceutical Drugs in Developing and Developed Nations,” *International Journal of Research in Marketing* 21, no. 4 (2004), pp. 341-357.

㊃ Seung Ho Park, Shaomin Li, and David K. Tse, “Market Liberalization and Firm Performance During China’s Economic Transition,” *Journal of International Business Studies* 37 (2006), pp. 127-147.

㊄ Kevin Zheng Zhou, David K. Tse, and Julie Juan Li, “Organizational Changes in Emerging Economies: Drivers and Consequences,” *Journal of International Business Studies* 37 (2006), pp. 248-263.

㊅ 国内生产总值 (GDP) 与国民生产总值 (GNP) 是衡量一国经济活动的两个指标。国内生产总值衡量的是一国在其境内所生产的全部产品与服务的市场价值，而不考虑资产的所有权归属问题。与国民生产总值不同，国内生产总值不计算该国在国外经营所获得的收入，也不考虑国内公司其国外子公司将所得进行再投资的那部分收入。

9.1.1 经济发展的各个阶段

联合国按工业化程度来划分一个国家所处的经济发展阶段。这一方法把国家划分为三大类：

（1）**较发达国家**（more-developed countries，MDC）。它是指人均收入高的工业化国家，如加拿大、英国、法国、德国、日本和美国。表 9-2 汇总了有关人口较多的美洲国家生活水平的数据。这些国家即使规模相仿但显然处于不同的经济发展水平。不难发现，发展水平最低的国家通常不会收集或报告适用于欧睿信息咨询或世界银行等国际机构的数据。

（2）**欠发达国家**（less-developed countries，LDC）。它是指刚开始参与世界贸易的发展中工业化国家，这些国家大多在亚洲和拉丁美洲，其人均收入较低。

（3）**最不发达国家**（least-developed countries，LLDC）。它是指工业不发达、以农业为主、拥有大量农业人口的国家，其人均收入水平极低，几乎不参与世界贸易。中非及亚洲的部分国家或地区都属于这一类。

表 9-2 美洲人口最多的 8 个国家的生活水平

国家	人口（100 万）	人均国内总收入（1 000 美元）	每 1 000 人医疗资源占有率		家庭家电拥有比率（%）		
			医生	医院床位	彩电	冰箱	热水器
美国	316.4	54 337	2.5	3.0	98.9	99.9	84.6
巴西	200.4	11 017	1.9	2.3	97.6	97.0	54.8
墨西哥	117.5	10 491	2.2	1.6	94.8	82.7	68.0
哥伦比亚	48.3	7 514	1.6	0.8	94.9	78.9	53.9
阿根廷	41.5	11 334	3.2	2.1	97.1	96.4	95.1
加拿大	35.2	51 113	2.5	2.7	99.1	99.9	81.9
秘鲁	30.4	6 562	1.7	1.5	70.3	48.7	21.0
委内瑞拉	30.3	11 728	—	0.8	93.5	88.2	70.7

资料来源：Euromonitor International 2015.

联合国的分类标准亦受到批评，因为在当今这个工业化迅猛发展的世界，这种分类标准显得不再恰当了。此外，很多被划分为 LDC 的国家，其工业化发展速度很快，而另一些国家正以超越传统的经济增长速度向前发展。在表 9-2 中，值得注意的是这 8 个人口最多的美洲国家间的收入与消费情况差异。

将正在进行工业化且经济上正在迅速发展的国家划分为欠发达国家或较发达国家并不十分准确。这些国家或地区常常被看作**新兴工业化国家**（newly industrialized countries, NIC）。这些国家拥有迅速工业化的主导工业，并且其人均收入超过了别的发展中国家。这些国家不再实施贸易限制措施并且进行意义重大的自由市场改革。因此，它们既吸引了贸易又吸引了外国的直接投资。智利、巴西、墨西哥、韩国、新加坡和中国台湾地区都属于此种类型的国家或地区。新兴的工业化国家或地区已成为国际出口市场上许多产品，如钢铁、汽车、机器设备、服装和电子等的有力竞争者，同时又是广阔的进口产品市场。

巴西就是一个最能体现新兴工业化国家在世界贸易中起着重要作用的例子。巴西的出口产品从乙醇燃料到碳钢应有尽有。巴西的橘子汁、家禽、大豆和武器（巴西是世界上第六大武器出口国）等都是在国际市场上能与美国进行竞争的商品。巴西航空工业公司（Embraer）

的飞机出售到世界60多个国家，美国和其他地区使用的通勤飞机中相当一部分是由该公司提供的。甚至在汽车制造方面，巴西也是世界市场的有力竞争者。巴西每年向第三世界国家出口20多万辆小汽车、卡车和大客车。大众公司（Volkswagen）已经在巴西生产了300多万辆大众甲壳虫牌汽车，在大众高尔夫（Golf）和帕萨特（Passat）汽车生产项目上的投资超过了5亿美元。最近，大众宣布了一笔向其中国的合作伙伴出口价值达5亿美元的汽车零部件。通用汽车公司投资6亿美元组建了所谓的工业联合体——由德尔菲（Delphi）汽车系统公司、李尔（Lear）汽车配件供应公司及固特异（Goodyear）轮胎与橡胶公司等17家企业构成的联合体向通用汽车公司的装配线提供预制基准件。总之，汽车及零部件制造商的总投资超过28亿美元，其营销目标瞄准了拥有2亿人口的南美共同市场，即由阿根廷、巴西、巴拉圭和乌拉圭组成的自由贸易区。

9.1.2 经济增长的决定因素

为什么一些国家发展那么快、那么成功，而资源条件相似或拥有更丰富资源的一些国家却发展迟缓或速度较慢？有些分析师把它们的成长归因于文化价值观，有些则将它们的成长归因于廉价的劳动力，还有些则归因于它们拥有一个受过教育的、有文化的民众。当然，所有的这些因素都有助于成长。不过，在所有成长迅猛的经济中都存在另一些重要因素，而其中的许多因素则是那些没有获得类似经济成长的国家所缺乏的。

在新兴工业化国家的经济发展过程中，从某种程度上讲，以下因素起着作用：

（1）影响经济发展的政策上的政治稳定性。

（2）经济与法律改革。许多最贫穷国家所共有的特征是合同或知识产权界定模糊或执行不力。

（3）企业家精神。在所有这些国家中，私营业主经营的企业成为经济增长的新源泉。

（4）计划。有一个恰当的中央计划，并制定明确的、可衡量的发展目标和相关的具体政策。

（5）外向型经济。效率不断提高的面向国内市场和出口市场的生产，并且根据竞争来不断改变出口产品的生产。[⊖]

（6）生产要素。如果缺少生产要素——土地（原材料）、劳动力、资本、管理和技术，那么就应当存在这样的环境，即能很容易地从国外得到这些要素并把它们纳入发展目标。

（7）优先发展的产业。通过制定战略性的产业政策及国际贸易政策来明确那些存在着机遇的部门。通过把资源导向这些富有前途的产业，来鼓励主导产业部门在世界市场中获得有利地位。

（8）采取鼓励措施提高国内储蓄率，并把资金用于基础设施、运输、住房、教育和培训

⊖ 自20世纪90年代与苏联阵营稳定的贸易往来消亡以来，古巴至今未能开拓出稳定的国际市场。不过，一些领域也出现了转机：自1998年以来，旅游收入超过了15亿美元，现已成为支撑“哈瓦那旧城”重获发展的支柱。在紧靠哈瓦那西面的穆里尔市，古巴正在开发一处新的深水集装箱港口。See Damien Cave, “ Former Exit Port for a Wave of Cubans Hopes to Attract Global Shipping,” *The New York TImes*, January 28, 2014, p. A4. Also, political detente is making progress; see Michael D. Shear, “ Obama Reaches Out to Cuba’s Leader, but the Meaning May Elude Grasp,” *The New York Times*, December 11, 2013, p. A6。

等领域。

（9）对那些增加国家预算负担的国有企业实行私有化。私有化使得退出资本迅速流向战略部门，并避免对国有资源的消耗。在实现私有化后，新的投资者会对企业进行现代化改造，进而带来新的经济增长。

最后，起作用的因素就是存在低关税的、能自由进入的大市场。在很多新兴工业化国家或地区的早期成长阶段，美国成为这些国家或地区的首要的开放大市场，其后是欧洲。如今，随着世界贸易组织基本原则的实施，世界上很多其他国家亦成为这一大市场的成员。

尽管人们习惯上认为新兴工业化国家的发展因素仅适用于工业成长，但是智利的事例表明：如果将农业作为经济成长的发动机，也可取得经济的发展。自1987年以来，智利经济以年均7.2%的速度增长，并被外国投资看作风险最小的拉美国家之一。不过，自1976年智利实施贸易开放政策后，其制造业部门的相对比重已从1973年的占国内生产总值的27.3%下降至2014年的大约11%[⊖]。而农业的比重却没有下降。农产品出口一直处于举足轻重的地位。20世纪60年代，智利是世界水果市场上仅仅出口苹果的无名角色，到了2000年，智利已发展成为世界上最大的水果出口国之一。在葡萄加工、酿酒、人工养殖鲑鱼以及其他各种成品或半成品农产品的生产方面，智利应用了先进的生产技术和管理方法。始于20世纪80年代初的鲑鱼养殖业现已成为其主导出口产品，每年出口至美国的鲑鱼达4万吨，而美国每年养殖鲑鱼的产量仅3.1万吨。智利也是出口用来喂养鲑鱼苗的鱼粉出口大国。

智利的生产技术已经带来了生产效率的提高和收入的增加。智利的经验表明，一国经济的发展也可以通过发展非制造业来实现。这个过程就是不断地去适应不断变化的市场需求，不断提高技术，并去发现利用自然资源实现繁荣的新方法。不妨把今天的智利和传统的以农业为基础的经济体做一对比，这些经济体在经济上依靠单一的农作物（如香蕉），并且在以后的20年里仍然依赖同样的农作物。几十年前的智利就面临这样的经济局限性，当时，智利主要依赖铜。为了摆脱经济发展对铜的依赖性，智利开始发挥其优势——出口苹果。随着经济的增长，它开始在改善教育和基础设施以及提高科技水平方面进行投资，以便为发展其他经济部门（如葡萄、酒、鲑鱼等）打好基础。

区域合作和开放市场对经济成长也至关重要。正如第10章所要讨论的那样，如果一个国家要获得地区性贸易组织的优惠，那么最佳途径就是成为这个跨国市场区域的一员。本着这一原则，智利和中美洲国家（包括香蕉生产国）分别于2003年、2005年与美国签署了自由贸易协议。

9.1.3 信息技术、互联网与经济增长

除了以上所讨论的影响成长的因素之外，一国在信息技术方面的投资也是一项影响经济成长的重要因素。移动电话、网络及在IT业的其他进步为新兴国家或地区赶超富裕国家提供了机遇。对发达国家与发展中国家而言，新的、创新的电子技术都意味着一个可持续的未来。

由于互联网降低了交易成本并减少了纵向联合所带来的规模经济利益，所以人们一般认

⊖ World Bank, “World Development Indicators,” 2015.

为企业的最优经济规模会变小。低交易成本有助于亚洲或拉丁美洲的小型企业通过联合来开拓全球市场。现在，新兴国家或地区的小型企业也能将其产品销往国际市场。例如，中国香港地区的裁缝能更容易地替孟菲斯的经理手工制作一套西装。发达国家所具有的优势之一就是享有一批富有的消费者。不过，随着交易成本的降低，这方面的优势将逐渐消失。

互联网加快了新技术向新兴国家或地区的传播，因而加速了经济增长的进程。过去，许多发展中国家要在数十年之后才能得益于铁路、电话及电力的应用；如今，互联网正在整个亚洲、拉丁美洲和东欧地区迅速普及。信息技术能使一国经济得到跳跃式发展，能使其从高文盲社会跳跃进入计算机时代。

移动电话和其他的无线技术使得需通过铺设昂贵的电信基础设施来扩大电话服务的需要大大减少。例如，在委内瑞拉首都加拉加斯，其500万城市人口中，有一半人口生活在并未铺设线路的贫民窟，采用现购现付卡的移动电话使得这些人口第一次享受到了电话服务。互联网能以相对低廉的成本提供创新服务。许多发展中国家的通信中心提供公用电话、传真、电脑与网络等服务。在这些通信中心，学生能进行在线阅读，当地厂商能找到生意伙伴。来自比利时的医疗专家通过教室与手术中心的录像连接，帮助培训塞内加尔本地的内、外科医生，并向他们提供在线阅读有关医疗杂志及数据资料的便利。比利时的医疗专家去塞内加尔进行讲授，因费用昂贵而几乎不可能，但通过网络技术，几乎毫无费用支出。

9.1.4 发展中国家的目标

对经济发展和营销的全面评估应从对基本事实及经济发展的目标做简单回顾入手。

工业化是大多数发展中国家的基本目标。然而，大多数国家是从实现社会和经济双重目标的角度看待经济增长的。由于更好的教育、更好且更富效率的政府、社会不公正的消除以及在道德与伦理责任方面的进步，都是发展中国家所期望的目标，所以，经济发展不能仅用经济目标来衡量，还应将社会进步纳入衡量标准。就社会进步而言，不妨考虑一下巴西为筹备2016年奥运会所做出的巨大努力。

由于外国企业是外来者，因而它们常担心在目标上与东道国发生冲突。在20世纪五六十年代，许多跨国公司被当作资源的剥削者而被没收。还有一些公司则遭遇过高的关税和配额限制，外国投资被禁止或受到阻碍。如今，外国投资者被视为实现经济发展的重要伙伴[⊖]。对大多数政府而言，国有企业的经营业绩是令人失望的。国有企业不但没能成为加速经济成长的发动机，反而因管理不善、效率低下而成为国家财政的负担。很多国家撤销了对工业的控制，向外国投资敞开大门，降低了贸易壁垒并开始让国有企业私有化。在工业化国家及发展中国家，私有化趋势成了当前的一种重要经济现象。

9.1.5 基础设施与发展

社会间接资本或基础设施是衡量经济发展的指标之一。基础设施是指那些为许多产业活

⊖ Heng Liu, Xu Jiang, Jianqi Zhang, and Xinglu Zhou, "Strategic Flexibility and International Venturing by Emerging Market Firms: The Moderating Effects of Institutional and Relational Factors," *Journal of International Marketing* 21, no. 2 (2013), pp. 79-98.

动提供服务的各种各样的生产资料，包括为支持生产和营销所必需的公路、铁路、港口、通信网络、金融网络、能源供应和分销等。基础设施的质量直接影响到一个国家的经济发展潜力和一家企业的经营能力。表 9-3 对 8 个美洲国家的基础设施情况进行了一定的对比。

表 9-3　美洲人口最多的 8 个国家的基础设施情况

国　家	铁路旅行（人均旅客千米数）	乘用车 /1 000 人	能源消耗（人均石油吨数）	移动电话数 /1 000 人	识字率（%）	大学生数[①]
美国	34.5	397	7.2	987	99.9	94
巴西	—	214	1.4	1 353	91.4	—
墨西哥	10.1	209	1.6	894	94.6	29
哥伦比亚	1.0	45	0.8	1 041	93.8	45
阿根廷	166.9	238	2.0	1 589	98.0	79
加拿大	37.4	432	9.5	734	99.8	—
秘鲁	2.8	42	0.7	981	94.3	35
委内瑞拉	—	120	2.7	1 018	96.4	78

①五年制中学毕业生中大学生所占的百分比。

基础设施是营销者所面临的关键性不可控因素。比如，没有足够的运输设施，那么分销成本就会大大增加，而且服务某些细分市场的能力也会遭到削弱。缺乏充裕的教育资源，不但会妨碍居民的交流能力，而且会使公司难以在当地找到合格的营销经理。营销者所关注的是，一国的基础设施对企业有效开展市场营销的影响。经营效率会受到一国是否拥有金融及商业服务设施的影响，如广告公司、仓储设施、银行信贷业、营销调研机构和高水平专业中间商等。一般地，一个国家越不发达，经营活动所需的基础设施也就越薄弱。有些公司确实在欠发达国家进行营销活动，但通常需要改变自己的供货形式，提升现有的基础设施水平。

一旦基础设施不能满足人口增长及经济发展需要，这个国家就开始丧失经济发展的基础。如果一个国家基础设施不足，即使能够生产商品，也无法出口这些商品。例如，墨西哥陈旧的运输系统一直是其经济发展的瓶颈：道路和港口设施不足；铁路情况更糟，自 1910 年革命以来几乎没有任何改进。有关这一问题的数据请参见表 9-3。如果不是因为墨西哥的公路系统尚好（尽管它的状况亦很糟糕），说不定其经济发展已经停滞了。墨西哥的公路系统始终比铁路系统承担着更多的货运量。其他拉丁美洲国家的状况也差不多如此。由于港口浅、设备缺乏，一个满载计算机的集装箱从迈阿密运到智利的圣安东尼奥（约 3 900 英里），比从日本横滨运到迈阿密（8 900 英里）还要多花 1 000 多美元。

9.1.6　市场营销的贡献

市场营销对于一个国家实现其目标有何重要作用呢？令人遗憾的是，那些负责制订计划的人并不总是认为市场营销（或分销）具有重大意义。经济计划人员常常是重生产而轻营销的，因而往往忽视营销的作用或者把市场营销视为一种低级的经济活动。因为抱有这种态度，所以经济计划制订者通常关注的是生产、投资及财政方面的问题，而不是分销效率方面的问题。

市场营销是生产能力与消费需求之间的经济仲裁人。市场营销过程在有效地利用经济增长所带来的产量增加方面起着关键作用，并能使较高的产量与较高的消费达成平衡。尽管营销或许会被视为一种被动因素，然而它有助于建立有效的分销体系。一个高效的分销渠道体系以及所有参与其中的中间商能够让生产能力及资源与消费者的需求及购买力相匹配。

营销学泰斗杰格迪什·谢斯（Jagdish Sheth）就如何适应新兴市场的需求给出了许多非常实用的指导。他指出新兴市场所存在的五个方面的重要不足要求企业调整思路：①市场的异质性——本地的、割裂的、规模程度低下以及所有者自己经营的小企业；②社会政治治理——宗教组织、商业团体、非政府组织和当地社区都会参与其中；③无品牌产品的竞争；④长期的资源短缺；⑤基础设施不足。对此，他建议需要进行营销理论、战略和政策方面的转变。针对新兴市场，他指出在营销实务方面进行三个方面的调整。更适合新兴市场的也许是融合型产品，而不是针对当地需求来调整全球产品。那些强调整体功能的药物就是一个例子。新产品开发应该关注的是承受能力和可获得性，而不是创新如何扩散的问题。这就意味着企业需要提供的是廉价的移动电话，而并不一定是智能程度更高的手机。不妨考虑一下第13章中详细讨论的飞利浦开发的烹调用炉。最后，民族品牌的优势比原产地优势更为重要。杰格迪什·谢斯的全文值得细细研读。[㊀]

9.2 在发展中国家营销

营销者不能把一个先进的营销计划强加于一个经济欠发达的国家。营销努力必须与具体条件及具体习俗相适应。为文盲人口占95%的国家和为文盲人口占50%的国家所做的促销计划往往有着巨大的差异。面向仅能维持生计的市场的定价往往不同于面向富裕市场的定价。有效的营销计划应是那种能在特定情况下实现最佳效用的营销计划。在评估发展中国家的潜力时，营销者必须对该国现存的营销发展水平和接纳能力以及企业自身的能力和环境做评估。[㊁]

9.2.1 市场发展水平

市场发展水平与经济发展的阶段大致对应。表9-4说明了营销活动随着经济增长而经历的不同阶段。该表是一种静态模式，反映的是一种理想化的演变过程。如前所述，经济合作及援助，技术变迁以及各种政治的、社会的和文化的因素都能够而且的确会影响这一演变过程，使之出现偏差。不过，表9-4所关注的是市场营销与经济发展之间的逻辑关系和相互依赖性。越是经济发达，越是要求采用多样化的营销活动，实现营销功能的机构就越复杂、越专业化。渠道结构的演变反映了市场发展与一国经济发展阶段之间的关系。

㊀ Jagdish M. Sheth, " Impact of Emerging Markets on Marketing: Rethinking Existing Perspectives and Practices, " *Journal of Marketing*, 75(4), July 2011, pp. 166-182; for more good ideas in this vein, also see V. Kumar, Amalesh Sharma, Riddhi Shah, and Bharath Rajan, " Establishing Profitable Customer Loyalty for Multinational Companies in the Emerging Economies: A Conceptual Framework, " *Journal of International Marketing* 21, no.1 (2013), pp. 57-80.

㊁ Donna L. Paul and Rossitza B. Wooster, " Strategic Investments by US Firms in Transition Economies, " *Journal of International Business Studies* 39 (March 2008), pp. 249-266.

表 9-4 营销过程的演变

阶段	次级阶段	实例	营销功能	营销机构	渠道控制	基本定位	所用资源	评述
农业和原材料	自给自足	游牧或狩猎部落	无	无	传统权力	维持生计	劳动力、土地	劳动密集 无系统化市场
	剩余产品	农业经济如咖啡、香蕉	交换	小商人、交易商、集市、进出口	传统权力	创业精神 商业化	劳动力 手机 土地	劳动及土地密集 产品专业化 当地市场 进口导向
制造	小规模生产	棉纺业	交换 实体分销	商人、批发商、进出口	中间商	创业精神 财务	劳动力 土地 技术 运输	劳动密集 产品标准化和分级 地区及出口市场 进口导向
	大批量生产	美国经济（1885~1914）	创造需求 实体分销	商人、批发商、交易商和专业机构	生产者	生产和财务	劳动力 土地 技术 运输 资本	资本密集 产品差异 全国性、地区性市场及出口市场
市场营销	商业化过渡	美国经济（1915~1929）	创造需求 实体分销 市场信息	大规模和连锁零售商	生产者	创业精神 商业化	劳动力 土地 技术 运输 资本 通信（互联网和移动电话）	资本密集 分销结构的变化 全国性、地区性市场及出口市场
	大批量分销	美国经济（1950 年至今）	创造需求 实体分销 市场信息 市场及产品的计划开发	整合分销渠道 专业化中间商增多	生产者 零售商	营销	劳动力 土地 技术 运输 资本 通信	资本和土地密集 快速的产品创新 全国性、地区性市场及出口市场

随着国家的发展，分销及渠道体系也会发展。在零售部门，专卖店、超级市场和高级百货商店开始形成，“家庭商店”被大型商业机构所替代。简而言之，零售商店的数量变少了，但每家商店的销售量增加了。此外，形成了明确的从制造商到批发商再到零售商的渠道结构，这种渠道结构取代了传统上负责进口与零售之间所有营销功能的进口代理商。

广告公司、营销调研机构、维修服务中心[1]、专业性消费信贷机构[2]、仓储设施以及通信网络的建立为满足市场和经济发展的各种需求提供了便利。不过，这些机构不会自动形成，而且必要的营销制度也不会简单产生。在对某一经济体进行调研时，营销者的部分任务就是明确在外国环境下什么是有用的，以及为实现明确的目标需要做多少调整。在一些发展中国家，也许得由营销者来确立现代营销体系的基础。请阅读跨越国界 9-1。

跨越国界 9-1

在发展中国家营销：教学、定价与社区使用

在发展中国家营销时，因为消费者不了解消费品，所以营销者面临的挑战大多是设法让那里的消费者使用产品并使所提供的产品包装数量适当。例如，因为许多拉丁美洲消费者买不起 7 盎司装的洗发水，所以吉列公司销售半盎司装的塑料瓶装洗发水。在巴西，该公司销售的是塑料瓶装而非金属瓶装的 Right Guard 牌除汗剂。

不过，吉列公司面临的最大挑战是如何说服第三世界的男性刮胡子。为此，公司就用被称为移动宣传器的手提电影院在乡村放映电影，同时放映教人们如何每天刮胡子的广告片。在南非与印度尼西亚的宣传片里，一名大胡子男人走进更衣室，那些胡子刮得干干净净的朋友教他如何刮胡子。在墨西哥的宣传片里，一名英俊的警长正在追踪一名谋杀妇女的匪徒。他在半路上停下来，将双刃刀片插入剃须刀，满脸泡沫地开始刮胡须。最后，当然是胡须刮得清清爽爽的警长逮住了罪犯。从刀片的包装——单片装以便每次出售一片，到向那些不习惯刮胡须的男性讲解刮完后的喜悦，吉列所实施的是如何在发展中国家实现增长的策略。

另一个例子就是拉丁美洲女性喜欢较小瓶子装的香水。虽然价格总是一个重要的影响因素，但玫琳凯公司发现拉丁美洲女性喜欢用多种牌子的香水，而欧洲和美国的女性会长期使用同一牌子的香水。

欧莱雅在巴西的经营一直很艰难，毕竟欧莱雅不采用上门推销的方法，而拉丁美洲女性通常习惯于从直销商那里购买。对于欧莱雅能否在不调整其基本营销战略的前提下取得成功，我们将保持关注。

吉列的活动围绕刮胡须展开，而高露洁棕榄所做的都是围绕口腔护理展开的。公司派车去巴西的乡村地区，放映宣传片，旨在教导人们使用牙膏的好处以及刷牙齿的正确方法。“他们见到牙膏，但不知道如何使用。”该公司在印度的营销经理说。人们需要开导，这样才会有对牙膏的需求，然后才会关心如何使用牙膏。在 6 年时间里，公司在巴西农村地区的牙膏

[1] Ian Alum, “New Service Development Process: Emerging versus Developed Markets,” *Journal of Global Marketing* 20, no. 2/3 (2007), pp. 43-56.

[2] Katrijn Gielens and Marnik G. Dekimpe, “The Entry Strategy of Retail Firms into Transition Economies,” *Journal of Marketing* 71 (2007), pp. 196-212.

销量实现了翻番。

资料来源：David Wessel, "Gillette Keys Sales to Third World Taste," *The Wall Street Journal*, January 23, 1986, p. 30; " Selling to India," *The Economist*, May 1, 2000; Raja Ramachandran, " Understanding the Market Environment of India, " *Business Horizons*, January/February 2000, p. 44; Euromonitor International, 2012; Christina Passariello, " To L'Oreal, Brazil's Women Need Fresh Style of Shopping, " *The Wall Street Journal*, January 21, 2011, pp. B1-2.

如果采用表 9-4 来评估某个国家的市场体系，那么问题的局限性在于该体系处于不断变化之中。如同在地质学中一样，要指望每一连续增长阶段都有清晰、精确的级数，那就会把市场营销的动态性质过分简单化。技术引进是影响市场加速发展的一个重要因素。从 18 世纪到 21 世纪，正是技术引进推动了国家或国家内部分地区每隔 20 年就上一发展台阶。

事实上，许多发展中国家的营销结构同时处于很多阶段。传统的营销零售方式与先进的现代市场并存的现象并不少见。食品零售业尤其如此，大部分人口从农产品小货摊购买食品，而同时又有现代化的超级市场，就像美国随处可见的超市一样。

9.2.2 发展中国家的需求

如表 9-5 中的数据所示，不同国家具有不同的消费模式。不难发现，发展中国家的食品消费比重较大，而在富裕国家住房消费则占了比较大的比重。同时，我们还可以发现美国的保健用品和医疗服务的高消费是与美国私人医疗保健制度密切相关的。回想第 4 章所述，在其他富裕国家里，特别是日本，由政府管理、国税支持的医疗系统能给公民提供公平、良好的服务。此外，富裕国家在休闲活动方面的花费要高于发展中国家。

表 9-5 美洲人口最多 8 个国家的消费模式

国家	户均人口	家庭人均支出（美元）								
		食品	烟酒	服装	住房	保健用品及医疗服务	交通	通信	休闲	教育
美国	2.6	2 390	739	1 196	6 652	7 480	3 571	864	3 209	872
巴西	3.3	1 072	154	289	1 283	569	1 033	224	300	246
墨西哥	3.9	1 706	187	221	1 454	287	1 459	240	339	104
哥伦比亚	3.8	864	143	319	763	139	614	204	248	221
阿根廷	3.2	2 020	437	343	1 781	909	930	532	483	653
加拿大	2.6	2 609	960	1 147	6 850	1 211	4 303	687	2 356	431
秘鲁	4.0	1 510	250	180	703	390	365	104	68	122
委内瑞拉	4.0	1 364	250	316	877	463	891	448	493	150

资料来源：Euromonitor International 2015.

如果要估计欠发达国家的市场潜力并设计出实用的市场策略，这方面面临的挑战会更大。[⊖]主要困难源于每个国家同时并存三种完全不同的市场：①传统的乡村（农业）市场；

⊖ Tobias Schlager and Peter, " Fitting International Segmentation for Emerging Markets: Conceptual Development and Empirical Illustration, " *Journal of International Marketing* 21, no. 2 (2013), pp. 39-61.

②现代的都市（高收入）市场；[一]③以城市贫民窟的低收入者为代表的广大过渡市场。都市市场以首都为中心，有可供喷气式飞机起降的机场、国际酒店、新型工厂和正在扩大且被西化了的中产阶级。一如几个世纪以前，传统乡村市场的消费者仍然在乡下劳作。过渡市场与都市市场同处一城，但是前者包含大量有乡村涌入城市的消费者。三种市场生产和消费模式截然不同。拉丁美洲国家目前的人口为6亿。如果按照购买力平价人均收入处于5 000 ~ 20 000美元为中等收入，那么2/3的人口就属于中等收入。都市市场对产品和服务需要类似于任何一个工业化国家；其余的2亿人口则属于过渡市场和乡村市场部分，他们需要本地产的、必需的生活用品。[二]正如一位观察发展中市场的权威人士所言："即使没有许多产品，农民亦能过上健康的生活。对于那些住在郊区或城市地区的人而言，牙膏、食糖、咖啡、洗衣皂、浴皂和煤油都是他们最起码的生活必需品。"21世纪中最大的挑战就是如何针对发展中国家的过渡市场进行管理和营销。一些大城市的贫民窟或许会成为影响经济顺利发展的最大问题。发达国家在21世纪中最令人恐惧的趋势也许就是其市场的两极分化——富人市场和穷人市场，而这种情况类似于新兴市场的消费模式。[三]

越来越多的营销调研工作将重点放在拉丁美洲收入最低的市场。例如，位于哥伦比亚波哥大的McCann Worldgroup的分公司（其母公司为全球广告联合体Interpublic集团）开发了一个叫Barrio的部门。设立该新部门的动机来自为期2年、耗资250万美元的调研。在调研中，McCann Worldgroup公司派遣员工深入月收入位于350 ~ 700美元的家庭去生活。这样，公司取得了700个小时的录像资料和数千份调查问卷，从而对该地区较穷地方居民的消费行为有了清楚的认识。

调研发现的一个重大问题就是，当地消费者对雀巢的Nido Rindes Diario牌奶粉产品存在误解，即他们很少将该产品看作仅供婴儿使用的。这样，根据调研所发现的有关拉丁美洲地区最贫困家庭的消费行为，公司进行了新的产品定位：产品意味着生存。某位经理解释道："调研发现食物意味着能量和干活有力气，意味着能整天干活且不生病。"为了让消费者了解该产品对家庭的用途，公司设计了无线电广播广告，采用了小号和邦戈鼓，意指该产品不仅效果持续时间长，而且效果好。邦戈鼓也意味着不仅消费者能受益，而且其钞票花得值。

将来能够在拉丁美洲及其他地方的新兴市场中获益的往往是那些乐意向难以开拓的，起步时无利可图的市场进行投资的公司。在一些欠发达国家，可能要依赖于营销者来建立现代营销制度的基础，以便在未来有高回报率的经济中建立一个根据地。在早期开发阶段，开拓市场的代价可能就是较低的初始投资收益率。但是，如果等到该市场变得有利可图才采取行动的话，那么所付出的代价可能是面临一个被他人垄断而难以进入的市场。

㊀ Some have referred to this segment as the "new middle class." See Olga Kravets and Ozlem Sandikci, "Competently Ordinary: New Middle Class Consumers in the Emerging Markets," *Journal of Marketing* 78, no. 4 (July 2014), pp. 125-140.

㊁ And this doesn't mean "discards" from the United States. See Charles Kenny, "Haiti Doesn't Need Your Old T-Shirt," *Foreign Policy*, November 2001, pp. 30-31.

㊂ Nathaniel Popper, "Income Divide Grows in the U.S.," *Los Angeles Times*, December 6, 2011, pp. B1, B8.

9.3 新兴大市场

如前所述，美国商务部估计，今后 20 年内，将有 75% 的世界贸易增长额发生在 130 多个发展中国家或地区以及新兴工业化国家或地区，而其中一小部分核心国家将占整个增长额的一半以上。[㊀]商业调查人员还预计，**新兴大市场**（big emerging market, BEM）国家的进口额将达工业化国家进口额的 50%。目前，这些新兴大市场占世界人口的一半，其国内生产总值为整个工业化国家国内生产总值的 25%。这些新兴大市场的国内生产总值总计达 2 万亿美元以上，相当于德国和英国的总和。对这些新兴大市场的出口额已超过对整个欧洲和日本的出口额之和。[㊁]

新兴大市场具有如下重要特征：

（1）地理规模均很大。

（2）拥有众多人口。

（3）为各类产品提供规模巨大的市场。

（4）成长速度快或具有快速成长的潜力。

（5）已经采取了重要的经济改革计划。

（6）在所在区域具有重要的政治影响。

（7）为所在区域经济发展的推动者。

（8）随着新兴大市场的壮大，可带动邻近市场的进一步发展。

尽管这些标准具有普遍性，但并不是每个国家都符合这些标准。美国商务部已把印度、中国、巴西、墨西哥、波兰、土耳其和南非列为主要的新兴市场国家。在不久的将来，像埃及、菲律宾、委内瑞拉、越南和哥伦比亚这样的国家肯定也会成为其中的一员。[㊂]新兴大市场名单并不是固定的。因为随着经济状况的变化，有些国家会被剔除，有的则会被添加。鼓励在新兴大市场从事经营活动的措施包括政治风险保险以及进出口银行贷款。

新兴大市场不同于其他发展中国家，其进口量高于小一些的市场，也高于具有类似经济规模的国家。随着新兴大市场经济的发展，对资本货物的需求会增加，以用来建设制造业基地和发展基础设施。经济活动的增加意味着更多的就业机会并有更多的收入用于消费当地尚不能生产的产品。因此，随着新兴大市场经济的发展，对商品与服务的需求会加速增加，而其中大部分需求必须依赖进口。新兴大市场商品进口额预计将比 1990 年高出近 1 万亿美元。如果把服务进口额加进去，那么进口总额就会远远超过 1 万亿美元。

因为许多新兴大市场国家或地区缺乏现代化的基础设施，所以预期的经济成长将主要来自工业部门的增长，诸如信息技术、环境技术、运输、能源技术、医疗保健技术以及金融

㊀ Debabrata Talukdar, Sumila Gulyani, and Lawrence F. Salmen, "Customer-Orientation in the Context of Development Projects: Insights from the World Bank," *Journal of Public Policy & Marketing* 24, no. 1 (2005), pp. 100-111.

㊁ C. K. Prahalad and Allen Hammond, "Serving the World's Poor, Profitably," *Harvard Business Review* 80, no. 9 (September 2002), pp. 24-32.

㊂ Bill Johnson, "The CEO of Heinz on Powering Growth in Emerging Markets," *Harvard Business Review*, October 2011, pp. 47-50.

服务部门的发展。目前新兴大市场的情形类似于第二次大战后的欧洲，当时由于重建而引起了巨大的市场需求。当欧洲重建基础设施及工业基础时，对资本货物的需求陡增。随着更多的资金投入到欧洲国家，消费需求随之迅速增加。在10多年的时间里，欧洲本身不能满足其日益增长的对工业及消费品的需求。在那期间，因为世界上大多数国家都在进行重建或经济还处于比较落后的状态，所以美国成了主要的供应者。这一市场需求给美国带来了空前的经济繁荣。正如本章后面将要阐述的一样，目前，新兴大市场的消费市场和细分市场已趋兴旺。不过，与第二次世界大战后的情形相比，竞争将更为激烈，这是因为日本、中国、欧洲、新兴的工业化国家或地区和美国都在为争夺这些新兴大市场而一争高低。

9.4 美洲市场[㊀]

在美洲，美国、加拿大、中美洲与南美洲国家之间虽时有争议，但还算是相处比较融洽的贸易伙伴。像欧洲一样，美洲国家也达成了各种经济合作协议，[㊁]其中以《北美自由贸易协定》最为重要。[㊂]不过，南方共同市场和多美自由贸易协定也日趋重要。

9.4.1 《北美自由贸易协定》

在《北美自由贸易协定》(NAFTA) 形成之前，美国和加拿大已缔结了全球最大的双边贸易协定，彼此都是对方的最大贸易伙伴。尽管有着这种独特的商业关系，关税和贸易壁垒还是阻碍了双方更重要的商务活动。为了进一步发展贸易，两国成立了《美加自由贸易协定》(CFTA)，计划消除两国间所有的贸易壁垒。《美加自由贸易协定》为所有商品和绝大多数服务贸易创造了一个单一的大陆商业市场。《美加自由贸易协定》并不是像欧共体那样的关税同盟，两国之间没有任何经济、政治联盟，其目的只是为了消除关税和其他贸易壁垒。

在两国批准《美加自由贸易协定》后不久，墨西哥宣布欲与美国结成自由贸易关系。美国接受了墨西哥的提议，于是关于美墨自由贸易区的谈判就开始了。几十年来，墨西哥与美国都是很坚定的贸易伙伴，但墨西哥并未正式表达过对自由贸易的兴趣，直到墨西哥总统卡洛斯·萨利纳斯·德戈塔里（Carlos Salinas de Gortari）宣称墨西哥将寻求与美国和加拿大达成自由贸易协议。

尽管墨西哥与美国和加拿大经济实力相差悬殊，但是仍然有充足的理由来结成这样的联盟。加拿大工业经济发达，资源丰富，但人口少，国内市场小。墨西哥则与之相反，迫切需要投资、技术、出口和其他经济援助来推动其经济的突飞猛进。虽然墨西哥石油充裕，但是由于人口增长迅速，所以劳动力的增长速度超过经济增长所创造的新的就业机会。美国需要资源，特别是石油，当然还有市场。这三者都需要彼此在世界市场上进行更有效的竞争，也

㊀ For a comprehensive list of all trade agreements in the Americas, with links to specific documents, visit http://www.sice.oas.org and select Trade Agreements.

㊁ Joe Biden, "The Americas Ascendant," *The Wall Street Journal*, June 5, 2013, p. A11.

㊂ "Ready to Take Off Again?" *The Economist*, January 4, 2014, pp. 23-24.

需要相互保证各自在对方市场上业已确立的贸易主导地位免受贸易保护主义的影响。1994年，当《北美自由贸易协定》被批准并生效时，一个人口为3.6亿、国民生产总值达10万亿美元的单一市场就诞生了。

跨越国界 9-2

塔可钟在努力

15年来，塔可钟首次以自己的名义在本土开店，而这听起来像是一场快餐拉锯战。在墨西哥，星巴克、Subway、肯德基等美国连锁店已是铺天盖地，因此墨西哥文化的捍卫者认为塔可钟连锁店的再度回归简直就是奇耻大辱。卡洛斯·蒙西瓦伊斯（Carlos Monsivais）是一位通俗文化（Pop Culture）历史学家，他抱怨说："这简直就像往北极搬冰块。"

该公司于2007年9月下旬在墨西哥北部城市蒙特雷开出了第一家连锁店，并通过在该店的菜单上添加炸薯条来树立塔可钟更"美国"的快餐形象。公司常务董事史蒂文·佩珀（Steven Pepper）坦言，除了炸薯条和冰激凌，"我们的菜单直接源于美国菜单"。

为了保持神秘感，公司将一些食品名称做了更换，比如在美国一些名为"Tacos"（玉米卷）的硬皮食物被重命名为"Tacostadas"。这一自创词汇其实是在拿"Tostada"（炸玉米粉圆饼）做文章，对墨西哥人来说就是普通的油炸硬玉米粉饼，通常跟配料一起享用。但是，当墨西哥人急切地购买美国品牌时，煎玉米卷（Taco）就在墨西哥菜系中具有了尊贵地位。不管在哪里、不论何时墨西哥人都吃煎玉米卷，他们或者清早在提篮子的小贩那里购买，或者晚上到灯火通明的快餐店里将煎玉米卷涂上厚厚的萨尔萨（调味品）慢慢品味。

塔可钟煞费苦心地解释说公司并没有试图假扮成墨西哥传统。在一则半页报纸的广告中，该公司说道："只需一眼，你就会发现塔可钟不是'传统的墨西哥快餐店'；它是新一代快餐，无须假冒墨西哥食品。"39岁的公司雇员马可正准备在墨西哥城的一家传统快餐店用午餐，对于他来说，这仍是一条含混的信息。因为美国连锁店还是使用了墨西哥的传统名称为其产品命名，如Burritos、Gorditas、Chalupas等。马可说："那都不是煎玉米卷，而是折起来的炸玉米饼，真是奇丑无比。"

早在1992年，塔可钟就在墨西哥城的肯德基店旁边高调地开设新店，但是结果一败涂地。现在，塔可钟、肯德基和必胜客同属于百胜集团。而那时，墨西哥经济面临危机，《北美自由贸易协定》刚刚签署，墨西哥人对外国连锁店还不太熟悉。因此，塔可钟的连锁店不到两年就关门大吉了。从那时开始，自由贸易和逐渐增加的移民使得美国品牌在墨西哥比比皆是，并且从着装风格到谈话方式，墨西哥人都深受美国影响。

百胜集团总裁格雷厄姆·艾伦（Graham Allen）表示，有两年的市场研究做铺垫，此次投资一定会成功。公司已经在蒙特雷的另一个郊区建新店，并计划在第一年开设8～10家新店，最终要实现在墨西哥开设300家连锁店的目标。第一家店由公司直营，随后几年公司将提供连锁经营的机会。

虽然艾伦等营销者必须持有乐观态度，但要真正乐观可不轻松。2010年，塔可钟的蒙特雷店已经关门。即便是最好的营销人员也无法保证取得成功。对于国际营销而言，这个案例值得营销者深思。

资料来源：Michael Arndt, "Tacos without Borders," *BusinessWeek*, September 2, 2007, p. 12; Mark Stevenson, "Another Run for the Border," *Los Angeles Times*, October 15, 2007, p. C4. Used with permission; and Adrian Cerda, "Quiebra Taco Bell en Mexico," *Conteindo*, April 1, 2010.

《北美自由贸易协定》要求三个成员国在15年内取消全部关税和贸易壁垒；自2008年起，消除所有贸易壁垒。但是还存在一些吹毛求疵的意见，比如允许墨西哥卡车和卡车司机自由进入美国公路。在很大程度上，《北美自由贸易协定》是一个综合的贸易协议；大多数情况下，它以提升北美贸易环境的方方面面为己任。表9-6给出了《北美自由贸易协定》的主要条款。美国、加拿大和墨西哥之间各种贸易和投资壁垒得到消除以后，将形成全球最大、最丰富的市场。跨国合作能够改善其他地方一些由来已久的冲突，比如合法和非法移民问题。《北美自由贸易协定》既为沃尔玛进军墨西哥市场铺平了道路，又为墨西哥超市巨头——Gigante集团打入美国市场创造条件。其他的像娱乐、保健等跨境服务也正在蓬勃发展。

表9-6 《北美自由贸易协定》的主要条款

市场准入	在《北美自由贸易协定》施行后10年内，加拿大、墨西哥和美国之间的所有工业品贸易都将取消关税。加拿大和美国尚未免税的所有贸易，将根据《美加自由贸易协定》的规定予以免税。墨西哥立即取消对近50%的美国工业制品的进口关税，其余商品的关税将在15年内逐步取消
非关税壁垒	除取消关税外，墨西哥还将取消非关税壁垒以及其他影响正常贸易的限制。进口许可证过去起着配额的作用，限制商品进入墨西哥市场，绝大多数商品的进口许可证被取消后，美国出口商随即就可从中受益。《北美自由贸易协定》还取消了墨西哥关于限制美国出口的许多壁垒，诸如当地含量、当地生产和出口业绩规定等
原产地规则	《北美自由贸易协定》只对北美产的商品降低关税。严格的原产地规则将决定商品是否有资格享受北美自由贸易区的关税优惠待遇。原产地规则旨在防止投机商通过对不属于该区的产品经过少许加工或转运获得《北美自由贸易协定》的优惠待遇。例如，日本不能通过在墨西哥组装汽车来规避美国和加拿大的关税与配额，除非其中墨西哥(即北美)含量占一定的百分比。若想免除关税，那么产品中北美的含量不得少于62.5%。由于《北美自由贸易协定》的原产地规则比《美加自由贸易协定》所包含的有关内容更为重要、更清晰、更简明，因而也取代了后者
关税管理	按照《北美自由贸易协定》，加拿大、墨西哥和美国三国实行统一的关税程序和税则。统一关税确保对向多个《北美自由贸易协定》国家销售产品的出口商适用相同的关税程序。规定原产地文件、记录和认证的绝大多数程序对《北美自由贸易协定》的三个成员国都是相同的。此外，三国将根据请求就某一产品是否有资格享受《北美自由贸易协定》下原产地规则的优惠关税提前做出裁定
投资	《北美自由贸易协定》将取消限制与墨西哥进行商品和服务贸易的投资条件。其中包括，外国投资者必须出口一定水准或一定百分比的商品或服务，使用国内商品或服务，限制向竞争者转让技术，进口只能占出口的一定百分比
服务	《北美自由贸易协定》制定了管理服务贸易的第一套综合性原则。它允许美国和加拿大的金融机构在墨西哥设立附属公司，并取消对它们所提供服务的一切限制。墨西哥开放其国际公路货运、客运和铁路运输市场，并取消有关在进入墨西哥之前须将货物移交墨西哥交通工具运载的规定，从而降低美国企业的时间和费用支出。美国公路货运和客运公司有权使用自己的驾驶员或设备将货物或客流运到墨西哥各州
知识产权	《北美自由贸易协定》采用任何双边协议或国际协议中有关保护知识产权的最高标准。该协议涉及专利、商标、版权、商业秘密、半导体集成电路以及北美电影、电脑软件和唱片的版权等
政府采购	《北美自由贸易协定》通过透明的和可预见的采购程序，确保北美采购业务的平等性和公开性。在墨西哥，墨西哥石油公司(PEMEX)、国有电子公司(CFE)和其他国有企业将对美国和加拿大供应商开放
标准	《北美自由贸易协定》禁止使用妨碍贸易进行的标准和技术规定。不过，《北美自由贸易协定》并未要求降低现有的有关健康、环境和安全的规定，也未要求进口达不到各国健康和安全标准的产品

受《北美自由贸易协定》的鼓舞，原来在亚洲设有服装、鞋类工厂的外国投资者将其生产业务重迁到墨西哥。㊀例如，名为“维多利亚的秘密”（Victoria's Secret）的女性内衣连锁店在墨西哥城附近开设了新的加工厂。过去，该公司在亚洲地区依靠承包商为其生产女性内衣。即使支付给墨西哥工人的工资比支付给斯里兰卡工人的工资多两倍，该公司仍然愿意在墨西哥投资。这是因为把商品从墨西哥城运到美国比从科伦坡运到美国更省钱、更迅速。例如，制作样品的时间可以从几周减至几日。此外，美国对墨西哥商品免征关税，而对斯里兰卡商品却要征收19%的关税。

自1995年以来，墨西哥每年利用外国直接投资总额平均达200亿美元，世界各地的公司将资金投入到墨西哥的汽车、电子、电信、石油化工和许多其他领域。㊁有相当大数量的投资专门投资于一些企业，这些企业把墨西哥当作向北美其他地区出口及在拉美其他地区迅速扩张的跳板。

跨越国界 9-3

在魁北克，人们喜欢百事可乐

直到20世纪80年代，可口可乐一直是魁北克的市场老大。之后，智威汤逊广告公司（J. Walter Thompson）的当地广告经理进行了一次冒险。按照可口可乐与百事可乐公司的通常做法，都是直接将在美国的广告活动翻译为法语。处于市场老二的位置让百事可乐颇有压力，当然也就有创造力。根据市场调研，广告部门经理建议以戏剧要素为新卖点。

这样做风险很大，因为“百事”一词虽然一直被部分魁北克人理解为低调、谦虚之意，但也被那些不说法语的人理解为有不敬之意。如果营销计划有所冒犯，那么百事可乐公司就会被社会所遗弃。

百事公司选定了请Claude Meunier来代言，他因在电视片*Ding et Dong*中的荒唐、幽默而成名。Claude Meunier广告的主题仍然是对百事可乐的偏爱。他那短短的30秒广告于1985年首次露面，其中的各种性格与幽默只有魁北克人才能领会。这则广告立马成为市场的热点。

就在当年，百事可乐与可口可乐就实现了旗鼓相当。虽然在1985～1993年，可口可乐进行了反击，广告支出达到了百事可乐的2倍，但百事可乐还是超越了可口可乐。

“对于魁北克人有一种情愫，跨国公司最后借助同一种语言以及相同的语调在明白，”加拿大营销教授卢克·杜邦（Luc Dupont）说。在满是英语文化的国家，当然能理解公司试图杀出可口可乐重围的想法。“潜意识里，魁北克人认同的是百事可乐，”卢克·杜邦说。“除了荒唐、幽默与快乐生活之外，他们喜欢说‘我们这里的人就不同。我们想改变事物。’”

Meunier的广告持续了18年。Meunier在20世纪90年代初的魁北克戏剧*La Petite Vie*中成了明星，每周一晚观看人数达400万，总观众数达600万。Meunier的百事广告获得了

㊀ “Fashion Invasion,” *The Economist*, December 8, 2012, p. 67.

㊁ World Bank, *World Development Indicators*, 2015.

1993年度CASSIE最佳电视广告奖。

如今，可口可乐控制了全球市场总销售的51%，而百事可乐只占22%，然而在魁北克，百事可乐一直占软饮料销售的61%，而可口可乐仅占20%。这样的份额在北美其他市场都是没有的。“百事可乐的广告让人们觉得自己的形象与众不同，”杜邦说。“即便事实上我们并没有那么大的差异。”百事可乐公司的Meunier广告现在已进入了教科书，作为公司营销该如何适应目标市场与环境变化的重要资料。

不难注意到，魁北克省的省旗为蓝白色，而加拿大的国旗颜色为红白色。正如第16章中将要介绍的，颜色也有重要意义。

资料来源：Konrad Yakabuski, “How Pepsi Won Quebec,” *The Globe and Mail*, August 28, 2008, p. B1-2; Rene Bremmer, The Gazette, July 11, 2009; Patti Summerfield, “Pepsi Quebec: Deep Roots,” *http://strategyonline.ca*, April 1, 2010.

失业情况也不像一度所担心的那样严重，部分原因在于像卢森特技术公司等已建成免税工厂，以期从《北美自由贸易协定》中得益。这些工厂一直从美国供应商处购买更多元件，并削减在亚洲的采购。Miles Press，一家销售额为200万美元的记录卡生产厂家，从卢森特技术公司获得订单，仅几个月内就增长了20%；伯格电子公司（Berg Electronics），一家销售额达7亿美元的元件生产厂，有望下一年对卢森特技术公司下属的瓜达拉加拉（Guadalajara）工厂增加两倍销售量。这种涟漪效应也为美国服务部门创造了新的工作岗位。玩具制造商Fisher Price为了进入美国市场，把玩具生产从中国香港转至蒙特雷的一家工厂。Celadon货物运输公司负责把Fisher Price公司生产的商品从墨西哥运到美国，仅此一项就新雇了800名美国司机。

在网络经济破灭后经济长期衰退期间，众多免税工厂很快倒闭。制造业正在迁移到其他的低工资国家，如中国、危地马拉和越南。最近，因为美国、加拿大、墨西哥三国失业问题的加重，新的移民政策限制墨西哥农场工人向美国与加拿大的移民。[一]即便如此，那些批评《北美自由贸易协定》的人士还在给出令人沮丧的预测。按购买力平价计算的三国的人均收入水平自1995年以来一直在稳步增加（见表9-7）。[二]

《北美自由贸易协定》仍在发展中。截至2015年，该贸易协定一直很成功。[三]毕竟，欧盟已存在了50余年而且经历了种种波折。相比之下，《北美自由贸易协定》就像一个怀抱的婴儿。虽然近来的经济衰退使得协定的进展趋缓，但三国间的经济关系正日益得到强化，大部分时间里，这种发展是平稳而且有利可图的。[四]总之，虽然对协定的批评之声不断，但从长期来看，该协定自第3个10年起一直很成功，作用也很积极。

㊀ P. J. Huffstutter, “Hiring Foreign Farmworkers Gets Tougher under New Rule,” *Los Angeles Times*, February 12, 2010, p. B2.

㊁ Andres Martinex, “The Stranger Next Door,” *Bloomberg BusinessWeek*, May 12, 2013, pp. 8-9.

㊂ Some mistakes have been made. We already mentioned Taco Bell in Mexico, and Target has had problems in Canada. See Ian Austen, “Target Push into Canada Stumbles,” *The New York Times*, February 25, 2014, pp. B1, 7.

㊃ “Trade with Mexico, Signs of Life,” *The Economist*, June 26, 2010, p. 36; “North American Integration, To Each His Own,” *The Economist*, February 26, 2011, p. 44.

表 9-7 美洲市场区的基本市场指标（括号内数据为 2006 ~ 2011 年的平均百分比增长率）

组织	成员国	人口（100 万）	国民总收入[①]（10 亿美元）	商品出口[①]（10 亿美元）	商品进口[①]（10 亿美元）	经商便利指数	人均国民收入[①]（美元）	互联网用户百分比
《北美自由贸易协定》(NAFTA)								
	美国	316.3 (0.8)	17 189.7 (3.0)	1 579.6 (4.2)	2 268.3 (1.5)	4	54 337 (2.2)	84
	墨西哥	117.5 (1.2)	1 232.4 (5.5)	349.7 (6.9)	381.2 (4.3)	51	10 491 (4.2)	43
	加拿大	35.2 (1.1)	1 798.8 (3.1)	460.8 (3.5)	461.8 (2.5)	17	51 113 (2.0)	86
多美自由贸易协定（DR-CAFTA）								
	危地马拉	15.5 (2.5)	52.6 (7.4)	10.0 (5.3)	17.5 (3.8)	93	3 403 (4.8)	20
	哥斯达黎加	4.7 (1.4)	48.2 (9.5)	11.6 (4.1)	18.0 (3.2)	109	10 218 (8.0)	46
	萨尔瓦多	6.3 (0.6)	23.3 (2.1)	5.5 (3.7)	10.8 (2.0)	115	3 674 (1.4)	23
	尼加拉瓜	6.1 (1.4)	6.8 (11.7)	2.4 (10.3)	5.6 (5.6)	123	1 803 (10.2)	16
	洪都拉斯	8.1 (2.0)	17.2 (6.6)	7.7 (4.5)	11.1 (1.1)	125	2 129 (4.5)	18
	多米尼加共和国	10.3 (9.8)	58.0 (7.4)	7.6 (5.9)	19.3 (3.9)	112	5 623 (8.4)	46
	美国	同上	同上	同上	同上	同上	同上	同上
加勒比共同体和共同市场（CARICOM）								
	安提瓜和巴布达	0.1 (1.1)	1.2 (−1.6)	0.1 (−1.76)	0.5 (−7.1)	66	13 183 (−2.6)	63
	巴哈马	0.4 (1.6)	8.2 (0.1)	1.0 (0.3)	3.3 (0.9)	76	21 777 (−1.5)	72
	巴巴多斯	0.3 (0.5)	4.1 (−0.9)	0.5 (0.8)	1.8 (−1.3)	84	14 440 (−1.4)	75
	伯利兹	0.3 (2.5)	1.6 (5.2)	0.3 (1.6)	0.9 (2.1)	104	4 763 (2.6)	32
	多米尼加共和国	0.1 (0.3)	0.5 (2.6)	0.0 (−1.0)	0.2 (−3.9)	69	6 852 (2.3)	59
	格林纳达	0.1 (0.4)	0.8 (0.6)	0.0 (1.6)	0.4 (−0.5)	102	7 614 (0.2)	35
	圭亚那	0.8 (0.6)	3.0 (9.8)	1.3 (11.7)	1.8 (5.9)	113	3 780 (9.2)	33
	海地	10.3 (1.4)	8.5 (7.9)	0.9 (13.4)	3.4 (8.0)	177	819 (6.5)	11
	牙买加	2.8 (0.5)	14.0 (8.0)	1.6 (−9.1)	6.2 (−4.3)	91	5 030 (7.5)	38
	圣基茨	0.1 (1.2)	0.7 (0.6)	0.0 (−2.5)	0.3 (−5.1)	97	(13 363)−0.6	80
	圣卢西亚	0.2 (1.1)	1.2 (1.8)	0.2 (3.3)	0.6 (−1.9)	59	6 544 (0.7)	35
	圣文森特和格林纳丁斯	0.1 (0.0)	0.7 (1.4)	0.0 (−2.9)	0.4 (−0.7)	75	6 601 (1.4)	70

（续）

组织	成员国	人口（100万）	国民总收入[①]（10亿美元）	商品出口[①]（10亿美元）	商品进口[①]（10亿美元）	经商便利指数	人均国民收入[①]（美元）	互联网用户百分比
	苏里南	0.5 (0.9)	5.1 (11.8)	2.5 (7.8)	2.1 (10.3)	165	9 529 (10.8)	37
	特立尼达和多巴哥	1.3 (0.4)	21.3 (−3.9)	12.8 (−7.3)	8.9 (−1.5)	63	15 871 (−4.3)	64
拉美一体化联盟（LAIA,aka ALADI）								
	阿根廷	41.5 (0.9)	470.0 (20.6)	81.7 (3.1)	73.7 (5.1)	121	11 334 (19.5)	60
	玻利维亚	10.4 (1.6)	28.3 (10.9)	12.3 (11.8)	9.3 (12.9)	158	2 722 (9.1)	40
	巴西	200.4 (0.9)	2207.3 (10.0)	242.0 (4.1)	239.6 (6.7)	118	11 017 (9.0)	52
	智利	17.6 (0.9)	266.0 (8.6)	76.7 (3.5)	74.6 (5.0)	34	15 136 (7.6)	67
	哥伦比亚	48.3 (1.4)	363.1 (8.1)	58.8 (9.3)	59.4 (8.4)	42	7 514 (6.6)	52
	古巴	11.3 (−0.1)	75.4 (4.7)	6.2 (9.4)	13.8 (−2.1)	–	6 691 (4.8)	26
	厄瓜多尔	15.1 (1.4)	91.9 (8.8)	24.9 (6.1)	27.3 (7.9)	134	61 00 (7.3)	40
	墨西哥	同上	同上	同上	同上	同上	同上	同上
	巴拉圭	6.8 (1.8)	28.8 (10.4)	9.5 (8.0)	12.1 (6.1)	107	4 235 (8.5)	37
	秘鲁	30.4 (1.2)	199.3 (8.3)	42.2 (6.3)	42.2 (8.2)	39	6 562 (7.1)	39
	乌拉圭	3.4 (0.3)	53.9 (12.3)	9.1 (8.8)	11.6 (5.1)	85	15 831 (12.0)	58
	委内瑞拉	30.3 (1.6)	355.8 (26.7)	89.9 (−1.1)	57.5 (0.5)	180	11 728 (24.7)	55

①按现行美元计。

资料来源：Euromonitor International, 2015; World Bank, 2015.

9.4.2 多美自由贸易协定

2005年8月，布什总统代表美国与哥斯达黎加、多米尼加共和国、萨尔瓦多、危地马拉、洪都拉斯、尼加拉瓜共同签订了一项综合自由贸易协定。[㊀]为了促进七个签约国的贸易和就业，协定将各种各样的关税削减政策都囊括在内。多美自由贸易协定（DR-CAFTA）向着建设全美自由贸易协定的终极目标迈出了重要一步。有关美洲国家参加的贸易组织名录，如表9-7所示。表9-7中统计数据所给出的是反映这些国家对国际营销者吸引力的指标。最为重要的或许就是以下这些数据：进口市场规模、经商的难易程度以及消费者所能获取的资源，包括货币与通信基础设施。经商难易程度指标[㊁]是按10种不同指标的组合来排列的，如“创业”“企业注册”“合同执行”等难易程度，具体细节请访问www.doingbusiness.org网站。

9.4.3 南方共同市场[㊂]

南方共同市场（包括阿根廷、玻利维亚、巴西、智利、巴拉圭与乌拉圭）是拉美仅次于北美自由贸易区的第二大共同市场。1991年签订的《亚松森条约》(Treaty of Asuncion）确定了南方共同市场的合法地位，并于1995年正式生效。该条约决定建立共同市场，并最终实现统一的对外关税，允许商品、资金、劳务和服务在成员国之间的自由流通。由于南方共同市场成员国担心会牺牲对税收和其他政策措施的控制主权，该条约未打算建立类似欧洲共同市场机构的中心机构。

南方共同市场一经产生，就成为南美最具影响、最为成功的自由贸易区。随着1996年玻利维亚和智利的加入，南方共同市场成为一个拥有2.20亿人口和国内生产总值几乎达1万亿美元的世界第三大自由贸易区。最近，哥伦比亚和厄瓜多尔成为该条约的联系国，而且委内瑞拉不久也将成为联系国。此外，墨西哥一直是观察国。南方共同市场的成功超乎了许多观察家的预料。这一成功可归功于该地区的各国政府，它们愿意正视那些很棘手的问题，如因经贸政策差异而引起的汽车、纺织品问题，并愿意对那些原先用来阻碍商品顺利越境的过时的边境关税程序做修改。不过，道路和交通基础设施缺乏也是一个迟迟解决不了的问题，现在已引起了各国最高当局的注意。

南方共同市场一直致力于寻求与其他国家和贸易集团达成协议。例如，南方共同市场正与墨西哥商谈创立自由贸易计划，与加拿大协商一项自由贸易协议，与智利的谈判则旨在逐步实现相互间的贸易自由化。

此外，欧盟与南方共同市场关于签订自由贸易协议的谈判自1999年以来一直在进行中。这一协议将成为第一个区域与区域间达成的自由贸易协议。框架协议已于1995年签署，其长期目标是实现两大集团在诸多领域的融合，如合作经营、贸易、市场准入、知识产权和政

㊀ Beyond NAFTA and DR-CAFTA, the United States has free trade agreements approved for 13 other countries: Australia, Bahrain, Chile, Israel, Jordan, Morocco, Oman, Peru, Singapore, Colombia, South Korea, and Panama.

㊁ 33World Bank, 2015.

㊂ See http://www.mercosur.org.uy/.

治对话。两大集团建议建立世界上最大的自由贸易区。该协议对南方共同市场的好处在于，有关农产品和农业制成品的贸易障碍将被取消，而这些产品占南方共同市场对欧洲出口的绝大部分。然而，如果欧盟不愿对来自巴西和阿根廷的进口商品开放其高度保护的农业市场，那么这又会成为一块巨大的绊脚石 。不管怎样，一位欧盟官员表示，欧盟已对其共同农业政策进行了改革。虽然谈判并不会轻松，但南方共同市场和欧盟还是应当能达成协议的。正如后面一部分所提到的，南方共同市场在计划建立美洲自由贸易区，或可能性更大的南美自由贸易区方面已取得了领导权。

9.4.4 拉丁美洲发展进程

在过去的 30 多年里，拉丁美洲悄悄发生了一场政治和经济变革。大多数国家不再实施军事独裁统治，取而代之的是经民主选举而产生的政府。此外，席卷而来的经济和贸易自由化正在取代拉丁美洲国家遵循了数十年的经济模式。虽然一些国家如委内瑞拉最近出现了后退，但仍然可以这样判断。国有企业私有化及其他经济政策、货币政策和贸易政策的改革都表明其内向的进口替代政策（即以制成品的国内生产来替代进口）和以往十分流行的保护主义政策发生了根本的转变。在 20 世纪的绝大部分时间里，美洲国家的经济命脉一直由政府主宰，而今接踵而来的潮流是国有企业私有化。国有制一度被认为是经济成长的理想动力。然而，国有制并没有带来经济成长，反而造成了公共部门官僚主义的蔓延、复杂难料的政府干预、对国内外私人所有制的排斥以及公共事业部门效率的低下。这种政治、经济改革的新气象甚至出现在了古巴。㊀

如今，许多拉丁美洲国家的自由化程度几乎达到与亚洲在 20 世纪八九十年代经济开始成长时的同等水平。作为对这些改革措施的积极响应，投资者将数十亿美元投资于制造企业、航空公司、银行、公共事业部门及电信系统。基于拉丁美洲市场较大的规模和丰富的资源，该市场一直被认为具有巨大的经济和市场潜力。拉丁美洲有约 6 亿人口，相当于美国人口的 2 倍，比欧共体人口之和还要多 1 亿。

20 世纪 90 年代，当拉丁美洲的一些国家发生经济和政治动乱时，这些改革措施的力量经受了考验。拉丁美洲的三大新兴市场国家——阿根廷、巴西和墨西哥遭受了 1997 年亚洲经济危机和俄罗斯持续性经济危机的影响。俄罗斯的货币贬值和债务拖欠导致巴西经济状况的迅速恶化：资本开始外流，巴西实施货币贬值。巴西的经济衰退及实际汇率的迅速贬值导致阿根廷出口的下降及经济增长的放缓。墨西哥之所以能经受住俄罗斯的债务拖欠危机，部分原因在于墨西哥于 20 世纪 90 年代初货币贬值及经济衰退后所进行的债务重组和其他方面的改革。不过，与中国制造的竞争使得墨西哥经济在加入《北美自由贸易协定》的过渡期较预期出现了下降。另一些拉美国家遭受了经济下降的影响，这些经济下降不仅导致货币贬值，有时甚至引起一些国家的政治动荡。不过，拉丁美洲国家现在仍致力于经济改革。最后，表 9-7 中并没有得到反映的是发展中国家在 2008 ～ 2009 年的经济危机中迅速得到恢复，

㊀ Katherine Yung, " When Cuba Opens Up … " *Dallas Morning News*, March 11, 2007, pp. D1, D6; " How You'll Advertise in a Newly Capitalist Cuba, " *Advertising Age*, June 12, 2011.

而美国与加拿大仍然没有走出经济困境。㊀

9.4.5 拉丁美洲经济合作

除了更为出名的北美自由贸易区和南美自由贸易区之外，拉丁美洲还有许多成功程度不一的其他拉美市场集团（见表9-7）。受繁重的外债、保护主义经济体制、三位数的通货膨胀、国有制基础工业和政府对产业的过分干预等影响，绝大多数拉美国家长期处于经济混乱状态。在这些情况下，成员国之间并无多少贸易或一体化行动。不过，如前所述，受南方共同市场和《北美自由贸易协定》成功的鼓舞，在从阿根廷的顶端到里奥·格兰德河（Rio Grande River）所进行的政治、经济改革的带动下，人们对拉美地区发生经济奇迹形成了乐观主义浪潮。除了这些市场导向的改革之外，人们还真心渴望通过复兴原有的协议或制定新协议来促进邻国间的贸易。事实上，许多贸易集团都正在寻求与南方共同市场或欧盟建立关系。

1. 拉美一体化联盟

拉美一体化联盟（LAIA）的西班牙文缩写为ALADI，㊁这一名称也更为人所知。拉美一体化联盟的长远目标是以渐进的方式来建立拉美共同市场。拉美一体化联盟与其前身拉丁美洲自由贸易联盟的一个重要差异就是根据经济发展水平的不同来区别对待各成员国。多年来，各成员国通过谈判，已降低了某些产品的关税，并缓解了有关配额、当地含量规定、进口许可证和其他贸易壁垒造成的贸易紧张状态。拉美一体化联盟的一个重要特征在于允许成员国之间建立双边贸易关系。正是在此条款下，拉美一体化成员国之间的贸易协议才得以制定。

2. 加勒比共同体和共同市场㊂

正是加勒比海自由贸易联盟的成功才带来了加勒比共同体和共同市场（CARICOM）的产生。为了实现真正的区域一体化，加勒比共同体和共同市场成员国还须继续努力。该集团一直在努力建成单一市场经济，并于2000年建立了加勒比共同体和共同市场下的单一市场经济（CSME），并以所有成员使用共同货币为目标。引进共同对外关税结构就是朝这一目标迈进的重要一步。目前该组织正在寻求与其他拉美集团建立更牢固的关系，并与古巴签订了贸易协议。

9.4.6 从《北美自由贸易协定》到《美洲自由贸易协定》，还是到《南美自由贸易协定》

《北美自由贸易协定》的初衷是要建立从阿拉斯加到阿根廷的自由贸易区，首先加入《北美自由贸易协定》的国家为智利，之后再向南推进，直到于2005年建立美洲自由贸易区。而现在看来，问题是建立《美洲自由贸易协定》，还是建立由北方三个国家参与的《北美自由贸易协定》，抑或是建立由南方巴西和其他南方共同市场成员国领导的南美自由贸易区。问题的部分答案在于美国的“快轨贸易谈判权”问题与奥巴马政府的政策。

㊀ “Counting Their Blessings,” *The Economist*, January 2, 2010, pp. 25-28; Jack Ewing, Vikas Bajaj, and Keith Bradsher, “An Uneven World of Debt,” *The New York Times*, February 8, 2010, pp. B1, B3, B6.

㊁ http://www.aladi.org, 2015.

㊂ http://www.caricom.org, 2015.

9.5 对市场营销的战略意义

从以上阐述中可以看出，新兴市场人口众多，日益增长的收入使他们成为不只是购买生活必需品的消费者。随着一国经济的发展，收入就会变化，人口集中度也会发生改变，对更好的生活的期望会引起更高的生活标准，新的基础设施就会发展起来，社会资本投资就会产生。随着市场行为的改变，最终会出现具有相同需求偏好的消费者群体（细分市场）。

当收入增加，各种收入水平的人都会产生从肥皂到汽车的各种新需求，而且大家庭可能具有更高的消费能力。亚洲和拉丁美洲的年轻工薪阶层一般都住在家里直至结婚。由于不需付房租，所以他们有更多的可自由支配的收入，这就增加了家庭购买力。人均收入低实际上也为各种商品提供了潜在的市场。消费者会想方设法购买到对自己有用的商品。在美国，标有第一颗人造卫星的碟子在阿巴拉契亚地区这一最穷的地方十分畅销。同样地，在墨西哥，有彩电的家庭比有淋浴的家庭还要多。

当收入达到中产阶级的水平时，对从一次性尿布到汽车的各种高价商品的需求也会随之增加。在新兴市场国家或地区，中产阶级的收入少于美国中产阶级的收入，但由于消费模式不同，他们比收入水平相当的美国中产阶级有更多的钱可供支配。例如，新兴市场国家或地区的中产阶级虽没有两辆车和郊外别墅，但有时其医疗和住房是有补贴的。这样，他们就会有多余的收入用于购买冰箱、电视机、收音机、更高档的服装以及去饭馆吃饭。表 9-5 表明了家庭收入花费在各种购物、社会服务方面的百分比。在新兴市场中，家庭用于食品的花费比发达国家要高，但在高消费方面，新兴市场国家和发达国家在家用电器和其他耐用品的消费方面有相似的模式。但是，新一代富有者的支出则并非如此，为了显示其地位，他们购买品牌商品，如劳力士手表、路易威登钱包、奔驰汽车等。

有分析家认为，当一个国家的人均国民生产总值超过 5 000 美元时，消费者会变得更有品牌意识，就会放弃许多地方品牌而去追求他们所知道的国外名牌。当人均国民生产总值达到 10 000 美元时，他们就会加入同等收入水平的、了解相同全球消费信息的消费圈。他们会加入“10 000 美元俱乐部”，有着相同的需求，共享关于产品和品牌的知识，成为全球消费者。如果一家公司不理解“10 000 美元俱乐部”的战略含义，那么该公司就可能失去加入世界上增长最快的全球消费领域的机会。现在世界上有 10 亿多人的收入达到 10 000 美元或更多。那些在这 10 亿多人口中寻找共同消费群体的公司将会找到一个不断增长的全球品牌市场。

市场瞬息万变。在许多国家中，有许多具有相似消费模式的细分市场。新兴市场将是 21 世纪的增长区域。

本章小结

随着具有不同需求和欲望的世界贸易参与者的不断增加，旧的贸易模式和联盟将面临一种考验。当今及未来的国外营销者必须具有对市场的变化迅速做出反应的能力，而且能够在瞬息万变的细分市场中预测新趋势，而这些细分市场在去年可能还不存在。当今的许多市场情况将可能是未来的历史神话。

随着全球政治气候的巨大变化，技术与经济增长范围的日益扩大和水平的不断提高推动了许多国家自身生活水准的提高，其速度相当于在数十年内向前推进了两个世纪。随着各国生产能力的提高，其各个经济部门都会感到要求进步的压力。这些政治、社会和经济趋势的影响仍然会波及世界各地，并引发市场营销活动的显著变革。此外，信息技术将加快各国的经济增长。营销者在制订营销方案时，必须考虑与经济发展的各个阶段的适应性。

巴西与拉丁美洲其他国家正在快速进行的政治与经济改革，导致这些国家更多实行对外国直接投资及国际贸易的开放。虽然许多新兴大市场存在着特殊问题，但不论是现在还是将来，这些新兴市场都将是前景广阔的大市场。随着新的细分市场的出现，新兴市场为跨国公司创造了新的市场营销机遇。地理与贸易方面的经济利益仍将是影响美洲大陆国家间进行市场一体化与经济合作的重要原因。

思考题

1. 解释本章标黑色的主要术语。
2. 一个国家的国民生产总值提高了，但生活水平没有相应地提高，这种情况有可能出现吗？请做详细讨论。
3. 为什么富裕国家在制订技术援助计划时，常常会忽视分销问题或把这一问题看成发展计划中的一个小问题呢？请解释。
4. 讨论营销的各个发展阶段。以某一国家为例来加以说明。
5. 随着一个国家的经济从一个阶段向另一阶段过渡，通常会对市场营销产生哪些影响？
6. 选择一个尚处在农业生产和原材料供应阶段的国家，然后讨论当该国经济进入制造阶段时，在市场营销方面会发生什么变化？
7. 在一国国内，市场营销发展的各个阶段对工业品市场潜力有何影响？对消费品市场潜力又有何影响？
8. 讨论经济发展对国际市场营销的意义。在评估国际营销环境时，为什么了解经济发展水平很重要？试做讨论。
9. 互联网能加快经济增长吗？为什么？
10. 讨论IT革命对最穷国家的影响。
11. 按照经济发展的五个阶段，各选一个国家。总结每个国家现存的基本营销机构，指出它们的营销发展阶段有何不同？并解释原因。
12. 为什么外国营销者必须研究经济发展水平？试讨论之。
13. 基础设施对经济增长十分重要。请对此加以评论。
14. 发展中国家的经济目标是什么？这些目标与市场营销的关系怎样？请对此进行评论。
15. 运用新兴工业化国家的增长因素，就印度和中国的快速成长前景做一评估。中国和印度分别会在哪些因素方面遇到问题？
16. 市场营销对经济发展有何作用？讨论市场营销对经济发展的贡献。

17. 试讨论新兴大市场对经济和贸易的重要性。
18. 被看作新兴大市场的国家或地区有什么特点？请对此加以讨论。
19. 市场需求及满足这些需求的能力是经济、文化和企业的营销努力等三个方面相互作用的结果。请对此加以评论。
20. 试讨论在墨西哥进行市场营销的战略启示。
21. 试讨论美国不加入南美自由贸易区的影响。
22. 试讨论《北美自由贸易协定》对市场营销的战略启示。
23. 访问北美自由贸易区与南方共同市场的网站，找出两大集团的原产地规则。哪一个集团的原产地规则更为自由？为什么有差异？
24.《北美自由贸易协定》已存在数年。它起了哪些作用？对照其最初的协定条款（见表 9-6），评价一下这些条款的符合程度。

第10章

Chapter10

欧洲、非洲与中东

学习目标

通过本章学习，应能把握：

- 成立经济联盟的原因
- 国际合作的模式
- 欧盟的发展历程
- 因东欧和俄罗斯实施自由市场体制所引发的贸易模式演变
- 在该地区进行市场营销的战略意义
- 欧洲、非洲与中东地区的营销机会：规模与性质

全球视角

自由贸易会给中东地区带来和平吗

第二次世界大战几乎彻底摧毁了欧洲大陆的经济，严重危及欧洲的社会和政治制度的稳定。欧洲的领导人十分清楚，要想在废墟上进行重建，建立新型的国际制度来保证该地区的繁荣、稳定与和平非常重要。第一个建立起来的制度是1952年成立的欧洲煤炭钢铁共同体，旨在使法国、联邦德国、意大利、比利时、荷兰和卢森堡的煤炭和钢铁工业实现一体化。50年后，我们发现在这个小小的经济相互依存试验取得成功后，如今已经有28个成员国，并且有6个国家等待在未来几年内加入。经济已经腾飞，但是更为重要的是和平坚持了下来。

在饱受战火创伤的中东，这样的方法也会成功吗？让我们来看看成立一个中东联盟的可能性和潜力。问题的关键是耶路撒冷。对很多人来说，这座古老的圣城事关信仰。对基督徒来说，圣城之所以神圣，是因为它和基督有关。对犹太人来说，圣城是他们的中心，这不仅体现在民族意义上，而且更重要的是体现在宗教意义上。对穆斯林来说，只有麦加和麦地那才是比耶路撒冷更重要的圣地。在这座古城附近的土地上的战斗似乎永远也不会停歇。

耶路撒冷可以成为解决问题的重要一环。不过我们不能只看到目前的暴力。我们必须设想有一个安全、繁荣、和平的地方。想象有一个国际圣迹。也许可以将这座古城交由佛

教徒或者挪威人、联合国来管理。以色列将其首都建在西区，建在新城，巴勒斯坦则建在东区。

宗教旅游将不仅使两国经济受益，而且泽被周围地区。想象究竟会发生什么！2000年，也就是在最近的疯狂的暴力冲突发生之前，旅游为以色列带来32亿美元的收入。把它和加利福尼亚橘县的迪士尼乐园比较一下。这家迪士尼乐园每年有上千万游客，每位游客大约花费150美元购买门票、食物和纪念品。再算上附近的交通、旅馆和餐饮收入，迪士尼乐园所在地阿纳海姆市每年不过30亿美元的收入。

圣墓教堂建在基督的陵寝之上，会吸引基督徒。哭墙对犹太人来说是个很特别的地方。穆斯林会云集萨赫拉清真寺（穆罕默德在此祈祷之后，被天使加百列带到天堂，参观了一回）。不受宗教束缚的游客则会参观全部三处地方。迪士尼乐园可能需要咨询如何解决排队问题。全天候开放自然可以扩大接纳能力，毕竟可以方便那些有时差反应的朝圣者去那些更受欢迎的地方。在这座古城之外，还有伯利恒、拿撒勒、杰里科、加利利海、死海和红海，这还只是以色列境内一些比较著名的景点。我们谈的是每年150亿～300亿美元的收入，条件是方法要对。这笔收入相当于以色列目前国内生产总值的10%。

要是把耶路撒冷选作2024年或2028年的奥运会举办城市，结果会怎么样呢？那意味着又多了50亿美元的收入。暂时忘记掉金钱，想一想把“2024耶路撒冷奥运会”和之前的惨剧相比，人们对它会充满怎样的情感。再暂时忘记掉金钱，想一想有那么多人来到其信仰的源头，踏上大卫、基督和穆罕默德当年走过的路，会让他们在精神上觉得有多么荣耀。

这一小小的幻想有一个前提：以色列和巴勒斯坦必须根据《奥斯陆协议》划定的边界分治，和平相处。这一幻想假定在这一地区消除一切贸易抵制，假定巴勒斯坦人“跳过隔离墙”到以色列工作，不会面临被射杀的危险，假定像雀巢这样的公司能够将这一地区的附属工厂统一起来，假定美国等国家向这一地区送来一队又一队的游客，而不是一船又一船的武器，假定古老的耶路撒冷城是一个开放的国际性城市，而且更为重要的是，是一个完整的城市，另外还假定这一地区实现自由贸易和旅行，以全新的方式促进共同繁荣。

最后，普利策奖获得者贾雷德·戴蒙德（Jared Diamond）指出，中东在历史上曾被称为“肥腴月湾”，曾经是文明的摇篮。中东之所以获得如此美名，是因为该地区的创造和贸易。人们如今只能够想象只有贸易会带来什么样的结果。

资料来源：John L. Graham, “Trade Brings Peace,” paper delivered at the Global Ethics and Religion Forum; Clare Hall, Cambridge University conference, *War and Reconciliation: Persepectives of the World Religions*, May 26, 2003, Cambridge, England: Jared Diamond, *Collapse: How Societies Choose to Fail or Succeed* (New York: Viking, 2005); http://www.JerusalemOlympics.org, 2012; John L. Graham, Lynda Lawrence, William Hernandez Requejo, *Incetive Negotiation*: *Getting Beyond Yes* (New York: Palgrave Macmillan, 2014).

鉴于前述欧洲煤炭钢铁联盟的成功，欧洲经济共同体（EEC）于1958年获得批准成立，这标志着全球性经济革命的开始。欧洲迈出了关键的一步，并最终促成了今天的欧盟（EU）。那时，怀疑论者预言这一尝试不会成功，联盟会很快解散。只有当单一市场形成之后，美国、日本和其他国家才开始认真看待建立其他联盟的重要性。共同市场的成立以及从计划经济体制向市场经济体制转换的潮流不断地从拉美推向亚洲，并最后蔓延到苏联，所有这些激发了各国建立全球性贸易联盟和自由市场的强烈欲望。各国纷纷开始接受市场经济体制，并满怀热情地着手进行政治、经济体制的改革，准备加入即将形成的全球性跨国市场区域。延续了几个世纪的传统被改变了；法令所不能解决的问题，通过谈判也找到了可以接受的解决办法；政府及金融体制正在重组；公司也正在被重塑，以适应新的竞争和新的贸易模式。

跨国市场区域（multinational market region）的形成与发展是当今社会最重要的发展趋势。跨国市场区域是指那些通过减少区域内贸易壁垒和关税壁垒来寻求经济互利的国家集团。跨国市场区域有着不同的组织形式，但跨国合作的共同目标是给成员国带来经济利益并在成员国之间[㊀]以及在成员国内[㊁]形成相应的和平环境。因为各国都在寻求经济联盟以期进入更多的自由市场，所以满世界都是经济合作协议。的确，联合国 193 个成员国所做的努力中就包括促进经济共同发展的内容；世界贸易组织 160 个成员方和 24 个观察员全力促进国家间更有效的贸易活动。

自第二次世界大战结束以来，区域性经济合作协议不断涌现。其中最成功的典范是欧盟这一全球最大的跨国市场区域组织，欧盟也开创了世界经济合作的先河。跨国市场集团形成了更大的市场，并为国际商务提供了具有潜在意义的重大机遇。20 世纪 80 年代末，当欧共体建立单一市场这一长期目标即将实现之际，几个新的联盟开始形成，这表明人们对经济合作的兴趣重新燃起。美洲的北美自由贸易区和拉美一体化联盟、亚太地区的东南亚国家联盟（以下简称东盟）和亚太经合组织，都是相对较新的或重获新生的联盟，在跨国市场区域组织中有着重要的地位和影响。

随着经济合作趋势的日渐增强，人们开始关注这些合作在全球竞争方面产生的影响。政府和企业界都在担心一个问题，即欧盟、北美自由贸易区及其他合作性贸易集团是否会成为只愿意消除内部贸易限制却增加对外贸易限制的区域贸易集团。事实上，每个贸易集团都在继续与其他国家和贸易集团签订合作协议，从而使得全球经济联系更加密切，自由贸易地位不断上升。显而易见，消费者可以从中获益；然而，全球的公司都面临着内容更丰富、程度

㊀ By far the strongest evidence for the "trade causes peace" notion is that provided by Solomon W. Polachek, "Why Democracies Cooperate More and Fight Less: The Relationship between International Trade and Cooperation," *Review of International Economics* 5, no. 3 (1997), pp. 295-309; additional evidence is supplied at http://www.cpbp.org, click on Peace Monitor, then Countries; Jonathan Schell, *The Unconquerable World* (New York: Metropolitan Books, 2003); Thomas Friedman, *The World Is Flat* (New York: Farrar, Straus, and Giroux, 2005); Steven Pinker, *The Better Angels of Our Nature* (New York: Viking, 2011).

㊁ Studies of the causes of civil wars supports their belief; see Paul Collier, "The Market for Civil War," *Foreign Policy,* May/June 2003, pp. 38-45; Hernando de Soto, "The Capitalist Cure for Terrorism," *The Wall Street Journal,* October 10, 2014, online.

更激烈的竞争环境。

10.1 存在的理由

经济联盟的成功是以经济、政治、文化和地理方面的有利因素为基础的。只要任何一种因素出现重要缺陷，那么都有可能毁掉联盟，除非其他因素所提供的优势足以克服这些缺陷。一般地，经济联盟的优势必须明确、重要，经济联盟所带来的利益必须远远大于一国在放弃其任何一部分主权之前所面临的损失。正是因为体会不到有足够的利益来补偿失去的那部分自主权，所以非洲和拉丁美洲所建立的一些联盟几乎没有什么作用。

10.1.1 经济因素

各类经济联盟都把发展和扩大市场机遇看作一项基本方针；人们常常通过成员国之间的优惠关税待遇或对非成员国设置共同的关税壁垒来扩大市场。通过对关税同盟内部成员的产品提供固定的销路或给予优惠待遇来扩大受保护的市场，从而刺激内部经济的发展，同时成员国的消费者也能从较低的内部关税中得到实惠。在许多情况下，由于扩大了的市场赋予国内生产者更大的安全感，从而也减少了内部壁垒和外部壁垒[⊖]。

在共同市场的运作和发展过程中，具有经济互补性的国家间出现摩擦的可能性最小。但是，一个经济联盟要生存，就必须有适当的协议和机制来处理经济争端。另外，各成员国在适应新的贸易关系时，肯定会产生个体损失，因此，经济一体化的总利益必须大于这种个体损失。欧盟各国具有不平衡的经济发展水平、独特的货币体制、发达的农业基础和各种自然资源。很明显，欧盟遇到的问题大多数属于农业政策和货币政策方面的问题。在欧共体（现在的欧盟）成立的初期，农业方面的争端司空见惯。英国曾试图拒绝法国家禽进入英国市场，法国则禁止意大利葡萄酒进入法国市场，而爱尔兰则又禁止其他成员国的鸡蛋和家禽进入本国市场。不管是哪种情况，都以健康和安全为理由，但最可能的动机则在于传统的市场保护主义。这类冲突不足为奇，但对经济联盟的确是一个考验。对欧洲共同体来说，欧洲委员会是解决争端和起诉违反欧共体规则成员国的机构。

10.1.2 政治因素

各国政治间的和谐是跨国市场得以发展的另一个基本要求。在放弃部分国家主权之前，成员国之间必须存在相同的要求并相处融洽。国家主权对任何一个国家来说都是最值得珍惜的，只有当通过合作使国家地位得到提高时，一国才会在主权方面做出让步。

虽然经济因素是建立关税同盟组织的催化剂，但政治原因也同样重要。欧共体初始成员国建立欧共体的原因部分是对苏联强大的政治、经济威胁的一个回应，西欧各国心甘情愿实现内部和解，从而组成对付苏联的统一战线。如今，苏联的威胁不复存在，但是，这些国家

⊖ Michele Fratianni and Chan Hoon Oh, "Expanding RTAs, Trade Flows, and the Multinational Enterprise," *Journal of International Business Studies* 40, no. 7 (2009), pp. 1206-1227.

试图通过政治联盟来获得经济联盟所带来的全部利益。

10.1.3 地理与时区邻近因素

虽然关税同盟的成员国并非必须在地理和时区上绝对毗邻，但这种密切联系有利于共同市场的运作。事实上，有研究表明，比空间距离更为重要的是时区差异。[⊖]也就是说，与过去相比，贸易的发展方向更倾向于南北走向。如果国家间相互毗邻，那么作为市场体制基础的运输网络就有可能相互联通并得到有效发展。合法或非法移民问题同样也促进了邻国间的经济一体化。运输网络是欧盟的首要竞争优势，英法之间海底隧道的开通进一步加强了共同市场的联系。地理位置相隔很远的国家为了建立经济联盟需要克服许多障碍。不过，随着通信和运输效率的不断提高，这些因素的重要性日益下降。

10.1.4 文化因素

如第 9 章所述，除了《北美自由贸易协定》《多美自由贸易协定》(多米尼家共和国、中美洲国家和美国）等多边协定之外，美国还有许多正在协商或已批准的双边自由贸易协定。但一般地，文化的相似性会缓和一国与他国结成经济联盟所带来的冲击。如果文化越相似，因为各成员都能理解其他成员的观点，那么所建立的共同市场就越有可能取得成功。虽然欧共体内存在巨大的文化差异性，但其主要成员国有着长期形成的共同的基督教传统和共同的欧洲人心理。不过，后来在与土耳其进行加入欧盟的谈判时，就连这一方面的差异都不重要。作为文化的一部分的语言，并未如人们料想的那样给欧盟带来阻碍。几乎每一位受过教育的欧洲人都至少能用两三种语言做生意，因而，尽管欧洲有多种主要语言，但语言上的多样性并未给贸易带来不便。

10.2 跨国合作的模式

从最普遍的意义来看，世界贸易组织当然是历史上最重要、最综合的贸易协定。然而，除了世界贸易组织之外，跨国市场集团还有多种模式，而且这些模式因合作程度、合作基础以及成员国间关系的不同而呈现明显的差异性。如前所述，美国目前正在谈判两大自由贸易伙伴关系，即与 11 个亚太国家的跨太平洋伙伴关系协定（Trans-Pacific Partnership Agreement）和欧盟的跨大西洋贸易与投资伙伴协议（Transatlantic Trade and Investment Partnership）(前者已被新任美国总统特朗普否决)。[⊜]区域性经济一体化可分为 5 种基本形式，从一体化程度最低的区域性发展与合作到高度一体化的政治联盟。

⊖ Contrast Jared Diamond's *Guns, Germs, and Steel* (New York: W. W. Norton, 1999) and Jennifer Chandler and John L. Graham, "Relationship-Oriented Cultures, Corruption, and International Marketing Success," *Journal of Business Ethics*, 92 (2010), pp. 251-267.

⊜ Neil Irwin, "Where Might Obama and the GOP Agree? Here Are Possibilities," *The New York Times*, November 6, 2014, p. B4.

1. 区域性合作集团

区域开发合作（regional cooperation for development）是最基本的经济一体化和合作形式。按照区域开发合作协议，各国政府共同参与开发对各国经济有利的基础工业。每个国家都事先承诺为合作开发项目提供融资，并承诺购买合作开发项目生产的一定数量的产品。例如，哥伦比亚与委内瑞拉合作在奥里诺科河上建造一个水力发电厂，两国共同承担建设费用，同时分享所生产的电力。

2. 自由贸易区

与区域开发合作相比，**自由贸易区**（free trade area，FTA）要求采取更高程度的经济合作与一体化。自由贸易区指两个或两个以上的国家就降低或取消成员国之间的关税及非关税壁垒所达成的协议，同时各成员国对区域外国家仍然实施各自的关税税则。从本质上讲，自由贸易区为其成员国提供了一个不存在阻碍货物和服务在区域内自由流动的壁垒的大市场。[⊖]

3. 关税同盟

关税同盟（customs union）是更进一步的经济合作方式。关税同盟的成员国不仅能享受自由贸易区的内部关税减免或免税待遇，而且对同盟外进口的产品采取统一的对外关税。关税同盟是从自由贸易区向共同市场转化过程中的一个合乎逻辑的合作阶段。欧洲共同体在发展成为共同市场之前经历了关税同盟阶段。例如，法国与摩洛哥、意大利与圣马力诺、瑞士与列支敦士登之间都建立了关税同盟。

4. 共同市场

共同市场（common market）协议取消了对共同市场内部贸易的所有关税及其他限制，实行共同的对外关税，同时取消对成员国之间资本和劳务自由流动的一切限制。因此，共同市场不仅是货物贸易的自由市场，也是服务贸易（包括劳务）与资本的自由市场。共同市场是经济统一体，如果再实施政治联盟就会形成一个政治统一体。1957 年，《罗马公约》确立了欧洲经济共同体（EEC），要求实行共同的对外关税，在共同市场内部逐步消除关税、配额和其他贸易壁垒。该公约同时要求：取消对服务、劳务和资本自由流动的限制；限制卡特尔；协调货币和财政政策；制定共同的农业政策；利用共同投资基金来促进区域性产业开发；推行共同的工资和福利政策。随着《马斯特里赫特公约》的制定，欧洲经济共同体扩展成为一个政治联盟——欧盟（EU）。

5. 政治联盟

政治联盟（political union）是一体化程度最高的区域性合作形式。政治联盟包含完全的政治与经济一体化，这种一体化或是出于自愿，或是出于强制要求。最引人注目的强制合作形式就是苏联主导的、由实施中央集权国家组成的经互会（COMECON）。但是，随着苏联

⊖ The European Free Trade Area is a good example. See http://www.efta.int/, 2015.

的解体和东欧的独立，经互会也就消亡了。

联邦组织（commonwealth）是一种自愿的经济合作方式，其关系最为松散并可根据经济合作程度进行分类。英联邦由前英属殖民地国家与英国组成。尽管英国在政治上对这些国家没有统治权，但各成员国仍然把英国君主当作名义上的领袖。成员国在与英国开展贸易时还享受优惠关税待遇。但在英国加入欧共体之后，所有的优惠关税都被取消了。最确切地讲，联邦是一种最松散的政治联盟，而且这种联盟主要是以某种传统观念和经济历史为基础的。联邦成员国首脑每隔一段时间举行一次集会，讨论共同面临的问题，所形成的任何决议和指令都不是强制性的。

20 世纪 90 年代形成了两个新的政治联盟：由原苏联加盟共和国组成的独联体（CIS）和欧盟。欧盟由 12 个签署**《马斯特里赫特公约》**的欧共体国家组成。各成员国都承诺要进行经济和政治上的合作。《马斯特里赫特公约》允许货物、人员、服务和资本在成员国间自由流动，要求实行统一的货币政策、共同的外交与安全政策（包括防务政策）、共同的司法体制，并且要求在警察及防止犯罪、反恐怖和移民问题上进行合作。尽管并非公约中的所有条款都被普遍接受，但欧盟成员国在政治、经济上的关系还是逐年变得密切了。鉴于经济与货币联盟已建立，而且各参与国使用了统一货币，欧盟正在往政治联盟发展。

10.3　全球市场与跨国市场集团

市场的全球化、东欧经济走向独立的市场经济体制、苏联解体、世界经济合作趋势以及全球竞争的不断加剧，这一切要求从区域的角度而不是从个别国家的角度来评估市场潜力。

本节将介绍有关欧洲、非洲以及中东地区的市场与市场集团的基础性资料，并对这些区域内的现行经济合作协议做出评价。阅读这些内容时，必须知道某些地区的合作协议及合作联盟的地位极不稳固。许多协议和联盟十分脆弱，很可能会消亡或被重组成完全不同的形式。目前正在形成的新贸易联盟可能需要几十年时间来稳固其地位以形成半永久性的集团。

10.4　欧洲市场

欧洲存在着各种类型的跨国市场集团，其中最早设立的合作集团有欧洲共同体（欧盟的前身）、欧洲经济区和欧洲自由贸易区（见表 10-1 和图 10-1）。对欧洲经济发展影响最大的是正在开始实行资本主义经济的东欧国家和从苏联解体中独立出来的三个波罗的海国家。人们普遍关注其经济发展以及它们与欧盟之间可能建立的经济联盟问题。

表 10-1 欧洲市场区域基本市场指标

（括号内数据为 2008 ~ 2013 年的年均百分比增长率）

成员国（加入年份）	人口（100 万）	国民总收入[①]（10 亿美元）	商品出口[①]（10 亿美元）	商品进口[①]（10 亿美元）	经商便利指数	人均国民收入[①]（美元）	互联网用户数（%）
欧盟 EU							
奥地利（1995）[②]	8.5 (0.4)	412.5 (2.0)	167.1 (−0.7)	173.6 (−0.3)	28	48 646 (1.6)	81
比利时（创建国）[②]	11.2 (0.9)	507.4 (1.7)	471.0 (0.0)	447.9 (−0.8)	32	45 456 (0.8)	82
保加利亚（2007）	7.3 (−0.6)	52.0 (3.0)	29.5 (5.6)	34.3 (−1.5)	57	7 135 (3.6)	53
克罗地亚（2013）	4.3 (−0.3)	55.9 (−0.9)	12.7 (−2.0)	21.9 (−6.5)	88	13 122 (−0.6)	67
塞浦路斯（2004）[②]	1.1 (1.2)	21.5 (−0.9)	2.1 (3.6)	6.4 (−10.0)	38	18 801 (−2.1)	65
捷克共和国（2004）	10.5 (0.3)	185.3 (−0.2)	162.3 (2.1)	144.3 (0.3)	68	17 621 (−0.6)	74
丹麦（1973）	5.6 (0.5)	343.9 (1.6)	110.4 (−1.0)	96.6 (−2.4)	5	61 388 (1.2)	95
爱沙尼亚（2004）[②]	1.3 (−0.3)	23.7 (3.0)	16.3 (5.5)	18.3 (2.7)	21	18 405 (3.3)	80
芬兰（1995）[②]	5.4 (0.5)	258.4 (0.9)	74.4 (−5.1)	77.6 (−3.4)	12	47 608 (0.4)	92
法国（创建国）[②]	63.8 (0.5)	2 785.1 (1.3)	567.6 (−1.4)	670.5 (−1.3)	35	43 647 (0.8)	82
德国（创建国）[②]	80.5 (−0.2)	3 736.0 (2.4)	1 440.0 (0.6)	1 160.6 (0.6)	19	46 396 (2.5)	84
希腊（1981）[②]	11.1 (−0.2)	241.5 (−4.2)	36.5 (3.0)	62.1 (−8.3)	89	21 830 (−4.0)	60
匈牙利（2004）	9.9 (−0.2)	123.2 (2.1)	107.9 (−0.1)	99.1 (−1.8)	52	12 429 (2.3)	73
爱尔兰（1973）[②]	4.6 (0.8)	183.1 (−2.3)	115.5 (−1.9)	66.5 (−4.8)	13	39 807 (3.1)	78
意大利（创建国）[②]	61.1 (0.5)	2 059.1 (−0.1)	517.6 (−1.0)	477.3 (−3.3)	67	33 727 (−0.6)	58
拉脱维亚（2004）	2.0 (−1.6)	21.7 (0.5)	13.3 (7.5)	17.8 (1.2)	24	10 718 (2.1)	75
立陶宛（2004）	3.0 (−1.5)	44.3 (1.2)	32.6 (6.5)	34.8 (2.2)	25	14 900 (2.8)	68
卢森堡（创建国）[②]	0.5 (1.7)	40.7 (0.7)	14.1 (−4.5)	23.9 (−1.5)	56	76 704 (−0.9)	94
马耳他（2004）[②]	0.4 (0.4)	8.9 (3.2)	5.2 (7.6)	7.5 (5.6)	100	20 855 (2.8)	69
荷兰（创建国）[②]	16.8 (0.5)	796.5 (0.6)	575.2 (1.1)	513.1 (0.7)	30	47 404 (0.1)	94
波兰（2004）	38.5 (0.1)	495.8 (4.7)	197.8 (3.2)	196.9 (−0.5)	48	12 866 (4.6)	63
葡萄牙（1986）[②]	10.5 (−0.1)	215.4 (−0.4)	62.7 (1.8)	75.6 (−4.4)	29	20 537 (−0.3)	62
罗马尼亚（2007）	20.0 (−0.7)	183.1 (4.0)	65.8 (5.8)	73.4 (−2.4)	73	9 173 (4.7)	50
斯洛伐克（2004）	5.4 (0.1)	91.7 (2.0)	85.2 (3.1)	79.6 (1.5)	43	16 950 (1.9)	78
斯洛文尼亚（2004）[②]	2.1 (0.3)	46.6 (−0.7)	28.6 (−0.7)	29.4 (−2.9)	31	22 616 (−1.0)	73

西班牙（1986）②	46.7 (0.4)	1 347.5 (−0.8)	311.0 (2.3)	332.3 (−4.4)	46	28 852 (−1.3)	72
瑞典（1995）	9.6 (0.8)	574.7 (2.8)	167.7 (−1.8)	159.8 (−1.1)	14	60 143 (1.6)	95
英国（1973）	63.9 (0.8)	2 490.7 (1.3)	476.5 (0.4)	645.2 (0.1)	11	38 985 (0.6)	90
欧盟候选国							
阿尔巴尼亚（2009 年申请加入）	3.2 (0.1)	12.7 (4.1)	2.3 (11.5)	4.9 (−1.4)	82	3 989 (4.0)	60
冰岛（2009 年申请加入）	0.3 (1.3)	14.2 (8.4)	5.0 (−1.5)	4.8 (−5.1)	13	43 121 (7.0)	97
马其顿（2004 年申请加入）	2.1 (0.2)	10.0 (2.6)	4.3 (1.3)	6.6 (−0.8)	36	4 826 (2.4)	61
黑山共和国（2008 年申请加入）	0.6 (−0.1)	4.7 (1.4)	0.5 (−4.2)	5.5 (−8.8)	50	7 211 (1.5)	57
塞尔维亚（2009 年申请加入）	7.2 (−0.4)	41.3 (6.3)	14.6 (5.9)	20.5 (−3.3)	87	5 759 (6.8)	52
土耳其（1987 年申请加入）	75.6 (1.4)	2 490.7 (10.4)	151.8 (2.8)	251.7 (4.5)	72	10 718 (8.9)	46
欧洲自由贸易区 EFTA							
冰岛	同上	同上	同上	同上	同上	同上	同上
列支敦士登	0.1	—	—	—	—	—	94
挪威	5.1 (1.3)	519.5 (3.7)	154.3 (−2.1)	89.8 (−0.1)	7	102 849 (2.4)	95
瑞士	8.0 (1.1)	656.7 (2.8)	217.1 (2.5)	191.7 (2.0)	27	81 767 (1.7)	87

①按当前美元计算。

②欧元区。

资料来源：Euromonitor International, 2015; World Bank, 2015.

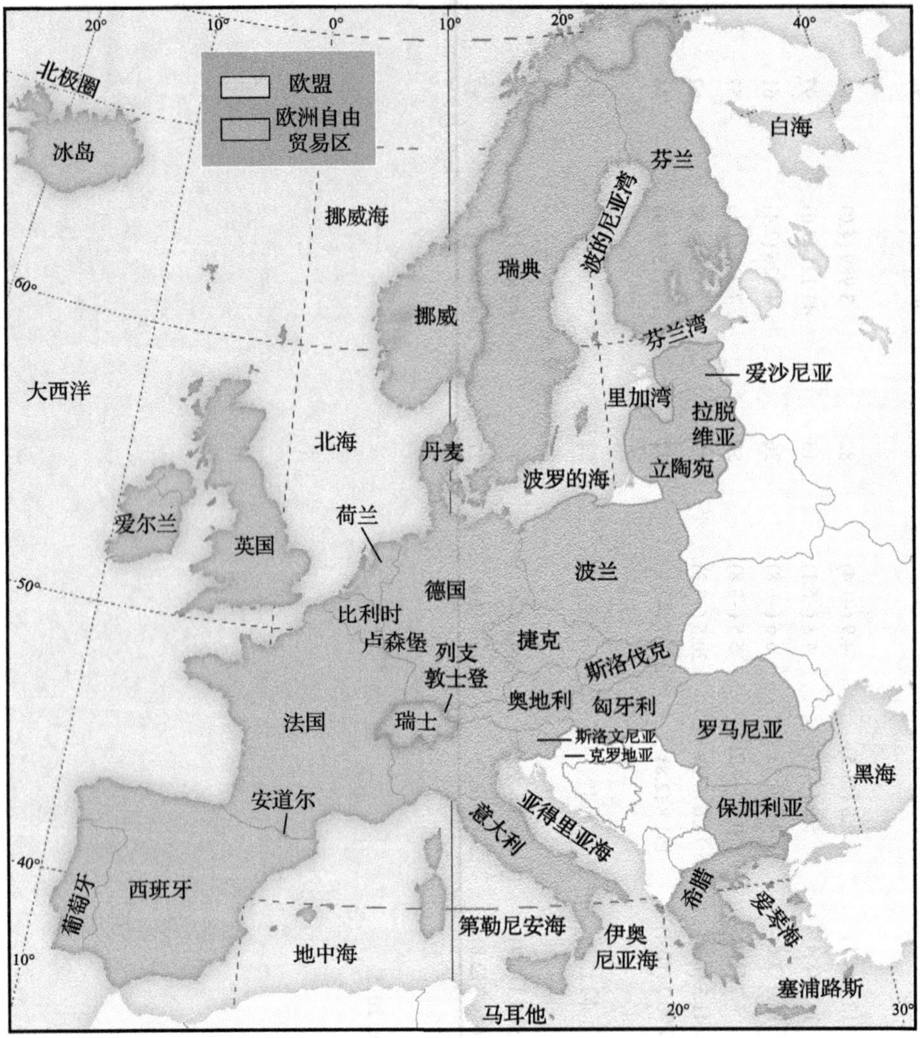

图 10-1 欧洲经济区：欧盟、欧洲自由贸易区与联系国

10.4.1 欧洲一体化

虽然欧盟深受当下全球经济困境的影响[⊖]，但在所有跨国市场集团中，欧盟是运行最稳定而且也是最具经济重要性的（见表 10-2）。从成立之日起，欧盟就朝着实现全面经济一体化的目标发展，最终目标是建立一个政治联盟。但是，人们（包括欧洲人在内）对欧洲经济共同体（又称欧洲共同市场，欧盟的前身）的成功不抱什么希望，因为在一体化过程中会出现许多问题，国家主权的地位也将不得不屈从于欧共体。毕竟，欧共体的建立需要克服在欧洲存在了 1 000 年的经济分离问题，而且欧洲共同市场并非同质。各国间存在着语言上的差

⊖ Gareth Harding, "The Myth of Europe," *Foreign Policy,* January/February 2012, pp. 74-82; Alex Brittain, "Economic Data Signal Two-Speed Europe," *The Wall Street Journal*, February 1, 2012; Floyd Norris, "Europe's Woes Are Reflected in Its Trade Numbers," *The New York Times*, February 17, 2012.

别，具有各自不同的国家利益和政治上的差异性。此外，各地几百年来奉行地方保护主义政策。

表 10-2 从欧洲煤炭钢铁联盟向货币联盟的演化

1951 年	巴黎公约	建立欧洲煤炭钢铁联盟（创始国为比利时、法国、德国、卢森堡和荷兰）
1957	罗马公约	描绘了欧共体蓝图
1958	欧洲经济共同体	经欧洲煤炭钢铁联盟创立国的批准，建立欧洲共同市场
1960	欧洲自由贸易区	由奥地利、丹麦、挪威、葡萄牙、瑞典、瑞士和英国建立
1973	欧洲经济共同体扩张	丹麦、爱尔兰和英国加入欧洲经济共同体
1979	欧洲货币体系	欧洲货币单位创立，除英国外的所有成员国都同意将在一定幅度内保持其兑换率
1981	欧洲经济共同体扩张	希腊加入欧洲经济共同体
1985	1992 年单一市场计划	向欧洲议会提交行动白皮书
1986	欧洲经济共同体扩张	西班牙和葡萄牙加入欧洲经济共同体
1987	**单一欧洲法案**	经批准，在 1992 年前，完全实施该法案
1992	欧盟公约	亦称**《马斯特里赫特公约》**，为经济与货币联盟 (EMU) 设计了蓝图
1993	欧洲 1992	《单一欧洲法案》正式生效 (1993 年 1 月 1 日起)
1993	欧盟	欧盟公约 (《马斯特里赫特公约》) 生效，货币联盟于 1999 年生效
1994	欧洲经济区	欧洲经济区由欧盟成员国、挪威和冰岛组成
1995	欧盟扩张	奥地利、芬兰和瑞典加入欧盟
1997	**阿姆斯特丹公约**	制订了向中欧和东欧扩张的计划
1999	货币联盟	固定欧元与成员国货币的兑换率，银行及金融业受理欧元业务，消费品以当地货币和欧元报价
2002	欧元纸币和硬币开始流通	2002 年 1 月 1 日起，欧元纸币和硬币开始流通，2002 年 7 月 1 日起成员国法定纸币和硬币停止使用
2004	进一步扩张	10 个国家加入欧盟
2007	继续扩张	保加利亚和罗马尼亚加入欧盟
2013	继续扩张	克罗地亚加入欧盟

资料来源："Chronology of the EU," http://www.europa.eu.int/(select Abc). Reprinted with permission from the European Communities.

从历史的角度来看，各国采用各种标准来限制市场准入。德国曾利用纯度法，要求在德国出售的啤酒只能用水、蛇麻子、麦芽和酵母酿造，从而来保护本国的啤酒市场。意大利则要求面食必须用硬粒小麦制作，从而保护本国的面食市场。顺便提一下，欧洲法院判定这两种规定为贸易违规，予以取消。这些限制性标准使得欧洲其他国家生产的产品或欧洲以外国家生产的产品都难以进入相关国家的市场。怀疑论者认为由于这种文化、法律及社会差异是难以克服的，所以他们对统一的欧洲不抱希望。事实证明他们的怀疑论是错误的。今天许多人对欧洲经济共同体已经取得的成就惊叹不已。尽管完全的一体化还未全面实现，但只要观察一下欧盟的结构、在其成员国中的权威、《单一欧洲法案》、欧洲经济区、《马斯特里赫特公约》及《阿姆斯特丹公约》，就不难明白欧洲经济、政治的完全一体化必定会实现。

虽然一些成员国并未完全实施所有的措施，但是情况正在好转。在 28 个成员国中，尚未实施措施的国家所占百分比大幅下降。税收方面的改革仍需继续进行。例如，就汽车的增值税和登记费而言，其费率范围从卢森堡的 15% 到丹麦的 218% 不等。在丹麦的 Haderslev，买一辆中型的梅赛德斯车要花 9 万美元，这几乎是其南面 30 英里外的德国弗伦斯堡所需支付价格的 3 倍。英国消费者购买本田思域要比欧洲大陆的消费者多支付 89%。苏格兰威士忌在瑞典须交纳 18 美元的税，是意大利所征税的 9 倍。尽管征税是各个国家神圣的权力，欧盟财政部长还是提请各国注意这些问题，并取得了一定进展。虽然并非所有的计划都得到了实施，但是统一项目毕竟已迈出了不可逆转的一步。

10.4.2 欧盟㊀

1. 欧盟的机构设置

欧盟机构采用联邦模式，由行政、立法和司法三部分组成，包括欧洲委员会、部长理事会、欧洲议会和欧洲法院。在共同政策所及领域内，这些机构的决策程序具有合法地位，而且具有广泛的法律效力。欧盟使用下列三种法律工具：①直接约束成员国的法规，这些法规具有与成员国国内法律一样的效力；②约束成员国的规章，但允许各成员国采用不同的执行方法；③直接对某个国家、企业或个人所做出的决定，对当事者具有约束力。通过多年的发展，欧盟对其成员国的权威与日俱增。

欧洲委员会制定政策并对成员国的遵守情况进行监督，提议并监督政策与法律的执行。㊁欧洲委员会委员从欧盟利益出发来进行决策，其责任是使欧盟的规定和共同市场的原则得到遵循。例如，通过分别决策，欧洲委员会同意将太阳微系统公司（Sun Microsystems）出售给甲骨文公司，但要求谷歌等公司缩短其存储消费者资料的时间。

部长理事会（The Council of Ministers）是欧盟的决策机构。理事会的责任是讨论并决定**《单一欧洲法案》**（Single European Act）的哪些提案应该对欧盟的各成员国具有约束力。理事会可以以过半数票通过某项提案，并使之成为法律；若要改变产品和服务的税率，则需获得全票通过。例如，理事会曾起草了《马斯特里赫特条约》，并提交各成员国批准。

起初，**欧洲议会**（European Parliament）仅仅在通过欧盟立法方面担当咨询角色。尽管它现在仍没有立法权，但有权修改和采纳某一法案。此外，欧洲议会在欧盟的主要财政支出方面具有广泛的预算影响力。

欧洲法院（The European Court of Justice）是欧盟的最高法院，负责处理与《罗马公约》相矛盾的事宜，同时应国内法院的要求，对欧盟法律的解释权和有效性做出判决。欧洲法院的判决是终审判决，而且不能向国内法院提起上诉。以雅诗兰黛化妆品公司为例，德国法院判决禁止进口该公司销售一种名为“倩碧”(Clinique) 的产品，理由是该产品名称暗含医疗作用，可能误导德国消费者消费。㊂该公司向欧洲法院提起上诉，欧洲法院指出“倩碧”在其他成员国销售并没有出现误导，因而做出了有利于雅诗兰黛的判决。这一判决具有里程碑意义，

㊀ http://europa.eu.int, 2015.

㊁ Jack Ewing and James Kanter, “European Union Gives Hungary Ultimatum,” *The New York Times*, January 12, 2012.

㊂ clinique 与 clinic（诊所）形似音近。——译者注

因为许多成员国也有类似的法律，而这些法律实质上是保护各自市场的非关税贸易壁垒。如果德国法院对雅诗兰黛化妆品公司的判决成立，那么其他公司就很难以同样的方式越境推销自己的产品。欧洲法院在欧盟中的权力及其在消除非关税壁垒方面的作用由此可见一斑。

2. 经济与货币同盟

经济与货币联盟是《马斯特里赫特公约》的产物，规定了欧盟统一货币——欧元的规范，并规定了货币生效的日程表。2002 年，欧洲中央银行成立，货币兑换率得到固定，实现了欧元纸币和硬币的流通（见表 10-3），而各参与国的流通用纸币和硬币的合法地位被取消。㊀为了加入该体系，各成员国必须严格遵守若干财政经济方面的标准规定，包括成员国的赤字、债务和通货膨胀等。在 2001 年 1 月 1 日欧元诞生时加入欧元区的 12 个成员国，包括奥地利、比利时、芬兰、法国、德国、希腊、爱尔兰、意大利、卢森堡、荷兰、葡萄牙和西班牙。2000 年，丹麦经投票决定不加入欧洲货币联盟，只剩下英国和瑞典尚未决定。丹麦拒绝加入欧元区进一步将欧盟前景问题置于舆论的风口浪尖。那些反欧元倡导者正是利用对“欧洲大国”及来自布鲁塞尔干预的恐惧来宣扬其反对言论的，而不是立足于有关经济问题的争论。然而，斯洛文尼亚于 2007 年，马耳他和塞浦路斯于 2008 年分别将本国货币变更为欧元。当然，在欧元区经济得到稳定之前，欧元区暂缓了扩张。

表 10-3 欧元

纸币	欧元纸币共有 7 种颜色，大小不一，面值分别为 500 欧元、200 欧元、100 欧元、50 欧元、20 欧元、10 欧元和 5 欧元。欧元的设计反映了欧洲的建筑文化，正面的窗与走廊象征着欧盟的开放与合作精神。背面图案为特定时代的一座桥，象征着欧洲人民与世界其他地区人民之间的交流
硬币	欧元共有 8 种面值的硬币，分别为 2 欧元、1 欧元、50 欧分、20 欧分、10 欧分、5 欧分、2 欧分和 1 欧分。正面的图案全部相同，为一幅欧盟地图，背景为横线，横线与欧洲旗的星星相连。背面则为各成员国的自选图案，如西班牙国王图像或一些民族英雄。不管各成员国选用何种图案，每枚硬币都能在所有成员国使用，并且价值相同
符号	欧元的几何图形设计取自希腊字母 ε，代表着欧洲文明的摇篮，也代表“欧洲”英文单词的第一个字母 E。其形状如两条水平平行线穿过字母 E。两条平行线代表欧元的稳定。欧元的官方简称为“EUR”

资料来源：Euro, http://www.europa.eu.int/euro. Reprinted with permission from the European Communities.

事实证明，要处理欧盟今天所遇到的一些问题，运行了 40 年的老规则已经不够了。成员国超过现有的 28 个国家（见表 10-1），处理货币向欧元转换和加入经济与货币同盟事宜，要在直接影响欧洲大陆的外交政策方面保持统一口径，这些都要求成员国之间高度协作，同时赋予欧盟机构更大的责任和权威。**《阿姆斯特丹公约》**（Amsterdam Treaty）增加了欧盟机构的权威性，并能应对货币同盟带来的新变化以及吸纳新成员国等问题。

3. 欧盟扩张

不断扩张已成为欧盟最重要的议程。2004 年，10 个新成员国加入欧盟，这比原计划有所提前；保加利亚和罗马尼亚按计划已于 2007 年加入欧盟；克罗地亚也于 2013 年加入欧盟。

㊀ Nicholas Kulish, “No Fireworks for Euro as It Reaches the 10-Year Mark,” *The New York Times*, December 31, 2011.

与土耳其、马其顿、黑山共和国、阿尔巴尼亚、冰岛和塞尔维亚的谈判仍在继续。虽然与土耳其的谈判起起落落，但这个穆斯林占多数的国家从其开放政策中获得了经济利益。㊀除了目前经济不振问题之外，欧盟更为担忧的是来自俄罗斯的非法移民会穿过守卫不严的候选国边境，从而将其势力扩大到欧盟的西部地区。欧盟要求严控边境，但这些候选国又不愿弄僵与邻国的关系。此外，即便对边境实行了严格的控制，欧盟也担心这些国家大批廉价劳动力所构成的威胁。欧盟要求在劳动力的流动方面有一个长的过渡期，但申请国认为其公民应被允许在任何成员国自由就业。

2007 年，欧盟庆祝了其成立 50 周年纪念日。大多数人认为欧盟取得了巨大成就，把数以万计的曾经深受社会经济困难和战事困扰的人们解救出来，并给了他们和平与繁荣。2008 ~ 2009 年的全球经济萧条对欧洲的联合带来了短期挑战；28 个成员国中的绝大多数国家仍然面临着持续的经济困难。未来 50 年，欧盟需要长期面对以下三类问题：①提升经济表现；②限制欧盟的政治作用；③进一步扩张。随着世界上多边和双边协议的不断签署以及世界贸易组织在消除贸易壁垒方面的影响不断增加，最后一个问题会随之消失。

10.4.3 东欧与波罗的海国家

东欧和波罗的海国家原来是苏联的卫星国，一直致力于稳步推进市场经济改革。新的商业机会几乎每天都在产生。该地区被描绘成正在从一个带有巨大冒险性的混沌区域变成一个令人激动的、机遇不可估量的地区。这种描绘是恰如其分的，因为该地区的国家正在进行政治、社会和经济改革，正在实施某种形式的自由市场和资本主义。但是，并非所有的国家都取得相同的进步或在经济改革与增长方面取得相同的成功。㊁

1. 东欧

整个东欧的情况不能一概而论，因为东欧各国面临各自的经济问题而且处于向市场经济过渡的不同阶段。大多数东欧国家正在实施国有企业私有化，建立自由市场价格体系，放宽进口管制，努力解决通货膨胀。各国向市场经济过渡所走的道路不同，所取得的进展也不一样。捷克共和国实施快速的变革，似乎比匈牙利、波兰和罗马尼亚等国做得更好，因为这些国家直到政府内部机构重新调整之后才开始私有化的进程。快速私有化可以使这种变革主要由市场的自发力量而不是由政府的计划制订者或技术官员来推动。在那些步伐慢的国家，其所养成的官僚作风会拖延变革，甚至使经济变革脱离了市场经济的轨道。

南斯拉夫㊂还遭遇到种族分裂的内部干扰，它的四个共和国（克罗地亚、斯洛文尼亚、马其顿和波黑）从联邦政府退出，只剩下塞尔维亚和黑山共和国还留在南斯拉夫联邦共和国里。从联邦政府退出不久，一场灾难性的种族战争在克罗地亚与波黑之间爆发。这场战争使

㊀ 12Stanley Reed, " Turkey Turns Outward," *BusinessWeek*, October 12, 2009, pp. 40-41; " Is Turkey Turning," *The Economist*, June 12, 2010, pp. 55-56.

㊁ Clifford J. Schultz II, Timothy J. Burkink, Bruno Grbac, and Natasa Renko, " When Policies and Marketing Systems Explode: An Assessment of Food Marketing in the War-Ravaged Balkans and Implications for Recovery, Sustainable Peace, and Prosperity," *Journal of Public Policy & Marketing* 24, no. 1 (2005), pp. 24-37.

㊂ 1992 ~ 2006 年，南斯拉夫逐渐解体，南斯拉夫也随之成为历史名词。——译者注

这些共和国的经济受到重创。由于联合国停火执行小组的调停，才出现了暂时的和平。但实际上，克罗地亚和波斯尼亚的经济状况比过去任何时候都糟糕。塞尔维亚科索沃地区也宣布独立，政治形势一直保持紧张。

尽管如此，该地区大多数国家仍在继续制定并完善市场经济体制，实施与先进的市场经济制度相适应的法律。捷克、匈牙利、斯洛伐克和波兰已经成为经济合作与发展组织（OECD）的成员。㊀加入该组织意味着这些国家承担该组织所要求的责任，即实现经济的现代化并且继续保持稳定的宏观经济政策和以市场为导向的结构改革。2004 年，这四个国家成为欧盟成员；2007 年，保加利亚和罗马尼亚也加入了欧盟。这些国家希望能巩固正在发展的民主意识及在外交和安全政策上的亲西方倾向。虽然近来人们一直抱怨这些新成员国发生的向西方移民的情况，但历史表明从长期看这只是一个次要问题。㊁

2. 波罗的海国家

波罗的海国家包含爱沙尼亚、拉脱维亚和立陶宛。正确的政策会产生不同的结果，波罗的海国家就是一个范例。改革前，这三个国家的工业都缺乏效率，实行苏联式的指令经济。爱沙尼亚通过废止卢布，实现公司及土地的私有化，让经营艰难的银行破产，并实施三国中最为自由的贸易政策，从而取得了领先地位。爱沙尼亚的经济成长迅速超越了拉脱维亚和立陶宛。自 1991 年取得独立以来，通过经济改革，爱沙尼亚建立起了一个自由的、几乎为零关税的、开放的经济。

尽管拉脱维亚和立陶宛也取得了稳定的经济增长，但政府官僚主义作风、腐败及有组织犯罪等问题仍存在。这些问题成了美国对它们进行贸易和投资的最重要障碍。虽然政府及各主要政党都赞成自由市场体制，但在基层政府中仍沿袭苏联低水平的经营方法和管理手段，明显带有官僚主义作派。波罗的海三国都是 WTO 的成员方，并且于 2004 年成为欧盟成员。

10.4.4 独立国家联合体（独联体）

自苏联解体以来，欧洲（与亚洲）又出现了一个贸易集团——独联体（CIS）。㊂波罗的海国家首先宣布独立，并很快得到了许多西方国家的承认。苏联解体后的其余 12 个共和国，统称为新兴独立国家（NIS），重组为独联体（见表 10-4）。

表 10-4 独立国家联合体的基本市场指标

成员国	人口（100 万）	国民总收入①（10 亿美元）	商品出口①（10 亿美元）	商品进口①（10 亿美元）	经商便利指数	人均国民收入①（美元）	互联网用户数（%）
亚美尼亚 FTAR	3.0 (0.0)	10.9 (3.8)	1.5 (6.9)	4.4 (−0.2)	40	3 670 (3.8)	46
阿塞拜疆	9.4 (1.3)	69.4 (8.8)	31.8 (0.8)	11.2 (8.1)	71	7 417 (7.4)	59
白俄罗斯 FTAR	9.4 (−0.2)	69.0 (36.8)	36.5 (2.3)	43.0 (1.8)	64	7 307 (37.0)	54
哈萨克斯坦	16.9 (1.4)	198.9 (17.1)	84.7 (3.5)	48.7 (5.2)	53	11 768 (15.5)	54

㊀ http://www.oecd.org.

㊁ The Next Wave?" *The Economist,* February 9, 2013, p. 54.

㊂ http://www.cisstat.com, 2015.

（续）

成员国	人口（100万）	国民总收入①（10亿美元）	商品出口①（10亿美元）	商品进口①（10亿美元）	经商便利指数	人均国民收入①（美元）	互联网用户数（%）
吉尔吉斯斯坦	5.5 (1.3)	6.9 (12.7)	1.8 (−0.7)	6.1 (8.3)	70	1 246 (11.2)	23
摩尔多瓦 FTAR	3.5 (−0.8)	8.8 (9.9)	2.4 (8.6)	5.5 (2.3)	86	2 527 (10.9)	49
俄罗斯 FTAR	143.4 (0.1)	2 016.4 (9.9)	523.3 (2.3)	341.3 (3.4)	111	14 063 (9.7)	61
塔吉克斯坦	8.2 (2.4)	8.5 (18.1)	1.2 (−3.7)	4.2 (5.2)	141	1 030 (15.3)	16
乌兹别克斯坦 FTAR	28.9 (1.4)	58.3 (24.2)	12.4 (3.8)	13.0 (7.0)	156	2 016 (22.5)	38
CIS 宪章未批准国							
格鲁吉亚	4.5 (0.5)	15.8 (6.9)	2.9 (14.2)	7.9 (4.6)	9	3 532 (6.4)	43
土库曼斯坦	5.2 (1.3)	35.6 (16.7)	18.0 (8.6)	10.0 (12.1)	—	6 806 (15.3)	10
乌克兰 FTAR	45.4 (−0.4)	179.2 (8.8)	64.3 (−0.8)	76.8 (−2.1)	140	3 950 (9.2)	42

注：括号内数据为 2008 ~ 2013 年的年均百分比增长率。

①按现行美元计算。

FTAR：已批准了自由贸易协议。

资料来源：Euromonitor International, 2015; World Bank, 2015.

独联体是一个松散型经济与政治联盟，有着开放的边界但不存在中央政府。独联体协议的主要规定有：废除苏联的所有法律，取代旧政府的权力；实行激进的经济改革，包括放开绝大多数商品的价格；保留卢布，但允许新货币流通；建立欧共体式的自由贸易组织；对核武器实行联合控制；履行苏联所有的对外条约和债务责任。

独联体的 12 个成员国都有过实行中央计划经济的历史，成员国之间的密切合作也许会减轻从计划经济向市场经济转变所带来的痛苦。不过，经济政策、货币改革和军事控制等方面的分歧又可能使成员国分裂。谁也无法预料独联体将成为一个什么样的组织及其最终的重要性如何。

跨越国界 10-1

俄罗斯应对西方制裁

俄罗斯的经商便利指数排名第 111 位（见表 10-4）。2014 年，其排名情况更加糟糕，尤其当问这些天麦当劳在莫斯科的经营情况时。

据《纽约时报》报道："困境起因于食品安全的现场检查规定。在西北部一个省城的麦当劳店里，身穿实验室外套的卫生监督员前来进行突击检查。"根据他们的调查，因为卡路里数量与菜单不符，所以俄罗斯当局准备起诉并禁止销售一些产品，包括芝士汉堡、鱼三明治和一些甜品。

俄罗斯法院立即关闭了九家麦当劳店，包括位于莫斯科普希金广场的最先开设而且生意至今很好的麦当劳店。在 2014 年的大部分时间里，麦当劳似乎一直在与俄罗斯斗争。这一年的早些时候，在俄罗斯与乌克兰发生冲突并吞并克里米亚后，美国与俄罗斯之间的政治紧张局势开始升温。例如，为了对抗西方的制裁，俄罗斯官员似乎一直利用麦当劳这家在俄罗斯具有很大名气的快餐店。

8月，为了更严厉地反击西方的制裁，俄罗斯禁止来自美国、加拿大、欧盟等国家所有食物的进口，包括奶酪和蔬菜。其他美国公司也遭遇了类似的干扰，如埃克森美孚、斯伦贝谢、杰克－丹尼、维萨和康泰纳仕。就康泰纳仕而言，该杂志社被迫把控股权出售给俄罗斯的合作伙伴，毕竟有关国外媒体所有权的法规发生了变化。

俄罗斯与乌克兰之间的这场纠纷开始于大约10年前，其焦点就是有关通过乌克兰的管道输往乌克兰和欧盟的天然气的价格问题。两国领导人在2006年、2011年和2014年达成了协议，其中最后一次是通过欧盟调解而促成的。

资料来源：Khushbu Shah, " Nearly 200 McDonald's in Russian to Undergo Government Inspections, " *Eater.com,* October 20, 2014, online; Andrew E. Kramer, " Enduring Russia's Wrath," *The New York Times*, November 7, 2014, pp. B1, 8.

俄罗斯、乌克兰和白俄罗斯这三个斯拉夫共和国有共同的利益和历史，五个中亚共和国亦是如此。不过，这两个独联体核心集团之间的联系却不密切，其主要根源在于苏联成员国间的关系。俄罗斯与乌克兰就俄罗斯输往乌克兰的天然气的价格以及付款方式爆发了长达10年的激烈争端。㊀这两个邻国间要解决这一摩擦似乎就像天气一样多变。

2011年，在俄罗斯与乌克兰的领导下，8个国家签署了自由贸易协议。截至目前，有6个国家批准了该协议，包括人口最多的两个国家。㊁

在所有苏联加盟共和国中，自脱离苏联以来，许多国家在经济上取得了成功。在苏联解体后，它们的经济力量急剧减少，不到苏联鼎盛时期的一半，而现在其经济出现持续复兴的兆头，以至于像英特尔之类的著名跨国公司也开始对该地区进行投资。尽管俄罗斯经济最初遭遇了严重的问题，但目前又开始强劲增长，主要得益于其丰富的能源资源的成功营销。不过，油气价格的下跌以及对该行业的高度依赖，短期看对俄罗斯绝非好兆头。此外，俄罗斯与乌克兰之间的政治冲突也严重威胁到了该地区持续的经济增长。

10.5 非洲市场

部分来自外国直接投资的刺激㊂，特别是来自中国的基础设施项目投资，撒哈拉南部地区的经济发展前景看涨。虽然全球经济遭遇了困境，但过去几年非洲国家的经济增长一直很不错㊃。埃塞俄比亚、安哥拉和马拉维的年经济增长在2006～2011年都在8%以上。在撒哈拉以南地区，也有数个国家的年经济增长达到5%以上。如表10-5所示，2008～2013年，

㊀ Andrew Osborne, " Ukraine Natural-Gas Dispute Intensifies," *The Wall Street Journal,* March 4, 2008, online; Henry Meyer, " Russian Natural-Gas Dispute with Ukraine Threatens New Cutoff to Europe, " *Bloomberg*, September 22, 2011; Nina Chestney, " Ukraine-Russia Gas Row—the Sequel—Penciled in Already," *Reuters,* November 5, 2014, online.

㊁ Ukraine Quits CIS, Sets Visa Regime with Russian, Wants Crimea as ' Demilitarized Zone, ' " *Reuters*, March 19, 2014, online.

㊂ Frank Langfitt, "Will Kenyan Superhighway also Benefit China?" *NPR*, June 21, 2011; "Limited Partnership," *The Economist,* February 1, 2014, p. 61.

㊃ "The Sun Shines Bright," *The Economist,* December 3, 2011, pp. 82-84.

半数以上的非洲国家取得了两位数的国民总收入增长，其中厄立特里亚、埃塞俄比亚、马拉维、塞拉利昂和津巴布韦的年均增长达到20%以上。㊀非洲跨国市场一体化的发展特征是：行动虽多，但进展不大。如表10-5所示，非洲大陆除了摩洛哥外其他国家都参加了松散型的非盟组织。㊁包括双边协议在内，非洲国家目前已签了约200个经济协议。虽然这些有名无实的组织数量种类繁多，但几乎未形成真正的经济一体化。这主要是因为近几十年来非洲政局动荡不安㊂，非洲赖以建立的经济基础不稳固。为此，联合国非洲经济委员会（ECA）已召开了无数次会议，但总是由于政府经验不足、资源未得到开发、劳工问题和产品长期短缺等原因而受到牵制。

表10-5 非洲联盟及其他市场集团的基本市场指标

国家	人口（100万）	国民总收入[①]（10亿美元）	商品出口[①]（10亿美元）	商品进口[①]（10亿美元）	经商便利指数	人均国民收入[①]（美元）	互联网用户数（%）
安哥拉[③]	21.5 (3.2)	110.1 (15.0)	67.1 (−1.4)	28.1 (6.4)	178	5 130 (11.4)	19
贝宁[②]	10.3 (2.8)	8.0 (6.0)	1.2 (−2.2)	2.2 (−1.2)	175	780 (3.1)	5
博茨瓦纳[③]	2.0 (0.9)	15.0 (12.0)	7.6 (9.0)	7.0 (6.1)	65	7 418 (11.0)	15
布基纳法索[②]	16.9 (2.9)	11.9 (8.4)	2.2 (25.5)	3.5 (11.6)	154	705 (5.3)	4
布隆迪[④]	10.2 (3.3)	2.7 (17.3)	0.1 (12.9)	0.8 (15.1)	157	268 (13.5)	1
喀麦隆	20.9 (2.2)	28.7 (6.6)	4.2 (−0.5)	7.0 (5.3)	162	370 (4.4)	6
佛得角[②]	0.5 (0.6)	1.7 (4.1)	0.1 (16.6)	0.7 (−2.5)	128	3 406 (3.5)	38
中非共和国	4.6 (2.0)	1.5 (−2.8)	0.1 (−1.4)	0.3 (−3.6)	187	335 (−4.6)	4
乍得	11.5 (2.7)	7.4 (7.6)	4.5 (0.8)	3.0 (9.6)	183	641 (4.8)	2
刚果民主共和国[③]	67.5 (2.8)	19.1 (23.6)	6.3 (7.4)	6.3 (7.9)	183	283 (20.3)	2
刚果共和国	4.4 (2.8)	11.2 (10.1)	9.8 (3.4)	5.5 (11.9)	186	2 529 (7.1)	7
科特迪瓦[②]	20.3 (2.2)	27.0 (6.7)	13.7 (5.7)	12.9 (10.3)	173	1 327 (3.7)	3
赤道几内亚	0.8 (2.8)	9.4 (1.3)	14.0 (−2.5)	7.0 (12.4)	164	12 464 (−1.5)	16
厄立特里亚	6.3 (3.3)	3.4 (20.2)	0.3 (96.7)	1.0 (11.4)	185	542 (16.3)	1
埃塞俄比亚	94.1 (2.6)	47.5 (29.3)	3.0 (13.4)	12.0 (7.7)	124	504 (26.0)	2
加蓬	1.7 (2.4)	16.8 (7.3)	9.5 (0.0)	3.9 (8.4)	169	10 024 (4.8)	9
冈比亚[②]	1.8 (3.2)	0.9 (8.9)	0.1 (45.8)	0.4 (1.7)	148	481 (5.5)	14
加纳[②]	25.9 (2.3)	43.3 (23.0)	13.7 (21.1)	17.8 (11.6)	62	1 670 (20.2)	12
几内亚[②]	11.7 (2.6)	6.3 (15.2)	1.3 (−0.6)	2.2 (9.5)	179	533 (12.2)	2
几内亚比绍[②]	1.7 (2.4)	1.0 (5.2)	0.2 (10.4)	0.2 (3.8)	181	569 (2.8)	3
肯尼亚[④]	44.4 (2.7)	44.7 (12.9)	5.9 (3.4)	16.4 (8.1)	122	1 009 (9.9)	39
莱索托[③]	2.1 (1.0)	2.9 (10.5)	0.9 (1.0)	2.3 (2.5)	139	1 380 (9.4)	5
利比里亚[②]	4.3 (3.2)	1.4 (18.4)	0.5 (17.4)	1.2 (8.3)	149	330 (14.7)	5
马达加斯加[③]	22.9 (2.8)	10.5 (7.7)	2.0 (3.1)	3.2 (−3.5)	144	457 (4.7)	2
马拉维[③]	16.4 (3.0)	5.0 (20.4)	1.2 (6.0)	2.7 (4.1)	161	308 (16.9)	5
马里[②]	15.3 (3.1)	10.0 (5.6)	2.6 (4.4)	3.7 (2.1)	153	655 (2.4)	2
毛里求斯[③]	1.2 (0.3)	11.9 (5.8)	2.9 (3.8)	5.4 (3.0)	20	9 602 (5.5)	39

㊀ Nicholas Kulsih, "Africans Open Wallets To the Future," *The New York Times*, July 21, 2014, pp. A1, A10.

㊁ "Get Still More Serious," *The Economist*, February 6, 2010, p. 14.

㊂ Peter Wonacott, "The United States of Africa? Not Yet," *The Wall Street Journal*, July 18, 2014, online.

（续）

国　家	人口（100万）	国民总收入①（10亿美元）	商品出口①（10亿美元）	商品进口①（10亿美元）	经商便利指数	人均国民收入①（美元）	互联网用户数（%）
莫桑比克③	25.8 (2.6)	15.5 (16.0)	4.3 (10.1)	8.6 (16.5)	142	602 (13.1)	5
纳米比亚③	2.3 (1.8)	11.9 (10.0)	3.5 (2.3)	7.6 (11.7)	94	5 185 (8.1)	14
尼日尔②	17.8 (3.9)	7.6 (9.4)	1.6 (11.9)	1.9 (2.3)	174	429 (5.3)	2
尼日利亚②	170.9 (2.6)	499.0 (16.2)	91.8 (2.2)	45.0 (9.9)	138	2 920 (13.3)	38
卢旺达④	11.8 (2.9)	7.3 (13.1)	0.7 (20.9)	2.5 (16.9)	54	621 (9.9)	9
圣多美和普林西比	0.2 (2.8)	0.3 (13.7)	0.0 (2.5)	0.1 (4.2)	166	1 569 (10.6)	23
塞内加尔②	14.1 (2.9)	15.1 (4.7)	2.4 (4.0)	6.1 (1.2)	176	1 068 (1.7)	21
塞舌尔③	0.1 (0.6)	1.2 (11.9)	0.6 (6.1)	0.9 (−2.5)	77	13 240 (11.2)	50
塞拉利昂②	6.1 (1.9)	5.0 (21.9)	1.9 (54.4)	1.8 (27.2)	137	821 (19.6)	2
南非③	52.8 (1.0)	343.3 (8.7)	86.7 (1.4)	101.3 (2.6)	41	6 504 (7.7)	49
斯威士兰③	1.2 (1.6)	3.4 (5.6)	1.9 (2.0)	1.5 (−2.3)	120	2 695 (3.9)	25
坦桑尼亚③,④	49.2 (3.1)	28.2 (15.8)	5.1 (13.6)	12.3 (11.6)	136	574 (12.3)	4
多哥②	6.8 (2.6)	3.5 (6.6)	1.1 (4.3)	2.1 (6.8)	159	512 (3.9)	5
乌干达④	37.6 (3.4)	20.6 (17.2)	2.8 (1.0)	4.9 (1.7)	126	548 (13.4)	16
赞比亚③	14.5 (3.1)	23.8 (23.2)	10.6 (15.4)	10.2 (15.2)	90	1 636 (19.4)	15
津巴布韦③	14.1 (2.1)	9.4 (13.6)	3.6 (10.1)	4.3 (7.8)	168	662 (11.4)	19

注：括号内数据为 2008 ~ 2013 年的年均百分比增长率。

①按现行美元计算。

②西非国家经济共同体 (ECOWAS) 成员国。

③南部非洲发展共同体 (SADC) 成员国。

④东非共同体成员国。

资料来源：Euromonitor International, 2015; World Bank, 2015.

西非国家经济共同体（Economic Community of West Africa States，ECOWAS）和南部非洲发展共同体（Southern African Development Community，SADC）是最活跃的两个区域性合作组织。西非国家经济共同体拥有 15 个成员国，成员国的国内生产总值之和超过 600 亿美元，目前正努力实现全面经济一体化。1997 年，西非国家经济共同体第 20 次首脑会议批准了一项加速局部经济一体化发展的计划，会议强调要实现区域货币一体化，并最终实行单一的西非流通货币。遗憾的是，西非国家经济共同体依然受到财政问题、组织内部矛盾以及某些成员国不配合等问题的困扰。历经 30 年，西非国家经济共同体条约及其明确的目标和在 15 年内分 3 个阶段实现的手段均已变得苍白无力、一事无成，自由贸易只不过是一个被推迟的梦想而已。

南部非洲发展共同体是非洲区域性组织中最先进、最为可行的组织。其 15 个成员国的领土合计为 700 万平方公里，人口达 2.5 亿，自然资源丰富。南非在经济上占主导地位，国内生产总值达 2 000 亿美元，占南部非洲发展共同体市场份额的 76.8%。经过多年的谈判，南部非洲发展共同体中的 11 个成员国签订了自由贸易协议，在 8 年内、分阶段地逐步撤销至少 85% 的关税，2015 年取消了全部关税。

至于南非，由于种族隔离政策已正式结束，联合国已解除了把南非与许多工业化国家隔离的贸易禁令，南非经济得到了迅速的发展。南非有着可以帮助推动其经济快速增长的工业基础。在10年的时间内，南非的国内生产总值可能要翻一番。南非还拥有发达的基础设施，包括机场、铁路、高速公路和电信。这些设施使南非成了一个为邻近非洲市场服务的重要基地。

乐观的经济预期、稳定的社会政治环境，以及南非政府宣布实施私有化和放松管制并将欢迎外国投资者作为一项长期目标所引起的经济活力的增强，这一切都为在南非寻求贸易、投资与合资的美国公司提供了机会。南非拥有一个中等规模的国内市场，市场规模达3 500亿美元，而且增长潜力明显、市场化程度不断提高。诚然，由于多年的隔离，存在内向型的投资与贸易政策、低储蓄率、非熟练劳动力比重较高及管理效率低下等问题，其潜力有待开发。

南非具有发展成为最新的新兴大市场的潜力，但其未来的发展取决于政府的行为以及其他政府和跨国公司的外部投资。从各个角度来看，外国投资者的大规模投资正起着主导作用。

关于非洲的众多令人费解的迷惑之一就是：虽然非洲拥有极其丰富的资源，但绝大多数非洲民众过着极其贫穷的生活。而东亚的情况正好相反：大多数地区资源匮乏，但在过去的几十年里东亚经济获得了巨大的繁荣。20世纪50年代，数个非洲国家有着与许多东亚国家（如韩国）相当的收入水平，并且拥有更为丰富的自然资源。从情理上讲，这些非洲国家似乎应该比那些亚洲国家发展得更为繁荣。毋庸置疑，东亚在文化及历史方面拥有重要的优势。虽然东亚经济繁荣所依赖的其他因素在其他地方能被效仿，但在非洲无法得到效仿。东亚的成功之道在于实行外向型市场经济政策和加强教育与卫生保健相并举的战略。这也是大多数新兴工业化国家或地区以这样或那样的形式所遵循的一个模式。

互联网也使得教育便利化，而教育又是经济发展的基础。非洲虚拟大学将50多所资金不足、设备落后的非洲大学与世界各地的大学教室及图书馆相连接，授予计算机科学、计算机工程及电子工程学科的学位。南非校园网已有1 035所中学入网，而且政府的远程教育计划已将多媒体教学推向了农村学校。例如，谷歌[一]及其他公司也都在投资开发斯瓦希里（Swahili）文的内容。

10.6 中东和北非市场（MENA）

2011年，中东/北非地区爆发的史无前例的、持续的政治动荡迅速加剧，也对该地区一些国家的经济带来了重大灾难。[二]这一动荡对国际贸易和营销的影响截至目前尚无从知晓。其影响既有积极的一面（更大的新闻自由）[三]，也有消极的一面（针对以色列的新的经济制裁）。[四]不过，值得期待的是该地区民主和自由的发展终将为人们带来更多的经济机会。[五]

㊀ Noam Cohen, "Hungry for Content, Google Tries to Grow Its Own in Africa," *The New York Times,* January 25, 2010, p. B3.

㊁ "Arab Spring Economies: Unfinished Business," *The Economist*, February 4, 2012, pp. 49-50.

㊂ Sarah A. Topol, "Egypt's Brotherhood TV," *Businessweek.com*, January 19, 2012.

㊃ Yitzchok Adlerstein, "Egypt's Petty Palm Embargo," *Los Angeles Times*, October 11, 2011, p. A15.

㊄ Jeffrey Goldberg, "The Awakening," *Bloomberg Businessweek*, January 8, 2012, pp. 12-33; Matthew Campbell and Christopher Stephen, " Libya Is Free. Send in the Cinnabons," *Bloomberg Businessweek*, December 17-23, 2012, pp. 17-18.

表 10-6 中伊拉克、伊朗和阿拉伯联合酋长国的出口比较也许隐含了该地区有可能走向和平的信号。伊拉克和伊朗都拥有很大的石油储量，但因为政局动荡，两国的出口不到阿拉伯联合酋长国的 1/3。

即便在当下的政治经济动荡发生之前，中东地区对于成立能成功运作的跨国市场组织显得不太积极。阿拉伯共同市场（Arab Common Market）确立了实现内部自由贸易的目标，但未能做到。现在，其目标是实现 22 个阿拉伯国家的经济一体化。但要想做到这一点，必须先克服长期的边界争端、持久的意识形态分歧以及政治动荡。不过，实现一体化的想法仍然存在，并且总成为每次阿拉伯部长会议的主题。海湾国家、埃及和摩洛哥已经合作建立了阿拉伯自由贸易区，有时称为大阿拉伯自由贸易区（GAFTA）。2005 年签署的这项协议还处在实施的初期阶段，能否成功还很难下定论。如表 10-6 所示，这里把讲阿拉伯语的国家定义为松散的、准政治性的阿拉伯联盟。2011 年，苏丹分裂为两个国家：苏丹和南苏丹。阿拉伯联盟认可了巴勒斯坦国，故列在表中，但因缺乏相关单独数据，所以其具体数据含在以色列的数据中。摩洛哥的西撒哈拉地区也是一个引起政治争端的问题。

表 10-6　中东和北非市场（MENA）

国家	人口（100 万）	国民总收入①（10 亿美元）	商品出口①（10 亿美元）	商品进口①（10 亿美元）	经商便利指数	人均国民收入①（美元）	互联网用户数（%）
阿拉伯联盟成员国							
阿尔及利亚	36.0 (1.5)	188.7 (10.9)	74.5 (6.3)	47.2 (17.6)	148	5 247 (9.2)	13
巴林	1.2 (1.9)	28.6 (2.9)	17.5 (0.2)	13.0 (3.8)	47	23 595 (1.0)	90
科摩罗	0.7 (2.5)	0.7 (7.5)	0.0 (30.8)	0.3 (9.7)	160	923 (4.9)	7
吉布提②	0.9 (1.9)	1.4 (10.1)	0.1 (11.8)	0.6 (−0.5)	170	1 525 (8.1)	10
埃及	83.7 (2.4)	246.7 (13.2)	28.5 (2.3)	58.3 (3.8)	127	2 948 (10.6)	50
伊拉克	33.8 (2.8)	204.1 (11.7)	89.5 (28.3)	61.0 (13.1)	155	6 043 (8.7)	9
约旦	6.6 (2.4)	33.4 (8.0)	7.9 (−0.1)	22.1 (5.4)	119	5 080 (5.5)	44
科威特	4.1 (8.6)	211.9 (7.2)	115.2 (5.6)	29.6 (3.6)	101	51 220 (−1.3)	75
黎巴嫩	4.8 (2.9)	44.8 (8.2)	4.1 (−1.8)	21.2 (4.9)	105	9 300 (5.2)	71
利比亚②	6.4 (1.7)	45.7 (−4.0)	44.0 (−6.7)	27.0 (24.2)	104	7 132 (−5.6)	17
毛里塔尼亚	3.9 (2.6)	3.8 (6.2)	2.7 (8.2)	3.3 (10.9)	171	982 (3.5)	6
摩洛哥	32.9 (1.0)	102.2 (2.9)	21.8 (1.4)	44.9 (1.2)	95	3 105 (1.9)	56
阿曼	3.6 (7.0)	91.8 (11.7)	56.4 (8.4)	34.3 (8.4)	44	25 274 (4.5)	66
巴勒斯坦（数据含在以色列中）							
卡塔尔	2.0 (6.7)	190.3 (11.9)	136.9 (15.2)	26.9 (−0.7)	45	95 984 (4.9)	85
沙特阿拉伯	29.3 (2.3)	748.5 (7.2)	375.7 (3.7)	152.0 (8.6)	22	25 528 (4.8)	61
索马里②	9.6 (2.3)	—	0.5 (5.2)	1.3 (7.9)	—	—	2
苏丹	38.0 (2.2)	46.7 (15.9)	7.1 (−9.5)	9.9 (1.2)	143	1 230 (13.4)	23
叙利亚②	20.8 (2.0)	61.8 (13.6)	3.0 (−27.9)	5.8 (−20.4)	134	2 976 (11.4)	26
突尼斯	11.0 (1.1)	46.0 (7.5)	17.1 (−2.5)	24.3 (−0.2)	49	4 183 (6.3)	44

（续）

国家	人口（100万）	国民总收入①（10亿美元）	商品出口①（10亿美元）	商品进口①（10亿美元）	经商便利指数	人均国民收入①（美元）	互联网用户数（%）
阿拉伯联合酋长国	8.4 (6.2)	398.4 (4.5)	319.4 (6.0)	237.5 (6.1)	26	47 344 (−1.6)	88
也门	24.4 (2.4)	35.4 (5.9)	9.5 (4.6)	12.5 (1.9)	129	1 451 (3.5)	20
未加盟国家							
伊朗	76.4 (1.1)	493.4 (23.5)	94.9 (−3.6)	49.9 (−2.9)	152	6 458 (22.1)	31
以色列	8.1 (2.0)	284.2 (6.4)	56.9 (2.1)	71.1 (2.0)	33	35 268 (4.3)	71
南苏丹	11.3 (4.4)	12.9 (10.3)	—	—	184	1 140 (5.7)	—

①按现行美元计算。

② 结合当前的暴力冲突而实时报告的人口与国民收入数据。

资料来源：Euromonitor International, 2015; World Bank, 2015.

由伊朗、巴基斯坦和土耳其组成的地区合作发展组织（RCD）现已更名为经济合作组织（Economic Cooperation Organization，ECO）。自改组以来，经济合作组织已吸收了阿富汗和六个新独立的国家。地区合作发展组织成立后，在发展基础工业生产方面已取得显著进展。经济合作组织的首要目标是发展基础设施，为区域性合作铺平道路。不过，经济合作组织的贸易量只占其总贸易量的7%。该组织最近宣布为了促进贸易，已制定了协议以取消关税和非关税壁垒。

中东地区的另一个区域行动是伊朗所发起的伊斯兰会议组织（Organization of the Islamic Conference，OIC），即一个由伊斯兰国家组成的共同市场。在下一次伊斯兰国家会议上，在伊斯兰会议组织的成员国间实行特惠关税制度，在保险、交通和过境运输等方面扩大商业服务等议题都将被纳入协商的范围。伊斯兰会议组织代表着60个国家及全球6.5亿穆斯林。成员国丰富的自然资源、雄厚的资本和廉价的劳动力构成了伊斯兰会议组织的优势所在。

当然，伊朗和若干阿拉伯国家持续的动荡以及叙利亚、伊拉克与阿富汗的战争一直是影响该地区政治与经济关系的重要因素。伊朗政府一直对互联网进行干扰以阻止政治宣传。虽然美国对伊朗实行禁运并对相关人员和企业进行了惩罚，但美国商品仍被走私进入伊朗。从迪拜赛义德港（Port Saeed）到伊朗南部班达阿巴斯（Bandar Abbas）的100英里似乎成了走私的热门海岸。阿联酋的迪拜一直是中东地区的国际投资中心。不过，在2008 ~ 2009年的全球经济危机中，迪拜因房地产投资泡沫破灭而遭受巨大损失。有迹象表明，贸易有助于该地区的和平。例如，一些伊朗经理人员希望为他们自己的国家办一所现代商学院。㊀

10.7 市场一体化的意义

很明显，不同地区经济一体化的程度也各不相同。欧盟是世界楷模，也为上述其他地区理解和预测变化程序树立了榜样。对于打算进入其他一体化初期的市场并进行经营的国际营

㊀ Stanley Reed, "Reading Keynes in Tehran," *Bloomberg BusinessWeek*, February 15, 2010, p. 31.

销者来说，了解关于欧盟的知识至关重要。

10.7.1　战略意义

随着各国联合成跨国市场集团，全球市场的格局发生了巨大变化。跨国集团为国际企业提供了进入国际大市场的机遇。在这些国际大市场内，国与国之间的关税壁垒和限制或被降低或被取消。随着世界市场重组为各种市场集团，生产、融资、劳务和市场营销等决策活动也受到了影响。

随着企业的日益壮大，应对大市场集团的经验日益丰富，全球竞争也将日益加剧。欧洲与非欧洲的跨国公司正准备着手对付欧洲全面一体化引起的竞争格局的变化。在一体化的欧洲，美国跨国公司可能要比扩张的欧洲公司具有初始优势，这是因为在面向多元化大市场的营销方面，美国企业更富有经验，并已习惯于把欧洲看成一个整体市场。美国跨国公司并不像欧洲跨国公司那样存在种种麻烦，如要应付不同的货币、不同的定价及不同的管理方式。然而，这一优势只是暂时的，因为欧洲企业会通过合并、兼并和合资等手段来巩固其经营，从而获得单一欧洲市场所带来的利益。即使能在共同市场的大保护伞下经营，但各国家市场仍然会给国际经营者带来语言、习俗以及不稳定等老问题。可是，壁垒消除了，跨国市场可被视为一个共同市场，这样，全球市场显得更为现实了。

跨国市场集团强化了对经营活动的干预。目前，每一集团都设立了专门面向企业经营的管理和行政机构。在市场的构建过程中，跨国市场集团的规章和条例往往比单独国家的要复杂。尽管应对这些新型市场会面临错综复杂的重重困难，但对精明的国际营销者来说，它们仍然代表着机遇和潜在利益。

1. 机遇

经济一体化为营销者创造了大市场。虽然许多国别市场太小而不值得单独开发，但当与他国合作形成新的市场后，这些市场就有了意义。对那些习惯于大批量生产大规模分销的企业来说，大型市场显得尤为重要，因为这样就能实现规模经济和营销效益。在竞争极为激烈的市场上，高效率所带来的利益意味着可以降低产品价格，从而提高用户购买力。

绝大多数跨国集团利用合作项目促进经济增长，这是它们共同努力的一部分。这些项目提高了购买力，改善了区域基础设施，促进了经济发展，这对营销者是非常有利的。尽管一体化过程中肯定会出现一些问题，但自由贸易所带来的经济效益一定十分可观。

当前，为满足各种各样的国家标准，企业得耗费数十亿美元来开发不同款式的商品。事实上，其中大部分成本是可以节约下来的。菲利普公司和其他欧洲公司总共投入了200亿美元为欧洲几个不同的电话网研制一种共同的交换系统。相比之下，美国只需投入30亿美元就建立了统一的系统，而日本则只需投入15亿美元就可建立单一系统。

2. 市场壁垒

跨国市场的最初目的是保护在其境内经营的企业，为市场内公司与同一市场集团内的他国公司进行交易提供便利。对贸易集团在区域贸易和国际贸易中的贸易模式进行分析，结果发现这些目标都已达到。

对愿意在跨国市场进行生产设施投资的公司而言，也许可以从保护主义措施中获益，因为这些公司也将成为市场的一部分。不过，出口商的境况则相当不妙。许多美国出口商都面临这种境况，他们可能需要通过在欧洲投资来保护他们在欧盟的出口市场。对小公司来说，主要问题也许是如何适应欧盟标准。对于向一个或两个欧盟成员国出口并能达到其标准的公司来说，可能会发现自己处于这样的境地：在欧盟采用统一标准后，如果不调整标准，那么就会被拒于市场之外。

一家生产悬挂油炸食物管具和其他煤气排气设备的企业便遇到过这类问题，该公司的一家最大客户告知该公司在英国的麦当劳餐馆不再使用这种管具。欧洲的迪士尼也发生了类似的事情。不幸的是，当制定统一标准时，只有大的跨国公司和欧洲企业参与其中，因而这些公司就具有一定的优越性，能制定对自己有益的标准。小公司的选择是唯一的：或改变标准或退出市场。在这种特殊情况下，似乎是竞争对手在拒该公司于市场之外。然而，如果该公司与个别欧洲国家合作来进入该国市场，就像单一市场存在之前一样，那么它是否能适应还很成问题。

10.7.2 市场计量指标

本节要介绍三张表格，反映的是来自这些较大地区人口最多的 8 个国家的市场规模与特点。分析这些表格，不难发现这些国家在生活水平、基础设施与消费者购买行为方面存在巨大的差异。以美洲市场为例，这些差异似乎与纬度有一定的相关性：离赤道越远的国家，经济发展水平越高。此外，这些表格没有给出来自非洲与中东地区那些最不发达国家的资料。另外，表格中也没有给出直接衡量政治不稳定及其他风险的数据。其实，这些数据在第 5 章与第 17 章中会有提供。

表 10-7 给出了反映这 8 个国家生活水平的数据。人均国民收入的差异非常巨大。德国高达 46 396 美元以上，而刚果民主共和国不足 300 美元。俄罗斯、土耳其与伊朗的收入水平正在快速上升。

表 10-7 欧洲 / 非洲 / 中东北非地区人口最多 8 个国家的生活水平

国家	人口（100 万）	人均国民收入（美元）	每 1 000 人拥有医疗资源		家庭拥有率（%）		
			医生	医院床位	彩电	电冰箱	淋浴喷头
尼日利亚	170.9	2 920	0.4	—	47.6	18.3	15.4
俄罗斯	143.4	14 063	5.1	9.3	98.2	99.2	84.3
埃塞俄比亚	94.1	505	0.0	0.1	—	—	—
德国	80.5	46 396	4.0	8.3	95.1	99.7	94.5
埃及	83.7	2 948	3.1	1.5	93.8	94.4	95.6
伊朗	76.4	6 458	0.9	1.2	97.6	87.4	69.1
土耳其	75.6	10 718	1.8	2.7	93.8	98.6	96.2
刚果民主共和国	67.5	283	—	—	—	—	—

资料来源：Euromonitor International, 2015.

表 10-8 比较了这些国家的基础设施情况。同样可以发现，南北之间存在巨大的差异。最有意思的数据也许是伊朗的相对优势，特别是在大学生数量方面的优势。正是这些大学生成为该国政治抗议活动的催化剂。不过，就未来发展机遇与雇用优秀营销者而言，最后一列数据带给了我们希望。

表 10-8 欧洲 / 非洲 / 中东北非地区人口最多 8 个国家的基础设施

国家	乘车旅行（人均千米数）	每 1 000 人拥有汽车数	能源消费（吨石油）	每 1 000 人拥有手机数	识字率（%）	每 1 000 人中大学生数量
尼日利亚	4	—	—	745	50	—
俄罗斯	914	288	4.9	1 523	100	76
埃塞俄比亚	—	1	—	273	47	—
德国	1 009	545	4.0	1 223	100	62
埃及	488	44	1.0	1 192	75	30
伊朗	261	153	3.2	854	85	55
土耳其	80	120	1.6	922	96	69
刚果民主共和国	0	5	—	437	62	8

资料来源：Euromonitor International, 2015.

表 10-9 以数字形式简要描述了这些国家的消费模式。就埃塞俄比亚与刚果民主共和国而言，这里只能靠猜测，因为要在这些国家进行系统的消费调研的确非常困难。土耳其在教育方面的支出增长迅速。当然，德国各方面的统计数据都远远领先。事实上，本书所给出的最令人吃惊的数据也许就是德国的年人均烟酒支出达 780 美元，为刚果民主共和国年人均国民收入的 2 倍多。当然，这里没有责备德国之意。其实，前面提到过，加拿大人在兴奋剂方面的支出更大。这样的差异性真是不可思议。

表 10-9 欧洲 / 非洲 / 中东北非地区人口最多 8 个国家的消费模式

国家	平均每户人口	家庭支出（美元 / 人）								
		食物	烟酒	衣服	住房	健康与服务	交通	通信	休闲	教育
尼日利亚	4.8	1 029	25	134	215	37	91	7	25	51
俄罗斯	2.6	2 109	628	664	721	278	970	312	343	80
埃塞俄比亚	4.6	—	—	—	—	—	—	—	—	—
德国	2.0	2 950	780	1 212	5 975	1 243	3 281	653	2 190	247
埃及	3.8	1 052	113	135	527	255	170	73	63	122
伊朗	3.4	581	10	132	677	213	217	121	27	74
土耳其	3.7	1 783	395	406	1 494	245	1 295	295	317	100
刚果民主共和国	6.8	—	—	—	—	—	—	—	—	—

资料来源：Euromonitor International, 2015.

10.7.3 对营销组合的意义

为了适应单一欧洲市场所带来的预期市场差异，许多公司都对其营销组合策略进行了调整。过去，公司通常在不同的欧洲市场上实行不同的定价。成员国间的非关税壁垒不仅助长了价格差异，而且阻碍了商品从低价市场向高价市场的流动。高露洁公司已对其高露洁牙膏采用统一销售模式，并在欧洲全境按统一价格销售。在调整定价策略之前，高露洁公司在不同市场按不同价格出售其牙膏。

例如，Beddedas 沐浴液在德国市场按中等价格定位，而在英国市场却被定位为高价商品。只要产品不能从低价市场进入高价市场，那么差别定价策略就有效。不过，现在，根据欧盟规则，公司不能阻挠商品的自由流通，这样商品从低价市场向高价市场的平行进口就更容易发生。各国市场间的价格标准化是避免平行进口问题的必要改革之一。采用欧元以后，价格差异便更容易被发现。对消费者来说，寻找最划算的名牌产品就更容易了。此外，欧元也将更利于企业将来进行互联网上的营销。总之，单一货币将使欧洲市场的竞争更为公平、更为激烈。

除了实行统一定价政策之外，各公司也在减少所产商品的品牌数量，以便集中力量做好广告宣传和促销。例如，在欧共体市场上，雀巢公司目前所拥有的多个酸酪品牌将减至一个品牌。联合利华计划将其从 1 600 个品牌减少到 400 个核心品牌。这些公司计划为欧盟等个别市场开发大品牌，并在全球范围内营销其他品牌。从欧洲一体化中主要得利的是零售业的竞争。欧洲缺乏支撑中小型零售店的一体化、竞争性分销体系，边界的消亡将加剧零售商之间的竞争，从而形成覆盖欧洲的分销渠道。

最后，所有国际市场营销人员都应该乐观地看待全球市场一体化。邻近国贸易总是很重要的，因为距离确实是个问题。全地区一体化服务于世界贸易系统的全球化与和谐发展，这样就降低了贸易成本，为消费者提供了更多的选择，为营销者提供了更多的机会。

本章小结

第二次世界大战以来发展起来的跨国市场集团的经验表明，这些集团既取得过成功，也遭遇过挫折。世界各国在经济合作方面进行了各种尝试，有的成功了，有的失败了。但不管是否成功，这些经济市场集团已经激起了营销者的巨大兴趣。不久，这些区域性集团将会继续与其他国家和地区签订协议，为实现买方主导的真正全球化市场铺平了道路。

对公司而言，通过合作可能得到的经济利益与更有效的生产和营销有关。市场营销的效率会受到大众市场开发、激励竞争、个人收入增加和各种市场心理因素的影响。生产效率取决于生产的专业化、生产面向大众市场的规模化和各种生产要素流动的自由度。经济一体化也有助于促进参与国的政治和谐，而政治和谐带来稳定与和平，不论是对营销者还是对本国公民来说都是有利的。

既可以从跨国市场内公司的角度，也可以从意欲进入这些市场的外部公司的角度着手研究跨国市场集团对营销的意义。无论从哪个角度进行研究，不管营销者来自何地，所面临的问题和机遇都不尽相同。然而，不论是在跨国市场内部还是外部，跨国市场集团给那些富有创造精神而又想扩大市场的营销者提供了巨大的机会。从经济意义上讲，市场集团化使得进入新市场成为可能，并且也有助于营销者采用那些不适用于代表个别国家的小市场的新的营销策略。与此同时，由于市场集团内部的保护主义，市场集团化加剧了竞争，但这又可能引起区域性市场之间更强的保护主义。由于未来全球市场毫无疑问地会围绕区域性经济大国来发展，所以未来的营销者必须关注自己在这些贸易集团中的地位，以便把握机会。例如，南方共同市场和东盟与中、日、韩三国论坛的产生就意味着经济合作与一体化变得日益重要。这种发展将为国际市场营销者提供不断增长的市场机会和挑战。

最后，欧洲 / 非洲 / 中东地区市场的收入水平与文化的多样性可能最为巨大，这也使得国际营销经理在这些市场上的经营往往面临巨大的挑战。

思考题

1. 解释本章标黑色的主要术语。
2. 阐述跨国市场集团给营销者带来的好处和问题。
3. 试解释跨国市场集团的政治作用。
4. 根据哪些因素可以判断跨国市场集团潜在的成败？
5. 试解释那些有利于跨国市场集团发展的各种因素对市场营销的影响。
6. 假设美国是由许多各自有着贸易壁垒的独立国家组成，那么对营销会产生什么影响呢？
7. 试讨论区域经济一体化的各种可能方式。
8. 自由贸易区和共同市场有何区别？试解释这些区别对市场营销的影响。
9. 欧共体的创始者显然想使之发展成为真正的共同市场。为了实现这些目标，必须以政治一体化来支持经济一体化。试做分析。
10. 在过去的十年里，欧洲委员会、部长理事会、欧盟法院已获得了权力。请对此加以评述。
11. 任选三个从逻辑上讲有可能建立跨国市场组织的国家。阐述其作为区域性贸易集团的合理性。指出这些国家在建立跨国市场集团的过程中可能会遇到的各种问题。
12. 预计美国对欧盟的出口将会减少。对此，公司该采取什么样的营销措施？
13. “由于跨国市场是动态的，而且增长的可能性很大，所以外部的公司与跨国市场打交道就特别不容易。”试做分析。
14. 关税同盟和政治联盟有何区别？
15. 非洲国家为何难以形成有效的经济联盟？
16. 试分析欧盟决定接纳东欧加入本集团的意义。

第11章

Chapter11

亚太地区

学习目标

通过本章学习，应能把握：

- 亚太地区的快速发展情况
- 日本的作用与增长迟缓
- 金字塔底层市场的重要性
- 亚太地区的多样性
- 亚太地区国家间的相互关系

全球视角

从沃尔玛的三蛇酒到阿里巴巴的新西兰牡蛎

发展中的市场正经历着迅速的工业化进程，体验工业品及消费品市场的增长，为外国投资创造新的机遇。请看如下事例：再过几天就是中国农历新年了，当地沃尔玛购物中心的货架之间挤满了猎寻年货的人们。他们推着手推车，满载着食品、厨具和衣物。此情此景不禁让人想起中美洲的节前采购，人们蜂拥向每一家沃尔玛超市。然而，这里的购物者却是中国的新贵。中国消费者很喜欢大型超市，他们的大部分钱都花费在食品和日用品上。沃尔玛会发放会员卡，这种会员卡不仅给持卡者提供特别的折扣，而且也给予他们特殊的身份。

在坎贝尔汤料和邦迪纸巾旁边的货架上，摆放着鱼干和蜜饯糖果。其中一层高高地堆放着各种品牌的粥，也就是中国南方人爱吃的那种早餐，另一层则摆放着南粤花生和几袋竹笋。商店里侧的酒水类区，放置着三蛇米酒，这种药酒里面浸泡着盘起来的死蛇。沃尔玛在中国销售的商品95%都采购自当地。面对住在小型公寓的客户，沃尔玛不会费力去推销伸缩梯或可用上一年的酱油。

目前，沃尔玛在全球27个国家或地区拥有11 000家分店，其中包括中国的近400家门店。鉴于其国际营运的收入和利润增长迅猛，沃尔玛必然会继续进行海外扩张，尤其是在加入了世界贸易组织的中国。正如一位经理所评述的："倘若每个人天天都要洗头，你简直无法想象（在中国）可卖出多少洗发香波。"

开发中国市场可能并非易事，而且若干年内也许无利可图。东方与美国在消费方式和品位方面存在很大区别。对此，大多数外国零售商都还处于了解学习阶段。例如，普尔马斯特公司原来料想送货量会很大，需要大型卡车送货来保持货架上商品充足，因此它所设计的北京分店有两个巨大的装卸平台可供大型的柴油机卡车停靠。然而这家公司后来却发现，来送货的那些中国分销商其实把货物放在汽车尾部行李箱里，放在人力三轮车里或捆绑在自行车的后座上。

这一切可谓过去的美好时光。与现在阿里巴巴上的销售方式做个对比。4月里的一个寒冷天，一组新西兰渔民赴太平洋深处捕捞50 000只牡蛎。一旦捕捞满仓，这些海生的软体动物就被运送到加工厂，每四只一组，放入密封的聚苯乙烯冷冻盒中，再粘贴上标签，然后送到飞往中国的飞机上。在接下来的三天里，这些牡蛎会飞越数千英里，抵达中国大陆的67个城市。在当地，这些“鲜活”的牡蛎将由运输大军送到那些已经在天猫上下单订购的数千个客户的家中。天猫是阿里巴巴所运作的一个网站，而阿里巴巴是一家触角延伸到各地的互联网公司。2014年，阿里巴巴首次公开募股就以250亿美元之巨而创下了世界纪录。那的确是笔大钱！

资料来源：Keith B. Richburg, “Attention Shenzen Shoppers! U.S. Retail Giants Are Moving into China, and Finding the Learning Curve Formidable,” *Washington Post*, February 12, 1997; David Gelles, “Alibaba Is Bringing Luxury, Fast, to China's Middle Class,” *The New York Times*, September 10, 2014, online; http://www.walmartstores.com, 2015.

21世纪，亚太地区经济仍将保持快速发展。[㊀]虽然北美和欧洲地区的经济增长已经开始衰退，但拉丁美洲和中东与北非地区（MENA）的经济近来开始了增长。不过，始于20世纪70年代的日本并在20世纪80年代为亚洲四小龙所继续的亚太地区的经济发展奇迹，如今已经成就了整个大中华地区。事实上，该地区的营销者正在开发强大的亚洲新品牌[㊁]，不仅是为了响应并创造基于“全球化、高城市化与跨文化经历”的“亚洲跨国形象”。正如第3章中所介绍的，亚太地区在过去500年一直落后于人。但如今，高速的经济增长以及占世界50%的人口共同为全球经济创造了众多的机遇。

11.1 快速发展的亚太地区

在过去的30年里，亚洲一直是世界上经济增长最快的地区，而且从长期来看，该地区的经济增长前景也非常美好。自1996年起，亚洲的经济龙头（日本、中国香港特别行政区、韩国、新加坡和中国台湾地区）遭遇了严重的金融危机，导致亚洲股市暴跌。紧缩的货币政策、美元的升值和出口的减少致使该地区的经济出现了衰退。尽管遭遇了这场经济调整，但国际货币基金组织（IMF）于1993年所做的估计，即到2000年亚洲经济将占全球总量的

㊀ Mike W. Peng, Rabi S. Bhagat, and Sea-Jin Chang, “Asia and Global Business,” *Journal of International Business Studies* 41, no. 3 (2010), pp. 373-376.

㊁ Julien Cayla and Giana M. Eckhardt, “Asian Brands and the Shaping of a Transnational Imagined Community,” *Journal of Consumer Research* 35 (2008), pp. 216-230.

29% 这一目标仍然得以实现。作为新产品与新技术的源头以及规模巨大的消费品市场，亚洲国家或地区——特别是环太平洋沿岸国家或地区的经济跨越才刚刚起步。

11.1.1 中国

除了美国，中国当是最为重要的国别市场了。自从中国积极寻求与工业化国家的经济联系以来，中国经济和社会已发生了巨大的变化。中国的社会主义市场经济体制，带来了经济的繁荣和外国资本投资机会的大大增加[一]，并使得中国的国内生产总值（GDP）从 1970 年以来保持近 10% 的年均增长速度。虽然近年来这一高增长速度开始趋缓，但绝大多数分析家仍然认为中国经济将继续保持快速增长。事实上，有分析家认为中国的购买力在 2014 年就超过了美国。[二]中国经济的快速增长依靠的是放宽对产业的管制，引进国外现代技术，对效益低下、人员过剩的国有企业进行体制改革，以及持续吸引国外投资。进入 21 世纪以来，中国经济发展一直很成功，让世界为之惊奇。2009 年，中国超过德国成为全球最大的出口国。与此同时，中国在世界各地发展中国家通过基础设施开发而进行的积极营销手段也让人印象深刻。[三]

2001 年所发生的两大事件将对中国的经济产生深远的影响：一是中国加入世界贸易组织；二是美国给予中国的正常贸易关系（NTR）地位上升为永久性正常贸易关系（PNTR）。中国加入世界贸易组织和永久性正常贸易关系将降低中国从美国进口的商品和服务的进口壁垒。美国的义务是继续维持对中国已经施行了 30 余年的市场准入政策，并将正常贸易关系地位永久化。经历多年的发展后，中国已承诺建立符合世界贸易组织要求的市场经济制度。

美国从与日本的经验中知道更艰难的工作还在后面。对美国产品开放市场的承诺，只不过是确保协议实施的长期努力的开端。

鉴于中国的规模、多样性[四]以及政治制度特点，所以最好把中国市场划分为若干个区域，每个区域都对应一种市场。各区域所处的经济发展阶段不同，并且拥有自己对其他区域或国外的联系渠道。各区域有其自身的投资模式和地方性税制，并有真正的自主管理权。

没有任何产业能比信息技术产业更好地解释市场规则的变化。中国的计划制订者为了促

㊀ Mark Humphrey-Jenner and Jo-Ann Suchard, " Foreign Venture Capitalists and the Internationalization of Entrepreneurial Companies: Evidence from China," *Journal of International Business Studies* 44, no. 6 (August 2013), pp. 607-621.

㊁ Lucy Wescott, "China's Economy Overtakes the U.S. as World's Largest," *Newsweek*, October 8, 2014, online.

㊂ Gerald Yong Gao, Janet Y. Murray, Masaaki Kotabe, and Jangyong Lu, " A ' Strategy Tripod ' Perspective on Export Behaviors: Evidence from Domestic and Foreign Firms Based in an Emerging Economy, " *Journal of International Business Studies* 41, no. 3 (2010), pp. 377-396; Yuan Lu, Lianxi Zhou, Garry Bruton, and Weiwen Li, " Capabilities as a Mediator Linking Resources and the International Performance of Entrepreneurial Firms in an Emerging Economy," *Journal of International Business Studies* 41, no. 3 (2010), pp. 451-474.

㊃ Diversity across regions also provides other dimensions suitable for market segmentation. See Kineta H. Hung, Flora Fang Gu, and Chi Kin (Bennett) Yim, "A Social Institutional Approach to Identifying Generation Cohorts in China with a Comparison with American Consumers," *Journal of International Business Studies* 38 (2007), pp. 836-853.

进国内产业的发展曾限制个人电脑和软件的进口。最后，中国政府放宽了对进口的限制。目前微软在个人电脑操作系统方面占统治地位。在可预见的未来一段时间内，中国的市场现代化计划需要每年进口 1 000 多亿美元的设备和技术。事实上，中国目前是全球第二大的个人电脑市场。

为了在中国市场有效营销其产品并提供服务，IBM 公司几乎花了近 10 年时间，最后通过与原铁道部建立合作企业才得以建立被称为“蓝色快车”的 IBM 服务中心。借助这一合作，IBM 公司在铁路站点建立了全国性的服务中心网络。这样，IBM 公司就可以通过铁路将计算机零配件在 24 小时内发往全中国各地，而竞争对手必须提前一周订车皮。此外，原铁道部的 300 多名计算机工程师也可以为 IBM 公司的产品向客户提供服务。

IBM 公司及其他营销者的这种创新思维常常可以加快更富效率的营销系统的形成。IBM 公司的服务中心就是提供有效售前与售后服务的例证，而这些都是重要的营销活动。必胜客、麦当劳与肯德基对其上千名加盟店员工进行管理培训，从而提升了整个营销系统的技能，受训者升迁到更高岗位或其他公司。在中国，其他重要市场多在保健与环境领域。

从长期看，中国的经济优势并不在于其出口而在于其巨大的市场。美国的经济优势在于其资源、生产力和推动经济发展的巨大市场。中国未来的经济潜力更像靠内需推动的美国经济而不像靠出口推动的日本经济。中国既不是一个经济乐园，也不是经济废墟，而是一个发展中的国家，已建立起社会主义市场经济体制。但这一切还没有完善，有关规则还在制定中。当然，对中国经济而言，面临的最大威胁就是伴随经济高速增长而产生的经济波动（希望政府能处理好这些问题）。

最后，从较为长远的角度来看，中国还面临着另外三个方面的问题：①第 3 章中已做讨论的与其快速增长有关的众所周知的环境恶化问题[㊀]；②与其独生子女政策有关的人口问题；③对目前正在发生的从农村向城市生活过渡中的问题。到 2020 年，老年人口将成为一种经济负担，严重程度可能远远超过美国婴儿潮一代退休所带来的问题。[㊁]

导致中国长期发展问题复杂化的另一个主要挑战就是《经济学人》杂志所称的中国的户籍问题。[㊂]目前中国政府已经认识到了这个问题的严重性，已开始推动这方面的改革。

1. 中国香港特别行政区

中国香港在英国统治 155 年之后于 1997 年回归中国，成为中国的一个特别行政区。《中华人民共和国香港特别行政区基本法》确定了“一国两制”的法律基础，保障香港享有高度的自治权。香港过去的社会、经济制度、生活方式、权利及自由保持至少 50 年不变。香港特别行政区政府可进行双边谈判（须经中央政府确认），并自行做出重要经济决策。中央政府

㊀ David Barboza, “China to Release More Data on Air Pollution in Beijing,” *The New York* Times, January 6, 2012; Mark Landler, “U.S. China Reach Agreement on Climate in Step to Global Pact,” *The New York Times*, November 12, 2014, pp. A1, 11.

㊁ “Illegal Children Will Be Confiscated,” *The Economist*, July 23, 2011, p. 12; “One Child Proclivity,” *The Economist*, July 19, 2014, p. 40; Tom Orlik, “Aging Chinese Face a Bleak Picture,” *The Wall Street Journal*, May 30, 2013, online.

㊂ “Ending Apartheid,” *The Economist*, April 19, 2014, special report, p. 7.

负责香港特别行政区的外交及防御事务，同时负责任命经 1 200 人委员会选举产生的香港特别行政区行政长官。

港币仍然可以自由兑换，外汇、黄金及证券市场的交易一如既往，港人诸多权利受法律保护。香港特别行政区政府继续执行自由的经济政策，强调私人经济部门的主导作用。香港回归后，经受的第一个考验是 1997 年的金融危机。这场危机引起了金融震荡。

让香港自己处理危机的决定被认为是反映双方关系最优化的有力证据。在其他方面，香港是中国内地最大的投资者。在过去的几年里，香港对中国内地工厂和基础设施的投资超过 1 000 亿美元。此外，香港的证券市场是中国内地某些最大的国有企业的主要融资场所。例如，中国电信首次公开发行股票就募集了 40 亿美元。

许多经济问题起因于对一些基本概念的不同理解。然而，中国实行的“一国两制”政策得到了世界的认可。

2. 中国台湾地区

随着中国大陆与中国台湾地区都加入世界贸易组织，两者的经济联系一直在转好。双方既然都要执行世界贸易组织的规定，所以正在解除许多限制，而且目前开始了直接贸易往来。台资企业在中国大陆大约有 500 亿美元的投资，而且台湾人经营的 25 万多家企业承担着中国近 12% 的出口额。中国台湾地区还通过设在中国香港的挂名公司进行业务经营，如果将这些也算在内，那么实际的贸易量会更高。

最好能将两岸统一问题落实到具体事宜上，比如实现“三通”，即通邮、通航、通商。而且世界贸易组织的规定也要求其成员就贸易纠纷等问题进行积极沟通。通商是符合双方利益的，一方面中国台湾地区的企业面临着成本日益增长的问题，而中国大陆则能提供源源不断的廉价劳动力和工程人才。再者，中国台湾地区的一些科技公司也十分渴望进入中国大陆市场。

对中国大陆而言，中国台湾地区的企业提供了大量的就业机会，带来了新的技术和管理体系。不管怎么说，中国台湾地区在东亚算得上一个经济发达的地区。

11.1.2 日本

日本在 20 世纪七八十年代的高速增长让全世界感受到了奇迹，到 20 世纪 90 年代初则再次让世界震惊。几乎是突然间，日本经济出现增长放缓，泡沫开始破裂，最后甚至出现停滞。接着就是持续不断的滞胀。对此，产生了四种解释，每种解释都给出了可观察到的事实。这四种解释分别是：不当的经济政策；政治组织无能；全球经营环境对日不利；文化方面的阻力。

上述每种观点都有拥护者，而且每种观点都有其合理性。下面，对这四种观点分别进行阐述。

1. 不当的经济政策

大量事实描述了日本在 20 世纪 90 年代经历的经济衰退，但最糟糕的是股票市场的大幅下跌。20世纪90年代初，日经指数从35 000多点直线下跌到13 000点以下。目前，日经指数维持在18 000点上下。同样地，日本极度虚高的房地产价格也出现了大幅下跌。一度流入日本的巨额资本也不见了。其结果是，一度以差不多两位数增长的日本经济陷入了困境，先是维持零增长状态，随后在1998年转入负增长或衰退。

经济衰退当然不难理解。不过，日本20世纪90年代所发生的衰退的特别之处就是持续了10年。难怪，大多数经济学家认为是不当的经济政策引发了这一切。他们的解释很直接，也很简单：泡沫破灭。那么，泡沫是如何产生的呢？又是如何破灭的呢？一般的分析是：数十年经济恢复的成功养成了一种过高的民族自信，越来越愿意从事过分冒险的投资。很快，大量借款抬高了边际投资水平。最后，出借机构由自信转为担心。随着担心的上升，整个充满泡沫的经济几乎突然间开始倒塌。担心也导致消费水平下降，支出开始削减。随着产品需求的下降，企业只好减少产出和雇用岗位。这样，失业率达到了日本历史上最高水平。当然，最大的损害是国民信心的全面丧失。

影响最大的当属日本出借资金的机构，特别是那些世界级的大银行。随着经济的衰退，这些银行只好眼睁睁地看着贷款组合出现赤字。这样，银行开始限制放款，导致实现经济恢复所需的资金耗尽。结果，市场信心不断受到打击，直到危机真正发生。

对此，美国政府以及美国的经济学家总要给出救治方案。“日本应该采取残酷的政策。”太平洋对岸的美国人说。这些建议可以理解，但显然不了解日本社会对要求采取血腥或残酷政策存在文化定见。时刻要牢记的是，日本文化最看重稳定。这里的问题部分在于大多数经济学家关注的是总体经济业绩，以及日本经济增长下降、税收收入的减少与紧缩的不利影响。因此，大多数经济学家忽视了日本经济发展的真正奇迹所在（见图11-1）。[1]

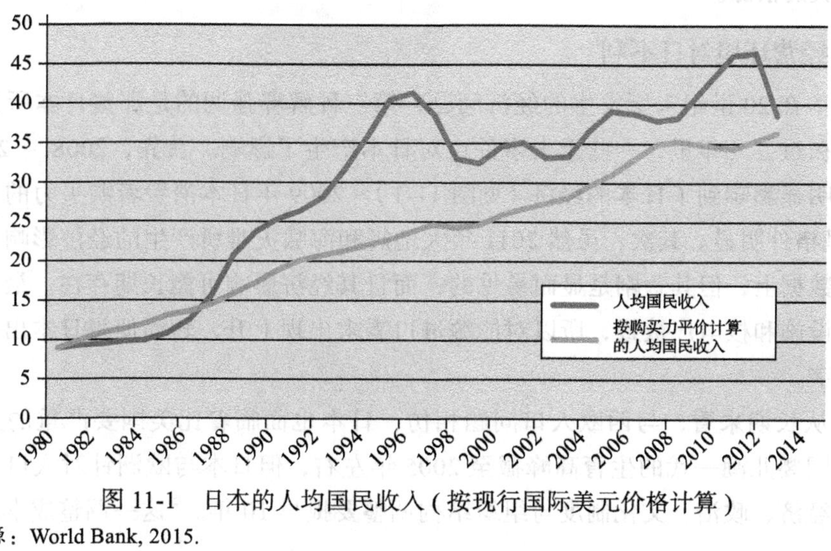

图11-1 日本的人均国民收入（按现行国际美元价格计算）

资料来源：World Bank, 2015.

如果采用**购买力平价**（purchase price parity，ppp）来计算人均GDP，那么日本的经济增长率在20世纪90年代出现了波动。换言之，购买力平价计算方法考虑到了紧缩因素，因此

[1] Eamonn Fingleton, “The Myth of Japan’s Failure,” *The New York Times*, January 6, 2012.

可以更好地反映日本居民的平均福利水平。虽然人均收入下降了，但价格也下降了。不难发现，日本几乎没有受到亚洲金融危机的影响，而其邻国韩国则深受亚洲金融危机的影响。事实上，按照这一统计指标，日本经济的稳定性就是一个奇迹，特别是考虑到其邻国在 1997 年的遭遇以及日本在 20 世纪 90 年代初股票市场与房地产市场的大幅下跌。如果美国纽约证券交易所与房地产市场同时下跌 60%，很难想象美国经济会变得怎样。

2. 政治组织无能

除了经济学家对日本经济危机的见解外，还有一些其他观点。一些政治家也提出了他们对日本经济危机的解释。他们认为，日本政治层面存在两大弊端：一是长期执政的自民党；二是官僚主义的盛行。

20 世纪 70 年代，对日本文化诸多方面颇有研究的权威弗兰克·吉布尼（Frank Gibney）写了一本有关日本的研究书籍——《脆弱的超级大国》（*Fragile Superpower*）。他对日本当时高速发展的经济的未来进行了分析。20 世纪 90 年代当日本面临经济危机时，其观点得到了证实。看来，“脆弱”一词用来描述日本很贴切。

按照弗兰克·吉布尼最近的评述，日本成为“一党执政病”的牺牲品，即一党执政长达 40 年所带来的弊端。同时，许多观察家也认为日本经济一蹶不振当责怪这些政客与日本强势的官僚机构。来自日本国内外的众多观察家一直认为，日本的政治选举事实上为官僚机构所控制。当然，在讲究认同文化的日本社会，局外人很难判断政局会如何变化。不管怎么说，对于那些认同政治解释的人士而言，是政客与官僚机构合伙导演了日本经济的不幸。此外，特别是来自日本境内的其他观察家对于从经济层面或政治层面的解释都不认可。他们认为必须寻找深层次的根源。

3. 全球经营环境对日不利

对于日本在 20 世纪末所发生的经济问题，第三种解释强调的是那些日本所无法控制的环境因素。在过去几年里，一些重大事件也对日本产生了影响。首先，2008 ~ 2009 年的全球经济危机明显影响到了日本的经济（见图 11-1）。2009 年日本消费者购买力的深度下降在过去 30 年里格外明显。其次，虽然 2011 年大地震和海啸灾难所产生的经济影响目前才开始反映到经济数据上，但其悲剧是显而易见的，而且其经济影响可能长期存在。最后，因为国内能源基础设施和核电厂被毁，所以对能源进口需求出现上升，转而使得日本出现了史无前例的贸易赤字。[㊀]

另外，从长期来看，与西欧人口问题相仿，日本也面临着比美国要严重的人口萎缩问题。虽然美国婴儿潮一代的生育高峰截至 2005 年左右，但日本与欧洲针对人口下降与老龄化而进行的经济、政治、文化制度与组织结构调整要提早 10 年。[㊁]这一调整成本高昂，对美

㊀ Hiroko Tabuchi, “ Rise in Oil Imports Drives a Rare Trade Deficit in Japan,” *The New York Times*, January 24, 2012.

㊁ The much vaunted Japanese healthcare system is buckling under the weight of the elderly. See “ Not All Smiles,” *The Economist*, September 10, 2011, pp. 47-48.

国的影响要到2020年才能判断。

日本在信息时代面临严重的不利因素——复杂的日语。日语有三个字母表，而且日语语言体系本质上具有非直接性。前者阻碍了日本软件业在世界市场的创新，而后者又阻碍了电子信息的传播。[㊀]20世纪90年代末，信息技术爆炸推动美国经济的发展，但也使美国经济面临巨大的风险。不过，日本似乎游离在信息技术之外。当然，现在我们完全可以说，日本正在迎头赶上，因为软件技术的发展使得日语不再成为数字技术的阻力。此外，"9·11"事件致使国际旅游下降，日本的商人开始更多地依赖电子邮件以及其他电子通信手段。

鉴于美国婴儿潮一代家庭的消费达到顶点且石油的实际价格处于历史低点，SUV汽车在1990～2007年成了美国人的消费热点。日本汽车制造业曾促成了20世纪80年代日本经济的高速发展，但对日本SUV汽车市场显得反应迟缓。本田进入该市场非常晚。从短期看，这一点对日本国民经济发展非常不利。不过，出于利益考虑，日本汽车厂商不愿进行大车型设计投入。其中的理由可能是日本正在再次复苏，相信丰田能凭借其混合动力和氢燃料电池技术而再展当年的雄风。

4. 文化方面的阻力

20世纪90年代中期，人们开始了解所谓的"文化成因"理论。该理论的内容为：就在第二次世界大战结束后，支离破碎的日本民众就经济恢复达成了共识。这种共同目标成为随后数十年日本取得惊世经济奇迹的动力。不过，到了20世纪80年代后期，日本人放慢了脚步，开始审视所取得的成就。显然，日本人实现了共同目标，所面临的新问题就是：下一步该如何走。

不同于任何其他社会的是日本民众喜欢发挥集体的力量。大家都乐于为共同目标而一起努力，否则，就会出问题。

按照那些喜欢从文化角度解释日本20世纪90年代经济衰退人士的观点，导致日本经济衰退的因素并不只是缺少全国性的目标。在20世纪的大部分时间里，日本经济持续成功靠的是塑造强大而稳固的企业组织结构。然后，随着竞争的全球化，这种缺乏弹性的组织结构成了一种阻碍因素，而富有弹性的企业组织结构成了成功的关键。如前所述，美国公司在这方面就具有优势，靠的是零售重组以及大量的兼并、收购与联合活动。日本企业传统上讲究终身雇用，员工晋升依据的是服务期长短，注重合同双方的互惠互利等。因此，企业的措施往往缺乏弹性。简单地讲，美国企业较日本企业更能适应新经济时代的要求。

在21世纪的第二个十年里，日本经济按预计仍将处于低增长状态。虽然一些大企业有着宏大的发展计划[㊁]，但各种不利因素和失业仍将继续存在。此外，丰田公司于2010年所遭

㊀ Ingo Beyer von Morgenstern, Peter Kenevan, and Ulrich Naiher, " Rebooting Japan's High-Tech Sector, " *McKinsey Quarterly*, June 2011.

㊁ Jonathan Soble, " To Rescue Economy, Japan Turns to Supermom," *The New York Times*, January 2, 2015, p. A3.

遇的质量门事件使其对日本经济增长的贡献大打折扣。不过，世界各国的经济学家与政府都将日本作为政策制定的标杆，毕竟日本是通过战略性地增加政府债务来处理经济严重衰退的第一个国家。

11.1.3 印度

改革浪潮使得大多数发展国家放弃了贸易限制、计划经济、封闭市场以及对外国投资的敌意。如今，这一浪潮终于波及到印度。自1950年独立以来，印度这一最大的民主国家在经济增长方面并没有为其他发展中国家提供一个好的模式。在重要的发展中国家中，印度是最迟抛弃传统的保守政策的国家之一。由于实行进口替代政策以及排斥自由市场，印度的经济增长受到制约。当亚洲其他国家或地区寻求国外投资时，印度却在竭尽全力排斥外资。跨国公司被看成推行新殖民主义的先锋而被印度拒之门外。除了纺织品之外，印度的工业产品除了在苏联和东欧有市场以外，几乎不存在国际市场。

但现在时代改变了。自从政治上完全脱离英国以来，印度开始了意义最为深远的改革。㊀其宣布的五点措施包括：改善投资环境；制定全面的WTO策略；改革农业、食品加工业和小企业；消除官僚作风；建立更好的公司治理制度。印度已采取的措施包括：

- 除了出售股票之外，对国有企业实施私有化。政府现在已愿意将国有股权比重降到51%以下，并将管理权让位于所谓的战略投资者。
- 改变电信部门的管理权力，消除国有企业享有的垄断利益。
- 与美国签署贸易协议，撤销全部的进口数量限制。
- 继续进行对石油部门的改革。
- 对外国直接投资开放国内长途电话服务、房地产业及零售业。

在外国投资方面，政治家对那些倡导“电脑芯片而非土豆片”式的投资或本国制造的夸夸其谈保持疏远。改革的方向就是要修改过去那种自给自足以至于走向极端的哲学，并提出要向世界开放市场。印度有望成为下一个中国或拉丁美洲。

不过，外国投资者和印度的改革家仍面临着许多问题。尽管印度废弃了早期政府的一些限制，但改革面临着种种阻力，这些阻力来自官僚、工会成员、农民以及一些实业家——他们因为保护性关税的庇护而免于参与竞争，一直过着舒适的生活。在许多印度人的心中，社会主义并没有消亡，而且很容易激起宗教、种族和其他政治热情。

因为诸多方面的原因，在印度经商仍然显得较为艰难。虽然印度的关税已从400%下降到不超过65%，但仍比一般发展中国家的标准要高得多。对知识产权保护的不足也是一个令人关注的严重问题。印度官僚反对与外国人做生意的态度仍然阻碍着潜在的投资者去投资，并干扰了投资者的日常经营。政策制定者在出售亏损的国有企业，使劳动法富有弹性并放松

㊀ We highly recommend a special issue on India in the *Journal of MarcroMarketing*. See Alladi Venkatesh, “Special Issue on India: Marcromarketing Perspectives,” *Journal of MacroMarketing* 32, no. 3 (2012), pp. 247-251; Gopalkrish R. Iyer, Jagdish M. Sheth, and Arun Sharma, “The Resurgence of India: Triumph of Institutions over Infrastructure?” *Journal of MarcroMarketing* 32, no. 3 (2012), pp. 309-318.

对银行业的管理方面裹足不前。

此外，普遍的腐败和根深蒂固的贿赂行为使得每一笔交易都变得复杂且费用很高。据研究印度问题的权威人士称，腐败行为已不是什么奇异的风俗，而是普遍蔓延的、系统的、结构性的。腐败堕落行为从下层到政界上层都存在。然而，一项针对美国制造商的调查表明，在印度从事经营活动的被调查者中，有95%已计划扩大业务，没有人准备离开印度。因为他们看重的是这个国家廉价而称职的劳动力，以及巨大的市场潜力。

目前，印度人口数量上仅次于中国。印度和中国都有着大量的廉价劳动力。印度的中产阶级人口达2.5亿，约等于美国的总人口。在中产阶级中有许多是大学毕业生，其中40%的人拥有理科和工程学位。印度有着种类多样的工业基础，并正发展成为一个计算机软件中心。印度也许正处在信息技术的起飞阶段。这些优势给予印度的改革方案以巨大的潜力。由于及时地排除了Y2K的电脑网络故障，印度从而赢得了在外国公司中的声誉。现在，印度的信息类出口产品包括动画、使用于新一代无线电话的浏览器、电子商务网站等。如上所述，印度一直是对美国硅谷的技术人才出口国，如今，他们中的许多人已回国创办他们自己的IT公司。最后，当他们的美国搭档还在睡觉的时候，他们却在地球的另外一边讲着英语为美国提供全天候的服务，这就是其竞争优势。

印度人不仅是加利福尼亚硅谷许多企业取得成功的中坚（印度裔工程师占当地劳动力的30%），而且在本土大力发展互联网技术。印度企业家与资本正在班加罗尔打造所谓的印度硅谷。在那里，出口以每年50%的幅度在增长，平均每位工人的年产值达到27 000美元，毕竟该国的人均GDP只有1 500美元。经过10多年的增长，该印度产业约有1 000家公司，有28万名软件工程师。此外，那些大型的印度公司正在海外拓展其自身的业务，主要通过在发达国家开展重要并购。⊖

11.1.4 亚洲四小龙

20世纪八九十年代，该区域内经济增长最快的国家或地区就是有时被称为**“四小龙”**的中国香港、韩国、新加坡和中国台湾。除了日本，这些国家和地区率先在亚洲从发展中国家的地位上升为新兴的工业化国家或地区。“四小龙”的发展通常被描述成“东亚奇迹”。此外，在其影响范围内，“四小龙”对他国的贸易和经济产生了巨大的影响。在过去10年里，东盟在经济上的迅速发展以及在该地区作用的增加已促使美国贸易代表开始寻求建立自由贸易协议问题。其实，新加坡和韩国早已与美国签署了自由贸易协议。这些地区既是广阔的工业品市场，也是重要的新兴消费品市场，这一点将在后面讨论。

“四小龙”正在进行迅速的工业化过程并将其贸易活动扩大到亚洲其他地区。日本一度

⊖ Sathyajit R. Gubbi, Preet S. Aulakh, Sougata Ray, M.B. Sarkar, and Raveendra Chittoor, “Do International Acquisitions by Emerging-Economy Firms Create Shareholder Value? The Case of India,” *Journal of International Business Studies* 41, no. 3 (2010) pp. 397-418; Sumon Kumar Bhaumik, Nigel Driffield, and Sarmistha Pal, “Does Ownership Structure of Emerging-Market Firms Affect Their Outward FDI? The Case of the Indian Automotive and Pharmaceutical Sectors,” *Journal of International Business Studies,* 41, no. 3 (2010), pp. 437-450.

是该地区的主要投资者，并在中国大陆、中国台湾地区、中国香港特别行政区、韩国及该地区的其他国家的经济发展中充当投资主角。但是，随着亚洲其他国家工业化经济的不断壮大，这些国家和地区已逐渐成为更重要的经济领袖。例如，韩国已成为中国北部和地处亚洲的俄罗斯之间进行贸易的联络中心。韩国的影响和贸易也延伸到中国经济特区中生产率最高的两个地区，即广东和福建，而且韩国在区域内投资方面的作用亦更加突出。

韩国出口的高技术产品包括石化、电子、机械与钢铁。这些出口直接与日本和美国生产的产品形成了竞争。在消费品方面，现代、起亚、三星与LG都是韩国在美销售的汽车、微波与电视方面的品牌。此外，韩国在海外进行了大量投资。一家韩国公司收购了美国最后一家电视机制造商——Zenith公司58%的股份。与此同时，韩国仍然有赖日本与美国的资本设备与零部件来经营其企业。

11.1.5 越南

在经历了数年的战争后，越南的经济和基础设施已陷于混乱，但这个拥有9 100多万人口的国家已决心要实现经济增长。美国与越南的双边协议赋予越南正常贸易关系地位并将对从越南进口的产品的平均关税由40%下降到3%以下。例如，越南咖啡现在几乎遍及美国的各家食品店，其强劲的竞争力致使国际市场的咖啡价格直线下降。如果越南追随东南亚其他国家的发展模式，那么越南可能会成为又一只亚洲虎。这方面的原因有：其人口受过教育且具有较高的积极性，而且政府承诺要致力于经济增长。但也有一些因素阻碍了越南的经济发展，如基础设施落后、严厉的政府限制政策、工业基础薄弱、缺乏资金和技术，而资金和技术必须依赖国外。越南的大部分资金和技术是由中国台湾地区、中国香港特别行政区和韩国提供的。因美国对越南的贸易已经解禁，所以英特尔、福特等美国公司也开始在越南投资。[⊖]

跨越国界 11-1

东方到西方，然后又回来

瑜伽引领印度流行文化走向美国。最近，宝莱坞则备受瞩目。想想《贫民窟的百万富翁》（*Slumdog Millionaire*）——是的，电影是英国制作的，但受到印度故事、背景和风格的强烈影响。也许最后的舞蹈是最具代表性的风格。我们已经在第4章中提到过《季风婚宴》。总部设在印度孟买的印地语电影业基地普遍称之为宝莱坞，一个将殖民时期孟买的名称（Bombay）与好莱坞相结合而形成的术语。宝莱坞每年制作大约1 000部电影，而好莱坞每年公映的电影数量大概只有前者的一半。宝莱坞的印地语电影连同大约1 500万印度移民已经遍布全球各地。

或许韩国的歌舞也很具感染力。除非你过的是与世隔绝的生活，那就肯定看过《江南style》的MV。就算你的生活与世隔绝，但也可以在YouTube上看到。有20亿人看过了它。在世界各地，其他流行的韩国文化出口产品包括富有竞争力的电子竞技游戏和泡菜味的锅

⊖ Patrick Barta, "Ford Looks to Southeast Asia for Growth," *The Wall Street Journal*, March 9, 2011.

面；电视剧在菲律宾受欢迎，法国人热爱其电影和音乐。所有这一切创造的出口收益约为50亿美元。现在所谓的韩流还包括演员和化妆品。其营销包括走私韩剧到中国香港地区和在法国举办快闪族苛刻的k-音乐会。

在越南，到处是韩国乐天利（Lotteria）的快餐食品。早在麦当劳在胡志明市市中心开出全国第一家店之前，乐天利就到了越南。肯德基在1997年才开始进入越南，而巴斯金－罗宾斯冰激凌店（Baskin-Robbins）和邓肯甜甜圈（Dunkin's Donuts）店直到2012年才进入那里。在越南，关系起着重要作用。加盟商是一个名叫阮亨利的人，他毕业于哈佛大学和西北大学，其岳父为该国总理。

资料来源：Amandeep Takhar, Pauline Maclaran, and Lorna Stevens, " Bollywood Cinema's Global Reach: Consuming the ' Diasphoric Consciousness, '" *Journal of MacroMarketing* 32, no. 3 (2012), pp. 266-79; " Soup, Sparkle, and Pop," *The Economist*, August 9, 2014, pp. 69-70; Mike Ives, " McDonald's Opens in Veitnam, Bringing Big Mac Fans to Fans of Banh Mi, " *The New York Times*, February 8, 2014, pp. B1, 5.

11.2 金字塔底层市场

普拉哈拉德（C. K. Prahalad）及其同事在讨论发展中国家及其市场时引进了一个新的概念，即由40亿人均年收入不足1 200美元的消费者所组成的**金字塔底层市场**（bottom-of-the-pyramid market，BOPM）。[一]对于这些市场，没有必要按照国界进行划分，而应该根据收入情况进行归类。按照前述联合国的分类标准，这40亿消费者主要集中在欠发达国家和最不发达国家。

普拉哈拉德的基本观点就是国际营销者一直忽略这些消费者，究其原因在于不了解他们所需要的资源（金钱和技术）以及所需要的产品和服务（现有的通常是为富裕消费者所设计的）。不过，这种不关注的情形正在发生转变。[二]以下三个案例显示了这些市场的商业活力和长期潜力。墨西哥西麦斯公司（CEMEX）从事水泥经营，其业务遍布全球。公司发明了一个既能为穷人盖好房子又能赚钱的项目，主要包括创新设计、提供资金和分销系统。与其类似，印度亚拉文眼科关爱中心模式（Aravind Eye Care System）从为穷人治疗失明起步，逐步发展成为一种新型的从病人鉴别到术后服务的工作流程制度。该制度既改善了病人的视力，也为公司创造了利润。最后，在其有关世界经济的著作中，皮厄特拉·里佛利（Pietra Rivoli）[三]讲述了小企业主如何在东非销售美国旧T恤衫的故事。以上这三个运作案例都包括了产品、服务、调研和促销的组合，并且适应了世界上最低收入国家的具体情况。

㊀ C. K. Prahalad, *The Fortune at the Bottom of the Pyramid* (Philadelphia: Wharton School Publishing, 2005).

㊁ Madhu Viswanathan, Jose Antonio Rosa, and Julie A. Ruth, " Exchanges in Marketing Systems: The Case of Subsistence Consumer-Merchants in Chennai, India," *Journal of Marketing* 74, no. 3 (2010), pp. 1-17; Nailya Ordabayeva and Pierre Chandon, " Getting Ahead of the Joneses: When Equality Increases Conspicuous Consumption among Bottom-Tier Consumers," *Journal of Consumer Research* 38 (2011).

㊂ Pietra Rivoli, *The Travels of a T-Shirt in the Global Economy* (New York: Wiley, 2005).

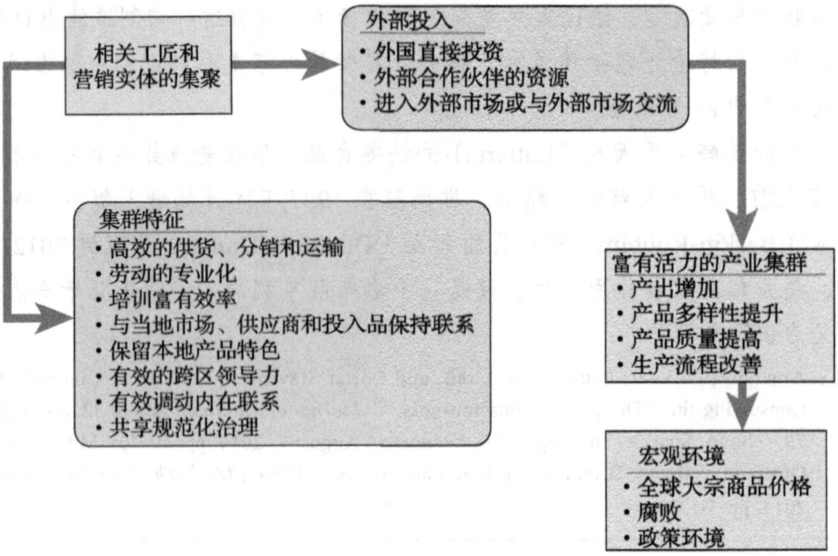

图 11-2 BOPM 产业集群的动态转换

资料来源：Eric Arnould and Jakki J. Mohr, "Dynamic Transformation for Base-of-the-Pyramid Market Clusters," Journal of the Academy of Marketing Science 33, no. 3(July 2005). Reprinted with kind permission from Springer Science and Business Media.

有关西非皮革工业发展的一项综合研究向我们展示了在金字塔底层市场开拓业务和市场的新方法。[㊀]研究人员阐述了产业集群如何演变以及公司如何通过商业和政府关注获得外部投资。若要在最不发达国家建立切实可行的产业群，图 11-2 展示了其必须具备的要素和过程。工匠必须团结合作，才能实现生产、国内和国际分销[㊁]及其他营销活动的有效性。而激发产业集群活力的关键在于一系列的集群特征、外部投入和宏观环境等因素。在金字塔底层市场中，这里的示意图可以作为利用营销刺激经济发展的对照表。虽然企业联合活动可能是发展中国家刺激经济发展和增长并提高可持续能力[㊂]的最佳途径，但营销仍是关键。

最后，孟加拉国的私人商业企业格莱珉银行（Grameen Bank）[㊃]实施了一个项目，向 300 个村庄提供手机。在孟加拉国，平均每 1 000 人只有 8 部电话，属于全球电话普及率最低的国家之一。新建的全国性网络的目标是要使每一村庄在两千米范围内就有一部手机。在过去 14 年里，手机普及率大幅上升，从平均每 1 000 人 2 部增加到了平均每 1 000 人 671 部。[㊄]令人鼓舞的是，所有这些努力似乎给这些全球最不发达地区带来了 10 年的经济增长。[㊅]

㊀ Eric Arnould and Jakki J. Mohr, "Dynamic Transformation for Base-of-the-Pyramid Market Clusters," *Journal of the Academy of Marketing Science* 33, no. 3 (July 2005), pp. 254-274.

㊁ Jagdish Bhagwati, *In Defense of Globalization* (Oxford: Oxford University Press, 2004); also see http://www.thebeadchest.com as an interesting example of an international distributor working with African suppliers.

㊂ Rajan Varadarajan, " Toward Sustainability: Public Policy, Global Social Innovations for Base-of-the-Pyramid Markets, and Demarketing for a Better World," Journal of International Marketing 22, no. 2 (2014), pp. 1-20.

㊃ "Rehabilitation and Attack," *The Economist*, April 19, 2014, p. 64.

㊄ World Bank, "World Development Indicators," 2015.

㊅ Charles Kenny, "Best. Decade. Ever." *Foreign Policy*, September 2010, pp. 27-29.

11.3 市场计量指标

表 11-1 ~ 表 11-3 给出了亚太地区人口最多的 8 个国家的基本市场统计资料。通过分析这些表格，不难发现这些国家在生活方式方面存在巨大的差异，而且也存在明显的南北差异。日本的人均国民收入绝对占优势，孟加拉国的人均国民收入则垫底。日本有着总体完善的保健体系，所以在这些国家中具有最长的人均寿命。

表 11-2 比较了这些国家的基础设施情况。日本拥有全球最发达的铁路系统，而菲律宾的交通主要为汽车与船舶运输。越南拥有的汽车较少，所以主要靠摩托车。有趣的是，在胡志明市繁忙的交通道路上常常可以看到一辆摩托车上乘着一家五口的情景。这里要强调的是菲律宾接受过大学培训的人口比例较高预示着未来具有经济增长潜力。

表 11-3 以数字形式简要描述了这些国家的消费模式。当然，日本很突出。此外，中国与印度对教育的重视程度存在巨大的差异。

表 11-1 亚太地区人口最多的 8 个国家的生活水平

国　家	人口（100 万）	人均国民收入[①]	每 1 000 人拥有医疗资源		家庭拥有率（%）		
			医生	医院床位	彩电	电冰箱	淋浴喷头
中国	1 354	6 748	1.6	0.4	97	86	86
印度	1 246	1 426	0.8	15.4	65	23	9
印度尼西亚	247	3 405	0.2	0.5	74	42	31
巴基斯坦	211	1 123	0.8	0.5	71	45	49
孟加拉国	157	934	0.4	0.5	—	—	—
日本	127	39 912	2.3	12.3	97	99	100
菲律宾	98	3 373	0.0	1.1	74	44	34
越南	91	1 794	0.8	3.1	91	52	24

①按现行美元汇率统计。

资料来源：Euromonitor International, 2015.

表 11-2 亚太地区人口最多的 8 个国家的基础设施

国　家	乘车旅行（人均千米数）	每 1 000 人拥有汽车数	能源消费（吨石油）	每 1 000 人拥有手机数	识字率（%）	每 1 000 人中大学生数量
中国	806	78	2.1	908	96	27
印度	925	19	0.5	711	63	25
印度尼西亚	81	47	0.7	1 229	93	32
巴基斯坦	124	10	0.3	607	55	10
孟加拉国	63	3	0.2	671	60	13
日本	3 125	312	3.7	1 150	100	61
菲律宾	—	9	0.3	1 045	97	35
越南	54	22	0.6	1 324	95	26

资料来源：Euromonitor International, 2015.

表 11-3 亚太地区人口最多 8 个国家的消费模式

国家	平均每户人口	家庭支出（美元 / 人）								
		食物	烟酒	衣服	住房	健康与服务	交通	通信	休闲	教育
中国	3.1	654	89	212	422	166	186	96	81	53
印度	4.8	264	25	65	115	31	145	12	11	11
印度尼西亚	3.9	653	106	62	346	52	200	64	96	68
巴基斯坦	6.8	364	9	49	168	25	56	18	4	47
孟加拉国	4.3	—	—	—	—	—	—	—	—	—
日本	2.4	3 106	588	771	5 839	1 071	2 766	704	2 012	498
菲律宾	4.5	871	26	28	253	53	221	65	38	80
越南	3.6	421	33	36	88	65	155	25	16	70

资料来源：Euromonitor International, 2015.

11.4 亚太地区的贸易联盟

过去数十年，亚太地区国家的发展多依赖美国与欧洲的技术与市场。不过，这些国家或地区未来的增长需要靠贸易、投资与技术来推动，而且需要得到区内成员的帮助。虽然协议数目不多，但就一些新兴工业化国家间的贸易协议来看，该地区正在形成以日本和中国为核心的泛亚贸易区。

在过去许多年里，美国是日本唯一最大的贸易伙伴国。不过，在日本企业的战略中，对中国和东南亚的贸易与直接投资正变得日趋重要。虽然一度被当作面向日本及第三方市场生产商品所需的廉价劳动力来源，但现在这些国家或地区被看成颇具潜力的市场。此外，日本投资的一批制造业已逐步转向为当地消费者服务，并在当地建立起生产与供应方面的复杂网络。

现有的贸易协议包括：一个跨国贸易集团即东盟，该联盟正逐步发展成东盟自由贸易区（AFTA）；东南亚国家联盟和中、日、韩，即东盟部长加中、日、韩部长会议论坛；亚太经济合作组织（APEC），即每年举行以讨论地区性经济发展与合作事宜的论坛。

11.4.1 东盟与东盟 10+3

东盟（ASEAN）是亚洲首要的跨国贸易集团。[⊖]就像所有跨国市场集团一样，东盟在努力使其成员国经济一体化的过程中，也经历了种种困难，在成立之初还遭遇过失败。其早期的经济增长大都依靠对东盟以外的国家和地区的出口贸易。由于出口产品、自然资源以及其他资产上具有相似性，所以早期在东盟内部进行自由贸易的尝试并没有取得成功。东盟一经产生便采取措施来扩大工业基地并使之多样化，从而促进了区域经济的快速增长和成员间贸易的扩大（见表 11-4）。

东盟各国经济蓬勃发展，从廉价劳动力的乐土转变成工业国，这些成就主要可以从以下

⊖ See http://www.aseansec.org.

四点加以说明：①东盟各国政府致力于减少国家对经济的干预，实行经济自由化和私有化；②以大宗产品为基础的经济向以制造业为基础的经济转变；③专业化生产具有比较优势的某些制造业产品（这促使工业产品多样化并增加了贸易机会）；④日本为各国提高制造能力和发展新工业提供了大量技术和资金。

表 11-4 亚太市场集团基本市场指标

国家或地区	人口（100万）	国民总收入①（10亿美元）	商品出口①（10亿美元）	商品进口①（10亿美元）	经商便利指数	人均国民收入①（美元）	互联网用户数（%）
东盟自由贸易区							
文莱	0.4 (1.8)	16.0 (6.9)	11.6 (2.4)	3.6 (6.8)	83	39 400 (5.0)	90
柬埔寨	15.1 (1.7)	14.7 (8.1)	9.1 (14.1)	13.0 (14.8)	135	974 (6.3)	6
印度尼西亚	247.2 (1.0)	841.6 (13.4)	182.6 (5.9)	186.6 (7.6)	116	3 405 (12.2)	16
老挝	6.8 (2.0)	9.9 (12.0)	2.6 (19.1)	2.9 (15.6)	163	1 459 (9.8)	13
马来西亚	29.7 (1.5)	302.1 (5.0)	228.1 (2.7)	205.9 (5.6)	8	10 166 (3.4)	67
缅甸	48.4 (0.7)	41.1 (26.4)	10.3 (8.4)	11.6 (22.2)	—	848 (10.5)	1
菲律宾	98.4 (1.7)	331.9 (7.2)	56.7 (2.9)	62.4 (1.9)	133	3 373 (3.4)	37
新加坡	5.5 (2.4)	288.8 (7.0)	411.7 (4.0)	373.0 (3.1)	1	52 952 (4.5)	73
泰国	68.2 (0.6)	363.7 (5.1)	225.4 (5.2)	219.0 (6.8)	18	5 332 (4.5)	29
越南	90.7 (1.1)	162.7 (16.8)	133.3 (16.3)	132.9 (10.5)	98	1 794 (15.5)	44
东盟 10+3							
中国	1 354.0 (0.5)	9 137.2 (12.4)	2 210.7 (9.1)	1 949.3 (11.5)	99	6 748 (11.8)	46
日本	127.3 (−0.1)	5 082.5 (−0.9)	714.6 (−1.8)	823.3 (1.8)	23	39 912 (−0.7)	86
韩国	50.2 (0.5)	1 316.4 (5.5)	559.6 (5.8)	515.6 (3.4)	6	26 212 (4.9)	85
主要未加入国家或地区							
阿富汗	30.6 (2.5)	20.9 (16.4)	0.5 (−1.5)	5.4 (12.3)	170	685 (13.6)	6
澳大利亚	27.6 (1.6)	1 639.8 (4.9)	252.2 (6.2)	232.2 (4.0)	11	59 478 (3.3)	83
孟加拉国	156.6 (1.1)	146.3 (14.0)	29.1 (13.6)	36.4 (8.8)	132	934 (12.7)	7
印度	1 246.0 (1.5)	1 776.9 (14.6)	313.6 (10.0)	465.6 (7.7)	131	1 426 (12.9)	15
新西兰	4.5 (0.9)	179.5 (4.9)	39.4 (5.2)	39.6 (2.9)	3	40 148 (4.0)	83
巴基斯坦	210.6 (3.4)	236.5 (18.1)	25.2 (4.2)	44.7 (1.2)	106	1 123 (14.2)	11
中国台湾地区	23.2 (0.3)	507.6 (5.6)	305.4 (3.6)	269.9 (2.3)	—	21 914 (5.3)	—

①按现行美元汇率统计。

资料来源：Euromonitor International, 2015 and World Bank 2015.

东盟虽无意仿效欧盟来形成超国家权力，但其成员国间的关系变得逐年密切。《东盟2020年愿景》（ASEAN Vision 2020）对区域发展目标做出了最明确的承诺，并为该组织所接受。这些目标将进一步促进一体化，而目标之一就是要尽快全面建立东盟自由贸易区（AFTA）。为此，东盟十国与中国、澳大利亚和新西兰签署了正式的贸易协议。2011年，缅甸与西方国家间政治关系的缓和进一步说明了商业合作的吸引力。

正如欧盟当年的情况一样，公司正在起草在自由贸易区内的经营方案。能够在整个区域内销售商品而无关税差异和非关税壁垒是一个重大变革，它将影响到营销组合的许多方面。

分销可集中在成本最低的地点，而不受关税限制的支配。由于大客户往往在区域内购买产品，而并非一定在全国各地一点一点地购买，因此实行品牌标准化势在必行。定价将变得更为一致，从而有助于减少因不同关税政策下的较大国别价格差异所导致的走私行为和平行进口。事实上，市场营销可以更多地在区域层面上集中进行而不是在单个国家进行。

1997 ~ 1998 年的亚洲金融危机所带来的一个结果就是建立了东盟和中、日、韩三国间的论坛，该论坛主要处理亚洲所面临的贸易和货币问题。许多东亚国家认为，东亚经济的盛衰受西方经济摆布，危机中的许多问题正是源于西方国家的见死不救。主要经济大国要么拒绝参与挽救，如美国在泰国的所为，要么提出不切实际的建议。该论坛由各国的经济及外交部长参加，每年在东盟会议后举行。其第一次会议致力于设计出一种制度，依据该制度各成员国共享外汇储备，用以维持本币。尽管处于试验阶段，但是论坛成员国间已开始讨论建立共同市场甚至单一货币问题，或者建立一个包括东北亚及东南亚地区的新的亚洲经济实体。东北亚与东南亚之间联系的加强被看作亚洲强化其在全球经济中地位的重要一步，也被看作建立全球性三大贸易集团之一的轮廓。

跨越国界 11-2

在韩国，spam 有两层含义

韩国是唯一比美国生产更多垃圾邮件（spam）的国家。据估计，80% 的垃圾邮件是通过侵入个人电脑而发送给他人的。全球几乎有 10% 的垃圾邮件是通过韩国的计算机发送的，这一比例仅次于美国，领先于印度，位列世界第二。

垃圾邮件对智能手机特别有害。韩国有 3 800 万人使用 KakaoTalk 聊天应用程序。由于用户数量激增，所以垃圾邮件就有可能通过这个程序进行攻击。绝大多数垃圾邮件属于赌博方面的广告，其次是贷款、私人司机服务、电话合同和成人广告。尽管公司和消费者都采取了拦截行动，但韩国用户仍然每天会收到三四封垃圾邮件。现在，由于垃圾邮件发出的声响，用户开始删除该聊天应用程序。在韩国，这就是坏垃圾邮件。

在韩国，好的午餐肉（spam）来自美国，属于肉类。在农历新年假期里，馈赠亲友的普通礼品包括进口葡萄酒、精选的牛肉、稀有的草药茶和美国的 spam 牌午餐肉。在美国国内，午餐肉是一种节俭主食，意味着味美价廉。但在首尔，它被视为高档百货店出售的精美礼品。事实上，除美国之外，韩国是这种凝胶状粉红色猪肉产品最大的国际市场。

午餐肉在韩国大受欢迎源于 20 世纪 50 年代的朝鲜战争。当时，韩国物资供给极度匮乏，肉的唯一来源就是美国军方的居地小卖部。虽然美国军人和女性服务人员已经离开，但他们的午餐肉保留了下来。如今，午餐肉已是韩国饮食文化的重要内容，但许多年轻人并不知道其渊源，即便他们会点菜单上的“部队锅”(budaejjige）这道菜品。其实，餐馆或家里提供的炖菜通常包括一定量的泡菜和米饭。

“此外，礼品盒也促进了午餐肉在韩国的销售。在过去 10 年里，韩国的午餐肉销售提高了 4 倍。去年，销量达近 20 000 吨，销售额达 2.35 亿美元。当地生产商 CJ Cheil Jedang 说他们仅在这个假期就销售了 160 万盒。午餐肉让韩国人很开心，”一位记者说。与此同时，垃圾邮件仍然让韩国人很闹心。

资料来源：Hyeji Yang, " Koreans Deleting Popular Kako Talk Chat App to Escape Spam, " KoreanBANG, September 19, 2014; Choe San-Hun, " In South Korea, Spam Is the stuff gifts are made of," *The New York Times*, January 26, 2014.

11.4.2 亚太经济合作组织（APEC）

另一个覆盖亚太地区的重要组织便是**亚太经济合作组织**（APEC）。[⊖]该组织成立于1989年，其成员为当地的主要国家或地区，包括美国和加拿大。亚太经济合作组织为商讨共同感兴趣的开放贸易和经济合作问题提供了一个正式场所。亚太经济合作组织是一个独特的论坛，已成为促进区域性贸易自由化和经济合作的首要工具。亚太经济合作组织成员包括从俄罗斯、智利到澳大利亚的所有环太平洋主要经济体和世界上最具动力、发展最迅速的经济体。亚太经济合作组织的共同目标是开放贸易、促进经济合作、维持区域经济增长与发展、加强多边贸易体制、降低投资与贸易壁垒而不损害其他经济体的利益。

亚太经济合作组织成员的代表每年开会讨论该组织所面临的问题，提出解决因经济体间相互依赖性与日俱增所引发问题的建议，并不断寻求降低贸易壁垒的途径。尽管亚太经济合作组织远未发展成自由贸易区，尽管受到一些成员的反对，但每次会议似乎都朝着建立自由贸易区的方向在前进。

本章小结

亚太地区是第9 ~ 11章所讨论的三大区域中发展速度最快的。亚太地区的人口占全球人口的一半多，而且因多种因素，亚太地区经济体的发展速度相当快。特别地，中国与印度在过去5年的增长速度达到了两位数，而且与美国相比，它们较快地从2008 ~ 2009年的全球经济衰退中恢复过来。与此同时，韩国、新加坡与中国台湾地区的经济增长，特别是日本的经济增长一直保持温和的增长率。当然，日本仍然是仅次于美国的全球最重要的国别市场。

对国际营销者而言，由处于不同经济发展阶段的经济体构成的市场常常带来各种机会，如基础设施开发、新的工业品市场以及巨大的消费品市场。日本与许多国家的高收入消费者也意味着重要的奢侈品市场。诸如金字塔底层市场之类的新理念同样适合南亚地区。亚太地区国家的合作主要借助两大贸易联盟——“东盟10+3”与亚太经济合作组织。

思考题

1. 解释本章标黑色的主要术语。
2. 解释中国经济在过去500年走向落后而在近20年又快速发展的原因。
3. 为什么日本经济发展速度会缓慢下来？

⊖ See http://www.apec.org.

4. 为什么亚洲四小龙的经济发展速度会这么快?
5. 比较中国与印度的经济发展成功的情况以及发展潜力，给出双方各自的利与弊。
6. 分析营销者在社会主义国家从事经营可能遇到的问题。
7. 在大中华区开展经营的机会与挑战有哪些?
8. 分析加强中美经贸关系中的政治问题。
9. 简要描述跨国公司在中国与印度的经营战略。
10. 美国应当担忧中国的发展吗？给出理由。
11. 你认为中国与印度会复制日本与韩国的发展模式吗？有哪些共同因素？又有哪些特殊因素?
12. 分析进入孟加拉国市场的机遇与威胁。
13. 分析中国与其北方邻国之间经济上的相互作用。
14. 中国企业的海外经营战略与美国企业的经营战略有哪些共同点与不同点?
15. 从日本过去20年的经历中，美国、欧洲与中国可学到些什么?

PART 4

第四篇
制定全球营销战略

第12章

Chapter12

全球营销管理：计划与组织

学习目标

通过本章学习，应能把握：

- 全球营销管理与国际营销管理的区别
- 计划对于实现公司目标的必要性
- 影响各种市场进入战略的重要因素
- 国际战略联盟的日益重要性

全球视角

英国人又卖了一家企业

虽然交易达成所花时间特别长，但交易金额也特别巨大。9月初，卡夫公司（Kraft）首次提出以170亿美元左右的价格收购英国公司吉百利（Cadbury）。然而，直到11月9日，卡夫公司才被迫正式报价，不然就得放弃。这一等待期间，到处是各种流言。例如，吉百利拒绝了卡夫公司的提议。此外，英国各地开始担心幕后的美国大企业要搞垮某家英国大公司，迫使英国人放弃Dairy Milk牌巧克力与Cream Eggs牌巧克力，从而购买美国的Cheez Whiz牌与Jell-O牌巧克力。

一系列的研究表明，75%的并购并没有为股东带来利益，而50%多的并购事实上使股东价值受损。例如，Quaker与Snapple、奔驰与克莱斯勒、时代华纳与美国在线间的并购活动。如果是涉及知名品牌的跨国敌意并购，那么风险特别高。

卡夫－吉百利这笔交易听起来注定会以失败而告终。吉百利老板托德·斯蒂茨（Todd Stitzer）认为，吉百利公司体现的是独特的“强调原则的资本主义”，这一特质来自其Quaker始创者近两个世纪前的灵感，而且从此深深地融入公司。如果毁掉这一传统，那么就有可能在冒毁掉吉百利这一伟大公司之险。

就生产巧克力的这一类公司而言，它们与客户有着一种独特的亲密关系，一是因为巧克力会让人联想到许许多多的孩提生活、浪漫爱情与节日情思；二是因为小时候尚缠绕在母亲身边时就喜欢上了巧克力。许多英国人更为喜欢的是蝎子牌（Scorpion）巧克力，而不是Hershey牌巧克力。数十年来，那些生产巧克力的大公司都有各自统治的市场。英国人自

1905年来有了Dairy Milk牌，1923年起有了Crème Egg牌，1929年起又有了Crunchies牌。

此外，卡夫-吉百利组合后的公司宛如强壮的大怪物，年销售收入将达500亿美元，对任何市场都会产生重大的影响，而且完全有可能重新夺取中国市场。卡夫公司在欧洲大陆有着稳固的市场，而且在150个国家或地区具有业务。吉百利公司在曾经的英国势力范围深受消费者欢迎（例如，占有印度巧克力市场的70%），而且在其他许多市场也很有影响（如巴西与墨西哥）。在印度与非洲各地，吉百利公司的分销系统也远非当地的小商店所能抗衡。当然，怀疑者也有理由认为，这类庞大并购交易带来的常常是削弱而不是强化品牌，尤其是对巧克力块与巧克力球之类的精制食品。

这一交易最终于2010年1月达成，以现金与股票形式计算的交易额达190亿美元。显然，也有人不赞成这一交易。其中之一就是沃伦·巴菲特，其麾下的伯克希尔-哈撒韦公司拥有卡夫公司9.4%的股份。只要有可能，沃伦·巴菲特肯定会投票反对这笔高达190亿美元的交易，因为卡夫支付得太多了。

如今，5年过去了，英国人仍然错误地认为是别人偷了他们的好东西。英国政府针对外国企业购并其国内企业的《收购法》有着更为严格的规定。卡夫公司关闭吉百利在萨默代尔那家充满感情寄托的工厂并将500个岗位转移至波兰引起了英国人的极大愤慨。

资料来源："Food Fight," *The Economist*, November 7, 2009, p. 63; Grademe Wearden, "Warren Buffett Blasts Kraft's Takeover of Cadbury," guardian.co.uk, January 20, 2010; Ben Morris, "The Cadbury Deal: How It Changed Takeovers," *BBC News*, May 2, 2014, online.

面对增长趋缓的国内市场以及越来越大的全球竞争压力，跨国公司正在调整它们的市场营销战略和组织结构。奈飞公司（Netflix）就是面临前一种挑战的最好事例。目前，奈飞公司75%的订阅用户来自美国。不过，公司的最高管理层注意到了国际市场上的机会。[一]公司走向国际市场的目的在于增强竞争力和确保适当的定位，通过把握全球市场机会来获得利润。针对关键性战略选择，公司必须进行全面决策，比如：是实施标准化战略还是适应战略，是实施集中化战略还是分散化战略，是实施整合战略还是独立经营战略。特别是随着国家间边界变得不那么重要，更大规模的国际企业合作网络的兴起使得传统意义上的竞争和组织概念发生了变化。

最近针对北美和欧洲公司的一项研究表明，约有75%的公司在变革其商业流程，大多数公司制订了正式的战略计划，保持成本优势被认为是影响市场营销战略的最重要的外部因素。变革并非局限于大型跨国公司，也包括中小型企业。

事实上，相对于大型跨国公司，规模较小的企业所拥有的灵活性可以使它们能更快地对全球市场需求做出反应。具备全球观念是容易的，但要付诸行动就需要计划和组织，需要具备尝试新路子（从参与合作到重新规定公司经营范围）的愿望和决心。[二]

本章将讨论全球营销管理、全球市场上的竞争、战略计划和多种市场进入战略，并指出

[一] Emily Steel, "Netflix, Growing, Envisions Expansion Abroad," *The New York Times*, July 22, 2014, pp. B1, 2.

[二] Yuping Zeng, Oded Shenkar, Seung-Hyun Lee, and Sangceol Song, "Cultural Differences, MNE Learning Abilities, and the Effect of Experience on Subsidiary Mortality in a Dissimilar Culture: Evidence from Korean MNEs," *Journal of International Business Studies*, 44 (2013), pp. 42-65; Dirk DE Clercq and Lianxi Zhou, "Entrepreneurial Strategic Posture and Performance in Foreign Markets: The Critical Role of International Learning Effort," *Journal of International Marketing* 22, no. 2 (2014), pp. 47-67.

构成有效的国际或全球组织的有关因素。

12.1 全球营销管理

20 世纪 70 年代，有关市场细分的争论是“标准化（standardization）还是适应性（adaptation）”，80 年代争论的是“全球化（globalization）还是本土化（localization）”，到了 90 年代，则变成了“全球整合（global integration）还是本土响应（local responsiveness）”。其基本问题是，全球消费者偏好同质是否允许营销组合的全球标准化？发端于 90 年代的互联网革命，使我们拥有了前所未有的走向世界的能力，也赋予了老问题以新特点。

即使是现在，一些公司仍然以通常的方式看待全球化问题。举例说，Twix 曲奇公司的高层管理者通过一家新的全球广告公司——Grey Worldwide，发起了首次全球攻势。也许 Twix 曲奇公司的全球攻势是有意义的，但让我们看看反其道而行之的公司。近年来，利维斯牛仔裤在全球市场上黯然失色；虽然福特公司在全球范围内销售嘉年华品牌，但同时削减了一批品牌，放弃了对沃尔沃、路虎和马自达等品牌的控制权。可口可乐也许是全球化程度最高的公司。在印度，它出售两种牌子的产品——Coke 和 Thumbs-Up。对此，Coke 公司的首席执行官解释道：“面对矛盾的现实，Coke 公司必须做出妥协。在世界的许多地方，消费者已变得更加挑剔、更加精明，还多了一点民族主义，他们正在把更多的钱花在当地的饮料上，而那些饮料的口味与可口可乐公司的产品不同。”目前，Thumbs-Up 已是公司在印度的最大品牌，所占市场份额达 40%。

这种退回本土化的趋势部分源于互联网和采用越来越柔性化的制造过程，使得定制（customization）的效率得到提高。事实上，戴尔电脑公司就是新型的大规模定制的典范，它没有库存，每台计算机都根据订单生产。另一个关键的原因是工会、环境保护主义者和消费者抵制全球化逻辑，这一点在 1999 年西雅图国际贸易组织会议期间表现得很明显。虽然越来越多的实证研究表明全球标准化存在困难和风险，但是在文献中也出现了相反的研究结论。[㊀]最后，因美泰公司所实施的金发芭比娃娃全球化策略失败了，所以公司的标准化策略变得引人注目。在本书前几版中，我们正确预见到，迪士尼的“迪士尼公主”系列充分考虑到了文化多元化，其中包括木兰（中国）和茉莉（阿拉伯）。在这场新的“玩具士兵”的战斗中，即便迪士尼与布拉茨娃娃获得胜利，问题仍然会存在。美泰公司一直在控告布拉茨娃娃的生产商 MGA，声称该公司剽窃其布拉茨娃娃产品线的新产品创意。经过 9 年的诉讼和判决的反反复复，2013 年联邦上诉法院裁定损害不成立，故由美泰公司向 MGA 支付所发生的诉讼费。当然，MGA 仍然计划通过采取法律行动来弥补其因多年官司而发生的品牌资产的损失。美泰公司得到的教训是：不再与迪士尼竞争，转而通过购买营销王子产品线的许可协议来参与竞争。通过这样的安排，两家公司的利润都出现了上升。[㊁]

㊀ Oliver Schilke, Martin Reimann, and Jacquelyn S. Thomas, “When Does International Marketing Standardization Matter to Firm Performance?” *Journal of International Marketing* 17, no. 4 (2009), pp. 24-46. Constance I. Hays, "Learning to Think Smaller at Coke," The New York Times, February 6, 2000.

㊁ Ann Zimmerman, “Maker of Bratz Dolls Wins a Legal Reprieve,” *The Wall Street Journal*, December 11, 2009, p. B10; “Mattel Rival to Get $310 Million in Suit,” *Associated Press, August* 5, 2011.

实际上，这一争论本身就反映出了美国管理者和学术界的民族中心主义。从欧洲或者甚至日本的立场看，市场就是国际化的，从一开始就要考虑巨大的美国市场的特殊性。只有身在美国，才可以把国际市场要求留待事后考虑。

此外，信息爆炸使得营销者能更加细分市场，公司里只有制造经理和财务经理出于规模经济的考虑要求标准化。从营销角度看，定制总是最好的。如果把顾客满意作为目标，那么，理想的细分市场的规模是 1。专家指出："那些向前看的主动性公司有能力和意愿同时做到标准化和本土化。"[一]

我们认为，事情其实并没有那么复杂。随着全球市场持续变得越来越同质和越来越多样化，优秀公司会避免陷入把国家作为主要细分要素的陷阱。其他一些细分要素常常更为重要，如地区[二]、城市[三]、气候、语言、媒体习惯、年龄[四]、收入等。根据最新的市场细分方法，Twix 的制造者显然认为媒体习惯具有超国家特征。至少有一位来自产业的首席执行官也赞同基于媒体的细分并指出说："随着媒体把感兴趣的群体划分得越来越小，传达信息给那些受众变得越来越重要，不管他们在哪一个国家。当今，传媒公司借助越来越多的平台来传递信息，如电视、无线电、有线电视、网络、印刷品、大屏幕、录像以及包括 3D 的最新的便携式数字媒体等，广告商使用同样多的平台把信息传递给他们希望到达的受众。"一些著名的意大利品牌如 Salvatore Ferragamo 鞋子、Gucci 皮革制品、法拉利汽车便是很好的例子，它们将产品卖给全球范围内的高收入细分市场。事实上，这三家公司在美国的销量比在意大利的销量还大。

21 世纪，究竟是标准化还是适应性并不是一个恰当的问题。相反，国际营销者面临的一个关键问题是，用什么方式细分市场最有效。长久以来，国家是最显而易见的细分要素，在美国尤其如此。但是，随着通信系统的改善，国界正在消失，全球市场其他因素的重要性正在凸显出来。

12.1.1 雀巢之路——进化而非革命

雀巢公司没有受是标准化还是适应性争论的困扰。几乎从 1866 年成立伊始，雀巢公司作为婴儿奶粉的制造商就是国际化的。到 1920 年，公司在美国、澳大利亚、巴西建有工厂，并出口到中国香港地区。目前，雀巢公司销售 2 000 多个品牌的产品，经营业务遍布 86 个国家或地区。雀巢是世界上最大的婴儿奶粉、奶粉、速溶咖啡、巧克力、汤、矿泉水制造商，在冰淇淋方面排名第二，谷物方面仅次于 Kellogg 公司，与 Ralston Purina 持平。它的产品既

[一] Masaaki Kotabe, " Contemporary Research Trends in International Marketing: The 1960s, " Chapter 17 in *Oxford Handbook of International Business*, 2nd edition, Alan Rugman (ed.) (Oxford: Oxford University Press, 2008); Richard Kustin, " The World is Flat, Almost: Measuring Marketing Standardization and Profit Performance of Japanese and U.S. Firms," *Journal of Global Marketing* 23, no. 2 (2010), pp. 100-108.

[二] Ricardo Flores, Ruth V. Aguilera, Arash Mahdian, and Pal M. Vaaler, " How Well Do Supranational Regional Grouping Schemes Fit International Business Research Models?" *Journal of International Business Studies* 44 2013), pp. 451-474.

[三] Anthony Goerzen, Christian Geisler Asmussen, and Bo Bernhard Nielsen, " Global Cities and Multinational Enterprise Location Strategy," *Journal of International Business Studies* 44 (2013), pp. 427-450.

[四] Dannie Kjeldgaard and Soren Askegaard, " The Glocalization of Youth Culture: The Global Youth Segment as Structures of Common Difference," *Journal of Consumer Research* 33 (2006), pp. 21-27.

出现在加利福尼亚贝弗利山的大型超级市场中，也出现在尼日利亚的简陋市场中。在那里，妇女把雀巢肉汤与当地生产的西红柿和洋葱摆在一起出售。虽然公司在朝鲜没有销售代理，但一些产品也进入了那里的商店。

雀巢之路在于主宰市场。它的总体战略可以概括为四点：①思考和计划上的长远观点；②分权化；③专心本行；④迎合当地口味。雀巢的经营之道可以从其如何进入波兰市场看出。公司领导层一开始就意识到建立工厂和创造品牌认知将耗时太久，于是采取“进化而非革命”的战略，实行购买政策。在购买排名第一的制造商未获成功后，购买了第二大巧克力制造商。在头两年中，每两个月对产品做少量的调整，直到达到雀巢的标准，并成为可识别的雀巢品牌为止。所有这些努力，加上全力以赴的营销，使公司与市场领导者 Wedel 的差距不再明显。雀巢还购买了一个牛奶加工厂，如同在墨西哥、印度和其他地方一样，派技术人员通过改进饲料和改善卫生条件，帮助波兰农民提高牛奶的质量和数量。

雀巢在中东的努力考虑得更长远。该地区目前只占公司全球销量的 2% 左右，单独地看，市场相对较小，而且地区冲突使得国家间的多数贸易成为不可能。尽管如此，雀巢预计敌视状态终会消除，到那时，公司将可以向整个地区供货。雀巢已经在五个国家建立了工厂，将来可以向该地区提供各种产品。公司在迪拜生产冰激凌，在沙特阿拉伯生产汤和谷物，在埃及生产酸乳酪和肉汤，在土耳其生产巧克力，在叙利亚生产番茄酱、麦芽巧克力、方便面等。一旦国家之间的贸易障碍消除，雀巢将拥有向所有国家提供各种产品的工厂网络。同时，将主要在工厂所在国组织生产和销售。

这样的长远战略对许多公司来说可能会无利可图，但雀巢仍能获利，因为它充分利用了当地原料，且所销售的产品价格是消费者能承受得起的。例如，叙利亚工厂生产过程中所需的西红柿和麦子是当地的主要农产品。即使叙利亚依然限制贸易，仍有 1 400 万人购买番茄酱、面条及该公司在那里生产的其他产品。在这五个国家销售的所有雀巢产品上都印有雀巢的名字和商标。

雀巢把自己看成“真正致力于提供完整的系列食品，以满足世界各地的人们一生中每时每刻的需要和口味的企业。”

12.1.2 全球营销的好处

能真正做到在全球各区域市场间均衡配置其全球经营业务的跨国公司其实并不多。不过，如能发现大的细分市场[⊖]，那么生产和营销方面的规模经济效益就可以给跨国公司带来重要的竞争优势[⊜]。例如，Black and Decker 制造公司从事电动工具、电器和其他消费品的生产。该公司在采用泛欧经营策略后，公司的生产成本显著下降。在欧洲市场上，该公司生产的电动机不仅产品规格从 260 种减少到 8 种，而且产品型号也从 15 个减少到 8 个。同样地，

⊖ Simcha Ronen and Oded Shenkar, " Mapping World Cultures: Cluster Formation, Sources, and Implications," *Journal of International Business Studies* 44 (2013), pp. 867-897; Margaret Fletcher, Simon Harris, and Robert Glenn Richey Jr., " Internationalization Knowledge: What, Why, Where, and When?" *Journal of International Marketing* 21, no. 3 (2013) pp. 47-71.

⊜ Natalia Vila and Ines Kuster, "Success and Internationalization: Analysis of the Textile Sector," *Journal of Global Marketing* 21, no. 2 (2008), pp. 109-126; Amar Gande, Christopher Schenzler, and Lemma W. Senbet, " Valuation Effects of Global Diversification," *Journal of International Business Studies* 40, no. 9 (2009), pp. 1515-1532.

据福特公司估计，通过统一在若干国家进行产品开发、原料采购和供应活动后，每年可以节省30亿美元。再例如，日本企业开始时主宰了日本国内市场的移动电话业务，但如今国际竞争对手通过更大程度的全球渗透，凭借更为先进的技术对日本企业形成了强有力的挑战。

通过良好的协调和营销活动的整合促进经验和技能的跨国分享也被认为是全球经营的一个好处。[1]全球营销才能的多样化有助于跨市场的新方法的产生。[2]联合利华成功地把两个子公司开发出来的产品发展成为全球品牌，南非子公司开发出了脉冲身体喷雾器，欧洲分公司研制成功了在欧洲的硬水中使用效果很好的洗涤剂。美国铝业（Alcoa）公司的日方合资者生产的铝板质量几乎完美无缺，以至于美国工人看到其提供的样品时，竟指责样品是专门挑选出来的。于是，生产工人被送到日本工厂学习技术，然后移植到美国工厂中，由于尝到了知识转移的甜头，美国铝业公司一改过去派管理者去海外做监工的做法，而是派生产工人和管理者去发现与学习新技术、新流程。

全球营销还可以使营销者接近最难相处的顾客。例如，对许多产品和服务而言，日本消费者是最难取悦的，正因为有挑剔的顾客，所以该国生产出了最高质量的产品和服务。能否通过竞争赢得日本顾客是检验一家企业是否有高质量的产品和服务的最好方式。

所服务市场的多样化可以给全球公司带来收入和活动的稳定性，从而产生额外的经济利益。在20世纪90年代后期亚洲市场疲软时，那些开展全球营销活动的公司比专注于一个地区的公司遭受的损失要小。在2009年出现全球贸易危机期间，那些在拉美地区有业务的公司所受的影响较小。面向全球进行营销的公司还可以用其他方式获得金融形势变化带来的好处。例如，全球范围内税收和关税有涨有落，全球公司就能够利用这种复杂性获得利益。

跨越国界 12-1

瑞典式外卖家具

50年前，在瑞典南部丛林发生了一场小小的革命，从此改变了零售的概念，创造出了一个前所未有的邮购大市场。导致这场变革的是瑞典宜家（IKEA）公司，一家家具零售商兼批发商，是它发明了自助式外卖家具。宜家家具质量上乘，价格适中，设计新颖，产品畅销世界各地。

1943年，英格瓦·坎普拉德（Ingvar Kamprad）在瑞典Agunnaryad注册了IKEA，公司名称中的IK来自他的名字。他于1950年进入家具市场，并于1951年发行第一份目录。1958年，第一家宜家商场在阿尔姆胡尔特开业。该商场人气极旺，一年后商场不得不增加一家餐馆，为方便远道而来的顾客就餐。

1985年，宜家进入美国。尽管宜家是一家国际公司，但是其销售主要集中在欧洲，在公司360亿美元的销售额中，欧洲的销售额占到70%，其中仅德国的销售额就约占总销售

[1] Nigel Driffield, James H. Love, and Stefan Menghinello, "The Multinational Enterprise as a Source of International Knowledge Flows: Direct Evidence from Italy," *Journal of International Business Studies* 41, no. 2 (2010), pp. 350-359.

[2] Luis Alfonso Dau, "Learning across Geographic Space: Pro-Market Reforms, Multinationalization Strategy, and Profitability," *Journal of International Business Studies* 44 (2013), pp. 235-262.
Brandweek Volume 39, Issues 1-8.

额的1/4。与此相比，宜家在北美自由贸易区成员国的销售额仅约为50亿美元。宜家在全球40个国家或地区拥有经营商店。

宜家在美国增长缓慢的一个原因是宜家商场都必须经过位于荷兰的国际宜家系统特许授权，无论是个人还是公司，所有被授权者都必须经过仔细审查，以确保被授权者有雄厚的资金、良好的零售记录。总部设在丹麦的宜家集团是一个私营公司集团，其所有者是荷兰的一家慈善基金。该集团经营着350多家分店，研制、采购、分销、销售宜家产品。

低廉的价格是宜家所有产品线的特点，目录价格在一年内也不得上涨。几十年前，宜家竭力提供廉价产品，不经意间走在了环保运动的前列。尽量少用原料，尽量少用包装，此举不仅可以降低成本，而且还可以解决自然资源问题。宜家在生产经营活动中一向坚持环境保护，甚至连公司的目录册也都可以再生，以数字形式出现而不是印刷在胶片上。

2000年，在俄罗斯首家宜家商场开张之日，顾客必须排上一个小时的队才能够进入商场。高速公路上的车辆首尾相接，长达数英里。4万多名顾客蜂拥而至，将货栈的很多区域一扫而光。时至今日，每周仍有10万多名顾客光顾宜家商场。宜家在俄罗斯雄心勃勃，公司官员梦想着要让宜家简洁的搁架、厨房、卫生间和卧室走进千千万万个俄罗斯家庭，因为这些家庭自苏联时代以来，尚未重新装潢过。

宜家的优势之一在于扩张过程中的战略学习与调整。其方法一直被称为“灵活复制”，而且该战略模式适合于不同的国际市场环境。如今，宜家公司在中国的那些大城市开有16家新店铺。

资料来源：Colin McMahon, “Russians Flock to IKEA as Store Battles Moscow,” *Chicago Tribune*, May 17, 2000; “IKEA to March into China’s Second-tier Cities (Next),” *SinoCast China Business Daily News*, August 6, 2007, p. 1; “IKEA Struggles to Source Sustainable Timber,” *Environmental Data Service*, July 2009, p. 22; Anna Jonsson and Nicolai J. Foss, “Internationalization Experience of IKEA,” *Journal of International Business Studies* 42, no. 9 (2011), pp. 1079-1102.

12.2 全球市场计划

计划是面向未来的一项系统性工作，它试图把握外部的、不可控因素对企业的优势、劣势、目标的影响，以取得希望的结果。进一步说，计划就是把资源分配给某个国家市场以实现某些具体的目标。换句话说，计划的任务是使本来可能不会发生的事情发生。

面向国内市场的公司计划与面向国际市场的公司计划一样吗？计划原则本身并无二致，但跨国公司在经营环境（东道国环境、母国环境和公司的具体环境）、组织结构、控制多国活动任务方面的复杂性导致了国际计划的复杂性和计划过程的差异。

跨越国界 12-2

鳄鱼和鳄鱼品牌

实际上，它是一个鳄鱼品牌。法国人勒内·拉科斯特（Rene Lacoste）和安德烈·古莱（Andre Gillier）在1933年创立了拉科斯特公司，并在衬衫上加了鳄鱼标志。他们把衬衫出口到美国，由零售商如布克兄弟（Brooks Brothers），作为设计师商品进行销售。20 世纪七八十年代，在美国，该品牌的知名度达到了顶峰，其标志就是被写入 1980 年出版的丽莎·比恩巴赫的《权威预科生手册》(*Official Preppy Handbook*)。

后来，管理者犯了一个重大的战略错误。公司把鳄鱼标志用在了各种各样的产品上，比如：短裤、香水、太阳镜、网球鞋、皮带、甲板鞋、运动鞋、手表、甚至是汽车，而不是通过提高价格来增加销售收入和利润。随后，这些产品被分销到各种类型的零售商处进行销售，甚至包括 Mervyns 之类的低端商场。一位当时负责加利福尼亚南部大市场 Izod 品牌的销售经理回答了关于公司成功的问题，他说："我们不知道我们为什么做得这么好，我们只是试图完成所有的订单"。但是，就不清楚为什么产品卖得这么好而言，这意味着他们也看不到未来的风险。到了 20 世纪 80 年代中期，鳄鱼品牌已随处可见，而这种状况对于设计师产品而言并不有利。结果，客户停止购买，公司的销售额急剧下降。这样，直到大约 15 年后，公司才基本得到恢复。

其他奢侈品 / 设计师品牌已学会要更为谨慎地管理企业的增长。即使是在品牌狂热的中国以及世界各地的高收入群体中，皮具制造商路易威登（通常用鳄鱼皮制作产品）已选择相对缓慢的增长战略。最近，公司扩大了生产能力，在法国 Marsaz 新开了第 17 家工厂（雇用了 70 名员工）。对于销售额达 70 亿美元的国际营销商来说，其影响完全是微不足道的。

"我们面临的困境是，如何在不削弱品牌形象的前提下实现经济增长，" 公司的首席执行官伊夫·卡塞勒（Yves Carcelle）在工厂开业时说。这也许是国际营销商必须做出的最重要的决策：是提高价格还是扩大分销，卡塞勒似乎已经从鳄鱼品牌同胞那里学到了教训。

资料来源：Christina Passariello, " At Vuitton, Growth in Small Batches," *The Wall Street Journal*, June 27, 2011, pp. B1, B10.

计划工作要考虑国际业务的迅速增长、市场条件的不断变化、竞争的日趋激烈及不断变化的各国市场的挑战。计划必须将外国环境的多变因素与公司的目标和能力结合起来，制订出合理可行的营销计划。[⊖]战略计划就是把企业资源投入到产品和市场中以提高竞争力和利润的计划。

计划包含制定目标及实现目标的方法，它既是一个过程，也是一种经营思想。从层次上看，计划可以分为**公司计划**（corporate planning）、**战略计划**（strategic planning）和**战术计划**（tactical planning）三个层次。公司计划是长远的、包含整个公司的总目标。战略计划是由最高层管理者执行，涉及产品、资金、研究和公司的长短期目标的计划。战术计划（亦称市场计划）涉及具体措施和资源分配，以便在特定市场中实现战略计划的目标。战术计划在当地层次上做出，回答营销和广告的有关问题。

计划给跨国公司带来的主要好处是计划过程所体现的严肃性。国际营销者经历计划过程后，对分析营销问题和把握机会有了一个整体的思路，具备了协调不同国家市场信息的基础。计划过程与计划本身可能一样重要，因为它迫使决策者考虑影响营销计划成功实施的所

⊖ Wade M. Danis, Dan S. Chiaburu, and Majorie A. Lyles, " The Impact of Managerial Networking Intensity and Market-Based Strategies on Firm Growth during Institutional Upheaval: A Study of Small and Medium-Sized Enterprises in a Transition Economy," *Journal of International Business Studies* 41, no. 2 (2010), pp. 287-307.

有因素，并让那些对实施决策负有责任的人参与决策。成功计划的另一个关键是评估公司目标，包括评估公司管理层对开展国际业务的决心及所持的经营理念。最后，计划过程是组织学习的一个基本途径。

12.2.1 公司的目标与资源

设定目标可以使国内和国际分部都有明确的方向，并使政策始终一贯。如果目标规定不明确，就有可能出现这样的局面：一看到某些市场颇有希望就轻率地一拥而上，结果却发现那里的业务违背或冲淡了公司的主要目标。

国外市场的机会并非总与企业目标相一致[一]，有时候需要修改目标，有时候需要调整国际计划的规模，或者干脆放弃这些机会。有些市场可能一时有利可图但前景暗淡，而另一些市场可能正好相反。只有当企业目标清晰明了，才能正确地取舍。

12.2.2 开展国际营销的承诺

国际企业的计划方法会影响管理层承诺进行国际化的程度。这种承诺会影响企业具体的国际战略和决策。[二]这一点对小型的创业型企业尤其重要。[三]公司目标明确之后，管理层必须确定是否准备对成功地开展国际业务做出必要的承诺。这种承诺包含三个方面的内容：计划投资金额、配备国际业务的管理人员以及在国外市场长期坚守直到上述投资见到效益的决心。

公司对国际营销活动承诺的程度反映出公司介入国际业务的程度。如果公司对一项国际业务的前景没有把握，它就很可能会以一种试探性的方式进入市场，营销方法、分销渠道和组织形式也都会缺乏效率，结果导致这项事业的失败。而这项事业如果能够得到母公司的全力支持，本来是可以成功的。[四]任何长远的营销计划都应该得到高层管理者的充分支持，而且销售增长的时间表也应该是现实可行的。有时，随随便便地进入一个市场偶尔也可能成功，但在大多数情况下，只有做出长远的承诺方能在市场上取得成功。

最后，新近开展的一系列研究表明，随着经营业务的扩大，跨国公司似乎存在某种强烈的区域偏好。部分是因为存在文化差异问题，[五]还有部分是因为存在空间距离，尤其是存

㊀ Jan Kemper, Andreas Engelen, and Malte Brettel, " How Top Management's Social Capital Fosters the Development of Specialized Marketing Capabilities," *Journal of International Marketing* 19, no. 3 (2011), pp. 87-112.

㊁ Antonio Navarro, Francisco J. Acedo, Matthew J. Robson, Emilio Ruzo, and Fernando Losada, " Antecedents and Consequences of Firms' Export Commitment: An Empirical Study, " *Journal of International Marketing* 18, no. 3 (2010) pp. 41-61.

㊂ Lianxi Shou, Aiqi Wu, and Bradley Barnes, " The Effects of Early Internationalization on Performance Outcomes in Young International Ventures: The Mediating Role of Marketing Capabilities, " *Journal of International Marketing* 20, no. 4 (2012), pp. 25-45; Panagiotis Ganotakis and James A. Love, " Export Propensity, Export Intensity, and Firm Performance: The Role of the Entrepreneurial Founding Team," *Journal of International Business Studies* 43 (2012), pp. 693-718.

㊃ Bradley R. Barnes, Leonidas C. Leonidou, Noel Y.M. Siu, and Constantinos N. Leonidou, " Opportunism as the Inhibiting Trigger for Developing Long-Term-Oriented Western Export-Hong Kong Importer Relationships, " *Journal of International Marketing* 18, no. 2 (2010), pp. 35-63.

㊄ Magnus Hultman, Constantine S. Katsikeas, and Matthew J. Robson, " Export Promotion Strategy and Performance: The Role of International Experience," *Journal of International Marketing* 19, no. 4 (2011), pp. 17-39.

在跨时区经营所带来的难处。如我们之前所提到的那样，许多国家的公司往往与其邻国公司开展较多的贸易。管理者的特质以及偏好也会影响这方面的选择。[一]根据其他方面的报道，公司也能通过在特定地区集中经营而获得竞争优势。[二]虽然有不同的看法，但一些研究人员的确怀疑全球经营策略的存在性，认为就经营业务的覆盖情况而言，仅有9家美国《财富》500强公司可以获得全球公司的称号。我们完全认为，目前的战略选择强调地区经营，但正如之前所述，贸易协议、贸易及公司策略正在逐步全球化。市场竞争与全球联系的便利化迫使全球各地的经理对国际营销抱有更大的信心。

12.2.3 计划制订的过程

不论是在多个国家中营销，还是首次进入国外市场，计划都是取得成功所不可缺少的。初次进入国外市场的公司必须确定开发什么产品，在什么市场上销售，准备投入多少资源。对已经进入国际市场的企业来说，关键性的决策包括：在不同国家和不同产品间分配人力和其他资源，确定需要开拓的新市场或需要撤出的老市场，确定需要开发或淘汰什么产品。为了评估国际机会和风险，并制订适当的计划来利用这些机会，有必要遵循一定的原则和程序。图12-1为在多个国家开展业务的跨国公司从事计划工作提供了系统的指南。

1. 第1阶段：初步分析和筛选并使公司需要与东道国需要相一致

不管是初次开展国际营销，还是已涉足很深，对潜在市场进行评估都是计划过程中的第一步。国际计划过程中的首要问题是，决定对哪一个业已存在的国家市场进行市场投资。公司的优势和劣势（包括母国的特征）[三]、产品、经营理念、经营模式[四]和目标必须与一国的限

[一] Elitsa R. Banalieva and Kimberly A. Eddleston, "Home-Region Focus and Performance of Family Firms: The Role of Family vs. Non-Family Leaders," *Journal of International Business Studies* 42, no. 8 (2011), pp. 1060-1072.

[二] Joseph Johnson and Gerard J. Tellis, "Drivers of Success for Market Entry into China and India," *Journal of Marketing* 72, no. 3 (2008), pp. 1-13; Jennifer D. Chandler and John L. Graham, "Relationship-Oriented Cultures, Corruption, and International Marketing Success," *Journal of Business Ethics* 92, no. 2 (2010), pp. 251-267.

[三] Lutz Kaufmann and Jan-Frederik Roesch, "Constraints on Building and Deploying Marketing Capabilities by Emerging Market Firms in Advanced Markets," *Journal of International Marketing* 20, no. 4 [2012], pp. 1-24; Peter Gabrielsson, Mika Gabrielsson, and Tomi Seppala, "Marketing Strategies for Foreign Expansion of Companies Originating in Small and Open Economies: The Consequences of Strategic Fit and Performance," *Journal of International Marketing* 20, no. 2 (2012), pp. 25-48; Anna Lamin and Grigorios Livanis, "Agglomeration, Catch-Up, and the Liability of Foreignness in Emerging Economies," *Journal of International Business Studies* 44 (2013), pp. 579-606; Gongming Qian, Lee Li, and Alan M. Rugman, "Liability of Country Foreignness and Liability of Regional Foreignness: Their Effects on Geographic Diversification and Firm Performance," *Journal of International Business Studies* 44 (2013), pp. 635-647.

[四] Gabriel R.G. Benito, Bent Petersen, and Lawrence S. Welch, "Towards More Realistic Conceptualizations of Foreign Operation Modes," *Journal of International Business Studies* 40, no. 9 (2009), pp. 1455-1470; Paula Hortinha, Carmen Lages, and Luis Filipe Lages, "The Trade-Off between Customer and Technology Orientations: Impact on Innovative Capabilities and Export Performance," *Journal of International Marketing* 19, no. 3 (2011), pp. 36-58.

制因素和市场潜力结合起来考虑[1]。研究表明，三个方面的进入标准非常有用：制度环境分析、文化环境和交易成本[2]。在计划过程的第 1 阶段，通过分析和筛选，淘汰那些缺乏足够潜力的市场。新兴市场存在特殊的问题，因为许多新兴市场缺乏必要的营销设施，分销渠道尚待建立，收入水平和收入的分配因国家而异。此外，有时我们会发现对预料外市场机会的利用会妨碍企业仔细开展此类计划工作。[3]

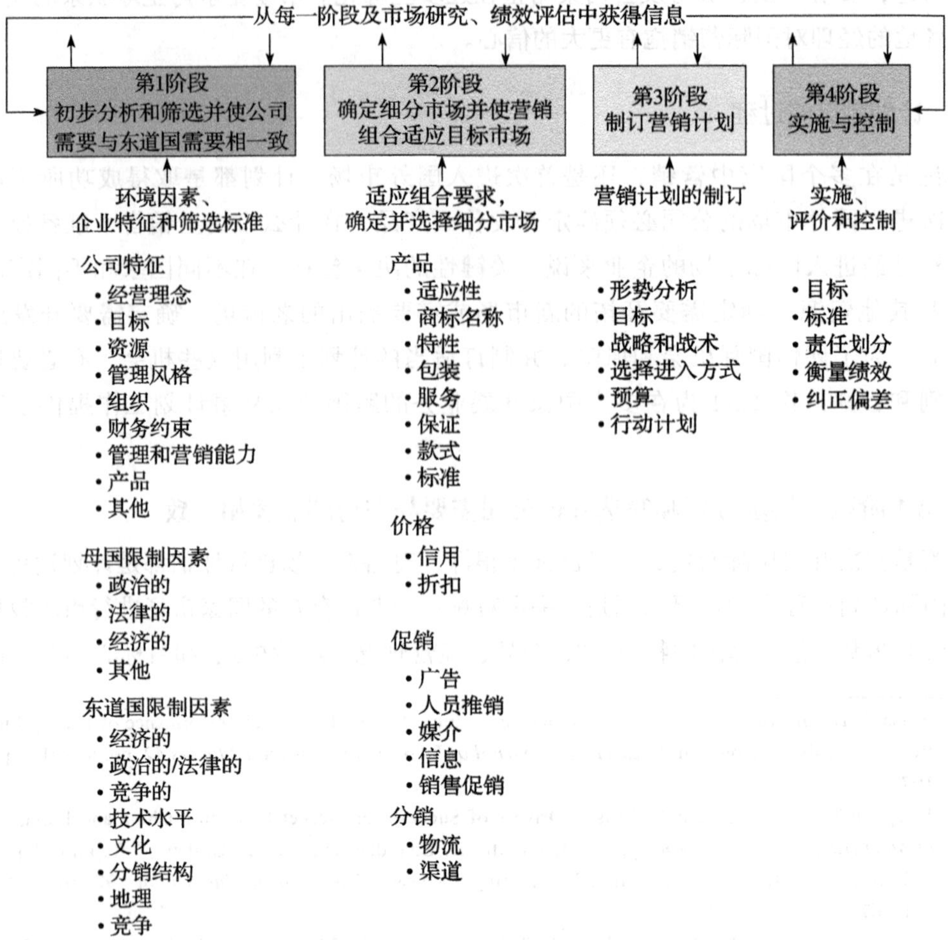

图 12-1 国际计划过程

下一步是建立筛选标准，根据这些标准，可以对有关国家进行评价。这些标准是在对公司目标、资源和其他能力与制约条件进行分析的基础上确定的。重要的是，要搞清为什么进

[1] Namrata Malhotra and C. R. (Bob) Corredoira, "An Organizational Model for Understanding Internationalization Processes," *Journal of International Business Studies* 41, no. 2 (2010), pp. 330-49;Usha C. V. Haley and David M. Boje, "Storytelling the Internationalization of the Multinational Enterprize," *Journal of International Business Studies* (2014), pp. 1115-1132.

[2] Keith D. Brouthers, "Institutional, Cultural, and Transaction Cost Influences on Entry Mode Choice and Performance," *Journal of International Business Studies* 44 (2013), pp. 1-13.

[3] Yanto Chandra, "An Opportunity-Based View of Rapid Internationalization," *Journal of International Marketing* 20, no. 1 (March 2012), pp. 74-102.

入某一外国市场，及从这一投资中期望获得多少收益。在制定评价标准过程中，公司对开展国际业务的决心和走向世界的目标起着重要的作用。评价标准包括最低限度的市场潜力、最低限度的利润、投资收益率、可接受的竞争水平、政治稳定性、可接受的法律规定及其他与公司产品有关的标准等。

评价标准一旦确定，就可对计划在其中从事经营活动的环境进行全面的分析。环境包括前面讨论过的不可控因素、母国和东道国的限制因素、营销目标，以及公司在每个计划周期开始时具有的任何优势和劣势。虽然在国内市场计划中，也需要了解不可控环境因素，但在国外营销中，这一任务变得更为复杂。因为所考虑的每个国家都给国际营销者提供了一组不熟悉的环境因素，正是在这一阶段，国际营销计划和国内营销计划的区别最为显著。

第 1 阶段的结果为开展下面的工作提供了必不可少的基本信息：评估所建议的国家市场的潜力；确认足以使某国被淘汰的重大问题；确定需要进一步分析的环境因素；确定营销组合中的哪一部分可以实行全球标准化，哪一部分必须做出调整以及如何调整以适应当地市场的需要；制订和实施营销行动计划。

第 1 阶段获得的信息可以帮助企业避免美国著名家用电器经销商 Radio Shack 公司首次走向国际化时曾经犯过的错误。西欧是该公司第一次尝试国际营销的地方，但它犯了一系列错误，并为此付出了昂贵的代价。如果它当初对国际营销对象国的不可控因素进行恰当分析的话，这些错误本来是可以避免的。该公司在荷兰开展了以 12 月 25 日为目标的圣诞节促销活动，殊不知荷兰人是在 12 月 6 日庆祝圣尼古拉节并互赠礼物的。此外，一些国家中的法律问题也干扰了它的计划，该公司的民用波段无线电收发机在美国国内是获利最丰的产品之一，它指望在欧洲能获得同样的成功，而不知道大多数欧洲国家的法律禁止这种产品的销售。该公司在德国市场上曾以免费赠送的方式进行闪光灯的促销活动，但马上遭到当地法院的制止，因为免费赠送方式违反了德国销售法规。在比利时，它忽略了当地关于所有橱窗标志上都要贴政府印花的法律规定，加上店址选择不当，结果不少商店开业不久就被迫关门。

第 1 阶段的分析工作完成后，决策者面临选择目标国家市场这一更具体的任务，发现这些市场中的问题和机会，并着手制订营销计划。

2. 第 2 阶段：确定细分市场并使营销组合适应目标市场

第 2 阶段的目的是更加详细地研究营销组合要素。目标市场选定以后，应根据第 1 阶段中获得的数据资料对营销组合进行评估。这一阶段的决策失误可能会导致提供的产品不适合所要进入的市场，或定价、广告和促销不当，而造成严重的损失。第 2 阶段的目标是选定某种营销组合，使其适应由环境中不可控因素造成的文化制约，从而有效地实现企业目标。[⊖]

雀巢公司的做法可以用来说明第 2 阶段的分析工作。在该公司，每一位产品经理手中都有一本《国家信息手册》(*Country fact book*)，上面记载着第 1 阶段提到的大部分信息。该信息手册详细分析了与文化有关的各种问题。例如在德国，咖啡产品经理必须回答下列问题，

⊖ Thomas L. Powers and Jeffrey J. Loyka, "Adaptation of Marketing Mix Elements in International Markets," *Journal of Global Marketing* 23, no. 1 (2010), pp. 65-79.

德国人对咖啡在消费品中的排名如何？德国人均咖啡消费量是高还是低？（仅这些数据就足以说明问题。例如，瑞典年人均消费咖啡 8.2 千克，美国为 4.2 千克，而日本只有 3.3 千克。[⊖]）德国人怎样用咖啡，是用咖啡豆，还是用磨碎的，抑或用咖啡粉？如果是磨碎的，是如何调制的？德国人更喜欢哪一种咖啡，是巴西桑托斯与哥伦比亚混合咖啡，还是科特迪瓦出产的罗巴斯特咖啡，抑或是烘焙咖啡？是喜欢焙制过的深色咖啡，还是淡色咖啡？（雀巢速溶咖啡的颜色必须尽可能地与目标国喜欢的咖啡颜色一致。）

借助对这些问题的回答，雀巢生产了 200 种速溶咖啡，从拉美国家喜欢的深色咖啡到在美国流行的淡色的混合咖啡，应有尽有。每年分布在全球各地的四个研究所花费约 5 000 万美元，研究颜色、香型、口味上略有不同的新品种，德国人是午餐后还是在用早餐时喝咖啡？咖啡中加奶还是不加奶？他们晚上喝咖啡吗？在咖啡中放糖吗？（在法国，答案很清楚：早上，加奶；中午，不加奶，即两种完全不同的咖啡）德国人从什么年龄开始喝咖啡？咖啡在当地是一种像在法国一样的传统饮料，还是像英国那样作为年轻人叛逆的一种方式（在英国喝咖啡是对习惯于喝茶的父母的反叛），还是像在日本，咖啡作为礼物？在喝茶为主的日本，咖啡销量大增，雀巢被视为高档的礼物，人们携带精美礼盒中的咖啡而不是巧克力、鲜花去赴晚宴或参加生日聚会。有了这么多信息，产品经理就可以根据《国家信息手册》所提供的信息评估营销组合了。

第 2 阶段还可使营销者评估某种营销战术应用到不同国家市场的可能性。通过在不同国家寻找相似的细分市场，企业常常可以发现获得营销活动规模效益的机会。例如，雀巢公司在调研时发现英国和日本的青年咖啡消费者有相似的动机，便在两个市场中使用基本相同的宣传基调。

通常，第 2 阶段分析的结果会表明，营销组合需要调整的幅度太大，以致不得不做出不进入某一市场的决定。例如，一个产品可能不得不减小尺寸以适应某一市场的需要，而这样做的额外制造成本太高。或者，达到盈利所需的价格可能太高，超出了市场中大多数人的承受能力，如果没有办法降低价格，则在较高价格下的销售潜力可能太小而不宜进入该市场。

在第 2 阶段中，可以得出对以下三个主要问题的答案：

（1）是否存在允许在不同国家中采用同样的营销组合策略的可识别的细分市场？

（2）需要对营销组合要素做什么样的调整才能适应目标市场的文化和环境条件？

（3）考虑到调整所需的费用，进入某一市场是否仍然有利可图？

根据第 2 阶段的分析结果，可以进行第二轮筛选，再淘汰一些国家。下一阶段是制订营销计划。

3. 第 3 阶段：制订营销计划

计划工作的这一阶段，要为目标市场制订一个营销计划，不管这个目标市场是单个国家还是全球市场。营销计划始于形势分析，最终要选择市场进入方式和具体的行动计划。具体计划要回答做什么、谁做、如何做、什么时候做等问题，还要确定预算及预期的销售额和利

[⊖] Coffee Consumption, World Resources Institute, 2012.

润。像第 2 阶段一样，如果确信公司营销目标无法实现，那么就选择不进入该市场。

4. 第 4 阶段：实施和控制

虽然该模型按先后步骤介绍，但该计划过程是动态的，由一系列连续的互动变量组成，其信息是通过这些阶段连续形成的。这些阶段为制订有效的系统计划提供了一条重要的路径。

如果第 3 阶段的决定是“继续前进”，则到第 4 阶段便开始实施营销计划并期望能获得成功。可是，计划过程并非到此完结，在实施过程中，人们应对所有营销计划予以协调和控制。许多企业还没有做到对自己的营销计划实施尽可能周密的控制，如果它们能对营销计划实行持续的监督、控制，就可以取得更大的成功。评估和控制制度要求绩效与目标相一致，即当绩效未达目标时，采取纠正措施。协调和控制国际营销活动是困难而又极其重要的管理任务，全球导向为有效地履行这一任务提供了方便。

上述计划过程模型是按顺序分几个阶段阐述的，但计划过程实际上是一个动态的、连续的变量之间相互作用的过程，每一阶段的信息也是不断积累的。图 12-1 所示的阶段只是勾画出了一条保证计划工作的高效率和系统性所应遵循的路线。

借助于计划过程，决策者可以考虑所有影响企业计划成功实施的因素。此外，计划过程提供了一种把所有国家市场及它们之间的联系看作一个全球范围内的有机整体的基础。通过遵循本书第六篇提供的指南，国际营销者可以把战略计划过程付诸实施。

当一个国家有多个产品进入多个国外市场时，有效地管理所有市场的所有产品将变得更为困难。营销计划帮助营销者集中精力考虑成功的全球营销所必须考虑的所有因素。有了计划过程中的信息并选择了国家市场后，就要对市场进入方式做出抉择。选择进入方式对企业来说是一个比选择国家市场更关键的决策，因为这一选择将决定企业的运作并将影响该市场的所有未来决策。

12.3 市场进入战略㊀

可供公司选择的国外市场进入模式有四种，分别是出口、合同协议、战略联盟与直接投资。每种模式可以按照权益资本或非权益资本要求做进一步的分类。公司采用不同模式时对权益资本的需求量会直接影响该模式的风险、报酬与控制权的大小。例如，间接出口往往不需要权益投资，所以公司的风险、报酬与控制权都较小。相反，对外直接投资是四种模式中最需要权益投资的，所以风险最大，控制权与潜在报酬也就最大。

大多数公司开始时只是少量出口，但随着销售额的增加，通常会经历如图 12-2 所示的步骤。㊁成功的小型企业常常特别擅长利用人际网络和商业关系，从而降低了初次进入所面

㊀ One scholar has pointed out that this is one of the most often studied topics among international business researchers, and it has perhaps reached its tipping point with respect to new contributions. We would agree. See J. Myles Shaver, “Do We Really Need More Entry Mode Studies,” *Journal of International Business Studies* 44 (2013), pp. 23-27.

㊁ Gerald Yong Gao and Yigang Pan, “The Pace of MNCs' Sequential Entries: Cumulative Entry Experience and the Dynamic Process,” *Journal of International Business Studies* 41, no. 9 (2011), pp. 1572-1580.

临的经济风险。此外，随着进入国外市场数量的增加和经验的积累，进入战略的数量也随之增加。事实上，由于每个国家市场有不同的条件，在多个国家市场中经营的企业可能采用不同的进入方式。⊖例如，宾夕法尼亚州的 JLG 工业公司（JLG Industries）生产自动推进的空中工作平台（移动升降台），并销往世界各地。公司于 20 世纪 70 年代在苏格兰和澳大利亚组织生产，1991 年被迫关闭那里的工厂。现在公司的国际业务再次上升。在欧洲，由于业务的增长，使公司可以简化那里的分销渠道，包括取消了中间商，在德国、挪威、瑞典和英国实行特许经销方式。在泰国和巴西建立了特许经销合资企业，虽然这两个国家遇到了一些经济问题，但合资企业的销售形式很好。该公司还在苏格兰、意大利和南非开拓了销售和服务业务。

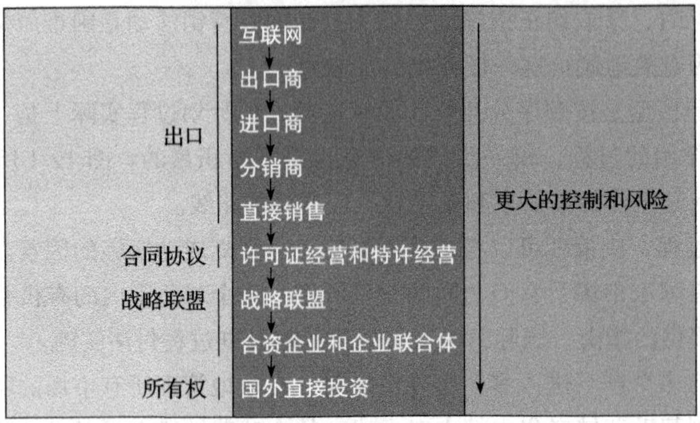

图 12-2 市场进入战略

12.3.1 出口

出口占全球经营业务的 10%。出口可以是直接的或间接的。**直接出口**（direct exporting）是指公司把产品直接出售给外国的顾客。由于这种方式可以使财务风险最低，所以对初次涉足国际化的企业来说，这是最常用的方式。**间接出口**（indirect exporting）通常是指公司出售产品给本国的代理商，后者再出口。大型零售商（如沃尔玛、西尔斯）及批发商、贸易公司等都有购买产品后出口海外的业务。

出口的初始动机常常是从市场中获得撇脂利润或者是分摊营业费用。研究表明，对于刚从事出口的国际营销者而言，最好先集中关注某个市场⊜，并且采用已经了解的出口手

⊖ Susan B. Douglas and C. Samuel Craig, " Convergence and Divergence: Developing a Semiglobal Marketing Strategy, " *Journal of International Marketing* 19, no. 1 (2011), pp. 82-100; Ruby P. Lee, " Extending the Environment-Strategy-Performance Framework: The Roles of Multinational Corporation Network Strength, Market Responsiveness, and Product Innovation, " *Journal of International Marketing* 18, no. 4 (2010),pp. 58-73; Janet Y Murray, Min Ju, and Gerald Yong Gao, " Foreign Market Entry Timing Revisited: Trade-Off Between Market Share Performance and Firm Survival," *Journal of International Marketing* 20, no. 3 (2012), pp. 50-64; Briger Maekelburger, Christian Schwens, and RuedigerKabst, " Asset Specificity and Foreign Market Entry Mode Choice of Small and Medium-sized Enterprises: The Moderating Influence of Knowledge Safeguards and Institutional Safeguards," *Journal of International Business Studies* 43 (2012), pp. 458-476.

⊜ Lance Eliot Brouthers, George Nakos, John Hadarcou, and Keith D. Brouthers, " Key Factors for Successful Export Performance for Small Firms," *Journal of International Marketing* 17, no. 3 (2009), pp. 21-38.

段[一]。此外，出口市场细分的仔细程度对于企业绩效有重大的影响。[二]早期开展的国际业务可能是回应国外某个客户的要求而偶然促成的。一种受推崇的捷克啤酒 Pilsner Urquell 就是这样的，过去的许多年中，这种啤酒一直通过 Guinness Bass Import Corporation（GBIC）在美国销售。不过，这家捷克企业因为其啤酒产品未能成为 GBIC 进口产品组合中的重点产品而中止了与 GBIC 的关系，转而自己建立了由 20 多人组成的销售队伍负责美国 5 个主要城市的业务。这家捷克企业不仅降低了价格，而且通过英国的一家广告公司开发了全球媒体计划。

出口也是具有强大的营销和关系实力的成熟的国际公司通常所采取的方法。[三]美国一些大型企业把出口作为主要的市场进入方式，而作为美国最大出口商的波音公司就是其中最好的例子。第 15 章将详细讨论出口机制及便利出口的多种中间商。

1. 互联网

互联网作为一种进入国外市场的方式正变得越来越重要。起初，网络营销集中在国内销售上，可是，从外国顾客那里获得订单的公司的数量出乎意料得多，结果产生了国际互联网营销（international internet marketing）的概念。PicturePhone Direct 公司，是一个电视电话会议设备的邮购商，它在互联网上发布商品目录，原本想在美国东北部做生意，出乎意料的是，该公司销售人员收到了来自以色列、葡萄牙和德国的订单。

其他公司也有类似的经历，它们正积极地通过多种语言网站，设计面向具体国家的互联网商品目录。戴尔公司也借助于互联网向国外销售，它已开始通过互联网的“虚拟商场”向马来西亚、澳大利亚、中国香港地区、新西兰、新加坡、中国台湾地区及其他亚洲国家和地区销售计算机，这种销售模式在欧洲也得到了应用。

亚马逊公司完全采用国际互联网营销。该公司聘请了苹果公司一位高级经理管理快速发展的国际业务。仅仅在德国和英国建立图书和 CD 销售网站 15 个月以后，这两个新的海外亚马逊网站在各自的市场中一举成为买卖最活跃的商业网站。网络销售获利最丰的企业包括 Land’s End 公司和 L. L. Bean 公司等过去的目录企业。有趣的是，Land’s End 公司在国外市场的成功因公司新近在德国碰到了一些问题而打了点折扣。德国法律禁止广告噱头，而 Land’s End 公司的“无条件终身担保”被裁定为广告噱头。该公司一路上诉至德国最高法院，但以败诉告终。此外，欧盟对互联网销售征税的不确定性也引起了极大的关注。正如第 15 章所要讨论的，中国的互联网巨头阿里巴巴近来对全球销售和世界贸易带来了巨大压力。

如第 2 章所述，目前尚不清楚互联网对国际营销的全部影响。然而，不管是小企业

[一] Joseph Johnson, Eden Yin, and Hueiting Tsai, “Persistence and Learning: Success Factors of Taiwanese Firms in International Markets,” *Journal of International Marketing* 17, no. 3 (2009), pp. 39-54.

[二] Adamantios Diamantopoulos, Amat Ring, Bodo B. Schlegelmilch, and Eva Doberer, “Drivers of Export Segmentation Effectiveness and Their Impact on Export Performance,” *Journal of International Marketing* 22, no. 1 (2014), pp. 39-61.

[三] David A. Griffith and Boryana V. Dimitrova, “Business and Cultural Aspects of Psychic Distance and Complementarity of Capabilities in Export Relationships,” *Journal of International Marketing* 22, no. 3 (2014), pp. 50-67.

还是大公司，都不能忽视国际互联网营销作为一种备选的市场进入战略。借助于万事达（MasterCard）和维萨（Visa）等全球可用的信用卡以及联合包裹服务（UPS）和联邦快递（Federal Express）等国际运输服务公司，发货到国外并不费力了。

2. 直接销售

对于在国外销售高技术产品或大宗工业产品，可能尤其需要直接的销售人员。这可能意味着需要设立办事处，而人员多少当然取决于市场规模和潜在的销售收入。第 17 章将详细讨论销售人员的管理问题。

12.3.2 合同协议

合同协议（contractual agreements）是与国外企业长期的、非权益的联系。合同协议通常涉及技术、生产流程、商标和 / 或技能的转让。简单而言，合同协议转让的是知识而非权益。研究表明，如果合作国家之间的法律制度存在巨大的差异，那么非正式的商务关系就显得更为重要。[㊀]

1. 许可证协议

许可证协议（licensing）是一种不需要大量资金支出就可以在国外建立一个立足点的方法。许可证协议允许受证方使用专利权、商标权、技术流程。虽然并不局限于中小企业，但对中小企业来说，许可证协议确实是一种很好的战略。电视节目制作、播出和医药行业通常在国外市场运用许可证协议方式。只用许可证协议来开展国外业务的企业并不多，更多的是把它看作对出口和在国外生产的补充，而不是作为进入国外市场的唯一方式。当企业资金匮乏，或进入限制排除了其他进入方式，或东道国对国外所有权很敏感，或有必要保护专利和商标时，最能体现许可证协议的优越性。许可证协议的风险包括选错了合作伙伴、出现质量或其他生产问题、支付问题、合同履行问题和失去营销控制。[㊁]

许可证协议可能是获利最少的一种进入方式，但其风险和麻烦也比直接投资要小。这是一种在国外市场利用知识产权获利的合法方式，而且这样的协议对目标国的经济发展也是有利的。许可证协议有以下几种形式：许可使用生产流程、商标名称或准许经销进口产品。许可证可以是严格控制的或权力下放的。如果受证人具备必要的能力和条件，许可证协议是一种不需大量资金和人员投入即可求得发展的捷径。由于寻找、监督、激励受证人不是一件容易的事情，故并非所有许可证协议都能取得成功。许可证协议的存续期长短很大程度上取决于技术本身与市场风险：风险越大，存续期就越短。最新研究开始涉及有关国际许可协议中专卖权交易问题。专卖权通常实施于那些具有强有力知识产权保护的国家以及技术变革迅速

㊀ Majid Abdi and Preet S. Aulakh, "Do Country-Level Institutional Frameworks and Interfirm Governance Arrangements Substitute or Complement in International Business Relationships?" *Journal of International Business Studies* 43 (2012), pp. 477-497.

㊁ Preet S. Aulakh, Marshall S. Jiang, and Yigang Pan, "International Technology Licensing: Monopoly Rents, Transaction Costs, and Exclusive Rights," *Journal of International Business Studies* 41, no. 4 (2010), pp. 587-605.

的行业。[1]

2. 特许经营

特许经营（franchising）是许可证协议的一种形式，发展十分迅速。在特许经营交易中，特许方提供产品、系统和管理服务，被特许方则提供市场知识、资金和管理人员。这两者结合起来，既能灵活地适应当地的市场条件，又能使母公司具有合理程度的控制权。这里的合理程度包括这种情况，如近年来一些公司选择从被特许方回购商店。最近，星巴克在中国西部省份就采取了这类方法。[2]特许方可以实施直至最终销售的全过程营销。特许经营是市场垂直一体化的一种重要形式，它拥有使技能的集中化与经营的分散化有效地结合起来的潜力，因而正迅速成为国际市场营销的一种重要方式。在某种意义上说，特许经营正在对传统的经营方式产生深刻的影响。在英国，每年快餐食品的特许经营营业额接近20亿美元，占整个餐饮业的30%。影响特许经营成功程度的主要因素包括监督成本（基于物理距离与文化差异）、当事人的国际经历与品牌在新市场的权益。

1970年以前，国际特许经营并不活跃。国际特许经营协会（International Franchising Association）的一项调查显示，只有14%的会员企业在美国以外有特许经营协议，且大部分集中在加拿大。目前，美国企业在世界各国有数十万宗特许经营交易，涉及软饮料、汽车旅馆（包括像Best Western International这样的会员组织）、零售、快餐、汽车出租、汽车修理服务、娱乐等行业以及从照片冲印到标牌制作等各种各样的服务。加拿大是美国企业开展特许经营交易的最大市场，日本、英国分列第二和第三。由于企业看好亚洲的发展潜力，亚太地区的特许经营交易数量也正在迅速增多。

跨越国界 12-3

比萨饼之王

无论从哪个方面来说，比萨饼店在印度将如雨后春笋，遍地开花。在苏拉特、科钦（Kochi）和布巴内斯瓦尔（Bhubaneshwar）等地，喜欢比萨饼的人终于盼来了比萨饼店。目前，美国的特许经营企业达美乐公司（Domino's）和必胜客在印度都开了200多家分店。在印度南部站稳了脚跟之后，位于清奈市（Chennai）的比萨角（Pizza Corner）如今已经勇敢地向北挺进，在德里开了3家分店，并计划增开至8家。

达美乐公司正在努力生产适合每一个民族的比萨饼，而必胜客正在让印度人尝试中国式的比萨饼。必胜客已经生产出一种“东方”比萨饼，调料用的是中国辣酱、大葱和芝麻。必胜客根据印度人对中国饮食的喜好研制了这种比萨饼。不过，这并不意味着必胜客不重视辣味的印度式比萨饼。必胜客除了生产“东方”比萨饼外，也生产辣味唐杜里比萨饼。菜单上也少不了奶昔。新近一家印度乳制品公司正在争夺比萨饼和冰激凌的市场份额。尽管吉普林

---

[1] For more information in this area see Preet S. Aulakh, Marshall S. Jiang, and Sali Li, " Licensee Technological Potential and Exclusive Rights in International Licensing: A Multilevel Model, " *Journal of International Business Studies*, 44, 2013, pages 699-718.

[2] Tang Zhihao, "Starbucks Buys Back Control of Stores," *China Daily*, June 3, 2011, p. 14.

曾经预言两条河永远不会相遇，比萨饼的印度化却真真切切存在。

资料来源：Simita Tripathi, " Butter Chicken Pizza in Ludhiana, " *Business Standard*, June 17, 2000, p.2; Rahul Chandawarkar, "Collegians Mix Money with study Material," *Times of India*, June 22, 2000; Thomas L. Friedman, *The World Is Flat* (New York: Farrar, Straus, and Giroux, 2005); "Dominos Pizza India Plans 500 Stores in Country, " *Indian Business Insight*, February 14, 2008, p. 20; Julie Jargon and Arlene Chang, " Yum Brands Bets on India's Young for Growth, " *The Wall Street Journal*, December 12, 2009, p. B1; http://www.pizzahut.co.in, 2012.

尽管全球经济进入 21 世纪后遇到了暂时的困难并出现下滑，但特许经营仍然被认为是发展最迅速的一种市场进入战略。它常常是国外零售业务进入东欧、俄罗斯和中国市场的首选策略之一，如麦当劳出现在莫斯科（第一家店有 700 个座位和 27 台收银机）和肯德基炸鸡在中国（北京的肯德基店的营业额比世界上任何一家肯德基店的营业额都高）。促进美国国内特许经营发展的因素对促进特许经营在国外的发展同样起作用。对于希望以较少投资迅速扩张的企业来说，特许经营是一种有吸引力的组织方式。特许经营体制把特许方的知识与被特许方所拥有的当地知识和创业精神结合在一起。由于特许经营允许当地的被特许方拥有所有权、经营权，且有助于扩大就业，所以当地的法律对特许经营比较友善。

位于明尼阿波利斯的里奥比茨（Lil'Orbits）公司销售炸面包圈制造设备和原料给小企业主，其做法是小企业利用许可证协议和特许经营进入国外市场的一个例子。里奥比茨销售的炸面包圈设备能在顾客等待时生产出规格为 1.5 英寸的炸面包圈。典型的美国购买者直接从公司购买设备和成分，而不用支付特许权使用费。这些买家往往开设了小商店或小售货亭并按打出售外卖的炸面包圈，当然顾客也可以就着炸面包圈喝上一些啤酒。

在美国获得成功后，里奥比茨在《美国商业新闻》杂志上刊登了广告，该杂志主要面向国外介绍产品和服务。广告登出后引来了 400 多个询问。受热烈反响的鼓舞，该公司开展了收特许权使用费的国际特许经营业务。现在已建立了国际特许经营分销商网络，营销这种机器和成分。分销商支付里奥比茨特许经营权使用费，直接从里奥比茨或者从世界各地许可转让的一级分销商那里购买机器和原料。这一进入战略使公司以极少的资金投入进入了国外市场。该公司现有 2 万家特许经营商遍布全球 85 个国家或地区，约 60% 的公司业务来自国际化经营。

虽然特许经营使公司以最少的投资达到了迅速扩张的目的，但在向被许可方提供服务的过程中也产生了花费。例如，为迎合世界各地不同的口味，里奥比茨必须开发一种比在美国销售的炸面包圈更像酥皮点心、含糖量更少的组合。其他文化差异也必须满足，比如里奥比茨这个商标名称对法国和比利时的顾客来说，发音有困难，故改为奥比（Orbie）；调料也必须进行调整以适应不同的口味。肉桂是最通用的，但在中国，肉桂是中药，因而只放糖。在地中海，希腊人喜欢蜜，而西班牙人则偏爱巧克力汁，在法国粉状糖比颗粒糖更受欢迎，因为在那里吃炸面包圈是用杯而不是盘。

12.3.3 国际战略联盟

国际战略联盟（strategic international alliances，SIA）是两家或两家以上企业为了相互需

要、分担风险并实现共同目的而建立的一种合作关系。在过去的几十年中，作为全球营销管理的竞争战略，国际战略联盟的重要性在不断增加。国际战略联盟被看作弥补劣势、增强竞争优势的方式。[一]建立国际战略联盟的动机主要包括：迅速开拓新市场，获得新技术[二]，提高生产效率，降低营销成本，谋求战略性竞争策略，寻求额外的资金来源。有关研究表明，与知名的金融机构建立联系能增加对潜在合伙人的吸引力[三]，而且稳定的资源运用能提高联盟的业绩[四]。有一些证据表明，国际战略联盟常常能带来利润。

较为著名的国际战略联盟有芬兰诺基亚与美国ATT、中国阿里巴巴与美国微软、印度塔塔与美国星巴克以及法国雷诺与日本尼桑。不过，最著名的国际战略联盟也许出现在航空业。美国航空公司（American Airlines）、国泰航空公司（Cathay Pacific）、英国航空公司（British Airways）、日本航空公司（Japan Airlines）、墨西哥航空公司（Mexicana）、西班牙国家航空公司（Iberia）、澳洲航空公司（Quantas）和其他8家航空公司都是寰宇一家（Oneworld）航空联盟的成员，该联盟整合了时刻表和里程计划。与之竞争的是以联合（United）航空公司和汉莎（Lufthansa）航空公司为首的星空联盟（Star）和由西北航空公司和KLM率领的飞翼（Wings）联盟。国际战略联盟意味着：有一个共同的目标；一方的劣势可由另一方的优势所弥补；单独实现目标成本太高、时间太长或风险太大；把各自的优势联合起来能做成本来无法做成的事情。例如，在全球航空业出现动荡之际，星星联盟购置飞机，这是战略创新之举。

C-Itoh（日本）、Tyson Foods（美国）和Provemex（墨西哥）是一个有多重目标的国际战略联盟。该联盟生产日式烤鸡肉串，出口到日本和其他亚洲国家。每家公司都有自身的目的，且都对联盟有贡献。C-Itoh的目的是寻求一个廉价的成品供应商，因为该产品是劳动密集型产品，日本的劳动力成本已变得越来越高，因而在日本国内生产该产品缺乏竞争力。C-Itoh的贡献在于其遍布日本和亚洲的分销系统与市场。Tyson Foods的目的是为鸡腿寻找新市场，美国市场的主要需求是鸡脯肉，鸡腿是副产品。Tyson Foods出口部分多余鸡腿给亚洲，并获悉C-Itoh想扩充供应基地，但Tyson Foods也面临劳动力成本高的问题。Provemex的目的是从鸡的饲养和宰杀向国际市场上有高附加价值的产品拓展，它的贡献是提供廉价的劳动力。

通过建立联盟，三方都受益。Provemex获得了拆骨专有技术，能使经营垂直一体化，并进入利润丰厚的出口市场。Tyson Foods通过出售剩余的鸡腿比建立联盟前获得了更多利

[一] Eric Fang and Shaoming Zou, "Antecedents and Consequences of Marketing Dynamic Capabilities in International Joint Ventures," *Journal of International Business Studies* 39, no. 1 (2008), pp. 1-27; TonyW. Tong and Jeffrey J. Reuer, "Competitive Consequences of Interfirm Collaboration: How Joint Ventures Shape Industry Profitability," *Journal of International Business Studies* 41, no. 6 (2010), pp. 1056-1073.

[二] http://www.lilorbits.com, 2012.

[三] Jeffrey J. Reurer and Roberto Ragozzino, "Signals and International Alliance Formation: The Roles of Affiliations and International Activities," *Journal of International Business Studies* 45 (2014), pp. 321-337.

[四] Matthew J. Robson, Bodo B. Schlegelmilch, and Brigitte Bojkowszky, "Resource Deployment Stability and Performance in International Research-and-Development Alliances: A Self-Determination Theory Explanation," *Journal of International Marketing* 20, no. 1 (2012), pp. 1-18.

益，而且增加了在亚洲市场上的市场份额。C-Iton 拥有了稳定的有价格优势的产品。这是一种合作性的关系：三家各具优势的公司建立了一个成功的联盟，在联盟中，每一方都有贡献，也都从中获益。

许多企业进入国际战略联盟的目的，是在被看好的欧洲市场上增强竞争力和获取利益。[一]举例说，通用面粉公司（General Mills）想在欧洲迅速崛起的谷物早餐市场上占有一定份额，于是与雀巢联合创建环球谷物公司。欧洲人很关注健康，随着其早餐从鸡蛋、熏肉向谷物食品转变，欧洲的谷物食品市场预计有数亿美元。通用面粉公司的主要美国竞争对手凯洛格公司，从 1920 年起就进入了欧洲，控制着大约一半的市场。

对通用面粉公司来说，如果从头做起进入欧洲市场成本太高，虽然原料价格低，但谷物食品加工是资金和营销密集型产业，销售额必须达到相当高时才能盈利。凯洛格公司也只是到最近才在欧洲获得厚利的。通用面粉公司若想通过自身实现目标，则需建立一个生产基地，并需要大批销售人员。此外，一家在当地尚不知名的企业不可能轻易突破凯洛格公司对超市的已有控制。出路就是与雀巢合资经营。雀巢拥有通用面粉公司所不具备的一切，知名商标、工厂网络、强大的分销系统，而通用面粉公司能够贡献的是著名的谷物品牌。

这项交易对双方都有利。通用面粉公司提供谷物加工技术，包括一些专用设备、已得到认可的产品品牌和把产品推向市场的技巧。雀巢提供包装盒上的名称、零售渠道和生产能力。将来，环球谷物公司还将开拓欧洲以外的市场，由于雀巢在亚洲、非洲和拉丁美洲是占支配地位的食品供应商，所以环球谷物公司在这些市场上将有竞争优势。

随着国际战略联盟变得越来越重要，更多的注意力放到了如何建立联盟上。这一领域的多数专家认为，表 12-1 所示的步骤是通向成功的战略联盟的途径。特别地，人们广泛认为建立互信的人际关系和组织关系很重要，是联盟成功的必要条件。[二]当然，在国际经营中，没有什么东西是万无一失的。不同伦理、文化和法律制度之间的交流常常会增加联盟事务的难度。[三]表 12-1 中所列的所有步骤中一项关键活动是国际谈判（详见第 19 章）。[四]

[一] Tieying Yu, Mohan Subramaniam, and Albert A Cannella Jr., "Competing Globally, Allying Locally: Alliances between Global Rivals and Host-Country Factors," *Journal of International Business Studies* 44 (2013), pp. 117-137.

[二] Robert E. Spekman, Lynn A. Isabella, with Thomas C. MacAvoy, *Alliance Competence* (New York: Wiley, 2000).

[三] Haisu Zhang, Chegli Shu, Xu Jaing, and Alan J. Malter, "Managing Knowledge for Innovation: The Role of Cooperation, Competition, and Alliance Nationality," *Journal of International Marketing* 18, no. 4 (2010), pp. 74-94; Kai Li, Dale Griffin, Heng Yue, and Longkai Zhao, "National Culture and Capital Structure Decisions: Evidence from Foreign Joint Ventures in China," *Journal of International Business Studies* 42, no. 4 (2011), pp. 477-503; Anupama Phene and Stephen Tallman, "Complexity, Context, and Governance in Biotechnology Alliances," *Journal of International Business Studies* 43, no. 1 (2012), pp. 61-83.

[四] Kam-hon Lee, Gong-ming Qian, Julie H. Yu, and Ying Ho, "Trading Favors for Marketing Advantage: Evidence from China Hong Kong, China Mainland, and the United States," *Journal of International Marketing* 13 (2005), pp. 1-35; Daniel C. Bello, Constantine S. Katsikeas, and Matthew J. Robson, "Does Accommodating a Self-Serving Partner in an International Marketing Alliance Pay Off?" *Journal of Marketing* 74, no. 6 (2011), pp. 77-93.

表 12-1 建立战略联盟

主要关系活动	典型的交往与活动	关键关系技能
约会	高层经理动用个人关系网络 想知道如何对询问做出反应 想知道如何找出可能性	雷达扫描、良好关系自我意识
想象	在可能性中看到现实性 提出共享的愿景 让值得信任的高层管理者参与	拉近关系
发动	高层经理采取行动 通过面对面交流建立信任	建立信任
交往	为多层次上人员的交往提供便利 参观合作伙伴的设施，并开展技术性对话 社交时间和工作时间相融合	建立伙伴关系
承诺	管理者充分支持联盟 解决在做出困难决策时固有的冲突 接受联盟及相互关系的事实	承诺
调适	依赖已建立起来的相互关系 为继任者交往和建立关系提供便利	与他人共同成长

资料来源：Adapted from Robert E. Spekman, Lynn A. Isabella, with Thomas C. MacAvoy, Alliance Competence (New York: Wiley, 2000), p. 81. Reprinted with permission of John Wiley & Sons, Inc.

1. 国际合资企业

作为进入国外市场的一种方式，国际合资企业（international joint ventures）在过去 30 年间发展异常迅速。由于有合伙人入股，相应地减小了政治、经济风险，而且如果想进入有法律、文化障碍的市场，合资比购买现有企业所承担的风险要小。

与其他类型的战略联盟和合作关系不同的是合资企业是两家或两家以上企业联合建立的一个独立的法律实体。合资也不同于一家跨国公司在当地企业中拥有少数股权的情况。

合资企业有四个特点：①合资企业是完整的、独立的法律实体；②合资企业承认各方有共同参与管理的意愿；③合资企业不是个人间的合作关系，而是法律实体，如公司、特许组织或政府之间的关系；④合资各方都拥有股权。

不过，合资企业的管理可能会很困难。合作伙伴的选择和合资各方高层经理之间关系的好坏将决定合资企业的成败。[㊀]导致这些企业成功或失败的因素包括：合作伙伴在行业圈的地位[㊁]、控制权的分享情况、与母公司的关系、制度或法律环境、营销能力、经验、合伙

㊀ Gokhan Ertug, Ilya R.P. Cuypers, Niels G. Noordenhaven, and Ben M. Mensaou, " Trust between International Joint Venture Partners: Effects of Home Countries," *Journal of International Business Studies* 44 (2013), pp. 263-282.

㊁ Sunny Li Sun and Ruby P. Lee, " Enhancing Innovation through International Joint Venture Portfolios: From the Emerging Firm Perspective," *Journal of International Marketing* 21, no. 3 (2013), pp. 1-21; Weilei (Stone) Shi, Sunny Li Sun, Brian C. Pinkham, and Mike W. Ping, " Domestic Alliance Network to Attract Foreign Partners: Evidence from International Joint Ventures in China," *Journal of International Business Studies* 45 (2014), pp. 338-362.

人之间分享知识的程度。尽管有这样的复杂性，几乎所有积极从事世界贸易的公司都至少在某地组建了一家合资企业，许多公司甚至有几十家合资企业。根据联合委员会（Conference Board）最近的调查，在《财富》杂志 500 强企业中，40% 的企业至少建有一家国际合资企业。尤其是在远程通信和网络市场，合资企业越来越受到青睐。

在环亚太地区，美国企业面临陌生的法律和文化环境，合资经营比购买现有企业更为可取。当地的合资方会带领外方走出法律迷宫，并帮助他们了解文化差异。在下列情况下，合资经营对国际经营企业是有吸引力的：当公司能利用当地合资方的专门技能；当公司能进入合资方所拥有的当地分销系统；当公司想进入一个独资经营被禁止的市场；当公司能进入受关税、配额保护的市场；当公司缺乏扩大国际业务所需的人力和财力时。

中国自政府允许中外合资经营以来的 30 多年中，已建立了 5 万多家合资企业。合资由于能绕过关税，故相对于进口，能获得价格上的竞争优势。另外，由于劳动力成本低，与中国的合资方一道在当地制造，比直接进口又节省许多。许多在中国制造和销售的西方品牌，倘若是进口，价格就不可能这么低。

这方面一个最著名的例子就是电影制作人詹姆斯·卡梅隆（James Cameron）和他的卡梅隆－派斯集团与天津两家国有电影企业建立的中美合资企业。卡梅隆希望这种直接进入的方式可以利用快速成长的中国电影市场，从而有助于其企业成为全球 3D 制作的标准。他的电影《阿凡达》在中国观众中刷新了观影纪录。不过，卡梅隆对美国电影制片厂仍然不愿意拍摄 3D 电影深感困惑。㊀

2. 企业联合体

企业联合体（consortia）类似于合资企业，可以与合资企业归为一类，但具有下面两个鲜明的特点：①通常有大量的参与者；②往往是在成员企业均未打开局面的国家或市场开展业务。组建企业联合体的目的是汇聚财务和管理方面的资源，减少风险。规模庞大的建筑工程项目往往是由具有不同专长的公司组成的企业联合体承建的。在参加企业联合体的公司中通常有一家公司起牵头作用，但新成立的企业联合体也可能在相当大的程度上独立于联合体的发起企业。

毫无疑问，最著名的国际企业联合体是空中客车（Airbus）公司，它是波音公司在全球商用飞机市场上的欧洲竞争者。四家欧洲主要航空企业同意共同生产商用飞机，由此形成了空中客车公司。2000 年，四方决定把联合体转变成为全球公司，以提高经营效益，更好地与波音公司竞争。波音则与它的联合体一道着手开发 787 梦幻飞机。

Sematech 是另一个非常有影响的企业联合体。它是为了从日本那里重新夺回半导体开发和销售的领导地位于 20 世纪 80 年代在得克萨斯的奥斯汀成立的。起初，它的业务活动只局限于美国，联合体成员包括 IBM、英特尔、德州仪器、摩托罗拉、惠普等企业。世纪之交，Sematech 也走向了国际。有几家美国公司离开了联合体，取而代之的是来自中国台湾地区、

㊀ Gabrielle Jaffe, "James Cameron Launches Joint Venture for 3-D Films in China," *Los Angeles Times*, August 9, 2012, p. B3.

韩国、德国和荷兰的企业（仍没有日本企业）。联合体正在吸收不同种类的国际公司，以拓宽其投资组合。

需要指出的是，所有这些国际合同协议都可能遇到问题。例如，一些分析师批评指出波音787梦幻飞机的联合体的国际性太过宽泛，致使新飞机生产速度延缓。此外，环境和合作伙伴的变化使得协议很难维持，常常导致合作关系难以持续下去。福特和日产于1992年建立合资企业生产微型客货两用车，这种车在美国市场取得了一定的成功，但在2002年，该合资企业将停止生产这种车，比初始合同规定的时间提前了两年。现在日产已被法国汽车制造商雷诺公司控股，它于2003年自己生产微型客货两用车在美国销售。当通用汽车公司与大宇公司建立合资企业，其目的是在亚洲的汽车市场上获得显著的市场地位，而大宇则利用合作来提高自己的汽车制造技术，等到合作关系终止时，通用汽车公司为自己造就了一个全球竞争者。

雀巢公司与印度的Dabur产生了丑陋的解散争议。在合资饼干公司，雀巢公司和Dabur公司分别拥有60%和40%的股份。经过几个月的不愉快，Dabur公司向印度政府提交了请愿书，指责雀巢公司压迫小股东以及对合资企业管理不善。Dabur公司声称雀巢公司有意让合资企业破产，以便可以免除其不进行竞争的义务，从而用别的牌子的产品占领印度市场。而雀巢公司反驳说，问题主要出在合作方没有能力履行双方可以接受的企业计划上。最后，这场争端以雀巢公司买下Dabur公司40%的股份而结束。不久，这家合资企业关门大吉。

12.3.4　国外直接投资

进入和开拓国外市场的第四种方式是国外直接投资（direct foreign investment），即在外国进行投资。公司在当地组织生产，可能出于利用廉价劳动力、避免高额进口税、降低高额运费、获得原材料而获利的考虑，也可能是作为允许进入市场的一种方式。[㊀]公司可能投资或购买当地公司或建立新工厂。[㊁]除了自身投资之外，当地企业可获得许多利益，如大量技术转让以及培养起向更多客户出口的能力。与其他市场进入方式相比，直接投资的结构和绩效受以下因素的影响：①时机选择[㊂]——先行者既有优势但也面临更大的风险；②契约的复杂性与费用；③交易费用结构；④技术与知识转让[㊃]；⑤产品的差异程度；⑥被收购企业的

㊀ Riikka M. Sarala and Eero Vaara, "Cultural Differences, Convergence, and Crossconvergence as Explanations of Knowledge Transfer in International Acquisitions," *Journal of International Business Studies* 41, no. 8 (2010), pp. 1365-1390.

㊁ Annie Gasparro, "Kellogg Wins Bid for Egyptian Firm," *The Wall Street Journal*, January 2, 2015, p. B3.

㊂ Chris Changwha Chung, Seung-Hyun Lee, Paul W. Beamish, and Takehiko Isobe, "Subsidiary Expansion/Contraction during Times of Economic Crisis," *Journal of International Business Studies* 41, no. 3 (2010), pp. 500-516; Sea-Jin Chang and Nay Hyuk Rhee, "Rapid FDI Expansion and Firm Performance," *Journal of International Business Studies* 42, no. 8 (2011) pp. 995-1015.

㊃ Henrik Bresman, Julian Birkinshaw, and Robert Nobel, "Knowledge Transfer in International Acquisitions," *Journal of International Business Studies* 41, no. 1 (2010), pp. 5-20; Julian Birkinshaw, Henrik Bressman, and Robert Nobel, "Knowledge Transfer in International Acquisitions: A Retrospective," *Journal of International Business Studies* 41, no. 1 (2010), pp. 21-26.

过去经历与文化多元性[㊀]；⑦广告与声誉壁垒。这些因素和风险的组合使得对外投资决策变得更难。不过，因为WTO及其他国际协议减少了法律壁垒因素[㊁]，越来越多的企业开始选择通过直接投资来进入国外市场。

自由贸易区在成员间不设关税，在非成员间则有共同关税，因而自由贸易区的增加为直接投资提供了获利的机会。与日本竞争对手一样，韩国三星公司在墨西哥的Tijuana投资了5亿美元生产显像管，以满足《北美自由贸易协定》下业已存在的巨大的、以当地为中心的电视机工业。日本的高科技企业Kyocera Corporation公司为了快速进入美国市场，购买了Qualcomm公司的无绳电话业务。谷歌收购摩托罗拉不仅是为了获得技术，也是为了加大在中国市场的参与度。雀巢公司通过收购当地的糖果生产商来寻求在中国的商机；当然，卡夫收购吉百利的目的也类似。迪士尼收购印度UTV软件通信公司的目的是在印度这个重要市场建立广播和手机游戏业务。微软收购了诺基亚的移动手机业务。最后，雀巢公司在泰国新建了一个牛奶厂以服务于东盟自由贸易区。

当今全球企业的特征是在世界各地从事生产业务。随着制约自由贸易的障碍逐渐消除，这种趋势将不断增强，哪里的成本优势最显著，公司就在哪里组织生产。进入方式和合作伙伴的选择是关键性的决策，企业在一国的经营状况取决于所做的选择，进入方式的选择还影响未来的决策，因为每一种进入方式都要求相应的资源投入，从一种进入方式转换成另一种进入方式不仅要花费相当长的时间而且将蒙受经济损失。

12.4 全球竞争的组织

国际营销计划应当使为了实现公司目标而投入的资源发挥出最大效益。组织计划包括组织结构形式和责任划分。由于组织需要反映一系列公司特点，如规模、决策的层次、命令链的长度、参谋人员的支持、自然、人力与供应商资源、控制的程度、决策风格中的文化差异[㊂]、集权、营销的形式和开展程度等[㊃]，故很难设计出标准化的组织结构。许多雄心勃勃的跨国公司计划没有完全取得成功，就是由责权不明确、沟通不善、母公司和子公司之间缺乏协调

㊀ Udo Zander and Lena Zander, "Opening the Grey Box: Social Communities, Knowledge, and Culture in Acquisitions," *Journal of International Business Studies* 41, no. 1 (2010), pp. 27-37.

㊁ Desislava Dikova, Padma Roa Sahib, and Arjen van Witteloostuijn, "Cross-Border Acquisition Abandonment and Completion: The Effect of Institutional Differences and Organizational Learning in the International Business Service Industry, 1981-2001," *Journal of International Business Studies* 41, no. 2 (2010), pp. 223-245.

㊂ Andreas Engelen and Malte Brettel, "A Cross-Cultural Perspective of Marketing Departments' Influence Tactics," *Journal of International Marketing* 19, no. 2 (2011), pp. 73-94; Peter C. Verhoef, Peter S.H. Leeflang, Jochen Reiner, Martin Natter, William Baker, Amir Griinstein, Anders Gustafsson, Pamela Morrison, and John Saunders, "A Cross-National Investigation into the Marketing Department's Influence within the Firm: Toward Initial Empirical Generalizations," *Journal of International Marketing* 19, no. 3 (2011), pp. 59-86.

㊃ Paula Hortinha, Carmen Lages, and Luis Filipe Lages, "The Trade-Off between Customer and Technology Orientations: Impact on Innovation Capabilities and Export Performance," *Journal of International Marketing* 19, no. 3 (2011), pp. 36-58; Tao (Tony) Gao and Linda Hui Shi, "How Do Multinational Suppliers Formulate Mechanisms of Global Account Coordination? An Integrative Framework and Empirical Study," *Journal of International Marketing* 19, no. 4 (2011), pp. 61-87.

造成的[1]。

那种能有效地整合国内和国际营销活动的组织结构还尚待开发。企业面临的挑战是既能最大限度地挖掘其产品在国际市场上的潜力，又不冲击国内的营销努力。可供选择的组织方式主要有以下三种：①全球产品分部负责产品在全世界的销售；②地区分部负责在本地区的所有产品、所有职能；③上述两种方式与总部的销售与营销部门构成矩阵组织，或者是地区经营与全球产品管理相结合。

正在迅速成长且产品多样化的企业，一般采用全球产品分部结构。通用电气就是一个很好的例子。该公司将其全球业务重组成六个产品业务部：基础设施、工业、商业金融、NBC 环球、医疗以及消费者金融。[2]当加强与所在国政府的联系比较重要时，用地区结构最合适。

矩阵组织是这三种组织结构形式中最常用的一种，当重新设计组织以适应全球竞争时，往往采用这种组织形式。矩阵结构有助于管理者对职能、产品、地区之间的冲突做出迅速反应。这种结构鼓励全球经营单位之间分享经验、资源、专长、技术和信息。矩阵组织的核心在于，通过广泛听取和分析、研究影响职能、产品、地区的多种观点，做出更优的决策。矩阵组织还能更好地服务于那些有全球经营和全球需要的顾客。

公司可以按产品线进行组织，然后在产品线下设地区分部，每一层次都可以有职能部门人员（见图 12-3）。大多数从事国际业务的企业都采用在这一基本形式基础上稍做修正的组织形式。

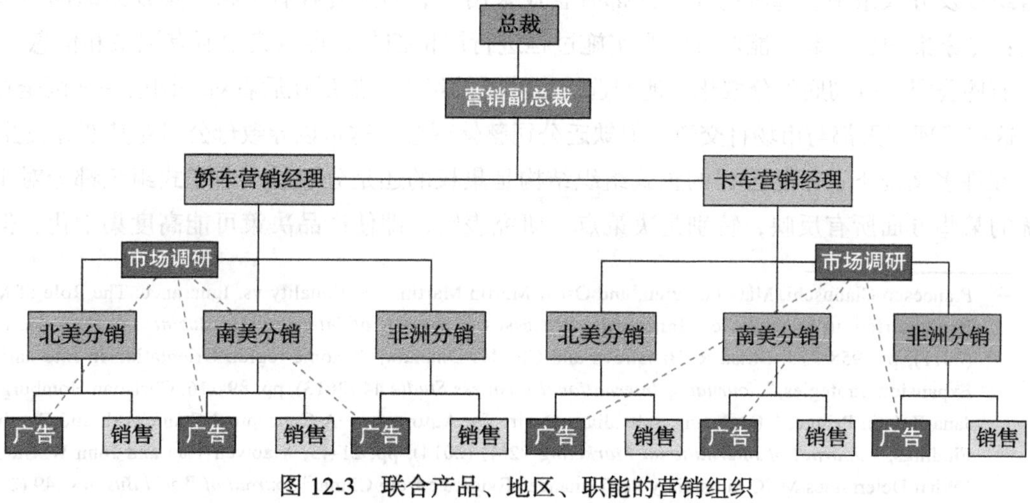

图 12-3 联合产品、地区、职能的营销组织

全球市场的不稳定要求组织结构富有弹性。一项对 43 家美国大型企业的调查表明，在

[1] Ingmar Bjorkman, Carl F. Fey, and Hyeon Jeong Park, "Institutional Theory and MNC Subsidiary HRM Practices: Evidence from a Three-Country Study," *Journal of International Business Studies* 38 (2007), pp. 430-446.

[2] Kelly Hewett and William O. Bearden, "Dependence, Trust, and Relational Behavior on the Part of Foreign Subsidiary Marketing Operations: Implications for Managing Global Marketing Operations," *Journal of Marketing* 65, no. 4 (October 2001), pp. 51-66.

过去5年中，这些企业针对国际经营的组织变革计划有137项之多，内容包括国际经营决策权力集中化、创建全球分部、成立卓越中心、建立国际业务单位。调查对象之一的博士伦（Bausch & Lomb）公司重建了国际组织结构。它把国际分部分解成由三个地区分部构成的全球体系，设置了企业管理委员会，其职责是监督四条主要产品线的全球营销和制造战略。博士伦的目标是在更好地协调总部活动的同时，又不失与国外子公司的接触。

不管组织结构的具体形式如何，从趋势上看，有两点值得注意：一是集中指挥和控制；二是建立在由当地公司组成的更为分权的网络基础上的简单直线型组织。

12.4.1 决策点

在哪个层次、由谁、用什么方法做决策是组织战略中必须考虑的重要因素。管理政策必须明确哪些决策在公司总部做出，哪些在国际分部做出，哪些在地区分部做出，哪些在一国甚至更低层次上做出。大多数公司还规定每一层次的财权。必须明确政策、战略、战术决策的决策层次。战术决策通常应该是在尽可能低的层次上做出，国与国之间不应照抄照搬。这一原则要求在美国总部的经理要信任当地经理的专长。[1]当然，最好的决策应当通过互动咨询来做出，但地理距离通常会成为阻碍因素。[2]

12.4.2 集权组织与分权组织

跨国公司总部的具体组织形式多种多样，但基本上不外乎以下三种类型：集权组织、地区组织以及分权组织。每种组织形式都有企业采用，表明三者各有千秋。集权组织的主要优点是：专家集中在一起，能对计划及实施过程进行严格控制，可以集中所有记录和信息。

有些公司实行彻底的分权化，他们选拔有才干的经理，然后让后者对一国或一地区全权负责。这些经理每天都与市场打交道，但缺乏公司整体观念，这可以导致母公司对其部分失控。

在许多情况下，不管公司的正式组织结构是集权的还是分权的，非正式组织都会对组织系统的某些方面所有反映，特别是决策点。研究表明，即使产品决策可能高度集中化，但分

---

[1] Francesco Ciabuschi, Mats Forsgren, and Oscar Martin Martin, " Rationality vs. Ignorance: The Role of MNE Headquarters in Subsidiaries' Innovation Processes, " *Journal of International Business Studies* 42, no. 7 (2011), pp. 958-970; Elitsa R. Banalieva and Charles Dhanaraj, " Home-region Orientation in International Expansion Strategies," *Journal of International Business Studie* 44 (2013), pp. 89-116; Christian Homburg and Jana-Kristin Prigge, " Exploring Subsidiary Desire for Autonomy—A Conceptual Framework and Empirical Findings, " *Journal of International Marketing* 22(4) (2014), pp. 21-43; Xiaowen Tian and John W. Slocum, "What Determines MNC Subsidiary Performance? Evidence from China," *Journal of World Business* 49 (2014), pp. 421-430.

[2] Esther Tippmann, Pamela Sharkey Scott, and Vincent Mangematin, " Problem Solving in MNCs: How Local and Global Solutins Are (and Are Not) Created, " *Journal of International Business Studies* 43 (2012), pp. 746-771; Marc G. Baaij and Arjen H.L. Slangen, " The Role of Headquarters-Subsidiary Geographic Distance in Strategic Decisions by Spatially Disaggregated Headquarters " *Journal of International Business Studies* 44 (2013), pp. 941-952; Sjoerd Beugelskijk and Ram Mudambi, " MNEs as Border-Crossing Multi-Location Enterprises: The Role of Discontinuities in Geographic Space, " *Journal of International Business Studies* 44 (2013), pp. 413-426; Shavin Malhotra and Ajai S. Gaur, " Spacial Geography and Control of Foreign Subsidiaries," *Journal of International Business Studies* 45 (2014), pp. 191-210.

公司对定价、广告、分销决策仍可以施加很大的影响。如果产品与文化密切相关，则更可能采用分权化决策。

本章小结

世界范围的市场开拓导致国际营销在各个层次上的竞争不断加剧。为了在激烈的竞争中求得生存和发展，必须具备全球视野。全球竞争还要求生产出高质量的产品，以满足变化着的顾客需求和适应日新月异的技术发展。成本限制、顾客满意和大量的竞争者的存在要求企业根据公司目标审视每一个可以改善国际经营活动的机会。合作、国际战略联盟、战略计划、市场进入战略是全球营销的重要途径，必须在全球营销管理的计划与组织中予以考虑。

思考题

1. 解释本章标黑色的主要术语。
2. 什么是战略计划？国内营销与国际营销的战略计划有何不同？
3. 讨论跨国公司接受全球市场理念的利益。说明影响国际营销的三个因素。
4. 试讨论产品生命周期缩短对公司计划过程的影响。
5. 合作关系对竞争有何重要作用？
6. 在国际计划过程的第 1 与第 2 阶段，一些国家会被淘汰。试讨论每一阶段中导致一个国家被淘汰的因素。
7. 假设你是某冰箱制造公司的国际营销主管，选择一个拉美国家和一个欧洲国家，制定出评价这两个国家的筛选标准。可以对公司情况做必要的假设。
8. “传统上把出口营销（export marketing）和海外营销（overseas marketing）截然区分开来是人为造成的，从营销观点看，它们都只是利用外国市场机会获取利益的备选方法。”试评论之。
9. 进入一个发达的国外市场与进入一个相对不开放的市场有何差异？
10. 为什么一家企业从国际公司（international company）转变成全球公司（global company）时，要调整其组织机构？
11. 制定一条用于确定国际经营决策应该在哪一层次的通用原则。
12. 试解释合资企业流行的原因。
13. 比较合资企业和许可证协议对组织的影响的异同。
14. 访问美国汽车制造商通用和福特的网站。比较它们介入国际业务的程度，你会把它们各归入哪一类企业，出口商、国际企业还是全球企业？
15. 上题中两家企业各自采用了什么市场进入方式？
16. 访问雀巢公司（http://www.nestle.com/）和联合利华公司（http://www.unilever.com/），比较两者的国际市场战略。除了产品不同以外，两者在国际营销方面有何差异？

第13章

Chapter13

面向消费者的产品和服务

学习目标

通过本章学习，应能把握：

- 向目标市场提供合适产品的重要性
- 质量的重要性以及质量的定义
- 关于产品适应的物质的、强制性的和文化方面的要求
- 通过考察产品的所有属性来克服产品接受所面临阻力的必要性
- 原产地效应对产品形象的影响

全球视角

迪士尼在中国又一搏

1955 年，随着阿纳海姆市迪士尼乐园的开业，现代主题公园宣告诞生。形形色色的骑乘玩具、多种多样的景点，再加上迪士尼人物，这一切结合在一起魅力惊人，难以抵挡。东京的迪士尼乐园也非常成功，但迪士尼公司通过许可授权只获得少量收益，大部分收益则归日方合作伙伴所有。东京迪士尼乐园 3/4 的游客都是回头客，也就是最受欢迎的那种游客。

迪士尼接下来建造了欧洲迪士尼乐园。由于迪士尼公司对东京迪士尼乐园的产权形式不满，所以欧洲迪士尼的产权形式与前者大不相同。经过谈判，迪士尼公司在公园及附属的旅馆饭店中拥有了更多的产权。控制权加大了，获利的潜力增加了，但风险也上升了。

早在 1992 年欧洲迪士尼乐园盛大的开业庆典举行之前，已经有人抗议迪士尼“袭击”了法国文化。地址也选择错了：当法国寒冷的冬天到来时，巴塞罗那的地中海气候似乎更具吸引力，但选址时巴塞罗那落选了。管理来自众多不同文化的雇员和客户也是头疼之事。以加勒比海海盗景点为例，究竟采用哪一种语言最为合适呢？是法语，还是英语？最初几年，无论是游客人数还是购物目标都没有实现，都差了近 10%。到了 1994 年夏天，欧洲迪士尼乐园已经损失了 9 亿美元。人们已经开始考虑是否要关闭这一乐园。

沙特一位王子在关键时刻注入了资金，使得乐园能够进行暂时的财务重构，并在总体上进行重组，其中包括任命一个法国人为新的首席执行官，将乐园改名为巴黎迪士尼乐园。巴黎迪士尼乐园重新盈利，游客人数增加。不过，在有关许可收费、管理费以及出租费的临时

豁免期到期后，沙特王子又对该公园注资3 300万美元。最近，公园新开设了投资达1.5亿美元的基于电影《美食总动员》（*Tatatouille*）的新景点，调整了面向欧洲人的产品。目前，巴黎迪士尼乐园每年的游客达1 100万人次。

2006年，香港迪士尼乐园开业经营。香港特别行政区政府为该项目提供了大部分资金（几乎占30亿美元总投资的80%）。尽管游客主要是中国人，但是就如同欧洲迪士尼一样，游客来自不同的文化背景。演出时采用的是广东话（当地方言）、普通话（国语）和英语。2006年，游客数量达到520万，但2007年游客数量直线下降到仅有400万。因此，迪士尼只得重新谈判其财务结构。就账面盈利情况而言，香港迪士尼乐园在2013年和2014年开始盈利，利润分别达1 400万美元和3 100万美元。这样，迪士尼决定在所有的乐园增加漫威漫画景点；2015年将增加钢铁侠景点。

2009年，中国政府批准在上海新开一家迪士尼乐园，投资额为40亿美元并由香港迪士尼集团负责经营，并于2015年完工。中国的这两家乐园将提供具有一定差异的人物和游乐项目，从而满足中国南北不同地区游客差异化的性格和偏好。目前，迪士尼在全球共有11家大型乐园，每年吸引的游客人次达1.2亿，给公司带来的年利润达20亿美元。的确，跟随米老鼠走遍全世界非常有趣！当然，游的只是“过山车”。

资料来源：http://www.disney.go.com; Frank Longid, “Disney, China Partner Will Spend $4.4 Billion Building Resort in Shanghai,” *Bloomberg News*, April 8, 2011; Brady MacDonald, “Disneyland Paris Pulls Back the Veil on Ratatouille Dark Ride,” *Los Angeles Times*, March 7, 2013, online; Brooks Barnes, “Disney to Add Hotel to Its Hong Kong Park,” *The New York Times*, February 17, 2014, online.

今天，消费者产品和服务的国际营销者面临着空前巨大而多样的机遇和挑战。在东欧、俄罗斯、中国及其他亚洲国家、拉丁美洲——一句话，在全球范围内的新兴市场上，新的消费者正在不断涌现。虽然其中一些新兴市场目前还没有多少购买力，但是它们的未来市场很大。在更为成熟的工业化国家市场上，机遇和挑战同样巨大，毕竟消费者的偏好变得更加成熟、复杂，而且购买力的加强也能够满足他们新的需求。

正如在全球视角中所描述的，迪士尼是面向全球消费者市场的典型美国企业。对这样的企业来说，区分产品和服务没有多少意义。它的录像带是产品，而同一部片子在电影院放映则成了服务。游客（包括外国和本国游客）花大约100美元买主题公园的门票，进入公园后花在购买帽子、T恤衫和吃饭上的钱差不多也有这么多。电影当然能够促进门票、有关玩具和服装的销售。事实上，由于产品和服务很难区分，人们发明了能包含产品和服务的新术语，如市场供应（market offerings）[⊖]和企业对消费者营销（business-to-consumer marketing）。尽管区分产品和服务是有问题的，但主管国际贸易的政府部门目前仍然在做这样的区分，所以本章及下一章也进行了这样的区分。[⊜]读者还应注意的是，本书所提的美国针对消费者的出口品包含三个主要类别：耐用品（如汽车和计算机）、非耐用品（主要是食品、药品和玩具）

⊖ For example, see Philip Kotler and Kevin Lane Keller, *Marketing Management*, 14th ed. (Upper Saddle River, NJ: Prentice Hall, 2011).

⊜ We hope that it is obvious that many of the points we make regarding the development of consumer products are pertinent to consumer services as well, and vice versa. Of course, some distinctions are still substantive. These are focused on in the section entitled “Marketing Consumer Services Globally” later in this chapter.

和服务（如旅游和通信）。

大公司的发展趋势是产品导向和经营战略的全球化。然而使产品适应市场不仅仅是全球公司市场营销的重要任务，对小公司来说也同样如此。随着世界市场上的竞争日趋激烈，市场日趋全球化，在国际市场上以国内市场的销售方式销售专为国内市场生产的产品将越来越行不通。有些产品如果不经过改造，在国外市场上根本卖不出去；另外一些产品不经改造也能销售，但是如果能根据当地市场需要经过适当调整，就会大受欢迎。在市场竞争中，以消费者能接受的价格，提供优质产品和服务满足市场的需求，应该是每一家公司的目标。

13.1 质量

全球竞争再次强调了经营的一些基本原则。全球竞争缩短了产品生命周期，强调质量、竞争性价格和产品革新的重要性。[一]市场的力量已经由卖方市场转移到了买方市场。顾客有了更多的选择余地，因为有更多的公司彼此竞争，吸引顾客注意。更激烈的竞争、更多的选择意味着把更多的权力交到了顾客手中，而这当然促使厂家追求质量。顾客只知道一种或几种不同的产品的日子一去不复返了。如今顾客知道什么东西最好、价格最低、质量最高，而这得益于互联网和消费者手中的智能手机。质量是由顾客根据自己的需要和财力来定义的。研究表明，感知质量可以作为重要的市场细分变量。[二]例如，新的苹果智能手机在品牌意识强烈的日本很受欢迎。[三]不过，多科莫（DoCoMo）老式手机因为具有保护隐私的功能而很受一些人的欢迎。[四]不能漫游的蜂窝电话在日本无论价格多低都没有销路，但在中国卖得很好。对此，不妨问一下 UT 斯达康（UTStarcom）的员工，毕竟这家加利福尼亚的公司在印度、越南及中国销售这种产品。

美国产品一向位于世界最优秀产品之列，但是竞争者向其提出挑战，要求其生产出更好的产品。在绝大多数国际市场上，价格和质量是购买产品的最重要的标准。无论是消费品还是工业品，喜欢一种品牌而不是另一种的原因通常是质优价低。在商界，虽然把质量作为一种竞争工具并不是一件新鲜事，但是现在很多人认为它是世界市场的决定因素。然而，我们必须搞清楚什么是质量。

13.1.1 质量的定义

质量（quality）可以从两个方面来定义：市场感知质量（market-perceived quality）和性

㊀ David A. Griffith and Gaia Rubera, " A Cross-Cultural Investigation of New Product Strategies for Technological and Design Innovations," *Journal of International Marketing* 22, no. 1 (2014),pp. 5-20.

㊁ James Argarwal, Naresh K. Malhotra, and Ruth N. Bolton, " A Cross-National and Cross-Cultural Approach to Global Market Segmentation: An Application Using Consumers' Perceived Quality," *Journal of International Marketing* 18, no. 3 (2010), pp. 18-40.

㊂ Daisuke Wakabayashi and Mayumi Negishi, " Japan Becomes Surprising Growth Market for Apple," *The Wall Street Journal*, November 11, 2013, pp. B1, 6.

㊃ Daisuke Wakabayashi, " Japan's Philanderers Stay Faithful to Their ' Infidelity Phones. ' " *The Wall Street Journal*, January 11, 2013, online.

能质量（performance quality）。两者都是重要的概念，但是顾客对优质产品的感知往往和市场感知的质量有关，而不是性能质量。性能质量（相对于价格而言）和顾客满意度的关系类似于航空公司提供的质量。从公司的角度来看，飞机安全地飞行和着陆就满足了性能质量的要求，但是乘客视性能质量为理所当然应该得到的。对于他们来说，质量不仅仅是安全飞行和着陆，相反，价格、及时服务、航班次数、舒适的座椅以及从登机到认领行李过程中公司员工的表现都是乘客赖以判断质量优劣的因素。考虑到每天飞行的里程，航空业在质量性能方面已经接近零缺陷，但是谁敢说顾客满意度也接近完美了呢？

我们在这里必须指出，产业评论家强烈认为，企业会经常并故意地在其广告和公关活动中歪曲其产品的性能质量。关于烟草制品的安全性和健康性，此类批评的效果一直很好。汽车、制药和食品加工企业通常因类似的非伦理行为而被指控。这些应该受罚的企业往往选择在法庭外解决相关诉讼。这些公司的不法行为常常招致各国政府制定更多的法规来保护公众的安全和健康。[㊀]这种市场感知质量属性往往体现在整个产品中，包括物理或核心产品以及消费者期待的所有附加特性。这方面有两个突出的、负面的例子可以充分说明质量由客户定义的概念。柯达破产了，就是因为不清楚对客户而言质量就是数字技术产品的便利性。诺基亚坚持认为手机主要是供人们打电话用的，其经营自然也就失败了。[㊁]

在面临多种选择的充满竞争的市场中，大多数顾客都期待获得性能质量是不言而喻的。如果产品达不到标准，自然要被抛弃。以汽车的混合动力系统为例，丰田公司的系统可在城市道路行驶时节省燃料，而通用公司的系统则在长途旅程方面性能更佳。哪种动力系统质量更好完全取决于消费者的需求。日本消费者通常遇到严重堵车，而美国消费者可能要面对的是长途旅行方面的事宜。如果有不同产品可供选择，而且都达到性能质量标准，那么所选的产品一定是具备市场感知质量特性的产品。

有趣的是，中国电冰箱行业的领头企业意识到市场感知质量特性的重要性，并采用了某种技术使得用户可以从20种不同色彩和质地的门把手和造型中进行选择。比如，顾客可以设计带绿大理石把手的米黄色的冰箱。这一点为什么很重要呢？因为大多数冰箱都放置在起居室，这样一来就可以“重新装饰起居室”了。公司的动机很简单：它通过赋予顾客另一种质量表达方式，从而定位其产品，与全球品牌竞争。

在许多行业里，质量还由客观的第三方检测。在美国，JD Power and Associates把基于消费者调查结果的汽车质量评价方法运用到计算机等其他领域中。由瑞典首先开发出来的顾客满意指数，现在被用来衡量对众多的消费品和服务的顾客满意度。[㊂]另一反映进口产品质

㊀ David Glen Mick, Simone Pettigrew, Cornelia Pechmann, and Julie L. Ozanne, *Transformative Consumer Research For Personal and Collective Well-Being* (New York: Routledge, 2012); Robert H. Lustig, *Fat Chance: Beating the Odds Against Sugar, Processed Food, Obesity, and Disease*(New York: Plume, 2012); Nicholas Freudenberg, *Lethal but Legal: Corporations, Consumption, and Protecting Public Health* (New York: Oxford University Press, 2014);

㊁ Matthew Lynn, “ The Fallen King of Finland, ” *Bloomberg Businessweek*, September 20, 2010, pp. 7-8; Elizabeth A. Sullivan, “Cowboy Up,” *Marketing News*, January 31, 2012, pp. 18-21.

㊂ Claes Fornell, Michael D. Johnson, Eugene W. Anderson, Jaesung Cha, and Barbara Everitt Bryant, “ The American Consumer Satisfaction Index: Nature, Purpose, and Findings, ” *Journal of Marketing* 60, no. 4 (October 1996), pp. 35-46; http://www.cfigroup.com, 2015.

量的因素就是“公平贸易”认证。美国公平贸易协会颁发的证书表示新兴经济体的农民对于自己所生产的咖啡、茶叶、巧克力、大米以及其他产品保证具有公平的定价，而不会以低于市场的价格出售给中间商。[⊖]最后，美国商务部每年要选出为国际市场提供高质量产品和服务的美国企业，摩托罗拉与丽思·卡尔顿饭店均已两度获得鲍德里奇奖（Baldridge Award）。卡特彼勒的子公司 Solar Turbines International 也获得了鲍德里奇奖；对此，第 14 章将做专门的分析。

13.1.2 质量的保持

保持性能质量非常关键，但产品出厂后其性能质量常常会在分销环节遭到破坏。对于全球品牌而言，由于生产地远离市场，或者因为市场中的分销体系而失去控制，所以尤其容易遭遇这种破坏。当玛氏公司的士力架和其他西方糖果刚刚进入俄罗斯市场时，曾经风靡一时。玛氏、三角巧克力、Waldbaur、吉百利等外国品牌都是最为畅销的品牌——实际上仅有一个俄罗斯品牌进入了前十大品牌。但 5 年后，俄罗斯品牌占了前十大品牌中的 8 个，只有一个美国品牌——玛氏的德芙巧克力还名列前十大品牌。

这是怎么回事呢？多种因素的共同作用导致了这样的下滑。俄罗斯的红色十月巧克力厂齐心协力，更新了包装、产品组合和设备，努力占领市场。性能质量也是一个因素。当俄罗斯市场刚刚对外开放时，急于进入该市场的外国公司倾销了大批过期的劣质产品。另外，巧克力被走私进来，在街头出售，而且在此过程中往往处理不当。等到这些巧克力出售给顾客时，很可能已经变形、变色，与俄罗斯的红色十月巧克力相比，就成了劣质品。

市场感知质量也是一个因素。俄罗斯巧克力因为配方不同，口味也不同。与西方的巧克力相比，俄罗斯巧克力的可可粉和巧克力酒心更多，因而口感更佳。正因为如此，红色十月品牌巧克力尽管价格一般比西方品牌高，但是更合俄罗斯人的口味。就像这个例子所示，质量不仅仅必要，而且对在当今激烈竞争的国际市场上取得成功至关重要。有关某一产品进行标准化或进行适应的决策对于保持质量具有重大影响。

长期以来，丰田以汽车质量上乘著称。然而在 2009 年，正当公司处于主宰全球汽车行业的顶峰时期（通用汽车当时处于破产困境，全球市场份额出现下降），丰田遭遇到了质量维护方面的海啸。对于丰田公司在美国销售的汽车，油门踏板卡壳会导致汽车突然加速。按照美国国会听证会质询者的观点，自 2000 年来有 34 起死亡事件与该质量问题有关。这方面的证词还来自丰田汽车公司的日本籍总裁丰田章男（Akio Toyoda）。虽然这些死亡事件与质量问题是否有关还有待法庭的裁决，但也难以肯定是不是因驾驶有误、机械故障而引起的。事实上，根据美国国家公路交通安全管理局（National Highway Traffic Safety Administration）的有关数据，福特汽车公司在 2004 ~ 2009 年因突然加速而收到的投诉要多于丰田。不过，美国国会听证会谈论的主要议题之一是丰田公司对消费者投诉的处理以及美国销售分公司与日本决策者之间的沟通问题。核心问题是消费者投诉与 600 万辆汽车召回之间的时间长度。在听证会上，丰田章男以日本式道歉方法对美国民众称：“我自己以及丰田公司做得不好，

⊖ Eve Mitchell, “A Top Importer of Fair Trade,” *Los Angeles Times*, January 23, 2012, p. A11.

但绝无逃避问题或对问题假装视而不见的想法。”不过，批评人士抱怨最大的是“未曾注意到”。虽然围绕这一问题的法律诉讼需要几年后才能明了，但值得注意的是丰田章男的道歉对受害者的影响。当然，质量问题以及迟后召回的影响取决于对公众陪审团的意见以及之前购买了丰田产品的顾客的态度。[㊀]在本章后面的图 13-3 中，我们会发现丰田的品牌权益已基本恢复。

13.1.3 物质的或强制性的要求与适应

为了满足新市场物质的或强制性的要求，产品有可能需要在好几个方面进行改变，从简单的包装直到核心产品的重新设计。许多国家用**产品同化**（product homologation）这一术语来描述由当地产品和服务标准强制要求的改动。最近的一项研究再次验证了常常报道的发现：与文化原因而进行的适应相比，强制性的适应常常成为产品适应的更为主要的原因。

显然，有些改变不需要经过多少分析。对某个国家匆匆一瞥就会发现需要对电器产品的电线进行改换以适应不同的电压；[㊁]如果当地技术水平不高，那么就需要简化产品，或者依据当地法律要求印制多种语言标志。例如，宜家采用 26 种语言来说明产品的安全警告。再例如，Electrolux 为一些电费高或电力紧张的亚洲国家提供了仅供冷洗涤的洗衣机。其他必需的适应只有仔细调研意向性市场后才会清楚。

当地市场的法律、经济、政治、技术和气候因素常常决定了产品必须进行的适应。在印度政府反对外国投资期间，百事可乐把产品改名为 Lehar-Pepsi（在印地语里，lehar 意思是“波浪”），以便尽可能地获得当地的支持。当政治环境重新变得有利时，名称又改回百事可乐。因国而异的法律一般对包装尺寸、安全和质量标准有专门规定。欧盟禁止含有转基因食物的产品。世界卫生组织正开始管制高致癌的美国香烟的营销活动。最有趣的是，视频游戏（videogame）在世界范围内根据暴力和有关色情内容等级受到管制。

一个市场经济越不发达，往往也越需要对产品进行调整以使顾客接受。有研究发现，仅有 10% 的产品不需要调整就可直接在发展中国家进行销售。为使在低收入国家每一次购买更容易付得起，每个包装里的产品数量也许应该比高收入国家里的通常数量少些。刀片、香烟、口香糖和其他多盒产品往往不是像一般那样 10 个或 20 个一起卖，而是一盒只装一两个。在拉丁美洲，玫琳凯按小包装出售香水产品，因为当地女性喜欢拥有很多不同类的香水，而不只是一个品种。在中国，百事可乐有限公司的 Frito-Lay 产品之一——奇多就是以 15 克的包装出售的，这样就可以定价 1 元，相当于 12 美分。按照这个价格，即使是没几个零花钱的儿童也能买得起。

另外，还可能必须对产品进行改动以适应不同的气候。[㊂]例如，加拿大的通用汽车在把

㊀ Several articles on the topic including Joseph B. White and Peter Landers, “Toyoda is Wary Star of Kabuki at Capitol,” *The Wall Street Journal*, February 25, 2010, pp. A1, A7.

㊁ Fortunately, now the USB cable is solving more and more of this problem—see “Edison’s Revenge,” *The Economist*, October 19, 2013, pp. 65-66.

㊂ Philip M. Parker and Nader T. Tavossoli, “Homeostasis and Consumer Behavior across Cultures,” *International Journal of Research in Marketing* 17, no. 1 (March 2000), pp. 33-53.

几千辆雪佛兰牌轿车运往一个中东国家时，就遇到了大问题。通用汽车很快发现这些汽车不适合炎热、多风沙的气候，必须添加辅助的空气滤净器和不同的离合器，才能解决问题。美洲产汽车的出口数量近年来一直在迅速增长，以至于福特公司首次批准在海外销售其野马（Mustang）汽车。[一]虽然这一新趋势对于美国产汽车很有利，但中国目前通过要求其汽车零部件制造商符合国际标准来增加在全球的汽车销售。[二]

产品认同方面的最好案例也许来自中国。奥利奥最初于1996年进入中国市场，但直到9年后其产品才适应中国人的口味。为此，根据市场调研结果，公司减少了奥利奥饼干的糖含量，而且减小包装，降低了价格。如今，奥利奥已成为中国最畅销的饼干。现在，卡夫食品针对中国市场开发了新产品——对传统的巧克力饼干采用绿茶馅或包含两种水果馅（橘子/芒果馅或桃子/葡萄馅）。[三]当然，整合营销沟通活动也很有效（第16章给出了具体内容）。[四]由于国际公司的大多数产品是在本国开发出来的，在销往国外时大多数产品需要做某些改变，所以公司需要遵循系统的程序来确认需要进行适应的产品。[五]

13.1.4 绿色营销和产品开发

全世界，尤其是欧美，面临的一个日益重要的质量问题就是绿色营销。欧洲一直走在“绿色运动”的前列，公众舆论和具体法律都支持那些对环境友善的营销活动和产品。[六]**绿色营销**（green marketing）这一术语用来表示对各种营销活动所造成的环境后果的关注。欧盟委员会已经通过了法律，在欧盟范围内控制各种包装浪费。影响产品开发的两个关键问题分别是控制作为固废的包装成分以及消费者对环境友善产品的需求。

在美国，随着消费者日益关注诸如通用汽车悍马之类的SUV对环境的影响，日本汽车生产商比那些生产高耗油汽车的美国同行拥有更大的优势。事实上，即便是在美国，悍马汽车的确也该退出市场了。高达4美元的油价以及通用汽车公司2009年的破产都注定了悍马的命运，更不用说中国的救援能否对其拯救了。[七]哈雷-戴维森（Harley Davidson）目前正在生产可充电式摩托车。公司预期其可充电式摩托车在海外有个好的销路，毕竟哈雷-戴维森的“坏小子”形象一直很成功。[八]在中国，绿色经营带来的机会非常多。最大的机会之一也许就是对冰箱需求的大幅增加，而冰箱不仅要耗电，而且可能漏出会污染空气的制冷剂。[九]

欧盟委员会颁布了生态商标指导原则，并于1992开始实行。根据欧盟的指示，评估产

[一] Bil Saporito, “American Idol” Time, December 16, 2013, pp. 36-38.

[二] Keith Bradsher, “China Hints at Effort to Export Cars to West,” The *New York Times*, October 18, 2013, p. B3.

[三] Sanette Tanaka, “What’s Selling Where—Oreo Cookies,” *The Wall Street Journal*, August 30, 2012,p. D2.

[四] Julie Jargon, “Kraft Reformulates Oreo, Scores in China,” *The Wall Street Journal*, May 1, 2008,pp. B1, B7.

[五] Magnus Hultman, Matthew J. Robson, and Constantine S. Katsikeas, “ Export Product Strategy Fit and Performance: An Empirical Investigation,” *Journal of International Marketing* 17, no. 4 (2009), pp. 1-23.

[六] Leonidas C. Leonidou, Constantine S. Katsikeas, Thomas A. Fotiadis, and Paul Christodoulides, “ Antecedents and Consequences of an Eco-Friendly Export Marketing Strategy: The Moderating Role of Foreign Public Concern and Competitive Intensity,” *Journal of International Marketing* 21, no. 3 (2013), pp. 22-46.

[七] Nick Bunkley, “G.M. Deal for Hummer Falls Apart,” *The New York Times*, February 25, 2010, pp. B1, B4.

[八] Bill Saborito, “This Harley Is Electric,” *Time*, June 30, 2014, pp. 50-52.

[九] Nicola Twilley, “The Price of Cold,” *The New York Times Magazine*, July 27, 2014, pp. 28-32.

品对环境的重大影响要贯穿产品的整个生命周期，从生产一直到被当成垃圾处理掉，即从生到死的一种方式。能生物降解、不造成污染的洗衣粉与一旦排放就会对环境有害的洗衣粉相比，被认为更友善些。不消耗臭氧层的喷雾剂被认为是另一种环境友善产品。但是，目前还没有任何国家的法律要求产品必须具有生态标签才能出售。标识出产品对“环境友善”是自愿的，环保成功与否取决于消费者是否选择生态友善产品。

自从引进生态标签概念以来，Hoover洗衣机是最早获准使用生态标签的产品。非常有趣的是，有了这个符号使得它在德国市场上的占有率增加了两倍，在英国洗衣机市场的高档产品中的占有率翻了一番。申请批准过程似乎使许多欧洲制造商望而却步，他们中间的很多人正在使用自己的、非官方的符号。根据作为消费者权益保护团体的全国消费者协会的报告，许多消费者被林林总总的符号标志弄得不知所措，因此对类似产品的绿色证书干脆不再比较。

法律规定的控制固体垃圾的制度尽管在某种意义上以自愿为原则，但是法律的确规定了惩罚措施。欧盟法律要求从制造商到消费者，在销售的各个层次上的包装材料必须可以回收或重新使用，目前，包装质量的50% ~ 65%必须回收利用，包装废物中包装材料总质量的25% ~ 45%将被回收。

分销链上的各个环节都有责任返回包装、装运和其他废料。最大的问题是顾客带回家的包装。根据法律，如果附近没有中心垃圾处理站，零售商必须收回顾客手中所有的包装材料。为使制造商的产品不需返回给零售商而能被直接收集，以供回收利用，制造商必须保证对路边或中央垃圾收集站的资金支持。对控制固体垃圾的公众舆论和政治压力不断增强，是促使制造商满足上述要求的重要因素。

尽管包装和固体废物的规定难以承受，但是不乏成功实例。一些企业不仅达到了当地的标准，而且可以把这样的方法移植到其他市场。作为对德国越来越高的环保要求的响应，宝洁公司的国际营销活动融入了全球对环境的关注。它推出了超浓缩的织物软化剂Lenor，以可重装的塑料袋销售，从而节省85%的包装材料。这一举措实际上使得该品牌的销售增加了12%，有助于和政府管理者以及环保活动人士的调子保持一致。Lenor的成功经验又被移植到美国，在那里宝洁公司面临类似的环境压力。超浓缩的Downy（美国品牌的织物软化剂）被重新包装在可填充的袋子里，从而使体积减小了75%，不仅减少了消费者的花费，而且带来了市场份额的增加。全球营销者不应把绿色营销看成欧洲的一个问题，对环境的关注是世界性的；其他地方迟早也会出现类似的法律。这又一次证明了全球营销中必须对产品进行适应。

跨越国界 13-1

在德国，电子游戏可以有正面裸体画面但禁止出现血腥场面

电子游戏中的女英雄劳拉·克罗夫特（Lara Croft）不惧怕受伤流血。但在德国，在“古墓丽影”游戏系列中，这位体态丰满的小明星从不流血，即使她被老虎撕咬。

尽管价值250亿美元的电子游戏产业已是全球性的，但游戏本身并不是。它们反映了不

同市场的独特文化和传统，游戏的发行商仔细地改变游戏包装中的扉页和其他细节来减少那些带有冒犯性的因素。“冒犯性的因素”在国与国之间各不相同。

当一款在美国市场上出售的游戏在澳大利亚出售时，游戏中出现的红血变为了绿色。在一款欧洲游戏包装中的扉页上有一个裸露上身的女子，但在美国出售时，她穿上了比基尼。在美国游戏中的人类的敌人在德国游戏中就变成了机器人。在日本游戏中出现的激烈的性场面在美国版的游戏中就消失了。

游戏发行商说：在所有的国家中，德国是最难对付的国家之一。德国花费了50年时间制定出了世界上最严格的行为准则，这些准则事实上针对所有的媒介，从书本和连环画到音乐与游戏。

如果游戏中有鲜血飞溅、斩首或哭丧的场景，那它就要冒着被列入政府“索引”名单的风险，而游戏被“索引”就意味着它不能出售给18岁以下的人，不能在商店陈列或在电视、报纸或杂志上做广告。包含色情图片、颂扬战争和纳粹主义内容，以及包含种族仇视内容的游戏都将面临同样的命运。最近，德国政府公布了计划，禁止向少数民族销售带此类画面的视频游戏。

最后，我们注意到德国对游戏正在采用另一项行动，因为有研究表明家庭作业增加有助于减少玩游戏的时间。与此同时，美国最高法院根据言论自由原则裁定加利福尼亚州关于禁止向少数民族出售带暴力内容游戏的法律违宪。与此相反，中国放开了之前一直禁止的视频游戏机市场。目前，微软就在中国销售 Xbox One 游戏机。

资料来源：A. Phan, S. Sandell, “In Germany, Video Games Showing Frontal Nudity Are OK, but Blood Is Verboten,” *Los Angeles Times*, June 9, 2003, p. C1. Used with permission. Melissa Bell, “Supreme Court Rules Violent Game Ban Unconstitutional: Was it the Most Violent Game?” *Washington Post*, June 27, 2011; Dina Bass, Edmond Lococo, Tian Chen, and Bruce Einhorn, “Microsoft Looks Abroad For an Xbox One Rescue,” *Bloomberg Businessweek*, October 2, 2014, pp. 42, 43.

13.2 产品与文化

要想领略标准化与因地制宜产品之间的复杂关系，必须明白文化的影响和感知的价值及产品在市场上的重要性是如何交织在一起的。[1]产品不仅仅是物品，它是购物者获得的一系列满足或效用。这些效用包括它的外形、滋味、色彩、气味和质地，使用过程中的功用，包装，标签，保证书，制造商和零售商的服务，品牌提供的信心或声望，制造商的声誉，原产地，以及拥有或使用产品时所获得的其他任何象征性的效用。简言之，市场不仅仅涉及产品的物质形态和基本功能。[2]一种文化的价值和习俗决定了这些其他益处的重要性。换言之，产品是其提供给使用者的物质和心理满足的总和。

产品的物质特性通常需要提供基本功能。例如，汽车的基本功能就是把乘客从甲地运送到乙地，要实现这一基本功能，就需要有发动机、传动装置和其他物质特性。在所有文化

[1] Julien Dayla and Giana M. Eckhardt, “Asian Brands and the Shaping of a Transnational Imagined Community,” *Journal of Consumer Research* 35 (2008), pp. 216-230.

[2] C. K. Prahalad, *The Fortune at the Bottom of the Pyramid* (Philadelphia: Wharton School Publishing, 2005).

中，只要有不通过步行或畜力而把人从甲地运送到乙地的需求，都会对汽车的物质特性或基本功能提出要求。从一种文化进入另一种文化时，产品的物质特性需要做的改变很小。不过在使顾客满意方面，和物质特性同样重要的是，汽车还具有一系列心理特性。在一个特定文化内，汽车的其他特性（色彩、体积、设计、品牌、价格）和汽车的基本功能，即把乘客从甲地运送到乙地，关系不大，但是增加了顾客的满意度。

赋予某种产品心理特性的意义和价值随文化的不同而各异，或积极，或消极。为了提供最大的顾客满意度，创造积极而不是消极的产品特性，产品的非物质特性必须进行适应市场的改变。可口可乐虽然常常自称是全球产品，但是当它被引进日本时，发现必须把“节食可乐”（Diet Coke）改成“苗条可乐”（Coke Light）。日本妇女不愿意承认自己在节食，而且节食概念暗示生病或药物。因此，可口可乐强调“保持体形”，而不是减少体重。

因地制宜可能要求对产品的某个或所有心理特性进行改变。一项对产品意义的仔细研究显示，文化决定着个人对产品看法的程度和产品所提供的满意度。

产品概念与社会规范、价值观以及行为模式的一致程度对顾客选用产品的影响和产品的物质或机械性能一样大。例如，直到最近日本消费者才对洗碗机感兴趣，因为日本的厨房很小，没有放洗碗机的地方。三菱公司、东陶公司（Toto，一家日本洁具公司）和其他日本企业开发了小型洗碗机，使洗碗机得以进入日本家庭的厨房。在一个大一统的文化模式中，新奇总是遭到反对，而且主要是这一因素决定产品是否被采用，何时、如何以及以何种形式被采用。日本人向来讨厌全身珠光宝气。至少在一个亚洲国家过滤嘴香烟落荒而逃。所有这些问题都要求国际营销者对所提供的产品进行适应处理。

跨越国界 13-2

时尚之根源：东西方反传统文化比较与对日本原宿哥特式洛丽塔的审视

新点子从何处来？自面世以来，原宿娃娃的哥特式洛丽塔次文化一直让世界各地为之着迷。哥特式洛丽塔服饰反映的是诞生于日本原宿的反传统服饰运动的一个例子。每种服饰都有传递某种视觉信息的特定外表。哥特式洛丽塔时尚服饰既融合了维多利亚时期服饰的哥特式元素，又体现了日本动画元素，从而形成了独特的服装式样。这种时尚服饰的追随者从《哥特式洛丽塔圣经》(估计发行量为100 000本的季刊）中摘录精句，并借助这种独特的外表来展示自己的次文化特质。就像在其他反传统文化运动中那样，年轻人那种喜欢自由、反叛和革命的特质也反映在一个不断求变国度的文化模式中。

通过审视原宿的服饰时尚，我们就可以从更深层面来把握群体归属关系以及反传统文化运动中自我的形成。作为次文化，哥特式洛丽塔的群体内行为与时尚唤起了反对，表现为对主流日本文化的象征性反叛。这些观念也反映为打破常规并吸引他人注意的行为。

在过去，年轻人的次文化行为多来自西方社会，而且次文化会扩散至全球各地。不过，原宿次文化发源于东方，然后传播至西方，形成了文化流向的转变。此外，原宿次文化也反映了东西方反传统文化运动的差异。虽然西方文化中的成熟与权力和个性有关，但在信奉儒家文化的日本，成熟反映的是能与群体合作，能接受妥协，并能完成社会责任。因此，日本年轻人文化中的反叛也是对成人期的反叛。不同于西方反叛者的那种做法——通过性刺激或激进行为来强调其成熟与独立性，日本的哥特式洛丽塔文化展示的是儿童般的脆弱行为，以强调其不成熟并无法承担社会责任与成年期的义务。

或许是因为拒绝满足社会的期望，所以主流日本文化将这种次文化看作一种自私行为，尤其是那些纵容式消费行为。与诸如朋克、垃圾摇滚之类的当代西方文化不同，哥特式洛丽塔次文化并不责备物质享受主义或现代消费文化的其他方面。相反，全套装备的价格甚至高达 300 ~ 1 000 美元！鉴于日本社会将个人消费看作反社会与不道德的，所以哥特式洛丽塔次文化就通过纵容那些炫耀性消费来反对规范的社会价值观。

哥特式洛丽塔次文化的参与者（年龄在 13 ~ 30 岁）多为学生，或是每天必须穿制服的从业人员。每到周日，他们觉得有时间可以展现自己的真实一面了。他们的生活方式让人嗤之以鼻，经常可以在火车上见到这些年轻人背着装有“原宿装备”的口袋，到公园再换上装备。他们这样做的目的就是不让父母发现这一切。有些人每天穿着这些装备，但绝大多数人只是在周日才穿这些装备。那时，他们会集中在 Jingu 桥与 Yoyogi 公园，来展示他们的时尚服饰并与同类约会。有些人去那里只是为了让游客或那些正在抓拍时尚相片的次文化杂志的摄影师照张相。

资料来源：Kristen Schiele, “How Subcultures Regain Control Through Reclamation: A Case of Commodification in Japan,” working paper, Merage School of Business, University of California, Irvine, 2015. Used with permission.

在分析准备进入第二市场的产品时，对产品进行适应处理的程度取决于原市场和新市场在产品使用和产品概念方面的文化差异。如果两个市场间的文化差异越大，那么需要改变的程度越大。[㊀]研究发现，具有强烈组织特性的企业往往更难对产品进行足够的适应处理。[㊁]另一影响适应处理的因素就是子公司的组织形式。相比于绿地投资，收购形式的投资往往能产生更大程度的适应。[㊂]

当方便蛋糕配料被引进日本时，消费者的反应平平。日本人不仅只在特殊场合才吃蛋糕，而且喜欢在糕点店里购买，包装要精美。另一文化差异使得人们接受方便蛋糕配料更加复杂：许多日本家庭没有烤箱。这个例子的一个有趣插曲是，该公司试图解决这一问题，开发一种可以用家家都有的饭锅来做的蛋糕配料。这一想法存在的问题在于：在日本的厨房里，大米及做米饭的方法含有很强的文化意义，用米饭锅煮其他的东西是一种实实在在的禁忌。当然，新蛋糕配料于 1949 年引进美国市场时也无法获得认同。在家庭主妇看来，如果只要加入水，那么她们觉得与以前做的蛋糕并不一样。为此，公司将蛋糕配料进行了调整，需要再加入鸡蛋。这样，做蛋糕的过程显得实在多了，家庭主妇也就认可这种配料了。

㊀ An excellent new book on this topic is John A. Quelch and Katherine E. Jocz's *All Business is Local* (New York: Portfolio/Penguin, 2012).

㊁ Julien Cayla and Lisa Penaloza, “Mapping the Play of Organizational Identity in Foreign Market Adaptation,” *Journal of Marketing* 76, no. 6 (November 2012), pp. 38-54.

㊂ Arjen H. L. Slangen and Desislava Dikova, “Planned Marketing Adaptation and Multinationals' Choices between Acquisitions and Greenfields,” *Journal of International Marketing* 22, no. 2 (2014), pp.68-88.

以上所举的例子都是和美国不同的文化，但是当外国公司在美国营销产品时，也常常需要在文化上进行适应。日本一家生产化妆品的大公司资生堂（Shiseido）想把在日本销售的产品原封不动地搬到美国销售，打开美国化妆品市场。公司把产品引进800多家美国商店后，才意识到美国人对化妆品的偏好和日本人有很大的不同。问题在于使用资生堂化妆品要经过很多步骤，很费时，这对日本妇女来说不成问题。重新设计后，使新产品系列和美国产品一样方便，于是获得了成功。

改变产品以销往国外所面临的问题与在国内引进一种新产品面临的问题大同小异。衡量产品的不仅仅是其实物规格。新产品的性质在于它能为顾客做什么以及会对顾客的习惯、偏好和生活方式产生什么影响。蛋糕配料一例所揭示的问题和物质产品或使用者有效使用产品的能力关系甚微，但是和接受和使用蛋糕配料必将违反正确或理想的行为方式这一事实有很大关系。

最后，在产品适应方面有一些有趣的现象。最近的例子就是《哈利·波特》。在日本所销售的有关他的最新冒险的书中，20%是英文版的。日本消费者正想方设法提升英语能力，英语书籍和配套磁带很好地满足了这种特殊需要。对他们来说，波特不仅仅是娱乐，也是教育。

13.2.1 产品创新和适应

使产品适应外国市场重要的第一步是确定意向性市场眼中的新颖程度。[㊀]必须弄明白人们对新颖如何反应以及产品对市场来说有多新颖。在评估产品的新颖程度时，国际营销者必须清楚，许多在美国市场上取得成功的产品尽管已经到达其生命周期的成熟期甚至衰退阶段，但是在另一个国家或文化中被看作新颖的，因此必须以创新产品对待。从社会学角度来看，任何概念只要被某一群人看作新颖的，那么就是一种**创新**（innovation）。

是否接受新产品以及要过多久才能接受新产品取决于新产品的特点。[㊁]对某种社会来说，新颖的产品就是创新产品。新产品扩散（即创新扩散的过程）的知识有助于制定成功的产品策略。索尼公司在把PlayStation 2新产品引入日本市场时，最初6个月里取得了巨大的成功，而这也为索尼制定把产品引入美国市场的营销战略提供了重要信息。营销策略在很大程度上可以引导和控制新产品扩散的速度和范围，毕竟成功的新产品扩散依赖于传播产品的有用信息和新特性的能力。

美国一家蛋糕配料公司也进入了英国市场，但是小心地抛弃了产品中大部分新奇的东西。该公司并没有引进在美国最受欢迎的蛋糕配料，相反却请500名英国主妇烘烤她们最喜欢的蛋糕。大多数主妇做的都是简单却很受欢迎的干燥多孔蛋糕，于是该公司就把一种类似的易做的配料推向该市场。多孔蛋糕配料代表着可以转换成便利的商品的熟悉口味和习惯，

㊀ Junfeng Zhang, C. Anthony Di Benedetto, and Scott Hoenig, "Product Development Strategy, Product Innovation Performance, and the Mediating Role of Knowledge Utilization: Evidence from Subsidiaries in China," *Journal of International Marketing* 17, no. 2 (2009), pp. 42-58.

㊁ Changhui Zhou and Jing Li, "Product Innovation in Emerging Market-Based International Joint Ventures: An Organizational Ecology Perspective," *Journal of International Business Studies* 39, no. 7 (2008), pp. 1114-1132.

同时又不伤害为特殊场合做花色蛋糕的那种感情。所以，没过多久，这家公司的产品就获得了英国蛋糕配料 30% ~ 35% 的市场。一旦多孔蛋糕配料的概念被接受，引进其他风味就容易多了。

国外营销者的目标是在最短的时间内，让该市场中最多的消费者接受产品。然而正如第 4 章以及引用的众多例子所揭示的那样，新产品并不总是能被一种文化接受，实际上，它们常常遇到阻力。尽管最终都会被接受，但是因为投资和盈利计划都有时间要求，因此某种文化学会新方法、学习接受新产品所花费的时间对营销者来说至关重要。如果营销者预计 3 年后不盈不亏，需要 7 年时间才能获得可观利润，则意味着投资条件可能还不太成熟，必须放弃。这样就提出了一个问题，即在投入人力物力之前，能否预测受到市场接受的可能性大小？而更关键的问题是如果市场的接受率太低，能否让它加速？对这两个问题，在一定条件下，答案是肯定的。这些问题的答案来自对扩散的研究，即对新产品流向社会系统成员的过程的研究。

13.2.2 创新的扩散

埃弗里特·罗杰斯（Everett Rogers）指出："新概念扩散的关键要素包括：①创新；②通过一定渠道来宣传创新；③经过一定时间；④在某个社会系统成员之间扩散。"[一]罗杰斯继续指出，正是时间要素把扩散研究与其他种类的沟通研究区别了开来。扩散研究者和营销者的目标是缩短从概念或产品的引入到广为采用之间的时间。

罗杰斯和其他人[二]通过大量例子证明了接受产品创新的速度存在很大差异。有些产品从引入到广为使用只需要短短几年，而有些则需要几十年。扩散模式也存在巨大差异，但稳定增长属于一种例外。高科技产品常常会有几个缓慢增长的时期，期间会出现业绩的跳跃[三]，有时在飞速增长前会先出现下降。正如第 8 章所提到的，文化以及其他方面的国别差异会影响新产品的快速扩散。[四]此外，来自周边国家接受者的外溢效应也会影响扩散速度。有一项研究发现，如第 4 章和第 5 章所描述的，全球股票市场的历史基差和所在国语言与英语之间的语言距离有明显的相关性（相关系数 $r>0.6$）。[五]通过分析这两个因素可以找到引入新产品

[一] Everett M. Rogers, *Diffusion of Innovations*, 5th ed. (New York: The Free Press, 2003). This book should be read by anyone responsible for product development and brand management, domestic or international.

[二] Marnik G. Dekimpe, Philip M. Parker, and Miklos Sarvary, "Global Diffusion and Technological Innovations: A Couple-Hazard Approach," *Journal of Marketing Research* 38 (February 2000), pp. 47-59; Gerard J. Tellis, Stefan Stremersch, and Eden Yin, "The International Takeoff of New Products: The Role of Economics, Culture, and Country Innovativeness," *Marketing Science* 22, no. 2 (2003), pp. 188-208; Sean Dwyer, Hani Mesak, and Maxwell Hsu, "An Exploratory Examination of the Influence of National Culture on Cross-National Product Diffusion," *Journal of International Marketing* 13, no. 2 (2005), pp. 1-27.

[三] Ashish Sood and Gerard J. Tellis, "Technological Evolution and Radical Innovation," *Journal of Marketing* 69 (2005), pp. 152-168.

[四] Deepa Chandrasekaran and Gerard J. Tellis, "Global Takeoff of New Products: Culture, Wealth, or Vanishing Differences," *Marketing Science* 27, no. 5 (2008), pp. 844-860.

[五] Dante M. Pirouz and John L. Graham, "Culture, Globalization, and Stock Price Volatility," working paper, University California, Irvine, 2012.

的理想国家或地区。该研究发现，美国和中国香港地区就属于最为理想的国家和地区。[㊀]另一项研究指出，新产品增长越来越与国家或地区的发展情况同步。[㊁]

要在整个欧洲改变酒的消费模式需要50年的时间。微波炉最初是在20世纪50年代引进美国的，但是花了近20年才得以普及。避孕药也是在同一时期引进的，但是几年内就被接受了。在教育领域，现代数学概念仅仅花了5年就在全美的中小学扩散开来，但是“幼儿园”这一概念费了将近50年才被完全接受。塔塔集团在2008年引入价格为2 000美元的迷你汽车，但该汽车在印度的扩散就遇到了困难。迄今为止，虽然设计颇费周折，但其销售仍然令人失望。虽然价格上升有限，但塔塔集团仍会保持下去。[㊂]越来越多的证据表明，理解扩散理论有助于加速扩散过程。了解这一过程可以增强国外营销者在必须投入资金前，估计出产品扩散所费时间的能力。它还可以使营销者注意可能引发阻力的产品特性，从而有机会尽量减小阻力，加速产品接受过程。

至少有三个外生变量会影响目标新产品的扩散速度：被认知的新颖程度、被认知的创新特征和所使用的沟通方法。[㊃]如果产品给人们的感觉越新颖，那么往往也就越难让市场接受。这就是说，创新从本质上讲通常具有分裂性。[㊄]以美国的混合动力型汽车为例，虽然深受消费者欢迎，但经销商并不喜欢其维护要求低的特征，即经销商的售后服务收入会下降。此外，满足混合动力型汽车要求的基础设施建设往往十分昂贵。因此，一些人认为该技术不适合美国，而适用那些现有基础设施不完善的国家，因为它们可以直接弃老式燃油汽车而选用混合动力型汽车。总之，如果营销者明白了消费者的感知体系，就常常能够改变他们对新颖程度的看法。使用互联网、网上零售、与健康和美容有关的产品和服务在全球的迅速扩散也充分证明了这一点。

分析创新的五个特征有助于确定市场对产品的接受速度或抵御情况。这些特征包括：①相对优势（新产品相对于旧产品的可感知的边际价值）；②兼容性（它与可接受的行为、规范、价值观等的兼容性）；③复杂性（与产品使用有关的复杂程度）；④可试验性（与产品使用相关的经济或社会风险）；⑤可观察性（产品好处可以传播的容易程度）。一般来说，我们认为扩散时间与相对优势、兼容性、可试验性和可观察性成正相关关系，与复杂性成负相关关系。

也许鼓励试验最有趣的例子之一是由欧莱雅开发的一种名为化妆天才（Makeup Genius）的新的智能手机应用程序。它可以让你实时了解自己用了欧莱雅化妆品后的情况，而并不需要实际化妆。“当你微笑、皱眉或眨眼时，虚拟化妆品实际上也会跟着动起来。”[㊅]在法国和美国进行推广的头四个月里，该应用程序被下载了170万次。一位分析师称，花在研究化妆

㊀ Yvonne van Everdingen, Dennis Fok, and Stefan Stremersch, “Modeling Global Spillover of New Product Takeoff,” *Journal of Marketing Research* 46 (2009), pp. 637-652.

㊁ Deepa Chandrasekaran and Gerard J. Tellis, “Getting a Grip on the Saddle: Chasms or Cycles?” *Journal of Marketing* 75, no. 4 (2011), pp. 21-34.

㊂ Siddarth Philip, “The World’s Cheapest Car Runs Out of Gas,” *Bloomberg Businessweek*, April 15-21, 2013, p. 21.

㊃ Anita Elberse and Jehoshua Eliashberg, “Demand and Supply Dynamics for Sequentially Released Products in International Markets: The Case of Motion Pictures,” *Marketing Science* 22, no. 3 (2003), pp. 329-354.

㊄ Jared Diamond, Collapse (New York: Viking, 2005).

㊅ Caroline Winter, “Put Your Face One,” *Bloomberg BusinessWeek*, September 11, 2014, pp. 67-69).

品行业的时间比花在航天飞机上的还要多。显然，这的确是真的：欧莱雅拥有 35 000 多项专利，研究的花费占营收的 3.7%，其中包括在 50 个国家或地区工作的约 4 000 名科学家。这就是事实，绝非我们瞎编！另一个关于可试验性便利度的例子就是叫“婴儿小便帽”的可堆叠的迪士尼卡通人物，每个售价为 4.95 美元。它们的接受速度比化妆天才和航天飞机要快，先是在日本，然后在美国，而且孩子不止想要一个。当然，第一个真的很容易买到。㊀

评估者必须牢记：对评估至关重要的是潜在使用者而不是营销者对产品特性的感知。在解释产品特性时，市场分析员的自我参考标准可能产生感知偏见。因此，如果不能根据外国使用者的参照系来评估产品特性，而是采用营销者的参照系，就会对产品的文化重要性发生误解。

一旦完成了分析，通过巧妙的营销措施就可以尽可能减小一些被感知的新颖特点或导致抵制的原因。产品感知和当前文化价值观越吻合，抵制越小，产品扩散或接受就越快。最后还需要指出的是，产品或新引入品牌的新颖性也能成为重要的竞争优势；那些先行品牌优势常常能在国内外市场创造长期的竞争优势。㊁

13.2.3 创新的形成

千年以来，国际贸易推动了人类的进步。在跨文化交往中，人们不仅可以借鉴好点子，甚至可以创造好点子。㊂古代丝绸之路或 21 世纪的硅谷就说明了这一切。

与不同的群体工作并不总是容易的。不过，研究表明不同的群体不仅能提出更多可供考虑的想法，而且能对这些想法提出多样的看法，从而倍增创造性产出（如果你能在沟通中克服最初出现的问题）。㊃

对工作团队绩效长期影响的一项开创性研究就很好地说明了这一原则。㊄细节很有意思。由四五个商务类专业本科生组成的 36 个团队在 4 个月的时间内进行各种案例研究：17 个团队是同源文化（所有人来自相同的国籍和种族背景），另外 19 个团队分属多样群体（其中 1 个白人团队，1 个黑人团队，1 个拉美裔美国人团队，1 个由来自亚洲、拉丁美洲、非洲或中东地区的外国人组成的团队）。

在第 5、9、13 和 17 周，该两大组被“要求：①从不同的角度审查案例；②找出对案例中所描述的情况产生影响的问题；③生成一个备选方案列表，可能被用来解决其已经找出的问题；④选择其认为最有效的备选方案，并为它们的建议提供理由。”㊅

㊀ Brooks Barnes, “Sensing a Tsum Tsum Craze Afoot, Disney Rushes to Supply Fans,” *New York Times,* August 11, 2014, p. B6.

㊁ Gerald Young Gao, Yigang Pan, David K. Tse, and Chi Kin (Bennett) Yim, “Market Share Performance of Foreign and Domestic Brands in China,” *Journal of International Marketing* 14 (2006), pp. 32-51.

㊂ Alex Eapen, “Social Structure and Technology Spillovers from Foreign to Domestic Firms,” *Journal of International Business Studies* 43 (2012), pp. 244-263.

㊃ John L. Graham, Lynda Lawrence, and William Hernández Requejo, *Inventive Negotiation: Getting Beyond Yes* (New York: Palgrave Macmillan, 2014).

㊄ Warren E. Watson, Kamalesh Kumar, and Larry K Michaelsen, “Cultural Diversity’s Impact on Interaction Process and Performance: Comparing Homogeneous and Diverse Task Groups,” *Academy of Management Journal* 36, no. 3 (1993), pp. 590-602.

㊅ Watson, Kumar, and Michaelson, op cit.

平均而言，在17周内，这两大组各个团队的创新能力都得到了提高（见图13-1）。起初，来自多样群体组处于劣势，但合作之后，改善较快，事实上到第13周就超过了同源文化组。

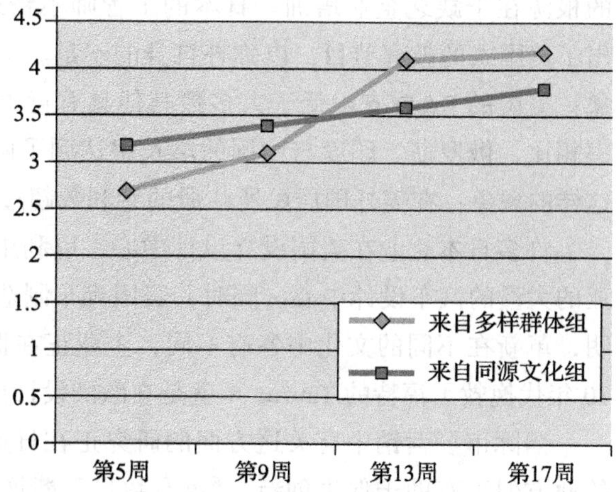

图13-1 提出的平均创意数

正如我们在第8章中所提到的，全世界的公司都承认创造性环境的重要性。例如，在荷兰的埃因霍温，飞利浦的创新实验室被用来测试消费者对在常见的居室环境的LED灯创新方面的反应。[㊀]英国发明家/设计师在与慈善团体谈论有关太阳能后，想到在发展中国家的偏远乡村使用重力式电灯。他的灯代替了煤油灯或电池供电的灯，用落锤（如落地大摆钟）产生的能量来点亮灯泡，维持约30分钟。[㊁]一位IBM化学研究员的意外发现（不小心忽略添加一种所谓的成分）帮助她开发了一种新的很有意义的塑料，就像魔术一样，是一个突破。[㊂]最后，乐高对产品创意进行众包。最明显的是针对女孩子的新的产品线——其“研究所”包括乐高的形象人物，如一位古生物学家、一位天文学家和一位化学家，而且每个人都有各自的实验室。该点子是由来自格拉斯哥大学的一位考古学家提出的。[㊃]

有必要分析一下企业[㊄]和国家[㊅]的创新能力。例如，毫不奇怪，和互联网相关的大多数新观念都出自美国。[㊆]美国有2.667亿网民，远超日本的1.09亿网民。[㊇]同样，美国的研究与开发支出是最多的。经济合作与发展组织国家的研究与发展支出大致相同，一般占GDP的2%～3%。由于美国经济强大，所以其研究与开发支出是日本的2倍，研究与开发上的大投入使美国企业获得的专利数是日本的3倍。

有研究表明，一国的文化会影响其创新能力（个人主义价值观有助于增强创造力[㊈]）。不

㊀ John Gertner, “Lighting the Way,” *Fast Company.com*, March 2014, pp. 143-148.

㊁ Caroline Winter, “Clean, Cheap Light, Powered by Gravity,” *Bloomberg BusinessWeek*, March 18-24, 2013, p. 33.

㊂ John Markoff, “Error at IBM Lab Finds New Family of Materials,” *The New York Times*, May 16, 2014, p. B6.

㊃ Rachel Abrams, “Short-Lived Science Line from Lego for Girls,” *The New York Times*, August, 21, 2014, online.

㊄ Rohit Deshpandé and John U. Farley, “ Organizational Culture, Innovativeness, and Market Orientation in Hong Kong Five Years after Handover: What Has Changed?” *Journal of Global Marketing* 17, no. 4 (2004), pp. 53-75.

㊅ Anyone interested in a wonderful book on this topic should read the Pulitzer Prize-winning *Guns, Germs, and Steel: The Fates of Human Societies* by Jared Diamond (New York: Norton, 1999); also see Subin Im, Cheryl Nakata, Heungsooa Park, and Young-Won Ha, “ Determinants of Korean and Japanese New Product Performance: An Interrelational and Process View,” *Journal of International Marketing* 11, no. 4 (2003), pp. 81-113; David Hillier, Julio Pindado, Valdoceu de Queiroz, and Chabela de la Torre, “ The Impact of Country-Level Corporate Governance on Research and Development,” Journal of International Business Studies 42, no. 1 (2011), pp. 76-98; Sergey Anokhin and Joakim Wincent, “ Start-Up Rates and Innovation: A Cross-Country Examination,” *Journal of International Business Studies* 43, no. 1 (2012), pp. 41-60.

㊆ Thomas L. Friedman, *The World Is Flat* (New York: Farrar, Straus, and Giroux, 2005).

㊇ Euromonitor International, 2015.

㊈ Jack A. Goncalo and Barry M. Staw, “ Individualism—Collectivism and Group Creativity, ” *Organizational Behavior and Human Decision Processes* 100 (2006), pp. 96-109.

过，也有观点认为，影响创新的关键是公司文化，而不是国家文化。[一]日本政府认为其问题的根源在于缺乏企业培训。日本的工程师不精通营销，缺乏企业家精神，所以日本很快推出了美国式的教育节目，以弥补自身的不足。不过，我们的确注意到一种让人难以理解的现象：美国的 R&D 支出低于大多数其他具有竞争力的国家。与美国过去 5 年 4% 的年均增长率相比，俄罗斯、印度与中国的增长率达到了两位数。[二]此外，2009 年美国历史上首次出现这样的现象：在美外国居民所注册的专利数超过了美国居民所注册的专利数。[三]

许多日本企业在美国设立设计中心，以利用美国的创新优势，最明显的是在南加利福尼亚的大量的汽车设计中心。同时，美国汽车制造企业在欧洲建立了设计中心。最近的研究表明，革新在不同的文化中各有不同，企业正在世界各地建立设计中心。事实上，在 20 世纪 80 年代挽救了福特的 Taurus 车就是在欧洲设计出来的。

国际市场营销中有关这方面的研究正在日益增加。[四]例如，具有明确知识产权保护标准的地方似乎有助于促进创新。[五]也有数量不断增加的研究表明，基于全球化的多样性可以促进创新思想的产生。[六]同样地，国际性模仿也是创新思想的重要来源。[七]此外，虽然类似于 20 世纪 80 年代对日本的抱怨，人们对中国的模仿行为提出了批评，但如今在汽车、电影和宾

㊀ Gerard J. Tellis, Jaideep C. Prabhu, and Rajesh K. Chandy, "Radical Innovation across Nations: The Preeminence of Corporate Culture," *Journal of Marketing* 73, no. 1 (2009), pp. 3-23.

㊁ Euromonitor International, 2015.

㊂ Michael Arndt, "Ben Franklin, Where Are You?" *Bloomberg Businessweek*, January 4, 2010, p. 29.

㊃ V. Kuma, "Understanding Cultural Differences in Innovation: A Conceptual Framework and Future Research Directions," *Journal of International Marketing* 22, no. 3 (2014), pp. 1-29.

㊄ Min Ju, Kevin Zheng Zhou, Gerald Yong Gao, and Jiangyong Lue, "Technological Capability Growth and Performance Outcome: Foreign versus Local Firms in China," *Journal of International Marketing* 21, no. 2 (2013), pp. 1-16.

㊅ Daniel Lederman, "An International Multilevel Analysis of Product Innovation," *Journal of International Business Studies* 41, no. 4 (2010), pp. 606-19; Maria Jesus Nieto and Alicia Rodriguez, "Offshoring of R&D: Looking Abroad to Improve Innovation Performance," *Journal of International Business Studies* 42, no. 3 (2011), pp. 345-361; Elena Golovko and Giovanni Valentini, "Exploring the Complementarity between Innovation and Export for SME's Growth," *Journal of International Business Studies* 42, no. 3 (2011), pp. 362-380; Arun Kumaraswamy, Ram Mudambi, Harith Saranga, and Arindam Tripathy, "Catch-Up Strategies in the Indian Auto Components Industry: Domestic Firms' Responses to Market Liberalization," *Journal of International Business Studies* 43 (2012), pp. 368-395; Davide Castellani, Alfredo Jimenez, and Antonello Zanfei, "How Remote Are R&D Labs? Distance Factors and International Innovation Activities," *Journal of International Business Studies* 44 (2013), pp. 649-675; Diana A. Filipescu, Shameen Prashantham, Alex Rialp, and Josep Rialp, "Technological Innovation and Exports: Unpacking Their Reciprocal Causality," *Journal of International Marketing* 21, no. 1 (2013), pp. 23-38; Nathan Boso, Vicky M. Story, John W. Cadogan, Milena Micevski, and Selma Kadic-Maglajlic, "Firm Innovativeness and Export Performance: Environmental, Networking, and Structural Contingencies," *Journal of International Marketing* 21, no. 4 (2013), pp. 62-87; Sheryl Winston Smith, "Follow Me to the Innovation Frontier? Leaders, Laggards, and the Differential Effects of Imports and Exports on Technological Innovation," *Journal of International Business Studies* 45 (2014), pp. 248-274; Snehal Awate, Marcus M. Larsen, and Ram Mudambi, "Accessing vs. Sourcing Knowledge: A Comparative Study of R&D Internationalization between Emerging and Advanced Economy Firms," *Journal of International Business Studies*, 2014, online; Lee Li, Gongming Qian, and Zhenming Qian, "Inconsistencies in International Product Strategies and Performance of High-Tech Firms," *Journal of International Marketing* 22, no. 3 (2014), pp. 99-113.

㊆ Ruby P. Lee and Kevin Zheng Zhou, "Is Product Imitation Good for Firm Performance? An Examination of Product Imitation Types and Contingency Factors," *Journal of International Marketing* 20, no. 3 (2012), pp. 1-16.

馆服务行业的创新都是由美国和中国的研发合作带来的。㊀最后，值得注意图 13-2 中描述的情况：近年来，美国与中国所授予的专利数量出现了大幅增长。

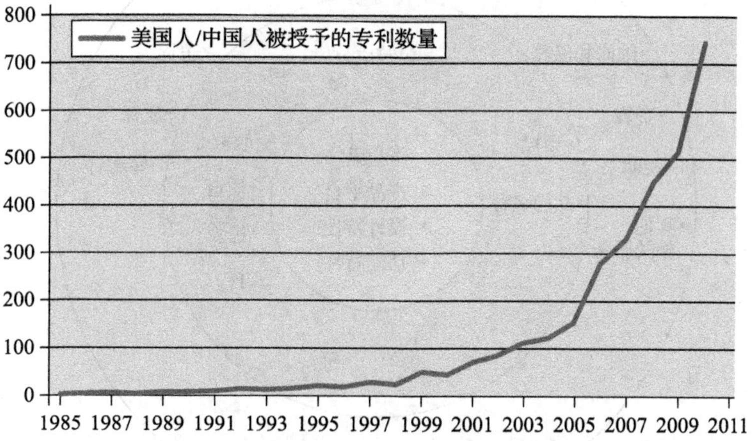

图 13-2　美国人与中国人的创新团队被授予的美国专利数

资料来源：http://www.patft.uspto.gov, 2011.

目前，有关研究也在关注“转换能力”方面的问题以及公司何时向市场推出新产品才能取得成功。至少就制约行业而言，有利于转换的因素有三个：耐心（新专利药获批准常常需要 9 年时间）、关注若干重要创新以及经验。㊁另一项研究表明，加强专利保护对发达国家的公司比发展中国家的公司更为有利。㊂如果有进一步的资料证明这一点，那么政府决策者似乎有必要重新审视当今全球大一统的知识产权保护体系。

13.3　分析产品构成以实施适应

产品具有多方面特性，而所有特性的总和决定了消费者所能获得的一系列满足（效用）。为了找出对产品进行适当改进以适应新市场的所有方法，可以按照如图 13-3 所示的**产品构成模型**（product component model）把产品的多方面特性分成三类不同的成分。利用这个模型，影响市场产品接受情况的文化、物质和强制性因素（前面已做讨论）可以归类为核心成分、包装成分和支持服务成分。这些成分包括产品所有有形的和无形的要素，并为市场带来因使用产品而获得的效用。

㊀ “A Back Seat that Augers China’s Influence,” *Bloomberg Businessweek*, January 23, 2012, pp. 23-24; “Bigger Abroad: Hollywood Goes Global,” *The Economist*, February 19, 2011, pp. 69-70; Hugo Martin, “Comforts of Home,” *Los Angeles Times*, July 16, 2011, pp. B1-B2; Kevin Wale, “Three Snapshots of Chinese Innovation,” *McKinseyQuarterly*, February 2012.

㊁ Rajesh Chandy, Brigitee Hpostaken, Om Narasimhan, and Jaideep Prabhu, “From Invention to Innovation: Conversion Ability in Product Development,” *Journal of Marketing Research* 43 (2006), pp. 494-508.

㊂ Brent B. Allred and Walter G. Park, “Patent Rights and Innovative Activity: Evidence from National and Firm-Level Data,” *Journal of International Business Studies* 38 (2007), pp. 878-900.

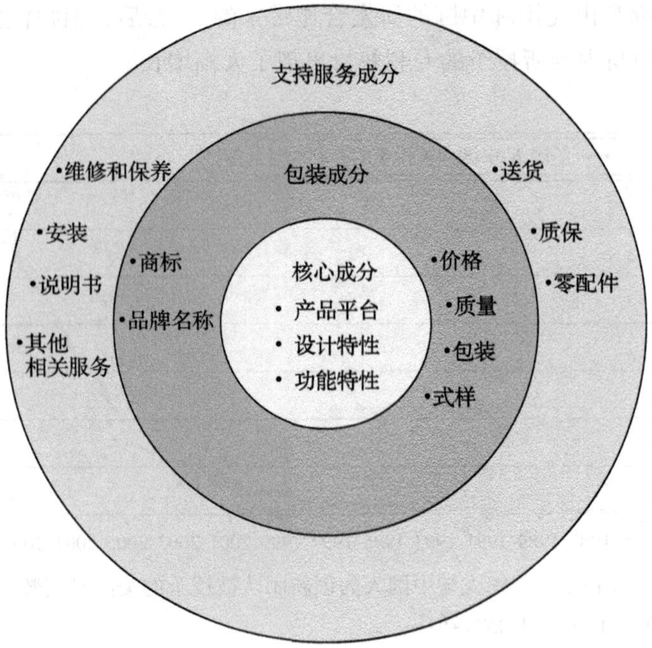

图 13-3 产品构成模型

13.3.1 核心成分

核心成分由物质产品（即含有关键技术的平台）和产品的所有设计及功能特性构成。满足当地不同需求的各种改变正是在产品平台上通过某些增减而实现的。对核心成分的平台方面进行大规模改造可能得不偿失，毕竟平台的改动会影响生产过程，从而需要额外的资金投资。但是，可以对设计、功能特性、风味、色彩以及其他方面进行改动，使产品适应不同的文化。在日本，雀巢最初销售与在美国一样的麦片，但是日本儿童主要把它当零食吃，而不是作为早餐。为了使产品进入更大的早餐市场，雀巢改进了它的谷类食品，使之更适应日本人的口味。传统上，日本人早餐吃鱼和米饭，于是雀巢开发出类似口味的谷类食品——海带、胡萝卜、密生西葫芦、椰子和番木瓜，结果它占有了日益扩大的早餐谷类食品市场份额的 12%。

在巴西市场上，新鲜橘子汁丰富，因此通用食品公司把未加糖的橘子粉替代品果珍的口味从橘子味换成了西番莲和其他口味。为了使产品与某一文化所期待的相一致，往往需要改变口味或香味。在美国市场上很受欢迎的带有传统的松香和氨或氯的气味的家用清洁剂在引进日本时，并不成功。许多日本人睡在仅仅铺着床垫的地板上，头紧挨着他们清洁过的地方，因此柠檬香更宜人。Rubbermaid 公司在把一系列的婴儿家具引进欧洲时，如果对核心成分稍做改动，就有可能避免当初所走的弯路。首先，它没有改变色彩以适应欧洲人的口味，而最糟糕的是，它的婴儿床和欧洲产的床垫不配套。

根据市场需要，可以增删功能特性。在不易获得热水的市场，洗衣机中的加热器可以作为一种功能特性。在其他市场上，自动添加洗衣粉和漂白剂的装置也许会被省掉，旨在节约成本或者减少维修问题。要达到安全和电压标准或其他法令性要求，可能还需要其他的改动。应该把物质产品及其所有功能特性，当作潜在的需要改动的对象进行检查。

13.3.2　包装成分

包装成分包括风格特点、包装、标签、商标、品牌名称、质量、价格以及产品包装的其他各个方面。在包装成分方面出过的最为离奇的差错也许就是1911年设计的可口可乐瓶了。当时的可乐瓶按可可豆（巧克力的原料）的形状设计，而不是按古柯树（erythoxylon）籽的形状。显然，设计师弄混了当地图书馆的古柯和可可豆。[一]苹果公司对此有深切的体会，当它首次进入日本市场时，它的一些Macintosh电脑被原封不动地退回，原因是消费者发现用户手册的包装已损坏。就像核心成分一样，消费者眼中的每一种元素的重要性取决于产品将要满足的需要。

包装成分往往既需要自主的改动，也需要强制性的改动。例如，有些国家要求标签必须用两种或两种以上的文字印刷，而另一些国家则禁止使用外国文字。此外，有研究发现美国的消费者对采用两种语言的包装持否定观点。[二]在香港迪士尼乐园，丛林巡游项目的说明书则采用粤语、普通话和英语。一些国家现在要求对食品贴上原产地标签。包装成分中有些元素包含的符号，传递了另外的意思，必须修改。一家公司的红圆商标在有些国家很受欢迎，但在亚洲一些地区被拒绝，因为它构成了日本国旗的图案。在另一个国家可以使用的黄花商标在墨西哥遭到拒绝，因为在墨西哥一朵黄色的花象征死亡或不敬。

一家从事婴儿食品生产的著名企业把小瓶的婴儿食品引进到非洲，瓶上的标志是一幅婴儿画。该公司的遭遇是符号被误解的一个经典例子：该公司惊恐万分地发现消费者以为瓶子里装的是婴儿肉。在有些国家，德国产的儿童谷类食品Brugel因为其包装上画着狗、猫、鸟、猴以及其他动物的卡通画，结果在超市里被放置在宠物食品柜。究其原因可能在于商店工作人员对这种产品不熟悉。的确，人们很容易忘记这样的情形：在识字率低的国家，图画和符号被想当然地看作说明和信息。

必须注意确保公司商标和包装成分的其他部分没有难以接受的象征意义。必须特别注意商标名称的翻译和包装中使用的色彩。当福特试图在巴西销售它的Pinto牌汽车时，很快发现该型号的名称成了“小小的男性生殖器”。在西方国家表示纯洁的颜色——白色，在其他国家则是哀悼的颜色。

公司必须改变产品包装的原因不可胜数。在有些国家中，法律对瓶子、罐头、包装尺寸和度量单位有特别的规定。[三]如果一个国家使用公制，它就很可能要求质量和尺寸采用公制。在包装或标志上，像“巨大的”或“特大的”这样的描述性词汇可能是不合法的。如果湿度大或分销渠道长，就要求对产品进行更加厚重的包装。就像经常提到的那样，日本人对质量

[一] Tim Madge, *White Mischief: A Cultural History of Cocaine* (New York: Thunder's Mouth Press, 2001).

[二] Mahesh Gopinath and Myron Glassman, “The Effect of Multiple Language Product Descriptions on Product Evaluations,” *Psychology & Marketing* 25, no. 3 (2008), pp. 233-261.

[三] Stephanie Storm, “After Public Outcry, Cargill Says It Will Label Products Made with a Beef Binder,” *The New York Times*, November 6, 2013, p. B3.

的态度包括产品包装的质量。包装差的产品给日本人以质量差的印象。确定包装在市场上是否另有用途也很重要。在日本，利华兄弟公司（Lever Brothers）把力士香皂装在时髦的盒子里出售，因为日本一大半的香皂是在送礼的两个季节里购买的。在日本，包装的尺寸也是一个可以影响成功的因素。有研究表明，包装大小的确会对消费水平产生影响。[⊖]和美国不同，日本的罐头小，装的饮料也少，为的是适应日本人较小的手。在日本，大多数食品都是新鲜的或用透明袋包装，罐头被看作肮脏的。所以，当坎贝尔（Campbell）公司把汤料引进日本市场时，决定使用更干净、更昂贵的易拉罐。

标签法令因国而异，没有规律。例如，在沙特阿拉伯，产品名称必须具体。“辣椒”就不行，必须是“香辣椒”。在委内瑞拉，标签上必须印上价格，而在智利，标签上标注价格或以任何方式暗示零售价格则为违法。南非和欧盟在酒的标签上产生了争议。可口可乐的Diet Coke在巴西遇到了法律问题。按照巴西法律的解释，Diet就意味着含有药品成分。根据巴西法律，所有药品生产商必须要在标签上注明每日用量。可口可乐必须得到特批，才能不受此限制。直到最近，西方药品在中国可以用外文标签，只需要用很小的临时中文标签贴在外包装上就行。但是随着中国新的商标法的颁布，凡食品类产品，必须在包装上用中文明确标注名称、内容和其他规格，不能只用临时性标签。

因各国商标法不尽相同，而且各个市场都有一些先决条件，这就给那些在不同市场销售产品的公司带来一个特殊的问题。例如，在中国，尽管目前美式和欧式的快餐市场还没有完全开发出来，但是这种需求确实存在。然而依据中国法律进行标注所花费用使得某些进入中国市场的企业望而却步。在亚洲有很大销售额的有远见的生产商正在采用和欧盟要求相近的包装，在同一包装上用多种文字提供标准信息。他们专门设计的一种模板，在标签上为当地的要求预先留下空白，然后根据某一批产品的目的地进行填充。

跨越国界 13-3

当你的电脑坏了怎么办

当desk beast病毒发作时，大多数人有两个选择，打电话给客户服务中心或阅读手册。这两者都会是一种跨文化的行为。现在热线中心的员工越来越多地来自菲律宾、印度、加勒比海国家以及其他普遍说英语的发展中国家。如此公司能够节省多达90%的支出。然而，对消费者而言，要跨越技术或作为一个外行人的障碍是很困难的。现在得和一个跨文化的门外汉互动交流。

至少现在许多厂商在调整用户指南方面正做得越来越好。在一些国家，这些用户指南因为它们的趣味性而备受喜爱。Arial Global Reach是一家翻译和营销公司，这家公司的迈克·亚当斯（Mike Adams）解释说：“日本人确实很喜欢看文件，不过那是因为日本的文件看起来实在是很有趣味。”日本的操作手册常带有富于创意的卡通，这使手册显得更生动活泼。即使是程序界面也是动画的。在日本，微软公司备受嘲弄地为用户提供帮助的别针小人

⊖ Chanthika Pornpitakpan, “How Package Sizes, Fill Amounts, and Unit Costs Influence Product Usage Amounts,” *Journal of Global Marketing* 23, no. 4 (2010), pp. 275-287.

被一只活泼的小海豚取而代之，“并且就算是日本的技术工程师，当他们看到或用到这些卡通人物时，他们一点也不认为这很幼稚”。

除了日本，在一些别的国家里，将这些可爱的卡通形象放进指南中会让顾客对公司的严肃性产生怀疑。中东翻译服务公司的总经理马克·卡蒂（Mark Katib）说，中东地区的大多数消费者和美国人一样，喜欢明了的、非技术性的解释方式。他花了大部分时间以保证信息传达的方式是可接受的而不会冒犯某个人的信仰。

显而易见，你不能对意大利人下达命令式的信息，如“不要这样做”。那种表达方式造成的后果是意大利人会砸了他们的机器，以偏偏这样做作为回应，因而意大利的指南手册必须使用较弱的语气，如“你可以考虑……”

德国人抵制使用指南的风格幽默风趣。匈牙利人喜欢自己修东西，因此他们的指南更像机器修理店指南。最后一个例子是一个软件制造商开发了一种宽区域网络 WAN（wide area network），将一连串的单词“WAN WAN WAN WAN”印在包装上。在日本人看来，WAN 是形容狗的叫声，因此在日本没人会买以狗的叫声为自己做广告的产品。

这些都主要说明了技术之外的东西无论译成哪种语言都是很困难的。

资料来源：Michelle Delio, "Read the F***ing Story, then RTFM," *Wired News*(http://www.wired.com), June 4, 2002; Pete Engardio, Aaron Bernstein, and Manjeet Kripalani, "Is Your Job Next?" *BusinessWeek*, February 3, 2003, pp. 50-60; Alli McConnon, "India's Competition in the Caribbean," *BusinessWeek*, December 24, 2007, p. 75; Rudy Hirscheim, "Offshoring and the New World Order," *Communications of the ACM* 12, no. 11 (2009), pp. 132-135.

13.3.3 支持服务成分

支持服务成分包括维修和保养、说明书、安装、质量保证、送货和提供零配件。很多本来可以成功的营销项目因为不太注意产品的这一成分，最终导致了失败。[一]在发展中国家，维修和保养是尤其困难的问题。在美国，消费者不仅可以享受公司的服务，另外还有众多竞争性的维修保养服务企业，随时可以维修从汽车到割草机等各种东西。零配件在公司拥有的或授权的商店，或者在当地的五金店，都可以买到。发展中国家和很多发达国家的消费者可能不具备美国这样的维修和保养选择，甚至一种也没有。企业可以通过独立的服务提供商来提高品牌声誉和产品质量。[二]

在有些国家中，定期维护或保护性维护的概念尚未成为文化的一部分。因此，产品必须改进以减少维护要求，并且对那些在美国被认为是理所当然的特性加以特别注意。

一个国家的文盲率和教育程度也许会要求公司改写产品说明。在一个国家简单明了的术语到了另一个国家也许就不知所云。例如，在非洲农村，消费者难以理解凡士林精心护理液会被皮肤吸收。吸收改成了渗入，于是疑云顿消。巴西人在把先进的军事坦克销售给第三世

㊀ Susanna Khavul, Mark Peterson, Drake Mullens, and Abdul A. Rasheed, "Going Global with Innovations from Emerging Economies: Investment in Customer Support Capabilities Pays Off," *Journal of International Marketing* 18, no. 4 (2010), pp. 22-42.

㊁ Ikechi Ekeledo and Nadeem M. Firoz, "Independent Service Providers as a Competitive Advantage in Developing Economies," *Journal of Global Marketing* 20 (2007), pp. 39-54.

界国家时，成功地克服了使用者文盲程度高、技术技能低的问题。他们把详细解释维修说明的录像机和录像带作为说明材料的一部分。此外，通过使用到处可以买到的标准化的、现成的零配件，解决了零配件问题。当然，文化偏好的其他类型甚至会对服务手册有所影响。

在营销众多高科技产品时，必须越来越多地考虑辅助产品问题。这方面最能说明问题的例子是微软的 Xbox 和它的竞争对手的产品。Xbox 的销售情况一直不及 Sony 公司和 Nintendo 的产品。经诊断，微软发现问题在于缺乏能吸引日本玩家的游戏，因此公司开始开发系列游戏产品以弥补不足。其最初的游戏产品——《失落的奥德赛》(*Lost Odyssey*) 就是全部由日本人组成的团队所开发的。[㊀]

产品构成模式可以作为一种有用的指南，用来检查准备在外国市场上销售的产品必须做哪些改进。必须对产品的每一个成分进行仔细评估，确定需要做哪些强制性和自主的改进。

13.4 消费者服务的全球营销

正如在本章开头所指出的，有关改变产品以适应国际消费品市场需要的建议对服务业也同样是适用的，而且有些服务与产品联系密切。刚刚描述的支持服务及与给莫斯科的消费者提供汉堡包相关联的顾客服务，就是很好的例子。然而，许多消费者服务仍然有四个鲜明的特征——无形的、不可分的、有差异的、易消失的，因而需要特别的考虑。

产品通常被认为是有形的，而服务是无形的。汽车、电脑、家具是产品，它们呈现出实物形态。它们是可以储藏、拥有的物品，其内在价值体现在实物形态中。保险、干洗、宾馆提供的吃住、航空客运和货运服务是无形的，其内在价值来自提供服务的过程。当然，乐高在全球范围内营销其玩具产品，但其服务产品对公司的竞争力起着重要作用。丹麦、英国、美国、德国和马来西亚都有乐高乐园度假村，其中马来西亚为亚洲首度开办此度假村的国家。此外，乐高电影系列积木玩具一直是全球的畅销品。[㊁]新加坡一名勇于进取的女士甚至向那些不熟悉玩具的孩子开出了乐高搭积木的课程。[㊂]相反，保险、干洗、宾馆住宿、航空客运与货运都是无形服务，其内在价值只能来自某个过程、某种履行或某个事件发生之时。

服务的无形性决定了其独特的特点：其不可分割性体现在它的生产和消费是不可分割的；其差异性体现在它是单个地生产的，因而实际上是独一无二的；其易消失性体现在它在生产出来后不能保存，必须在生产的同时进行消费。试把这些特点和有形产品相对比：有形产品可以在一地生产，在异地消费，实行标准化，根据对需求波动的预测进行生产和储藏，其质量可以较长时间得到保证和维护。

和很多有形产品一样，服务既可以作为工业服务营销（企业对企业），也可以作为消费服务出售，这取决于购买者的动机和使用目的。例如，旅行社和航空公司向商人出售工业或商

㊀ Yukari Iwatani Kane, " Microsoft Makes Big Push to Woo Japanese with New Xbox Games," *The Wall Street Journal* (online), September 12, 2007.

㊁ Gregory Schmidt, "Lego Builds an Empire, Brick by Brick," *The New York Times*, February 15, 2014, pp. B1, 7.

㊂ "A Toymaker Taps into a New Market for Selling to Pussycat Mums," *The Economist*, November 16, 2013, p. 72.

业服务，而向游客出售消费服务。金融服务、旅馆业、保险业、法律服务以及其他，每一种都可以既是工业服务，又是消费服务。正如人们所猜想的那样，服务的特殊性导致了服务营销和产品营销的差别。

13.4.1 全球市场的服务机会

在美国服务出口中，国际旅游遥遥领先。即使所有出口都考虑在内，国际旅游也仅次于生产资料和工业物资。外国游客在游览美国胜地奥兰多或阿纳海姆时的花费差不多是外国航空公司购买波音商用飞机所花费用的 2 倍。2015 年，全球游客花费大约 2 万亿美元。据联合国一个机构的预测，到 2020 年这个数字会翻两番。这个产业在全球雇用了约 2 亿人。全球最受欢迎的 5 大国际旅游目的地依次为法国、美国、西班牙、中国和意大利。居民国际旅游支出最多的 5 个国家依次为中国、美国、德国、俄罗斯和英国。近年来，来自中国和俄罗斯的游客数量直线上升，而来自日本的游客出现大幅下降。[㊀]美国国内的游客市场目前呈现出明显的细分市场特点。[㊁]总体上，在 2008 ~ 2009 年的经济衰退期间，全球旅游业下降了 10% 多，与整体经济情况相仿难以快速复苏。当然，好消息是不久人类可以乘坐 Richard Branson 的商用载人飞船来往返地球——短期访问太空的费用为 28 万美元，[㊂]远低于乘坐俄罗斯火箭长途访问国际空间站并做短暂停留所需的 2 000 万美元。

旅游业的迅速发展，特别是在经济危机发生前，促使美国企业和有关机构开发新的旅游服务项目以吸引国外游客。例如，位于费城的四季宾馆提供为时两天包含参加地方音乐会和参观博物馆的旅游套装。在原有对儿童有吸引力的基础上，佛罗里达的奥兰多还在歌剧院举办多明戈、西尔斯、帕瓦罗蒂的演出。凤凰城、拉斯维加斯和圣迭戈三个城市联合投资 50 万美元用于市场营销，主要目的是吸引外国游客在一次旅行中能游览所有三个地方。即使是最小的旅馆也在网上寻找旅客。

其他的比较高的消费服务出口依次包括运输、金融服务、教育、通信、娱乐、信息、保健等。请看下列例子：

（1）美国航空公司纷纷加大在当地承运业的投资以便在迅速增长的拉美旅游市场上取得更大的份额。

（2）拉美的保险业也在蓬勃发展，其中当地公司和全球公司之间的合资企业成长最为迅速。

（3）在中国，金融服务正在经历一场革命。新服务以难以置信的速度被不断推出，金融服务成为投资者信息的新来源，自动存取款机在全国各地不断出现。此外，波兰人也开始习惯于使用自动存取款机了。

（4）自从日本于 1998 年首次向外国经纪人和银行开放投资信托业务，美林证券就在积极开展这一业务。

（5）在 2013 ~ 2014 年，共有 100 万名外国学生（其中，10.3 万名来自印度，9.8 万名

㊀ UN World Tourism Organization, http://mkt.unwto.org/barometer, accessed 2015.

㊁ Philemon Oyewole, "Country Segmentation on the International Tourism Market Using Propensity to Travel and to Spend Abroad," *Journal of International Marketing* 23, no. 2 (2010), pp. 152-167.

㊂ Mary Kissel, "Space: The Next Business Frontier," *The Wall Street Journal*, December 17, 2011.

来自中国）来美国上大学，共缴纳了约 200 亿美元的学费。[一]管理培训也为美国公司带来了大量出口收入。如今，美国私立的中小学也在出口教育服务。[二]

（6）目前，德国、意大利和西班牙等国家的电话费很贵，以至于在那些市场上，美国公司难以维持免费咨询热线电话或寻求电话订货。有些通信市场取消了管制，给外国企业提供了机会。无线通信正在席卷日本和欧洲。

（7）在拉美，有线电视以爆炸性的速度增加，而视频游戏销售在韩国也出现了快速增长。[三]

（8）体育赛事在全球各地被销售，如墨西哥足球在洛杉矶、美式足球在苏格兰与土耳其、美式棒球在墨西哥以及职业足球在中国。

（9）最后，不仅来美国获得医疗服务的外国人数量在迅速增加，而且北美一些企业到国外开设医院。最近有两个婴儿，一个来自瑞典，另一个来自日本，在加利福尼亚的 Loma Linda Hospital 接受了心脏移植手术。在瑞典和日本，法律禁止这类手术。北京多伦多国际医院不久将向大约 250 名中国病人开放，其中一项服务是通过卫星可以一天 24 小时地从多伦多获得咨询服务。来自亚洲地区和墨西哥的竞争对手也在参与这一市场的竞争。在美国、新加坡与印度，心脏阀门替换并搭桥的成本分别为约 75 000 美元、22 000 美元与 9 500 美元。当然，其负面影响表现为器官移植方面非法贸易的增加。不过，根据新闻报道，这方面的增长速度比预计的要小。[四]

13.4.2 进入全球消费者服务市场的壁垒

多数服务，如汽车出租、航空服务、娱乐、宾馆、旅游等，具有不可分割性，即要求生产和消费几乎同时进行，因此，对它们来说，出口并不是一种可行的进入方式。大部分服务（大约占 85%）是通过许可证、特许专营或直接投资进入外国市场的。消费者服务营销人员面临着四个方面的障碍：保护主义、跨国界信息流动的限制、知识产权保护、文化差异。

1. 保护主义

欧盟在建立统一的服务市场方面取得了一些进展，可是，随着一体化的发展，外国服务提供者将得到何种待遇，目前还不很清楚。统一欧洲法案的关键概念以及互惠、和谐，可能将被用来削减进入欧洲的某些服务。美国的电影娱乐业面临的困难特别大，尽管一家法国公司 Vivendi 最近收购了 Universal Studios，使事情有了一些有趣的变化。一项关于境外电视节目的规定，要求欧盟成员国确保 50% 以上的娱乐节目时间应用于播放欧洲作品。欧盟认为，这样的规定对维护欧洲文化的独特性是必要的。美国电影业将因此受到显著的影响，因为其

[一] Karin Fischer, " International Student Numbers Continue Record-Breaking Growth, Chronicle of Higher Education, November 17, 2014, online.

[二] Caroline Winter, " U.S. Private Schools are Looking East," *Bloomberg Businessweek*, October 6-12, 2014, pp. 25-27.

[三] Paul Mozur, "The Video-Game Nation," *The New York Times*, October 20, 2014, pp. B1, 7.

[四] "Medecine avec Frontieres," *The Economist*, February 15, 2014, pp. 53-54.

40% 的利润来自国外收入。

2. 跨国界信息流动的限制

如何处理相对而言比较新的信息跨国转移问题引起了人们很大的关注。欧盟对个人信息（如收入、消费偏好、债务偿还史、身体条件、雇用状况）的收集、处理及在公司之间的转移过程中很少考虑到个人的隐私问题表示担忧。欧盟建议应规定在信息被收集和处理之前征得个人的同意。许多美国服务企业，如保险公司、银行、信用报告公司、直销公司、旅游公司会受到这一规定的影响。这一规定会对数据收集和分析的公司产生广泛的影响，因为不允许企业把涉及欧洲消费者个人的信息通过电子方式传输到美国用计算机加以分析。隐藏在这些法律、规定背后是多数国家没有言明的动机，即禁止跨国公司的活动，保护当地工业。随着在 21 世纪中全球信息传递量的大大增加，将越来越引起规则制定者的关注。

3. 知识产权保护

要战胜盗用商标、工艺、著作权和专利所带来的竞争往往是很难的。第 7 章已就此问题进行了探讨，所以这里仅做简单提及。

4. 文化差异

由于服务贸易比货物贸易更常需要人与人之间的直接接触，因此在服务贸易中文化扮演着更重要的角色。[㊀]这方面的例子有很多：东欧人对西方公司要求不高兴的员工在接待顾客时应显出高兴的样子感到困惑。[㊁]麦当劳要求波兰雇员在与顾客打交道时，不管在什么时候，都要面带笑容。这一规定被许多雇员视为虚情假意。麦当劳学会了鼓励在波兰的经理人员去发现雇员的问题，把无法接受规定的员工安排到厨房而不是在柜台工作。日本网络购买者常常更愿意亲自用现金支付，而不大相信网络交易，也不大愿意支付高额的信用卡费用。

再举一个例子。注意一下坐在你旁边的日本学生是不是从来不在课堂上发表与老师不同的看法。在世界不同的地方，课堂教学方式差异很大。日本学生在课堂上听讲，做笔记，如

㊀ Torsten Ringberg, Gaby Odekerken-Schroder, and Glenn L. Christensen, "A Cultural Models Approach to Service Recovery," *Journal of Marketing* 71 (2007), pp. 184-214; Samart Powpaka, "Empowering Chinese Service Employees: A Reexamination and Extension," *Journal of Global Marketing* 21, no. 4 (2008), pp. 271-293; Haksin Chan and Lisa C. Wan, "Consumer Responses to Service Failures: A Resource Preference Model of Cultural Influences," *Journal of International Marketing* 16, no. 1 (2008), pp. 72-97; Hean Tat Keh and Jin Sun, "The Complexities of Perceived Risk in Cross-Cultural Services Marketing," *Journal of International Marketing* 16, no. 1 (2008), pp. 120-146; Edwin J. Nijssen and Hester van Herk, "Conjoining International Marketing and Relationship Marketing: Exploring Consumers' Cross-Border Relationships," *Journal of International Marketing* 17, no. 1 (2009), pp. 91-115; Sathak Gaurav, Shawn Cole, and Jeremy Tobacman, "Marketing Complex Financial Products in Emerging Markets: Evidence from Rainfall Insurance in India," *Journal of Marketing Research* 48(2011), pp. 150-162; Yadong Luo, Stephanie Lu Wang, Qinqin Zheng, and Vaidyanathan Jayaraman, "Task Attributes and Process Integration in Business Process Offshoring: A Prespective of Service Providers from India and China," *Journal of International Business Studies* 43 (2012), pp. 498-524; Carine Peeters, Catherine Dehon, and Patricia Carcia-Prieto, "The Attention Stimulus of Cultural Differences in Global Services Sourcing," Journal of International Business Studies, 2014, online.

㊁ Andrew E. Kramer, "Russian Service, and with Please and Thank You," *The New York Times*, November 2, 2013, pp. A1, 10.

果有问题也只在课下问。在日本，对课堂参与成绩打分的想法是毫无意义的。相反，西班牙人习惯于大课堂教学（几百人而不是几十人），因而即使老师在授课，学生也会在下面与朋友交谈。保健制度和医生与病人的关系同样反映出了文化差异。美国人喜欢提问和听取意见，根据广泛的市场调查开发创新性的保健服务。可是，在日本，社会等级要求病人顺从医生。虽然日本的病人很顺从，期望寿命也很长，但那里的保健制度相对来说没有反映顾客的心声。

日本人还倾向于拥有较长的假期，一般是 7 ~ 10 天。为他们设计的度假套装应考虑到这一点。凤凰城、拉斯维加斯和圣迭戈或者罗马、日内瓦、巴黎和伦敦的十日游比较适合他们。四季宾馆专门为日本旅客准备了特殊的枕头、和服、拖鞋和茶。弗吉尼亚大西洋航空公司和其他长途航线现在为每一位乘客提供一个交互式屏幕，使乘客可以选择自己想看的日本、美国或法国等电影和电视。

管理全球的服务业员工绝不是一项轻松的工作。只要问一下联合包裹服务公司的人就能明白这一点。该公司遇到了不少意想不到的问题：法国司机因为被告知吃午饭时不能喝葡萄酒感到很愤怒；英国司机因为他们的狗不允许带上送包裹的卡车而提出了抗议；西班牙司机发现褐色的送包裹卡车与当地的灵柩车很相似而感到沮丧，德国司机对必须穿褐色衬衫的规定感到震惊，因为自从 1945 年以来还没有过这样的规定。

在美国，10% ~ 20% 的小费是服务员工报酬的一个重要部分，但在德国，按凑满最近的整数付小费，而在中国，付小费可能会被视为一种侮辱。因此在那些国家中，为了维护高的顾客满意度，需要更加强化服务人员管理。

很显然，在 21 世纪中，消费者服务的营销机会将持续增长，国际营销者必须创造性地适应法律和文化的挑战，以便向国外市场或在国内的外国顾客提供高质量的服务。

13.5 国际市场上的品牌

与全球产品和服务紧密相连的是全球品牌（global brands）。全球品牌可以定义为在全世界范围内使用某个名称、术语、记号、符号（可视的和 / 或可听的）、设计或以上这一切的组合，旨在标识某一卖主的商品或服务，使他们与竞争对手区别开来。和全球产品一样，是否应该建立全球品牌这个问题没有一个简单的答案，但是商标名称的重要性不容置疑。[⊖] 表 13-1 列出了排名前 20 的全球品牌的估计价值。而正如前面章节所描述的那样，对商标名称的保护也至关重要。

表 13-1 全球品牌 20 强

本年排名	上年排名	品牌名称	所属国家	所在行业	品牌价值	品牌价值变化情况
1	1	苹果	美国	电子	118 863	+21%
2	2	谷歌	美国	互联网服务	107 439	+15%
3	3	可口可乐	美国	饮料	81 563	+3%
4	4	IBM	美国	商业服务	72 244	–8%
5	5	微软	美国	软件	61 154	+3%

⊖ John A. Quelch and Nathalie Laidler-Kylander, *The New Global Brands* (Mason, OH: Southwestern, 2006).

（续）

本年排名	上年排名	品牌名称	所属国家	所在行业	品牌价值	品牌价值变化情况
6	6	通用电气	美国	多元化经营	45 480	-3%
7	8	三星	韩国	电子	45 462	+15%
8	10	丰田	日本	汽车	42 492	+20%
9	7	麦当劳	美国	餐馆	42 254	+1%
10	11	梅赛德斯-奔驰	德国	汽车	34 228	+8%
11	12	宝马	德国	汽车	34 214	+7%
12	9	英特尔	美国	电子	34 153	-8%
13	14	迪士尼	美国	媒体	32 223	+14%
14	13	思科	美国	商业服务	30 396	+6%
15	19	亚马逊	美国	零售	29 478	+25%
16	18	甲骨文	美国	商业服务	25 980	+8%
17	15	惠普	美国	电子	23 758	-8%
18	16	吉列	美国	消费品	22 845	-9%
19	17	路易威登	法国	奢侈品	22 552	-9%
20	20	本田	日本	汽车	21 673	+17%

资料来源：Interbrand.com, accessed 2014. Reprinted with permission. Also see WPP's ranking which is very different because it is based on different criteria.

一个成功的品牌是公司最有价值的资产。品牌包含了市场心目中与产品联系在一起的多年的广告、商誉、质量评估、产品经验以及其他有价值的特性。品牌形象是企业识别和战略的核心。西方研究人员对品牌进行拟人化，赋予品牌个性与形象。从一定意义上看，消费品牌的相互关系越来越像人际关系，其间的文化差异起着重要作用。[㊀]这一对比表明，即便是全球品牌也应当进行当地化定位。例如，日本消费者对可乐品牌的观念与反应不同于法国消费者。研究表明，品牌的重要性和影响力[㊁]也会因各地文化价值的不同而不同[㊂]。因此，如果

㊀ Andreas B. Eisingerich and Gaia Rubera, " Drivers of Brand Commitment: A Cross-National Investigation, " *Journal of International Marketing* 18, no. 2 (2010), pp. 64-79; Claudiu V. Dimofte, Johny K. Johansson, and Richard P. Bagozzi, " Global Brands in the United States: How Consumer Ethnicity Mediates the Global Brand Effect," *Journal of International Marketing* 18, no. 3 (2010), pp. 81-106.

㊁ Sharon Ng, " Cultural Orientation and Brand Dilution: Impact of Motivation Level and Extension Typicality, " *Journal of Marketing Research* 47, no. 1 (2010), pp. 186-198; Carlos J. Torelli and Rohini Ahluwalia, " Extending Culturally Symbolic Brands: A Blessing or a Curse? " *Journal of Consumer Research* 38, no. 5 (2012), pp. 933-947.

㊂ See the special issue of the *Journal of Global Marketing* 23, no. 3 (2010) on branding, especially Erdener Kaynak and Lianxi Zhou, " Special Issue on Brand Equity, Branding, and Marketing Communications in Emerging Markets, " pp. 171-176; Xuehua Wang and Zhilin Yang, " The Effect of Brand Credibility on Consumers' Brand Purchase Intention in Emerging Economies: The Moderating Role of Brand Awareness and Brand Image, " pp. 177-88; Wang Zingyuan, Fuan Li, and Yu Wei, " How Do They Really Help? An Empirical Study of the Role of Different Information Sources in Building Brand Trust, " pp. 243-252; and Yi-Min Chen, " The Persistence of Brand Value at Country, Industry, and Firm Levels, " pp. 253-269. Also see Son K. Lam, Michael Ahearne, and Niels Schillewaert, " A Multinational Examination of the Symbolic-wInstrumental Framework of Consumer-Brand Identification, " *Journal of International Business Studies* 43 (2012), pp. 306-331; Carlos J. Torellie, Aysegul Ozsomer, Sergio Wl. Carvalho, Hean Tat Keh, and Natalia Maehle, " Brand Concepts as Representations of Human Values: Do Cultural Congruity and Compatability between Values Matter? " *Journal of Marketing* 76, no. 4 (July 2012), pp. 92-108; Elif Izberk-Bilgin, " Infidel Brands: Unveiling Alternative Meanings of Global Brands at the Nexus of Globlaization, Consumer Culture and Islamism, " *Journal of Consumer Research* 39, no. 4 (2012), pp. 663-687.

某种形象[一]、神话和比喻能够在世界文化和产品利益背景中帮助其确定个人和民族身份，那么无论消费者身在何处，他都会有所反应。[二]

全球品牌在这一过程中起着重要的作用。索尼、可口可乐、麦当劳、丰田和万宝路的价值是无可争议的。据估计，被 Interbrand 和 WPP 两大组织同时评为世界最有价值品牌的可口可乐，其品牌价值超过了 810 亿美元。事实上，一位专家预测，不少品牌将变得非常有价值，以至于公司不久将在资产负债表中附上“价值表”，把品牌之类的无形价值包括进去。表 13-1 给出了一些品牌的价值等资料。有研究人员发现，从短期看，品牌价值相对稳定，但长期并非如此。[三]特别当这里的长期包括发生经济衰退的 2008 ~ 2009 年时，那么品牌价值就会发生很大的变化。在这一时期，谷歌的价值增加了 25%，而通用电气的品牌价值则下跌了 10%。当然，变化最大的是花旗品牌，其价值一年间就跌去了近 50%，排序从第 19 位降到第 36 位。如表 13-1 所示，这里谷歌和通用电气仍然位列前 20，但花旗则降到了第 48 位。这里读者可以访问给出的 WPP 的排名网页链接。由于两大排名组织在评估品牌价值时采用了不同的标准（例如，Interbrand 要求公司有大量的国际销售），所以它们的排名的确差异很大。例如，WPP 把谷歌排在第一，品牌价值为 1 580 亿美元，同时将中国移动和中国工商银行排在第 15 位和第 17 位。

13.5.1 全球品牌

自然，拥有著名品牌的公司会在全球大力运用其品牌。事实上，即使只是被认为是“全球性”的，也会使产品销量增长。[四]互联网和其他技术正在加速品牌全球化的进程。即使是

[一] Xuehua Wang, Zhilin Yang, and Ning Rong Liu, “ The Impacts of Brand Personality and Congruity on Purchase Intention: Evidence from the Chinese Mainland s Automobile Market,” *Journal of Global Marketing* 22 (2009), pp. 199-215; Francisco Guzman and Audhesh K. Paswan, “Cultural Brands from Emerging Markets: Brand Image across Host and Home Countries,” *Journal of International Marketing* 17, no. 3 (2009), pp. 71-86; Ralf van der Lans and 12 coauthors, “ Cross-National Logo Evaluation Analysis: An Individual-Level Approach,” *Marketing Science* 28, no. 5 (2009), pp. 968-985; Yinlong Zhang and Adwait Khare, “ The Impact of Accessible Identities on the Evaluation of Global vs. Local Products,” *Journal of Consumer Research* 36 (2009), pp. 525-537.

[二] Douglas B. Holt, “ What Becomes an Icon Most?” *Harvard Business Review, March* 2003, pp. 43-49; Yuliya Strizhakova, Robin L. Coulter, and Linda A. Price, “ Branded Products as a Passport to Global Citizenship: Perspectives from Developed and Developing Countries,” *Journal of International Marketing* 16, no. 4 (2008), pp. 57-85; Lily Dong and Kelly Tian, “ The Use of Western Brands in Asserting Chinese National Identity, ” *Journal of Consumer Research* 36 (2009), pp. 504-522.

[三] A. Coskun Samli and Merici Fevrier, “ Achieving and Managing Global Brand Equity: A Critical Analysis, ” *Journal of Global Marketing* 21, no. 3 (2008), pp. 207-215.

[四] Jan-Benedict E. M. Steenkamp, Rajeev Batra, and Dana L. Alden, “ How Perceived Brand Globalness Creates Brand Value, ” *Journal of International Business Studies* 34 (2003), pp. 53-65; Claudiu V. Dmofte, Johny K. Johansson, and Ilkka A. Ronkainen, “ Cognitive and Affective Reactions of U.S. Consumers to Global Brands,” *Journal of International Marketing* 16, no. 4 (2008), pp. 113-135; Vertica Bhardwaj, Archana Kumar, and Youn-Kyun Kim, “ Brand Analyses of U.S. Global and Local Brands in India: The Case of Levi’s, ” *Journal of Global Marketing* 23 (2010), pp. 80-94; Bernhard Swoboda, Karin Pennemann, and Markus Taube, “ The Effects of Perceived Brand Globalness and Perceived Brand Localness in China: Empirical Evidence on Western, Asian, and Domestic Retailers, ” *Journal of International Marketing* 20, no. 4 (2012), pp. 72-95; Aysegul Ozsomer, “ The Interplay between Global and Local Brands: A Closer Look at Perceived Brand Globalness and Local Iconness,” *Journal of International Marketing* 20, no. 2 (2012), pp. 72-95.

为了适应当地市场条件必须做相应改变的产品，也可以通过谨慎地使用全球品牌而获得成功。[一]亨氏（Heinz）生产多种产品以满足当地的口味，但是在世界各地都以亨氏品牌销售。很多亨氏产品还因地制宜，适应当地口味。例如，在英国，引进亨氏的炒豆比萨饼（和奶酪或者香肠一起出售）后，立刻就很畅销，仅在头六个月就销售了250万只。在英国市场上，亨氏牌炒豆是很受欢迎的产品之一，英国消费者每人每年平均消费16罐，年销售总额为15亿美元。公司认识到其他国家的消费者不太可能冲向商店去购买炒豆比萨饼，但是它可以激发人思考，创造出更适合于其他文化和市场的产品。

全球品牌（global brand）使公司在全世界拥有一个统一的形象，在引进与此品牌有关的产品时可以提高效率，节约成本，但是并非所有公司都相信单一全球品牌策略是最好的选择。事实上，我们知道同一个品牌在不同的国家并不必然有相同的含义。除了像苹果、凯洛格公司、可口可乐、卡特彼勒和利维斯之类在全世界使用同一品牌的公司外，其他的跨国公司如雀巢、玛氏、宝洁和吉列是一些品牌在全世界销售，而其他的品牌则是针对各个不同国家的。在面临是否将所有品牌全球化问题的公司中，并非所有公司都走同一条路。[二]

已经拥有针对不同国家的成功品牌的公司必须权衡全球品牌的好处和失去已成名品牌所带来的益处的危险。[三]然而一些品牌名称根本无法翻译。[四]全球品牌要想建立与地方名牌所拥有的相同的品牌钟爱程度和市场份额，就需要投入，这些投入必须小于长期的成本节约和在全世界拥有单一品牌所带来的好处。在全球品牌不为人知的市场，很多公司正在收购消费者需要的当地产品品牌，改头换面，重新包装，最后以新的形象重新推出。联合利华收购了在匈牙利占有9%的市场份额的当地的一个洗衣粉品牌——Biopan，重新推出后，市场份额上升到近25%。

玛氏是一家美国公司，产品包括糖果和宠物食品。当它采取全球战略时，把所有产品都置于一个品牌之下，甚至那些拥有当地名牌的产品也不例外。在欧洲最大的糖果市场——英国，M&Ms牌糖果以Treets品牌销售，Snickers牌糖果则以Marathon的名义销售，避免让人联想起“knickers”（一个在英国表示女人内裤的词）。为把这两种品牌置于全球大伞之下，玛氏又恢复使用了最初的名字——M&Ms和Snickers。宠物食品部门用Whiskas和Sheba作为猫食的国际品牌名，用Pedigree作为狗食的国际品牌名，取代了原来的KalKan。为了支持这个年销售额超过40亿美元的宠物食品部门，玛氏还专门为宠物食品品牌建立了一个网站。该网站发挥着“全球基础设施”的作用，世界各地的Pedigree宠物食品分公司都可以在

[一] Shi Zhang and Bernd H. Schmitt, “Creating Local Brands in Multilingual International Markets,” *Journal of Marketing Research* 38 (August 2001), pp. 313-325.

[二] Prominent among those arguing against global brands are David A. Aaker and Erich Joachimsthaler, “The Lure of Global Branding,” *Harvard Business Review*, November-December 1999. For an interesting view of the arguments for and against globalization of brands, see Anand P. Raman, “The Global Face Off,” *Harvard Business Review*, June 2003, pp. 35-46.

[三] Stanford A. Westjohn, Nitish Singh, and Peter Magnusson, “Responsiveness to Global and Local Consumer Culture Positioning: A Personality and Collective Identity Perspective,” *Journal of International Marketing* 20, no. 21 (2012), pp. 58-73.

[四] Clement S. F. Chow, Esther P. Y. Tang, and Isabel S. F. Fu, “Global Marketers’ Dilemma: Whether to Translated the Brand Name into Local Language,” *Journal of Global Marketing* 20 (2007), pp. 25-38.

当地进行改造。比如，Pedigree分公司可以使用当地的语言，并提供当地的兽医和养猫人的信息。

最后，研究人员已经开始关注在全球市场上有时很难处理的品牌延伸问题。具有东方文化背景的消费者也许更能理解品牌延伸问题，原因在于他们具有整体思维的特征，而西方文化背景下的消费者往往呈现分析思维特征。显然，这方面的研究还需要深入。不过，就对品牌延伸的接受而言，不同文化间的重要差异还是可以辨认的。[㊀]

13.5.2 民族品牌

雀巢采用了不同的策略，既生产全球性品牌，又针对不同国家生产民族品牌。雀巢这一品牌名本身是在全球范围内推行的，但是它的全球品牌扩张分成两部分。在某些市场上，它收购老牌的民族品牌，依赖这些品牌的优势。在它的品牌家族里，有几千个当地品牌。在另外一些市场上，没有地方名牌可资利用，它就使用全球品牌。有人把雀巢描绘成一家喜欢品牌当地化、人员地区化、技术全球化的公司。不过，它的确拥有一些最驰名的全球品牌，雀巢咖啡仅仅是其中之一。

联合利华是另一家采用类似战略的公司，既有民族品牌，又有全球品牌。在波兰，联合利华引进了在许多国家销售的奥妙牌洗涤剂，但是也购买了一个当地品牌——Pollena 2000。波兰当时还有两种竞争性品牌，即联合利华的奥妙和宝洁公司的碧浪，但是一年之后，改头换面后的Pollena 2000占有市场最大的份额。联合利华的解释是东欧消费者对新品牌心存疑虑，他们需要的是买得起而且又符合自己的口味和价值观的品牌。Pollena 2000之所以成功不仅仅因为价格便宜，而且还因为它与当地的价值观一致。

跨国公司还得考虑有些国家日益高涨的民族自尊及其对品牌的影响。[㊁]例如，在印度，联合利华认为把自己的一些品牌，如Surf牌洗衣粉、力士和Lifebuoy牌香皂等，看成印度品牌，至关重要。就像产品一样，何时让某个品牌国际化呢？答案是："视情况而定，市场说了算。"凡有可能，则使用全球品牌；凡有必要，则使用民族品牌。最后，越来越多的迹象表明对民族品牌的接受程度随国家或地区的变化而不同，表明市场细分策略越精细越好。[㊂]

㊀ Alokparna Basu Monga and Deborah Roedder John, "Cultural Differences in Brand Extension Evaluation: The Influence of Analytic versus Holistic Thinking," *Journal of Consumer Research* 33 (2007), pp. 529-536; Guoqun Fu, John Saunders, and Riliang Qu, "Brand Extensions in Emerging Markets: Theory Development and Testing in China," *Journal of Global Marketing* 22 (2009), pp. 217-228; Sharon Ng, "Cultural Orientation and Brand Dilution: Impact Level and Extension Typicality," *Journal of Marketing Research* 47, no. 1 (2010), pp. 186-198. ; Carlos J. Torelli and Rohini Ahluwalia, "Extending Culturally Symbolic Brands: A Blessing or a Curse?" *Journal of Consumer Research* 38, no. 5 (February 2012), pp. 933-947.

㊁ Tsang-Sing Chan, Geng Cui, and Nan Zhou, "Competition between Foreign and Domestic Brands: A Study of Consumer Purchases in China," *Journal of Global Marketing* 22 (2009), pp. 181-197.

㊂ Bart J. Bronnenberg, Sanjay K. Dhar, and Jean-Pierre Dube, "Consumer Package Goods in the United States: National Brands, Local Branding," *Journal of Marketing Research* 44 (2007), pp. 4-13; M. Berk Ataman, Carl F. Mela, and Harald J. van Heerde, "Consumer Package Goods in France: National Brands, Regions Chains and Local Branding," *Journal of Marketing Research* 44 (2007), pp. 14-20.

13.5.3　原产地效应和全球品牌

如前文所述，品牌被当作偏好、设计、性能、质量、价值、声望等的外在体现。换言之，消费者把品牌和产品价值联系起来。品牌向消费者传递有关该产品或积极或消极的信息。品牌受以往的广告和促销手段、产品声誉、产品评价及用户使用情况等影响。[一]一句话，品牌形象受众多因素影响。其中备受在世界范围内生产的跨国公司关注一个因素是原产地对市场、产品的看法的影响。[二]

原产地效应（country of origin effect）被定义为产品的设计、制造、装配国对消费者对产品的积极或消极的看法的影响[三]。2008 年，几家中国企业所销售的奶制品中被发现含有三聚氰胺（melamine）——能增加蛋白质含量的一种有毒物质。这一事件引起中国内地消费者对产品质量，尤其是婴儿奶粉质量的担忧。2013 年，人们觉得香港地区的奶粉质量更为安全，所以大量消费者开始涌向香港采购奶粉，结果导致香港特别行政区政府对奶粉出口施加限制。如今在全球市场竞争的公司在世界范围内生产产品，因此当消费者了解到原产地时，产品生产地可能会影响产品或品牌的形象。[四]

生产国、产品类别、公司及其品牌形象都将影响原产地是否会造成积极或消极的反应。[五]有关原产地对产品和品牌的影响，我们可得出很多一般性的结论。[六]消费者由于自身经历、道

㊀ Jean-Claude Usunier and Ghislaine Cestre, "Product Ethnicity: Revisiting the Match between Products and Countries," *Journal of International Marketing* 15 (2007), pp. 32-72; Ravi Pappu, Pascale G. Quester, and Ray W. Cooksey, "Country Image and Consumer-Based Brand Equity: Relationships and Implications for International Marketing," *Journal of International Business Studies* 38 (2007), pp. 726-745; Nicole Koschate-Fischer, Adamantios Diamantopoulos, and Katharina Oldenkotte, "Are Consumers Willing to Pay More for a Favorable Country Image? A Study of Country-of-Origin Effects on Willingness to Pay," *Journal of International Marketing* 20, no. 1 (2012), pp. 19-41; Mark Florian Herz and Adamantios Diamantopoulos, "Country-Specific Associations Made by Consumers: A Dual-Coding Theory Perspective," *Journal of International Marketing* 21, no. 3 (2013), pp. 95-121; Cathy Yi Chen, Pragya Mathur, and Durairaj Maheswaran, "The Effects of Country-Related Affect on Product Evaluations," *Journal of Consumer Research* 41, no. 4 (December 2014), pp. 1033-1046.

㊁ Brian R. Chabowski, Saeed Samiee, and G. Tomas M. Hult, "A Bibliometric Analysis of the Global Branding Literature and a Research Agenda," *Journal of International Business Studies* 44 (2013), pp. 622-634.

㊂ Charles A. Funk, Jonathan D. Arthurs, Len J. Trevino, and Jeff Joireman, "Consumer Animosity in the Global Value Chain: The Effect of International Production Shifts on Willingness to Purchase Hybrid Products," *Journal of International Business Studies* 41, no. 4 (2010), pp. 639-651; Piyush Sharma, "Country of Origin Effects in Developed and Emerging Markets: Exploring the Contrasting Roles of Materialism and Value Consciousness," *Journal of International Business Studies* 42, no. 2 (2011), pp. 285-306; Olivier Bertrand, "What Goes around Comes around: Effects of Offshore Outsourcing on the Export Performance of Firms," *Journal of International Business Studies* 42, no. 2 (2011), pp. 334-344.

㊃ Peter Magnusson, Vijaykumar Krishnan, Stanford A. Westjohn, and Srdan Zdravkovic, "The Spillover Effects of Prototype Brand Transgressions on Country Image and Related Brands," *Journal of International Marketing* 22, no. 1 (2014), pp. 21-38.

㊄ Valentyna Melnyk, Kristina Klein, and Franziska Volckner, "The Double-Edged Sword of Foreign Brand Names for Companies from Emerging Countries," *Journal of Marketing* 76, no. 6 (November 2012), pp. 21-37.

㊅ Peeter W. J. Verleigh, Jan-Benedict E. M. Steenkamp, and Matthew T. G. Meulenberg, "Country-of-Origin Effects in Consumer Processing of Advertising Claims," *International Journal of Research in Marketing* 22, no. 2 (2005), pp. 127-139.

听途说和神话传说而对不同产品和国家持有成见。[⊖]以下就是其中一些常常被提到的结论。

消费者对某些国家和某类产品存在着笼统而又有些模糊的成见，认为它们“最优秀”，如英国茶、法国香水、中国丝绸、意大利皮革、日本电器、牙买加朗姆酒等。这种成见一般只限于某类产品，并不包括这些国家的其他产品。

由于美国修改了法律，要求任何布料如果在另一国家“经历了实质性改变”（如纺织），就必须在标签上标注那个国家，因此这种成见的重要性得到了强调。时装设计师的标签如Ferragamo、Gucci、Versace等都受到了影响，现在必须在这些标签上标注“中国制造”，因为丝绸来自中国。

种族优越感也有原产地效应。像“买美国货”那样的民族自豪感会影响对待外国产品的态度。[⊜]本田有一款汽车几乎全部是在美国生产的，它注意到了这个现象，在一些广告中指出有多少部件是美国制造的。另外，其他人则有一种一成不变的看法，认为日本生产“最优秀的”汽车（至少在2010年前如此）。根据在丰田质量事故发生前所完成的一项研究，无论美国汽车制造商是否真的生产优秀产品，他们的形象要相对逊色一些。

人们对国家也存在着成见，其依据是该国是不是工业化国家，还是正在向工业化过渡的国家，抑或是发展中国家。这些成见与其说和某个国家的具体产品有关，不如说是对某个国家生产的产品总体质量的看法。[㊂]工业化国家具有产品质量最佳的形象，反之，对发展中国家的产品则一般抱有偏见。

⊖ George Balabanis and Adamantios Diamantopoulos, “Brand Origin Identification by Consumers: A Classification Perspective,” *Journal of International Marketing* 16, no. 1 (2008), pp. 39-71; Alfred Rosenbloom and James E. Haefner, “Country-of-Origin Effects and Global Brand Trust: A First Look,” *Journal of Global Marketing* 22, no. 4 (2009), pp. 267-279.

⊜ Rohit Varman and Russell W. Belk, “Nationalism and Ideology in an Anticonsumption Movement,” *Journal of Consumer Research* 36 (2009), pp. 686-700; T.S. Chan, Kenny K. Chan, and Lai-Cheung Leung, “How Consumer Ethnocentrism and Animosity Impair the Economic Recovery of Emerging Markets,” *Journal of Global Marketing* 23, no. 3 (2010) pp. 208-225; Jan-Benedict E. M. Steenkamp and Martin G. De Jong, “A Global Investigation into the Constellation of Consumer Attitudes toward Global and Local Products,” *Journal of Marketing* 74, no. 6 (2010), pp. 18-40; Alexander Josiassen, “Consumer Disidentification and its Effects on Domestic Product Purchases: An Empirical Investigation in the Netherlands,” *Journal of Marketing* 75, no. 2 (2011), pp. 124-140; Eva M. Oberecker and Adamantios Diamantopoulos, “Consumers' Emotional Bonds with Foreign Countries: Does Consumer Affinity Affect Behavioral Intentions?” *Journal of International Marketing* 19, no. 2 (2011), pp. 45-72; George Balabanis and Adamantios Diamantopoulos, “Gains and Losses from the Misperception of Brand Origin: The Role of Brand Strength and Country-of-Origin Image,” *Journal of International Marketing* 19, no. 2 (2011), pp. 95-116; Xiaoling Guo, “Living in a Global World: Influence of Consumer Global Orientation on Attitudes toward Global Brands from Developed versus Emerging Countries,” *Journal of International Marketing* 21, no. 1 (2013), pp. 1-22; Dana L. Alden, James B. Kelley, Petra Reifler, Julie A. Lee, and Geoffrey N. Soutar, “The Effect of Global Company Animosity on Global Brand Attitudes in Emerging and Developed Markets: Does Perceived Value Matter?” *Journal of International Marketing* 21, no. 2 (2013), pp. 17-38; Cher-Min Fong, Chun-Ling Lee, and Yunzhou Du, “Consumer Animosity, Country of Origin, and Foreign Entry-Mode Choice: A Cross-Country Investigation,” *Journal of International Marketing* 22, no. 1 (2014), pp. 62-76; Piyush Sharma, “Consumer Ethnocentrisim: Reconceptualization and Cross-Cultural Validation,” *Journal of International Business Studies*, 2014, online.

㊂ Jan-Benedict E. M. Steenkamp and Inge Geyskens, “How Country Characteristics Affect the Perceived Value of Web Sites,” *Journal of Marketing* 70 (2006), pp. 136-150.

比如在俄罗斯，整个世界被划分成两类商品：“我们的”和“进口的”。俄罗斯人喜欢新鲜的、本地产的食品，但是又喜欢进口的服装和制造品。凡是希望在俄罗斯国内生产从而赢得消费者信赖的公司都很失望，心情沮丧。消费者对当地产的拍立得相机和飞利浦电熨斗毫无兴趣，但是，边境另一边的芬兰生产的计算机被认为是优质产品。对俄罗斯人来说，原产地比品牌更能反映产品质量。韩国的电子产品很难让俄罗斯人相信它们和日本货一样好。马来西亚、中国香港地区或泰国生产的产品更受怀疑。东欧国家生产服装尚可，生产的食品和耐用品则很差。

我们也许可以得出结论：技术含量越高的产品，如果是在欠发达或正在向工业化过渡的国家生产的，人们对其看法越消极。[㊀]在欠发达国家还有一种倾向，进口产品比国产货吃香。当然，外国货在发展中国家的吃香程度并不一样，因为消费者对舶来品的质量，哪怕是发达国家的产品，也抱有一定的成见。在捷克共和国曾对消费者做过一次调查，结果显示72%的日本产品被认为是精品，其余依次是德国、瑞士、捷克和美国，优质品分别为51%、48%、32%和29%。

有关原产地效应的最后一个结论与时尚有关，这些时尚常常围绕世界上某些国家和地区的产品。这些时尚十之八九与产品相对应，一般涉及本身具有时尚特点的产品。欧洲消费者对美国产品的感情变化不定，20世纪90年代，出于对美国政治政策的不满，欧洲人对切诺基吉普车、百威啤酒和博世音响的爱戴在一片抵制美国货声音中消退了。20世纪七八十年代，曾出现过对一切美国货的抵制，但是到了20世纪90年代，美国货又卷土重来。有的国家视一切西洋产品为时尚。只要是西洋货，哪怕价格比地产品高三四倍，也供不应求。在绝大多数情况下，这种时尚只能持续几年，随着新时尚的出现而烟消云散。

以上的结论尽管并非放之四海而皆准，但是必须认识到原产地能够影响产品或品牌的形象，这一点至关重要。此外，并非所有消费者都在乎产品的原产地。[㊁]最近的一项研究发现，消费者知识越丰富，对产品的原产地效应越敏感。另一项研究表明，不同的消费者群体中原产地效应有所不同。日本消费者比美国消费者对原产地效应更为敏感。[㊂]跨国公司在开发产品和制定营销战略时，必须考虑这个因素，因为除非它能够采取有效的营销策略，克服消费者对某些国家的成见，否则将妨碍产品的成功。

一旦市场熟悉了某种产品，不良的成见就会被克服。把智利生产的筷子销往日本，这似乎是异想天开，但是成功了。一家智利公司用了若干年才消除日本人对其产品质量的怀疑，它锲而不舍，不断邀请日本人参观提供生产筷子用的木材的白桦林，最后优质的产品终于消除了怀疑，如今这家公司的产品供不应求。

㊀ Leila Hamzaoui-Essoussi, “Technological Complexity and Country-of-Origin Effects on Binational Product Evaluation: Investigation in an Emerging Market,” *Journal of International Marketing* 23, no. 4 (2010) pp. 306-320.

㊁ This appears to be less the case when professional buyers make decisions. See John G. Knight, David K. Holdsworth, and Damien W. Mather, “Country-of-Origin and Choice of Food Imports: An In-Depth Study of European Distribution Chanel Gatekeepers,” *Journal of International Business Studies* 38 (2007), pp. 107-125.

㊂ Zeynep Gurhan-Canli and Durairaj Maheswaran, “Cultural Variations in Country of Origin Effects,” *Journal of Marketing Research* 37 (August 2000), pp. 309-317.

对一个国家抱有的成见，有人称之为民族权益[㊀]，可以通过好的营销策略来消除。[㊁]当美国市场熟悉了韩国品牌并且对其有了好的印象后，韩国电子产品的形象有了极大的改观。近来在美国，中国产的美国品牌的玩具、食品和药品时有问题出现。不过，中国的海尔、联想等品牌正在努力消除这种负面印象。所有这些都强调建立如索尼、通用电气和利维斯这样全球品牌的重要性。对品牌进行有效宣传、对产品进行适当定位可以改善对一个国家产品的不良成见。

13.5.4 私人品牌

零售商拥有的私人品牌（private brands）正在日益壮大，对制造商品牌形成了挑战，无论制造商的品牌是全球性的，还是仅限于某一国家的品牌。相比与美国，商店自己的品牌在英国显得特别重要。[㊂]在英国和欧洲许多国家的食品零售领域，国内零售商拥有的私人品牌与制造商品牌的对立正愈演愈烈。从黑霉酱和吸尘器袋到熏鱼和土豆干，拥有私人商标的产品充斥着英国的杂货店和欧洲许多超大型自选商场。在英国和瑞士，私人品牌占领了大约30% 的市场，在法国和德国也超过了 20%。仅仅在过去 5 年内，私人品牌的市场份额在欧洲某些市场上就翻了一番。

拥有 420 家分店的英国最大的杂货零售商之一——Sainsbury 把最好的货架留给自己的品牌。一家典型的 Sainsbury 分店大约销售 16 000 种产品，其中 8 000 种具有 Sainsbury 商标。它的商标占销售额的 2/3。该公司对开发新产品乐此不疲，每年推出 1 400 ~ 1 500 种拥有私人商标的产品，同时撤掉几百种不受欢迎的产品。它推出自己的 Novon 牌洗衣粉，一年之内在 Sainsbury 连锁店里的销售额就超过宝洁和联合利华的顶尖品牌，成为头号畅销洗衣粉，并且以 30% 的市场份额，夺得全国第二。像 Sainsbury 这样的连锁店所拥有的私人品牌的 15% 的利润率有助于解释为什么其营业利润率能够高达 8%，或者说是美国连锁店的利润率的 8 倍。

尤其当目标市场面临经济困难时，私人品牌是可怕的竞争对手。经济衰退期间，购买者偏重购买便宜些的、当地产的商品。[㊃]这一策略使得零售商可以外包生产，而同时又不会失去当地品牌的优势。[㊄]私人品牌能给零售商带来高额利润，占据有利货架，得到强有力的店内促销，而且价低物美，这一点对吸引顾客也许最重要。与此相对照的是，制造商品牌通常

㊀ Durairaj Maheswaran, " Nation Equity: Incidental Emotions in Country-of-Origin Effects, " *Journal of Consumer Research* 33 (2006), pp. 370-376.

㊁ Lys S. Amine, Mike C. H. Chao, and Mark J. Arnold, " Exploring the Practical Effects of Origin, Animosity, and Price-Quality Issues: Two Case Studies of Taiwan and Acer in China," *Journal of International Marketing* 13, no. 2 (2005), pp. 114-150.

㊂ Tulin Erdem, Ying Zhao, and An Valenzuela, " Performance of Store Brands: A Cross-Country Analysis of Consumer Store-Brand Preferences, Perceptions, and Risk," *Journal of Marketing Research* 41, no. 1 (2004), pp. 59-72; Jan-Benedict E. M. Steenkamp, Harald J. Van Heere, and Inge Geyskens, " What Makes Consumers Willing to Pay a Price Premium for National Brands over Private Labels?" *Journal of Marketing Research* 47, no. 6 (2010), pp. 1011-1024.

㊃ Lien Lamey, Barbara Deleersnyder, Marnik G. Dekimpe, and Jan-Benedict E. M. Steenkamp, " How Business Cycles Contribute to Private-Label Success: Evidence from the United States and Europe, " *Journal of Marketing* 76 (2007), pp. 1-15.

㊄ Shih-Fen Chen, " A Transaction Cost Rationale for Private Branding and Its Implications for the Choice of Domestic vs. Offshore Outsourcing," *Journal of International Business Studies* 40, no. 1 (2009), pp. 156-175.

定价过高，给零售商提供的利润率比零售商从私人品牌获得的低。

为了维持市场份额，全球品牌必须提供实实在在的使用价值，其定价必须具有竞争力。全球营销者必须根据竞争状况，检查其品牌战略是否得当。这样做可以使全球品牌的成本效率优势更具有吸引力。

本章小结

市场的日益全球化导致产品的标准化，但是与此同时，必须不断评估各个市场，找出其间的差异，以便对产品做适当改进，从而被市场成功接受。全球通信和其他世界范围的社会化力量在不同文化的相当数量的人口中形成了相同的口味、需求和价值观，这一前提是难以否定的。然而，不止一位权威人士指出，尽管同化力在起作用，消费者眼中的国际符号、公司形象和产品选择也都是透过当地的文化及其发展阶段和市场成熟度的镜片来观察的。必须从产品即将接触的各个文化的角度来看待每一种产品。一群人能够接受、不反感的东西对另一群人来说也许是崭新的，因而进行抵制，这取决于各自的经历和对问题的看法。一种文化中已经成熟的产品也许会被另一文化看成新产品，理解这一点对为外国计划和开发消费品至关重要。把某种产品作为一种创新来分析和使用产品构成模式，也许能给营销者改进产品提供重要启示。

思考题

1. 解释本章标黑色的主要术语。
2. 试就国际营销者是销售全球产品还是适应性产品进行讨论。
3. 解释原产地效应并举例说明。
4. 文中讨论了建立在成见、种族优越感、经济发展程度和时尚基础上的有关原产地的一般性结论对消费者的影响。试各举一例并分别进行解释。
5. 讨论产品选择及三种营销战略：国内市场扩张战略、国别市场战略和全球市场战略。
6. 讨论国际营销者可资利用的不同的促销 / 产品战略。
7. 假定你决定“走向国际市场”，请勾勒出你将采取的、将会帮助你选择产品的步骤。
8. 为进入外国市场，可以对产品进行物质方面的和文化方面的改进。试讨论之。
9. 产品的三个主要成分是什么？试讨论它们对于产品改进的重要性。
10. 了解新产品的扩散过程将如何帮助产品经理制订国际投资计划？
11. 老产品（美国市场的老产品）可能是外国市场的新产品。请进行充分讨论。
12. “如果某产品在达拉斯畅销，在东京或柏林也一定畅销。”请进行评论。
13. 一个人均国民生产总值只有100美元的国家怎么会成为消费品的潜在市场的呢？它可能需要何种商品？请讨论。
14. 试讨论会导致不同扩散率的新产品的特性。
15. 举一例说明外国营销者如何利用革新特征知识做出产品改进决定。
16. 试讨论“环境友好”产品和产品开发。

第14章

Chapter14

面向企业的产品和服务

学习目标

通过本章学习，应能把握：

- 派生需求对工业品市场的重要性
- 技术水平如何影响需求
- 工业品的特征
- ISO 9000 认证的重要性
- 工业服务的增长及其营销特点
- 贸易展览会在工业品促销中的重要性
- 关系营销对工业品和工业服务的重要性

全球视角

英特尔的繁荣以及无法逃避的衰退

我们在 1999 年版的书中这样写道：

《财富》的一则封面故事，“安迪·格鲁夫的摇钱树——英特尔和它的又一个急剧增长的 5 年计划”，也只有《时代周刊》的年度风云人物故事，即“英特尔的安迪·格鲁夫——他的芯片改变了世界，也改变了世界经济”，才能与之匹敌。1997 年是格鲁夫帮助创建的公司连续第 8 年获得创纪录的收入（251 亿美元）和盈利（65 亿美元）。然而在 1998 年年初，有这么一个实实在在的问题：世界会改变英特尔吗？英特尔预测 1998 年第一季度将会业绩平平，由此看来，格鲁夫董事长和他的同事担心亚洲市场的金融危机将会影响英特尔“急剧增长的 5 年”计划。在该公司 1997 年破纪录的收入中，近三成来自亚洲市场。事实上，一位权威早些时候曾做过预测：“我看不出有什么明显的技术威胁。英特尔面临的最大的长期威胁是市场增速减缓。”其他人则警告说电脑业出了问题：生产能力过剩。

实际上，英特尔还面临着更多的威胁，都是以否定它发表的预测的形式公布出来的："其他可能导致实际结果与预测不同的因素如下：商业和经济形势，如不同地区的电脑业的发展；顾客订货方式的改变，包括顾客和销售渠道的存货水平的变化，以及季节性PC购买模式的变化；微处理器类型和速度、主板、外购件及其他产品的变化；竞争因素，诸如与之匹敌的芯片结构和制造工艺、与之竞争的软件兼容性好的微处理器以及特定市场对新产品的接受；定价压力；最终用户的喜好；库存过期的危险和库存评估的变动；软件产品推出时间；技术的不断进步，包括以成本效率的方式，研制、实现和试生产新的战略产品与工序；大批量制造的实行；生产能力的过度储存；成功地使并购得来的企业一体化，闯新市场并且控制这些企业发展的能力；由于处理器或其他产品含有错误而造成出乎意料的成本开支和其他的不良影响；国外运作带来的危险；设计知识产权和消费者问题的官司；公司在证券交易委员会（SEC）报告中不时列出的其他危险因素。"

《时代周刊》的年度风云人物有很多事要担心，其中最要担心的是工业市场繁荣过后随之而来的总是萧条。上升真的还能持续5年吗？

为什么才智超群的格鲁夫先生没有预见到不可避免的衰退的到来呢？难道他不是一开始就处在这个周期性行业里吗？他的成功在他1997年的预言之后确实又持续了3年半，而不是5年。衰退是令人讨厌的。2001年，销售收入下降幅度超过20%；股票价格从75美元跌至不到20美元，公司价值的80%付诸东流，公司宣布解雇11 000名员工。真糟糕！这里的教训很明显：在工业品市场，包括全球工业品市场，涨多了自然就会下跌，这叫作物极必反！

不过，在与世界上其他企业一起共同经历了2009年的挫折后，英特尔公司在新任CEO保罗·欧德宁（Paul Otellini）的领导下，在2011年又创造了业绩新纪录。公司的全球销售收入从2010年的436亿美元大幅上升到2011年的540亿美元。公司的股票价格到2015年前后涨到了每股36美元，而且销售收入仍然维持在500亿美元以上的水平。虽然仍有不稳定之嫌，但这一次的明显繁荣显然是良性的。

资料来源：David Kirkpatrick, " Intel, Andy Grove's Amazing Profit Machine—And His Plan for Five More Years of Explosive Growth, " *Fortune*, February 17, 1997, pp. 60-75; " Man of the Year, " *Time*, January 5, 1998, pp. 46-99; Peter Burrows, Gary McWilliams, Paul C. Judge, and Roger O. Crockett, " There's Something Wrong Out There, " *Business Week*, December 29, 1997, pp. 38-40; http://www.intc.com, 2015.

虽然每个人可能都熟悉第13章中所描述的那些消费品品牌，但对于工业化国家来说，出口额中占多数的并不是这类产品和服务。以美国为例，在国际市场上出售的主要产品是"技术"（见表14-1）。这一优势地位主要反映在诸如资本货物和工业物资类的出口上，其出口约占美国出口总额的48%。[⊖]技术出口体现在最小的产品如半导体和最大的产品

⊖ 互联网术语似乎使得经理人员使用的词汇充斥着B2B和B2C语素，而传统上使用的有关产业和消费品的语素显得越来越少。当然，在国际贸易统计、分类和描述方面并没有出现同步变化。因此，本书中的"行业"和"B2B"两个术语可互换使用。

如商用飞机中，后者显然包括名列美国出口榜首的波音747飞机。截至本书写作时，位列世界十大最有价值公司的微软和通用电气两家公司都从事高技术工业产品和服务的生产与销售。

表 14-1 美国出口产品的主要类别

类　别	百分比（%）
服务产品总计	**29.5**
旅游（宾馆等）	5.6
运输收入	1.8
其他运输（货运与港口服务）	3.0
特许和许可使用费	5.9
私人服务①	13.2
• 商业服务、专业服务和技术服务（广告、会计、法律、建筑、工程）	
• 医疗保健	
• 金融服务（银行和保险）	
• 教育和培训服务（主要是外国学生的学费）	
• 娱乐（电影、书籍、唱片）	
• 电信服务	
商品总计	70.5
食品、饲料、饮料（麦、水果、肉）	6.2
工业物资（原油、塑料、化学品、金属）	24.3
资本货物（建筑设备、飞机、计算机、通信设备）	24.1
汽车、发动机及零部件	6.4
消费品（药品、烟草、玩具、服装）	8.6
其他	0.9

注：美国每年出口大约2.1万亿美元的产品和服务。服务出口常常被低估，所以上述百分比只是粗略地反映出每一类别的相对重要性。每一类别包含许多产品和服务，不局限于括号内列举的产品和服务。

①美国商务部不再将私人服务统计数据进行细分。这里仅按历史数据从高到低排序。

资料来源：U.S. Department of Commerce, http://www.doc.gov, 2015.

在不同的国家营销工业品时，其相似之处大于不同之处，所以和消费品相比，第13章所讨论的标准化和适应市场这类问题与工业品营销的关系相对较小。工业品的固有特性以及工业品用户相同的动机和行为共同使得这个市场的产品和营销常常具有标准化特点。在白俄罗斯销售复印机，其原因和在美国一样，都是为了复印。也许因为电源或纸张大小不同，需要进行细小的改动，但是就像大多数工业品一样，所有市场上的复印机基本上是标准化的。至于那些基本上是定做的工业品（特种钢、专用机床等），不仅在外国市场，就是在国内市场，也要进行适当改动。

有两个基本因素可以解释为什么工业品用户之间与消费品顾客之间相比，具有更多的市场相似之处。其一，产品的固有特性：工业产品和服务用于生产其他产品和服务，而消费品是最终产品，供个人所消费。其二，使用者的动机或意图不同：工业品用户追求的是利润，而最终消费者追求的是满足。这些因素体现在特定的购买模式和需求特点中，体现在对作为竞争工具的关系营销的特别强调中。无论是在国内还是在国际市场上销售，工业品和消费品市场之间的差别都值得特别注意。

和工业品一样，工业服务是一个追求质量和价值、竞争非常激烈的成长性市场。提到国际贸易时，人们通常想到的是制成品。然而在当今美国国际贸易中，增长最快的却是工业服务，即美国公司在全球市场销售的会计、广告、银行业务、咨询、建筑、旅馆业务、保险、法律、运输、旅游服务。服务的无形性造成一系列独特的问题，服务提供者必须加以解决。另一个难题是缺少统一的管制市场进入的法规。尽管针对工业品的保护主义随处可见，但是保护主义在服务业更明显。

本章讨论的是：在国际市场上营销工业品和服务时所面临的特殊问题；产品和服务市场上越来越激烈的竞争和客户越来越高的质量要求；对全球营销者的启示。

14.1 全球企业对企业市场的需求

工业市场的需求估计有时会发生很大的偏差。此处以铱星公司（Iridium LLC）为例。该公司发射了 72 颗卫星，投资 50 亿美元建立了通信系统，但无法卖出相应手机。该公司错误地估计了全球通信的需求，最后因破产而以 2 500 万美元的价格被出售。目前，该系统仍然在其主要客户——美国国防部发挥作用。不过，铱星公司最近有所恢复。该公司在 2009 年年底通过 IPO 筹集到 2 亿美元，目的是帮助公司通过 M2M 商业订阅系统来取得成功。不过，该订阅系统必须覆盖 90% 的无手机服务信号的地区。㊀

三个方面的因素会对工业品市场产生不同于消费品市场的影响：第一，工业品市场的需求更加多变；第二，工业和经济发展水平会影响工业品的需求；第三，产品和服务的技术水平决定了某些产品更适合有些国家，而不适合别的国家。

14.1.1 工业品需求的多变性

消费品公司在国际市场进行销售的理由众多，如面对更苛刻的顾客、避免在竞争中掉队、延长产品生命周期、增加销售额和利润等。对那些为工业市场生产产品和服务的公司而言，进军海外还有另外一个重要原因：抑制工业市场固有的反复无常的特性。事实上，消费品营销和工业品营销的唯一最为重要的区别在于工业品需求存在巨大的内在的周期性波动。诚然，对诸如汽车、家具或家用电脑等耐用消费品的需求也会有波动。不过，对于工业品市场，还另有三个因素在起作用并加剧了其需求的波动：①工业品卖家所依赖的客户数量通常较少；②专业买家通常具有一致的采购行为；③派生需求会加速市场的波动。㊁

能充分说明第一个问题的一个例子就是苹果蓝宝石供应商的消亡。鉴于苹果公司 iPhone 生产线的蓬勃发展，GT 高技术公司向苹果的制造伙伴供应超硬蓝宝石屏幕。虽然这样的合同或许能为 GT 高技术公司带来数十亿美元的业务收入，但对应的风险也很大：利润空间很

㊀ Arik Hesseldahl, "The Second Coming of Iridium," *BusinessWeek*, October 29, 2009, p. 29; Jan McBride, "Digi Extends Internet of AnyThing to Iridium Satellite Network," *The New York Times*, February 7, 2012.

㊁ Ilan Brat, "Crane Migration Hinders Builders," *The Wall Street Journal*, June 18, 2007, pp. B1, B2.

小而市场需求波动巨大意味着企业经营不容出错。最终，一些生产问题把 GT 高技术公司推向了破产。[一]

诸如联想、苹果、宏碁、三星、东芝等大型个人电脑厂商的采购代理商，负责为其公司尽可能便宜并及时快捷地获得零部件。这些代理商会监测对个人电脑的需求以及微处理器或磁盘驱动器等零部件的价格，同时也会监测客户市场或供应商价格变动对其订货的直接影响。个人电脑需求或供应商价格的下降会导致这些专业人士对其购买的“急刹车”。对于供应商价格下降的情况，这些代理商会等待进一步降价。因为国内外所有个人电脑公司的采购代理都在监测相同的数据，所以通常会同时刹车（或加速）。这正是 2008 年发生在规模达 140 亿美元的全球海藻市场上的情形。某些类型的海藻可以用于牙膏、化妆品和鸡肉饼的生产，而工业品需求的波动将其价格从 0.50 美元 / 千克推升至 1.80 美元 / 千克，然后又回到 1.00 美元 / 千克，这一切均在 3 个月内发生。[二]消费者也在监测市场，但程度上远不如工业品用户。可乐、服装和汽车的采购情况多保持平稳。

对于销售设备和昂贵的工业服务的经理来说，理解派生需求的概念对他们的成功绝对重要。**派生需求**（derived demand）可以定义为依赖于另一来源的需求。因此，对波音 747 的需求来自全世界消费者对航空旅游服务的需求，对 Fluor 公司为中国设计和建造炼油厂所提供的国际建筑与工程服务的需求来自中国消费者对汽油的需求。消费者需求的微小变化意味着相关工业需求的重大改变。如表 14-2 所示，第 2 年消费者对淋浴分隔间的需求增长了 10%，而这导致对制造淋浴分隔间的机器的需求增长了 100%。第 5 年消费者需求下降了 15%，导致对制造淋浴分隔间的机器的需求完全停止。对波音公司来说，“9 · 11”恐怖袭击、持续不断的类似威胁以及随后中东地区发生的武装冲突共同导致全球范围内对航空旅行需求（包括度假和出差）的大幅下降，转而引起飞机订单的撤销。航空公司不仅撤销了订单，而且暂停了部分现有的航班。2003 年 8 月，共有 310 架喷气式飞机被存放在莫哈韦沙漠（Mojave Desert）地区以等待需求的反弹。商用飞机制造业无论是过去还是将来都是市场需求最变幻无常的行业之一。需求波动最大的行业也许就是船舶（包括油轮和货运船舶）行业。2010 年，丹麦马士基集团（Maersk Line）订购了有史以来最大的集装箱船，但一年后，新加坡港挤满了大批空置的商用船舶。[三]

表 14-2 派生需求举例

时期	对预制纤维玻璃淋浴分隔间的需求			为生产淋浴分隔间正在使用的机器数量			对机器的需求		
年份	上年度	本年度	净变化	上年度	本年度	净变化	更换	新增	总数
1	100 000	100 000	—	500	500	—	50	—	50
2	100 000	110 000	+10 000	500	550	+50	50	50	100
3	110 000	115 000	+5 000	550	575	+25	50	25	75

[一] Daisuke Wakabayashi, “Inside Apple's Broken Sapphire Factory,” *The Wall Street Journal*, November 20, 2014, pp. B1, 4.

[二] Patrick Barta, “Indonesia Got Soaked When the Seaweed Bubble Burst,” *The Wall Street Journal*, October 21, 2008, online.

[三] “The Danish Armada,” *The Economist*, February 26, 2011, p. 73; Keith Bradsher, “Freighter Oversupply Weighs on Shipowners and Banks,” *The New York Times*, January 25, 2012.

（续）

时期	对预制纤维玻璃淋浴分隔间的需求			为生产淋浴分隔间正在使用的机器数量			对机器的需求		
年份	上年度	本年度	净变化	上年度	本年度	净变化	更换	新增	总数
4	115 000	118 000	+3 000	575	590	+15	50	15	65
5	118 000	100 000	−18 000	590	500	−90	—	−40	−40
6	100 000	100 000	—	500	500	—	10	—	10

资料来源：Adapted from R. L. Vaile, E. T. Grether, and R. Cox, Marketing in the American Economy (New York: Ronald Press, 1952), p.16.

工业企业可以采取几种措施来控制这种固有的多变性，如维持宽泛的产品线[一]和扩大市场覆盖面、生意红火时迅速提价并减少广告开支[二]、不把市场份额作为战略目标、避免解雇员工[三]和强调稳定等。大多数美国企业的企业文化都强调击败竞争对手，所以对于这样的稳定措施一般仅仅停留在嘴上。与此相反，德国和日本的公司更重视员工和稳定，因此对变幻莫测的市场也控制得较好。[四]

有些美国公司如微软、通用电气等长期注重扩大所服务市场的多样性组合。20 世纪 90 年代末，亚洲市场的萎缩在一定程度上被美国市场的强劲所抵消，如同 20 世纪 80 年代末日本市场的增长弥补了美国市场的下滑一样。事实上，计划经济私有化的一个奇怪的不利因素之一就是它们融入了国际市场。在解体前，苏联根据国家五年计划购买工业品，这样的计划与本国以外的市场没有多少关系。这种有计划的订货往往帮助在那里出售商品的公司抑制需求的多变。如今私有的俄罗斯制造商和全世界的同行一样，密切注视世界市场，根据市场状况做出反应。随着全世界的采购人员更加步调一致，市场的日益国际化将加剧工业市场的变幻莫测。对这种固有的多变性的管理必将影响市场营销组合的各个方面，包括产品或服务的开发。

14.1.2 经济发展的阶段

工业化程度也许是影响工业品和工业服务国际市场的最重要的环境因素。尽管对一个国家进行简单概括显得不妥，但是某个国家的经济发展程度仍可以用来粗略地衡量其工业品市场。这里我们要运用罗斯托[五]的五个阶段经济发展模型。对工业品的需求也可以相应地分为五类。有趣的是，为获得国外直接投资，所有五个阶段的国家或地区不仅相互竞争，而且竞

[一] "Seeking a Stable Formula," *The Economist*, June 26, 2010, p. 67.

[二] Cathy Anterasian and John L. Graham, " When It's Good Management to Sacrifice Market Share, " *Journal of Business Research*, 19, 1989, pp. 187-213; Peren Östuran, Ayşegül Özsomer, and Rik Pieters, The Role of Market Orientation in Advertising Spending During Economic Collapse: The Case of Turkey in 2011," *Journal of Marketing Research*, 51(2), 2014, pp. 139-152.

[三] Southwest Airlines management, unlike almost all its competitors, has avoided layoffs during the recent bust in the industry. Refusing to make layoffs has been a founding principle of the organization. " Southwest Airlines December Traffic Rose 4%," *Dow Jones News Service*, January 4, 2008.

[四] Cathy Anterasian, John L. Graham, and R. Bruce Money, " Are American Managers Superstitious about Market Share? " *Sloan Management Review*, Summer 1996, pp. 667-677; John L. Graham, " Culture and Human Resources Management," Chapter 18 in Alan Rugman and Thomas L. Brewer (eds.), *The Oxford Handbook of International Business*, 2nd ed. (Oxford: Oxford University Press, 2008).

[五] Walt W. Rostow, *The Stages of Economic Growth*, 2nd ed. (London: Cambridge University Press, 1971).

相开放其市场，毕竟国外直接投资有助于各国经济的发展。[一]

- 阶段一（即传统社会）：重要工业品的需求与自然资源取得有关，如在非洲和中东的部分地区。
- 阶段二（经济起飞的前提条件）：制造业开始出现，基本需要与农业[二]和基础设施建设相关，如通信、建筑[三]、发电设备和技术，越南就属于这一类。
- 阶段三（经济起飞）：非耐用消费品和半耐用消费品制造开始出现，商品需求与支持这种制造的设备和原材料等有关，俄罗斯和东欧国家属于这一类。
- 阶段四（趋向成熟）：如韩国和捷克共和国等工业化经济。它们集中于各种消费品和一些工业品的低成本制造，购买各种工业产品和服务。
- 阶段五（大量消费时代）：有些国家中设计活动持续进行，制造技术不断发展。它们大多数是服务经济。日本和德国就是这种国家的明显例子，它们从其他处于第五阶段的供应商那里购买最先进的产品和服务，从处在第三和第四阶段的国家那里购买消费品。

必须指出的是，即便是全球最发达的国家也需要改进基础设施并获得自然资源。美国目前对全球众多国家或地区出口石油精炼服务和燃料。[四]相反，美国老旧的基础设施需要从高技术邻国进口相关服务和产品。[五]对此，我们会在第 15 章中做分析。

14.1.3 技术和市场需求

对不同国家进行分类的另一种重要方法是依据这些国家从技术及使用技术中获益的能力，尤其是在当前，很多国家正在以技术作为经济杠杆，想在很短时间内跨越几个经济发展阶段。也许最能说明这一问题的是教育制度的质量。[六]尽管有些国家的人均国内生产总值还很低，如中国、捷克共和国、俄罗斯等，但它们十分重视教育，而良好的教育为利用技术杠杆提供了潜在可能。

技术不仅是经济发展的关键，对于许多产品来说，它也是在当今全球市场中展开竞争的优势。事实上，行业创新的重要原因就是为了参与并进入高科技产品市场。[七]随着精密机器人和数控系统在工厂中主导地位的形成，制造业变得越来越高科技化，廉价的劳动力和原材料正变得越来越不重要。具备开发最新信息技术并从应用中获益的能力是管理者、国家和公司在国际竞争中获胜的关键因素。三种相互关联的趋势将会刺激对先进技术产品的需求：

㊀ Rick T. Wilson and Daniel W. Baack, "Attracting Foreign Direct Investment: Applying Dunning's Location Advantages Framework to FDI Advertising," *Journal of International Marketing* 20, no. 2 (2012), pp. 96-115.

㊁ Bryan Gruley and Shruti Date Singh, "Profit Machine," *Bloomberg Businessweek*, July 5, 2012, pp. 45-49.

㊂ "Ready-Mixed Fortunes," *The Economist*, June 22, 2013, pp. 68-69.

㊃ Ben Lefebvre, "U.S. Refiner Exports Hit High," *The Wall Street Journal*, October 9, 2013, pp. B1, 2.

㊄ "Bridging the Gap," *The Economist*, June 28, 2014, pp. 23-24.

㊅ For an interesting article on the prospects of technology use in the classroom, see "Catching on at Last," *The Economist*, June 29, 2013, pp. 24-27.

㊆ Vishal Bindroo, Babu John Mariadoss, and Rajan Ganesh Pillai, "Customer Clusters as a Source of Innovation-Based Competitive Advantage," *Journal of International Marketing* 20, no. 3 (2012), pp. 17-33.

①亚洲尤其是中国和印度的经济与工业的发展；②苏联的解体；③世界范围内国有企业的私有化。

在过去30年里，继日本以后，许多亚洲国家和地区的经济持续增长。尽管最近发展速度已经放慢，但是这些国家和地区的前景仍然被看好。日本成为这一地区最先进的国家，而韩国、中国香港地区、新加坡和中国台湾地区（四小龙）已经成功地从廉价劳动力资源供应地一跃而成为工业化国家或地区。[㊀]中国与马来西亚、泰国、印度尼西亚和菲律宾等东南亚国家如今正成为向日本和美国出口制成品的出口国家。自克服了20世纪90年代的经济问题以来，它们将向更高层次的工业化方向发展。在许多新兴市场国家或地区，当地高科技创业企业通过研发投入成功地与传统跨国公司展开了竞争。[㊁]处在工业发展前三个阶段的每一个国家都需要技术上先进的产品以实现进一步的工业化，从而使它们能够在全球市场上参与竞争。

随着独联体国家和其他东欧国家市场经济的发展，新的私营企业将造成对新技术的需求，从而恢复和扩张其制造能力。这些国家将需要最新的技术，以便扩大工业基础并建立现代化的基础设施。

与此同时，拉美也开始解散国有企业，希望此举能够振兴经济。墨西哥、阿根廷和委内瑞拉正在引导其他拉美国家，将国有企业私有化。由于新的所有者将对最新技术投入巨资，所以私有化过程将对工业品产生巨大的需求。西南贝尔公司、法国电信公司和墨西哥电话公司投资40亿美元合资新建的Telmix公司将投资数亿美元，更新墨西哥的电话系统，使之达到最先进的水平。从波兰到巴拉圭，几十家刚刚私有化的企业形成了一个庞大的新技术市场，Telmix只是其中的一家。

在21世纪很长一段时间内，亚洲经济恢复增长，东欧和独联体国家市场经济形成，拉美以及其他地区国有企业的私有化将产生巨大的需求，尤其是对工业品和工业服务的需求。争夺这一全球需求的竞争将异常激烈，具有竞争优势的公司将是那些产品技术先进、质量最优同时又能提供世界级服务的公司。

14.2 质量和全球标准

正如第13章中所讨论的那样，质量的概念包括很多因素，对质量的看法完全取决于顾

㊀ Chris Cooper and Kiyotaka Matsuda, "Mitsubishi Spreads Its Wings," *Bloomberg Businessweek*, October 27-November 2, 2014, pp. 29-30.

㊁ Matthew Hughes, Silvia L. Martin, Robert E. Morgan, and Matthew J. Robson, "Realizing Product-Market Advantage in High-Technology International New Ventures: The Mediating Role of Ambidextrous Innovation," *Journal of International Marketing* 18, no. 4 (2010), pp. 1-22; Cheng Zhang, Peijian Song, and Zhe Qu, "Competitive Action in the Diffusion of Internet Technology Products in Emerging Markets: Implications for Global Marketing Managers," *Journal of International Marketing* 19, no. 4 (2011), pp. 40-60; Elena Vasilchenko and Sussie Morrish, "The Role of Entrepreneurial Networks in the Exploration and Exploitation of Internationalization of Opportunities in Information and Communication Technology Firms," *Journal of International Marketing* 19, no. 4 (2011), pp. 88-105; Nathan Wasburn and B. Tom Hunsaker, "Finding Great Ideas in Emerging Markets," *Harvard Business Review*, September 2011, pp. 115-119.

客。反映在产品中的技术水平的高低，是否与反映顾客需求、支持服务和售后服务的标准相一致，与同类产品相比是否具有价格优势，这一切都构成顾客评判产品质量的一部分。正如所指出的那样，因为最终用途不一样，消费者和工业用户会提出不同的要求。由于需求不同，不同的工业用户的要求也不尽相同。最后，近来的研究表明：即使在技术最为先进的国家或地区，不同文化群体对工业品质量的感知往往并不相同。[㊀]

工业品营销者经常误解质量概念。高度工业化的市场所理解的优秀质量和工业化程度不那么高的国家所理解的并不是一回事儿。例如，某个非洲国家政府一直为农民购买手动撒粉器，用来在棉田喷洒农药。为他们提供的这种撒粉器却是一种非常精致的机械装置，需要定期上油和精心维护。这种撒粉器比市场上任何其他产品都容易转动，但是这一事实对农民来说相对不那么重要。此外，需要精心地上油和维护意味着如果维护不当，过不了多久，机器就会凝结损坏。结果呢？当地政府重新购买老式的法国撒粉器，虽然笨重，运转不便，喷洒不均，但是由于不需要精心维护和润滑，寿命很长。在这种情况下，法国机器具备更多的适宜的质量特性，因此用营销术语来说，具有更高的质量。

与此类似，在商用喷气式飞机刚刚问世时，欧洲和美国的设计相去甚远。美国的制造商把引擎悬挂在机翼下方，而英国的竞争者却把引擎设在机翼里面。美国的设计易于维护，能够节省维护开支；英国的设计减小阻力，节省油料。当时美国的劳动力价格相对较高，英国的汽油相对昂贵，在各自的市场上，两种设计都是"高质量的"。

14.2.1 质量由买方界定

影响质量的一个重要因素在于产品或服务满足购买者具体需求的程度。[㊁]如果对产品的性能预期令人失望，其质量差就是显而易见的。不过，超过性能要求同样意味着质量差。这一点虽不明显，却千真万确。如果产品的设计超过了购买者的要求，那么通常意味着会定价更高，以反映该产品额外的功能。许多产品的质量是通过对某种具体期望的满足程度来评价的，因此最好做到不多也不少。例如，如果购买者要购买的是每小时产出为 5 000 件的设备，那么每小时产出为 20 000 件的设备就不是优质产品，因为所超出的额外产能就满足购买者的使用期望来说是多余的。事实上，个人电脑制造商所面临的关键问题之一就在于此。很多企业采购人员都想弄清楚："我们每个人真的需要最新的价值为 1 000 美元的个人电脑吗"。其实，答案常常是否定的，500 美元的电脑就足够了。

在发展中国家，尤其是处在前文所描述的经济发展的前三个阶段的国家中，**价格质量关系**（price-quality relationship）是市场营销中的一个重要因素。在美国市场上，工业品要求具备标准质量，因此相应地价格也更高，但是它们和世界上那些欠发达的市场的要求也许背道而驰。如果时间价值有限，劳动力充足，那么节省劳动力的特性就无足轻重。如果人们没有

㊀ Nathaniel Popper, "Islamic Banks, Stuffed with Cash, Explore Partnerships in West," *The New York Times*, December 26, 2013, pp. B1, 2.

㊁ Christina Sichtmann, Maren von Selasinsky, and Adamantios Diamantopoulos, "Service Quality and Export Performance of Business-to-Business Service Providers: The Role of Service Employee-and Customer-Oriented Quality Control Initiatives," *Journal of International Marketing* 19, no. 1 (2011), pp. 1-22.

质量控制意识、生产规模不大、熟练工人的工资不高，可以让他们在装配线上拼拼凑凑、修修补补，那么机器设备按高精度公差生产的性能就没有什么意义。购买者不需要或不能有效使用的特性不能提高产品的质量等级。

这并不意味着在发展中市场质量不重要或不需要最新技术，相反，它意味着那些市场需要为满足其特殊需要而专门设计的产品，而不是那些为不同的用途和期望而设计的产品，尤其是那些额外的特性导致高价格的产品。这一态度从一项对中国进口商的购买行为的研究中反映了出来：中国进口商认为产品质量最重要，其次是价格。在被研究的17种变量当中，及时送货位居第3，产品式样/特征位居第11。所以，如果产品的设计反映购买者的需要和期望——不多不少，那么它就是优质产品。

必须从产品用途的角度综合考虑产品的设计。气候的巨大差异给全球通用设备的设计带来了难题。在西欧能够正常运行的设备如果销往炎热、干燥的撒哈拉地区或者拉丁美洲潮湿的热带雨林，在设计上就要做大的变更。为美国的高速公路设计的卡车在拉丁美洲的崎岖山路上行驶时，肯定会遇到问题。由于市场的广阔，制造商在生产产品时必须考虑生产很多不同的型号。

跨越国界 14-1

污水和沼泽：可再生能源技术的预演

随着全球气候变化的持续发生，人类的回应就是为国际营销者创造一种带有复杂伤感心态的市场机会。这里描述了两个例子：一个涉及沼气燃烧；另一个有关沼泽地的松树。

如果丰田的想法成功了，那么其新的氢动力Mirai汽车可能会彻底改变汽车工业并能保护环境。Mirai采用的不是发动机，而是丰田燃料电池技术；它有两个氢气罐，只排放水蒸气，其里程范围可以达到300英里。这款车加油时间只需3～5分钟，并被设计成一种具有超值驾驶的感觉，类似雷克萨斯。丰田一直以其注重可持续发展而闻名，所以希望Mirai能减少环境中更多的二氧化碳；氢气产生的温室气体量最少，而且氢气可以由垃圾、玉米、太阳能和风能制成。该款汽车制造商建立了合作伙伴关系，截至2016年已在加利福尼亚州建立了19个燃料站，而且之后将在东海岸沿线建设更多的燃料站。此外，政府还提供优惠政策和共乘车道标贴以鼓励地方政府和消费者的参与。通用汽车、本田、现代、奔驰也都在开发原型车，大众也参与了其中。

燃料电池背后的这些趋势表明，汽车制造商把自己所面临的主要挑战（燃料提供方面基础设施的不足和高成本）看作从长远看来比电动汽车可能更难克服的问题，其中就包括里程的局限性和加料次数过多。借助于丰田出借的700多万美元和政府的大额赞助，南加州的新办企业FirstElement燃料公司已在全美开始建设19个燃料站。最近，本田同意贷款1 380万美元来帮助FirstElement公司在加利福尼亚州建设十几个燃料站的计划。

FirstElement公司的创始管理人员都是工程师，他们曾经帮忙在加州芳泉谷的奥兰治县卫生区设计了一家独特的加氢站，用污水制成氢气。这家2011年开业的加气站是加州大学欧文分校、加州空气资源委员会、奥兰治县卫生区、空气产品公司和FuelCell能源公司合作的产物。用于汽车的氢气可以从各种来源获得，包括太阳能、风能甚至核能。所有参与其中的公司看中的是来自亚洲和欧洲的机会。

说到欧洲，欧盟委员会规定到2020年温室气体排放量将减少20%。实现这个目标的办法之一就是用木材（现有碳）取代煤（化石燃料）作为发电厂的燃料。美国森林提供木材废料，这些废料被制成可海运到欧洲并适用于煤炭设备处理的颗粒。批评人士抱怨说，释放滞留在树上的二氧化碳反而会加剧问题。但支持者指出，新植林比旧的树木能更快地吸收主要来自沼泽地的二氧化碳，而且也可以被转换成颗粒。这些项目意味着就业机会的增加以及使参与其中的美国公司的出口可以迅速增长。

鉴于基于这些以及其他科技的产业将继续发展，经营者必须加以重视。

资料来源：Justin Scheck and Ianthe Jeanne Dugan, "Europe's Green-Fuel Search Turns to America's Forests," The Wall Street Journal, May 27, 2013, online; Donya Blaze, "The 2016 Toyota Mirai Could Mean the End of Oil Changes Forever," Newsone.com, November 23, 2014; Sherri Cruz, "Fuel Cell Research Powers Industry," Orange County Register, May 5, 2014, online; Kenneth Chang, "A Road Test of Alternative Fuel Visions," The New York Times, November 18, 2014, pp. D1, 6; Susan Carter, "In O.C., Toyota Debuts First Commercially Available Hydrogen Fuel-Cell Vehicle," Orange County Register, November 20, 2014, online; http://www.nfcrc.uci.edu, accessed 2015. Brain Bremner, Craig Trudell, and Yuki Hagiwara, "Remarking Toyota: The Internal Combustion Engine Is Over. The World's Biggest Auto Company Is Ready," Bloomberg BusinessWeek, January 11, 2015, pp. 44-49.

鉴于当前市场竞争的日趋激烈，公司必须考虑市场的性质和产品设计是否恰当。在全球市场上的有效竞争意味着过度加工、定价过高的产品必须让位给价格相对较低、能够满足客户要求的产品。为顾客提供的产品能够满足其需要，有时在技术上非常先进，有时却又不那么先进，但是都是优质产品，这就是成功。跨国公司为了在当前的全球市场上具有竞争优势，必须把全面质量管理概念纳入其管理战略当中，而全面质量管理要从对顾客的了解开始。事实上，工业用户，包括国外的用户，越来越多地直接参与从提出新概念到样品测试的产品开发的全过程中。

工业品在海外销售过程中遇到的另一个问题是缺乏通用的标准。在标准方面，美国工业品出口商有如下两个问题：其一，在生产高度专门化的设备如机床和计算机时，缺乏共同的标准；其二，英制的使用。在材料和设备的测试方法、质量控制体系和机器规格方面会遇到相互抵触的标准。在电信工业中，不同国家之间在标准上存在的悬殊差异给电信工业的扩张带来了巨大的困难。

国际组织正在努力制定国际标准。例如，国际电工委员会（IEC）对机床的电气设备规格的标准化非常关心。为无线通信建立国际漫游网的研究也正在开展。美国商务部参与了美国标准的推广工作，并积极参与组建全球协调行动小组，一个旨在协调多个工业领域的标准的国际机构。美国贸易代表也参与协调标准的谈判。最近与欧盟签署了一个关键性协议，在六个领域彼此承认对方的标准。有了这个协议，从此不再需要两次测试（大西洋两岸各测试一次），不再需要电信产品、医疗设备、电工兼容性、电气安全、娱乐艺术、药品等的检验或许可证。协议涉及约500亿美元的双向贸易，预计相当于关税减低2% ~ 3%。

除了行业和国际机构在制定标准外，各个国家往往对进入其市场的产品有自己的标准。沙特阿拉伯一直在为从灯泡直到柠檬汁的各种商品制定标准，并要求其商业伙伴给予帮助。这些标准是第一批阿拉伯语标准，很有可能被整个阿拉伯世界所接受。大多数国家派代表参与标准制定。例如，新西兰派代表协助撰写羊肉的保质期标准。遗憾的是美国直到后期才派代表参与讨论，因此在成千上万种标准中，很多对日本和欧洲产品有利。另外，沙特阿拉伯的公用事业设备采用的是欧洲标准。仅仅一家美国公司——威斯汀豪斯电气公司在沙特阿拉伯两个城市的美国标准的配电变压器的销售损失就高达 1 500 万 ~ 2 000 万美元。越来越多的美国企业开始意识到尽早参与这种标准讨论的必要性。

在美国，向公制转换、接受国际标准的过程一直很慢。[㊀]国会和工业部门裹足不前，担心转换的成本太高。但是不采用公制是要付出代价的，通用电气公司的一批电器产品因为连接线是 6 英尺长而不是标准要求的 2 米长，被迫从沙特的一个港口运回美国。

随着采用公制的外国用户越来越多地排斥美国工业品，推迟标准化的成本在上升。对衡制敏感的产品占美国出口的 1/2 ~ 2/3，如果如预料的那样，欧盟禁止非公制的产品进口，那么就在欧盟处在经济扩张的关口，美国产品却不能进入这一市场。大约一半的美国出口产品要受欧盟新标准的影响。

为鼓励美国企业采取行动，商务部已经指出，虽然不要求企业强制采用公制，但如果是向美国政府出售产品，那么必须采用公制；美国政府的一切采购只能以公制进行。现在所有联邦建筑都以公制规格设计，联邦政府出资的高速公路建设也使用公制单位。因为美国政府是国内最大的主顾，这项命令也许会成功地使美国企业界接受公制。国防部也要求一切新武器系统必须采用公制。

尽管联邦政府有命令，掌握着世界上一些最尖端技术的国家宇航局（NASA）却拒绝公制。正在建造的超过 1 000 亿美元[㊁]的空间站将会有一些公制零件，但是大多数部件都是美国制造，以英寸和磅为基础。宇航局的借口是英制在设计和生产中已经根深蒂固，难以扭转。遗憾的是，空间站将是一个国际合作项目，俄罗斯是合作者之一，这一决定会给系统整合带来大问题。更为糟糕的是，1999 年失败的、耗资 1.25 亿美元的火星气候探测器是公制和英制的混合。国家宇航局同意在其 2020 年的发射任务中采用公制单位[㊂]。对此，我们将拭目以待。让人难以置信的是，只有两个国家——缅甸和美国并不正式接受公制单位。美国要么改变，要么被甩在后边，这一点已经越来越明显。

14.2.2 ISO 9000 认证：一种国际质量标准

质量已成为全球竞争的基础，所以各个公司都像其客户要求它们的那样，要求其供货商

㊀ Justin Scheck, "Cooking a Poundcake in a Metric Oven Is No Easy Task," *The Wall Street Journal*, November 23, 2012, online.

㊁ The original cost estimate was $16 billion. "International Space Station Marks Its 10th Anniversary," *RIA Novosti*, January 29, 2008.

㊂ David B. Williams, "Metric Mission," *Science World*, April 2, 2007, p. 6.

保证符合标准。ISO 9000 证书也确实会积极影响公司的绩效和股票价格。[⊖]

ISO 9000 系列最初由日内瓦的国际标准化组织为满足采购合同中产品质量保证的需要而设计的，共有 5 个国际工业标准（ISO 9000 ~ 9004）。ISO 9000 系列已成为质量保证体系。对在欧盟和其他地区开展经营活动而言，ISO 9000 系列不仅会影响竞争力，而且已成了法律规定。ISO 9000 体系于 1994 年首次颁布，2000 年对其进行了修正，到 2006 年将再次进行修正。ISO 9000 是指制造商质量体系的注册和认证。它证明公司用于保证满足公布的质量标准的质量控制体系的确存在。ISO 9000 标准不适用于特殊产品。它们和普通的体系标准有关，这些普通的体系标准通过内部和外部审核，使得公司能够提供其确实拥有质量控制体系的保证。ISO 9000 仅仅对生产过程认证，不担保制造商生产“优质”产品或服务。这一系列描述了三个质量控制模式，定义了产品质量概念，为在质量体系中使用国际标准提供了指导。

为了获得 ISO 9000 证书，公司需要请认证机构（被授权提供 ISO 9000 审核的第三方）进行评估，即对公司关键的生产过程进行审核。评估人员可以就从设计图纸一直到销售的任何问题进行提问，例如供货方按期交货了吗，有证据证明顾客是否满意吗。其目的在于制订一个全面的计划，防止遗漏任何细节。评估人员协助管理人员制定质量手册以便提供给任何想证实该组织可信度的顾客。一旦被认定为合格，公司将得到证书。每隔四年进行一次全面评估以重新颁发证书，在此期间将进行部分评估。

除了一些强制性的产品，ISO 9000 一般以自愿为原则，但《欧盟产品责任规定》（EU Product Liability Directive）对所有公司施加了压力，要求它们获得证书。按照该规定，如果产品因不合格零件而不能正常工作，造成了人员伤亡，那么不管是因为误操作还是粗心大意，制造商（包括出口商）都负有责任。因此，必须向欧盟的顾客保证，他们购买的产品的零件没有缺陷或不足。制造商如果有大量文件证明其质量控制体系，将会更好地证明其产品没有缺陷，因此能最大限度地减低自己的责任。

对 ISO 9000 的浓厚兴趣与其说是政府规定的驱使，不如说是“市场”要求使然。目前 ISO 9000 正成为欧洲最重要的营销竞争工具。随着市场对质量要求越来越高，越来越多的公司实行了某种形式的全面质量管理，制造商对其供应商进行 ISO 9000 注册的要求日益加强。在中国生产零部件的公司很快发现 ISO 9000 证书几乎是必不可少的；日本的建筑业现在要求 ISO 9000 作为政府验收过程的一部分。越来越多的采购人员，尤其是欧洲的采购人员，拒绝购买那些质量保证没经过国际认可的第三方证明的制造商的产品。在质量可靠性极为重要的领域，尤其是在高科技领域，ISO 9000 还可以用来区分不同“级别”的供应商。换言之，如果两个供应商竞争同一份合同，拥有 ISO 9000 证书的一方具有竞争优势。

越来越多的（现在已超过 100 个）国家和公司继续采用 ISO 9000 标准，但与此同时，很多国家和公司对该体系及其推广抱有怨言。例如，39 家电器公司联合反对特殊的 ISO 9000

⊖ ISO 14001, a parallel environmental management standard, has not experienced the same rate of diffusion as ISO 9000. See Magali Delmas and Ivan Montiel, “ The Diffusion of Voluntary International Management Standards: Responsible Care, ISO 9000, and ISO 14001 in the Chemical Industry,” *Policy Studies Journal* 36 (2008), pp. 65-82.

日本软件标准。电器公司还抗议成立新的ISO健康和安全标准。其他一些公司则号召参照美国马尔科姆－鲍德里奇奖，制定更全面的国际标准。该奖的颁发依据七个标准：领导、战略计划、顾客和市场重心、信息与分析、人力资源开发、管理、经营业绩。通信行业最近颁布了行业特色的认准计划，它综合了ISO 9000和其他几个国际质量标准的一些方面。

密歇根大学商学院和美国质量学会正在制定或许是最恰当的质量标准。㊀利用调查的方法，它们的美国顾客满意指数（American Customer Satisfaction Index）能够测量顾客对抽样产品和服务质量的满意程度和看法。这一方法实际上是瑞典人发明的，现在正被其他欧洲国家采用。顾客满意指数方法的诱人之处就在于它强调结果，即产品和服务使用者眼中的质量。目前，美国顾客满意指数方法还仅仅被用于消费品和服务领域，但是顾客是产品质量最好的裁判，这一基本观念肯定也可以应用于国际工业市场营销领域。工业品营销企业正在寻求更好的质量改进方法。这些方法包括美国顾客满意指数所采用的类似方法。

14.3 工业服务

对于许多工业产品来说，从与产品相关的服务中获得的收入超过了来自产品本身的收入。最明显的例子可能要算手机了，有时为了获得手机服务合同，手机是免费赠送的。再有，当你购买打印机时，觉得很便宜，但考虑到使用成本（如墨盒）后，情况就不一样了。事实上，对于许多设备制造商而言，从售后服务（维护保养、修理、零件更换等）得到的收益要比从设备本身获得的收益大得多。当公司把设备出租给客户时，产品与服务之间的区分几乎完全消失了。假设一个客户租了一台卡车，他是买了一个运输工具还是买了运输服务呢？

企业还购买与产品没有联系的很多种服务。最能说明这一现象的例子包括：海上发射公司（Sea Launch）㊁、波音公司与美国太空探索技术公司（SpaceX）目前提供的海上卫星发射服务可以把航天员送到国际太空站㊂，以及由微软公司的共同创立者保罗·艾伦（Paul Allen）提出的从高空飞行的巨型喷气机上发射卫星的新概念㊃。其他专业服务则可从广告公司与法律事务所㊄、运输和保险公司、油田服务、银行与经纪公司、保健机构等获得。本节将对这两类服务进行讨论。

㊀ Claes Fornell, Michael D. Johnson, Eugene W. Anderson, Jaesung Cha, and Barbara Everitt Bryant, " The American Consumer Index: Nature, Purpose, and Findings, " *Journal of Marketing* 60, no. 4 (October 1996), pp. 35-46; http://www.asq.org, 2008; http://www.cfigroup.com, 2012.

㊁ W.J. Hennigan, "Sea Launch Looking Up Again with New Rocket Mission," *Los Angeles Times*, September 22, 2011; W. J. Hennigan, "Sea Launch Rocker Carrying Satellite Fails after Liftoff,"*Los Angeles Times*, February 2, 2013, p. B2.

㊂ Kenneth Chang, " Boeing and SpaceX to Take Americans to Space Station," *The New York Times*, September 17, 2014, p. A19.

㊃ Andy Pasztor and Dionne Searcey, " Paul Allen, Supersizing Space Flight," *The Wall Street Journal*, December 14, 2011.

㊄ Jennifer Smith, "Asian Law Giant Takes Shape," *The Wall Street Journal*, December 15, 2011.

14.3.1 售后服务

要在国际市场上开展有效的竞争，不仅需要恰当的产品设计，还需要有效的服务、迅速的交货、及时提供备件和更换所需零件的能力。例如，通用电气的医疗系统对于购买核磁共振成像以及其他设备的医院提供广泛的售后服务，如培训、信息技术、相关的保健服务以及零件等。[⊖]在竞争高度激烈的欧盟，给客户提供当地公司或者欧盟公司所能提供的一样的服务是至关重要的。

对于很多技术产品，卖方是否愿意提供安装服务和技术培训可能是买方选择某一家产品的决定因素。韩国和其他的亚洲商人坦承他们很想购买美国公司的产品，但是日本人凭借优秀的售后服务得到了生意。人们常常听到美国公司和外国公司就卖方提供何种帮助发生争执，这表明美国公司在售后服务和支持方面存在问题。一个韩国经理与一个美国工程师和一些日本工程师所打的交道最能说明这种情况。这家韩国电子公司购买了半导体芯片制造设备，以期扩大生产。美国工程师在安装设备时行动迟缓，五点钟准时下班，周末也不加班。日本人在安装设备时，很理解把工厂设备安装好、早日投产的紧迫性，所以自愿加班加点，直到工作结束。

不幸的是，这并非是一个孤立的例子。在另一个例子中，现代汽车公司购买了两台价值好几百万美元的冲压机。冲压机没能准时交货，安装设备则需要更多的时间，现代公司不得不向美国公司支付额外的费用才使得机器正常运转。这些一连串的问题所带来的结果是美国公司丢掉了生意。三星电子公司是韩国最大的芯片制造商，其第一家存储芯片制造工厂的设备 75% 是美国设备；然而当它为新工厂购置设备时，75% 的设备却从日本购买。当然，并不是说所有的美国公司都有这样的问题。事实上，英特尔印度公司最近建立了一个数据中心，该中心有一个由数百个服务器构成的互联网服务器。许多国家的顾客已经把他们的服务器与这样的数据中心相连接，并接受英特尔的服务。

有些国家需要最新的技术，但是有时缺乏经过培训的人员，在向这样的国家销售时，客户培训正迅速成为一项主要的售后服务。中国需要最先进的设备，但是使用设备的人往往未经培训，不了解设备。强调培训和提供自学材料以帮助克服操作人员普遍缺乏相应技术的问题，在很多发展中国家是售后服务必不可少的一部分。麦当劳的汉堡包大学也许称得上最著名的国际顾客培训中心，销售工业品的公司可能不久也会赶上来。思科公司最近与新加坡政府以及那里的一所大学合作成立了首家思科研究培训中心，以服务于那一地区。英特尔在五个欧洲国家建立了电子商务解决方案中心。

最近，对重型建筑设备的国际用户的一项研究显示：在购买建筑设备时，最重要的是制造商的声誉，其次就是及时提供零配件。此外，70% 的被调查者表示因为不易购买到原件，他们购买的零配件都不是设备原生产商提供的。小进口商抱怨美国出口公司对它们的订货不理不睬，或者即使理睬了，也已经过了很长时间。看来，美国的某些出口商已经忘记了及时提供零配件以维持市场份额的重要性。公司一旦做出响应，其回报相当可观。美国的化工产

⊖ See http://www.gehealthcare.com, 2012.

品设备制造商垄断了墨西哥的市场，用国际贸易管理局的话来说，因为他们能够迅速交货。及时提供零配件可以使美国企业获得竞争优势。

有些国际营销者或许正在放弃参与非常有利可图的售后市场。有些机床在其平均使用寿命期内，更换零配件的费用是其原始价格的五倍，因此代表着一个更大的市场。有一家国际机床公司就是通过改变原来的“正常”分销渠道，转而强调快捷的服务和及时的零配件供应，来满足对直接服务和零配件的需求，从而获得利益的。和大多数在国外市场销售的机床制造商不同，该公司不是通过独立的分销商销售，而是建立一系列的连锁店和服务中心，与美国国内的连锁店和服务中心类似。该公司从当地的连锁店提供服务，而其大多数竞争对手则从美国的工厂派人前往服务。每一个连锁店都有服务人员可以提供迅速快捷的服务，都备有大量的标准零配件，可以随时交货。其结果是该公司成为海外机床销售的主要厂家之一。

小包装、从卖方到买主的国际航空快递服务以及免费电话服务加快了零配件的交货速度，使得售后服务几乎立马可得。大型计算机制造商阿姆德尔（Amdahl）几乎是独家利用航空运输服务削减库存开支，保证优异的客户服务。在与强大的对手竞争过程中，优异的客户服务是至关重要的。越来越多的电子元件、汽车零件和机器零件通过空运送达，如今已经成为削减开支、提高竞争力的强大武器。需要技术咨询时只需要打一个免费电话，零配件通过航空快递迅速送到客户手上。这样做不仅仅可以提供服务标准，而且和在某一个国家维持一个办事处相比，尽管不得不雇用会说外语的人应答电话，其单位成本效率却更高。

最后，售后服务不仅仅在建立顾客的忠诚和至关重要的声誉（声誉有助于向其他公司销售产品）方面非常重要，而且几乎总是比实际销售机器或产品更有利可图。

14.3.2 其他工业服务

贸易产生对国际服务的需求。[㊀]大多数美国服务公司进入国际市场，为它们的美国主顾提供服务。[㊁]会计师事务所、银行[㊂]、广告公司和律师事务所是最早在国外建立分部或兼并当地公司的美国公司，为美国的跨国公司服务。旅馆和汽车出租公司跟随商人和游客来到国外。最近，保健服务机构也已经走出国门。蓝十字（Blue Cross）正在向在墨西哥经营的美国公司出售保健服务。一旦它们站稳了脚跟，很多这些被研究人员称为客户追随者的公司就开始扩大其客户基础，把当地公司也包括进来。随着国际市场的发展，造成了对商业服务的更大需求，于是服务公司就变成了国际市场的寻找者。

㊀ Perhaps one of the best examples of trade leading demand for services is the critical importance of Japanese trading companies to that country. See Anthony Goerzen and Shige Makino, “Multinational Corporation Internationalization in the Service Sector: A Study of Japanese Trading Companies,” *Journal of International Business Studies* 38 (2007), pp. 1149-1169.

㊁ Lihong Qian and Andrew Delios, “Internationalization and Experience: Japanese Banks’ International Expansion, 1980-1998,” *Journal of International Business Studies* 39 (2008), pp. 231-248; Jad Mouawad, “Piling on the Luxury,” *The New York Times*, May 8, 2014, pp. F1, 4.

㊂ Shujing Li, Jiaping Qiu, and Chi Wan, “Corporate Globalization and Bank Lending,” *Journal of International Business Studies* 42, no. 8 (2011), pp. 1016-1042; Robert Cull, Stephen Haber, and Masami Imai, “Related Lending and Banking Development,” *Journal of International Business Studies* 42, no. 3 (2011), pp. 406-426.

正如第13章中所指出的，大多数消费服务企业的进入方式是许可证协议、特许专营或直接投资，这是因为服务的创造和消费是不可分割的。可是，因为有些工业服务的内在价值可以体现在某种有形的东西（如蓝图或建筑设计图）中，因而可以在一个国家生产而出口到另一个国家。数据处理和数据分析服务是另外一个很能说明问题的例子。分析或处理是在美国的一台计算机上完成的，而结果（服务）却通过卫星传递给远方的客户。建筑、系统集成[㊀]和工程咨询服务也是可以出口的，咨询人员首先来到客户所在地，然后回家撰写和递交报告或设计方案。

工业服务公司也面临着商品交易者所面临的大多数相同的限制和困境。保护主义是国际服务贸易持续扩张的最大威胁。在过去10年里，国际服务贸易发展得非常迅速，而且已经引起了当地公司、政府和研究人员的关注。结果是，一些国家实施了各种直接的或间接的贸易壁垒，以限制外国公司进入国内市场。从保护幼稚产业到国家安全，各种理由都被用来解释采取限制的原因。最近，美国政府编撰了各国阻止服务贸易自由流动的贸易壁垒案例，达2 000多条。面对日益严格的限制所带来的威胁，美国通过《北美自由贸易协定》和《关贸总协定》就开放工业服务市场进行了成功的谈判。

在《北美自由贸易协定》和《关贸总协定》签订以前，几乎没有约束服务贸易、保证公平交易的国际法规。过去，服务公司面对各个国家复杂的规定，而这些规定阻碍了人员和技术从一个国家到另一个国家的流动。至少有一项研究表明，个人财产与知识产权问题是决定服务企业成败的主要因素，尤其是在诸如咨询、工程、教育和信息技术等知识行服务业中。美国和其他工业化国家希望允许它们的银行、保险公司、建筑公司和其他服务提供者在全球任意调动人员、资本和技术而不受阻碍。用于保护当地市场的限制名目繁多，从不允许在该国做生意直到要求外国人在被允许从业前，必须通过当地语言的证书考试。例如，在阿根廷，会计在被允许在跨国公司的布宜诺斯艾利斯分公司审计账目之前，必须受过相当于高中程度的阿根廷地理和历史教育。

对跨国界信息流动的限制无论是对通信业还是对其他依赖信息跨国界流动才能从事经营的跨国公司来说都是潜在的最大危险。[㊁]有些国家对信息传输征收关税，其他很多国家正在制定法律，迫使公司打开计算机文件，接受政府机关的检查，或者严格控制国内传输。多数国家都有一系列法律，限制跨越国界的数据处理和电子传输。在有些情况下，人们因为不理解如何最好地对跨国界数据流动征税而担心。

像前文所提到的那样，随着很多外国公司进入一个国家的市场，服务业各个阶段的竞争日趋激烈。跟随某一客户进入外国市场，然后向国际市场扩张，这种做法不仅仅限于美国公司。德国、英国、日本以及其他国家的服务公司也都跟随自己的客户进入外国市场，然后逐步扩张，把当地企业也包括进服务对象中来。电信、广告和建筑等美国服务业面临巨大的竞

㊀ Janet Y. Murray, Masaki Kotabe, and Stanford A. Westjohn, "Global Sourcing Strategy and Performance of Knowledge-Intensive Business Services: A Two-Stage Strategic Fit Model," *Journal of International Marketing* 17, no. 4 (2009), pp. 90-105.

㊁ "Brocade," *The Wall Street Journal*, Realtime Narratives, March 10, 2014, online.

争，而且这种竞争不仅来自欧洲和日本的公司，也来自巴西、印度和世界其他地区的代表。

在21世纪，工业服务的营销机会显然将持续增加。国际营销者在向外国市场和外国顾客提供高质量的服务过程中，必须创造性地应对文化和法律方面的挑战。当然，国际工业服务企业的成功取决于能否寻找到高素质的员工（拥有技术与人际沟通能力，并且具有强烈的客户服务意识）。[一]毕竟，从事跨文化经营时，建立并维系人际关系显得尤其重要。[二]第17章与第19章将做进一步的分析。

14.4 贸易展览会：企业对企业营销的重要组成部分

国外工业企业所遇到的促销问题与国内企业所面临的问题基本上是相同的。直到最近，许多国家才开始出现数量有限的专业化广告媒体。[三]在过去10年里，专门化的行业媒体得到了发展，为工业营销者提供了与潜在的客户交流的途径，尤其是在西欧、部分东欧国家、独联体国家以及亚洲。

除了在印刷媒体上做广告和向工业用户提供商品目录、网址[四]和直接邮寄外，贸易展览会或交易会已经成为在外国做生意的主要途径。作为其国际促销活动的一部分，美国商务部在世界各地的很多城市举办交易会。另外，大多数国家的当地政府每年都举行贸易展览会。比如，非洲国家每年要举行70多场工业品展览会。

在大多数国家中，贸易展览会是销售商品、吸引潜在的客户、与潜在的代理商和分销商接触并对他们进行评估、营销的最重要的途径。那些在贸易展上取得成功并有效开展了后续人员推销的企业总是具有更大的盈利能力。[五]尽管贸易展览会在美国也很重要，但是在其他国家起着更重要的作用。几个世纪以来，贸易展览会是欧洲贸易的中心所在，是寻找到大多数生意的地方。欧洲的贸易展览会吸引了高层决策者，他们参加展览会不仅仅是为了看一看最先进的产品，而是来购买产品的。在欧洲，常常进行预展促销活动以便做好正式展览。贸易展览会对欧洲人的重要性可以从媒体预算中用于参加展览会的费用所占百分比以及如何使用这些钱中反映出来。欧洲人平均把年度媒体预算的22%用于贸易展览活动，而美国公司

㊀ Vinh La, Paul Patterson, and Chris Styles, "Client-Perceived Performance and Value in Professional B-2-B Services: An International Perspective," *Journal of International Business Studies* 40, no. 2 (2009), pp. 274-300.

㊁ Wenyu Dou, Hairong Li, Nan Zhou, and Chenting Su, "Exploring Relationship Satisfaction between Global Professional Service Firms and Local Clients in Emerging Markets," *Journal of International Business Studies* 41, no. 7 (2010), pp. 1198-1217.

㊂ Of course, it should be noted that some industrial companies still use nonspecialized media, building brand awareness at all levels. A good example is Intel's sponsorship of the official website of the Tour de France back in 2002.

㊃ For illustrative examples of the burgeoning information available to industrial customers on websites, see http://www.caterpillar.com, http://www.fluor.com, http://www.hewlett-packard.com, and http://www.qualcom.com.

㊄ Timothy Smith, Srinath Gopalakrishnan, and Paul M. Smith, "The Complementary Effect of Trade Shows on Personal Selling," *International Journal of Research in Marketing* 21, no. 1 (2004), pp. 61-76.

一般花费不足 5%。欧洲人一般不愿花钱做马戏表演式的促销；相反，他们强调营造一种深入交易的氛围。每年全世界要举行 2 000 多个大型的贸易展览会。德国汉诺威工业博览会是世界最大的商品交易会，有近 6 000 个参展者，向 60 万参观者展示林林总总的工业品。[1]

贸易展览会为制造商提供了向潜在用户展出和演示产品以及观察竞争对手的产品的机会。借助于贸易展览会，不仅可以增进销售，而且可以与代理商、分销商、特许经营者及供应商建立良好的关系，而这往往有助于在外国市场上建立更为永久的销售渠道。实际上，贸易展览会可能是获得某些生意机会的唯一途径。根据贸易展览会专家的估计，在贸易展览会的参加者中，从未被推销员拜访过的比例为 80% ~ 85%。现在，互联网上有好几个网站专门举办虚拟贸易展览会。它们往往包括精心制作的多媒体产品展示摊位，可以虚拟光顾。有些虚拟贸易展览会只在实际贸易展览会举办期间存在几天。[2]

贸易展览会数量庞大，种类繁多，几乎可以说任何国家的任何目标市场都可以通过这种渠道找到。[3]最引人注目的是 2000 年的哈瓦那医药出口展览会，这是 40 多年来首次由美国和古巴政府共同举办的展览会。8 000 多名古巴医生、护士、技术人员和医院行政管理人员出席了该展览会。随后在 2002 年哈瓦那又举办了食品贸易展览会。在东欧，商品交易会和展览会为公司提供了结识新客户的机会，其中包括私营贸易商人、年轻的企业家和非政府机构的代表。在俄罗斯和波兰等国举行的展览会提供了一个低成本、高效率的接触顾客的途径，不然很难通过单独造访接触到这些顾客。电脑、汽车工业、时装和家具等的行业交易会常常定期举行。

在经济或政治环境恶劣的环境中，在线贸易展成为一种有用的但显然是不充分的替代方法。跨越国界 14-2 就是反映这种正在发展中的服务的一个例子。在世纪之交，全球经济趋弱，削减出差预算和 SARS 造成的恐慌极大地减少了国际贸易展销会的参加者，甚至迫使传统受欢迎的贸易展被取消。欧盟和美国在中东政策上的政治冲突导致美国国防部阻碍美国人参加 2003 年的巴黎航空展。诸如波音、洛克希德·马丁等大公司的高层经理人员都没有出席该航空展。展览空间下降了 5%，而且公布的订单金额从 2001 年的 450 亿美元跌至 320 亿美元。当波音公司的高层经理不能和潜在消费者在如此重要的展览会接触时，从国际订单角度看，很难估计对这样的公司来说，代价会有多大。我们确实知道空中客车与来自卡塔尔和阿拉伯联合酋长国的消费者签订了数十架商业飞机合同。即使是最好的在线贸易展也不能补偿这种在国际展览会中明显的倒退所造成的损失。

跨越国界 14-2

脚是不疼了，但 15 吨重的俄制坦克呢

2000 年 4 月，网络服务商虚拟展举行了人类首次独立的虚拟贸易展览，其目标是一群特殊的观众，即网络服务提供商（ISP）。展览会的地址一直不变，仍然是 ISPVirtualShow.

[1] See http://www.hannovermesse.de/home for details.

[2] See more information see "Virtual Conference and Trade Show Market Forecast 2013-2018," *Market Research Media*, April 7, 2014, online, http://www.marketresearchmedia.com/?p=421.

[3] Keith Bradsher, "Export Fair in China Loses Steam," *The New York Times*, October 16, 2013, pp. B1, 9.

com（现在已经下线，但仍然可以通过谷歌进行浏览）。展览会使用的技术由 iTradeFair.com 提供，该网站也是值得一访的。

用承办者的话来说："虚拟贸易展的优点大大超过实物贸易展。世界各地的参展者（每个摊位起码需要 1 995 美元）和参观者（每张门票 99 美元）如今通过自己的台式电脑就可以参展或参观。虚拟展览会好处较多，其中包括成本大大降低，从展出到人力的各个方面，都可以节省成本，如摊位和建筑费、住宿费、旅行费、各种开支、律师账单以及在外的时间。"

在传统的贸易展之外，虚拟贸易展提供了一个全新的选择。利用先进的技术，任何人无论身处何地，都可以参观虚拟贸易展，都可以通过自己使用的语言获得信息，从而使语言障碍成为过去。而且，倘若参观者和参展者想继续离线进行商谈，显示世界各地不同时间的时钟也使得安排变得十分方便。另外，年复一年参加统一贸易展的经理如今不必把自己弄得疲惫不堪，不必去忍受钻心的脚疼，忍受没有空调的闷热的房间和价格离谱却味同嚼蜡的饭菜。

尽管这种展览听起来不错，但我们认为虚拟展也有不足之处，那就是缺少实物展的当面接触以及极其重要的人际关系的培养，而这种关系恰恰需要通过饮酒或者在食用难以下咽的饭菜过程中加以培养。的确，实物展览的效果是任何虚拟展览望尘莫及的。例如，在莫斯科举行的电脑技术贸易展览会上，俄罗斯的一家软件开发商在自己的摊位上展出了一辆 15 吨重的俄制坦克；再例如，在范堡罗航展（Farnborough Air Show）上，来自俄罗斯的喷气发动机供应商请来衣着暴露的女性跳舞来吸引参观者。我们注意到航展的组织者禁止了这些舞者，但引起了更大的轰动。这就是营销啊！不管是哪种情况，对于新的促销媒体将如何发展，我们都将拭目以待。

资料来源："ISP Virtual Show: World's First Virtual Trade Show," *M2 Presswire*, October 26, 1999; Jeanette Borzo, "Moscow's Comtek Trade Show Confronts Internet Challenge," *Dow Jones News Service*, April 19, 2000; "ICUEE Is the Demo Expo," *Transmission & Distribution*, August 1, 2005, p. 74; "Russian Firm Banned from Using Scantily Clad Women to Lure Customers to Its Stand At Farnborough Air Show," Daily Mail (UK), July 19, 2008, online; http://www.iTradeFair.com, 2012.

14.5 企业对企业的关系营销

工业品与众不同的特点自然而然地会引致**关系营销**（relationship marketing）。[⊖]所谓关系营销就是与顾客建立长期关系。这种长期关系不仅与工业品的固有特点相符，而且也是可行的工业品营销战略。工业品市场的首要特点就是购物者的动机，即盈利。工业品用于经营或制造过程，其贡献取决于它们是否有助于这一过程。为满足用户的需要，工业品营销者不仅要弄明白当前的需要，而且要弄清楚这些需要将如何发生变化，毕竟采购人员在参与激烈的全球市场竞争时离不开长期关系。全球客户经理的主要职能就是收集有关信息，做好与客户公司人员的协调工作并构建其新的关系（即适应变化了的竞争环境）。

全球市场工业用户的需求时刻在变化，因此供应商所供之货也必须时刻变化。对最新技

⊖ Linda Hui Shi, J. Chris White, Shaoming Zou, and S. Tamer Cavusgil, "Global Account Management Strategies: Drivers and Outcomes," *Journal of International Business Studies* 41 (2011), pp. 620-638.

术的需求意味着它不是一次性销售适当的产品，而是不断地更新产品，使产品时刻领先。关系营销的目标是使关系成为买卖的重要特性[㊀]，以此与竞争对手区别开来。它把重点由价格转移到服务和长期利益。其报酬是带来忠实的客户，后者意味着可观的长期利润。

在大多数国际市场上，文化要求人与公司之间建立强有力的联系。在这样的市场上，强调建立长期关系特别重要。尤其是在像拉美或亚洲国家那样注重集体和高语境的文化里，信任是商业关系中至关重要的一个因素。和顾客不时的紧密交流将是了解新工业品和新服务开发的一个最重要的信息来源。事实上，在最近一次对日本专业采购人员的调查中发现，选择供应商的关键标准是一个他们称之为“关怀”(那些对要求从不置之不理并且认识到购买者必将投桃报李、关心卖方的长期利益的人）的特性。长期而且经常交流的关系是在国际工业市场上取得成功的关键。

就像在所有国际经营领域一样，互联网为建立和维护关系提供了新的便利途径。有研究表明，管理此类国际工业品营销的方法包括网站设计、提供多语言服务、考虑文化因素并对自己的网站进行有效营销。[㊁]思科是这一领域的领头羊，它不仅提供允许开展企业与企业（B2B）商务的硬件，而且其关系管理实践和过程也为该行业起了示范作用。思科的国际顾客可以访问它的网址，在网上了解产品规格和订货，订货信息由思科经互联网提供给供应商，65% 的订单是供应商与顾客直接发生关系。产品是订购以后生产的，所以没有或者很少有库存。看到思科的成功，世界各地的企业开始相应地进行重组。

索拉透平公司：全球工业品营销者

索拉透平公司是美国一家最全球化公司的分公司，其 80% 的销售额来自美国境外。2014 年，其母公司卡特彼勒公司的销售额为 500 亿美元，其中一半以上的收入来自美国境外的客户，使其成为美国主要的出口商之一。

索拉透平公司通过平面和数字媒体进行广告宣传，如在美国的《石油与天然气》杂志以及当地非英语的行业杂志上宣传。墨西哥国家石油公司（PEMEX）是其在炎热并潮湿的墨西哥的大客户。在寒冷的俄罗斯，石油与天然气公司一直是该公司 50 多年来的重要客户。

最近，索拉透平公司开始通过 iPad 应用软件与客户进行售前以及售后的联系。索拉透平公司通过包括客户和供应商的项目团队销售产品和服务。索拉透平公司在世界范围内跟随其美国客户，为它们的全球合资企业提供设备和服务。当然，太阳涡轮机公司也直接面向众多外国企业进行销售。

项目团队：

销售工程师保持和最初客户的接触，推动客户需求分析，提交全面的建议书给顾客，监控订单执行和提交订单给应用工程师。

㊀ Atul Sharma, Louise Young, and Ian Wilkinson, “The Commitment Mix: Dimensions of Commitment in International Trading Relationships in India,” *Journal of International Marketing* 14 (2006), pp. 64-91.

㊁ Riyand Eid, Ibrahim Elbeltagi, and Mohammed Zairi, “Making Business-to-Business International Internet Marketing Effective: A Study of Critical Factors Using a Case-Study Approach,” *Journal of International Marketing* 14 (2006), pp. 87-109.

应用工程师针对客户条件负责决定最好的产品组合，必要时推荐备选方案。应用工程师与工程和控制系统工作人员紧密合作。

工程与控制系统工作人员设计涡轮机、天然气压缩机和控制设备，根据已获准许的设计，为客户定制涡轮机组合。

项目经理处理订单的所有方面，保持与客户的联系，控制文件，安排质量审计，负责准时运输以及在客户所在地安排设备试车。

生产技术员制造、装配和测试满足特定客户需求设计的工业涡轮机组。制造部门也安排发货。

客户服务人员安装和启动涡轮机组，培训人员以及提供广泛的关键性服务以满足客户和设备运行要求。

供应商是所有项目组的关键成员，他们提供必须满足太阳公司质量标准的材料和零部件。

索拉透平公司的全球伙伴合作关系：

索拉透平公司通过遍布世界的各种分支机构销售和分销其产品。一些合作公司有当地的含量要求，所以索拉透平公司就负责提供涡轮机和压缩机，其余的由当地合作伙伴提供。作为注重社会责任的制造商，索拉透平公司也与客户以及子公司合作开发低排放的产品。

本章小结

工业品营销必须密切注意顾客的确切需求。和消费品相比，各市场间的基本差别较小，但是购买动机有很大的不同，因此，必须对各市场区别对待。国际竞争已经达到这样的程度：工业品的营销人员必须密切注视各个市场的经济和技术发展水平，以此确定购买者对质量的评价。把产品加以改进以适应这种需求的公司才是市场上最具竞争力的公司。

对工业品和工业服务的市场需求要比对大多数消费品的需求更多变。这种需求还因各国经济发展水平和教育体系的质量的不同而不同。虽然产品和服务的质量最终是由顾客定义的，但人们也在开发诸如ISO 9000这样的国际标准，这些标准提供了企业对质量的关注程度的信息。售后服务是工业品销售的一个非常重要的方面。在世界各地，对其他种类的工业服务（如银行业、法律服务、广告）的需求正在兴起。贸易展览会对工业营销来说是一个特别重要的促销渠道。

思考题

1. 解释本章标黑色的术语。
2. 消费品和工业品有何差别？这些差别对国际市场营销有何影响？
3. 讨论经济发展的各个阶段是如何影响工业品需求的。
4. “工业化通常是关系到整个国家的问题，工业品是工业发展的食粮。”试评论。
5. “产品是否适当不能仅仅依靠技术效率来判断，必须参照产品的使用环境来确定。”讨论这句话的含义。

6. 在制定工业设备的统一标准中，美国为什么没能够做出更大的贡献？从经济角度来看，你觉得讨论这一问题是否有意义？
7. 在国外市场竞争中，服务、配件和标准起什么作用？请举例说明。
8. 试讨论工业品交易会在工业品国际营销中的作用。
9. 试叙述跨国公司追求 ISO 9000 认证的原因。
10. 产品在欧盟销售必须具备何种 ISO 9000 法定要求？请讨论。
11. 试讨论获得 ISO 9000 认证后的竞争优势。
12. 试讨论工业品与众不同的特点如何自然而然地导致关系销售。请举例说明。
13. 请讨论一些与工业品定价关系更密切的问题。
14. 什么是价格质量关系？它如何影响美国公司在世界市场上的竞争地位？
15. 挑选几个处于不同经济发展阶段的国家，然后说明不同阶段如何影响对工业品的需求。
16. 英国几乎已经完成了所有英制向公制的转变。你认为这对美国迟迟不转变的传统做法有何影响？试讨论这样的转变对经济的影响。
17. 试讨论国际工业服务对美国出口贸易的重要性。大多数美国服务公司是如何走向国际的？
18. 试讨论工业服务的国际市场环境。

第15章

Chapter15

国际营销渠道

学习目标

通过本章学习，应能把握：

- 分销渠道的多样化及其对营销成本和效率的影响
- 日本的分销结构及其对日本顾客和竞争的作用
- 分销模式对国际营销各个方面的影响
- 各类中间商的功能、优点和缺点
- 挑选并维持中间商的重要性
- 电子商务作为一种分销方式的日益重要性
- 实体分销活动的相互依赖性

全球视角

中央公园咖啡馆

对于零售商来说，产品、价格、促销与渠道这种所谓的4P营销组合十分重要，尤其是组合中的渠道。星巴克就是通过为消费者创造"第三空间"而赚取更多利润的，其他公司在这方面可谓望尘莫及。正如电视剧《老友记》中所说的，朋友来了，沙发上坐一会，再聊上一会儿天。当然，零售商希望客户消费些什么。不过，结果并不总是符合零售商的利益。

有一位第一次上星巴克店的客人称："我最喜欢舒适的沙发，所以当我一看到星巴克门店，就进去坐在沙发上。不过，服务员很快就过来告诉我需要消费，要不就得出去。这样，我只得离开，因为当时作为学生的我，咖啡价格有点高，消费不起。"

还有一位顾客称并不知道这样的游戏规则。他说："我记得我第一次去星巴克店时，点了冰咖啡……但，喝完咖啡后，糖积在杯底。我不懂有不同种类的糖……也不清楚我喝的咖啡该加哪种糖。所以，希望将来……增加些服务，能告诉我什么咖啡该加什么糖。"

宜家在北京开了一家大商场，也碰到了一个大问题。

某个周六，在事先并未有什么安排的情况下，张欣叫妻子、儿子和母亲穿戴整齐，就坐上了家里的小轿车。他本想带大家去故宫或长城，但最后决定去另一大众常去之地——

宜家。

一家人乘上自动扶梯，漫步在拥挤的人群中。陈列室过道上挤满了推着黄色购物车的人群。张欣说，他们一家人出来想避开油烟，享用一顿不错的午餐。这位34岁的办公室经理说："我们来这里就是为了快乐。我们可以去其他地方，但那样的话就不够圆满。"

欢迎到北京宜家，那里的环境像个主题公园，而不像商店。当这家来自瑞典的家居大企业1999年在北京开张营业时，公司希望当地消费者会喜欢这一保守的欧洲品牌。10年后，北京人的确喜欢，而且是非常喜欢。

每到周末，成千上万的民众涌入这巨大的陈列室来享用陈列品。

正如店方所称，在宜家买东西都不是预先想好的。宜家的成功部分地在于契合了北京的时代精神。在私有住宅尚未普及且收入尚不高的时候，宜家就向被称为白领的新兴中产阶层提供价格适中的现代家具。虽然这种低调风格与深受富人和宾馆欢迎的豪华法式帝国设计不同，但仍然令人满意且不失档次。

"我们的价值观在不断变化。"大学毕业生胡丽芝说。5月，她从邻近的河北省到北京来从事教师工作。"我们需要现代家具，我想宜家代表了一种生活方式。人们并不一定要购买，但至少可以有经历。"

不过，在上海徐汇购物区的宜家店，上了年岁的中国人也喜欢在非周末的夜晚到那里的咖啡店见面，因为持有家庭会员卡者可以获得免费咖啡。就像在北京的中央公园咖啡馆那样，他们多数为单身老人，通常为寻找潜在配偶的寡居者。

虽然有些失望，但宜家的经理希望这些观光客最后能成为消费者。宜家在中国投资也是看中了中国的中产阶层。虽然有迹象表明公司的利润一直不稳定，但宜家在中国已开了19家门店。

"虽然品牌很响，但问题是如何让顾客掏钱购买？"公司发言人徐琳达说。当沃尔玛与法国连锁超市家乐福于20世纪90年代进入中国市场时，许多顾客赶去这些新商店，也只是看一看、摸一摸而已。现在，毕竟有数百万中国顾客在购买了。

资料来源：Meera Venkatraman and Teresa Nelson, " From Servicescape to Consumptionscape: A Photo-Elicitation Study of Starbucks in China, " *Journal of International Business Studies* 39, no. 6 (2008), pp. 1010-1026; David Pierson, " Beijing Loves IKEA—But Not for Shopping," *Los Angeles Times*, August 25, 2009, online. For more on this topic, see also Edwin J. Nijssen and Susan P. Douglas, Shafiq Khan, Senior Vice President eCommerce with Luis Babicek, James Nixon, and Robin Chiriboga, Marriott International, 2015. Used with permission. " Consumer World-Mindedness, Social-Mindedness, and Store Image, " *Journal of International Marketing* 16, no. 3 (2008), pp. 84-107; Laurie Brukitt, " In China, IKEA Is a Swede Place for Senior Rommance, Relaxation," *The Wall Street Journal*, December 1, 2011, pp. A1, A16.

要实现预期的营销目标，必须使产品在目标市场上能以适中的价格买到。如果不能克服分销结构中的不合理成分，那么产品到达目标市场的过程可能会是一个很昂贵的过程。建立积极而可靠的分销渠道也许是国际营销者所面临的最为关键并最富挑战性的任务。此外，有人认为，迎接此类挑战是经济发展的催化剂。

每个市场都有一张分销网，有很多渠道可供选择。它们的结构独特，而且在短期内固定不变。有些市场的分销结构具有多层次、复杂、效率低下甚至奇怪的特点，常使新来的企业很难渗透进去；在另一些市场上，除了在主要的城市区域，几乎没有专业的中间商；还有一些市场，一种充满活力的兼具新旧分销体系的分销机构正在全球范围内形成。凡能从各种可供选择的渠道中建立最有效的分销渠道的公司，不管占主导地位的分销结构如何，都将具有竞争优势。鉴于全球贸易仍在不断增长，而实体分销的基础设施又发展落后，所以在21世纪可能会面临更大的挑战。

本章讨论选择分销渠道过程的基本要点：①渠道结构；②分销模式；③可供选择的中间商；④影响渠道选择的因素；⑤寻找、选择、激励和终止中间商。

15.1 分销渠道结构

在每一个国家和每一个市场，无论是在城市还是在农村，无论贫富，所有消费品和工业品最终必须经历一个分销过程。**分销过程**（distribution process）包括产品的运输和配送、所有权的转移、制造商和中间商以及中间商和顾客之间的买卖谈判，从营销战略的观点立场来看，这种谈判是最重要的。

国际营销经理需要面对一系列的政策和战略渠道选择问题。这些问题本身和国内市场分销中所遭遇的问题并无很大的不同，但是因为可供选择的渠道和市场模式不同，解决问题的方法也不同。

每个国家的市场都有一定的**分销结构**（distribution structure)，通过这一结构产品从制造商手中转到使用者手中。在这一结构中，有各式各样的中间商，他们的传统职能、活动和服务反映出那里的竞争状况、市场特点、传统和经济发展水平。

总之，渠道成员的行为是文化环境和营销过程相互作用的结果。渠道结构包括许多新兴市场中的那些落后的营销基础设施，也包括日本那样的极其复杂、多层次的系统。

15.1.1 进口导向的分销结构

发展中国家的传统分销渠道是从极大地依赖进口产品的经济中发展起来的。在进口导向的或传统的分销结构中，进口商一般控制着固定的货源，其营销系统的发展思路是向少数富有顾客高价销售数量有限的商品。在这样形成的卖方市场中，由于供不应求，而且在大多数情况下，顾客向为数不多的中间商寻求货源，所以市场渗透和大众分销显得没有必要。

这种结构影响中间商及其职能的形成。从范围上讲，分销系统仅限于当地而不是遍及全国。这种市场中进口商与任一中间商的关系完全不同于大规模营销系统中的关系。从概念上讲，分销渠道包括一系列从事具体活动的中间商，他们各司其职，向其下一层销售，直至最终消费者。不过，这种分销概念在进口导向市场中并不多见。

由于进口商－批发商这种关系传统上履行了大多数的营销职能，所以那些提供广告、市场调研、仓储、运输、筹措资金和其他服务的独立代理商发现这些市场或是缺乏发展成熟的营销基础设施，或是营销基础设施发展落后。因此，这些市场几乎没有形成能支持完全整合的分销体系的独立代理商。

这里把这种情况和美国及其他工业化国家盛行的大众消费的分销理念做一个比较。在这些市场上，单个供应商无法控制市场的供应，但是在一定范围内可以增加或减少供应，而且可以按产能或接近产能的水平来实现盈利的最大化。一般来说，市场是买方市场，制造商会竭力向市场渗透，把产品推向消费者，从而形成了包括各种各样中间商（其中的许多中间商是发展中市场闻所未闻的）的高度发达的渠道结构。

随着中国经济的发展，其市场体系和分销结构也在不断发展。[㊀]对于那些过去采用进口导向的国家而言，其分销渠道结构多少会有过去的做法，表现为营销体系整合程度较低。与之相反，日本的分销系统往往存在多层次专门化的中间商。

15.1.2 日本的分销结构

日本的分销体系长久以来一直被看作进入日本市场最有效的非关税壁垒。[㊁]虽然面对国外企业的竞争，日本市场许多传统的运作方式受到了削弱，市场也变得比以前开放，但对于研究文化对经济制度的深刻影响而言，日本的分销体系仍然是一个极好的案例。日本的分销结构和欧美有很大的不同，任何想进入该市场的人都必须仔细研究。日本的分销体系有以下四个明显不同的特点：①许多小中间商占有支配地位，而且这些小中间商和很多小零售商打交道；②制造商控制着渠道；③形成了基于独特文化的经营哲学；④拥有旨在保护作为该体系基础的小零售商的法律。

日本市场上中间商、零售商和批发商的密度是任何西方工业化国家都不可企及的。日本消费者习惯到附近的小商店购物，购买量虽不大但次数很频繁，他们就是传统的日本分销结构所服务的对象。同样密度的批发商支持着高密度的存货不多的小商店。通常，商品需要经过三四个中间商后才到达消费者之手，即由制造商经过一级、二级、区域性的和当地的各级批发商，最后经过零售商之手到达消费者。

虽然其他国家也有大量的小零售商店，但是日本和美国的小零售商店（雇员不足10名）的主要差别在于在总零售额中小零售商所占的比例。在日本，小商店占零售食品总额的59.1%，而在美国，小商店占食品零售总额的35.7%。如表15-1所示，最显著的变化也许就是日本各种类型商店支出的减少。日本因售货机数量众多而出名，而表15-1中的数据就反映了这一点。在全部三个国家中，支出增长最快的是互联网购物，其中使用手机的情况增长最快。

㊀ Lutz Kaufman and Andreas Jentzsch, " Internationalization Processes: The Case of Automotive Suppliers in China," *Journal of International Marketing* 14 (2006), pp. 52-84.

㊁ For a detailed study on this subject, see Frank Alpert, Michael Kamins, Tokoaki Sakano, Naoto Onzo, and John L. Graham, " Retail Buyer Decision Making in Japan: What U.S. Sellers Need to Know," *International Business Review* 6, no. 2 (1997), pp. 91-104; Yoshinobu Sato, "Some Reasons Why Foreign Retailers Have Difficulties in Succeeding in the Japanese Market," *Journal of Global Marketing* 18, no. 1/2 (2004), pp. 21- 44.

表 15-1 按零售商类型统计的家庭平均销售额（2009 ~ 2014 年年均增长率）

零售商类型	德国（美元）	日本（美元）	美国（美元）
杂货零售商店	6 504（0.5）	6 313（-1.4）	8 157（1.7）
非杂货零售商店①	6 516（0.4）	8 546（-1.9）	9 191（0.8）
直销	83（-0.9）	294（-1.9）	201（-0.6）
家居购物	234（-11.5）	512（-5.2）	696（-5.8）
互联网购物	1 112（19.8）	1 300（10.4）	1 981（15.9）
自动售货机购物	75（-0.9）	492（-3.4）	37（0.6）
移动手机购物	152（115.0）	376（38.0）	347（44.6）
无实体店网购②	704（22.1）	932（10.5）	1 034（19.6）

①包括服装、鞋类、电子品、家电、卫生用品、化妆品、家居物品、庭院用品、休闲品、个人用品以及综合用品。

②无实体分店。

资料来源：Euromonitor International, 2015.

正如随后所要介绍的那样，日本的零售业正在发生深刻的变化。虽然目前把日本市场描述成具有高密度中间商的市场仍然是正确的，但小商店的数量正在减少，而且正在被大型折价商店和专业店所取代。这些小商店对日本消费者来说非常重要。人口密度高，经常光顾商店的传统，强调服务、新鲜和质量，批发商提供金融支持，量少却频繁的送货以及其他便利，这一切共同作用，支持大量小商店的存在。

制造商依赖批发商为分销网上的其他成员提供多种服务。批发商给渠道的其他成员提供融资、货物运输、仓储、库存、促销和收款等服务。系统之所以能运作，是因为批发商和所有其他中间商都与制造商紧紧地联系在一起，其联系的纽带是一系列专门设计的做法和激励措施，目的在于对他们的产品进行强有力的销售支持，把竞争对手排除在渠道之外。批发商通常起着代理商的作用，通过分销渠道把制造商的控制一直延伸到零售层。

贸易习惯和日本分销渠道的长结构形成了紧密的经济联系和依赖性，而与此相联系的是一套独特的强调忠诚、和谐和友谊的经营哲学。这种价值体系维系着销售商和供货商之间的长期关系，只要双方觉得还有经济优势，这种关系就难以改变。传统的合作伙伴、内部人一般都具有优势。

普遍缺少价格竞争、昂贵的服务以及其他方面的效率低下使得日本的消费品价格位居世界最高之列。事实上，如果按目前的汇率来比较收入（即人均国内生产总值），那么日本为人均 38 492 美元，而美国为人均 38 165 美元。然而，如果按购买力来计算（即按购买力平价来计算人均国内生产总值），那么美国高于日本的人均 53 193 美元。不过，如果考虑到实际购买力（即按购买力平价计算的人均国内生产总值），那么美国会因日本的物价昂贵而占有优势，日本的人均国内生产总值按购买力平价计算只有 36 315 美元。[⊖]这样的价格为打折创造了非常好的条件，而且打折也正在成为一个重要的因素。日本消费者经常光顾商店，每次购买少量物品，与价格相比更看重服务，对那些被认为具有高质量的品牌忠心不二，这一切使得分销体系的传统特性得以维持。此外，日本法律也使得小零售商比大商场和竞争更具优势。所以尽管日本许多消费者的态度已经有所改变，正在削弱市场上传统零售业的力量，但

⊖ Constant 2000 international dollars; World Development Indicators, World Bank, 2015.

是上述因素使得小商店和目前的分销体系仍然具有生命力。

来自大规模零售商店的竞争几乎一直受**《大规模零售商店法》**(Large-Scale Retail Store Law)的完全控制。制定该项法律的目的是保护小零售商不受大商场的侵害。所以该法律要求任何商店，如果营业面积超过 5 382 平方英尺，必须得到县级政府批准，才能“建造、扩大、延长开门时间或者改变歇业日期”。所有建立“大”商场的计划必须首先经过国际贸易和工业部(MITI)的审批。如果当地零售商一致同意，该计划就会被迅速批准。但是，如果得不到县级批准(这一地区的小零售商必须全体同意)，计划就会被发回重新修改，批准过程可能历时几年(10 年也并非闻所未闻)。

美国政府的结构性障碍倡议(Structural Impediments Initiative)、解除管制以及沃尔玛的做法都促成了日本分销体系的改变。但是，将最终导致传统分销体系消亡的还是要靠那些愿意挑战传统方法，愿意给消费者提供具有竞争优势、价格合理、质量优越的产品的当地商人。各地的专门廉价商店如雨后春笋，层出不穷，企业家利用直销避开分销系统，大幅降价。例如，一家名叫 Kojima 的廉价电器商店采用它称为“全球采购”的做法：在全世界范围内，哪里商品最便宜，就在哪里购买。Kojima 和通用电气的关系使得它出售的通用电气的 410 升的冰箱只售 640 美元，而通常需要 1 925 美元，550 升的冰箱从 3 642 美元下降到 1 585 美元。

15.1.3 趋势：从传统渠道结构到现代渠道结构

如今，几乎没有任何国家或地区能够完全孤立，不受国际经济和政治变化的影响。这些变化趋势正在改变经济结构的各个层次，包括分销结构。[㊀]传统的渠道结构仍然存在于许多领域，如雀巢在非洲仍然靠步行、自行车和出租车来招徕生意[㊁]，而可口可乐的 CEO 穆泰康(Muhtar Kent)允诺称：“我们会去非洲的任何地方，包括每座城镇、每处乡村和每个小镇[㊂]。”不过，这些渠道结构正在让位于新的形式、新的联盟和新的过程，虽然速度各不相同，但是无一不在变化。[㊃]例如，沃尔玛、乐购和家乐福的那些最大的商店都面临着困境，因此而正在把店面规模缩小为 3 000 ~ 5 000 平方米，而不再是原来的 10 000 平方米。[㊄]不妨考虑下 eBay 中国店[㊅]近来的成功以及日本地震/海啸后网购的大量出现[㊆]。一国出现的要求变革的

㊀ Katrijn Gielens, Linda M. van de Gucht, Jan-Benedict E. M. Steenkamp, and Marnik G. Dekimpe, “Dancing with the Giant: The Effect of Wal-Mart's Entry into the United Kingdom on the Performance of European Retailers,” *Journal of Marketing Research* 45, no. 5 (2008), pp. 519-534; Michael Etgar and Dalia Rachman-Moore, “Geographical Expansion by International Retailers: A Study of Proximate Markets and Global Expansion Strategies,” *Journal of Global Marketing* 23 (2010), pp. 5-15.

㊁ Devon Maylie, “By Foot, by Bike, by Taxi, Nestle Expands in Africa,” *The Wall Street Journal*, December 1,2011, pp. B1, B16.

㊂ Duane D. Stanford, “Coke's Last Round,” *Bloomberg BusinessWeek,* November 1, 2011, pp. 55-61.

㊃ Suk-Ching Ho, “Evolution versus Tradition in Marketing Systems: The Hong Kong (China) Food Retailing Experience,” *Journal of Public Policy & Marketing* 24, no. 1 (2005), pp. 90-99; Bruce Einhorn and Wing-Gar Cheng, “China: Where Retail Dinosaurs Are Thriving,” *Bloomberg BusinessWeek*, February 1 & 8, 2010, p. 64.

㊄ David Jolly, “Carrefour Rethinks Its ‘Bigger Is Better’ Strategy,” *The New York Times,* January 27, 2012.

㊅ Bruce Einhorn, “EBay Finds a Secret Door to China,” *Bloomberg BusinessWeek,* April 18, 2011, pp. 39-41.

㊆ Diane Brady, “Japanese Shoppers Loosen Up Online,” *Bloomberg BusinessWeek,* April 18, 2011, online.

压力既来自国内，也来自国外。跨国公司的营销人员正在寻求进入由昂贵的传统分销体系服务的那一部分细分市场并从中获益的方式。在印度，传统的零售商店正在让位于那些新开的当地或来自外国的大型商店。在英国，乐购在店堂中开展零售银行业[一]，Anthropologie也在进行尝试。鉴于在欧洲的利润出现下降，家乐福引入了其在巴西卖场的经营新理念，如降低SKU指标[二]。直销、上门兜售、特大型市场、打折商店、商场、邮购、通过互联网的电子商务以及其他销售方式正在被引进，力图提供高效的分销渠道。进口商和零售商也在开展越来越多的新产品开发。[三]例如，墨西哥的家电巨头Grupo Elektra与北京汽车集团联合开展面向墨西哥及其他出口市场的低价轿车的开发与制造。

分销领域的一些重要发展趋势最终可能导致各国中间商彼此更加雷同而不是相异。例如，沃尔玛正在全世界扩张，从墨西哥到巴西，从欧洲到亚洲。其唯一让人失望的是在韩国的分店因规模不足而不能盈利，结果于2006年出售了其在韩国的5家门店。[四]雅芳正在挺进东欧，安利正在进军中国，L. L. Bean和Land's End已经成功进入日本市场。这些对传统分销体系的入侵的结果是导致变化，使得折扣、自选、超市、大宗采购和电子商务的概念全球盛行，把竞争氛围提高到空前的程度。

随着美国零售业进军欧洲，过去囿于国内的零售商开始与来自国外的原先的竞争者和其他企业联合组成覆盖全欧的企业。家乐福是法国一家全球企业，它与本国原来的主要竞争对手普罗蒙德（Promodes）合并，按照其首席执行官的说法，就是要成为世界范围内的零售业领头羊。英国的超市巨人Sainsbury就是一个例子，它已经和意大利的艾斯兰加（Esselunga）超市、法国的Docks（特大型市场、超市和廉价商店）以及比利时的Delhaize超市结盟。结盟为这四家公司提供了整合各自经验和购买力的机会，以更好地应对统一的欧洲市场和欧元带来的机会和更为激烈的竞争。

欧洲零售商把统一的欧洲视为向全欧扩张的机会，而国外零售商则被这个市场的高价和高额利润所吸引。好事多是总部在美国的零售商，它把英国超市7% ~ 8%的毛利率（美国的毛利率只有2.5% ~ 3%）视为发展的机会。好事多的价格将比当地与之竞争的零售商便宜10% ~ 20%。

在整个欧洲，零售业在向国外扩张的同时，新型的零售企业也开始问世。西班牙最大的百货连锁店英国宫百货（El Corte Ingles）不仅进入了葡萄牙等欧洲市场，而且还在互联网上（http://www.elcorteingles.es）开设了西班牙第一家网上超市，并且签署协议，赞助西班牙两个24小时家庭购物频道。与此同时，越来越多的小零售商也在向海外拓展。Mango也是西班牙的一家零售商，目前与其他欧洲竞争对手一起在纽约开设了商店，充分利用了因美元贬

[一] Kerry Capell, "Eggs, Bread, Milk—and a Mortgage," *Bloomberg BusinessWeek*, March 1, 2010, p. 20.

[二] Christina Passariello, " Carrefour Net Drops Amid Overhaul Effort, " *The Wall Street Journal*, February 19, 2010, online.

[三] Goksel Yalcinkaya, Roger J. Calantone, and David A. Griffith, " An Examination of Exploration Capabilities: Implications for Product Innovation and Market Performance," *Journal of International Marketing* 15 (2007), pp. 63-93.

[四] "Wal-Mart Exits Korean Market," *Los Angeles Times*, May 23, 2006, p. C3.

值而带来的低经营成本的优势。

沃尔玛的优势之一就是基于互联网的内部系统，该系统使得它与供应商做生意时更有效率，成本更低。事实上，沃尔玛收购境况不佳的零售商，其意图是借助于分销技术来挽救它们。在互联网上存在着同样的系统，可用于企业与企业以及企业与顾客的业务往来。例如，通用汽车公司、福特汽车公司、戴姆勒－克莱斯勒公司共同建立了一个名为 Covisint 的网站（www.covisint.com），用于从供应商那里购买汽车零部件。据估计，此举能为这些公司节省数百万美元。典型的订货要花费福特 150 美元，但通过 Covisint 的实时订货，成本只有 15 美元。西尔斯和法国的家乐福创建了 GlobalNetXchange（www.gnx.com），零售商和供应商可以在线开展业务，任何有 Web 浏览器的公司都可以通过该网站购买、出售、交换、拍卖产品和服务。该网站被称为“在过去 10 年中消费品分销领域最大的变革之一”，它预期可以降低供应商和购买者的成本。随着这样的网站的增加，对传统渠道中间人的影响究竟有多大目前只能猜测而已。

在过去的几年当中，我们已经看到了电子商务零售商，如 Amazon.com、Dell Computer、e-Toys 和 e-Bay 等，对传统零售业的影响，它们都在向全球扩张。大多数零售商已经建立了网站或正在尝试建立，其中有一些只是把其看作正常的商店的延伸，使它们能把触角伸到全球，L. L Bean、Eddie Bauer 和 Lands’End 就是这样的企业。

对于网络销售，其中最大的挑战之一是交货问题。前面提到，日本的 7-Eleven 商店的 7dream 计划的一个创新是网上的订单可以在便利店交货。这一做法很成功，以至于 7-Eleven 商店日本公司的所有者伊藤洋华堂（Ito-Yokado）公司（它还拥有 7-Eleven 商店美国公司 72% 的股权）正在把这种做法移植到美国商店中去。在达拉斯和沃思堡地区，250 家试点商店安装了连接交货和付款系统的类似于自动存取款机这样的机器，该系统承诺把 7-Eleven 商店作为电子商务的货栈。FedEx、联邦快递公司和其他快递公司一直是美国电子商务交货的主力军，现在它们给美国电子商务客户以及国外的电子商务公司提供类似的服务。当货物要跨国传递，联邦快递等公司提供包括代理报关在内的无缝隙发运。大部分这些服务公司建在欧洲和日本，现在正在拉美和中国建立网络。

这些以及其他趋势所造成的影响将改变传统的分销和营销体系。新的零售革命还在变化中，新的零售和中间人体系将被创造出来，已有的企业将寻求和尝试新的方法以维护竞争能力。此外，在开展国际经营时，如果继续按个体来考虑竞争对手，那么公司将面临越来越大的风险。特别是就分销体系而言，越来越需要某种系统的概念。换言之，必须从网络或系统的角度来看待企业。[⊖]不过，在新的概念完全建立起来和新的体系稳定以前，这些变化将对整个分销链产生共振。自从第二次世界大战后发生的、最终导致仓储式零售方式产生的美国分销大动荡以来，还没有出现过现在这样大的分销体系变革的可能。然而，这一次变革将是全球性的，而不是主要局限于美国。

⊖ Mats Forsgren, Ulf Holm, and Jan Johanson, *Managing the Embedded Multinational: A Business Network View* (Northampton, MA: Edward Elgar, 2005); see also the associated book review by Charles Dhanarah, *Journal of International Business Studies* 38 (2007), pp. 1231-1233.

15.2 分销模式

尽管分销模式尚在变化中，新的模式正在出现，国际营销者需要大致了解传统的分销基础。传统体系不会一夜之间发生变化，它的影响在未来很多年中仍会存在。几乎每一家国际性的企业都因市场结构所迫，在分销管理中至少要用到某些中间人。因为国外和国内的分销结构看上去类似，有人会匆忙地下结论，认为相同名称的渠道，国内与国外是一样的。只有在了解了实际分销模式的个中奥妙之后，才能理解分销任务的复杂性。以下对零售差异的描述旨在说明分销（包括批发）模式的多样性。

零售模式

与批发相比，零售的结构更加变化多端。在意大利和摩洛哥，零售主要由经营范围很窄的专门商店组成，而在芬兰，大多数零售都不局限于只经营几种商品。零售的一端的代表是日本庞大的三越株式会社，据说每天有10万名顾客光顾。另一端的代表是尼日利亚伊巴丹的市场，那里有大约3 000个单人或两人小摊为寥寥无几的顾客服务。卡地亚与迪士尼等制造商通过公司的自有商店来直接向消费者销售商品，而另一些制造商则通过数十层级的中间商来销售其产品。

1. 规模结构

零售规模的巨大差异与批发业有点类似。表15-2清楚地展示了某些国家零售规模的差异和人均拥有的零售商数目。零售结构及其造成的问题给销售消费品的国际营销公司带来了实实在在的困难。它们可以向占统治地位的大零售商直接销售，但缺乏适当途径向小零售商直接销售，而这些小零售商加起来却控制着大量的销售[⊖]。在意大利，官方数字显示有931 000家零售商店，或者说平均每63个意大利人就拥有一家商店。在269 000家食品店中，可称作大商店的不足10 000家。所以，在意大利，中间商是分销的关键因素。

表15-2 部分国家的零售结构

国家	零售商店（1 000家）	每家商店服务的人数	每100人中互联网用户
美国	835	378	84
加拿大	152	230	86
阿根廷	469	87	60
德国	282	287	84
俄罗斯	761	180	61
以色列	43	186	71
南非	159	333	49
中国	6 146	221	46
日本	849	150	86
澳大利亚	83	377	83

资料来源：Euromonitor International 2015;World Bank, 2015.

⊖ Tomasz Lenartowicz and Sridhar Balasubramanian, "Practices and Performance of Small Retail Stores in Developing Economies," *Journal of International Marketing* 17 (2009), pp. 59-90.

欠发达国家也存在类似的问题。在南非的大型超市连锁店当中，集中度相当大。该国31 000家商店中，其中1 000家控制了60%的杂货销售，剩余40%的销售额由30 000家商店分摊。要进入由30 000家商店服务的40%的市场可能非常困难。尤其是在黑人社区，零售商店基本都是小规模的，香烟常常是一根一根卖的，有的水果店的所有水果也许就只有碗里的四个苹果。

在过去几年里，全世界的零售业一直处于激烈的变革中。变化的速度似乎和经济发展阶段及速度有直接关系，甚至最不发达的国家也在经历巨大的变化。无论是在发达国家还是在发展中国家，形形色色的超级市场红红火火、蒸蒸日上。从奶粉和罐装辣椒到韩国电视机及录像机，无所不卖的廉价商店在全世界遍地开花，生意兴隆。

2. 直销

通过邮寄、电话和上门推销的直接销售是分销系统不充分和不发达的市场上的分销方法。[㊀]当然，这种方法在发达市场上也很有效。在100多个国家或地区进行销售的安利，利用直销手段成功地进入拉美和亚洲。在东欧和其他一些国家中，很多人正在想办法做企业家，所以在这里雇用个人销售其产品的公司人气极旺。例如，在捷克，安利和25 000个捷克人签约，成为其分销商，并且在头两个星期内，以每套83美元的价格销售了4万套创业商品组合。雅芳则是另一家在国外取得巨大扩张的美国公司。

通过邮购进行直接销售已经被证明是进入外国市场的成功途径。在日本，直销是打破日本分销体系造成的贸易壁垒的重要方法。例如，美国的邮购公司Shop America与7-Eleven日本公司合作，在7-Eleven的4 000家分店里分发目录。Shop America销售诸如影碟、佳能相机和劳力士表等商品，价格比东京的商店要便宜30% ~ 50%。比如，佳能的Autoboy相机在东京卖260美元，在Shop America目录中只要180美元。

很多邮购公司发现它们需要在一个国家开设电话服务中心，以回答顾客的问题。比如，Hanna Andersson收到投诉说问题很难通过电话得到解答，电话订货也很困难。因此，公司开设了由24位接线员组成的电话服务中心帮助顾客，并由此获得超过500万美元的年销售额。许多邮购公司还设立了网站，进一步增加了直销的销售额。

3. 变化的阻力

试图提高分销体系效率的努力、新型的中间商以及其他旨在改变传统方法的企图一般都被看成威胁，因此会遭遇阻力。[㊁]一个典型的例子就是由于高速发展的数码科技和盗版而导致的电影分销业务的重组。对根深蒂固的东西进行保护的法律不计其数。在意大利，要想开设一家新的零售商店，必须得到由当地商人组成的市一级的委员会的许可。在两年内，约有200份申请，但是只有10份获得了许可。反对零售革新之举无处不在，但是尽管面临如此众

㊀ See http://www.dsa.com, the Direct Selling Association's website, for definitions and a plethora of useful information about this industry.

㊁ Gardiner Harris, "Walmart Drops Ambitious Expansion Plant for India," *The New York Times*, October 20, 2013, p. B3; Tiffany Hsu, "Checkout for Tesco," *Los Angeles Times*, April 18, 2013, pp. B1, 6; "A Long Way from the Supermarket," *The Economist*, October 18, 2014, pp. 63-64.

多的限制和障碍，自选、打折销售、不限制营业时间以及大规模销售持续发展，其原因是它们给消费者带来了方便，为消费者提供了大量价廉物美的品牌。最终获胜的是消费者。

15.3　可供选择的中间商

企业可以选择自己从事所有分销活动（建立自己的下属单位以及直接向最终用户销售），也可以依赖中间商来分销产品。企业必须仔细斟酌选用何种渠道，因为一旦做好了选择，就很难改变；如果选择的渠道不恰当，那么未来的发展和盈利就会受到影响。

渠道流程包括从制造商到最终消费者的一切活动。这意味着卖方必须对渠道的两部分施加影响：其一是在母国；其二是在国外市场所在国。图 15-1 显示了一些可供选择的分销渠道。箭头表示制造商和每一个中间商的销售对象。在国内，卖方必须有一个机构（一般是公司的国际营销分部），负责应付需要在国家间运输商品的渠道成员。在国外市场上，卖方必须监督向最终用户提供产品的渠道。对公司来说，最理想的是直接控制或者参与分销过程，通过各种渠道，直达最终用户。工作稍不到位，销售就不会令人满意，营销目标就不能实现。然而在实际操作中，对分销全过程的参与有时候不切实际，或者成本太高。所以，选择渠道成员和进行有效控制是建立分销过程的首要任务。

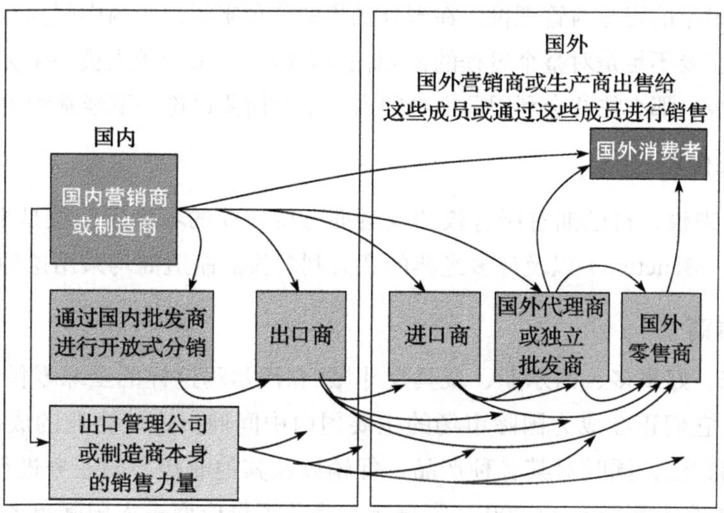

图 15-1　各种国际分销渠道

一旦公司明确了自己的目标和政策，下一步就是选择发展分销渠道所需的具体的中间商。外部中间商以他们是否拥有商品的所有权来划分。**代理商**（agent middlemen）收取佣金，在国外市场上组织销售，但是不拥有商品。通过使用代理商，制造商承担买卖风险，但保留制定政策、确定价格的权力，并有权要求代理商提供销售记录和客户信息。**独立中间商**（merchant middlemen）实际拥有制造商的商品，承担买卖风险，所以他们不像代理商那样容易控制。独立中间商起着一系列的进出口批发作用，包括在其他国家自主买卖。因为独立中间商主要关心他们的商品的买卖和利润，所以他们常常受到批评，认为他们不能代表制造商的最大利益。除非他们得到授权或者拥有强有力的有利可图的品牌，否则独立中间商购货时不限于某一货源，对品牌的忠实程度往往较低。容易接触，信用风险最小，商品一旦出了美国就不用自己处理，这些是使用独立中间商的部分优点。

中间商很难精确定义。一般很难找到某一家公司，能够不折不扣地代表这里定义的某一个类别。因此，熟知中间商的作用在国际活动中尤其重要，毕竟那些容易引起误解的头衔会使企业因看不清本质而被愚弄。例如，名叫 Stockist（存货商）的英国中间商的作用是什么？名叫 Exporter（出口商）和 Importer（进口商）的作用又是什么？事实上，某个出口商可能是个代理商，而另一个则是独立中间商。如果说不是大多数的话，很多国际中间商有好几个头衔，只有根据他们和某一家公司的具体关系才能确定到底是哪一个。

只有通过简略地分析中间商的作用才能确定分销渠道的特性。这里有三种选择：中间商处在制造商所在国；中间商处在外国；政府下属的中间商。

15.3.1 国内中间商

处在生产企业所在国的**国内中间商**（home-country middlemen）或者国内中间商，利用国内基地来提供营销服务。通过选择国内中间商，公司把国外市场分销任务交给了其他公司。对于国际销售额不大、在国外市场上没有多少经验的公司，不想直接参与复杂的国际营销活动的公司和那些想以最小的资金与管理投入在国外销售的公司来说，国内中间商具有很多优势。利用国内中间商的主要不足是对整个过程的控制程度有限。如果营销人员心中无底，同时希望资金和管理投入最少，那么往往会利用国内中间商。下面简要讨论一下经常利用的国内中间商。

1. 厂商的零售店

对许多厂商来说，自己拥有所有权的或者拥有特许权的零售店往往是重要的分销渠道。迪士尼、贝纳通（Benetton）以及许多经典的意大利奢侈品制造商均采用这种方法。

2. 全球零售商

随着像宜家、好事多、西尔斯、玩具反斗城[1]和沃尔玛这样的全球零售商扩大其在全球市场的占有率，它们正在成为国际市场的主要国内中间商。这些企业的成功似乎靠的是维持其核心的营销方法，同时对其各种产品、促销以及其他非核心的业务进行本土化适应。[2]沃尔玛在国外 15 个市场拥有 11 000 多家分店，是美国供应商进入国际市场的一个诱人的通道。沃尔玛为他们进入几乎没有什么经验的国际市场提供了有效的渠道。例如，年销售额达 7 000 万美元的加利福尼亚手袋制造商 Pacific Connections 通过沃尔玛的关系，进入了阿根廷、巴西、加拿大和墨西哥等海外市场。同样地，通过与诸如北美自由贸易区国家的合作，贸易限制的影响得到缓和，从而产生了新的全球零售商。来自墨西哥的 Gigante 就是反映这种趋势的一个典型例子。

[1] Laurie Burkitt and Ann Zimmerman, " Toys 'R' Us Maps an Expansion in China, " *The Wall Street Journal*, November 19, 2012, online.

[2] Bernhard Swoboda and Stefan Elsner, " Transferring the Retail Format Successfully into Foreign Countries," *Journal of International Marketing* 21, no. 1 (2013), pp. 81-109.

3. 出口管理公司

对于国际销售额相对较小的公司或那些不想让自己的人员参与国际营销的公司来说，**出口管理公司**（export management company，EMC）是重要的中间商。出口管理公司的大小不等，小的只有 1 人，大的多达 100 人，经营着约 10% 的制成品的出口。总部设在华盛顿特区的一家出口管理公司就是其中一个例子，该公司和美国 10 家矫形器械制造商签订合同，在全球独家销售其产品。

通常，出口管理公司是其客户公司市场营销活动不可分割的一部分。借助制造商的名义，出口管理公司的作用相当于一个低成本的、独立的、直接对母公司负责的营销部门。这种工作关系非常密切，以至于顾客常常意识不到他们并不是和公司的出口部门在直接打交道（见表 15-3）。

表 15-3 出口管理公司的业务

大多数出口管理公司提供各种类型的服务和帮助，包括：

- 为客户的产品进行国外市场调研。到海外实地考察，确定产品分销的最佳方法。确定各个海外国家所必需的分销商或代理商，而且通常可以把现有产品已经建立的海外销售网络用于类似的产品。在国际贸易展览会中展出客户的产品，如参加美国商务部举办的展览会和在遍布全球的美国出口发展办公室展出产品
- 处理把产品交到外国顾客手中的常规事务，比如出口申报、船运和海关单证、保险、银行业务以及特殊出口包装和唛头的说明
- 按惯例给海外贸易公司提供担保，保证产品的制造商能够收到货款
- 与制造商合作，准备广告和销售资料；通过与外国购买者的私人联系，了解海外的使用要求，对广告和销售资料进行适当改进以满足对方的要求
- 用必要的外国语言进行沟通
- 确保即将装运的商品适合当地的条件，满足海外的法律和贸易规范，其中包括标签、包装、纯度和电子特性
- 就海外专利和商标保护要求提出建议

资料来源："The Export Management Company," U.S. Department of Commerce, Washington D. C.

出口管理公司可能会对商品促销、信用安排、货物装卸、市场研究以及金融、专利和许可证的信息收集承担全部或部分责任。出口管理公司具有某一领域的专门知识，它能提供高水平的服务，制造商如果没有多年的基础工作，根本不可能达到那样的水平。传统上，出口管理公司一直靠收取佣金谋利，现在越来越多的出口管理公司自己会把产品买下。

出口管理公司的两个主要优点是：①公司可以以最小的投资进入国际市场；②公司在管理方面不需要投入人员或大笔花费。其结果实际是公司只投入可以忽略不计的金钱或人员就扩大了市场。

出口管理公司的主要缺点是：一般不能为建立深层次的分销体系进行必需的市场投资，因为它们必须立即得到销售款才能生存。在这种情况下，就无法获得使用自身成员的公司所能得到的市场优势。精心选择的出口管理公司能够出色地工作，但是制造商必须记住出口管理公司是根据销售量获取佣金的，如果制造商的产品种类太多，每一种的销售量不大，或者短期内无法获利，那么出口管理公司就不会卖力为制造商推销产品。这样出口管理公司就仅仅成了订单接受者，用它来代替制造商的国际营销部门就不合适了。

4. 贸易公司

作为发展国与国之间贸易的重要中介，**贸易公司**（trading company）有着悠久而光荣的历史。贸易公司从许多国家购买、运输和分销商品。在概念上，几百年来贸易公司基本未变。

英国的格雷·麦肯齐（Gray MacKenzie）公司就是一家典型的在中东做生意的公司。它有70名销售人员，销售的产品林林总总，从化妆用品到艇外推进机和苏格兰威士忌酒。这类贸易公司的重要优势就是它的业务遍及整个中东地区。

有名的大贸易公司一般都来自发达国家，它们向发展中国家销售制成品，购买原材料和未加工产品。日本贸易公司（即综合商社）的历史可以追溯到18世纪初，它们既进口，也出口。目前，日本有300家公司在从事国外和国内贸易，在国外设有2 000家分公司，年贸易额超过1万亿美元。日本的贸易公司承担了日本61%的进口和39%的出口，其贸易额约占日本国内生产总值的1/5。

对于寻求进入日本复杂的分销体系的公司来说，日本的贸易公司提供了一条最便捷的通往成功之路。无处不在的贸易公司几乎控制着日本的分销体系的各个渠道。因为贸易公司可以控制很多分销商，维持宽阔的分销渠道，所以它们提供了广泛地进入市场的最佳途径。

5. 美国的出口贸易公司

《出口贸易公司法》（Export Trading Company Act）允许生产类似产品的制造商组建出口贸易公司。《出口贸易公司法》的主要目的就是通过向制造商和供应商提供更有效的出口贸易服务，改善贸易信用环境，消除《反托拉斯法》对出口活动的抑制因素，从而增加美国的出口。《出口贸易公司法》通过给美国企业提供机会，使得它们预先获得批准，不受《反托拉斯法》限制，可以进行特定的出口活动，从而为建立合资出口企业创造有利的环境。通过这样的合资企业，美国公司可以利用规模经济，分散风险，集中它们的技术优势。此外，通过联合销售协议，国内竞争对手在国外市场上可以避免彼此竞争。在《出口贸易公司法》获得通过之前，彼此竞争的公司如果进行合作，共营出口，就会违反《反托拉斯法》。《出口贸易公司法》的另一个重要条款就是允许拥有银行的公司拥有出口贸易公司。

在《出口贸易公司法》颁布后，好几家大公司（通用电气、西尔斯、凯马特以及其他公司）立即宣布组建出口贸易公司。在大多数情况下，这些出口公司不需要《出口贸易公司法》的保护，因为它们原先独立于其他企业而自主运作。它们在有限的范围内为美国公司提供国际销售服务，但是它们主要销售自己的产品。目前，很多在《出口贸易公司法》颁布后组建的贸易公司已经关门或者正在苟延残喘。

6. 补充营销者

在不同的国家拥有营销设施或渠道的公司，如果营销能力过剩或者希望扩大经营范围，有时在国际营销中会经营额外的产品。尽管这些活动按类别应称为**补充营销**（complementary marketing），但是被俗称为“顺带销售”。多年来，通用电气公司一直为其他供应商销售商品。它接受不与之竞争但却形成互补的产品，接受能够加强公司基本分销力量的产品。这方面最为经典的例子就是吉列公司在收购 Duracell 之前在欠发达国家销售电池的案例。

只有当某一公司希望凑足某一产品系列或者使得自己季节性的销售渠道能够全年运作时，大多数的顺带销售才会出现。公司可以做代理，也可以买断销售，但是销售额最大的顺带销售采用的是买断销售方式。为了选好顺带销售的新产品，必须回答以下四个问题：①该产品是否与产品系列有关，是否能对构成完整的系列做出贡献；②该产品是否适合于目前使用的销售渠道；③该产品是否有足够的利润回报；④该产品能否被市场接受，能否达到有利可图的销售量。如果满足了以上要求，顺带销售对双方来说都是增加销售量和利润的合理选择。

7. 制造商的出口代理

制造商的出口代理（manufacturer's export agent，MEA）是为制造商提供销售服务的代理商或代理公司。与出口管理公司不同，制造商的出口代理并不起着制造商出口部门角色的作用，而是一种短期的关系，只涉及一两个市场，完全是在佣金的基础上进行运作。另一个大的差别是制造商的出口代理以自己的名义，而不是以客户的名义做生意。在有限的范围内，制造商的出口代理与出口管理公司提供类似的服务。

8. 韦伯－波默雷恩出口联合会

韦伯－波默雷恩出口联合会（Webb-Pomerene export associations，WPEA）是联合出口的另一种主要形式。1918 年的《韦伯－波默雷恩法案》（Webb-Pomerene Act）准许美国公司在出口业务中联合起来，不受《谢尔曼反托拉斯法案》的限制。韦伯－波默雷恩出口联合会虽然不得参加有碍美国国内竞争的卡特尔或其他国际协议，但可以为其成员带来以下四大好处：①降低出口成本；②通过促销扩大需求；③减少贸易壁垒；④通过双边谈判改善贸易条件。此外，韦伯－波默雷恩出口联合会还制定价格、促进产品标准化和安排处理过剩产品。尽管韦伯－波默雷恩出口联合会在美国出口中所占的比重不足 5%，但是包括了农产品、化工产品和原材料、林产品、纸浆和纸张、纺织品、橡胶制品、电影和电视等领域的美国的一些一流公司。

9. 国外销售公司

国外销售公司（foreign sales corporation，FSC）是在外国或美国领地建立的销售公司，其销售或出租出口财产所得可以减税。制造商和出口集团可以组成国外销售公司。国外销售公司可以作为委托方，自主进行买卖，也可以做代理，收取佣金。它既可以依附于某一家制造商，也可以成为独立的商人或中间人。2003 年，世界贸易组织裁定国外销售公司违背了国际贸易条例，从而导致了美国与欧盟的一场较大的贸易争端。

15.3.2 外国中间商

大多数国家形形色色的代理商和中间商与美国的大同小异。想更多地控制分销过程的国际营销者可能会选择和外国市场的中间商直接打交道。这样做有利于制造商缩短分销渠道，并且与时刻和市场接触的中间商打交道。

利用外国中间商使得制造商更接近市场，也要求公司直接地面对语言、实物分销、沟通和金融等问题。外国中间商既可以是代理商，也可以是独立中间商；外国中间商与母公司之间的关系可能彼此不同；外国中间商也可能是因为特殊目的而零时雇用的。一些比较重要的外国中间商常常是制造商的代表和外国分销商。

15.3.3 政府下属的中间商

在世界上任何一个国家中，公司都必须和政府打交道。联邦、地区和当地政府自己使用的产品、服务和日用品总是通过政府采购办公室采购。在荷兰，政府采购办公室和 20 个国家的 1 万多个供应商打交道。采购办公室采购的产品中近 1/3 不是荷兰本国所产的。最后，就公共部门与私人部门的效率比较而言，在 2005 年发生的卡特里娜飓风期间，得到了验证：沃尔玛提供求助的效率要高于政府的 FEMA 部门。

15.4 影响渠道选择的因素

国际营销者必须对市场特点了如指掌，而且应当在选择中间商之前制定好经营方针。在开始选择之前，必须注意以下几点：

（1）确定各国内的或跨国的具体目标市场。

（2）对于销售量、市场份额和利润要求，明确营销目标。

（3）明确用于开发国际分销体系的财力和人力的投入。

（4）确定控制程度、渠道长度、销售条款和渠道所有权。

一旦以上诸点得到落实，就可以选择中间商，构筑最佳营销渠道了。企业必须把商品送到顾客手中，必须做出选择，是自己全权负责分销还是把部分或者全部分销任务交给中间商。分销渠道因为市场大小、竞争和可供选择的分销中间商的不同而各异。

分销决策的关键因素包括中间商所起的作用（及其效果）；服务的成本；有多少中间商可供选择；制造商对中间商行为的控制程度。

尽管公司总的营销战略必须体现公司的短期和长期利润目标，但是一般认为渠道战略本身具有六个战略目标。这些目标可以用六个 C 来描述：成本（cost）、资本（capital）、控制（control）、覆盖面（coverage）、特点（character）和连续性（continuity）。在制定总体分销渠道战略过程中，必须考虑每一个“C”，只有这样，才能建立符合公司的长期渠道方针的经济、有效的分销机构。值得注意的是，由于各种分销渠道互有长短，许多公司都采用复合型或混合型的分销渠道。有研究表明，建立新的分销渠道可以增加企业的价值。[1]事实上，这方面有三个很好的例子：戴尔在佳世客（Jusco）超市内的售货亭销售电脑，玩具反斗城在食品店销售玩具，而星巴克在中国零售店销售包装好的咖啡粉。[2]

---

[1] Christian Homburg, Josef Vollmayr, and Alexander Hahn, “Firm Value Creation through Major Channel Expansion: Evidence from an Event Study in the United States, Germany, and China,” *Journal of Marketing* 78, no. 3 (2014), pp. 38-61.

[2] Annie Gasparro, “Starbucks Shuffles Global Management Team,” *The Wall Street Journal*, May 2, 2013, online.

15.4.1 成本

渠道成本有两类：开发渠道的资本或投资成本和保持渠道畅通的维护成本。后一种成本可能以两种形式出现：维持公司的销售力量的直接开支，或者买卖商品的形形色色的中间商的利润、报酬或佣金。营销成本（其中相当大的一部分是渠道成本）必须被看作商品出厂价与顾客最终为该产品所付价格之间的全部差价。中间商的成本包括商品的运输和储存、拆零、提供信用、当地广告活动、销售展示以及洽谈所产生的成本。

有句老话，你可以省掉中间商，但是你省不掉中介过程和中介成本。话虽如此，在很多环境中，仍然可以通过创新营销策略，节省渠道成本。实际上，有些企业已经发现通过取消效率不高的中间商可以缩短渠道，进而降低成本。墨西哥最大的收音机和电视机制造商能够以低价销售，每年的销售额达 3 600 万美元，因为它不要任何中间商，而是建立自己的批发机构，毛利率定得低。与此相反，很多在规模很大的国内市场上习惯于使用自己的销售力量的公司已经发现，必须延长销售渠道，才能在成本上与外国市场保持一致。

15.4.2 资本

分销策略的财务方面往往被忽视，其中关键因素是使用某一种中间商时的资本要求和现金流动模式。公司建立自己的内部渠道，即公司自己的销售力量时，需要的投资通常最大。使用分销商或经销商可以减少投资，但是制造商常常必须提供寄售所需的启动货物、贷款、楼层布置或者其他的安排。可口可乐最初在中国投资时，大多数合作伙伴都具有足够的资本。然而可口可乐很快认识到在竞争激烈、人人为市场份额所驱使的碳酸饮料市场上，不能完全依赖当地的合作伙伴来销售其产品。为了加强对分销过程的控制，可口可乐不得不进行管理控制，这意味着更大的投入。在中国做生意的最大成本之一就是维持有效分销所需的资本。

15.4.3 控制

公司对分销活动参与得越多，它对分销的控制就越大。使用公司自己的销售队伍能施加最多的控制，但是经常因成本过高而变得不切实际。星巴克和肯德基发现在中国一些地区值得自己投资开设门店（而不是采取特许销售）。[㊀]不同的渠道安排，控制也各不相同，而且渠道越长，对价格、销售量、促销和商店类别的控制力越弱。如果公司不能直接销售给最终用户或零售商，那么选择中间商的一个重要标准就是企业能维持多大程度的控制。当然，国际分销关系也会有风险，如机会主义和掠夺问题。最后，有关失控分销渠道的最为令人担忧的事例之一就是如今发生的全球性鱼短缺问题。发达国家的零售商与分销商一直以来几乎都在捕鱼以满足那些贪婪顾客的需要。[㊁]

㊀ Tang Zhihao, "Starbucks Buys Back Control of Stores," *China Daily,* June 3, 2011, p. 14; David E. Bell, "KFC's Radical Approach to China," *Harvard Business Review,* November 11, 2011.

㊁ "Japan's Tuna Crisis," *The New York Times*, June 27, 2007, p. A22; Elisabeth Rosenthal, "In Europe, the Catch of the Day is Often Illegal," *The New York Times*, January 15, 2008, pp. A1, A6; Wakatsuki, " Not Working for Scale," op. cit.

15.4.4 覆盖面

另一个主要目标是全面占领市场以便在各个市场上获得最佳销售额以及适当的市场份额，并取得令人满意的市场渗透。覆盖面可以通过地理、细分市场或综合两者来估算。分销体系必须因时因地制宜，才能获得足够的市场覆盖面。在高度发达的地区和在贫瘠的市场上，覆盖面都很难提高，前者是因为竞争激烈，后者是因为渠道不足。

很多公司并不计划全面占领市场，而是在人口集中之地寻求大的渗透。在一些国家，两三个城市的居民就构成了该国的主要购买力。例如，60% 的日本人口生活在东京、名古屋、大阪地区，它们就像一个巨大的城市。

与此相反的则是许多发展中国家，在大城市以外的其他地方，专门的中间商非常缺乏。即使有，也往往很小，且传统上毛利率很高。在这两种极端情况下，由现有中间商发展一条有效渠道的困难加上分销的高成本也许会抵消掉通过其他营销组合获得的效率。

为了获得高的市场覆盖率，公司可能不得不利用很多渠道：在甲国利用公司自己的销售力量；在乙国利用制造商代理；在丙国则利用贸易批发商。

15.4.5 特点

所选择的分销渠道体系必须与公司及其从事经营的市场的特点相符。一些显而易见的产品要求（往往也是人们最先考虑的）包括：产品是否容易变质、产品的体积、销售的复杂性、所需要的销售服务以及产品的价值等。

渠道管理者必须意识到渠道模式不是一成不变的，不能以为一旦形成了既符合公司特点又符合市场特点的渠道，就万事大吉了。例如，英国的分销体系由专门的中间商、分销商、批发商和零售商组成，事实上，所有中间商从前经营的产品范围一直很窄。然而，最近几年却有扩大经营范围、联合销售和大规模营销的趋势。忽略自我服务、刻意销售和打折的公司会发现自己失去了很大一块市场，因为其渠道不再能反映市场的特点。

15.4.6 连续性

分销渠道往往有个寿命问题。大多数代理公司一般都很小。当某一个人退休或者改行后，公司会发现因此失去了在该地区的分销渠道。批发商和零售商都不以长期经营某些产品出名。大多数中间商对他们的卖主几无忠诚可言。在产品能赚钱时，他们就经营某一品牌，如果一个季度或者一年之内产品不能赚钱，他们就会很快地抛弃该产品。分销商和经销商可能是最忠诚的中间商，但是即便如此，制造商也必须力争在渠道的下游建立品牌忠诚，以防中间商改换门庭，投靠其他公司或者禁不住其他诱惑。

15.5 渠道管理

建立国际分销渠道的实际过程往往并非易事，许多公司因为不能建立满意的分销渠道而导致开拓国际市场的努力受阻。

构筑中间商网络包括寻找潜在的中间商、选择符合公司要求的中间商并和他们建立工作关系。在国际市场营销中，渠道建立过程几乎没有一定的范式。在渠道接触中，公司越希望与消费者保持密切的联系，需要的销售力量就越强。如果在某个国家内，公司满足于找到一个独家出口商或者销售代理，渠道建立就不会太困难，但是如果公司想达到批发商下面一级或者零售商一级，就面临着巨大的困难，就必须拥有能够支持这一努力的内部员工。

15.5.1 寻找中间商

寻找中间商首先得从市场研究和确定评价中间商的标准开始。随着中间商的不同以及他们与公司关系性质的不同，标准也各不相同。评价标准基本上包括以下四个方面的内容：生产率或销售量；财力；经营稳定性和能力；企业的性质与声誉。通常强调的要么是中间商的实际生产率，要么是中间商的潜在生产率。

主要问题是如何找到有助于选择中间商的信息以及如何发现能够经营本公司商品的中间商。寻找海外代表的公司应利用下列资料来源列出中间商名单：美国商务部；正式出版的企业名录；外国领事馆；驻国外的商会；其他生产类似但不产生竞争的产品的制造商；中间商协会；企业出版物；管理顾问；运输商，尤其是航空公司；互联网上的服务，如国际技术服务提供商 Unibex。Unibex 可以为中小企业与较大的企业在企业与企业之间的商务合作方面提供一个平台。

15.5.2 选择中间商

找到潜在的中间商与决定他们中间谁能胜任工作相比要容易一些。销售量小或潜在销售量小排除了大多数潜在的中间商，有的则资金不足，而有的则根本不可信。在很多情况下，如果制造商在国外默默无闻，中间商的声誉就成了制造商的声誉，因此如果此刻选择不慎，就会造成灾难。

1. 筛选

筛选和选择时应遵循如下程序：给每一个潜在的中间商发一封用当地语言写的包括产品信息和对分销商要求的信；在回信者中，择优进行下一步的联系，获得有关正在经营的产品系列、销售区域、公司规模、销售人员数目以及其他更具体的背景信息；通过其他客户和潜在中间商的顾客，考察潜在的中间商的信用；如果有可能，实地考察最有希望的公司。如今通过 Unibex 这样的互联网公司，要想了解潜在中间商财务信息，已经变得容易多了。Unibex 使得公司能够利用邓白氏（Dun & Bradstreet）和其他公司的客户信息资源。

有经验的出口商建议，挑选中间商的唯一途径就是亲自到那个国家去，和使用自己产品的最终用户谈一谈，找到用户心目中的最佳分销商。先拜访每一个分销商，然后挑选能代表你的那一个；要找到这样一家公司，里面有一个关键人物会把新的系列产品放在心上，并且把成功销售新的系列产品当作自己的目标。另外，出口商强调如果顾客推荐两三个分销商，但是你无法和其中任何一个签约，那么在那个国家最好不要设分销商，因为无用的分销商不仅每年浪费你的时间和金钱，而且在你最终找到合适的分销商时会干涉你。

2. 中间商协议

一旦找到了某一个潜在的中间商并完成了对其的评估，剩下的任务就是和该中间商敲定协议细节。到目前为止，公司一直是买方，如今则必须向卖方和谈判方转变，劝说中间商经营自己的商品，接受对公司来说可行的分销协议。协议必须明确制造商和中间商的具体责任，包括每年的最低销售额。最低销售额是评价分销商的基础，如果分销商完不成最低销售额，出口商有权终止协议。

有些经验丰富的出口商建议最初的合同只签一年。如果第一年的表现令人满意，就重新修改合同，签订更长的时间。这样做使得合同更容易终止，而且更重要的是，经过在市场上一年的合作，一般可以制定出更可行的协议。

15.5.3 激励中间商

分销的层次和每个中间商对公司的重要性决定了必须采取何种行动，才能激励中间商。无论在哪个层次上，中间商的积极性和销售量之间都存在着明显的相关关系。可以用来维持中间商对产品的兴趣和支持的激励技巧大致可以归为五类：金钱回报、心理奖赏、沟通、公司支持以及与公司的和睦关系。

显然，无论是哪一个中间商，公司必须提供足够的金钱回报，他才会经营和促销该公司的产品。利润或佣金必须满足中间商的要求，允许随销售量和所提供的服务水准的变化而变动。如果不把适当的利润和适当的销售量联系起来，中间商就不可能对某种产品多加注意。

中间商及其销售人员也是人，所以他们对于别人对自己所做工作的认可和心理奖赏不会无动于衷。应邀到美国或者母公司的总部或地区总部走一趟是一个极大的荣誉。在公司媒体和地方报纸上亮相也可以提高外国中间商的身份和对公司的忠诚。

无论在何种情况下，特别是当存在巨大文化差异时[一]，公司都应该用信函、业务通信和期刊的形式与所有中间商时刻保持联系。这些信函越有人情味越好。对出口商的一项研究表明，制造商与分销商之间的联系越密切，分销商的工作做得越好。接触越多，联系越密切，自然而然地冲突就越少，工作关系越顺畅。关系往往很重要，特别是在新兴市场中那些讲究关系的国家或地区。[二]

最后，必须切实注意建立公司与中间商的和睦关系。除了上述方法外，公司应当确保出现冲突时，能够巧妙地、圆熟地解决冲突。必须牢记：无论是在何处，生意总是由人来做的，

㊀ Carl Arthur Solberg, “Product Complexity and Cultural Distance Effects on Managing International Distributor Relationships: A Contingency Approach,” *Journal of International Marketing* 16, no. 3 (2008), pp. 57 - 83; Chenting Su, Zhilin Yang, Guijun Zhuang, Nan Zhou, and Wenyu Dou, “Interpersonal Influence as an Alternative Channel Communication Behavior in Emerging Markets: The Case of China,” *Journal of International Business Studies* 40, no. 4 (2009), pp. 668-689.

㊁ Gerald A. McDermott and Rafael A. Corredoira, “Network Composition, Collaborative Ties, and Upgrading In Emerging Market Firms: Lessons from the Argentine Autoparts Sector,” *Journal of International Business Studies* 41, no. 2 (2010), pp. 308-329.

而且对于相关的人来说，每一笔生意都是十分重要的。

15.5.4 控制中间商

国际分销中惯用的渠道过长，因而使得控制中间商显得尤为重要。[一]对于国际渠道的管理而言，契约和人际关系都十分重要。大量的研究表明，人际关系的作用显得更为重要。[二]市场营销目标必须尽可能明晰地在公司内部以及向中间商解释清楚。业绩标准应当包括销售量目标、每个市场的市场份额、库存周转率、每个地区的账户数、增长目标、价格稳定目标以及广告质量。以上各个方面都需要考虑到文化的差异。[三]

在国际经营中，对分销体系的控制和对中间商的控制是必不可少的。前者与对分销渠道体系本身的控制有关，即对整个体系实行总体控制，确保产品是由企业满意的中间商在经手。有些制造商因为“二次批发”或平行进口而失去控制。[四]公司为某一国家生产的产品有时会通过分销商转移到另一个国家，在那里和现有的零售或批发商竞争。

第二种控制是对中间商的控制。如有可能，母公司应该了解（并在一定程度上控制）中间商有关销售量、市场覆盖率、所提供的服务、价格、广告、付款方式甚至利润等方面的活动。指标、报告以及公司代表的亲自拜访可以有效地管理分销体系的所有层次的中间商的行动。

15.5.5 终止与中间商的关系

当中间商的工作达不到标准或者市场形势的改变要求公司对分销结构进行重组时，就可能有必要终止与某些中间商或某些类别的中间商的关系。在美国，不管是哪一种中间商，这通常都是一个简单的行动，只需把他们解雇了就行。但是在世界的其他地区，中间商往往有

㊀ Maggie Chuoyan Dong, David K. Tse, and Kineta Hung, “Effective Distributor Governance in Emerging Markets: The Salience of Distributor Role, Relationship Stages, and Market Uncertainty,” *Journal of International Marketing* 18, no. 3 (2010), pp. 1-17; Zhilin Yang, Chenting Su, and Kim-Shyan Fam, “Dealing with Institutional Distance in International Marketing Channels,” *Journal of Marketing* 76, no. 3 (2012), pp. 41-55.

㊁ Kevin Zheng Zhou and Dean Xu, “How Foreign Firms Curtail Local Supplier Opportunism in China: Detailed Contracts, Centralized Control, and Relational Governance,” *Journal of International Business Studies* 43 (Zhou 2012), pp. 677-692; Zhilin Yang, Chenting Su, and Kim-Shyan Fam, “Dealing with Institutional Distances in International Marketing Channels: Governance Strategies That Engender Legitimacy and Efficiency,” *Journal of Marketing* 76, no. 3 (May 2012), pp. 41-55; Rajdeep Grewal, Alok Kumar, Girish Mallapragada, and Amit Saini, “Marketing Channels in Foreign Markets: Control Mechanisms and the Moderating Role of Multinational Corporation Headquarters-Subsidiary Relationship,” *Journal of Marketing Research* 50, no. 3 (Grewal 2013), pp. 378-398; Leonidas C. Leonidou, Saeed Samiee, Bilge Aykol, and Michael A. Talias, “Antecedents and Outcomes of Exporter-Importer Relationship Quality: Synthesis, Meta-Analysis, and Directions for Future Research,” *Journal of International Marketing* 22, no. 2 (2014), pp. 21-46; Min Ju, Hongxin Zhao, and Tiedong Wang, “The Boundary Conditions of Export Relational Governance: A ‘Strategy Tripod’ Perspective,” *Journal of International Marketing* 22, no. 2 (2014), pp. 89-106.

㊂ Wesley J. Johnston, Shadab Khalil, Megha Jain, and Julian Ming-Sung Cheng, “Determinants of Joint Action in International Channels of Distribution: The Moderating Role of Psychic Distance,” *Journal of International Marketing* 20, no. 3 (Johnston 2012), pp. 34-49.

㊃ See the discussion of parallel imports in Chapter 18.

法律保护，很难终止与他们的关系。例如，在哥伦比亚，如果你解雇某个代理人，你必须付一笔钱（该代理人的年均收入的10%乘以他服务的年限），才能最终解决问题。

在与中间商签订分销合同时，高明的法律建议至关重要。但是正如许多经验丰富的国际营销者所知道的那样，精心挑选中间商，避免解聘，才是上策。分销商一旦选择不好，不仅达不到预期的要求，而且会影响在该国的经营前景。

15.6 互联网

互联网是跨国公司的一个重要分销手段，也是企业和消费者寻找产品的一个渠道。[一]事实上，完全有理由说互联网使得消费者最终成为控制全球营销和分销的主人。计算机软硬件公司、书籍和音乐零售商是最早使用这种销售方式的电子营销者（e-marketers）。近来，其他种类的零售和B2B服务也在应用电子商务。[二]从技术角度讲，电子商务是一种直销形式，但是由于它的新颖性以及这种销售形式所带来的独特的问题，把它和其他直销形式区别对待很重要。

电子商务通过互联网常被用来营销企业与企业（B2B）服务、消费者服务以及消费品和工业品。电子商务包括从制造商、零售商或其他中间人到最终消费者的直接销售。思科公司（http://www.cisco.com）是跨国公司中大量开展电子商务的一个很好的事例。思科的网页用14种语言写成，针对49个国家或地区发布有关内容。捷威（Gateway）在日本、法国、荷兰、德国、瑞典、澳大利亚、英国、美国等国拥有全球网站（http://www.gateway.com）。太阳微系统及其售后服务公司Sunexpress用当地语言提供3 500多种零配件产品的信息。太阳广场（Sunplaza）使北美、欧洲和日本的访问者能够获得有关产品和服务的在线信息，用他们自己的语言直接订货。

除了Land's End、李维斯、耐克以及诸如亚马逊、沃尔玛、阿里巴巴[三]等大型综合网络零售商店等大型消费品公司以外，许多规模较小、不怎么有名的企业也出现在传统市场之外的互联网上。荷兰的一位网上顾客从总部设在加利福尼亚的托兰斯市的Price Point为他的山地车购买了一副车闸把。他只花了130美元，而在当地自行车店，同样的东西却要花190美元。

对住在Pamplona的西班牙人来说，过去购买活页乐谱常常意味着要从家乡到400千米外的马德里去，如今他穿越大西洋去购买，这趟旅行比到街上商店走一回花的时间还少。通过互联网，他可以从纽约、伦敦以及几乎任何地方的专卖店和折扣高的廉价商店直接购买。

㊀ Vinh Nhat Lu and Craig C. Julian, "The Internet, Strategy and Performance: A Study of Australian Export Market Ventures," *Journal of Global Marketing* 21, no. 3 (2008), pp. 231-240.

㊁ Carlyle Farrell, "The Role of the Internet in the Delivery of Export Promotion Services: A Web Site Content Analysis," *Journal of Global Marketing* 21, no. 4 (2008), pp. 259-270.

㊂ Mark Scott, "Principles Are No Match for Europe's Love of U.S. Web Titans," *The New York Times*, July 7, 2014, pp, B1, 3; "Walmart Plants More Stores and E-Commerce in China," *Reuters*, October 25, 2013, online; Neil Gough and Alexandra Stevenson, "The Rise of Alibaba, and a Tycoon," *The New York Times*, May 8, 2014, pp. B1, 4.

美国的电子商务比世界上其他地区发达得多，其部分原因是拥有个人电脑的人数众多，上网费却比其他地区便宜得多。除了语言、法律和文化差异外，电话费用高（在大多数欧洲国家是按每分钟计价的）也使得互联网在欧洲的发展比美国要慢。即便是全能的阿里巴巴，在本国市场仍然遭遇了阻力。尽管建立的初衷是要把外国货物推广给中国顾客，但阿里巴巴最初的天猫购物平台似乎不受消费者和潜在投资者的眷顾，而这也许导致阿里巴巴的IPO推迟到2015年完成。[⊖]

跨越国界 15-1

巴黎美食

下一次你去光之城（the City of Lights），想吃一点点欧式西餐（北美那种），如果你能找到加州食堂餐车，你可以顺便造访一下。

这辆流行餐车的菜单上有一道美食，就是大杂烩式的有机肉类玉米薄饼卷。巴黎人称之为很棒的美国进口“超布鲁克林”，其意思可大致译为“非正规性的、富有创意的、高质量的东西”。餐车的老板为Jordan Feilders，他有两种文化背景：在法国长大，但根在美国。他把多汁的猪肉卷饼和chipoltes掺入阿波比沙司和玉米粉来做成玉米薄饼。他所用的许多食材都直接从墨西哥进口。他从当地迎合穆斯林口味的面包店购买汉堡包。突尼斯的“斋月面包”有轻盈、柔和、嚼劲和芝麻味的特点。你可以在卢浮宫一家苹果店的附近找到餐车，它确实停在那里，但是最好还是查看一下Twitter和Facebook，以便清楚其行踪。

新的市场从何而来呢？通过考察科吉烧烤大会（在美国被许多人誉为美食车运动的发起者）的策略，我们可以更好地了解作为分销渠道的社交媒体及其创造市场能力的潜力。当厨师罗伊·崔（双文化，韩裔美国人）与他人共同创办了科吉烧烤，第一批美食车在洛杉矶经营时，他们面临来自消费者、实体店餐馆和当地政府机构的阻力。在2008年为感恩节准备的寒冷雨季期间，崔先生首次努力为其韩国烧烤玉米饼找到客户，该玉米饼是韩国和墨西哥配料融合的美食。

虽然移动餐车自20世纪60年代以来已经在加州运营，但是这些“蟑螂马车”通常停在建筑工地或酒吧外面并为蓝领客户服务。虽然科吉的食物与香格里拉的传统墨西哥餐车销售的玉米饼、煎饼和玉米卷饼大不相同，但科吉最初遵循了同样的销售策略：停在好莱坞酒吧的外面。在那里，他等到几个顾客，但是他们不买食物。崔先生回忆说：“刚开始的几周我们都停在那里，人们嘲笑我们，因为他们无法定义（我们正在卖）什么。”

幸运的是，崔先生和他的同事聘请了一位营销顾问迈克·普拉萨德，他创建了一个Twitter账户来推销餐车。科吉还为地方美食博主举办私人免费的品尝活动，博主后续的关于科吉的博客条目提高了“美食家”社区对餐车的了解。雨中酒吧外停放的科吉餐车看上去就像任何其他的蟑螂马车，并吸引了蟑螂马车的顾客。然而，陌生的口味和较高的价格把期待廉价的墨西哥快餐的顾客拒之门外。但通过使用社交媒体，科吉就能获得年轻的、懂技术的、富裕的美食家顾客，而且在社交媒体中墨西哥美食麻花有更大的吸引力。几周内，顾

⊖ Kathy Chu, “Alibaba Stumbles with Foreign Sales,” *The Wall Street Journal*, December 23, 2014, pp. B1, 5.

客为了吃到美食，排队等了几个小时，科吉甚至定期出售异国特色菜，如有芝麻叶的泡菜饼等。此外，科吉也改变了位置策略。传统的墨西哥餐车总是停在同一地点，等待顾客找上门来，而科吉开始在 Twitter 上倾听顾客的要求，并把车开到了有更多需求的社区。

看到科吉的顾客排着长队，其他创业者也找来餐车，创建 Twitter 账户，并加入市场。在一年之内，洛杉矶街头几乎出现了 100 多辆美食餐车，出售各种各样的食物。虽然这些后来者吸引了大量的顾客，但是没有一个能像科吉那样吸引到一群人。为了获得更多的顾客，科吉开始把 6 辆、8 辆甚至 20 辆卖不同食物的餐车"聚拢"停在一起。像可移动的、旋转的美食广场一样，这些车的聚拢给顾客提供了更多种类的美食和便利，并且能比单独一辆餐车吸引到更多的顾客。为促进聚拢，参与的餐车不仅会发送关于位置的推文，而且会发送关于出席的其他餐车名字的推文。通过在 Twitter 上提到另一辆餐车，一些发推文餐车的 Twitter 追随者，可能就会追随所提到的餐车。在把竞争对手推广给自己最好的顾客——他们的 Twitter 追随者的同时，聚拢的参与者可以通过合作来增加需求、培育市场。

美食餐车的概念现在已经推广到其他城市和国家：首先去了富裕城市，那里的顾客往往需要街头食物，如纽约、波特兰、旧金山和奥斯汀；其次去了以为顾客不会站在餐卡车外面吃东西的市场，如安克雷奇、巴黎、蒙特利尔、伦敦、马德里、米兰和札幌。在每一个市场上，当地的企业家已经调整了自己提供的产品以便迎合当地的口味，同时保留社交媒体作为其获得顾客的主要工具。凭借 3 000 多辆餐车，这个行业的产值已经从 2008 年的 4 亿美元增长到 2014 年的 8 亿美元。随着企业家推出手机专卖店、复古服装店甚至艺术画廊，这一概念也扩展到了其他行业。

资料来源：Contributed by Russ Nelson. Julia Moskin, " Food Trucks in Paris? U.S. Cuisine Finds Open Minds, and Mouths, " *The New York Times*, June 3, 2012, online; Tamara Best, " Shops on Wheels, but the Goods Aren't Sold from the Trunk, " *The New York Times*, November 27, 2014, pp. B1, 2. For more details on this topic see Russel Nelson, *Dynamic Network Models for the Analysis of Cooperation and Competition in New Markets*, doctoral dissertation, the Paul Merage School of Business, August, 2015.

作为增长的第三引擎，服务非常适合通过互联网进行国际销售。所有服务如银行业务、教育、咨询服务、零售等都可以通过互联网营销。传统上，存货管理、质量控制、会计、文秘、翻译和法律服务是企业的内部任务，但是现在从外部获得这些服务变得越来越流行，因而在美国和国际上，这些服务的网上提供者就应运而生了。

B2B 至少可以从以下三个方面提高企业的绩效。[⊖]首先，可以降低采购成本。B2B 能使企业更易于发现最便宜的供应商，而且能降低交易的成本。据估计，一家企业从网上采购节省的费用因行业不同而不同，煤炭行业最低，仅为 2%，电气元件行业最高，达到 40%。英国电信宣称，在线购买产品和服务，每笔交易的处理费用平均将节省 90%，产品和服务的直接成本降低 11%。福特、通用汽车、戴姆勒－克莱斯勒为从供应商处购买零部件而建立的网

⊖ Ruey-Jer (Bryan) Jean, Rudolf R. Sinkovics, and S. Tamer Cavusgil, " Enhancing International Customer-Supplier Relationships through IT Resources: A Study of Chinese Electronics Suppliers, " *Journal of International Business Studies* 41, no. 7 (2010), pp. 1218-1239.

上交易所，可以使生产每辆车的成本降低 14%。

其次，B2B 能使企业更好地进行供应链管理。例如，1996 年思科的在线订单占总订单的 4%，现在则占到了 75%，与供应链的联系使得订货周期时间从原来的 6 ~ 8 周降到现在的 1 ~ 3 周，而且提高了顾客的满意度。

最后，B2B 能使企业更严格地控制库存。在沃尔玛，存货控制系统与供应商有直接的网上联系，每销售一笔就会自动地提出补充请求。缺货情形少，迅速调整存货的能力强，订货费用低，所有这些使得沃尔玛成为在同行业中效率最高的公司之一。

在世界范围内，网上经营的潜力非常大，但前提是进行恰当定位[㊀]并获得管理层的支持[㊁]。环球网（The World Wide Web）作为一个市场，正快速地由客户对网络购买的好奇向客户的成熟转变，如今的客户面临众多又快又好的网站可供选择。也就是说，网络商人面临的竞争加剧了，而顾客的选择余地增大了。这就意味着，如果一家企业想在这一营销的新时代取得成功，就不能忽视良好营销的必要性。例如，弗莱斯特调查（Forrester Research）研究发现，对于典型的美国公司来说，30% 的网上流量来自外国，10% 的订单来自海外，但是美国公司收到的国际订单中有一半不能履行。

电子商务自身的特性决定了一些特殊的问题的存在（如果国内的电子销售商期望在国际电子商务市场上具有竞争力），必须加以解决。国际法律问题已在第 7 章进行了讨论。特别地，飞速发展的谷歌在意大利[㊂]都遭遇到了审查与其他管制问题。许多问题之所以产生是因为通常参与国际市场营销的母国的中间商被取消了。直销的一个重要优势是降低了总成本，因此商品在海外的价格比经过分销商之手后的价格要低得多。但是，在别的国家做生意总是需要人把潜在顾客的询问和订单翻译成英语，用顾客的语言回答（这些工作原来是由当地的分销商来做的）。虽然中间商取消了，但是无论是卖方还是买方，总得有个人承当起中间商的职能。因此，电子销售商必须关注下列问题。

案 例

万豪的网络全球市场

在如今的所有媒体中，互联网是最为全球化的。互联网的优势来自其独特的能力：

- 同一平台上包含了文本、音频和视频功能。
- 可以按对话而非独白模式进行交流。
- 可以同时作为大众媒体和个性化媒体进行运作。
- 可以打造无国界限制的全球社区。

然而，这些优势的有效利用需要处理好各种实质性的问题，包括：

（1）全球互联网普及率存在巨大的差异，从北美的高达 87% 到非洲大陆的区区 27%。

㊀ Byeong-Joon Moon and Subash C. Jain, "Determinants of Outcomes of Internet Marketing Activities of Exporting Firms," *Journal of Global Marketing* 20 (2007), pp. 55-72.

㊁ Gary Gregory, Munib Karavdic, and Shoaming Zou, "The Effects of E-Commerce on Export Marketing Strategy," *Journal of International Marketing* 15 (2007), pp. 30-57.

㊂ Adam Liptak, "When Free Worlds Collide," *The New York Times*, February 28, 2010, p. Opinion 1.

这种差异极大地影响了在国际市场上互联网作为构成营销组合一环的作用。即便对于发达的欧盟经济体，互联网的接受程度也存在巨大的差异，从瑞典的 95% 到罗马尼亚的 50% 不等（www.internetworldstats.com）。

（2）因技术造成的独特问题包括宽带与窄带，这决定了什么样的产品和服务能够进行营销以及如何进行营销。在窄带世界，图形化程度高并基于视频的网站无法运行。例如，对于 www.Marriott.com 网站上度假酒店的精美照片，在连接宽带时下载速度很快，但在窄带情况下用时就很长。因此，为一个市场专门设计的网站到了另一个市场可能毫无效果。如果需要建立多语种的网站，那么全球化的成本就会非常巨大。例如，无论是一次性的还是持续性的，翻译 Marriott.com 网站上 11 万页的内容都会花费巨大。此外，维护后台系统需要花费的翻译成本也会指数式增加。对于那些提供大量不断变化的内容而且严重依赖后台系统的网站，维护外语网站的成本可能超级昂贵。

（3）劳动力成本差异往往影响着投资回报率。例如，在美国，在线预订万豪酒店的成本不到电话预订成本的一半。在许多第三世界国家中，这种差异可能并不明显，毕竟那里的劳动力成本一般都很低，使得网站投资并不必要了。

（4）隐私保护、接入访问以及基础设施投资方面的差异也要求根据市场调整策略。

（5）例如，在隐私保护方面，欧盟的法律比美国更为严格。因此，对于电子邮件营销策略，在欧盟比在美国必须更加小心谨慎。

（6）对于接入访问，有些国家实施管制。

（7）在基础设施投资方面，一些国家容许私人投资来开发网络访问所需的电信技术系统（如美国），而有些国家只准国有电信公司开展这些业务。一般地，依赖国有投资的市场在网络空间领域发展较为落后。

对于考虑建立全球互联网市场的公司而言，除了以上这些问题之外，面临的最大挑战之一就是要决定是否应该建立“外国市场网站”或“外语网站”。在理想的情况下，如果不存在资源约束，答案可能是两者都应该建立。然而，鉴于存在资源约束，这个选择几乎是不可能的。对于万豪国际而言，这个挑战长期以来都是一个大问题；根据市场情况，万豪国际采取了多种响应方式。有时，万豪国际会连续尝试不同的方式。事实上，万豪国际在这个领域的经验就是对这个问题的极好阐述。

一个恰当的例子就是有关使用法语的问题。我们是否应当建立一个全球法语网站来迎合所有说法语的客户，而不论客户来自哪个国家，或者我们应该建立一个法语网站，用来满足当地法语市场的需要。建立一个法语网站对全球说法语的市场有很大的益处，毕竟世界上有大量说法语的人口，包括非洲中北部的主要地区和加勒比岛。然而，针对这种情况，万豪国际决定针对法国建立一个当地网站。总结来看，公司发现：

- 居住在法国的法语顾客的需求不同于非洲或海地说法语顾客的需求；居住在法国的顾客比那些居住在其他地区（如加勒比岛）说法语的顾客更喜欢去不同的目的地。
- 针对法国市场顾客的促销方法也不同于面向其他国家说法语顾客的促销方法。以美国为例，抽奖方法在美国比在欧洲更普遍，也更受欢迎。

- 最后，法国市场比所有其他法语市场的总和要大得多。因此，如果万豪国际仅能够维护一个法语网站，那么建立一个以法国命名的面向最大法语市场的网站是最为有效的。

2009 ~ 2010 年，万豪国际面临来自魁北克省政府不断增加的压力：那里的法语网站不能满足当地人口的需求，因此无法达到当地的法律要求。面对来自魁北克省政府的罚款与其他商业措施，万豪国际调整了其关于法语网站的策略并采取了一系列的措施，做到既遵循当地加拿大的法律规定，又能持续地服务好法国、比利时、瑞士、黎凡特和马格里布。这样，原来的法国网站已转变为法语门户网站。

万豪国际针对西班牙语的方法也完全类似：

- 万豪国际旗下讲西班牙语的市场都不大。虽然西班牙是讲西班牙语国家中的最大经济体，但到目前为止万豪国际来自西班牙的旅馆或者交通业务并不足以使它能面向西班牙建立一个成本有效的独立网站。这一点同样适用于其他西班牙语国家。
- 相比于讲法语的国家，讲西班牙语的国家在目的地选择方面存在更大的共同性，尤其是那些拉丁美洲国家。例如，对于几乎所有的拉丁美洲国家而言，美国是同等受欢迎的目的地。

正如法语/法国这个例子中所描述的，万豪国际最初针对同样的问题采取了相反的做法，结果在拉丁美洲国家建立了8个西班牙网站。然而，万豪国际很快发现，要建立、管理并维护好如此多的网站并取得期望的投资回报率显然是不切实际的。虽然这种状况可能会随着个体市场的成熟并获得大众认可而发生改变，但这似乎需要等待很多年。自那开始，万豪国际只建立一个西班牙语网站。

影响这些战略决策的另一个关键变量就是个性化网站的崛起。个性化技术的发展使得面向多来源市场的单一域名可以走近更多的受众，而且能够根据用户数据（如IP地址与浏览器语言）动态改变图片和提供产品。这些技术使得万豪国际的语言网站能够为许多受众服务而不需要在每个国家另建网站。

总之，国际在线市场高度复杂，而且处于不断变化中。事实上，任何单一的方法都无法满足各种情形的需要。正如万豪国际的经验所告知的，即便有可能，但也不可能持久。因此，关键问题在于做好决策权衡并维持策略的灵活性。

资料来源：Shafiq Khan, Senior Vice President eCommerce with Luis Babicek, James Nixon and Robin Chiriboga, Marriott International, 2015. (Photos Courtesy of Marriott.)

1. 文化

在网上经营时，不能忽视本书前面几章对文化的讨论。网站和产品在文化上必须是中性的，或者要做适当改变以适应某一市场的特殊要求，毕竟文化的确很重要。[⊖]日本顾客对商品很挑剔，而且不大情愿远距离地与一个商人打交道，所以在日本进行网上营销时，特别

⊖ Jan-Benedict E. M. Steenkamp and Inge Geyskens, "How Country Characteristics Affect the Perceived Value of Web Sites," *Journal of Marketing* 70 (2006), pp. 136-150; Abdul R. Ashraf, Narongsak (Tek) Thongpapanl, and Seigyoung Auh, "The Application of the Technology Acceptance Model Under Different Cultural Contexts: The Case of Online Shopping," *Journal of International Marketing* 22, no. 3 (2014), pp. 68-93.

要注意这一点。即使网页用的是日语，也可能冒犯敏感的日本人。有一位电子商务顾问警告说：在描述产品时，不能说“不能向左旋”，因为那样太直接了，相反，应该说“如果向右旋会好得多”这样的话。对许多欧洲人来说，美国的网站太花哨，而欧洲的网站更注重顾客导向。对颜色的不同反应会对全球营销者设计网站带来潜在的问题。中国很看重红色，而在美国，红色与爱情相联系。总之，在设计网站时，千万不能忘了文化问题。

2. 适应

最理想的情况是把网站译成目标市场的语言。对有些公司来说，这样做在经济上也许不可行，但最起码要把该网站最重要的页面译成目标市场的语言。重要页面简单地翻译一下只是一个权宜之计，如果企业致力于在另一个国家长期销售，就应该专为那个市场设计网页，并要全盘考虑各种因素，如颜色、使用偏好等。有一位研究人员认为，如果网站不能提供多种语言，那么公司可能会失去销售机会。解决语言差异问题是企业的责任，而不能指望顾客，如果要顾客来解决，那很简单，到说他的语言的网站去就是了。正如前面所说，文化的确很重要，随着竞争的加剧，设计针对特定国家的网站将是一个事关成败的大问题。

3. 当地接触

许多致力于海外市场开发的公司都在海外建有“虚拟办公室”，它们购买服务器空间，在关键市场创建“镜像网站”，在重要城市设有语音信箱或传真联系点。海外顾客更喜欢访问使用当地语言的本国站点。在日本，顾客似乎特别关心是否能很容易地退货，因此公司要有可以供顾客选择和接受退货的场所。不少企业采用了这种所谓的鼠标加水泥的模式（click-and-mortar models）。

4. 付款

消费者应该可以通过电子邮件（从你的网站的一个加密网页）、电传或者电话使用信用卡号。虽然在一些新兴市场上很难做到，但那里的顾客和银行系统正在迎头赶上。

5. 送货

对于在美国做生意的公司来说，通过小包裹平寄送货是最省钱的方法，当然也最费时。联邦快递、联合包裹服务公司和其他私营送货服务公司在全球范围内提供递送服务，速度更快捷但更昂贵。例如，汤姆·克兰西（Tom Clancy）的畅销小说《总统命令》（*Executive Orders*）如果用特快专递从总部在西雅图的亚马逊公司运到巴黎，读者要付 55.52 美元。同样是这本书，如果平寄，要花 4 ~ 10 个星期，但总的费用只有 25.52 美元，与在巴黎的书店以每本 35.38 美元的价格购买相比，要节省不少钱。在其他国家，送货常常是一个关键问题，即便是阿里巴巴这样的大企业要兑现送货承诺也会遇到困难。⊖

6. 促销

虽然网络也是一种促销工具，但若企业要开展电子商务，那么还得自我宣传，为自己的

⊖ Shanshan Wang and Paul Mozur, “Buying Is Easy. Delivery Is Hard.” *The New York Times*, November 12, 2014, pp. B1, 10.

产品和所提供的服务做广告。有句老话，“酒香不怕巷子深”，但是就像不能用于其他产品那样，在电子贸易中，这句话也行不通，除非你告诉目标市场你的“酒很香”。怎样才能吸引别的国家的网民光顾你的网站呢？除了要用当地语言以外，和你在国内做的一样。搜索引擎注册、新闻发布、当地新闻集团和论坛、友情链接和大字标题广告都是传统的方法。每一个站点都应被看作一个零售商店，它和实际商店的唯一差别在于顾客在网上浏览而不是步行到商店去。

在讨论互联网和国际销售渠道时，必须考虑互联网将怎样改变传统分销渠道这一问题。在欧洲大陆已经出现的通过互联网的比价购买打破了数个世纪以来的商业模式。互联网出现以前，欧洲人很少跨国购买，汽车公司在分销中不受欧共体反托拉斯法的限制，价格差异高达40%。互联网瓦解了这种体制，使得欧洲顾客可以便捷地买到价格最低的东西。

不仅传统的渠道要发生变化，成长中的互联网自身也会发生变化。随着新的数据传送方法的出现和上网费用的降低，今天的很多标准做法将会过时，新的电子商务模式将被创造出来。互联网正在迅速发展，并且在发展过程中不断地变化。

15.7 物流

对于一家主要从事从单一国家向单一市场出口的公司来说，解决货物实体运输问题的典型方法是选择一种可靠的运输方式，保证以合理的运输成本在适当的时间内把商品安全送达目的地。一旦公司开展全球经营，那么这样的货物运输方式对买卖双方来说都可能既费钱又无效率。正如一些国际营销者所说，销售并不是最艰难的，最难的是在一定的时间内，利用能保证一定利润空间的成本，将一定数量的货物交付给客户。

当国际公司的成长和扩张进入一定的阶段，除了运输费之外，还必须考虑其他的成本因素。如果不把货物的实体分销过程看作一个完整的体系，那么就不能实现货物实体运输的成本最优化。当国际营销者在多个国家进行生产和销售并发展成为全球营销者时，就应当考虑物流管理（logistics management）概念了。换句话说，就是要对分销过程实行系统的管理，而分销过程包括把原材料、半成品和最终产品从产地实际运输到使用地点或者消费地点所涉及的一切活动。[⊖]

实体分销体系（physical distribution system）不仅涉及货物的实体运动，还包括工厂和货栈（储存）的地点、运输方式、库存量和包装等问题。实体分销概念考虑到各项活动的成本间的相互依赖性，有关一项活动的决策必然会对另一项或其他所有活动的成本和效率产生影响。事实上，正是因为它们间的相互依赖性，所以对每一活动的总成本来说，可以形成无数种“总成本”（分销体系的总成本是指上述全部活动的成本的总和）。

相互依赖的概念可以通过空运这一经典例子来加以说明。某家公司用两种运输方式，即海运和似乎更贵一些的空运，把价值770万美元的44 000块圆形板从新加坡的一家工厂运

⊖ An excellent source on this subject is Donald F. Wood et al., *International Logistics,* 2nd ed. (New York: Amacom, 2002).

到美国西海岸的运输成本。如果只考虑存货的运费成本，那么空运成本比海运成本高出约57 000美元。但在计算总成本时，空运成本实际上比海运成本低，原因在于整个实体分销体系中还涉及其他成本。

因为海运耗费时间较长，还可能发生无法预见的延误，所以为了弥补这些不足，同时还要满足客户的供货计划，公司必须在新加坡不断维持30天的存货，在公司的分销中心也得另备30天的存货。60天存货占用资本所需资金成本以及两地的仓储成本，即实体分销成本使得海运的总成本比空运的总成本高出约75 000美元。海运甚至还可能发生其他的成本，例如海运存在较高的破损率、保险费用和包装费用。

对物流成本进行系统的审查和对实体分销总成本的计算可以节约大笔成本。某家大型跨国公司，其工厂和客户遍及全世界。该公司先将零配件从位于美国中西部的工厂运送到最近的东海岸港口，然后走水路经非洲的好望角，最后运抵公司在亚洲的工厂，共耗时14个星期。由于海运难以保证定期交货，所以公司在亚洲备有大量的库存。虽然运输成本最低，但是由于供货不及时和服务不可靠，所以公司在紧急情况下不得不利用空运，以保证生产线的正常运转。这样一来，空运成本上升到占运输总成本的70%。对实体分销体系中问题所进行的分析显示：通过成本较高的卡车运输把产品运到西海岸的港口，然后进行海运，这样就可以节约成本，同时运输时间被缩短，交货可靠性得到加强，亚洲的库存量降低，不需要进行紧急空运。新的分销体系每年可以节约6万美元。

尽管成本差异并非总是这么大，但上述例子的目的在于说明实体分销体系中各项活动和总成本间的相互依赖关系。运输方式的改变可能会导致包装、装卸、库存成本、仓储时间和成本以及交货费用的变化。

实体分销的真实目的是指在与公司的客户服务目标一致的前提下实现系统成本的最优化或最小化。如果单独地看待实体分销体系中的各项活动，不考虑彼此之间的相互依赖关系，那么分销的最终成本会高于可能的最优化成本，服务质量就会受到不利的影响。进行实体分销体系决策还必须考虑相互依赖的其他变量、成本和风险[⊖]，这些变量、成本和风险使国际营销者所面临的分销问题更为复杂。随着国际企业经营范围的扩大，这些附加的变量和成本对分销体系的影响将变得更为关键。

欧共体一体化的一大好处就是取消了成员国间的运输壁垒。面向欧洲市场的营销不再需要以国家为基础，相反，可以实施集中的物流网络。在欧洲，建立泛欧分销中心已成为一种发展趋势。研究表明，在欧洲经营的公司可以将货栈从20个减少到3个，并维持同等的客户服务水平。德国的一家家用设备制造商将其39个货栈减少到10个，同时还改善了其分销渠道，强化了公司的客户服务。通过减少货栈数目，降低分销和库存的总成本，削减员工人数，降低库存水平，公司就能更容易地进入地区性市场，更好地利用运输网络，改善对客户的服务，同时也使总的物流成本降低了21%。

最后，世界各地正在出现大量新的物流创新手段。如今，人们把集装箱从中国通过火车

⊖ Thomas Fuller, "Floodwaters Are Gone, but Supply Chain Issues Linger," *The New York Times*, January 20, 2012.

运到欧洲，与船运需要40天相比可以节省20天。㊀此外，货运船通过北极航线可以缩短运输时间。集装箱运输船舶方面的变革包括因船身过大而难以通过巴拿马运河进入大多数美国港口的船舶㊁和劳斯莱斯公司开发的帆动力散货船㊂。为了制造超音速喷气式客机，人们正在进行新的投资。㊃中国㊄和巴西㊅的公司正在世界各地建设新的港口设施。与此同时，美国的贸易基础设施持续出现了动摇。㊆

本章小结

国际营销者在建立经济、有效、分销量大的国际分销体系时，可供选择的方式很多。但是对没有经验的人来说，太多的选择也许会让他不知所措。对国际、国内分销体系的仔细分析揭示出两者同大于异：两者都主要有三种选择，即利用代理商、独立中间商或政府所属中间商。在很多情况下，在国际市场上三种中间商都被使用，渠道结构因国而异，因洲而异。

刚刚从事国际市场营销的新公司如果知道可以获得建立国际分销体系的信息和建议，知道国际分销体系中存在着很多经验丰富的中介公司，一定会信心大增。虽然在过去的10年里，涌现出了更多、更可靠、更成熟的国际中间商，但是，传统的渠道正受到互联网的挑战。对于许多细分市场而言，互联网正迅速成为一个重要的分销渠道。这样的增长和发展为进入外国市场提供了更大的可能。

思考题

1. 解释本章标黑色的主要术语。
2. 试讨论日本分销体系的显著特征。
3. 试讨论日本制造商如何控制从制造商到零售商的分销全过程。
4. 请描述日本的大规模零售商店法，说明讨论结构性障碍倡议正在给日本零售业带来何种变化。
5. “日本的零售业可能正在经历一场与第二次世界大战以后的美国类似的变革”。请讨论并举例说明。
6. 试讨论市场的全球化，尤其是1992年的欧洲，对零售业有何影响。

㊀ Dexter Roberts, Henry Meyer, and Dorthee Tschampa, “When It Doesn’t Have To Be There Overnight,” *Bloomberg Businessweek*, December 24, 2012, pp. 20-22.

㊁ Danny Hakim, “Aboard a Cargo Colossus,” *The New York Times*, October 5, 2014, pp. B4, 5.

㊂ Robert Wall and Christopher Jasper, “Clipper Ships Return to the High Seas,” *Bloomberg Businessweek*, July 7, 2013, pp. 18-19.

㊃ Thomas Black, “The Slow Takeoff of Bob Bass’s Very Fast Plane,” *Bloomberg Businessweek*, November 13, 2014, pp. 23-24.

㊄ “The New Masters and Commanders,” *The Economist*, June 8, 2013, pp. 63-64.

㊅ Damien Cave, “Former Exit Port for a Wave of Cubans Hopes to Attract Global Shipping,” *The New York Times*, January 28, 2014, p. A4.

㊆ “Bridging the Gap,” *The Economist*, June 28, 2014, pp. 23-24.

7. 在何种程度和何种方法上，国内中间商与国外中间商起着不同的作用？
8. 为什么出口管理公司有时被称为独立出口部门？
9. 讨论货物实际转移过程与分销政策之间的关系以及它们如何相互影响。
10. 解释当经济发展阶段提高时，分销渠道受到什么影响以及为什么会受影响。
11. 在何种情况下，使用出口管理公司才顺理成章？
12. 在何种情况下，很可能使用贸易公司？
13. 政府采购扩大和国家采购代理公司的出现是如何影响分销渠道结构的？
14. 试讨论影响企业分销渠道决策的关键因素。
15. 尽可能说明在高度发达的国家和欠发达国家所遇到的渠道模式的可能差异。
16. 关于国际分销渠道模式，有关公司首先发现的一件事就是在大多数国家中，仅仅靠一种简单的分销渠道计划，几乎不可能获得足够的市场覆盖率。试讨论之。
17. 讨论克服渠道不畅的种种方法。
18. 在大多数国家的中间商被一分为二：小中间商和大中间商，在这种模式下可以采取什么战略才能有效地分销商品？
19. 讨论对因解雇中间商而受到的惩罚进行评估或限制解雇中间商的经济意义。你在美国会遇到这样的限制吗？
20. 讨论为什么日本的分销渠道可以被看作渠道不畅的缩影？
21. 出口贸易公司法的两个最重要的条件是什么？
22. 你是某家在美国有销售业务的小公司的销售经理。公司 30% 的业务属于邮购业务，其余业务来自两家零售商店。最近，你建立了一个网上商店，几天后就收到来自法国巴黎附近的某潜在顾客的订单。运输至美国的费用已在网上列出。你不想失去这笔 350 美元的买卖。你清楚可以利用邮寄服务，但客户明确提出一周后就要货。航空快递似乎最合理，但成本如何呢？访问 FedEx 与 UPS 网站，就可以得出运费的估计数。以下给出一些具体资料：销售额 350 美元；总重量为 2.5 磅；包裹尺寸为 4 英寸高、6 英寸宽；美国邮编为 97035，法国邮编为 91400。
23. 根据上题所收集的资料，从事外销情况如何？平均每单业务金额为 250 ~ 800 美元。报价已经包含运输与手续费。假设你独家经营西南印度珠宝，售价较欧洲与美国高 20%。产品价高、重量小。

第16章

Chapter16

整合营销沟通与国际广告

学习目标

- 通过本章学习，应能把握：
- 影响产品广告和促销的当地市场特点
- 在全球营销中，促销和公共关系的优点与缺点
- 何时全球广告最有效，何时有必要对广告做调整
- 沟通过程和广告失误
- 单一欧洲市场对广告的影响
- 媒体有限、媒体过度和政府管制对广告及促销预算的影响

全球视角

芭比与木兰

在我们看来，最能反映整合营销沟通的事例之一就是美泰的长发公主芭比娃娃（Rapunzel）：波浪式金发垂于粉红色的漂亮衣服上，在包含美国在内的59个国家或地区同时上市，成为该公司有史以来规模最大的一次产品上市。在上市的当年，即2003年，长发公主芭比及相关产品在全球的销售额高达2亿美元，其中几乎有一半来自海外。

两个方面的新进展改变了儿童的口味。一个新进展是世界范围内有线电视、卫星电视、电影和互联网的发展，使无数的儿童看到了同样的偶像。举例来说，迪士尼公司几年前从零开始，目前在美国以外的67个国家经营着24个迪士尼品牌的有线和卫星电视频道。另一个新进展是零售业巨头如沃尔玛、玩具反斗城、家乐福等，在海外开设了数千家大卖场。越来越多的大型零售商店与玩具和消费品制造商签订了独家经营协议，从而使得后者能发起大型的、统一的促销活动。

例如，当长发公主芭比娃娃10月面世时，韩国和中国的沃尔玛商店聘请当地女孩，让她们打扮成芭比娃娃一样，欢迎儿童光临惠顾。与此同时，美泰电视广告在世界各地用35种语言播出，播出时间15秒、20秒、30秒不等。美泰的芭比网站，提供长发公主的故事和游戏，有8种语言可供选择。长发公主芭比娃娃动画片在电视上播出，还制作成录像带和DVD在全世界发行，并在有些国家的电影院上映。

在马德里，产品上市时还搞了电影首发式，并在西班牙各地的家乐福超市举办专门的促销活动。看完电影，儿童可以买而且事实上也确实买了芭比娃娃。对一些父母来说，意味着在随后购买圣诞节礼物时，在马德里的玩具反斗城，购买电影中的那种填充龙，或者购买芭比手提电脑、芭比厨房设备、芭比旅游大篷车以及许多其他芭比玩具。

现在，几乎没有美国公司在伊斯兰世界销售玩具。美泰这一世界上最大的玩具公司也没有在那里销售的计划。虽然迪士尼的"茉莉"的打扮在许多信奉伊斯兰教的人看来是不合适的，但也许她能在伊斯兰世界打开销路。"茉莉"是公主娃娃新系列中的一个，目的在于与芭比娃娃抗衡。白雪公主、Pocahontas、木兰以及最近推出的 Tiana 公主都是该系列下的娃娃产品。这种多样化娃娃可能会受到更多顾客的欢迎。迪士尼采用粉红色包装。此外，迪士尼也留意到注重时尚的美泰的批评。迪士尼公主更注重头饰和魔杖，而不是手提包和高跟鞋。芭比注重模范角色，所以更容易引起父母的反感。不过，迪士尼侧重的是幻想。可惜的是，没有人强调教育！

事实上，对美泰来说糟糕的是，虽然其整合营销沟通计划非常全面，但是芭比娃娃的销售情况一直不稳定。相反，竞争对手注重种族多样化的产品来更好地适应美国以及世界其他市场上不断变化的需求。

最后，正如第 12 章中所提到的，美泰公司现在已经购买了迪士尼公主的销售权，情况正在好转。

资料来源：Lisa Bannon and Carlta Vitshum, " One-toy-Fits-All: How Industry Learned to Love the Global Kid," *The Wall Street Journal*, April 29, 2003, p. A1; Charisse Jones, " Disney Adds African-American Princess Tiana to Royal Family, " *USA Today*, February 16, 2009; Paul Ziobro, " Floundering Mattel Tries to Make Things Fun Again, " *The Wall Street Journal*, December 23, 2014, pp. A1, 10; Tiffany Hsu, " Other Mattel Dolls Outdo Barbie, " *Los Angeles Times*, July 18, 2013, pp. B1, 3; Elizabeth A. Harris and Tanzina Vega, " Race in Toyland: A Nonwhite Doll Crosses Over, " *The New York Times*, July 26, 2014, online.

整合营销沟通（integrated marketing communications，IMC）由广告、销售促销、贸易展览会、人员推销、直销和公共关系构成，全球视角中描述的芭比促销活动就包含了所有这些方面。即使《华尔街日报》上的故事也很可能是由公司信息发布会引出的。这些相互促进的促销组合因素，都有一个共同的目标，那就是成功地销售某一产品或服务。在许多市场上，是否存在与顾客沟通的恰当渠道决定了是否进入和如何进入。例如，大多数玩具制造商认为，在商业广告不能直达儿童的国家，开展玩具营销并不能获利，因此在研究、开发产品和服务时要考虑到是否存在沟通渠道。一旦针对某一目标市场的产品或服务被开发出来，就必须让潜在的顾客了解产品的价值和是否可以买到。不同的沟通渠道常常需要用不同的信息，反之亦然。

对大多数公司来说，广告和人员推销是营销沟通组合的主要组成部分。本章将先简单讨论整合营销沟通的其他要素。大多数公司（不论大小）[⊖]的目标是使促销活动、公共关系、广

⊖ Ho Yin Wong and Bill Merrilees, " Determinants of SME International Marketing Communications," *Journal of Global Marketing* 1, no. 4 (2008), pp. 293-306; Chien-Wei Chen, " Integrated Marketing Communications and New Product Performance in International Markets," *Journal of Global Marketing* 24, no. 5 (2011), pp. 397- 416.

告等产生协同作用。不过本章的焦点将集中在国际广告上。下一章的主题是全球销售管理。

16.1 国际市场上的销售促销

销售促销（sales promotions）是刺激消费者购买欲望、提高零售商或中间商工作效果以及加强相互之间合作的营销活动。销售促销手段可谓形形色色，如去掉零头、店内演示、发送样品、赠购物券、送小礼物、搭卖商品、竞赛、抽奖、赞助音乐会和交易会、销售点展示等，其目的在于对整个促销组合中的广告和人员推销起到补充作用。芭比娃娃在电影《长发公主》中出演的目的也在于此。

销售促销是针对顾客或零售商的短期行为，为的是达到具体的目标，如诱导消费者试用或当场购买，把顾客引进商店，进行销售点展示，鼓励商店进货，配合和加强广告与人员推销活动。例如，宝洁公司把碧浪牌洗衣粉引进埃及时，就曾采用“碧浪巡回演出”。他们到村子里的当地集市上表演木偶戏，因为一半以上的埃及人仍然居住在村子里。演出吸引了大量的观众，使观众高兴，告诉他们不用添加剂，碧浪可以洗得更好，并通过销售大篷车以微小的折扣销售该品牌产品。除了提高碧浪品牌的知名度，巡回演出还帮助克服了农村零售商不愿销售定价较高的碧浪产品的问题。另一个极好的例子是好莱坞福克斯电影公司所赞助的辛普森国际节。来自西班牙的辛普森战胜其他 11 名来自全球各地的对手获得 Bart 杯世界总冠军。最后，虽然所有的软件企业谴责称国外市场的盗版就是犯罪，但大多数企业仍然认为从某种意义上讲这些盗版可以看作试生产。

在那些因为媒体的限制而难以与顾客沟通的市场上，推广预算中用于促销活动的比例可能不得不增加。在一些欠发达的国家中，促销是在农村和不容易到达的市场所进行的推广活动的重要组成部分。在拉丁美洲的一些国家，百事可乐和可口可乐的部分广告预算被用于“游艺巡回车”，这种车经常到偏远的乡村促销其产品。当巡回车在某个村落停下来时，也许会放一场电影，或者提供一些其他的娱乐活动，只要在当地零售商那里购买一瓶尚未打开的可乐就可入场观看。这瓶尚未打开的可乐可以换成一瓶冰镇的可乐，外加一张可以用来换一瓶可乐的购物券。这项促销活动旨在刺激销售，鼓励当地的零售商。零售商在巡回车到来之前，事先得到通知，可以多进货。这种促销活动几乎覆盖了 100% 的乡村零售商。在另外一些情况下，乡村商店可以得到免费样品，在其外墙上刷上广告，或者收到旨在促销的时钟标志。

当产品概念是新的或者市场份额很小时，样品试用是特别有效的促销工具。雀巢婴儿食品在法国试图从头号品牌 Gerber 那里夺得一些市场份额时，就遇到了这样的问题。该公司把品尝和一项新颖的促销活动结合起来以提高品牌的认知度，建立商誉。因为大多数法国人在夏天外出度长假，全家人挤进汽车，在维护得很好的营地停留过夜，所以雀巢在公路边上提供停靠站点，父母亲可以在这里喂婴儿，给他们换尿布。洁净无瑕的 Le Relais Bébés 坐落在主要公路沿线。每年，64 个女主人在这些停靠站接待 12 万个婴儿的来访，提供 60 万份婴儿食品样品，还有免费的一次性尿布、换尿布台以及吃饭时供婴儿坐的高脚椅子。

在中国，卡夫食品公司开始实施针对基层的整合营销沟通计划，目的是让消费者了解美国人牛奶加饼干的吃法。公司在中国的30所大学启动了奥利奥学徒项目，吸引了6 000名申请者。最后，300名大学生通过培训成为奥利奥形象大使。其中一些人骑着车轮类似奥利奥的自行车穿越中国的大城市，向30万名消费者赠送奥利奥样品。另一些人则举办以奥利奥为主题的篮球比赛，目的是强化就着牛奶吃饼干的理念。电视广告放映的是孩子拧断奥利奥饼干，舔去中间的奶油，再将一半放到一瓶瓶牛奶中的画面。在中国经历多年的艰难经营后，奥利奥已成为中国最畅销的饼干品牌。

最受欢迎的销售促销手段之一当属微软与汉堡王在日本的合作。为了推广Windows 7，两家公司开发了含有7个小汉堡包、热量为2 120卡路里的"Windows 7特大汉堡包"，售价为777日元。该公司在日本的15家分销店每天每店卖出的头30个"Windows 7特大汉堡包"都以上述价格出售。这样，第一周就卖出了15 000个。YouTube还播出了顾客享用"Windows 7特大汉堡包"的视频。自2007年重新进入日本市场以来，汉堡王这一宣传变化深受大众的欢迎。2001年，汉堡王在与有着3 200多家门店的麦当劳的价格竞争中黯然离开了日本市场。汉堡王重返日本市场是该公司全球经营策略的内容之一，公司还要将业务拓展至埃及、中国香港地区与波兰。[一]

就像广告一样，促销的成功与否取决于能否因地制宜。研究表明，对促销的反应会因促销的形式和文化的不同而不同。主要的限制来自当地的法律，如不允许提供奖金或免费礼品。有些国家的法律限制零售的折扣率，其他国家规定促销必须首先得到批准，至少有那么一个国家规定任何竞争者都不允许比销售同一种产品的其他公司花更多的钱用于促销。有效的促销活动可以加强广告和人员推销活动，在某些情况下，当环境不允许充分利用广告时，可以成为广告的有效替代手段。

16.2 国际公共关系

与大众媒介建立良好关系有助于企业把信息传递给包括顾客、普通公众、政府在内的公众，而这就是**公共关系**（public relations，PR）的任务。公共关系不仅要鼓励媒体对企业进行正面的报道（如芭比娃娃事例中所介绍的），而且还要对不利的谣言、传说和事件加以管理。[二]关于后者，美国最高法院正在考虑应区分广告与公共关系。耐克公司被指责在亚洲使用"血汗工厂"的工人后，用付费广告来对指责做出回应。美国最高法院裁定，言论自由不适用于广告，受理了针对该公司虚假广告的民事诉讼。从公共关系角度看，耐克公司把最高法院都惊动了，显然是把事态扩大并恶化了。

在国际营销中，公共关系的重要性可以通过近年来发生的两场争论得到说明。一是对凯查姆的批评，而具有讽刺意味的是它本身就是美国一家有名的公关企业，曾经自2006年以

[一] Kenji Hall, "The (Hard to Install) Windows 7 Whopper," *BusinessWeek,* November 16, 2009, p. 28.

[二] Yi Zhao, Ying Zhao, and Kristiaan Helsen, "Consumer Learning in a Turbulent Market Environment: Modeling Consumer Choice Dynamics After a Product-Harm Crisis," *Journal of Marketing Research* 48, no. 2 (2011), pp. 255-267.

来因代表弗拉基米尔·普京和俄罗斯而获利数千万美元；[一]二是第 13 章中所提及的丰田汽车刹车踏板存隐患一事。最为令人吃惊的就是丰田公司创立人的孙子、公司总裁丰田章男在国会听证会上鞠躬并连连道歉那一幕，仅仅数天后他又在北京鞠躬道歉。事实上，这些道歉行为是来自公众与企业界的支持者与批评人士所要求的。[二]从古老的鞠躬道歉到 21 世纪的新方式，不难发现丰田公司也在采用社交媒体来处理危机。为了传播信息以及了解公众意见，丰田公司借助于联合媒体（Federated Media）采用 Tweetmeme 这一品牌沟通渠道。在所谓的丰田对话区，公司来发布最新新闻、视频及其他信息。此外，公司还与公众分享丰田账户和 AdTweet 论坛，如“购买丰田汽车的 5 个理由”等。通过编程可以让 Tweetmeme 渠道仅能选择新闻来源。这样，与《洛杉矶时报》等所发布的悲观新闻相反，这里就显得积极并乐观。

丰田汽车面对的公共关系问题总能使人联想起 2000 年普利司通 / 火石（Bridgestone/ Firestone）因轮胎安全问题招致召回的灾难。当时，这家日本公司被指责因轮胎质量缺陷而导致在美国有 100 多人死亡。这家公司在美国的分公司的 CEO 在国会听证会上宣布，他对这些死亡事故负有全责。这一做法在日本是很好的公关措施，但华盛顿的参议员对道歉不感兴趣。此外，这家公司还指责它的顾客——福特公司也负有责任，说是因为福特告诉顾客，轮胎不要充得很足，这样行驶可以平稳些。这一问题很快扩散到了其他市场，沙特阿拉伯也禁止进口使用普利司通 / 火石轮胎的交通工具。难以置信的是，该公司对沙特采取的措施的反应是，指责沙特违反了 WTO 协议。也许该公司有必要提高其实施 ISO 9000 的层次（请参阅第 14 章中的有关内容）。到目前为止，轮胎安全问题当然已为大多数美国人所遗忘。我们在上一版中指出公众究竟何时能宽恕丰田公司尚不得而知。考虑到近年来这家公司品牌权益排名的上升，其公关努力所带来的回报看来很丰厚。当然，丰田汽车在产品质量方面的补救措施也很有效。

几年来，公共关系公司的国际业务收入一直在按两位数增长。处理诸如全球工作场所标准这样的国际公共关系问题已经成为向诸如美泰玩具[三]、麦当劳、耐克提供服务的公关公司的大笔业务。国际通信业的发展也促进了国际公共关系业务的增长。VDSL Systems 公司营销经理在聘请英国著名的公关公司 MCC 时解释说：“新公司在建立国际形象时需要公关咨询服务。”在俄罗斯这样成长中的市场上，公关业务增长出奇地快。这一行业也正处于并购浪潮中，包括最大的国际广告公司和最负盛名的公关公司的合并。

企业赞助可能被归为公共关系的一个方面，虽然它们与广告的联系也很明显。宝洁公司在越南捐建学校，同时在教室中挂上了捐款的纪念匾，[四]这种做法显然不同于三星在意大利的广告。烟草公司在赞助体育活动方面特别具有创造性，以绕开较为传统的媒体上的广告限制。其他比较突出的例子还有奇克尚风与冲浪冠军凯利·斯莱特（Kelly Slater）的长期合作；

[一] Ravi Somaiya, “PR Firm for Putin’s Russia Now Walking a Fine Line,” *The New York Times,* September 1, 2014, pp. B1, 4.

[二] David Pierson, “Toyota’s President’s Whirlwind Apology Tour Lands in China,” *Los Angeles Times*, March 2, 2010, pp. B1, B6.

[三] “Mattel Apologizes to China over Recall,” *Associated Press*, September 21, 2007.

[四] Lauren Coleman-Lochner and Vinicy Chan, “P&G Woos the Hearts, Minds, and Schools of Vietnam,” *Bloomberg Businessweek*, July 9-15, 2012, pp. 19-21.

可口可乐公司赞助欧洲足球比赛；起亚汽车赞助澳大利亚网球公开赛。麦当劳围绕赞助2000年悉尼奥林匹克运动会实施了规模巨大的国际整合营销沟通活动，包括以奥林匹克为主题的食品促销、包装、店内标志、电视和印刷品广告、与超级体育明星如美国篮球运动员格兰特·希尔（Grant Hill）网上聊天。除了针对世界各地2.7万家快餐店4 300万顾客的促销，还开展了针对运动员的促销。作为官方的饭店合作伙伴，麦当劳在悉尼经营7家快餐店，其中有两家在奥运村。在历时三周的奥运会期间，为运动员、官员、教练员、记者和观众提供了近150万个汉堡。麦当劳后来继续成为2004年雅典奥运会、2008年北京奥运会和2012年伦敦奥运会的官方赞助商。最后，有一个更富创新的赞助项目是英特尔与Tour de France合作支持官方的旅游网站（www.letour.com）。如果整合营销沟通所有的这些方面能与广告相协调并能得到广告的强化，其效果当然是最好的。这一点将在下面进行讨论。

跨越国界16-1

中国的公关产业

1999年，劳动与社会保障部承认公关是一种职业，于是中国就诞生了一个新的产业。下面一段话选自《中国日报》，可以说明制度在这个新兴经济体中的演变过程。

昨天，一位行业领导人在北京表示，需要制定更多的法律来规范中国刚刚萌芽的公共关系行业。“中国入世后将带来巨大的商业机遇，为了抓住这些机遇，我们需要明细的法律来规范市场，杜绝舞弊行为，提高本地公关公司的竞争力，”中国国际公关协会副会长李越说。李越是在一个全国性公关研讨会上说的这番话。

参加研讨会的代表表示，他们为公关行业的混乱和公关公司人员的频繁变动担忧。他们呼吁通过更多的法律，结束在很多人看来非常混乱的状态。业内人士认为有限的人才资源、无情的价格大战和过低的职业准入标准是公关业面临的主要问题。

20世纪80年代，当有人提起公关时，大多数中国人想到的是接待小姐、豪华宴席。如今，人们认为公关公司可以帮助客户提高客户公司的知名度。他们还可以进行公司形象管理。

最后，值得关注的是公司与新闻业的关系往往因文化不同而不同。在中国大陆与台湾地区向新闻机构支付发表费是合理合法的。新闻界的公正目标在现有的制度发展阶段尚不构成问题。

资料来源：“China: More Regulation of PR Sought,” *China Daily*, January 20, 2000, p. 3. “PRW: The Top European PR Consultancies 2000,” *PR Week*, June 23, 2000, p. 7; “PR Firms Gaining Experience by Working with Multinational Firms,” *Industry Updates*, June 20, 2050; “Ogilvy Public Relations Worldwide/China and JL McGregor Announce Strategic Alliance,” *PR Newswire*, June 13, 2007; “Gov't Should Not Buy Media Coverage: Official,” *China Post*, December 28, 2010.

16.3 国际广告

全球媒体广告仍然处在从2008 ~ 2009年经济衰退的恢复中。2014年，全球广告支出达到了5 200亿美元，较上一年度增长了5.1%，基本恢复到了2008年的最高纪录。就全球100家最大的广告商而言，其广告收入从2008年的1 180亿美元下降到2009年的1 090亿美元，随后反弹到了2010年的1 220亿美元和2013年的1 310亿美元。其中最为重要的趋势是数字媒体运用的大幅度增长，今年已是吸引广告收入第二大金主，而平面媒体下降到第三位。电视媒体虽然保持了第一，但也开始出现下跌。此外，本年度中国大众媒体的广告收入首次超过了日本，仅次于美国，位列世界第二。2007年，中国排名第五；2000年，中国排名第十。通过后面给出的表，我们可以发现日本面临经济问题的更多证据。[⊖]

案 例

国际广告效果领域的突破

就像20世纪八九十年代食杂店的激光扫描仪一样，面部识别软件代表着营销学的重大进步。[⊜]这里，我们请在面部识别领域处于领先地位的美国Affectiva公司的核心管理者来描述他们提供的服务。其中特别让人感兴趣的是Rana el Kaliouby和Gabi Zijderveld所观察到的跨文化差异。作为广告业巨头WWP集团的子公司，Affectiva现在的知名客户就包括玛氏、凯洛格、联合利华等国际级企业。

1. 广告中情感因素很关键的原因

情感影响着人们生活的方方面面，从相互间的交往方式到决定的做出，甚至身体健康。决策过程的相当大部分受情感的影响，从决定早餐吃什么到决定买一栋什么样的房子或者选择与谁结婚。

企业需要感情化的顾客，毕竟情感属于记忆标识。研究人员的一项重大研究发现[⊜]，对于能产生最多面部表情的广告，人们在观看后五天仍能记住，而且不管情感反应是积极的还是消极的，这种记忆都是牢固的。我们的日常情感影响着我们对事件、品牌和产品的记忆程度。当然，正是这些情感因素影响了消费者的各种行为，如共享行为、品牌忠诚度和购买决定。相比于以往任何时候，品牌需要全力打造与消费者之间一种强烈的情感联系。

观众对品牌、产品、广告和媒体内容的情感反应的衡量传统上依赖于调查和小组讨论方法，而且要求观众思考并报告其感受，但大多数观众并不愿意这样做。虽然当代神经科学技术为人们了解大脑的运作提供了新的见解，但是由于这种技术通常离不开昂贵且庞大的设备和限制并影响经验的实验环境，因此常常无法获得真实的情感见解。

Affectiva公司的Affdex自动面部编码和情感分析软件提供了不同的方法。面部是进行情感和心情沟通的最有力的渠道之一；Affdex软件可以低成本并大规模地分析面部表情。作为高性价比的神经科学方法，Affdex软件可以通过尽量不为人注意的方式捕捉到参与者无偏

⊖ Indeed, media spending is in decline across categories in Japan except for online advertising. Also, the two biggest Japanese advertisers, Toyota and Sony, rank #18 and #20 in growth of global ad expenditures among the top twenty global companies.

⊜ Thales Teixeira, Rosalind Picard, and Rana el Kaliouby, " Why, When, and How Much to Entertain Consumers in Advertisements? A Web-Based Facial Tracking Field Study," *Marketing Science*, May 9, 2014, online.

⊜ Richard L. Hazzlet and Sasha Yassky Hasslet, " Emotional Response to Television Commercials: Facial EMG vs. Self-Report," *Journal of Advertising Research*, March-April 1999, pp. 7-23.

见的且未被过滤的情感反应（比如一个人是否专注、开心、惊讶或困惑）。

2. 面部行为的量化

直到近来，面部行为的量化主要依靠以下两种方法：一是通常由专业观察人员对来自摄影图像或视频片段上的面部肌肉运动进行手工编码；二是对面部肌电势能进行测量，即肌电图学。然而，这两种方法都很难进行扩展。[⊖]

近来计算机和机器学习技术的进步使得人们对视频资料中的面部表情进行精确的自动编码成为可能。此外，自动面部表情编码技术的其他优势之一就是可以对大量数据进行分析。通常，这些系统包括以下环节：一是面部侦测和校准；二是形状和质地特征的提取；三是面部动作和表情的分类。

3. Affdex 如何工作

当参与者观看数字刺激源（如广告或视频）时，Affdex 利用标准计算机或摄像头捕捉参与者的面部表情。Affdex 软件在基于可扩展的云计算环境下运用高级计算机和机器学习算法来识别面部录像所表达的情感。

当参与者通过选择并打开摄像头时，Affdex 软件将首先识别面部，然后定位面部的主要特征点，如眼睛和嘴巴。一旦相关区域得到确定，Affdex 软件就会分析该区域的每个像素以便描述颜色、质地、边缘和面部的倾斜度，然后用机器学习将这些与各种面部情感表情进行一一对应（如微笑和假笑）。Affdex 软件的算法可运用于各种环境条件——照明环境、不同的种族甚至录像中出现的多重面部表情。一旦完成识别，就可以对这些从视频中提取出来的表情数据进行汇总，并通过 Affdex 软件的在线仪表盘进行发布。表情信息也可以汇总到标准数据库中。

Affdex 软件提供了两类情感指标：情感维度和情感离散度。情感维度用于刻画情感反应，而情感离散度用于描述特定情感状态。

Affdex 软件衡量的情感维度包括：

- 效价（valence）——衡量参与者对观看内容所获经历的积极性（或消极性）的指标。
- 注意力（attention）——衡量参与者对屏幕关注程度的指标，采用面部定位来评估参与者在观看内容时是不是直接注视屏幕或者是否把注意力转移他处。
- 表情丰富度或强度（expressiveness/intensity）——衡量所观看内容引起情感投入程度的指标，通过累计包括微笑、讨厌、惊讶和注意力等离散情感的频率与强度来加以计算。与效价不同的是，表情丰富度与面部表情的积极性或消极性无关。

离散情感指标包括：

- 愉悦（enjoyment）——参与者所展示的自然而积极的微笑的程度。微笑分类者关注的是整个面部的信息而不只是嘴巴 / 嘴唇区域，而且会同时考虑诸如眼睛等其他面部线索，以便精确地判断出真正的微笑。
- 集中度（concentration）——参与者皱眉头的程度。不过，这种情感并非由某种厌恶

⊖ John L. Graham, " A New System for Measuring Nonverbal Responses to Marketing Appeals," *Marketing in the* 80's, 1980 *Marketing Educators' Conference Proceedings* 46 (1980), pp. 340-342.

反应所引起的，而更有可能是关注、脑力活动甚至是疑惑所引起的。

- 惊讶（surprise）——参与者不满或不快的程度。
- 讨厌（dislike）——反映参与者讨厌或厌恶的程度。
- 怀疑（skepticism/doubt）——通过判断参与者笑或非对称的唇部动作来衡量。这种情感在媒体试验中尤其重要，毕竟它表明媒体信息未能使观看者信服。

4. 情感的规范

迄今为止，Affectiva 公司已积累起了全球最大的数据库，而且 Affectiva 公司关于情感的深入见解一直来自全球 75 个国家或地区的近 11 000 家媒体单位（取得了 270 多万个面部视频）。

这一切使得 Affectiva 公司得以建立起全球规范的针对视频内容的情感反应数据库，而且这些数据可以按地理区域、人口状况以及行业和产品类别进行筛选和分析。借助这些数据，广告商就可以对广告内容进行 A/B 测试，并比较其广告内容在所处品类或市场上相对于其他广告内容的地位。

5. 定量和定性市场调究中的情感分析

Affdex 软件可以很容易地与现有的定量和定性市场调研相结合，从而可以为提高沟通和执行效果提供更多的见解。

如今，许多市场调研公司把 Affdex 面部编码和情感分析方法作为进行广告效果及其他品牌有效性分析的方法。Affdex 软件可以把全部研究参与者对于电子刺激源的情感反应逐帧进行汇总。如果结合相关调查，Affdex 软件还可以显示调查的间断情况。

Affdex Discovery 软件是一款定性解决方案，也是专门为在线或面对面讨论小组的主持者所设计的。该软件的主持人控制端可以显示每个被调查者对数字刺激源的实时情感反应。这样，主持者就可以及时并清楚地看到每一位参与者在某个时刻的情感反应，从而可以为主持者引导并深化讨论提供深刻的见解。

6. 广告使用典型案例

Affdex 软件已被 1 400 多个品牌用来评估消费者在各种场景下对数字内容的情感反应，包括广告文案、动画、推荐产品和相关概念的效果测试。利用 Affdex 软件的情感分析结果，广告商就可以选择最好的动画，优化场景和故事情节，精练广告内容，评估效果下降效应，决定媒体支出费用，并就投放市场后的绩效开展预测分析。媒体公司也可以使用 Affdex 软件来测试电影预告片、电视剧中人物以及电视促销和广告投放的最优安排。

7. 跨文化差异

我们已从全球 75 个以上的国家或地区收集了 270 多万个面部视频材料，所获的情感数据点已经超过 70 亿个。这些数据是前所未有的，因此我们就可以大规模地了解面部表情方面的文化差异，而这种程度的了解在过去是无法企及的。就情感沟通而言，人们总是以普遍相同的、泛文化的面部表情为基础的。即便情感表达具有普遍性，但人们从小就学会根据社会环境来调整情感表达，即所谓的文化表现规则（cultural display rules）。例如，人们的悲痛之情在参加葬礼时会增加，在参加婚礼时则会减少。这些表现规则因文化而异。我们收集的情感数据还证实了强调集体主义价值观的文化，如中国和印度，更有可能抑制或掩饰自己的情感，尤其是负面的情感。不过，在强调个人主义价值观的文化中，如美国和德国，我们并没有发现这一现象。我们的研究表明，西方和拉美国家的人比东南亚人更富有表现力。例如，西班牙人的情感表达几乎是印度尼西亚人的5倍。我们的数据也让我们对笑容有了独特的见解。虽然微笑的许多细微之处以及转瞬即逝的微笑表情都很难用肉眼观察，但可以用我们的软件进行捕捉。这方面的一个例子就是我们在强调集体主义价值观文化中见到的“客套式微笑”。

全球大众媒体广告是文化变革的重大工具，㊀因而这些广告会受到各种机构的严格审查。某一重要研究发现，广告支出往往具有周期性特点；相反，在关系导向的文化里，经理人员与监管部门偏好的是稳定与长期业绩㊁。大多数学者认为，我们现在才开始了解国际广告中部分关键因素，但面对不断发生的变革，我们的了解还远远不够。

表16-1和表16-2列举了国际广告支出最多的公司和产品类别。两张表中最明显的就是索尼的数据出现大幅下降。这其实也是反映日本近年来经济衰退的众多迹象之一。同时不难发现，与上一年相比，全球广告支出在各产品/服务类别之间的分布更趋均衡了。例如，2010年，个人护理品广告支出的全球占比为24%。表16-3和表16-4分别给出了两个新兴经济体国家的广告支出结构。表中数据反映了中国和俄罗斯所处发展阶段的主要区别。如表16-4所示，虽然有4家中国企业进入前10，但俄罗斯进入前10的企业中只有1家是本土的。我们也发现，百事可乐在俄罗斯的广告支出历来排在第一，而可口可乐的情况自苏联实施伏特加与百事可乐的互换贸易以来一直未能扭转。如果根据该单一指标来判断两国的相对发展情况，那么中国似乎处在经济发展的更高阶段。在表16-3中，只有一家俄罗斯本土企业——Sistema集团进入前10。该集团为控股企业，从事媒体、金融、石油和零售等经营业务。在表16-4中，中国企业有4家，其中零售电商巨头阿里巴巴的广告支出出现了爆炸式的增长。另外3家企业都从事食品和/或饮料销售。此外，两国支出增长差异也非常巨大。

表16-1 全球广告主20强

2013	广告主	公司总部所在地	2013年（10亿美元）	较2012年的百分比变化（%）
1	宝洁	辛辛那提	11.5	10.0
2	联合利华	英国伦敦/荷兰鹿特丹	7.9	9.2
3	欧莱雅	法国克利希市	5.9	6.4
4	丰田汽车	日本丰田市	3.4	1.7
5	通用汽车	底特律	3.3	5.1
6	大众汽车	德国沃尔夫斯堡	3.2	7.9
7	雀巢公司	瑞士沃韦	3.1	4.1

㊀ Xin Zhao and Russell W. Belk, “Politicizing Consumer Culture: Advertising's Appropriation of Political Ideology in China's Social Transition,” *Journal of Consumer Research* 35, no. 2 (2008), pp. 231-244.

㊁ Barbara Deleersnyder, Marnik G. Dekimpe, Jan-Benedict E.M. Steenkamp, and Peter S.H. Leeflang, “The Role of National Culture in Advertising's Sensitivity to Business Cycles: An Investigation across Continents,” *Journal of Marketing Research* 46, no. 5 (2009), pp. 623-636.

（续）

2013	广告主	公司总部所在地	2013 年（10 亿美元）	较 2012 年的百分比变化（%）
8	可口可乐	佐治亚州亚特兰大市	2.9	0.1
9	玛氏公司	弗吉尼亚州麦克利恩市	2.9	22.1
10	百事可乐	纽约州帕切斯镇	2.7	9.4
11	索尼	日本东京	2.7	−13.2
12	麦当劳	伊利诺伊州欧克布鲁克	2.7	1.8
13	利洁时集团	英国伯克郡斯洛府巴斯	2.5	6.8
14	福特汽车	底特律	2.4	17.7
15	尼桑汽车	日本东京	2.2	11.9
16	三星集团	韩国首尔	2.2	6.4
17	强生	新泽西州新不伦瑞克市	2.1	12.7
18	微软公司	华盛顿州雷德蒙德市	2.0	46.8
19	百胜餐饮	肯塔基州路易斯维尔市	1.9	15.9
20	康卡斯特	宾夕法尼亚州费城	1.9	−5.5

资料来源：*Advertising Age*, 2014. Copyright © 2014 Crain Communication. Reprinted with permission.

表 16-2　按行业分类的全球 100 强广告主的支出

行　业	2013 年（10 亿美元）	较 2012 年的百分比变化（%）	占比（%）
汽车	16.5	3.6	11.9
零售	16.1	0.2	11.6
电信、互联网服务和 ISP	11.2	6.0	8.1
一般性服务	9.0	3.2	6.5
食品、饮料和糖果	8.5	−1.2	6.1
药品与医疗	8.2	5.8	5.9
金融服务	7.6	−4.7	5.5
个人护理	7.1	2.1	5.1
酒店	6.3	5.3	4.6
保险	5.3	7.5	3.8

资料来源：*Advertising Age*, 2014. Copyright © 2014 Crain Communication. Reprinted with permission.

表 16-3　俄罗斯广告主 10 强

广告主	2013 年（100 万美元）	较 2012 年的百分比变化（%）
宝洁	89.5	−5.5
百事可乐	75.1	−1.3
玛氏公司	73.3	−5.2
联合利华	69.8	−5.8
欧莱雅	58.1	−6.2
雀巢公司	49.9	−1.3
汉高公司	43.6	−3.7
诺华制药	40.6	−3.7
Sistema	38.9	4.9
利洁时集团	38.3	−4.2

资料来源：From Special report Global Marketing, *Advertising Age*, 2014. Copyright © 2014 Crain Communication. Reprinted with permission.

表 16-4 中国广告主 10 强

广告主	2013 年（100 万美元）	较 2012 年的百分比变化（%）
宝洁	2 460.2	36.1
欧莱雅	1 155.5	7.4
联合利华	1 148.0	35.3
阿里巴巴	911.9	162.2
玛氏公司	739.8	80.7
百胜餐饮	680.7	23.2
杭州娃哈哈	498.6	24.2
可口可乐	490.6	2.0
加多宝	442.8	32.9
顶新国际集团	418.7	53.2

资料来源：From Special Report Global Marketing, *Advertising Age*, 2014. Copyright © 2014 Crain Communication. Reprinted with permission.

在营销组合的所有因素中，有关广告的决策最容易受不同国家市场之间文化差异的影响。消费者的反应受其文化、风格、情感、价值观、态度、信仰和理解力的制约。因为广告的功能是用消费者的需求、欲望、渴望来诠释产品和服务满足需求的特性，广告要想成功，情感诉求、象征符号、说服方法以及其他广告特点必须和文化规范一致。

把国际广告活动与各个市场文化的独特性结合起来是国际或全球营销者所面临的挑战。无论是在何地，国际广告的基本框架和概念本质上是相同的，其中涉及七个步骤：①开展营销调研；②确定沟通目标；③为所选择的细分市场开发最有效的信息；④选择有效的媒体；⑤编制预算；⑥实施；⑦对照目标评估广告活动的有效性。

在这七个步骤中，对国际营销经理来说，开发广告信息几乎总是最艰巨的任务，因此将在下面着重讨论，然后将阐述国际媒体的细节问题。广告公司通常涉及所有七个步骤，将作为一节单独进行介绍。本章最后将讨论政府对广告的控制问题。

16.4 广告策略和目标

世界各地广告的目的大相径庭。例如，随着经济的发展，中国制造商正致力于建立新品牌，联合利华正在东亚市场引入多芬洗发水新产品，俄罗斯航空公司则试图改善其质量形象。要解决所有这些营销问题，需要在一个国家、一个地区乃至全球开展细致的营销调研和考虑周到的、富于创新的广告活动。

全球市场的激烈竞争和外国消费者的日趋成熟需要更加成熟的广告策略。成本的增加、在多个国家进行广告合作时所遇到的问题以及在全世界拥有一个统一的公司或产品形象的欲望使得跨国公司寻求更强的控制和更高的效率，同时又不牺牲对当地的积极响应。在追求更有效、更容易引起受众响应的促销活动中，要审慎考虑有关集权和分权、使用一个还是多个外国或国内的代理商、拨款和资金分配的程序、广告文字、媒体和研究的政策。越来越多的跨国公司寻求广告主题的标准化与定制化之间的平衡。[⊖]正如在第 13 章中所描述的，最近更多的公司倾向于后者。

最能说明问题的就是吉列公司。该公司在 200 多个国家销售 800 种产品。吉列的公司形象始终如一，都是一个雄赳赳、运动型的形象，但是其产品的形象并不一致。吉列的剃刀、刀片和化妆品有很多名称。在美国被称为 Trac II 的刀片在世界上更多的地方被称为 G-II；Atra 刀片在欧洲和亚洲被称为 Contour。Silkience 护发素在法国叫作 Soyance，在意大利叫作 Sientel，在德国叫作 Silkience。吉列现有的许多产品是否会采用某个国际品牌难以预料。不过，吉列目前的全球化公司哲学为所有男性化妆品广告提供了统一的口号："吉列，男人最好的产品"，希望能够提供某种一致的形象。

联合利华的情形与此类似。它销售一种洗洁精，在瑞士叫作 Vif，在德国叫作 Viss，在英国和希腊叫作 Jif，在法国则叫作 Cif。这是由于联合利华针对每一个国家采取不同的营销策略的结果。现在，很难让吉列和联合利华将其品牌标准化，因为每一个品牌在各自的市场上都已经很有名。Nortel Network 在国际广告中采用了"当地英雄"的策略，该公司选择当地精英，为公司电信服务传播跨越多国市场的标准化广告信息。

很多时候，标准化产品可以实行全球营销。但是由于文化差异的存在，不同市场的广告应有所不同。例如，因为语言和社会的差别，福特的广告因国而异。在美国，福特为其"护卫者"做的广告强调其便宜，因为这种车被看作入门水准。但是在印度，福特把"护卫者"作为高级轿车推出。"在那里，常常可以看到'护卫者'由专职司机开着，"福特的一位经理说。

最后，许多公司正在采用不受国界限制的市场细分策略，如以全球的企业买家或高收入消费者为广告的目标市场。当然，也有企业用"消费者文化"来细分全球市场，这种消费者文化与一组共享的消费象征相联系，如方便、年轻、美国式、国际化 / 全球化[⊜]、人道主义等；还有的企业采用传统的以产品和地区细分市场的做法，这些将在下面进行讨论。

16.4.1 按产品特点和利益的市场细分

就像第 13 章和第 14 章中所讨论的那样，市场提供的实际上是购物者所得到的一系列的满足。这一系列的满足或效用包括产品或服务的基本功能、文化价值观和习俗所赋予的很多其他益处。不同的文化经常从产品的基本功能中寻求共同的价值和利益，如汽车从甲地移动到乙地的功能、照相机拍照的功能或者手表报时的功能。虽然产品的基本功能相同，但产品的其他特性具有显著的差异。

不妨思考一下市场对照相机的不同需求。在美国，大部分市场希望得到的是精美的照片、简单易行的操作；在德国和日本，照相机不仅必须拍摄出精美的照片，而且其设计也必须像艺术品一样。在非洲，拥有照相机的家庭不足 20%，所以首先必须推销拍照这一概念。

⊖ Charles R. Taylor, " Who Standardizes Advertising More Frequently, and Why Do They Do So? A Comparison of U.S. and Japanese Subsidiaries' Advertising Practices in the European Union, " *Journal of International Marketing* 14 (2006), pp. 98 - 120; Kineta H. Hung, Stella Yiyan Li, and Russell W. Belk, " Global Understandings: Female Readers' Perceptions of the New Woman in Chinese Advertising, " *Journal of International Business Studies* 38 (2007), pp. 1034-1051.

⊜ Petra Riefler, Adamantios Diamantopoulos, and Judy A. Siguaw, " Cosmopolitan Consumers as a Target Group for Segmentations," *Journal of International Business Studies* 43 (2013), pp. 285-305.

在这三个市场上，人们都期望得到精美的照片（即对照相机的基本功能的要求），但是从照相机所获得的额外的效用或者满足感随着文化的不同而各异。很多产品所带来的预期往往超过许多人所寻求的共同利益。

达能（Dannon）牌乳酪把自己宣传成为理解健康和食品之间关系的品牌，但是在不同的市场上，传达这种信息的方式各不相同。在美国，达能牌乳酪被看作健康、充满活力的产品，强调其健康的一面。然而在法国，达能被认为享乐型的食品。所以，达能建立了健康研究院，一个名副其实的致力于食品和教育的研究中心。其最终目的是传达相同的信息，即在健康与享乐之间的恰当平衡，但是传达方式不同。

有些产品最好的广告方式是因地制宜，而这一事实的最好例证就是蓝宝石种植者协会（Blue Diamond Growers Association，以下简称蓝宝石）的杏仁广告。蓝宝石在美国发动了一场成功的广告战役，表现杏仁种植者站在齐膝深的杏仁中间，向观众祈求："一个星期一听，此外我们别无所求"。广告战役的目标是改变观念，杏仁不是特殊食品，而是一种日常的小吃。广告很成功，它不仅让人们改变观念，把杏仁看作一种小吃，而且从地区性和全国性的新闻媒体获得数以百万美元计的对蓝宝石的免费宣传。这则成功的美国广告被移植到加拿大进行试验，以考察在美国以外地区使用的可能性。加拿大人的反应截然不同，对他们来说，整个观点太愚蠢了。此外，加拿大人更愿意买加拿大农场主的产品，而不是美国农场主的产品。这导致蓝宝石做出一项决定：仔细研究每一个市场，为每一个市场设计一则广告。在纽约、东京、莫斯科、多伦多或斯德哥尔摩的市场上的广告的唯一相同之处就是蓝宝石标识语。

案 例

微软的适应：来自实地考察的教训

近年来，微软的企业战略和广告策略一直在快速转变。公司的第三任总裁萨提亚·纳德拉（Satya Nadella）已接管了微软的经营大权。微软新的组织结构反映了云计算和移动技术成为发展主流的现实。微软于2014年以70多亿美元的价格收购了诺基亚，这标志着微软已全面进入移动设备领域。

同年，微软的营收超过了860亿美元。微软营收的三大构成分别为：商业授权收入420亿美元；设备和消费许可收入接近190亿美元；计算和游戏硬件收入接近100亿美元。微软的两大类支出业务分别为：研发（拥有雇员44 000名）支出113亿美元；营销与销售（拥有雇员30 000名）支出153亿美元。营销与销售支出中就包括23亿美元的广告支出。所有这些数字显然都非常巨大。

我们与微软的经理人员交谈了他们在2014年不断变化的全球环境下所面临的一些挑战。下面给出的就是他们面临的众多有趣故事中的一个。

移动电话和服务是微软作为挑战者面临的主战场。对诺基亚的收购让微软的经营者进入了自己陌生的行业。虽然就微软的历史而言，它一直是所处市场的引领者，但是就手机行业而言，三星和苹果是处于主宰地位的竞争者。那么，微软该如何以小搏大呢？

微软决定将自身定位为"挑战者"。鉴于微软Cortana个人助理的良好业绩，公司决定借此集中打造 Windows Phone 8.1 的竞争力。微软宣称其产品的优势在于主动学习和信息获取性能，并且具有苹果 Siri 无法做到的保护用户隐私的功能。

在这一系列的广告宣传中，我们可以发现微软在广告策略上的变化。以往的广告宣传都是介绍微软的产品如何能为我们生活中面临的问题提供解决方案。现在的微软广告展示的是：和竞争对手的产品相比，微软的产品何以能更好地解决问题。

在美国，比较广告宣传是一种非常直接的比较。正如在一些动画广告中所见的，iPhone 和 Lumia 并排放在一起，而剧情则是非常智能的 Cortana 和相对简单的 Siri 之间的交谈。交谈到最后，迷惑不解的 Siri 说："我记得交谈的只是我这个手机。"当然，广告也可能是其他的结局—— Siri 称 Cortana 是如何的智能。通常，Siri 会在了解了 Cortana 的一些独特功能后，顿悟似地说："Lumia 才是智能手机！"

然而，在世界上很多其他国家（如俄罗斯、印度、意大利或巴西），即便容许的话，比较广告仍然是一个敏感的话题。如果想要在全球范围内开展统一的广告宣传，那么就会面临广告方面的重大挑战。因此，我们会发现微软对原始广告进行了两个方面的调整。首先，在越南的广告中，微软并没有直接指出竞争对手，而是把其他设备作为包好的礼物进行赠送。隐含的意思是这个礼物可能是苹果、三星或其他品牌的礼物，具体是什么则留给消费者自己去想象。虽然没有进行直接的比较，但观众仍然可以很容易地填补空白内容并领悟竞争信息。在波兰，微软通过类似的广告取得了相同的效应。此时，一双手表示的是一个消费者在等待购买新手机。虽然没有直接描绘出产品，但广告会让观众想到竞争对手的手机。一旦观众的心目中确立了竞争对手，也就达到了相同的竞争目的。

最后，我们注意到，Cortana 仅面向特定地区。不过，在其服务区域，Cortana 的语音会自动切换为当地的日常用语、文化和方言模式。例如，英国版 Cortana 的语音带有英国口音并使用英国习语，而被称为小娜的中国版本则讲汉语并配有随声脸型图像。

16.4.2 按地区的市场细分

泛欧沟通媒体的出现正在吸引很多公司尽可能地使自己的促销活动标准化。随着欧洲媒体覆盖率的扩大，市场上出现同一产品的多种信息和品牌将越来越寻常。为了避免由此而造成的混乱，也为了提高效率，公司力求在全欧洲实现品牌名、广告和促销的统一。

伴随着行为模式的改变，法律限制正在被慢慢取消，跨越不同国家市场的可行的细分市场正在出现。尽管欧洲永远也不可能成为对任何产品来说都是一个统一的市场，但是这并不意味着公司应该放弃开发面向全欧洲的促销规划的念头。泛欧促销策略将意味着找到一个跨越欧洲各国的细分市场，设计一个能对细分市场的共性部分有吸引力的促销概念。

16.5 信息：创新的挑战

16.5.1 全球广告和沟通过程

国际沟通失败的原因多种多样：没有足够的媒体，信息未能传播出去；目标听众和观众也许接收到了信息，但是由于文化差异，未能理解信息；[1]目标听众和观众虽然接收到并且理解了信息，但是因为营销者没有正确地评估目标市场的需求或思维过程[2]而毫无效果。

国际沟通过程由七个部分组成，任何一个部分最终都会影响沟通过程的准确性。如图 16-1 所示，沟通过程由以下部分组成：

（1）信息源。有产品信息需要沟通的国际营销经理。

（2）编码。来自信息源的信息转换成可以发送给接收者的有效符号。

（3）媒体渠道。把编码后的信息传递给接收者的销售人员或广告媒体。

（4）解码。接收者对来自信息源的符号的解释。

（5）接收者。接收信息的人及所传递的思想的目标的消费行为。

（6）反馈。有关传递效果的信息，从接收者流回到信息源，用来评估沟通过程的有效性。

（7）噪声。诸如竞争活动、混乱等无法控制、不可预料的影响因素，它们干扰沟通过程，影响任一或其他六个步骤。

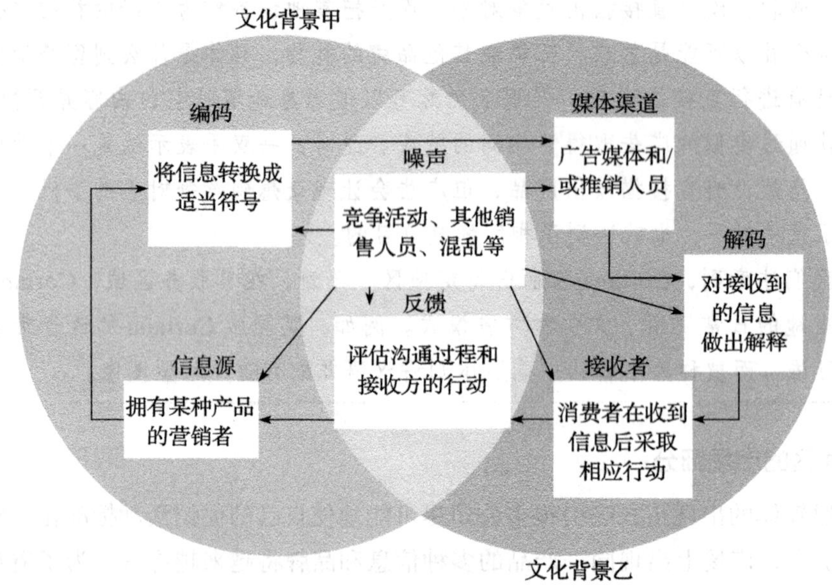

图 16-1 国际沟通过程

遗憾的是，沟通过程并不简单地只要通过媒体向接收者发送一个信息就能指望所发送的信息和接收者所收到的一样。如图 16-1 所示，沟通过程被置于甲文化与乙文化中，旨在说明当信息在一种文化中编码而在另一种文化中解码时，使得沟通过程变得纷繁复杂的种种影响。如果考虑不周，不同的文化背景会增加误解。有关研究表明，“有效的沟通要求信息发送者和接收者心理上有所认同”，否则，超出接收者认知范围的信息可能会传达违背原意的

[1] Ana Valenzuela, Barbara Mellers, and Judy Strebel, “Pleasurable Surprises: A Cross-Cultural Study of Consumer Responses to Unexpected Incentives,” *Journal of Consumer Research* 36 (2010).

[2] Jennifer Aaker, “Accessibility or Diagnosticity? Disentangling the Influence of Culture on Persuasion Processes and Attitudes,” *Journal of Consumer Research* 26, no. 4 (March 2000), pp. 340-357.

意思。正是在这一领域，即使最有经验的公司也会犯错误。

在国际市场营销中，大多数促销失败或错误是因为其中一个或几个步骤没有正确反映文化的影响，或者因为对目标市场缺少总体的了解。在图 16-1 中，信息源是指要向某一特定的目标市场推销其产品的营销者，所要传递的信息应该反映目标市场的需求。然而营销者对市场需求的认识和实际市场需求有时并不一致。当营销者依赖自我参照标准而不是有效的市场研究时，情况尤其如此。营销者绝不能想当然地认为："产品在一个国家畅销，在另一个国家也必然畅销。"例如，为美国设计、在美国销售、供消费者休闲用的自行车就不适合把自行车主要用作交通工具的市场。在美国拥有健康的牙齿被认为很重要，所以含氟防龋齿牙膏销售形势很好，但是在有些市场上，如英国和加拿大的法语地区，这种产品的吸引力就有限，因为在这里，购买牙膏的目的是消除口臭。如果从一开始，就把市场的基本需求理解错了，那么即使其余的步骤正确无误，整个沟通过程也会失败，因为所传达的信息是错误的或者是毫无意义的。

即使信息是正确的，编码过程也会产生问题。在这一过程中，诸如颜色[㊀]、时间、价值观、信仰、幽默、口味、代言人是否合适[㊁]等因素可能会导致国际营销者编码错误。例如，营销者想让产品传达凉爽的意思，于是选择绿色。然而生活在热带地区的人可能把绿色理解成危险或者与疾病有关。另一个编码失误的例子是一种香水，背景是雨水，对欧洲人来说雨水代表着洁净、凉爽、清新的形象，但是对非洲人来说绿色是多产的象征。这则广告使得很多观众询问该香水是否对不育症有疗效。

文盲率、可供选择的媒体以及媒体种类等问题在沟通过程的编码阶段会引起问题。编码的信息要想抵达消费者，就必须仔细选择信息渠道。当电视在目标市场上的覆盖率很低时利用电视作为媒体，或者大多数的目标用户不能阅读媒体所使用的文字时却利用印刷媒体作为交流渠道，这样的错误就是沟通过程中媒体渠道选择不当的例子。

解码问题通常是由编码不当造成的。编码不当会造成百事可乐那样的错误，百事可乐的"Come alive"（令君生气勃勃）被理解成"Come out of the grave"（从坟墓里出来）。雪佛兰的 Nova（意思是新星）型号的品牌在西班牙语里被解码成为 No Va!，意思是"走不动"。在另一个例子中，本该解码成"hydraulic ram"（水力泵）的译文被理解为"wet sheep"（湿羊）。在一则尼日利亚广告中，坐在雷诺轿车司机边上的金发美女本来是为了加强汽车的形象，但是她被认为是不正经的女人，因此让观众产生羞耻感。Eveready Energizer 电池的一则广告中使用了 Energizer 兔子形象，被匈牙利消费者看成在兜售兔子玩具而不是电池。

解码错误的产生也可能很偶然。高露洁公司为其牙膏选择 Cue 品牌所遇到的情况就是这样的。设计该品牌名称时并没有想含有任何象征意义，但是到了法语里面被理解为一个下流词汇。在某些情况下，想要表达的象征意义对解码者来说却毫无意义可言。在一则从美国移植的广告中，硬汉演员汤姆·塞莱克（Tom Selleck）站在山顶上端着一杯冒着热气的立顿

㊀ Elizabeth G. Miller, "Shades of Meaning: The Effect of Color and Flavor Names on Consumer Choice," *Journal of Consumer Research* 32 (2005), pp. 86 92.

㊁ Drew Martin and Arch G. Woodside, "Dochakuka: Melding Global Inside Local: Foreign-Domestic Advertising Assimilation in Japan," *Journal of Global Marketing* 21 (2007), pp. 19-32.

（Lipton）茶所表现出的讽刺意味对东欧人来说却毫无意义。

沟通过程中接收者一端的错误一般是由多种因素综合造成的：对使用模式的错误了解产生不恰当的信息，编码不当产生无意义的信息，因媒体选择不当而无法把信息传递给接收者，或者因为解码者解码不准确而曲解或误解信息。坏运气也会发生作用，由于2003年法国政府不支持对伊拉克动武，法兰西芥末，连同法国葡萄酒、炸薯条一道，受到美国人的抵制。尽管品牌名与法国毫无关系，而且完全是美国品牌。

最后，反馈作为对其他阶段的效果的核查阶段在沟通过程中非常重要。不对沟通效果进行衡量的公司往往不能及时改正信息源、编码、媒体选择、解码和接收者方面的错误。事实上，恰当的反馈系统可以使公司在造成重大损失之前改正错误。

除了上述步骤中所固有的问题外，国际沟通过程的效果还会受到噪声的影响。噪声包括所有其他外在的会降低沟通效果的影响因素，如可能影响最终沟通效果的竞争对手的广告、其他销售人员以及接收端的混乱。噪声是一种破坏性的力量，干扰沟通的每一个步骤，常常不受信息发送者或接收者的控制。如图16-1所示，噪声可能由任一文化中的行动引起，也可能是由于文化内容的重叠所造成的。

按照该沟通模型的意义，沟通过程的任何一个步骤、文化因素或营销者的自我参照标准都可能影响沟通的最后效果。例如，信息、编码、媒体和预想的接收者可以完美地计划好，但是如果接收者不能解码，就可能使最后得到的信息失去意义。在拟定广告信息时，国际营销者可以有效地利用这一模式作为指导，确保所有潜在的限制和问题都已考虑周详，最后接收到的信息和采取的行动与信息源的意图相吻合。

国际竞争日趋激烈，再加上跨国营销的复杂性，要求国际广告人员一定要极富创造力。法律、语言、文化、媒体、生产和成本的限制制约了创造新的发挥，使国际广告任务更加艰巨。

16.5.2 法律约束

在欧洲，控制比较广告（comparative advertising）的法律因国而异。在德国，使用比较词语为非法，你要是这样做了，竞争对手可以起诉你。比利时和卢森堡公开禁止比较广告，而英国、爱尔兰、西班牙和葡萄牙则明确赋予广告人员这个权利。有关比较广告的规定允许不指名道姓的比较，禁止指名道姓的比较。欧盟已经颁布了好几项规定，协调有关广告的法律。但是成员国有很大的自由，各自决定法律所涵盖的内容。很多人担心如果法律不协调，成员国可能会禁止不符合本国法律的广告入境。

在世界的其他地区，比较广告也受到严格控制。在亚洲，显示大猩猩选择百事可乐而不选可口可乐的广告在大多数卫星电视上禁止播放，只有在菲律宾"头号可乐"这样的词语才被接受。印度的一个法庭下令Lever停止宣称其New Pepsodent牙膏比头号品牌"好102%"。尽管这则广告一句都没有提到头号品牌佳洁士，但广告显示模特在说"佳洁士"这个词，而且其形象还伴随着在所有佳洁士广告中都被看作信心表示的"叮"一声。禁止公开比较将使得美国公司在国内或者在允许这样做的其他国家中大量使用的这种有效的广告方法

成为非法。最后，即便这些针对比较广告的限制被取消了，国际营销者还得仔细考虑消费者对风格全新的广告策略的反应。㊀

世界各地对特定产品的广告有各种各样的限制。许多国家对药品广告有限制。例如，加拿大评论家抱怨法律已经50年没有修改了，电视以及互联网的出现使得有些法律过时了。对玩具、烟草、酒广告有限制的国家不计其数。法国政府不久以前还一直禁止零售商、出版社、电影院、报刊做广告。

在许多国家中，电视广告受到严格的管制。中国政府在有些方面放松了管制，但在另一些方面又强化了管制。例如，中国政府要求对广告所宣称的内容提供确凿的证据。欧盟对外国广告节目的产品排序进行了限制，但对欧盟的节目未有限制。在科威特，政府控制的电视网每天只允许播放32分钟的广告，而且是在晚上。商业广告不允许使用最高级形容词进行描述，不允许使用粗俗的词语、恐怖或者让人震惊的画面，不允许衣着不整或跳下流舞蹈，不允许出现打斗、仇恨或复仇的画面，不允许嘲笑少数民族，不允许攻击竞争对手。俄罗斯禁止极端的广告，但由于监管力量不足，这种广告仍很盛行。

一些国家控制电视广播媒体的法律似乎有所松动。澳大利亚已经取消了一项针对有线电视的禁令，马来西亚正在修改法律，允许外国广告出现在刚刚合法化了的卫星电视上。但是，除极少数例外情况，在马来西亚播出的电视广告必须在马来西亚制作。

依赖于电视商业片和电视购物的公司，如果其制作的节目被看成广告，那么就会受到有关电视广告的长度和数量的规定的限制。在欧盟，各国的限制在程度上相差很大，从英国广播公司完全杜绝广告到有些成员国仅仅限定每天的广告不得超过15%不等。无国界电视法令允许各成员国在各自的法律范围内对电视台施加更严格或具体的管制。例如，在德国，两则广告之间间隔时间不得少于20分钟，每小时的广告时间不得超过12分钟。英国的商业电视台每小时的广告时间不得超过7分钟。

互联网服务尤其敏感，因为欧盟成员国正在讨论哪些条例适用于这些服务。如果一些成员国把电视广播条例运用于互联网而其他国家却把印刷媒体广告条例运用于互联网，那么就会出现阻碍泛欧服务的壁垒。好在欧盟正在着手解决互联网上的活动的管制问题。尽管大部分注意力集中于域名和互联网地址，欧盟的确认识到如果管理条例支离破碎，那么在线活动就会受到严重妨碍。

有些国家征收广告特别税，这可能会限制媒体的选择自由。奥地利的税收体制最能说明广告税如何通过不同媒体的成本比来改变媒体的选择。除了布尔根兰州和蒂罗尔州，在奥地利其他各州，插入广告要交10%的税；对于海报，不同的州和市征收的税在10%～30%不等。广播广告的税率是10%，在蒂罗尔州则要交20%。在萨尔茨堡州、施泰尔马克州、克恩顿州和福拉尔贝格州，广播广告不用交税。电视广告的税率全国统一，都是10%。在维也纳，电影广告需交纳10%的税，在伯根兰州为20%，而在斯坦尔马克州则为30%。在其余

㊀ Carolyn White Nye, Martin S. Roth, and Terence A. Shimp, "Comparative Advertising in Markets where Brands and Comparative Advertising Are Novel," *Journal of International Business Studies* 39, no. 5 (2008), pp. 851-863.

各州，则免征电影广告税。

16.5.3 语言限制

语言是利用广告进行有效沟通所遇到的主要障碍之一。这个问题涉及不同国家的不同语言，同一国家内的不同语言㊀或方言，以及语感、表达习惯㊁、俗语、语音等更加微妙的问题。事实上，在英国和爱尔兰，最近人们就“sexiest”的发音进行投票，结果爱尔兰发音战胜了其他民族的发音，包括苏格兰人、威尔士人、基尼人、伯明翰人、西南部人以及优雅的英国人。在许多国家，语言反映了文化自豪感和文化保护的要求，法语就是一个很好的例子。

几乎在每一个国家，企业都会因漫不经心地对待语言而遭遇麻烦。㊂一些实例足以说明问题。克莱斯勒公司曾把在美国国内的主题广告“达特就是力量”（Dart Is Power）直译成西班牙语，结果闹出了大笑话。对西班牙人来说，这句话暗示买主在性方面心有余而力不足。Bacardi公司研制出了一种水果味的苦味药酒，杜撰了一个名字Pavane，好让人想起法国的时尚。Bacardi公司想在德国销售这种药酒，但是Pavane与pavian非常相近，后者的意思是“傻瓜”。一家在中东销售番茄酱的公司发现在阿拉伯语中，“番茄酱”变成了“番茄胶”。在说西班牙语的国家，你必须小心，有些词在不同的国家有不同的含义。“ball”一词翻译成西班牙语就是bola。Bola在某个国家意思是球，在另一个国家则是革命，而到了另一个国家则成为谎言或杜撰，再到一个国家则可能是一个下流的词汇。最近，iPad这一产品名称在全球各地也引起了争议。即便是在美国，女性似乎会条件反射般地由“pad”而联想到卫生护垫。爱尔兰消费者则抱怨iPod与iPad听上去完全一样，而日本人则对iPad中的a无法读音。更为糟糕的是，美国、瑞士以及日本的一些公司已经合法拥有了该名称的商标。㊃

Tropicana牌橘子汁在波多黎各打出的广告是jugo de China，但是运到迈阿密的古巴人居住区时，却失败了。对波多黎各人来说，China就是橘子的意思，但是对古巴人来说，China意味着中国。一则德语广告的“一个全新系列产品”结果却成了“一整炉新产品”。

语言会产生无数的影响有效且地道的翻译并妨碍沟通的障碍。这些障碍在广告材料中和互联网上尤其明显。抽象、简洁、惜墨如金，这些对广告人员来说最有效的工具却给译者带来了困难。一个国家内部文化遗产和教育的巨大差异使得人们对一个句子和简单的概念产生不同的解释，因而妨碍沟通。有些公司雇用生活在美国的外国人做翻译，试图解决翻译问题。不过，这常常也不能令人满意，毕竟语言和翻译人员都在变化，所以几年之后，生活在

㊀ David Luna and Laura A. Peracchio, “Advertising to Bilingual Consumers: The Impact of Code-Switching on Persuasion,” *Journal of Consumer Research* 31, no. 2 (2005), pp. 57-73; David Luna, Dawn Lerman, and Laura A. Peracchio, “Structural Constraints in Code-Switched Advertising,” *Journal of Consumer Research* 32 (2005), pp. 416-423.

㊁ Lefa Teng and Michel Laroche, “Interactive Effects of Appeals, Arguments, and Competition across North American and Chinese Cultures,” *Journal of International Marketing* 14 (2006), pp. 110-128; Sharon Begley, “What's in a Word,” *Newsweek*, January 8, 2010, p. 31.

㊂ See http://www.engrish.com for a wide range of (mostly) humorous translation problems related to the use of English for Japanese products, signage, and so on.

㊃ Brad Stone, “What's in a Name? For Apple, iPad Said More than Intended,” *The New York Times*, January 10, 2010, pp. A1, A3.

美国的外国人就接触不到鲜活的语言了。在不同的文化中，日常语汇具有不同的含义，甚至连拼写与发音也会带来问题：Wrigley 在把 Spearmint 改拼成 Speermint 之前，在德国销售口香糖时就遇到了麻烦。

除了翻译困难以外，很多国家的高文盲率也会严重妨碍沟通，这就要求广告更富创造力，多使用口语媒体。如果一个国家或者广告覆盖区域内的人们使用多种语言，那么就会给广告主带来另一个问题。甚至像瑞士这样的小国也有四种不同的语言。以色列人口的熔炉特性决定了他们使用近 50 种语言。一位耶路撒冷人评论说，尽管“希伯来语已经成为日常交流的工具，但还没有变成广告用语。”关于面向双语文化的广告，我们才开始对其复杂性有所了解。[⊖]广告沟通必须完美无缺，而各个层次的语言差异都会产生问题。避免问题的唯一办法是在一国内针对目标顾客群进行测试。

跨越国界 16-2

怎么用瑞典语说“挂毯”

“从一种语言翻译到另一种语言，除非是要翻译语言之王——希腊语和拉丁语，否则就像从反面看佛兰德人的挂毯，虽然也能看到图形，但这些图形都被那些线盖住了，无法看到正面的那种平整度和色彩。”米格尔·塞万提斯（Miguel Cervantes）在《堂吉诃德》中这样说。

在泰国，雷达伦（Redalen）是挪威的一个小镇呢，还是瑞典家具连锁店宜家家居所出售的一张床，抑或是听起来快要接近获得三垒的某种让人不爽的东西？

结果，三个都是答案。宜家因使用拗口的斯堪的纳维亚名称而著名，而这的确有助于它对沙发和床的定位。但随着大盒子类零售商（the big-box retailer）扩展到快速发展的新兴市场，不难发现那些发音难度大的名称可能会有其他的含义，从而给翻译成其他语言带来困难。

例如，宜家 2011 年年底就在泰国推出了新的大卖场，也是它的第五大卖场。在扁平封装的自助组装的家具区或出售瑞典肉丸的宜家餐厅里，到处挤满了寻找便宜货的购物者。

不过，如果大声朗读标准的宜家产品目录，那么肯定会吸引异样的眼光，甚至出现更糟糕的情况。除了雷达伦床，这里还有非常漂亮的 Jattebra 花盆，但这个名称听上去可能像泰语中与性爱有关的一个术语，当然还有其他许多其他不明确的词汇。

为了解决这一问题，宜家正在向无意中起了俏皮产品名称的情况说再见，并且请了一组讲泰语者来修改产品名称。这样，就不太容易遭到误解。

“瑞典……的话很重要，毕竟可以带来独特个性的品牌，”小组成员 Natthita Opaspipat 说。为迎接宜家曼谷店的开业，她花了将近四年的时间对这些术语进行仔细审查，以便清楚如何把它们翻译成草书般且受梵文影响的泰语字母，同时听一下翻译成泰语后的效果。有时，她会与小组其他成员对某些元音或辅音进行调整，以防发生不幸的误解。

对于这一跨越国界的故事，其讽刺意味首先就在于你读到的塞万提斯的话本来就是翻译

⊖ Aradhna Krihna and Rohini Ahluwalia, “Language Choice in Advertising to Bilinguals: Asymmetric Effects for Multinationals versus Local Firms,” *Journal of Consumer Research* 35, no. 4 (2008), pp. 692-705; Jaime Noriega and Edward Blair, “Advertising to Bilinguals: Does the Language of Advertising Influence the Nature of Thoughts?” *Journal of Marketing* 72, no. 5 (2008), pp. 69-83.

而来的！

资料来源：James Hookway, "Swedish Retailer Hires Local Linguists to Police Racy Translations," *The Wall Street Journal*, June 5, 2012, pp. A1, 16.

16.5.4 文化多样性

与来自不同文化的人进行交流会遇到很多困难，而如何创造性地克服这些困难自然也是广告业务中最富挑战性的任务之一。一位广告公司的总裁明确指出："国际广告工作几乎毫无例外地是要命的，主要原因在于不理解语言和文化。"文化因素决定着如何解释各种现象，所以交流更加困难。㊀如果认知的结构不同，人们对同一信息的理解也就不同。㊁

基于传统和文化遗产的现有感知常常会使广告活动失去效果甚至出现更为糟糕的结果。例如，来自中国香港地区的调研人员发现，奶酪总是与外国人存在联系，所以一些中国人总是排斥奶酪。丰田在向中国市场推广普拉多 SUV 时，发现其名称听上去接近汉语的"霸道"一词，容易让中国人想起日本的侵略。性别趋向㊂、音乐㊃以及名人㊄的效果也因文化不同而有所不同。

因为美国和日本文化之间的差异，宝洁公司最初为帮宝适（Pampers）尿布所做的广告失败了。公司把美国广告（一只动画制作的鹳把帮宝适尿布送到千家万户）用日语配了音，再把美国的包装换成了日本的包装，然后直接在电视上播出。让宝洁公司沮丧的

㊀ Nader T. Tavassoli and Yih Hwai Lee, " The Differential Interaction of Auditory and Visual Advertising Elements with Chinese and English," *Journal of Marketing Research* 40, no. 4 (2003), pp. 468-80; Guillaume D. Johnson, Roger M. Elliott, and Sonya A. Grier, " Conceptualizing Multicultural Advertising Effects in the 'New ' South Africa, " Journal of Global Marketing 23, no. 3 (2010), pp. 171-176; Edwin J. Nijssen and Susan P. Douglas, " Consumer World-Mindedness and Attitudes toward Product Positioning in Advertising: An Examination of Global versus Foreign versus Local Positioning," *Journal of International Marketing* 19, no. 3 (2011), pp. 113-132; Gianfranco Walsh, Edward Shiu, and Louise M. Hassan, " Cross-National Advertising and Behavioral Intentions: A Multilevel Analysis," *Journal of International Marketing* 22, no. 1 (2014), pp. 77-97.

㊁ Some of the most important work being done in the area of culture and advertising is represented by Jennifer Aaker and Patti Williams's " Empathy and Pride: The Influence of Emotional Appeals across Cultures, " *Journal of Consumer Research* 25 (December 1998), pp. 241-261; Ulrich R. Orth and Denisa Holancova, "Men's and Women's Responses to Sex Role Portrayals in Advertisements," *International Journal of Research in Marketing* 21, no. 1 (2004), pp. 77-88; Aysen Bakir, " Character Portrayal: Examining Gender Roles in Television Commercials Targeted at Children in India and the United States," *Journal of Global Marketing* 26, no. 2 (2013), pp. 57-67.

㊂ Geng Cui and Xiaoyan Yang, " Responses of Chinese Consumers to Sex Appeals in International Advertising: A Test of Congruency Theory," *Journal of Global Marketing* 22, no. 3 (2009), pp. 229-245; Wendy W. N. Wan, Ching-Leung Luk, and Cheris W.C. Chow, " Consumer Responses to Sexual Advertising: The Intersection of Modernization, Evolution, and International Marketing," *Journal of International Business Studies* 45 (2014), pp. 751-782.

㊃ Ashok K. Lalwani, May O. Lwin, and Pee Beng Ling, " Does Audiovisual Congruency in Advertisements Increase Persuasion? The Role of Cultural Music and Products," *Journal of Global Marketing* 22 (2009), pp. 139-153.

㊄ Somdutta Biswas, Mahmood Hussain, and Kathleen O'Donnell, " Celebrity Endorsements in Advertisements and Consumer Perception: A Cross-Cultural Study," *Journal of Global Marketing* 22 (2008), pp. 121-137.

是，广告未能达到预期的效果。事后对消费者的调查发现，消费者对这只鸟为什么送尿布感到迷惑不解。根据日本的民间传说，把婴儿带给父母的是漂在河面上的巨大的桃子而不是鹳。

除了关注不同国家或地区之间的差异外，广告主也发现对一个国家或地区内的亚文化也必须加以注意。㊀例如在中国香港地区，人们吃早餐有10种不同的模式。一国的年轻人总是形成一种与老年人不一样的文化；城里人和农村人也有很大的差异。除了这些不同之外，还有一个传统变革问题。在所有国家中，无论老少，无论是城里人还是农村人，都在一定程度上坚持其传统，但是也愿意对某些行为方式进行变革。事实上，得益于雀巢公司早期的努力和星巴克近来的扩张，在习惯于喝茶的日本，喝咖啡已经成为年轻人和城市居民的时尚，这些人喜欢把自己看作见多识广的世界主义者。

16.5.5 媒体限制

在后面的章节中，我们将详细讨论媒体问题，所以这里我们只想说明，媒体对创造性策略的限制将会减小广告在促销活动中的作用，也许还会迫使营销者更多地依靠促销组合中的其他因素。如果像意大利那样，电视广告一年只准播放10次，任何两次播放之间的间隔不少于10天，那么，营销者的创造性毫无疑问要受到挑战。在一些国家中，富有创造性的广告主甚至建立了自己的媒体，以此克服媒体的限制。在非洲的一些国家中，广告人员泛舟于河上，一边行进，一边向着灌木丛中的人们播放流行音乐和广告。

16.5.6 制作和成本限制

当广告预算小或者制作条件有限（如印刷质量差和缺少高质量的纸张）时，创造性就显得特别重要。例如，在东欧，由于流通量大的杂志和其他高质量出版物的纸张和印刷质量差，高露洁公司不得不放弃西方传统的大量使用印刷媒体的做法，改用其他媒体。

在小市场上需要采用廉价的复制方式，这在许多国家也会成为一个问题。例如，因为广告牌数目有限，不值得去印刷，所以必须用手绘广告牌代替印刷广告。在埃及，饱受静电干扰的电视和低质量的广告牌使得诸如可口可乐和雀巢之类的公司把广告印刷在沿尼罗河航行的三桅小帆船的帆上。从法老时代起，这些有三只帆的小帆船就被用来运输货物，如今成为一种非常有效的广告选择，可以用来吸引人们对公司名称和广告语的注意。

16.6 媒体规划与分析

毫无疑问，通信革命正在如火如荼地进行中。就媒体而言，近两年的变化是最大的。的确，政治事件与自然灾害会一夜间给无数人带来巨大的影响。不过，个人电脑、互联网、手

㊀ Victoria Jones, "It's Not Black and White: Advertising and Race in Cultural Context," *Journal of Global Marketing* 23, no. 1 (2010), pp. 45-64.

机等迅速发展的电子沟通媒体所形成的网络不仅影响政治事件以及人们对自然灾害的反应，而且影响到了地球上每个人的生活，从埃及的骆驼市场到地球外的国际空间站！鲍勃·加菲尔德（Bob Garfield）在其新书《混沌情景》（*The Chaos Scenario*）中对通信革命的描述也许是最有说服力的。

> 让我们来分享一下全球最大广告控股公司 WPP 集团总裁马丁·索罗（Martin Sorrell）爵士的评论：
>
> “慢慢地，新媒体不再被看作新的了，只是增加了沟通渠道而已。就像一切媒体曾经是新的而后来只是媒体那样，它们在媒体中通过反向收购会起到重要的作用，**但几乎无法替代任何东西**。”
>
> 黑体部分是我要强调的。这里，马丁·索罗爵士的评论显得很荒唐。难道他没有看到互联网并非只是新媒体，就像电视替代收音机那样，正在发生替代吗？显然，这是一种革命性的技术进步，与火、农业、轮子、印刷术、火药、电、无线电、飞机、抗生素、原子能等的发明完全一样。数字革命已对我们生活的方方面面产生了深远影响，从社交到通信、信息、娱乐，再到民主，无一不受影响。只有当旧世界远离了我们，这些影响才会放大。
>
> 不管怎样，这一切终会发生。[㊀]

鲍勃·加菲尔德的这些言论虽然有点夸张，但本质上是正确的。21 世纪媒体所发生的变化的确非常快。我们接下来要做的是赶上变化，当然对马丁·索罗爵士所指的那个被破坏的时间也要有恰当的尊重。

16.6.1 战术考虑因素

虽然每个大国或一些地区几乎都拥有基本相同的媒体，但各国或各地区所遇的问题、所要考虑的因素不仅数量众多，而且存在差异性。在国际广告中，广告人员必须考虑可以利用何种媒体、费用、覆盖范围、是否合适等问题。媒体行业不断的竞争也要求相关决策要慎重考虑。例如，紧靠高速公路的广告牌不能包含多段文字。此外，新近的研究表明，媒体的有效性也会因文化和产品种类的不同而不同。[㊁]例如，中国大陆与台湾地区的消费者较美国消费者对印刷广告更持正面的看法。[㊂]如果当地差异很大，又缺乏市场信息，就应当额外加以注意。随着媒体公司的形成和合理化，大型跨国公司开始意识到沟通渠道计划的重要性。事实上，媒体巨头迪士尼和美国在线－时代华纳等的覆盖面越来越广，跨国公司有必要重新思考与媒体服务提供商的关系。

㊀ Bob Garfield, *The Chaos Scenario* (Nashville, TN: Stielstra Publishing, 2009), p. 11.

㊁ Kineta Hung, Stella Yiyan Li, and David K. Tse, “Interpersonal Trust and Platform Credibility in a Chinese Multibrand Online Community,” *Journal of Advertising* 40, no. 3 (2011), pp. 99-118.

㊂ Carrie La Ferle, Steven M. Edwards, and Wei-Na Lee, “Culture, Attitudes, and Media Patterns in China, China Taiwan, and the U.S.: Balancing Standardization and Localization Decisions,” *Journal of Global Marketing* 21, no. 3 (2008), pp. 191-206.

可以想象得出，在遇到下列情形时，广告人员需要有多高的创造力：

- 在巴西，电视商业广告集中在一起播放，在一个节目间隔播放 10 ~ 50 则电视广告。
- 在很多国家中，覆盖全国意味着要使用 40 ~ 50 种不同的广告媒体。
- 专门的媒体只能抵达市场的一小部分。在荷兰，那里有天主教、基督教、中立者以及其他的专门的广播网。
- 在德国，全年的电视播出计划必须在前一年的 8 月 30 日前安排好，因此无法保证本来为夏天制作的广告不会在冬天播出。
- 在越南，报纸和杂志的广告不得超出版面的 10%，广播电视广告不得超过播出时间的 5% 或者每小时不得超过 3 分钟。

1. 可获得性

有些国家的广告媒体太少，而另一些国家的广告媒体又太多，这是国与国之间广告业的明显差异之一。有些国家的政府明令禁止某些媒体接受某些广告材料。这样的限制在广播和电视播出中最普遍。在很多国家中，杂志和报纸太少，无法承接所有的广告。相反，有些国家的市场被许多不同的报纸分割，因此广告主要想获得有效的覆盖面，必须付出不合理的高成本。意大利的一家广告公司的经理这样评论自己的国家："有一条基本规律：想买的买不到。"

2. 费用

在大多数国家中，媒体的费用可以协商。代理商的广告篇幅折扣常常会分一部分给客户，以便降低媒体成本。广告主可能会发现：把广告信息传播到潜在买主的费用取决于代理商的讨价还价能力。在不同的国家之间，每份合同的费用相差很大。一项研究表明，在 11 个欧洲国家中，使 1 000 名读者获得广告信息的费用各不相同，少则 1.58 美元（比利时），多则 5.91 美元（意大利）。在妇女服务杂志上，发行量每 1 000 份的版面价格从 2.51 美元（丹麦）到 10.87 美元（德国）不等。有些市场的电视广告时段紧张，使得价格大幅攀升。在英国，投标制使得价格上升，它没有固定的价格表，相反却有一个抢购制度，愿意出高价的广告主可以把原先安排好的广告挤掉。

3. 覆盖面

与费用问题一样，覆盖面也是个进退两难的问题。这里有两点特别重要：一是通过广告与特定人群相沟通的困难；二是缺少有关覆盖面的信息。在很多世界市场上，必须通过多种多样的广告媒体才能把信息传播给市场上的大部分潜在买主。在有些国家中，很多独立的媒体把市场分割成很多块，增加了广告费用。除了少数例外，很难通过广告媒体把信息传播给欠发达国家的绝大多数人口。在印度，通过录像大篷车播放 30 分钟的赞美某种产品性能的信息广告片来影响农村人口。除了雨季之外，消费品公司一年到头都在使用大篷车。高露洁一次就雇用了 85 辆大篷车，开到那些调查显示有市场前景的村落。

在东欧国家中，单独任何一种媒体都不能获得足够的覆盖面，所以有必要采用多种媒体。例如，在捷克，电视广告费用很高，且黄金时段不能播广告，因而很多公司转而利用户外广告牌。在斯洛文尼亚，获得适当的媒体很困难，因此很多公司不得不采取独特的方法把信息传递出去。例如，夏天使用激光把图案映射到大城市上空的云上。水泥搅拌机也成了做广告的场所，柯达的广告就曾出现在水泥搅拌机上。从好的方面看，该国的犯罪率很低，产品可以展示在人行道上竖起来的玻璃箱中，德国的西门子和柯达都曾使用过这种方法。

4. 缺少市场数据

证实发行量或覆盖面数字是一项艰难的任务。尽管很多国家都有类似于美国发行审计局之类的机构，但是仍然难以保证获得准确的发行量和观众数据。例如，墨西哥全国广告协会主席就曾指责报纸的发行量完全是夸大其词。他建议广告公司每次都应该把这些数字除以二，即便如此，对得到的结果也不能全信。中国的情况也不是很乐观，关于消费习惯和市场渗透的调查数据只限于北京、上海和广州这样的大城市。广播听众和电视观众一般很难测量，但是起码在大多数国家，地理覆盖面是可以知道的。随着广告主和代理商对数据质量的要求越来越高，调查数据正变得越来越可靠。

即使是在可以较为准确地测量广告覆盖面的地方，也还存在所覆盖的市场的组成问题。缺少可用的市场数据似乎是大多数国际市场的共同特点。广告主需要有关收入、年龄和地理分布的信息，但是除了在最大的市场上，这些基本数据从来都不可靠，甚至全球电视（卫星播送）的吸引力也因为缺少对媒体的研究而有所减弱。

本书不可能对每一种媒体的特点进行具体讨论。另外，因为国际广告媒体领域的飞速变化，这些信息即使有也会很快过时。然而考察不同广告媒体独特的国际特点可能会很有趣。在大多数情况下，也许能够从所提供的数据上看出每一种不同的媒体的主要特点。

5. 报纸

在一些国家中，报业苦于缺乏竞争，而在另一些国家中，却又因为竞争过于激烈而苦苦挣扎。美国大多数城市只有一两份大的日报，但很多国家有很多报纸，因此广告主即使想覆盖部分市场也很困难。乌拉圭只有 300 万人口，却有 21 家日报，总发行量只有 553 000 份。土耳其有 380 家报纸，广告主必须考虑每一份报纸的政治立场，这样才能保证产品的声誉不会因为和不受欢迎的立场有关而受到伤害。日本虽然只有 5 家全国性的日报，但发行量特别大。广告主必须通过关系才能买到广告版面。据说日本最大的报纸《朝日新闻》每月要拒绝大量的广告客户，因此而失去的广告收入每月超过了 100 万美元。不过，即便是日本这些媒体大佬，也面临着越来越多的年轻读者开始选择电子媒体的挑战。在日本，报纸的发行量一直在下降。[⊖]如表 16-5 所示，平面媒体的广告收入下降速度非常之快。在过去 5 年中，平均下降速度超过了 7%，而且损失的面也很广。目前，整个行业都面临着这一灾难。事实上，正如本章之前所提到的，根据广告时代网（AdAge.com）的估计，在线媒体上的广告支出已

⊖ "The Teetering Giants," *The Economist*, February 10, 2010, pp. 72-73.

经超过了平面媒体上的广告支出。

表 16-5　若干国家 2008 ~ 2013 年媒体支出情况（每户家庭支出的美元金额）

国　家	电　视	广　播	平面媒体	电影院	户　外	在线媒体
全球平均数	90（1.7）	16（−2.7）	60（−7.4）	1（4.1）	15（−0.6）	45（11.4）
中国	41（15.2）	4（6.5）	21（6.9）	0.2（10.4）	11（8.8）	18（21.3）
日本	304（−1.4）	21（−4.5）	143（−7.4）	—	79（−5.8）	155（5.4）
澳大利亚	445（−0.6）	117（−0.9）	378（−9.8）	12（0.0）	57（0.6）	409（14.3）
俄罗斯	72（4.3）	7（1.3）	14（−7.6）	3（13.8）	18（−3.3）	32（29.8）
巴西	154（9.8）	9（5.6）	36（−0.9）	1（1.9）	6（8.1）	12（18.0）
以色列	159（−2.6）	19（−6.6）	123（−10.6）	3（−1.0）	20（−9.1）	89（3.2）
南非	104（10.3）	33（9.2）	72（−1.0）	2（−8.5）	10（7.7）	6（17.9）
加拿大	254（−0.3）	117（−0.2）	181（−5.7）	—	36（0.3）	239（14.4）
美国	532（1.4）	137（−3.5）	333（−10.5）	6（4.1）	65（1.3）	277（12.7）
德国	130（−0.6）	24（−0.1）	281（−4.5）	2（−1.3）	25（−1.5）	131（9.7）

资料来源：Euromonitor, 2015.

在很多国家中，广告出现在报纸上之前往往要等上好长时间。在印度和印度尼西亚，纸张短缺导致广告出版的推迟，有时甚至长达 6 个月。另外，因为设备的限制，大多数报纸都不能增版以满足广告需求的增长。耐克希望在美国能这样做，但最高法院没有支持。

各国报纸对非广告内容和广告内容的划分方针各不相同。在某些国家中，可以为广告和促销目的购买非广告版面。只要价格合适，新闻栏目也可以出售给任何人。因为表面上看不出哪些版面是付了钱的，所以无法准确说出某一报纸上到底出现了多少广告。

跨越国界 16-3

在日本可行的广告主题

尊重传统：梅赛德斯的广告强调自己是第一家生产小客车的公司。

相互依靠：资生堂的广告强调在追求美的过程中（与美容顾问之间）的伙伴关系。

天人合一：丰田汽车出现在富士山前。

善用节气：电视广告常常随季节而变换，使用的产品也各不相同。

新颖和演变：展示产品是如何在当下环境中缓慢演变的。

巧用名人：名人也包括外国名人。最近的一项研究显示，63% 的日本电视广告都使用了名人。

社会老龄化：广告中常常出现老年人。

变化中的家庭：常见的主题是父亲角色的转变，亦即父亲在家时间的增多。

代沟和个人主义：年轻人往往表现得更具张扬的个性。

拿自己开涮：在一则广告中，让一只凹进去的百事可乐易拉罐真情告白，叙说自己对更有人气的可口可乐的仰慕之情。

礼貌的鸭子：AFLAC 公司的广告鸭带着轻柔的嗓音来到日本。与美国版广告鸭的大嗓门不同，日本人给广告鸭配上了更加柔和的声音。AFLAC 的女发言人说："日本文化不喜欢对着人叫嚷。”公司差不多70%的业务来自日本，去年达到80亿美元。虽然这只广告鸭对日本人来说已不陌生，但专为日本设计的广告这还是第一次。作为目前日本个人保险市场的最大保险商，该公司采用的是配上美国广告的语音，包括广告鸭发出的嘎嘎声。最新版的广告鸭非常受欢迎，以至于其叫声在日本成了下载最多的电话铃声。

资料来源：George Fields, Hotaka Katahira, and Jerry Wind, *Leveraging Japan, Marketing to the New Asia* (San Francisco: Jossey-Bass, 2000); " AFLAC Tames Its Duck for Japanese Market, " *Los Angeles Times*, May 13, 2003, p. C7; Lavonne Kuykendall, " Aflac CEO: The Duck Helps Drive Sales in Japan," *Dow Jones Newswire*, February 24, 2010.

6. 杂志

国际广告主使用外国消费杂志的比例非常低，其原因有很多。发行量大或者能够提供可靠的发行数目的杂志寥寥无几。为了促进出口，专业杂志被广为使用，但是和报纸一样，纸张的缺乏给广告的编排造成了困难。媒体规划者常常面临这样的一些大杂志，这些杂志接受的广告是它们所能安排的两倍，然后在付印前，通过摸彩的方式决定哪些广告可以刊印。

一些国家的这种做法也许是促使为很多国家服务的所谓的国际媒体发展的一个主要因素。越来越多的美国出版公司正在出版越来越多的海外版。《读者文摘》（国际版）在原来20余种语言的基础上，又增加了俄语版。其他具有国际版的美国出版媒体既包括《花花公子》，也包括《科学美国》(*Scientific America*)，甚至还包括刚刚引进英国的《国家调查者》(*National Enquirer*)。在中国，广告主可以通过三份新杂志接近女性读者：法国出版商Hachette Filipachi Presse正在扩充其中文版的时尚杂志 *Elle*；《妇女节》(*Woman's Day*) 的目标是“忙碌的现代”女性；*L'Evenement Sportif* 是一份体育杂志。这些媒体为当地广告主，也为跨国广告主提供了选择。

7. 广播和电视

可能是由于其固有的娱乐价值，广播和电视已经成为几乎所有国家的主要传媒。如今，高清电视已在全球各地开始采用。在中国的大城市中，几乎所有家庭都拥有电视机，大多数成年人每天都听广播，看电视。在电视设施发达的国家中，广播在媒体竞争中已经被置于从属的地位。然而在很多国家中，广播是唯一能接触大量人口的媒体，因而是特别重要的广告媒体。不过，如表16-5所示，广播和电视的受众数量均保持相对的稳定。虽然电视的广告收入在以年均1.7%的速度增长，但广播的广告收入在过去5年中每年减少大约3%。

广播和电视广告的可获得性因国而异。有些国家不允许经营商业性广播和电视，但是因为电视制作费非常昂贵，好几个传统的实行非商业化经营的国家已经修改了政策。法国把每天的电视广告限制在18分钟以内，但是现在把时限延长到每个电视频道每小时不超过12分钟。韩国有两家电视台，都是政府所有，每天只播送几个小时。在午夜和早上6：00之间，它们不播任何节目；从星期一至星期五，在上午10：00到下午5：30之间它们通常不能播出。广告节目被限制在播出总时间的8%以内，只能在电视节目的头尾集中播出。一个广告主评论说：“为了能上电视，我们被迫购买不想要的时段。”

目前，一场完美的风暴有可能导致商业电视走上平面媒体的老路。首先，数字媒体上的支出出现了飞速增长。对此，本章后面部分将做介绍。其次，广告跳跃设备的应用可以使广告不出现在电视屏幕上。[⊖]最后，Netflix 流媒体和宾果看（binge watching）的出现也降低了电视广告的吸引力。[⊜]当然，所有这些目前只是出现在美国，但这些创新都有向全球推广的趋势。因此，最大的问题就是美国的政客将如何支出他们用于选举的数十亿美元。

8. 卫星和有线电视

卫星电视的成长和发展使得它在电视广告中的地位越来越重要。总部设在英国的一家商业卫星电视台——空中频道（Sky Channel）通过有线电视用户把节目和广告带进欧洲大部分国家。收看卫星电视的技术很简单，每个家庭只要有一只 350 美元左右的“盛菜用盘子大小的”碟型天线就行，这大大增加了每一条信息的覆盖面和影响整个欧洲的能力。电视覆盖面的扩大对广告主的创造力提出了挑战，而且更加强调全球标准化的信息。有线电视、卫星电视和互联网在几个国家的渗透率情况，如表 16-5 所示。

广告主和政府都很关心卫星电视的影响。政府关心是因为其担心进一步失去对电波和“美国文化帝国主义”的控制。如表 16-5 所示，一些国家对媒体实行限制。欧洲电视节目包括美国 *Laguna Beach: the Real Orange County* 之类的节目。在英国和法国，最受欢迎的外国节目是《幸运之轮》(*Wheel of Fortune*)，既播放美国版本，也播放法国版本。在德国和法国，从美国进口的节目非常受欢迎，因此政府官员担心庸俗的美国游戏节目、情节戏剧和肥皂剧会挤垮国内生产商。这一争夺战甚至进入了政治层面，在新闻报道中表现出对世界的看法的差异。毫不奇怪，法国正在投资发展法国的“CNN”。AL-Jazeera 开始时受卡塔尔政府资助，目前已勉强能盈亏平衡，它被广泛地认为是阿拉伯的“CNN”，在中东有相当大的影响力。

亚洲和拉丁美洲的一些地区从卫星电视网接收电视广播。Univision 和 Televisa 是拉丁美洲的两个卫星电视网，通过每一个国家的一系列的附属电视台向大部分西班牙语世界播送，其中包括美国。*Sabado Gigante* 是 Univision 播送的一个很受欢迎的西班牙语节目，在 16 个国家有上千万的观众观看。新的泛亚卫星电视网 Star TV 拥有 27 亿潜在的观众，分别生活在从埃及到印度、日本，从俄罗斯的远东地区到印度尼西亚的 38 个国家。Star TV 最先在全亚洲播出，但是很快地 ESPN 和 CNN 就加入了进来。紧接着 24 小时播出的体育频道出现的是亚洲音乐电视频道和一个普通话频道，向生活在亚洲各地的几百万海外华人播送戏剧、喜剧、电影和财经新闻。节目通过有线电视网播出，但是也可以用私人的碟型卫星天线接受。

卫星电视的长处同时也是其缺点之一，即它们覆盖很多不同的国家和市场的广阔的地域。这意味着一条信息在很广阔的地域播送。对某些产品来说，这可能适得其反，而且由于诸如语言、喜好等文化上的差异，单独一条信息也许不怎么有效。PVI（普林斯顿电视形象塑造）是一项革新，它使得在使用有线电视或者卫星电视时，制作不同文化中的地区型广

⊖ David Lieberman, “UPDATE: Dish and Disney Finalize Output Deal That Ends Their Ad-Hopper Dispute,” *Deadline.com*, March 3, 2014, online.

⊜ Emily Steel, “As a Conference, Research Shows Streaming Is Upending TV Business,” *The New York Times*, December 9, 2014, p. B3.

告比目前更容易。PVI 使得提供这项服务的 ESPN 能够用计算机制作的图像填充视觉“不动产”——空白的墙壁、街道、露天体育场的墙壁，并使它们浑然成为一体。例如，在 ESPN 的 X-games 期间，如果你在观看“街头小雪橇”，就会看见乘坐平底雪橇的人越过实际上并不存在的宣传阿迪达斯运动鞋的广告牌。同一面广告牌在荷兰宣传的是一件商品，在喀麦隆宣传的则可能是另一件商品。如果你是在俄勒冈州波特兰市观光，那里可能不做阿迪达斯的广告，那么你看到的将是实景——没有广告牌。这些广告可以使用不同的语言，在不同的国家甚至以不同的品牌名称出现。

大多数卫星技术都涉及一些政府管制。新加坡、中国台湾地区和马来西亚禁止销售卫星天线，日本政府禁止国内有线电视公司转播国外卫星电视节目。不过这样的限制往往不会长久。在中国台湾地区，据估计有 150 根碟形卫星电视天线正在使用当中，另外还有无数的非法有线电视经营者。通过种种技术，亚洲的家庭将面对美国人已经习惯了的节目选择及其与之俱来的广告。

9. 直接邮寄

在越来越多的国家，直接邮寄是一种可行的媒体，当其他媒体难以利用时，它尤其重要。在国际市场营销中，甚至像这样基本的媒体也往往受一些稀奇古怪的做法的影响。例如，在智利，因为发信者只付一部分邮资，收件人必须为每一件物品支付其余的邮资，所以直接邮寄广告几乎不可能作为一种有效的媒介。毫无疑问，广告主不能迫使顾客支付他们不想要的广告费用而疏远顾客。尽管直接邮寄广告有一定的限制，很多公司仍然发现这是抵达目标市场的很有意义的方法。读者文摘协会曾经在墨西哥利用直接邮寄广告，成功地销售其杂志。

在东南亚市场上，印刷媒体较为短缺，所以尽管准确的邮寄对象名录在亚洲和世界其他地方都是一个问题，但是直接邮寄广告仍然被看作抵达工业品采购员的最有效的途径之一。事实上，有些公司建立了自己的直接邮寄广告数据库。工业广告主大量使用直接邮寄广告，利用产品目录和销售清单做成大笔的国际业务。甚至在媒体可获得性不成问题的日本，像雀巢日本公司和戴尔电脑公司这样的企业也成功地使用直接邮寄广告。为了促销其 Buitoni 牌速冻意大利面食，雀巢公司使用 12 页的彩色直接邮寄广告小册子，介绍其食谱，其中包括日本风味的意大利面食。

在俄罗斯，直接邮寄广告的数量在一年之内从每个月刚刚超过 15 万封信件猛增到每个月 50 万封。在俄罗斯，对直接邮寄广告的响应率为 10% ~ 20%，与美国的 3% ~ 4% 甚至更少的响应率形成鲜明的对比。直接邮寄广告在俄罗斯为什么如此有效，一种解释是俄罗斯人对受到如此青睐感到受宠若惊。不用说，随着媒体的发展，这种情况会有所改变。

10. 互联网

尽管互联网的效果尤其是跨文化背景下的效果仍然有待了解[⊖]，但互联网根据有关排名

⊖ Shaojing Sun and Ying Want, “Familiarity, Beliefs, Attitudes, and Consumer Responses toward Online Advertising in China and the United States,” *Journal of Global Marketing* 23, no. 2 (2010), pp. 127-138; Jana Moller and Martin Eisend, “A Global Investigation into the Cultural and Individual Antecedents of Banner Advertising Effectiveness,” *Journal of International Marketing* 18, no. 2 (2010), pp. 80-98.

已经成为全球第二或第三重要的广告媒体。不过，一致的观点就是在 2008 ~ 2013 年全球互联网上的广告支出年均增长达到历史最高的 10% 以上。在企业与企业通过商品目录和产品种类进行沟通与促销中，互联网的使用正迅速得到很多人的欢迎。因为许许多多的公司已经上了网，所以互联网可以到达很大一部分企业与企业之间的市场。

尽管互联网在一些国家的家庭普及方面还受到限制，但是越来越多的公司正在利用互联网作为消费品的广告媒体。很多消费品公司都拥有电子商店，其他的公司则利用互联网作为一种广告媒体，刺激零售商店的销售。爱尔兰的 Waterford Crystal 已经建立起自己的网站，专门为了促进商店的销售，其目的是推销其产品，把顾客吸引到销售 Waterford Crystal 产品的商店中。该网站几乎列出和展示了 Waterford Crystal 的全部商品，而像 Bloomingdales 这类出售 Waterford Crystal 商品的商店也通过在其网站上做广告来支持这项促销活动。

对消费品来说，互联网的局限性主要在于其覆盖面。在美国，越来越多的家庭可以通过计算机上网。在美国以外的国家或地区，计算机上网人数的增加形成了一个年轻、受教育程度较高、收入也比平均水平高的细分市场。对很多公司来说，这一群体是一个重要的细分市场。此外，这种局限性也只是暂时的。随着新技术的出现，人们可以通过电视上网，而且个人电脑价格的降低会促使家庭计算机上网数量的增加。表 16-6 给出了巴西、葡萄牙和韩国三个主要国家的网民的分布情况。不难发现，表 16-6 中美国网站在巴西、葡萄牙和韩国的列表中分别为 5 家、6 家和 4 家。此外，不妨分析一下巴西和葡萄牙的葡语网站的重叠情况以及 Google 与 Microsoft 所处的支配地位。绝大多数访问者访问的是当地网站。同期，在美国访问最多的网站按从多到少的顺序分别是 Google、Microsoft、Yahoo!、Facebook、AOL、Ask Network、Glam Media、Turner Digital 和 Wikipedia。

表 16-6　巴西、葡萄牙和韩国的前 10 大网站（每月访问数）

排　名	巴西：3 190 万名访问者		葡萄牙：380 万名访问者		韩国：2 810 万名访问者	
1	Google 网站	2 620	Google 网站	360	NHN 公司	2 270
2	Microsoft 网站	2 520	Microsoft 网站	340	Daum	2 050
3	UOL	2 060	葡萄牙电信	240	SK 集团	2 020
4	Yahoo! 网站	1 740	Hi5.COM	230	gretech	1 470
5	Terra-Telefonica	1 680	Yahoo! 网站	140	Yahoo! 网站	1 220
6	Organizacoes Globo	1 670	UOL	130	KT 集团	1 180
7	巴西电信集团	1 660	Grupo Impresa	120	Microsoft 网站	1 140
8	Wikipedia 网站	1 080	Wikipedia 网站	110	Google 网站	1 040
9	WordPress	1 010	巴西电信集团	110	eBay	1 000
10	BuscaPe.com	800	WordPress	110	JMnet	1 000

资料来源：comScore Media Metrix, 2014, online. Reprinted with permission.

随着互联网的持续发展，各个国家开始对目前几乎是毫无限制的媒体进行控制，限制将会不断增加。除了控制不希望出现的信息外，诸如按次计费（pay-per-view）、税收、不公平竞争、进口税和隐私等问题也引起了世界各地的关注。在澳大利亚，当地零售商因为互联网抢走了生意正在呼吁修改法律。按照目前的法律，互联网购物不需要交纳常规的进口税。互联网业内人士正在游说，力争获得全世界的理解，制定一些规则以避免各种令人迷惑、彼此矛盾的法规的疯狂出台。

需要很快解决的另一个限制是争夺网络用户的竞争。网站数量的激增使得顾客越来越难从某一网页跋涉而过。现在搜索引擎是引导网络用户注意力的关键工具。此外，认真的互联网广告主或电子市场营销者必须通过其他媒体更有效地向观众传达他们站点的存在。有些公司将其传统的电视广告和网站对应起来，IBM、斯沃琪手表、美国电报电话公司和三星电子就是其中一些在空中和网上双拳出击的公司。电视广告用来提高品牌在某一地区的知名度，以及介绍公司的网站。

最后，虽然在线广告在全球各地的重要性在快速增加，但其本身也在演变为社交媒体和手机媒体。有一位分析师宣称旗帜广告和网站广告已经死亡，取而代之的是 Facebook、Twitter 和 Instagram 等手机应用程序。为此，下面将讨论社交媒体这一主题。[㊀]

11. 社交媒体

口碑（word of mouth）广告和同事推荐往往成为影响品牌选择的重要因素。不过，互联网的威力改变了口碑宣传的速度和影响范围。社交媒体（如社交网络、博客、拟真世界、视频分享等）可以成为强有力的营销工具，不过经营者才开始放手让消费者发表对品牌的看法。来自消费者的信息往往会对品牌产生影响（包括正面的和反面的影响）。新媒体不仅成为所有产品经营者考虑的议题，而且这些经营者不限于那些针对年轻人的经营者。不管品牌经营者喜欢不喜欢，消费者总会对品牌有看法。因此，经营者必须跟踪并参与消费者的那些在线交流活动。

互联网交流不受国界的限制。不过，在注重信息导向和风险回避的文化里，口碑似乎更有效。[㊁]不管怎样，来自不同国度的消费者可以在线互动交流。关于互联网的用途和缺陷及其用户的特点，我们才开始有所认识。最近有一研究[㊂]对美国社交网络的用途与在 11 个国外样本国（包括巴西、加拿大、中国、法国、德国、印度、日本、墨西哥、俄罗斯、韩国和英国）的用途进行了比较。出于满足研究的目的，这里的用户为那些至少访问过一家社交网站的消费者，这些网站包括 MySpace、Cyworld、Mixi 或 Facebook。

顺便提一下，拥有 10 亿用户的 Facebook 在全球社交网络中处于主导性地位。在 Facebook 上做视频广告的收费达每天 100 万美元。不过，最初被邀请做广告的客户至少都是

㊀ Frahad Manjoo, " Fall of the Banner Ad: The Monster that Swallowed the Web, " *The New York Times*, November 6, 2014, pp. 1, B11.

㊁ Desmond Lam, Alvin Lee, and Richard Mizerski, " The Effects of Cultural Values in Word-of-Mouth Communication, " *Journal of International Marketing* 17, no. 3 (2009), pp. 55-70; Jan H. Schumann, Florian v. Wangenheim, Anne Stringfellow, Zhilin Yang, Vera Blazevic, Sandra Praxmarer, G. Shainesh, Marcin Komor, Randall M. Shannon, and Fernando R. Jimenez, " Cross-Cultural Differences in the Effect of Received Word-of-Mouth Referral in Relational Service Exchange, " *Journal of International Marketing* 18, no. 3 (2010), pp. 62-80; Shu-Chuan Chu and Sejung Marina Choi, " Electronic Word-of-Mouth in Social Networking Sites: A Cross-Cultural Study of the United States and China, " *Journal of Global Marketing* 24, no. 3 (2011), pp. 263-281.

㊂ " Social Networkers Are Also Heavy Technology Users, " *Research Brief from the Center for Media Research*, November 14, 2007, http://www.centerformediaresearch.com.

经过 Facebook 筛选的。这些广告必须被用户评为“有意义的”。不然，这些视频就不会发出声音，用户就会跳过这些内容。这方面的做法值得关注。㊀

在样本用户中，有一半以上的美国人观看过在线电视节目或视频。此外，美国用户更喜欢下载电视节目、复制电影或下载电视剧。与国外用户相比，美国用户更为了解这方面的技术。不过，与从未访问过社交网站的人相比，所有的样本用户了解更多这方面的技术。半数多的美国人曾经用移动设备发送或接收过短信文本与电子邮件，游览过互联网新闻和信息，也接收过数字图像。虽然国外用户与美国用户有相同的行为，但国外用户的移动设备功能更多。例如，与美国用户相比，国外用户的移动设备更有可能配备 MP3。如图 16-2 所示，以色列人在社交网站上花费的时间是所有国家用户中最多的。最后，我们知道美国宽带速度的中位数为 16.9 GB，在经济合作与发展组织国家中列第 16 位。韩国位列第一，宽带速度为 75 GB；荷兰位列第二，宽带速度为 61.4 GB；丹麦位列第三，宽带速度为 40 GB；英国位列第四，宽带速度为 35.8 GB。㊁

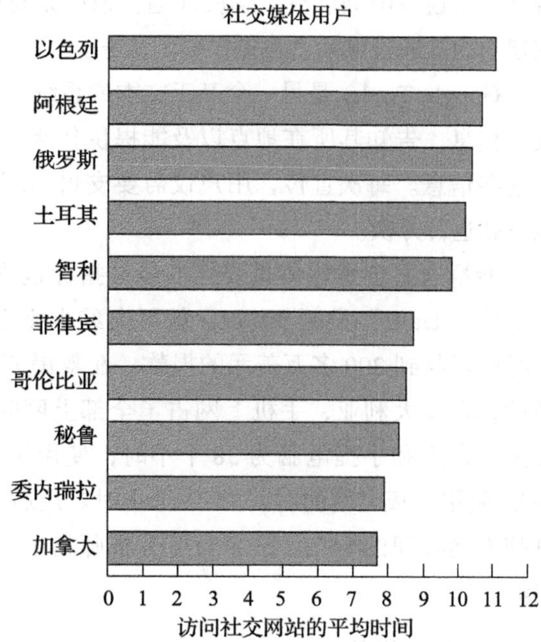

图 16-2 前十大社交媒体使用国：2011 年 10 月平均访问社交网站时间

资料来源：Michael Jung, “Social Networking Is the Most Popular Online Activity,” http://www.thenewage.co.za/ 38836-1021-53-Social_networking_is_the_most_popular_online_activity, December 26, 2011, online.

12. 手机应用程序

随着全球手机数量的不断增加（目前已达到 70 亿部），手机用户所能使用的手机应用程序也在不断增加。事实上，根据最近的有关报道，使用最多的 1% 的手机用户消费了全球宽带流量的 50%，而且这个比例还在不断增加。㊂正如某位专家所解释的：“接听手机的次数已经开始让位于手头使用手机。这样，手机提供信息服务之门被打开了。手机所提供的服务并非网络，而是服务网络。这样，消费者可以进行提问，营销者可通过新方法来回答问题。如今，全球各地那些具有创造力的人正在不断开发出手机的新用途。”㊃

㊀ Reed Albergotti, “Brands Face Tough Screening for Facebook Video Ads,” *The Wall Street Journal*, May 5, 2014, online.

㊁ “In Broadband, the United States Lags Behind,” *The New York Times*, May 28, 2014, p. B2.

㊂ Kevin J. O'Brien, “Top 1% of Mobile Users Consume Half of World's Bandwidth, and the Gap is Growing,” *The New York Times, January* 5, 2012.

㊃ Rajeesh Veeraraghavan, Naga Yasodhar, and Kentaro Toyama, “Warana Unwired: Replacing PCs with Mobile Phones in a Rural Sugar Cane Cooperative,” *Information Technology & International Development* 5, no. 1 (2009), pp. 81-95.

在乌干达，种粮碰到植物病的农民可以发信息到 Farmer's Friend 网站进行咨询，随后就会收到如何用肥皂和煤油来制杀虫剂的建议。如果农民种植的西红柿有了病害，那么就会被告知如何通过喷洒乳液来解决问题。该网站是由 MTN、Google 与 Grameen 基金的应用实验室建立的，通过电话就可提供咨询服务。

Google Trader 是另一个基于文本的系统，可以将买卖双方的农产品需求进行撮合。卖方发出信息，告知其所在地点以及能提供什么，这样 30 千米以内的潜在买家可在 7 天内了解到这些信息。每次宣传，用户仅需要支付 10 美分。在该网站投入运营的最初 5 周里，咨询服务就达百万次。

衡量这些创意媒体重要性的最佳指标也许就是人们对 2010 年海地大地震的巨大响应。将文字“Haiti”发至 90999，就可向红十字会自动捐款 10 美元。救助机构在地震发生 24 小时内就收到 200 多万美元的捐款。在救援期间，Twitter 也采用其沟通媒体来接受捐款。[㊀] 最后，在澳大利亚，手机上网占了全部上网时间的 52%。根据报道，其他月度上网时间统计为：台式和手提电脑为 38 个小时，使用智能手机为 29 个小时（包括浏览和使用应用程序），利用平板电脑的时间为 24 个小时。最后，使用应用程序的时间占使用智能手机和平板电脑上网时间的 86%。许多行业分析师指出，如今的公司很难跟上消费者行为快速变化的趋势。[㊁]

13. 其他媒体

对传统媒体的限制使得广告主退而求其次，选择影响力较小的媒体，解决当地的特殊问题。在很多国家或地区中，电影院和广告牌以及其他形式的户外广告一样，是一种重要的媒体。在文盲率高的国家或地区，广告牌尤其有用。中国香港地区无疑是世界霓虹灯之都，紧随其后的是东京的银座和纽约时代广场。事实上，最有意思的“广告牌”可能要算出现在俄罗斯 Proton 火箭（该火箭把国际空间站的部分装置送入轨道）身上的 Pizza Hut（比萨小屋），不知外星人能否看懂，也不知他们是否喜欢比萨。

在海地，载着大功率喇叭的卡车提供了一种有效而广为使用的广告媒体。私人承包商拥有这样的设备，并且像广播电台一样出售广告时间。这种媒体克服了诸如文盲多、收音机和电视机拥有率低、印刷媒体发行量小之类的问题。在乌克兰，邮局的服务不太可靠，很多公司发现企业间做广告的最有效的方式是直接发传真。

在西班牙，私人汽车成了一种新媒体，汽车上刷上产品广告，当它们行驶时就成了流动的广告牌。这种新的媒体被称作“广告汽车”，在马德里共有 75 辆这样的汽车。车主每月得到 230 美元，条件是必须说明其职业和每周“正常的”的行车习惯。广告主每个月为每辆车支付 29 000 美元的基本成本，就可以挑选他们感兴趣的车型和车子颜色，并且根据车主的行车习惯确定谁最适合特定的广告。

㊀ Jenna Wortham, “ $2 Million in Donations for Haiti, via Text Message, ” *The New York Times*, January 13, 2010, online.

㊁ “Mobile Dominates Digital Consumer Screen Time,” *CMO.com.au*, August 8, 2014, online.

案 例

NBA 的国际化

美国职业篮球联赛（NBA）在全球范围内营销其产品和服务并获得了巨大的成功。它所运用的一系列营销工具给人印象深刻，如针对球票促销的广播和平面媒体宣传、球场四周广告位出售、公益广告、国际范围的商标授权、全球NBA电视转播、欧洲的潜在团队、在一些国家的表演赛、视频游戏等。NBA在国外进行商品销售的份额如下：中国40%；欧洲、中东和非洲33%；亚洲其他国家18%；加拿大6%；拉丁美洲3%。[㊀]

不过，NBA占主宰地位的领域在社交媒体。在2014～2015赛季，NBA的社交媒体统计数据非常抢眼：其YouTube的订阅用户数为590万，而点击观看量达到25亿次。相比之下，作为第二大主要体育联盟的NHL（北美职业冰球联盟）的这些数据只有NBA的1/10。NBA的Facebook主页收获了2 680万个"赞"，超过了NFL（美国橄榄球联盟）、MLB（美国职业棒球联盟）、NASCAR（美国运动汽车竞赛协会）和NHL获得的总"赞"数。在这标志性的赛季，NBA所有的联盟、球队和球员社交平台创纪录地获得2.4亿粉丝和8.11亿个"赞"与"关注"；获得的媒体印象达310亿条，较上一赛季增加了130%。

在国际上，NBA是中国社交媒体上获得关注人数最多的体育联盟，在腾讯和新浪上的关注者达1亿。NBA在Facebook上有17个国际主页，一半以上的关注者为国际粉丝。

NBA取得上述这些成功并不是偶然的。NBA与硅谷的Facebook等企业合作了将近10年，可以说一直是体育领域的真正领先者。[㊁]负责这方面工作的领导一直是NBA数字媒体（Digital Media）的高级副总裁梅里莎·罗森塔尔·布伦纳（Melissa Rosenthal Brenner）。她亲自负责的工作就包括在NBA比赛期间采用5种不同的数字平台跟踪社交媒体。这些平台包括三星（NBA的合作伙伴之一）、iPhone6、iPad Air 2、微软界面和笔记本电脑。她想通过这些渠道获得用户对NBA比赛和媒体的体验。社交媒体的目的就是让用户"参与"到NBA比赛中。

球员自己就是一个最了解现代科技并对社交媒体有清醒认识的群体。NBA"社交媒体奖"就颁发给了一些在比赛中最能引起粉丝共鸣和产生社交反响的时刻。在2013～2014赛季，波特兰开拓者队（Portland Trail Blazers）的达米恩·利拉德（Damian Lillard）就获得了"社交MVP"称号，休斯敦火箭队获得了"社交MVP球队"称号，而洛杉矶湖人队的尼克·杨（Nick Young）获得了"LOL奖"。

如果你点击NBA主页的"全球"图标，就可进入一个列有NBA外国主页地址的"NBA全球"页面——请重点关注"NBA阿根廷"和"NBA中国"。我们建议你去NBA的主页看一看，并浏览一下其中的营销信息。查看一下上文提到的一些信息的最新数据。请将本书中有限的相关资料作为领略丰富多彩的NBA全球化（商业）版图的指引。

"NBA全球"网页上的交互式地图显示了NBA球员的祖国。例如，有5位球员来自西班牙，还有2位球员来自喀麦隆。你可以通过社交媒体关注任何一个或所有球员。目前，

㊀ Ira Boudway, "The Global Playbook," *Bloomberg Businessweek*, February 10, 2015, p. 23.

㊁ Katherine Rosman, " For the NBA, It's the Most Tweetable Time of the Year," *New York Times*, December 24, 2014, p. E1.

NBA 历史上首次拥有了来自 37 个其他国家或地区的 100 多位球员。

在每个页面的顶部，不难找到各种社交媒体图标。对于不同的市场，NBA 主推的社交媒体不同。NBA 的全球主页主推的社交媒体有 Blogs、Facebook、Twitter 和 g+。在阿根廷 NBA 主页上，除了这四大社交媒体外还有 Pinterest 和 Rss。其他国家或地区大多数都与阿根廷的情况差不多。不过，NBA 中国主页上的社交媒体仅限于腾讯微博、QQ 空间、微信和新浪微博。

1. NBA 的全球运作

NBA 在全球 13 个市场设有办公室：北京、香港、约翰内斯堡、伦敦、马德里、墨西哥城、孟买、纽约 / 新泽西、里约热内卢、上海、首尔、台北和多伦多。2008 年，NBA 启动了"NBA 中国"计划，与 Disney/ESPN、中国银行投资集团、联想控股、招商局集团和李嘉诚基金 5 家战略合作伙伴共同投资了 2.53 亿美元。

NBA 的比赛和节目用 47 种语言面向全球 215 个国家或地区播放。NBA 电视频道用户遍及全球 99 个国家或地区。NBA 数字平台（NBA.com、NBA Mobile 和 NBA Game Time 应用程序）在 2013 ~ 2014 赛季（包括常规赛和季后赛）的页面访问量达 270 亿次。超过 50% 的 NBA 数字媒体访问者来自北美以外的地区。目前，NBA 拥有 18 个国际特色站点，分别为：非洲、阿根廷、澳大利亚、巴西、中国大陆、ene-ne-a、德国、希腊、印度、以色列、意大利、日本、墨西哥、新西兰、菲律宾、西班牙、中国台湾地区和土耳其。NBA LEAGUE PASS 为全球 200 多个国家或地区的球迷在 NBA.com 和 NBA Mobile 上提供完整的 NBA 赛季直播。订阅量排名前 5 的市场分别为：澳大利亚、德国、英国、加拿大和法国。

超过 30% 的 NBA 产品销售收入是在美国以外的地区实现的。2014 年，NBA 产品被销往美国以外的 130 个国家或地区。NBA 拥有 7 个专门的国际电子商务网站，分别是：澳大利亚的 nbasrote.com.au、新西兰的 nbastore.co.nz、巴西的 LojaNBA.com、中国的 NBA.tmall.com、墨西哥的 NBATienda.com、欧洲 / 中东 / 非洲的 NBAStore.eu 和印度的 NBAStore。到 2015 年，NBA 将有更多的网站开始运行。第五大道 NBA 商店 62% 的交易额就来自国际交易。

NBA 通过与众多营销合作伙伴建立关系来吸引粉丝并在各个领域开展活动。在全球范围内，NBA 的合作伙伴包括：2K Sports、AB InBev、阿迪达斯、BBVA、思科、佳得乐（Gatorade)、Harman、耐克、SAP 和斯伯丁（Spalding)。在特定领域中，与 NBA 合作的顶级当地企业包括 America Movil（墨西哥）、Avea（土耳其）、贝尔（加拿大）、Bimbo（拉丁美洲和西班牙）以及 Friesland Campina（除中国外的亚洲地区）。在大中华地区，NBA 在营销与宣传方面的合作伙伴包括：AB InBev（哈尔滨啤酒）、阿迪达斯、安踏、美国航空公司、国泰金融集团（中国台湾）、Castrol、Clear（联合利华）、佳得乐、康师傅、蒙牛乳业、耐克、SAP、斯伯丁、雪碧和中兴通讯。

2. NBA 整合营销传播的其他方面

在 2014 ~ 2015 这个赛季，NBA 的全球比赛包括 NBA 9 支球队在 6 个国家 7 座城市举行的 7 场常规赛和季前赛的比赛。季前赛包括 5 支球队，分别是：新泽西篮网队、克里夫兰骑士队、迈阿密热火队、萨克拉门托国王队和圣安东尼奥马刺队。这些球队将在巴西、中国、德国和土耳其进行一系列比赛。常规赛比赛则安排在墨西哥城（11 月 12 日由休斯敦火箭队对阵明尼苏达森林狼队）和伦敦（1月15日由密尔沃基雄鹿队对阵纽约尼克斯队）。2015年4月22日，NBA与全美篮球表演者协会（National Basketball Players Association）宣布首场NBA非洲比赛将于8月1日在南非约翰内斯堡的埃利斯公园球场（Ellis park Arena）举行。

NBA承诺要在基层推广赛事。2014年，NBA在美国以外的36个国家或地区的123个城市举办了218起国际赛事。NBA 3X是联盟的国际性基层赛事平台，该赛事平台将激动人心的3对3比赛与正宗的NBA娱乐和篮球活动相结合。2014年，NBA 3X和其他NBA冠名的3对3比赛在全球16个国家或地区的55个城市举行，吸引了2.75万名参赛者和将近80万名观众。

Jr. NBA是NBA联盟扩大年轻人参加篮球比赛的国际性平台。Jr. NBA为青年球员和他们的教练提供最高质量的篮球技术指导并宣传NBA比赛的核心价值观，如运动员精神、团队精神、积极向上的态度以及尊重他人。2014年，Jr. NBA项目在13个国家或地区的70个城市举办了比赛，吸引了超过21.5万名青少年和3 700多名教练参加。

3. 社会责任

通过NBA Cares组织的关怀活动，NBA联盟及其球队和成员已向慈善组织捐赠了超过2.42亿美元的资金，做了不下300万个小时的社区服务，并在5大洲建立了915个供孩子及其家人生活、学习和玩耍的场所。在这些场所中，有179个建立在美国以外的26个国家或地区。

与国际篮球联合会（FIBA）一起，NBA每年都举办"篮球无界"（BWB）活动。自2001年以来，NBA和国际篮球联合会已在5大洲20个国家或地区的23个城市举办了41场BWB活动。在现任或前任NBA/WNBA球员中，有150多名球员参加了来自30支NBA球队的140名球队成员组成的团队，而且有33名参加BWB活动的成员被初选为NBA球员。2014年，举办BWB活动的地区包括首次举办地中国台北和意大利罗马以及作为再次举办地的南非约翰内斯堡。

16.7 广告实施与广告公司

广告活动的制定及其实施是由广告公司来管理的。就像制造公司已走向国际一样，美国、日本和欧洲的广告公司正在走向国际，在全世界范围提供先进的代理服务。随着跨国公司对广告服务需求的增长，当地的广告公司也得到了发展。因此，国际营销者有多种选择。在大多数贸易大国中，广告主可以有以下选择：当地的国内广告公司；公司所拥有的广告公司；拥有当地分公司的跨国广告公司。每一种选择都有其优缺点。第8章中讨论的公司与代理商之间的关系在这里也很适用。此外，在国际环境中，企业与广告公司的关系可能是复杂而脆弱的，福特和巴黎迪士尼乐园新近更换了广告公司就是例证。

当需要因地制宜时，当地的国内广告公司可以为公司提供最好的文化诠释[⊖]，但是其先进程度则要相对弱一些。此外，外国客户和当地广告公司之间的跨文化交流也可能会有问题。不过当地广告公司对市场可能把握最准，尤其是当跨国广告公司在该市场没有多少经验

⊖ Morris Kalliny and Salma Ghanem, " The Role of the Advertising Agency in the Cultural Message Content of Advertisements: A Comparison of the Middle East and the United States," *Journal of Global Marketing* 22, no. 4 (2009), pp. 313-328.

的时候。对于还没有完全适应东欧市场的跨国广告公司来说，东欧市场一直是个问题。在匈牙利，美国的一家婴儿护理公司的浴皂广告表现的是一名妇女抱着孩子，这位妇女在西方人眼中是年轻的妈妈，但在匈牙利人看来是未婚妈妈，因为广告中的妇女左手戴着戒指，而在匈牙利，结婚戒指戴在右手，这个左手戴戒指的女人显然在告诉每一个匈牙利人她是未婚的。对于这种错误，当地的广告公司是不会犯的。另外，在越南这样的新兴市场上，当地的法律要求有当地的广告公司的参与。

最佳的折中办法是选择有当地分公司的跨国广告公司，因为它既具备大公司的先进之处，又能代表当地。此外，具有当地分公司的跨国广告公司更能够在全球发起协调一致的广告战。㊀这对在欧洲做生意的公司来说已经变得尤其重要。考虑到企业有意进行全球化或标准化的广告活动，广告公司积极扩张以提供世界范围内的服务。很多全球导向的公司雇用一家或两家广告公司，由它们负责公司在全球的广告业务。

全球各地广告公司的报酬是以美国15%的佣金制度为基础的。不过，世界各地的代理佣金模式不像美国那样固定不变；在有些国家，代理佣金随媒体不同而各异。很多公司正从佣金制度转向基于效果的奖励制度，一开始就把报酬条件讲得清清楚楚。销售额上升，代理商将得到相应的奖励。这种分享广告所产生的利润或造成的损失的做法正在逐渐受到欢迎，将来也许会成为一种标准做法。广告公司提供的服务彼此也相去甚远，但是很少有外国公司像美国的广告公司那样提供全面的服务（见表16-7）。根据广告行业的最新消息，那些最大的广告公司仍在增长——第二大广告公司Omincom与第三大广告公司Publicis已经同意合并，这样就会超过WPP而成为全球最大的广告公司。不过，两者至少在短期内仍然会维持它们在纽约和巴黎的公司办公室。㊁

表16-7 世界广告公司10强

2013年	公 司	总 部	2013年的收入（100万美元）	较2007年的变化（%）
1	WPP	都柏林	17.3	4.8
2	Omnicom集团	纽约	14.6	2.6
3	Publicis集团	巴黎	9.2	8.7
4	Interpublic集团	纽约	7.1	7.0
5	电通公司	东京	5.8	−9.4
6	Havas	法国苏雷斯尼	2.3	2.1
7	博报堂	东京	1.8	−15.7
8	联合数据系统国际	得克萨斯欧文	1.4	10.6
9	IBM国际经验	纽约州阿蒙克	1.3	74.3
10	MDC合伙	多伦多/纽约	1.2	6.1

资料来源：From Special report Global Marketing, *Advertising Age*, 2014. Copyright © 2014 Crain Communication. Reprinted with permission.

㊀ Among multinational advertising agencies, there appears to be an advantage to early arrival in new markets. See Peter Manusson, Stanford A Westjohn, and David J. Boggs, "Order-of-Entry Effects for Service Firms in Developing Markets: An Examination of Multinational Advertising Agencies," *Journal of International Marketing* 17, no. 2 (2009), pp. 23-41.

㊁ "Omnipotent, or Omnishambles?" *The Economist*, August 3, 2013, pp. 53-54.

16.8 广告的国际控制

上面介绍了对广告的法律限制，这里将更广泛地考察一下有关广告国际管制的过去、现在和将来。

消费者对广告的批评不仅仅出现在美国市场上。消费者对广告的标准和可信度的担忧也许已经遍及世界，其速度快过很多营销技巧的传播速度。对欧洲消费者的一项抽样调查显示，只有一半被调查者认为广告为消费者提供了有用的信息，六成的被调查者认为广告意味着更高的价格（如果某种产品大量做广告，其价格往往比少做广告或不做广告的品牌高）；八成的被调查者认为广告往往使他们购买本来不想买的东西，且广告中对产品质量的陈述往往名不副实。在中国香港地区、哥伦比亚和巴西，广告的命运比在欧洲要好得多。那里的人们赞扬广告是获得有用的产品信息的一个途径，大多数巴西人认为广告妙趣横生，值得一看。

随着有线电视和卫星电视的发展，欧盟官员正在制定一些旨在控制广告的规定。广告欺诈是一个棘手的问题，因为大多数成员国对什么是误导性广告的解释不同。对针对青少年消费者的广告加以约束的要求是在工业化国家和发展中国家都出现的一种趋势。

是否得体以及在广告中直言不讳地利用性也正在受到公众的关注。对广告是否得体和使用性的控制所遇到的一个问题是世界各地文化的不同。对某个西方人来说完全可以接受的广告可能大大地冒犯了来自中东的人，或者也许会冒犯另一个西方人。广告中所描述的得体行为的标准因文化的不同而各异。尽管有这些不同，但是人们对是否体面、性以及侮辱妇女和男人的广告越来越关注。国际广告协会正在力图通过行业自律来阻止限制性法律的通过，但是这也许太迟了，有些国家正通过立法界定可接受的标准。

企业在实行自律、遵守限制性法规方面所遇到的困难是在某些类型的广告中“性”的作用非常大。美国一家优秀的冰激凌营销商哈根达斯（Häagen-Dazs）和瑞典的便携式电脑公司LapPower的欧洲广告受到批评，认为色情成分太浓。哈根达斯的广告展现出一对夫妇的脱衣过程，以及他们彼此拥抱，互喂冰激凌。英国的一些编辑和广播评论员对此非常生气。其中一人评论说：“该广告最赤裸裸、最不恰当地利用性来促进销售。”受到斯德哥尔摩企业伦理委员会谴责的LapPower个人电脑，把公司的共同拥有者刻画成具有“迷人的笑容，举止富有挑逗性”。（她正穿着低领口的套裙俯身在一台LapPower电脑上。）这些公司的广告播出后，销售额产生了一定的增长。在英国，在“纵情享乐”广告播出后，冰激凌销量直线上升，而在瑞典，公司的共同拥有者说：“销售量与日俱增”。无论是进行立法还是行业自律，广告及其对大众行为的影响已经受到国际社会的关注。

广告管制不仅仅局限于欧洲。加拿大魁北克省不仅禁止针对儿童的广告，而且对减少消费快餐食品的禁令的效果进行了认真的研究。[㊀]巴西圣保罗市成功地禁止了在该市的商业中心做户外广告宣传。[㊁]事实上，在发展中国家，人们对大众传播的扩张和进行更大的控制的必要性有了更强烈的认识。马来西亚自始至终对电视广告进行限制，试图控制“过度西化”

㊀ Tirtha Dhar and Kathy Baylis, “Fast-Food Consumption and the Ban on Advertising Targeting Children: The Quebec Experience,” *Journal of Marketing Research* 48, no. 5 (2011), pp. 799-813.

㊁ Patrick Burgoyne, “Sao Paulo: The City that Said No to Advertising,” *BusinessWeek*, June 18, 2007.

的影响。政府对此非常关注，不允许“西方文化形象”出现在电视广告中。不准出现袒胸露背，也不准出现抚摸、亲吻、性感的衣服或者牛仔服。这些仅仅是 41 页的广告法中的其中几条禁令，马来西亚政府在过去 10 多年里一直在增加广告法的内容。

对烟草产品广告和促销的攻击在不断升温。在美国，烟草企业已经同意减少促销。欧盟议会要求在香烟盒上用更大的字号印上吸烟有害健康的警告。最引人注目的是，世界卫生组织已经发起了一场反对烟草业的运动。[⊖]世界卫生组织总干事格罗·哈伦·布鲁兰特（Gro Harlen Brundtland）博士解释说：“吸烟是传染性疾病，它通过广告、营销以及使得吸烟看上去有魅力、令人羡慕等方式传染。”在全球范围内禁止烟草广告是世界卫生组织的行动目标之一。

电视节目中的产品配置（product placement）是受到管制者关注的另一个广告问题。在美国，人们抱怨电影和电视节目中的吸烟场面。在中国这样广告时间有限的国家中，产品配置可以规避市场上的一些管制。由于这些做法对中国来说是新的，增长速度非常快。随着这种做法的大量出现，如何对其进行管制将是一个值得观察的问题。

广告业对消费者和政府的消极态度与怀疑以及某些广告主的拙劣行径非常关注，国际广告协会和其他的国内和国际广告团体已经制定出了很多的自律条例。支持这些条例的人觉得如果广告主自身找不到有效的控制机制，政府必然会干预。对政府干预的担心已经刺激欧洲的利益集团制定法规，保证大多数广告遵守“诚实、真实和得体”的标准。在广告可信度受到怀疑的国家以及存在消费者主义运动的国家，广告主的创造性受到了挑战。然而最令人难以置信的控制也许是在缅甸，每一种媒体都有自己的审查委员会，有时在广告交给信息部审批之前就可以对任何广告下定论，甚至日历也有一个审查委员会。内容的限制集中在提及政府或军队、其他的政治事务、宗教主题或被认为是贬低了传统文化的形象上。在很多国家中，人们有一种感觉，那就是广告尤其是电视广告太强大了，诱使消费者购买不需要的东西。这一问题在美国已经争论了多年。

跨越国界 16-4

万维网真的可以建立边界吗

我们用《华尔街日报》上尼尔·斯特劳斯（Neil Strauss）所写文章中令人心寒的摘录来结束本章。内容的确发人深省！

> 如果你碰巧正在网上读这篇文章，你会发现它上面的右边，有一个“喜欢”的按钮。请停止阅读，并马上点击“喜欢”。
>
> 谢谢。我感觉好多了。被人喜欢是很好的。
>
> 如今，越来越多的文化迷恋于博客、挖掘、推特和链接。现在再加上谷歌的 +1，这就像又上了一次高中。
>
> 别忘了评论、转发这篇文章。如果你是新下载的谷歌 + 社交网络，一定要“+1”。事实上，如果你不想读文章的剩余部分，至少在点击其他地方之前，在页面上停留几

⊖ “Russian Government Approves Accession to WHO Tobacco Control Convention,” *Interfax*, January 10, 2008.

分钟。这样一来，它就会出现在网站分析上，好像你已经读过了整篇文章。

以前，有一种叫作“观点”的东西。在许多纷争和冲突之后，在世界的某些地区（这里人们有权享有自己的观点），它最终成为一种共同持有的观念。

不幸的是，这一观念正在成为一个时代错误。当互联网第一次为公众使用，它被人们誉为从众的解放，一个充满激情、创造力、创新和信息自由的流动世界。当它第一次被广告劫持以及随后被商业劫持时，它似乎已经完全被拉拢并与人类的贪婪和野心相一致。

但是，互联网仍然需要克服人性的另一种元素——归属需要。“喜欢”按钮开始于2007年的FriendFeed网站上，2009年出现在Facebook上，2010年开始从YouTube到亚马逊，再到最主要的新闻网站到处传播，而现在已正式获得谷歌的接受、认同和支持，并更加看重“+1”的身份意识。这样一来，现在我们不仅可以在互联网上搜索信息、商品和小猫视频，而且可以获得批准。

你“喜欢”我！甚至摇滚明星也对其Facebook和Twitter的统计数据感到苦恼。

就像喜剧演员需要加以训练以便把握哪句台词和哪种表情能获得笑声，通过这些按钮，我们的思想也可在线塑造以顺应民意。总会遇到不喜欢（或一个聪明而没有转发）的一种状态，相当于一个笑话遇到沉默。它必须要反思与改写。因此，我们不在网上展示真实的自己，而是设计一个面具，以符合我们周围人的意见。

相反，当我们在看别人的内容时，无论是视频还是新闻报道，我们都能首先看到有多少人喜欢它，而且通常情况下，也能看到我们的朋友是否喜欢它。因此，我们被鼓励不要形成自己的意见，而要寻找其他人有何感觉的线索。

“喜欢”文化与自尊概念是对立的。一个健康的人应该是由内而外的发展，而不是由外而内的发展。相反，我们是由我们的统计数据所塑造的，其中不仅包括“喜欢”，而且包括回应我们所写的内容、产生评论的数量以及我们的朋友或追随者的数量。我明白摇滚明星感到苦恼的事实：另一位艺术家比他们有更多Facebook的“喜欢”和Twitter的追随者。

资料来源：Excerpted from Neil Strauss, “The Insidious Evils of ‘Like’ Culture,” *The Wall Street Journal*, July 2, 2011.

本章小结

整合营销沟通包含广告、销售管理、公共关系、促销和直接营销之间的协调。全球营销者在每一个市场都面临着独特的法律、语言、媒体和制作限制。在设计整合营销沟通时必须考虑这些问题。20世纪90年代后期，许多大型企业偏向标准化的广告策略，然而，最近，即使是最大的跨国公司也把重点转到了基于国家、亚文化、地区或其他市场细分要素的策略上。

国际广告主面临的主要问题是为每一个服务的市场设计最佳的广告信息。在公共关系和各种广告媒体中，潜在的跨文化误解的可能性非常大。世界各地广告媒体的可获得性和质量也千差万别，由于缺乏合适的广告媒体，营销者可能无法有效地进入某些市场，例如有些产品要求通过电视传播信息。

通信技术特别是互联网的发展，正在给通信业和国际广告业的结构带来巨大的变化，也给政府管制带来了新的问题。尽管有这些挑战，但随着新的媒体和向商业广告开放的新的市场的出现，国际广告业正在快速地增长。

思考题

1. 解释本章标黑色的主要术语。
2. “广告或许是国际市场营销在世界各国之间最相似的方面，然而尽管广告有许多类似之处，但同时也可以说它在国际市场营销中拥有的独特问题最多。”试讨论之。
3. 有人曾经说过，广告是美国最大的出口项目。请讨论。
4. 随着很多国家都能够收看到卫星电视，试讨论某家公司可以如何利用卫星电视，并且有效地处理不同的语言、不同的文化和不同的法律体系问题。
5. 简述国际广告主所面临的一些主要问题。
6. 广告是否可以在所有国家实行标准化？为什么？
7. 回顾广告管制的基本领域。这些管制只在外国有吗？
8. 广告主如何克服目标市场文盲率高的问题？
9. 国际广告主面临着何种特殊的媒体问题？
10. 在阅读完本章有关直接邮寄广告的部分之后，制定公司开展直接邮寄广告活动时必须遵守的指导原则。
11. 通过卫星播送电视广告的能力究竟是增加还是减小了广告实现标准化的需求？卫星电视会带来什么问题？请评论。
12. “在世界上的很多市场上，必须利用很多种媒体才能把信息传递给大部分消费者。”请解释。
13. 电影院广告在美国不太重要，但是在奥地利这样的国家是一种主要媒体。为什么？
14. “不能把所有外国报纸都看作同一类的广告实体。”请对此进行阐释。
15. 从图书馆借一本外国杂志。把其他国家的广告和美国杂志上的广告进行比较。
16. 什么是销售促销？在国际市场营销中如何运用销售促销？
17. 说明沟通过程如何帮助国际营销者避免在开展国际广告活动时出现问题。
18. 针对沟通过程的每一个步骤，举例说明文化差异如何影响最终接收的信息。
19. 试讨论在一种文化中开始，在另一种文化中结束的沟通过程中可能引起的问题。
20. 沟通过程中反馈的重要性如何？噪声的重要性又如何？

第17章
Chapter17

人员推销与销售管理

学习目标

通过本章学习，应能把握：

- 国际营销中人际推销的作用
- 设计国际销售队伍时需要考虑的因素
- 招聘三类国际销售人员的步骤
- 国际销售和营销岗位的选拔标准
- 国际人员所需的专门培训
- 激励国际销售代表的措施
- 如何设计国际营销人员的薪酬体系
- 如何使美国人做好赴国外任职的准备
- 全球销售和营销管理者形象的变化

全球视角

派驻国外真的是风光无限吗

下面这些经理也许不会采用“风光无限”这个词。

我发现公司在谈到海外经理时，只是嘴上说说而已。我在申请去马来西亚任职时，他们告诉我说被派往国外有利于职业生涯的进步，我能够获得宝贵的海外工作经验等。千万不要误会我的意思，我们的确很喜欢海外的职位。我们热爱当地的人民以及当地的文化和生活方式，所以轮到回国任职时，我们并不怎么热心……问题是我在海外任职期间，公司进行了全面重组……这就意味着我一旦回来，职位就没有了。

我们来到美国已经11个月了，我想我的妻子和孩子还需要一年半载才能真正安顿下来。我每天工作中还得学习新东西，花了很长时间才习惯美国的做事方式……我的意思是，万一公司说：“啊，我们想让你一年后到南非去工作”，我会严加拒绝，毕竟我妻子刚到这儿时，一开始很不适应。

这些浪迹国外的夫妻也不会把“风光无限”一词放在嘴边：

我发现至今还不适应西班牙的作息时间。对我来说，这个问题简直是没完没了，毕竟下午2点至5点的休息时间令人非常尴尬。我发现常常得提醒自己，2点至5点这段时间对我来说是一段空白，什么事也不能做……我们开始调整饮食时间。不管愿意不愿意，我们的开饭时间晚了许多。

我们真幸运不必利用这里的医疗保健服务……一想到去看医生，一想到必须要去看医生，我就感到毛骨悚然。对我来说，医生必须会说英语，否则你晓得的，我会感到不自在。

面对这些问题，你还觉得国外销售职位有它表面上那么诱人吗？会对你的职业生涯有帮助吗？

资料来源：Nick Forster, " The Myth of the 'International Manager,' " *International Journal of Resource Management* 11, no.1(February 2000), pp. 126-142; Mary C. Gilly, Lisa Peñaloza, and Kenneth M. Kambara, " The Role of Consumption in Expatriate Adjustment and Satisfaction," working paper, Paul Merage School of Business, University of California, Irvine, 2015.

销售人员是公司联系客户的最直接的纽带。在大多数客户眼中，销售人员就是公司。作为公司产品与服务的提供者以及客户信息的收集者，销售人员是使公司所做的营销努力取得成功的最终环节。

全球竞争的加剧，还有国际商务的动态性与复杂性，都使得企业越发需要与客户和供应商保持更为密切的联系。尤其是在关系导向的文化里，如中国，建立在买卖双方有效沟通基础上的"关系营销"强调的是建立长期的合作关系，而不是进行"一锤子买卖"。[㊀]信息技术的进步使得广告、市场营销调研、人员推销之间可以实现越来越高层次的协调，从而赋予了客户关系管理（CRM）以新的职能。[㊁]同样地，这些进步正在改变人员推销和销售管理的性质，以至于有人预测现场销售将大大减少。也有其他研究发现，虽然新技术已使工作岗位发生了变化，但对高素质销售人员的需求数量并未发生改变。

㊀ Roy Y.J. Chua, Michael W. Norris, and Paul Ingram, " *Guanxi* vs. Networking: Distinctive Configurations of Affect- and Cognition-Based Trust in the Networks of Chinese and American Managers, " *Journal of International Business Studies* 40, no. 3 (2009), pp. 490-508; Nikala Lane and Nigel Peircy, " Strategizing the Sales Organization, " *Journal of Strategic Marketing* 17, 3-4 (2009), pp. 307-322; Luis Filipe Lages. Garcia Silva, and Chris Styles, " Relationship Capabilities, Quality, and Innovation as Determinants of Export Performance, " *Journal of International Marketing* 17, no. 4 (2009), pp. 47-70; Christina Sichtmann, Maren von Selasinsky, and Adamantios Diamantopoulos, " Service Quality and Export Performance of Business-to-Business Service Providers: The Role of Service Employee- and Customer-Oriented Quality Control Initiatives, " *Journal of International Marketing* 19, no. 1 (2011), pp. 1-22; Susi Geiger and John Finch, " Buyer-Seller Interactions in Mature Industrial Markets: Blurring the Relational-Transactional Selling Dichotomy," *Journal of Personal Selling & Sales Management* 3, no. 3 (2011), pp. 255-268.

㊁ Linda H. Shi, Shaoming Zou, J. Chris White, Regina C. McNally, and S. Tamer Cavusgil, " Global Account Management Capability: Insights from Leading Suppliers, " *Journal of International Marketing* 13, no. 2 (2005), pp. 93-113; Linda Hui Shi, J. Chris White, Shaoming Zou, and S. Tamer Cavusgil, " Global Account Management Strategies: Drivers and Outcomes, " *Journal of International Business Studies* 41, no. 4 (2010), pp. 620-638.

在国际经营环境不断变化的背景下，国际营销队伍的设计、组建、培训、激励和回报等任务在发展与管理的各个阶段都会产生许多独特的问题。[一]本章将对公司管理海外营销人员时可供选择的方案和存在的问题进行讨论。事实上，这些问题是国际营销者所面临的最大难题中的一部分。在一项针对首席执行官和其他高层管理者的调查中，被调查者把“建立销售与分销网络”和“文化差异”视为国际销售与国际经营的首要难题。

17.1 销售队伍的设计

设计销售队伍是销售人员管理的第一步。首先要分析现实的和潜在的客户、销售环境、竞争情况以及公司的资源与实力，然后在此基础上做出关于销售人员数量[二]、特征和任务安排诸方面的决策。由于国际市场的相关条件和环境差异很大，所以这些决策的制定显得更富挑战性。[三]此外，市场与客户的全球化使得国际营销经理的岗位显得十分有趣。

如前所述，分销策略常因国家而异。有些市场需要直销人员，有些则可能不需要直销人员。此外，接近客户的方式也有区别。例如，在一些国家有效的强行推销在别的国家也许并不适宜。在日本，汽车的销售多年来都是通过上门推销完成的，在欧洲直到最近才开始通过网络销售股票。在新加坡的600万居民中，超过10万人涉足家庭产品推销和其他形式的直接营销。当然，业务大小也有关系。推销高科技产品需要更多地使用美国本土的外派人员，而推销咨询服务则需要当地销售人员的更多参与。在德国那样的信息导向型文化中推销产品，也许还要考虑更多地使用外派人员。然而，在关系导向型的国家，比如日本，推销时则需要完全熟知当地情况的本土人员。有两位国际营销专家在写到日本时都这么认为：“在日本，即使是那些最为全球化的公司与行业，人员推销也通常得当地化。”[四]

表17-1中的数据就反映了文化因素的重要性和复杂性对销售管理行为的影响。亚历山大集团每年都会对100多家跨国公司的销售经理进行调查，这些公司大多在全球各地开展经营，其中就包括IBM、惠普和三星。虽然不同国家间在薪酬做法方面没有显著的差异（平均激励薪酬为36% ~ 38%），但在采用团队绩效指标方面存在显著的差异。这些差异与霍夫斯泰德的个人主义/集体主义指标存在强烈的相关性（r=0.89）。

㊀ Despite the importance of this topic, our knowledge of it is just now starting to catch up with practice. See Nikolaos G. Panagopoulos, Nick Lee, Ellen Bolman Pullins, George J. Avlonitis, Pasal Brassier, Paolo Guenzi, Anna Humenberger, Piotr Kwiatec, Terry W. Loe, Elina Oksanen-Ylikoski, Robert M. Peterson, Beth Rogers, and Dan C. Weilbaker, “ Internationalizing Sales Research: Current Status, Opportunities, and Challenges, ” *Journal of Personal Selling & Sales Management* 31, no. 3 (2011), pp. 219-242; Artur Baldauf and Nick Lee, “ International Selling and Sales Management: Sales Force Research beyond Geographical Boundaries, ” *Journal of Personal Selling & Sales Management* 31, no. 3 (2011), pp. 211-219.

㊁ Adi Narayan, “ Welcome to India, the Land of the Drug Reps,” *Bloomberg Businessweek*, September 12, 2011, pp. 26-27.

㊂ Tomi Kaamanen, Tatu Simula, and Sami Torstila, “ Cross-Border Relocations of Headquarters in Europe, ” *Journal of International Business Studies* 43, no. 7 (2012), pp. 187-210.

㊃ Johny K. Johansson and Ikujiro Nonaka, *Relentless*: *The Japanese Way of Marketing* (New York: Harper Business, 1997), p. 97.

表 17-1 激励方面的文化差异

国 家	激励工资占基础工资的百分比	激励占团队绩效的百分比
中国	36%	25%
俄罗斯	38%	21%
日本	36%	18%
墨西哥	37%	17%
巴西	36%	16%
法国	38%	12%
美国	38%	11%
德国	38%	10%
英国	36%	9%

资料来源：David J. Cichelli (ed.), 2012 *Sales Compensation Trends Survey* (The Alexander Group, Inc.). Reprinted with permission.

一旦就某一特定市场所需的本国外派人员、当地人员和第三国人员的数量形成了决定，那么接下来便是进行诸如销售区域划分和客户访问计划等更为复杂问题的设计工作。此时可以在国外市场上使用美国本土市场上开发出来的许多最为先进的运筹学方法。当然，具体应用时必须做适当改动。[㊀]例如，有一家公司曾利用这些方法帮助一些跨国公司划分销售区域，并找到了在加拿大、墨西哥和澳大利亚设立销售办事处的最佳位置。[㊁]然而，使用这些高技术的资源分配方法需要具备复杂的知识，这些知识不仅包括详细的地理知识，而且包括适宜的访问程序。同时，许多情况会因文化不同而不同，如销售周期的长短、客户关系的种类、与客户交往的方式等。事实上，多项研究发现，在日本推销工业服务时，他人推荐的重要性与美国相比存在相当大的区别。[㊂]这就是说，在日本，不仅要对普通客户做推销访问，而且要对一些极为重要的推销对象的推荐网络中的要人如银行家做推销访问。

17.2 营销和销售人员的招聘

派往外国的母国营销人员的数量多少取决于经营规模的大小和东道国合格的营销人员的可获得性。随着东道国训练有素、经验丰富的营销人员的增加，派往外国任职的美国本土人员，亦即美国外派人员的数量不断减少。

就大多数公司而言，国外业务最大的人员需求是销售人员，其招聘来源通常有三个：本国外派人员、当地人员和第三国人员。公司的任何一项国外业务，其员工构成都可能包括这三类人，但具体情况取决于公司的招聘条件、人员的可获得性和公司的需要。销售与营销经理可以通过传统的广告媒介（包括报纸、杂志、人才交流会和互联网）、职业介绍所或经理人猎头公司[㊃]以及极为重要的个人推荐进行招聘。在其他许多国家中，特别是在那些关系导向

㊀ Laia Ferrer, Rafael Pastor, and Alberto Garcia-Villoria, "Designing Salespeople's Routes with Multiple Visits of Customers: A Case Study," *International Journal of Production Economics* 19, no. 1 (2009), pp. 46-54.

㊁ See the website for The TerrAlign Group, http://www.terralign.com, for more detailed information.

㊂ R. Bruce Money, Mary C. Gilly, and John L. Graham, "National Culture and Referral Behavior in the Purchase of Industrial Services in the United States and Japan," *Journal of Marketing* 62, no. 4 (October 1998), pp. 76-87.

㊃ The largest international executive search firm is Korn/Ferry International (http://www.kornferry.com).

型的国家，最后一个渠道更为重要。

17.2.1 本国外派人员

随着国际贸易总量的增长以及越来越多的公司使用当地人员充实营销岗位，依赖本国**外派**（expatriate）人员的公司数目也在不断增加。[㊀]如果所推销的产品技术含量高，或者产品推销需要具备广泛的信息并需要应用背景知识，那么选用本国外派人员组成销售队伍仍然是最佳选择，毕竟外派人员可能接受过更多的技术培训，更为了解公司情况及其产品线，而且其忠诚可靠，受过考验。此外，由于不是东道国当地人，外派人员有时候能够提高产品线在国外客户心目中的声誉。也许最重要的是，本国外派人员通常都能与公司总部工作人员进行有效的沟通并对其施加影响。[㊁]

由本国外派人员组成的销售队伍的主要缺点是：成本高，存在文化与法律[㊂]方面的障碍，而且缺少愿意长期在国外工作的高级人才。员工不愿去国外工作的原因有许多，一些人觉得在两三年的任期内举家搬迁到一个陌生的环境中存在种种困难。另外，随着双职工家庭的增多，常常要为其配偶寻找合适的工作，而且许多经理担心接受这种国外差事会影响自己日后在国内的晋升。回顾一下本章“全球视角”中那些经理人员的评论，失去在总部工作时的影响力以及“人走茶凉”的观念是不愿意接受国外职务的主要原因。在人员外派方面，那些制定了周密职业发展规划的公司所遇到的困难往往最小。另外，把外派员工恰当融入国外公司的做法也会起重要的作用。[㊃]事实上，那些经营最为良好的跨国公司都明确规定，一定期限的海外工作是走向高级管理层的一条必经之路。根据 Korn/Ferry 国际公司对来自世界各地的 75 名高级经理的调查，“国际经历”被列为 CEO 必须具备的第二项重要的素质，列为第一和第三项重要的素质为营销工作经历和财务工作经历。[㊄]此外，我们必须指出的是，外派到国外公司总部工作仍然会面临之前所描述的那些不适问题。[㊅]

驻外人员在国外工作的期限有长有短，从几个星期、几个月到终其一生不等。有些驻外人员仅仅外派一次（但可能要持续几年），然后便返回总公司；另一些则是职业外派人员，从一个国家调到另一个国家，长期在外任职。还有一种驻外人员的工作是在一个国家或地区终身任职，这就有可能使他在很大程度上被当地文化所同化，结果使他更像一个当地人，而不

㊀ Darin W. White, R. Keith Absher, and Kyle A. Huggings, “The Effects of Hardness and Cultural Distance on Sociocultural Adaptations in an Expatriate Sales Management Population,” *Journal of Personal Selling & Sales Management* 31, no. 3 (2011), pp. 325-337.

㊁ Nelia S. Brunig, Karan Sonpar, and Xiaoyun Wang, “Host_Country National Networks and Expatriate Effectiveness: A Mixed-Methods Study,” *Journal of International Business Studies* 43 (2012), pp. 444-450.

㊂ Even if job permits are obtained, other legal problems can also crop up. See James T. Areddy, “China Charges Rio Tinto Employees,” *The Wall Street Journal*, February 10, 2010, online.

㊃ B. Sebastian Reiche, Maria L. Kraimer, and Anne-Wil Harzing, “Why Do International Assignees Stay? An Organizational Embeddedness Perspective,” *Journal of International Business Studies* 42, no. 4 (2011), pp. 521-544.

㊄ See “Marketing Is Fastest Route to the Executive Suite,” Korn/Ferry International (http://www.kornferry .com).

㊅ Boris Groysberg, Nitin Nohria, and Kerry Herman, “The Expat Dilemma,” *Harvard Business Review*, November 2011, pp. 150-155; Miriam Moeller and Michael Harvey, “Inpatriate Marketing Managers: Issues Associated with Staffing Global Marketing Positions,” *Journal of International Marketing* 19, no. 4 (2011), pp. 1-16.

像是本国外派人员。因为外派营销人员的成本很可能要比雇用当地人员高得多，所以公司必须确信他们的工作是有效的。

越来越多的美国公司选用能操流利的非英语语言的美国雇员到外国任职。例如，西班牙语是许多美国公民的母语，大量波多黎各人在一些美国跨国公司设在墨西哥城等地方的分公司工作的事实便充分证明了这一点。迁居美国不久的移民及其了解父辈语言和本土文化的子女，对想进入那些市场的公司来说仍将是一笔宝贵的资产。而华裔与越南裔美国人也正起着中美或美越贸易中文化桥梁的作用。实际上，有史以来，人口的迁移总会推动商业的发展。

17.2.2 虚拟外派人员

互联网和其他通信技术的进步，[㊀]加之经理越来越不情愿到国外工作，催生了外派人员的新形式，即虚拟外派人员。此外，随着外派频率的增加，人们开始采用虚拟的国际销售团队，[㊁]但其作用似乎有利有弊，既可以享受到多元化带来的创造力和差旅费用的降低，同时也得面临不同时区[㊂]以及跨文化沟通所带来的不便。根据普华永道（PricewaterhouseCoopers）对 270 家组织的调查，近年来，任期更短的派遣、经常往来两地的派遣和虚拟派遣形式有了显著的增加。虚拟外派人员负责管理其他国家的业务，但并不搬迁到那里去。他们住宾馆，做长途的旅行，但家仍然留在国内。有些人 75% 的工作时间用在旅行上，而且总是随身携带着笔记本电脑和手机。

当然，对虚拟外派人员来说，与下属和客户进行密切接触比正式的外派人员要困难。此外，旅行也更为危险[㊃]：在长途国际航班上，病菌常常更为猖獗，而且容易传染，有医生把飞机说成是细菌管[㊄]。另外，住在宾馆里孤单寂寞，在国外城市中，针对外派人员和旅行者的犯罪也是实实在在的威胁[㊅]，而且欠发达国家的空气污染[㊆]、短途航班与交通情况[㊇]也缺乏安全性。不过，虚拟外派人员不需要举家搬迁，而且经理人员能与总部保持密切接触。最

㊀ Peter Burrows, "Virtual Meetings for Real-World Budgets," *Bloomberg Businessweek*, August 9, 2010, pp. 36-37.

㊁ Vishag Badrinarayanan, Sreedhar Madhavaram, and Elad Granot, " Global Virtual Sales Teams (GVSTs): A Conceptual Framework of the Influence of Intellectual and Social Capital on Effectiveness, " *Journal of Personal Selling & Sales Management*, 31, no. 3 (2011), pp. 311-324.

㊂ Amy Dockser Marcus, " To Avoid Jet Lag this Summer, Travel Like a Scientist," *The Wall Street Journal*, May 27, 2013, online; Martin Rooney, "Learning to Laugh through the Pain," *The New York Times*, May 6, 2014, p. B7.

㊃ Andreas Schotter and Paul W. Beamish, " The Hassle Factor: An Explanation for Managerial Location Shunning," *Journal of International Business Studies* 44 (2013), pp. 52-54.

㊄ Mehul Srivastava and Jason Gale, " In India, Dengue Fever Stalks the Affluent, " *Bloomberg Businessweek*, September 20, 2010, pp. 13 -14; Joe Sharkey, " For the Traveler, Ebola Is a Small Blip on the Radar," *The New York Times*, October 14, 2014, p. B6; Choe Sang-Hun, " Ebola Prompts North Korea to Bar Tourists," *The New York Times*, October 24, 2014, p. A10.

㊅ Nicholas Casey and Jose de Cordoba, " U.S. Warns of Mexico Peril," *The Wall Street Journal*, April 13, 2011; Scott McCartney, " Crisis Abroad: Tips for International Travelers, " *The Wall Street Journal*, June 9, 2011; Jennifer Oetzel and Kathleen Getz, " Why and How Might Firms Respond Strategically to Violent Conflict?" *Journal of International Business Studies* 43, no. 2 (2012), pp. 166-186.

㊆ Keith Bradsher, " Looking Beyond China, Some Companies Shift Personnel," *The New York Times*, September 10, 2014, pp. B1, 2.

㊇ Ola Orekunrin, "The Trauma Epidemic," *The New York Times*, October 18, 2013, p. A23.

后，从公司的角度来看，虚拟外派可能是唯一的而且常常是较好的节省外派费用的方式。

17.2.3 当地人员

优先考虑选用本国人员担任海外营销经理和外派销售人员的历史惯用做法，现在正逐渐被优先考虑选用**当地人员**（local nationals）的方式所取代。[㊀]在销售层面，选用当地人员明显有利一些，毕竟他们能绕过文化与法律的双重障碍。通常[㊁]，他们更为了解本国的商业结构和体系[㊂]，从而能更好地带领公司穿过错综复杂而又非常陌生的分销体系与推荐网络。此外，在有些国家中，现在可以雇到许多合格的当地人员，其成本低于本国驻外人员。

在欧洲和亚洲，有许多当地人在美国取得了工商管理硕士学位，如果雇用这些人员，公司既可以利用他们的当地文化知识，又可以利用他们具备的美国经营管理知识。尽管外派人员的薪水也许并不比当地同行高，但在其他国家维持一支由本国外派人员组成的销售队伍，与维持一支规模相同的由当地人员组成的销售队伍相比，前者的总费用仍要比后者高得多（常常要高出 2 倍），毕竟前者需要一些额外的生活补贴、搬家费、税收和其他一些维持外派人员在国外工作的费用。如表 17-2 所示，在世界生活成本最高的 20 座城市中，美国只有 4 座城市“当选”。

表 17-2 世界生活成本最高的 20 座城市

排 序	城 市	排 序	城 市
1	伦敦	11	悉尼
2	奥斯陆	12	香港
3	日内瓦	13	布里斯班
4	苏黎世	14	海牙
5	纽约	15	斯德哥尔摩
6	洛桑	16	檀香山
7	新加坡	17	阿姆斯特丹
8	巴黎	18	墨尔本
9	旧金山	19	东京
10	哥本哈根	20	华盛顿哥伦比亚特区

注：城市按序排列。伦敦生活成本最高，华盛顿哥伦比亚特区相对较低。
资料来源：Expatistan.com, 2015.

雇用当地人员的主要缺点在于，公司总部员工易于忽视他们的建议。即使多数外籍员工都非常审慎，与总公司维持着密切的关系，但常常由于英语交流技能有限，以及对总公司权力结构如何影响决策的制定缺乏了解，其影响力因而大打折扣。另外一个重要的缺点是难以雇到合格的当地人员。一家专门在中国招聘经理的咨询公司的首席执行官说，在那里每一名合格的求职者有 10 个空缺的岗位在等待他。此外，在美国，从竞争对手、供应商等处雇

㊀ Kenneth S. Law, Lynda Jiwen Song, Chi-Sum Wong, and Donghua Chen, “The Antecedents and Consequences of Successful Localization,” *Journal of International Business Studies* 40, no. 8 (2009), pp. 1359-1373.

㊁ Dan V. Caprar, “Foreign Locals: A Cautionary Tale on the Culture of Local Employees,” *Journal of International Business Studies* 42, no. 5 (2011), pp. 608-628.

㊂ Syeda Nazli Wasti and Syeda Arzu Wasti, “Trust in Buyer-Supplier Relations: The Case of the Turkish Automotive Industry,” *Journal of International Business Studies* 39 (2008), pp. 118-131.

用经验丰富的销售人员是很平常的事，但同样的方式在其他国家行不通。在日本这样的国家中，雇员对公司要比美国人忠诚得多，因此甚至花大价钱也很难将其挖走。同时，到日本的大学招聘人才也很困难，因为最优秀的学生大都被日本本国最大的公司网罗去了，而且学生普遍认为，与本国大公司相比，小型公司和外国公司的职业风险要高得多。不过，的确可以注意到，因日本经济近年来增长乏力，外国公司招聘员工处于有利地位。[一]

在许多其他国家中，另一种顾虑使得雇用当地人员做销售代表更为困难。众所周知，美国人不喜欢做推销员，美国传媒常常嘲弄人员推销这一行，提及时常持否定态度。在这方面，阿瑟·米勒（Arthur Miller）的《推销员之死》无疑是最好的例子。然而，尽管美国传媒对其评价不高，人员推销却是美国最为普遍的职业，事实上美国也有“推销员之国”[二]之称。虽然推销一行在美国得不到肯定，但与其他国家的情况相比，要好多了，尤其是在像法国、墨西哥和日本这样关系导向型的国家，在那里销售代表通常处于社会的最底层。因此，在国外经营时，要招聘到最优秀的人才来充实营销岗位确实很难。

17.2.4 第三国人员

经营国际化造就了众多的**第三国人员**（third-country nationals），他们离开自己的国土到第三国为一家外国公司工作，其国籍与所工作的地方或公司没有什么联系。例如，在阿根廷的一家美国公司工作的德国人便属于第三国人员。过去，在国外度过大部分职业生涯的本国外派人员和第三国人员较少，现在则已开始出现真正的全球经理。一个挪威人最近被任命为荷兰一家大公司的分公司董事长，此前，他在巴西出任分公司总经理，曾在美国工作了一段时间，担任该公司的美国分公司董事长。Burroughs 公司的意大利分公司由一位法国人管理，瑞士分公司由一位丹麦人管理，德国分公司由一位英国人管理，法国分公司由一位瑞士人管理，委内瑞拉分公司由一位阿根廷人管理，丹麦分公司由一位荷兰人管理。

美国公司常从其他说英语的国家寻求第三国人员，以免因雇用美籍经理而缴纳双重税收。也就是说，在西班牙工作的美国人，既要向西班牙缴纳个人所得税，又要向美国缴纳个人所得税，为此，多数美国公司支付给外派人员的一系列薪酬都必须进行相应调整。所以，对一家美国公司来说，如果所提供的工资与福利一定，则派一名英籍经理驻西班牙，与派一名美籍经理比较，所花的费用要少。

然而，总的来说，第三国人员担任经理现象的兴起不仅反映了经营国际化程度的增长，而且也表明人们承认人的技能和积极性并非一个国家的专有财产。之所以寻求第三国人员，是因为他们会说几种语言，而且熟悉某个行业或者其他某个国家。越来越多的公司认为人才应该向机会流动，而不应为国籍所限制。

17.2.5 东道国的限制

东道国政府对待外籍劳工的态度使得选用美国外派人员或者当地人员的灵活性受到影

[一] David McNeill, “In Bleak Economy, Japanese Students Grow Frustrated with Endless Job Hunt,” *Chronicle of Higher Education*, February 7, 2010, online.

[二] See Earl Shorris’s excellent and still pertinent book, *A Nation of Salesmen* (New York: Norton, 1994).

响，对外国公司占支配地位、本国人员失业以及其他问题的担忧使得一些国家对允许在其境内工作的外籍人员数量进行限制。多数国家都明确规定，以颁发工作许可证的方式规定外籍人员只能从事那些本国人无法胜任的工作，而且在外国人取得工作许可证之后，法律往往进一步规定一个有效期限，期限的长短正好足以培训本国人上岗，以取代外籍人员。这些限制意味着跨国公司派遣母国员工到国外担任管理职务的机会减少。

早些年，员工常被派到国外的低级管理职位，以接受必要的训练，获取国外经验，最终在这些国家担任高级职务。现在，包括美国在内的多数国家对允许在其境内工作或培训的外国管理人员的数量进行控制。自 2001 年 9 月 11 日以来，美国移民局已对各种工作的签证采取了更严格的限制。

17.3　营销和销售人员的选拔

为了有效地招聘各类国际营销人员，管理当局必须详细规定对人员的要求，一份正式的职务说明书有助于管理当局说明公司的当前需要和长远需要。除了说明每一种营销岗位的职责以外，选拔标准还应包括各国固有的对营销人员的特殊要求。

对那些在本国工作的人员来说，只要求他们具备有效的推销人员应有的素质即可，而派驻国外的经理人员则需要具备一种足以与外交家相媲美的技能与作风。对国际人员的要求差别很大，但尽管如此，有些基本素质仍然是胜任任何一种职务的前提，必须对其加以考虑，因为不管在哪个国家经营，高效率的经理和销售人员都具备某些共同的个性、技能以及认识与适应环境的自我定位能力。[一]

对本国外派人员和第三国人员来说，首要的要求便是"成熟"。一般而言，在国外工作的管理人员和推销人员与国内同行相比，须具有更强的独立工作能力。公司必须对他们充满信心，相信他们有能力做出符合伦理[二]的决策和承诺，而不必事事要向公司汇报，否则，他们便不可能独当一面。

在国外工作的人还必须具备"稳定的情绪"[三]，在国内工作的人则没有这一要求[四]。不管派驻在哪个国家，外派人员都生活在与本土文化不同的文化环境中。从某种程度上说，他们总是处于他人的监视之下，而且时刻都要意识到自己是公司的正式驻外代表。他们必须敏锐

[一] Pualo Guenzi, Luigi M. de Luca, and Gabriele Troilo, "Organizational Drivers of Salespeople's Customer Orientation and Selling Orientation," *Journal of Personal Selling & Sales Management* 31, no. 3 (2011), pp. 269-286; Kenneth Le Meunier-FitzHugh and Nigel F. Piercy, "Exploring the Relationship between Market Orientation and Sales and Marketing Collaborations," *Journal of Personal Selling & Sales Management* 31, no. 3 (2011), pp. 287-296.

[二] Kam-hon Lee, Gong-ming Qian, Julie H. Yu, and Ying Ho, "Trading Favors for Marketing Advantage: Evidence from China Hong Kong , China Mainland, and the United States," *Journal of International Marketing* 13, no. 1 (2005), pp. 1-35; Sergio Roman and Salvador Ruiz, "Relationship Outcomes of Perceived Ethical Sales Behavior: The Customer's Perspective," *Journal of Business Research* 58, no. 4 (2005), pp. 439-452.

[三] White et al., "The Effects of Hardness and Cultural Difference," op. cit.

[四] Willem Verbeke and Richard P. Bagozzi, "Exploring the Role of Self- and Customer-Provoked Embarrassment in Personal Selling," *International Journal of Research in Marketing* 20, no. 3 (2003), pp. 233-258.

地意识到不同国家的行为差异，但又不能过于敏感，以至于使自身行为受到不利影响。

在国外工作的管理人员或推销人员需要对与工作有关或无关的许多方面都有广泛了解，最好还要会讲一门或几门外语。

营销者如果希望能在国际市场上取得成功，应当对海外工作持积极乐观的态度。那些不喜欢自己的工作或工作地点的人，成功的希望很小，在国外尤其如此。在劝说员工到海外工作时，不宜过于夸大海外工作的好处，不应只介绍有利的一面而对不利的一面只字不提，否则常常会导致海外工作的失败。

国际销售人员，无论是在国外还是在国内工作，都必须具备很强的适应能力。那些在国外为本国公司工作的外派人员必须对当地的市场习惯特别敏感，而那些为设在本国的外国公司工作的人则必须适应总公司的要求和工作方式。

案 例

玫琳凯公司的全球直销

玫琳凯公司是全世界最大的直销企业之一，每年的全球批发金额超过35亿美元。玫琳凯由玫琳凯·艾施（Mary Kay Ash）创立于1963年，目标是帮助女性实现个人发展与经济成功。一直以来，玫琳凯致力于丰富女性的生活。目前，超过300万名来自各种背景的女性享有作为玫琳凯独立美容顾问的好处。玫琳凯高质量的皮肤护理与彩色化妆品畅销于全球36个国家或地区（见表17-3）。

表 17-3 玫琳凯进入 36 个国家或地区的时间

国家或地区	进入年份	国家或地区	进入年份	国家或地区	进入年份
美国	1963	瑞典	1992	中国香港地区	1999
澳大利亚	1971	危地马拉	1993	哈萨克斯坦	2000
加拿大	1978	摩尔多瓦	1993	菲律宾	2000
阿根廷	1980	挪威	1993	斯洛伐克	2000
乌拉圭	1984	俄罗斯	1993	韩国	2001
德国	1986	中国大陆	1995	波兰	2006
马来西亚	1988	葡萄牙	1995	立陶宛	2009
墨西哥	1988	芬兰	1996	新加坡	2009
新西兰	1989	捷克共和国	1997	亚美尼亚	2010
中国台湾地区	1991	乌克兰	1997	瑞士	2012
英国	1990	巴西	1998	白俄罗斯	2013
西班牙	1992	萨尔瓦多	1999	荷兰	2013

玫琳凯的商业模式很简明：所有的独立销售队伍成员以规定的批发价从玫琳凯公司购买产品，然后以零售价直接销售给消费者。灵活的时间安排、明确的商业计划以及开放式的机会，使得从事玫琳凯业务成为很多人实现个人发展与经济成功的理想选择。独立销售队伍的成员为自己的业务负责，需要制订自己的计划，组织自己的客户群，决定自己要实现的目标。

从事玫琳凯独立业务的入门成本只要100美元（含税收和运费），包括教学用资料。销售队伍的组织结构十分扁平：位于基层的是独立美容顾问（超过200万名），然后是独立销售主管（大约39 000名），最高层的是独立的国家或地区销售主管（大约600名）。300多名销售主管一生所赚的佣金超过了100万美元。销售主管会持续维护并建立客户群，同时也会从自己所指导过的独立美容顾问中培养骨干，提供领导、指导与认可方面的培训。销售主管与国家或地区销售主管可以通过玫琳凯公司直接支付的佣金而获得更多的收入。

虽然全球各地的销售管理做法本质上通常是一致的，但是针对每个市场的做法都必须结合当地的风俗、文化与法律制度进行一定程度的适应。玫琳凯公司在一些市场上的适应工作一直很成功。以下例子就描述了公司进行适应的方法。

1. 亚美尼亚

亚美尼亚妇女强调与其他女性的交往。相比于从事其他工作，从事玫琳凯业务让她们找到了开展社交的机会，不仅可以获得灵活的收入，而且可以提高社会对自己的认同。虽然亚美尼亚的消费者可能知道诸如玫琳凯之类的全球品牌，但对直销模式并不熟悉。尽管已有一些直销公司在亚美尼亚开展运作，但作为主流的仍然是传统的零售模式。因此，玫琳凯亚美尼亚的首要任务就是与其他直销公司合作，为直销业打造优良的声誉。

2. 巴西

虽然对直销商来说巴西是一个机会很大的市场，但是巴西不仅税收制度十分复杂、税负沉重，而且各州间的情况差异很大。由于规则总是在变，所以产品进口往往成为最难的挑战之一。这一切使得库存管理很难，要获得产品登记和运营执照总会面临重重挑战。不过，通过坚持努力以及与政府官员的不断沟通，玫琳凯公司在快速增长的巴西市场上一直很成功。

3. 墨西哥

经过多年的发展，玫琳凯在墨西哥市场的消费者中已经建立起强大的品牌意识。得益于高质量的产品、促销活动、个性化服务等，玫琳凯拥有非常忠诚的墨西哥消费者。墨西哥消费者对直销抱有积极的态度，所以几乎所有的商品（如化妆品、维生素、珠宝、鞋子或者装饰品等）都可以采用人对人的直销模式进行销售。把产品卖给那些原本就有购买打算的亲戚朋友总被认为是一种双赢的选择。

4. 波兰

在波兰，几乎有一半的女性外出就业。通常，她们的素质要高于男性，但收入反而低于男性。有些女性待在家里，但也有很多女性做“两份工作”——正常上班与照顾家庭。波兰女性具有一种创业精神，而且很看重独立从事玫琳凯业务那种富有弹性的、能兼顾家庭的工作。不过，她们需要得到丈夫的支持。事实上，这正是容易产生潜在冲突的地方，毕竟传统的（思想老旧的）丈夫不愿意家里的女人夜晚离家去做所谓的商业会面或参加皮肤护理课程。然而，由于玫琳凯强调平衡生活的价值观（信仰第一，家庭第二，职业第三），所以玫琳凯在波兰的业务一直在保持发展。

5. 西班牙

西班牙的很多消费者并不了解直销，所以她们不了解担任独立美容顾问以及高品质的玫琳凯产品所能带给她们的利益。玫琳凯公司的目标之一就是给独立的销售队伍配备扎实的专业与商业知识，从而确保玫琳凯领先于竞争对手。玫琳凯把客户服务知识提供给销售人员，销售人员转而为客户提供服务，这不仅有助于销售人员把握直销的利益，而且有利于建立与消费者的信任关系。

外派人员能否成功地适应国际事务取决于态度和努力两个方面。营销者在去外国之前，就必须仔细研究该国市场的习惯，直至弄清楚该国文化的方方面面。听取在该国从事经营的本地商人和外国商人的建议是一种行之有效的办法。文化移情（cultural empathy）和文化智商（cultural intelligence）[一]显然是基本价值取向的组成内容，因为如果与当地环境格格不人，或者对其认识不清，任何人都不可能成功[二]。这方面，类似的文化价值观也十分重要。[三]无论是微小的文化差异，还是文化交流的方向，都起着重要的作用。换言之，按照有关报道，美国人在中国工作比中国人在美国工作更感适应。[四]

最后，国际销售和营销人员必须精力充沛，而且乐于旅行。许多国际销售代表有 2/3 的夜晚都在世界各地的酒店中度过。在乘了 15 个小时的飞机之后，还要排长队接受海关和移民部门的检查，所需的体力之大，并不是平常工作会遇到的。有人甚至认为长途飞行会损害健康。此外，在你去了巴黎 5 次之后，即使是那里灯火辉煌的迷人夜景，对你也会失去吸引力。

这些素质大部分都可以通过面试，也许还有角色扮演加以评估，而笔试、履历、证明材料审查都是次要的。事实上，前文曾经说过，在许多国家中，通过别人的推荐招聘管理人员和销售代表是一条最佳途径，如果采用这种方式，就不必再审核证明材料了。

也有证据表明，一个在美国的成功销售代表所必须具备的素质在其他国家也许并不重要。一份关于美日两国电子行业销售代表的比较研究表明，对美国销售代表而言，薪水的高低和所受的教育与工作业绩和工作满意度成正相关关系。日本则不然。也就是说，更看重金钱而且接受教育更多的美国人其销售业绩更好，对销售工作也更为满意；相反，在日本，如果销售代表个人的价值观念与公司的价值观念一致，那么他们对销售工作就更为满意。[五]这方面的系统研究虽然较少，但是表明选拔标准必须当地化；同时，在将美国的管理方式应用到外国市场时，必须做些调整，以适应当地情况。

选拔失误的代价非常昂贵。如果一项派给驻外人员的任务没有完成，就会造成数十万美

[一] Peter Magnusson, Stanford A. Westjohn, Alexey V. Semenov, Arilova A. Randrianasolo, and Srdan Zdravkovic, "The Role of Cultural Intelligence in Marketing Adaptation and Export Performance," *Journal of International Marketing* 21, no. 4, (201)3, pp. 44-61; Wilhelm Barner-Rasmussen, Mats Ehrnrooth, Alexei Koveshnikov, and Kristiiina Makela, " Cultural and Language Skills Are Resources for Boundary Spanning within the MNC, " *Journal of International Business Studies* 45 (2014), pp. 886-905.

[二] Don Y. Lee and Philip L. Dawes, " Gaunxi, Trust, and Long-Term Orientation in Chinese Business Markets," *Journal of International Marketing* 13, no. 2 (2005), pp. 28-56.

[三] Kimmy Wa Chan, Chi Kin (Bennett) Yim, and Simon S.K. Lam, "Is Customer Participation in Value Creation a Double-Edged Sword? Evidence from Professional Financial Services across Cultures," *Journal of Marketing* 74, no. 3 (2010), pp. 48-64; White et al., "The Effects of Hardness and Cultural Difference," op. cit.

[四] "A Tale of Two Expats," *The Economist, January* 1, 2011, pp. 62-64.

[五] R. Bruce Money and John L. Graham, " Salesperson Performance, Pay, and Job Satisfaction: Tests of a Model Using Data Collected in the U.S. and Japan," *Journal of International Business Studies* 30, no. 1 (1999), pp. 149-172.

元的损失而且浪费时间。在外国选拔当地人员为公司工作时，找个合适的人选也很重要。多数发展中国家和许多欧洲国家都制定了严格的法律来保护员工权利，这些法律通常对解雇雇员将受到的惩罚有明确规定。委内瑞拉有关解雇雇员的法律也许最为严格，该国法律规定：只要在一家公司工作 3 个月以上，雇员在接到解雇通知时便有权利得到相当于一个月工资的解职费；如果工作时间超过 8 个月，则每超过一个月可再得相当于 15 天工资的解职费，且每工作一年还可额外再得相当于 15 天工资的解职费。该国法律还进一步规定，当一名雇员被解雇后，必须在 30 天内给他重新安排一份同样薪水的工作。哥伦比亚和巴西两国也有类似的法律规定，从而使得解雇员工的代价不菲。

最后，有新的证据表明，管理者的文化背景会影响他选拔人员的决策。对国际销售管理新近的一系列研究中有一项报告指出：不同的管理者面对同样的问题（人员选拔）时会做出不同的决定，他们对在招聘和提拔中所用的决策标准也通常各有侧重。例如，我们发现澳大利亚和德国的管理者比意大利的管理者更倾向于雇用同胞。[㊀]可见我们对国际销售管理研究领域中的一系列问题还只是初步的了解。

17.4 面向国际营销的培训

培训项目的性质主要取决于销售人员母国的文化[㊁]以及商业经营所在东道国的文化。[㊂]当然，同样要考虑的是外国员工或当地人员是否代表相关企业。培训计划的内容在很大程度上取决于为海外岗位培训的是本国外派人员还是当地人员。对于前者，培训主要是集中介绍当地（也就是派驻国）的风俗习惯和在海外销售时将遇到的特殊问题，而对于后者，则着重介绍公司及公司产品情况、技术资料和所使用的销售方法。无论是对哪类人员进行培训，销售培训工作都会遇到由于受训者长期形成的行为习惯和处世观念所引起的许多问题。例如，当地人员会固守由当地文化不断强化的行为习惯。这类问题在俄罗斯等国最为严重。如果想在这些国家进行卓有成效的培训，首先必须改变“不管工作是否努力，所得薪酬一样”的观念。同样，本国外派人员也难以摆脱自己的行为习惯和生活方式。所以，任何培训，要想取得成功，首先必须使受训者树立起能够接纳新思想的开放观念。

国际营销人员在海外就职后，需要继续对他们进行培训，而且与国内销售人员相比，前者更需要这种在职培训，因为他们身处海外，缺乏与总公司及其营销人员的日常接触。另外，对国外雇员进行的培训，必须与他们学习与交流的方式相适应。例如，迪尔伯特

㊀ Dominique Rouzies, Michael Segalla, and Barton A. Weitz, “Cultural Impact on European Staffing Decisions in Sales Management,” *International Journal of Research in Marketing* 20, no. 1 (2003), pp. 425-436.

㊁ Richard P. Bagozzi, Willem Verbeke, and Jacinto C. Gavino Jr., “Culture Moderates the Self-Regulation of Shame and Its Effects on Performance: The Case of Salespersons in the Netherlands and the Philippines,” *Journal of Applied Psychology* 88, no. 2 (2003), pp. 219-233.

㊂ Sergio Roman and Salvador Ruiz, “A Comparative Analysis of Sales Training in Europe: Implications for International Sales Negotiations,” *International Marketing Review* 20, no. 3 (2003), pp. 304-326; Guijun Zhuang and Alex Tsang, “A Study on Ethically Problematic Selling Methods in China with a Broader Concept of Gray Marketing,” *Journal of Business Ethics* 79, no. 1-2 (2008), pp. 85-101.

(Dilbert) 卡通人物主题用于对一家公司的美国雇员进行伦理培训时非常有效，但用来对许多外国分公司雇员进行培训时效果并不理想。

有一项培训工作往往被人们所忽视，即对总公司负责国际营销业务的人员也要进行培训，以使他们能够对海外业务提出的各种要求做出迅速反应。多数公司都希望员工在处理海外业务的过程中逐步培养起这种敏感性。然而，经营最好的公司则对总部人员进行跨文化培训并定期派其出国，以增强他们对国外业务所遇到的问题的了解。

如今，互联网的使用使得某些种类的销售培训工作效率大为提高，互联网用户可以通过视频在网上上课并参加交互式评估测试。太阳微系统公司估计，由于使用互联网，其培训周期能缩短 75%。在那些电信设施有限的国家与地区，可以利用 CD-ROM 进行培训，并已证明相当成功。洛克希德－马丁（Lockheed-Martin）公司就是利用以交互式 CD-ROM 为基础的系统在全世界范围内对雇员进行培训，使之了解《反海外腐败法》及相关的公司政策和伦理规范的细节。

跨越国界 17-1

那些会议真的那么重要吗

在日本，的确很重要。曾做过销售经理的一位美国人讲了如下这个故事：

那时，我任美国一家医疗器械公司的日本分公司总经理。我们的办事处设在东京的商业区，大部分销售人员上下班得坐两个小时的车。于是，我要他们直接从家里赶到约定的地点做销售访问，每个星期只需到办公室参加每周一次的销售例会，而不必每天先到办公室报到，然后去做销售访问。虽然这种管理销售人员的方法在美国极为普遍，但是在日本根本行不通，造成士气低落，销售量下降。为此，我很快改变办公政策，叫他们每天都到办公室来。结果，随着销售人员集体身份意识的增强，销售量迅速增加。

现在再对比一下美国惠普公司的销售人员管理模式。下述内容是惠普公司的一位销售经理讲述的："我们确实非常注重工作与家庭之间的平衡，如果有谁想在家里办公，那没问题，只要能提出要在家里上班的充分理由，我们就会花钱为他在家里配置办公用品。想要提高生产率，维持公司员工的工作生活与家庭生活之间的平衡是关键。"

IBM 的一位前总裁曾经解释说："要赢，参赛者就不得不在运动场上，我们不可能坐在办公室赢得比赛……我们希望我们的人在竞技场上直面客户，而不是在会议室和他们的经理或其他职能部门交谈。"为此，IBM 公司出台了销售会议每周不超过一次的新政策。

资料来源：Clyde V. Prestowitz, *Trading Places-How We Are Giving Away Our Future to Japan and How to Reclaim It* (New York: Basic Books, 1989); Geoffrey Brewer et al., " The Top (25 Best Sales Forces in the U.S.), " *Sales & Marketing Management*, November 1, 1996, p. 38; Erin Strout, " Blue Skies Ahead?" *Sales & Marketing Management*, March 1, 2003, pp. 24-26; http://ibm.com, 2012.

17.5 销售人员的激励

由于公司所面对的是不同的文化、不同来源的国际营销人员、不同的人生观，而且总是和不同的人打交道，因此对营销人员的激励特别复杂。无论在哪个地方工作，市场营销人员都需要有很高的积极性。营销经理和销售经理的工作一般都很繁重，除四处奔走外，每天还要面临新的挑战。推销工作在任何地方都艰苦而充满竞争，因而需要不断激励销售人员，调动他们的积极性，使他们以最佳状态投入工作。对他们进行激励时必须考虑国家之间的差异性。[一]有一项研究曾要求日美两国一些具有可比性的销售机构的销售代表对一系列源于工作的潜在回报打分，总分为100。[二]结果发现两者有着惊人的相似性，而唯一真正有区别的是社会认可一项。正如事先所预计的那样，日本人比美国人更看重社会认可。然而，该项研究的研究人员认为，尽管个人对待工作回报的看法可能相差不大，但是不同的社会环境与竞争状况仍然要求采用不同的激励机制。

由于前几章所述的文化差异会影响销售队伍的动机模式，因此管理者必须对雇员的个人行为模式保持高度敏感。在美国有效的个人激励措施在其他文化中可能根本不起作用。[三]例如，日本重视家长制和集体精神，实行终身雇用制，讲究论资排辈，靠个人刺激来激励雇员就行不通，因为日本雇员的最大满足在于愉快地成为集体中的一员。因此，如果为了表彰日本雇员的出色工作而发给他一笔奖金，就很可能会被婉言谢绝，毕竟他们不希望显得与众不同，更不想因此而引起同事的嫉恨。正因为如此，日本的奖金制度以集体努力为基础，而很少采取个人佣金制度。日本的销售代表的动力与其说是来自依靠个人努力多赚钱的希望，倒不如说是来自同事的社会压力。同样，东欧国家的薪酬计划对基础工资要比美国重视得多，而基于绩效的激励被发现不是很有效。虽然有人指出，即使在日本，激励方式也在改变，但改变起来需要时间，而且需要付出巨大的努力。

沟通也是保持士气高昂的重要一环。一方面，驻外经理需要知道总公司对他们的工作很感兴趣；另一方面，他们也想了解国内的情况。了解情况后，工作表现就会更好，任何人都是这样。不过，语言、文化和沟通风格方面的差异会使管理者与销售代表之间的相互理解变得更为困难。

因为加薪和地位提升机会也是重要的激励因素，所以公司必须在内部明确宣传其发展机遇。在那些真正全球化的企业里，外国人也有机会问鼎公司的高层职位。同样地，在国外担任经理的人员最大的担忧之一是自己会被母公司所遗忘，不过这种担忧很容易消除。值得专业经理人员加以关注的是如何将公司的销售目标与销售人员及其他员工的个人目标相统一。

[一] Thomas E. DeCarlo, Raymond C. Rody, and James E. DeCarlo, " A Cross National Example of Supervisory Management Practices in the Sales Force, " *Journal of Personal Selling & Sales Management* 19 (1999), pp. 1-14; Ping Ping Fu, Jeff Kennedy, Jasmine Tata, Gary Yukl, Michael Harris Bond, Tai-Kuang Peng, Ekkirala S. Srinivas, John P. Howell, Leonel Prieto, Paul Koopman, Jaap J. Boonstra, Selda Pasa, Marie-Francoise Lacassagne, Hiro Higashide, and Adith Cheosakul, " The Impact of Societal Cultural Values and Individual Social Beliefs on the Perceived Effectiveness of Managerial Influence Strategies: A Meso Approach," *Journal of International Business Studies* 35 (2004), pp. 284-305; David S. Baker and Duleep Delpechitre, "Collectivistic and Individualistic Performance Expectancy in the Utilization of Sales Automation Technology in an International Sales Force," *Journal of Personal Selling & Sales Management* 33, no. 3 (2013), pp. 277-288.

[二] Money and Graham, " Salesperson Performance, Pay, and Job Satisfaction. "

[三] Jing Du and Jin Nam Choi, " Pay for Performance in Emerging Markets: Insights from China, " *Journal of International Business Studies* 41, no. 4 (2010), pp. 671-689.

美国的经理人员必须时刻清楚，那些用来激励美国员工的许多方法以及他们对这些激励方法的反应是由第5章中所讨论的基本文化因素所决定的。因此，用于激励外国人的各种方法都必须考虑其文化上的适应性。

17.6 薪酬制度的设计

17.6.1 面向本国外派人员的薪酬制度

在国际经营中，设计一套公平的、具有可操作性的、考虑到平衡、能够长期调动员工积极性并富有弹性的薪酬计划是极具挑战性的一项工作。如果一家公司在多个国家经营，或有些雇员在几个国家工作，或其销售队伍中既有本国外派人员又有在东道国招聘的当地人员时，那么情况尤其如此。在许多国家中，额外的福利是一项很重要的收入。那些在高税率国家工作的雇员更喜欢报销开支和额外福利，毕竟这些收入不用纳税，而直接收入则要缴纳很高的税款。在欧洲，公司额外福利方面的费用很高，占到雇员薪水的35% ~ 60%。

工资可能是难以召回驻外人员的一个重要原因。驻外人员回国后往往发现，由于国外生活费用低，赚的钱实际上比国内多得多，而回国则意味着实际收入减少和生活水平降低。在许多国家中，移居国外的人因在国外工资低下，无钱回国，所以他们可以得到来自国内的全面帮助。

大公司的国际营销队伍既有本国外派人员又有在当地雇用的外国雇员的事实，从而给薪酬计划的制订带来了最大的难题。外派人员喜欢将所得薪酬与在国内工作所能得到的同期薪酬相比较，而当地员工则喜欢同外派人员攀比薪水的高低。尽管薪酬上的任何差别都可以很容易而又富于逻辑地加以解释，但收入较少的人差不多总会感到受了委屈，觉得待遇不公。

短期外派人员的薪酬使得薪酬问题进一步复杂化，在先短期外派而后又改为长期外派时尤其如此。总的说来，对短期外派人员的补偿包括海外补贴［如果家庭成员不陪同前往，有时也叫**分居津贴**（Separation allowance）］、所有额外开支以及税收级差补贴。如果是较长时间的外派，则还要包括离家津贴或者配偶旅行补贴。海外人员薪酬计划还应包括艰苦地区额外补贴，以及为吸引员工去海外任职并安心在海外工作设置优惠待遇。

17.6.2 面向全球销售队伍的薪酬制度

全球各地的美国公司的薪酬计划存在很大的区别，而这也体现了它们所服务的不同市场的经济、法律[一]和文化[二]差异。亚洲与西欧国家或地区要求最大限度地实现当地化，而新兴市场的要求低得多。例如，有调研表明，来自欧洲国家的经理倾向于在实行高个人所得税的国家运用较多的激励，毕竟高税率起到负激励的作用。[三]不难发现，美国和日本的个人所得税

[一] Marc van Essen, Pursey P.M.A.R. Heugens, Jordan Otten, and J. (Hans) van Oosterhout, " An Institution-Based View of Executive Compensation: A Multilevel Meta-Analytic Test," *Journal of International Business Studies* 43 (2012), pp. 396-423.

[二] Marta M. Elvira and Anabella Davila, *Managing Human Resources in Latin America* (London: Routledge, 2005).

[三] Dominique Rouzies, Anne T. Coughlan, Erin Anderson, and Dawn Iacobucci, " Determinants of Pay Levels and Structures in Sales Organizations," *Journal of Marketing* 73, no. 3 (2009), pp. 92-104.

率较低（低于 30%），而该调研所实施地区欧洲的个人所得税率相对较高（超过 35%）。此外，在欧洲，**工会**（work councils，即内部工会委员会）常常参与公司薪酬计划的制订，包括销售人员的薪酬。例如，在奥地利与德国，工会不仅参与薪酬计划的制订，而且实施之前需要得到工会的批准。不过，在日本，文化差异很明显起到了作用。根据有关研究报告，“关于团队薪酬（而非个人成就）的团队工作氛围以及受所建立的团队关系影响的销售周转率常常取决于基础薪酬。”㊀

如图 17-1 所示，一些专家认为日本和南欧的薪酬计划与标准的美国做法差异最大。这些专家也相信，随着世界各地的薪酬制度日益强调基于个人绩效的佣金，所以各地的薪酬制度正普遍趋近于美国的薪酬体系。不过，图 17-1 中的数据仍然反映出了存在较大差异的地方。㊁

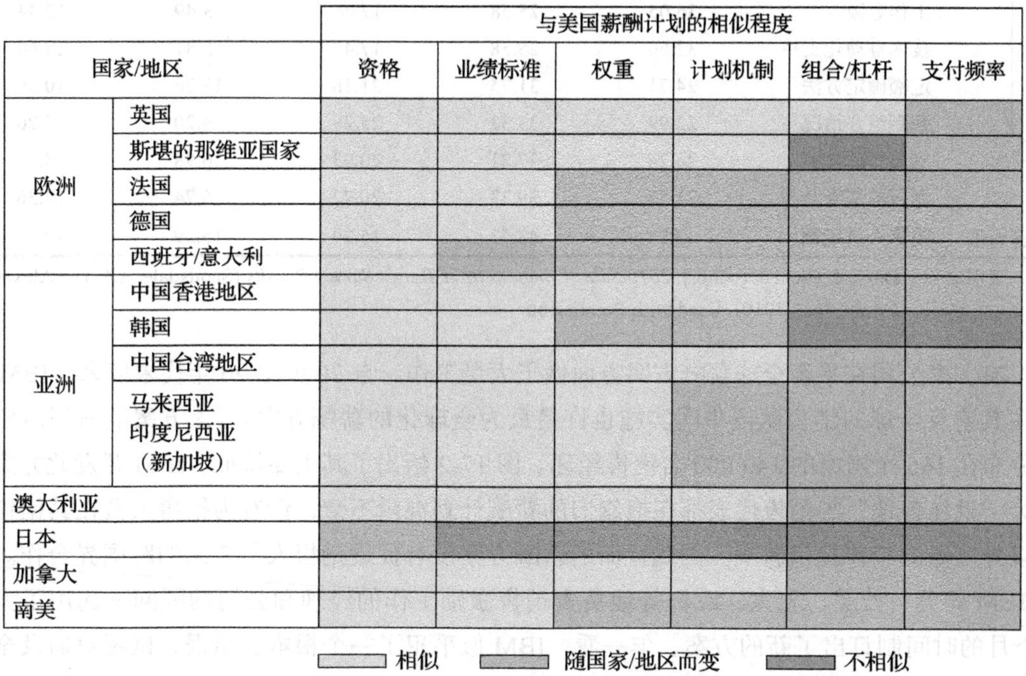

图 17-1　全球国家或地区薪酬计划与美国薪酬计划的相似性

注：资料显示了亚历山大集团公司（The Alexander Group Inc.）为一些主要从事高科技产品销售的机构所做的多项调查的情况。

资料来源：David J. Cichelli (ed.), 2012 *Sales Compensation Trends Survey* (The Alexander Group, Inc.). Used with permission.

有一半的跨国公司称其薪酬制度具有全球化特点，而另有一半称具有当地化特点。根据对 85 家跨国公司的调研㊂，人们对影响销售人员薪酬制度的因素有了具体了解。接受调研的公司非常具有行业代表性，从高技术行业到娱乐行业再到消费者服务业，很多公司还入选了《财富》500 强，且多来自美国、日本和欧洲。如表 17-4 所示，大多数公司的销售人员薪酬

㊀ David J. Cichelli (editor), 2010 *Sales Compensation Trends Survey Results* (Scottsdale, AZ: The Alexander Group, Inc., 2010).

㊁ Personal interview with David J. Cichelli, Vice President, Alexander Group, March 2012.

㊂ Ibid.

制度具有当地化特征（符合所在国或所在地区的水平）。能说明具有全球化特征的因素仅仅为薪酬制度设计原则（占 53.9%）和薪酬制度批准要求（占 52.3%）。

表 17-4 全球化薪酬制度与当地化薪酬制度

	薪酬制度影响因素	占比				
较全球化		全球化	国别化	地区化	组合型	其他
↑	设计原则	53.93	21.35	13.48	2.25	8.99
	批准要求	52.33	19.77	16.28	3.49	8.14
	计算方法	42.05	27.27	17.05	4.55	9.09
	薪酬竞争情况	41.11	31.11	14.44	3.33	10.00
	业绩指标	37.65	25.88	20.00	5.88	10.59
	工作等级	36.05	25.58	17.44	3.49	17.44
	技术自动化支持	32.56	25.58	17.44	5.81	18.60
	定额确定方法	24.71	31.75	21.18	11.76	10.59
↓	薪酬组合情况	22.99	33.33	25.29	9.20	9.20
	支出管理计算	26.74	37.21	20.93	6.98	8.14
	调研的基准公司	21.35	39.33	20.22	6.74	12.36
较当地化	销售人员定额	12.94	43.53	15.29	15.29	12.94

资料来源：David J. Cichelli (editor), *2010 Sales Compensation Trends Survey Results* (Scottsdale, AZ: The Alexander Group, Inc., 2010). Used with Permission.

有一家公司在平衡全球薪酬方案方面做了大量工作。自 20 世纪 90 年代末以来，IBM 开始在其遍及全球的销售队伍中间实施也许是最为全球化的薪酬方案。[1]该方案的适用对象包括分布在 165 个国家的 140 000 名销售经理。图 17-2 给出了其主要特征。IBM 开发此方案是因为“世界各地”的销售代表都在抱怨旧的薪酬计划混淆不清，没有为销售人员在其销售区域以外所做的工作提供薪酬。因此，旧的薪酬方案没有促进销售人员之间的跨国界合作。来自 IBM 北美、拉美、亚太、欧洲等地负责销售激励工作的经理和公司的顾问一起用了大约 9 个月的时间制订出了新的方案。乍一看，IBM 似乎犯了一个根本性错误，试图对遍及全世界且跨越不同文化的销售队伍强制实施一项集中开发的方案。不过，该方案仍为各地经理人员保留了一个很大的自由调整的空间，每个国家或地区负责薪酬工作的经理在采用全球性的业绩评估方案的同时，可自主决定激励工资的发放频率以及基本工资和激励工资的比例。这样，该薪酬计划既考虑到了美国等国的高激励工资，又顾及了日本等国的高基本工资。

根据 IBM 制订全球销售薪酬计划的经验，最有价值的重要建议包括[2]：

（1）应该允许当地经理自主决定基本工资与激励工资的比例。

（2）应该在全球范围内实施统一的培训与沟通计划。

（3）不可错误地认为文化差异问题可以通过激励计划得到解决。

[1] Michele Marchetti, “Gamble: IBM Replaces Its Outdated Compensation Plan with a World Wide Framework. Will It Pay Off?” *Sales & Marketing Management*, July 1996, pp.65 -69. IBM continues to globalize its sales management practices—see Erin Strout, “Blue Skies Ahead? IBM Is Transforming the Way Its Sales Force Does Business,” *Sales & Marketing Management*, March 1, 2003, pp. 24-27.

[2] Ibid.

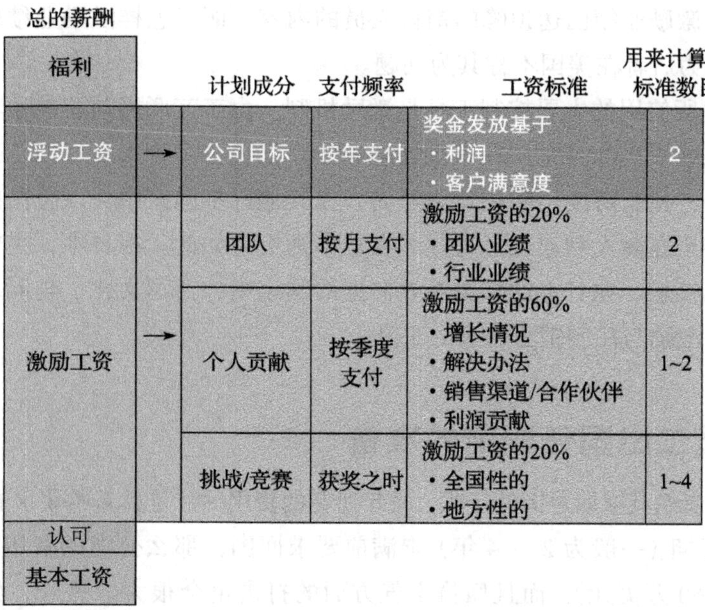

图 17-2 薪酬计划：IBM 怎样给其遍布全球的 140 000 名销售经理支付薪酬

资料来源：Adapted from Michele Marchetti, " Gamble: IBM Replaces Its Outdated Compensation Plan with a World Wide Framework. Will It Pay Off ?" *Sales and Marketing Management*, July 1996, pp. 65-69.

17.7 销售代表的评估与控制

在美国，销售代表的评估与控制比较简单。[一]许多销售岗位都看重个人业绩，而个人业绩很容易通过销售额来衡量（通常是与历史记录、销售预测和销售定额进行比较）。总而言之，优秀的销售代表能取得高的销售额。然而，在许多国家，评估并不那么简单，特别是在那些关系导向型的文化里。在那种文化里，人们更为注重集体协作而不是个人努力，期望并看重更为密切的管理和监督。[二]业绩衡量需要比较密切的考察，也许还要考虑客户、同事以及主管人员的意见。当然，在盛行集体主义的文化里经营的销售经理很可能不太看重个人业绩衡量标准的作用。

一份有关美国、日本两国销售代表个人业绩的比较研究显示了这些区别。[三]在这两个国家中，都是由主管人员根据相同的业绩标准对销售代表进行评估，结果发现日本销售代表的业绩分布符合统计上的正态分布：小部分人的个人业绩很好，小部分人较差，大部分人中等，而美国销售代表的业绩分布状况与日本销售代表不同：小部分人个人业绩很好，大部分人中等，但几乎没有人业绩较差。在美国，业绩差的要么辞职（因为赚不到钱），要么被解雇。在日本，业绩差的销售代表仍会留在公司里，极少被解雇。因此，负责日本市场的销售经理就会遇到美国同行不会遇到的问题：怎样激励业绩差的销售人员。实际上，美国的销售管理教

㊀ Rene Y. Darmon and Xavier C. Martin, " A New Conceptual Framework of Sales Force Control Systems, " *Journal of Personal Selling & Sales Management* 31, no. 3 (2011), pp. 297-310.

㊁ William A. Weeks, Terry W. Loe, Lawrence B. Chonko, Carlos Ruy Martinez, and Kirk Wakefield, " Cognitive Moral Development and the Impact of Perceived Organizational Ethical Climate on the Search for Sales Force Excellence: A Cross-Cultural Study, " *Journal of Personal Selling & Sales Management* 26 (2006), pp. 205-217.

㊂ Money and Graham, " Salesperson Performance, Pay, and Job Satisfaction. "

材中通常含有怎样激励业绩已达顶峰的销售人员的内容，而对怎样激励业绩较差的销售人员几乎只字不提，因为后者在美国不称其为问题。

美国销售经理所使用的主要控制工具是激励机制。由于互联网与智能手机的使用，越来越多的美国销售代表不在办公室而在家里处理业务，很少与主管人员见面。近年来，其组织结构变得相当扁平，控制跨度不断拓宽。然而，在其他许多国家中，以美国的标准看，控制跨度相当狭窄，甚至在澳大利亚也是这样，在日本则更是如此。在日本，主管人员要花较多的时间与少数下属接触。在日本这样关系导向型的国家中，公司文化、与同事及主管人员之间的频繁交流都是激励与控制销售代表的工具。

17.8 美国员工出国任职前的准备

派遣一名管理者携其家属赴国外任职，每年所花的费用估计是其基本薪水的150% ~ 400%。如果外派人员在任期（一般为2 ~ 4年）未满前要求回国，那么公司的费用会大大增加（增加额度为30万 ~ 60万美元），而且雇员士气方面的打击也会很大。另外，如果雇员**调回本国**（repatriation）后因工作不顺利而离开公司，那么结果不仅是人才流失，而且士气也会大打折扣，其代价之高昂难以估量。为减少这些问题的发生，国际人事管理部门加强了有关人员外派、常驻国外以及期满回国的计划工作。[一]计划工作必须从选派人员出国之前一直持续到驻外人员回国后的工作安排。人员选拔、培训、薪酬和职业生涯政策诸方面都应考虑到外派人员管理存在的种种特殊问题。

除了与具体职位有关的工作标准外[二]，驻外人选一般都已成家，有两个学龄小孩，要在海外常驻三年，有潜力晋升到更高的管理层。正因为外派人员一般都具有这些特点，所以在物色到合适的人选后，在说服他们接受海外职务、鼓励他们安心在海外工作以及在召其回国后的工作安排等诸多方面都会遇到很大的困难。

17.8.1 克服不愿到海外工作的情绪

虽然有足够的证据表明国际服务从长期看对员工和公司都有利，但是许多精英分子选择回避这些差事。[三]对个人前途与家庭生活的担忧是经理人员拒绝接受海外任务时最常提到的理由。有关个人前程，他们最担心的是离开公司总部两三年会对自己今后的发展机会产生不利影响。[四]这种"人走茶凉"的担忧（如同前文全球视角中所列）与驻外人员回国后的工作安排息息相关。如果公司没有一项明确的保证个人发展前途的人员晋升计划，许多素质良好而

㊀ Jeffrey P. Shay and Sally A. Baack, " Expatriate Assignment, Adjustment and Effectiveness: An Empirical Examination of the Big Picture," *Journal of International Business Studies* 35, no. 3 (2004), pp. 216-232.

㊁ Shung J. Shin, Frederick P. Morgeson, and Michael A. Campion, " What You Do Depends on Where You Are: Understanding How Domestic and Expatriate Work Requirements Depend upon the Cultural Context," *Journal of International Business Studies* 38 (2007), pp. 64-83.

㊂ William W. Maddux and Adam D. Galinsky, " Cultural Borders and Mental Barriers: The Relationship between Living abroad and Creativity," *Journal of Personality and Social Psychology* 96, no. 5 (2009), pp. 1047-1061.

㊃ Mark C. Bolino, " Expatriate Assignments and Intra-Organizational Career Success: Implications for Individuals and Organizations," *Journal of International Business Studies* 38 (2007), pp. 819-835.

又胸怀抱负的员工就可能会拒绝去国外任职。然而，如果对驻外人员进行慎重挑选，并且掌握好召其回国的时机，并以回国后的职务晋升方式对业绩优良者予以奖励，那么驻外经理的招聘工作就会顺利得多。

即使事业发展问题也许可以通过公司的合理安排而彻底消除，对家庭的顾虑也会使许多人不愿意接受外派任务。大多数外派人选对海外任务的最初反应都是担心举家搬迁到一个陌生的环境会引起许多问题。例如，孩子的教育会受到影响，家庭远离了亲友，缺乏必要的医疗保健服务，在一些国家甚至可能会受到暴力威胁。所有这些问题都反映了一个家庭迁居异国时面临的种种担忧。[㊀]解决这方面问题的常用方法是为外派人员提供一系列特殊补偿。例如，对驻外人员发放辛劳津贴、子女教育补贴（驻外人员子女的教育有一些不同于国内的特殊要求，如往往必须上私立学校等）、住房补贴并延长驻外人员的休假时间，同时休假开支全部由公司报销。这些补偿措施仅仅是解决员工执行海外任务时引起的家庭问题措施的一部分而已，除此之外，还有许多措施。颇有讽刺意味的是，当日后任期届满驻外人员举家回国而必须放弃那些曾经促使其接受海外职务的额外补偿时，这一问题的解决会带来新的问题。

17.8.2 降低提前回国的比率

一旦雇员及其家庭接受了出国任务，下一个问题便是让他们在任期内安心留在海外工作。驻外人员的减员率可能会很高，尽管一些研究表明这个数字总体上在下降。有一家公司为了执行一份医院管理合同而选派的驻外人员的减员率为 20%，相比另一家在沙特阿拉伯执行合同的美国建筑承包商，这个数字还是较低的，后者仅仅在两个月后，所选派的 155 名美国人便减少了 90 人，只剩下 65 人。

公司常常可以通过许多方法来激励其经理人员。[㊁]不过，必须考虑文化差异因素。[㊂]有一项研究发现，高工资是激励外派人员留在国外的重要措施。[㊃]另一项研究调研了 24 个国家或地区的 6 000 名管理者，结果发现个人主义的价值观不仅能带来更高的工作量，而且会对工作不满意和人员流动产生更强烈的影响。[㊄]

㊀ Alan Paul, "It's China, or the Job," *The Wall Street Journal*, April 9, 2009.

㊁ David M. Brock, Oded Shenkar, Amir Shoham, and Ilene C. Siscovick, " Nature Culture and Expatriate Deployment, " *Journal of International Business Studies* 39, no. 8 (2008), pp. 1293-1309; Shawn M. Carraher, Sherry E. Sullivan, and Madeline M. Crocitto, "Mentoring across Global Boundaries: An Empirical Examination of Home- and Host-Country Mentors on Expatriate Career Outcomes," *Journal of International Business Studies* 39, no. 8 (2008), pp. 1310-1326; Christopher Mabey, " Management Development and Firm Performance in Germany, Norway, Spain, and the UK," *Journal of International Business Studies* 39, no. 8 (2008), pp. 1327-1342.

㊂ Carl P. Maertz Jr., Ahmad Hassan, and Peter Magnusson, " When Learning Is Not Enough: A Process Model of Expatriate Adjustment as Cultural Cognitive Dissonance Reduction," *Organizational Behavior and Human Decision Processes* 108 (2009), pp. 66-78.

㊃ Robert Zeithammer and Ryan P. Kellogg, " The Hesitant Hai Gui: Return-Migration Preferences of U.S.-Educated Chinese Scientists and Engineers," *Journal of Marketing Research* 50, no. 5 (2013), pp. 644-663.

㊄ Liu-Qin Yang, et al., " Individualism-Collectivism as a Moderator of the Work Demands-Strains Relationship: A Cross-Level and Cross-National Examination, " *Journal of International Business Studies* 43 (2012), pp. 424-443. Similar findings are also reported in R. Bruce Money and John L. Graham, " Sales Performance, Pay, and Job Satisfaction: Tests of a Model Using Data Collected in the U.S. and Japan," *Journal of International Business Studies* 30, no. 1 (1999), pp. 149-172.

在选派人员出国时，越来越多的公司还要评估雇员的家庭情况，而这主要是因为：①派遣人员出国的费用高昂；②越来越多的证据表明，家庭成员对国外环境不适应是引起驻外人员不满并因此要求回国的最主要的原因。[㊀]事实上，有人曾对300多家跨国公司的人事主管做过一次调查。结果发现，影响驻外人员有效工作的最重要的原因在于其配偶不能适应国外的物质与文化环境。根据某一研究人员的估计，75%的家庭到国外后都会遇到环境适应问题，或是小孩不能适应国外环境，或是婚姻不和。在国外，家庭承受的压力非常大，以至于一名经理曾经建议：如果婚姻出现裂痕，而你想挽救它，那么花时间好好想想那些接受海外派遣任务的人吧。

不满的原因来自适应新的且常常是陌生的文化环境过程中所遇到的压力和挫折。雇员的环境适应问题较其家属要少，虽然驻外人员身在国外，但也是在熟悉的工作环境里活动，往往不受派驻国文化差异的影响，而这些文化差异往往会给其他家庭成员带来麻烦。此外，大约有一半的美国驻外人员出国前便接受过跨文化培训，通常比其家庭成员所接受的培训多得多。其家人与派驻国文化的日常接触比驻外员工要多，但在适应新环境方面常常没有人给予帮助。从购买日用用品到寻求保健服务，他们的家人都要学习新的消费模式。[㊁]驻外人员的家属往往找不到工作，而且在许多文化中，家庭的女性成员面临种种严格的社会限制。例如，在沙特阿拉伯，女性总是备受压抑。有一次，一名妇女的裙子下摆触犯了一名宗教官员，这名官员一怒之下，便将黑色油漆喷到她的双腿上。简言之，在外国文化的冲击下，驻外人员的家属遇到的困难要比驻外人员大。因此，在驻外人员招聘与选拔的全部程序中，应对包括其家属适应外国生活的能力进行评估。

如果对外派任务不做适当准备，那么即便是那些在性格特点和个人潜力方面都有可能适应不同环境的家庭，也仍可能对客居国外感到不满。越来越多的公司意识到需要对外派人员的家属进行跨文化培训，以便对新的生活有所准备。花一两天时间给驻外人员的全体家庭成员简要介绍一下派驻国的情况，或者对他们进行两三周的强化训练，以帮助他们融入新的文化环境。此外，还可以进行外语培训，放映外国电影，开展讨论，举办有关文化差异、潜在问题以及在适应新的生活方式时会受到哪些压力的讲座，尽量减少刚到国外时所受到的文化冲击。这种文化培训有助于家庭成员预见问题并适应新文化。外派人员举家迁往国外后，有些公司甚至在当地提供联系人（在该国有实践经验的人），外派人员及其家属可以向他请教并获得及时的帮助。尽管为了使外派人员家庭对海外任务有所准备所花费的费用看起来很大，然而"物有所值"。有人估计，一名驻外人员因家属原因而提前回国所造成的损失足以用来对300～500个家庭进行跨文化培训。此外，我们清楚，单身在外面临的可能是截然不同的价值观和风俗礼仪。那些没有事先对外派人员及其家属进行培训以应对外国文化冲击的公司，其驻外人员任期未满便提前回国的比例最高。

㊀ Riki Takeuchi, David P. Lepak, Sophia V. Marinova, and Seokhwa Yun, " Nonlinear Influences of Stressors on General Adjustment: The Case of Japanese Expatriates and Their Spouses," *Journal of International Business Studies* 38 (2007), pp. 928-943.

㊁ Mary C. Gilly, Lisa Peñaloza, and Kenneth M. Kambara, " The Role of Consumption in Expatriate Adjustment and Satisfaction," working paper, Paul Merage School of Business, University of California, Irvine, 2015.

17.8.3 外派人员应召回国后的妥善安置

联合委员会（Conference Board）的一项调查报告指出，许多公司都制订了详尽的人员外派计划，却很少有公司制订有关驻外人员回国事宜的全面计划。不难发现，回国的外派人员作为一项宝贵的资源却为美国一些缺乏经验的公司管理当局所忽视或者浪费掉了。

外派人员回国后士气低落和人员流失率日益攀升的原因有很多，有些抱怨和问题与家庭有关，另一些则与工作有关。与家庭有关的问题通常都涉及经济与生活方式的再适应。一些外派人员回国后发现，尽管在国外工作时补贴较高，但其净收入并未增加，而且由于驻外期间国内通货膨胀的影响，他们已无力购买一幢足以和当初出国时所卖掉的房子相比的房子。用来吸引管理者出国任职的“辛劳补贴计划”也造成了他们回国时的再适应问题。这些补贴福利通常使得外派人员及其家属在国外时可以维持一种比国内水平高得多的生活（例如勤杂人员、汽车司机、佣人等），而期满回国后，由于原有的补贴大部分被取消，家庭的生活水平下降，他们必须重新适应国内生活。遗憾的是，除了将这些管理人员调到另外一个国外机构工作之外，几乎没有改善这类问题的办法。当前的想法是建议减少对驻外人员的补贴，以减少他们回国后因补贴与福利问题而引起的不满情绪。一些公司在规定驻外经历是在公司内部得到成长、发展与晋升的必要条件的前提下，正在考虑减少驻外人员的补贴，而不是给驻外人员及其家庭发放“辛劳补贴”。

虽然因家庭问题而引起的不满会在驻外人员应召回国时带来压力，但没有对工作的不满那么严重。许多外派人员返美后递交辞呈的原因通常都是其归来后感到前程无望。其实，这个问题并非美国人所独有，日本公司也有类似的困难。最常听到的抱怨是公司没有为外派人员回国后的职位安排制订详细的计划，回国后新安排的工作通常都很普通，没有反映他们驻外期间所增长的经验和遇到的挑战。一些人觉得，由于驻外期间置身于公司业务的主流之外，技术上已落后于国内同事，回国后不能立即有效地参与竞争。最后，驻外经理回国后会有一种失落感，觉得在公司的地位降低了，心态上需要进行自我调整。

有些公司驻外人员回国后的流失数量很少，而有些公司驻外人员回国后流失数量很多，究其原因，就在于前者为驻外人员制订了妥善的个人职业发展计划，而这正是两者的重要区别。该计划在决定派人出国之际即着手进行。驻外人员的派遣从一开始就列入公司的长期职业发展规划，这样驻外人员就不仅了解国外任务的重要性，而且知道何时可以回国，回国时将有何升迁机会。驻外人员海外任期临近结束时，就应开始为其回国做准备。对驻外人员回国妥善安排的关键在于要让驻外经理充分了解有关回国的一切情况，包括何时回国，回国后担任何种新的工作，新工作是临时的还是长期的，新工作有些什么责任，未来的前景如何。总之，回国人员应该知道他们将会分配到什么岗位，知道他们在下一个月以及以后的几年里所要做的工作。

根据有关跨国公司如何完善驻外人员回国后工作安排的报告，公司可以采取以下五项措施：

（1）保证将回国的驻外人员安排到重要岗位上。

（2）成立一个顾问小组[⊖]，成员主要由高级经理出任，并及时向公司驻外人员介绍公司

⊖ John M. Mezias and Terri A. Scandura, “A Needs-Driven Approach to Expatriate Adjustment and Career Development: A Multiple Mentoring Perspective,” *Journal of International Business Studies* 36 (2005), pp. 519-538.

的各项活动，充当公司总部不同部门与公司驻外人员之间的联络员。

（3）向外派人员提供一分有关工作的书面保证，承诺外派人员回国时公司对其负有的各项义务。

（4）通过驻外人员向公司总部定期汇报工作和总部人员出访驻外机构，保持驻外人员与公司总部之间的联系。

（5）回国日期一旦确定，就着手为外派人员及其家属的回国做准备。[一]

有人认为，在驻外人员及其家属回国前夕，指导他们如何应付回国时经受的文化冲击与出国前夕为经受国外文化冲击所做的准备一样重要。

17.9 文化意识的培养

许多公司将重点放在国际营销所需要的实用技巧上，而忽略了了解外国文化的重要性。[二]就像认为“在达拉斯畅销的产品在香港也会畅销”这种观点是错误的一样，认为“在达拉斯表现优秀的经理在香港也会有较佳的表现”的观点同样也是站不住脚的。大部分外派人员工作的不成功不是因为缺乏管理技巧，而是因为对文化差异及其对管理技巧的影响缺乏了解。随着全世界相互依存度的提高，以及海外收入对公司的重要性不断加强，公司越来越有必要培养外派人员的文化意识。

正如一个人能够掌握高明的社交技巧一样（就是说他在各种社交场合都能从容应付，总是处于主动地位），我们也可以培养高明的文化技巧。[三]这种技巧在各种不同的文化背景下的作用与高明的社交技巧相似，使得人们即使不了解某种特定文化的详细情况，也能应付自如。文化技巧也像社交技巧一样，可以通过学习来掌握。具备文化技巧的人应能做到：

（1）通过自己的言谈举止表现出对他国人民及其所属文化的尊重、积极的关心和真诚的兴趣。

（2）容忍模糊，泰然对待各种文化差异和因情况不同、环境有变而引起的种种挫折。

[一] Mila B. Lazarova and Jean-Luc Cerdin, “Revisiting Repatriation Concerns: Organizational Support versus Career and Contextual Influences,” *Journal of International Business Studies* 38 (2007), pp. 404-429.

[二] This is a topic of much discussion; see P. Christopher Earley and Elaine Mosakowski, “Cultural Intelligence,” *Harvard Business Review*, October 2004, pp. 139-146; Orly Levy, Schon Beechler, Sully Taylor, and Nakiye A. Boyacigiller, “What We Talk about When We Talk about ‘Global Mindset’: Managerial Cognition in Multinational Corporations,” *Journal of International Business Studies* 38 (2007), pp. 231-258; William Neburry, Liuba Y. Belkin, and Paradis Ansari, “Perceived Career Opportunities from Globalization: Globalization Capabilities and Attitudes toward Women in Iran and the U.S.,” *Journal of International Business Studies* 39 (2008), pp. 814-832; Gary Knight and Daekwan Kim, “International Business Competence and the Contemporary Firm,” *Journal of International Business Studies* 40, no. 2 (2009), pp. 255-273; Soon Ang and Linn Van Dyne, *Handbook of Cultural Intelligence* (Armonk, NY: M.E. Sharpe, 2008); John D. Hansen, Tanuja Singh, Dan C. Weilbaker, and Rodrigo Guesalaga, “Cultural Intelligence in Cross-Cultural Selling: Propositions and Directions for Future Research,” *Journal of Personal Selling & Sales Management* 31, no. 3 (2011), pp. 243-254.

[三] Jon M. Shapiro, Julie L. Ozanne, and Bige Saatcioglu, “An Interpretive Examination of the Development of Cultural Sensitivity in International Business,” *Journal of International Business Studies* 39 (2008), pp. 71-87; Dawn R. Deeter-Schmelz and Karen Norman Kennedy, “A Global Perspective on the Current State of Sales Education in the College Curriculum,” *Journal of Personal Selling & Sales Management* 31, no. 1 (2011), pp. 55-75.

（3）设身处地理解他国人民的需要和差异，体现出对他国文化的认同。

（4）对他国人民的行为不做判断，尤其要避免根据自己的价值标准去判断他们的行为。

（5）认识并控制“自我参照标准”的干扰，也就是说，要认识到本国文化和价值观会影响自己在具体场合的观察与评判。

（6）乐观地对待一切，对看不懂的事物一笑了之；在挫折迭起和不尽如人意时，良好的幽默感会带来些许帮助。

最后，我们开始注意到有研究证明拥有双文化背景的优势。也就是说，如果营销者在他国生活较长的时间并能流利地讲该国的语言，那么他就更有可能了解并宽容文化差异的重要性，更适合于在国际环境下承担工作和决策任务。[一]

17.10 全球管理者形象的变化

直到最近，通往公司高层之路都非常清晰。关于首席执行官的多份调查结果显示，3/4以上的首席执行官有财务、生产或营销背景。然而，随着第二次世界大战后市场增长期以及单一国内竞争环境的逐渐消失，只管理经营范围狭窄的一家公司、一个行业的首席执行官也在减少。到了新千年，不断加剧的国际竞争、企业的全球化、技术的进步、人口的变迁以及各种变化速度的加快，所有这些因素都将左右公司领导的选择。那些只接受过单一训练的人将难以升到公司的最高领导层。

反映全球化对企业的影响以及个人经验（不管是在日本、欧洲还是在其他地方经营的经验）重要性的一个很好的例子便是，最近被委任为负责宝洁公司美国事务的经理。这名负责宝洁公司在美国全部事务的经理生于荷兰，在鹿特丹伊拉斯谟大学获得MBA学位[二]，先后在荷兰、美国和奥地利的宝洁公司工作，在市场营销岗位上不断得到升迁。在其领导才能在日本得到展现之后，他被调到宝洁公司设在俄亥俄州辛辛那提的总部，指挥宝洁公司进军东亚市场，然后又被调任现职。舆论推测认为，如果他在美国跟以前在日本一样成功，他将成为宝洁公司最高领导职位的一名强有力的竞争者。其他跨国公司的CEO，如强生、可口可乐等，都具有丰富的国际经营背景。[三]

现在只在本国范围内物色高级经理人才的公司已大为减少。可口可乐的前任首席执行官便是从其祖国古巴开始踏上巅峰之路的，而IBM的前任副董事长则是瑞士人，依靠不懈的个人努力得以在欧洲发迹。两者都是个人升往外国公司最高领导层的杰出代表。事实上，有

[一] C. Lakshman, “Biculturalism and Attributional Complexity: Cross-Cultural Leadership Effectiveness,” *Journal of International Business Studies* 44 (2013), pp. 922-940; Gundula Lücke, Tatiana Kostova, and Kendall Roth, “ Multiculturism from a Cognitive Perspective: Patterns and Implications,” *Journal of International Business Studies* 44 (2014), pp. 169-190.

[二] Laurie Goering, “Foreign Business Schools Fill a Huge Gap,” *Los Angeles Times*, January 14, 2008, p. C4.

[三] Katie Thomas, “ J&J’s Next Chief is Steeped in Sales Culture,” *The New York Times*, February 23, 2012; Alan Rappeport, “ Climbing Coke’s Corporate Ladder, ” *Los Angeles Times*, January 1, 2012, p. B2; Leslie Kwoh, “Don’t Unpack That Suitcase,” *The Wall Street Journal*, May 9, 2012, p. B10.

研究表明《财富》100强公司的CEO多为移民。不过，美国式的多样性[㊀]并不存在于作为其竞争对手的亚洲公司。[㊁]

跨越国界 17-2

展望未来：谁将成为明天的国际领导者？面向21世纪的教育

欧洲学院是一所由欧盟出资建成的学院，坐落在布鲁塞尔郊外，其生源来自12个国家，包括英国、法国、德国、荷兰和欧洲其他国家的青年人。这些人来到这里接受教育，为以后作为欧洲人而不是某一国之人的生活与工作打下基础。欧盟在西欧设有10所欧洲学院，总共招收1.7万名学生，从幼儿园到12年级都有。学院的毕业生成绩优异，通常会三种语言，是典型的欧洲人。

这些学院是各种语言和文化的混合体，仅一所学校的学生所使用的本族语就达36种之多。学生每年所修的用本族语讲授的课程越来越少。进校不久，通常是在1年级，便开始学第2种语言，亦即"工作语言"，限选英语、法语或者德语；在7年级时开始学第3种语言；9年级时可能还会学第4种语言。

进入11年级的学习阶段，学生所修的课程有历史学、地理学、经济学、高等数学、音乐、艺术与体操，这些课程全都用"工作语言"讲授。学生进行小组讨论时，不断地变换语言，不管是什么，"只要能交流"就行。

除了语言之外，学生还从整个欧洲的角度出发学习历史学、政治学、文学与音乐，总而言之，是学习欧洲文化。课程设计的指导思想是让法国人、德国人、英国人和其他欧洲人成为未来欧洲人。

MBA教育中也采取同样的做法。久负盛名的欧洲管理学院在几个不同的城市（包括柏林、巴黎、牛津、马德里）都设有校区，学院的学生在每一个校区都要待上一段时间。美国的MBA教育正在开始模仿欧洲的这种做法。芝加哥大学商学院如今在西班牙的巴塞罗那和新加坡都设有分校。杜克大学的Fuqua商学院如今开设独特的高级管理人员工商管理课程，其中包括到好几个国家进行游学，并且有相当多的教学内容通过互联网进行互动式传授。最近一期吸引了世界各地愿意交付6位数学费的学子。

资料来源：Glynn Mapes, "Polyglot Students Are Weaned Early off Mother Tongue," *The Wall Street Journal*, March 6, 1990, p. A1. Reprinted by permission of *The Wall Street Journal*, © 1990 Dow Jones & Company, Inc. All Rights Reserved Worldwide. See also Kevin Cape, "Tips on Choosing the Right One, International Schools," *International Herald Tribune*, January 25, 2003, p.7; http://fuqua.duke.edu/mba/executive/global/, 2012.

有些公司，如高露洁公司，认为早日派遣员工到海外工作对个人的职业发展很重要，并且认为国际培训是初级发展计划的一个组成部分。高露洁从全世界最好的大学或商学院招聘未来的经理人员，招聘过程中竞争异常激烈，最终如愿以偿的应聘者都有学士或MBA学

㊀ David Wassel, "U.S. Keeps Foreign PhDs," *The Wall Street Journal*, January 26, 2010, online.

㊁ Joel Kotkin, "The Kids Will Be Alright," *The Wall Street Journal*, January 23-24, 2010, p. W9.

位，并证明确有领导才能，除英语外，至少还能说一门其他的语言，并具有在国外生活的经历。一个典型的被录用的成员是一位曾在外国学习过一年的美国人，或者在美国留过学的外国人。

受训者在为期两年的完全浸入式的初级发展计划中开始其职业生涯。按照这份计划，受训者要到高露洁的各个部门都培训一段规定的时间。典型的轮训要到财务、生产、营销部门都待上一段时间，还要充分接触公司的营销体系。培训期间，受训者先在公司的广告公司、营销调研及生产管理等部门轮流受训，然后做7个月的实地推销。在两年的培训期里，受训者至少要陪同其指导者到国外分公司出差一次。公司这样做的目的在于培养受训者成为精干、高效的营销经理所需的各种技能，不管他们以后担任的是国内还是国外的营销经理。

培训后受训者就可能被派往海外，要么是培训期过后就去，要么是先在美国工作一段时间后去。跟许多人希望的不一样，到海外任职的第一站不在伦敦，也不在巴黎，而在一些发展中国家，例如巴西、菲律宾或者赞比亚。由于海外销售额对高露洁公司非常重要（其总收益的60%来自海外），所以经理人员在完成第一项海外任务后不是返回美国，而是从一个海外岗位调到另一个海外岗位，以将其培养成为一名职业的国际工作者，打开通往首席执行官职位之门。

那些国外收入占总收入很大比例的公司，以及那些自视为全球公司而不是在外国市场上做生意的国内公司，在使国际经验成为事业成功的一个条件方面最为积极。事实上，对许多公司来说，一个重要的开端似乎是当海外收益超过国内收益时，公司最优秀的员工都想从事国际业务，这种全球导向已开始渗透到整个组织，从人事政策到营销和经营战略都是如此。吉列公司的情况便是这样，该公司在20世纪90年代初期决定从公司内部培养经理人员时，便拟定了一份重要的有关人员招聘与管理人员培养的决策。吉列国际人力资源部实施了国际受训人员计划，以便从公司内部源源不断地培养经理人才。受训者从世界各地招聘，培训一结束便回其本国任职，成为吉列全球管理队伍中的一员。

17.11 外语技能

关于第二语言对于从事国际商务的重要性，人们看法不一。有些人认为，第二语言可以归结为这样一句话："国际商务所用的语言是英语。"事实上，有记者戏称："现代英语就是沃尔玛所用的言语，即便利、巨大、无法避开、表面友好并消灭那些期望增长的对手。"[1]

赞成培养语言技能的人认为学习语言可以增强对文化的理解[2]，改善商业关系[3]，拓展学

[1] Mark Abley, journalist. See also Daisuke Wakabayashi, "English Gets the Last Word in Japan," *The Wall Street Journal*, August 6, 2010, pp. B1-2; Michael Wei and Margaret Conley, " It's a Small World for Students of English," *Bloomberg BusinessWeek*, June 12, 2011.

[2] Lera Boroditsky, "Lost in Translation," *The Wall Street Journal*, July 24, 2010.

[3] Ellen Gamerman, " Just One Word: (That's Chinese for 'Plastics'), " *The Wall Street Journal*, March 17-18, 2007, pp. P1, P5.

生的能力[一]。其他人则指出，在商界要想受到重视，驻外人员至少必须能用当地语言进行交流，特别是在国外推销产品时，语言非常重要。荷兰一名推销培训专家这样说过："人们期望从那些懂得他们的语言和文化、可以与之交流的销售代表那里购买产品，而对试图向其推销产品的美国人常常很冷淡。

有些负责招聘的工作人员要求应聘者至少会说一门外语，哪怕这门外语在特定的工作中并不需要。他们认为，懂一门外语能清楚表明该应聘者愿意了解其他文化。

虽然大多数公司为即将派驻国外的管理人员提供短期的语言强化训练课程，但许多公司做出了更大努力，以招聘到那些会讲两门或多门语言的人。据可口可乐公司的人事经理说，他们人事部在查询数据库并为海外岗位物色人员时，常常首选那些会讲两门以上语言的人。值得注意的是，汉语已经成为美国中小学的热门语言[二]，而英语是中国中小学的热门语言。事实上，迪士尼正在中国开办英语学校，而且将米老鼠作为教员的一分子[三]。我们赞赏语言培训和翻译技术的进步。例如，你现在可以用放在口袋里的智能手机练习语言技能。[四]同样，也有语音翻译应用程序，而且这方面的技术正在朝计算机同步翻译方面发展。现在，NTT DoCoMo 公司（日本最大的移动电话运营商）提供了一项服务，可对日语和英语、中文或韩语之间的电话联系进行翻译。该公司的电脑可在数秒内监听并翻译双方的话语。[五]当然，这些技术将随着时间的推移而不断改进。

不过，语言不只是要做到翻译正确。语言还将引导思想、决策和创造力。我们非常高兴地看到 2014 年《国际商务研究》杂志发表了有关这些方面话题的专刊。我们同意编辑的观点："语言位于国际商务（IB）活动的中心。"[六]各方研究人员开始关注该话题的重要性。有一项研究表明，语言能力的不对称会给全球团队带来各种各样的问题，包括权力斗争和外群体的影响。[七]另一项研究表明，语言的限制不仅复杂化了跨文化的调整，而且会影响跨国公司的经济效益。[八]还有一项研究指出了强调语言的招聘活动的利弊。[九]第四篇报告指出，国际公

[一] Shirley S. Wang, " Building a More Resilient Brain, " *The Wall Street Journal*, October 12, 2010; Gretchen Cuda-Kroen, "Being Bilingual May Boost Your Brain Power," *NPR*, April 4, 2011.

[二] Sam Dillon, " Foreign Languages Fade in Class—Except Chinese, " *The New York Times*, January 10, 2010, online.

[三] James T. Areddy and Peter Sanders, " Chinese Learn English the Disney Way," *The Wall Street Journal*, April 20, 2009, pp. B1, B5.

[四] Linguists Online," *The Economist*, January 5, 2013, p. 52.

[五] "Conquering Babel," *The Economist*, January 5, 2013, pp. 63-64.

[六] Mary Yoko Brannen, Rebecca Piekkari, and Susanne Teitze, " The Multifaceted Role of Language in International Business: Unpacking the Forms, Functions, and Features of a Critical Challenge to MNC Theory and Performance," *Journal of International Business Studies* 45 (2014), pp. 495-507.

[七] Pamela J. Hinds, Tsedal B. Neeley, and Catherine Durnell Camton, " Language as a Lightning Rod: Power Contests, Emotion Regulation and Subgroup Dynamics in Global Teams, " *Journal of International Business Studies* 45 (2014), pp. 536-561.

[八] Andrei Kuznetsov and Olga Kusnetsova, " Building Professional Discourse in Emerging Markets: Language, Context, and the Challenge of Sensemaking, " *Journal of International Business Studies* 45 (2014), pp. 583-599.

[九] Vesa Peltokorpi and Eero Vaara, " Knowledge Transfer in Multinational Corporations: Productive and Counterproductive Effects of Language-Sensitive Recruitment, " *Journal of International Business Studies* 45 (2014), pp. 600-622.

司应努力在它们所谓的多种通用语，而不是单一的主流语言或多语言模式方面达成统一。多种通用语是语言和使用程序的组合，对组织而言很有意义。[一]该领域的其他研究解释了公司的语言政策与措施是如何对评价过程[二]和战略性人力资源管理带来负面影响的。[三]

本书作者强烈地感到，语言技能非常重要。如果想在未来的国际经营中成为主角，就必须学习其他语言，否则就可能不会成功。你的竞争者将会是跨越国界 17-2 中所描述的那些欧洲学生。有一个外国人谈到语言技能方面的一个笑话：怎样称呼会讲三门或三门以上语言的人？懂多种语言的人；怎样称呼会讲两门语言的人？懂两种语言的人；怎样称呼只会讲一门语言的人？美国人！也许外国人知道那些我们并不知道的东西。

本章小结

组建一支精干、高效的国际销售队伍是国际营销者最为关心的事情之一。销售队伍是实现国际分销的主要方式之一，因此是营销组织派往第一线的尖兵。

营销人员在国内外市场上的作用随着国际市场管理人员和销售队伍的构成情况的变化而迅速变化，对这支队伍有许多特殊要求，这些要求现在由公司外派人员、当地人员以及第三国人员或者三者共同来满足。最近几年的发展模式是越来越多地在目标市场上聘请当地人士负责经营活动，这种做法反过来又表明了调整美国管理技巧以适应当地需要的重要性。

要开发高效的营销组织，就需要对外派人员及家属进行审慎的招聘、选拔、培训和激励，并为他们提供合理的薪酬，以确保公司的人员投资能获取最大的回报。保持一支国际营销队伍高效、精干的最为实用的办法是，对雇员职业发展的各个阶段进行仔细的、具体的规划。

思考题

1. 解释本章标黑色的主要术语。
2. 为什么在选拔外国人员时，难以拘泥于固定的选择标准？可采取哪些补救措施？
3. 为什么国际销售队伍在薪酬方面存在一些特殊问题？试提出几种可能的解决办法。
4. 在哪些场合应使用外派销售人员？
5. 本国外派的销售经理在管理外籍销售人员时，可能会碰到哪些问题？试讨论之。
6. “在某种程度上，员工状况的迫切要求决定了海外销售组织采取的措施。”试讨论之。
7. 法律因素是怎样影响国际销售管理的？

[一] Addy Janssens and Chris Steyaert, “Re-Considering Language within a Cosmopolitan Understanding: Toward a *Multilingual Franca* Approach in International Business Studies,” *Journal of International Business Studies* 45 (2014), pp. 623-639.

[二] Martyna Sliwa and Marjana Johansson, “How Non-Native English-Speaking Staff Are Evaluated in Linguistically Deiverse Organizations: A Sociolinguistic Perspective,” *Journal of International Business Studies*, online.

[三] Vesa Peltokorpi and Eero Vaara, “Language Policies and Practices in Wholly Owned Foreign Subsidiaries: A Recontextualization Perspective,” *Journal of International Business Studies* 43 (2012), pp. 808-833.

8. 销售队伍和公司组织有何关系？它和分销渠道又有何关系？
9. “维持一支国际销售队伍的费用很高”。试对此加以评论。
10. 适应能力与成熟度是所有销售人员都必须具备的素质，为什么说这两种素质对国际销售人员具有特别重要的意义？
11. 个人娴熟的文化技巧是可以培养的吗？试讨论之。
12. 试描述具备良好文化技巧的人的特征。
13. 访问本地一家在外国有销售业务的公司，给出该公司销售职能的组织结构图，并且解释该公司为什么采用这种结构。
14. 试评价跨国公司员工的三大来源。
15. 哪些因素使得激励外国销售队伍的工作复杂化？
16. 为什么公司在外派人员的选拔中包括对其家庭进行评估？
17. “对个人前程和家庭生活的担忧是经理人员拒绝接受海外任务时最常提到的理由。”为什么？
18. 讨论并举例说明外派人员返美后常常感到不满意的原因，怎样才能克服这些问题？
19. 如果“国际商务通用语言是英语”，那为什么培养外语技能很重要？试对此加以讨论。
20. 对于2020年的全球经理，他们必须面对许多新的挑战。试为某个可以被考虑担任一家全球公司高级经理的人草拟一份简历样本。

第18章

Chapter18

国际市场定价

学习目标

通过本章学习，应能把握：

- 作为国际市场营销竞争工具的定价的构成要素
- 如何控制平行进口或灰色市场中的定价
- 价格升级及其影响的最小化
- 反向贸易及其在国际市场营销中的作用
- 报价机制
- 收款机制

全球视角

全球最受欢迎的饼干品牌——奥利奥的定价之痛

抗疲劳的神圣饮料。一杯这种名贵饮料，就能让人走上一整天而无须进食。

——埃尔南多·科尔特斯（Hernando Cortes）

可可树的豆荚长在树干上。每个豆荚都有香瓜大小，里面包裹了大约40颗可可豆。这种树的学名叫可可（theobroma），意指“神的食物”。显然，科尔特斯讲得没错。当然，他的影响力的确很大。因为含有可可碱和咖啡因，所以可可豆尝起来带有苦味。

奥尔梅克人（Olmecs）、玛雅人（Mayans）以及哥伦布发现中美洲之前的阿兹特克人（Aztecs）把干可可豆研磨成粉，再加水混合，有时也会加入香草和/或辣椒，然后喝掉这种怪味的饮料。这种饮料就是上述引文中科尔特斯所称的神圣饮料。虽然他从阿兹特克人那里潜逃所偷走的黄金让他很兴奋，但更有价值的发现便是他手中所拿的“神圣饮料”。征服者目睹了蒙特祖马（Moctezuma）一天喝下50杯他称之为遭克力（xocolatl）的泡沫液体。这种液体按当地话说就是“苦水”。其中所含的可可碱和咖啡因产生了科尔特斯所感受到的嗡嗡声，而且也是它们让皇帝宫廷染上了瘾。

1585年，首批商用巧克力货物从韦拉克鲁斯（Veracruz）运抵塞维利亚（Seville）。以食糖为例，这一贸易开启了征服者对当地人和西非人的奴役，让他们在美洲从事可可豆的生产、收获等苦力。

正如药剂师约翰·彭伯顿（John Pemberton）在三个世纪后所做的通过制作成苏打饮料来避免可口可乐的苦味那样，欧洲人通过大力倾销食糖以使这种巧克力饮料变得更为可口。不难理解为什么人们会养成这样的行为：从食品储藏室取一茶匙无糖烘焙巧克力，再取半茶匙的食糖。

在超级奥利奥中，糖的含量最多，可可的含量只占第四位。当然，如第4章所述，糖是有毒的，而可可本身没有毒。在美国，食糖的价格大约是世界食糖价格的两倍（见图18-1），因为美国政府用关税和价格补贴来阻止食糖进口以稳定对美国生产商的需求。在图18-1中，不难发现美国的食糖价格与较低的世界价格相比，具有良好的稳定性；该图也反映了20世纪70年代初OPEC价格卡特尔对油价的影响，不仅刺激了20世纪70年代的通货膨胀（糖和可可价格的上涨）和20世纪80年代的全球经济衰退。

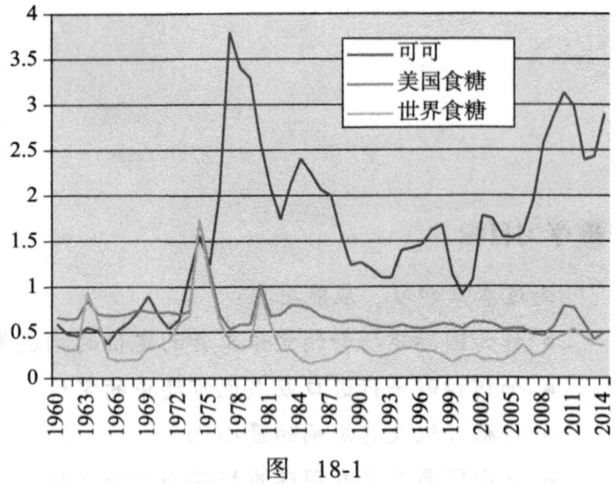

图 18-1

对于巧克力，欧洲人真正推动了其他创新：1689年，牙买加的汉斯·斯隆（Hans Sloane）博士开发出了牛奶巧克力。在18世纪末的意大利，人们发明了实心巧克力，而且很快从瑞士、荷兰、德国和英国的一些创新思想中受益。1849年，吉百利兄弟推出了第一款巧克力棒。如今流行的许多品牌都与这股创新流有关，包括吉尔德利、雀巢和瑞士莲等。米尔顿·赫尔希（Milton Hershey）开发的大规模生产也引入了低价格因素。

全球巧克力贸易已经演变成从非洲流向欧美生产商和消费者的可可贸易。这一复杂的供应链包括涉及全球500万的农民、当地及外国的可可买家、航运组织、研磨商、加工商、巧克力生产者和经销商。如今，科尔特斯的“神圣饮料”的生产和销售雇用了全球4 000万～5 000万名员工。

消费的另一端就是可可的全球化生产。其中，喀麦隆、科特迪瓦、加纳和尼日利亚等西非国家的生产就占了大约70%。印度尼西亚、巴西和厄瓜多尔也都是主要生产国。排名前五的可可豆进口国按序分别为荷兰、美国、德国、马来西亚和法国。

在西非，那些产量占到全球可可供应70%的农民正在放弃作物种值，毕竟作物的价格不断波动，而且因农场规模太小而无法降低成本，作物的产出已有数十年没有增长。生产替代性作物，如橡胶等，显然更为有利可图。因此，每年的需求超过供给达50 000吨。由于饼干生产商倒掉了180万吨的全球可可储备，所以可可的价格出现快速上涨。

新的生产受到气候变化的限制：必须具备炎热、潮湿的环境。即便如此，所有的大公司，如雀巢和玛氏，正在投资数千万美元来完善生产方法。由于货源短缺、政治不稳定以及如今正在爆发的埃博拉病毒，在过去的20年里，可可价格有10年时间出现了20%以上的波动。

最大的5家糖果公司为全球消费者提供绝大多数巧克力。其排序依次为玛氏（士力架和M&Ms的全球销售额为168亿美元）、亿滋（吉百利和奥利奥的销售额为155亿美元）、宾堡集团（Ricolino和莎拉·李的销售额为141亿美元）、雀巢（Crunch巧克力的销售额为128亿美元）和好时（奇巧和杏仁乐的全球销售额为464亿美元）。

据好时年度报告显示，可可期货合约价格在未来几年内将很不稳定。虽然批发价格的此种波动让采购商头痛，但对营销商来说是好消息。当最重要成分的成本在2008～2010年出现大幅上涨时，就很容易按分销渠道（从杂货店到消费者）立即进行涨价。然后，当可可价格在2012年出现暴跌时，如果能做到不是太多或太快地降低售价，那么往往有助于企业取得盈利。在美国，好时和玛氏形成的双寡头市场，相对于整体通胀率和可可价格的波动，更容易维持价格上升。

近日，加拿大竞争事务局联合加拿大批发分销商网络和其他3个人共同对雀巢、吉百利（亿滋）和玛氏的地方子公司提起刑事指控。指控这些企业通过密谋来固定加拿大巧克力糖果的价格。好时已经承认有罪，而且正在与调查人员合作。2013年，这4家公司通过支付2 300万美元的罚款了断了相关法律诉讼。

受这些市场与营销阴谋的影响，世界各地的价格变化如下：在中国，绿茶或蓝莓/木莓奶油味夹心奥利奥的单价大约为10美分。在墨西哥，焦糖/香蕉味奥利奥的单价大约为8美分；广告中建议消费者把饼干扭一扭，可以混合两种口味。这听起来是个好主意！广告有时的确可以提供有益的信息。在阿根廷，三层奥利奥巧克力的单价大约为6美分。在美国，1磅重袋装奥利奥的价格大约为7美分，超级奥利奥的价格为10美分。

资料来源：Robert H. Lustig, *Fat Chance: Beating the Odds against Sugar, Processed Food, Obesity, and Disease* (New York: Plume, 2013); Isis Almeida and Olivier Monnier, with Baudelaire Mieu, " Enjoy Those Chocolate Hearts While You Can," *Bloomberg Businessweek*, February 11-17, 2013, pp. 18-19; "What's Selling Where—Oreo Cookies, " *The Wall Street Journal*, August 20, 2012, p. D2; Karen Johnson, "Chocolate Price Fixing Is Alleged by Canada," *The Wall Street Journal*, June 7, 2013, p. B6.

定价与调价属于重要战略营销决策问题。在国际市场上，价格既反映了对产品的评价，也传递了某种信息。[㊀]例如，中国香港迪士尼乐园最初的游客数量远低于预期，部分原因就在于开业时32美元的门票单价定得太高，让游客难以承受。因此，给产品定一个恰当的价格是成功的关键。即使国际营销者生产了合适的产品，选择了恰当的销售渠道，进行了正确的促销，如果定价不当，所有努力仍将付诸东流。美国产品的质量在全球市场得到广泛的认可。不过，就像本国购买者一样，外国购买者在做购买决策时会权衡质量与价格。产品的价格必须反映消费者期望的产品质量或价值。在国际营销者所承担的所有任务中，制定恰当的价格是最困难的任务之一。定价时必须考虑众多因素，特别要考虑那些与具体外国市场相关的特点，如经济波动性、经济发展程度、法律要求等。[㊁]当产品在多个国家销售时，这项任务将变得更为复杂。

㊀ Lorraine Eden and Peter Rodriguez, " How Weak Are the Signals? International Price Indices and Multinational Enterprises, " *Journal of International Business Studies* 36, no. 1 (2004), pp. 61-74.

㊁ Qun Tan and Carlos M. P. Sousa, " Research on Export Pricing: Still Moving toward Maturity, " *Journal of International Marketing* 19, no. 3 (2011), pp. 1-35.

随着全球化的持续推进，跨国公司和当地公司之间的竞争不断加剧，它们都想在市场中寻找一个稳固的竞争优势，以便在市场饱和之前取得优势地位。金佰利、宝洁公司和规模较小的公司在巴西争夺尿布市场的竞争就说明了作为竞争工具的价格是如何变得越发重要的以及价格竞争是如何改变市场结构的。不论是从事出口还是经营海外业务，经理的职责就是要制定和控制在各个市场上所销售的产品的价格，而影响价格决策的变量包括各个市场的关税、成本、观念、竞争、货币波动、报价方法等。

本章重点讨论针对国外市场具体成本、市场和竞争因素的基本定价政策方面的问题。首先讨论的是价格升级及其控制，以及与价格制定和租赁相关的因素，随后讨论的是作为定价工具的反向贸易的运用以及国际报价机制。本章最后就信用证等收款机制进行了简单讨论。

18.1 定价政策

在多个国家的积极营销使得定价问题的数量以及与定价政策有关的变量大大增加。[一]例如，有一项研究发现，各国的价格波动幅度存在巨大的差异。这其中文化似乎起着重要的作用，毕竟在更为强调集体主义价值观的国家中，较大的价格波动多见于许多产品和服务上，如股票价格、住房、牛奶以及反映总体价格水平的消费价格指数。[二]除非企业有经过审慎思考并清晰规定的价格政策，否则制定价格将无章可循。业务活动所在国的情况、产品类型、竞争条件和其他一些战略性因素都会影响定价活动。因此，企业不能单纯基于国内标准来确定价格和售货条款。

18.1.1 定价目标

通常，关于价格决策有两种观点：一是把定价看作实现营销目标的积极工具；二是把定价视为企业决策中的一个静态因素。如果把价格看作某种有效工具，那么公司可以通过定价（而非跟随市场价格）[三]来实现特定目标[四]，不管是利润目标，还是销售量目标，或是某些其他具体目标[五]。把定价看成静态要素的企业可能仅仅出口剩余的库存，不注重海外业务，把出口额看作对销售收入被动的贡献。美国、加拿大的一些跨国公司曾被要求对定价中的因素按重要性排序（最重要的得 5 分，最不重要的得 1 分），结果，总利润以平均得分 4.7 位居榜首，名列第二至第四的分别是投资收益率（4.41）、市场份额（4.13）和销售总额（4.06），变现速度以 2.19 分排在最后。

㊀ Claude Obadia, "Competitive Export Pricing: The Influence of the Information Context," *Journal of International Marketing* 21, no. 2 (2013), pp. 62-78.

㊁ Dante Pirouz and John L. Graham, "Culture, Globalization, and Stock Price Volatility," working paper, Merage School of Business, University of California, Irvine, 2015.

㊂ Carl Arthur Solberg, Barbara Stottinger, and Attila Yaprak, "A Taxonomy of the Pricing Practices of Exporting Firms: Evidence from Austria, Norway, and the United States," *Journal of International Marketing* 14 (2006), pp. 23-48.

㊃ Andrew LaVallee, "Unilever to Test Mobile Coupons," *The Wall Street Journal*, May 29, 2009, p. B8.

㊄ Christopher K. Hsee, Jean-Pierre Dube, and Yan Zhang, "The Prominence Effect in Shanghai Apartment Prices," *Journal of Marketing Research* 45, no. 2 (2008), pp. 133-144.

企业越能对产品的最终销售价格加以控制，就越能更好地实现营销目标。然而，企业并非总能对最终价格进行控制。产品线越宽，涉及国家越多，则控制最终价格的过程越复杂。

跨越国界 18-1

iPhone 灰色市场的内幕

iPhone 的灰色市场发展得很迅速。当 iPhone 产品于 2007 年 6 月 29 日上市销售时，软件黑客和那些专业从事手机解锁业务的公司已经着手研究能使 iPhone 可在未经批准的网络运行的办法。数周后，网络讨论室就出现了由位于捷克布拉格的某家小公司所提供的解决方案。

36 岁的帕维尔·扎博伊（Pavel Zaboj）之前学过数学，他与其朋友一起开发出了一种取名为 Turbo Sim 的电子设备。该设备能使手机进入移动支付系统。关闭后，Turbo Sim 也可使 iPhone 误以为就在 AT&T 公司的网络上运行。到当年 8 月中旬，帕维尔这家仅有 10 名员工的 Bladox 公司就获得了大量的订单。其中，来自加拿大和墨西哥的订单尤其多，这主要是因为那里的 Apple 产品爱好者很容易获得 iPhone。Bladox 公司对这一切显然未曾预料到，要履行大批量的订单显然很难。“我们坐在那里，简直是目瞪口呆了，”帕维尔·扎博伊说。

Bladox 公司在 100 多个国家或地区销售这种可以对手机进行解锁的设备，其中包括法属波利尼西亚、阿富汗、巴西、加拿大、多米尼加共和国、印度尼西亚、以色列、尼日利亚、秘鲁、波兰、俄罗斯和阿拉伯联合酋长国。

该公司的生意非常兴隆，不仅因为产品供不应求，也因为苹果公司及其伙伴的干预力度不到位。AT&T、O2、Orange 以及荷兰电信的 T-Mobile 等获得苹果公司授权的公司则每月损失上万美元的收入，因为它们的用户通过解锁设备就可避开为期两年的合同。不过，在那些顾客无法选择授权合伙公司的地方，大量的解锁设备仍在不断产生。

只要授权合伙公司的用户使用苹果的服务，那么苹果公司就可获得每台数百美元的 iPhone 销售收入。当然，也有分析师指出解锁设备的普及也帮助提升了苹果公司产品的品牌认知度。

汇率是另一个促进灰色市场发展的因素。随着美元的贬值，来自欧洲等地的消费者选择去美国购买比在本国购买就更为划算了。灰色市场的经营者也发现了这一商机，开始招募各方人士以从美国购买 iPhone 产品。

有时，方法很简单，就是请朋友或家庭成员最大额度地购买 iPhone 产品。其中，苹果公司的额度为 5 部，AT&T 公司的额度为 3 部。有中间商承认，他曾经用朋友的名片，假装自己是小企业主，欺骗苹果商店的经理让他给员工购买 100 部 iPhone 产品。中国的一些零售商也承认让空乘人员为其购买 iPhone 产品。

灰色市场的某些 iPhone 产品也可能来自生产源头。有分销商指出，有些产品可能来自这些工厂的员工。

最近，苹果公司通过其新的合作伙伴——中国联通香港公司来销售 iPhone 产品，但仍然面临来自其他智能手机激烈的竞争。不过，考虑到在北京人们对苹果最新产品的抢购，苹果公司似乎应该对最新款的 iPad 进行提价。

资料来源：Peter Burrows, " Inside the iPhone Gray Market, " *BusinessWeek*, February 12, 2008. Used with permission. John Markoff, " Friends and Smugglers Meet Demand for iPhones, " *The New York Times*, February 18, 2008, pp. A1, A8; " Lukewarm Reception, " *Business China*, January 4, 2010, p. 5; Charles Duhigg and David Barboza, " In China, Human Costs Are Built into an iPad, " *The New York Times*, January 25, 2012.

18.1.2 平行进口

除了不得不面对不同国家、不同产品的价格竞争外，公司还不得不防止子公司或分支机构之间发生竞争。由于在不同国家市场上产品价格有可能不同，所以在一国销售的产品可能出口到另一个国家并按低于该国该产品的销售价格出售。[⊖]例如，考虑到经济环境和当地的竞争状况，一家美国制药公司以较低价格出口药品到一个发展中国家，后来发现这些药品被出口到了第三国，在该国作为平行进口品与美国公司以较高价格销售的相同产品发生了直接的竞争。当同一产品在不同国家的价格差异比较大时，平行进口就会有利可图。的确，众多因素共同使得平行进口变得有利可图。

进口配额和高关税也会导致平行进口，并使非法进口具有吸引力。印度对计算机采用三级关税结构，进口关税为 50% ~ 80%。结果，据估计印度国内 35% 的计算机硬件销售额是通过灰色市场实现的。

只要两个市场间的价格差异大于运输成本，**平行市场**（parallel market）就有存在的可能性。在欧洲，由于国与国之间的税收和竞争价格不同，导致同一产品的价格各异，因而一些公司发现在某个国家自己在与从欧洲其他国家以较低价格进口的自家产品竞争也就不足为怪了。制药公司在意大利、希腊和西班牙就碰到了这样的问题，因为这些国家存在药品的最高限价。例如，Losec 这种溃疡药在西班牙售价仅为 18 美元，但是到了德国需要 39 美元。Plavix 这种治疗心脏病的药在法国售价是 55 美元，在伦敦却要花费 79 美元。原来设想一旦欧盟取消所有贸易限制，这样的价格差异有望成为过去，现在大多数情况下已实现了这一点。然而，欧盟并不阻止成员国将控制药品价格作为国内健康计划的一部分。

药品行业曾试图消除这种平行进口，但是遭到各国管理当局的反对。这一次药品行业用了另一种方式，严格控制产品供给量，这种供给量仅仅满足通过历史需求和期望需求建立的模型推出的当地需求量，目的是使一个国家只得到市民所需要的药品。以往批发商可以超额订购，然后运往价格偏高的市场销售，现在因为没有足够货源就无法得逞了。许多大型的药品公司也采用类似的限制。这些公司指出，采取这种措施的目的是精简分销，防止药品短缺，缩减超额库存，可是分销商认为这是为了阻挠跨地区的药品贸易。事实上，"在英国，对于几种产品的需求有一半是由从低价国的进口得到满足的"，因此公司一方期望遏制这种平行进口。

⊖ We see this in a variety of product areas, including publishing and automobiles. See, respectively, " Seconds to Go, " *The Economist*, March 23, 2023, p. 71; Matthew Goldstein, " U.S. Targets Buyers of Chinese-Bound Luxury Cars, " *The New York Times*, February 12, 2014, pp, B1, 5.

通过**灰色市场**（gray market）从加拿大销往美国的药品年销售额达到 42 700 万美元。当然这对于具有 1 350 亿美元的美国药品市场来讲算是个小数目，但是对于诸如 Paxil、Zyban、Viagra 等药品而言就是大数目了。虽然从包括加拿大在内的其他国家进口处方药在美国是违法的，但是个人可以在加拿大和墨西哥旅行时购买，也可以在线购买。严格来讲，在线购买和邮购都是违反美国法律的。然而，如果购买的药量不超过 90 天，政府部门一般不会追究。

很自然，药品公司强烈希望能够终止这种非法和不道德的交易。葛兰素史克（Glaxo Simth Kline）是处方药生产商。该公司要求加拿大所有药店和批发商证明自己没有把药运往加拿大以外的地方销售。该公司还提醒美国顾客当心新的广告宣传中所提到的进口药品。对于那些没有遵守规定的公司，公司就会切断葛兰素史克的货源，因为“被加拿大健康组织批准的葛兰素药品只能在加拿大销售。”有人认为这种措施不能真正解决问题，即使葛兰素史克可以遏制加拿大人将药品销往境外，但是像澳大利亚、爱尔兰等市场也可以给美国提供价格低廉的药品。只要市场间有巨大的价格差异，网络贸易就不会消失。此外，美国立法部门即将通过许可药品进口之类的法律规定。

专营（exclusive distribution）是公司为鼓励零售商提供额外的服务给顾客、增加存货或维护专营产品的质量形象而给予较大零售差价的做法，这种做法为平行进口提供了便利。Gucci 和 Cartier 牌香水和发胶尤其容易产生灰色市场。为了维护专营产品的质量形象，传统上采取了赋予每一层次分销商以高额差价、不同市场价格有差异且数量有限以及只限于大型零售商等做法。在美国，专营香水的批发价格常常比在其他国家高出 25%。这就为灰色市场创造了理想的条件。其他国家未经授权的经营者以低于美国批发商需支付的价格购得产品，然后以低于零售商需支付给授权美国批发商的价格卖给未经授权的美国零售商，从中牟利。

价格高昂的专业设计运动服饰行业也容易受到这种方式的冲击。耐克、阿迪达斯和 Calvin Klein 愤怒地发现，其产品在英国一家数一数二的超市连锁店乐购（Tesco）里销售。耐克的 Air Max Metallic 运动鞋在体育用品商店的价格为 120 英镑（约 196 美元），而在该连锁店花 50 英镑（约 80 美元）就能买到。该连锁店从有库存积压的美国批发商那里进了价值 800 万英镑的耐克运动服。为避免在采用这类营销和定价策略时出现平行市场，公司必须建立对价格和分销的严格控制系统（见图 18-2）。

公司若真想制止灰色市场，就必须建立能有效管制分销渠道的控制系统。在一些国家和地区，它们也许能得到法院的帮助。中国台湾地区的一家法院裁定两家从美国进口可口可乐的公司侵犯了可口可乐公司的商标权和可口可乐公司在中国台湾地区的独家授权经营者的权利，禁止其出口、展示、销售有可口可乐商标的产品。在有些国家和地区，法院并不总是站在商标拥有人一边的，理由是，被注册商标的产品一旦出售，商标拥有人就丧失了对其的控制权。加拿大最高法院做出了有利于一家加拿大出口商的裁定，该出口商每周购买 5 万箱可乐，然后出口到中国香港地区和日本。出口商以每箱 4.25 美元的价格购买后，以每箱 6 美元的价格出售，另付每箱 1 美元的运费，这样每箱净赚 75 美分。可口可乐公司提出诉讼，但法院裁决该产品的买卖是合法的。

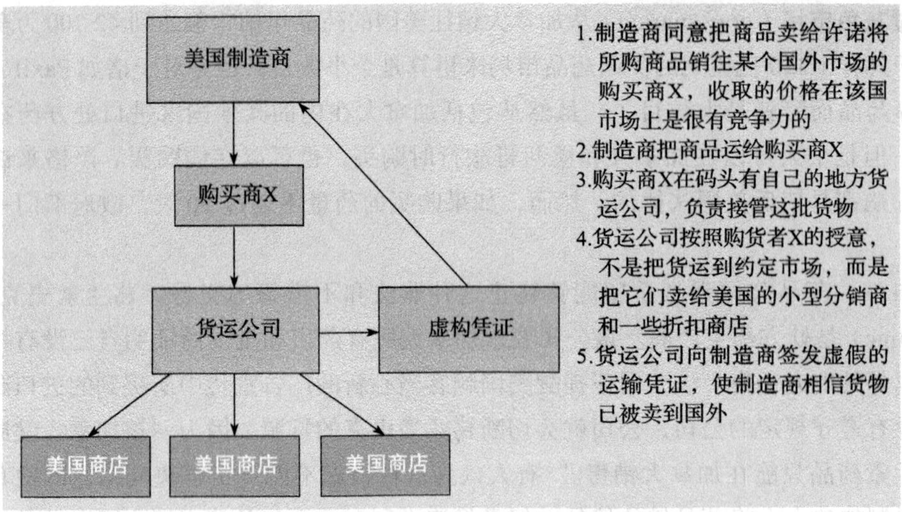

图 18-2 灰色市场如何将货物运抵美国店铺

平行进口会对受商标保护的产品产生长远的负面影响。[㊀]在不知情的情况下购买未经授权的进口商品的顾客得不到质量、服务和替换零件的保证。例如，水货计算机的购买者无法得到零部件，因为授权经营者没有义务为他们提供服务。就计算机软件而言，购买者购买的可能是盗版软件，因而无权获得技术支持。进一步来讲，当产品出问题时，消费者会指责商标拥有者，产品的质量形象受到损害。

18.2 国际定价方法

不论公司是想控制最终价格还是想控制净价，公司政策都必须以净价为基础。成本和市场是两个重要的考虑因素。公司不可能以低于成本的价格出售而仍能维持经营，也不能以市场不能接受的价格出售。不熟悉海外业务的企业和生产工业品的企业只以成本为基础进行定价。然而，把定价作为公司战略一部分的企业却懂得运用其他方法，如按不同国家或不同市场的细分市场定价、竞争性定价、基于业务稳定的定价[㊁]以及其他市场导向的定价[㊂]，其中包括影响定价感知的文化差异[㊃]。

㊀ For an interesting look at how enforcement efforts work, see Kersi D. Anita, Mark E. Bergen, Shantanu Dutta, and Robert J. Fisher, "How Does Enforcement Deter Gray Market Incidence?" *Journal of Marketing* 70 (2006), pp. 92-106.

㊁ Apparently executives at General Electric recently forgot that higher prices can help maintain stable operations when backlogs are large. See Kate Linebaugh and Bob Sechler, " GE Profit Slides Amid Margin Squeeze," *The Wall Street Journal*, January 20, 2012.

㊂ Pradeep K. Chintagunta and Ramaroa Desiraju, " Strategic Pricing and Detailing Behavior in International Markets," *Marketing Science* 24, no. 1 (2005), pp. 67-80.

㊃ Manoj Thomas and Vick Morwitz, " Penny Wise and Pound Foolish: The Left-Digit Effect in Price Cognition," *Journal of Consumer Research* 32, no. 2 (2005), pp. 54-64; Lisa E. Bolton, Hean Tat Keh, and Joseph W. Alba, " How Do Price Fairness Perceptions Differ across Cultures?" *Journal of Marketing Research* 47, no. 3 (2010), pp. 564-576.

18.2.1　完全成本定价与变动成本定价

那些基于成本来定价的公司必须确定，是采用完全成本定价法还是变动成本定价法。采用**变动成本定价法**（variable-cost pricing）的公司，只考虑出口产品的边际成本。这些公司把海外销售额看作额外的收入，认为扣除变动成本的收益都是对总利润的贡献。这些公司可能在国外市场上推出最有竞争力的价格，可是，由于它们以低于国内市场净价的价格在国外销售产品，很可能会受到倾销的指控。这样，它们就会被课以反倾销税，或被处以罚款，这些支出抵消了其原有的竞争优势。但不管怎样，变动成本或边际成本定价法对于固定成本高且生产能力过剩的公司来说，仍不失为一种可行的方法，超过变动成本部分能分摊一部分固定成本，对公司来说就相当于利润。

相反，采用**完全成本定价法**（full-cost pricing）的公司认为，同一种产品的每一件产品在成本方面应一视同仁，都应当分摊总的固定成本和变动成本。这一方法适合于变动成本高而固定成本相对较小的公司。在这种情况下，通常采用按成本加成法定价，即总成本加上一定的利润。变动成本定价法和完全成本定价法在国际营销实践中都有应用。

18.2.2　撇脂定价与渗透定价

企业还必须决定何时采用撇脂定价法，何时采用渗透定价法，通常，这一决策取决于竞争的激烈程度、产品的创新程度和市场特点。

当企业的目的是进入一个价格弹性小、消费者愿意为获得产品价值而支付高价的细分市场时，可以采用**撇脂定价法**（skimming）。当供应出现瓶颈时，公司也可以采用撇脂定价法，以便使销售收入最大化，并使供求趋向一致。如果公司是某一新产品的唯一供应者，那么在出现竞争并迫使降价之前，采用撇脂定价法可使企业的利润最大化。⊖这种定价法常常适用于只有两个收入阶层——富人和穷人的市场。由于产品成本太高，不允许制定一个能吸引低收入者的价格，故营销者干脆制定高价，使产品面向收入高、价格弹性低的细分市场。显然，在宝洁公司出现之前，强生公司在巴西销售婴儿尿布时采用的就是这种定价方法。随着中等收入市场的崛起，这种机会正在逐渐消失。市场容量大必然吸引竞争者，结果出现大量的产品线供应，价格竞争就不可避免了。

跨越国界 18-2

惠普尔先生，不要降低 Charmin 牌卫生纸的强度，否则就换种颜色

对于标准的四卷装卫生纸，英国人所付的价格是德国和法国人的 2 倍，是美国人的 2.5 倍。这是为什么呢？是漫天要价，是欧元的影响，是英镑的汇率问题，还是仅仅因为文化差异？

答案其实很简单：英国消费者比德国人、法国人和美国人挑剔，他们要求卫生纸质地更柔软、更优良。英国卫生纸由于比其他欧洲卫生纸含有更多的纤维，因而每平方米的质量要多出 4 克。大量的消费者测试表明，英国消费者不愿意将就着使用差的卫生纸。

⊖ Caroline Bingxin Li and Julie Juan Li, "Achieving Superior Financial Performance in China: Differentiation, Cost Leadership, or Both?" *Journal of International Marketing* 16, no. 3 (2008), pp. 1-22.

从另一个侧面也可以看出英国消费者对卫生纸的不同偏好。去任何一家超市，你都会发现有超过50种不同颜色、规格和牌子的卫生纸。各种颜色几乎应有尽有，如金银花色、温暖的粉红色、夏天的桃色、珍珠白色、草坪绿色、微风蓝色、木兰花色等。之所以颜色众多，是因为英国消费者坚持认为，卫生纸的颜色应与卫生间的色调相匹配。欧洲大陆的消费者觉得白色就挺好，或者加点粉红色就行了。

宝洁公司推出了更厚实的卫生纸Charmin，不到5个月，已获得了10%的市场份额，但它可能做得有点过分了。有人抱怨，Charmin的强度太好，不适合英国的卫生设施。英国的下水道只处理Charmin还是可以的，但问题是，如果其他竞争对手也采用强度这么大的纸的话，那么，下水道可能会被堵塞。宝洁公司同意把Charmin卫生纸的强度降低一半，但价格会下来吗？最近，宝洁公司的产品被绿色和平组织列为对环境最不友好的产品。当然，要消除这样的指责，公司产品的成本就肯定会上升。

如果说英国的消费者对卫生纸的价格可能很不满，那么印度消费者肯定会暴怒。最近一桩牵涉政府腐败官员赔偿80美元卫生纸的丑闻推动了一场反腐败运动，最后把一些政府官员和公司CEO等送进了监狱。

资料来源：" Going Soft, " *The Economist*, March 4, 2000; " P&G Unblocks Sewage Row with Toilet Paper Revamp," *Reuters*, May 10, 2000; Timothy Kenny, " Eurasia: Of Toilet Paper, Escalators and Hope," *The Wall Street Journal Europe*, September 16, 2005, p. A9; "Skip it, Eco-Worrier," *The Times* (*London*), December 1, 2007, p. 11; Gurcharan Das, " India Says No to $80 Toilet Paper," *The New York Times*, September 3, 2011.

渗透定价策略（penetration pricing policy）是指故意以较低价格出售产品以扩大市场和增加销售的一种定价方法。在把占有和维护市场份额作为竞争策略时，渗透定价法用得最多。可是，在经济持续快速发展，大量人口进入中等收入阶层的国家市场上，即使竞争程度很低，也可以采用渗透定价法来刺激市场增长。竞争迟早是要来的，因此如果渗透定价能使销售收入最大化并在市场占有率方面获得竞争优势，那么渗透定价可能比撇脂定价获利更丰。

不管采用何种正式的定价政策和战略，公司必须清醒地认识到，市场是价格有效性的决定因素。换句话说，价格必须定在恰当的位置，使消费者能感觉到物有所值，而且价格必须是目标市场所能接受的。因此，在一些市场上，许多产品以很小的单位销售，以便使每单位的价格能为目标市场所接受。Warner-Lambert在巴西销售每盒5个的泡泡口香糖，虽然泡泡口香糖占整个口香糖市场的72%，但由于价格超出了目标市场的承受力而没有取得成功。后来采用单件包装，由于价格适合目标市场，从而迅速取得了可观的市场份额。

随着一个国家的经济发展和财富分配趋于平等，不同的收入层次和一些特征明显的细分市场就会出现，多重价格、性价比等因素变得日益重要。举例说，仅仅过了数年，中国的电子消费品市场就发生了变化。过去那种质量优、价格高的进口商品只针对高收入者，现在也有价格便宜、质量较低的国内产品针对其剩余市场，出现了反映个人收入增加的多重市场。

当爱华意识到存在着希望得到质量高、价格适中的电子商品的消费者群体时，日本索尼，这一出售昂贵电子消费品的领头羊，便处于不利位置。爱华把薄利多销作为全球战略的一部分，开始以比索尼产品更接近中国品牌价格的价格销售高保真音响。爱华的产品质量并不比索尼的逊色多少，产品看上去与索尼的差不多。爱华意识到新的细分市场的存在，并成功地把握了机会，使得市场对爱华产品的需求大幅度上升。

针对单一细分市场的营销活动行之有效的定价决策将让位于更为复杂的决策。随着许多国外市场收入水平的提高，企业面临的定价环境将类似于美国。随着国家的繁荣和收入分配的合理化，多重细分市场也随之发展起来。随着这类细分市场的出现，沃尔玛、家乐福等大型零销商纷纷进入该市场为精打细算的消费者提供价廉物美的商品。这样的情景不断在不同的国家重演。在这类市场中，有效的定价策略变得尤为重要。

18.3 价格升级

到国外旅游的人常常会惊奇地发现，在本国很便宜就能买到的商品，到了其他国家却贵得惊人。人们自然而然地认为这种高价是牟取暴利所致，一些企业见此也往往跃跃欲试，想要打进这些新的、回报丰厚的国外市场中去，结果却发现，价格高很多时候是出口成本高造成的。电子心脏定调器就是一个很好的例子，它在美国的售价为 2 100 美元，关税加上日本分销渠道的加价使得该产品在日本的最终价格大幅度上扬。从进口关税开始，每转手一次就增加额外的费用。产品先要经过进口商，然后到负责该产品的销售和服务的公司，再到二级甚至三级分销商，最终到达医院，各个环节的加价使得在日本的最终价格超过 4 000 美元。通货膨胀可以导致价格升级，这是跨国公司营销商面临的主要定价障碍。从心脏起搏器这类技术产品到类似原油、啤酒和不含酒精的饮料，它们都面临着这种定价障碍。据估计，如果关税和贸易壁垒被取消，消费者可以节约 6.57 万亿日元。

18.3.1 出口成本

在一些国际市场上，超额利润是存在的，但导致出口国与进口国之间价格不成比例的差异，这里称之为**价格升级**（price escalation），通常是因为产品从一个国家出口到另一个国家的过程中附加了许多成本。具体而言，价格升级是指由于装运费、保险费、融资费[⊖]、包装费、关税、较长的分销渠道、较高的中间商毛利、专门税费、行政管理费、汇率波动而导致最终价格上涨的情形。这些成本中的绝大部分是由进出口引起的，它们共同作用把最终价格提升到比国内市场高得多的水平上。

18.3.2 税收、关税和行政管理费

关税是一种特殊形式的税收。和其他形式的税收一样，征收关税的目的是保护市场，或增加政府的收入。关税是当货物从一个国家进入另一个国家时所交纳的费用。如第 15 章所述，

⊖ Mark Whitehouse, " Number of the Week: Consumers in China and Brazil Discover Credit," *The Wall Street Journal*, October 9, 2010; Alessandra Migliaccio and Sonia Sirletti, " A Country that Needs More Credit Cards," *Bloomberg BusinessWeek*, December 12, 2011, p. 24.

关税水平一般是用关税率来表示的，可以按从量、从价或混合方式征收。从量税是按进口商品的实物数量征收的，如1蒲式耳黑麦15美分[一]。从价税则按进口商品价值的一定百分比计征，如进口手表的关税是其价值的20%。混合税既包括从量税也包括从价税，如照相机按每架1美元再加上其价值的10%来征收关税。关税和其他形式的进口税都是为了限制外国商品。

办理进口证的费用或其他行政管理的费用，也可以达到很大的数额，以致成为实际上的进口税。许多国家征收适用于各类商品的进货税或行为税，针对商品分销渠道的增值税或流转税，以及零售营业税。虽然这些税费一般来说并不仅仅针对外国商品，但毕竟提高了商品的最终价格。在评估国外竞争时，关税是一种必须考虑的主要差别性税收。

除了税收和关税，大量行政管理费与货物的进出口直接有关。申请进出口许可证及其他单证和把货物从进口港运到买主手里都意味着额外的费用。虽然这些费用相对较小，但都加到了出口的总成本中。在巴西，所有这些税收、关税及其他费用使得苹果手机的加价达到了60% ~ 70%。面对类似的壁垒，三星公司成功地做到以更低的价格销售智能手机。结果，三星智能手机在巴西的市场份额超过了40%，而苹果的市场份额才刚刚超过13%。[二]

18.3.3 通货膨胀

在通货膨胀率高或汇率波动大的国家，销售价格必须反映产品的成本及重置成本。商品的销售价格往往低于重置成本和间接费用之和。商品常常以低于重置成本与一般管里费用之和来销售，有时甚至会低于重置成本。在这些情况下，企业卖反倒不如不卖。所以，当签订长期合同或当付款有可能推迟好几个月时，必须把通货膨胀因素考虑到价格中。亨氏公司（H. J. Heinz）在巴西推出新产品仅仅两年之后，就撤离了该市场。之所以没有成功，主要原因在于通货膨胀及缺乏全球价格的控制。一种新型水果饮料以寄售方式卖给零售商，即产品售出后再付钱，面对高达300%的通货膨胀率，即使是延期一周付款也会大大降低利润空间。许多发展中国家因为存在高通货膨胀率，使得公司始终面临着政府广泛的价格管制威胁。

对公司来说，一国或全球市场实施的通货膨胀和价格管制是不可控的[三]，所以公司会运用多种方法来提高销售价格以抵消通货膨胀和价格管制的压力，如对额外的服务索取报酬、提高内部转移价格、把产品分解成多个部件、每个部件独立定价等。

通货膨胀引起产品价格的上涨，从而使消费者面对不断升高的价格，最终导致许多消费者被挤出市场。不过通货紧缩对消费者有积极影响，因为价格变低了。无论是通货紧缩还是通货膨胀，都会增加供应链上每个环节降低成本的压力。

18.3.4 通货紧缩

日本经济已在通货紧缩的旋涡中挣扎了好多年。在一个因甜瓜曾卖10美元、牛排卖100

㊀ 1蒲式耳 = 27.216千克。——译者注

㊁ Vincent Bevins and Chris O'Brien, "In Brazil, Apple Has Barriers To Sales," *Los Angeles Times*, July 4, 2013, p. B1, 4.

㊂ Charles Forelle, "Greece Defaults, and Tries to Move On," *The Wall Street Journal*, March 10, 2012.

美元而著名的国家里，麦当劳销售汉堡包的价格从原来的 1.09 美元降到现在的 52 美分，32 英寸的纯平彩电由原来的 4 000 美元下降到了 2 400 美元。在两年前要卖 25 美元的羊毛夹克，现在只卖 8 美元。价格已降到消费者只有在国外旅行时才可以看到的价位。在日本，以前产品的高价让销售渠道每个环节都可以获得高额的利润。随着近几年价格的不断下跌，那些没有能力通过调整成本来适应通货紧缩的厂家纷纷破产。全新的零售种类——100 日元折扣店、销售低价从中国进口服饰的服饰连锁店和仓储式商店成为主流。近年来，折扣店的销售额增长了 78%。在日本，你要繁荣只有打折，这又进一步加剧了通货紧缩。分销渠道各个环节要么极力适应与以往不同的竞争环境，要么选择放弃，而消费者发现购买力增强了并乐在其中。过去日本旅行者常常能在美国买到价格低很多的商品，但是现在不一样了，正如一个消费者评论说："我感觉日本的价格降下来了，这样在美国买东西不再便宜了。"虽然这位消费者以前从美国回来总要大包小包带很多廉价品，但最近在美国度假两周回来时只随身带了个小背包。

在通货紧缩的市场上，保持低价和增加顾客对品牌的忠诚度是非常重要的。无论是通货膨胀还是通货紧缩，出口商都必须重点控制价格升级。

18.3.5 汇率波动

过去，国际贸易合同很容易拟定，因为付款可以采用一种相对稳定的货币。美元曾作为一种标准货币，各种交易都可以按美元计价。因为所有的主要货币相互间都是自由浮动的，没有人能准确预测某种货币将来的确切价值。企业在拟定贸易合同时越来越强调以卖方国家的货币计价，远期套期保值变得更为普遍。如果在长期合同中，对汇率不加仔细考虑，那么，公司会在不知不觉中付出 15% ~ 20% 的折扣。事实上，任何企业如果在 2014 年以俄罗斯卢布与俄罗斯客户签订了合同，那么就会因为卢布对美元贬值 20% 以上而损失惨重。[㊀]企业必须考虑到汇率逐日浮动所增加的成本，特别是在从签约到发货的间隔期间内更需如此。汇率差额不可小视，惠普公司在一年之中因汇率变动而获得约 50 万美元的额外利润，而雀巢公司曾在 6 个月中损失了 100 万美元。有些公司因汇率变动引起的额外损失或所得数额甚至比这还大。

18.3.6 币值变动

除了汇率波动，一国货币相对于另一国货币的币值变动也会引起风险[㊁]，如消费者感知的货币价值。以 2001 年中期到 2003 年中期德国商人购买美国产品为例。在这一时期，相对于欧元，美元经历了 2001 年中期的坚挺（1 美元兑换 1.831 5 欧元）到 2003 年中期的相对疲软（1 美元只能兑换 0.849 9 欧元）的过程。美元坚挺使价格上扬，因为需要更多的本国货币才能买到 1 美元。反之，当美元疲软时，由于可以用较少的本国货币就可买到 1 美元，所以对美国产品的需求增加。2003 年中期，美元要比世界上大多数坚挺的货币疲软，使得出口大

㊀ "The Rouble's Rout," *The Economist*, November 15, 2014, p. 77.

㊁ Klaus Wertenbrouch, Dilip Soman, and Amitava Chattopadhyay, " On the Perceived Value of Money: The Reference Dependence of Currency Numerosity Effects, " *Journal of Consumer Research* 34 (2007), pp. 1-10; Simon Shuster, " Ruble's Collapse Spells Trouble for Vulnerable Putin, " *Time*, January 5, 2015, p. 16; Ira Iosebashvili and Ian Talley, "Dollar Hits an 11-Year High," *The Wall Street Journal*, January 3-4, 2015, pp. A1, 2.

幅度上升。后来，美元开始走强，美国的出口有所下降。

当美元比买主的货币疲软时（就是说 1 美元可以兑现较少的国外货币），美国企业通常采用成本加成定价法。当美元坚挺时（1 美元可以兑现较多的国外货币），为了保持价格优势，企业必须设法抵消由于币值引起的价格上扬。当印度卢比对于美元大幅度贬值时，个人电脑制造商碰到了严重的定价问题。由于部件需要进口，制造商只有在消化上升了的成本和提高个人电脑的价格之间做出选择。

许多全球公司认为货币汇率的摇摆不定是产品定价面临的主要问题。美元相对疲软带来的好处是短暂的，所以公司应当提前做好多方面的准备。对于一个旨在国外市场寻求持续经营，同时又想保持价格优势的公司来说，价格策略需要反映币值的变动。

影响成本变化的因素还有很多，可根据市场、产品和具体情形来确定。例如，进入一个潜力较小的市场，成本可能较高。墨西哥和泰国的一些专业商店经营成本很高，导致零售价居高不下。在某些国际市场中的激烈竞争使得成本提高，利润下降。甚至给当地官员好处这样的小事也会给那些粗心的经营者增加意想不到的成本。只有在市场上取得经验，才能知道如何补偿不同市场的成本差额。有了经验，按成本定价的企业经营环境一般是可控的。

18.3.7 中间商和运输成本

国与国之间分销渠道的长短和营销方式的差异很大，但与美国相比，大多数国家的分销渠道要更长一些，中间商的毛利也更多一些。由于进入市场可以采用多种多样的分销渠道，而且缺乏统一的中间商加成标准，所以许多制造商无法知道产品在市场上的最终售价。

除了销售渠道多样以外，由于许多国家的营销和分销渠道的基础设施比较薄弱，也给海外经营的企业带来了各种各样难以预料的成本问题。此外，仓储和小批发货也会给经营者造成额外的开支。如果跟资金不足的中间商打交道，经营者还必须承担因此而增加的财务费用。

因为对于中间商成本缺乏现成的数据来源，国际营销者必须依靠经验和市场调研来了解中间商的费用。例如，坎贝尔汤料（Campbell Soup）公司发现其在英国的中间商费用和实际分销成本要比美国高出 30%。较高的成本是由于汤料的小份额销售引起的——英国的食品杂货商大多只买 24 听一箱的什锦汤料（每箱都要经手工包装才能装运）。而在美国，食品杂货商一般都是购买 48 听一箱的单一汤料，而且成十成百箱地，甚至整车地购买。欧洲的购买习惯迫使公司在其分销渠道中增加了额外的批发工作量以方便小批量的订货。

出口还使运输成本增加。如果是海运，还要有保险、包装、装卸等额外费用，而当地产品一般不存在这些费用。不仅如此，由于许多国家的关税是按包括运输、保险和装船费用在内的到岸价计征的，上述费用还带来了进一步的负担。所有这些费用都抬高了最终价格。接下来将解释一下为什么在国内市场合理的价格一到国外却增加一倍还多。

18.4 价格升级的影响及其举例

表 18-1 列举了上面讨论的价格升级诸因素对某一消费品最终价格可能产生的一些影响。

由于国与国之间在成本和关税上的差别很大，所以使用了一个假设的但又十分现实的例子。这里假设：①制造商收到的净价是固定不变的；②所有国内运输费用均由各级中间商承担，并体现在付给他们的毛利中；③国外中间商的毛利同国内中间商一样。国外中间商的毛利与国内中间商的相比，有时较低，有时较高。事实上，在许多情况下，中间商在经营外国商品时，要比经营本国同类商品要求更多的批发和零售毛利。

表 18-1　价格升级的原因与结果　（单位：美元）

	国内例证	国外例证 1：假定批发商以相同的渠道直接进口	国外例证 2：通过进口商且以相同的毛利和渠道	国外例证 3：同例证 2 但加上 10% 的累积流通税
制造商净价	5.00	5.00	5.00	5.00
运费（到岸价）	n.a.	6.10	6.10	6.10
关税（到岸价的 20%）	n.a.	1.22	1.22	1.22
进口商所付金额	n.a.	n.a.	7.32	7.32
	n.a.	n.a.	1.83	1.83
进口商转手给批发商时所获毛利（成本的 25%）				+0.73
批发商所付卸货成本	5.00	7.32	9.15	9.88
批发商毛利（成本的 33.3%）	1.67	2.44	3.05	3.29
				+0.99
零售商所付金额	6.67	9.76	12.20	14.16
零售商毛利（成本的 50%）	3.34	4.98	6.10	7.08
				+1.42
零售价格	10.01	14.74	18.30	22.66

注：金额单位为美元；到岸价为成本、保险和运费之和。本表假定所有国内运费由中间商承担。运费、关税和中间商毛利因国而异，但为了便于比较，本表只列举了少数几种可能的变化。

如表 18-1 所示，不同情况下零售价格相差很大，表明制造商很难控制海外零售市场的价格。无论制造商多么希望只以相当于 10 美元的价格在国外出售自己的某件产品，但要做到这一点的可能性微乎其微。即使是在“国外例证 1”所示的最乐观的条件下，制造商也得降低净价 1/3 以上来抵消运费和关税，才能使国内外的零售价持平。价格升级的现象无处不在：美国卖 40 美元一件的男式衬衣在委内瑞拉加拉加斯的零售价为 80 美元；如在美国卖 20 美元的电动开罐头刀在意大利米兰卖 70 美元；在美国卖 35 美元的自动烤面包机在法国卖 80 美元。

除非导致价格升级的一些成本能降低，否则，由于价格太高，一些产品也许只能局限于富裕的、对价格不敏感的细分市场中进行销售。在许多外国市场中，买主的购买力比美国低，因而很容易因价格高而离开市场。此外，一旦价格升级形成，将迅速螺旋式上升。当卖给中间商的价格高，产品周转率低，他们会要求更高的毛利来支付费用，而这又使价格进一步提高。如果价格升级不能减少，有可能只剩下富人才会购买了。如果公司想在世界市场上成功地竞争，就必须把成本控制作为最优先考虑的因素之一。假如从制造商的成本到零售商加成的各个环节都能降低成本，那么价格升级就能被遏制。下面将讨论缓解价格升级的若干途径。

18.5 降低价格升级的途径

有以下三种途径可以压缩成本，进而降低价格升级：降低制造成本、降低关税和降低分销成本。

18.5.1 降低制造成本

制造商的价格如能降低，将对价格升级的整条因果链产生影响。在第三国组织生产的一个重要原因就是试图降低制造成本，从而降低价格升级。试想，墨西哥一个熟练工人的每小时工资不足 2 美元，而在美国则超过 10 美元，可见，在第三国生产效果将很明显。

在比较美韩微波炉制造成本时，通用电气公司发现它们之间有很大的差异。一台普通的微波炉，通用电气公司的制造成本是 218 美元，而韩国三星是 155 美元。成本分解后显示，每台微波炉的装配劳务费用，通用电气公司是 8 美元，三星只有 63 美分。也许最令人不安的发现是，韩国工人以较低的成本生产了更多的产品，如果通用电气公司每人生产 4 单位的产品，那么三星公司每人生产 9 单位的产品。

尽管韩国仍然保持近海岸制造这样的有利位置，但是中国正在以世界工厂的姿态出现，毕竟中国拥有廉价的劳动力、迅速改善的生产质量、新的资本来源、富有活力的私营企业和货币低估等优势。中国向全球市场供应的商品种类越来越多。对质量要求零缺陷的日本也越来越满意中国工人的能力。以制造精密仪器为主的日本企业 Star Manufacturing 已经将 30% 的生产能力转移到中国，因为中国的廉价资源和劳动力能帮它节省 20% 的制造成本。当然，大约在 2012 年，中国的劳动力成本的竞争力似乎低于越南、墨西哥等其他国家。[㊀]

取消产品的某些成本昂贵的功能特性，甚至降低产品的总体质量也是降低价格升级的一种方法。那些发达地区市场所要求的产品质量和附加特性不一定是发展中地区的顾客所要求的。宝洁公司与金佰利在巴西的价格战中，为了降低价格而降低了质量。同样，为美国市场生产的洗衣机的功能，如自动漂白、提供四种不同温度的温度调节器、改变水量的控制器、定时鸣叫，这对许多国外市场来说可能是不必要的。取消这些功能可以降低制造成本，进而降低价格升级。降低制造成本常常带来双重好处：对买主来说价格低，关税也低，因为多数关税是从价计征的。

18.5.2 降低关税

关税在价格升级中常常起着很大的作用，因而企业纷纷寻求降低关税的途径。有些产品可以重新归类，列入关税较低的类别。[㊁]美国一家企业的数据通信设备如果进入澳大利亚，那么就会被征 25% 的关税，加上关税后就会影响其产品在价格上的竞争力。它说服澳大利亚政府把产品类别从计算机设备（25% 的关税）改变为通信设备（3% 的关税）。与许多其他

㊀ Carol Matlack, " The Gulf in Auto Wages," *Bloomberg Business Week*, July 12, 2010, pp. 15, 16; " The End of Cheap Goods," *The Economist*, June 11, 2011, p. 71.

㊁ Matthew Dolan, " To Outfox the Chicken Tax, Ford Strips Its Own Vans," *The Wall Street Journal*, September 22, 2009, pp. A1, A14.

产品一样，这家公司的产品可以合法地归入两种类别中的任何一种。对俄罗斯海关的一个抱怨就是他们对产品类别的确定常常很随意。例如，俄罗斯海关坚持把强生公司的二合一浴液归入化妆品，而不是把它看作香皂的替代品，前者的关税是20%，后者是15%。

产品如何归类常常是一个判断的问题。一件货物是列为珠宝还是艺术品事关是付26%的关税（珠宝）还是无关税（艺术品）的问题。例如，一位美国海关检查员无法确定应该把法贝彩蛋（Faberge egg）列为艺术品还是珠宝，两者有着零关税和70万美元关税之别。一位有经验的货物转运商说服了海关，把法贝尔彩蛋作为艺术品处理，为企业省了一大笔钱。鉴于产品归类因国而异，仔细了解规则和分类标准有可能带来关税的降低。

除了把产品归入关税低的类别外，修改产品以适应税率较低的关税类别，有时也是可能的。在制鞋业，鞋后加帮的运动鞋和不加帮的运动鞋的关税差异很大。为了保护本国制鞋业，使其免受远东廉价的胶底帆布鞋的冲击，税则规定，任何鞋后加帮（从鞋底一直到鞋面上，鞋面上的部分超过1/4英寸）的帆布鞋和维尼龙鞋以较高关税计征。结果，制造商在设计时，鞋底与鞋面重叠部分不超过1/4英寸，如果重叠部分超过1/4英寸，就视为鞋后加帮。鞋后加帮的鞋子，关税率是48%，而不加帮的鞋子的关税率仅为6%。

需要在当地装配或加工的散件、半成品，需要附加地产零部件或能增加产品价值的其他活动的进口货物的关税，与成品的关税通常是不同的。例如，一台装配好的机器的关税是20%，而进口散件，关税只有12%，如果在进口国装配且附加了当地的某种东西，关税可能更低。

重新包装也有助于降低关税。进入美国的龙舌兰酒（Tequila），如果是1加仑或低于1加仑的小包装，关税为每加仑2.27美元，超过1加仑的包装，关税仅为每加仑1.25美元，如果重新装瓶的成本低于每加仑1.02美元（这种可能性很大），那么就可节省数目可观的支出。正如下面要讨论的，自由贸易区中重要的活动之一便是利用通常来说更便宜的当地劳动力组装进口货物。

18.5.3 降低分销成本

缩短分销渠道有助于价格控制。拥有较少中间商的销售渠道，由于减少了中间商的成本加成，从而降低了分销成本。除了可以减少加成外，较少的中间商意味着更少的税费。一些国家征收增值税，货物每转手一次，就征一次税。增值税可以是累积的，也可以是非累积的。累积增值税按总销售价格计征，货物每转一次手都要征收一次。显然，在征收累积增值税的国家，仅仅为了少纳税，人们也乐于缩短分销渠道。至于非累积增值税，则是按中间商进货成本和销售价格之间的差额计征的。就在许多生产商面对日本的通货紧缩不得不降价时，流行商品制造商路易威登却能涨价销售。强大的品牌影响和直销渠道使路易威登实施这种价格策略成为可能。路易威登的皮包现在成为日本消费者的日常必需品，路易威登采用的是直接销售和自己定价。

18.5.4 利用国外的自由贸易区

一些国家为了便利国际贸易，建立了自由贸易区或自由港。目前，全球共有自由贸易区或自由港300多个。在那里，进口货物可以贮存或加工。随着自由贸易政策在非洲、拉美、东欧和其他发展中地区的推行，自由贸易区（FTZ）的创建和运用也在迅速增加。在自由贸易区，货物进入其自由港不用交关税，只有当离开自由贸易区进入国家时才交关税。自由贸易区本质上是一个免税区；从进口管制角度看，自由贸易区是一个独立于国家的特殊部分。当货物离开自由贸易区并由自由贸易区所在国正式进口时，再征收全部关税并执行相关政策。

由税收、关税、附加费、运费等引起的价格升级可以通过自由贸易区得到一定程度的控制。自由贸易区的优越性在于可以避免、减少或延缓这些费用的发生，使得最终价格更具竞争力。其中，特别重要的一个优势在于发生在自由贸易区的劳务成本和间接费用可以免交关税。

通过把散件运到进口国的自由贸易区，营销者运用多种途径来降低成本：

- 由于散件的关税率比装配好的成品往往要低，故可降低关税；
- 如果进口国的劳动力成本低，那么最终产品成本可大大降低；
- 海运运价取决于重量和体积，散件会因体积小而节省运费；
- 如果在装配过程中加入当地含量，如包装或零部件，那么有可能进一步降低关税。

总而言之，自由贸易区是控制价格升级的一条重要途径。自由贸易区给出口商带来的所有好处，同样有利于进口商。美国进口商利用境内 100 多个自由贸易区来降低进口货物的成本。表 18-2 对如何运用自由贸易区进行了说明。

表 18-2 如何运用自由贸易区

美国有 100 多个自由贸易区，其他许多国家也有自由贸易区。对于自由贸易区内的产品，企业不需要支付关税。下面是如何运用美国自由贸易区的一些实例 • 日本一家企业在自由贸易区内装配摩托车、喷气式雪橇和三轮车，与加拿大、拉美国家和欧洲开展进出口业务 • 美国一家窗帘制造商从荷兰进口毛（丝）织物并贮存在自由贸易区内，这样就可延期支付 17% 的关税，直至这些织物离开自由贸易区 • 一家电吹风制造商把产品贮存在自由贸易区内，并把自由贸易区作为在亚洲进行产品生产的主要分销中心 • 一家总部设在欧洲的医疗用品公司制造肾透析器和无菌管料。从德国进口原料，使用美国劳动力，然后把 30% 的产品出口到北欧国家 • 一家装配电子教学仪器的加拿大公司从意大利进口外壳，从中国台湾地区、韩国和日本进口电子元件，使用美国的劳动力，产品出口到哥伦比亚和秘鲁 在所有这些例子中，产品离开自由贸易区前都不需要交关税。此外，在大多数情况下，零部件和原材料的关税要比进口成品的关税低。如果成品不从自由贸易区进口到美国，而是出口到另一个国家，就不必交美国关税

资料来源：Lewis E. Leibowitz, "An Overview of Foreign Trade Zones," *Europe*, Winter-Spring 1987, p.12; "Cheap Imports," *International Business*, March 1993, pp. 98-100; " Free-Trade Zones: Global Overview and Future Prospects," http://www.stat-usa.gov, 2015.

18.5.5 倾销

从逻辑上说，国际经营的市场政策是，商品按不同市场制定不同的富有竞争力的价格。如前所述，变动成本定价法是使价格具有竞争力的一种定价方法。虽然这种定价政策的市场和经济逻辑不容置疑，但这一做法常常被看作倾销，并受到严厉的处罚。经济学家对"倾销"有不同的解释：一种解释是，如果产品在国际市场上以低于生产成本的价格销售，即可被认为是"倾销"；另一种解释是，如果某一产品在海外市场的售价低于国内市场的售价，即也被认为是倾销。

按照世界贸易组织规则，当产品销售价格低于正常出口价格或低于原产国成本加上合理销售成本和利润，且这种做法可能有损于进口国经济活动时，容许征收反倾销税；对那些在生产、出口或运输上享有补贴的外国商品，进口国可以征收反补贴税，以便限制进口数量。

在课征反补贴税之前，不仅要证明该产品在进口国的价格低于出口国的价格，而且要证明进口国制造商直接受到了这一倾销的危害。据美国农业部的报告显示，美国的小麦对外倾销水平高达 40%，玉米在 25% ~ 30%，大豆在过去 4 年里处于持续增长状态，现在可能在 30% 左右。这就是说，小麦以低于成本价 40% 对外销售。对于棉花来说，有一年它的倾销水平已经达到 57%，大米基本保持在 20% 左右。该研究表明，美国向国际市场销售这些产品严重违反了世界贸易组织规则。该报告显示，在已经接受农业倾销这么多年后，少数国家开始对美国的倾销做出反应，开始调查美国的农产品出口是否存在倾销。巴西正在考虑向世界贸易组织控告美国的棉花倾销。加拿大对从美国进口的玉米同时征收反补贴税和反倾销税。美国对从中国进口的苹果汁也同时征收反补贴税和反倾销税。

当世界市场繁荣时，倾销难得被提起。20 世纪八九十年代，超过本国需求的过剩的生产能力促使许多企业根据产品的边际成本来确定价格，因而对许多行业来说，倾销成为一个主要问题。倾销的典型做法是，在国内市场保持价格稳定，在国外市场降低价格。

目前，各国政府实施了更严厉的反倾销法，从而迫使国际营销者寻找能规避这些法规的新路子。在进口国装配是降低价格、避免倾销指控的一条途径。然而，如果价格差异大于因在进口国装配而节省的成本，则这些通常被称为“螺丝刀工厂”的企业仍然会受到倾销指控。另一种方式是适当调整产品，使其归入关税低的类别。有时规避行为会被进口国看穿。例如，欧盟指控一家日本企业对用于装配的进口部件的定价低于成本，对该企业在欧盟国家出售的每一台电子打印机征收 27 ~ 58 美元的反倾销税。

与不久前相比，现在的美国市场对倾销显得更为敏感了。事实上，由于美国坚持认为应对外国商品在美国以低于本国的价格销售的倾销行为实行更为严格的控制，原关贸总协定的乌拉圭回合增加了反倾销的内容。美国法律的变化加大了商务部阻止规避反倾销税和反补贴关税行为的权力。美国和欧盟最常使用反倾销税。许多人会问这样一个问题：对倾销的指控是贸易保护主义的一个借口吗？过去，在认定应对某产品征收反倾销税后，被指控的企业通过稍稍改变产品或在美国或第三国做少量的装配工作就可能逃避处罚。这样就出现了换一种产品就不受反倾销法调节的错觉。商务部新增的权力填补了许多类似的漏洞。

18.6 国际市场的租赁

租赁是解决资本设备或价格昂贵的耐用消费品销售与资金短缺间矛盾的一种重要手段。设备租赁作为在海外市场出售资本设备的途径正变得越来越重要。事实上，在西欧国家，租赁美国或其他国家所制造设备的金额（原始成本）估计达到 500 亿美元。

工业品出口商运用租赁途径的情况与美国通常所用的租赁合同差不多。租赁期通常为 1 ~ 5 年，按月或按年支付租金，租金包括服务费、修理费和更换零件费。不仅国内外租赁协议相近，而且基本动机和缺陷也相似。例如：

- 租赁为大量资金短缺的外国企业打开了方便之门，它们可以通过租赁获得用现金无力购买的设备；
- 租赁有助于销售新的、实验性的设备，毕竟使用者承担的风险小，乐意使用；
- 租赁使外国设备得到更好的维护和服务保证；
- 设备的租赁和使用有助于向该国的其他公司销售该设备；
- 租赁收入比直接销售的收入更稳定。

租赁的缺陷具有国际特色。除了租赁的内在缺陷之外，有些问题与国际间的关系掺杂在一起。在一个经受通货膨胀困扰的国家里，包含维护和提供零部件的租赁合同在合同执行后期可能遭受重大的损失。此外，对租赁最感兴趣的国家正是通货膨胀最有可能发生的国家。租赁所面临的货币贬值、没收或其他政治风险的作用时间比直接销售要长。考虑到这些危险，租赁比直接销售风险更大。尽管如此，仍然存在着非常肯定的趋势，即在国际销售中人们越来越多地采用租赁这种方式，而且收益大于风险。

一些公司在进行设备租赁后会对所提供的相关服务收取费用。例如，索拉透平公司（卡特彼勒的子公司）当然也乐意推销其以天然气为动力的输油管道用天然气压缩机。该公司当然也愿意租赁其设备。事实上，索拉透平公司甚至愿意结合设备和管理合同提供按立方米计算的天然气压缩服务。这一点类似于施乐的做法——在出售设备的同时收取复制费。

18.7 作为定价工具的反向贸易

每一位国际营销者都必须随时准备采用**反向贸易**（countertrade）这一定价工具，而且乐于接受反向贸易常常会给企业带来竞争优势。要从与国际贸易的其他变量相同的视角看待反向贸易的挑战。正如必须了解社会习俗和法律规定一样，营销者必须了解哪些市场可能需要采用反向贸易。评估这一因素及其他市场因素将增强企业的竞争地位。

百事可乐公司与俄罗斯之间的易货贸易是最早的易货贸易之一，发生在卢布可以兑换以及大多数公司与俄罗斯开展贸易之前。百事可乐要击败可口可乐，开拓俄罗斯市场，唯一可行的办法是接受俄罗斯的伏特加酒和罗马尼亚的瓶装葡萄酒，来支付在那些国家建设百事可乐灌装厂所需的费用。从各方面的迹象看，这笔交易为俄罗斯、罗马尼亚和百事可乐公司均带来了丰厚的利润。百事可乐公司继续采用反向贸易来建工厂。在与乌克兰达成的一项协议中，百事可乐同意在 8 年内负责销售价值 10 亿美元的乌克兰商用船只，一部分销售收入将再投资于造船合资企业，一部分将用于购买软饮料设备和在乌克兰建设 5 家百事可乐灌装厂。百事可乐在俄罗斯和独联体国家市场上占统治地位，部分原因是它与俄罗斯签订了专有的反向贸易协议，使可口可乐长达 12 年无法进入俄罗斯的可乐市场。苏联解体之后，俄罗斯经济一落千丈，很多支付方式回到了以货易货的方式。一家公司将换来的成卡车阿司匹林换成家禽，然后换成木材，用木材和哈萨克斯坦交换 X 光线设备——彼此之间以这种方式偿还债务。许多交易还牵扯到地区电力公司，几乎每个人都欠电力公司的钱。

尽管现金支付仍是优先考虑的方法，但是同东欧、新独立国家、中国[一]等交易中反向贸易仍是重要的一部分，同拉美国家和非洲国家的贸易也不同程度上存在这种情况。易货贸易方式占据了独联体国家贸易额的20%～40%。公司欠供应商的债务、支付服务费用甚至交纳税收都含有非现金成分，或者完全以易货交易方式进行。这些国家经常面临用于贸易的硬通货短缺的局面，因此总希望开展反向贸易。波兰向洛克希德－马丁公司购买了48架F-16战斗机，总计35亿美元，这笔货款以两种方式偿还：低息贷款和巨额的抵消计划（从波兰制造商购买的产品与这次国际交易大部分成本相抵销了）。[二]俄罗斯硬通货紧缺，但有大量产品可以用于反向贸易。例如，它提供空间技术以换取马来西亚的棕榈油和橡胶，用武器装备换取印度尼西亚未加工的棕榈油。[三]现在，每一家国际公司都必须把反向贸易列为可供选择的市场定价方法之一。

18.7.1　反向贸易的困难

卖方在反向贸易中面临的关键性难题是如何确定对方商品的价值和潜在市场需求。通常，没有足够的时间去进行市场分析，事实上，对方有时候一开始并不提出反向贸易，而一直等到谈判快结束时才提出反向贸易作为成交的一项条件。

尽管这些问题很难处理，但如果事先有所准备，可以将这方面的困难最小化。在开展反向贸易而发生亏损的案例中，大多数都是因为卖方在谈判中一心只想着现金交易，对其他方式没有思想准备。预先应该做初步的研究，估计对方提出反向贸易要求的可能性。这需要提前弄清楚哪些国家有开展反向贸易的历史，哪些产品最有可能提出来进行反向贸易。对于与发展中国家开展贸易的企业来说，它的每一套定价方案都应该包含上述这些信息以及其他有关开展反向贸易的背景情况。一旦商品到手，可以通过有关机构帮助销售。

易货商行（barter houses）专门经营通过易货交易而获得的商品。对于那些受反向贸易不确定性困扰的公司来说，易货商行是外部可资利用的主要渠道。虽然易货商行（大多数在欧洲）可以为易货所得的商品寻找市场，但可能要花一些时间，卖方的资金被占用的时间较长，因此使卖方产生资金紧张的问题。

在美国，出现了一些帮助反向贸易中的卖方寻找市场、解决资金周转问题的公司。花旗银行设立了反向贸易部，不仅提供咨询服务，还提供贷款。据估计，美国目前大约有500家易货商行，多数可以通过互联网联系。一些反向贸易在其整个业务所占比例较大的公司，建立了自己的贸易部门，以便有效地开展反向贸易。例如，3M公司组建了自己拥有全部控制权的子公司——3M全球贸易公司（www.3m.com/globaltrading），该公司可以给较小的公司提供服务。

18.7.2　互联网与反向贸易

互联网可能会成为反向贸易活动的最主要场所。贸易活动面临的两个主要难题是：为易货所得的商品寻找市场和确定市场价格。一些易货商行有互联网拍卖网站，而且许多互联网

[一] "Trade Financing and Insurance: Countertrade," *Economist Intelligence Unit-Country Finance*, January 22, 2008, p. 101.

[二] John Hudson, "Lockheed Martin Tried to Trade F-16s for Frozen Chickens," http://www.theatlanticwire .com, March 4, 2011.

[三] Zakki P. Hakim, "Ministry Eyes Rice-for-Planes Trade Deal," *Jakarta Post*, September 20, 2005, p. 13.

交易所正在向全球易货贸易拓展。

有人推测，互联网可能成为巨大的在线电子易货交易的工具，以补充和拓展现在正在进行的网下易货交易。在国际贸易中，有些电子贸易货币将取代国家货币。由于不一定要获得足够的美元或其他硬通货就可以进行买卖，所以这将大大便利许多国家的国际贸易活动。

TradeBanc 是一家交易所（www.tradebanc.com/home.taf)，通过采用电脑技术，使得 TradeBanc 的成员可以与全球范围内其他交易所的成员直接开展在线交易。交易的中介可以是由国际互惠贸易协会（International Reciprocal Trade Association）倡导的世界货币。该协会（www.irta.com）的成员包括俄罗斯、冰岛、德国、智利、土耳其、澳大利亚和美国。该协会建议设立世界货币结算中心，这样一来，协会成员之间的贸易可以通过这一特殊货币很方便地进行。这一体系建立起来后，成员国的所有商品和服务可以进入单一的数据库中。交易可以在当地的交易所清算，采用该协会统一的货币进行结算，而且该货币可以购买从机票到土豆的任何东西。

跨越国界 18-3

在中国的心理定价与幸运数字 8

美国零售商常常采用 99 作为价格的尾数，而且这一策略的效果已经得到许多消费者研究项目的证实。其中的一个解释就是消费者常常不太关注第一个数字后面的数字，也不会去做四舍五入的考虑。因此，2.99 美元的标价更多地被看为 2 而不是 3。另一个解释指出，如果某个以 99 结尾的数字给人一种价格信号，因此对关注售价的消费者显得更有吸引力。

中国文化中的心理定价方法就是让价格中包含数字 8。对中国消费者而言，8 这个数字非常有吸引力，毕竟该数字是所有数字中最幸运的数字，而且 8 这个数字越多越好。汉语中，数字 8 的读音听起来像“发”字，而且广东话中也是如此。

因此，第 88 层就是幸运楼层，在高楼林立地区显得价值更大。因此，在中国香港地区，有些楼房层数虽然不多，但常常可以通过跳过一些“晦气”的楼层或直接省去中间楼层（特别是带 4 的楼层）而对所谓的第 88 层进行高定价。连 8 的汽车牌照和电话号码的价格甚至可以高达数十万美元。最后，北京奥运会的开幕仪式也选在 2008 年 8 月 8 日晚上 8 点零 8 分 8 秒，寓意着奥运会必定成功。

研究发现，人们对广告价格和股票价格中的 8 字似乎存在一致的偏好。例如，中国的上海、香港和台湾地区报纸上所做广告产品的幸运价格中，有 39.9% 的幸运价格以数字 8 结尾，排在第二的是数字 5，占比为 14.7%。“晦气”数字 4（与死亡相关）排在最后，占比仅为 1.4%。对上海和深圳股票交易所数据的研究也发现了类似的结论：人们对以数字 8 结尾的股票价格存在强烈的偏好，对以数字 4 结尾的股票价格显得特别厌恶。

资料来源：See C. Simmons and Robert M. Schindler, “Cultural Superstitions and the Price Endings Used in Chinese Advertising,” *Journal of International Marketing*, 11(2), 2003, pp. 101-111; N. Mark Lam and John L. Graham, *China Now: Doing Business in the World's Most Dynamic Market* (New York: McGraw-Hill, 2007); Philip Brown and Jason Mitchell, “Culture and Stock Price Clustering: Evidence for the People's Republic of China,” *Pacific-Basin Finance Journal*, 16(1/2), 2008, pp. 95-120; Jason Chow, “Will Lafite's Red ‘8’ Be Lucky in China?” *The Wall Street Journal*, November 1, 2010.

18.8 报价

在对国际销售货物进行报价时，合同中会包含那些影响价格的具体因素，如信用、售货条件和运输等。交易双方必须明确，报价应划分货物运输中各方的责任，指明由谁支付运费和从什么地方开始支付。报价还必须指明所使用的货币、信用条件以及所需单证的种类。由于不同国家使用不同的度量单位，所以对数量的说明很有必要。例如，在合同上提到“吨”时，应明确是公吨还是英吨，是长吨还是短吨。如果对质量要求规定不具体，也会引起误解。此外，应就评价产品质量优劣的标准达成完全一致的意见。举例说，美国顾客完全能理解“通行的畅销品质量”的含义，但在别的国家，可能会有完全不同的理解。国际贸易人员必须仔细审核合同的每一个条款，如果审核不细致，就可能导致收益的变化，而这种变化是公司不情愿看到的。

18.9 管制定价

管制定价（administered pricing）试图为整个市场制定价格。这种价格可能是通过与竞争者的合作，或者通过一国的中央政府或地方政府，或者通过国际性协议来制定的。各种管制定价协议的合法性因国、因时而异。一个国家可能宽恕在海外市场实行限定价格的行为，而在国内则不允许这样做。

通常，实行管制定价的最终目的是减少或者消除价格竞争的不利影响。企业实行限定价格是不被允许的（至少在国内市场是这样的）[⊖]，但如果政府出面干预，限定价格，则是出于保护公众利益，减少“破坏性竞争”的考虑。一些国家的政府不仅规定产品和服务的价格上限，而且对那些谈论计划价格提高的外国企业进行罚款。

至于竞争究竟在什么时候才变得具有破坏性，很大程度上取决于有关的国家。对日本人来说，在国内市场上凡是破坏现有贸易平衡或者导致市场分裂的竞争均被视为过度的竞争。在过度竞争的判断上，几乎没有比日本更苛刻的国家了。当然，也没有一个国家赞成或者允许完全自由的竞争。即使是历来主张完全竞争的经济学家也承认，完全竞争是不大可能的，应该建立某种“可行的”竞争。

管制价格说法的多样性反映出限定价格企图的普遍性。管制价格有多种说法：定价协议（agreements)、价格安排（arrangements)、企业联盟（combines)、共谋（conspiracies)、卡特尔（cartels)、共同利益集团（communities of profit)、利润联合体（profit pools)、许可证贸易（licensing)、同业公会（trade associations)、领先定价（price leadership)、习惯定价（customary pricing)、公司间非正式协议（informal interfirm agreements）等。[⊜]上述种种安排从没有口头或文字协定的完全非正式的安排，到组织严密、非常正式的协议，形式上多种多样。任何类

⊖ Jerry Hirsch and Ken Bensinger, " Car-Parts Firms Admit Price Fixing," *Los Angeles Times*, January 31, 2012, pp. B1, B6.

⊜ Dana Nunn and Miklos Sarvary, "Pricing Practices and Firms' Market Power in International Cellular Markets: An Empirical Study," *International Journal of Research in Marketing* 21, no. 4 (2004), pp. 377-395.

型的限定价格都可以运用于国际经营中，但在上述所有形式中，卡特尔与国际市场营销的联系最为直接。

18.9.1 卡特尔

卡特尔（cartel）是生产同类产品的不同公司为了控制其产品的销售市场而进行的合作。[⊖]卡特尔组织可以采用正式协议的形式来确定价格、规定成员企业的产品产量和销售量、划分市场范围，甚至可以对利润实行再分配。在有些情形中，卡特尔组织本身接管了全部销售职能，销售各成员企业生产的产品，并负责分配利润。

人们对卡特尔的经济作用存有很大的争议。卡特尔的支持者辩解说，卡特尔限制了那种残酷的竞争，并使经营活动“合理化”，促进了技术革新和价格降低，使消费者受益。可是，大多数专家对卡特尔能经常给顾客带来实惠的说法持怀疑态度。

石油输出国组织（OPEC），简称欧佩克，也许是最著名的国际卡特尔。它通过控制原油产量的百分比控制原油价格。[⊜]20 世纪 70 年代初，欧佩克成员国只提供原油产量的 67% 给工业国家，原油价格上升了 4 倍（见图 18-3）。不难发现，同期石油价格波动很大。另外，20 世纪七八十年代的通货膨胀以及近期的通货紧缩都反映在石油名义价格和实际价格的相对变化方面。石油价格从每桶 3 美元突然上升到每桶 11 美元以上是导致世界经济陷入衰退的主要原因。2000 年，欧佩克成员国降低了产量，石油价格从每桶 10 美元增加到每桶 30 美元，结果使美国的汽油价格大幅度上涨。非欧佩克成员的石油输出国家也从涨价中获得了好处，但石油进口国遭受了经济损失。

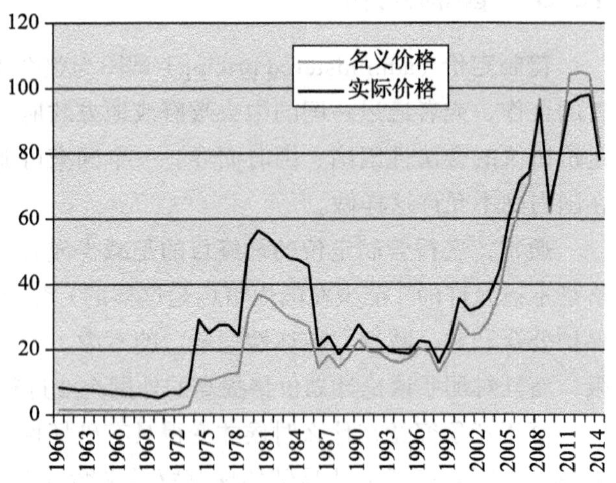

图 18-3 石油价格的波动（平均即期价格，美元 / 桶）

资料来源：World Bank, 2015.

卡特尔的一个重要问题是其不可能无限期地进行控制。个别卡特尔成员的贪婪及其他一些问题通常会削弱卡特尔的控制能力。欧佩克成员倾向于保持整体的一致性，即一个成员方增加产量，其他成员方会迅速跟进，欧佩克的控制能力便开始削弱，但从短期看，欧佩克可以左右全球价格。事实上，在写作本书之时，世界原油价格已经下跌到每桶 50 美元以下。[⊜]这一下跌至少从短期看对消费者有利，对生产者则不利。对于严重依赖石油和天然气出口的

⊖ Paul Sonne and Laurence Norman, “P&G, Unilever Fined for Detergent Cartel,” *The Wall Street Journal*, April 13, 2011; Steffen Brenner, “Self-Disclosure in International Cartels,” *Journal of International Business Studies* 42, no. 2 (2011), pp. 221-234.

⊜ For an extensive discussion of OPEC and the associated history of Middle East oil production, see Andrew Scott Cooper, *The Oil Kings* (New York: Simon & Schuster, 2011).

⊜ Clifford Kraus, “U.S. Oil Prices Fall Below $80 a Barrel,” *The New York Times*, November 4, 2014, p. B3.

俄罗斯而言，这一下跌使得卢布对美元的汇率在2014年下跌了20%。石油价格的大幅下跌也导致可再生能源计划难以实施。[㊀]最后，由于欧洲和日本面临经济紧缩的困难，而石油价格的下跌可能使困难变得更为严重。鉴于伊拉克和伊朗可能增加石油生产，所以图18-3中的石油价格波动仍将持续下去。

世界运输公司组成的运输卡特尔名气虽不大，但对国际贸易有着直接的影响。每隔两周，大约20条航线的经理就会开一次例会，对数百亿美元的货物确定运费。他们不把自己称为卡特尔，而是冠之以一个中性的名字——“跨大西洋会议协定”（The Trans-Atlantic Conference Agreement）。不管取什么样的名字，它为美国与北欧之间运输的70%的货物设定了运费。美国与拉美和美国与亚洲的运输也受运输卡特尔的影响。虽然并非所有运输线都参加了卡特尔，但大部分运输线都属于某个卡特尔，因而对运输业的影响是确定无疑的。运输卡特尔目前虽然是合法的，但美国国会正密切关注着它，可能不久会通过新的法规。

另一个卡特尔是由戴比尔斯（DeBeers）控制的钻石卡特尔。大约有一个多世纪，戴比尔斯通过严格控制全球产品供应稳稳地将钻石市场的控制权掌握在自己手中。[㊁]该公司开采量占世界总量的一半，通过和其他开采公司签署协议又控制了另外25%的开采量。为了加强对余下的25%的开采量的控制，戴比尔斯设立了“外部购买办公室”，花巨资购买钻石以保护钻石价格。该公司控制了未加工宝石的大部分世界贸易，并利用其市场影响力使价格居高不下。

目前，关于卡特尔的合法性问题还不十分明确。在美国，国内卡特尔是非法的。欧盟还制定了专门的法令来控制卡特尔。美国允许本国公司在国外采取一些类似于卡特尔的行动，但如果行动对美国经济有不利的影响，这是绝对不允许的。美国农业企业巨头Archer Daniels Midland公司，由于对两种食品添加剂（赖氨酸和柠檬酸）限定价格，被处以2.05亿美元罚金，德国、日本、瑞士和韩国公司也参加了该卡特尔。该团体共同商定了价格，并给每家公司划分了世界市场的份额，数值精确到小数点后两位。到年末，任何一家销售超过规定份额的公司，在下一年必须从没能达到销售额目标的成员公司那里购买超额的部分。

虽然欧盟成员国有容忍固定价格的悠久历史，但欧盟委员会已开始打击运输、汽车、水泥等行业的卡特尔。统一的市场和单一的货币加快了打击的进程。随着各国越来越向自由贸易开放，那些人为地提高价格、限制顾客选择的强大的卡特尔受到越来越密切的关注。欧盟正在挑战传统，因为自中世纪以来，友好的合作一直是贸易的法则。在每个欧洲国家中，公司之间抱成一团，以控制国内价格，消除竞争。

18.9.2 政府影响定价

在国外开展业务的公司会遇到许多种类的政府定价。为了控制价格，政府可能采取规定毛利、限定最高和最低售价、限制价格变化、参与市场竞争、给予补贴，以及购买垄断和销售垄断等各种手段。[㊂]政府还可能允许甚至容许并鼓励公司串通起来操纵价格。作为补充，

㊀ Bill Saporito, “Green Squeeze, Cheap Gas Slows Hybrids and EVs—For Now,” *Time*, November 10, 2014, p. 20.

㊁ Eric Onstad, “De Beers May Spurn Low-Margin Russian Supply,” *Reuters News*, July 20, 2007.

㊂ Apple, EU Reach iTunes Pricing Deal,” *The Wall Street Journal*, January 9, 2008, online.

有些公司当然不需要那些常常是非法的固定价格。[⊖]

日本过去一向鼓励政府影响定价计划，现在正在逐步减少政府管制。本着这一精神，日本卫生福利部不久将取消政府对理发店、美容院、洗衣店营业时间和价格的规定。按照现行的做法，17 个与卫生有关的行业可以统一规定价格，而不受日本反托拉斯法的限制。

某些基本商品的生产国和消费国政府通过签订协议对国际价格施加越来越大的影响，如《国际咖啡协定》《国际可可协定》《国际食糖协定》等，小麦的国际价格长久以来基本上是由有关国家政府通过谈判决定的。

尽管受到来自行业、政府和国际价格协定的压力，大多数营销者对大多数产品和市场的定价决策仍然拥有相当大的自主权。

18.10 对外商业交易的收款

与外国客户进行交易会面临额外的风险，从而使得海外销售变得更加复杂。因对客户信用状况了解不足而带来的风险，因外汇管制、距离遥远和不同的法律制度所造成的问题，还有追索欠款的成本和困难（追索欠款需要特别注意支付方式）都要求对支付制度做不同程度的关注。在美国的国内贸易中，对现有客户的一般付款方式是**赊账**（open account），即先交货，在月底给客户寄去账单。但是，在国际贸易中，无论是出口还是进口，最常用的支付方式是信用证，其后同等重要的工作是由卖方向买方开列商业汇票。在国际上，赊账交易只面向信用良好的客户。只有在信用风险最大或者不履行合同条款将招致重大损失时才会要求预付现金。因为把商品从一个国家运到另一个国家需要时间，所以对潜在客户来说预付现金是一种成本极高的负担，会使卖方在竞争中处于不利地位。

销售条件一般在销售时由买卖双方协商。商品的类别、所涉金额、商业惯例、买方的信用等级、买方所在国家以及买方是新客户还是老客户，所有这一切都是在确定销售条件时必须加以考虑的问题。本章将要讨论的五种支付方式是：①信用证；②汇票；③预付现金；④赊账交易；⑤福费庭。

18.10.1 信用证

美国的大多数出口贸易都通过由买方（通过银行）开出以卖方为受益人的出口**信用证**（letter of credit）的方式进行操作。信用证将买方的信用风险转移给了开立信用证的银行。采用信用证支付时，卖方通常可以凭信用证向开证行开立汇票，提交适当的货运单据就可得到付款。就对卖方的保护而言，信用证仅次于预付现金方式。

信用证的支付程序从合同签订完开始（见图 18-4 中的信用证交易过程）。信用证分可撤销信用证和不可撤销信用证。不可撤销信用证指一旦卖方接受了信用证，那么未经卖方允许买方不得做任何改动。如果要求买方由美国的一家银行保兑信用证，那么卖方就获得了额外的保护。不可撤销的保兑信用证指不管买方或外国银行的财务状况如何，美国银行将承担

⊖ John R. Wilke, "Two U.K. Airlines Settle Price-Fixing Claims," *The Wall Street Journal*, February 15, 2008, p. A4.

支付责任。从卖方的观点看，这样做消除了国外的政治风险，用保兑行的商业风险代替了买方银行的商业风险。保兑行对保兑信用证保证付款。卖方把单证提示给银行，就可立即得到支付。

下面是利用经美国一家银行保兑的不可撤销信用证进行支付的一般过程。按下图中的各个步骤进行交易

（1）出口商和客户达成销售条件

（2）买方向外国银行申请开立信用证

（3）买方银行开立不可撤销信用证（含全部说明），并将不可撤销信用证寄给美国一家银行，要求保兑

（4）该美国银行准备好保兑函和信用证，并寄给出口方

（5）出口方审查信用证。如果接受信用证，则安排货运公司并将货物送达指定的装运港

（6）装货并发运

（7）与此同时，承运人完成必要的单证，并将单据寄送给出口商

（8）出口商将标有完全相符的单证提交美国银行

（9）美国银行审核单证。如单证准确无误，银行就按销售金额向出口商开立支票

（10）用航空方式将单证寄给买方银行以供审核

（11）如单证准确无误，银行再将单证寄送给买方

（12）买方向海关提交单证，申报货物

（13）买方得到货物

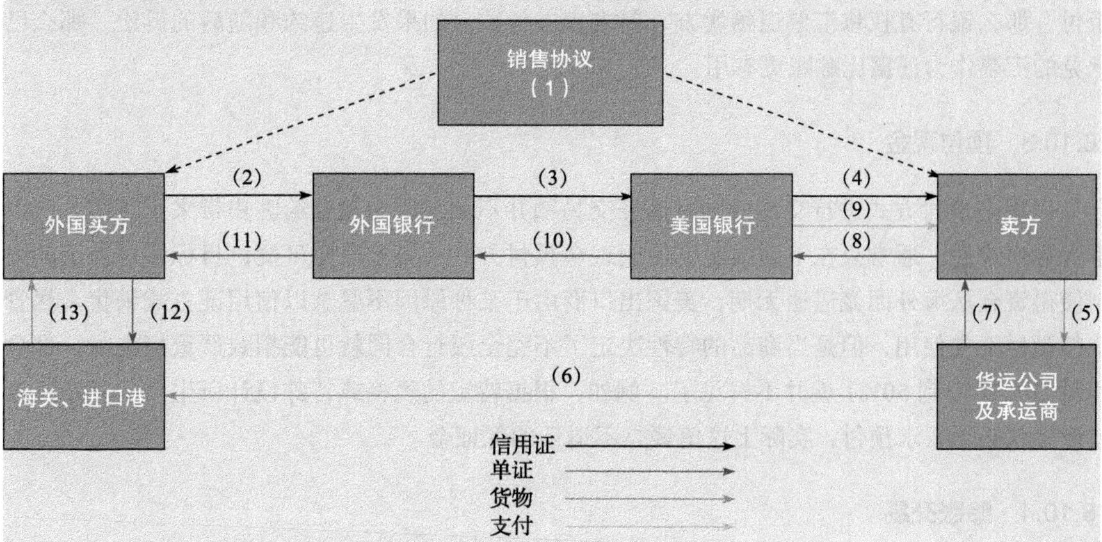

图 18-4 信用证交易

资料来源：Based on "A Basic Guide to Exporting," U.S. Department of Commerce, International Trade Administration, Washington, DC.

美国某一大银行的国际部警告说信用证并不能保证卖方得到支付。相反，只有当卖方严格履行信用证的条款后，才能得到支付。因为信用证的条款和事项都必须准确无误，所以对出口商来说仔细审查信用证的条款、确保备齐并正确填写所有必要的单证就非常重要。否则，事情就会对买方有利，毕竟买方控制着货物。

开立信用证所耗的时间虽然不要数周，但也需要数日。幸运的是，因为金融机构能在线提供信用证，所以这一过程所耗时间已大为缩短。例如，美国视频图像集团的信用证管理咨询公司（AVG Letter of Credit Management LLC）运用一种叫 ETFP 的电子商务交易系统，使出口商、进口商、运输代理商、承运商和商业银行能通过互联网进行交易。公司在广告中声称互联网所带来的效率能使出口信用证的成本从 500 美元下降到 25 美元。⊖

⊖ "QuestaWeb Offers Totally Automated Letter of Credit Feature," *Business Wire*, March 3, 2008.

18.10.2 汇票

国际商务的另一种重要支付方式是卖方向外国买主开立的**汇票**（bills of exchange）。信用证涉及一家或多家银行的信用，但是在使用汇票（也称美元汇票）时，卖方在实际收到美元之前承担了全部风险。汇票交易的一般程序是卖方向买方开立汇票，并将汇票和必要的单证一起交给卖方银行进行托收。所需的单证原则上和信用证的要求相同。美国银行收到汇票后，再将汇票和必要的单证一起寄给买方所在国的有关银行；之后，把汇票交给买方承兑和支付（包括即期支付和延期支付）。买方在承兑汇票后，就可收到经正确背书的提单，然后，凭提单向承运商提货。

因为卖方常常可以凭已承兑的汇票向银行贴现并立即得到付款，所以美元汇票对卖方来说具有优势。不过，银行通常是在具有追索权的情况下才肯贴现。换言之，如果汇票被买方拒付，那么银行有权将汇票退给卖方，要求卖方付款。如果发生违约和随后的诉讼，那么已承兑的汇票作为证据比赊账更有用。

18.10.3 预付现金

以现金预付方式进行交易的国际商务交易额并不大。因为现金给客户带来了负担，所以不受客户欢迎。通常只在下列情况下使用现金预付方式：买方信用可疑；目标国对外汇的限制使得资金从海外回笼遥遥无期；美国出口商由于某种原因不愿意以信用证方式销售。尽管全额预付不常使用，但是当商品的特性决定了不完全履行合同就可能招致严重损失时，部分预付（从 20% 到 50%）就并不鲜见了。例如，根据特定的规格或特殊设计所生产的复杂机器或设备就必须要求预付，实际上这笔钱是不退还的保证金。

18.10.4 赊账交易

在对外贸易中一般不进行赊账销售，除非进口方是具有良好信誉的老客户或者出口商的分公司或分部。显而易见，赊账使得卖方面临国际商业金融的种种风险。建议在下列情况下一般不应采用赊账销售：按惯例通常使用其他交易方式；订购的是特殊商品；运输危险较大；进口国实行严格的外汇管制；因政局不稳而需要格外小心。

18.10.5 福费庭

如果卖方不能提供长期融资，那么客户会因货币不可兑换和缺乏现金而放弃一笔国际买卖。除非公司有大量的现金储备，能够为客户融资，否则就有可能失去一笔生意。**福费庭**（forfaiting）是解决这一困境的融资方法。

福费庭交易的基本思想非常简单，即卖方与银行或者其他金融机构进行一次性的安排，让它们承担收取应收账款的责任。虽然出口商向买方提供的是长期融资，但是出口商计划通过贴现出售其应收账款，以期获得现金。金融机构无追索地买入债权，通常是期票或汇票。一旦出口商卖出债权，金融机构就承担收取进口商付款的风险。金融机构同时还承担了进口

国出现的政治风险。[⊖]

福费庭和保理类似，但是并不完全相同。在**保理**（factoring）交易中，公司和银行有一种持续性关系，银行有规律地以贴现方式买入公司的短期应收账款，即银行担当起了客户的托收部门。然而，在福费庭交易中，卖方与银行进行一次性的安排，由银行买入某一具体的应收账款。

所有这些支付方式以及相关费用，当然也包括价格，常常是买卖双方谈判的结果。由此就有了下一章的内容，即国际谈判。

本章小结

定价是国际营销者面临的最复杂的一个决策领域。国际营销者需要考虑的不仅仅是一个方面的市场情况、一批竞争者、一类成本因素和一套政府法规，他们必须考虑所有各种因素，不仅要考虑每个业务所在国的情况，有时还要考虑一个国家中每个市场的情况。在国际市场上控制最终价格比在国内市场难得多，然而，国际营销者仍然必须根据目标和政策来完成制定价格的任务，并为策略上的价格变动留有充分的余地。当前出口商在定价方面面临的一个棘手问题是，如何控制进出口成本引起的价格升级。互联网的发展，产生了在国家市场之间价格趋同的倾向，这样就部分地降低了定价的弹性。

第三世界市场的持续发展，加之这些国家资金的缺乏，使得反向贸易变得越来越重要，也使其成为定价政策中的一个重要工具。在互联网上也开始可以进行反向贸易，这将有助于消除反向贸易的一些难题。

国际市场定价要求对销售成本、各种法规、条例了如指掌，对可能提出的反向贸易要求有思想准备，对具体细节有无限的耐心，对市场战略有敏锐的头脑。本章最后，讨论了信用证以及与收款相关的其他问题。

思考题

1. 解释本章标黑色的主要术语。
2. 讨论平行进口的产生原因及其对价格的影响。
3. 为什么在国外销售时，控制最终价格会如此困难？
4. 试解释“价格升级”概念及为什么它会误导国际营销者。
5. 引起价格升级的原因是什么？在单纯出口与在国外制造和出售产品这两者之间，价格升级的原因有何不同？
6. 为什么由公司承担国际运输的高额费用并降低净价的方法很难行得通？
7. 对国际营销者来说，价格升级是一个主要的定价问题，怎样才能解决这一问题？试讨论之。
8. 币值变动对出口战略有何影响？为什么？
9. “不管定价中涉及何种战略因素，也不管公司对市场定价采取何种方针，每项价格的制定

⊖ For more information about forfaiting, visit http://www.afia-forfaiting.org.

都必须考虑成本因素。”试评述这一说法。

10. 由企业规定价格是不允许的（至少在国内市场是这样的），但是，“如果政府出面干预，实行价格管制，那么它是出于保护公众利益，减少破坏性竞争的考虑。”试评述这一说法。
11. 增值税是不是对进口货物的歧视？
12. 什么是从量关税、从价关税和混合关税？
13. 请为国际营销者提供一套调整价格以适应汇率波动的方法。
14. 试解释间接竞争的影响以及克服这种影响的办法。
15. 为什么近年来倾销已成为一个主要问题？
16. 卡特尔似乎总能死而复生，为什么它对工商界有如此大的吸引力？
17. 请就通货膨胀和通货紧缩引起的定价问题进行讨论。
18. 试讨论政府确定价格的几种方式。政府为什么要参与价格制定？
19. 为什么在国际营销中，对成本的估计会如此困难？
20. 试讨论公司在从事反向贸易时面临的主要问题。
21. 如果你想与一个硬通货短缺的国家进行贸易，在谈判价格前，应有何准备？
22. 在书中讨论的4种反向贸易方式中，哪一种方式对卖方最有利？为什么？
23. 自由贸易区是怎样有助于降低价格升级的？
24. 土耳其有一个自由贸易区（http://www.ebas.com.tr），讨论如何通过该自由贸易区帮助降低从美国出口到土耳其的产品的价格升级。
25. 访问全球贸易公司（3M公司的分公司）网站 http://www.mmm.com/globaltrading/edge.html，游览“The Competitive Edge”与“Who We Are”。就全球贸易公司该如何帮助预计要开展反向贸易的小公司写一份报告。

PART 5

第五篇

实施全球营销战略

第19章

Chapter19

与国际客户、合作伙伴和政府部门的谈判

学习目标

通过本章学习应能把握：

- 与文化成见有关的问题
- 文化如何影响谈判行为
- 国际商务谈判中的常见问题
- 若干国家在沟通行为方面的相似性和差异性
- 思维和决策程序差异如何影响国际谈判
- 影响谈判团队挑选的重要因素
- 如何做好国际谈判的准备工作
- 谈判过程中各个方面的管理
- 后续沟通和程序的重要性
- 富有创造性的国际谈判的基础

全球视角

日本式"寒暄"

在国际贸易中，与其说只会说英语是个缺点，不如说会说两种语言具有较大的优势。"寒暄"是日本高层经理会面或正式招呼的方式。下面所介绍的日本一家大的销售公司总裁和美国一家机械制造企业的销售副总裁之间的寒暄颇具启发性。两家公司正要达成协议，在日本结成长期的合作伙伴关系。

双方交换了名片，进行了正式介绍。尽管日本公司的总裁既能说，也听得懂英语，但是他还是让三个下属之一为他进行翻译。总裁请各位就座，翻译坐在两位谈判者之间。谈判双方友善但并不客气，谈判期间上了茶和一种日本橙汁饮料。

日本总裁完全控制着双方的反应，通过翻译向美方询问问题。所有参加者的注意力依次转移到每一位发言者身上。在招呼完每一位美国人之后，日本公司总裁于是把注意力集中到与美方副总裁的交谈上。在此过程中，形成了一种有趣的非语言行为模式。日本总裁首先用日语询问，翻译然后把这一问题翻译给美国公司副总裁听。轮到翻译说话时，美国公司副总裁的

注意力（目光）集中在翻译身上，而日本公司总裁却盯着美国人。这样，日本公司总裁就能够仔细却又不易察觉地观察美国人的面部表情及非语言反应。相反，轮到美国人说话时，日本公司总裁却有双倍的应答时间，因为他懂英语，在翻译进行翻译的过程中，他可以想好如何应答。

在战略性会谈中，这额外的应答时间有什么价值？想一想在高风险的贸易会谈中，假如你能够仔细观察主要谈判对手的非语言反应，那会有什么样的价值？

资料来源：James Day Hodgson, Yoshihiro Sano, and John L. Graham, *Doing Business with the New Japan* (Boulder, CO: Rowman & Littlefield, 2008); John L. Graham, Lynda Lawrence, and William Hernandez Requejo, Inventive Negotiation: *Getting Beyond Yes* (New York: Palgrave Macmillan, 2014). Also see http://www.InventiveNegotiation.com.

我（约翰·格雷厄姆）在中国已经待了几周，也累了。大雾天气害得我从西安到上海的航班延误了 4 个小时。我当时正排在长队中等候再次检票登机。于是，我便开始与排在前面的一位老人进行交谈。尤哈尼·卡里（Juhani Kari）介绍他自己是芬兰人，是 ABB 公司的一名销售经理。他问我从事什么职业。当我告诉他我从事国际商务的教学时，他回答说："世上本无国际商务之类的东西，有的只是人际商务。"的确是高见！

面对面谈判是国际商务中非常普遍的活动。[1]一旦制定了全球营销战略，完成了支持这些战略的营销调研，并制定了产品 / 服务、价格、促销和分销渠道决策，那么经理的关注点就要转到计划的实施上。在国际商务中，这些计划几乎总是通过与国外商业伙伴和客户的面对面谈判来实施的。货物和劳务的销售、分销渠道的管理、营销调研和广告业务的签约、许可证交易和特许权协议以及战略联盟等都需要来自不同文化的经理，坐下来彼此交谈，交换思想，表达需要和偏好。[2]

高层经理还必须与外国政府的代表进行谈判，这些外国政府或许会批准公司的种种营销

---

[1] Several excellent books have been published on the topic of international business negotiations. Among them are Lothar Katz, *Negotiating International Business* (Charleston, SC: Booksurge, 2006); Camille Schuster and Michael Copeland, *Global Business, Planning for Sales and Negotiations* (Fort Worth, TX: Dryden, 1996); Robert T. Moran and William G. Stripp, *Dynamics of Successful International Business Negotiations* (Houston: Gulf, 1991); Pervez Ghauri and Jean-Claude Usunier (eds.), *International Business Negotiations* (Oxford: Pergamon, 1996); Donald W. Hendon, Rebecca Angeles Henden, and Paul Herbig, *Cross-Cultural Business Negotiations* (Westport, CT: Quorum, 1996); Sheida Hodge, *Global Smarts* (New York: Wiley, 2000); and Jeanne M. Brett, *Negotiating Globally* (San Francisco: Jossey-Bass, 2014). In addition, Roy J. Lewicki, David M. Saunders, and John W. Minton's *Negotiation: Readings, Exercises, and Cases*, 3rd ed. (New York: Irwin/McGraw-Hill, 1999) is an important book on the broader topic of business negotiations. The material from this chapter draws extensively on William Hernandez Requejo and John L. Graham, *Global Negotiation: The New Rules* (New York: Palgrave Macmillan, 2008); James Day Hodgson, Yoshihiro Sano, and John L. Graham, *Doing Business with the New Japan* (Boulder, CO: Rowman & Littlefield, 2008); and N. Mark Lam and John L. Graham, China Now: *Doing Business in the World's Most Dynamic Market* (New York: McGraw-Hill, 2007). See also http://www.GlobalNegotiationResources.com, 2010; John L. Graham, Lynda Lawrence, and William Hernandez Requejo, Inventive Negotiation: *Getting Beyond Yes* (New York: Palgrave Macmillan, 2014); and http://www.InventiveNegotiation.com.

[2] David G. Sirmon and Peter J. Lane, " A Model of Cultural Differences and International Alliance Performance, " *Journal of International Business Studies* 35, no. 4 (2004), pp. 306-319; we also note that consumers worldwide are negotiating more as the economic doldrums persist: "Let's Make a Deal," *The Economist,* February 7, 2009, p. 57.

行动，或者事实上它就是商品和劳务的最终客户。在许多国家，政府官员也可能是合资企业的合伙人，有时也可能是卖主。[一]例如，参加有关2012年伦敦夏季奥运会电视转播权谈判的成员包括NBC、国际奥林匹克委员会和英国政府官员。有些谈判可能会变得非常复杂，参与者会来自若干政府和公司，其文化背景不同。[二]较为典型的例子包括：欧洲与北美关于互联网征税的谈判；目前正在举行的关于全球环境问题的谈判；始于2001年，在卡塔尔多哈举行的世界贸易组织的新一轮谈判。所有的这些活动都离不开全新的“商务外交”。

某位国际合资企业领域的权威人士指出，全部国际商务关系的核心在于对原始协议的谈判。成功或失败的种子都是在谈判桌上播下的。面对面的谈判不仅可以就有关财务和法律细节达成一致，或许更重要的是能够建立起合作的氛围。[三]事实上，法律细节和合资企业的组织结构随着时间的推移基本上都要通过谈判进行修改。但是，最初在谈判桌上面对面建立起来的合作氛围则应一如既往，否则合作就不会成功。

来自同一国家的商业伙伴之间的谈判本来就很难，而更趋复杂的跨文化沟通则会使原本已令人气馁的谈判变得更难进行。[四]但是，如果在存在文化差异的情况下能达成精彩的商业协定，那么往往就能建立起长期的、有利可图的跨国合作关系。作为全书的最后一章，本章旨在帮助管理者如何应对国际商务谈判中的挑战并抓住国际商务谈判中的机遇。为此，我们将讨论成见的危害、文化对谈判行为的影响以及文化对管理者和谈判人员的意义。

19.1 成见的危害

每当讨论到国际商务谈判，约翰·韦恩（John Wayne）的牛仔形象以及日本武士的形象常常被描述成一种文化成见。[五]这些描写多少有些道理：美国牛仔代表一种竞争力，而日本武士则代表对组织（公司）的忠诚。荷兰的一位国际商务谈判专家认为“日本人是最好的谈判者，他们会花费好几天时间去了解谈判对手。最差的要数美国人，因为他们以为在美国行得通的东西在外国也行得通。”[六]当然，美国也有许多出色的国际谈判者，而日本也有无能的

[一] Keith Bradsher, “As Deadline Nears, GM’s Sale of Hummer Faces Several Big Obstacles,” *The New York Times*, February 24, 2010, p. B5.

[二] R. Bruce Money provides an interesting theoretical perspective on the topic in “International Multilateral Negotiations and Social Networks,” *Journal of International Business Studies* 29, no. 4 (1998), pp. 695-710. Lively anecdotes are included in Jiang Feng, “Courting the Olympics: Beijing’s Other Face,” *Asian Wall Street* Journal, February 26, 2001, p. 6; Ashling O’Connor, “After 54 Years, the Olympic Clock Is Ticking,” *Times of London,* February 10, 2003, p. 35; Manjeet Kripalani, “Tata: Master of the Gentle Approach,” *BusinessWeek*, February 25, 2008, pp. 64-66.

[三] Constantine Katsikeas, Dionysis Skarmeas, and Daniel C. Bello, “Developing Successful Trust-Based International Exchange Relationships,” *Journal of International Business Studies* 40, no. 1 (2009), pp. 132-155.

[四] James K. Sebenius, “The Hidden Challenge of Cross-Border Negotiations,” *Harvard Business Review*, March-April, 2002, pp. 76-82.

[五] Nurit Zaidman discusses how stereotypes are formed in “Stereotypes of International Managers: Content and Impact on Business Interactions,” *Group & Organizational Management*, March 1, 2000, pp. 45-54.

[六] Samfrits Le Poole comments on the American stereotype in “John Wayne Goes to Brussels,” in Roy J. Lewicki, Joseph A. Litterer, David M. Saunders, and John W. Minton (eds.), *Negotiation: Readings, Exercises, and Cases*, 2nd ed. (Burr Ridge, IL: Irwin, 1993). The quote is from the Spanish newspaper *Expansion*, November 29, 1991, p. 41.

谈判者。问题是谈判并不是在两种民族成见之间进行的，而是在人与人之间进行的，所以文化因素常常起着重大的作用。

想想第 4 章和第 11 章中有关一国境内文化多样性的讨论，再思考一下文化多样性与谈判的相关性。例如，不难判断，讲英语的加拿大人和讲法语的加拿大人之间谈判风格会有很大的差异。和在纽约市等地方常见的既快又冲的说话方式相比，多见于美国南部的绅士般彬彬有礼的讲话风格颇与之不同。专家指出，在美国，不同性别之间的谈判风格也不相同。还有人认为，日本银行家那种温文尔雅的谈判风格和该国零售业人士的相对放肆相比，又很不相同。最后，年龄和经验也会产生重要的影响。中国年龄较大的高层管理者缺乏与外国人打交道的经验，与已获得美国大学本科或工商管理硕士学位的年轻助手相比，他们的行为方式显然有些不同。

本章重点研究文化对国际谈判行为的影响。不过，我们必须清楚地认识到个人的性格和背景也会大大影响谈判中的行为，管理者必须考虑到这些因素。[㊀]人们必须牢记的是：参与谈判的并不是公司和国家，而是参与谈判的人。谈判时，参与者既要考虑到客户和商业伙伴的文化，但也必须把他们作为个人来看待。

19.2 文化对谈判行为的普遍影响

本节主要介绍谈判风格中的文化差异程度，以及这些差异又是如何影响国际商务谈判的。本节所用的素材以过去 30 年里对该问题的系统研究为基础，主要考察了 18 个国家和地区（20 种文化）1 000 多位商人的谈判风格。[㊁]所研究的国家和地区包括：日本、韩国、中国台湾地区、中国大陆（天津、广州）、中国香港地区、菲律宾、捷克、俄罗斯、以色列、挪威、德国、法国、英国、西班牙、巴西、墨西哥、加拿大（英语区和法语区）和美国。之所以选择这些国家或地区是因为这些国家或地区是美国现在和将来最为重要的贸易伙伴。

综合几种文化来看，显而易见存在两大重要的教训。第一个教训是，笼统地按地区归类

㊀ Stephen E. Weiss provides the most complete recent review of the international negotiations literature—" International Business Negotiations Research, " in B. J. Punnett and O. Shenkar (eds.), *Handbook for International Management Research* (Ann Arbor: University of Michigan Press, 2004), pp. 415-474.

㊁ The following institutions and people provided crucial support for the research on which this material is based: U.S. Department of Education; Toyota Motor Sales USA Inc.; Solar Turbines Inc. (a division of Caterpillar Tractors Co.); the Faculty Research and Innovation Fund and the International Business Educational Research (IBEAR) Program at the University of Southern California; Ford Motor Company; Marketing Science Institute; Madrid Business School; and Professors Nancy J. Adler (McGill University), Nigel Campbell (Manchester Business School), A. Gabriel Esteban (University of Houston, Victoria), Leonid I. Evenko (Russian Academy of the National Economy), Richard H. Holton (University of California, Berkeley), Alain Jolibert (Université des Sciences Sociales de Grenoble), Dong Ki Kim (Korea University), C. Y. Lin (Sun Yat-Sen University), Hans-Gunther Meissner (Dortmund University), Alena Ockova (Czech Management Center), Sara Tang (Mass Transit Railway Corporation, Hong Kong), Kam-hon Lee (Chinese University of Hong Kong), and Theodore Schwarz (Monterrey Institute of Technology, Monterrey, CA).

通常是不准确的。例如，虽然日本人和韩国人的谈判风格在有些方面颇为相似，但是在其他方面可能是完全不相同的。从该研究中可以吸取的第二个教训是日本是一个例外之地：就影响谈判风格的各种因素来说，日本人处于或接近尺度的一端，而在有些情况下美国人则处在另一端。实际上，在大多数情况下，美国人则处于中端位置。读者可以从本节所给出的数据中看到这一点。日本人的谈判风格与众不同，堪称自成一类。

在国际商务谈判中，文化差异所引起的问题反映在以下四个方面：[㊀]

- 语言
- 非语言行为
- 价值观
- 思维和决策程序

上述顺序也很重要，越往下的问题往往越严重，因为所发生的问题变得更加难以捉摸。例如，如果有两位谈判者，一位讲日语，另一位讲德语，那么语言问题马上就会被注意到。解决语言问题的方法可能很简单，简单得只要雇用一位翻译或者用共同的第三种语言进行交谈就行了，但也可能像学一门语言那样艰难。不管解决方法如何，问题是显而易见的。相反，非语言方面的文化差异总是隐蔽的，意识不到的。也就是说，在面对面的谈判中，谈判人员会以非语言的、更含蓄的方式发出或接受大量的信息。[㊁]一些专家认为这些信息比语言信息更为重要。几乎所有这类信号或示意总是无意识地进行的。[㊂]如果外国伙伴发出不同的非语言信号，那么对方谈判者极易误解这些信号，而且还意识不到所发生的错误。例如，当一位法国谈判者不断地插话时，美国人会有一种不舒服的感觉，不过并不确切知道其中的原因。这样，人际摩擦就不知不觉地产生了，经常会影响商务关系，而且最终也得不到纠正。价值观和思维决策程序方面的差异隐藏得更深，也就更难克服。下面我们从语言和非语言行为开始来讨论这些差异。

19.2.1 语言和非语言行为差异

在语言技能列表上，美国人差不多位于表的末端，而澳大利亚人宣称自己要更差一些。但是，应该指出的是，美国大学生最近领悟到了这一点，开始涌入了语言课堂，学习外语。不幸的是，美国的外语教育资源不足以满足日益增长的需要。相比之下，捷克人正失去来之不易的竞争优势：年轻的捷克人不再学俄语了。虽然其中的原因很好理解，但其后果是，因为无法与东部的邻国交谈，所以将有一代捷克人无法利用捷克的地理优势。

本章开头所描述的“会晤”中，日本高层管理者的语言优势是很明显的。但是，美国经理抱怨最多的是有关外国客户和合伙人突然间操着他们自己的语言开小会。这至多被看作缺乏礼貌，

㊀ For additional details, see William Hernandez Requejo and John L. Graham, *Global Negotiation: The New Rules* (New York: Palgrave Macmillan, 2008); http://www.GlobalNegotiationResources.com, 2010.

㊁ Mark Bauerlein, “Why Gen-Y Johnny Can’t Read Nonverbal Cues,” *The Wall Street Journal*, August 28, 2009, online.

㊂ Jan Ulijn, Anne Francoise Rutowski, Rajesh Kumar, and Yunxia Zhu, “ Patterns of Feelings in Face-to-Face Negotiation: A Sino-Dutch Pilot Study,” *Cross Cultural Management* 12, no. 3 (2005), pp. 103-118.

但美国谈判人员常常会给对方的外文交谈内容贴上阴险的标签——“他们在密谋或谈论秘密”。

这是美国人常犯的理解错误。这种小会的目的通常是为了澄清某个翻译问题。例如，一位韩国人可能会侧身去问：“他在讲什么？”或者，小会可能反映的是外国成员之间的分歧。美国人应把这两种情况都视为对自己有利的信号，因为正确的翻译可提高相互交流的效率，而内部分歧则常常会带来让步。但是，由于大多数美国人只会讲一门语言，所以对这两种情况都领会不到。顺便提一下，建议外国人将他们最初开的几次小会的内容给美国人做一个简单解释，以免被贴上阴险的标签。

模拟谈判的数据也能说明问题。在我们的研究中，对来自20种文化中15种文化的谈判人员（15个小组，每个小组6名谈判人员）的语言行为进行了录像。表19-1中的数字代表所分的各种陈述种类的占比情况。也就是说，在日本谈判人员的陈述中，7%属于许诺类，4%属于威胁类，7%属于推荐类等。在模拟谈判中，谈判人员用于讨价还价的语言在各种文化中竟具有惊人的相似性。所研究的15种文化中的谈判主要应用了信息交流技巧——提问和自我泄露。不难发现日本人出现在自我泄露统计列中较低的一端。他们34%的比例（与西班牙人和讲英语的加拿大人一样）在所有的15个组中是最低的（除了以色列人以外），这说明他们在给予信息的时候是最有保留的。但从总体上讲，不同文化所使用的语言技巧具有惊人的相似性。

表19-2对15个被录制小组的一些语言行为和非语言行为做了分析。尽管我们仅对这些行为进行了肤浅的探讨，但仍然表明了巨大的文化差异。[⊖]需要再次提醒注意的是，日本人在统计表中所列的各项行为值基本上都处于或接近于最后。在15个组别中，他们面部凝视和接触的次数最少。与日本人相比，只有中国北方人更少说“不”，只有俄罗斯人和讲英语的加拿大人更多地保持沉默。

如果对表19-1和表19-2做更全面的分析，就可得出更有意义的结论：与仅仅考虑谈判的语言内容相比较，在考虑语言和非语言行为的语言学问题时，不同文化间的差异会增大。例如，不妨对照15个被录制的文化小组的差异所做的进一步说明。当然，仅仅通过对每一文化中6名商人的分析，并不能对一种文化得出结论。但是，其中所揭示出的文化差异还是值得做些简单分析的。

1. 日本

分析的结果与对日本人谈判行为的许多描述相一致，表明日本人的相互交流风格是最不放肆的（或者说是最有礼貌的）。在正面的承诺、推荐和保证面前，威胁、命令和警告显得不那么重要。他们礼貌的讲话风格中最突出的是他们不常使用“不”“你”和面部凝视，但经常保持一段沉默。

2. 韩国

或许该分析中更有趣的一面是亚洲谈判风格的差异。非亚洲人经常把东方人归为一类，但是结果表明，这是一个错误。韩国谈判者使用的惩罚和命令要比日本人多很多。韩国人说“不”和插话的频率是日本人的三倍。此外，韩国谈判者之间没有沉默的时候。

⊖ Thomas W. Leigh and John O. Summers, “An Initial Evaluation of Industrial Buyers' Impressions of Salespersons' Nonverbal Cues,” *Journal of Personal Selling & Sales Management*, Winter 2002, pp. 41-53.

表 19-1 语言谈判战术（沟通的“内容”）

讨价还价行为及其定义	文化[①]														
	日本	韩国	中国台湾地区	中国大陆[②]	俄罗斯	以色列	德国	英国	法国	西班牙	巴西	墨西哥	加拿大法语区	加拿大英语区	美国
承诺。发话方用来向受话方表达强化结果的一种陈述。发话方预计受话方对结果的评价是愉快的、积极的或有益的	7[③]	4	9	6	5	12	7	11	5	11	3	7	8	6	8
威胁。和承诺一样，但所提供的结果被认为是有害的、讨厌的或惩罚性的	4	2	2	1	3	4	3	3	5	2	2	1	3	0	4
推荐。发话方预计将会对受话方带来愉快结果的一种陈述。结果的产生不受发话方的控制	7	1	5	2	4	8	5	6	3	4	5	8	5	4	4
警告。和推荐一样，但其结果被认为是不愉快的	2	0	3	1	0	1	1	1	3	1	1	2	3	0	1
报偿。发话方认为会给受话方带来愉快结果的一种陈述	1	3	2	1	3	2	4	5	3	3	2	1	1	3	2
惩罚。和报偿一样，但其结果被认为是不愉快的	1	5	1	0	1	3	2	0	3	2	3	0	2	1	3
肯定规范评价。一种陈述，其中发话方表明受话方过去、现在和将来的行为都符合社会规范	4	3	1	1	1	5	1	1	0	1	1	1	3	1	2
保证。表明发话方将来的努力不会低于或超过某个水平的一种陈述	15	13	9	10	1	10	9	13	10	9	8	9	8	14	13
自我泄露。发话方泄露有关自身信息的一种陈述	34	36	42	36	40	30	47	39	42	34	39	38	42	34	36
提问。发话方要受话方泄露自身情况的一种陈述	20	21	14	34	27	20	11	15	18	17	22	27	19	26	20
命令。其中发话方建议受话方实现某个行为的一种陈述	8	13	11	7	7	9	12	9	9	17	14	7	5	10	6

①每组 6 名谈判人员。

②中国北方（天津和周边地区）。

③意思是：“在日本人的讲话中，有 7% 的陈述属于承诺。”

资料来源：From William Hernandez Requejo and John L. Graham, *Global Negotiation: The New Rules* (New York: Palgrave Macmillan, 2009). Reproduced with permission of Palgrave Macmillan.

表 19-2 语言的言语方面和非语言行为（“如何”说一件事情）

讨价还价行为（每 30 分钟）	文化① 日本	韩国	中国台湾地区	中国大陆②	俄罗斯	以色列	德国	英国	法国	西班牙	巴西	墨西哥	加拿大法语区	加拿大英语区	美国
结构方面															
“不”：每组谈判者使用“不”的次数	1.9	7.4	5.9	1.5	2.3	8.5	6.7	5.4	11.3	23.2	41.9	4.5	7.0	10.1	4.5
“你”：每组谈判者使用“你”这一词的次数	31.5	35.2	36.6	26.8	23.6	64.4	39.7	54.8	70.2	73.3	90.4	56.3	72.4	64.4	55.1
非语言行为															
沉默时段：对话间时间间隔为 10 秒或 10 秒以上的次数	2.5	0	0	2.3	3.7	1.9	0	2.5	1.0	0	0	1.1	0.2	2.9	1.7
会话重叠：插话次数	6.2	22.0	12.3	17.1	13.3	30.1	20.8	5.3	20.7	28.0	14.3	10.6	24.0	17.0	5.1
面部凝视：谈判者注视对方面部的时间（分钟）	3.9	9.9	19.7	11.1	8.7	15.3	10.2	9.0	16.0	13.7	15.6	14.7	18.8	10.4	10.0
接触：谈判者触及对方的情况（不包括握手）	0	0	0	0	0	0	0	0	0.1	0	4.7	0	0	0	0

①每组 6 名谈判人员。

②中国北方（天津和周边地区）。

资料来源：From William Hernandez Requejo and John L. Graham, *Global Negotiation: The New Rules* (New York: Palgrave Macmillan, 2009). Reproduced with permission of Palgrave Macmillan.

3. 中国北方

中国北方（天津和周边地区）谈判者的行为最显著的一面是强调提问，其比例达34%。[㊀]确实，中国谈判者70%的陈述都属于信息交流技巧。他们其他方面的行为，特别是在“不”“你”和沉默时段的应用上，与日本人相仿。[㊁]

4. 中国台湾地区

中国台湾地区商人的行为与中国大陆和日本颇不相同，但与韩国相似。台湾人在面部凝视时间上与众不同，平均每30分钟当中差不多有20分钟。他们提问较少，提供的信息（自我泄露）要比其他亚洲小组多一些。

5. 俄罗斯

俄罗斯人的风格不同于任何其他欧洲小组，但在许多方面与日本人的风格挺相像。他们不常使用“不”和“你”。在所有的小组中，俄罗斯人使用沉默时段最多。与俄罗斯相比，只有日本人更少使用面部凝视，也只有中国人的提问比例更高。

跨越国界 19-1

扑克脸和肉毒毒素注射

我们常常听到美国经理抱怨说，到了谈判桌上很难对日本经理“察言观色”。换言之，日本经理“都有着一张扑克脸”。不过，在我们进行录像并细数谈判者的表情（微笑和皱眉）时，发现日本人和美国人之间都没有多大差别。由于两者文化之间表情表达的时间和意义上的差异，美国人似乎难以理解日本人的表情，因此误以为日本人毫无表情。

如今美国人似乎正在利用科技奇迹——肉毒毒素，寻求其自身的扑克脸优势。人们注射这种新药品让自己的脸冰冻、雕塑成“半永久的宁静”。美国一位经理说：“当你看上去身体健康，无所畏惧时，人们就会更尊敬你……一无表情实际上也是一种表述。”

加州大学心理学家保罗·艾克曼（Paul Ekman）是专门研究表情的，他对这种趋势的描述是“非常可怕”。经过长期进化，表情是为了表达某个目的，通过无意识的面部运动来帮助形成基本人类关系。少了这些表情，我们如何区分敌友？区分伴侣和杀人犯？

㊀ The Chinese emphasis on questions is consistent with other empirical findings: Dean Tjosvold, Chun Hui, and Haifa Sun, “Can Chinese Discuss Conflicts Openly? Field and Experimental Studies of Face Dynamics,” *Group Decision and Negotiation* 13 (2004), pp. 351-373.

㊁ There is a burgeoning literature on negotiations with Chinese. See Catherine H. Tinsley and Jeanne M. Brett, “Managing Workplace Conflict in the U.S. and Hong Kong (China),” *Organizational Behavior and Human Decision Process* 85 (2001), pp. 360-381; Pervez Ghauri and Tony Fang, “Negotiating with the Chinese: A Socio-Cultural Analysis,” *Journal of World Business* September 22, 2001, pp. 303-312; Vivian C. Sheer and Ling Chen, “Successful Sino-Western Business Negotiation: Participants' Accounts of National and Professional Cultures,” *Journal of Business Communication*, January 1, 2003, pp. 50-64; Rajesh Kumar and Verner Worm, “Social Capital and the Dynamics of Business Negotiations between the Northern Europeans and the Chinese,” *International Marketing Review* 20, no. 3 (2003), pp. 262-286; John L. Graham and N. Mark Lam, “The Chinese Negotiation,” *Harvard Business Review*, October 2003, pp. 82-91; Anna Stark, Kim-Shyan Fam, David S. Waller, and Zhilong Tian, “Chinese Negotiation Practice, Perspective from New Zealand Exporters,” *Cross Cultural Management* 12, no. 3 (2005), pp. 85-102.

我们不建议你为了国际谈判而使用肉毒毒素，相反，我们建议你读一本好书，打一回高尔夫球，或者干脆流露出如今被看作过时的表情来！

资料来源：Suein L. Hwang, "Some Type A Staffers Dress for Success with a Shot of Botox," *The Wall Street Journal*, June 31, 2002, p. B1; James D. Hodgson, Yoshihiro Sano, and John L. Graham, *Doing Business with the New Japan* (Boulder, CO: Rowman & Littlefield, 2008).

6. 以色列

以色列谈判者有以下几个明显的特点。他们不会轻易地自我泄露信息，将自己的那些牌看得很紧。不过，他们使用承诺和推荐建议的频率很高。此外，他们做出肯定规范评价的频率很低，只有5%，而且他们常常喜欢与竞争对手的产品进行比较。最为重要的也许是以色列人不同于其他群体，他们喜欢相互打断对方的话语。这一非言语行为常常被美国谈判者指责为好斗。

7. 德国

因为德国人几乎在所有统计列项中都处在中端位置，所以很难描述德国人的行为特征。但是，德国人在自我泄露方面达47%的高比例以及提问方面为11%的低比例还是与众不同的。

8. 英国

英国谈判者的行为在所有方面都与美国人明显相仿。

9. 西班牙

"Diga"这个词也许可以较好地描述研究中所反映出的西班牙人对谈判的态度。当你在马德里打电话的时候，通常对方的问候语不是"hola"（喂，你好！），而是"diga"（讲）。这样，不难发现在所录制的谈判中，西班牙人使用命令句的比例最高（17%），而所给的信息（自我泄露，34%）则相对较少。此外，他们比其他任何组别更多地打断对方的讲话，而且很频繁地使用"不"和"你"。

10. 法国

法国谈判者的风格在所有组别中可能是最为放肆的。特别地，他们使用威胁和警告的比例最高（加在一起达8%）。与其他组别相比，他们还很频繁地使用插话、面部凝视以及"不"和"你"。在模拟谈判中，一位法国谈判者还拍了拍伙伴的手臂。

11. 巴西

巴西商人与法国人和西班牙人一样，也是挺放肆的。在所有组别中，他们使用命令句的比例高居第二。平均看来，在30分钟的谈判时间中，巴西人说"不"字达42次，"你"字为90次，相互拍臂为5次左右。其面部凝视比例也较高。

12. 墨西哥

在模拟谈判中，墨西哥人的行为方式很好地提醒我们，按照地区和语言分组来加以概括是危险的。㊀他们的言语和非语言行为与拉美人（巴西人）和大陆（西班牙）远房宗人都有明显不同。确实，墨西哥人接电话时使用不那么居高临下的"bueno"（"你好"的简称）。在许多方面，墨西哥人的行为与美国谈判者很相仿。

13. 加拿大法语区

讲法语的加拿大人的行为与他们的欧洲大陆远房宗人很相似。和法国谈判者一样，他们使用威胁和警告的比例较高，插话和目光注视的比例也较多。这种放肆的相互交流风格与一些亚洲小组和包括讲英语的加拿大人在内的英语区的低调风格不怎么相容。

14. 加拿大英语区

在15个组别中，以英语作为第一语言的加拿大人使用放肆性说服技巧的比例最低，威胁、警告和惩罚加在一起仅为1%。或许，正如沟通研究者所指出的那样，这些风格差异是多年来加拿大民族间不和的起因。关于国际谈判，讲英语的加拿大人插话和使用"不"的比例要比加拿大的主要贸易伙伴美国和日本明显偏高。

15. 美国

和德国人和英国人一样，美国人在大多数统计列项中都处于中端位置。他们确实比其他所有组别更少地打断对方的讲话，而且这也是他们唯一的与众不同之处。

因为文化之间的差异很复杂，所以这些材料本身并不能用来预测外国同行的行为。相反，必须高度注意前面所讲的成见的危险性。这里的关键是弄清楚这些差异，从而不至于误解日本人的沉默、巴西人的"不，不，不……"或者法国人的威胁。

19.2.2 价值观差异

大多数美国人头脑中固有的四种价值观——客观性、竞争性、平等和准时，在国际商务谈判中似乎常常会引起误解和厌恶。

1. 客观性

"美国人根据冷酷的、铁一般的事实进行决策""美国人不徇私""重要的是经济和业绩，而不是人""公事公办"，这些都反映了美国人的客观性。

在此向美国和外国读者郑重推荐一本有关谈判的好书——《谈判力》(*Getting to Yes*)。㊁外国读者从中不仅可以了解谈判，更重要的是可以了解美国人怎样看待谈判。该书作者着重强调"把人和事区分开来"，而且指出"每个谈判者都会对两类问题感兴趣：实质性问题和关系问题"。这一观点在美国或许在德国可能是值得考虑的，但是在世界大多数地方，这一观点简直是一派胡言。在世界大多数地方，尤其是在注重关系导向的文化里，人品和实质并非两个不相干的问题，而且两者也分不开。

㊀ T. Lenartowicz and J. P. Johnson, "A Cross-National Assessment of the Values of Latin American Managers: Contrasting Hues or Shades of Gray?" *Journal of International Business Studies* 34, no. 3 (May 2003), pp. 266-281.

㊁ Roger Fisher, William Ury, and Bruce Patton, *Getting to Yes: Negotiating Agreement without Giving In*, 3rd ed. (New York: Penguin, 2011).

例如，裙带关系在拉丁美洲文化中很重要。专家认为在迅速发展的拉丁美洲经济圈，经济的发展往往是在家族控制的领域内实现的。从本质上讲，西班牙、墨西哥和菲律宾等地的情况也是如此。自然地，来自这些国家的谈判者不仅作为个人来参与谈判，而且谈判结果也会对谈判者个人产生影响。中文中“关系”一词意指人与人之间的关系。对在中国工作的谈判人员而言，关系非常重要。在中国，互惠互利是商业交往的基础，西方人看重的诸如客观性等观念的重要性几乎总处于次要地位。不管经济效果如何，谈判中所发生的一切将会影响商务关系。

2. 竞争和平等㊀

模拟谈判可以视为一种实验经济学，其中的经济结果粗略地反映了参加模拟谈判的文化小组的价值观。研究中所使用的简单的模拟体现了商务谈判的精华，即竞争与合作两个方面。至少有 40 多位来自不同文化的商人参加了同样的买方－卖方游戏：就三种产品的价格展开谈判。根据所达成的协议，在买方和卖方划分“谈判蛋糕”之前，通过合作可以将“谈判蛋糕”做得大一些（共同利润可高达 10 400 美元）。图 19-1 汇总了所得到的结果。

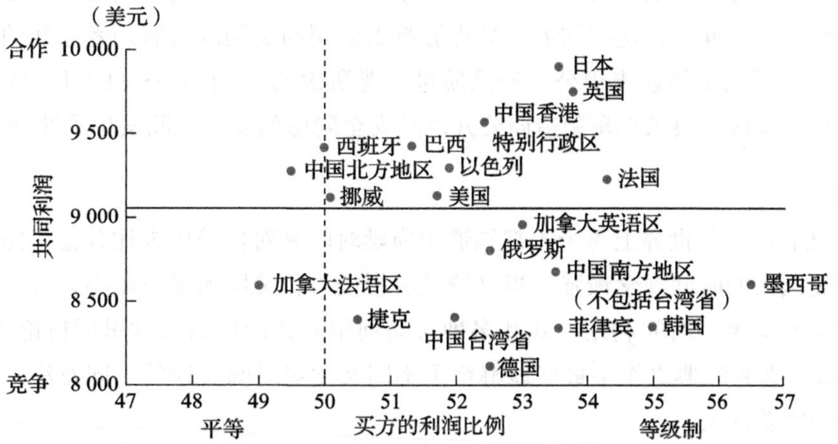

图 19-1 竞争和平等方面的文化差异

注：基于每一文化小组至少 40 名商人。

资料来源：William Hernandez Requejo and John L. Graham, *Global Negotiation: The New Rules* (New York: Palgrave Macmillan, 2009). Reproduced with permission of Palgrave Macmillan.

日本人在做大蛋糕方面是冠军。在参与实验的 20 个文化小组中，日本小组在模拟中的共同利润最高（9 590 美元）。虽然美国小组的蛋糕大小一般（9 030 美元），但是至少利润的划分相对而言比较公平（51.8% 的利润归买方）。相反，日本小组（以及其他小组）划分蛋糕的方式比较奇特（甚至有些不公平）㊁，买方分到的利润比例较高（53.8%）。这些模拟商务谈判的隐含之意与其他作者的评价以及“在日本买方为王”这一说法完全一致。美国人生来就不大理解日本人完全顺从买方的需要和欲望的做法。美国的情况完全不同。美国卖方往往将

㊀ Of course, the opposite of equality is hierarchy, and the latter is more prevalent in China. For example, see Ray Friedman, Shu-Chen Chi, and Leigh Anne Liu, “An Expectancy Model of Chinese-American Differences in Conflict Avoiding,” *Journal of International Business Studies* 37 (2006), pp. 76-91.

㊁ Concepts of fairness clearly vary across cultures; see Nancy R. Buchan, Rachael T. S. Croson, and Eric J. Johnson, “When Do Fair Beliefs Influence Bargaining Behavior: Experimental Bargaining in Japan and the United States,” *Journal of Consumer Research* 31, no. 2 (2004), pp. 181-190.

买方更多地视为地位平等的人，而且美国社会的平等主义价值观赞成这一行为。此外，大多数美国人将更多地把日本人作为平等的人来对待。同样地，美国买方一般不会"照顾"美国卖方或日本卖方。这些研究结果体现了美国人强调竞争和个人主义，这与第 4 章中详细讨论的吉尔特·霍夫斯泰德[一]的研究结果相一致，即美国人在全部文化小组中个人主义（与集体主义相对）一项的得分最高。此外，其他有些国家和地区的情况也表明，个人主义 / 集体主义价值观会直接影响谈判行为。[二]

此外，不仅日本买方比美国买方取得了更好的结果，而且日本卖方与美国卖方（4 350 美元）相比也获得了更大的商业蛋糕（4 430 美元）。有趣的是，在高层经理会议上，当美国人看到这些结果的时候，仍然常常喜欢美国卖方的角色。换言之，只要这些共同利润划分是公平的，即使美国卖方比日本人得到的利润要少，许多美国经理似乎宁愿获得较少的利润。最近的研究也表明，美国人和日本人对公平有不同的观点。[三]

最后，日本人所看重的等级关系似乎成了影响内部沟通的阻力。例如，下属往往不会向其上级报告坏消息。在前面几章所提及的关于丰田公司产品质量的问题中，这一沉默似乎一直起着重要作用。此外，这些沟通差异也影响着公司与美国政府管理者之间的这种外部沟通。正如一位分析人士描述丰田公司产品质量问题所说的："丰田公司的日本式非公开沟通的企业文化与美国政府要求汽车制造商公开产品安全隐患的要求之间发生了冲突。"[四]

3. 时间

"就让他们等吧。"世界上每个人都知道用拖延时间来对付美国人比其他任何谈判技巧都管用，因为美国人的时间观念最强。当事情进展缓慢时，美国人最没耐心，看手表的次数最多。第 5 章中有关单一时间利用方式和多种时间利用方式的资料与这里所讨论的内容有关。爱德华 T. 霍尔[五]在其经典之作中最好地解释了不同文化对时间流逝的不同看法，以及缘何这些差异总是伤害美国人。

然而，即使是美国人也试图操纵时间，以便对自己有利。一个好的例子是，索拉透平公司（为卡特彼勒的一家分公司）曾向俄罗斯的一个天然气管道工程出售了价值 3 400 万美元的工业用燃气轮机和压缩机。双方同意最后谈判在一个中立地点——法国的南部举行。在前几次谈判中，俄罗斯人比较强硬，但还算通情达理。但是，在尼斯，俄罗斯人变得不再友好。据索拉透平公司参与谈判的经理讲，俄罗斯人变得更强硬，而且完全不讲道理。

㊀ Geert Hofstede, *Culture's Consequences*, 2nd ed. (Thousand Oaks, CA: Sage, 2001).

㊁ John L. Graham, " Culture's Influence on Business Negotiations: An Application of Hofstede's and Rokeach's Ideas, " in Farok J. Contractor and Peter Lorange (eds.), *Cooperative Strategies and Alliances* (Amsterdam: Pergamon, 2002), pp. 461-492. Also see Roy J. Lewicki, David M. Saunders, and John W. Minton, *Essentials of Negotiation*, 2nd ed. (New York: McGraw-Hill, 2001).

㊂ Nancy R. Buchan, Rachel T. A. Croson, and Eric J. Johnson, " When Do Fair Beliefs Influence Bargaining Behavior? Experimental Bargaining in Japan and the United States," *Journal of Consumer Research* 31 (2004), pp. 181-190.

㊃ Kate Linebaugh, Dionne Searcey, and Norihiko Shirouzu, " Secretive Culture Led Toyota Astray, " *The Wall Street Journal*, February 8, 2010, online.

㊄ Edward T. Hall, "The Silent Language in Overseas Business," *Harvard Business Review*, May-June 1960, pp. 87-96.

在度过了让人泄气的几天后，美国人才找到问题的症结。一找到问题的症结，他们就给圣迭戈总部去了一个重要的电话。俄罗斯人为什么变得如此冷淡呢？他们在尼斯享受着温暖的天气，不想迅速地达成交易后就赶回莫斯科。打给加利福尼亚的电话是这次谈判的关键。圣迭戈索拉透平公司总部人员经验丰富，让公司的谈判人员从容地待下去。从那时起，日常谈判变得很简短，早上会晤45分钟，下午在高尔夫球场、海滩或者饭店，打打电话，做做文书工作。最后在第四周，俄罗斯人开始做出让步并且要求延长开会时间。为什么？在地中海待了四周，如果没有签署一份合同，他们无法回莫斯科交差。这种时间压力引起的策略逆转给索拉透平公司赢得了一份好合同。

19.2.3 思维和决策程序差异

当面临一项复杂的谈判任务时，大多数西方人（注意此处的一般性）都将大任务分为一系列小任务。价格、交货、担保和服务合同等问题会分别解决，每次一个问题，最终协议往往是一连串小协议的总和。然而在亚洲，常常采取另一种方法。所有的问题进行一次性讨论，没有明显的次序。当讨论结束时，对所有的问题再做出让步。西方文化的顺序法和东方文化的全盘考虑法并不相同。[⊖]

例如，美国经理人员常常说在日本很难衡量取得了多大进展。在美国，一半的问题定下来，就算是完成了一半。但是，在日本，好像什么事也还没定下来。然后，突然间，一切又全定下来了。美国人常常在日本人宣布协议之前就做出了不必要的让步。例如，美国一家百货商店的采购人员去日本为其连锁店采购六种消费品。他伤心地说，为第一件产品谈判了整整一个星期。在美国，这样的买卖一个下午就能完成。因此，按照他的计算，要完成采购任务，他估计在日本必须待上六个星期。为此，他考虑提高买价以便及早完成采购。但是，他还没来得及做此让步，仅在三天内，很快就与日本卖家就其他五项产品达成了协议。这位商人承认，在与日本卖方的第一次遭遇战中他是幸运的。

这位美国商人差点儿犯的错误反映出来的不仅仅是决策方式上的差异。对于美国人来说，商务谈判是一种解决问题的活动，达成双方满意的交易就是答案。相反，对日本商人来说，商务谈判是要建立一种长期的、互利的业务关系。经济问题仅仅是谈话的纽带，而不是内容，因而解决某一个问题并不那么重要。一旦建立了一种可行的、和谐的业务关系，那么这些细节问题都会自行得到解决。就像发生在那位零售商品买方身上的事一样，一旦建立了关系——以第一个协议为标志信号，其他“细节”就会很快得到解决。

美国谈判者必须预料到这种全盘考虑的方法，必须就看似杂乱无章的所有问题进行同时讨论以做好准备。谈判进展不能以已经解决了多少问题来衡量。美国人必须努力评价商务关

⊖ East-West differences in thinking are studied in detail in Joel Brockner, Ya-Ru Chen, Elizabeth A. Mannix, Kwok Leung, and Daniel P. Skarlicki, “Culture and Procedural Fairness: When the Effects of What You Do Depend on How You Do It,” *Administrative Science Quarterly*, March 1, 2000, pp. 138-157. Most important is Richard E. Nisbett, *The Geography of Thought: How Asians and Westerners Think Differently . . . and Why* (New York: The Free Press, 2003). Also, for a discussion of related communication problems in international work teams, see Jeanne Brett, Kristin Behfar, and Mary C. Kern, “Managing Multicultural Teams,” *Harvard Business Review*, November 2006, pp. 84-91.

系的质量状况。反映进展状况的重要信号包括：

- 商谈时是否有对方的高层人员参加；
- 对方的提问是否开始集中在交易的具体细节上；
- 对方对一些问题的态度和立场是否软化，例如“让我们花点时间来讨论这个问题”；
- 谈判时，对方用自己的语言进行交谈的时间增多，说明他们正在就某事进行决策；
- 讨价还价增多，而且使用低层次的、非正式的以及其他沟通渠道。

19.3 对管理者和谈判者的启示

鉴于跨文化谈判中有这么多潜在的问题，尤其当谈判人员分别来自关系导向文化和信息导向文化时，所以任何国际谈判最后能完成真是一个奇迹。显然，尽管有潜在的重重陷阱，谈判的成功主要是由于经济上迫切需要全球贸易。但是，理解文化差异可以带来更多的国际商务交易——国际商务谈判的真正目的不仅是商业交易，而且是可以带来丰厚利润的业务关系。[㊀]

以下四点可以使国际商务谈判变得更为有效：①选择恰当的谈判人员；[㊁]②谈判预备阶段管理，包括培训、准备以及谈判背景设计；③谈判过程管理，即对谈判中所发生的事情进行管理；④适当的后续程序和做法。现分别讨论如下。

19.3.1 谈判队伍

全球商务成功的一个原因就在于有一大批国际商务谈判能手，即那些居住在国外能讲外语的经理人员。在许多情况下，他们是移居美国的移民或者是在其他领域沉浸于外国文化的人们。令人欣慰的是越来越多的商学院开始强调语言培训和出国访问。事实上，值得注意的一个有趣现象是：哈佛商学院 1908 ~ 1909 课程目录中曾经列入了德语、法语和西班牙语等函电课程。

前面第 17 章中所详细介绍的国际市场营销人员的选择标准同样适用于谈判者。成熟、情绪稳定、知识面广、乐观、灵活、移情作用和精力等特点都很重要。不仅参与国际谈判的营销经理适用这些标准，而且对经常陪同和提供支持服务的技术专家也适用。福特汽车公司和美国电话电报公司所做的研究发现，另有三个重要因素会影响与国际客户和伙伴谈判的成功：愿意利用团队力量、倾听技巧和总部的影响。

愿意利用团队力量对于美国谈判者来说特别重要。由于受独立和个人主义等文化传统的影响，美国人常常犯这样的错误：单枪匹马地对付为数不少的外国人。在谈判中，一个美国人面对三四个外国人是十分常见的事情。谈判室人数的多寡的确也会有影响。另外，商务谈判是一个沟通过程，而沟通的现实是，再好的理由可能也敌不过众人点头，而且以团队形式谈判要比单个人更容易收集详细的信息。例如，日本人很善于带下级经理参加谈判，以便起到观察和认真记笔记的双重培训目的。过分强调个人业绩的薪酬计划也可能妨碍团队式谈

㊀ Noriko Yagi and Jill Kleinberg, “Boundary Work: An Interpretive Ethnographic Perspective on Negotiating and Leveraging Cross-Cultural Identity,” *Journal of International Business Studies* 42, no. 5 (2011), pp. 629-653.

㊁ C. Leonidou, Constantine S. Katsikeas, and John Hadjimarcou, “ Building Successful Export Business Relationships,” *Journal of International Marketing*, January 1, 2002, pp. 96-101.

判——一个团队需要佣金分享，而许多美国人天生地就对此远而避之。谈判时也许需要高层经理陪同参加，以便与客户和伙伴的谈判队伍相称。特别是在一些注重等级制的文化中，职位在说服和表达开展业务的兴趣方面起着重要的作用。

谈判中的一项最重要活动就是倾听。[㊀]谈判者的首要任务就是收集信息，从而增强创造力。这也许意味着应指派人员专门负责认真记笔记，而无须操心在会晤中的发言问题。这可能还意味着要最全面地理解客户和伙伴的需要与偏好，了解他们的语言显得至关重要。[㊁]倾听技巧在国际商务谈判中非常重要。

总部的影响是谈判成功的关键，因此请资深高层管理者参加谈判就很重要。事实上，许多久经商场的国际谈判者认为谈判的一半是与总部进行的。“越了解客户，和总部的谈判就越难”，这是谈判代表的苦衷。当然，这种与跨越国界任务联系在一起的痛苦，正是国际谈判者和销售主管赚大钱的原因。

最后，有必要再次强调第5章中所讲的一点：性别不应作为国际谈判人选的选择标准。尽管在不同文化中，女性的作用存在着很大的差异，但我们还是要说明这一点。如果在一个国家里女性不参与经营管理，那么美国女性谈判者开始时总会被当作局外人。其中的原因是显而易见的，因为女经理不适合参加一些商务娱乐活动，例如去日本高尔夫球场夜总会更衣间的公共澡堂沐浴。但是，女性高层管理者在餐馆和其他非正式场合建立个人关系方面还是很重要的。事实上，一位研究异性间沟通的专家认为，在国际谈判中女性实际上可能具有一些优势：

> 通常，女性在一对一的交谈时更加自在。在谈判桌上发言的情景更像男孩利用语言在一个大团体中建立自己的地位，而不像女孩利用语言维持亲密的关系。这是可以利用的东西。不要等到会上再说，尽量事前一对一地提出你的观点。日本人就是这样做的。美国女性的风格与男性相比，更加接近日本人的风格。[㊂]

19.3.2 谈判准备

许多美国公司都对职员进行谈判培训。[㊃]例如，切斯特·卡勒斯（Chester Karrass）[㊄]讲授

㊀ Donald J. Lund, Lisa K. Scheer, and Irina V. Kozlenkova, “Culture’s Impact on the Importance of Fairness in Interorganizational Relationships,” *Journal of International Marketing* 21, no. 3 (2013), pp. 21- 43.

㊁ Helene Tenzer, Markus Pudelko, and Anne-Wil Harzing, “The Impact of Language Barriers on Trust Formation in Multinational Teams,” *Journal of International Business Studies* 43 (2012), pp. 591-613; Christian Troster and Daan van Knippenberg, “Leader Openness, Nationality Dissimilarity, and Voice in Multinational Management Teams,” *Journal of International Business Studies* 43 (2012) pp. 591-613; Stefan Volk, Tine Kohler, and Markus Pudelko, “Brain Drain: The Cognitive Neuroscience of Foreign Language Processing in Multinational Corporations,” *Journal of International Busniess Studies* 45 (2014), pp. 862-885.

㊂ Deborah Tannen, *You Just Don’t Understand: Men and Women in Conversation* (New York: William Morrow, 1990).

㊃ The Harvard Program on Negotiations provides a range of negotiations courses (http://www.pon.harvard .edu). Also, negotiations courses are the most popular in MBA programs around the country; see Leigh Thompson and Geoffrey J. Leonardelli, “Why Negotiation Is the Most Popular Business Course,” *Ivey Business Journal* (Online), July/August 2004, p. 1.

㊄ See Karrass’s website for information regarding his programs: http://www.karrass.com. A key portal with information on negotiations in 50 different countries and links to several associated websites is http://www . GlobalNegotiationResources.com.

谈判技巧，所教的人数（约 40 万人）比其他任何同行都要多。[1]在国内航班提供的几乎所有杂志上都可以见到他的广告。但是，很少有公司提供有关与其他国家经理进行谈判方面的培训。虽然许多外交学院的课程已包括语言技能、社会交际及外交交际能力以及与外交职业相关的知识，如外交史与国际关系、法律、经济学、政治学、国际组织和对外政策，但令人惊奇的是在培训政府外交官方面缺少文化类课程。此外，谈判及交流中的文化差异也很少被人关心。

福特汽车公司是个例外。福特公司与日本公司的业务往来比任何其他企业都要多。福特拥有马自达汽车公司的部分股份，与日产成功地合作生产了微型货车，并与日本其他公司进行零部件和成品车的买卖。不过，最能说明福特与日本公司业务往来的是福特公司每年购买的约 8 000 张美国与日本间的往返机票。福特公司在培训负责日本市场的经理方面进行了大量的投资。2 000 多位管理人员参加了为期 3 天的有关日本历史和文化以及公司的日本业务战略的培训。1 000 多位和日本人面对面地工作的经理参加了为期 3 天的“驾驭谈判：日本”培训计划。该计划包括含有录像带反馈的模拟谈判、用录像带演示的日美文化差异的讲座以及即将举行的谈判预演等。该公司还开展针对韩国和中国的类似计划。

除了“驾驭谈判：日本”计划以外，福特公司在日本取得的成功应该归功于大量广泛地针对日本的培训和实践。当然，可以看到，“驾驭谈判：日本”计划的毕业生在涉及日本关系的各个层次上施展着影响。通过 3 天涉及面更广的有关日本经营战略的培训计划，加深了福特员工对日本商业文化体制的认识。还记得俄罗斯人在尼斯的故事吗？期间发生了两件关键的事情。首先，索拉透平公司的谈判人员发现了问题。再者，也是同样重要的一点，他们远在加利福尼亚的上司理解这个问题，并且批准了在时间和金钱上的投资，并显得比俄罗斯人还要有耐心。因此，福特培训计划的对象不仅是和日本人直接打交道的谈判人员，而且包括大多数时间都在底特律公司总部的管理者。谈判人员需要有关他们工作所在地文化的信息。在美国后方的经理对文化在国际商务中的重要性应具有基本的了解，这一点也同样重要。这样，这些经理才更易于聆听他们在莫斯科、里约热内卢或者东京的部下所提出的“听起来古怪的”建议。

任何富有经验的谈判者都知道，准备时间总是不可能充分的。因为国际谈判受到时间上的限制，所以必须高效地完成准备工作，而且准备工作必须在谈判开始之前完成。[2]建议按照以下清单进行准备，以确保做好国际谈判计划。

- 对人员和形势的评估；
- 谈判过程中需要核实的事实；
- 工作日程；

---

[1] Lee Edison provides an interesting description of what he calls “ The Negotiation Industry, ” in an article he wrote for *Across the Board* 37, no. 4 (April 2000), pp. 14 - 20. Other commentators on training for international business negotiators include Yeang Soo Ching, “ Putting a Human Face on Globalization,” *New Straits Times*, January 16, 2000, p. 10; A. J. Vogl, “ Negotiation: The Advanced Course,” *Across the Board*, April 1, 2000, p. 21; and R. V. Veera, “MIT Preparing Students for New Millennium,” *New Straits Times*, July 21, 2002, p. 5.

[2] Steven E. Weiss, “ Negotiating the Renault-Nissan Alliance: Insights from Renault’s Experience, ” in *Negotiation and Persuasion*, Michael Benoliel, ed. (Singapore: World Scientific Publishing, 2011).

- 最佳备选方案 (BATNA)；[㊀]
- 让步策略；
- 成员分工。

在谈判者特征列表中，准备和计划技能几乎都被列在首位。然而，似乎许多美国人在越洋班机上仍然还在研究计划策略，而在这个时候他们应该休息才是。在商务谈判中，急中生智很重要，但是旅途艰苦以及高空飞行引起的生理节奏破坏会使最敏捷的头脑变得迟钝。显然，必须事先了解有关谈判对手的目标和偏好方面的信息。此外，明确的总部指示和详细的市场信息也很重要。

不管调查准备工作做得多么透彻，谈判者首先必须对在谈判桌上需要重新确认的事项列一份清单。收集到的有关外国客户（及其联系圈）[㊁]和市场的信息几乎总会有错误之处，而且在长途飞行中事情还会发生变化。其次，尽管可以预料到来自其他文化的经理对详细的日程安排可能不怎么重视，但是提出一个日程安排，仍有利于谈判的组织工作。

《谈判力》一书的最重要观点就是制定协议的最佳备选方案。[㊂]谈判中的能力正是以此来衡量的。即使是很小的公司，如果制订了许多好的可供选择的方案，而它的对手——大公司则没有制订，那么在谈判中小公司就可能具有很强的能力。制定并记下让步策略也很重要。因为让步会像雪球一样越滚越大，所以事先将它们记录下来，可以帮助谈判者对让步加以控制。

最后，应当明确谈判人员的具体分工，如由谁处理技术问题、谁记笔记、谁唱红脸、谁主谈等。此外，在关系导向的文化里，调解者和谈判者资历也是十分重要的考虑因素。

如可能的话，应事先安排好至少七个方面的谈判背景问题。

- 谈判地点；
- 场地布置；
- 谈判单位；
- 参谈人数；
- 听众（新闻媒介、竞争者、同行等)；
- 交流渠道；
- 谈判时限。

谈判地点直接影响到利益关系。到谈判对手的地盘去谈判就是很大的不利，这不仅是指旅途费用和劳累问题。中立地点可能更为合适——事实上，许多跨越太平洋的谈判都是在夏威夷进行的。那儿气候宜人，是打高尔夫球的好地方，而且飞行时差反应对于双方来说基本上是一样的。地点选择的重要性还在于如果发生争执，它就可能决定了司法管辖权。如果你必须到对手所在的城市去谈判，那么一个实用的策略就是请客户或者伙伴到下榻的宾馆来，

㊀ The most instructive story we have ever seen regarding how to build one's BATNA is found in Daniel Michael, " In Clandestine World of Airplane Contracts, An Inside Look at a Deal," *The Wall Street Journal*, March 10, 2003, p. A1. It is a must-read for anyone interested in the topic of international business negotiations.

㊁ James Nebus and Carlos Rufin, " Extending the Bargaining Power Model: Explaining Bargaining Outcomes among Nations, MNEs, and NGOs," *Journal of International Business Studies* 41, no. 6 (2010), pp. 996 -1015.

㊂ Fisher, Ury, and Patton, *Getting to Yes*.

在客厅里谈。这样，如果他们因为办公室里的事情而分神，你当然就可以做更多的事了。

场地布置对合作可能会有微妙的影响。在高语境文化中，如果房间安排不当，就可能使对方感到不安或惹恼对方。美国人往往安排比较随便，这有损对外业务关系。另外，谁应该参加谈判这个问题会因文化而异。美国人倾向于众人一起来“敲定一个协议”，即便有分歧意见。日本人则喜欢先与每个人单独谈，如果每个人都同意的话，再安排范围更广的会谈。俄罗斯人喜欢累计的方法，和一方先谈，达成一项协议，然后前面的两方再邀请第三方，如此进行下去。此外，前面已经提到过，在国际谈判中，谈判人数不少于对方的重要性。

谈判听众可能会对谈判的进程产生重大的影响。巴西石油公司（Petro Bras）的采购主管总是把竞争投标人放在相邻的房间，从而增加卖方之间的竞争压力。与此相似，向新闻界透露消息在推动通用汽车和丰田之间有关合资生产协议的谈判中起了关键性作用。

随着电子媒体的普及和效率的不断提高，以及电子媒体有时显得必不可少（如前文所提到的伊拉克战争和SARS爆发期间），无须面对面的沟通就能开展更多的业务。但是，美国人必须注意到，他们在许多其他国家的同行并不一定同样地使用互联网[一]和远程电话会议。[二]事实上，最近的研究表明，使用电子邮件难以建立相互信任。[三]此外，中国香港特别行政区的商人喜欢比一对一竞争更为激烈的运用电子邮件的谈判。[四]因此，在墨西哥、马来西亚和中国，饭桌上长时间的交谈可能是与客户和合作伙伴进行最有效沟通的方式。

最后，控制谈判时限也很重要。回顾一下有关俄罗斯人和美国人在尼斯谈判的例子。总部的耐心也是必不可少的。如果谈判是在大多数其他国家进行的，那么应对时间观差异有所准备。

跨越国界 19-2

数字技术对国际谈判的影响

总的说来，电子商务有利于全球市场营销。它使国内公司更加迅速地走向国际，成本也更低；它使国际公司的国内国际通信更加高效。传真取代了电传，而此前电传又取代了电报。但是电子邮件只是部分取代了普通信件、传真和电话，最好把它看作一种不同的媒体，没有传真那么正式，却比电话更加方便。为了形成网络，电子邮件很容易复制传播，不过也要避免过度复制。我们很多人如今已经学会了如何屏蔽群组信件。

长期的友谊对国际市场营销至关重要，但是电子邮件毕竟只能培养而不能创造友谊。波音和戴尔决定进入一种自动的友谊，但是这种决定不是两台机器做出的，而是双方的决策人

[一] Jan M. Uljn, Andreas Lincke, and Yunus Karakaya, “Non-Face-to-Face International Business Negotiation: How Is National Culture Reflected in This Medium,” *IEEE Transactions on Professional Communication* 44, no. 2 (June 2001), pp. 126-137.

[二] Tim Ambler and Chris Styles, *The Silk Road to International Marketing* (London: Financial Times and Prentice Hall, 2000).

[三] Charles E. Naquin and Gaylen D. Paulson, “Online Bargaining and Interpersonal Trust,” *Journal of Applied Psychology* 88, no. 1 (2003), pp. 113-120.

[四] Guang Yang, “The Impact of Computer-Mediated Communication on the Processes and Outcomes of Buyer-Seller Negotiations,” unpublished doctoral dissertation, Merage School of Business, University of California, Irvine, 2003.

员通过私人接触后做出的。宝洁公司和沃尔玛之间成功的关系主要得益于宝洁的客户小组和沃尔玛的采购员之间的私交。尽管外国人通过互联网也能了解有关泰国的不少事情，但是倘若不能够和泰国人直接交往，就永远也不能真正了解泰国顾客、他们做生意的方式以及他们对产品的感情。了解某种文化需要个人经验学识，也需要社会信息源泉。

资料来源：Reprinted with permission from Tim Ambler and Chris Styles, *The Silk Road to International Marketing* (London: Financial Times and Prentice Hall, 2000); Guang Yang, *The Impact of Computer Mediated Communication on the Process and Outcomes of Buyer-Seller Negotiations*, unpublished doctoral dissertation, Merage School of Business, University of California, Irvine, 2003.

19.3.3 谈判之中

国际商务谈判最难的一个方面就是进行实际的面对面谈判。假定选择了最合适的代表，假定这些代表都已做了充分准备，且场景因素对自己有利，不过谈判时仍有可能出问题。显然，如果其他准备工作做得不充分，那么谈判就会出差错。即便高度重视了谈判细节，驾驭谈判过程中的动态因素仍然是谋求海外业务的美国人所面临的最大挑战。

进入商务谈判之前，大多数人对谈判"固有的"或正常的过程都有一种预期。[1]进展的把握和适当的讨价还价策略的选择都是基于这些预期而进行的。也就是说，后期谈判不同于前期谈判，可能会使用高风险的战略来结束谈判，就像是在一场势均力敌的足球赛的最后两分钟一样。不过，所有这些战略决策都是根据对一系列预期事态的发展状况的把握而做出的。

来自不同文化的谈判者持有不同的预期，这也是国际商务谈判中的主要困难之一。但是在讨论这些差异之前，有必要指出一些相似之处。无论在什么地方，商务谈判一般都要经过以下四个阶段：

- 与工作不相干的交谈；
- 与工作相关的信息交流；
- 说服；
- 让步和达成协议。

第一阶段，即与工作不相干的交谈，包括那些可以被称作为了建立关系或者彼此相识而进行的所有活动[2]，但是不包括与谈判之"正事"相关的信息。在商务谈判的第二阶段，所交换的是有关对方的需要和偏好的信息。在第三阶段，即说服阶段，是当事人通过应用各种各样的说服技巧来努力调整对方的需要和偏好。商务谈判的最后阶段包括圆满达成协议，该协议常常是一系列让步或者小协议的总和。

[1] Sometimes these expectations are referred to as "the spirit of the deal" or the "social contract." See Ron S. Fortgang, David A. Lax, and James K. Sebenius, "Negotiating the Spirit of the Deal," *Harvard Business Review*, January-February 2003, pp. 66-74.

[2] Bradely R. Barnes, Leonidas C. Leonidou, Noel Y. M. Siu, and Constantinos N. Leonidou, "Interpersonal Factors As Drivers of Quality and Performance in Western-Hong Kong Inter-Organizational Relationships," *Journal of International Marketing*, 2014, in press; Martin R. Haas and Jonathon N. Cummings, "Barriers to Knowledge Seeking within MNC Teams: Which Differences Matter Most?" *Journal of International Business Studies*, 2014, online.

尽管这个过程在不同的文化中是一致的，但是四个阶段的内涵和时间跨度大不相同。例如，表 19-3 详细说明了日本人、美国人和中国人在这些程序上的差异，以及在语言、非语言行为和价值观等方面的差异。

表 19-3 日本人、美国人和中国人的商务谈判风格比较

类　别	日本人	美国人	中国人
语言	大多数日本管理者懂英语，但是经常用翻译	由于对日语缺乏了解，所以美国人思考答案和观察日本人的非语言反应的时间较少	虽然中国谈判者常常懂一些英语，但仍然喜欢带上翻译
非语言行为	日本式人际交流方式较少使用对视及否定的面部表情，但沉默时段较长	美国人往往会在对方沉默时，据理力争或做出让步	很多方面与美国人相同，有大量非语言行为，不过外人很难读懂
价值观	含蓄和保全面子很重要；垂直型买方和卖方关系比较典型，通常卖方依赖于买方的信誉	讲出心里话很重要；属于水平型的买方和卖方关系	属于关系导向；重视关系与面子
商务谈判的四个阶段			
（1）与工作不相干的交谈	在日本，人们常常在这方面投入大量的时间和费用	美国人在这方面投入很少的时间	看重正式的、长时间的、宝贵的中间人联系
（2）与工作相关的信息交流	这是最重要的一步——初次报盘高，并带有很长的解释和深入的阐述	简明地介绍情况，初次报盘比较“公道”	不喜欢直截了当，喜欢解释，看重中间人联系
（3）说服	说服主要是在幕后完成的，垂直型地位关系决定了讨价还价的结果	最重要的一步：谈判时会改变思想，并且经常使用大胆放肆的说服战术	会提出问题，给出具有竞争性的报价，会延期
（4）让步和达成协议	在谈判的最后时刻才做出让步，即通盘决策方法；美国人难以把握进展情况	从头至尾都有让步和承诺，即顺序决策过程	采用通盘决策，对重要问题会再三考虑，目的是建立长期关系。美国人很难判断究竟发展到哪一步了

资料来源：N. Mark Lam and John L. Graham, *China Now, Doing Business in the World's Most Dynamic Market* (New York: McGraw-Hill, 2007); James Day Hodgson, Yoshihiro Sano, and John L. Graham, *Doing Business with the New Japan* (Boulder, CO: Rowman & Littlefield, 2008).

1. 与工作无关的交谈

美国人在谈判桌上总会讨论生意之外的话题（例如，天气、家庭、体育运动、政治和一般业务情况等），但是谈论的时间不长，通常在 5 ~ 10 分钟以后就转入正题。这种交谈被称作与工作不相干的预备性交谈，除了出于友好或礼貌之外，可以帮助一方了解对方那天的感觉如何。在与工作不相干的交谈中，一方可以知道另一方的注意力是集中在业务上，还是被其他的私事或公事分神了。

了解客户的背景和兴趣可以为确定适当的沟通方式提供重要线索。如果双方的背景相似，那么就能进行更有效的沟通。工程师在与其他工程师交谈时，可以使用技术术语。体育爱好者可以使用体育来打比方。有孩子的人可以比较“让小孩念完大学”的现金支出等。

借助于这些初步交流，还可以判断和你打交道的对手属于哪一类：这个人可以信赖

吗？[1]他可靠吗？他在单位有多大权力？在谈判之前，必须做出这些判断。

这些初步性的与工作不相干的讨论往往有一个明确的目的。尽管大多数人意识不到这一点，但其目的就是用这些时间对客户做出判断。根据这一过程的结果，利用不同的术语和类比，就可形成建议与意见。如果客户由于其他私事而分神，或者这个人看上去不可信，那么就可以断定根本没有必要讨论业务。虽然听上去所有这些需在5～10分钟内完成，但在美国这一信息导向的国家通常最多就花这些时间。不过，在像中国和巴西这样注重关系的国家，情况并非如此。虽然与工作不相干的交谈的目的是相同的，但是在中国和巴西交谈所花费的时间要长得多。这里的时间不是5分钟，而是有可能需要见5次面。事实上，这就是日本政府对于商业娱乐业提供大额税收抵扣的原因。[2]

在美国，如果因对客户或卖方判断失误而使得交易失败，那么企业会求助于法律和律师。但在大多数其他国家，出现这种情况时，通常不会依赖法律。相反，韩国和埃及等地的管理者会把大量的时间和精力花在与工作无关的交谈上，以使事态不再恶化。美国人要在首尔和开罗取得成功，需要从外国人的角度重新考虑谈判第一阶段的重要性。

2. 与工作相关的信息交流

只有当与工作不相干的交谈结束并且建立了可以信赖的个人关系之后，[3]才能开展业务。建议美国管理者让外国对手来决定什么时候应该开始实质性谈判，让他们来提出业务方面的事情。

与工作相关的信息交流（task-related information exchange）隐含着一个双向沟通的过程。但是，观察表明当美国人与来自其他文化的管理者进行谈判时，信息交流是单向的。虽然日本、中国和俄罗斯的谈判者看上去会提出“成千上万”个问题，但很少给予反馈信息。这一连串的问题对美国谈判者的耐心形成了严峻的考验，而且缺乏反馈信息也使得他们非常焦急。这两种情况都可能使美国人在这些国家待上更长的时间，也意味着出差费用的增加。

---

[1] Trust is a key negotiation concept that is receiving growing attention in diverse areas. See Alaka N. Rao, Jone L. Pearce, and Katherine Xin, “Governments, Reciprocal Exchange, and Trust among Business Associates,” *Journal of International Business Studies* 36, no. 1 (2005), pp. 104-118; on the chemical basis of trust, see Michael Kosfeld, Markus Heinrichs, Paul J. Zak, Urs Fischbacher, and Ernst Fehr, “Oxytocin Increases Trust in Humans,” *Nature* 435 (June 2005), pp. 673-676; Lai Si Tsui-Auch and Guido Mollering, “Wary Managers: Unfavorable Environments, Perceived Vulnerability, and the Development of Trust in Foreign Enterprises in China,” *Journal of International Business Studies* 41, no. 6 (2010), pp. 1016-1035; Jeffrey H. Dyer and Wujin Chu, “The Determinants of Trust in Supplier-Automaker Relationships in the U.S., Japan, and Korea,” *Journal of International Business Studies* 42, no. 1 (2011), pp. 10-27, 28-34; John Paul McDuffie, “Inter-Organizational Trust and the Dynamics of Distrust,” *Journal of International Business Studies* 42, no. 1 (2011), pp. 35 - 47; Akbar Zaheer and Darcy Fudge Kamal, “Creating Trust in Piranha-Infested Waters: The Confluence of Supplier and Host Country Contexts,” *Journal of International Business Studies* 42, no. 1 (2011), pp. 48 - 55; Crystal X. Jiang, Roy Y.J. Chua, Masaaki Kotabe, and Janet Y. Murray, “Effects of Cultural Ethnicity, Firm Size, and Firm Age on Senior Executive Trust in Their Overseas Business Partners: Evidence from China,” *Journal of International Business Studies* 42, no. 9 (2011), pp. 1150-1173.

[2] “Kanpai!” *The Economist*, December 14, 2013, p. 80.

[3] Andreas Engelen, Fritz Lackhoff, and Susanne Schmidt, “How Can Chief Marketing Officers Strengthen Their Influence? A Social Capital Perspective Across Six Country Groups,” *Journal of International Marketing* 21,no. 4 (2013), pp. 88-109.

当然，从谈判对手那里搜罗信息是谈判的上策。但是经常报道的中国、日本和俄罗斯人的行为并不一定代表了一种老练的谈判策略。事实上，表 19-2 可以给我们一些启示：会话风格上的差异（在这三种文化的谈判中，沉默时段出现得比美国更频繁）可以解释其中的部分原因。事实上，对美国人与日本人的谈判形式的深入研究表明，美国谈判者似乎填补了这些沉默时段，大部分时间都是他们在谈论。这些结果表明，美国谈判者必须特别注意将嘴闭紧点，应让外国对手提供信息。

要突破语言障碍的信息交流也可能很难。我们大多数人能理解具有相同文化背景的配偶或室友讲话内容的 80% ~ 90%，这意味着 10% ~ 20% 被误解或听错了。不管流利程度多高，认识时间多长，当一个人讲第二语言时，误解或听错的百分比急剧上升。如果第二语言能力有限，那么整个会话可能被全部误解。陈述时，通过采用多种交流渠道，如写、展示、讲、重复等，可以将不可避免的错误降到最低程度。

在许多文化中，很难获取负面的反馈信息。在像墨西哥和日本这样的高语境文化中，说话人唯恐破坏非常重要的个人关系，不情愿把反对意见说出来。一些语言本身就是含蓄的和不确定的。英语相对而言比较清晰，但是从日语等语言翻译过来的英语可能有许多内容不够明确。在像中国这样注重集体主义的文化中，谈判者可能不愿意代表决策小组发言，或者他们可能不知道小组对某个特定建议的看法。所有这些问题表明，在谈判队伍中必须有在顾客所在国土生土长的人或应当花一些额外的时间在生意或非正式娱乐场所上，以便更好地理解外国顾客或伙伴所提供的信息。与此不同的是，低语境文化的德国管理人员经常抱怨美国人的讲话中“无价值的东西”太多。他们只对信息感兴趣，而对美国人讲话中常见的夸张或模棱两可的话不感兴趣。对于高语境文化的美国人来说，德国人负面的反馈信息可能又似乎坦率得让美国人难以接受。

跨越国界 19-3

在巴西钓生意

与工作不相干的交谈有多重要？看看旁观者对一位美国银行家在巴西的会谈所做的描述就可以知道了。

> 双方在相互介绍了之后，就以“你觉得里约热内卢怎么样”这类常见的问题作为开场白，譬如，你去过某个地方吗，并且还谈到从纽约到巴西的飞行。闲谈了大约五分钟以后，这位资深的美国人挺惹人注目地看了一眼手表，然后询问客户对银行新业务知道些什么。
>
> “一丁点儿，”巴西人回答道。资深的美国人突然从公文包里拿出一份宣传册，在客户面前的一张办公桌上翻开了册子，开始竭力推销。
>
> “表格更少、电子转账和减少应收账款，”才说了大概三分钟左右，巴西人突然插话说，“没错，这将使我们更具竞争力……在巴西这儿竞争是最重要的。事实上，你最近看了世界杯足球赛了吗？真精彩。”于是就在那高层办公大楼里，话题一下子就岔开了。
>
> 在对当地几支足球队、贝利以及美国足球为什么不受欢迎等高谈阔论了几分钟

后，美国人开始把巴西人拉回到正题上来。他先是长时间地看了看表，然后打断他的话说："也许我们的话还得说到我们提供的新业务上。"

巴西人确实就销售问题谈了几分钟时间，然后又开始跑题了。这次他从高效的银行交易，谈到了巴西金融体制的细微差别，接着又谈到了巴西经济。不一会儿，我们全都谈起了世界经济，对美国的总统选举进行预测。

美国人又看了一下劳力士表，又开始了他那套"钓鱼小伎俩"。在我看来（我并未为活动的成功投入时间和金钱），这一切看上去都非常滑稽。在随后的45分钟里，这位美国副总裁每次看表的时候，我都不得不咬紧嘴唇，生怕笑出声来。他的宣传小册子愣是没能够翻到第二页。巴西人就是没有兴趣和不怎么熟悉的人谈生意。

资料来源：William Hernandez Requejo and John L. Graham, *Global Negotiation: The New Rules* (New York: Palgrave Macmillan, 2009). Reproduced with permission of Palgrave Macmillan.

信息交流时的最后一种潜在冲突与初次报盘有关。价格虚头因文化而异。美国人的初次报盘往往与他们的实际要价比较接近。"目标100万美元，我们从120万美元开始"，大多数美国人似乎比较适合这种报价。这种初次报盘的隐含之意就是希望事情能迅速完结。美国人不希望远离初始报盘。但是，许多其他国家的谈判者并不希望同样迅速地完成。在中国、巴西和西班牙等地，他们希望的讨价还价时间相对而言要长一些，他们的初次报盘并不缩手缩脚，而是直接表达这种期望。"如果目标100万美元，我们最好从200万美元开始"，这种报价方法在那儿比较合理。美国人对这种大胆的初次报盘的反应不外乎以下两种情况：要么发笑，要么发火。当外国对手的第二次报盘大打折扣时，美国人的火气会上升。

有关这一问题的一个好例子就是关于一位美国首席执行官购买欧洲工厂用地的事。当他在爱尔兰选了一块价值2 000万美元的地时，他早些时候拜访过的西班牙房地产开发商给他打了电话，纳闷为什么美国人在选择都柏林之前不对在马德里的这块地进行讨价还价。他告诉这位西班牙人他的初次报盘"与球一点都不擦边"。但是，当西班牙人主动提出来可把价格降到爱尔兰价以下时，这位美国人就笑不起来了。事实上，这位美国总裁很恼火。由于对初次报盘的预期不同，一笔潜在的好生意就这样错过了。他们只交换了数据，但并没有交换信息。遇到外国人离奇的报盘，应该提问而不该恼火。

3. 说服

在日本，与工作相关的信息交流和说服之间没有明显的分界线。当每一方对其要求和偏好进行明确并具体化时，这两个阶段就混合在一起了。日本人在与工作相关的信息交流上花费了较多的时间，所以在说服阶段要"争论"的内容就很少。相反，美国人往往喜欢在谈判桌上摊牌，并急于从信息交流阶段进入到说服阶段。毕竟，说服是问题的要害所在。除非要改变某人的主意，否则要谈判干什么。在美国，销售培训的一个主要方面就是"处理反对意见"。所以在美国人心中，信息交流的目的就是迅速地使这些反对意见暴露出来，以便加以处理。

这种处理也许意味着向客户提供更多的信息，也可能意味着变得吝啬。如表19-1所示，美国人在谈判中会进行威胁，也会发出警告，但他们并不常常使用这些战术。不过，其他文化的谈判者应用这些战术的频率更低。例如，大家注意到墨西哥人和讲英语的加拿大人在模拟谈判中使用威胁和警告的情况是很少发生的。同样地，菲律宾和中国谈判者比美国谈判者也更少使用放肆的谈判策略。[一]的确，在泰国或中国，使用这种比较放肆的谈判策略可能会导致丢面子并破坏重要的个人关系。虽然日本可能使用这种强硬的策略，但只有买方使用，而且通常是在非正式场合，不是在正式的谈判桌上。美国人在谈判过程中还特别易激动，而且流露出在外国可能完全不适宜的情绪。在曼谷和香港等地，美国人的这种情绪爆发会被看作一种比较幼稚甚至是粗野的行为。

最有力的说服战术其实就是提出更多的问题。例如，可以礼貌地问外国对手为什么两个月后才能发货或者为什么要打10%的折扣。切斯特·卡勒斯在他目前仍然有影响的《谈判游戏》(*The Negotiation Game*)[二]一书中指出，在商务谈判中"少说为妙"。另外，可以重复提问，例如"我没有完全听懂你的话，能请你再解释一下吗"。如果客户或潜在的商业伙伴回答得很充分，那么恐怕最好是在这个问题上做出妥协。但是，往往在仔细、反复的询问之下，他们的回答往往并不充分。一旦他们的弱点暴露出来，那么他们就不得不做出让步。提问能够引出重要的信息，是最有力的然而又是被动的说服手段。事实上，提问是日本人喜欢的战术，用在美国人身上非常有效。

最后，在许多国家，第三方和非正式的沟通渠道也是进行说服所不可缺少的媒介。在餐馆会谈或有引荐人、共同朋友在场，可以帮助解决与合作伙伴的许多难题。当问题出在感情方面时，这种非正式场合和可以信赖的中介的参与往往价值最大，既表达了难以启齿的想法，又保全了面子。尽管美国的经理可能会回避这些"幕后"方法，但是这在许多国家是标准的做法。

4. 让步和达成协议

前面提到的有关把让步策略记录下来的重要性以及顺序决策与通盘决策风格间的差异性的评述，与这里所讨论的内容相关。美国人经常很早地做出让步，希望外国对手能做出相应的让步。但是在许多文化中，到谈判的最后才会做出让步。当外国客户和伙伴采用不同的让步方法时，美国人常常感到灰心丧气并且表现得愤愤不平。当然，如果双方都理解所发生的事情，那么他们的让步方法也很奏效。

19.3.4 谈判之后

美国企业之间的合同常常长达100页以上，包括有关协议各个方面的措辞严密的条款。美国的律师会竭力保护他们的公司不受所有情形、意外事故和另一方行为的伤害。最好的合同应该文字严密，另一方不会想去法庭对任何条款提出异议。美国社会要求有这样的合同。

在其他大多数国家，特别是在注重关系的国家中，不能依赖法律制度来解决争端。事实

[一] X. Michael Song, Jinhong Xie, and Barbara Dyer, "Antecedents and Consequences of Marketing Managers' Conflict Handling Procedures," *Journal of Marketing* 64 (January 2000), pp. 50-66; Alma Mintu-Wimsatt and Julie B. Gassenheimer, "The Moderating Effects of Cultural Context in Buyer-Seller Negotiation," *Journal of Personal Selling & Sales Management* 20, no. 1 (Winter 2000), pp. 1-9.

[二] Chester Karrass, *The Negotiation Game* (New York: Crowell, 1970).

上，“争端”这一术语并不反映一种商业关系应该怎样运作。每一方都应该关心这种关系给双方带来的利益，也就是说要考虑另一方的利益。因此，在日本等地，书面合同很短，只有两三页，故意写得不严密，主要包含对处理相互关系的原则的说明。在日本人看来，美国人强调措辞严密的合同就等于还没结婚就计划着离婚。

在其他注重关系的国家，如中国，合同用来描述商业伙伴各自的责任。对于复杂的业务关系，合同可能很长而且很详细。不过，其目的与美国人所理解的并不相同。如若情况有变，那么不论原已签署的合同如何规定，就有必要对责任进行调整。

不拘礼节是美国人的一种生活方式。即便是公司间最大的合同也是通过寄发邮件来签署的。在美国，一般认为举行仪式既浪费时间，又浪费金钱。但是，当与外国公司达成一项重要的协议时，外国公司的管理者可能会希望举行一个由各自执行总裁参加的正式签字仪式。满足这样的期望对美国公司来说是明智的选择。

最后，后续交流是与大多数外国伙伴和客户进行商务谈判的重要部分。特别是在个人关系十分重要的高语境文化里，高层管理者必须与他们的对手保持联系。在合同签署很久以后，信件、图片和互访仍很重要。事实上，高层之间关系“热络”常常是解决日后可能出现的问题的良方。

19.4 富有创造性的国际谈判

有时，成功谈判并不一定是最好的结果。也许最有名的谈判寓言就是关于橘子的争论。最简单的办法当然是一切为二，双方各得自己的那份。然而，如果双方进行相互交流，明白了对方的兴趣所在，那么就可以得到更好的解决办法：需要早餐用橘子汁的一方取得了橘子肉，而需要用橘子皮做果子酱的则取得了橘子皮。这样，双方都可以获得更多自己想要的。虽然两种结果并不特别具有创造性，但是这个关于橘子的寓言就会成为一种“发明”，只要双方决定通过合作来种植更多的橘子树。

也许有关创造性谈判的两个最有启发性的例子涉及成对的美国公司和日本公司，而且这些都是竞争对手。有史以来所达成的最好的国际协议之一是通用汽车和丰田在加州弗里蒙特所建立的合资企业。相关谈判于1984年完成，从而在两家强大的全球竞争对手（它们在制造工艺和汽车技术方面都拥有一流的创新技术）之间创造了长达25年的合作关系。双方会谈的一个重要特点就是使用调解人（日语中的shokai-sha或chukai-sha)，而且其从一开始就参与了全部的会谈。这种做法在日本属于标准的作业流程，但这个概念对美国高管而言是新的，除非交易决策已经转变为解决纠纷。合作时间更长而且更富成效的是在波音公司和三菱之间的协商关系。在二战期间，日本的三菱零式舰载战斗机与波音B-17轰炸机进行空战。但在1953年，波音公司在日本设立了子公司。1969年，双方签署了第一份合同。随后，双方继续合作并取得了许多创造性的业务安排：波音公司为其新的787梦想飞机从日本设计师和供应商那里购买复合塑料机翼，然后把组装好的波音787飞机卖回给日本航空公司，而且所有的项目都从日本政府获得不错的补贴。显然，即使在达成协议之后，创造性思维一直是三菱和波音公司长期保持合作关系的一个标准特征。

在如今的商学院里，人们可以学到许多有关创新的方法。“创新”这个词也常常出现在商学院所提供的课程名称以及学生的学位论文中，而且也是许多学术会议和公司董事会会议的关键词。如果对创新和创新方法听到的越多，那么就越能理解日本人在国际商务谈判时会本能地采用许多如今创新过程中所时常强调的方法。事实上，这对于日本这样一个缺乏自然资源并且相对孤立的国家何以能在经济上取得成功，似乎存在某种更深层次的解释。日本社会自身存在一些阻碍创新的因素，其中就包括等级制度和集体主义价值观。不过，日本社会形成了能从多个方面消除这些弊端的谈判风格。这里所提倡的谈判程序恰好与日本人开展国际谈判的方法相一致。

此外，我们必须感谢谈判领域的那些一直提倡创新的先哲。霍华德·雷法（Howard Raiffa）和他的同事就谈判工作指出：

> ……谈判团队应当非正式地开展集体思考和计划，有时甚至需要集思广益，而这些做法相当于某种“对话”或“预谈判”。此时，双方并不需要在初期阶段就如何划分谈判蛋糕进行权衡、做出承诺或展开争论。[㊀]

在《谈判力》[㊁]一书中，作者罗杰·费希尔（Roger Fisher）和威廉·尤里（William Ury）把第 4 章取名为“针对共同利益的创新选择”。在《3D 谈判》（*3D-Negotiations*）[㊂]一书中，大卫·莱克斯（David Lax）和詹姆斯·西贝尼斯（James Sebenius）在谈判力的基础上提出了“创新协议”和“伟大协议”的概念。这里，我们的目的是要向一线谈判人员推广这些有关如何思考商务谈判的概念。一般而言，商务谈判领域仍然拘泥于过去，商谈的还是过去的那些“达成交易”和“解决问题”的知识。即便是在使用“双赢”这个术语时，仍然抱着过去那些竞争的思维。我们以为商务谈判并非能用输赢来界定，而竞争的陈旧观点显然会阻碍创新。当然，“解决问题”的思维也会阻碍创新。唯一有用的就是接受创新的结果。

表 19-4 中所列的观点可以用于国际商务谈判的各个阶段，包括计划、执行、后续工作等阶段。创新原则至少特别适用于谈判的三个方面。根据霍华德·雷法的建议，创新原则可用于谈判前的会面。此外，我们提倡在遇到僵局之时运用创新原则。例如，在就金额达数十亿美元的秘鲁乌鲁班巴河（Rio Urubamba）天然气项目进行谈判时，相关企业和环境保护组织就在当时看来根本无法妥协的差异（穿过原始森林的公路和巨大的输气管线会引发生态灾难）上达成了一致。采用了什么样的创新的解决方案呢？参考远离海岸的天然气开采平台的输气方法：把管线埋在地下，不建公路，必要时用飞机输送人员和设备。

谈判者在获得谈判力后，通过分析协议，就可以找到使合作关系真正落地的方法。也许需要分析协议开始执行后前 6 个月的情况。不过，这里的要点在于要留出足够的时间以便通过创新方式来研讨如何完善商业关系。这种研讨的重点通常都是要提出解决问题的方法。换

㊀ Howard Raiffa with John Richardson and David Metcalfe, *Negotiation Analysis* (Cambridge, MA: Belknap, 2002), p. 196.

㊁ Fisher, Ury, and Patton, *Getting to Yes*.

㊂ David J. Lax and James K. Sebenius, *3D Negotiations* (Boston: Harvard Business School Press, 2006).

言之，就是要回答“还有什么没有想到的”这个问题。[㊀]

表 19-4 创造性谈判的运作

1. 创造性谈判历史悠久，具有未来的先进性；它是基于人类最基本的天赋——想象力	8. 在合适的地点和合适的空间，按合适的节奏与对方见面
2. 创造性谈判从一线希望、愿景开始，即事情会变得更好，甚至能改变世界	9. 要充分利用情感因素并克服权力和腐败
3. 你必须找到合适的合作伙伴，并根据你的愿景宣传他们	10. 必须鼓励角色转换
4. 然后，与站在另外战线的人建立合作关系	11. 使用创新工具
5. 需要制定使这些关系得以落实的制度	12. 使用即兴工具
6. 根据具体情况，增加合适人员，包括调解员	13. 不断用新方法改进关系
7. 需要考虑并鼓励文化的多样性	14. 即便认为你可能已经创造出最好的结果，仍然要继续使用这些策略来创造一个更好、更长久和更加可持续的结果

资料来源：John L. Graham, Lynda Lawrence, William Hernandez Requejo, *Inventive Negotiation: Getting Beyond Yes* (New York: Palgrave Macmillan, 2014). See also www. InventiveNegotiation.com.

19.5 结论

尽管国际谈判者面临着许许多多的潜在陷阱，但形势正在向好的方向发展。“无知老外”和美国经理的牛仔形象变得不怎么准确了。同样，我们也清楚本章所提到的日本人的沉默寡言和巴西人的热心过头也会不再正确。随着世界范围内经验水平的上升，个人性格显得更重要了。因此，到处能发现健谈的日本人、安静的巴西人和给人留下深刻印象的美国谈判者。但是，无论是现在还是将来，文化总是重要的。可喜的是美国经理已经考虑到文化这一因素，并迅速地成为自觉的行为。

大约 100 多年前，英国作家拉迪亚德·基普林（Rudyard Kipling）曾经说过：“东是东，西是西，东西永远不相遇。”从那以来，大多数人都把他的话套上了不应有的悲观情绪，甚至有人错误地认为他的话是错误的。[㊁]问题在于费心读完全诗的人并不多。其实，《东西歌谣》是这样的：

东是东，西是西，
东西永远不相遇。
直到天空和大地，
站到上帝的审判席；
但是当两个壮男迎面而立，
纵然来自地球的两极，
既没有东，也没有西，
没有边界，没有种族，没有血统。

在当今时代，这首诗可以做一点变动，应该加上其他的方向：北是北和南是南。也许中

㊀ More information regarding inventive negotiations can be found at http://www.InventiveNegotiation.com.

㊁ Michael Elliot, “Killing off Kipling,” *Newsweek*, December 29, 1977, pp. 52-55.

间的一句话应该念作："当两个强大民族迎面而立"。但是，仍然带有基普林的那种正面的伤感之情。不管国家之间、文化之间的差异有多大，只要人们面对面地交谈，任何困难都是可以克服的。基普林将国际合作的重任直接放在了现在和将来的经理肩上，而不是放在公司或政府的身上，这是正确的。努力吧，未来的经理！

本章小结

因为世界上的商务谈判风格差异很大，所以当在国际谈判桌上面对客户、顾客和商业伙伴的时候，考虑文化差异就会变得很重要。除了文化因素之外，谈判者的个性和背景也会影响他们的行为。所以，必须细心地了解代表客户和客户公司的个人。文化成见可能会造成误导。

在国际商务谈判中，常常出现四类不同层面的问题：①语言；②非语言行为；③价值观；④思维和决策程序。外语技能是国际谈判者的一项重要工具。非语言行为在不同文化中差异极大，而且我们往往意识不到它们的影响，因此这方面的问题十分严重。尽管大多数美国人注重客观、竞争、平等和准时，但许多其他国家的人不一定如此。至于思维和决策程序，西方企业管理者往往把复杂的谈判分解为一个个较小的问题，然后依次解决，而在许多东方文化中，讨论时多采取一种通盘考虑的方法。

必须细心选择代表公司与外国人谈判的谈判团队。倾听技巧、总部的影响和善于利用同伴支持等也是谈判者的重要特征。美国人必须注意自己的谈判团队在人数和资历上与外国谈判队伍相称。跨文化培训、慎重的准备和投入也是非常重要的。一些现场因素，如会谈地点以及时间许可情况等，也必须认真地加以考虑和控制。

世界各地的商务谈判都包含以下四个阶段：①与工作不相干的交谈；②与工作相关的信息交流；③说服；④让步和达成协议。在不同国家，各阶段所花费的时间有很大的差异。美国人花在与工作不相干的交谈或了解外国对手上的时间很少。特别是在高语境文化中，让顾客在对私人关系感到舒适的时候再谈业务，这一点很重要。在美国，与工作相关的信息交流来得很快。在其他一些国家，如日本，大多数时间被花在第二阶段，即注重细致地了解对方。在美国人看来，说服是最重要的，常常使用威慑性的说服战术（威胁和警告）。这种说服战术，在一些文化中可能奏效，但在另一些文化中也可能会带来严重的问题。因为美国人往往以交易为导向，对于更强调长期业务关系的外国客户和顾客来说，必须注意后续交流。最后，国际商务谈判中的一个新的重点就是采用富有创新意义的谈判方法。

思考题

1. 解释本章标黑色的主要术语。
2. 为什么文化成见是危险的？试举例说明。
3. 列举文化影响谈判行为的三种方式。
4. 描述国际商务谈判中经常出现的问题类型。

5. 对于国际谈判者来说，为什么外语技能很重要？
6. 请说明非语言行为中的三种文化差异，并解释为什么它们在国际商务谈判中会带来一些问题。
7. 为什么时间是国际商务谈判中的一个重要考虑因素？
8. 在处理复杂谈判问题时，日本经理和美国经理会有何不同？
9. 选择谈判团队时，有哪些最重要的考虑因素？请举例说明。
10. 对于国际谈判者来说，什么类型的培训最有用？
11. 请列举在会谈前可以提前控制的三种谈判情形，并说明如何控制。
12. 试解释为什么美国人在与工作不相干的交谈上花费很少的时间，而巴西人却花费那么多的时间？
13. 为什么在国外许多国家很难从对手那里获得负面的反馈信息？试举例说明。
14. 为什么在墨西哥和日本发火并不管用？
15. 为什么说提问是最有效的说服战术？
16. 橙色有何寓意？与国际谈判有何联系？

PART 6

第六篇

国家手册——营销计划制订指南

计划过程的第一阶段就是进行初步的国别分析。营销者需要基本的信息，以评估一国市场的潜力，识别可能将一国排除在进一步考虑范围之外的问题，识别需要进一步研究国家的环境因素，评估营销组合因素以便做可能的调整，以及制订战略营销计划。此外，初步分析过程中收集的信息还可以作为国家手册的基础。

许多大大小小的公司对于每一个有业务往来的国家都有一本国家手册。国家手册中包含了营销者在做出与某个具体的市场相关的决策时应该了解的信息。在收集新的信息的同时，国别或产品经理会对国家手册进行不断更新。一旦所要做的决策涉及某个国家，国家手册就是首先被查询的数据库。新产品的导入、广告计划的改变以及其他营销计划决策都是从国家手册开始的。负责一国市场的新人员还可利用国家手册快速把握情况。

本部分将分别介绍收集并分析市场数据资料、制定国家手册的四个方面独立的指南：①文化分析指南；②经济分析指南；③市场审计和竞争分析指南；④初步营销计划指南。这些指南表明了营销者为了加强计划工作应当收集的信息类别。

每个指南下的要点都比较笼统，旨在表明查询相关信息应该搜寻的领域。每个指南的要点都必须根据公司产品情况进行调整，以便适合公司的产品。至于具体数据的恰当性、数据资料的深度等决策取决于公司的目标、产品特点和国别市场。指南中的一些要点对于一些国家或一些产品来说并不重要，应予省略。有关每个指南的具体内容，在本书前面的章节中都可以找到。

文化分析

文化分析中所列的资料包括了有助于营销者做出营销计划决策的信息。但是，它的应用不仅仅局限于产品和市场分析，对于有兴趣理解一国商业惯例和其他重要文化特征的人来说，它也是重要的信息来源。

文化分析中的信息不应仅仅是事实资料的汇集。不管是谁负责准备材料，都应力求说明文化信息的意义，也就是说这些信息会如何帮助理解文化对市场的影响。例如，在意大利和墨西哥差不多所有的人都信仰天主教，这是一个有意义的信息，但更有价值的是要理解天主教对价值观、信仰和市场行为的其他方面的影响。再者，即便在两个国家天主教都处于支配地位，但各自对天主教独特的理解和做法等在市场行为上也会导致很大的差异。

指南

1.1 引言

包括公司简况、拟出口产品以及希望开展贸易的目标国

1.2 简要讨论该国的有关历史

1.3 地理背景

1.3.1 位置

1.3.2 气候

1.3.3 地形

1.4 社会机构

1.4.1 家庭

1. 核心家庭
2. 大家庭
3. 家庭动态因素

- 家长角色
- 婚姻和求爱

4. 男性 / 女性角色（变还是不变？）

1.4.2 教育

1. 教育在社会中的作用

- 初等教育（质量、发展水平等）
- 中等教育（质量、发展水平等）
- 高等教育（质量、发展水平等）

2. 识字率

1.4.3 政治体制

1. 政治结构
2. 政治党派
3. 政府稳定性
4. 特别税收
5. 地方政府的角色

1.4.4 法律体制

1. 司法体制
2. 是采用大陆法系、英美法系、社会主义国家的商法体系还是伊斯兰法系
3. 专利、商标以及其他公约参与情况

1.4.5 社会组织

1. 群体行为
2. 社会阶层
3. 俱乐部及其他组织
4. 种族、民族和亚文化

1.4.6 商业习惯和惯例

1.5 宗教与美学

1.5.1 宗教和其他信仰制度

1. 正统教义和结构
2. 与人们的关系

3. 占主导地位的宗教
4. 每一宗教的成员
5. 权力强大或具有影响力的教派

1.5.2 美学

1. 视觉艺术（美术、造型艺术、书画艺术、大众艺术、色彩等）
2. 音乐
3. 戏剧、芭蕾以及其他表演艺术
4. 民间传说和有关象征

1.6 生活条件

1.6.1 饮食和营养

1. 肉和素菜消费率
2. 典型饮食
3. 营养不良率
4. 可供食品

1.6.2 住房

1. 可供住房种类
2. 大多数人是自己拥有还是租用
3. 大多数人住的是独家独院还是与其他家庭同住一栋楼

1.6.3 衣着

1. 国装
2. 工作服

1.6.4 娱乐、体育以及其他休闲活动

1. 种类和需求情况
2. 这类活动的支出占收入的比例

1.6.5 社会保障

1.6.6 医疗保健

1.7 语言

1.7.1 官方语言

1.7.2 口语与书面语

1.7.3 方言

1.8 小结

在其他部分全部完成以后，对要点做一个总结（最长两页）并放在报告的前面。总结的目的是便于读者浏览报告的主要内容。总结中要包括读者在一国经营应该了解但不了解的或者依据他的自我参照标准有所不同的文化方面。

1.9 资料来源

1.10 附录

经济分析

读者或许会发现针对经济分析指南所收集的资料与文化分析指南相比要简单一些。经济分析指南中包括两大类信息：借以评估一国经济状况的一般经济资料以及有关营销渠道和媒体的信息。如前所述，指南所强调的只是大类信息，所以必须结合具体公司和产品需要进行调整。

指南

2.1 引言

2.2 人口

2.2.1 总量

1. 增长率
2. 婴儿成活率
3. 出生率

2.2.2 人口分布

1. 年龄
2. 性别
3. 地理区域（城市、郊区和农村的密度和集中程度）
4. 迁移率及迁移模式
5. 种族团体

2.3 经济统计数据和活动

2.3.1 国民生产总值（GNP）或国内生产总值（GDP）

1. 总额
2. 增长率（实际 GNP 或 GDP）

2.3.2 人均收入

2.3.3 家庭平均收入

2.3.4 财富分布

1. 收入阶层
2. 每个阶层的人口比例
3. 分布扭曲吗

2.3.5 矿产和资源

2.3.6 水陆交通

1. 方式
2. 供给状况
3. 使用率
4. 港口

2.3.7 通信系统

1. 类型
2. 供给状况
3. 使用率

2.3.8 工作条件

1. 雇主 – 雇员关系
2. 雇员参与情况
3. 工资和福利

2.3.9 主要行业

1. 每个行业对 GNP 的贡献比例
2. 私有与公有企业间比例

2.3.10 外来投资

1. 有机会吗
2. 哪些行业

2.3.11 国际贸易统计数据

1. 主要出口品
   - 美元金额
   - 趋势
2. 主要进口品
   - 美元金额
   - 趋势
3. 国际收支状况
   - 顺差还是逆差
   - 最近趋势
4. 汇率
   - 单一汇率制还是多重汇率制
   - 目前汇率
   - 趋势

2.3.12 贸易限制

1. 贸易禁运
2. 配额
3. 进口税负
4. 关税
5. 许可证
6. 海关关税

2.3.13 现金收入活动以外的经济活动

1. 反向贸易

- 反向贸易中通常提供的产品
- 反向贸易类型要求（即易货贸易、回购等）

2. 获取的外援

2.3.14 劳动力

1. 劳动力规模
2. 失业率

2.3.15 通货膨胀率

2.4 科学技术发展状况

2.4.1 目前可利用的技术（计算机、机械、工具等）

2.4.2 研发投入占 GNP 的百分比

2.4.3 劳动力和一般大众的技术水平

2.5 分销渠道（宏观分析）

本节列举市场上可利用的所有中间商渠道资料。以后，你可以选择某一具体渠道作为你的营销策略的一部分。

2.5.1 零售商

1. 零售商数量
2. 典型零售店的规模
3. 不同种类产品的通常加成幅度
4. 经营方法（现金或赊购）
5. 经营规模（大或小）
6. 连锁店、百货商店和专卖店的角色

2.5.2 批发中间商

1. 数量和规模
2. 不同种类产品的通常加成幅度
3. 经营方法（现金或赊购）

2.5.3 进口 / 出口代理

2.5.4 仓储

2.5.5 城市和农村市场渗透

2.6 媒体

该节列举一国或一个市场上可以利用的所有媒体资料。以后，你可以选择具体的媒体作为你的促销组合策略的一部分。

2.6.1 可利用的媒体

2.6.2 费用

1. 电视
2. 广播
3. 报纸杂志

4. 互联网
5. 其他媒体（影院、户外等）
6. 社交媒体等

2.6.3 代理支持

2.6.4 各种媒体的覆盖范围

2.6.5 每种媒体能达到的人口占比

2.7 小结

在完成上述研究后，对经济要点做一个总结（最长两页）并放在报告的前面。

2.8 资料来源

2.9 附录

市场审计和竞争市场分析

在所有的指南当中，该指南对于产品或品牌最具针对性。在其他指南当中，其信息从性质上来看，都比较笼统，着重于产品大类，而这一指南当中的资料数据都具体到了某个品牌，借以决定竞争市场状况和市场潜力。

这一指南反映了计划过程的两个不同组成部分。第一部分和第二部分的信息，即文化分析和经济分析是评估产品或品牌在某一国家市场上的基础。这一指南对市场潜力做出了估计，对竞争性营销措施的优势和劣势进行了评价。这一阶段所生成的数据可以用来确定为了成功地打入市场，公司所需调整营销组合的程度以及制订行动计划。

如果不进行彻底的营销调研，那么就不一定能获取到完成本份指南所需的详细资料。因此，这部分国家手册的另一个目的就是弄清在正式的市场调研中必须调研的问题。

指南

3.1 引言

3.2 产品

3.2.1 从目标市场角度评估产品的创新情况

1. 相对优势
2. 相容性
3. 复杂性
4. 可试验性
5. 可观察性

3.2.2 依据前面的评估确定产品接受方面的主要问题和阻力

3.3 市场

3.3.1 产品销售市场描述

1. 地域

2. 该地区交通运输形式
3. 消费者购买习惯
- 产品使用方式
- 产品特征偏好
- 购物习惯

4. 产品分销
- 典型零售店
- 其他中间商的产品销售

5. 广告和促销
- 达到目标市场通常使用的广告媒体
- 通常使用的促销方式（分发样品、优惠券等）

6. 定价策略
- 通常加成幅度
- 可供选择的折扣种类

3.3.2 与竞争对手产品的比较

1. 竞争对手的产品
- 品牌
- 特征
- 包装

2. 竞争对手产品的价格
3. 竞争对手的促销和广告方法
4. 竞争对手的分销渠道

3.3.3 市场规模

1. 计划年度行业预计销售额
2. 计划年度公司预计销售额

3.3.4 政府参与市场的情况

1. 可以为你提供帮助的机构
2. 必须遵守的条例

3.4 小结

基于对市场的分析，对营销组合中需要注意的主要问题和机会进行简要归纳（至多两页），并将小结放在报告的前面。

3.5 资料来源

3.6 附录

初步营销计划

前述三个指南中的信息是针对目标市场制定产品或品牌营销计划的基础。本部分介绍如何克服或利用前面步骤中出现的问题和机会，以便使销售利润最大化。依据你的判断，行动计划反映的是在一国市场上进行产品营销的最有效途径。此外，还介绍了预算、预期利润或损失以及实施计划所需的额外资源。

指南

4.1 营销计划

4.1.1 营销目标

1. 目标市场（对市场的具体说明）
2. 销售预测：1 ~ 5 年
3. 利润预测：1 ~ 5 年
4. 市场渗透和覆盖率

4.1.2 SWOT 分析

1. 优势
2. 劣势
3. 机会
4. 威胁

4.1.3 产品调整或改变——借助产品构成模型来说明如何调整产品以适应市场

1. 核心部分
2. 包装部分
3. 支持服务部分

4.1.4 促销组合

1. 广告
- 目标
- 媒体组合
- 信息
- 成本

2. 促销
- 目标
- 优惠券
- 酬金
- 成本

3. 人员推销
4. 其他促销方法

4.1.5 分销：从产地到目的地

1. 港口选择
- 产地港口

- 目的地港口

2. 方式选择：每一种方式的优缺点

- 铁路运输
- 航空运输
- 海运
- 汽车运输

3. 包装

- 标注和标签规定
- 集装箱化
- 成本

4. 单证要求

- 提单
- 码头收据
- 空运单
- 商业发票
- 形式发票（预开发票）
- 托运人出口声明
- 产地证明
- 特殊单证

5. 保险索赔

6. 运输代理。如果你公司没有负责运输的部门，那么可以考虑利用运输代理。雇用运输代理的优缺点都比较明显。

4.1.6 分销渠道（微观分析）。本部分详细介绍营销计划中的具体分销类型。

1. 零售商

- 零售商店的类型和数量
- 每种类型零售商店对不同档次商品的加成幅度
- 每种类型零售商店的经营方式（现金或赊购）
- 每种类型零售商店的经营规模（大或小）

2. 批发中间商

- 批发中间商的类型和数量
- 每种类型批发中间商对不同档次商品的加成幅度
- 每种类型批发中间商的经营方式（现金或赊购）
- 每种类型批发中间商的经营规模（大或小）

3. 进口 / 出口代理

4. 仓储

- 种类

- 地点

4.1.7 定价

1. 货物的运输成本
2. 运输费用
3. 搬运费用
   - 停泊费
   - 码头设备使用费
   - 装卸费
4. 保险费用
5. 关税
6. 进口税和增值税
7. 批发和零售加成及折扣
8. 公司毛利
9. 零售价格

4.1.8 销售条件

1. EX works（工厂交货）、FOB（船上交货）、FAS（船边交货）、C&F（成本加运费）、CIF（成本加运费、保险费）
2. 各种销售条件的优缺点

4.1.9 支付方式

1. 预付现金
2. 赊账
3. 寄售
4. 即期汇票、远期汇票或定期汇票
5. 信用证

4.2 预计财务报表和预算

4.2.1 营销预算

1. 销售费用
2. 广告 / 促销费用
3. 分销费用
4. 产品费用
5. 其他费用

4.2.2 预计年度损益表（从第一年到第五年）

4.3 资源要求

4.3.1 资金

4.3.2 人员

4.3.3 生产能力

4.4 小结

本报告研究完成以后，对营销计划的要点做一个小结（至多两页），并把它放在报告的前面。

4.5 资料来源

4.6 附录

国际经营的复杂性和国际营销者面临的环境的复杂性对信息提出了特殊的要求。在外国市场开展经营时，和在国内市场上一样，需要全面的信息而不是主观的看法。制定国家手册以及解决其他一些营销问题所需资料的来源已在第 8 章及附录中进行了讨论。

本篇小结

以市场为导向的企业围绕企业目标、市场和竞争环境制订市场计划。即便是针对一个国家，制订营销计划也可能很复杂；如果企业在国际上开展业务，那么问题就会成倍增加。公司目标可能会随市场和时间的变化而变化，国际市场结构也会周期性地变化，而且因国而异。影响营销计划的竞争的、政府的和经济的变量也在不断地变化。这些变化要求国际营销管理者在战略营销计划上要特别灵活，富有创见。

术 语 表

A

administered pricing　管制定价　指通过与竞争对手合作，或借助于联邦、州或地方政府，或通过签署国际性协议来确立整个市场的价格。其合法性因国家、所处时期不同而不同。

aesthetics　美学　关于如何创造或欣赏美丽的学问，统称为艺术，包括民间传说、音乐、戏剧和舞蹈。

AFTA　东盟自由贸易区　指由东盟发展而来的多边贸易集团，参见 APEC 和 ASEAN+3。

agent middlemen　代理商　指国际商务交易中代表本国制造商或经营者而非代表其自身的中间商；指为赚取佣金、替人安排国外销售且自身并不拥有商品所有权的中间商，参见 home-country middlemen 和 merchant middlemen。

Amsterdam Treaty　《阿姆斯特丹公约》　参见 Treaty of Amsterdam。

analogy　类比法　估计市场的一种方法，该方法假定各国对产品的需求的形成类似于各国经济发展阶段的形成。

APEC　亚太经济合作组织　该论坛每年都举行，讨论地区经济发展问题。

arbitration　仲裁　一种法律程序，对应于诉讼程序。按照仲裁程序，双方可以请公正的第三方来决定案件的性质并做出双方同意执行的裁决。

ASEAN　东盟　多边区域贸易集团，成员包括文莱、柬埔寨、印度尼西亚、老挝、马来西亚、缅甸、菲律宾、新加坡、泰国和越南。

ASEAN+3　东盟＋中、日、韩　指由东盟成员国、中国、日本和韩国部长出席的论坛。

B

back translation　回译　指将问卷表或词语从 A 方语言翻译成 B 方语言后，再由 B 方翻译成 A 方语言的过程。回译可用来证明第一次翻译的内容，如营销口号能否达到所预想的满足目标市场的目标，参见 decentering 和 parallel translation。

balance of payments　国际收支　指用于记录一国国际经济交易的账户系统。

balance of trade　贸易差额　指一定时期里一国进出口值方面的差额。

barter　易货贸易　指交易双方直接交换货物。

BATNA　最佳谈判备用方案　指《谈判力》一书所讨论的术语，其全称为“best alternative to a negotiated agreement”。

big emerging markets (BEM)　新兴大市场　用于描述那些在世界贸易增长中占有重要地位且人口数量较大的发展中或新兴工业化国家。

bills of exchange　汇票　指国际贸易中由卖方向买方开立的一种商业支付形式；对于以汇票形式支付的交易，在取得实际货款之前，卖方承担了全部风险。

bottom-of-the-pyramid markets (BOPM)　金字塔底层市场　指全球各地年人均收入等于或低于 1 200 美元的人口。这里并不一定按国界来划分，特指主要位于南亚和撒哈拉以南非洲地区的贫困人口。

bribery　贿赂　多指以非法方式用资金来影响公共部门和政府官员决策的行为。在国际商业领域，贿赂金额动辄数百万美元。

C

capital account **资本账户** 作为国际收支表的内容之一，用于记录流入或流出一国的直接投资、证券投资和短期资本。

cartel **卡特尔** 指生产相近产品或服务的企业签订协议以控制所生产产品或服务的市场。最为著名的卡特尔组织当为石油输出国组织，即OPEC。

client followers **客户追随者** 主要为服务提供商的公司常常会跟随那些首先进入国外市场的公司。例如，美国的保险公司常常会在美国汽车公司已经开设了汽车生产厂的墨西哥设立分公司以提供保险服务。

code law **大陆法系** 指包括全部成文的法律规章或文本的体系；通常，分为三个独立的内容：商法、民法和刑法。美国路易斯安那州采用的就是大陆法系。

Commerce Control List (CCL) **商品控制目录（CCL）** 指由一系列出口管制分类号（ECCN）构成的目录，用于说明美国哪些产品可供出口。出口商必须依据该目录清单来弄清楚哪些产品存在最终用途限制，如是否可用于生产核武器、化学武器和生物武器等，哪些产品存在双重用途，即既可商用，也可用于被限制的用途。

Commerce Country Chart (CCC) **贸易国别表（CCC）** 与商品控制目录一样，也是美国出口商必须咨询的资料，可帮助出口商确定是否需要获取出口许可证或在再出口到特定目的地时是否需要获取许可证。

common law **英美法系** 指依据传统、过往做法以及法院通过解读法令、立法和过去裁决而形成的法律判例的法律体系。在美国，除路易斯安那州之外的各州都采用该法系，即将过去的裁决应用于当前情形。

common market **共同市场** 指在签订协议的成员国间，取消有关内部贸易的全部关税及其他限制，对外采用共同的关税。此外，成员国间还取消关于资本和劳动力流动的限制。

compensation deals **补偿贸易** 指涉及以现金和货物两种形式付款的交易。

complementary marketing **补充营销** 指那些具有额外营销能力或期望扩大产品线的公司所采用的其他国际分销渠道。

conciliation **调解** 指签订有非约束性协议的双方所采用的请第三方来调解分歧的一种方法。

confiscation **没收** 指不付报酬而强制取得某一公司的资产。著名的事例有美国公司在古巴和伊朗的遭遇。

Confucian philosophy **儒家思想** 具有2 500多年历史的中国思想家孔子的教诲至今在东亚地区仍然具有重大的影响力。其主要思想就包括君为臣纲、父为子纲和夫为妻纲等。

controllable elements **可控因素** 指贸易中公司可以控制或施加影响的方面，包括产品、定价、促销、分销、调研和广告等营销决策。

corporate planning **公司计划** 指公司制订的反映公司长期以及总体目标的计划。

counterpurchase **反向购买** 反向贸易的一种形式。其中，卖方收到现金，同时按合同要求按该现金额度或按其一定百分比向买方进行购买。

countertrade **反向贸易** 指由一国企业进口并销售产品并借此有权利或资金在该国生产或销售产品的交易。反向贸易可以全部或部分替代现金，广泛应用于美国与苏联及其他新兴市场间的交易。

countervailing duty **反补贴税** 指按照WTO原则对在生产、出口或运输中享有补贴的外国产品所征收的税费，常常与最小准入量——关于一国进口的数量限制同时运用。

cultural borrowing **文化借鉴** 指一国借助其他国家的方法或思想来解决问题或改善环境的现象。

cultural congruence **文化适应** 指将现有市场上所采用的尽可能与该市场文化相契合的方式来营销产品的策略。

cultural elective **文化的选择性** 参见elective。

cultural exclusive **文化的排他性** 参见exclusive。

cultural imperative **文化的强迫性** 参见imperative。

cultural sensitivity **文化敏感性** 通过了解文化的细微之处，就能客观地看待、评价和理解某种文化；它是在国外进行营销的一种重要方法。

cultural values 文化价值观 指特定文化群体成员所持有的信念和传统。吉尔特·霍夫斯泰德对 66 个国家进行了调查，将这些国家的文化价值观按四个方面来划分：个人主义 / 集体主义指数、权力距离指数、风险回避指数、男性化 / 女性化指数（被认为价值不大）。

culture 文化 指人为的人文环境，即由知识、信念、艺术、道德、法律、风俗以及任何作为社会成员的人类所习得的能力和习惯所构成的总体。

current account 经常账户 作为国际收支表的内容之一，用于记录一国全部的商品与服务的进出口以及单边资金流动。

customs-privileged facilities 特惠关税区 指在国际交往时供储存和 / 或加工进口商品的指定地区，而且这些进口品的关税和配额限制可以推迟到这些产品离开目的地时才实施。

customs union 关税同盟 作为经济合作的一个阶段，在享受自由贸易利益——内部关税降低或取消的基础上，成员国对来自同盟外国家或地区的进口品实施共同关税。

cybersquatters 网络抢注者 指那些按通常为了取得名义利益而购买并注册网站名、明星姓名、公司商标变体、地区或种族名称、药品等名称的个人或企业，他们通常会持有到能以高价格出让为止，有时亦作 CSQ。

D

dealers 经销商 指直接向顾客销售企业用品和耐用品的中间商，属于分销渠道的最后环节。

decentering 逐渐接近法 一种翻译方法，指对问卷之类的文件进行连续翻译或再翻译的过程，且每次由不同翻译来完成。之后，将两份原始语言的文稿加以对照，如果有差异，那么就重复该过程，直至两份文稿相同。

derived demand 派生需求 指其他需求所引起的需求，这种需求对资本设备和高价格服务产品的销售非常重要。

diffusion (of innovations) （创新的）扩散 指通过增加消费者人数使得产品在各个市场得到扩散或获得各个市场的接受。

direct exporting 直接出口 指公司将产品直接销售给他国客户的出口类型。

distribution channels 分销渠道 指经营者必须将其产品提供给消费者的各种渠道。分销渠道结构包括常见于许多新兴大市场的不发达的营销基础设施，也包括像日本那种高度复杂、层级繁多的分销系统。在考虑渠道结构时，必须考虑 6C，即成本、资本、控制、范围、特征和连续性。

distribution process 分销过程 指处理货物、转移所有权、生产商与中间商以及中间商与顾客间进行的买卖谈判。其中，从营销的角度来看，这种买卖谈判十分重要。

distribution structure 分销结构 指各国市场中都存在的、产品借此从生产商到达消费者的系统，分销结构中包括众多中间商。

domestication 本土化 指东道国将外国投资逐渐转变为该国所控制及所有的过程，所借用的方法包括要求当地所有的强制性政府法令、要求公司管理层中有更多的东道国参与等。

domestic environment uncontrollables 国内不可控环境因素 指公司无法控制或施加影响的来自本国的因素，包括：政治和法律因素、经济环境、技术水平、竞争因素和经济因素。

dumping 倾销 是一种通常为法律所禁止并且会被惩罚或罚款的出口行为，有时指按低于生产成本的价格在国外市场销售产品，有时指按低于本国相同产品的价格销售产品。

E

economic development 经济发展 通常指会带来人均 GDP 增加的一国产出的增加。

economic dualism 二元经济 指一个经济体内现代部门与传统部门同时存在的现象，多存在于欠发达国家。

ELAIN 出口许可证申请和信息网（Export License Application and Information Network） 指便于获得批准的出口商通过互联网提交许可申请，适用于超大型计算机外的全部商品，也适用于所有的出口目的地。

elective 选择权 指可以去适应但并不强制要求的他国的经营做法。

EMU 经济与货币联盟 指《马斯特里赫特公约》下所形成的经济与货币联盟；欧盟也创建于该公约下。

ERIC 商品分类的电子申请（Electronic Request for Item Classification） 指关于出口许可证申请和信息网的附加服务，容许出口商通过互联网向出口管理局查询商品分类。参见 SNAP 和 STELA。

European Parliament 欧洲议会 欧盟的立法机构，相当于美国的众议院。因此，人口越多的欧洲国家，在该机构的代表也越多。

exclusive 排他权 指禁止外部成员参与的商业做法。

exclusive distribution 专营 指公司限制一些零售商销售其产品的经营方法；通常，这样做的目的是维持高额零售利润，维持产品高质量的社会形象，以及鼓励零售商向顾客提供高质量服务。

expatriate 外派人员 指远离本国赴他国生活的人员。在国际销售中，来自销售公司母国的外派人员也许是最佳的销售人员人选，特别是当产品技术含量高或产品销售需要大量生产商及其产品线的知识。

expert opinion 专家意见法 指进行市场预测的一种方法，即请专家就市场规模及增长率发表意见；该方法特别适用于为经营者所不太了解的外国市场。

Export Administrative Regulations (EAR) 《出口管理条例》(EAR) 指美国商务部所颁布的法规，旨在消除出口中的众多问题和混乱状况；此外，通过对一些特定商品（大多数与国家安全有关）出口许可的集中管理来加快颁发出口许可证的过程。出口商必须保证其贸易活动符合《出口管理条例》的规定。

Export Control Classification Number (ECCN) 出口管制分类号（ECCN） 按照美国《出口管理条例》的规定，美国出口商必须就所出口产品选择分类号；该分类号必须与商品控制目录中的描述相对应以说明其可出口性。

export documents 出口文件 指有关国际交易的各种文件，通常为出口国政府及现有的贸易程序所要求，有时也可能为进口国政府所要求。

export management company (EMC) 出口管理公司 对于国际业务量较小或那些不打算为国际业务投入自身人力的公司而言，出口管理公司就是重要的中间商。这些公司的人员规模从 1 人到 100 人不等，经营业务占制成品出口的 10%。通常，出口管理公司是其客户公司营销职能所不可缺少的部分。出口管理公司虽然以制造商的名义起着成本较低的独立营销部门的作用，但只对母公司直接负责。由于业务关系很密切，所以客户常常以为是在与公司的出口部门直接开展业务。

export regulations 出口管制 指政府就出口到国外的商品所实施的限制措施；实施限制的目的是保护稀缺资源以供国内消费以及避免战略物资流入现在或将来的敌对国。

Export Trading Company Act 《出口贸易公司法》 指容许生产同类产品的美国经营者成立出口贸易公司的法案；该法案为组建出口合作企业创造了有利的环境，部分是因为消除了反托拉斯要求对贸易活动的限制作用。

expropriation 征用 指政府通过向所有者支付一些报酬来获得投资项目的行为，通常对所获得的项目实行国有化。

F

factual knowledge 事实性知识 指对外国文化的某种了解，包括该外国文化下的色彩的各种含义、人们的不同偏好以及经营者可以学习、预期和吸收的其他优点。

FCPA 《反海外腐败法》 该法案禁止美国公司公开贿赂或以中间人为渠道来开展贿赂，以及明知支付给中间人的款项是用于贿赂的情形。

foreign environment uncontrollables 国外不可控环境因素 指在本国经营的公司所无法控制或施加影响的来自他国市场的因素，包括政治和法律因素、经济环境、技术水平、竞争因素和经济因素。

foreign-trade zone (FTZ) 对外贸易区 指在对货物实施配额限制或征收关税之前用于保留该货物的地区或港口。美国有 150 多个这样的自由贸易区，容许公司在将商品正式进口到美国或重新出口到他国之前放置进口货物或进行清洗或包装。

forfaiting **福费庭** 指可用于国际交易的一种融资方法。其中，销售方与银行或其他金融机构签订一次性协议，由后者负责收取应收账款。

Four Asian Tigers **亚洲四小龙** 指在20世纪八九十年代快速富裕起来的中国香港特区、中国台湾地区、新加坡和韩国。

franchising **特许专营** 属于许可协议的一种形式。其中，许可方公司向被许可方提供产品的标准包装、制度以及管理服务。特许专营在赋予许可方一定控制权的同时，容许被许可方根据当地市场情况进行调整的灵活性。

free trade area (FTA) **自由贸易区** 是区域合作的一种形式。其中，两个或两个以上的成员国之间签订协议来减少或消除成员国间的关税和非关税壁垒，同时各成员国对非成员国维持各自的关税要求。与区域发展与合作协议相比，自由贸易区要求开展更多的合作。

full-cost pricing **完全成本定价法** 指基于以下观点的定价方法：对于同一产品，任何一单位产品都应当参与分担全部固定成本和可变成本，不论是在国内还是在国外进行销售。

G

GATT **关贸总协定** 指美国与其他22个国家在二战后不久所签订的贸易协议。最初协议规定要进行关税削减并创建管理国际贸易的机构。该协议及其之后所进行的各轮谈判大大削减了关税税率。

global awareness **全球意识** 指有助于经营者成功的参考模式，其中包括要宽容文化差异，也要了解他国的文化、历史、市场潜力，以及全球经济、社会与政治方面的变化趋势。

global brand **全球品牌** 指在全球范围内采用某个名称、术语、标记、(视觉或听觉)符号、设计或上述这些元素的组合来代表销售者所售的产品或服务，从而实现与竞争对手产品的差异化。

global marketing **全球营销** 指为了获取利润而面向一个以上的国家就产品或服务进行计划、定价、促销以及分销的商业活动。全球营销与国内营销的最大差异在于全球营销公司针对全球市场展开营销定位与计划。

global marketing concept **全球营销理念** 指将不管是由国内市场与另一国市场或国内市场与100个其他国家市场所构成的市场看作一个整体的理念。按照这种理念，将具有相同需求的潜在购买者群体看作一个全球细分市场，并根据成本效率与文化因素制订标准化的营销计划。

global orientation **全球营销管理** 指将公司业务领域内的全部市场（包括国内市场）看成单一的全球市场，而且在考虑成本与文化有效的前提下制定标准化营销组合的经营方法。

gray market (parallel market) **灰色市场（平行市场）** 指把本来计划在某个市场按特别低的价格（常常存在政府对价格的控制）销售的产品在市场价格较高的另一国市场出售的（通常为非法的）行为。例如，加拿大的出口商把在加拿大按管制低价销售的药品出口给美国的客户，而且价格低于美国公司在美国市场的定价。这里，美国市场定价高的原因在于获得美国食品药品监督管理局批准的成本较高。

green marketing **绿色营销** 指在产品设计、营销、制造和包装过程中考虑并关注其环境影响。

green-house gas emission **温室气体排放** 指主要因使用化石燃料而产生的气体，而且这些气体会使大气中的热量无法散失，从而导致全球气候的变化。形成温室气体问题的主要化合物包括二氧化碳、甲烷、一氧化二氮和氟化气体。

H

home-country middlemen **国内中间商** 指在国际交易中位于生产者母国并从该国提供营销服务的中间商。这些中间商的服务有利于那些国际销量有限或缺乏国际贸易经验的公司。

homologation **产品同化** 指按照当地产品和服务质量标准所进行的产品变革。

I

imperative **强制性的** 指必须了解并适应的商

业惯例。

import jobber **进口批发商** 指在国际交往中直接从制造商处购买产品并销售给批发商、零售商和工业客户的经营实体。

import regulations **进口管制** 指政府对来自国外的商品的销售所实施的限制措施；实施限制的理由包括保护人身健康、保存外汇、实施经济报复、保护国内产业以及获取关税收入。在向实施限制措施的市场出口时，出口商必须想方设法遵循这些要求。

indirect exporting **间接出口** 指公司将产品先卖给国内买家（进口商或分销商），后者转而进行出口的出口类型。

infrastructure **基础设施** 指服务于许多行业并提供生产和营销支持的资本设备总体。

innovation **创新** 指被某一群体视为具有新意的点子；如果应用于产品，创新可以是全新的或者在特定国家或文化里被看成是新的。

integrated marketing communications(IMC) **整合营销沟通** 指对围绕产品或服务所开展的各种活动进行整体考虑。这些活动包括广告、销售促销、展览、人员推销、直复营销和公关。

international marketing **国际市场营销** 指为了获取利润而面向一个以上的国家就产品或服务进行计划、定价、促销以及分销的商业活动。

international marketing research **国际市场营销调研** 属营销调研，但需要考虑两个额外的因素：一是要跨境传播信息；二是将现有调研方法应用到具有不同文化背景的市场时所面临的挑战，其中的一些挑战对经营者来说可能是稀奇古怪或难以接受的。

International Monetary Fund (IMF) **国际货币基金组织** 指与世界银行集团一起为帮助各国实现并维持经济能力而创设的全球性组织。

invention in negotiations **谈判创新** 指在非正式的桌边协商中运用诸如联合头脑风暴的创新方法。基于建立长期而互利的商业和人际关系，谈判创新旨在寻求谈判中的合作而非竞争。

interpretive knowledge **解释性知识** 指具有理解外国文化特征和形式的能力。

Islamic law **伊斯兰法系** 指建立在《古兰经》之上的法律体系。伊斯兰法系涉及宗教责任和义务以及法律约束人类行为方面的内容。其中的一条规定就是禁止支付利息。

ISO 9000 **ISO 9000** 指由国际标准组织最先设计的一系列国际工业标准，旨在满足购买协议中关于产品质量保证的需要。

J

joint venture **合资企业** 指两家或两家以上的企业合伙建立一家具有独立法人资格的公司。

justice or fairness **公正或公平原则** 作为道德原则之一，可以检验某种行为对参与各方是否公平。

L

Large-Scale Retail Store Law **《大规模零售商店法》** 在日本，《大规模零售商店法》对来自大型零售商店的竞争几乎进行全面限制。《大规模零售商店法》的目的是保护小型零售商，以免大型零售商侵占其市场。按照该法律的规定，任何规模超过 5 328 平方英尺（约 500 平方米）的商店必须获得辖区政府的批准方可“设立、扩大、延长夜晚营业时间或月度非营业日规定”。所有关于新开办“大型”商店的计划首先必须获得日本通商产业省的批准。当然，如果所有的当地商店都同意该计划，那么很快就可以获得批准。不过，如果无法获得辖区一级的同意，那么开办计划就会被退回，要求做出解释和修改。整个过程有时会耗时多年，甚至发生过耗时 10 年的情况。

Large-Scale Retail Store Location Act **《大规模零售商店位置法案》** 指 2000 年因美国要求，日本所实施的管理制度。该法案用以替代有保护特征的《大规模零售商店法案》，放宽了在小型商店附近开设大型商店的限制，并废除了有关商店非营业日数量的规定。

letters of credit **信用证** 作为一种融资工具，由货物的买主开立，容许卖方向开证银行开立汇票，并通过提交合适的运输单据就可获得款项。除了预付款方法之外，信用证给予卖方最大程度的保护。

licensing **许可证协议** 指合同协议，公司据此将专利、商标和技术使用等权利授予另一公司在国外市场上使用；对于寻求进入外国市场的中小企业而言，许可协议非常实惠，不需要大的资本投入。

linguistic distance **语言距离** 指衡量语言间差异的指标；语言差距也是影响国际贸易的重要因素。

litigation **诉讼** 指双方间争端按照正式司法程序进行解决的过程；通常诉讼一方会提供相关证据。

local nationals **当地人员** 指住在本国的人员；通常，外国经理人员喜欢雇用当地人员作为销售人员。

logistics management **物流管理** 指分销过程的管理，包括与原材料、在途存货及产品存货从出发地运送到使用或消费场所相关的全部活动。

lubrication **打点** 指为促使公共部门雇员与政府官员加快事务办理而支付资金。支付给基层雇员的费用可能并不合法，而且金额小，影响通常不大。

M

Maastricht Treaty **《马斯特里赫特公约》** 指欧共体 12 国所签署的关于成立欧盟的条约。

Manifest Destiny **天命论** 指美国民众受上帝指派创造模范社会的观点；在 19 世纪与 20 世纪的美国疆土扩展时期，天命论成了美国制定政策的基础。

maquiladora **保税区** 属于关税优惠地区，初创于墨西哥，为美国公司利用便宜的墨西哥劳动力提供了便利；多是通过与墨西哥政府签订协议，同意美国公司在不需要交纳进口税的情况下将零配件和材料进口到墨西哥，但前提条件是产品要重新出口到美国或另一个国家。

marketing research **市场营销调研** 指系统收集、记录并分析相关资料，从而为营销决策提供有用的信息。

merchant middlemen **独立中间商** 指国际商务交易中购入本国制造商的商品并进行独立销售的位于国外市场的中间商。与采用代理中间商的制造商相比，采用独立中间商的制造商对分销过程的影响很小。

Mercosur **南锥体共同市场** 指处于发展过程中的南美洲联盟，也被称为“南锥自由贸易区”，创建于 1991 年，目的是在成员国间建立共同市场和关税同盟。最初的成员国包括阿根廷、巴西、巴拉圭和乌拉圭。玻利维亚与智利后来也加入其中。

merge-in-transit **合并装运作业** 指将在运输过程中来自若干供应地的货物合并运输到某一最终客户的交货地、再分运给顾客的分销过程。

monochromatic time (M-time) **单一时间利用方式** 描述了北美、瑞士、德国和斯堪的纳维亚等地区大多数居民关于时间的看法，强调时间是线形的，可被浪费和节省，也会耗费和损失。单一时间文化强调要专时专用，要讲究准时性。

Monroe Doctrine **门罗主义** 作为美国外交政策的基础，由美国前总统詹姆斯·门罗所阐明，其主要思想有三点：美洲新大陆不再是欧洲人的殖民地；美国不干涉欧洲政治事务；欧洲国家不干涉美洲国家的事务。

multicultural research **跨文化调研** 指考虑了语言、经济结构、社会结构、行为和态度模式差异的关于国家和文化的研究、分析和考察。不同营销调研方法在不同国家具有不同的可信度。

multinational market region **跨国市场区域** 指试图通过降低区域间关税和贸易壁垒来寻求共同经济利益的国家集团。

N

NAFTA **《北美自由贸易协定》** 作为全面的贸易协议，《北美自由贸易协定》所要处理及完善的是在北美洲从事经营的各个方面。通过消除加拿大、美国和墨西哥之间的贸易与投资壁垒，《北美自由贸易协定》成为全球最大、最富有的市场之一。

nationalism **民族主义** 指对民族自豪感和民族统一的关切之情，试图唤醒国民对本国的自豪感。民族主义可能对外来企业形成偏见。

newly industrialized countries (NIC) **新兴工业**

化国家 指那些正在经历工业化和经济快速发展的国家。

noise **噪声** 指影响有效沟通的障碍，主要包括竞争性广告、其他销售人员和“接收端”混乱等外部影响因素。噪声会对沟通的任何阶段产生影响，而且通常不受发送人和接收人的控制。

nongovernmental organizations (NGO) **非政府组织** 通常为非营利性的大型跨国游说组织，其管理者多为批评人士而非公司或政府。著名的非政府组织包括绿色和平组织、红十字会等。

nontariff barriers **非关税壁垒** 指国家就进口产品所施加的关税之外的现在措施，包括质量标准、卫生与健康标准、配额、禁运、抵制、反倾销惩罚等。

nontask sounding **与工作不相干的交谈** 指谈判过程中的一个环节，谈判各方会交流一些与工作不相干的事情；该过程通常是进入“与工作相关的信息交流”的预备阶段。

O

open account **赊账** 指在国内市场上针对老顾客的一种常见的付款方法，即先将货交付给顾客，到月底再结账。

Opium Wars **鸦片战争** 指19世纪中叶在中国和英国间因英国在中国经营鸦片贸易而发生的两次战争。为了报复中国的禁烟，英国海军攻占了中国的港口。1842年签订的《南京条约》对英国开放了更多的港口，同意恢复鸦片贸易，而且将香港割让给英国控制。

orderly market agreements (OMA) **有秩序销售安排** 指进口国与出口国之间签署的类似于配额的协议，旨在限制出口国对进口国的出口数量，也称“自愿出口限制”。

P

parallel imports **平行进口** 指进口商一国的分销商处购买产品，然后销售给另一国市场上不属于该制造商分销系统的分销商。

parallel market (gray market) **平行市场（灰色市场）** 指把本来计划在某个市场按特别低的价格（常常存在政府对价格的控制）销售的产品在市场价格较高的另一国市场出售的（通常为非法的）行为。例如，加拿大的出口商把在加拿大按管制低价销售的药品出口给美国的客户，而且价格低于美国公司在美国市场的定价。这里，美国市场定价高的原因在于获得美国食品药品监督管理局批准的成本较高。

parallel translation **平行翻译** 指通过两名翻译人员进行回译的翻译方法；对他们的翻译结果进行比较，分析其差异，然后选用最为恰当翻译结果。平行翻译所要处理的是所译语言中常见成语的应用问题。

penetration pricing policy **渗透定价策略** 指为了向竞争对手争夺市场份额而实施的低价格政策。

physical distribution system **实体分销系统** 指实际运送货物的整个网络，包括工厂和仓储、运输模式、存货数量、包装等。

planned change **有计划变革** 指公司为转变外国文化中有碍其预定营销目标实现的因素而制定的营销策略。

political and social activists (PSA) **政治与社会活动人士** 指那些试图通过参与一些活动来改变公司或政府行为或做法的个人，其策略既有和平抗议，也有恐怖手段。

political union **政治联盟** 指区域合作完全一体化的合作形式，包括全面的政治和经济一体化，不论是自愿的，还是强制的。最为著名的例子是目前已被解散的COMECON，即苏联组织的采用集中控制的国家集团——经济互助会。

polychromatic time (P-time) **多种时间利用方式** 指高语境文化成员关于时间的观点，即人际关系比守时更为重要。其特征是一时多用。

predatory pricing **掠夺式定价法** 指外国生产者按低于生产成本的价格在他国市场销售产品以期削弱竞争对手并控制市场的行为。

price escalation **价格升级** 指在国内市场与国外市场不相一致的定价方法；不一致的原因在于出口到他国所发生的额外成本。

price-quality relationship **价格质量关系** 指关于产品价格与性能的权衡。通常，如果产品能达到基本的期望而且无法进行具有竞争力的定价，那么就达到了理想的价格质量关系。

primary data **原始资料** 指在市场调研中为特定调研项目所收集的数据。

principle of justice or fairness **公正原则** 参见 justice or fairness。

principle of rights of the parties **各方权利平等原则** 参见 rights of the parties。

principle of utilitarian ethics **功利主义道德原则** 参见 utilitarian ethics。

prior use **使用在先** 指常见于美国及其他英美法系国家的原则，即知识产权通常为最先加以使用的人所有。

product component model **产品构成模式** 指用于分析产品如何适应新市场的研究工具，通常将产品的诸多属性分成三类：支持成分、包装成分和核心成分。

product diffusion **产品扩散** 指产品创新得到普及的过程。成功的产品扩散取决于相关产品信息和新产品属性的传播。

product homologation **产品同化** 指用于描述因受当地产品与服务质量标准规定影响而发生的产品变化情况的术语。

protectionism **保护主义** 指一国政府通过法律壁垒、外汇壁垒及心理壁垒来限制从他国进口货物。

public relations (PR) **公共关系** 指公司为与大众新闻和媒体建立积极关系并将公司信息传递给顾客、公众和政府管理人员所做的工作。

purchase price parity (PPP) **购买力平价** 针对各国间因在消费购买支出方面的差异，可以用基于购买力平价的 GDP 来纠正，这样就可以对各国消费者的总体福利水平直接进行比较。

Q

quality **质量** 指货物或服务的基本属性；质量可从两个方面来定义：市场所感知的质量以及产品的性能质量。消费者关于产品质量的感知多与市场所感知的质量有关，而非产品的性能质量。

quotas **配额** 指一国政府对特定类型商品的进口规定具体的进口数量或金额限制。

R

relationship marketing **关系营销** 指通过与顾客建立长期关系来实现产品营销的方法；作为影响 B2B 营销的重要因素，关系营销对于需要通过文化来维系公司与消费者间可靠关系的国际营销尤其重要。

repatriation **调回本国** 指把派往国外工作的人员调回其本国的行为。

research process **调研过程** 指获得信息资料的过程。调研过程的第一步是确定所要调研的问题及调研的目标，接着就是有序地进行资料收集、整理和分析。

reserves account **储备账户** 作为国际收支表的内容之一，记录了黄金的进出口、外汇增减以及对外国银行的负债的变化。

rights of the parties **各方权利平等** 作为道德原则之一，可以检验某种行为是否尊重个人权利。

Roosevelt Corollary **罗斯福推论** 指罗斯福总统用门罗主义来拓展美国的外交政策；其主要观点是：美国不仅不容许非美洲国家干涉拉美事务，而且美国将保护拉美国家并保证拉丁美洲国家履行其国际义务。

rural/urban migration **农村向城市人口迁移** 随着一国工业化的发展，大量的农业劳动者会向城市迁移，从而导致世界各地城市在基础设施承受能力方面面临困难并出现大量的贫民窟。

S

sales promotions **销售促销** 指激励消费者购买并促进零售商或中间商有效工作和合作的营销措施。

secondary data **二手资料** 指由其他机构或个人而非调研者本人所收集的资料；在市场调研中二手资料往往很有用。

self-reference criterion (SRC) **自我参照标准** 指人们会潜意识地根据自己的文化价值观、经历和理解来作为决策的基础。

separation allowance **分居津贴** 指支付给那些离开家人短期赴国外出差人员的津贴，通常用于补偿所有增加的费用和所得税差额。

silent language **无声的语言** 指爱德华 T. 霍尔所采用的术语，用于表示时间、空间、事物、友谊和协议的隐含意义、象征意义以及它们在不同文化间的差异性。引自爱德华 T. 霍尔的《商务中的无声语言》一书。

Single European Act **《单一欧洲法案》** 指于1987年批准的协议，旨在消除贸易壁垒并使欧共体成为单一的内部市场。

skimming **撇脂定价法** 作为定价方法之一，常为公司用于国外那些对价格不敏感并愿意为所获得的价值支付高价格的细分市场；在竞争对手产生并迫使降价之前，公司可通过这种定价方法来销售新产品或创新产品，从而实现利润最大化。

SNAP **简化的网络申请程序（SNAP）** 指美国商务部所提供的可替代纸质申请的电子服务系统。借此，出口商就可以通过互联网提交出口或再出口申请、高性能的电脑通知以及商品类别申请。

social institutions **社会制度** 指包括家庭、宗教、学校、媒体、政府和公司在内的方法和系统，它们往往会影响到人们进行相互联系、教育后代以及控制自己行为所采用的方法。

sovereignty **主权** 指一国处理与他国关系以及对国内居住者所能行使的权力。

special drawing rights (SDR) **特别提款权** 作为货币衡量手段，反映了一组主要货币价值的平均数。作为"纸黄金"，被IMF当作货币统计单位，而且比采用如美元这样单种货币更为可靠。

stage of economic development **经济发展阶段** 指对一国经济发展或成长过程所进行的分类；最著名的分类当属沃尔特·罗斯托模型，从传统社会到大规模消费共分五个阶段。

STELA **出口许可证申请跟踪系统（STELA）** 作为服务于出口商的自动语音应答系统，使得许可申请者能跟踪美国政府对于其许可申请和分类申请的处理情况。

strategic international alliance (SIA) **国际战略联盟** 指两家或两家以上公司间建立的经营关系，就相互需要进行合作并为实现共同目标而共担风险。

strategic planning **战略计划** 指由公司最高管理层所做出的规划，主要涉及公司产品、资本投资、市场调研以及长短期目标方面的决策。

subornation **收买** 指为了使某位官员做出有利于出钱人的非法行动而送出的大笔款项，而且这种款项通常不做说明。

sustainable development **可持续发展** 指寻求经济增长的一种方法。Joke Waller-Hunter 称其为公司、环境保护主义者以及其他人之间的合作，旨在通过"合理管理资源、公平分配利益以及减少生产活动对人类和环境的负面影响"来实现经济的增长。

T

tactical planning **战术计划** 指与具体行动相关的计划，包括为了在特定市场实现营销计划目标而进行的资源配置，也被称为市场计划，且通常由基层人员来完成。

Taiping Rebellion **太平天国运动** 指1851～1864年发生在中国的农民起义战争。

tariff **关税** 指一国政府对进口商品所征收的税收或费用，旨在保护本国市场免受进口商品的影响。

task-related information exchange **与工作相关的信息交流** 指谈判过程中，与工作不相干的交谈结束后，所开始进行的实质性谈判。

third-country nationals (TCN) **第三国人员** 指来自某国的人员去第三国的外国公司工作。

terms of sale **销售条款** 指关于交易的全部规定和成本，通常包括价格、运输和保险。在国际贸易中，销售条款似乎与国内交易条款相同，但通常具有不同的意义，也被称为贸易条款。

The Greater China **大中华地区** 包括中国大陆（含香港特区和澳门特区）和中国台湾地区。

trading company **贸易公司** 指那些从许多国家取得产品并对产品加以运输和分销的商业实体。

transfer pricing **转移定价** 指公司对其产品从一国经营点转移到在另一国经营点所确定的价格；转移定价也被称为公司内定价。通过转移定价来调整价格，可以增加公司的整体利润。

Treaty of Amsterdam **《阿姆斯特丹公约》** 指1997年达成的条约，以处理《马斯特里赫特公约》未解决的遗留问题并确定在欧洲实施单一大市场所要考虑的优先措施，其目的是为实施统一货币并实现欧盟东扩打下基础。

triangulation **三角剖分法** 原为海军制图术语，指为了验证任何概念或方法的正确性，对同一概念或方法至少需要采用三种不同的衡量方法。例如，就需求预测而言，需要对专家、销售代表和定量经济分析的结果进行对比。

24-hour rule **24小时规则** 作为美国政府所要求的《货物与集装箱安全规定》的内容之一，海运工具以及NVOCC必须在目的地为美国的集装箱被装上运输工具之前24小时，向美国海关详细说明该集装箱所装的货物。

U

uncontrollable elements **不可控因素** 指经营环境中国际经营者无法控制或施加影响要素，包括竞争、法律约束、政府控制、气候、消费者偏好与行为、政治事件等。

United States-Canada Free Trade Agreement **《美加自由贸易协定》** 指美国和加拿大之间签订的旨在消除两国间贸易壁垒的协定。

unplanned change **无计划变革** 指公司为将产品推广到某个市场，同时不对市场文化对该产品的影响和阻力求得转变而制定的营销策略。

utilitarian ethics **功利主义道德原则** 作为道德原则之一，可以检验某种行为是否有助于优化公共产品或选民利益。

V

variable-cost pricing **变动成本定价法** 指在国外市场进行产品定价的方法。按照该方法，公司关注的是为生产在这些市场进行销售的产品所发生的边际成本。在采用变动成本定价法的企业看来，国外的销售就是取得额外报酬的销售。

voluntary export restraints (VER) **自愿出口限制** 指进口国与出口国之间签署的类似于配额的协议，旨在限制出口国对进口国的出口数量，也称“有秩序销售安排”。

W

work councils **工作委员会** 在欧洲，工作委员会（即内设的工会委员会）会较多参与整个公司薪酬和其他人力资源政策的制定，即便是针对销售人员的政策。例如，在奥地利和德国，工作委员会不仅会共同制订薪酬计划，而且薪酬计划必须取得其同意方可实施。

World Trade Organization (WTO) **世界贸易组织** 成立于1995年，不仅包括了GATT的框架体系，而且包含了那些之前未被充分涉及的新领域；WTO也对贸易争端进行裁决；所有成员国享有平等的代表权。